Über dieses Buch

Augustinus schrieb seine apologetische Schrift ‹Vom Gottesstaat›, um den Vorwurf zu entkräften, das Christentum trage die Schuld am Verfall des römischen Reiches. Die Schrift wurde zu einer Philosophie der Weltgeschichte vom Standpunkt der Offenbarung aus, die das Geschichtsbild des ganzen Mittelalters geprägt und die Geschichtstheorien bis in die Neuzeit hinein stark beeinflußt hat.
Während sich die ersten zehn Bücher (dtv 6087) polemisch mit der heidnischen Philosophie und dem Schuldvorwurf auseinandersetzen und im Bekenntnis zu Christus als dem Stifter des Gottesreiches auf Erden gipfelten, ist dieses Gottesreich Thema der Bücher 11 bis 22. Das organisierende Prinzip dieses Reiches ist die Liebe zu Gott, während der Weltstaat – für Augustinus das römische Weltreich – von der Eigenliebe regiert wird. Augustinus gelangt so zu einer umfassenden Interpretation der Geschichte als Heils- und Unheilsgeschichte, die das Ideal einer größtmöglichen Annäherung von Gottesstaat und irdischem Staat einschließt.

dtv-bibliothek
Literatur · Philosophie · Wissenschaft

Aurelius Augustinus

Vom Gottesstaat

(De civitate dei)

Buch 11 bis 22

Deutscher Taschenbuch Verlag

Vollständige Ausgabe der Bücher 11 bis 22.
Aus dem Lateinischen übertragen von Wilhelm Thimme.
Eingeleitet und kommentiert von Carl Andresen.

Buch 1–10 liegt als Band 6087
im Deutschen Taschenbuch Verlag vor.

Oktober 1978
Deutscher Taschenbuch Verlag GmbH & Co. KG, München

ISBN 3-7608-3535-X
Umschlaggestaltung: Celestino Piatti
unter Verwendung der Darstellung
‹Augustinus lehrend inmitten seiner Schüler›
einer Florentiner ‹De Civitate Dei›-Handschrift (12. Jh.)
Gesamtherstellung: Benziger Graphischer Betrieb, Einsiedeln
Printed in Switzerland · ISBN 3-423-06088-3

EINFÜHRUNG

An keinem Werk altchristlicher Literatur läßt sich der Segen einer wohldurchdachten und im voraus festgelegten Gliederung besser veranschaulichen als an den zweiundzwanzig Büchern des «Gottesstaates» von Augustin. Innerhalb der neueren Forschungsliteratur hat vor allem der Franzose Guy ihre «logische Struktur» als das tragende Bauelement für die «Einheit» des Gesamtwerkes benannt, weshalb bereits in der Einführung beim ersten Band dieser Übersetzungsausgabe auf ihn verwiesen wurde (S. XXVIII). Er hat darin ganz im Sinn literarischer Theorien der Antike, die gerne auf das, auch innerhalb der Kosmologie herangezogene Vergleichsbild von dem Grundriß des Hausarchitekten zurückgriff, die literarische Leistung als Manifestation eines überragenden Geistes gewürdigt. Wenn hier vom «Segen» literarischer Planung gesprochen wird, dann soll Augustins Leistung stärker auf dem gleichfalls bereits in der Einführung zu Band 1 angesprochenen (S. Xff.) biographischen Hintergrund gewürdigt werden. Wie hätte der ständig vom Schreibtisch ferngehaltene bzw. fortgeholte Bischof und Kirchenpolitiker immer wieder so schnell den Faden der Gedankenführung aufnehmen können, wenn er nicht den Gesamtaufriß stets vor seinem geistigen Auge gehabt, zudem durch dementsprechende Angaben am Anfang bzw. Ende der jeweiligen Bücher die Gliederung auch für sich sichtbar gemacht hätte (Einf. Bd. 1, S. XIIf.)?

Lehrreich im Vergleich hierzu ist ein weiteres systematisches Werk Augustins, das nicht minder theologiegeschichtliche Bedeutung für das christliche Abendland des Mittelalters gewinnen sollte, die fünfzehn Bücher «über die Dreieinigkeit» (de trinitate)[1]. Ganz davon abgesehen, daß in diesem Falle das Vorwort (1,1,1–1,1,3) nachträglich geschrieben wurde und die anfängliche Zweiteilung des Stoffes (Schriftgemäßheit des Trinitätsglaubens, seine spekulativ-rationale Begründung: 1,2,4) seiner Problemfülle nicht gerecht werden kann, charakterisiert es dieses dogmatische Hauptwerk, daß weder editorische oder sonstige Notizen eine Untergliederung markieren. Als Augustin dann nach einer wenig glücklichen Entstehungsgeschichte des immer mehr anschwellenden Manuskriptes sich auf Drängen seiner Freunde, darunter Bischof Aurelius von Carthago, zu einer Redaktion und Schlußfassung entschloß (epist. 174 Goldbacher; retract. 2,15,1; Veröffentlichung 419 n. Chr.), schloß er mit einem Gebet, das Gott um Verzeihung bat, weil es nach Spr. 10,19 bei «vielen Worten» nicht ohne Sünde abgehe. Der französische Augustin-Forscher Henri-Irénée Marrou, «Saint Augustin et la fin de la culture antique» (Paris 1938), hat von einer schlechten Disposition gesprochen und sie damit entschuldigt, daß Mängel in der Gliederung für die antike Literatur symptomatisch seien[2]. Gegenüber dem «Gottesstaat» Augustins will solche Entschuldigung allerdings nicht stichhalten.

Immerhin schärft der Vergleich das Auge für Schönheitsfehler am «Gottesstaat». Schon vor 70 Jahren hat der spätere Münsteraner Philosoph Heinrich Scholz darauf aufmerksam gemacht[3]. Er stellte für den ersten Hauptteil (die Bücher 1–10) fest: «Dieser Aufbau ist in sich so wohlgefügt und geschlossen, daß er, trotz gelegentlicher Störungen, als ein Kunstwerk gelten darf. Um so größer sind die Kompositionsfehler des zweiten Hauptteils (Buch 11–22) ... Es ist die berühmte Geschichte der beiden ‹Staaten›, des Gottes- und des Weltstaates, die in diesem zweiten Teil in dreimal vier Büchern abgehandelt wird: Buch 11–14 die Vorgeschichte (exortus), Buch 15–18 die eigentliche Geschichte (procursus), Buch 19–22 die Nachgeschichte (debiti fines). Das ist an sich ein ungemein einfacher wohlgegliederter, durchsichtiger Plan. Aber die Durchbildung im einzelnen! Da stockt es an allen Ecken und Enden. Es fehlt die Einheit und Konzentration. Immer wieder sinkt der Faden der Erzählung, verliert sich in weitläufigen Digressionen, bricht hin und her auch gänzlich ab, um dann plötzlich und stoßweise wieder aufgenommen zu werden» (a.O., S.14). Man möge am angegebenen Ort selber den detaillierten Nachweis zur Begründung der zahlreichen «Kompositionsfehler» Augustins nachlesen. Wir wenden uns gleich den Schlußfolgerungen zu, die Scholz aus seinen Beobachtungen zieht[4].

Er wertet sie zunächst als «die Spuren einer sukzessiven Entstehung». Allerdings bedeutet die Einengung seiner Beobachtung auf den zweiten Hauptteil eine Belastung seiner These; ist doch der erste Hauptteil sukzessive entstanden! Man wird sie durch eine weitere Schlußfolgerung zu ergänzen haben: der zweite Hauptteil zeigt deutliche Spuren der mangelnden Konzentrationsfähigkeit eines alternden Mannes. Zu solchen Alterserscheinungen, unter die sich auch die Beobachtungen von Heinrich Scholz subsumieren lassen, gehört z.B. die Langatmigkeit. Nicht zuletzt das wegen seiner «musterhaften» Gliederung von ihm gelobte Buch 20 bietet hierfür Beweise, an denen zugleich deutlich gemacht werden kann, wie der in den heiligen Schriften lebende Exeget und Homilet sich dem Ansturm der Bibelstellen kaum erwehren kann. Unter der Einführungsformel «So versteht man am besten auch jenes Bibelwort» oder «Hierher gehört auch dieses Wort» werden Parallelen benannt, der Stoff vermehrt, die Kapitel länger. Wenn der Prophet Maleachi über das Jüngste Gericht vernommen und einer thematischen Analyse unterworfen wird, dann bedarf es sogar mehrerer Kapitel (civ.20, 25–29). Obwohl abschließend betont wird, man wolle es dabei bewenden lassen (civ.20,30; S.666 oben), folgt dann unter dem Stichwort «Es gibt noch eine andere Stelle» (a. O., S. 667 Mitte) eine weitere, von der gleichen Thematik bestimmte Analyse des Propheten Sacharja, die ebenso langatmig ist (S. 667–670). Zu den längsten Kapiteln zählt die Aufreihung der verschiedenartigsten Wunderheilungen in civ. 22, 8 (S. 760 bis 778). Im Rahmen der Argumentation werden sie strikt genommen nicht benötigt. Sie hatte mit dem alten Argument Tertullians «Ein Same ist das Blut der Christen» (apol. 50, 14) den Ausbreitungsprozeß des Christentums als das Ergebnis eines auf den Prophetenbeweis sich gründenden Schriftglaubens und von den «wunderbaren Kraftbeweisen» der Märtyrer überzeugten Wunderglaubens erklärt (civ. 22, 7; S. 760 Mitte). Eine exkursartig darauf eingeworfene Zweifelsfrage, warum denn solche Wunder nicht auch in der Gegenwart geschehen (civ. 22, 7; S. 760 unten), löst dann das Wunderkapitel aus. In diesem Zusammenhang wäre es durchaus ausreichend und vor allem sinngemäß gewesen, wenn Augustin auf die wunderkräftige Wirksamkeit der Märtyrer durch die Heilwirkung ihrer Reliquien in der Gegenwart verwiesen hätte, zumal er im Falle einer Blindenheilung durch die Gebeine der mailändischen Stadtheiligen Protasius und Gervasius selber als Zeuge auftreten konnte, was er dann auch nicht verschweigt (civ. 22, 8; S. 769 oben mit Anm. S. 1007). Statt dessen wird dem in die Rolle des ungläubigen Thomas gepreßten Leser ein szenenreicher Film von Wundergeschichten vorgeführt. Selbst wenn man im Hinblick auf die Wundertaten der Stephanus-Reliquien (a. O., S. 770 ff.) mitberücksichtigt, daß hier ein Autor schreibt, der seine bisher kritische Einstellung der Distanz zu solchen Wunderberichten aufgegeben hat und nun wie ein Jungbekehrter des Guten zu viel tut[5], so kann man sich doch nicht des Eindrucks ungehemmter Erzählfreudigkeit erwehren, um nicht von einer gewissen Redseligkeit zu sprechen. Um gleichzeitig dem Mißverständnis dieser Feststellung entgegenzutreten – dem Werk als Ganzem ist dieses ausschweifige Kapitel nicht abträglich! Umgeben von Kapiteln, deren theologische Reflexion zwangsläufig von der Blässe des Gedankens geprägt ist, deren eschatologische Problemstellungen sowieso in Welten unwirklicher Jenseitigkeit führen und die darin den Leser zu einem Bergsteiger machen, wirkt es wie ein sonnenbeschienenes Tal mit seinem von Menschen und Tieren belebten bunten Treiben, auf das der Wanderer von seinen hohen Bergpfaden herabblickt, wenn die treibenden Nebelfelder ihm unerwartet den Blick nach unten freigeben. Dank solcher Kontrastwirkung unseres Wunderkapitels empfindet der Leser es denn auch nicht als langweilig, dem Folkloristen vermittelt es zudem den willkommenen Gewinn volkskundlicher und frömmigkeitsgeschichtlicher Beobachtungen. Beides aber ist einer Erzählkunst zu danken, die Verständnis für das menschlich allzu Menschliche aufzubringen vermag, die die Bagatelle nicht mißachtet und eben deshalb sich oft in der Detailschilderung verliert – alles Kennzeichen des Alters.

Es wäre nicht schwer, noch weitere Beanstandungen am zweiten Hauptteil des «Gottesstaates» durch Heinrich Scholz zu erklären und zusätzliche Alterserscheinungen an diesem literarischen Werk (z.B. Wiederholungen u.a.) aufzuzeigen[6]. Wir aber haben hier uns zunächst mit einer weiteren Schlußfolgerung des genannten Philosophen zu befassen. Er findet in der Disparatheit der Bücher 11–22 den «Schlüssel zur Erklärung der eigentümlich beschränkten, punktuellen und atomistischen Wirkungen des Werkes ... Das Werk hätte nicht entfernt so gewirkt, wenn es als Lesebuch überliefert worden wäre. Aber daß es das nicht wurde, sondern von Anfang an wie eine politisch-hierarchische Programmschrift gelesen und fortschreitend ausgebeutet worden ist, verdankt es zum Teil seiner lockeren Komposition, die es ermöglichte, einzelne Punkte herauszugreifen und ihnen alles anzuhängen, was Parteisinn und Herrschgelüste nach Lage der Dinge für nötig hielten» (a.O., S.18). Auch diese Sätze bedürfen der korrigierenden Ergänzung:

Zunächst will für das literarische Œuvre Augustins insgesamt festgehalten sein, daß seine fortbleibende Wirkung in erster Linie dem Aufstieg seines Autors zur theologischen Autorität als «Augustinus magister» zuzuschreiben ist. Ihr folgte die amtliche Erhebung zum Kirchenlehrer verhältnismäßig spät (1298 n.Chr.) und zudem nur im Verbund mit Ambrosius, Hieronymus und Papst Gregor dem Großen, die Papst Bonifaz VIII. nach den Aposteln und Evangelisten als «hervorragende Lehrer der Kirche» (egregii doctores ecclesiae) aufführte und so zu Lehrautoritäten machte (Corp.iur. lib.sext.lib.3, tit.22, cap.un.). Immerhin erscheint innerhalb der Vierergruppe, die sichtlich den vier Kirchenlehrern der Ostkirchen Athanasius, Basilius, Johannes Chrysostomus und Gregor dem Theologen (von Nazianz) nachgebildet ist[7] und deren Namen wechseln können[8], Augustin konstant und damit als die Konstitutive. Das läßt sich im Vergleich zu der ostkirchlichen Theologie gut herausstellen. Hatten dort die christologischen Auseinandersetzungen in den verschiedenen Entwicklungsphasen zur Literaturgattung der Väterflorilegien, d.h. der Sammlung des pluralistischen Zeugnisses der Tradition, zu einer dogmatischen Aussage geführt, so konzentrierte der erste Versuch einer Übernahme dieser Gattung in den lateinischen Westen sich auf die Aussagen Augustins. Es sind die sog. «Exzerpte» des Priestermönches Vincenz von Lérins (einer Insel vor Nizza), die gegen die nestorianische Zweinaturenlehre Zitate aus Augustins Werken aufmarschieren ließen (PL Suppl. 3,23–45). Dabei befehdete Vincenz die Prädestinationslehre des alten Augustin aufs entschiedenste! Gleichzeitig wurde er ungewollter Zeuge für dessen Lehrautorität, weil er seine beiden «Denkschriften» vom Jahre 434 n. Chr. (Übers. BKV² 20, 1914) anonym veröffentlichte und auch den Angegriffenen nicht nannte, den schon zu Lebzeiten seine Bewunderer als «Augustinus magister» gefeiert hatten[9]. Noch eindeutiger gab dem ein Befürworter der augustinischen Lehre von der doppelten Prädestination wie Prosper Tiro von Aquitanien (1. H. 5. Jh. → KlP 4, 1191 f.) Ausdruck: er glaubte mit seiner «Spruchsammlung aus den Werken Augustins» (PL 51, 427 ff.), aus der in üblicher Form der Epitomien sein «Buch der Epigramme aus Aussprüchen Augustins» (a. O. p. 149 ff.) entstand, den gesamten Inhalt christlichen Glaubens erfaßt zu haben. Ob Feind oder Freund in der Prädestinationslehre, Augustin galt den nachfolgenden Geschlechtern als «doctor gratiae» – eine Prädikation, die er selber dem Apostel Paulus in so exklusivem Sinne hatte zukommen lassen, daß er Paulus-Zitate in seinem «Gottesstaat» autoritativ als «der Apostel» einführte. Augustin bleibt zumindest im Hinblick auf die abendländische Theologiegeschichte das Beispiel einer bejahten und damit legitimierten Lehrautorität, in der der Angesprochene sich selber wiederfindet[10]. Ausschlaggebend für solche nachhaltige Wirkung war allerdings, daß die theologiegeschichtliche Entwicklung des Westens vorwiegend auf exegetischer Ebene in Form der Schriftauslegung verlief und primär an Paulus orientiert war. Mit Augustin wertete man denselben als «den Apostel» schlechthin[11].

Damit stehen wir vor dem zweiten letztlich ausschlaggebenden Argument, mit dem über die Theologiegeschichte hinaus die Wirkung Augustins und darin spez. des «Gottesstaates» auf die europäische Geistesgeschichte verständlich gemacht werden kann. Kein anderer Kirchenvater hat so stark das abendländische Interesse an Geschichte und Geschichtlichkeit angesprochen wie Augustin! Das gilt nicht nur im historischen Rückblick, sondern auch für den Umblick in jüngster Vergangenheit und Gegenwart. Hier waren es in erster Linie die von der Relation «Sein und Zeit» – wie augustinisch klingt schon die Formulierung! – bestimmten Vertreter der Existenzphilosophie, die für das abendländische Geschichtsinteresse Gespür entwickelten und dieses auf seine augustinischen bzw. biblischen Wurzeln zurückverfolgten. Gezwungen, für die Belege eine Auswahl treffen zu müssen, sei hier Karl Löwiths in Chicago 1949 erschienenes Buch «Meaning in History» genannt, weil es in der damaligen Zeit gleichzeitig für die deutsche Geistessituation die Bedeutung einer Gegenwartsbewältigung gewann. Noch heute ist instruktiv, wie die deutsche Übersetzung (Stuttgart 1953) unter dem Kennwort «Weltgeschichte und Heilsgeschichte» die theologischen Voraussetzungen abendländischer Geschichtsphilosophie untersucht, indem Löwith über Jacob Burckhardt, Karl Marx, Georg Friedrich W. Hegel, den profanen Geschichtspositivismus der Franzosen (Proudhon, Comte, Condorcet und Turgot), die Vertreter der Universalhistorie unter ihnen (Voltaire, Bossuet), die «Neue Wissenschaft» des Italieners Giambattista Vico und die apokalyptischen Geschichtsspekulationen eines Joachim von Fiore auf Augustin und seinen Schüler Orosius zurückblendet, um hier und in der «biblischen Auslegung der Geschichte» überhaupt die Wurzeln der Entwicklung aufzudecken[12].

Weit aktueller war der «Gottesstaat» Augustins jedoch für das Frühmittelalter! Einmal in der Sicht der römisch-katholischen Kirche. Sie sah sich germanischen Landeskirchen konfrontiert, die das Christentum in seiner arianischen Ausprägung sich inkorporiert hatten und kirchlicher Eigenständigkeit einen geringen Bewegungsraum (vornehmlich in Liturgie, Kult und Theologie) zubilligten. Daß der Frankenkönig Chlodwig sich katholisch taufen ließ (vermutlich 498 n. Chr.), änderte daran nichts. Auch im katholischen Frankenreich war kein Raum für einen bipolaren Bezug zwischen «civitas terrena» und «civitas caelestis», wie er durch Augustin in den Kreis der Erwägungen getreten war. Bezeichnenderweise hat unter den römischen Päpsten als erster der an der Germanenmission lebhaft interessierte Mönchspapst Gregor der Große (590–604) sie im römisch-katholischen Sinne angestellt. Dieser interpretierte den «Gottesstaat» dahin, daß er ihn mit der Kirche identifizierte, der als «civitas caelestis» auch die eschatologische Zukunft gehöre. War es Zufall, wenn der von ihm mit der katholischen Missionierung Südenglands beauftragte und mit ihm befreundete Abt den Namen seines Lieblingsautors Augustin trug? Kein Zufall war es jedenfalls, daß die von ihm begründete angelsächsische Bischofskirche nach römisch-katholischem Vorbild als Metropolitanverfassung konzipiert war[13]. Doch auch in der Sicht eines Frankenkönigs wie Karls des Großen, von dem Einhard berichtet, er habe an den Büchern des heiligen Augustin und unter ihnen vor allem den des «Gottesstaates» Gefallen gehabt (vita, cap. 24), war die bipolare Relation von «Gottesstaat» und «Weltstaat» mit politischer Aktualität erfüllt. Ob nun gegen seinen Willen vollzogen oder nach geheimen Vorverhandlungen mit seiner Zustimmung, die Kaiserkrönung in der Peterskirche zu Rom Weihnachten 800 gestattete ihm imperiale Prädikationen wie z.B. «Romanum gubernans imperium» und seiner Münzprägung die Legende «Renovatio Romani imperii». Was weder germanisches Geblütsrecht noch Stammesherzogtum ihm vermitteln konnten, war ihm zugewachsen: die Idee eines «imperium sacrum christianum». Als hätte er innerhalb der augustinischen Lehre von «Nutzen» (uti) und «Genuß» (frui) «civitas terrena» mit der «civitas caelestis» vertauscht! Was man auch von dem krönenden Papsttum sagen könnte, das fortan mit der Rechtskonstruktion einer «translatio imperii Romanorum ad Francos» sich seine Eigenständigkeit und Unentbehrlichkeit gesichert hatte[14]. Voraussetzung einer solchen bipolaren Zuordnung von «regnum» und «sacerdotium» war allerdings eine Interpretation von «Weltstaat» und «Gottesstaat» im Sinne einer politischen Verkürzung, wie sie vor Karl dem Großen bereits Gregor der Große geübt hatte. Dieser «Augustinisme politique» (H. X. Arquillière), für den die Ausführungen Augustins über die christlichen Kaiser bis hin zum Enkomion auf den «frommen Theodosius» (civ. 5, 24–26) zum Standardtext christlicher Reichstheologie wurde, sollte dann nicht nur das frühmittelalterliche Geschichtsbild prägen, sondern auch in seiner Enteschatologisierung der «zwei Bürgerschaften» (duae civitates) überall dort mitsprechen, wo man im Spannungsfeld von Reich und Kirche, Staat und Christenheit aus dem «Gottesstaat» die geschichtliche Legitimierung zu erweisen suchte[15]. Um zusammenfassend diesen ersten Teil der Einführung abzuschließen: die von dem zweiten Hauptteil des «Gottesstaates» ausgehenden Impulse wirkten innerhalb der abendländischen Geistes-, Kirchen- und Sozialgeschichte auf ganz bestimmte Weise. Sie trugen wesentlich dazu bei, Geschichtsbewußtsein und geschichtliche Verantwortung bei den Institutionen der Zivilisation zu artikulieren und gleichzeitig so die europäischen und die von ihnen ausgegangenen Völker (Amerika!) zu befähigen, Modelle geschichtlicher Koexistenz auf den verschiedensten Ebenen zu entwickeln.

Doch wenden wir uns jetzt unmittelbar den zwölf Büchern zu, von denen solche Impulse ausgehen konnten, weil in ihnen zunächst das Grundmodell eines geschichtlichen Neben- bzw. Gegeneinanders «zweier Bürgerschaften» (duae civitates) geschaffen worden war. Dabei sei gleichzeitig vermerkt, daß Augustin bevorzugt von diesen «beiden Genossenschaften» (duae societates) dann spricht, wenn er sie in ihrem Antagonismus bzw. in der Gegensätzlichkeit ihrer Zielsetzungen

(Telos) charakterisieren will[16]. Das erleichterte dem ockhamistischen Nominalismus der Spätscholastik die antithetische Entfaltung einer «Zweireiche»-Lehre, die auch im Augustinereremitenorden Echo fand und so auf Martin Luther einwirken konnte (bes. in seiner Auseinandersetzung mit Erasmus bzw. seiner Kampfschrift «de servo arbitrio»)[17].

Bei einer biographischen Analyse der geschichtstheologischen Konzepte Augustins und einer Würdigung der mit ihnen bekundeten Denkleistung wird es angezeigt sein, sich der Ungunst der denkerischen Voraussetzung zu entsinnen. Sie lassen sich gut mit der oben bereits genannten Relation «Sein und Zeit» darstellen. Beide Begriffe waren für Augustin nicht auf die Geschichtlichkeit menschlicher Existenz bezogen – darin ist der moderne Existenzphilosoph «christlicher» als der Kirchenvater! Für ihn waren sie ontologische Kategorien einer Metaphysik, für welche die Zeit kein ontisches Sein besitzt, sondern in erster Linie in dem menschlichen Bewußtsein existiert. Das hatte er aus dem Neuplatonismus übernommen, und dazu hatte er sich ungewollt in berühmten Kapiteln seiner «Konfessionen» bekannt (conf. 11,9,11–28,38 BAW S. 308ff.). Auch im «Gottesstaat» gibt er solche Grund-Sätze neuplatonischer Metaphysik bzw. Kosmologie nicht preis, wenn sie auch weithin nur verdeckt den Ausführungen zugrunde liegen[18]. Am offensichtlichsten sind sie eben bei der prädikativen Aussage über die Güte des Seins, die sich wie ein roter Faden durch zahlreiche Kapitel des «Gottesstaates» hindurchzieht, zumal wenn man die Folgeaussagen mitberücksichtigt, welche das Böse («malum») als eine Minderung des Guten («privatio boni») bezeichnen[19]. Augustin hält diesen Grund-Satz einer idealistischen Metaphysik auch dann fest, wenn er ihn wie in der Frage einer ontologischen Begründung des bösen Willens und seines Ursprungs vor eine schwere Denkaufgabe stellt[20]. Im vorliegenden Fall eines geschichtstheologischen Denkprozesses vermochte aber selbst Prinzipientreue zu den Grundsätzen der neuplatonischen Metaphysik nicht weiterzuhelfen.

Ein weiteres Handicap kann nicht übersehen werden. Augustin konnte auch nicht innerhalb der altchristlichen Apologetik für den zweiten Teil seines «Gottesstaates» auf Vorbilder zurückgreifen. Im Gegenteil – ihre literarischen Traditionen verlangten von ihm diesbezüglich etwas ganz anderes: eine dogmatische Darstellung des christlichen Glaubens entsprach mindestens den Anforderungen, die von den griechischen Ostkirchen an die Apologetik als literarische Gattung gestellt wurden. Der eigenwillige und selbstbewußte Tertullian, Verfasser der ersten lateinischen Apologie Anf. des 3.Jh.[21], hatte sich solchem Zwang allerdings nicht gebeugt. Anders hingegen sein Zeitgenosse Hippolyt von Rom (Anf. des 3.Jh.), der seine «Überführung aller Häresien» (→KlP 2,1174) mit einem systematischen Aufriß der christlichen Lehre positiv abschloß. Solches Erfordernis positiver Darstellung christlicher Lehre hatte dann im konstantinischen Zeitalter Euseb von Caesarea Palaestinensis in vorbildlicher Weise demonstriert. Seine zwischen 315/320 entstandene Apologie – die 15 Bücher der «Vorbereitung auf das Evangelium» – beschloß er in einem zweiten Hauptteil mit «Darlegung des Evangeliums» («demonstratio evangelica» KlP 2,459f.). Sie war ausgesprochen systematischer Natur. Ansatzpunkte für einen geschichtstheologischen Entwurf waren hier nicht gegeben. Das gilt ferner für das apologetische Doppelwerk des alexandrinischen Bischofs Athanasius (gest. 373 n.Chr.). Seine «Rede gegen die Heiden» – eine Apologie des Monotheismus wider heidnischen Polytheismus – war Vorspann für die «Rede zur Fleischwerdung des Wortes», der eigentlichen Darstellung christlichen Glaubens[22]. Im übrigen wäre ein im Anschluß an diese apologetischen Traditionen gestalteter, zweiter Hauptteil des «Gottesstaates» wesentlich anders ausgefallen. Das lehrt der Vergleich mit dem zur Gattung dogmatischer Schriften zu zählenden «Handbüchlein über Glaube, Hoffnung und Liebe» (enchiridion de fide, spe et caritate: BiblA S. 262). Es entstand in der Zeit um 421 bis 423 n. Chr., als Augustin sich anschickte, die letzten fünf Bücher (civ. 18–22) auszuarbeiten[23]. Zur Information genügt schon Augustins eigene und knappe Inhaltsangabe: «Ich glaube, dort ziemlich genau zusammengefaßt zu haben, wie man Gott verehren muß und wie die Schriften die wahre Weisheit des Menschen bestimmen» (retract. 2,63; übers. Barbel S. 5). Nimmt man noch aus den Eingangssätzen (mit einer antiintellektualistischen Note!) den lateinischen Satz «Hominis autem sapientia pietas est» hinzu, der sich auf das Hiob-Wort: «Ecce pietas est sapientia» (Hiob 28,28) bezieht, dann kann man auch sprachlich nachempfinden, wie «römisch», d.h. auf Frömmigkeitsübung ausgerichtet, die Gottesverehrung («cultus dei») des alten Augustin geworden ist. Die Jugendzeiten des theologisch-spekulativen Engagements liegen weit zurück, auch wenn ihre Erkenntnisse nicht preisgegeben werden. Den zweiten Hauptteil seines apologetischen Lebenswerkes als systematische Dogmatik zu gestalten, war bereits um 412/13 n. Chr. für Augustin keine Veranlassung, geschweige denn Motivierung.

Was veranlaßte ihn dann, statt dessen die Menschheitsgeschichte als ein Nebeneinander zweier «Bürgerschaften» (civitates) zum Gegenstand der Darstellung zu machen? Das Fehlen literarischer Vorbilder mußte der Augustin-Forschung auferlegen, bei der Beantwortung dieser Frage im Umkreis des Kirchenvaters Umschau zu halten. Hier bot sich vor allem der Donatistenbischof Tyconius (gest. ca. 400 n. Chr.) an, den Augustin wegen seiner biblischen Hermeneutik («liber regularum» vgl. Anm. zu civ. 17,3; S. 361 oben) hochschätzte. Die

Hochschätzung bezog sich aber auch auf den nur fragmentarisch erhaltenen Apokalypse-Kommentar des Tyconius, welcher darin ganz im Sinne Augustins die chiliastische Auslegung abgelehnt hatte (vgl. Anm. zu civ. 20,7; S. 598 unten) und deshalb von den Donatisten exkommuniziert wurde[24]. Hier war bereits aufgrund des apokalyptischen Gegensatzpaares Babylon–Jerusalem von dem Kampf zwischen der «civitas diaboli» und der «civitas dei» die Rede. Diese schon um die Jahrhundertwende geäußerte Vermutung (Hahn) hat man neuerdings durch die These zu untermauern versucht, schon um 389/391 n. Chr. zeigten sich Einflüsse des Tyconius in der Schrift «Von der wahren Religion» (de vera religione 48–51; BAW S. 440–451)[25].

Demgegenüber hatte nach dem ersten Weltkrieg der Franzose Alfaric (BiblA S. 53) auf den nordafrikanischen Manichäismus verwiesen, und die neueren Funde zur manichäischen Gnosis haben dessen Randnotiz zu der konkreten These verdichtet, Augustins civitas-Lehre sei aus dem manichäischen Dualismus hervorgegangen[26]. So bedeutsam und auch bereichernd für die Augustin-Forschung solche Beobachtungen gewesen sind, ebenso irreführend im Sinn des Kurzschlusses würde man aus ihnen folgern, Augustin habe von Tyconius oder dem nordafrikanischen Manichäismus das Konzept seiner Geschichtstheologie übernommen[27]. Gleichgeartete Erscheinungen besagen noch nicht Abhängigkeit des einen von dem anderen im Sinne des Gebens und Nehmens. In ihnen kann auch eine durch gegenseitige Anregung ausgelöste Korrespondenz der Eigenständigkeit sich widerspiegeln. Mit gutem Grund gab Augustin seinem Werk den Buchtitel «Vom Gottesstaat» (civitas dei). So hatte er ihn in jenen Psalmstellen vorgefunden, mit denen er den zweiten Hauptabschnitt einleitet (civ. 11,1 mit Anm. S. 839). In dieser antidualistischen Aussage als Bekenntnis zum Herrn der Zeiten ließ er sich in selbständiger Exegese aus der biblischen Heilsgeschichte ableiten[28]. Und in der Tat spricht für solche Eigenständigkeit die Rolle, welche die Schriftexegese in dem zweiten Teil von «De civitate» spielt, nicht zuletzt auch deshalb, weil sie in ihrer überwuchernden Fülle zugleich eine Belastung des Werkes darstellt.

Weitere Beobachtungen sprechen für solche Eigenständigkeit. Beachtenswert ist z.B. ein schon bei dem Presbyter von Hippo Regius zu konstatierendes Interesse für Weltgeschichte. Sein Jugendfreund und Weggenosse Alypius, damals (394 n.Chr.) schon Bischof der gemeinsamen Heimatstadt Thagaste, hatte aus den früheren Zeiten seiner Laufbahn als Verwaltungsjurist in Rom (vgl. conf. 6,10,16; BAW S. 151 f.) Beziehungen zur römischen Beamtenaristokratie. Diese pflegte er besonders in solchen Fällen wie dem des früheren «consularis Campaniae» Pontius Meropius Paulinus, «vir clarissimus», der sich auf seine alten Tage hatte taufen lassen, um – ähnlich wie Alypius und Augustin im Unterschied zu ihnen jedoch mit seiner Frau Theresia – damit die Abkehr von der Welt («conversio») zu vollziehen und im kampanischen Nola ein Doppelkloster für Mönche und Nonnen zu begründen (→ KlP 4,560 f.). Diesem hatte Alypius fünf antimanichäische Schriften Augustins übersandt (Aug. ep. 25 Goldbacher). Wenn der Beschenkte die Empfangsbestätigung mit der Mitteilung verbindet, er habe für Alypius einen Codex der Chronik des Eusebius – die gerade in den Presbyterstand (ep. 25, 3) übergetretene hohe Exzellenz verwechselt ihn mit dem Bischof von Konstantinopel alias Nikomedien! – aus Rom entliehen und zur Abschrift nach Karthago abschicken lassen (ep. 24, 2 f.), dann wird hier sichtlich nach dem altbewährten Prinzip «do ut des» gehandelt. Inspirator dieser buchhändlerischen Aktion des Austausches aber dürfte nach allem, was wir über das Verhältnis Alypius–Augustin wissen, der geistig Überlegenere gewesen sein. Auf jeden Fall macht er in seinem «Gottesstaat» von «Eusebius in seiner Chronik» (civ. 16, 16; S. 311 unten mit Anm.) Gebrauch, wobei aufgrund seiner Zitate schwer auszumachen ist, ob das aus Rom abgesandte Exemplar die Übersetzung durch Hieronymus war. In Hippo Regius war man sichtlich in der Lage, Angaben des griechischen Originals mit denen der lateinischen Übersetzung zu überprüfen[29]. Das deutet auf zusätzliche Aktivität auf dem Gebiet weltchronistischer Quellen, diesmal aber unmittelbar durch Augustin. Dem entspricht die Art, wie er im achtzehnten Buch die Weltchronik zum Rückgrat einer kritischen Überprüfung der aufgrund des Schriftzeugnisses von Buch 16 und 17 erhobenen Daten der alttestamentlichen Heilsgeschichte macht[30]. Es ist, als benutze er einen «Plœtz», den allbekannten «Auszug aus der Geschichte», den seit über hundert Jahren alle Schülergenerationen benutzen. Dabei läßt sich beobachten, daß er bis in die Formulierung hinein seiner Vorlage, dann in ihrer lateinischen Fassung, folgt.

Doch Augustin verdankte ihr noch mehr als historische Daten. Seit der ersten christlichen Weltchronik, die der Privatgelehrte und Freund des Origenes – Julius Africanus (gest. nach 240 n. Chr.; → KlP 2, 1547f.) – mit seinen fünf Büchern «Chronographiai» (nur fragmentarisch erhalten) schuf, war für diese Gattung und ihre Jahreszählungen «ab orbe condita» die Weltenwoche maßgeblich. Sie war aus der jüdischen Weltzeitalter-Lehre hervorgegangen, welche die Weltzeitdauer dadurch berechnete, daß sie die Zeitdauer der Weltschöpfung zugrunde legte, um dann mit Hilfe des durch Ps. 90, 4 angebotenen Multiplikators («Tausend Jahre sind vor dir wie der Tag, der gestern vergangen ist, und wie eine Nachtwache», vgl. 2. Petr. 3, 8) zu einer Weltdauer von 6000 Jahren zu kommen, wobei das siebente Jahrtausend als Weltensabbat bzw. als tausendjähriges Friedensreich des Messias verstanden wurde. Das wurde von den Christen übernommen, die das Geburtsjahr Christi in das Jahr 5500 verlegten und seine Wiederkunft für das Jahr 6000 erwarteten (so auch Julius Africanus). Des Euseb «Chronologische Tabellen und Abriß der – Hellenen und Barbaren gemeinsamen – Universalhistorie» (so der ausführliche Buchtitel) setzte allerdings das Geburtsjahr Jesu auf 5200 und damit einen neuen Akzent: der Regierungsantritt Konstantins kam so auf das Geburtsjahr Jesu von früher, nämlich das 5500. Weltenjahr zu liegen! Im Westen kam dieser Ansatz durch die Übersetzung des Hieronymus zum Zuge, auch wenn er im weiteren Verlauf der Geschichte von dem Kalenderjahr 500 n. Chr. als Jahr der apokalyptischen Wiederkehr Christi in Frage gestellt wurde. Augustin seinerseits stellte auch den eusebianisch-hieronymianischen Ansatz in Frage. Er zog aus seiner Ablehnung des Chiliasmus (civ. 20, 7) und der spiritualistischen Auslegung der tausend Jahre auf die «tausendjährige Herrschaft der Heiligen mit Christus» (civ. 20, 9), d. h. auf das bereits angebrochene Millennium der Kirche[31], zugleich die weltchronologische Folgerung. Dem ist das Schlußkapitel seines «Gottesstaates» gewidmet, in dem es von dem Zeitpunkt der «Geburt Christi im Fleisch» heißt: «Bis dahin also im ganzen fünf (sc. Weltalter). Das sechste dauert noch an ...» (civ. 22, 30; S. 835 Mitte). Das bedeutete die Festlegung der Geburt Jesu auf das 5000. Weltenjahr[32]. Mit diesem selbständigen Beitrag zur Weltchronologie beherrschte Augustin das Geschichtsbild des ersten christlichen Jahrtausends. Wenn er damit um 1000 n. Chr. apokalyptische Weltuntergangsstimmung nicht nur bei Kaiser Otto III., sondern auch im Bereich der Dichtung und Kunst auslöste, so war dies ein Mißverständnis besagten Schlußkapitels, in dem er ausdrücklich zum Zeitalter der Christenheit betont hatte, es sei «nach keiner Zahl von Geschlechtern bemessen», und sich hierfür auf Apg. 1, 7 bezogen hatte (civ. 22, 30; S. 835 Mitte). Die Wirkungsgeschichte des augustinischen «Gottesstaates» trägt somit zum Thema des «fruchtbaren Mißverständnisses» in der Geschichte bei und ist darin nicht auf das Frühmittelalter eingeschränkt.

Das Schlußkapitel läßt gleichzeitig den Einfluß anthropologischer Kategorien erkennen, wenn Augustin dort die Weltgeschichte in sechs Epochen («articuli temporis») einteilt (civ. 22, 30; S. 834 unten) und diese gleichzeitig als «Weltalter» (aetates) bezeichnet (a. O. S. 835 oben; beide mit Anm.). Dieses Gliederungsschema tauchte bereits civ. 21, 16 (S. 710 f.) in der aufsteigenden Abfolge: «Kindheit» (infantia), «frühe Jugend» (pueritia), «eigentliche Jugend» (adolescentia) angedeutet, und civ. 16, 43 (S. 354 f.; beide mit Anm.), in der absteigenden Abfolge: «Mannesalter» (iuventus), «Jünglingsalter» (adolescentia), «Knabenalter» (pueritia), «Kindheit» (infantia) eindeutiger artikuliert, auf. Im aufsteigenden Schema voll aufgeführt als «infantia, pueritia, adolescentia, iuventus, gravitas et senectus» erscheint es mehr zufällig in den «Verschiedenen Anfragen» als Fragenkomplex 58 (CCL 44 A, 105 ff.) und läßt sich auch für andere Schriften Augustins nachweisen. Schon Laktanz, der nordafrikanische, an den Hof des Christengegners Diokletian in Nikomedien berufene, bereits vor dem Ausbruch der Christenverfolgungen (303/04 n. Chr.) zum Christentum übergetretene Rhetor, hatte aufgrund von 1. Mos. 1, 27 und der Auffassung, daß Adam am 6. Schöpfungstage zum Ebenbild Gottes wurde[33], die Typologie der Schöpfungstage mit dem anthropologischen Schema der Altersstufen verknüpft, um damit eine weltchronologische Gliederung zu gewinnen (div. inst. 7, 14, 9–17). Einflüsse einer gnostischen Weltanschauung, deren Kosmologie die altgriechische Relation von kosmischem Makrokosmos und menschlichem Mikrokosmos für ihren Weltpessimismus ausschöpfte, auf Laktanz liegen dabei durchaus im Bereich der

Möglichkeiten[34]. Bei Augustin sind solche gnostischen Urmenschspekulationen jedenfalls nicht festzustellen; für ihre Renaissance in der mittelalterlichen Welt- und Zeitspekulation ist sein «Gottesstaat» nicht verantwortlich zu machen. Eher wären von Cicero, Seneca und anderen profanen Quellen kommende Einflüsse möglich, in denen Roms Weltgeschichte mit den fünf Lebensaltern verglichen wurde. Vor allem wird man Ambrosius bei der Entstehung der augustinischen Weltalterlehre ein gewichtiges Mitspracherecht zuerkennen müssen[35]. Letztlich sind beide – sowohl der mailändische wie der nordafrikanische Bischof – jenem alttestamentlichen, besonders bei Tritojesaja (Jes. 56–66) begegnenden Denken verpflichtet, das Schöpfungsgeschichte mit der Heils- und Erwählungsgeschichte eines Volkes gleichsetzte. Hier liegen die Wurzeln der Geschichtstheologie des «Gottesstaates», der zwangsläufig für die Geschichte von «Weltstaat» und «Gottesstaat» in Stoff und Methode der Schriftexegese auf das Alte Testament zurückgreifen mußte (Bücher 15–17). Für sie gilt der Satz: «Nur von der heiligen Geschichte her erschließt sich der Sinn der Geschichte[36].»

Mit diesem Entscheid Augustins, das Alte Testament auch materiell zum Leitfaden der geschichtlichen Darstellung zu machen, war allerdings ein Nachteil verbunden. Die Geschehnisse des «Weltstaates» rückten zwangsläufig in den Hintergrund und wanderten aus dem Gesichtskreis. Um sie nicht aus dem Auge zu verlieren, wurden sie nach dem althergebrachten Verfahren der «Chroniken» synchronistisch angebunden und so nachgetragen (Buch 18). Augustin scheint diesen Nachteil bewußt auf sich genommen zu haben. Wenigstens hatte er bereits vor 417 n. Chr. dem spanischen Flüchtling und Presbyter Paulus Orosius in Hippo Regius den Vorschlag gemacht, eine christliche Weltgeschichte zu schreiben, in welche die Profangeschichte integriert war. Zu dem Zeitpunkt war – wohlbemerkt – Buch 11 noch nicht in Angriff genommen (s. Einführung Bd. 1, XI). Dies und vor allem des Orosius Vor- und Nachworte zu seinen sieben Büchern «Historiae adversus paganos» sprechen dafür, daß wir es mit einem Alternativvorschlag Augustins zu tun haben. Dem kommt deshalb Bedeutung zu, weil Orosius aufgrund der vier Weltreiche von Dan. 7 die Weltgeschichte in vier Perioden einteilte, was eine leicht verständliche Periodisierung bot und daher auch Orosius zum mittelalterlichen Lehrbuch der Universalhistorie machte[37]. Augustin, der Dan. 7 in einem ganz anderen Kontext anführt (civ. 20, 23; S. 648; civ. 22, 3; S. 750)[38], macht jedenfalls keinen Gebrauch von solcher Möglichkeit.

Ihn interessierte sichtlich weniger das formale Schema einer Geschichtsperiodik als der dynamische, um nicht zu sagen dramatische Verlauf der Menschheitsgeschichte. Das erklärt noch am besten, warum im zweiten Hauptteil des «Gottesstaates» die Bücher 11–14 und 19–22 einen weit stärkeren Raum beanspruchen. Sie sind sozusagen die massiven Brükkenpfeiler, welche den «Ausgang» (exortus) des «Gottesstaates» auf dem einen Ufer, das «Ende» (finis) desselben auf dem anderen darstellen. Sie markieren Vorgeschichte bzw. Endgeschichte, weil nur so die weite Spanne der Menschheitsgeschichte im freitragenden Brückenschlag dargestellt und verstanden werden kann. Nicht der Geschichtsablauf (procursus) als solcher ist Augustin das wichtigste, sondern Zielrichtung und damit der Sinn der Menschheitsgeschichte. Wer hätte vor ihm je so gefragt?

Hier muß er mit der Schöpfung von Himmel und Erde einsetzen, um die Entwicklung jenseits aller Geschichte zu verankern. Nicht der Mensch, sondern Gott ist ihr Herr. Er führt das erste Wort! Zugleich kann Augustin mit diesem Ansatz sich um den Ausgleich zwischen dem biblischen Schöpfungsgedanken und dem Weltbild philosophischer Kosmologie mühen. Der Beginn der Weltgeschichte im üblichen Verständnis beginnt aber mit der Erschaffung des ersten Menschen. Sie ist nicht Wiederkehr des ewig Gleichen, sie ist unwiederholbar: «Solchen Anfang konnte es nur einmal geben» (civ. 12,21; S. 98). Mit seiner geschichtlichen Existenz gewann der Mensch zugleich die einmalige Chance, in den Dienst Gottes zu treten, sein Mitarbeiter am göttlichen Heilswerk der Wiederherstellung der «civitas caelestis» zu werden. Dieser Ansatzpunkt gestattet den Brückenschlag zur philosophischen Anthropologie, z.B. zum Menschenbild vom «homo rectus» (s. Anm. zu civ. 13,14; S. 124 oben). In Adam wird vor allem die Einheit der Menschheit gesetzt. «Verwandtschaftliche Beziehungen» innerhalb der sich entfaltenden Völkerfamilie ergeben sich und mit ihnen der Zwang, das «Band des Friedens in Einheit und Eintracht zu verknüpfen» (civ. 12,22; S. 99; civ. 14,1 mit Anm.), zumal der Mensch «gesellig von Natur» ist (civ. 12,28; S. 105). Hier bietet sich der Rückgriff auf die Staatsphilosophie seines alten Wegbegleiters Cicero, dem Augustin sich denn auch nicht versagt (z.B. civ. 15,8; S. 229 oben). Wenn es aber darum geht, den Gegensatz zwischen den beiden «Bürgerschaften» zu erklären und zu beschreiben (civ. 14,28; 15,1 ff.), dann greift er mit weit größerem Engagement auf Ciceros Fragestellung nach den «Grenzen im Guten und Bösen» (de finibus bonorum et malorum) zurück, um denselben als einen wertethischen Gegensatz zu definieren[39]. Die Geschichte erhält ihre Moral. Jetzt kann vor allem «*der* Apostel» schlechthin zu Wort kommen, um den Gegensatz zwischen den beiden «Bürgerschaften» antithetisch als «Leben nach dem Fleisch» oder «... nach dem Geist» (civ. 14,2), als «Leben nach dem Menschen» ... oder «nach Gott» (civ. 14,4) zu beschreiben und vor allem theologisch zu werten; ganz im Sinn von Paulus wird er als Gegensatz von Selbstliebe und Gottesliebe interpretiert (civ. 14,28;

S. 210 unten). Augustins «Gottesstaat» ist eben keine Geschichtsphilosophie, sondern ein geschichtstheologischer Entwurf.

Diese Geschichtstheologie ist dabei weder penetrant noch rechthaberisch. Sie wird wohltuend von dem Konzept des «wandernden Gottesvolkes» beeinflußt. Es ist aus 2. Kor. 5,6ff. und Hebr. 11,14–16 entwickelt worden, wobei man nicht vergessen darf, daß für Augustin der darin nicht unbestrittene Hebräerbrief von Paulus geschrieben ist. Schon in seinem Vorwort zum Gesamtwerk hatte er diesen Gedanken aufgegriffen, weil er geeignet ist, die relative Vorläufigkeit des «Gottesstaates» in seiner weltgeschichtlichen Entwicklung festzuhalten. Augustin kann aber auch von der «Pilgerreise dieses Lebens» sprechen (z.B. civ. 19,9; S. 171), was dem ursprünglichen Sinn der Paulus-Stellen entspricht[40]. Er ist sich durchaus der Fragwürdigkeit seiner Geschichtstheologie bewußt. Das kommt charakteristischerweise, weil im Bereich ihrer biblischen Begründung, in dem zum Ausdruck, was man seinen «hermeneutischen Pluralismus» genannt hat. Unter der Voraussetzung, daß die «Glaubensregel» nicht in Frage gestellt ist, anders formuliert: daß man auf der gleichen Pilgerstraße wandert, hält er verschiedene Auslegungen der gleichen Schriftstelle für möglich: «Mag jeder dies auslegen wie er will» (civ. 11,32; S. 53 unten, vgl. auch in Sachen des Fegefeuers bzw. des Zwischenzustandes civ. 21,24; S. 725 oben; civ. 21,26; S. 735 unten). Augustin wußte, daß theologische Entwürfe immer nur «Fragmente» sein können, weil sie aus dem theologischen Gespräch der «Pilger» auf ihrer Wanderung zwischen den Ewigkeiten und daher vorläufig sind. Eben das aber hat seinem «Gottesstaat» durch die Zeiten auch immer Gesprächspartner gesichert!

Zur Neuauflage

Dem aufmerksamen Leser, den nicht nur Augustin für seinen «Gottesstaat» wünschte (civ. 22,25; S. 818 oben), wird nicht entgehen, daß die Anmerkungen für die Bücher 11–22 umfangreicher sind als für die vorangegangenen. Das hat seine sachlichen Gründe. Mit den philosophischen und theologischen Problemen des zweiten Hauptteils des Gesamtwerkes gewinnt das Sprachgewand an Bedeutung. Lateinische Zitate mußten vermehrt gebracht werden, um der Wortbedeutung und den Sinnzusammenhängen gerecht zu werden. Die letzte Anmerkung zum «Gottesstaat» mag dies veranschaulichen. Sie vermerkt zu Thimmes Übersetzung «Dann werden wir stille sein», lat. «vacabimus» (civ. 22,30; S. 835 unten), den mündlich mir gemachten Übersetzungsvorschlag: «Dann werden wir frei sein» (Alfred Niebergall). Möglich ist auch «Dann werden wir Muße haben» (mündlicher Vorschlag: Klaus Nickau). Auf dem Hintergrund der voraufgehenden Textparallele (s. a. O. S. 834: «Dann werden wir Gottes voll sein») wird man auch die Wiedergabe «Dann werden wir leer sein» bedenken müssen, zumal dies Paradox gleichzeitig dem dortigen Zusammenhang gerecht werden könnte. Vor allem aber hat man den engen Bezug zwischen «vacare et videre» zu berücksichtigen, den Vulg. Ps. 45 (46) 11: «vacate et videte quoniam ego sum Deus» biblizistischer Frömmigkeit vermittelt hatte. Augustin hatte zudem dem Psalmwort eine autobiographische Dimension dadurch verliehen, daß er mit ihm seinen Entschluß, das Mailänder Lehramt nach seiner Bekehrung aufzugeben, postum legitimierte (conf. 9,2,4; BAW S. 219 unten). Damit macht der lateinische Wortlaut zugleich an diesem bedeutsamen Schlußsatz jene Psalmendiktion greifbar, die im Gefolge Harnacks neuere Forschung (Georg Nikolaus Knauer) abermals für Augustins Frömmigkeit als konstitutiv erwiesen hat. Wie dem auch sei – der Entscheid jedes deutschen Übersetzers zerstört die plurale Bezugsmöglichkeit des lateinischen Wortlautes.

Die Vorbemerkungen zu den Abkürzungen und technischen Details für Bd. 1, S. 533 f. behalten weiterhin Gültigkeit, mußten jedoch durch neue Angaben erweitert werden (S. 837f.). Zu Bd. 1, S. XXXII ist der Autorname nachzutragen: «G. Madec, ‹Tempora christiana› usw.» Für das aktuelle Forschungsgespräch um den «Gottesstaat» sei besonders auf R. Lorenz, Zwölf Jahre Augustinusforschung (1959–1970), ThR 40, 1975, 31 ff. 107 ff. hingewiesen. Ohne die Mitwirkung der cand. phil. H. Meyer, J. A. Smith sowie Undine Hemmerde bei der Erstellung des Manuskriptes, von stud. theol. H.-J. Knipp beim Korrekturlesen und vor allem der selbstlosen «Mittlerschaft» (eine augustinische Kategorie!) des Verlagslektors F. Hofer bei der Drucklegung wäre die Vollendung des zweiten Bandes dieser Neuauflage in so kurzfristigem Abstand niemals möglich gewesen. Allen Beteiligten gebührt daher der Dank!

Carl Andresen

Anmerkungen zur Einführung

1 BiblA S. 258 für Ta und Übers. Auch ein drittes systematisches Werk A.s («de doctr. christ.»: BiblA S. 257) sollte den Autor mit drei Jahrzehnten (396–426) die längste Zeit seines lit. Schaffens beschäftigen; wie civ. bezeichnete er es gleichfalls als «magnum opus et arduum» (1, 1, 1). Bei diesem «Lehrbuch» bot der Brauch seiner Gattung, im Vorwort eine durch Begriffsdeduktionen erarbeitete Gliederung vorauszuschicken (Vorwort 1, 1, 1–1, 3, 3), eine Gedächtnishilfe; hier ließ sich selbst nach langer Unterbrechung in kürzester Frist (426/27) das vorgesehene Schlußbuch abfassen (retr. 2, 4, 30).

2 A. O. (Paris [5]1958) 61. 74–76; in seiner «Retractatio» anläßlich der Zweitauflage (Paris 1949) 665 ff. modifizierte Marrou allerdings dies Urteil.

[3] «Glaube und Unglaube in der Weltgeschichte. Ein Kommentar zu Augustins De civitate Dei. Mit einem Exkurs: Fruitio Dei, ein Beitrag zur Geschichte der Theologie und der Mystik», Leipzig 1911; anast. a.O. 1967. Zum Verf. und seinem Werdegang vom systematischen Theologen und Religionsphilosophen bis zum Inhaber des ersten deutschen Lehrstuhls für mathematische Logik (→ BiblA S. 106, Nr. 5) und Grundlagenforschung in Münster vgl. RGG[3] 5, 1499.

[4] Sie sind differenzierter als obiges summarisches Urteil. So wird S. 16 Anm. 3 dem zwanzigsten Buch vom «Jüngsten Gericht» bescheinigt, es sei «musterhaft gegliedert und gehöre mit Buch 11 zu den besten Kompositionen des zweiten Teils, wie Buch 13 und 18 zu den schlechtesten».

[5] Vgl. Anm. zu S. 769 oben; 770 unten, ferner BiblA S. 146, Nr. 3.

[6] Zu ihnen zählt auch eine erstaunliche, jedoch auf extraordinäre Ereignisse fixierte Gedächtniskraft. Ich nenne z. B. den schauerlichen Vorfall von Kannibalismus in der durch Hannibal belagerten spanischen Stadt Sagunt (Anm. S. 560 zu civ. 3, 20). Mehrmals kommt A. in Partien zur körperlichen Auferstehung auf den Problemfall zu sprechen, daß jemand, «den der Hunger trieb», Menschenfleisch verzehrte, vgl. civ. 22, 12 (S. 787 Mitte); 22, 20 (S. 798 unten, mit Anm.).

[7] Vgl. das Synodalschreiben des Mailänder Bischofs Mansuetus an Kaiser Konstantin VI. Pogonatos am Vorabend zu dem 6. ökum. Konzil von Konstantinopel (680–681; nach röm. Zählung), das neben den vier Griechen die vier Lateiner Hilarius von Poitiers, Ambrosius, Hieronymus und Gregor d. Gr. als Lehrautoritäten benennt (Mansi 11, 206f.).

[8] Die Gruppierung, wie Mansuetus sie bietet, erscheint schon in einem an Gregor d. Gr. gerichteten Brief, nur ist hier Gregor von Nazianz, nicht der Papst selber, gemeint (Greg. ep. 1, 41 a).

[9] Vgl. P. Courcelle im Kongreßband «Augustinus Magister» 3 (Paris 1955) 9–11.

[10] Nicht zufällig wurde ein Parteigänger Augustins in der Frage des partikularen Prädestinationsaktes Gottes wie Fulgentius von Ruspe (5./6. Jh.; → KlP 2, 628) mit seinem dogmatischen Kompendium «De fide ad Petrum», das Vätersentenzen zu den Glaubenslehren sammelte, für die «summae sententiarum» der Scholastik vorbildlich, vgl. A. Grillmeier, Studia patristica 6 (Berlin 1962) 390–408.

[11] In den Anm. wird das dadurch festgehalten, daß statt «Bibelzitat» bei Paulus-Zitaten oft das Kennwort «Apostelzitat» gebraucht wird, vgl. ferner Anm. zu civ. 14, 22 (S. 199 unten). Zum übrigen vgl. C. Andresen, Gesch. des Christentums I (Stuttgart 1975) 157f.

[12] Nicht vergessen werden sollte der Philosophiehistoriker und Existentialphilosoph Erich Frank, dessen Gesammelte Aufsätze unter dem Buchtitel «Wissen, Wollen, Glauben» Ludwig Edelstein im Artemisverlag Zürich-Stuttgart (1955) herausgab. Die beiden Auf-

sätze zu A. übersetzte C. Andresen, Das Augustingespräch der Gegenwart I (^{2}1975) 182ff.; 381ff.

13 Gesch. des Christentums I (1975) 117ff.

14 A.O. S.133f. mit Lit.

15 Neben dem üblichen Hinweis auf den Propagandisten der staufischen Reichstheologie Otto von Freising, der im Vorwort zu seinen «Chronica sive historia de duabus civitatibus» (1143–1146) sich ausdrücklich auf Augustin und Orosius als die «Kirchenlichter» (ecclesiarum lumina) berief (MGH 20, 1868, 119), sei aus dem Zeitalter des französischen Staatsabsolutismus im 17./18.Jh. der Theologe Bossuet genannt, für den die Zeit der «civitas terrena» vom Reich der Pharaonen bis zu dem der Römer, die der «civitas Dei» aber von Abraham bis zur siegreichen Kirche reichte (Discours [Paris 1864] I, XII; S.122). Lit.: BiblA 204–210.

16 Vgl. z.B. civ.12,1 (S.58 Mitte); 12,28 (S.106 unten): «societates tamquam civitates duas»; 14,13 (S.185 Mitte); 15,1 (S.212 unten).

17 Vgl. R.Arbesmann, Der Augustiner-Eremitenorden und der Beginn der humanistischen Bewegung, Würzburg 1965; R.A.Markus, Saeculum: History and Society in the Theology of St.Augustine, Cambridge 1970, 197–230; U.Duchrow, Christenheit und Weltverantwortung. Traditionsgeschichte und systematische Struktur der Zweireichelehre, Stuttgart 1970, ist mehr eine Aufsatzsammlung zur Wirkungsgeschichte A.s, die die theologiegeschichtlichen Linien nicht auszieht.

18 Für den Problemkreis «Zeit und Ewigkeit» vgl. civ.11,6 mit Anm.; 12,13 (S.78 unten) mit Anm.; 12,16 (S.84 unten; 85f.) mit Anm.; 13,11 (S.119 unten) mit Anm.

19 Vgl. civ.8,4 (S.378 oben); 8,6 (S.382 oben) mit Anm.; civ.11,9 (S.17 unten) mit Anm.; 11,22 (S.35 Mitte) mit Anm.; 12,3 (S.62 oben) mit Anm.; 12,6 (S.67 oben); 14,11 (S.180 oben) mit Anm. Wenn A. anfänglich aus biographischen Gründen (frühere Zugehörigkeit zu den Manichäern) auf diesem Grundsatz insistierte, daß nur dem Sein eine positive Wertung zukomme (de natura boni contra Manichaeos vgl. BiblA S.258), so bestimmten ihn bei der Abfassung des «Gottesstaates» transsubjektive Motive, die aus der allgemeinen Geistessituation des 5.Jh. resultierten.

20 Vgl. civ.11,17 (S.28 unten) mit Anm.; 12,6 (S.67ff.) mit Anm.; civ.12,7 mit Anm.

21 Lateinisch-deutsche Ausgabe von Carl Becker (München 1952).

22 Augustins Beziehung zu den Genannten untersuchte vor allem B.Altaner, vgl. BiblA S.159, Nr.17.

23 Vgl. Einführung Bd.1, S.XIIf.

24 Vgl. Aug., doctr.christ.3,30,42: «Tichonius quidam qui contra Donatistas invictissime scripsit, cum fuerit Donatista ...»

25 Traugott Hahn, Tyconius-Studien. Ein Beitrag zur Kirchen- und

Dogmengeschichte des 4. Jh. (1900; anastatisch 1971) 29; Ulrich Duchrow, Christenheit und Weltverantwortung (Stuttgart 1970) 183–319, spez. 229 ff.

26 Hervorzuheben sind die Forschungen von Alfred Adam (BiblA S. 74 f.), zumal er sie in sein Lehrbuch der Dogmengeschichte I (Gütersloh ²1970) 255–302 eingearbeitet hat, und von Alexander Böhlig (BiblA S. 74), spez. der Aufs. «Zu den gnostischen Grundlagen der Civitas Dei Vorstellung bei A.», ZNW 60 (1969) 291–295. Daneben muß aber auch die Kritik bezüglich eines «Nachwirkens des Manichäismus in der Theologie Augustins» von W. Geerlings, ZkTh 93 (1971) 45–60; ThQ 152 (1972) 124–131 genannt werden. Die Münsteraner Diss. von E. Feldmann, «Der Einfluß des Hortensius und des Manichäismus auf das Denken des jungen Augustinus von 373» (1975), die durch neue Untersuchungsmethoden zu neuen Ergebnissen kommt, wird sich auch ihr gegenüber bewähren müssen.

27 So konnte der italienische «Modernist» Ernesto Buonaiuti in seiner «Geschichte des Christentums» I (Bern 1948) 284 die rhetorische Frage stellen: «Was ist De civitate Dei anderes als der auf die Geschichte angewandte manichäische Dualismus?»

28 Darauf hat in seiner «Auseinandersetzung mit Wilhelm Kamlah» auf dem Pariser Augustinkongreß 1954 der damalige Dozent und jetzige Kardinal von München Joseph Ratzinger hingewiesen (BiblA S. 81, Nr. 3); in seiner Monographie «Volk und Haus Gottes in Augustins Lehre von der Kirche» (1954) lieferte er den Nachweis; vgl. ferner BiblA S. 81 f., Nr. 7.

29 So folgt A. in Divergenzfällen wie civ. 18,15 (S. 439 Mitte) dem griech. Text und benennt in anderen Fällen wie civ. 18,25 (S. 455 Mitte) ausdrücklich «Eusebius»; er kann ihn auch als «*den* Chronikschreiber» bezeichnen, vgl. civ. 4,6 (S. 176 unten) mit Anm. S. 564.

30 Vgl. civ. 18,1 (S. 419 oben) mit Anm. S. XXX. Auch in diesem Kapitel unterscheidet A. zwischen «den Chroniken des Eusebius und des Hieronymus» (civ. 18,31; S. 463 Mitte), vgl. ferner 18,10 (S. 432): «Unsere Gewährsmänner Eusebius und Hieronymus»; auch weiß A., daß Eusebius zuerst, dann Hieronymus schrieb, vgl. civ. 18,8 (S. 429 oben).

31 Alois Dempf, Sacrum Imperium. Geschichts- und Staatsphilosophie des Mittelalters und der politischen Renaissance (1929 vgl. BiblA 207) 116 ff.; Fr. Vittinghoff, HZ 198 (1964) 529 ff. mit der Schlußfolgerung S. 535: «Geschichte blieb mithin immer Aussage über Gott und damit konkretisierte Geschichtstheologie und war nur als ‹Heilsgeschichte› faßbar.»

32 Vgl. August Strobel, Ursprung und Geschichte des frühchristlichen Osterkalenders (Berlin 1977) 397 ff., dem ich mit obiger Darstellung eine Dankesschuld abstatte.

33 Z.B. contra Faustum Manich. 12,8 (CSEL 25,1 p. 336) vom Jahre

397/98 n. Chr.; de trin. 4,4,7, wo A. bes. hervorhebt, daß Adam am 6. Schöpfungstage «nach dem Bilde Gottes» (1. Mos. 1,27) geschaffen wurde (399 n. Chr. ff.); cat. rud. 22,39f. vom gleichen Zeitraum.

[34] A. Wlosok, Laktanz und die philosophische Gnosis. Untersuchungen zu Geschichte und Terminologie der gnostischen Erlösungsvorstellungen (Heidelberg 1960) passim vgl. Einleitung zu Bd. 1, S. XXIIIf.

[35] Vgl. H. Schwarte, Die Vorgeschichte der augustinischen Weltalterlehre (Bonn 1966) 232ff., ferner die Beobachtungen zum heilsgeschichtlichen Denken des Mailänder Bischofs durch V. Hahn, Das Wahre Gesetz ... (Münster 1969) 196–251.490f. Zum Fortwirken der augustinischen Weltalterlehre vgl. R. Schmidt, Aetates mundi ..., ZKG 67 (1955/56) 288–317; A. von den Brincken, Studien zur lateinischen Weltchronistik bis in das Zeitalter Ottos von Freising (Düsseldorf 1957), passim.

[36] So R. Lorenz in seinem Forschungsbericht ThR 40 (1975) 126 beim Resümee der Abhandlung H. I. Marrou, L'Ambivalence du temps de l'histoire chez s. Augustin (1950), den er außerdem im Augustingespräch I (^{2}1975) 349–380 übersetzte.

[37] Vgl. die Einleitung von A. Lippold zu seiner Ta: Orosio, Le storie contro i pagani, Firenze 1976 (2 Bde.).

[38] Die einzigen Textzitate im Gesamtwerk, eine immerhin bemerkenswerte Fehlanzeige!

[39] Es bleibt das Verdienst von Ragnar Holte, mit seiner grundlegenden Monographie (BiblA 97f.) die Gedankenwelt des jungen Augustin in diesen Rahmen eingeordnet zu haben.

[40] Wie der Kontext civ. 1 praef. (S. 3f.) lehrt, steht bei den Zitaten und Anspielungen durch A. 2. Kor. 5,6ff. im Vordergrund, vgl. civ. 15,6 (S. 220 Mitte); 19,14 (S. 556); 19,18 (S. 564 oben), vgl. ferner cat. rud. 24,7; enchir. 1,5; 32,121. Bei der Wendung «Pilgerreise des Lebens» kann Hebr. 11 eingewirkt haben, wenn auch nicht so stark belebt, vgl. civ. 5,16 (S. 256 oben); cat. rud. 19,13. Hebr. 11,16 gestattet eine Assoziation mit Plotin, enn. 1, 6,8 (übers. Harder Ia S. 21ff.), dazu vgl. Ambrosius, De Isaac 8,79 (CSEL 32,698,10ff.), ferner P. Courcelle, Recherches S. 111ff. = Gespräch I^2, 147.

VOM GOTTESSTAAT

ELFTES BUCH

URSPRUNG DER BEIDEN STAATEN IN DER ENGELWELT

1. *Einleitung zum zweiten Teil des Werkes*

Wir sprechen vom Gottesstaat. Ihn bezeugt die Heilige Schrift, die hoch über dem ganzen Schrifttum aller Völker stehend, nicht etwa infolge zufälliger Regungen in menschlichen Gemütern, sondern kraft Anordnung der höchsten Vorsehung die Menschengeister ausnahmslos durch ihr göttliches Ansehen sich unterworfen hat. Denn in ihr lesen wir: «Herrliche Dinge werden in dir gepredigt, du Stadt Gottes», und in einem anderen Psalm: «Groß ist der Herr und hochberühmt in der Stadt unsers Gottes, auf seinem heiligen Berge. Frohlocken verbreitet er auf der ganzen Erde», und ein wenig später in demselben Psalm: «Wie wir gehört haben, so sehen wir's auch an der Stadt des Herrn der Heerscharen, der Stadt unsers Gottes. Gott erhält sie ewiglich», ferner in noch einem andern: «Des Flusses Brausen erfreut die Gottesstadt; der Höchste hat sein Zelt geheiligt; Gott ist in ihrer Mitte, sie wird nicht wanken.» Aus diesen und ähnlichen Zeugnissen, die sämtlich aufzuzählen zu umständlich wäre, ersehen wir: Es gibt solch einen Gottesstaat, dessen Bürger zu sein wir in jener Liebe begehren, die uns sein Begründer eingeflößt hat. Diesem Begründer des heiligen Staates ziehen die Bürger des irdischen Staates ihre Götter vor. Denn sie wissen nicht, daß er der Gott der Götter ist, nicht der falschen, nämlich der bösen und übermütigen Götter, die, seines unwandelbaren, allen gemeinsamen Lichtes beraubt und darum auf ihre eigene armselige Macht beschränkt, eine Art Privatherrschaft aufzurichten trachten und von ihren betrogenen Untertanen göttliche Ehren heischen, sondern der Gott frommer und heiliger Götter, die lieber sich selbst dem einen unterwerfen, als daß sie viele sich untertänig machen möchten, lieber Gott verehren, als an seiner Statt verehrt zu werden wünschen. Doch den Feinden dieses heiligen Staates haben wir in den zehn vorausgehenden Büchern bereits mit Hilfe des Herrn, unsers Königs, nach bestem Vermögen Antwort gegeben. Nun aber will ich, dessen bewußt, was man von mir erwartet, und eingedenk meiner Verpflichtung, stets vertrauend auf den Beistand unsers Herrn und Königs, die Erörterung über beide Staaten, den irdischen und himmlischen, die in diesem Weltlauf, wie gesagt, einstweilen gewissermaßen ineinander verwirrt und vermengt sind, über ihre Entstehung, ihren Fortgang und ihr verdientes Ende, soweit meine Kraft reicht, in Angriff nehmen und zunächst ausführen, wie der Ursprung der beiden Staaten schon in der voraufgehenden Verschiedenheit der Engel zutage tritt.

2. Der Gottmensch als Weg und Ziel der Gotteserkenntnis

Groß ist es und sehr selten, sich im Flug des Geistes über die gesamte körperliche und unkörperliche Kreatur, die sich der Betrachtung und Erfahrung als veränderlich erweist, hinauszuschwingen, sich zum unwandelbaren Wesen Gottes zu erheben und da von ihm selber zu lernen, daß nur er selbst die ganze Natur, die nicht ist, was er selbst ist, gemacht haben kann. Denn hier spricht Gott mit dem Menschen nicht durch irgendeine körperliche Kreatur, den leiblichen Ohren dadurch vernehmlich, daß der in Schwingungen versetzte Luftraum zwischen dem Redenden und Hörenden vermittelt, auch nicht durch ein körperähnlich gestaltetes spirituelles Gebilde wie bei Träumen und dergleichen – denn auch in diesem Falle spricht er sozusagen zu den leiblichen Ohren, redet er gleichsam körperlich und gleichsam über einen Zwischenraum hinweg, da solche Traumgesichte den Körpern durchaus ähnlich sind –, sondern er redet durch die Wahrheit selbst, falls nur jemand fähig ist, mit dem Geiste und nicht mit dem Körper zu hören. Denn nun spricht er zu dem Teil des Menschen, der besser ist als alle seine übrigen Bestandteile, den allein Gott selber übertrifft. Denn da der Mensch, wie die Einsicht oder, falls diese nicht zureicht, der Glaube durchaus richtig lehrt, nach Gottes Ebenbild geschaffen ist, kommt er unfraglich dem über ihm stehenden Gotte mit demjenigen Teile am nächsten, der seine niederen Teile, die er mit den Tieren gemein hat, überragt. Aber da der Geist selber, dem Vernunft und Einsicht von Natur innewohnen, durch allerlei verfinsternde und eingewurzelte Gebrechen geschwächt ist, mußte er, um dem unwandelbaren Lichte nicht nur genießend anhangen, sondern es auch nur ertragen zu können, zunächst durch Glauben gekräftigt und gereinigt werden, um dann, von Tag zu Tage mehr erneuert und gesundet, für solche Seligkeit empfänglich zu sein. Damit er diesen Glaubensweg zur Wahrheit um so getroster wandele, hat die Wahrheit selbst, Gott, Gottes Sohn, ohne die Gottheit auszuziehen, ein menschliches Kleid angezogen und so den Glauben aufgerichtet und seinen Grund gelegt, auf daß der Mensch zum Gott des Menschen durch den Gottmenschen hingelange. Das ist «der Mittler zwischen Gott und den Menschen, der Mensch Jesus Christus». Denn insofern er Mensch ist, ist er auch Mittler, ist er auch Weg. Wenn nämlich zwischen einem, der ein Ziel erstrebt, und dem erstrebten Ziele ein Weg sich befindet, kann er hoffen hinzukommen. Fehlt der Weg jedoch oder kennt man ihn nicht, was nützt es dann, das Ziel zu wissen? Der einzige gegen alle Irrtümer völlig gesicherte Weg aber ist er selber, Gott und Mensch zugleich, als Gott das Ziel, als Mensch der Weg.

3. Die Autorität der Heiligen Schrift

Dieser hat zuerst durch die Propheten, darauf in eigener Person, nachher durch die Apostel geredet, soviel er für hinreichend erachtete, sodann auch die Schrift, die wegen ihres hervorragenden Ansehens kanonisch heißt, ausgehen lassen. Ihr schenken wir Glauben in all den Dingen, die uns zu wissen heilsam ist und die wir aus uns selber nicht wissen können. Denn wenn andere auf Grund unsers Zeugnisses gewisse Kunde von dem bekommen, was unsern Sinnen, den inneren oder auch den äußeren, zugänglich ist, weswegen man es auch sinnenfällig nennt, weil es ebenso in unsere Sinne fällt, wie das, was vor Augen liegt, in die Augen fällt, so müssen wir zweifellos nach dem, was unsern Sinnen nicht zugänglich ist, da wir es auf Grund eigenen Zeugnisses nicht wissen können, andere Zeugen befragen und ihnen glauben, deren Sinnen es, wie wir glauben, zugänglich ist oder gewesen ist. Wie wir also betreffs des Sichtbaren, was wir nicht sahen, denen glauben, die es sahen, desgleichen auch betreffs alles Übrigen, was irgendein körperlicher Sinn wahrnehmen kann, so müssen wir auch betreffs dessen, was geistig wahrgenommen wird – denn auch hier reden wir mit Recht von Wahrnehmung (sensus), woher die Vokabel «sententia» –, also betreffs des Unsichtbaren, das auch unserm inneren Sinne unzugänglich ist, denen glauben, die es in jenem unkörperlichen Lichte als vorgesehen kennengelernt haben oder als in ihm ruhend erblicken.

4. Die zeitliche Weltschöpfung und Gottes Unwandelbarkeit

Von allem Sichtbaren ist die Welt das größte, von allem Unsichtbaren Gott. Daß aber eine Welt vorhanden ist, sehen wir, daß Gott ist, glauben wir. Daß aber Gott die Welt geschaffen hat, glauben wir niemandem sicherer als Gott selber. Wo haben wir ihn gehört? Nun, einstweilen nirgendwo besser als in der Heiligen Schrift, wo sein Prophet spricht: «Im Anfang schuf Gott Himmel und Erde.» War denn der Prophet dabei, als Gott Himmel und Erde schuf? Nein, aber die Weisheit Gottes war dabei, durch welche alles geschaffen wurde, «die in heiligen Seelen einkehrt, Gottesfreunde und Propheten macht» und ihnen seine Werke lautlos und innerlich offenbart. Zu ihnen reden auch die Engel Gottes, «die allezeit das Angesicht des Vaters sehen» und seinen Willen denen verkünden, die ihn erfahren sollen. Einer von ihnen war jener Prophet, der sagte und schrieb: «Im Anfang schuf Gott Himmel und Erde.» Er ist ein Zeuge, der um so mehr verdient, daß wir durch ihn an Gott glauben, als er in demselben Gottesgeist, der ihn diese Offenbarung erkennen ließ, auch unsern künftigen Glauben solange vorher voraussagte.

Aber warum gefiel es dem ewigen Gott, gerade damals Himmel und Erde zu schaffen, während er sie vorher nicht geschaffen hatte? Die so reden und damit sagen wollen, die Welt sei ewig und ohne Anfang und darum nicht als von Gott geschaffen anzusehen, sind von der Wahrheit weit abgeirrt und an gottlosem Wahnsinn tödlich erkrankt. Denn auch abgesehen von den Prophetenstimmen verkündet die Welt selber, obschon stillschweigend, durch ihre wohl geordnete Wandelbarkeit und Veränderlichkeit und die wundervolle Formschönheit alles Sichtbaren, sowohl daß sie geschaffen ist als auch, daß nur der unsagbar und unfaßlich große, der unsagbar und unfaßlich schöne Gott sie geschaffen haben kann. Diejenigen aber, die zwar ihre Erschaffung durch Gott zugeben, desgleichen auch wohl einen Anfang, aber nicht einen zeitlichen Anfang der Schöpfung gelten lassen wollen, so daß die Welt in einer allerdings kaum verständlichen Weise immerdar erschaffen wäre, die sagen freilich etwas, das Gott scheinbar gegen den Vorwurf planloser Willkür in Schutz nimmt, als sei es ihm plötzlich eingefallen, woran er früher nie gedacht, die Welt zu schaffen, und sei so ein neuer Wille in ihm entstanden, während er doch schlechterdings unwandelbar ist; ich sehe aber nicht ein, wie man diese ihre Betrachtungsweise auch auf die übrigen Dinge, zumal die Seele, soll anwenden können. Denn wollte man behaupten, sie sei gleich ewig wie Gott, könnte man auf keine Weise erklären, woher ihr gegenwärtiges Elend gekommen ist, von dem sie vorher ewig nichts gewußt. Sagte man nämlich, Elend und Glückseligkeit hätten immer bei ihr abgewechselt, müßte man solchen Wechsel auch für alle Zukunft annehmen. Daraus ergäbe sich aber die unsinnige Folgerung, daß sie auch im Zustand der Glückseligkeit nicht glückselig sein könnte, wenn sie ihre künftige Unseligkeit und Schmach voraussähe. Sähe sie aber ihre künftige elende und schmähliche Lage nicht voraus und bildete sich ein, immer selig zu sein, würde sie ihre Seligkeit einem falschen Wahn verdanken, und Törichteres kann man doch nicht behaupten. Nimmt man aber an, früher und in ungemessenen Zeitläufen habe zwar stets Glückseligkeit mit Elend gewechselt, aber nunmehr erlöst, werde sie niemals wieder in Unseligkeit fallen, muß man wohl oder übel zugeben, daß sie bis dahin niemals wahrhaft selig gewesen sein kann, sondern jetzt erst mit einer neuen und nicht mehr trügerischen Seligkeit den Anfang macht. Dann aber kann man nicht bestreiten, daß ihr etwas Neues widerfährt, und zwar etwas Großes und Herrliches, wie es ihr in der ganzen zurückliegenden Ewigkeit noch nicht widerfahren ist. Leugnet man nun, daß dies Neue in Gottes ewigem Ratschluß begründet gewesen sei, muß man auch leugnen, daß er der Urheber der Seligkeit sei, und das wäre eine abscheuliche Gottlosigkeit; sagt man aber, er selbst habe sich's neu ausgedacht, daß von nun an die Seele ewig glückselig sein solle, wie will man es dann noch aufrechterhalten, daß Gott die Veränderlichkeit, an der man doch Anstoß nimmt, fremd sein soll?

Räumt man also ein, daß die Seele zwar zeitlich geschaffen ist, aber im weiteren Zeitverlauf nicht zunichte werden kann – wie ja auch die Zahl wohl einen Anfang, aber kein Ende hat – und daß sie, befreit von dem Elend, in das sie ein einziges Mal hineingeraten, niemals wieder elend werden wird, so wird man nicht bezweifeln, daß dies geschieht unbeschadet der Unwandelbarkeit des göttlichen Ratschlusses. Nun, so mag man auch glauben, daß die Welt zeitlich entstehen konnte, ohne daß Gott bei ihrer Erschaffung seinen ewigen Plan und Willen änderte.

5. *Die Frage nach der endlosen Zeit vor der Welt pariert durch die Gegenfrage nach dem endlosen Raum außerhalb der Welt*

Sodann muß man denen, die wie wir Gott als Schöpfer der Welt gelten lassen, aber uns mit der Frage bedrängen, wie Welt und Zeit sich zueinander verhalten, die Gegenfrage stellen, wie sich denn Welt und Raum zueinander verhalten. So gut nämlich wie man fragt, warum sie damals und nicht vorher erschaffen ward, kann man auch fragen, warum gerade hier, wo sie ist, und nicht anderswo. Denn wenn man sich unbegrenzte Zeitlängen vor Beginn der Welt ausdenkt, in denen, wie man meint, Gott nicht untätig gewesen sein kann, müßte man sich entsprechend auch eine unbegrenzte Raumausdehnung außerhalb der Welt ausdenken. Sagt man nun, der Allmächtige habe auch hier nicht müßig sein können, folgt dann nicht, daß man mit Epikur von unzähligen Welten träumen muß, lediglich mit dem Unterschied, daß dieser sie durch zufällige Bewegungen der Atome entstehen und vergehen läßt, während jene sie als durch Gottes Wirken geschaffen ansehen? Denn das würde sich ergeben, wenn man nicht wollte, daß Gott in der unbegrenzten Weite des nach allen Seiten außerhalb der Welt sich öffnenden Raumes müßig wäre, und daß diese Welten ebensowenig wie die unsere durch irgendeine Ursache zerstört werden könnten. Hier setzen wir uns ja mit den Philosophen auseinander, die wie wir der Überzeugung sind, daß Gott unkörperlich und aller von ihm verschiedenen Wesen Schöpfer ist. Denn andere zu dieser Erörterung religiöser Fragen zuzulassen, schickt sich nicht, zumal auch in den Augen derer, die am Opferdienst der vielen Götter festhalten, die erstgenannten alle übrigen Philosophen an Berühmtheit und Ansehen überragen, und zwar aus keinem anderen Grunde, als weil sie der Wahrheit wohl noch fernbleiben, aber doch näherkommen als die übrigen. Oder sollten sie der Ansicht sein, daß Gottes Wesen, das sie sich doch nicht räumlich eingeschlossen, begrenzt oder ausgedehnt, sondern, wie es allein Gottes würdig ist, unkörperlich und ungeteilt allgegenwärtig denken, den weiten Räumen außerhalb der Welt fern und auf den einen, mit jener Unendlichkeit verglichen, so engen Raum dieser Welt beschränkt sei? Ich sollte doch meinen, daß sie sich durch solch törichtes Geschwätz nicht bloßstellen werden. Da sie nun lehren, diese eine, zwar ungeheuer große, immerhin endliche Welt sei räumlich begrenzt und durch Gottes Wirken entstanden, so mögen sie sich dieselbe Antwort, die sie auf die Frage geben, warum Gott in den endlosen Räumen außerhalb unserer Welt untätig sei, auch auf die Frage nach seiner angeblichen Untätigkeit in den endlosen Zeiten vor dieser Welt erteilen. Wie man aus der Tatsache, daß Gott nicht anderswo, sondern gerade an diesem Orte der Welt ihren Platz angewiesen hat, obwohl er vor anderen gleichmäßig unbegrenzten und überallhin offenen Räumen keinen Vorzug besaß, nicht folgern darf, hier liege nur Zufall vor und nicht ein göttlicher Plan, obwohl keine menschliche Vernunft diesen göttlichen Plan ergründen kann, so darf man auch nicht folgern, ein Zufall habe es bewirkt, daß Gott gerade in dieser und nicht einer früheren Zeit die Welt schuf, mochten auch ebenfalls nach rückwärts unbegrenzte Zeiträume verstrichen und kein Grund einzusehen sein, weshalb einer Zeit vor einer anderen der Vorzug hätte gegeben werden müssen. Sagen sie aber, es seien nur törichte Menschengedanken, die sich solche unbegrenzte Räume einbilden, während es in Wirklichkeit keinen Raum außerhalb der Welt gebe, nun so erfolgt die Antwort, daß es ebenso töricht ist, wenn die Menschen sich vergangene Zeiten göttlicher Untätigkeit ausdenken, während es doch keine Zeit gibt vor der Welt.

6. Die Welt nicht in der Zeit, sondern mit der Zeit erschaffen

Wenn man Ewigkeit und Zeit mit Recht so unterscheidet, daß es keine Zeit gibt ohne Wandel und Veränderlichkeit, während Ewigkeit keine Veränderung kennt, so ist klar, daß Zeiten nicht sein könnten ohne Kreatur, die durch Bewegung Veränderung hervorruft, eine Bewegung und Veränderung, bei der eins dem anderen weicht und folgt, da ein Zugleich unmöglich ist, woraus sich bei kürzerem oder längerem Verlauf die Zeit ergibt. Da nun Gott, in dessen Ewigkeit es keinerlei Wandlung gibt, Schöpfer und Ordner der Zeiten ist, kann man unmöglich sagen, er habe erst nach Ablauf von Zeiten die Welt geschaffen. Man müßte sonst behaupten, es habe schon vor der Welt eine Kreatur gegeben, deren Bewegung den Zeitlauf in Gang gebracht hätte. Da nun die heiligen, durch und durch wahrhaftigen Schriften lehren, im Anfang habe Gott Himmel und Erde geschaffen, woraus deutlich zu ersehen ist, daß er vorher nichts erschuf – denn hätte er noch etwas vor allem anderen, was er schuf, geschaffen, müßte es von diesem heißen «im Anfang» –, so ist ohne alle Frage die Welt nicht in der Zeit, sondern mit der Zeit erschaffen. Denn was in der Zeit geschieht, geschieht sowohl nach als auch vor einer anderen Zeit, nach der bereits vergangenen, vor der noch zukünftigen. Aber es konnte noch keine Zeit vergangen sein, weil es noch keine Kreatur gab, deren Wandlungen und Bewegungen ihren Lauf ermöglicht hätten. Mit der Zeit aber ist die Welt erschaffen, wenn zugleich mit ihrer Entstehung jene Wandlung und Bewegung hervorgerufen wurde. Darauf scheint hinzuweisen jene Anordnung der ersten sechs oder sieben Tage, bei denen von Morgen und Abend die Rede ist, die ihren Verlauf nahmen, bis alles, was Gott in ihnen schuf, am sechsten Tage vollendet und am siebten Tage jenes tief geheimnisvolle Ruhen Gottes angekündigt ward. Welcher Art aber diese Tage sind, das ist freilich unsereinem sehr schwer, wenn nicht unmöglich auszudenken, geschweige auszusprechen.

7. Die Schöpfungstage und ihr Morgen und Abend

Die Tage, die wir kennen, haben ja ihren Abend nur durch den Sonnenuntergang und ihren Morgen durch den Sonnenaufgang; von jenen Tagen aber verliefen die ersten drei ohne Sonne, deren Erschaffung am vierten Tage berichtet wird. Zuerst freilich, hören wir, ward durch Gottes Wort das Licht geschaffen und schied Gott zwischen ihm und der Finsternis, nannte sodann dies Licht Tag, die Finsternis aber Nacht. Doch was das für ein Licht war, und durch welchen Bewegungswechsel es den Abend und Morgen hervorgebracht hat und was für einen Abend und Morgen, das ist unserm Wahrnehmungsvermögen entrückt, kann auch nicht, so wie es ist, von uns begriffen werden; wir müssen es jedoch ohne zu zögern glauben. Denn entweder ist es ein körperliches Licht, sei es in den oberen, unsern Blicken entzogenen Teilen der Welt, sei es solch ein Licht, an dem nachher unsere Sonne angezündet ward, oder aber es ist unter dem Lichte die heilige Stadt der heiligen Engel und seligen Geister zu verstehen, von welcher der Apostel sagt: «Das Jerusalem, das droben ist, unsere ewige

Mutter im Himmel.» An einer anderen Stelle sagt er ja: «Ihr seid allzumal Kinder des Lichtes und Kinder des Tages, wir sind nicht von der Nacht noch von der Finsternis.» Vorausgesetzt, daß wir bei dieser Deutung den Abend und Morgen jenes Tages einigermaßen entsprechend aufzufassen vermögen. Wir müßten etwa so sagen: Das Wissen um die Kreatur, verglichen mit dem Wissen um Gott, den Schöpfer, dunkelt gewissermaßen wie der Abend, aber leuchtet auf und wird Morgen, wenn es sich zum Lobe und zur Liebe des Schöpfers erhebt. Doch zur Nacht würde es sich nur dann kehren, wenn man den Schöpfer aus Liebe zum Geschaffenen verließe. Denn man muß beachten, daß die Schrift, wenn sie jene Tage der Reihe nach aufzählt, niemals das Wort Nacht einschiebt. Nirgendwo sagt sie: «Es ward Nacht», sondern: «Es ward aus Abend und Morgen der erste Tag.» So auch der zweite und die folgenden. Denn die Erkenntnis der Kreatur in sich selbst ist sozusagen farbloser, als wenn sie in der Weisheit Gottes, der Künstlerin, die sie schuf, erkannt wird. Darum nennt man jene Erkenntnis zutreffender Abend als Nacht. Doch wenn sie sich, wie ich sagte, zu Lob und Liebe des Schöpfers erhebt, wird sie wieder zum Morgen. Geschieht dies nun, wenn sie sich selbst erkennt, ist's der eine Tag; erkennt sie die Feste zwischen den unteren und oberen Wassern, die Himmel genannt wird, ist's der zweite; erkennt sie Land und Meer und alle Gewächse, die in der Erde wurzeln, ist's der dritte; erkennt sie das größere und kleinere Licht sowie alle Sterne, ist's der vierte; erkennt sie alle aus den Wassern hervorgegangenen schwimmenden und fliegenden Lebewesen, ist's der fünfte; erkennt sie alle auf der Erde hausenden Lebewesen und den Menschen selbst, ist's der sechste Tag.

8. *Was unter der Ruhe Gottes zu verstehen ist*

Wenn aber Gott am siebten Tage von allen seinen Werken ruht und ihn heiligt, ist das nicht kindisch so zu verstehen, als habe er sich beim Wirken angestrengt, er, der da «sprach, und es geschah», der da sprach mit geistigem und ewigem, nicht mit tönendem und zeitlichem Worte. Sondern die Ruhe Gottes bedeutet die Ruhe derer, die in Gott ruhen, wie des Hauses Freude die Freude derer, die sich im Hause freuen, wenn es auch nicht das Haus selbst, sondern etwas anderes ist, das sie froh macht. Mit um so größerem Recht sagt man so, wenn das Haus durch seine Schönheit die Bewohner froh macht. Dann nennt man es nicht nur nach der Redeweise froh, die uns gestattet, durch das, was etwas einfaßt, das Eingefaßte auszudrücken, wie wenn wir sagen: «Das Theater klatscht Beifall» oder «die Wiesen brüllen», obschon nur die Menschen im Theater klatschen und die Rinder auf den Wiesen brüllen, sondern auch nach jener anderen, die uns durch das Bewirkende das Bewirkte ausdrücken läßt. In diesem Sinne spricht man von einem frohen Briefe, womit man auf die Freude der Leser des Briefes hinweisen will. Wenn also der Prophet, dem wir uns beugen, erklärt, Gott habe geruht, so wird damit in schicklichster Weise auf die Ruhe derer hingedeutet, die in ihm ruhen und denen er selbst Ruhe verleiht. So verspricht ja auch das Prophetenwort den Menschen, an die es sich wendet und um deretwillen es aufgezeichnet ward, daß auch sie nach ihren guten Werken, die Gott in ihnen und durch sie wirkt, in ihm ewige Ruhe finden werden, nachdem sie vorher während dieses Erdenlebens ihm durch Glauben immer näher gekommen. Das ist auch durch die dem Gottesvolk des Altertums gesetzlich gebotene Sabbatruhe vorgebildet, worüber ich an passender Stelle noch ausführlicher sprechen möchte.

9. Von der Erschaffung der Engel im göttlichen Sechstagewerk

Ich möchte nunmehr vom Ursprung der heiligen Stadt sprechen. Da wird zunächst, meine ich, von den heiligen Engeln zu handeln sein, die einen großen Teil ihrer Bewohner ausmachen und deshalb um so seliger sind, weil sie niemals in der Fremde pilgern mußten. Ich will, was die göttlichen Zeugnisse hierfür an die Hand geben, soweit es nötig zu sein scheint, mit Gottes Hilfe zu erläutern suchen. Wo die Heilige Schrift von der Erschaffung der Welt spricht, teilt sie nicht unzweideutig mit, ob und wann die Engel geschaffen sind. Doch wenn sie nicht überhaupt übergangen sind, dann sind sie entweder mit dem Worte «Himmel» gemeint, nämlich da, wo es heißt: «Im Anfang schuf Gott Himmel und Erde», oder wohl noch eher mit jenem Lichte, von dem ich schon sprach. Daß sie aber nicht übergangen sind, schließe ich daraus, daß geschrieben steht, Gott habe am siebten Tage von allen seinen Werken geruht, während das Buch selber mit den Worten beginnt: «Im Anfang schuf Gott Himmel und Erde», so daß angenommen werden muß, er habe vor Himmel und Erde nichts anderes geschaffen. Da er also mit Himmel und Erde anfing und die Erde, wie er sie ursprünglich schuf, nach den folgenden Worten der Schrift «wüst und leer» war und vor Erschaffung des Lichtes Finsternis über dem «Abgrund», das heißt einer ungesonderten Mischung von Erde und Wasser, lag – denn wo kein Licht, da ist notwendig Finsternis –, und da sodann alles nacheinander hervorgebracht wurde, was nach dem Schöpfungsbericht in den sechs Tagen vollendet wurde, wie sollten da wohl die Engel übergangen sein, als gehörten sie nicht zu den Werken Gottes, von denen er am siebten Tage ruhte? Daß aber die Engel Gottes Werk sind, ist an dieser Stelle zwar wohl nicht übergangen, aber doch auch nicht ausdrücklich gesagt. Anderswo jedoch bezeugt es die Schrift mit klarsten Worten.

Denn in dem Lobgesang der drei Männer im feurigen Ofen heißt es zunächst: «Preiset den Herrn, alle seine Werke», und bei Aufzählung dieser Werke werden auch die Engel genannt, und im Psalme singt man: «Lobet im Himmel den Herrn, lobet ihn in der Höhe! Lobet ihn, alle seine Engel, lobet ihn, all sein Heer! Lobet ihn, Sonne und Mond, lobet ihn, alle leuchtenden Sterne! Lobet ihn, Himmel der Himmel, und die Wasser, die überm Himmel sind! Die sollen loben den Namen des Herrn, denn er sprach, da entstanden sie; er gebot, da wurden sie geschaffen.» Auch hier also ein offenkundiges göttliches Zeugnis, daß die Engel von Gott geschaffen sind. Denn sie werden unter den übrigen himmlischen Wesen erwähnt, und dann heißt es von allen: «Er sprach, da entstanden sie». Wer wird auch auf die Vermutung kommen, die Engel seien erst nach alledem, was im Sechstagewerk aufgezählt wird, erschaffen worden? Auch wenn jemand so töricht wäre, wird doch dieser Unverstand durch ein Schriftwort von gleichem Gewicht zurückgewiesen, wo nämlich Gott erklärt: «Als die Sterne geschaffen wurden, da lobten mich mit lauter Stimme alle meine Engel.» Die Engel waren also schon da, als die Sterne geschaffen wurden. Diese aber wurden am vierten Tage geschaffen. Sollen wir also sagen, sie seien am dritten Tage geschaffen? Keineswegs. Denn wir hören ja, was an jenem erschaffen worden ist. Da ward von dem Wasser die Erde geschieden, nahmen diese beiden Elemente ihre besondere Gestalt an und brachte die Erde die in ihr wurzelnden Gewächse hervor. Oder am zweiten? Auch das nicht. Denn an ihm ward die Feste geschaffen zwischen den oberen und unteren Wassern und Himmel genannt, an welcher dann am vierten Tage die Gestirne erschaffen wurden. Wenn also die Engel zu den Gotteswerken jener Tage gehören, dann sind sie das Licht, das den Namen Tag empfing, dessen Einmaligkeit dadurch hervorgehoben wird, daß er nicht der erste Tag heißt, sondern «der eine». So ist denn der zweite Tag nicht etwa ein anderer, oder der dritte und die übrigen, sondern jener eine wurde, um die Sechs- oder Siebenzahl vollzumachen, wiederholt, um der siebenmaligen Erkenntnis willen, nämlich der sechsmaligen der Werke Gottes und einer siebten der Ruhe Gottes. Denn als Gott sprach: «Es werde Licht», und es ward Licht, sind die Engel, falls mit Recht bei diesem Licht an ihre Erschaffung zu denken ist, unfraglich des ewigen Lichtes teilhaftig geworden, nämlich der unwandelbaren Weisheit Gottes, durch welche alles geschaffen ward, die wir den eingeborenen Sohn Gottes nennen. So wurden sie, erleuchtet von dem Lichte, das sie schuf, selbst Licht und hießen Tag, da sie an dem unwandelbaren Lichte und Tage Anteil haben, nämlich dem Worte Gottes, durch welches sie selbst und alles übrige erschaffen wurden. Denn «das wahre Licht, welches alle Menschen erleuchtet, die in diese Welt kommen», erleuchtet auch alle reinen Engel, so daß sie ein Licht sind, nicht in sich selbst, sondern in Gott. Wenden sich die Engel von ihm ab, werden sie unrein wie alle die, welche man unreine Geister nennt, und sind nun nicht mehr ein Licht in dem Herrn, sondern in sich selbst Finsternis und von der Teilnahme am ewigen Licht geschieden. Denn das Böse hat kein Wesen, vielmehr wird der Verlust des Guten böse genannt.

10. *Von der Einfachheit des dreieinigen göttlichen Wesens.*

Es gibt also ein Gut, das allein einfach und darum auch allein unwandelbar ist, und das ist Gott. Von diesem Gute ist alles geschaffen, was gut, aber nicht einfach und darum auch wandelbar ist. Geschaffen ist es, sage ich, das heißt gemacht, nicht erzeugt. Denn was von dem einfachen Gute erzeugt ist, ist gleichfalls einfach und ist dasselbe wie das, von welchem es erzeugt ist. Wir nennen diese zwei Vater und Sohn, und beide sind mit ihrem Geiste der eine Gott. Dieser Geist des Vaters und des Sohnes wird in der Heiligen Schrift in besonderem, ausschließlichem Sinne der Heilige Geist genannt. Er ist aber ein anderer als Vater und Sohn, da er weder der Vater ist noch der Sohn, aber man muß sagen: «ein anderer», nicht «ein anderes», denn auch er ist ein in gleicher Weise einfaches und in gleicher Weise unwandelbares Gut, dazu gleich ewig. Und diese Dreiheit ist der eine Gott und darum nicht weniger einfach, weil er eine Dreiheit ist. Denn nicht deswegen nennen wir dies wesenhafte Gut einfach, weil es etwa nur Vater ist oder nur Sohn oder nur Heiliger Geist, auch nicht deswegen, weil es etwa nur dem Namen nach und ohne personhaften Wesensunterschied eine Dreiheit ist, wie die ketzerischen Sabellianer meinten. Sondern darum heißt es einfach, weil es ist, was es hat, abgesehen von der Beziehung einer jeden Person auf die anderen. Denn gewiß hat der Vater den Sohn, aber er ist nicht selbst der Sohn, und der Sohn hat den Vater, aber ist nicht selbst der Vater. Spricht man also vom Vater, wie er an sich ist, und nicht in seinem Verhältnis zu einem der anderen, ist er das, was er hat. So nennt man ihn ja auch an sich lebendig, weil er das Leben hat und selbst dies Leben ist.

Einfach heißt also ein Wesen dann, wenn es ihm eigentümlich ist, nichts zu besitzen, was es auch verlieren könnte, oder wenn zwischen Besitzer und Besitz kein Unterschied besteht, während beispielsweise das Gefäß von der darin enthaltenen Flüssigkeit, ein Körper von seiner Farbe, die Luft von Licht und Wärme, die Seele von ihrer Weisheit zu unterscheiden ist. Denn von all diesen Dingen ist keins das, was es hat, das Gefäß nicht die Flüssigkeit, der Körper nicht die Farbe, die Luft nicht Licht oder Wärme, die Seele nicht Weisheit. Darum können sie auch dessen, was sie besitzen, beraubt werden und in andere Zustände oder Beschaffenheiten übergehen und sich wandeln, also etwa das Gefäß von der Flüssigkeit, die es anfüllt, geleert, der Körper entfärbt werden, die Luft dunkel oder kalt und die Seele unweise werden. Aber auch dann, wenn ein Leib unverweslich ist, wie es den Heiligen bei der Auferstehung verheißen wird, so besitzt er zwar die unverlierbare Eigenschaft der Unverweslichkeit, aber er ist doch, da sein leibliches Wesen fortbesteht, nicht selbst Unverweslichkeit. Denn diese ist in den einzelnen Körperteilen überall ganz und nicht hier größer, dort kleiner; denn kein Teil ist unverweslicher als der andere. Ein Körper dagegen ist als ganzer größer als in einem Teile, und wenn ein Teil umfangreicher, ein anderer kleiner ist, so ist deswegen der umfangreichere nicht unverweslicher als der kleinere. So ist denn der Leib, der nicht überall ganz sein kann, etwas anderes als die Unverweslichkeit, die in ihm überall ganz ist, weil jeder Teil des unverweslichen Leibes, mag er auch sonst den anderen Teilen ungleich sein, in gleicher Weise unverweslich ist. So ist beispielsweise ein Finger kleiner als die ganze Hand, aber die Hand deshalb doch nicht unverweslicher als der Finger. Mögen Hand und Finger sonst ungleich sein, ist doch ihre Unverweslichkeit die gleiche. Obwohl darum von einem unverweslichen Körper die Unverweslichkeit unabtrennbar ist, ist doch das Wesen, das seine Körperlichkeit ausmacht, etwas anderes als seine Eigenschaft, die ihn als unverweslich kennzeichnet. So ist er auch in diesem Falle nicht das, was er hat. Ebenso die Seele. Auch wenn sie immer weise ist, wie sie es, ewig erlöst, einmal sein wird, so wird sie doch nur durch Teilnahme an der unwandelbaren Weisheit, die etwas anderes ist als sie selber, weise sein. So würde ja auch die Luft, wenn das Licht, das sie durchflutet, niemals wiche, darum nicht dasselbe sein wie das erleuchtende Licht. Ich sage das nicht, als meinte ich, die Seele sei ein Lufthauch, was einige, die sich kein unkörperliches Wesen denken konnten, gemeint haben. Doch sind sich die beiden bei aller sonstigen großen Verschiedenheit in einer Hinsicht ähnlich, nämlich darin, daß man nicht unpassend sagen kann, die unkörperliche Seele werde von dem unkörperlichen Licht der einfachen Gottesweisheit ebenso erleuchtet, wie der Luftkörper vom körperlichen Licht erleuchtet wird, und wie die Luft sich verfinstert, wenn das Licht sie verläßt – denn die Finsternis in allen irgendwie ausgedehnten Räumen ist nichts anderes als Luft ohne Licht –, so werde auch die Seele verdunkelt, wenn sie des Lichtes der Weisheit verlustig geht.

Demgemäß nennt man einfach, was ursprünglich und wahrhaft göttlich ist, weil es bei ihm keinen Unterschied gibt von Wesen und Eigenschaft, und weil es nicht durch Teilnahme an anderem göttlich oder weise oder glückselig ist. Freilich wird der Geist der Weisheit in der Heiligen Schrift «vielfältig» genannt, weil er vieles in sich faßt; aber was er hat, das ist er selbst und ist alles das als der eine. Denn es gibt nicht viele Weisheiten, sondern nur eine, und in ihr befinden sich die unendlichen, für sie jedoch endlichen Schätze der geistigen Dinge, darunter alle unsichtbaren und unwandelbaren Ideen der sichtbaren und wandelbaren Dinge, die durch die Weisheit erschaffen worden sind. Denn Gott brachte nichts unwissend hervor, was man ja nicht einmal von einem menschlichen Künstler sagen kann. Hat er aber alles wissend hervorgebracht, hat er folglich auch nur hervorgebracht, was er kannte, und daraus ergibt sich etwas, was zwar den Menschengeist seltsam anmutet, aber doch wahr ist, daß nämlich diese Welt uns nicht bekannt sein könnte, wäre sie nicht, daß sie jedoch nicht sein könnte, wäre sie Gott nicht bekannt.

11. *Waren die später abgefallenen Engel vor ihrem Falle selig?*

Demnach waren jene Geister, die wir Engel nennen, keineswegs zunächst eine Zeitlang Finsternis, sondern sobald sie geschaffen waren, wurden sie Licht. Auch wurden sie nicht bloß

so geschaffen, daß sie lediglich irgendwie Dasein und Leben gehabt hätten, sondern wurden auch erleuchtet, daß sie weise und glückselig lebten. Von dieser Erleuchtung sich abwendend, haben manche Engel die Auszeichnung des weisen und seligen Lebens nicht bewahrt, das man sich ohne Zweifel nur ewig und seiner Ewigkeit sicher und gewiß denken kann. Aber ein vernunftbegabtes, wenn auch nun unweise gewordenes Leben ist und bleibt in jedem Falle ihr unverlierbarer Besitz. Inwieweit sie aber vor ihrem Sündenfall jener Weisheit teilhaftig waren, wer könnte das genau feststellen? Wie könnten wir behaupten, sie seien in der Teilnahme an ihr jenen gleich gewesen, die darum wahrhaft und vollkommen glückselig sind, weil sie die irrtumslose Gewißheit der ewigen Dauer ihrer Seligkeit besitzen? Hätten sie ihnen darin geglichen, wären auch sie ebenso selig, ebenso gewiß in ihrem ewigen Besitz geblieben. Ein Leben mag noch so lang sein, so kann man es doch nicht ewiges Leben nennen, wenn es ein Ende haben wird; denn Leben heißt es, weil man's lebt, ewig dagegen, wenn es kein Ende nimmt. Zwar bedeutet Ewigkeit nicht ohne weiteres auch Seligkeit, denn wir hören auch von einer ewigen Feuerpein; aber wenn ein wahrhaft und vollkommen glückseliges Leben auch ewig währen muß, so war das Leben jener Geister nicht von der Art. Denn mit ihm nahm es ein Ende, und es war also nicht ewig, mochten sie es nun vorher wissen oder unwissend sich täuschen. Wußten sie es, mußte die Furcht, wußten sie es nicht, der Irrtum die Glückseligkeit ausschließen. Stand es aber so, daß sie es zwar nicht wußten, aber auch nicht auf falsche oder unsichere Vermutungen bauten und es dahingestellt sein ließen, ob ihr Gut ewig sein oder einmal ein Ende haben werde, so war auch solche Unsicherheit des hohen Glückes mit der Fülle seligen Lebens, wie wir sie bei den heiligen Engeln annehmen, unvereinbar. Wir fassen ja das Wort «glückseliges Leben» nicht in so enge Grenzen, daß wir es nur von Gott aussagten. Er freilich ist in Wahrheit so selig, daß eine größere Seligkeit als die seine undenkbar ist, und verglichen mit seiner Seligkeit ist die der Engel auch auf dem höchsten Gipfel, den sie erklimmen kann, kaum der Rede wert.

12. Über die Glückseligkeit der ersten Menschen im Paradiese und der Gläubigen während des Erdenlebens

Wir meinen auch, daß sie nicht die einzigen vernünftigen oder geistbegabten Geschöpfe sind, die man glückselig nennen kann. Denn niemand wird bestreiten, daß auch die ersten Menschen im Paradiese vor ihrem Sündenfall glückselig waren, wenn auch ungewiß, wie lange die Glückseligkeit währen oder ob sie ewig sein werde – sie wäre ewig gewesen, hätten sie nicht gesündigt. Nennen wir doch auch heute ohne Anmaßung die Menschen glückselig, die wir ihr Leben gerecht und fromm führen sehen, in Hoffnung auf die künftige Unsterblichkeit und ohne ihr Gewissen mit schwerer Schuld zu belasten, da sie für ihre Schwachheitssünden leicht bei Gott Vergebung finden. Doch gewiß sind sie nur dessen, daß ihre Beharrlichkeit ihren Lohn finden wird, aber nicht, daß sie auch beharrlich sein werden. Denn wer kann wissen, ob er bis ans Ende auf dem Wege der Gerechtigkeit wandeln und fortschreiten wird? Es müßte denn sein, daß er durch eine Offenbarung von seiten dessen gewiß gemacht würde, der hiervon nach seinem gerechten, geheimen Ratschluß nicht allen Kunde gibt, aber niemanden betrügt. Was nun den Genuß gegenwärtigen Glückes anlangt, so war der erste Mensch im Paradiese gewiß glückseliger als irgendein Gerechter in diesem der Schwäche und Sterblichkeit unterworfenen Leben; aber im Hinblick auf die Zukunftshoffnung ist trotz aller erdenklicher leiblicher Plagen jeder, der nicht nur vermutungsweise, sondern auf Grund wahrer Offenbarung dessen gewiß ist, daß er einst immerdar ohne alle Beschwer in Gemeinschaft der Engel am höchsten Gott Anteil haben wird, seliger als jener Mensch, der trotz aller hohen Paradiesesfreuden vor dem Falle nicht sicher war.

13. Wie stand es um das Vorherwissen der Engel vor dem Abfall eines Teiles von ihnen?

So dürfte denn jeder unschwer einsehen, daß zweierlei zusammenkommen muß, um die Glückseligkeit zu gewährleisten, nach der geistige Wesen sich naturnotwendig sehnen: Sie müssen einmal Gott, das unwandelbare Gut, ohne alle Beschwer genießen und sodann auch zweifellos und ohne Irrtum zu befürchten dessen gewiß sein, daß sie ewig darin verharren werden. Daß die Engel des Lichts diese Glückseligkeit besitzen, sind wir in frommem Glauben überzeugt. Daß die sündigen Engel, die durch ihre Verkehrtheit dieses Lichtes verlustig gingen, sie auch vor ihrem Fall nicht besessen haben können, ergibt sich als notwendige Schlußfolgerung; doch muß man annehmen, daß sie, solange sie sündlos lebten, eine Art Glückseligkeit, wenn auch ohne Vorherwissen, besessen haben. Freilich mag es uns hart ankommen zu glauben, daß einige Engel geschaffen wurden, ohne zugleich das Vorherwissen ihrer Beharrlichkeit oder ihres Falles zu empfangen, andere dagegen so, daß sie in untrüglicher Wahrheit die ewige Dauer ihrer Seligkeit wußten, und der Gedanke liegt nahe, daß sie anfänglich alle mit dem gleichen Maß von Glückseligkeit ausgestattet wurden und es auch behielten, bis die jetzt bösen Engel von jenem Licht der Güte freiwillig abfielen. Jedoch wäre es unfraglich weit anstößiger, wollte man meinen, die heiligen Engel seien auch jetzt ihrer ewigen Seligkeit ungewiß und wüßten von sich selbst nicht, was wir doch von ihnen auf Grund der Heiligen Schrift wissen können. Denn welcher katholische Christ wüßte nicht, daß aus der Schar der guten Engel kein neuer Teufel mehr hervorgehen wird, sowie daß der alte Teufel nie wieder in den Kreis der guten Engel zurückkehren wird? Denn die evangelische Wahrheit verheißt den Heiligen und Gläubigen, daß sie den Engeln Gottes gleich werden, und ebenso wird ihnen verheißen, daß sie ins ewige Leben eingehen werden. Wenn wir also dessen gewiß sind, daß wir niemals aus dem künftigen unsterblichen Glück herausfallen werden, jene aber dessen nicht gewiß sind, dann würden wir ja besser daran sein als sie und nicht bloß ihnen gleich. Aber da die Wahrheit nie und nimmer trügt und wir also ihnen gleich sein werden, sind auch sie selbst ihrer ewigen Seligkeit gewiß. Weil nun die anderen Engel ihrer nicht gewiß waren – denn sie konnten ihrer ewigen Seligkeit nicht gewiß sein, da ihre Seligkeit ein Ende haben sollte –, ergibt sich, daß sie entweder von Anfang an einander ungleich waren, oder aber, wenn sie einander glichen, daß die einen erst nach dem Sturz der anderen das Wissen um ihr immerwährendes Glück erworben haben. Es müßte denn jemand sagen, das Wort des Herrn im Evangelium über den Teufel: «Er war ein Mörder von Anfang und ist nicht bestanden in der Wahrheit» sei so zu verstehen, daß er nicht nur von Anfang an, nämlich von Anfang des Menschengeschlechts an, seit es Menschen gab, die er durch seinen Betrug ums Leben bringen konnte, sondern von Anfang seiner Erschaffung an nicht in der Wahrheit bestanden sei. Dann wäre er niemals vorher mit den heiligen Engeln selig gewesen, als er sich weigerte, seinem Schöpfer untertan zu sein und dadurch zum betrogenen Betrüger ward, daß er sich stolz seiner Macht freute, als gehörte sie ihm zu eigen – denn niemand entläuft der Macht des Allmächtigen, und wer nicht in frommer Untertänigkeit sich mit dem bescheidet, was er wirklich ist, trachtet danach, in stolzer Selbstüberhebung vorzustellen, was er nicht ist –, und dann müßte auch das Wort des seligen Apostels Johannes «der Teufel sündigt von Anfang» so gedeutet werden, daß er seit dem Augenblick seiner Erschaffung die Gerechtigkeit verschmähte, die nur ein frommer und Gott gehorsamer Wille erlangen kann. Wer dieser Meinung sich anschließt, schlägt sich damit noch nicht zu jenen Häretikern, den Manichäern und anderen, die etwa ebenfalls der giftschwangeren Lehre anhangen, daß der Teufel sein eigenes böses Wesen habe, das aus einem üblen, gottfeindlichen Prinzip herzuleiten sei. Denn diese sind so töricht und verblendet, daß sie zwar jenen Worten des Evangeliums gleiches Ansehen wie wir zuschreiben, aber nicht beachten, daß der Herr nicht gesagt hat: «Er war der Wahrheit fremd», sondern: «Er ist nicht bestanden in der Wahrheit.» Damit wollte der Herr doch zu verstehen geben, daß der Teufel von der Wahrheit abgefallen ist. Wäre er in ihr bestanden, wäre er auch ihrer teilhaftig geworden und mit den heiligen Engeln glückselig geblieben.

14. *Zur Auslegung von Joh. 8,44*

Als hätten wir gefragt, wie es sich zeige, daß der Teufel nicht in der Wahrheit bestanden sei, fügt der Herr ein Kennzeichen hinzu, indem er fortfährt: «Denn die Wahrheit ist nicht in ihm.» Sie würde aber in ihm sein, wenn er in ihr bestanden wäre. Es ist dies freilich eine weniger gebräuchliche Redeweise. Denn es klingt so, als wäre gesagt: Er bestand darum nicht in der Wahrheit, weil die Wahrheit nicht in ihm ist, als wäre letzteres, also der Umstand, daß die Wahrheit nicht in ihm ist, die Ursache seines Nichtbestehens in der Wahrheit. Tatsächlich verhält sich's umgekehrt, und sein Nichtbestehen in der Wahrheit hat es verursacht, daß die Wahrheit nicht in ihm ist. Dieselbe Ausdrucksweise findet sich auch in einem Psalm: «Ich rief zu dir, denn du, Gott, hast mich erhört», während man erwartet hätte: Du erhörtest mich, Gott, weil ich zu dir rief. Aber nachdem er zunächst gesagt «ich rief», weist er, wie wenn man gefragt hätte, woraus zu ersehen sei, daß er gerufen habe, an dem Erfolg der göttlichen Erhörung die Dringlichkeit seiner Beschwörung nach, als hätte er gesagt: Daß ich gerufen habe, ist daraus ersichtlich, daß du mich erhörtest.

15. Zur Auslegung von 1. Joh. 3,8

Auch den Ausspruch des Johannes über den Teufel «er sündigt von Anfang» verstehen sie nicht, denn sie sehen nicht ein, daß von Sünde keine Rede sein kann, wenn er von Natur sündig ist. Aber was wollen sie auf die Zeugnisse der Propheten antworten, etwa jene Schriftstelle aus Jesaja, die den Teufel unter dem Bilde eines Fürsten von Babylon auftreten läßt, in der es heißt: «Wie ist er vom Himmel gefallen, der Morgenstern, der in der Frühe aufging!» oder das Wort Ezechiels: «Im Lustgarten Gottes warest du und mit allerlei Edelsteinen geschmückt»? Hier sieht man, daß er einmal ohne Sünde war, heißt es doch an der zuletzt zitierten Stelle bald darauf ausdrücklich: «Du wandeltest in deinen Tagen ohne Fehl.» Man kann das kaum anders als so verstehen und muß dann auch das Wort «er ist nicht bestanden in der Wahrheit» so auffassen, daß er einmal in der Wahrheit sich befand, aber nicht darin geblieben ist. Jenes andere Wort aber «der Teufel sündigt von Anfang» darf man dann nicht so deuten, als habe er seit Anbeginn seiner Erschaffung gesündigt, sondern seit Anbeginn der Sünde, weil mit seinem Hochmut die Sünde ihren Anfang nahm. Auch jenes auf den Teufel bezügliche Wort im Buche Hiob: «Das ist der Anfang des Gebildes des Herrn, das er schuf zum Gespött seiner Engel», mit dem die Psalmstelle übereinstimmt: «Dieser Drache, den du gebildet hast, seiner zu spotten», ist in diesem Sinne zu verstehen, also nicht so, daß wir denken sollen, er sei von Anfang an zum Gespött der Engel erschaffen, sondern daß diese Strafe über ihn nach seinem Sündenfall verhängt ward. Anfänglich also war er ein Gebilde des Herrn. Denn es gibt kein Wesen, auch nicht unter den auf tiefster Stufe stehenden Tierlein, das er nicht erschaffen hätte, er, von dem alles Maß, alle Form und alle Ordnung stammt, ohne welche kein Ding existieren, ja auch nur gedacht werden kann. Wie viel mehr gilt das von den Engeln, den Geschöpfen, die alles sonst von Gott Geschaffene durch den Adel ihres Wesens überragen!

16. Von der Stufenordnung der Wesen und dem anzulegenden Maßstab

Denn unter den Wesen, die irgendwie sind, aber nicht sind, was Gott ist, der sie erschaffen hat, sind die lebenden den leblosen vorzuziehen, also die, welche Zeugungs- oder doch Wachstumskraft haben, denen, welchen dieser Trieb fehlt. Unter den lebenden sind sodann die empfindenden den nicht empfindenden vorzuziehen, also die Tiere den Bäumen. Unter den empfindenden aber die vernünftigen den vernunftlosen, also die Menschen dem Vieh. Unter den vernünftigen endlich die unsterblichen den sterblichen, also die Engel den Menschen. Doch dies ist lediglich die Rangordnung der Natur. Es gibt aber auch eine andere Art der Wertung, nämlich je nach dem Nutzen, den irgendein Ding stiftet. So geschieht es wohl, daß wir manche empfindungslosen Wesen manchen empfindenden vorziehen, und zwar so sehr, daß wir die letzteren, wenn wir nur könnten, aus der Natur austilgen möchten, sei es, daß wir nicht begreifen, welchen Platz sie in ihr einnehmen, sei es, weil wir das zwar einsehen, aber unsern Vorteil höher stellen. Denn wer möchte in seinem Hause nicht lieber Brot haben als Mäuse, nicht lieber Geld als Flöhe? Das braucht uns nicht zu wundern, da sogar, wenn sich's um Einschätzung von Menschen handelt, deren Wesen von so hoher Würde ist, ein Pferd oft höher bewertet wird als ein Sklave, eine Perle höher als eine Magd. So ist denn, wenn frei geurteilt wird, ein erheblicher Unterschied zwischen der Schätzung prüfender Vernunft und der Schätzung, die durch den Zwang des Bedürfnisses oder die Lust des Begehrens bestimmt wird. Denn die Vernunft fragt danach, welcher Platz jedem Ding an sich in der Stufenreihe der Wesen zukommt, das Bedürfnis dagegen nach der Tauglichkeit eines Dings als Mittel zum Zweck. Die Vernunft schaut auf die Wahrheit, wie sie dem Geisteslicht erscheint, die Lust auf die Annehmlichkeit, wie sie den leiblichen Sinnen schmeichelt. Doch fallen bei Bewertung der Vernunftwesen auch Wille und Liebe so schwer ins Gewicht, daß man nach dem Gesetz der Gerechtigkeit die guten Menschen den bösen Engeln vorzieht, obschon die Engel nach der Rangordnung der Natur höher als die Menschen stehen.

17. Des Teufels gute Natur durch bösen Willen verderbt

Demnach verstehen wir das Schriftwort «das ist der Anfang des Gebildes des Herrn» nur dann recht, wenn wir es auf die Natur, nicht auf die Bosheit des Teufels beziehen. Denn ohne Zweifel geht dem Verderb durch Bosheit eine nicht verderbte Natur voraus. Ein Verderb aber ist so sehr wider die Natur, daß er ihr nur schaden kann. Es wäre also kein Verderb, von Gott zu weichen, wenn es nicht der Natur, die hierdurch verderbt wird, frommte, bei Gott zu bleiben. So ist gerade der böse Wille ein starkes Zeugnis für die gute Natur. Aber wie Gott der beste Schöpfer der guten Naturen ist, so ist er auch der gerechteste Ordner der bösen Willen. Während diese die guten Naturen schlecht gebrauchen, gebraucht er auch die bösen Willen gut. Darum hat er es so geordnet, daß der von Gott gut geschaffene, aber durch eigenen Willen böse gewordene Teufel seinen Platz unten angewiesen bekam und den

Engeln zum Gespött dienen mußte, da seine Versuchungen den Heiligen nützen, denen er doch damit zu schaden trachtet. Da nun Gott, als er ihn schuf, seine künftige Bosheit natürlich kannte und voraussah, daß er aus seiner Schlechtigkeit Gutes hervorgehen lassen würde, läßt er den Psalmisten sagen: «Dieser Drache, den du bildetest, seiner zu spotten.» Das ist so zu verstehen, daß Gott schon damals, als er ihn bildete – versteht sich gut bildete, da Gott gut ist –, vermöge seines Vorherwissens darauf Bedacht nahm, wie er sich seiner, auch wenn er böse geworden, bedienen wollte.

18. Die Schönheit des Weltalls mit seinen «Antithesen»

Gott würde ja keinen Menschen geschaffen haben und erst recht keinen Engel, dessen künftige Schlechtigkeit er vorausgesehen hätte, wüßte er nicht ebenso, wie er sich ihrer zum Nutzen der Guten bedienen und so das geordnete Weltganze wie ein herrliches Gedicht gewissermaßen mit allerlei Antithesen ausschmücken würde. Solche sogenannten Antithesen, die man auf lateinisch opposita – Gegensätze, oder besser contraposita – Gegenüberstellungen nennen könnte, obschon diese Bezeichnung bei uns nicht gebräuchlich ist, bilden nämlich den ansprechendsten Schmuck der Rede. Auch die lateinische Sprache, ja aller Völker Sprachen, bedienen sich dieses Schmuckes gern. Mit Hilfe solcher Antithesen hat der Apostel Paulus im zweiten Korintherbrief einen bekannten Abschnitt fesselnd gestaltet. Da heißt es: «Durch Waffen der Gerechtigkeit zur Rechten und zur Linken, durch Ehre und Schande, durch böse Gerüchte und gute Gerüchte, als die Verführer und doch wahrhaftig, als die Unbekannten und doch bekannt, als die Sterbenden und siehe wir leben, als die Gezüchtigten und doch nicht ertötet, als die Traurigen, aber allezeit fröhlich, als die Armen, aber die doch viele reich machen, als die nichts haben und doch alles besitzen.» Wie also diese Gegenüberstellung von Gegensätzen die Rede verschönt, so bewirkt die göttliche Redekunst, die statt der Worte sich der Dinge bedient, durch dieselbe Gegenüberstellung von Gegensätzen die Schönheit des Weltalls. Das kommt zu klarstem Ausdruck im Buche Sirach, wo es heißt: «Das Gute ist wider das Böse und das Leben wider den Tod und der Gottesfürchtige wider den Gottlosen. So betrachte du alle Werke des Höchsten; sie sind paarweise geordnet, eins wider das andere.»

19. Von der Scheidung zwischen Licht und Finsternis, nämlich den heiligen und unreinen Engeln

Die Dunkelheit des göttlichen Wortes ist auch insofern nutzbringend, als sie mehrere wahre Auffassungen hervorruft und ins Licht der Erkenntnis treten läßt, da der eine es so, der andere anders versteht. Dabei muß freilich der Sinn, den man in dunklen Stellen findet, entweder durch das Zeugnis offenkundiger Tatsachen oder durch andere unzweideutige Schriftstellen bestätigt werden. Dann wird entweder eine der vielen vorgebrachten Deutungen die Meinung des Schriftstellers treffen, oder, wenn diese auch verborgen bleibt, werden doch beim Eindringen in das tiefe Dunkel andere Wahrheiten ans Licht gezogen. So scheint es mir eine Auslegung zu sein, die den Werken Gottes gerecht wird, wenn man, wie bereits dargelegt, bei dem ersterschaffenen Lichte an die Erschaffung der Engel denkt und bei den Worten «Gott schied das Licht von der Finsternis und nannte das Licht Tag und die Finsternis Nacht» an die Scheidung zwischen den heiligen und unreinen Engeln. Denn diese Scheidung konnte nur er vornehmen, der schon vor ihrem Fall vorherzusehen vermochte, daß sie fallen und, des Lichtes der Wahrheit beraubt, in der Finsternis des Hochmutes verharren würden. Denn zwischen dem Tage und der Nacht, wie sie uns vertraut sind, also zwischen irdischem Licht und irdischer Finsternis, sollten nach seinem Befehlswort die unsern Sinnen wahrnehmbaren Himmelslichter unterscheiden. «Es seien», sprach Gott, «Lichter an der Feste des Himmels, daß sie leuchten auf Erden und scheiden zwischen Tag und Nacht», und ein wenig später: «Und Gott machte zwei große Lichter, ein größeres Licht, das den Tag regiere, und ein kleineres Licht, das die Nacht regiere, dazu auch Sterne. Und Gott setzte sie an die Feste des Himmels, daß sie leuchteten auf Erden und den Tag und die Nacht regierten und schieden Licht und Finsternis.» Zwischen jenem Lichte aber, nämlich der heiligen Schar der Engel, die im Glanze der Wahrheit überirdisch leuchtet, und der ihr entgegengesetzten Finsternis, nämlich den verdüsterten Geistern der vom Licht abgefallenen bösen Engel, konnte nur er scheiden, dem auch das künftige, nicht durch die Natur, sondern den Willen verursachte Böse weder verborgen noch ungewiß sein konnte.

20. *Von dieser Scheidung spricht Gen. 1,4*

Endlich darf auch nicht verschwiegen werden, daß da, wo es heißt «Gott sprach: Es werde Licht, und es ward Licht», sogleich hinzugefügt wird: «Und Gott sah, daß das Licht gut war.» Also diese Bemerkung folgt nicht etwa später, nachdem er zwischen Licht und Finsternis geschieden und das Licht Tag und die Finsternis Nacht genannt hatte, offenbar um den Schein zu vermeiden, als habe Gott wie dem Licht so auch dieser Finsternis sein Wohlgefallen bezeugt. Denn wo von den schuldlosen Finsternissen die Rede ist, zwischen welchen und dem in unsere Augen fallenden Licht die Himmelsleuchten unterscheiden, heißt es nicht vorher, sondern nachher: «Und Gott sah, daß es gut war.» Denn wir lesen: «Gott setzte sie an die Feste des Himmels, daß sie leuchteten auf Erden und den

Tag und die Nacht regierten und schieden Licht und Finsternis. Und Gott sah, daß es gut war.» Hier gefiel beides, weil beides ohne Sünde ist. Wo aber gesagt wird: «Gott sprach: Es werde Licht, und es ward Licht. Und Gott sah, daß das Licht gut war», und wo es dann weiter heißt: «Da schied Gott zwischen dem Licht und der Finsternis und nannte das Licht Tag und die Finsternis Nacht», da wird nicht etwa beigefügt: «Und Gott sah, daß es gut war.» Denn es sollte jetzt nicht beides gut genannt werden, da von den beiden das eine böse war, nicht von Natur, sondern durch eigene Verfehlung. Darum gefiel hier nur das Licht dem Schöpfer, während die Finsternisse der Engelwelt zwar eingeordnet werden mußten, aber nicht gutgeheißen werden durften.

21. *Gottes schöpferisches Wissen und Wirken*

Denn was sonst sollten wir darunter verstehen, wenn es jedesmal heißt: «Gott sah, daß es gut war», als die Anerkennung des Werkes, das der göttlichen Kunst, nämlich der Weisheit Gottes, entsprach? Gott aber hat es keineswegs erst, als es geschaffen war, als gut erkannt, sondern im Gegenteil, er hätte nichts geschaffen, wäre es ihm nicht schon vorher bekannt gewesen. Wenn er also sieht, daß gut ist, was nie entstanden wäre, hätte er es nicht schon vor seiner Entstehung gesehen, so lehrt, nicht lernt er, daß es gut ist. Ja, Plato wagte noch mehr zu sagen, nämlich, Gott sei nach Vollendung des Weltalls entzückt vor Freude gewesen. Auch er war sicher nicht so töricht zu meinen, Gottes Glückseligkeit sei durch die Neuheit seines Werks vermehrt worden, sondern wollte auf diese Weise nur zum Ausdruck bringen, daß ihm das Werk in seiner künstlerischen Vollendung ebenso gefallen habe wie vorher in der künstlerischen Intuition. Denn das Wissen Gottes kennt keinerlei Wandlung, als ob in ihm sich anders ausnähme, was noch nicht ist, als was bereits ist oder was einmal war. Nicht auf unsere Weise blickt er auf Künftiges voraus oder auf Gegenwärtiges hin oder auf Vergangenes zurück, sondern auf andere, von unserer Art zu denken weit und hoch verschiedene. Denn sein Denken bewegt sich nicht wandelbar von diesem zu jenem, sondern ist ein gänzlich unwandelbares Schauen. Was zeitlich abläuft, was also, weil zukünftig, noch nicht ist, weil gegenwärtig, eben jetzt ist und, weil vergangen, nicht mehr ist, er erfaßt es alles in ruhender und ewiger Gegenwart. Er erfaßt es auch nicht anders mit den Augen als mit dem Geiste, denn er besteht nicht aus Leib und Seele; auch nicht anders jetzt, anders vorher, anders nachher. Sein Wissen wird nicht wie das unsere durch den Wandel der drei Zeiten, Gegenwart, Vergangenheit und Zukunft, beeinflußt, denn «bei ihm ist kein Wechsel noch Schatten einer Veränderung». Seine Aufmerksamkeit geht nicht von einem Gedanken zum anderen über, sondern seine unkörperliche Anschauung hält alles zugleich wissend umfaßt. Denn er begreift die Zeiten ohne zeitliche Begriffe, wie er auch das Zeitliche bewegt ohne eigene zeitliche Bewegung. Ebenda also sah er, daß gut war, was er geschaffen, wo er sah, daß es gut war, es zu schaffen. Auch ward sein Wissen, als er's erschaffen sah, nicht verdoppelt oder irgendwie vermehrt, als wäre sein Wissen, bevor er's sichtbar schuf, geringer gewesen. Denn so vollkommen hätte er nicht schaffen können, wäre nicht sein Wissen so vollkommen gewesen, daß es durch Vollendung seines Werks keinen Zuwachs erfahren konnte. Wenn uns darum lediglich hätte mitgeteilt werden sollen, wer das Licht erschuf, hätte er genügt zu sagen: Gott schuf das Licht. Sollten wir auch erfahren, nicht nur wer es schuf, sondern auch wodurch er's schuf, genügte die Eröffnung: «Und Gott sprach: Es werde Licht, und es ward Licht»; denn dadurch wird uns kundgetan, daß Gott es nicht nur erschaffen, sondern durch sein Wort erschaffen hat. Weil es uns aber hochnötig war, dreierlei über das Geschaffene zur Kenntnis zu nehmen, nämlich wer es geschaffen, wodurch er's geschaffen und weshalb er's geschaffen, hören wir: «Gott sprach: Es werde Licht, und es ward Licht. Und Gott sah, daß das Licht gut war.» Fragen wir also, wer es geschaffen hat, lautet die Antwort: «Gott», fragen wir, wodurch er's geschaffen, hören wir: «Er sprach: es werde, und es ward», fragen wir, weshalb, heißt's: «Weil es gut war.» Kein Urheber erhabener als Gott, keine Kunst wirksamer als Gottes Wort, kein Beweggrund besser, als daß vom guten Gotte Gutes geschaffen werde. Auch Plato nennt diesen Beweggrund der Weltschöpfung den einzig wahren, nämlich daß vom guten Gotte gute Werke hervorgebracht werden sollten. Vielleicht hat er dies gelesen, oder es von anderen, die es lasen, vernommen, oder aber er hat selbst mit hellem Geistesauge Gottes unsichtbares Wesen an den Werken der Schöpfung geschaut und erkannt, oder endlich es von denen, die es geschaut, gelernt.

22. *Alles in der Welt ist an seinem Platze gut*

Diesen Beweggrund jedoch, nämlich daß Gottes Güte Gutes schaffen wollte, diesen, sage ich, ebenso gerechten wie zureichenden Beweggrund, der, sorgfältig betrachtet und fromm erwogen, alle Streitfragen über den Ursprung der Welt erledigt, haben einige Häretiker nicht eingesehen. Denn die armselige und gebrechliche Hinfälligkeit unseres Fleisches, eine Folge des gerechten göttlichen Strafgerichts, nimmt an vielem Anstoß, was ihm nicht paßt, etwa an Feuer, Kälte, wilden Tieren oder dergleichen. Sie beachten nicht, daß diese Dinge an ihrem Platze und ihrer Natur nach durchaus wertvoll und in guter Ordnung verteilt sind, und welche Zier sie an ihrem Teile dem Weltganzen wie einem großen Gemeinwesen verleihen, und daß sie auch uns selber, wenn wir sie nur zweckentsprechend und klug anwenden, vorteilhaft sind, wie sich sogar das, ungehörig angewandt, verderbliche Gift zur Arznei verwandelt, wenn man es braucht, wie sich's gehört. Und ebensowenig beachten sie, daß umgekehrt auch, was ihnen gefällt wie Speise, Trank und Tageslicht, bei unmäßigem und unzeitigem Gebrauch schädigend wirkt. Dadurch ermahnt uns die göttliche Vorsehung, nicht unbedacht die Dinge zu schelten, sondern sorgfältig nach ihrem Nutzen zu forschen und, wenn unser Scharfsinn oder vielmehr unsere Schwäche dabei versagt, an einen verborgenen Nutzen zu glauben, wie uns ja manches erst verborgen war, bis wir es mit vieler Mühe ausfindig machten. Ist doch selbst die Verborgenheit des Nutzens heilsam, nämlich als Übung der Demut oder als Niederschlagung des Hochmuts. Denn keine Natur ist an sich böse, und mit dem Wort böse bezeichnen wir nur den Mangel des Guten. Aber von der Erde bis zum Himmel, vom Sichtbaren bis zum Unsichtbaren ist alles Gute verschieden, das eine besser als das andere und darum ungleich, weil alles dasein sollte. Gott aber, obwohl großer Künstler in großen Dingen, ist doch auch in kleinen nicht kleiner, und was klein ist, muß man nicht nach seiner Größe, die dem Kleinen ja abgeht, sondern nach der Weisheit des Künstlers beurteilen. Man denke beispielsweise an die Gestalt eines Menschen. Rasiert man eine Augenbraue weg, nimmt man dem Körper so gut wie nichts und entstellt doch seine Schönheit, denn diese besteht nicht in der Größe, sondern im Ebenmaß und rechten Verhältnis der Glieder. Übrigens ist es nicht sehr verwunderlich, daß diejenigen, die meinen, es gebe auch böse Wesen, die aus einem besonderen entgegengesetzten Urgrund entstanden und fortgepflanzt seien, nicht zugeben wollen, ein guter Gott habe nur Gutes geschaffen und das sei der Grund der Schöpfung, sondern vielmehr glauben, durch die unabweisbare Nötigung, das gegen ihn sich empörende Böse zurückzudrängen, sei er zum Aufbau dieser Welt veranlaßt worden. Dabei habe er dann, um das Böse zu bändigen und überwinden, seine eigene gute Natur hineingemischt, die er von solch schimpflicher Befleckung und grausamer Knechtung und Unterdrückung mit größter Mühe kaum habe reinigen und befreien können und das nicht einmal ganz. Denn was von jener Beschmutzung nicht habe gereinigt werden können, müsse dazu dienen, den besiegten und eingeschlossenen Feind zuzudecken und zu fesseln. Doch die Manichäer würden nicht so töricht, vielmehr so wahnsinnig sein, wenn sie nur glaubten, daß Gottes Wesen, wie es tatsächlich ist, unwandelbar und durchaus unverletzlich ist, so daß nichts ihm schaden kann, und wenn sie nur der gesunden christlichen Lehre zustimmten, daß die Seele, die sich freilich durch eigenen Willen zum Schlechteren kehren, durch Sünde verderbt werden und so des unwandelbaren Lichtes der Wahrheit verlustig gehen konnte, nicht ein Teil Gottes und gleichen Wesens wie er ist, sondern von ihm erschaffen und tief unter ihm stehend.

23. Gegen des Origenes falsche Weltschöpfungslehre

Viel mehr muß man sich wundern, daß auch solche, die mit uns einen einzigen Ursprung aller Dinge annehmen und überzeugt sind, daß jedes Wesen, das nicht ist was Gott, nur von ihm, dem Schöpfer, herkommen kann, doch nicht schlicht und einfach glauben wollten, daß schlicht und einfach ebendies der Grund der Weltentstehung sei, daß der gute Gott Gutes schuf und unter ihm Wesen sind, die zwar nicht Gott gleich, jedoch ebenfalls gut und von niemand anders geschaffen sind als dem guten Gott. Sondern sie sagen, die Seelen, also nicht etwa Teile Gottes, sondern von Gott geschaffen, hätten durch Abfall vom Schöpfer gesündigt und seien infolgedessen je nach Beschaffenheit ihrer Sünden, verschieden abgestuft vom Himmel bis herab zur Erde, gleichsam in die Fesseln verschiedenartiger Körper gelegt. So sei diese Welt entstanden und der Grund ihrer Erschaffung demnach nicht, daß Gutes hervorgebracht, sondern Böses eingeschränkt werden solle. Dies macht man mit Recht dem Origenes zum Vorwurf. Denn in seinem Werk, das den Titel trägt «Peri Archon», das ist «von den Anfängen», hat er so geurteilt, so geschrieben. Da muß ich mich doch mehr, als ich sagen kann, wundern, wie es möglich ist, daß ein in der kirchlichen Wissenschaft so gelehrter und bewanderter Mann nicht beachtet hat, zunächst, wie sehr dies dem Sinne der für uns maßgebenden Schrift zuwider ist. Denn wenn diese bei allen Werken Gottes die Worte hinzufügt: «Und Gott sah, daß es gut war» und nach Vollendung aller schließt: «Und Gott sah an alles, was er gemacht hatte, und siehe es war sehr gut», wollte sie zu erkennen geben, daß es keinen andern Grund der Erschaffung der Welt geben kann, als daß der gute Gott Gutes zu schaffen beabsichtigte. Hätte niemand gesündigt, wäre die Welt mit lauter guten Wesen geschmückt und angefüllt, und weil die Sünde eintrat, ist darum doch nicht alles voller Sünden, da ja eine weit größere Zahl von Guten in den himmlischen Gefilden die Ordnung ihrer Natur bewahrt. Auch konnte der böse Wille, der die Ordnung der Natur nicht bewahren wollte, deswegen nicht etwa den Gesetzen des gerechten Gottes, der alles wohl ordnet, entlaufen. Denn wie ein Gemälde mit der schwarzen an rechter Stelle angebrachten Farbe, so ist das Weltall, könnte man es nur überschauen, auch mit den Sündern schön, wie sehr ihnen auch, für sich allein betrachtet, ihre Häßlichkeit Schande macht.

Sodann hätte Origenes und die seine Ansicht teilen sehen müssen, wenn seine Meinung richtig und die Welt geschaffen wäre, damit die Seelen zur Strafe für ihre Sünden Leiber empfingen, in die sie wie in Käfige peinlich eingeschlossen wären, und zwar je nach der Größe ihrer Sünden edlere und leichtere oder gröbere und schwerere Leiber, daß dann die Dämonen als die schlechtesten von allen auch die gröbsten und schwersten irdischen Körper hätten bekommen müssen, viel eher als die Menschen, zumal die guten. Nun aber, um zu zeigen, daß die Würdigkeit der Seelen nicht nach der Beschaffenheit der Leiber bemessen werden darf, hat der grundschlechte Dämon einen luftigen Leib erhalten, der Mensch aber, der jetzt zwar auch schlecht ist, doch längst nicht so bösartig, einen Leib aus Lehm, und das sogar vor seinem Sündenfall. Was aber ließe sich Törichteres denken als die Behauptung, der Grund dafür, daß nur diese eine Sonne die Welt erleuchtet, sei nicht etwa die Absicht des Künstlergottes, für Schönheit und Zier oder auch das Wohl der Körperwelt zu sorgen, sondern vielmehr der Umstand, daß nur eine Seele so gesündigt habe, daß sie zur Strafe gerade in diesen Körper eingeschlossen werden mußte? Aber wenn sich's nun so gemacht hätte, daß nicht eine, sondern zwei, oder auch nicht bloß zwei, sondern zehn oder hundert in gleicher oder ähnlicher Weise gesündigt hätten, dann müßte die Welt also hundert Sonnen haben! Wenn es nicht geschah, wäre das nicht der wunderbaren Fürsorge des Werkmeisters für das Wohl und den Schmuck der Körperwelt zu verdanken, vielmehr der besonderen Beschaffenheit der Sünde einer einzigen Seele, die sich dadurch eben diesen Körper verdiente. Wahrlich, nicht die Verirrung der Seelen, über die sie solch wunderliches Zeug reden, sondern die eigene Verirrung derer, die dergleichen unmöglichen Ansichten huldigen, müßte von Rechts wegen eingedämmt werden.

Da man nun bei jedem Geschöpf nach den drei vorhin erwähnten Punkten fragt, wer sie geschaffen und wodurch und wozu er sie geschaffen hat, worauf die Antwort lautet: «Gott, durchs Wort, und weil es gut ist», muß man weiter fragen, ob uns dadurch in geheimnisvollem Tiefsinn die Dreieinigkeit selber, Vater, Sohn und Heiliger Geist, angedeutet wird, oder ob irgend etwas dieser Auffassung unserer Schriftstelle im

Wege steht. Doch das bedarf einer ausführlicheren Untersuchung, und man muß uns nicht drängen, alles auf einmal darzulegen.

24. Die göttliche Dreieinigkeit im Schöpfungsbericht angedeutet

Wir glauben, halten fest und verkünden treulich, daß der Vater das Wort erzeugt hat, nämlich die Weisheit, durch die alles erschaffen ward, seinen eingeborenen Sohn, der Eine den Einen, der Ewige den Gleichewigen, der zuhöchst Gute den Gleichguten, und daß der Heilige Geist zugleich des Vaters und des Sohnes Geist ist, gleichen Wesens und gleichewig wie beide, und daß dies Ganze sowohl eine Dreiheit ist wegen der besonderen Art der Personen, als auch der eine Gott wegen seiner untrennbaren Gottheit, wie er auch der eine Allmächtige ist wegen seiner untrennbaren Allmacht. Das ist so zu verstehen, daß auch wenn man nach den einzelnen fragt, geantwortet werden muß, jeder von ihnen sei Gott und allmächtig; fragt man dagegen nach allen zugleich, lautet die Antwort: Nicht drei Götter sind's oder drei Allmächtige, sondern nur ein allmächtiger Gott; denn so groß ist in den Dreien die unteilbare Einheit, die in dieser Weise bezeugt werden wollte. Ob aber des guten Vaters und des guten Sohnes Heiliger Geist darum, weil er beiden gemeinsam ist, zutreffend die Güte beider genannt werden kann, darüber will ich nicht vorschnell ein gewagtes Urteil abgeben. Eher möchte ich mir herausnehmen, ihn die Heiligkeit der beiden zu nennen, aber nicht als Eigenschaft beider, sondern als wesenhaft wie sie und dritte Person der Dreieinigkeit. Denn das wird dadurch nahegelegt, daß zwar auch der Vater und der Sohn Geist, desgleichen Vater und Sohn auch heilig sind, dennoch der Heilige Geist in besonderem Sinne heilig genannt wird, gleichsam als die wesenhafte, gleichwesenhafte Heiligkeit beider. Wenn aber göttliche Güte nichts anderes ist als göttliche Heiligkeit, ist es gewiß auch aufmerksames Nachdenken und nicht dreiste Verwegenheit, die Vermutung auszusprechen, daß in dem andeutenden Bericht über die göttlichen Werke, wenn wir hören, wer es war, der schuf, wodurch er schuf und weswegen er schuf, in geheimnisvoller Redeweise, um unsern Scharfsinn zu üben, auf die Dreieinigkeit hingewiesen wird. Denn als Vater des Wortes erkennen wir den, der sprach: «Es werde.» Was er aber, indem er so sprach, erschuf, ist fraglos durch das Wort geschaffen. Durch die Bemerkung endlich: «Gott sah, daß es gut war», wird klar genug angezeigt, daß Gott ohne jeden Zwang, ohne Verlangen nach irgendeinem Vorteil für sich, sondern aus lauter Güte schuf, was geschaffen ward, also weil es gut ist. Das wird erst nach vollbrachtem Werke gesagt, um zum Ausdruck zu bringen, daß das jedesmal Geschaffene der Güte entsprach, um derentwillen es geschaffen wurde. Versteht man nun unter dieser Güte mit Recht den Heiligen Geist, so wird uns hier in der Tat die ganze Dreieinigkeit in ihren Werken vor Augen geführt. Durch sie ward die heilige Stadt, die droben ist bei den heiligen Engeln, begründet, belehrt und beseligt. Fragt man nach ihrem Ursprung: Gott hat sie erbaut; nach dem Quell ihrer Weisheit: Gott erleuchtet sie; nach dem Grund ihrer Seligkeit: Gott ist's, den sie genießt. Seiend wird sie gestaltet, betrachtend erleuchtet, anhangend beseligt. So ist, schaut und liebt sie. In der Ewigkeit Gottes hat sie ihren Bestand, in der Wahrheit Gottes leuchtet sie, in der Güte Gottes ist sie froh.

25. Die Dreiteilung der Philosophie ein Hinweis auf die Trinität

Anscheinend haben die Philosophen auch aus diesem Grunde die Lehre von der Weisheit für dreiteilig erklärt, oder vielmehr sie als dreiteilig zu erkennen vermocht. Denn sie haben sie sich nicht so zurechtgelegt, sondern vielmehr so aufgefunden. Die drei Teile heißen Physik, Logik und Ethik. Die lateinischen Bezeichnungen dafür, die schon in vielen Schriften eingebürgert sind, lauten: Naturale, rationale und moralische Philosophie, auf deutsch: Naturlehre, Erkenntnislehre und Sittenlehre. Im achten Buche wurden sie schon kurz erwähnt. Daraus ist nicht zu schließen, daß man bei dieser Dreiteilung schon an Gott und die Dreieinigkeit gedacht habe, obschon Plato, der als erster die Einteilung entdeckt und empfohlen haben soll, in keinem andern als in Gott den Urheber aller Wesen, den Verleiher der Einsicht und Spender der Liebe, durch die man gut und selig lebt, erblickte. Jedenfalls, so weit auch ihre Ansichten über die Natur der Dinge, die rechte Weise, die Wahrheit zu erforschen, und das höchste Gut, das das Ziel all unsers Handelns sein muß, auseinandergehen, so richtet sich doch ihr ganzes Bemühen auf diese drei großen, allumfassenden Fragen. Wenn also auch bei ihnen in der Stellungnahme zu jeder dieser Fragen die größte Meinungsverschiedenheit zutage tritt, zweifelt doch keiner daran, daß es überhaupt eine Ursache der Natur, eine Weise des Erkennens und ein Ziel des Lebens gibt. Ein Dreifaches ist es auch, worauf es bei jedem Künstler ankommt, wenn er etwas leistet, die Natur, die Lehre und der Nutzen. Bei der Natur des Künstlers handelt es sich um seine Begabung, bei der Lehre um die Unterweisung, bei dem Nutzen um die Frucht. Ich weiß wohl, daß eigentlich die Frucht Sache des Genusses und der Nutzen Sache des Benutzens ist, und daß man die beiden insofern unterscheidet, daß wir von Genießen reden, wenn uns etwas an sich und nicht um eines anderen willen erfreut, von Benutzen aber, wenn wir etwas um eines anderen willen haben wollen – weshalb man alles Zeitliche mehr benutzen als genießen sollte, um den Genuß des Ewigen zu gewinnen, nicht wie man's verkehrt macht, wenn man das Geld genießen, Gott aber benutzen will, indem man nicht das Geld um Gottes willen hingibt, sondern Gott um Geldes willen verehrt. Trotzdem benutzen wir nach gewöhnlichem Sprachgebrauch auch die Früchte und genießen, was wir benutzen, werden doch Früchte insbesondere die Ackerfrüchte genannt, die wir ja alle zeitlich benutzen. In diesem Sinne möchte ich also, wo es sich um die drei Stücke handelt, auf die es bei einem menschlichen Künstler ankommt, also Natur, Lehre und Nutzen, von Nutzen reden. Das war es, was die Philosophen, die nach dem glückseligen Leben trachteten, auf die Dreiteilung der Wissenschaft brachte, nämlich in Naturphilosophie im Hinblick auf die Natur, rationale Philosophie im Hinblick auf die Lehre, Moralphilosophie im Hinblick auf den Nutzen. Wenn wir also unsere Natur von uns selber hätten, würden wir gewiß auch unsere eigene Weisheit selbst erzeugen und brauchten uns nicht zu bemühen, sie uns durch Belehrung, also durch Lernen woandersher anzueignen, auch würde uns unsere eigene Liebe, von uns ausgehend und uns zugewandt, zum glückseligen Leben genügen, und bedürften wir zu unserem Genuß keines anderen Gutes. Nun aber, da unsere Natur, um zu sein, Gott zum Urheber hat, müssen wir auch, um weise zu sein, ihn zum Lehrer haben, und um glückselig zu sein, wiederum ihn als Spender innerlichster Freuden.

26. Das Abbild der Trinität im Wesen des Menschen Felsengrund der Gewißheit

Und auch in uns selber finden wir ein Abbild Gottes, das ist jener höchsten Dreieinigkeit, zwar ihm nicht gleich, vielmehr weit von ihm abstehend, weil nichts gleich ewig, nichts – um in Kürze alles zu sagen – desselben Wesens ist wie Gott, gleichwohl Gott von Natur näher als alle anderen von ihm geschaffenen Dinge, ein Abbild, das durch Erneuerung noch vervollkommnet werden soll, um ihm dann ganz ähnlich zu werden. Denn wir sind, wissen, daß wir sind, und lieben dies unser

Sein und Wissen. In diesen drei Stücken, die ich nannte, verwirrt uns kein falscher Schein der Wahrheit. Denn wir erfassen sie nicht wie die Außendinge mit irgendeinem leiblichen Sinne wie die Farben, wenn wir sehen, die Töne, wenn wir hören, die Düfte, wenn wir riechen, das Schmackhafte, wenn wir schmekken, das Harte und Weiche, wenn wir tasten. Von diesen sinnenfälligen Dingen tragen wir auch die ihnen ganz ähnlichen, aber nicht mehr körperlichen Abbilder in unseren Gedanken, halten sie in der Erinnerung fest und werden durch sie zum Verlangen angeregt. Doch ohne das Gaukelspiel von Phantasien und Einbildungen fürchten zu müssen, bin ich dessen ganz gewiß, daß ich bin, weiß und liebe. Bei diesen Wahrheiten machen mir die Argumente der Akademiker keinerlei Sorge. Mögen sie sagen: Wie, wenn du dich täuschst? Wenn ich mich täusche, bin ich ja. Denn wer nicht ist, kann sich auch nicht täuschen; also bin ich, wenn ich mich täusche. Da ich demnach bin, wenn ich mich täusche, kann es keine Täuschung sein, daß ich bin; denn es steht fest, daß ich bin, wenn ich mich täusche. Da ich also, auch wenn ich mich täuschte, sein müßte, um mich täuschen zu können, täusche ich mich darin gewiß nicht, daß ich weiß: ich bin. Folglich täusche ich mich auch darin nicht, daß ich weiß: ich weiß es. Denn wie ich weiß, daß ich bin, weiß ich auch um eben dies mein Wissen. Und indem ich beides liebe, füge ich den Dingen, die ich weiß, als drittes von nicht geringerer Gewißheit die Liebe hinzu. Denn ich täusche mich nicht darin, daß ich liebe, wenn ich mich nicht in dem täusche, was ich liebe, obschon selbst, wenn dies auch falsch wäre, es doch wahr wäre, daß ich das Falsche liebte. Denn wie könnte man mich mit Recht tadeln und mit Recht von der Liebe zum Falschen zurückhalten, wenn es nicht wahr wäre, daß ich es liebte? Da aber in diesem Falle auch wahr und gewiß ist, was ich liebe, kann niemand bezweifeln, daß auch die Liebe zu dem, was ich liebe wahr und gewiß ist. Denn ebensowenig gibt es irgendwen, der nicht sein wollte, wie es irgendwen gibt, der nicht glückselig sein wollte. Denn wie kann einer glückselig sein, wenn er überhaupt nicht ist?

27. *Von der Liebe zum Sein und Wissen*

Durch eine Art natürlicher Nötigung ist uns das bloße Sein so lieb, daß nur deshalb auch Unglückliche nicht sterben wollen und, wenn sie unter ihrem Unglück seufzen, wohl möchten, daß es weggenommen würde, aber nicht, daß sie selbst aus der Welt weggenommen würden. Sogar die, die sich selbst höchst unglücklich vorkommen und es auch tatsächlich sind, die nicht nur als Toren von Weisen, sondern auch als arme Bettler von vermeintlich Glücklichen für elend gehalten werden, sie würden, falls man ihnen eine Unsterblichkeit anböte, durch die auch ihr Elend am Leben erhalten bliebe, aber ihnen zugleich freistellte, wenn sie ihr Elend ganz los sein wollten, überhaupt nicht mehr und nirgendwo zu existieren, sondern gänzlich zu verschwinden, ohne Frage aufjubeln und lieber wie bisher weiterleben als gar nicht mehr sein. Man kennt ja die Sinnesart dieser Leute, die das bezeugt. Denn warum sonst fürchten sie sich vorm Tode und wollen lieber in Sorgen ihr Leben fristen als es durch den Tod beenden, wenn nicht deshalb, weil nun einmal, wie klar zutage liegt, die Natur vor dem Nichtsein zurückschreckt? So kommt es, daß sie, wenn sie merken, sie müssen sterben, es als große Wohltat ersehnen, daß man sie mitleidig pflegt, damit sie noch ein wenig länger in ihrem Elend weiterleben und später sterben. Damit geben sie ohne Zweifel zu verstehen, mit welcher Freude sie auch solch eine Unsterblichkeit in Empfang nehmen würden, die ihrem armseligen Dasein kein Ende macht. Wie ist es? Bekunden nicht auch alle vernunftlosen Tiere, die hierüber nicht nachdenken können, von den gewaltigen Drachen bis zu kleinsten Würmern, durch alle nur möglichen Bewegungen, daß sie den Untergang fliehen, also zu sein begehren? Desgleichen die Bäume und alle Sträucher, denen die Sinne fehlen, und die nicht durch ersichtliche Bewegung dem Untergang ausweichen, senken sie nicht, um das grünende Gezweig ihrer Wipfel sicher in die Lüfte zu erheben, ihre Wurzeln tief in die Erde, um aus ihr Nahrung zu ziehen und sich so ihr Sein zu erhalten? Ja sogar jene Körper, denen außer den Sinnen auch alles keimende Leben mangelt, streben dennoch derart in die Höhe, oder suchen in die Tiefe zu gelangen oder auch in der Mitte zu schweben, um dort, wo sie ihrer Natur nach hingehören, ihr Sein zu behaupten.

Wie sehr man ferner das Wissen liebt, und wie ungern die menschliche Natur sich täuschen lassen will, ist schon daraus zu ersehen, daß jeder lieber bei klarem Verstande jammern als ohne Verstand jauchzen möchte. Diese große und wunderbare Geistesgabe ist außer dem Menschen keinen anderen sterblichen Lebewesen verliehen, obwohl manche von ihnen zum Schauen unsers Tageslichtes eine weit größere Blickschärfe haben als wir. Aber jenes unkörperliche Licht vermögen sie nicht zu erfassen. Von ihm wird unser Geist sozusagen angestrahlt, so daß wir über all diese Dinge recht urteilen können. Wir können es, soweit wir für dies Licht empfänglich sind. Immerhin haben auch die vernunftlosen Lebewesen in ihrer sinnlichen Wahrnehmung, wenn auch durchaus kein wirkliches Wissen, so doch etwas dem Wissen Ähnliches. Aber die übrigen körperlichen Wesen heißen nur darum sinnlich, weil sie sinnenfällig sind, nicht als hätten sie selber Sinne. In der Pflanzenwelt freilich zeigt sich insofern etwas, was den Sinnen ähnlich ist, als sie sich nähren und fortpflanzen. Doch haben sowohl die Pflanzen wie auch alle übrigen körperlichen Dinge ihre geheimen Ursachen in der Natur. Aber ihre Formen, die dem Antlitz dieser sichtbaren Welt seine Schönheit verleihen, bieten sie der sinnlichen Wahrnehmung dar, so daß es den Anschein hat, daß sie zum Ersatz dafür, daß sie selbst nicht betrachten können, betrachtet werden wollen. Wir aber fassen sie zwar mit den körperlichen Sinnen auf, können aber nicht mit körperlichen Sinnen über sie urteilen. Denn wir haben einen anderen, weit edleren Sinn, den Sinn des inneren Menschen, durch den wir wahrnehmen, was regelrecht und regelwidrig ist, was regelrecht, durch Wahrnehmung einer übersinnlichen Form, was regelwidrig, durch Wahrnehmung ihres Fehlens. Diesen Sinn zu betätigen, bedarf es keiner Schärfe der Pupille, keiner Pforte des Ohrs, keines Einatmens durch die Nase, keiner Geschmacksempfindung im Gaumen, keiner körperlichen Berührung. Er ist es, der mich gewiß macht, daß ich bin und es auch weiß, und das liebe ich und bin gleichfalls dessen gewiß, daß ich's liebe.

28. Auch die Liebe wird geliebt

Von den beiden Stücken, nämlich unserm Sein und Wissen, wie sehr wir sie lieben, und wie auch bei den übrigen, tiefer stehenden Wesen sich etwas bei aller Verschiedenheit doch Ähnliches findet, davon haben wir nunmehr, soweit der Plan dieses begonnenen Werkes es erforderte, wohl genug gesagt; doch von der Liebe, die wir beidem entgegenbringen, ob auch diese Liebe selbst geliebt wird, davon war noch nicht die Rede. Ja, sie wird geliebt. Wir beweisen es dadurch, daß gerade sie es ist, die an Menschen, die man mit Recht mehr liebt als andere, mehr als alles andere geliebt wird. Denn man nennt einen Mann nicht so sehr darum gut, weil er weiß, was gut ist, als weil er es liebt. So kann es nicht anders sein, als daß wir auch in uns selber fühlen, daß wir die Liebe lieben, mit der wir alles Gute lieben. Es gibt freilich auch eine Liebe, die liebt, was nicht liebenswert ist, und diese Liebe haßt in sich, wer liebt, was wahrhaft Liebe verdient. Denn beide Arten der Liebe können in einem Menschen sein, und dann steht es gut um ihn, wenn die eine zunimmt, die uns gut leben läßt, und die andere abnimmt, die uns schlecht leben läßt, bis unser ganzes Leben endlich völlig geheilt, umgewandelt und gut geworden ist. Wenn wir Tiere wären, würden wir unser leibliches Leben und was seinem Fühlen zusagt lieben, uns an diesem Gut genügen lassen und, wenn es uns dabei wohl wäre, nichts Weiteres suchen. Desgleichen, wenn wir Bäume wären, könnten wir zwar nichts mit Gefühlsregung lieben, würden aber doch eine Art Streben nach dem bekunden, was uns ertragreicher und fruchtbarer machte. Und auch wenn wir Steine oder Wellen oder Wind oder Flamme oder etwas Derartiges wären, ohne alle Empfindung und Leben, würde uns doch nicht ein gewisses Streben nach unserm Ort und unserer Ordnung fehlen. Denn die Gewichtsverhältnisse sind gleichsam die Liebesregungen der Körper, mögen sie nun durch ihre Schwere nach unten oder durch ihre Leichtigkeit nach oben trachten. Denn ein Körper wird ebenso durch sein Gewicht wie die Seele durch die Liebe gezogen, wohin es auch sei. Doch wir sind Menschen, geschaffen nach dem Bilde unsers Schöpfers, der wahre Ewigkeit, ewige Wahrheit, ewige und wahre Liebe sein eigen nennt, der selbst die ewige, wahre und liebende Dreieinigkeit ist, nicht vermengt und nicht getrennt. So laßt uns denn in den unter uns stehenden Dingen, die selber weder überhaupt dasein, noch irgendeine Form besitzen, noch irgendeine Ordnung anstreben oder festhalten könnten, wenn sie nicht von dem geschaffen wären, der zuhöchst ist, zuhöchst weise und zuhöchst gut ist, laßt uns hier all das, was er schuf und was so wunderbar festgefügt ist, durcheilen und darin seine bald mehr, bald weniger eingeprägten Spuren aufsuchen. In uns selber aber wollen wir sein Bild anschauen und wie der jüngere Sohn im Evangelium bei uns einkehren und «uns aufmachen und zum Vater gehen», von dem wir uns durch unsere Sünde getrennt hatten. Dort gibt es für unser Sein keinen Tod, für unser Erkennen keinen Irrtum, für unser Lieben kein Hindernis. Jetzt aber sind wir zwar dieser dreier Stücke, soweit sie unser eigen sind, gewiß und bedürfen ihrethalben keiner anderen Zeugen, sondern fühlen sie als gegenwärtig und schauen sie mit dem inneren Blick untrüglicher Wahrheit, doch da wir aus uns selbst nicht wissen können, wie lange sie dauern, ob es mit ihnen niemals zu Ende sein und was aus ihnen werden wird, wenn sie sei es gut, sei es schlecht angewandt werden, so suchen und haben wir dafür auch noch andere Zeugen, an deren Glaubwürdigkeit nicht zu zweifeln ist. Doch das ist nicht hier, sondern an späterer Stelle zu erörtern. In diesem Buche will ich dagegen über den Gottesstaat, der nicht in der Sterblichkeit dieses Erdenlebens pilgert, sondern unsterblich immerdar im Himmel weilt, nämlich über die heiligen Engel, die Gott anhangen, niemals abtrünnig waren und es nie sein werden, zwischen welchen und den andern, die das ewige Licht verließen und Finsternis wurden, Gott gleich anfangs schied, wie ich schon sagte, mit Gottes Hilfe und nach bestem Vermögen zu schreiben fortfahren.

29. Über die Erkenntnis der Engel

Diese heiligen Engel erlangen ihre Erkenntnis Gottes nicht durch tönende Worte, sondern durch die Gegenwart der unwandelbaren Wahrheit selbst, das ist durch sein eingeborenes Wort, und sie erkennen das Wort selbst und den Vater und den Heiligen Geist der beiden, sowohl ihre untrennbare Dreieinigkeit als auch die einzelnen wesenhaften Personen in ihr, die doch nicht drei Götter sind, sondern nur ein Gott, so klar, daß dies ihnen besser bekannt ist, als wir uns selber kennen. Auch die Kreatur erkennen sie besser dort, nämlich in der Weisheit

Gottes, gewissermaßen der schöpferischen Kunst, die sie hervorbrachte, als in ihr selbst, wie sie auf diese Weise auch sich selbst besser erkennen als in sich selbst, obschon es ihnen auch an der niederen Erkenntnis nicht fehlt. Denn sie sind geschaffen und nicht dasselbe wie er, der sie schuf. Jenes ist, wie wir oben bereits gesagt, gleichsam die Tageserkenntnis, dieses, also die Erkenntnis in sich selbst, gleichsam die Abenderkenntnis. Denn es ist ein großer Unterschied, ob etwas erkannt wird in der Idee, nach welcher es geschaffen ward, oder in sich selbst, wie man ja auch die Geradheit der Linien und die Richtigkeit geometrischer Figuren anders erfaßt, wenn man sie im Geiste schaut, als wenn man sie in Sand einzeichnet, oder die Gerechtigkeit in ihrer unwandelbaren Wahrheit anders als in der Seele eines Gerechten. So verhält sich's auch mit allem übrigen, also der Feste zwischen den oberen und unteren Wassern, die Himmel heißt, sowie der Sammlung der Wasser in der Tiefe, der Trockenlegung der Erde und Hervorbringung der Pflanzen und Bäume, ferner der Erschaffung von Sonne, Mond und Sternen, weiter der Erschaffung der wasserentsprossenen Tiere, nämlich der Vögel, Fische und Seeungeheuer, endlich der auf Erden laufenden und kriechenden Tiere und des Menschen selbst, der vornehmer ist als alle übrigen Erdendinge. All das wird von den Engeln anders im Worte Gottes erkannt, wo es seine unwandelbar beständigen Gründe und Ideen hat, nach denen es geschaffen ward, als in sich selber. Jenes ist die klarere, dieses die dunklere Erkenntnis, entsprechend der Erkenntnis der schöpferischen Kunst selbst und der Kunstwerke. Doch wenn man sich angesichts seiner Werke zum Lobe und zur Anbetung des Schöpfers erhebt, leuchtet gleichsam das Morgenrot auf im Geiste der Betrachter.

30. Die Bedeutung der Sechszahl für das Schöpfungswerk

Diese Werke wurden aber, hören wir, in sechs Tagen, indem derselbe Tag sich sechsmal wiederholte, vollendet, und zwar wegen der Vollkommenheit der Sechszahl. Nicht als hätte Gott eines Zeitraums bedurft und könnte nicht alles zugleich schaffen, was sodann durch angemessene Bewegungen den Lauf der Zeiten bilden sollte, sondern weil durch die Sechszahl die Vollkommenheit der Werke angezeigt wird. Denn die Sechszahl ist die erste, die aus der Summe ihrer Teile besteht, also aus ihrem Sechstel, ihrem Drittel und ihrer Hälfte, nämlich eins, zwei und drei, die addiert sechs ergeben. Als Teile gelten in dieser Betrachtung der Zahlen diejenigen Zahlen, von denen man angeben kann, wievielmal sie in einer bestimmten größeren Zahl enthalten sind, also etwa zwei-, drei- oder viermal. Denn obwohl beispielsweise die Vier auch eine Art Teil der Neunzahl ist, kann man doch nicht sagen, daß diese ein Vielfaches von ihr wäre. Von der Eins aber trifft das zu, denn sie ist neunmal darin enthalten, auch von der Drei, die dreimal darin enthalten ist. Addiert man aber diese ihre beiden Teile, also den neunten und dritten, eins und drei, erhält man noch längst nicht die Gesamtzahl neun. Desgleichen ist vier auch eine Art Teil der Zehnzahl, aber diese nicht ihr Vielfaches, wohl aber ein Vielfaches der Eins, die ihr zehnter Teil ist. Sie hat auch einen fünften Teil, nämlich zwei, und einen zweiten, nämlich fünf. Aber diese drei Teilzahlen, nämlich der zehnte, fünfte und zweite Teil, also eins, zwei und fünf, ergeben addiert nicht ganz zehn, sondern nur acht. Die Teilzahlen der Zwölf dagegen ergeben addiert mehr als zwölf. Denn da ist der zwölfte Teil eins, der sechste zwei, der vierte drei, der dritte vier, der zweite sechs. Eins und zwei und drei und vier und sechs machen aber nicht zwölf, sondern mehr, nämlich sechzehn. Dies habe ich kurz erwähnt, um die Vollkommenheit der Sechszahl hervorzuheben, die, wie gesagt, die erste ist, die sich durch Addierung ihrer Teilzahlen ergibt. In dieser Sechszahl von Tagen hat Gott seine Werke vollendet. Man soll darum die Bedeutung der Zahl nicht geringschätzen. An vielen Stellen der Heiligen Schrift bekommt der aufmerksame Leser zu spüren, wie großer Wert darauf zu legen ist, und nicht umsonst ward zum Lobe Gottes gesagt: «Alles hast du nach Maß, Zahl und Gewicht geordnet.»

31. *Was die Ruhe Gottes am siebten Tage bedeutet*

Am siebten Tage aber, das ist an demselben Tage, der sich zum siebten Male wiederholte – auch diese Zahl ist, wenn auch aus anderem Grunde, vollkommen –, wird uns die Ruhe Gottes verkündet. Hier hören wir auch zuerst von Heiligung. So wollte Gott denn diesen Tag nicht durch irgendwelche Werke, sondern durch seine Ruhe heiligen, die keinen Abend hat. Denn sie ist kein Geschöpf, daß sie anders in Gottes Wort als in sich selber erkannt werden könnte und eine verschiedene Tages- und Abend-Erkenntnis zuließe. Auch über die Vollkommenheit der Siebenzahl ließe sich viel sagen. Doch das Buch ist schon lang genug, und ich fürchte, es möchte den Anschein gewinnen, ich wollte bei dieser Gelegenheit mein bescheidenes Wissen mehr eitel als nützlich zur Schau tragen. So will ich denn auf Maßhalten und Ernst bedacht sein, um nicht durch lang und breites Daherreden über die Zahl das Urteil heraufzubeschwören, ich kümmere mich nicht um Maß und Gewicht. So mag es genug sein, wenn ich darauf aufmerksam mache, daß die erste ganz ungerade Zahl drei, die erste ganz gerade vier ist. Aus diesen beiden besteht die Sieben. Darum wird sie oft angewandt, um etwas Umfassendes zu bezeichnen, zum Beispiel in dem Spruch: «Ein Gerechter fällt siebenmal und steht wieder auf», das ist, sooft er auch fällt, er wird nicht zugrunde gehen, wobei übrigens nicht an einen Fall in Sünden, sondern in Trübsal zu denken ist, die zur Demut führt. Ferner: «Siebenmal des Tages lobe ich dich», was anderswo so ausgedrückt wird: «Sein Lob soll immerdar in meinem Munde sein.» In ähnlicher Weise wird noch mehrfach in der Heiligen Schrift geredet und somit die Siebenzahl, wie ich sagte, zur Bezeichnung von etwas Umfassendem angewandt. Darum wird mit dieser Zahl auch oft auf den Heiligen Geist hingewiesen, von dem der Herr sagt: «Er wird euch in alle Wahrheit leiten.» Mit ihr auch auf die Ruhe Gottes, die Ruhe, die man in Gott findet. Denn im Ganzen, nämlich der gänzlichen Vollendung, findet man Ruhe, beim Teilstück Mühsal. So mühen wir uns ab, solange wir nur stückweise erkennen, «wenn aber kommen wird das Vollkommene, wird das Stückwerk aufhören». Daher kommt es, daß wir uns auch abmühen müssen, den Sinn der Schrift zu ergründen. Die heiligen Engel aber, deren Schar und Gemeinschaft wir uns mit heißem Verlangen zugesellen möchten in dieser unserer so mühseligen Pilgerschaft, sie besitzen schon mit der Ewigkeit des Beharrens auch die Leichtigkeit des Erkennens und die Seligkeit der Ruhe. Denn wenn sie uns beistehen, macht ihnen das keine Beschwer, da ihre rein geistigen und freien Bewegungen sie nicht ermüden.

32. Wann die Engel erschaffen wurden, mag dahingestellt bleiben

Nun mag vielleicht jemand behaupten, das Wort «es werde Licht, und es ward Licht» sei nicht auf die Engel zu beziehen, sondern die Meinung hegen und lehren, es sei irgendein körperliches Licht, das damals zuerst erschaffen wurde; die Engel aber seien noch früher erschaffen worden, nicht nur vor der Feste zwischen den Wassern, die Himmel genannt ward, sondern auch vor dem, was mit den Worten «im Anfang schuf Gott Himmel und Erde» gemeint ist. Er mag fortfahren, wenn es heiße «im Anfang», so sei das nicht so zu verstehen, als ob dies das allererste gewesen sei, was geschah, da Gott ja die Engel vorher geschaffen habe, sondern es solle heißen, daß er alles in seiner Weisheit schuf, die ja sein Wort ist, das die Heilige Schrift ausdrücklich den Anfang nennt, wie denn auch Christus im Evangelium auf die Frage der Juden, wer er sei, die Antwort gab: «der Anfang.» Nun, dagegen werde ich nicht ankämpfen, zumal es mir aufs beste gefällt, wenn gleich bei Beginn des heiligen Buches der Genesis die Dreieinigkeit eingeführt wird. Denn wenn die Worte «im Anfang schuf Gott Himmel und Erde» so zu verstehen sind, daß der Vater in seinem Sohne schuf, wozu auch das Psalmzeugnis stimmt: «Herr, wie sind deine Werke groß und viel. Alles hast du in Weisheit geschaffen», dann ist es höchst angebracht, daß bald darauf auch der Heilige Geist erwähnt wird. Denn nachdem mit den Worten «die Erde war wüst und leer, und es war finster auf der Tiefe» zum Ausdruck gebracht ist, was für eine Erde Gott zunächst schuf, oder was für eine Masse und Materie als Baustoff der künftigen Welt den Namen «Himmel und Erde» empfing, heißt es alsbald, um die trinitarische Aussage abzuschließen: «Der Geist Gottes schwebte auf dem Wasser.» Mag jeder dies auslegen wie er will. Es ist ja so tief, daß es zur Übung der Leser mehrere von der Glaubensregel nicht abweichende Auffassungen zuläßt, wenn nur alle daran festhalten, daß die heiligen Engel in ihren erhabenen Wohnungen zwar nicht gleichewig wie Gott, aber doch ihrer immerwährenden und wahren Seligkeit gewiß und sicher sind. Zu ihrer Gemeinschaft gehören, so belehrt uns der Herr, seine Kleinen. Denn er sagt nicht nur: «Sie werden gleich sein wie die Engel Gottes», sondern zeigt in diesem Zusammenhang auch, welcher Anblick es ist, der die Engel beseligt, wenn er spricht: «Sehet zu, daß ihr nicht jemand von diesen Kleinen verachtet. Denn ich sage euch, ihre Engel im Himmel sehen allezeit das Angesicht meines Vaters im Himmel.»

33. Die beiden Engelscharen, die lichte und die finstere

Daß aber manche Engel gesündigt haben und in diese untere Welt verstoßen wurden, die für sie eine Art Kerker ist, bis sie künftig am Tage des Gerichts endgültig verdammt werden, das hat der Apostel Petrus klar verkündet, wo er sagt, daß Gott die sündigen Engel nicht verschont, sondern sie verstoßen und den finsteren Kerkern der Unterwelt übergeben hat, um sie zur Strafe des Gerichts aufzubewahren. Wer zweifelt daran, daß Gott zwischen diesen und den anderen in Voraussicht und Tat geschieden hat? Wer bestreitet, daß die letzteren mit Recht Licht genannt werden? Werden doch auch wir, die wir noch im Glauben leben und Gleichheit mit ihnen erhoffen, aber noch nicht erlangt haben, vom Apostel bereits ein Licht genannt. «Denn ihr waret», spricht er, «einstmals Finsternis, nun aber seid ihr ein Licht in dem Herrn.» Daß aber jene abtrünnigen Engel treffend Finsternis genannt werden, muß jeder zugeben, der begreift oder doch glaubt, daß sie noch schlechter sind als ungläubige Menschen. Mag also immerhin an jener Stelle, wo wir lesen: «Gott sprach: Es werde Licht, und es ward Licht», ein anderes Licht gemeint sein, und eine andere Finsternis, wo es heißt: «Gott schied zwischen dem Licht und der Finsternis», so sehen wir sie doch vor uns, die beiden Engelscharen, die eine zum Genusse Gottes erhöht, die andere von Hochmut aufgebläht; die eine, zu der gesagt wird: «Betet ihn an, alle seine Engel», die andere, deren Fürst spricht: «Das alles will ich dir geben, so du niederfällst und mich anbetest»; die eine flammend in heiliger Gottesliebe, die andere qualmend in unreiner Gier nach eigener Größe; die eine, dem Wort entsprechend: «Gott widerstehet den Hoffärtigen, aber den Demütigen gibt er Gnade», in des Himmels Himmel wohnend, die andere von da herabgeworfen und im niederen Lufthimmel sich herumtreibend; die eine in der Ruhe lichtheller Frömmigkeit, die andere im Aufruhr finsterer Leidenschaften; die eine auf Gottes Wink bald freundlich helfend, bald gerecht strafend, die andere auf eigene Faust erpicht, zu unterjochen und Schaden anzustiften; die eine, der Güte Gottes dienstbar, um voll Eifer Heil zu wirken, die andere von Gottes Macht im Zaun gehalten, um nicht voll Eifer Unheil anzurichten; die eine der andern spottend, weil deren Verfolgungen wider Willen bloß nützen, die andere den Spott mit Neid erwidernd, wenn jene ihre pilgernden Freunde heimholt. Wir sehen sie vor uns, diese beiden Engelscharen, einander so ungleich und entgegengesetzt, die eine in ihrem Wesen und Willen gut und recht, die andere wohl in ihrem Wesen gut, aber in ihrem Willen schlecht; wir sehen sie, wie sie in anderen helleren Zeugnissen der Schrift geschildert sind und wie wir sie auch in dem Genesis genannten Buche unter der Bezeichnung von Licht und Finsternis zu finden glaubten. Auch wenn vielleicht der Schriftsteller hier etwas anderes im Sinne hatte, war doch der Versuch, in die Dunkelheit seiner Rede einzudringen, nicht nutzlos, da wir ja, auch wenn wir die Absicht des Urhebers dieses Buches nicht ergründen konnten, von der Glaubensregel nicht abwichen, die den Gläubigen aus anderen dasselbe Ansehen genießenden Teilen der Heiligen Schrift hinreichend bekannt ist. Denn wenn hier auch bloß körperliche Werke Gottes erwähnt sein sollten, so haben sie doch unzweifelhaft mit den geistigen einige Ähnlichkeit, derzufolge der Apostel sagen kann: «Ihr seid allzumal Kinder des Lichtes und Kinder des Tages; wir sind nicht von der Nacht noch von der Finsternis.» Wenn aber der Schriftsteller dasselbe gemeint hat wie wir, nun so hat unsere Untersuchung zu einem um so günstigeren Ergebnis geführt. Denn dann gewinnt man die Überzeugung, daß dieser mit solch überragender göttlicher Weisheit begabte Gottesmann, vielmehr der durch ihn redende Gottesgeist, bei Aufzählung der göttlichen Werke, die, wie er sagt, alle am sechsten Tage vollendet wurden, die Engel keineswegs übergangen hat, und es kommt auf dasselbe hinaus, ob man bei den Worten: «Im Anfang schuf Gott Himmel und Erde» das «im Anfang» als «zuerst» versteht, oder, was zutreffender sein dürfte, in dem Sinne, daß Gott in seinem eingeborenen Worte schuf. Mit den Worten Himmel und Erde aber ist die ganze Schöpfung bezeichnet, entweder, was wahrscheinlicher ist, die geistige und körperliche, oder nur die beiden großen Teile der irdischen Welt, in denen alles, was geschaffen ward, enthalten ist. In diesem Falle wäre zuerst das Ganze genannt, sodann auch seine Teile nach der geheimnisvollen Zahl der Tage aufgeführt.

34. Ob unter den Wassern des Schöpfungsberichts die Engel zu verstehen sind

Einige freilich haben auch gemeint, unter den Wassern des Schöpfungsberichts seien die Völker der Engel zu verstehen. Dann wäre der Sinn des Wortes «es werde eine Feste zwischen den Wassern» der, daß man bei den Wassern über der Feste an die Engel zu denken hätte, während das untere Wasser sich entweder auf das sichtbare Wasser oder die Menge der bösen Engel oder alle Menschenvölker bezöge. Wenn das richtig ist, dann ist hier nicht von der Erschaffung, sondern der Scheidung der Engel die Rede. Es gibt auch einzelne Erklärer, die bestreiten, daß die Wasser überhaupt von Gott geschaffen seien, da es niemals heißt: Gott sprach: Es werde das Wasser. Doch das ist eine grundverkehrte und gottlose Albernheit. Dasselbe könnten sie mit gleichem Recht auch von der Erde sagen, denn man liest ebenfalls nirgendwo: Gott sprach: Es werde die Erde. Doch sie wenden ein, es stehe ja geschrieben: «Im Anfang schuf Gott Himmel und Erde.» Gewiß, aber damit ist auch das Wasser mitgemeint, denn das eine Wort Erde schließt beides in sich. «Denn sein ist das Meer», heißt es im Psalm, «und er hat's gemacht, und seine Hände haben das Trockene bereitet.» Doch die Ausleger, welche unter den Wassern über dem Himmel die Engel verstehen, werden dazu durch das Gewicht der Elemente bestimmt und wollen nicht glauben, daß eine flüssige und schwere Wassermasse in den oberen Regionen der Welt ihren Platz angewiesen bekommen habe. Sie würden also, wenn es nach ihrem Verstande ginge und sie selber einen Menschen schaffen könnten, den Schleim, der auf Griechisch Phlegma heißt und unter den Elementen unsers Körpers die Stelle des Wassers einnimmt, nicht in seinem Kopfe anbringen. Denn dort ist der Sitz des Phlegmas, und zwar, weil es Gottes Werk ist, durchaus passend. Aber nach ihrem Urteil wäre es so widersinnig, daß, wenn wir's nicht wüßten, aber in der Schrift läsen, Gott habe eine flüssige, kalte und darum auch schwere Masse in den obersten Teil des ganzen menschlichen Körpers verlegt, diese gescheiten Kenner der Elemente es niemals glauben, oder, wenn sie dem Ansehen der Schrift sich beugten, urteilen würden, es müsse anderswie gedeutet werden.

Doch wollten wir alles Einzelne erforschen und abhandeln, was in jenem göttlichen Buche über die Erschaffung der Welt geschrieben steht, müßten wir noch vieles sagen und würden von dem Plan des in Angriff genommenen Werkes weit abschweifen. Doch wir haben von den beiden so verschiedenen und sich gegenüberstehenden Engelscharen, in welchen uns gewissermaßen die Anfänge auch der beiden irdischen Staaten, von denen weiterhin geredet werden soll, entgegentreten, das Nötige, scheint mir, bereits gesagt und wollen dies Buch nun endlich beschließen.

ZWÖLFTES BUCH

URSACHE DES ENGELFALLS
DIE ERSCHAFFUNG DES MENSCHEN

1. *Von dem Wesen der guten und bösen Engel*

Ehe ich von der Erschaffung des Menschen spreche, wo alsbald der Ursprung der beiden Staaten, soweit das Geschlecht der vernunftbegabten Sterblichen in Frage kommt, zutage treten wird, wie er schon im vorigen Buche bei den Engeln zutage trat, muß ich noch einiges von den Engeln sagen. Ich möchte nämlich, so gut ich's vermag, den Beweis führen, daß man nicht unschicklich und unpassend von einer Gemeinschaft zwischen Menschen und Engeln spricht, so daß folglich nicht von vier Staaten, nämlich zwei Engel- und zwei Menschenstaaten, sondern nur von zwei Staaten, das heißt Genossenschaften, mit Recht die Rede sein kann, von denen der eine aus den guten, der andere aus den bösen, und zwar sowohl Engeln wie Menschen besteht.

Man darf nicht daran zweifeln, daß das entgegengesetzte Streben der guten und bösen Engel nicht in der Verschiedenheit ihres Wesens und Ursprungs begründet ist, da Gott, der gute Urheber und Schöpfer aller Wesen, sie beide geschaffen hat, sondern in der Verschiedenheit ihres Wollens und Begehrens. Denn die einen verharren standhaft bei dem allen gemeinsamen Gut, das für sie Gott selber ist, und bei seiner Ewigkeit, Wahrheit und Liebe; die andern, von ihrer eigenen Macht berauscht, fielen, als könnten sie ihr eigenes Gut sein, von dem höheren, allen gemeinsamen, beseligenden Gute auf sich selbst zurück, tauschten dünkelhafte Selbstüberhebung ein für die hoch erhabene Ewigkeit, nichtsnutzige Schlauheit für gewisseste Wahrheit, parteiische für allgemeine Liebe und wurden hochmütig, trügerisch, neidisch. Gott anhangen, das ist für die einen Grund der Seligkeit, so ergibt sich als Grund der Unseligkeit der anderen das Gegenteil: Gott nicht anhangen. Wenn also auf die Frage, warum die einen selig sind, die Antwort mit Recht lautet: Weil sie Gott anhangen, und auf die Frage, warum die andern unselig: Weil sie Gott nicht anhangen, so gibt es für die mit Vernunft und Geist begabte Kreatur kein anderes Gut, das selig machen kann, als Gott allein. Also, obschon nicht alle Geschöpfe glückselig sein können – denn wilde Tiere, Bäume, Felsen und dergleichen erlangen diese Gnadengabe nicht, sind auch nicht empfänglich dafür –, sind es doch diejenigen, die es sein können, nicht aus sich selbst, da sie aus nichts geschaffen sind, sondern durch den, der sie geschaffen hat. Gewinnen sie ihn, sind sie selig, verlieren sie ihn, unselig. Er aber, der durch kein anderes Gut, sondern durch sich selbst selig ist, kann darum nie unselig sein, weil er nie sich selbst verlieren kann.

Wir sagen also: Es gibt nur ein unwandelbares Gut, den einen, wahren, seligen Gott; dagegen, was er geschaffen hat, ist zwar gut, weil es von ihm stammt, doch auch wandelbar, weil es nicht aus ihm, sondern aus nichts erschaffen ist. Obschon sie also nicht zuhöchst gut sind, da Gott ein höheres Gut ist als sie, stellen darum doch auch die wandelbaren Geschöpfe ein hohes Gut dar, da sie dem unwandelbaren Gut anhangen können, um selig zu sein. Denn dies ist für sie so sehr das Gut, daß sie ohne es notwendig unselig sein müssen. Und nicht etwa sind in der Gesamtheit der Schöpfung andere Wesen darum besser, weil sie nicht unselig sein können, sonst müßten ja die übrigen Glieder unsers Körpers darum besser sein als die Augen, weil sie nicht erblinden können. Aber wie ein empfindendes Geschöpf, auch wenn es Schmerzen leidet, besser ist als ein Stein, den nichts schmerzt, so ist ein vernünftiges Wesen, mag es auch unselig sein, vorzüglicher als ein Wesen, das keine

Vernunft, vielleicht auch keine Empfindung besitzt und darum für Unseligkeit nicht empfänglich ist. Demnach ist es für dies in solcher Vorzüglichkeit erschaffene Wesen, das zwar wandelbar ist, aber durch Anhangen an das unwandelbare Gut, den höchsten Gott, Glückseligkeit erlangt, das seine Bedürftigkeit nur befriedigen kann, wenn es glückselig wird, und solche Befriedung nur in Gott finden kann, für solch ein Wesen ist es fürwahr ein schlimmer Fehler, wenn es ihm nicht anhangt. Jeder Fehler aber schadet der Natur und ist demzufolge naturwidrig. Solch ein Wesen unterscheidet sich also von dem, das Gott anhangt, nicht durch seine Natur, sondern seine Fehlerhaftigkeit. Aber gerade durch den Fehler wird es deutlich, wie edel und preiswürdig die Natur an sich selber doch ist. Denn wessen Fehler man, wie es recht ist, tadelt, dessen Natur zollt man dadurch ohne Frage Anerkennung. Die Feststellung, daß durch den Fehler die löbliche Natur verunstaltet wird, ist ja der rechte Tadel. Wie man dadurch, daß man die Erblindung einen Augenfehler nennt, darauf hinweist, daß es die Natur der Augen ist zu sehen, dadurch daß man die Taubheit einen Fehler der Ohren heißt, bekundet, daß es ihre Natur ist zu hören, so wird dadurch, daß man erklärt, es sei ein Fehler der Engelnatur, Gott nicht anzuhangen, offen ausgesprochen, daß es ihr wesensgemäß ist, Gott anzuhangen. Darum, wer kann sich's ausdenken, wer es gebührend mit Worten erheben, welch hoher Ruhm es ist, Gott anzuhangen, um in ihm zu leben, in ihm weise und fröhlich zu sein und solch großes Gut ohne Tod, ohne Irrtum und ohne Beschwer zu genießen? So zeigt sich mit aller Klarheit auch an dem Fehler der bösen Engel, Gott nicht anzuhangen, da jeder Fehler der Natur schadet, daß Gott ihre Natur so gut geschaffen hat, daß ihr nur eins schaden kann: Die Trennung von Gott.

2. Kein Wesen als solches ist Gott entgegengesetzt

Dies mag gesagt sein, damit nicht jemand meine, die abtrünnigen Engel, von denen die Rede ist, hätten ein anderes, aus einem andern Urgrund stammendes Wesen, und Gott sei nicht der Urheber ihres Wesens. Von diesem gottlosen Irrwahn wird man sich um so sicherer und leichter fernhalten, je besser man das Wort verstehen lernt, das Gott durch den Engel sprach, als er Moses zu den Kindern Israel sandte: «Ich bin, der ich bin.» Denn da Gott die höchste Wesenheit ist, das heißt zuhöchst ist und darum auch unwandelbar ist, hat er den Dingen, die er aus nichts erschuf, wohl ein Sein, aber nicht das höchste Sein gegeben, wie er selbst es besitzt. Und zwar verlieh er den einen einen höheren Grad des Seins als den anderen und stufte so die Naturen der Wesenheiten gegen einander ab. Wie man nämlich von dem Eigenschaftswort «weise» das Hauptwort «Weisheit» ableitet, so von dem Zeitwort «sein» oder «wesen» das Wort Wesenheit (essentia), ein freilich neues Wort, das die alten Lateiner noch nicht kannten, das aber zu unseren Zeiten in Brauch gekommen ist, um das griechische «Usia» wiederzugeben – denn davon ist Wesenheit die wörtliche Übersetzung. So ist denn dem Wesen, das zuhöchst ist und dessen Schöpfermacht alles, was ist, das Sein verdankt, kein Wesen entgegengesetzt, sondern nur das Nichtseiende. Denn dem, was ist, steht das Nichtsein gegenüber. Deshalb also ist Gott, nämlich der höchsten Wesenheit und dem Urheber aller Wesen, die es irgend gibt, keine Wesenheit entgegengesetzt.

3. Ob und inwiefern die Sünde Gott und der Natur des Sünders entgegengesetzt und schädlich ist

Wohl ist in der Schrift von Feinden Gottes die Rede, die aber nicht durch ihre Natur, sondern ihre Verfehlungen seiner

Herrschaft widerstreben, jedoch nicht ihm, sondern nur sich selber schaden können. Der widersetzliche Wille, nicht die Macht, Schaden zuzufügen, stempelt sie zu Feinden. Denn Gott ist unwandelbar und durchaus unvergänglich. Darum ist die Verfehlung, durch welche die sogenannten Feinde Gottes sich ihm widersetzen, nicht für Gott, sondern nur für sie selbst ein Übel, und zwar deshalb, weil dadurch ihr von Natur gutes Wesen verderbt wird. Also ist keine Natur Gott entgegengesetzt, sondern die Verfehlung ist, weil böse, dem Guten entgegengesetzt. Wer leugnet aber, daß Gott zuhöchst gut ist? Also ist die Verfehlung auch Gott entgegengesetzt, die böse dem Guten. Aber auch die Natur, an der die Verfehlung sich auswirkt, ist etwas Gutes. So ist die Verfehlung auch diesem Gute entgegengesetzt, Gott jedoch nur insofern, wie dem Guten das Böse entgegentritt, der eigenen Natur dagegen nicht nur als böse, sondern auch als schädlich. Denn nichts Böses kann Gott schaden, wohl aber den wandelbaren und dem Verderben ausgesetzten Naturen, die nichtsdestoweniger gut sind, wie die eigenen Fehler es bezeugen. Denn wären sie nicht gut, könnten ihnen die Fehler auch nicht schaden. Sie schaden ihnen aber, indem sie ihnen Unversehrtheit, Schönheit, Wohlsein und Kraft entziehen, sowie alles, was sonst noch natürlich Gutem durch Verfehlung weggenommen oder abgezogen zu werden pflegt. Fehlte all das, könnte auch kein Schaden durch Wegnahme von Gutem angerichtet werden, gäbe es also auch keinen Fehler. Denn einen Fehler, der nicht schadet, kann es nicht geben. So folgt, daß ein Fehler zwar dem unwandelbaren Gut nicht schaden, jedoch nur einem Gute schaden kann; denn woran er sich befindet, dem schadet er auch. So kann man denn sagen, daß das höchste Gut zwar niemals, aber doch nur irgendein Gut fehlerhaft sein kann. Etwas was bloß gut ist, kann es darum wohl geben, aber nichts, was bloß böse ist. Denn auch die Naturen, die durch die Schuld bösen Willens verdorben wurden, sind nur, soweit sie verdorben wurden, böse, soweit sie aber Naturen sind, gut. Und wenn eine sündige Natur der Strafe verfällt, so ist nicht bloß ihre Natur gut, sondern auch die Tatsache, daß sie nicht straflos bleibt. Denn das ist gerecht, und alles, was gerecht, ist unfraglich auch gut. Nicht wegen naturhafter, sondern nur wegen willentlicher Fehler wird man ja bestraft. Denn auch wenn ein Fehler durch Gewohnheit und übermäßiges Wachstum einwurzelt und gewissermaßen zur zweiten Natur wird, hat er doch vom Willen seinen Ausgang genommen. Wir sprechen hier nämlich nur von Fehlern solcher Wesen, die einen für das göttliche Licht empfänglichen Geist besitzen, wodurch die Unterscheidung von gerecht und ungerecht ermöglicht wird.

4. *Was uns an den Dingen mangelhaft und schädlich scheint, ist an sich und im Verhältnis zum Ganzen wohlangebracht*

Lächerlich wäre es jedoch, wollte man Fehler an Tieren, Bäumen oder anderen wandelbaren und vergänglichen Dingen, denen Verstand oder Empfindung, vielleicht auch das Leben abgeht, Fehler, die ihre der Auflösung verfallene Natur schädigen, für verdammlich halten. Denn diese Geschöpfe haben auf den Wink des Schöpfers die Bestimmung empfangen, kommend und gehend die niedere Schönheit des Weltlaufs darzustellen, wie sie in ihrer Art den Teilen dieser Welt entspricht. Denn das Irdische sollte nicht dem Himmlischen gleichen, durfte aber dem Weltall deswegen nicht fehlen, weil das Himmlische edler ist. Wenn also hienieden, wo sich dergleichen schickt, das eine vergeht, das andere entsteht, das Schwächere dem Stärkeren unterliegt, das Überwundene vom Siegreichen aufgezehrt wird, so ist das nun einmal die Ordnung des Vergänglichen. Die Schönheit dieser Ordnung gefällt uns deshalb nicht, weil wir ihr selber unserer Sterblichkeit entsprechend an einer bestimmten Stelle eingefügt sind und das Weltall nicht übersehen können, zu dem auch die Teilstücke, die uns ärgern, wohlangebracht und trefflich passen. So wird uns da, wo die eigene Blickschärfe nicht ausreicht, mit vollem Recht anbefohlen, an die Vorsehung des Schöpfers zu glauben, damit wir uns nicht in eiteler Verwegenheit erfrechen, das Werk des großen Meisters in irgendeinem Stück zu tadeln. Denn auch hier ist es so, daß die unfreiwilligen, darum auch nicht strafbaren Mängel der irdischen Dinge, wenn man sie verständig betrachtet, die Naturen selbst, die ja sämtlich von Gott hervorgebracht und geschaffen sind, nur empfehlen können, da die uns mißfälligen Mängel nur das, was uns an der Natur wohlgefällt, aufheben. Unsereinem freilich mißfallen oft auch die Naturen selbst, wenn sie uns schädlich sind, falls wir nicht sie, sondern nur den eigenen Nutzen ins Auge fassen. So war es bei jenem Getier, dessen Überhandnehmen den Übermut der Ägypter züchtigte. Aber so könnte man auch die Sonne schelten, weil die Richter manche Leute, die sich vergangen oder ihre Schulden nicht bezahlt haben, der Sonnenglut aussetzen. Also nicht wenn wir sie mit Rücksicht auf unsern Nutzen oder Schaden, sondern so, wie sie an sich ist, betrachten, gibt eine jede Natur ihrem Schöpfer Ehre. So ist auch ohne Zweifel die Natur des ewigen Feuers Lobes würdig, obschon sie zur Bestrafung der verdammten Gottlosen dienen wird. Denn was ist schöner als flammendes, loderndes, leuchtendes Feuer? Was nützlicher zum Erwärmen, Heilen und Kochen? Obwohl auch nichts peinlicher sein kann als brennendes Feuer. Also dasselbe Feuer erweist sich bei zweckmäßigem Gebrauch höchst vorteilhaft, aber, anders angewandt, geradezu verderblich. Wer könnte auch den vielfachen Nutzen, den es überall in der Welt stiftet, beschreiben? Man höre nicht auf die, welche beim Feuer das Licht loben, aber seine Hitze tadeln, wobei sie nicht an die dem Feuer verliehene natürliche Kraft, sondern nur an ihren eigenen Vorteil oder Nachteil denken. Denn sie wollen wohl sehen, aber nicht brennen. Doch sie denken nicht daran, daß auch das Licht, das ihnen so gut gefällt, kranken Augen, denen es unzuträglich ist, schadet, auch nicht daran, daß die Hitze, die ihnen nicht behagt, manchen Lebewesen, die darauf eingerichtet sind, für ihr Wohlbefinden nötig ist.

5. Aller Wesen Arten und Formen preisen Gott

So sind denn unfraglich alle Naturen gut, weil sie sind und folglich auch ihr Maß, ihre Gestalt und eine Art Frieden mit sich selber haben. Wenn sie ferner da sind, wo sie nach der Naturordnung hingehören, bewahren sie auch ihr Sein, soviel sie empfangen haben. Was aber nicht immerwährendes Sein empfangen hat, muß sich zum Nutzen und Gedeihen der Dinge, denen es nach dem Gesetz des Schöpfers unterworfen ist, zum besseren oder schlechteren umwandeln und strebt nach Gottes Vorsehung dem Ausgang zu, wie er im Plan der Weltregierung liegt, und zwar in der Weise, daß nicht einmal eine Auflösung, die wandelbaren und vergänglichen Naturen den Untergang bringt, das was war, gänzlich vernichten könnte. Sondern es wird weiterhin aus ihm, was werden sollte. Demnach urteilen wir von Gott, dem zuhöchst Seienden, von dem folglich jegliches Wesen, das nicht zuhöchst ist, erschaffen ward – denn es darf sich ihm weder vergleichen, weil es aus nichts erschaffen ist, noch könnte es überhaupt sein, wenn es nicht von ihm geschaffen wäre –, daß er ob keiner Mängel, an denen man sich stoßen könnte, zu tadeln, vielmehr bei Betrachtung aller Naturen zu preisen ist.

6. Woher der böse Wille der bösen Engel?

Demnach ist dies die wahre Ursache der Seligkeit der guten Engel, daß sie dem anhangen, der zuhöchst ist. Fragt man aber nach der Ursache der Unseligkeit der bösen Engel, zeigt sich klärlich nur eine, die Abkehr von dem, der zuhöchst ist, und die Hinkehr zu sich selber, die nicht zuhöchst sind. Wie soll man diesen Fehler anders bezeichnen als Hochmut? «Hochmut ist ja der Anfang aller Sünde.» Sie wollten also ihre Kraft nicht in ihm bewahren, und obwohl sie mehr gewesen wären, hätten sie dem, der zuhöchst ist, angehangen, zogen sie ihm das geringere Sein, nämlich sich selber vor. Das ist das erste Versagen, der erste Mangel, der erste Fehler jener Natur, die so geschaffen ward, daß sie zwar nicht das höchste Sein besaß, aber doch, um Seligkeit zu erlangen, den, welcher zuhöchst ist, hätte genießen können, während sie, von ihm abgewandt, zwar nicht ihr Sein verlor, aber es verminderte und darum elend ward. Sucht man nach einer bewirkenden Ursache dieses bösen Willens, findet man keine. Denn was sollte es sein, das den bösen Willen hervorbringt, der seinerseits das böse Werk hervorbringt? Darum ist es der böse Wille, der das böse Werk vollbringt, aber nichts ist, was den bösen Willen bewirkt. Denn wenn da irgend etwas wäre, was als Ursache in Frage kommen könnte, hat es entweder auch einen Willen oder keinen. Hat es einen, dann sicher entweder einen guten oder bösen. Wenn einen guten, wird doch niemand so unsinnig sein zu glauben, daß der gute Wille einen bösen Willen hervorbrächte. Denn dann wäre ein guter Wille die Ursache der Sünde, und etwas Sinnloseres läßt sich nicht erdenken. Wenn aber jenes Etwas, das den bösen Willen verursachen soll, selbst einen bösen Willen hat, forsche ich folgerichtig nach der Ursache, die ihn hervorgebracht hat, und so fort, bis ich, um endlich meinen Fragen ein Ziel zu setzen, nach der Ursache des ersten bösen Willens frage. Es wäre aber nicht der erste böse Wille, wenn ihn ein anderer böser Wille hervorgebracht hätte. Das also ist der erste, den kein anderer hervorgebracht hat. Denn wäre ihm ein anderer vorausgegangen, der ihn bewirkt hätte, wäre er der erste, der den andern hervorbrachte. Antwortet man, nichts habe ihn hervorgebracht und darum sei er immer gewesen, so frage ich, ob er irgendeinem Wesen angehörte. Wenn keinem, konnte er selber auch nicht sein, wenn aber irgendeinem, so verschlechterte und verdarb er es, war ihm schädlich und beraubte es eines Gutes. Folglich konnte der böse Wille in keiner bösen Natur sein, sondern nur in einer guten, wenn auch wandelbaren, der dieser Fehler schaden konnte. Denn schadete er nicht, wär's auch kein Fehler gewesen und hätte man ihn auch keinen bösen Willen heißen dürfen. Schadete er aber, schadete er zweifellos dadurch, daß er Gutes fortnahm oder verminderte. So konnte der böse Wille unmöglich immer in einem Wesen vorhanden gewesen sein, da etwas natürlich Gutes vorher dagewesen sein mußte, das der böse Wille schädigen und wegnehmen konnte. War er also nicht immer, frage ich, wer ihn bewirkt hat. Es bleibt noch die Annahme übrig, daß den bösen Willen etwas hervorgebracht hat, in dem noch kein Wille war. Ich frage nun, ob dies etwas Höheres oder Niederes oder Gleiches war. War es höher, dann gewiß auch besser, hatte also gewiß nicht etwa keinen, sondern vielmehr guten Willen. Dasselbe müßte gelten, wenn es gleich gewesen wäre. Denn wenn ihrer zwei gleicherweise guten Willens sind, verursacht nicht eins im andern bösen Willen. So muß denn ein geringeres Etwas, das keinen Willen hatte, dem Engelwesen, das zuerst sündigte, den bösen Willen eingeflößt haben. Aber mag dieses sein, was es will, so geringwertig wie die unterste Erde, ist es eine Natur und ein Wesen, so ist es unfraglich auch gut und hat nach seiner Art und in seiner Ordnung Maß und Gestalt. Wie kann also eine gute Sache bösen Willen bewirken? Wie in aller Welt Gutes die Ursache von Bösem sein? Nein, nur dann, wenn der Wille sich vom Höheren ab- und dem Niederen zuwendet, wird er böse, nicht als wäre das böse, zu dem er sich hinwendet, sondern weil die Hinwendung selber verkehrt ist. Also machte nicht ein niederes Ding den Willen böse; sondern schlecht und ordnungswidrig, weil er selber böse ward, trachtete er nach dem niederen Ding. Nehmen wir an, daß zwei Menschen, die geistig und leiblich in gleicher Verfassung sind, denselben schönen Leib erblicken, und daß der eine durch diesen Anblick zu unerlaubtem Genuß verlockt wird, während der andere unentwegt in keuschem Willen verharrt, was sollen wir da als Ursache ansehen, daß wohl in dem einen, aber nicht in dem anderen böser Wille entsteht. Was verursacht ihn in dem erstgenannten? Doch nicht die Schönheit des Leibes, denn sie fiel beiden in gleicher Weise in die Augen, hatte aber nicht die gleiche Wirkung bei beiden. Oder war etwa das Fleisch des einen Betrachters die Ursache? Warum dann nicht auch das des andern? Oder war's der Geist? Warum denn nicht beider Geist? Wir setzten ja voraus, sie seien beide geistig und leiblich in gleicher Verfassung gewesen. Oder sollen wir sagen, der eine sei durch geheime Einflüsterung eines boshaften Geistes versucht worden? Als ob er nicht dieser Einflüsterung, diesem Zureden, wie man es sich auch denken mag, mit eigenem Willen zugestimmt hätte! Was diese Zustimmung, diesen bösen Willen, der dem schlimmen Zureden nachgab, in dem Manne hervorgebracht hat, danach fragen wir. Denn wir nehmen an, um auch diese Schwierigkeit aus dem Wege zu räumen, daß beide in derselben Weise versucht werden und der eine nachgibt und einwilligt, während der andere standhaft bleibt, der er war. Da zeigt sich doch klar, daß der eine von der Keuschheit nicht lassen wollte, der andere aber es wollte. Was war der Grund? Doch nur der eigene Wille, da ja in beiden die körperliche und geistige Beschaffenheit die gleiche war. Beider Augen sahen in gleicher Weise die Schönheit, beiden machte die gleiche geheime Versuchung zu schaffen. Wollen wir eine Ursache ausfindig machen, die in dem einen den eigenen bösen Willen hervorgebracht habe, finden wir auch bei genauem Zusehen nichts. Sagen wir nämlich, er selbst sei die Ursache – nun, was war er selbst vor seinem bösen Willen anders als eine gute Natur, geschaffen von Gott, dem unwandelbaren Gut? Wer also sagt, derjenige, der dem Versucher und bösen Berater im Unterschied von dem anderen zustimmte, sich des schönen Leibes zu bemächtigen, der beiden körperlich und geistig gleichgestimmten Männern vor Augen stand, habe seinen bösen Willen selbst hervorgebracht, obwohl er vor seinem bösen Willen gut gewesen sei, der frage weiter, warum er ihn hervorgebracht hat. Darum, weil er eine Natur ist, oder weil er eine aus nichts erschaffene Natur ist? Er wird finden, daß der böse Wille nicht darin seinen Ursprung hat, daß der Sünder ein Naturwesen ist, sondern darin, daß es eine aus nichts geschaffene Natur ist. Denn wenn die Natur Ursache des bösen Willens wäre, müßten wir unweigerlich sagen, daß von Gutem Böses bewirkt werde, Gutes die Ursache des Bösen sei – falls nämlich die gute Natur den bösen Willen hervorbrächte. Aber wie kann das geschehen, daß eine gute, wenn auch wandelbare Natur, ehe sie bösen Willen hat, etwas Böses hervorbringt, nämlich den bösen Willen selbst?

7. Eine bewirkende Ursache des bösen Willens gibt es nicht

So frage mich niemand nach der bewirkenden Ursache des bösen Willens. Denn da gibt's keine bewirkende, sondern nur eine versagende, weil keine Wirkung, sondern nur Versagen. Denn abfallen von dem, das zuhöchst ist, zu dem, was geringer ist, ist der Anfang des bösen Willens. Die Ursachen solchen Abfalls, die ja, wie gesagt, keine wirkenden, sondern versagenden sind, ausfindig machen wollen, hieße die Finsternis sehen, das Schweigen hören wollen. Beide sind uns freilich wohlbekannt, jene durch die Augen, dieses durch die Ohren, aber nicht durch ihre Erscheinung, sondern durch Aufhebung der Erscheinung. Niemand suche also bei mir ein Wissen von dem, wovon ich weiß, daß ich's nicht weiß, er müßte denn lernen wollen, das nicht zu wissen, wovon man wissen muß, daß man's nicht wissen kann. Denn was man nicht durch Erscheinung, sondern durch deren Wegnahme zu wissen bekommt, weiß man, wenn's erlaubt ist, das zu sagen oder zu denken, in gewisser Weise durch Nichtwissen, um es durch Wissen nicht zu wissen. Denn wenn der scharfe Blick des leiblichen Auges die körperlichen Erscheinungen durchläuft, sieht er nirgendwo Finsternis, außer da, wo er aufhört zu sehen. Ebenso fällt die Wahrnehmung des Schweigens nicht etwa einem anderen Sinne zu, sondern allein den Ohren, doch nehmen sie es nur durch Nichthören wahr. Desgleichen erblickt auch unser Geist durch geistiges Erkennen die geistigen Formen. Doch wo sie fehlen, erkennt er durch Nichterkennen. Denn «wer kennt seine Sünden»?

8. Der böse Wille und die verkehrte Liebe

Das weiß ich, daß Gottes Natur nie und nimmer und in keiner Hinsicht abfallen kann, daß aber abfallen kann, was aus nichts geschaffen ist. Je mehr es jedoch ist und Gutes wirkt – denn dann wirkt es wirklich etwas –, hat es bewirkende Ursachen; soweit es aber abfällt und infolgedessen Böses tut – dann aber ist nichtig, was er tut –, sind's nur versagende Ursachen. Desgleichen weiß ich, daß böser Wille nicht entstehen würde, wenn das Wesen, in welchem er entsteht, es nicht wollte, daß also der Abfall nicht notwendig, sondern freiwillig ist, weswegen ihm gerechte Strafe folgt. Denn nicht böse, das heißt, keine böse Natur ist das, zu dem man abfällt, aber der Abfall ist böse, böse darum, weil er sich gegen die Ordnung der Naturen vom höchsten Sein zum geringeren Sein abwendet. Denn nicht des Goldes Fehler ist die Habgier, sondern des Menschen, der das Gold verkehrt liebt und von der Gerechtigkeit sich abwendet, die man dem Golde unvergleichlich vorziehen müßte. Die Zuchtlosigkeit ist auch nicht ein Fehler schöner und lieblicher Körper, sondern der Seele, die in verkehrter Weise leibliche Genüsse liebt und darüber das Maßhalten vernachlässigt, das uns für Güter von weit höherer geistiger Schönheit und unvergänglicher Lieblichkeit empfänglich machen würde. Aufgeblasenheit ferner ist nicht ein Fehler des Lobes der Menschen, sondern der Seele, die das Lob der Menschen verkehrt liebt und darüber das Zeugnis des Gewissens verschmäht. Hochmut endlich ist nicht ein Fehler dessen, der Macht verleiht, oder auch der Macht selbst, sondern der Seele, die ihre eigene Macht verkehrt liebt und von der gerechteren des Mächtigeren nichts wissen will. Darum, wer verkehrt irgend etwas liebt, mag es auch seiner Natur nach gut sein, er wird, auch wenn er's erlangt, durch das Gut schlecht und elend, weil ihm darüber etwas Besseres verlorengeht.

9. Der gute Wille der heiligen Engel ist Gottes Gnadengabe

Der böse Wille hat also keine bewirkende Ursache in der Natur oder, wenn man so sagen darf, keine wesenhafte Ursache. Mit ihm nimmt ja das Böse bei den wandelbaren Geistern seinen Anfang, wodurch das natürlich Gute vermindert und verdorben wird, und solch einen Willen bewirkt einzig und allein der Abfall, der Gott fahren läßt, dessen Grund nicht angebbar ist. Sagten wir nun, es gebe auch keine bewirkende Ursache des guten Willens, wäre zu befürchten, man könnte glauben, der gute Wille der guten Engel sei nicht geschaffen, sondern gleichewig wie Gott. Da sie jedoch selbst erschaffen sind, kann man unmöglich behaupten, er sei nicht erschaffen. Wurde er also erschaffen, fragt man, ob er sogleich mit ihnen erschaffen ward, oder ob sie zunächst ohne ihn waren. Wenn mit ihnen, wurde er zweifellos von demselben erschaffen, der auch sie selbst erschuf, und hingen sie alsbald im ersten Augenblick ihrer Erschaffung dem, der sie erschuf, mit der Liebe an, in der sie erschaffen waren. Von dem Kreis der bösen Engel aber schieden sie sich dadurch, daß sie in diesem guten Willen verharrten, während jene von ihm abfielen und nun verwandelt wurden, durch bösen Willen, versteht sich, weil sie vom guten abgefallen waren. Sie wären aber nicht von ihm abgefallen, hätten sie es nicht gewollt. Wenn aber die guten Engel zunächst keinen guten Willen besaßen und ihn in sich selbst ohne Gottes Wirken hervorbrachten, dann sind sie durch sich selbst besser geworden, als er sie gemacht, und das sei ferne! Denn waren sie ohne guten Willen nicht notwendig böse? Oder wenn darum nicht böse, weil ihnen auch der böse Wille fehlte – denn von dem guten, den sie noch nicht besaßen, waren sie nicht abgefallen –, waren sie doch nicht so, noch nicht so gut wie später, als der gute Wille in ihnen entstand. Konnten sie sich aber nicht selbst besser machen, als er sie gemacht, der alles am besten macht, so konnten sie sicherlich auch den guten Willen, durch den sie besser wurden, nur durch hilfreiche Gnadenwirkung des Schöpfers erlangen. Wenn nun ihr guter Wille bewirkte, daß sie sich nicht zu sich selber, also Wesen geringeren Ranges, sondern zu dem, der zuhöchst ist, hinwandten, ihm anhangend eine höhere Seinsstufe erklommen und durch Teilnahme an ihm weise und glückselig lebten, so ergibt sich klar, daß jeder sei's auch noch so gute Wille in ohnmächtiger Sehnsucht steckengeblieben wäre, hätte nicht er, der aus nichts eine gute und für ihn empfängliche Natur geschaffen hatte, zunächst ihr sehnliches Verlangen noch gesteigert, sodann sie mit sich selbst erfüllend besser gemacht.

Auch das ist zu überlegen, ob die guten Engel, falls sie selber den guten Willen in sich hervorbrachten, ihn mit oder ohne Willen hervorgebracht haben. Wenn ohne ihn, dann haben sie ihn überhaupt nicht hervorgebracht. Wenn mit ihm, fragt sich, ob es ein böser oder guter Wille war. War es ein böser, wie konnte dann ein böser Wille guten Willen bewirken? War es ein guter, nun, so hatten sie ihn ja schon. Und wer sollte ihn hervorgebracht haben außer ihm, der sie mit gutem Willen, das ist mit keuscher Liebe schuf, in der sie ihm anhangen sollten, der ihnen zugleich ihr Wesen gab und Gnade spendete? So darf man nicht glauben, die heiligen Engel seien je ohne guten Willen, das ist ohne Gottesliebe gewesen. Die anderen aber, die wohl gut erschaffen waren, aber nun böse sind – böse aus eigenem Willen, den die gute Natur nur durch freien Abfall vom Guten hervorbringen konnte, so daß die Ursache des Bösen nicht das Gute, sondern der Abfall vom Guten war –, sie haben entweder eine geringere Gnadengabe göttlicher Liebe empfangen als jene, die in ihr verharrten, oder wenn sie beide gleich gut erschaffen waren, so kamen die einen durch ihren bösen Willen zu Fall, während die anderen reichlicher unterstützt wurden und so zur Fülle der Seligkeit und der Gewißheit, niemals ihrer verlustig zu gehen, gelangten, wie ich das schon im vorhergehenden Buche darlegte. So muß man denn mit gebührendem Lobpreise des Schöpfers bekennen, daß es nicht nur von den heiligen Menschen gilt, sondern auch von den heiligen Engeln gesagt werden kann: «Die Liebe Gottes ist ausgegossen über sie durch den Heiligen Geist, der ihnen gegeben ist», und daß nicht nur das Gut der Menschen, sondern zuerst und vor allem das Gut der Engel gemeint ist, wenn die Schrift sagt: «Gott anzuhangen ist mein höchstes Gut.» Alle, die an diesem Gut in gleicher Weise Anteil haben, bilden mit dem, dem sie anhangen, und miteinander eine heilige Gemeinschaft und sind der eine Gottesstaat und zugleich Gottes lebendiges Opfer und lebendiger Tempel. Der eine Teil dieses Staates, der aus sterblichen Menschen besteht und dereinst den unsterblichen Engeln zugesellt werden soll, pilgert noch, der Wandelbarkeit unterworfen, auf Erden, oder aber ruht, soweit bereits aus dem Leben geschieden, in den geheimen Zufluchtstätten und Wohnsitzen der Seelen. Wie auch er durch Gottes Schöpfertat seinen Anfang nahm, das muß ich nunmehr, nachdem bisher von den Engeln die Rede war, darlegen. Denn aus einem Menschen, den Gott zuerst schuf, entstand das Menschengeschlecht. So glauben wir's der Heiligen Schrift, die mit gutem Recht wunderbares Ansehen auf dem Erdkreis und bei allen Völkern genießt, hat sie doch in göttlicher Wahrhaftigkeit neben all dem anderen Wahren auch dies vorausgesagt, daß sie solchen Glauben finden würde.

10. Der Wahn, die Menschheit habe immer bestanden

Lassen wir also die wertlosen Mutmaßungen der Menschen über die Natur und Entstehung des Menschengeschlechts beiseite. Denn die einen bilden sich ein, wie sie das ja auch von der Welt glaubten, die Menschen seien immer dagewesen. So sagt beispielsweise Apuleius in seiner Beschreibung dieser Art von Lebewesen: «Einzeln sind sie sterblich, in ihrer Gesamtheit als Geschlecht dagegen unvergänglich.» Entgegnet man ihnen, wie zu dieser Behauptung, das Menschengeschlecht habe immer bestanden, ihre Geschichte stimme, die doch berichte, wer gewisse Dinge erfunden, wer zuerst die freien Wissenschaften und andere Künste aufgebracht habe, oder von wem zu Anfang dieser oder jener Landstrich oder Erdteil, diese oder jene Insel besiedelt worden sei, so reden sie sich heraus mit Überschwemmungen und Feuersbrünsten, die von Zeit zu Zeit zwar nicht alles, aber doch weite Gebiete der Erde verwüsten sollen, so daß die Menschheit bis auf einen kleinen Überrest zusammenschmelze, dessen Nachkommenschaft sich dann wieder wie einst ausbreite. So werde dasselbe immer von neuem erfunden und aufgebracht, als geschehe es zum erstenmal, und sei doch im Grunde nur Wiederherstellung dessen, was durch jene schrecklichen Verheerungen unterbrochen und vernichtet sei. Im übrigen aber trete kein Mensch ins Dasein, der nicht von einem anderen erzeugt sei. Doch sie reden nur, was sie meinen, nicht was sie wissen.

11. Die falsche Behauptung, es gebe eine vieltausendjährige Geschichte

Sie lassen sich auch durch gewisse verlogene Schriften täuschen, die, wie es heißt, von einer vieltausendjährigen Geschichte wissen wollen, während wir nach der Heiligen Schrift vom Beginn der Menschheit an noch nicht ganz sechstausend Jahre rechnen. Ich will mich nun nicht lange damit aufhalten, die Wertlosigkeit jener Schriften, die von einer weit größeren Zahl von Jahrtausenden berichten, und ihre völlige Unglaubwürdigkeit in dieser Frage zu beweisen, sondern mache nur noch einmal auf jenen Brief Alexanders des Großen an seine Mutter Olympias aufmerksam. In ihm nimmt er Bezug auf die Erzählung eines ägyptischen Priesters, die dieser aus den heiligen Schriften seines Volkes entnommen haben wollte. Da ist unter anderem von den Reichen die Rede, die auch die griechische Geschichtsschreibung kennt. Nach den Angaben des Briefes bestand das Reich der Assyrer länger als fünftausend Jahre. Die griechische Geschichte weiß dagegen, vom Königtum des Bel an gerechnet, mit dem auch der Ägypter das Reich beginnen läßt, nur von ungefähr dreizehnhundert Jahren. Der Herrschaft der Perser aber und der Mazedonier bis zu Alexander selbst, zu dem er sprach, wies jener Ägypter mehr als achttausend Jahre zu, während nach den Griechen das Mazedonierreich bis zum Tode Alexanders vierhundertfünfundachtzig Jahre bestand und auf das Perserreich bis zu seiner Zerstörung durch Alexander zweihundertdreiunddreißig Jahre fielen. Diese Jahreszahlen bleiben also weit hinter den ägyptischen zurück, kämen ihnen noch nicht einmal gleich, wollte man sie mit drei multiplizieren. Es heißt nämlich, die Ägypter hätten einst kurze Jahre von nur viermonatlicher Dauer gehabt, so daß ein volles und richtiges Jahr, wie wir und auch sie es jetzt haben, drei ihrer alten Jahre in sich schloß. Doch auch so stimmt, wie gesagt, die griechische Geschichte mit der ägyptischen in bezug auf die Zeitrechnung nicht überein. Der griechischen aber muß man aus dem Grunde Glauben schenken, weil sie die wahre Zahl der Jahre, wie unsere wahrhaft heiligen Schriften sie überliefert haben, nicht überschreitet. Wenn also der weithin bekanntgewordene Alexanderbrief in der Zeitangabe so beträchtlich von der glaubhaft verbürgten Wirklichkeit abweicht, darf man erst recht nicht jenen mit angeblich alten Fabeleien angefüllten Schriften trauen, die man der Autorität der allbekannten göttlichen Bücher entgegenstellen möchte, aber sicher ohne Erfolg. Denn diese Autorität sagte voraus, der ganze Erdkreis werde sich ihr beugen, und wie vorausgesagt, ist's auch geschehen. So mag man aus der großartigen Erfüllung ihrer Zukunftsverkündigung schließen, daß sie auch über die Vergangenheit Wahres berichtet haben wird.

12. Ist die Welt entstanden, müssen auch die Menschen entstanden sein, und zwar ohne elterliche Erzeugung

Andere sind, die diese Welt nicht für ewig halten, mögen sie nun der Ansicht sein, sie sei nicht die einzige, sondern es gebe außer ihr noch unzählige, oder glauben, sie sei zwar die einzige, entstehe und vergehe aber in gewissen Zeitabständen ungezählte Male. Diese räumen notgedrungen ein, es habe früher einmal Menschen gegeben, die nicht von anderen ihresgleichen erzeugt sein konnten. Denn sie sind nicht in der Lage derer, die von Überschwemmungen und Feuersbrünsten reden, welche nicht die ganze Welt zugrunde richten sollen, so daß noch einige Menschen überbleiben, durch deren Vermehrung die alte Zahl wieder aufgefüllt wird. Sie können ja nicht glauben, daß noch Menschen in der Welt überbleiben, wenn die Welt zugrunde geht. Sondern entsprechend ihrer Annahme, die Welt selbst werde aus ihrem Stoffe von neuem geboren, müssen sie behaupten, daß in ihr und aus ihren Elementen auch das Menschengeschlecht neu erstehe und erst dann wie bei den übrigen Lebewesen sich durch elterliche Fortpflanzung ausbreite.

13. *Warum hat Gott den Menschen erst so spät erschaffen?*

Was ich vorhin bei Erörterung der Frage nach dem Ursprung der Welt denen zur Antwort gab, die an ihr ewiges Sein und nicht an ihren zeitlichen Anfang glauben wollen, für welchen sich doch auch ein Plato ganz offen ausspricht, obschon einige meinen, er habe seine wahre Ansicht verhehlt, dasselbe möchte ich nun auch bezüglich der erstmaligen Erschaffung des Menschen denen antworten, die sich in ähnlicher Weise darüber erregen, daß der Mensch in ungezählten und endlosen verflossenen Zeiträumen noch nicht da war, sondern erst so spät erschaffen wurde, daß nach der Heiligen Schrift seit seinem ersten Auftreten weniger als sechstausend Jahre vergangen sind. Denn wenn sie sich an der Kürze der Zeit stoßen und meinen, es seien der Jahre gar zu wenige, seit der Mensch nach dem Zeugnis unserer maßgebenden Schriftautorität erschaffen ward, so mögen sie bedenken, daß nichts von langer Dauer ist, was überhaupt ein Ende hat, und daß alle begrenzten Zeitabschnitte, verglichen mit der unbegrenzten Ewigkeit, nicht etwa als gering, sondern als gar nicht vorhanden erscheinen müssen. Würde darum nicht von fünf- oder sechstausend, sondern von sechzig- oder sechshunderttausend, oder von noch sechzig- oder sechshundert- ja von sechshunderttausendmal so vielen Jahren gesprochen, und vermehrte man diese Summe immerfort durch Multiplikation mit sich selber, bis unsere Zunge völlig versagte, so könnte man immer noch fragen, warum Gott den Menschen nicht früher erschaffen habe. Denn Gottes ewiges, anfangsloses Feiern vor Erschaffung des Menschen dehnt sich so unendlich weit, daß, wenn man damit einen noch so großen, ja nicht mehr in Zahlen auszudrückenden, immerhin noch von endlichen Grenzen umschlossenen Zeitraum vergliche, es längst nicht reichte, wollte man ein winziges Wassertröpfchen mit dem ganzen Meer mitsamt dem Ozean, der es umfließt, vergleichen. Denn von diesen zweien ist das eine zwar ganz klein, das andere unvergleichlich größer, doch sind beide begrenzt. Jener Zeitraum aber, der von einem Anfangspunkt ausgeht und mit einem Schlußpunkt endet, mag er sich erstrecken so weit er will, er ist, verglichen mit dem, was keinen Anfang hat, ich weiß nicht, soll ich sagen für unendlich klein oder für gar nichts zu erachten. Denn nimmt man, beim Endpunkt anfangend,auch nur die kleinsten Zeitteilchen eins nach dem andern weg, so wird man, handelt es sich auch um eine so gewaltige Zahl, daß die Worte dafür fehlen, bei beharrlichem Zurückgehen – wie wenn man von den Lebenstagen eines Menschen von heute bis zum Tage der Geburt einen nach dem andern wegnähme – irgendwann einmal an den Anfang gelangen. Werden dagegen bei einem Zeitraum, der keinen Anfang hat, nacheinander nicht etwa geringfügige Zeitteile oder Stunden, Tage, Monate oder auch Jahre, sondern so große Zeitstrecken weggenommen wie jene Jahressumme, die von keinem Rechenmeister mehr vorgestellt werden kann, aber immerhin doch bei ständiger Subtraktion zuletzt ganz hinschwände, und würden solch ungeheure Zeitstrecken nicht nur einmal, zum zweitenmal und öfter, sondern immer wieder weggenommen, was würde es nützen, was würde man damit erreichen, wenn man niemals zum Anfang gelangt, den es ja überhaupt nicht gibt? Ebenso wie wir jetzt nach fünftausend und etlichen Jahren könnten demnach auch nach sechshunderttausend Jahren unsere Nachkommen diese vorwitzige Frage stellen, falls unser sterbliches, unwissendes und schwaches Menschengeschlecht im Wechsel von Entstehen und Vergehen dann noch existiert. Auch die vor uns waren, als das Menschengeschlecht noch jung auf Erden war, hätten die Frage aufwerfen können. Ja, der erste Mensch hätte am Tage seiner Erschaffung oder tagsdarauf fragen können, warum er nicht eher geschaffen sei. Und wann auch immer er in früherer Zeit erschaffen sein sollte, stets hätte der Streit über den Anfang der irdischen Dinge sich mit der gleichen Heftigkeit erheben können wie jetzt oder später.

14. Der Irrwahn der steten Wiederkehr des Gleichen

Die Philosophen dieser Welt glaubten die Streitfrage nicht anders auflösen zu können oder zu sollen, als daß sie Zeitumläufe einführten und behaupteten, daß sich in der Natur der Dinge stets das Gleiche erneuert und wiederholt habe, und daß auch fernerhin die kommenden und vergehenden Weltperioden unaufhörlich ihre Kreise ziehen würden, sei es daß diese Umläufe sich bei fortbestehender Welt abspielen, sei es auch, daß die in gewissen Zwischenräumen entstehende und vergehende Welt immer wieder dasselbe, als wär' es neu, hervorbringt, was längst schon war und auch künftig sein wird. Von diesem Possenspiel können sie auch die unsterbliche

Seele nicht ausnehmen, mag sie auch die Weisheit besitzen. Ohne Unterlaß muß sie wechseln zwischen falscher Glückseligkeit und wahrem Elend. Denn wie könnte das eine wahre Glückseligkeit sein, auf deren Ewigkeit nie Verlaß ist, da die Seele ihr künftiges Elend entweder unwissend in Wahrheit nicht weiß, oder unglückselig in Seligkeit sich davor fürchtet? Wenn sie aber aus diesem Elend, ohne jemals dahin zurückkehren zu müssen, zur Seligkeit eingeht, geschieht ja in der Zeit etwas Neues, was kein zeitliches Ende hat. Warum soll dann nicht von der Welt das gleiche gelten, und warum nicht auch vom Menschen, der in der Welt geschaffen ward? So lassen sich die falschen, von falschen und trügerischen Weisen ersonnenen Umläufe durch gesunde Lehre und auf geradem, rechten Wege vermeiden.

Nun liest man freilich im Buche Salomos, genannt der Prediger, die Worte: «Was ist's, das geschehen ist? Eben das hernach geschehen wird. Was ist's, das man getan hat? Eben das man hernach wieder tun wird, und geschieht nichts Neues unter der Sonne. Geschieht auch etwas, davon man sagen möchte: ‚Siehe das ist neu'? Es ist zuvor auch geschehen in den langen Zeiten, die vor uns gewesen sind.» Diese Worte wollen einige auf jene Umläufe beziehen, die immer wieder zum selben Punkt zurückkehren und alles auf den gleichen Stand bringen sollen. Aber Salomo spricht hier entweder von zuvor erwähnten Dingen, also den kommenden und gehenden Menschengeschlechtern, dem Kreisen der Sonne und dem Lauf der Gewässer, oder überhaupt von allerart Dingen, die entstehen und vergehen. Denn es gab Menschen vor uns, gibt sie um uns und wird sie nach uns geben, und nicht anders steht es mit allen Tieren und Pflanzen. Selbst die Ungetüme, die von der Naturregel abweichen, mögen sie auch untereinander verschieden und einige von ihnen nur einmal, wie es heißt, vorgekommen sein, sind doch, sofern sie unter den Begriff Wundertiere und Ungetüme fallen, schon dagewesen und werden wieder erscheinen, und man kann es nicht als etwas Neues und Unerhörtes bezeichnen, daß ein Ungetüm unter der Sonne geboren wird. Andere freilich verstanden die Worte des Weisen so, als habe er sagen wollen, in der Vorherbestimmung Gottes sei alles schon so gut wie geschehen, und daher gebe es nichts Neues unter der Sonne. Nie jedoch wird rechter Glaube darauf verfallen, mit diesen Worten Salomos seien jene Umläufe gemeint, in denen sich Zeiten und zeitliche Dinge in endlosen Kreisen wiederholen sollen. Denn dann müßte, mit Verlaub zu sagen, Plato, der Philosoph, wie er in seinem Jahrhundert in der Stadt Athen und der Akademie genannten Schule seine Zöglinge lehrte, schon unzählige Male in weiter zurückliegenden Jahrhunderten, gewiß in sehr langen, aber doch festen Abständen, aufgetreten sein, derselbe Plato, dieselbe Stadt, dieselbe Schule und dieselben Schüler, und das müßte sich auch in zukünftigen Jahrhunderten stets von neuem wiederholen. Ausgeschlossen, so etwas zu glauben! Denn einmal nur ist Christus für unsere Sünden gestorben, «auferstanden aber von den Toten, stirbt er hinfort nicht mehr, und der Tod wird hinfort nicht über ihn herrschen». Und auch wir werden nach der Auferstehung immer bei dem Herrn sein, zu dem wir jetzt mit dem heiligen Psalmsänger sagen: «Du, Herr, wollest uns bewahren und uns ewiglich behüten vor diesem Geschlecht.» Auf jene aber treffen, wie ich meine, die darauffolgenden Worte zu: «Im Kreise laufen die Gottlosen herum», nicht als ob ihr Leben in jenen vermeintlichen Kreisläufen sich künftig wiederholen würde, sondern weil schon jetzt ihr Irrtumspfad, das ist, ihre falsche Lehre, sich im Kreise dreht.

15. Zeitliche Schöpfung und ewiger Ratschluß Gottes schließen sich nicht aus

Kein Wunder, daß sie weder Eingang noch Ausgang finden, wenn sie so im Kreise herumirren. Denn sie wissen weder, welchen Anfang das Menschengeschlecht und dies unser sterbliches Dasein genommen hat, noch welches sein Ende sein wird. Sie können ja in die Tiefen Gottes nicht eindringen, der, obschon selber ewig und ohne Anfang, den Zeiten einen Anfang gegeben und auch den Menschen in der Zeit geschaffen hat, nur dies eine Mal, aber nicht nach einem neuen und plötzlichen, sondern unwandelbaren und ewigen Ratschluß. Wer könnte auch diese unergründliche und unerforschliche Tiefe ergründen und erforschen, nach welcher Gott den zeitlichen Menschen, vor dem es niemals Menschen gab, kraft seines unwandelbaren Willens in der Zeit schuf und sodann das Menschengeschlecht aus dem einen sich vermehren ließ? Davon spricht ja auch der zuletzt erwähnte Psalm. Denn er sagt zunächst, wie wir schon hörten: «Du, Her, wollest uns bewahren und uns ewiglich behüten vor diesem Geschlecht», und weist sodann diejenigen, deren törichte und gottlose Lehre der Seele keine ewige Erlösung und Seligkeit gönnen will, mit den Worten zurück: «Im Kreise laufen die Gottlosen herum.» Endlich, als hätte man ihn gefragt: Was glaubst, meinst und denkst du? Soll man annehmen, Gott habe es plötzlich gefallen, den Menschen zu machen, den er zuvor in der ganzen unendlichen Ewigkeit nicht gemacht hatte, er, dem doch nichts Neues begegnen kann, und in dem nichts Wandelbares ist? gibt er, Gott selbst anredend, die Antwort: «Nach deiner Tiefe hast du vermehrt die Menschenkinder.» Mögen, sagt er, die Menschen für wahr halten, was sie meinen, mögen sie aufbringen und verfechten, was sie wollen, «nach deiner Tiefe», die kein Mensch ergründen kann, «hast du vermehrt die Menschenkinder».

Denn sehr tief ist es, daß Gott immer war und doch den nie zuvor geschaffenen Menschen zu bestimmter Zeit erstmalig schaffen wollte, ohne im mindesten seinen Ratschluß und Willen zu ändern.

16. *Mußte es immer Kreatur geben, damit Gott immer Herr sei, und was heißt hier immer?*

Ich wage zwar nicht zu behaupten, Gott der Herr sei jemals noch nicht Herr gewesen, kann jedoch daran nicht zweifeln, daß es vor der Weltschöpfung noch keinen Menschen gab, und daß der erste Mensch zu bestimmter Zeit erschaffen ward. Denke ich aber darüber nach, wessen Herr Gott stets gewesen ist, wenn die Kreatur nicht stets bestand, scheue ich mich, irgendeine Behauptung aufzustellen. Denn ich schaue auf mich selbst und erinnere mich des Schriftworts: «Welcher Mensch weiß Gottes Rat, oder wer kann ausdenken, was der Herr will? Denn der sterblichen Menschen Gedanken sind zaghaft und unsere Anschläge gefährlich. Denn der sterbliche Leib beschwert die Seele, und die irdische Hütte drückt nieder den Sinn, der vieles erwägt.» Ich könnte nun unter dem Vielen, das ich in dieser irdischen Hütte erwäge – darum Vielen, weil ich das Eine und Wahre, mag es nun zu dem Vielen, das ich erwäge, gehören oder nicht, nicht finden kann –, auch die Ansicht vorbringen, es müsse immer eine Kreatur gegeben haben, deren Herr Gott war, der immer Herr und niemals kein Herr war, aber je nach den verschiedenen Zeitabschnitten bald diese, bald jene, damit niemand behaupte, irgendeine Kreatur sei gleichewig wie der Schöpfer, was Glaube und gesunde Vernunft verdammen müßten. Aber dann fragt sich sehr, ob damit nichts Widersinniges, im Licht der Wahrheit nicht Bestehendes gesagt ist, nämlich daß es zwar von jeher im Wechsel der Zeiten bald zu- bald abgehende sterbliche Geschöpfe gegeben habe, unsterbliche dagegen erst, als es zu unserm Zeitalter kam und auch die Engel geschaffen wurden. Dabei wäre vorauszusetzen, daß man mit Recht bei dem zuerst geschaffenen Licht an sie denkt, oder doch bei dem Himmel, von dem gesagt ward: «Im Anfang schuf Gott Himmel und Erde», und daß es sie nicht gab, ehe sie damals geschaffen wurden, da sonst der Glaube entstehen könnte, sie seien, wenn immer dagewesen, gleichewig wie Gott. Falls ich aber sagte, die Engel seien nicht in der Zeit, sondern vor allen Zeiten geschaffen, und sie seien es gewesen, deren Herr Gott war, der von jeher Herr gewesen, dann möchte man mich wieder fragen, wie es möglich sei, daß sie, die vor allen Zeiten erschaffen, aber doch erschaffen wurden, immer dagewesen seien.Darauf ließe sich vielleicht antworten: Warum nicht immer, da man ja von dem, was allezeit existiert, nicht unpassend sagt, es sei immer? Existierten doch die Engel schon aus dem Grunde allezeit, weil sie vor allen Zeiten geschaffen wurden, vorausgesetzt, daß die Zeiten mit dem Himmel anfingen, und die Engel schon vor dem Himmel da waren. Doch nehmen wir einmal an, daß die Zeit nicht zugleich mit dem Himmel ihren Anfang nahm, sondern schon vorher bestand, wenn auch nicht in Stunden, Tagen, Monaten und Jahren verlaufend – weil diese Zeitabmessungen, die wir gewöhnlich und im eigentlichen Sinne Zeiten nennen, offenbar erst mit der Bewegung der Gestirne begannen, weswegen Gott bei ihrer Erschaffung sagte: «Sie seien zu Zeichen, Zeiten, Tagen und Jahren» –, vielmehr auf Grund irgendeiner anderen Veränderung und Bewegung, wo eins dem andern folgt, weil es nicht zugleich sein kann. Nehmen wir also an, daß es schon vor dem Himmel in den Bewegungen der Engel etwas Derartiges gab, also auch eine Zeit bestand und die Engel seit ihrer Erschaffung sich zeitlich bewegten, nun denn, so waren sie auch in diesem Falle allezeit da, weil dann die Zeiten mit ihnen erschaffen wurden. Wer aber wollte sagen, es sei nicht immer gewesen, was doch allezeit da war?

Doch darauf wird man mir erwidern: Wieso sind sie dann nicht gleichewig wie der Schöpfer, wenn er doch immer ist und auch sie immer gewesen sind? Und wie kann man sie geschaffen nennen, wenn man annimmt, daß sie immer waren? Was soll man darauf antworten? Soll man beides sagen, einerseits, sie seien allezeit und darum auch immer gewesen, da sie mit der Zeit geschaffen wurden oder die Zeiten mit ihnen, andererseits, sie seien dennoch erschaffen? Werden wir doch auch nicht leugnen, daß die Zeiten selber geschaffen wurden, obwohl niemand zweifelt, daß es die Zeit allezeit gab. Denn hätte es die Zeit nicht allezeit gegeben, müßte es eine Zeit gegeben haben, als es noch keine gab. Kein Narr könnte das behaupten. Denn wir können mit Recht sagen: Es gab eine Zeit, als Rom noch nicht war, es gab eine Zeit, als Jerusalem noch nicht war, auch eine Zeit, als Abraham noch nicht war, eine Zeit, als der Mensch noch nicht war, und dergleichen mehr. Schließlich, falls die Welt nicht im Anbeginn der Zeit, sondern erst nach einiger Zeit geschaffen wurde, können wir auch sagen: Es gab eine Zeit, als die Welt noch nicht war. Aber zu sagen: Es gab eine Zeit, als die Zeit noch nicht war, wäre so ungehörig, wie wenn wir sagten: Es gab einen Menschen, als noch kein Mensch dawar, oder: Es gab eine Welt, als noch keine Welt dawar. Denn wenn es sich um jemand anders handelt, kann man wohl sagen: Es gab einen anderen Menschen, als dieser Mensch noch nicht dawar, so auch mit gleichem Recht: Es gab eine andere Zeit, als diese Zeit noch nicht dawar, aber zu sagen: Es gab eine Zeit, als noch keine Zeit dawar, das wäre auch dem Dümmsten nicht zuzutrauen. Wie wir also die Zeit als geschaffen bezeichnen, obwohl man sagen muß, daß sie immer dawar, weil allezeit Zeit war, so darf man auch nicht folgern, die Engel seien darum nicht geschaffen, weil sie immer dawaren. Denn deswegen, sagt man, waren sie immer da, weil sie allezeit dawaren, und allezeit waren sie da, weil es ohne sie keine Zeiten geben konnte. Denn wo keine Kreatur ist, durch deren Wandlungen und Bewegungen die Zeiten sich bilden, kann es überhaupt keine Zeiten geben. Deswegen sind auch die Engel, selbst wenn sie immer dawaren, doch geschaffen und nicht etwa darum, weil sie immer dawaren, gleichewig wie der Schöpfer. Denn er war immer in unwandelbarer Ewigkeit, sie aber wurden geschaffen. Aber daß sie immer dawaren, sagt man, weil sie allezeit dawaren und es ohne sie überhaupt keine Zeiten geben konnte. Die Zeit aber, die in stetem Wechsel dahineilt, kann nicht gleichewig sein wie die unwandelbare Ewigkeit. Obwohl darum die Unsterblichkeit der Engel nicht in der Zeit vergeht und weder vergangen ist, als wäre sie schon nicht mehr, noch zukünftig, als wäre sie noch nicht, gehen dennoch ihre Bewegungen, wodurch sich die Zeiten bilden, aus der Zukunft in die Vergangenheit über und können darum mit dem Schöpfer nicht gleichewig sein, dessen Bewegung kein Gewesensein und kein Nochnichtsein kennt.

Wenn also Gott immer Herr war, hatte er auch immer eine seiner Herrschaft unterworfene Kreatur. Doch war sie nicht aus ihm erzeugt, sondern von ihm aus nichts erschaffen und nicht gleichewig wie er. Denn er war vor ihr, obschon zu keiner Zeit ohne sie, da er ihr nicht um einen verfließenden Zeitabschnitt, sondern in bleibender Dauer vorangeht. Doch wenn ich die Fragen: Wieso immer Schöpfer, immer Herr, wenn es doch nicht immer dienende Kreatur gab? und: Wieso geschaffen und nicht gleichewig wie der Schöpfer, wenn doch Kreatur immer war? wenn ich sie in dieser Weise beantworte, wird man, fürchte ich, eher geneigt sein zu urteilen, ich behaupte, was ich nicht wisse, als ich lehre, was ich wisse. So kehre ich denn zu dem zurück, was wir nach dem Willen unsers Schöpfers wissen sollen, und bekenne, daß das, was er Weiseren als ich schon in diesem Leben zu wissen gab, oder was er erst den Vollendeten in jenem Leben zu wissen vorbehielt, meine Kräfte übersteigt. Doch glaubte ich auch hierüber, wenn auch ohne entschiedene Stellungnahme, mich äußern zu sollen, damit die Leser bei gefährlichen Fragen Zurückhaltung üben lernen und sich nicht an alles heranwagen, vielmehr darauf Bedacht nehmen, dem Apostel zu folgen, der heilsam mahnt: «Ich sage aber durch die Gnade Gottes, die mir gegeben ist, jedermann unter euch, daß niemand mehr von sich halte, als sich's gebührt zu halten, sondern daß er mäßig von sich halte, wie Gott einem jeden das Maß des Glaubens zugeteilt hat.» Denn reicht man einem Kinde an Nahrung, so viel es vertragen kann, wird es wachsen und kann später mehr bekommen, gibt man ihm aber mehr, als es bewältigen kann, wird es hinsiechen, ehe es heranwächst.

17. Inwiefern Gott «vor ewigen Zeiten» den Menschen das Heil verheißen hat

Welche Zeitalter vergangen sein mögen, ehe das Menschengeschlecht erschaffen worden, ich weiß es nicht, doch daran zweifle ich nicht, daß nichts, was irgend geschaffen ward, gleichewig ist wie der Schöpfer. Der Apostel spricht sogar von ewigen Zeiten, und zwar nicht zukünftigen, sondern, was noch seltsamer ist, vergangenen. Denn er sagt: «Auf Hoffnung des ewigen Lebens, welches verheißen hat Gott, der nicht lügt, vor ewigen Zeiten; aber zu seiner Zeit hat er offenbart sein Wort.» Da spricht er also davon, daß es nach rückwärts ewige Zeiten gegeben habe, die jedoch nicht gleichewig seien wie Gott. Denn er war nicht nur vor den ewigen Zeiten, sondern hat vor ihnen das ewige Leben verheißen, das er zu seiner Zeit, das ist zur angemessenen Zeit, offenbarte. Das aber ist nichts anderes als sein Wort, denn sein Wort ist das ewige Leben.

Wieso aber verhieß er es, da er's doch den Menschen verhieß, die noch nicht dawaren vor den ewigen Zeiten? Darum, weil in seiner Ewigkeit und in seinem gleichewigen Wort durch Vorherbestimmung schon feststand, was zu seiner Zeit geschehen sollte.

18. *Wider die philosophische Weltkreislauflehre*

Auch das steht mir fest, daß es nie einen Menschen gegeben hat, ehe der erste Mensch erschaffen ward, weder denselben, der in wer weiß welchen Kreisläufen, wer weiß wie oft wiedergekehrt wäre, noch einen anderen ähnlichen Wesens. Von diesem Glauben können mich auch keine philosophischen Gegengründe abbringen, deren, wie es heißt, scharfsinnigster behauptet, kein Wissen könne Grenzenloses umfassen. Man sagt nämlich, Gott trage von allen endlich begrenzten Dingen, die er geschaffen, auch lauter begrenzte Ideen in sich. Seine Güte aber könne man sich unmöglich je als müßig denken, denn sonst ginge seinem zeitlichen Wirken ein ewiges Feiern voraus, und man müßte annehmen, er sei deshalb zum Werke geschritten, weil ihm sein bisheriges anfangsloses Feiern leid geworden sei. Darum, heißt es, müsse sich immer von neuem das gleiche wiederholen und wieder dahintengelassen werden, und dabei bleibe entweder die sich wandelnde Welt bestehen, die in diesem Falle ewig wäre, jedoch ohne Anfang in der Zeit erschaffen, oder aber auch sie selber entstehe und vergehe in diesen Umläufen in unaufhörlicher Wiederholung. Denn behaupte man, Gott habe einstmals einen ersten Anfang gemacht zu wirken, müsse man annehmen, er habe seine frühere anfangslose Untätigkeit als träge und saumselig und darum ihm selber widerwärtig sozusagen verdammt und deshalb eine Änderung eintreten lassen. Stelle man sich aber vor, er habe zwar immerfort Zeitliches gewirkt, aber stets etwas anderes, bis er schließlich auch einmal dazu gekommen, den Menschen zu schaffen, den er zuvor noch nie geschaffen, so habe er augenscheinlich nicht kraft seines Wissens, das ja, wie wir hörten, nichts Unbegrenztes in sich fassen kann, sondern gleichsam blindlings, wie es ihm gerade einfiel, im Spiel des Zufalls alles geschaffen. Wenn man dagegen jene Kreisläufe zeitlichen Werdens zulasse, bei denen entweder die Welt bestehenbleibe, oder in welche sie durch eigene sich wiederholende Auf- und Untergänge verwickelt sei, halte man von Gott sowohl die träge Ruhe, zumal eine so langdauernde und anfangslose, als auch das blinde Zutappen seines Wirkens fern. Denn wenn sich nicht immer das Gleiche wiederhole, könne das in unendlicher Mannigfaltigkeit Wechselnde nicht von seinem Wissen oder Vorherwissen umspannt werden.

Solcher Beweisführung, mit der die Gottlosen unsere schlichte Frömmigkeit vom rechten Wege abbringen wollen, daß wir mit ihnen im Kreise umherirren, müßte, falls Vernunft zur Widerlegung nicht ausreichte, schon der Glaube spotten. Doch kommt hinzu, daß mit Gottes Beistand auch einleuchtende Vernunftgründe diese sich immerfort drehenden Kreise, die der Wahn sich erdichtet, zerstören. Darin vor allem irren diese Leute, die lieber im falschen Kreise als auf dem wahren und geraden Wege wandeln wollen, daß sie den schlechthin unwandelbaren Gottesgeist, der jegliche Unendlichkeit faßt und ohne Wandlung seines Denkens alles Zahllose zählt, an ihrem wandelbaren und engen Menschengeiste messen. So widerfährt ihnen, was der Apostel sagt: «Dieweil sie sich an sich selbst messen, verstehen sie nichts.» Denn kommt ihnen, wandelbaren Geistes, wie sie sind, etwas Neues, das sie tun könnten, in den Sinn, fassen sie in der Tat einen neuen Plan, und nun setzen sie an Stelle Gottes, den sie nicht denken können, sich selbst und vergleichen nicht ihn, sondern sich selber nicht mit ihm, sondern mit sich selber. Uns aber ziemt es nicht zu glauben, die Ruhe verursache in Gott einen anderen Gemütszustand als das Wirken; kann doch bei ihm überhaupt nicht von Gemütsbewegungen geredet werden, als entstehe etwas in seinem Wesen, was es vorher noch nicht gab. Wo Gemütsbewegungen hervortreten, erleidet man ja etwas, und alles ist wandelbar, was leidet. So darf man bei seinem Feiern nicht an Müßigkeit, Nachlässigkeit, Trägheit denken, so wenig wie bei seinem Wirken an Arbeit, Mühe und Anstrengung. Er weiß ruhend zu wirken und wirkend zu ruhen. Er geht ans neue Werk heran nicht mit neuem, sondern ewigem Plan. Nicht weil es ihn reute, früher gefeiert zu haben, beginnt er zu schaffen, was er früher noch nicht schuf. Aber auch wenn er vorher feierte und nachher wirkte – inwiefern, das wird freilich ein Mensch kaum begreifen –, so war dies Zuvor und Hernach doch nur in den Dingen, die zuvor nicht dawaren, nachher aber dawaren. In ihm aber hat nicht ein neuer, nachfolgender Wille einen anderen vorhergehenden geändert oder verdrängt, sondern durch ein und denselben ewigen und unwandelbaren Willen hat er bewirkt, daß die Dinge, die er schuf, vorher nicht waren, solange sie nicht waren, und nachher waren, als sie anfingen zu sein. Vielleicht wollte er damit denen, die Augen dafür haben, auf wunderbare Weise zeigen, daß er dieser Dinge nicht bedurfte, sondern sie aus freier Güte schuf, da er auch ohne sie in jener Ewigkeit, die keinen Anfang kennt, in nicht geringerer Seligkeit verharrte.

19. *Auch das Unendliche umfaßt Gottes Wissen*

Wenn sie aber weiter sagen, selbst Gottes Wissen könne das Unendliche nicht fassen, wird ihnen nichts anderes übrigbleiben, als auch die dreiste Behauptung aufzustellen und damit in den Abgrund tiefer Gottlosigkeit zu stürzen, Gott wisse auch nicht alle Zahlen. Denn daß diese unendlich sind, ist unbestreitbar. Kann man doch jede Zahl, bei der man zu zählen aufhören möchte, nicht nur um eins vermehren, sondern auch, so groß sie ist und welch ungeheure Summen sie auch in sich schließt, nach dem Gesetz und der Wissenschaft der Zahlen nicht nur verdoppeln, sondern auch mit sich multiplizieren. Dabei hat jede Zahl ihre besondere Eigentümlichkeit, so daß keine einer andern gleich sein kann. Demnach sind sie untereinander ungleich und verschieden, jede einzelne begrenzt, aber in ihrer Gesamtheit unendlich. Kennt also Gott nicht alle Zahlen, weil sie unendlich sind, und reicht sein Wissen nur bis zu einer gewissen Summe? Ist ihm, was darüber hinausgeht, verborgen? Welcher Narr möchte das behaupten? Man wird doch auch nicht wagen, die Zahlen zu verachten und zu sagen, Gottes Wissen habe damit nichts zu schaffen, lehrt doch ihr Plato mit seinem großen Ansehen, Gott habe die Welt nach Zahlen gebildet. Und bei uns liest man von Gott: «Alles hast du nach Maß, Zahl und Gewicht geordnet.» Auch der Prophet sagt von ihm: «Zählend führt er die Zeiten herauf», und der Heiland spricht im Evangelium: «Alle eure Haare sind gezählt.» Lassen wir also jeden Zweifel fahren, als wären ihm nicht alle Zahlen bekannt, ihm, von dem der Psalm singt: «An seine Erkenntnis reicht keine Zahl.» So ist ihm die Unendlichkeit der Zahlen, obwohl sie unzählbar ist, nicht unfaßlich, da an seine Erkenntnis keine Zahl heranreicht. Wenn also alles, was man wissend erfaßt, durch des Wissenden Erfassen begrenzt wird, ist für Gott unfraglich auch alles Unbegrenzte auf unbeschreibliche Weise begrenzt, weil es seinem Wissen nicht unfaßlich ist. Wenn demnach die Unendlichkeit der Zahlen für Gottes Wissen, das sie erfaßt, nicht unendlich sein kann, wie können wir Menschlein dann uns herausnehmen, seinem Wissen Schranken zu setzen und zu behaupten, wenn nicht in immer gleichen Kreisläufen stets das Gleiche wiederkehre, könne Gott nicht alles, was er schafft, vorherwissen, um es zu schaffen, und es wissen, nachdem er's geschaffen? Seine einfach vielfache und einförmig vielförmige Weisheit umfaßt mit unfaßlicher Fassungskraft alles Unfaßliche, so daß, auch wenn er stets lauter Neues und dem Voraufgehenden Unähnliches schaffen wollte, es doch für ihn nicht regellos und unvorhergesehen sein könnte, und er es nicht etwa erst kurz vorher erschaute, sondern im ewigen Vorauswissen in sich trüge.

20. Über den Sinn des biblischen Ausdrucks «Weltzeiten der Weltzeiten»

Ob er es nun wirklich so macht und die «Weltzeiten der Weltzeiten», wie sie heißen, in beständiger Reihenfolge einander ablösen, aber jedesmal nach Gottes Anordnung verschieden verlaufen, jedoch so, daß die aus ihrem Elend Erlösten in ihrer seligen Unsterblichkeit ohne Ende verharren, oder ob der Ausdruck «Weltzeiten der Weltzeiten» besagen soll, daß die in Gottes Weisheit beständig und unerschütterlich vorhandenen Weltzeiten die mit der Zeit kommenden und gehenden Weltzeiten hervorbringen, das wage ich nicht zu entscheiden. Denn der Ausdruck «Weltzeiten» könnte vielleicht dasselbe bedeuten wie «Weltzeit»,also «Weltzeiten der Weltzeiten» dasselbe wie «Weltzeit der Weltzeit», wie der Ausdruck «die Himmel der Himmel» nichts anderes besagt als «der Himmel des Himmels». Denn Gott nannte die Feste, über der die Wasser sich befanden, den Himmel, und doch sagt der Psalm: «Loben sollen den Namen des Herrn die Wasser, welche über den Himmeln sind.» Welche der beiden Annahmen zutrifft, oder ob der Ausdruck «Weltzeiten der Weltzeiten» außerdem noch anders verstanden werden kann, ist eine sehr schwierige Frage. Mag sie einstweilen unerörtert bleiben. Unsere gegenwärtige Untersuchung bleibt davon unberührt, gleichviel ob wir hier etwas Bestimmtes auszumachen vermögen, oder ob uns eine sorgfältigere Behandlung nur in der vorsichtigen Zurückhaltung bestärken würde, in einer so dunklen Sache keine verwegenen Behauptungen aufzustellen. Jetzt streiten wir nur gegen jene Annahme von Kreisläufen, in denen sich von Zeit zu Zeit mit Notwendigkeit alles wiederholen soll, und damit hat der zweideutige Sinn des Ausdrucks «Weltzeiten der Weltzeiten» nichts zu schaffen. Denn mögen die «Weltzeiten der Weltzeiten» in geordneter Reihenfolge eine aus der anderen hervorgehen, ohne sich stets zu wiederholen, wobei die Seligkeit der Erlösten ohne Rückfall in das frühere Elend sicher bewahrt bleiben würde, oder mögen die Weltzeiten der Weltzeiten die ewigen bestimmenden Ursachen der untergeordneten irdischen Zeiten sein, für jene immerfort dasselbe heraufführenden Umläufe bleibt keinesfalls Platz. Zumal das ewige Leben der Heiligen macht ihnen den Garaus.

21. *Widerlegung der Kreislauflehre*

Kann eines Frommen Ohr dies ertragen? Nach einem mit so vielen und schweren Nöten ausgefüllten Leben – wenn anders man es Leben nennen kann, was doch mehr Tod ist und solch schwerer Tod, daß man den uns befreienden Tod aus Liebe zu jenem Tode obendrein noch fürchtet! –, nach so großen, vielen und schrecklichen Leiden, endlich, endlich durch wahre Religion und Weisheit abgebüßt und beendet, kommt man zum Anblick Gottes und wird selig im Schauen des geistigen Lichtes durch Teilnahme an seiner unwandelbaren Unsterblichkeit, dem Ziel unserer brennenden Liebe, und dann soll man es notgedrungen wieder verlassen! Und die es verlassen, die von jener Ewigkeit, Wahrheit und Seligkeit Herabgeworfenen, werden wiederum versenkt in die Höllenqual der Sterblichkeit, die schändliche Torheit, das schauerliche Elend, wo man Gott verliert, die Wahrheit haßt und auf schmutzigen, schlechten Wegen Glückseligkeit sucht, und dasselbe immer von neuem, ohne daß dies Nacheinander je aufhörte, in festen Abständen und Zwischenräumen geschehend und wiedergeschehend! Und das nur darum, damit bei diesen endlichen, stets kommenden und gehenden Umläufen, wo falsche Seligkeit und wahres Elend in unaufhörlicher, ewiger Drehung einander ablösen, Gott seiner Werke bewußt werden kann, da er weder jemals zu wirken aufhören noch Unendliches wissend überblicken kann! Wer mag sich das anhören, wer es glauben, wer es ertragen? Wäre es wahr, würde es nicht nur klüger sein, man schwiege davon, sondern auch – um meine Meinung deutlich zum Ausdruck zu bringen – gescheiter, man wüßte nichts davon. Denn wenn wir drüben nicht daran denken und infolgedessen selig sind, warum dann hienieden durch Wissen darum unser Elend noch erschweren? Wenn wir es aber dorten notgedrungen wissen müssen, sollten wir wenigstens hier es nicht wissen, damit uns hier die Erwartung des höchsten Gutes mehr beglücke als dort seine Erlangung. Dann würden wir hier hoffen, das ewige Leben dereinst zu gewinnen, dort aber erkennen, daß wir das selige, jedoch nicht ewige Leben wieder verlieren müssen.

Aber wenn sie nun sagen, niemand könne zur Seligkeit gelangen, der nicht während dieses Lebens durch Unterweisung von jenen Kreisläufen Kenntnis gewonnen habe, in denen Seligkeit und Elend miteinander wechseln, ja, wie können sie dann behaupten, um so leichter werde man zur Seligkeit gelangen, je mehr man Gott liebe, da sie etwas lehren, was gerade die Liebe einfrieren lassen muß? Denn wer wollte den nicht lässiger und lauer lieben, den er, wie er annimmt, notwendig verlassen und gegen dessen Wahrheit und Weisheit er sich auflehnen wird, und zwar gerade dann, wenn er auf dem Gipfel der Seligkeit zur denkbar höchsten Erkenntnis Gottes aufgestiegen ist? Kann man doch auch keinen befreundeten Menschen aufrichtig lieben, wenn man weiß, daß man ihm später feind sein wird. Doch sie ist ja gänzlich unwahr, diese Drohung mit wahrem Elend, das niemals enden, sondern nur oft und immer wieder durch Einschub falscher Glückseligkeit unterbrochen werden soll. Denn was gäbe es Falscheres und Trügerisches als jene Glückseligkeit, wo wir entweder im hellsten Glanze der Wahrheit nicht wüßten, daß wir künftig unselig sein werden, oder in der Hochburg des Glücks uns davor fürchten müßten? Denn wenn wir dann das bevorstehende Unheil nicht wissen sollten, wäre unser gegenwärtiges Elend, in dem wir um die künftige Seligkeit wissen, einsichtiger; bleibt uns aber drüben die drohende Katastrophe nicht verborgen, wird die elende Seele während dieses Erdenlebens, nach dessen Abschluß sie sich zur Seligkeit erhebt, glücklicher sein als die selige, die nach Ablauf der bestimmten Zeit ins Elend zurückgeschleudert wird. Selig nennte man dann die Erwartung der Unseligkeit und unselig die Erwartung der Seligkeit. So käme es, daß wir hier im Erleiden des gegenwärtigen Mißgeschicks, dort in der Angst vor dem uns drohenden mit größerem Recht immer elend genannt werden müßten als zeitweilig auch einmal selig.

Doch das ist ja falsch. Frommer Glaube bezeugt, die Wahrheit beweist es uns. Wird uns doch in Wahrheit wahres Glück verheißen, dessen unerschütterliche Sicherheit feststeht und durch kein drohendes Unheil zerbrochen werden kann. So wollen wir denn den rechten Weg erwählen, den einzigen, den es für uns gibt: Christus. Ist er unser Führer und Heiland, werden wir den Glaubenspfad nicht verlassen und unsern Geist abwenden von der eitelen und törichten Kreisbewegung der Gottlosen. Denn wenn schon der Platoniker Porphyrius die Meinung seiner Schulgenossen betreffs dieser Kreisläufe, dieses unaufhörlichen Wechsels von Ausgang und Wiederkehr der Seelen, nicht teilen wollte, sei es von der Nichtigkeit der

Sache von sich aus überzeugt, sei es bereits durch die christliche Zeitströmung beeinflußt, und wenn er, wie ich im zehnten Buche erwähnte, lieber dafür eintreten wollte, die Seele sei, um die Übel kennenzulernen, in die Welt herabgesandt, aber, von ihnen erlöst und gereinigt und zum Vater heimgekehrt, werde sie nichts dergleichen mehr zu erdulden haben, wieviel-mehr müssen wir diese dem christlichen Glauben feindliche falsche Lehre verabscheuen und von uns weisen! Sind aber die Kreisläufe hinfällig und erledigt, zwingt uns nichts zu der Annahme, das Menschengeschlecht könne darum keinen zeitlichen Anfang gehabt haben, weil es infolge jener wunderlichen Umläufe nichts Neues gebe, was nicht in gewissen Zeitabständen schon vorher gewesen sei und auch nachher sein werde. Wenn nämlich die Seele erlöst, und zwar zum ersten und einzigen Male erlöst wird, ohne noch einmal in das Elend zurückkehren zu müssen, geschieht ihr etwas Neues, was es noch nie zuvor gab, etwas gewaltig Großes: Die ewige Glückseligkeit, die kein Ende nimmt, wird ihr zuteil! Wenn nun der unsterblichen Natur solch Neues, noch nie Dagewesenes, nie im Kreislauf sich Wiederholendes widerfährt, warum soll es bei sterblichen Dingen nicht ebenso sein? Sagt man aber, der Seele, die zur Seligkeit eingehe, widerfahre nichts Neues, da sie nur zu dem Zustand zurückkehre, in dem sie sich stets befunden, so ist doch sicherlich ihre Erlösung aus dem Elend, in dem sie sich vormals nie befand, etwas Neues, und auch das ihr vormals fremde Elend hatte sie als etwas Neues betroffen. Läßt sich aber dies Neue nicht in die Ordnung der von der göttlichen Vorsehung geleiteten Dinge einfügen, sondern tritt zufällig ein, wo bleiben dann jene vorherbestimmten und abgemessenen Kreisläufe, in denen nichts Neues geschieht, sondern sich immer das gleiche wiederholt? Ist aber auch das Neue von der ordnenden Vorsehung nicht ausgeschlossen, mag nun die Seele von Gott herabgeschickt oder eigenmächtig gefallen sein, nun, so kann auch Neues geschehen, was nie zuvor war und doch nicht außerhalb der Ordnung der Dinge bleibt. Und wenn die Seele sich in ihrem Unverstand neues Elend zuziehen konnte, das der göttlichen Vorsehung nicht unerwartet kam, so daß sie es in die Ordnung der Dinge aufnahm und von ihm später planvoll erlöste, was wäre es dann für eine Dreistigkeit und Gedankenlosigkeit, wollten wir zu leugnen wagen, die Gottheit könne auch Neues, zwar nicht für sich, aber doch für die Welt Neues schaffen, das sie nie vorher geschaffen, aber stets vorhergesehen! Sagen sie aber, die erlösten Seelen kehrten zwar nicht in ihr Elend zurück, doch die Erlösung sei aus dem Grunde nichts Neues, weil immerfort und stets andere Seelen erlöst worden seien und jetzt und künftig erlöst würden, so geben sie damit wenigstens zu, daß neue Seelen entstehen, denen neues Elend und neue Erlösung zufällt. Denn sagen sie, die Seelen seien schon alt und von Ewigkeit her dagewesen, aus denen nun täglich neue Menschen entstehen, von deren Leibern sie, wenn sie weise gelebt, derart erlöst werden, daß sie niemals in ihr Elend zurückzukehren brauchen, dann müssen sie folgerichtig behaupten, es seien ihrer unendlich viele. Denn wäre es eine noch so große begrenzte Zahl von Seelen, so reicht sie für die zurückliegenden unbegrenzten Zeiträume nicht aus, um immerfort neue Menschen erstehen zu lassen, deren Seelen immerfort von dieser Sterblichkeit erlöst und nie mehr zu ihr zurückkehren würden. Sie werden es uns aber nicht einleuchtend machen, wie es in einer Welt, die, um Gott bekannt zu sein, begrenzt sein soll, eine unbegrenzte Zahl von Seelen geben kann.

Da wir nunmehr mit jenen Kreisläufen aufgeräumt haben, die, wie man meinte, die Seele mit Notwendigkeit stets in dasselbe Elend zurückführen sollten, erübrigt und ziemt sich für die Frömmigkeit nur noch der Glaube, daß es für Gott nicht unmöglich ist, Neues zu schaffen, was er noch niemals schuf, und doch kraft unbeschreiblichen Vorauswissens seinen Willen nie zu ändern. Ob aber die Zahl der erlösten Seelen, die nie wieder in ihr Elend zurückkehren, immer weiter vermehrt werden kann, mögen die ausmachen, die so spitzfindig dafür streiten, die Unendlichkeit der Dinge müsse eingedämmt werden. Unsere Beweisführung ist in jedem Fall abgeschlossen und gültig. Kann die Zahl vermehrt werden, gibt es nichts, was uns veranlassen könnte zu leugnen, daß Gott schaffen konnte, was er noch niemals schuf. Denn dann ist die Zahl der erlösten Seelen, die es nie vorher gegeben, nicht auf einmal erschaffen, sondern dasselbe geschieht immerfort. Gehört es sich dagegen, daß die Zahl der erlösten Seelen, die niemals wieder ins Elend zurückkehren, feststeht und nicht weiter vermehrt werden kann, so war auch sie, gleichviel welches sie sein mag, vorher niemals da. Denn sie könnte unmöglich wachsen und zuletzt ihre bestimmte Größe erreichen ohne einen Anfang. Solchen Anfang aber konnte es nur einmal geben. Diesen Anfang zu machen, ward der Mensch erschaffen, vor dem es keinen anderen gab.

22. *Warum Gott anfänglich nur einen Menschen schuf*

So wäre denn diese schwierige Frage nach der Ewigkeit Gottes, der Neues schuf, ohne daß neuer Wille in ihm sich regte, so gut ich's vermocht, beantwortet, und nun ist es nicht schwer einzusehen, daß es weit besser war, wenn das Menschengeschlecht, wie es denn auch wirklich geschah, sich aus einem einzigen zuerst geschaffenen Menschen vermehrte, als wenn es mit mehreren seinen Anfang genommen hätte. Denn als Gott die Tiere schuf, teils ungesellig und als Einzelgänger, die die Einsamkeit lieben, wie Adler, Weihen, Löwen, Wölfe und andere ihresgleichen, teils gesellig, wie die Tauben, Stare, Hirsche und Rehe und dergleichen, die lieber in Scharen und Herden leben mögen, da hat er von beiden Sorten nicht etwa zunächst bloß Einzelwesen geschaffen, aus denen dann die Nachkommen erwachsen sollten, sondern gleich mehrere. Anders den Menschen. Seiner Natur wies er eine Art Mittelstellung an zwischen Engeln und Tieren. Wenn er, dem Schöpfer als seinem wahren Herrn untertänig, sein Gebot in frommem Gehorsam erfüllte, sollte er in den Kreis der Engel aufgenommen werden und, ohne erst sterben zu müssen, die selige, nie endende Unsterblichkeit erlangen; wenn er aber den Herrn, seinen Gott, unter Mißbrauch des freien Willens hochmütig und ungehorsam beleidigte, war ihm bestimmt, dem Tode überantwortet tierisch zu leben, Sklave seiner Lüste zu sein und nach dem Tode der ewigen Verdammnis zu verfallen. Ihn nun schuf Gott als Einzigen und Einzelnen, freilich nicht um ihn allein und ohne menschliche Gesellschaft zu lassen. Sondern um ihm desto nachdrücklicher die Gemeinschaft und das Band der Eintracht ans Herz zu legen, verknüpfte er die Menschen nicht nur durch Gleichheit der Natur, sondern auch durch Zuneigung der Verwandtschaft. Darum gefiel es ihm, auch das Weib, das dem Manne zugesellt werden sollte, nicht so zu schaffen wie ihn, sondern aus ihm, so daß also das Menschengeschlecht von einem einzigen Menschen sich ausbreitete.

23. Des Menschen Sünde und Errettung von Gott vorausgesehen

Gott wußte freilich, der Mensch werde sündigen und, dem Tode preisgegeben, sterbliche Nachkommen erzeugen, die es in ihrem Sündenfrevel dahin bringen sollten, daß die vernunftlosen Tiere, die aus dem Gewässer oder Lande gleich zu mehreren entstanden, sicherer und friedlicher mit ihren Artgenossen leben als die Menschen, deren Geschlecht zur Empfehlung der Eintracht nur einen einzigen Stammvater hat. Denn weder haben Löwen untereinander Kriege geführt noch

Drachen, wie die Menschen es tun. Doch Gott sah auch voraus, daß durch seine Gnade das Volk der Frommen zur Kindschaft berufen, nach empfangener Sündenvergebung durch den Heiligen Geist gerechtfertigt und den heiligen Engeln im ewigen Frieden zugesellt werden sollte, nachdem als letzter Feind auch der Tod dahingesunken. Und diesem Volke sollte die Erwägung nützlich sein, daß Gott darum das Menschengeschlecht aus einem Menschen hervorgehen ließ, weil er den Menschen einprägen wollte, wie lieb ihm auch in der Vielheit die Einheit ist.

24. Die Erschaffung des Menschen

Gott machte also den Menschen nach seinem Bilde. Denn er schuf ihm eine Seele, die durch ihre Vernunft und Einsicht allen Land-, Wasser- und Luftgeschöpfen, die keinen solchen Geist besitzen, überlegen sein sollte. Er bildete den Mann aus Erdenstaub und verlieh ihm durch Einhauchen eine Seele, wie ich sie beschrieben, sei es, daß er sie schon vorher erschaffen hatte, sei es, daß er sie durch sein Einhauchen erst schuf und den Hauch, den sein Einhauchen erzeugte – denn Hauchen bedeutet hier nichts anderes als Hauch erzeugen –, des Menschen Seele sein ließ. Sodann erschuf er ihm auch aus einer seiner Seite entnommenen Rippe das Weib als Gehilfin bei der Fortpflanzung des Geschlechts, wie Gott eben schafft. Wir dürfen uns dies nur nicht nach fleischlicher Weise vorstellen, so wie wir Handwerker aus irgendwelchen irdischen Stoffen unter Gebrauch ihrer leiblichen Glieder etwas herstellen sehen, wie sie es in ihrem Beruf gelernt. Gottes Hand aber ist Gottes Macht, und auch Sichtbares wirkt er unsichtbarerweise. Leute freilich, die Gottes Kraft und Weisheit, vermöge deren er auch ohne Samen den Samen selber hervorzubringen versteht, nach dem, was gewöhnlich und alltäglich geschieht, bemessen, halten das eher für Fabelei als Wahrheit und stehen dem, was uranfänglich geschah, weil sie es nicht kennen, ungläubig gegenüber. Als ob nicht das, was man über Empfängnis und Geburt des Menschen weiß, wenn man es solchen erzählte, denen es unbekannt wäre, noch unglaublicher erscheinen würde. Freilich pflegt man auch dies meist lieber auf natürliche und körperliche Ursachen zurückzuführen, als Gottes Geist hier am Werke zu sehen.

25. *Engel schaffen nicht*

Doch haben wir es in diesen Büchern nicht mit denen zu tun, die nicht glauben wollen, daß Gottes Geist dies schafft oder sich darum kümmert. Jene aber, die ihrem Plato glauben, nicht von dem höchsten Gotte, der die Welt tatsächlich erschuf, sondern von anderen geringeren, freilich von ihm geschaffenen Göttern seien unter seiner Zulassung oder auf sein Geheiß alle sterblichen Lebewesen geschaffen, unter denen der Mensch einen hervorragenden, den Göttern selber nahestehenden Platz einnehme, sie mögen zunächst einmal ihren Aberglauben ablegen, der sie nach einer Rechtfertigung ihres Opferdienstes suchen läßt, welchen sie den Göttern als ihren Schöpfern schuldig zu sein meinen, dann wird es ihnen keine Schwierigkeit machen, auch diesen Irrtum abzulegen. Denn Unrecht wäre es, wollte man irgendwen anders für den Schöpfer sei's auch nur des geringsten vergänglichen Wesens halten und ausgeben außer Gott, auch wenn man es noch nicht einsehen könnte. Die Engel aber, die jene lieber Götter nennen möchten, wirken zwar auf Gottes Geheiß oder Zulassung bei den irdischen Vorgängen mit, doch bezeichnen wir sie ebensowenig als Schöpfer von Lebewesen, wie wir Bauern Schöpfer von Feldfrüchten oder Bäumen nennen.

26. Gott, der Schöpfer aller Wesen und natürlichen Formen

Es gibt zweierlei Formen. Die eine wird von außen an jede Art körperlichen Stoffes herangebracht, und in der Weise wirken Töpfer, Schmiede und sonstige Handwerker, die auch wohl Figuren malen und bilden, welche den Körpern von Lebewesen ähnlich sind. Die andere aber trägt nach dem geheimen und verborgenen Ermessen ihrer lebendigen, einsichtbegabten Natur die bewirkenden Ursachen in sich und schafft, selbst ungeschaffen, nicht nur die natürlichen Formen der Körper, sondern auch die Seelen der Lebewesen. Die erstgenannte Form mag man als geistigen Besitz aller beliebigen Werkmeister bezeichnen, die zweite kommt nur dem einen Werkmeister zu, Gott, dem Schöpfer und Urheber, der die Welt selbst und die Engel gemacht hat, ehe es irgend etwas, sei es Welt oder Engel, gab. Durch diese göttliche, ausschließlich wirksame, nicht bewirkte Kraft empfingen bei Erschaffung der Welt Himmel und Sonne ihre runde Gestalt, durch dieselbe göttliche, ausschließlich wirksame, nicht bewirkte Kraft auch die runden Augen und Äpfel und sonstige natürliche Formgebilde, eine Gestalt, die allen natürlich entstehenden Wesen, wie uns klar sein muß, nicht von außen her, sondern durch die innerlich wirkende Macht des Schöpfers verliehen wird, welcher sprach: «Ich bin's, der Himmel und Erde füllt», und dessen die Weisheit ist, die «gewaltig von einem Ende zum anderen greift und alles freundlich ordnet». Welchen Dienst die zuerst erschaffenen Engel dem Schöpfer bei der Erschaffung des Übrigen geleistet, weiß ich nicht. Ich wage nicht ihnen zuzuschreiben, was sie vielleicht nicht können, oder ihnen abzusprechen, was sie vielleicht doch können. Aber die Erschaffung und Hervorbringung aller Naturen, wodurch diese ihr eigentliches Wesen empfangen, kann ich nur, und bin mir dabei des Beifalls der Engel gewiß, jenem Gotte zuschreiben, der auch ihnen, wie sie dankbar anerkennen, das Dasein verlieh. Darum nennen wir weder den Landmann Schöpfer irgendwelcher Feldfrüchte, wie geschrieben steht: «Weder der da pflanzt, noch der da begießt, ist etwas, sondern Gott, der das Wachstum gibt», noch auch die Erde selbst, obschon sie die fruchtbare Mutter aller Wesen zu sein scheint, die die treibenden Keime fördert und das Eingewurzelte festhält, da wir ebenfalls lesen: «Gott gibt jedem einen Leib, wie er will, einem jeglichen Samen seinen eigenen Leib.» Auch ein Weib dürfen wir im Hinblick auf ihre Leibesfrucht nicht schöpferisch nennen, sondern vielmehr den, der zu einem seiner Diener sagte: «Ich kannte dich, ehe ich dich im Mutterleibe bereitete.» Mag immerhin die so oder so gestimmte Seele einer Schwangeren auf das Kind gewisse Eigenschaften übertragen, wie Jakob mit verschiedenfarbigen Stäben die Erzeugung buntscheckigen Viehs bewirkte, so hat sie doch das Wesen, das sie gebiert, so wenig geschaffen wie sich selbst. Welche körperlichen oder im Samen liegende Ursachen bei der Fortpflanzung also auch mitspielen mögen, sei es infolge Betätigung von Engeln oder Menschen oder sonstigen Lebewesen, sei es infolge der Vermischung von Männlichem und Weiblichem, ferner, welche Wünsche oder Gemütsbewegungen der Mutter die Züge oder Farben der zarten und weichen Frucht auch zu beeinflussen vermögen, die Naturen selbst, die ohne Änderung ihrer Art so oder so beeinflußt werden, schafft nur der höchste Gott, dessen geheime, alldurchdringende, durch nichts zu befleckende Gegenwart alles ins Dasein ruft, was irgendwie ist, soweit es ist. Denn täte er's nicht, würde es nicht so oder so, sondern überhaupt nicht sein können. Darum, wenn wir schon im Hinblick auf jene Form, die von Handwerkern den körperlichen Dingen äußerlich aufgeprägt wird, die Stadt Rom oder Alexandria nicht als von Zimmerleuten und Baumeistern, sondern als von Königen, also einerseits Romulus, andererseits Alexander, erbaut nennen, nach deren

Willen, Plan und Befehl sie erbaut wurden, wievielmehr müssen wir Gott den alleinigen Baumeister aller Naturen heißen, der nur aus selbsterschaffenem Stoffe schuf, was er schuf, und nur selbsterschaffene Handlanger hatte, und der durch Entziehung seiner meisterlichen Kraft, um sie so zu nennen, alle Dinge ins Nichtsein fallen ließe, in dem sie sich befanden, bevor sie wurden. Sage ich hier aber «bevor», denke ich an die Ewigkeit, nicht die Zeit. Denn welch anderen Schöpfer der Zeiten gäbe es als den, der all das gemacht hat, dessen Bewegungen den Lauf der Zeiten bedingen?

27. Nicht nur die Seelen, auch die Leiber von Gott geschaffen

Plato wollte übrigens, daß die geringeren und vom höchsten Gott geschaffenen Götter in dem Sinne Schöpfer der übrigen Lebewesen seien, daß sie deren unsterblichen Teil von Gott empfingen, den sterblichen aber von sich aus hinzufügten. Mit anderen Worten, er wollte sie nicht als Schöpfer unserer Seelen, sondern nur unserer Leiber gelten lassen. Da nun Porphyrius lehrt, man müsse um der Reinigung der Seele willen alles Körperliche fliehen, und da er ebenso wie sein Plato und die anderen Platoniker der Ansicht ist, daß die unmäßig und unredlich Lebenden, um Strafen abzubüßen, in sterbliche Leiber zurückkehren, nach Plato auch in Tierleiber, nach Porphyrius nur in Menschenleiber, so folgt, daß sie diese Götter, die wir als unsere Eltern und Schöpfer verehren sollen, für nichts anderes halten als Schmiede unserer Ketten und Käfige, die uns nicht etwa ins Dasein führen, sondern in jammervolle Kerker sperren und mit den schwersten Fesseln binden. Also mögen die Platoniker entweder aufhören, Seelenstrafen durch Wiederverkörperung anzudrohen, oder uns nicht länger die Verehrung solcher Götter anpreisen, die an uns ein Werk verrichten, das wir, wie man uns mahnt, nach Kräften fliehen und meiden sollen.

Doch ist beides grundverkehrt. Denn weder werden die Seelen dadurch gestraft, daß sie aufs neue in dies Leben zurückkehren müssen, noch gibt es einen anderen Schöpfer all dessen, was im Himmel und auf Erden lebt, als den, der Himmel und Erde gemacht hat. Denn soll das Leben im Leibe nur zur Abbüßung der Sündenstrafen dienen, wie kann dann derselbe Plato sagen, die Welt werde nur dadurch so schön und herrlich, daß sie mit allen möglichen Arten von Lebewesen, also unsterblichen und sterblichen, angefüllt sei? Ist aber unsere Erschaffung, sei's auch als sterbliche Menschen, eine göttliche Gnadengabe, wie kann es dann Strafe sein, zu diesen wohlwollend verliehenen Leibern zurückzukehren? Wenn Gott ferner, wie Plato stets betont, die Gestalten nicht nur der gesamten Welt, sondern auch alle Lebewesen in ewiger Geistesschau umfaßt hält, warum soll er dann nicht auch alles schaffen? Warum sollte der göttliche Künstler sich weigern, irgend etwas zu schaffen, da doch sein unbeschreiblicher und unbeschreiblich preiswürdiger Geist die Kunst, es zu schaffen, in sich trug?

28. Mit dem ersten Menschen nahm das Menschengeschlecht, somit auch die beiden Staaten, den Anfang

Mit Recht also anerkennt und preist die wahre Religion denselben, der das Weltall geschaffen hat, auch als Schöpfer aller Lebewesen, der Seelen wie der Leiber. Unter diesen Erdengeschöpfen aber ist das vornehmste der von ihm nach seinem Bilde geschaffene Mensch, der aus dem angegebenen Grunde, vielleicht auch noch aus einem anderen wichtigeren, aber verborgenen, als Einzelner geschaffen wurde, freilich nicht, um allein zu bleiben. Denn nichts ist so gesellig von Natur, leider auch so zwieträchtig durch eigene Schuld, wie dieses Geschlecht. Wäre der Natur zu reden vergönnt, könnte sie nichts Einleuchtenderes gegen das Laster der Zwietracht vorbringen, sein Aufkommen zu verhüten oder, wenn aufgekommen, es zu heilen, als die Erinnerung an jenen Urvater, den Gott darum als einzigen Ahnherrn der großen Menge schaffen wollte, daß dank dieser Mahnung bei den Vielen Eintracht und Einigkeit gewahrt bleibe. Wenn aber das für ihn bestimmte Weib aus seiner Seite gebildet wurde, so ist auch dadurch deutlich zum Ausdruck gebracht, wie innig vertraut die Verbindung von Gatte und Gattin sein soll. Diese Gotteswerke sind begreiflicherweise darum ungewöhnlich, weil sie die ersten sind. Wer sie nicht glauben will, dürfte überhaupt an keine Wunder glauben, würde man doch auch jene Werke, wenn sie nach dem gewohnten Lauf der Natur sich zutrügen, keine Wunder nennen. Aber geschieht wohl irgend etwas unter der hohen Leitung der göttlichen Vorsehung, mag seine Ursache auch verborgen sein, das umsonst wäre? So sagt ein heiliger Psalm: «Kommt her und schauet die Werke des Herrn, welche Wundertaten er auf Erden verrichtet.» Warum also das Weib aus des Mannes Seite geschaffen ward, und was dies erste Wunder, wie man es nennen kann, für eine Vorbedeutung hat, mag andern Orts mit Gottes Hilfe dargelegt werden.

Ich will nun dies Buch beschließen und sage nur noch eins: Wir müssen annehmen, daß mit diesem ersterschaffenen Menschen, zwar nicht sichtlich für uns, aber dem Vorherwissen Gottes bereits offenbar, die beiden Gemeinschaften, gleichsam zwei Staaten, im Menschengeschlecht ihren Anfang genommen haben. Denn aus jenem ersten sollten alle Menschen hervorgehen, um nach Gottes zwar verborgenem, aber gerechtem Gericht teils als Genossen der bösen Engel verdammt, teils als Genossen der guten ewig belohnt zu werden. Denn da geschrieben steht: «Alle Wege des Herrn sind Barmherzigkeit und Wahrheit», kann weder seine Gnade ungerecht, noch seine Gerechtigkeit grausam sein.

DREIZEHNTES BUCH

DER ABFALL DES MENSCHEN UND SEINE STRAFE, DER TOD

1. *Ausblick auf das Folgende*

Nach Erledigung der so schwierigen Fragen betreffs der Entstehung unserer Welt und des Anfangs des Menschengeschlechts erfordert es nunmehr die Reihenfolge der Dinge, in Weiterführung unserer Untersuchung den Fall des ersten Menschen, vielmehr der ersten Menschen, und den Ursprung und die Fortpflanzung des Todes der Menschen zu behandeln. Denn Gott hatte die Menschen nicht so wie die Engel geschaffen, daß sie, selbst wenn sie sündigten, nicht hätten sterben können, sondern so, daß auf die Erfüllung der Gehorsamspflicht ohne Dazwischentreten des Todes die Unsterblichkeit und ewige Seligkeit der Engel folgen sollte. Zeigten sie sich aber ungehorsam, sollte sie zur gerechten Strafe der Tod heimsuchen, wie wir bereits im vorigen Buche sagten.

2. *Die Arten des Todes*

Doch was unter dem Tode zu verstehen ist, darüber muß ich mich etwas eingehender äußern. Denn obschon man die menschliche Seele wahrheitsgemäß unsterblich nennt, gibt es doch auch für sie eine Art Tod. Sie heißt ja darum unsterblich, weil sie niemals aufhört, irgendwie, sei's auch noch so kläglich, zu leben und empfinden, der Leib dagegen darum sterblich, weil ihm alles Leben entzogen werden kann und er durch sich selbst überhaupt nicht lebt. Der Tod der Seele tritt dann ein, wenn Gott sie verläßt, der des Leibes, wenn ihn die Seele verläßt. Der Tod beider, also des ganzen Menschen, wird dann

Ereignis, wenn die von Gott verlassene Seele den Leib verläßt. Denn dann hat sie kein Leben mehr aus Gott und der Leib keins aus ihr. Diesem Tode des ganzen Menschen folgt endlich jener Tod, den das Gewicht göttlicher Aussprüche den zweiten Tod nennt. Auf ihn deutete der Heiland mit dem Worte hin: «Fürchtet euch vor dem, der Leib und Seele verderben kann in der Hölle.» Da dies nun nicht eher geschieht, als bis die Seele dem Leibe derartig verbunden sein wird, daß keine Scheidung mehr eintritt, könnte man es seltsam finden, wenn man auch dann von einem leiblichen Tode spricht, wo der Leib nicht etwa von der Seele verlassen ist, sondern beseelt und empfindend gepeinigt wird. Denn bei dieser letzten und ewigen Strafe, von der seinerzeit ausführlicher zu reden sein wird, handelt sich's sicherlich um den Tod der Seele, da sie nicht aus Gott lebt; aber inwiefern auch um einen Tod des Leibes, da dieser ja seelisch belebt ist? Denn sonst könnte er die künftigen körperlichen Qualen nach der Auferstehung nicht fühlen. Wohl deshalb, weil alles Leben ein Gut, der Schmerz aber ein Übel ist und man folglich einen Leib nicht lebendig nennen kann, der wohl beseelt ist, aber nicht um zu leben, sondern um zu leiden. So lebt denn die Seele, wenn sie gut lebt, aus Gott, da sie nicht gut leben kann, wenn Gott nicht in ihr das Gute wirkt; der Leib aber empfängt sein Leben durch die Seele, wenn sie im Leibe lebt, mag sie nun ihrerseits aus Gott leben oder nicht. Denn in den Leibern der Gottlosen ist das Leben nicht ein Leben der Seelen, sondern nur der Leiber, und das können diesen auch tote, das ist von Gott verlassene Seelen verleihen, da ja ihr unsterbliches Eigenleben, so kümmerlich es sein mag, fortbesteht. Obwohl daher in der endgültigen Verdammnis der Mensch nicht aufhört zu empfinden, kann man dies Empfinden, da es weder genußreich noch geruhsam, sondern bloß peinvoll ist, mit Fug und Recht eher Tod nennen als Leben. Vom zweiten Tode aber spricht man, weil er auf den ersten folgt, welcher die Trennung der verbundenen Naturen herbeiführt, sei es Gottes und der Seele, sei es der Seele und des Leibes. Vom ersten leiblichen Tode kann man also sagen, daß er für die Guten gut, für die Bösen übel ist, der zweite aber, den kein Guter zu befürchten hat, ist ohne Zweifel für niemand gut.

3. Ist der Tod auch für die Frommen Strafe?

Hier aber erhebt sich eine nicht zu umgehende Frage. Ist wirklich der Leib und Seele scheidende Tod für die Guten gut? Wenn er's ist, wie kann man dann daran festhalten, daß er auch Sündenstrafe ist? Denn wären die ersten Menschen nicht in Sünde gefallen, hätten sie ihn nicht zu erleiden brauchen. Wie kann er also für die Guten gut sein, da er doch nur die Bösen treffen konnte? Wiederum, wenn er nur die Bösen treffen konnte, sollte es für die Guten nicht etwa einen guten, sondern überhaupt keinen Tod geben. Denn warum Strafe für die, die nichts Strafbares begangen? So muß man zugeben, daß die ersten Menschen zwar so beschaffen waren, daß sie, wenn sie nicht sündigten, keine Art des Todes erfahren haben würden, daß sie aber als erste Sünder dermaßen mit dem Tode bestraft wurden, daß auch ihre ganze Nachkommenschaft derselben Strafe verfallen mußte. Denn es sollte von ihnen nichts anderes geboren werden, als was sie selber gewesen. Denn die Größe ihrer Schuld brachte es mit sich, daß durch das Strafgericht ihre Natur zum Schlechteren umgewandelt wurde, so daß, was die ersten Sünder als Strafe traf, den Spätergeborenen zur Natur ward. Denn es ist ein ander Ding, ob ein Mensch aus dem Staube entsteht oder vom Menschen geboren wird. Denn Staub war der Stoff des Menschen, der geschaffen werden sollte, aber ein Mensch Erzeuger dessen, der geboren werden sollte. Erde ist etwas anderes als Fleisch, obschon das Fleisch aus Erde entstand, aber der menschliche Sprößling ist dasselbe wie sein Erzeuger. Das ganze Menschengeschlecht, das sich durch das Weib von einer Generation zur andern fortpflanzen sollte, war schon im ersten Menschen, als über jenes Ehepaar das göttliche Strafgericht verhängt wurde; und was der Mensch ward, nicht als er geschaffen wurde, sondern als er sündigte und bestraft wurde, das erzeugte er auch, wenigstens was Sünde und Tod anlangt. Denn durch seine Sünde und Bestrafung sank er nicht in kindliche Unbeholfenheit und Schwäche des Geistes und Körpers hinab, wie wir sie bei kleinen Kindern finden und wie nach Gottes Willen hinfort der Anfang dieser Tierlein, wie man die Neugeborenen nennen kann, sein sollte, deren Eltern zu einem tierischen Leben und Sterben erniedrigt waren, wie geschrieben steht: «Der Mensch, da er in Ehren war, sah es nicht ein; da ward er gleichgemacht dem unvernünftigen Vieh und ist ihm ähnlich geworden» – nur daß die Menschenkindlein in Gebrauch und Bewegung der Glieder und im Gefühl für das, was lockt oder schreckt, noch hinter den zartesten Jungen anderer Lebewesen zurückbleiben, als sollte sich des Menschen Kraft um so herrlicher über die übrigen Geschöpfe hinausschwingen, je mehr sie ihren Drang wie der zurückgezogene Pfeil beim Bogenspannen zunächst zurückhält –, also nicht etwa zu jenen kindlichen Anfängen sank der erste Mensch durch seine unerlaubte Überhebung und gerechte Bestrafung herab oder ward er herabgestoßen. Sondern insofern wurde die menschliche Natur in ihm verschlechtert und verwandelt, als er in seinen Gliedern den widerspenstigen Ungehorsam des Begehrens erdulden mußte und dem Zwang des Todes verfiel und nun auch das, was er durch Fehl und Strafe geworden war, fortzeugte, nämlich Nachkommen, die der Sünde und dem Tode unterworfen waren. Werden durch die Gnade des Mittlers Christus die Kinder von dieser Sündenfessel gelöst, brauchen sie nur noch den Tod zu erdulden, der die Seele vom Leibe trennt, aber der zweite

Tod mit seiner endlosen Pein bleibt den von Sündenschuld Befreiten erspart.

4. *Warum müssen auch die Frommen sterben?*

Sollte aber jemand Anstoß daran nehmen, daß auch diejenigen, deren Schuld durch die Gnade getilgt ist, den leiblichen Tod erdulden müssen, da er doch ebenfalls Sündenstrafe ist, so mag darauf hingewiesen werden, daß diese Frage bereits in einer anderen meiner Schriften, die die Kindertaufe behandelt, beantwortet wurde. Hier ist ausgeführt, daß der Seele auch nach Aufhebung der Sündenschuld die Erfahrung des Abscheidens vom Leibe nicht erlassen wird, weil sonst, wenn auf das Sakrament der Wiedergeburt sogleich die Unsterblichkeit des Leibes folgte, der Glaube hinschwinden würde, der ja nur dann Glaube ist, wenn man in Hoffnung erwartet, was man in Wirklichkeit noch nicht sieht. Aber durch des Glaubens Kraft und Streit sollte wenigstens im reiferen Lebensalter auch die Todesfurcht überwunden werden, was sich am herrlichsten bei den heiligen Märtyrern zeigte. Es gäbe in diesem Kampfe weder Sieg noch Ruhm, ja es gäbe überhaupt keinen Kampf, wenn die Heiligen nach dem Bad der Wiedergeburt den leiblichen Tod nicht mehr erdulden könnten. Jeder aber würde dann mit den kleinen Täuflingen schleunigst zur Gnade Christi eilen, um dadurch ihren Leib für immer zu sichern. So würde der Glaube nicht durch Unsichtbarkeit der Belohnung auf die Probe gestellt, ja wäre überhaupt kein Glaube mehr, wenn er alsbald für seine Leistung Bezahlung verlangte und empfinge. Nun aber, durch noch größere und wunderbarere Gnade des Heilandes, muß die Sündenstrafe zur Förderung der Gerechtigkeit dienen. Denn einst ward dem Menschen gesagt: «Du stirbst, wenn du sündigst», jetzt wird dem Märtyrer gesagt: «Wenn du stirbst, sündigst du nicht.» Damals hieß es:

«Übertretet ihr das Gebot, müßt ihr sterben», jetzt: «Sträubt ihr euch zu sterben, übertretet ihr das Gebot.» Was man damals fürchten mußte, um nicht zu sündigen, muß man jetzt auf sich nehmen, um nicht zu sündigen. So wandelt sich durch Gottes unaussprechliches Erbarmen Sündenstrafe in Tugendwehr, wird das Gericht des Sünders zum Verdienst des Gerechten. Einst ward durch Sündigen der Tod herbeigeführt, jetzt wird durch Sterben die Gerechtigkeit vollendet. So geschieht's bei den heiligen Märtyrern, die der Verfolger vor die Wahl stellt, entweder den Glauben zu verleugnen, oder den Tod auf sich zu nehmen. Denn die Gerechten wollen lieber im Glauben erdulden, was die ersten Sünder, weil sie nicht glaubten, erduldet. Hätten diese nämlich nicht gesündigt, wären sie nicht gestorben, jene aber würden sündigen, wenn sie nicht stürben. Die einen starben, weil sie sündigten, die anderen sündigen nicht, weil sie sterben. Die Schuld der einen führte zur Pein, die Pein der anderen verhütet die Schuld. Nicht als wäre der Tod etwas Gutes geworden, der vorher ein Übel war; sondern solch große Gnade gewährte Gott dem Glauben, daß der Tod, der, wie man weiß, des Lebens Gegner ist, Mittel wurde zum Eingang ins Leben.

5. *Das gute Gesetz als Unheil der Bösen, der üble Tod als Heil der Guten*

Um klarzumachen, welchen Schaden die Sünde anrichten kann, wenn nicht die Gnade zu Hilfe kommt, scheute der Apostel sich nicht, sogar das Gesetz, das Sünde verbietet, die Kraft der Sünde zu nennen. «Der Stachel des Todes», sagt er, «ist die Sünde, die Kraft aber der Sünde ist das Gesetz.» Durchaus wahr! Denn das Verbot mehrt die Lust am unerlaubten Werk, solange man nicht die Gerechtigkeit so sehr liebt, daß die Freude an ihr die sündliche Begierde überwindet. Man kann aber die wahre Gerechtigkeit nicht lieben und sich ihrer freuen, wenn nicht die göttliche Gnade hilft. Damit aber das Gesetz nicht deshalb für ein Übel gehalten werde, weil es «Kraft der Sünde» genannt wurde, sagt der Apostel an anderer Stelle, wo er diese Frage behandelt: «So ist das Gesetz heilig und das Gebot heilig, gerecht und gut. Ist denn, das da gut ist, mir zum Tod geworden? Das sei ferne! Aber die Sünde, auf daß sie als Sünde erscheine, hat mir durch das Gute den Tod gewirkt, auf daß der Sünder oder die Sünde das Maß überschreite durch das Gebot.» Von Überschreitung des Maßes spricht er, weil nun die grobe Übertretung hinzukommt, da infolge vermehrter Lust an der Sünde das Gesetz selber verachtet wird. Warum ich dies hier erwähnt habe? Um darauf hinzuweisen, daß, wie das Gesetz kein Übel ist, obwohl es die Begierde der Sünder steigert, so auch der Tod nichts Gutes ist, weil er den Ruhm der Dulder mehrt. Jenes wird im Dienst der Sünde beiseite gesetzt und schafft so Übertreter, dieser wird im Dienst der Wahrheit übernommen und schafft so Märtyrer. Darum ist das Gesetz gut, weil es die Sünde verbietet, der Tod jedoch übel, weil er der Sünde Sold ist; aber wie die Ungerechtigkeit nicht nur das Üble übel braucht, sondern auch das Gute, braucht die Gerechtigkeit nicht nur das Gute gut, sondern auch das Üble. So kommt's, daß die Bösen vom Gesetz bösen Gebrauch machen, obwohl das Gesetz gut ist, die Guten aber gut sterben, obschon der Tod ein Übel ist.

6. Der Tod an sich bleibt Pein und Strafe

Was also den leiblichen Tod, nämlich die Trennung der Seele vom Leibe, anlangt, so ist er, wenn ihn Sterbende erleiden, an sich für niemand gut. Denn er hat einen bitteren Geschmack, und wider die Natur ist die Gewaltsamkeit, mit der er auseinanderzerrt, was im Lebenden verknüpft und verbunden war, solange er noch zögerte, bis schließlich alle Empfindung schwindet, die eine Folge jener innigen Verbindung von Leib und Seele war. Es kommt vor, daß ein einziger Stoß, der den Körper trifft, oder ein plötzliches Sichlosreißen der Seele dieser ganzen Not überhebt und sie nicht empfinden läßt, weil sich alles zu schnell abspielt. Doch was es auch sei, was in den Sterbenden unter Qualempfindung die Empfindung auslöscht, wird es fromm und gläubig ertragen, mehrt es das Verdienst der Geduld, behält aber den Strafcharakter. Obwohl darum der Tod ohne Zweifel eine Strafe ist für alle, die geboren werden, infolge ihrer Abstammung von dem ersten Menschen, wird er doch, wenn man ihn in Frömmigkeit und Gerechtigkeit erduldet, ruhmvoll für die Wiedergeborenen, und obschon der Tod Vergeltung der Sünde ist, bewirkt er bisweilen, daß die Sünde unvergolten bleibt.

7. Der Märtyrertod reinigt von Sünden

Denn allen denen, die, auch ohne das Bad der Wiedergeburt empfangen zu haben, um des Bekenntnisses zu Christus willen den Tod erleiden, erwirkt er dieselbe Sündenvergebung, wie wenn sie mit dem heiligen Quellwasser der Taufe abgewaschen wären. Denn der gesagt hat: «Es sei denn, daß jemand von neuem geboren werde aus Wasser und Geist, kann er nicht in das Reich Gottes kommen», hat die Märtyrer in einem anderen, nicht weniger allgemeingültigen Ausspruch ausgenommen, wenn er sagt: «Wer mich bekennet vor den Menschen, den will ich bekennen vor meinem himmlischen Vater», und an einer weiteren Stelle: «Wer sein Leben verliert um meinetwillen, der wird's finden.» Hierher gehört auch das Schriftwort: «Der Tod seiner Heiligen ist wert gehalten vor dem Herrn.» Was könnte auch köstlicher sein als ein Tod, durch den man sich Vergebung aller Sünden und eine Fülle von Verdiensten erwirbt? Denn die sich angesichts des bevorstehenden unvermeidlichen Todes taufen ließen und so nach Tilgung aller Sünden aus dem Leben schieden, haben kein so großes Verdienst wie diejenigen, die den Tod, obwohl sie es gekonnt hätten, nicht vermieden, weil sie lieber mit einem Christusbekenntnis ihr Leben beschließen als durch Verleugnung zu seiner Taufe gelangen wollten. Hätten sie das freilich getan, wäre ihnen auch diese durch Todesfurcht erpreßte Verleugnung im Taufbade vergeben worden, das ja selbst denen Vergebung bescherte, die den ungeheuren Frevel der Ermordung Christi begangen hatten. Doch wie hätten sie ohne die Gnadenfülle jenes Geistes, der «weht, wo er will», Christus so sehr lieben können, daß sie ihn trotz schwerster Todesdrohung, trotz in Aussicht gestellter Milde nicht verleugnen mochten? Vorausgeschickt und vorausgeleistet war freilich der gnadenspendende Tod des Heilandes, aber sie zögerten nicht, um Christus zu ergreifen, den eigenen Tod als Dankopfer darzubringen. So liefert der köstliche Tod der Heiligen den Beweis, daß der Tod, einst als Sündenstrafe verhängt, nun dem Zweck dienen mußte, desto reichlichere Früchte der Gerechtigkeit hervorzubringen. Doch ist der Tod nicht etwa deshalb als ein Gut zu betrachten, weil er durch Gottes Beistand, nicht aus eigener Macht, zu solchem Segen gewendet werden konnte, wie wir ihn uns noch einmal vor Augen stellen. Ihn, der einst Schreckmittel war, Sünde nicht zu begehen, nimmt man nun willig auf sich, keine Sünde zu begehen, begangene zu tilgen und die dem großen Siege gebührende Palme der Gerechtigkeit zu erlangen.

8. Der halbe, der ganze und der ewige Tod

Sehen wir genauer zu, müssen wir sagen, daß gerade dann, wenn jemand für die Wahrheit gläubig und rühmlich stirbt, der

Tod vermieden wird. Dann nimmt man ihn teilweise auf sich, aber nur, damit er sich nicht vollende und obendrein der zweite Tod, der nie endet, hinzukomme. Man übernimmt die Trennung der Seele vom Leibe, damit nicht zuerst Gott sich von der Seele, sodann auch diese sich vom Leibe trenne und nun nach vollendetem ersten Tode des ganzen Menschen auch der zweite ewige Tod seinen Anfang nehme. So ist zwar der Tod, wie gesagt, wenn ihn Sterbende erleiden, und wenn er ihr Sterben herbeiführt, für niemanden gut; doch ist's ein rühmliches Sterben, wenn dadurch Gutes bewahrt oder erlangt wird. Für die Verstorbenen aber und vom Tod Umfangenen gilt, wie man nicht unpassend sagt, daß er übel ist für die Bösen, gut für die Guten. Denn die vom Leibe geschiedenen Seelen der Frommen ruhen in Frieden, die der Gottlosen aber leiden Strafe, bis ihre Leiber wieder aufwachen, sei es zum ewigen Leben, sei es zum ewigen Tode, der der zweite heißt.

9. Der Tod als Grenzbegriff und die Zeit

Doch was soll man von der Zeit sagen, in der die Seelen vom Leibe getrennt sind und sich nun wohl oder übel befinden? Ist es eine Zeit nach dem Tode oder im Tode? Wenn nach dem Tode, ist nicht mehr der Tod selbst, der ja überstanden und vergangen ist, sondern das nach ihm fortdauernde Leben der Seele gut oder übel. Der Tod aber war wohl ein Übel, als er dawar und die Sterbenden ihn erlitten, weil sie seine Bitterkeit und Qual empfanden, ein Übel, von dem die Guten freilich guten Gebrauch machen. Aber wie könnte der überstandene Tod gut sein oder übel, wenn er gar nicht mehr vorhanden ist? Ja, wenn wir noch genauer zusehen, wird sich zeigen, daß es gar nicht der Tod ist, dessen Bitterkeit und Qual, wie wir sagten, die Sterbenden fühlen. Denn solange sie fühlen, leben sie noch, und solange sie leben, muß man von ihnen sagen, daß sie vor dem Tode stehen und nicht in ihm. Wenn er wirklich kommt, nimmt er ja alle leibliche Empfindung hinweg, die bei seiner Annäherung qualvoll war. So ist es schwer zu sagen, warum wir diejenigen Sterbende nennen, die noch nicht tot sind, sondern beim Drohen des Todes von äußerster, tödlicher Angst geschüttelt werden, obwohl man sie andererseits doch auch mit Recht so heißt, da sie nach Eintritt des bevorstehenden Todes nicht mehr Sterbende, sondern Verstorbene genannt werden. Ein Sterbender ist darum stets ein noch Lebender; denn auch wenn sein letztes Stündlein schlägt und er drauf und dran ist, wie man sagt, seinen Geist aufzugeben, bleibt er dennoch, bis seine Seele entweicht, am Leben. Er ist also zugleich Sterbender und Lebender, dem Tode sich nähernd, vom Leben sich entfernend. Aber er lebt noch, denn sein Leib ist beseelt, ist noch nicht im Tode, solange die Seele nicht aus dem Leibe schied. Aber wenn sie nun geschieden ist und sich dann nicht etwa im Tode, sondern in einem Zustande nach dem Tode befindet, ja, wer ist dann im Tode? Kann doch eigentlich niemand ein Sterbender heißen, weil man nicht zugleich Sterbender und Lebender sein kann. Denn solange die Seele im Leibe ist, lebt man unfraglich noch. Oder wenn man jemanden, in dessen Leibe das Sterben bereits anhebt, besser einen Sterbenden nennt und doch niemand zugleich ein Lebender und Sterbender sein kann, so weiß ich nicht, wann man überhaupt ein Lebender ist.

10. Des Menschen Leben ein tägliches Sterben

Denn in demselben Augenblicke, in dem jemand in dies sterbliche Leben eintritt, fängt der Tod an sich vorzubereiten. Die Wandelbarkeit nämlich, der jeder die ganze Zeit seines Lebens – falls man es überhaupt Leben nennen soll – unterliegt, führt uns dem Tode entgegen. Niemand, der dem Tode nicht nach einem Jahre näher wäre als vor einem Jahre, morgen näher als heute, heute als gestern, ein wenig später näher als jetzt und jetzt näher als kurz vorher. Denn jedes Zeitteilchen, das man weiterlebt, wird von der Lebensdauer abgezogen, und tagtäglich wird weniger und weniger, was übrigbleibt, so daß die ganze Lebenszeit nichts anderes ist als ein Lauf zum Tode, bei dem niemand auch nur ein klein wenig stehenbleiben oder etwas langsamer gehen darf. Nein, zu gleicher Eile werden alle angetrieben, kein Unterschied wird geduldet. Denn wer kürzer lebte, hat den Tag nicht schneller hingebracht als der, dem ein längeres Leben beschieden war. Gleich rasch schwanden beiden die gleichen Minuten dahin, nur daß dem einen ein näheres, dem anderen ein entfernteres Ziel gesteckt war, dem beide gleich geschwind entgegeneilten. Einen weiteren Weg zurücklegen, heißt ja nicht langsamer gehen. Wer also bis zum Tode einen längeren Zeitraum durchmißt, wandert nicht langsamer, sondern schafft nur eine größere Strecke. Wenn man also in dem Augenblick zu sterben beginnt, das heißt vom Tode umfangen wird, in welchem der Tod sein Werk, nämlich die Entziehung des Lebens, anhebt – denn ist der Lebensraub erst vollbracht, hat man den Tod schon hinter sich und ist nicht mehr in ihm –, ist man unfraglich schon mit dem ersten Beginn des leiblichen Lebens vom Tode umfangen. Denn was sonst geht vor sich in den einzelnen Tagen, Stunden und Augenblicken, die vorübereilen, bis das Sterben, das sich vollzog, aufhört und zum Abschluß kommt und nun die Zeit nach dem Tode beginnt, während die Zeit vorher, da das Leben hinschwand, eine Zeit im Tode war? Niemals also lebt der Mensch wirklich, sobald er in diesem mehr sterbenden als lebenden Leibe sich befindet, vorausgesetzt, daß er nicht zugleich im Leben und im Tode sein kann. Oder ist er doch zugleich im Leben und im Tode, im Leben, in dem er lebt, bis es ganz hingeschwunden ist, im Tode aber, weil er bereits stirbt, da das

Leben schon jetzt hinschwindet? Denn wäre er nicht im Leben, was sollte denn das sein, das abnimmt, bis es völlig aufgezehrt ist? Wenn aber nicht auch im Tode, was hätte denn das Hinschwinden des Lebens zu bedeuten? Man sagt doch nur darum «nach dem Tode», wenn das Leben dem Körper ganz entzogen ist, weil der Tod schon dawar, als es ihm allmählich entzogen wurde. Denn wenn nach seiner Entziehung der Mensch nicht mehr im Tode ist, sondern nach ihm, wann soll er dann im Tode sein, wenn nicht während seiner Entziehung?

11. *Was heißt das «sterbend» und «im Tode»?*

Wenn es aber widersinnig ist, von einem Menschen, ehe es mit ihm zum Sterben kommt, zu sagen, er sei schon im Tode – denn wie soll er sich ihm im Verlauf seiner Lebenszeit nähern, wenn er schon darin ist? – und es vollends allzu dreist wäre, jemanden zugleich lebend und sterbend zu nennen, da man doch auch nicht zu gleicher Zeit wachend und schlafend sein kann, so muß man fragen, wann eigentlich der Mensch ein Sterbender ist. Denn ehe der Tod kommt, ist er's doch nicht, sondern ein Lebender, ist der Tod aber da, ist er kein Sterbender mehr, sondern tot. Das eine also vor, das andere nach dem Tode. Wann also im Tode? Doch wohl dann, wenn er stirbt. Denn nur in dem Falle entsprechen den drei Begriffen «vor dem Tode, im Tode und nach dem Tode» die drei anderen «lebend, sterbend und tot». Wann er nun aber ein Sterbender, mit andern Worten, im Tode ist, wo er nicht mehr ein Lebender, wie vor dem Tode, und auch noch nicht tot ist, wie nach dem Tode, sondern eben ein Sterbender, nämlich im Tode, das ist sehr schwer auszumachen. Denn solange die Seele noch im Leibe ist, zumal wenn noch Empfindung sich regt, lebt der Mensch unfraglich, der ja aus Leib und Seele besteht, und befindet sich demnach vor dem Tode, nicht im Tode. Ist aber die Seele entschwunden und damit alle leibliche Empfindung ausgelöscht, ist er gestorben und hat den Tod bereits hinter sich. Zwischen diesen beiden Zuständen bleibt also für den Zustand des Sterbenden oder im Tode Befindlichen kein Raum, denn solange man lebt, steht man vor dem Tode, hat man aufgehört zu leben, schon nach ihm. Niemals also kann man den Zustand des Sterbens, des im Tode Sichbefindens aufweisen. So sucht man ja auch im Zeitverlauf die Gegenwart vergebens und findet sie nicht. Denn als Durchgangspunkt auf dem Wege der Zukunft in die Vergangenheit hat sie keine Ausdehnung. Könnte man nicht gar auf diese Weise folgern, daß es den leiblichen Tod überhaupt nicht gibt? Denn gibt es ihn, wann sollte er dann wohl sein, da er in niemandem sein kann und niemand in ihm? Denn solange man lebt, ist er noch nicht da, da man sich noch vor dem Tode, nicht im Tode befindet; hat das Leben aber aufgehört, ist er bereits nicht mehr, da man nun den Tod hinter sich hat und sich nicht mehr darin befindet. Aber wiederum, wenn es keinen Tod gibt, vor welchem oder nach welchem etwas geschehen könnte, was soll denn das heißen, wenn man spricht «vor dem Tode» oder «nach dem Tode»? Das hat dann ja keinen Sinn, wenn es keinen Tod gibt. Ach, hätten wir doch im Paradiese so fromm gelebt, daß es in der Tat keinen Tod gäbe! Nun aber ist er nicht nur, sondern obendrein so notvoll, daß keine Redekunst ihn beschreiben, keine Klugheit ihm ausweichen kann.

Reden wir also ruhig weiter, wie wir's gewohnt sind und wie sich's auch gehört, und sagen «vor dem Tode», wenn der Tod noch nicht eingetreten ist, wie ja auch geschrieben steht: «Du sollst niemand preisen vor seinem Tode.» Sagen wir auch, wenn er eingetreten ist: Nach dem Tode dieses oder jenes Mannes hat sich dies oder das begeben. Gebrauchen wir auch, so gut es gehen will, die Zeitform der Gegenwart, wenn wir etwa sagen: «Sterbend hat er verfügt», oder: «Sterbend hat er diesen oder jenen Leuten dies oder das hinterlassen», obschon er es nur lebend tun konnte und es, genau genommen, vor dem Tode, nicht im Tode tat. Richten wir uns auch darin nach der göttlichen Schrift, daß sie unbedenklich von Verstorbenen spricht, als wären sie im Tode und nicht nach ihm, etwa in dem Worte: «Denn im Tode gedenkt man dein nicht.» Denn bis sie wiederaufleben, mag man mit Recht sagen, sie seien im Tode, wie jemand sich ja auch im Schlaf befindet, bis er aufwacht. Allerdings nennen wir die im Schlaf Befindlichen Schlafende, während wir die bereits Gestorbenen nicht dementsprechend Sterbende nennen können. Denn sie sterben nicht mehr, wenn sie, soweit der leibliche Tod in Frage kommt, von dem jetzt die Rede ist, bereits von ihren Leibern abgeschieden sind. An diesem Punkte versagt, wie schon bemerkt, unsere Sprache, denn es ist nicht begreiflich zu machen, wie man von Sterbenden sagen kann, sie lebten, oder von Toten, sie seien auch nach dem Tode noch im Tode. Wieso denn nach dem Tode, wenn sie noch im Tode sind? Kann man sie doch auch nicht Sterbende nennen, wie die im Schlaf Befindlichen Schlafende, die in Krankheit Krankende, die in Leid Leidende, die im Leben Lebende. Aber von den Toten sagt man, ehe sie auferstehen, sie seien im Tode, und kann sie doch nicht Sterbende heißen. So muß man es ein glückliches und bedeutsames Zusammentreffen nennen, das freilich nicht von Menschen beabsichtigt, vielleicht aber durch göttliche Fügung herbeigeführt ist, daß das Wort «mori», «sterben», im Lateinischen von den Grammatikern nicht nach der Regel der anderen Zeitwörter gebeugt (dekliniert) werden kann. Denn nehmen wir etwa das Wort «oriri», «entstehen», so lautet die Zeitform der Vergangenheit «ortus est», und ebenso werden die Partizipien der Vergangenheit bei andern ähnlichen Zeitwörtern gebildet. Fragen wir aber bei «mori» nach der entsprechenden Zeitform, so antwortet man uns: «mortuus est», also mit doppeltem u.

«Mortuus» gleicht demnach Worten wie fatuus (närrisch), arduus (steil), conspicuus (ersichtlich) und ähnlichen, also keinen Zeitformen der Vergangenheit, sondern Eigenschaftsworten, die nicht wie Zeitwörter gebeugt werden. Beim Worte «mori» aber setzt man an die Stelle des Participium Perfecti ein Eigenschaftswort, als wollte man beugen, was doch nicht gebeugt werden kann. Das paßt nicht schlecht, denn nun wird das, was in Wirklichkeit unbeugsam ist, durch ein Wort wiedergegeben, das auch die Sprache nicht beugen kann. Dennoch kann durch Gnadenhilfe des Erlösers auch die Macht des Todes insofern gebeugt werden, als wir dem zweiten Tode vorbeugen können. Denn dieser Tod ist der schlimmere und das ärgste aller Übel, denn in ihm werden nicht Seele und Leib getrennt, sondern vielmehr beide vereinigt zu ewiger Pein. Dann werden umgekehrt wie früher die Menschen sich nicht mehr vor oder nach dem Tode befinden, sondern immer im Tode, folglich niemals lebend, niemals gestorben, aber ohne Ende sterbend. Denn nie kann es für den Menschen ein schlimmeres Sterben geben, als wenn der Tod selber niemals stirbt.

12. Welchen Tod Gott dem ersten Menschen angedroht

Fragt man nun, mit welchem Tode Gott die ersten Menschen bedrohte, falls sie das von ihm erlassene Gebot übertreten und ungehorsam sein würden, dem Tode der Seele oder des Leibes oder des ganzen Menschen, oder auch mit jenem, der der zweite heißt, so ist zu antworten: Mit allen. Denn der erste Tod besteht aus zweien, der ganze aus allen. Denn wie die gesamte Erde aus vielen Erdteilen und die gesamte Kirche aus vielen Einzelkirchen besteht, so der gesamte Tod aus allen. Der erste besteht also aus zweien, dem der Seele und dem des Leibes, so daß der erste Tod ein Tod des ganzen Menschen ist, der eintritt, wenn die Seele ohne Gott und ohne Leib zeitliche

Strafen verbüßt; der zweite aber besteht darin, daß die Seele ohne Gott, aber mit ihrem Leibe ewige Strafen verbüßt. Als also Gott zum ersten Menschen, den er in das Paradies gesetzt hatte, von der verbotenen Speise sagte: «Welches Tages du davon issest, wirst du des Todes sterben», meinte er nicht nur den ersten Teil des ersten Todes, wodurch die Seele Gottes beraubt wird, auch nicht nur den zweiten Teil, wodurch der Leib seiner Seele beraubt wird, auch nicht nur den ganzen ersten Tod, wo die Seele durch Trennung von Gott und ihrem Leibe bestraft wird, sondern die Drohung schloß alle Arten des Todes in sich bis zum letzten, der der zweite heißt und auf den kein anderer mehr folgt.

13. Folgen der ersten Sünde

Denn nachdem die Übertretung des Gebotes erfolgt und die göttliche Gnade von den Menschen entwichen war, setzte sie sogleich die Nacktheit ihrer Leiber in Verwirrung. Daher bedeckten sie mit Feigenblättern, die sie vielleicht in ihrer Aufregung zuerst wahrnahmen, ihre Schamteile. Es waren vorher dieselben Glieder gewesen, hatten aber noch nichts Beschämendes an sich. Jetzt spürten sie eine neue Regung ihres nun widerspenstigen Fleisches, gleichsam als strafenden Rückschlag ihres Ungehorsams. Denn die Seele, der ihre eigene, dem Bösen sich zuwendende Freiheit gefiel und der Dienst Gottes mißfiel, verlor die frühere Herrschaft über ihren Leib, und da sie den Herrn über sich eigenwillig verlassen, vermochte sie den Diener unter sich nicht mehr unter ihren Willen zu beugen und besaß nun nicht mehr ein fügsames Fleisch, wie sie es immer hätte haben können, wenn sie ihrem Gotte fügsam geblieben wäre. Damals also fing das Fleisch an, «zu gelüsten wider den Geist», und mit diesem Widerstreit sind wir geboren. Aus jener ersten Sünde stammt der Ursprung des Todes, daher auch sein Kampf und Sieg in uns, den wir in unsern Gliedern und unserer verderbten Natur zu spüren bekommen.

14. Die Erbsünde

Denn Gott, der Urheber der Naturen, nicht der Gebrechen, hat den Menschen wohl gut erschaffen, doch der, durch eigene Schuld verderbt und dafür von Gott gerecht verdammt, hat verderbte und verdammte Nachkommen erzeugt. Denn wir alle waren in jenem einen, waren damals alle jener eine, der durch das Weib in Sünde fiel, das aus ihm erschaffen ward, ehe es Sünde gab. Noch war nicht für die Einzelnen die Form geschaffen und ausgeteilt, in der jeder Einzelne leben sollte, aber im Samen war die Natur schon vorhanden, aus der wir durch Fortpflanzung hervorgehen sollten. Da diese nunmehr durch Sünde verdorben, von Todesbanden umstrickt und gerechterweise verdammt war, mußte hinfort ein Mensch vom andern in dieselbe Lage hineingeboren werden. So ist denn aus dem verkehrten Gebrauch des freien Willens die ganze Kette des Unheils entstanden, die mit nicht abreißendem Jammer das Menschengeschlecht, dessen Ursprung verderbt und gleichsam an Wurzelfäulnis erkrankt war, bis zum endgültigen Untergang im zweiten Tode führen sollte, ausgenommen nur diejenigen, die durch Gottes Gnade erlöst werden.

15. Was unter dem den Sündern angedrohten Tode zu verstehen ist

Bei dem Worte «ihr werdet des Todes sterben», werden wir also, da nur von einem Tode, nicht von mehreren die Rede ist, zunächst nur an den Tod zu denken haben, welcher der Seele widerfährt, wenn sie von ihrem Leben, nämlich von Gott, verlassen wird. Denn sie ward nicht verlassen und verließ dann, sondern verließ und ward dann verlassen, da beim Bösen ihr eigener Wille voraufgeht, beim Guten aber der Wille des Schöpfers, der sie schuf, als sie noch nicht war, und sie wiederherstellte, weil sie durch den Fall zugrunde gegangen war. Obschon wir also die Ankündigung des Todes durch Gott in dem Worte: «Welches Tages ihr davon esset, werdet ihr des Todes sterben», so verstehen, als sagte er: An dem Tage, an welchem ihr mich in Ungehorsam verlaßt, werde ich euch in Gerechtigkeit verlassen, so sind doch mit diesem Tode auch die übrigen Todesarten angekündigt, die ohne Zweifel folgen sollten. Denn dadurch, daß nun die Regung des Ungehorsams im Fleisch der ungehorsamen Seele entstand, weswegen die Menschen ihre Schamteile verhüllten, machte sich zunächst der eine Tod bemerkbar, in dem Gott die Seele verließ. Auf ihn deutet das Wort hin, das Gott zu dem aus Angst zum Narren gewordenen und sich versteckenden Menschen sprach: «Adam, wo bist du?» Denn nicht unwissend fragte, sondern strafend mahnte ihn Gott zu bedenken, wo er nun sei, er, in dem Gott nicht mehr war. Als sodann die Seele den durch Fülle der Jahre und Greisenalter geschwächten und zermürbten Leib verließ, lernte er auch den andern Tod kennen, von dem Gott, weiterhin die Sünde strafend, zum Menschen gesagt hatte: «Du bist Erde und sollst zur Erde werden.» So wurde aus diesen beiden Stücken jener erste, des ganzen Menschen Tod vollständig, dem zuletzt der zweite Tod folgen muß, wenn der Mensch nicht durch Gnade gerettet wird. Denn der Leib, der von der Erde genommen ist, kehrt nur dann zur Erde zurück, wenn der Tod ihn ereilt und sein Leben, die Seele, ihn verläßt. So ist es unter Christen, die am wahrhaft katholischen Glauben festhalten, eine ausgemachte Sache, daß auch der leibliche Tod dem Menschen nicht durch Naturgesetz auferlegt ist – nicht dadurch hat Gott für den Menschen den Tod herbeigeführt –, sondern auf Grund eigener Sündenschuld. Denn als Gott die Sünde strafte, sprach er zu dem Menschen, in dem wir damals alle waren: «Du bist Erde und sollst zur Erde werden.»

16. Der leibliche Tod als Strafe gegen die Platoniker verteidigt

Doch die Philosophen, gegen deren Schmähungen wir den Staat Gottes, das ist seine Kirche, verteidigen, dünken sich weise, wenn sie darüber spotten, daß wir die Trennung der Seele vom Leibe zu den Seelenstrafen rechnen. Sie meinen ja, ihr werde erst dann vollkommene Seligkeit zuteil, wenn sie, ihres Körpers ganz entkleidet, einfach und allein und gewissermaßen nackt zu Gott zurückkehrt. Fände ich nun nichts in ihren eigenen Schriften, was zur Widerlegung dieser Ansicht dienen kann, müßte ich umständlicher vorgehen, um zu beweisen, daß nicht der Leib als solcher, sondern nur der sterbliche Leib die Seele belastet. Dies besagt ja der Ausspruch der Heiligen Schrift, den wir im vorigen Buche schon anführten: «Der sterbliche Leib beschwert die Seele.» Wenn nämlich hinzugefügt wird «der sterbliche», so wird damit zum Ausdruck gebracht, daß nicht jeder Körper, sondern nur ein solcher, wie er infolge der Sündenstrafe ward, die Seele beschwert. Doch auch ohne das dürften wir den Spruch nicht anders verstehen. Nun aber liegt es so, daß Plato offenkundig erklärt, die von dem höchsten Gott geschaffenen Götter seien im Besitz unsterblicher Leiber, und den Schöpfergott es als große Wohltat verheißen läßt, sie würden ewig in ihrem Besitz bleiben und durch keinen Tod seiner verlustig gehen. Wie stellen sie sich denn, nur um dem christlichen Glauben einen Streich zu versetzen, als wüßten sie nicht, was sie doch wissen? Oder wollen sie lieber mit sich selber in Zwiespalt geraten, als ihren Widerspruch gegen uns fahren lassen? Man höre nur Platos Worte, wie Cicero sie ins Lateinische übersetzt hat, in denen er den höchsten Gott auftreten und die von ihm geschaffenen Götter anreden und zu ihnen sagen läßt: «Gebt acht, ihr Sprößlinge aus Göttersaat: Die Werke, deren Vater und Urheber ich bin, kann nichts zerstören, wenn ich's nicht will, mag sonst auch alles Verknüpfte aufgelöst werden. Es taugt ja nicht, auflösen zu wollen, was mit Vernunft zusammengefügt ward. Doch da ihr entstanden seid, könnt ihr freilich nicht unsterblich und unvergänglich sein; aber ihr sollt trotzdem nicht vergehen, und kein Todesschicksal euch hinraffen und mächtiger sein als mein Beschluß. Denn der ist ein stärkeres Band eurer Unvergänglichkeit als jene Bande, die euch bei eurer Erzeugung zusammengefügt.» Sieh, da nennt Plato die Götter sterblich wegen der Verknüpfung von Leib und Seele und doch unsterblich nach dem Willen und Beschluß Gottes, der sie erschuf. Wenn es also eine Strafe der Seele ist, mit irgendeinem Körper verbunden zu sein, warum redet dann Gott seinen Geschöpfen ermunternd zu, als fürchteten sie zu sterben, mit andern Worten vom Leibe getrennt zu werden, und versichert sie ihrer Unsterblichkeit, nicht auf Grund ihrer Natur, die zusammengesetzt und nicht einfach ist, sondern auf Grund seines unüberwindlichen Willens, der ihm Macht gibt zu bewirken, daß Entstandenes nicht vergehen, Verbundenes nicht aufgelöst werden muß, sondern unzerstörbar fortdauert?

Ob nun, was Plato hier von den Gestirngöttern sagt, wahr ist, das ist freilich eine andere Frage. Denn man braucht ihm nicht ohne weiteres zuzugeben, daß diese Lichtkugeln oder Scheiben, die mit körperhaftem Lichte bei Tage oder Nacht über den Ländern strahlen, von eigenen, noch dazu geistigen und seligen Seelen belebt sein sollen, was er übrigens auch von der ganzen Welt als dem einen gewaltigen Lebewesen, das sämtliche andere Lebewesen in sich fassen soll, nachdrücklich versichert. Doch das ist, wie gesagt, eine andere Frage, die ich mir jetzt nicht zu erörtern vorgenommen habe. Ich habe dies nur angeführt, um mich derer zu erwehren, die sich rühmen, Platoniker zu heißen und zu sein, und im Schmucke dieses stolzen Namens sich schämen, Christen zu sein, da sie als Träger des Philosophenmantels, deren Aufgeblasenheit um so größer ist, je geringer ihre Zahl, sich gemein zu machen fürchten, wenn sie den Christennamen mit der Menge teilen. Auf der Suche, was sie an der christlichen Lehre aussetzen können, ereifern sie sich über die Ewigkeit der Leiber und wollen einen Widerspruch darin finden, daß wir einerseits nach der Seelen Seligkeit trachten, andererseits wünschen, daß die Seele immer im Körper bleibe, an den sie nach ihrer Meinung nur durch eine lästige Fessel gebunden sein soll. Dabei lehrt ihr eigener Stifter und Meister Plato, der höchste Gott habe den von ihm geschaffenen Göttern als Gnadengabe bewilligt, daß sie nie sterben, also nie von den Leibern, mit denen er sie verband, getrennt werden sollen.

17. *Auch irdische Leiber können unsterblich sein*

Diese Leute behaupten ferner, irdische Körper könnten nicht ewig sein, obwohl sie nicht zögern, die ganze Erde als ein Glied ihres Gottes, zwar nicht des höchsten, aber doch eines großen, nämlich dieser gesamten Welt, zu bezeichnen, das in der Mitte gelegen und ewig sein soll. Denn der höchste Gott hat nach ihnen einen anderen angeblichen Gott geschaffen, der den übrigen niederen Göttern überlegen sein soll, nämlich diese Welt, die sie für beseelt halten, und zwar mit einer, wie sie versichern, vernünftigen oder geistigen Seele, welche in dem riesigen Körper eingeschlossen sei. Dieser Gott habe sodann gleichsam als Glieder seines Leibes an die passenden Orte die vier Elemente herausgestellt und verteilt, deren Verbindung unlöslich und ewig sei, da ja sonst ihr großer Gott sterben müßte. Wenn also die Erde, das in der Mitte gelegene Glied des Leibes eines noch größeren Lebewesens, ewig ist, weshalb sollen dann nicht auch die Leiber anderer irdischer Lebewesen, wenn Gott das eine wie das andere will, ewig sein können? Aber, so sagen sie, die Erde, aus welcher die irdischen Leiber der Lebewesen genommen sind, muß der Erde zurückgegeben werden, und so ist's unvermeidlich, daß diese Leiber sich auflösen und sterben und auf solche Weise der beständigen und ewigen Erde, der sie entstammen, wieder zugeführt werden. Aber wenn nun jemand dies entsprechend auch vom Feuer behauptete und sagte, dem Gesamtfeuer müßten die von dort genommenen und zu himmlischen Lebewesen gebildeten Leiber zurückerstattet werden, würde dann nicht die Unsterblichkeit, die Plato diesen Göttern im Namen des höchsten Gottes verheißen hat, durch die Kraft solcher Beweisführung zuschanden werden? Oder geschieht das in diesem Fall deshalb nicht, weil Gott es nicht will, dessen Willen, wie Plato sagt, keine Macht besiegt? Nun, warum soll dann Gott dasselbe nicht auch bei irdischen Körpern bewirken können? Räumt doch Plato ein, Gott könne machen, daß Entstandenes nicht vergehe, Verbundenes nicht aufgelöst werde, von den Elementen Entnommenes nicht zu ihnen zurückkehre, ferner daß Seelen die ihnen als Behausung angewiesenen Leiber nicht verlassen, sondern mit ihnen Unsterblichkeit und ewige Seligkeit genießen. Warum also nicht auch, daß Irdisches nicht stirbt? Oder reicht Gottes Macht nicht so weit, wie die Christen glauben, sondern nur so weit die Platoniker wollen? Ja, dann konnten die Philosophen den Ratschluß und die Macht Gottes erkennen, aber die Propheten konnten's nicht! Im Gegenteil, die Propheten Gottes hat sein Geist unterwiesen, seinen Willen kundzutun, soweit er ihn offenbaren wollte, die Philosophen aber, die ihn erkennen wollten, verirrten sich in menschlichen Mutmaßungen.

Freilich, soweit hätten sie sich nicht zu verirren brauchen, sich selbst offenkundig zu widersprechen; aber hier war nicht nur Unwissenheit, sondern auch Starrsinn am Werke. Denn einerseits verfechten sie mit großem Kraftaufwand die Behauptung, die Seele müsse, um glückselig sein zu können, nicht nur den irdischen, sondern allen und jeden Körper fliehen, andererseits sagen sie, die Götter besäßen die glückseligsten Seelen und seien trotzdem an ewige Körper gebunden, und zwar die himmlischen Götter an feurige, während die Seele Jupiters, der nach ihnen die Welt ist, völlig von allen körperlichen Elementen eingeschlossen sein soll, aus denen sich diese ganze Weltmasse von der Erde drunten bis zum Himmel droben aufbaut. Diese Seele, so meint Plato, ergieße und verbreite sich nach bestimmten Zahlenverhältnissen von der innersten Mitte der Erde, die die Geometer Zentrum nennen, durch alle ihre Teile bis zu den höchsten und fernsten Regionen des Himmels, so daß diese Welt das größte, seligste, ewigbestehende lebende Wesen sei, dessen Seele das vollkommene Glück der Weisheit innehabe und den zu ihr gehörigen Leib nicht verlasse, vielmehr ihn ewig belebe und von ihm, obschon er nicht einfach, sondern aus vielen und großen Körpern zusammengefügt sei, nicht beschwert und gehemmt werden könne. Wenn sie sich also ungescheut in solchen Vermutungen ergehen, warum wollen sie dann nicht glauben, daß durch Gottes Willen und Macht irdische Leiber unsterblich werden können und die in ihnen wohnenden Seelen, durch keinen Tod von ihnen getrennt, mit keiner Last von ihnen beschwert, ewig und selig leben? Versichern sie doch, bei ihren Göttern sei das möglich trotz ihrer Feuerleiber und bei Jupiter selbst, dem Götterkönig, trotz all seiner körperlichen Elemente. Denn wenn die Seele, um glückselig zu sein, jeglichen Leib fliehen muß, mögen ihre Götter von den Sternkugeln fliehen, möge auch Jupiter fliehen aus Himmel und Erde, oder, wenn sie das nicht fertigbringen, als unselig gelten. Aber sie wollen keins von beiden, wagen weder ihren Göttern die Trennung von ihren Leibern zu gestatten, um nicht Sterbliche verehren zu müssen, noch ihnen die Seligkeit zu entziehen, um sie nicht unglücklich heißen zu müssen. Also muß man nicht, um Seligkeit zu erlangen, alle Körper fliehen, sondern nur die vergänglichen, lästigen, schweren, todverfallenen, nicht solche, wie Gottes Güte sie den ersten Menschen verlieh, sondern wie Sündenstrafe sie umgebildet.

18. Die Schwere der irdischen Leiber ist kein Gegengrund

Doch, so erklären sie nun, mit Notwendigkeit hält das natürliche Schwergewicht die irdischen Körper auf der Erde fest oder zieht sie zur Erde herab, und darum können sie nicht im Himmel sein. Nun weilten zwar die ersten Menschen auf der Erde, in dem sogenannten baum- und früchtereichen Paradiese, doch muß wegen des Leibes Christi, mit dem er gen Himmel fuhr, sowie wegen des künftigen Auferstehungsleibes der Heiligen auf den obigen Einwand geantwortet werden. So wollen wir denn die irdischen Gewichte etwas genauer ins Auge fassen. Wenn schon menschliche Kunst es zuwege bringt, daß aus Metallen, die im Wasser sofort untergehen, auf gewisse Weise gearbeitete Gefäße schwimmen können, wie viel mehr und Größeres ist dann der geheimnisvollen Meisterschaft Gottes zuzutrauen! Sagt doch selbst Plato, sein allmächtiger Wille bewirke, daß Entstandenes nicht vergehen und Verbundenes nicht aufgelöst werden könne, obschon es weit wunderbarer ist, Unkörperliches mit Körperlichem als beliebige Körper mit anderen zu verbinden. Und dieser Gott sollte nicht irdischen Stoffen verleihen können, daß sie durch keine Schwere herabgezogen werden, und vollendet selige Menschenseelen ihre zwar irdischen, aber unverweslichen Leiber weilen lassen können, wo sie wollen, und hinbewegen, wohin sie wollen, ohne bei der Ruhe oder Bewegung im mindesten behindert zu werden? Wenn Engel das tun und irgendwelche irdische Wesen entführen und wieder niedersetzen, von wo und wo es ihnen beliebt, warum soll man dann glauben, jene könnten es nicht oder würden von der Last bedrückt? Warum nicht glauben, daß die durch Gottes Gnade vollendeten und seligen Geister der Heiligen ohne alle Schwierigkeit mit ihren Leibern, wohin und wo sie wollen, sich hinbegeben und niederlassen können? Denn wie ist es mit den irdischen Körpern? Während im allgemeinen, wie wir beim Tragen von Lasten zu spüren pflegen, mit der Größe der Körper entsprechend auch die Schwere zunimmt, so daß mehrere dem Gewicht nach härter drücken als wenigere, trägt doch die Seele ihre leiblichen Glieder leichter, wenn sie gesund und muskulös, als wenn sie krank und mager sind. Und während für andere Träger ein gesunder und kräftiger Mensch schwerer ist als ein abgezehrter und kranker, ist doch der Mensch selber gewandter, seinen Körper zu regen und bewegen, wenn er bei guter Gesundheit mehr Masse hat, als wenn er infolge von Pest oder Hunger ganz zusammengeschrumpft ist. So kommt es bei irdischen Leibern, mögen sie auch verweslich und sterblich sein, nicht so sehr auf Größe und Gewicht wie auf die rechte Beschaffenheit an. Wer aber könnte mit Worten ausdrücken, wieweit das, was wir jetzt Gesundheit nennen, absteht von der künftigen Unsterblichkeit? So kann der Hinweis der Philosophen auf die körperliche Schwere unsern Glauben nicht erschüttern. Ich will ja nicht fragen, warum sie nicht glauben wollen, daß ein irdischer Körper im Himmel sich befinden könne, während doch die ganze Erde im leeren Raume schwebt. Denn vielleicht ließe sich hierfür aus der Lage der Welt im Mittelpunkt des Alls, zu dem alles Schwerere hinstrebt, eine halbwegs wahrscheinliche Begründung beibringen. Aber ich sage dies: Wenn die niederen Götter, denen Plato neben der Erschaffung der übrigen irdischen Lebewesen auch die des Menschen zuwies, dem Feuer, wie er sagt, die Eigenschaft des Brennens entziehen und nur die des Leuchtens, wie es aus den Augen strahlt, lassen konnten, wenn Plato ferner dem Willen und der Macht des höchsten Gottes zutraut zu bewirken, daß Entstandenes nicht vergeht und so Verschiedenes, so Unähnliches, nämlich Körperliches und Unkörperliches, miteinander verknüpft und durch keine Auflösung getrennt werden kann, wie sollen wir dann Bedenken tragen, ihm zuzutrauen, daß er vom Fleisch des Menschen, dem er Unsterblichkeit schenkt, die Verweslichkeit wegnehmen, aber die Natur bestehen lassen, das Ebenmaß der Gestalt und der Glieder bewahren, aber die hemmende Schwere aufheben kann? Doch vom Glauben an die Auferstehung der Toten und ihren unsterblichen Leibern soll, so Gott will, am Ende dieses Werkes noch ausführlicher die Rede sein.

19. Über den Leib der ersten Menschen sowie den Auferstehungsleib, gegen die Platoniker

Nun wollen wir die begonnenen Ausführungen über den Leib der ersten Menschen fortsetzen. Ihm wäre auch jener Tod erspart geblieben, der sich den Guten als gut erweist und den nicht nur einige wenige einsichtige oder gläubige Leute, sondern alle kennen, der Seele und Leib scheidet und den Leib des Lebewesens, das erst augenscheinlich lebte, ebenso augenscheinlich hinsterben läßt, er wäre ihm erspart geblieben, wenn er nicht als Sündenfolge eingetreten wäre. Denn mögen auch, woran zu zweifeln unrecht wäre, die abgeschiedenen Seelen der Gerechten und Frommen in Ruhe leben, wären sie doch besser daran, könnten sie mit ihren wohlbehaltenen Leibern leben; können doch selbst die, welche es für das Glückseligste halten, gänzlich leiblos zu sein, diese ihre Meinung nicht vertreten, ohne mit sich selbst in Widerspruch zu geraten. Denn keiner von ihnen wird es wagen, weise Menschen, gleichviel ob erst künftig sterbend oder bereits tot, also entweder ihrer Leiber bereits verlustig oder sie später verlierend, den unsterblichen Göttern vorzuziehen, denen der höchste Gott nach Plato als große Gnadengabe ein unvergängliches Leben, also ewiges Verbundensein mit ihren Leibern verheißt. Doch meint derselbe Plato, es sei aufs beste um die Menschen bestellt, vorausgesetzt, daß sie ihr Leben fromm und gerecht hingebracht, wenn sie, von ihren Leibern getrennt, in den Schoß der Götter, die ihrerseits ihre Leiber stets behalten, aufgenommen würden, so daß es dann heißen kann:

«Alles Erinnern schwand, sie schauen des Himmels Gewölbe
ganz wie zuerst und trachten alsbald nach irdischen Leibern»,

wie Vergil, den man deswegen lobt, im Anschluß an die platonische Lehre sagte. Plato ist nämlich der Ansicht, daß die Seelen der Sterblichen zwar nicht immerfort in ihren Leibern bleiben können, sondern durch unvermeidlichen Tod von ihnen getrennt werden, aber es doch auch nicht auf die Dauer ohne Leiber aushalten können, so daß in unaufhörlichem Wechsel aus Toten Lebende und aus Lebenden Tote werden. Das Schicksal der Weisen unterscheide sich jedoch von dem der übrigen Menschen dadurch, daß sie nach dem Tode zu den Gestirnen versetzt würden, wo jeder auf dem ihm bestimmten Sternsitz längere Zeit sich ausruhe, um darauf, uneingedenk des ehemaligen Elends und von Verlangen nach einem Leibe überwältigt, zu den Mühsalen und Sorgen der Sterblichen zurückzukehren. Dagegen würden diejenigen, die ein törichtes Leben geführt, alsbald wieder, je nach ihrem Verdienst, in Menschen- oder Tierleiber zurückversetzt. So trifft nach Plato auch die guten und weisen Seelen ein sehr hartes Los. Denn da ihnen keine solchen Leiber verliehen wurden, mit denen sie immerdar unsterblich hätten leben können, konnten sie weder in ihren Leibern bleiben noch ohne sie in ewiger Reinheit verharren. Dieser platonischen Lehre hat sich im christlichen Zeitalter Porphyrius, wie bereits in früheren Büchern erwähnt, geschämt und sich nicht nur dafür eingesetzt, daß

Menschenseelen in keine Tierleiber eingehen, sondern auch dafür, daß die Seelen der Weisen so völlig von der Verflechtung mit der Körperwelt befreit werden, daß sie, jeglichem Leibe entflohen, selig ohne Ende beim Vater weilen. So hat er, um sich nicht von Christus übertreffen zu lassen, der den Heiligen ewiges Leben verheißt, gleichfalls die gereinigten Seelen in ewige Glückseligkeit versetzt, der keine Rückkehr ins frühere Elend folgen soll, aber zugleich, um Christus zu widersprechen, die Auferstehung unverweslicher Leiber geleugnet und versichert, die Seelen würden nicht nur ohne irdische, sondern überhaupt ohne irgendwelche Leiber in Ewigkeit leben. Trotz dieser seiner Stellungnahme hat er es ihnen nicht untersagt, sich den körperbehafteten Göttern in religiösem Dienst zu unterwerfen. So hielt er sie offenbar nicht für besser als diese Götter, auch dann nicht, wenn sie die Verbindung mit der Leiblichkeit gelöst. Wenn also die Platoniker nicht wagen, menschliche Seelen höher zu stellen als die glückseligen und gleichwohl in ewigen Leibern wohnenden Götter – und ich denke, sie werden es nicht wagen –, warum scheint es ihnen dann so widersinnig, daß der christliche Glaube lehrt, die ersten Menschen seien so geschaffen, daß sie, hätten sie nicht gesündigt, durch keinen Tod von ihrem Leibe getrennt worden wären, sondern, zum Lohn für ihren Gehorsam mit Unsterblichkeit begabt, mit ihm ewiglich gelebt haben würden, daß dieser Glaube ferner lehrt, die Heiligen würden bei der Auferstehung dieselben Leiber empfangen, in denen sie hier sich abgemüht, freilich nun so, daß ihrem Fleische keine Vergänglichkeit und Beschwerlichkeit etwas zu schaffen machen und ihre Seligkeit durch kein Leid und Mißgeschick getrübt werden kann?

20. Der Leib der Seligen dem der ersten Menschen noch überlegen

So hat denn für die Seelen der entschlafenen Heiligen der Tod, der sie von ihren Leibern trennte, nichts Bitteres mehr. Denn «ihr Fleisch ruhet in Hoffnung», mag ihm auch, ohne daß es etwas davon merkt, alle erdenkliche Schmach widerfahren. Denn nicht, wie Plato meinte, sehnen sie sich aus Vergeßlichkeit nach ihren Leibern, sondern im Gegenteil, eingedenk der Verheißung dessen, der niemanden täuscht, der ihnen sogar die Unversehrtheit ihrer Haare verbürgte, warten sie sehnsuchtsvoll und geduldig auf die Auferstehung ihrer Leiber, in denen sie einst so viel Schweres erlitten, aber künftig nichts derart mehr erleiden werden. Denn wenn sie ihr Fleisch nicht haßten, als es noch in Schwachheit ihrem Geiste widerstrebte und sie es, wie geistlichen Menschen gebührt, in Zucht hielten, wie viel mehr lieben sie es nun, da es selbst geistlich sein wird! Denn wie der Geist, der dem Fleische dient, nicht unpassend fleischlich genannt wird, so das Fleisch, das dem Geiste dient, mit Recht geistlich. Jedoch wird es nicht etwa in Geist verwandelt, wie einige das Schriftwort «es wird gesät ein beseelter Leib und wird auferstehen ein geistlicher Leib» mißdeuten, sondern darum heißt es geistlich, weil es dem Geiste mit höchster und wunderbarer Leichtigkeit gehorcht und den seine Unsterblichkeit sicher verbürgenden Gotteswillen erfüllt, ohne Empfindung irgendwelcher Beschwerde, ohne Verweslichkeit und Schwerfälligkeit. Denn weder wird der Leib dann dem jetzigen gleichen, wie er bei bester Gesundheit ist, noch auch dem, wie er bei den ersten Menschen vor dem Sündenfall war, die ohne Sünde nicht zu sterben brauchten, aber doch menschliche Nahrung zu sich nahmen, da sie keine geistlichen, sondern noch beseelte irdische Leiber hatten. Obschon sie nämlich nicht alterten, wodurch sie mit Notwendigkeit zuletzt dem Tode verfallen wären – das verlieh ihnen dank Gottes wunderbarer Gnade der Baum des Lebens, der mitten im Paradiese bei dem verbotenen Baume stand –, genossen sie doch auch andere Speisen, nur nicht von dem einen, ihnen untersagten Baume. Der aber war nicht an sich schlecht, sondern nur verboten, um ihnen etwas Gutes, den schlichten und reinen Gehorsam einzuschärfen, der die edle Tugend des vernünftigen, dem Schöpfer und Herrn unterworfenen Geschöpfes ist. Nach nichts Bösem wurde ja gegriffen, sondern nach Verbotenem; so bestand die Sünde ausschließlich in Ungehorsam. Die anderen Speisen, die sie aßen, bewirkten, daß ihre natürlichen Leiber keine Beschwer durch Hunger und Durst erlitten, vom Baume des Lebens aber kosteten sie, damit der Tod sie nicht irgendwie übereile, oder sie nach abgelaufener Zeit vom Greisenalter erschöpft dahinstürben. Die übrigen Speisen, so kann man sagen, sollten ihnen als natürliches Mahl dienen, aber die Speise vom Lebensbaum als Sakrament, so daß der Baum des Lebens im irdischen Paradiese der Weisheit Gottes im geistlichen, das ist überirdischen Paradiese entspricht, von der geschrieben steht: «Sie ist ein Baum des Lebens allen, die sie ergreifen.»

21. Die Paradiesesgeschichte kann allegorisch, muß aber auch historisch verstanden werden

Daher rechnen manche Ausleger das ganze Paradies selber, wo nach dem wahrhaftigen Zeugnis der Heiligen Schrift die ersten Menschen, die Stammeltern des Menschengeschlechts, weilten, zu den geistigen Dingen und verstehen unter den Bäumen und fruchttragenden Hölzern die Tugenden und sittlichen Eigenschaften des Lebens, in der Annahme, daß es sich da überhaupt nicht um sichtbare und körperliche Dinge gehandelt habe, sondern alles nur gesagt oder geschrieben sei, um auf Geistiges hinzuweisen. Doch warum soll es nicht ein wirkliches Paradies gewesen sein, wenn es auch im geistigen Sinne gedeutet werden kann? Als ob Hagar und Sarah nicht auch zwei Frauen und Mütter zweier Abrahamssöhne gewesen wären, deren einer von der Magd geboren ward, der andere von der Freien, weil der Apostel sagt, es seien die beiden Testamente durch sie abgebildet, oder als ob es kein wirklicher Fels gewesen wäre, aus dem Moses mit seinem Stabe Wasser schlug, weil man in figürlichem Sinne auch Christus darunter verstehen kann, da derselbe Apostel spricht: «Der Fels aber war Christus.» Niemand also verwehrt es, unter dem Paradiese das Leben der Seligen zu verstehen, unter seinen vier Flüssen die vier Tugenden Klugheit, Tapferkeit, Mäßigung und Gerechtigkeit, unter den Bäumen alle nützlichen Studien und unter deren Früchten die sittliche Lebensführung der Frommen, unter dem Baum des Lebens die Mutter alles Guten, die Weisheit, und unter dem Baum der Erkenntnis des Guten und Bösen die bittere Erfahrung mit dem Ungehorsam. Denn wohl ist's gut, weil gerecht, daß Gott den Sündern Strafe verordnet hat, aber der Mensch erfährt sie nicht als etwas Gutes. Man kann das alles auch auf die Kirche deuten und es demnach wohl noch besser als prophetischen Hinweis auf das künftig Bevorstehende auffassen. Dann wäre das Paradies die Kirche selbst, wie man von ihr im Hohenliede liest, die vier Paradiesesflüsse wären die vier Evangelien, die fruchttragenden Bäume die Heiligen, die Früchte ihre Werke, der Baum des Lebens der Allerheiligste, Christus, der Baum der Erkenntnis des Guten und Bösen der eigene freie Wille. Denn von seiner Freiheit kann der Mensch, der Gottes Willen verachtet, nur verderblichen Gebrauch machen und erfährt so, welch ein Unterschied es ist, ob er dem Gut anhangt, das allen gemeinsam ist, oder am eigenen sich erlabt. Denn liebt er sich selbst, bleibt er auch sich selbst überlassen und mag dann voller Ängste und Kümmernisse, falls er sein Elend fühlt, mit dem Psalmisten singen: «Betrübt in mir ist meine Seele», um später, wenn er sich bekehrt, zu sprechen: «In dir, Herr, gewinne ich Kraft.» Dies und auch anderes, vielleicht noch Einleuchtenderes, mag man zur geistigen Deutung des Paradieses vorbringen. Niemand hat etwas dagegen. Nur soll man auch an die geschichtliche Wahrheit dieser Ereignisse, wie sie uns in zuverlässiger Darstellung überliefert ist, glauben.

22. Über die Leiber der Heiligen nach der Auferstehung

Die Leiber der Gerechten also, wie sie bei der Auferstehung sein werden, bedürfen keines Baumes, der sie davor bewahrt, an Krankheit oder Altersschwäche zu sterben, noch auch irgendwelcher anderer stofflicher Nahrungsmittel zur Abwehr der Beschwerden von Hunger und Durst, sondern werden mit der unverlierbaren, keiner Beschädigung ausgesetzten Gnadengabe der Unsterblichkeit ausgestattet sein, so daß sie wohl Speise zu sich nehmen können, wenn sie wollen, aber es nicht brauchen. So taten es die Engel, wenn sie in sichtbarer und greifbarer Gestalt erschienen, nicht aus Bedürfnis, sondern weil sie es so wollten und konnten, um sich den Menschen durch menschliche Art der Dienstleistung anzupassen. Denn man muß nicht glauben, die Engel hätten nur zum Schein gegessen, wenn sie von Menschen gastlich aufgenommen wurden, obschon die, die nicht wußten, daß es Engel waren, meinen mochten, sie äßen aus dem gleichen Bedürfnis wie wir. Darum sagt der Engel im Buche Tobias: «Ihr sahet mich essen, aber ihr sahet es, wie eure Augen sehen», das heißt, ihr dachtet, ich nähme die Speise wie ihr, als hätte ich Erquickung nötig. Doch mag sich auch bei den Engeln eine andere, vielleicht glaubhaftere Auffassung ausfindig machen lassen, so kann doch, was den Heiland selbst anlangt, der christliche Glaube nicht daran zweifeln, daß er auch nach seiner Auferstehung, als er bereits einen geistlichen, obschon wirklichen Leib besaß, mit seinen Jüngern Speise und Trank zu sich nahm. Denn nicht das Vermögen, sondern nur das Bedürfnis des Essens und Trinkens ist bei solchen Leibern aufgehoben. Darum heißen sie auch nicht deshalb geistlich, weil sie etwa aufhörten Leiber zu sein, sondern weil es der lebenspendende Geist ist, durch den sie Bestand haben.

23. Von dem beseelten Leibe Adams und dem geistlichen Leibe der Auferstandenen

Denn wie man diese unsere Leiber, welche wohl eine lebendige Seele, aber noch keinen lebenspendenden Geist besitzen, beseelte Leiber nennt, also nicht etwa Seelen, sondern Leiber, so heißt man jene Leiber geistlich. Doch dürfen wir keineswegs glauben, es seien bloße Geister, vielmehr sind es Leiber mit stofflichem Fleisch, wenn auch der lebenspendende Geist keine fleischliche Schwerfälligkeit und Vergänglichkeit zuläßt. Dann wird es nicht mehr ein irdischer, sondern ein himmlischer Mensch sein, nicht als wäre sein aus Erde entstandener Leib nicht noch derselbe, sondern weil er dank der himmlischen Gabe nicht durch Verlust seiner Natur, sondern durch Umwandlung seiner Beschaffenheit, nunmehr so geworden ist, wie sich's für einen Himmelsbewohner schickt. Der erste Mensch jedoch, erdentstammt und irdisch, ward zu einer «lebendigen Seele», nicht zum «lebenspendenden Geist», was ihm als Lohn des Gehorsams vorbehalten blieb. So ist es unzweifelhaft, daß sein Leib, der der Speise und des Tranks bedurfte, um nicht durch Hunger und Durst geschwächt zu werden, und der nicht durch vollkommene und unantastbare Unsterblichkeit, sondern durch den Baum des Lebens vom Todeszwang bewahrt und in Jugendblüte erhalten wurde, nicht etwa geistlich, sondern bloß beseelt war. Doch hätte er nicht sterben müssen, wäre er nicht durch seine Sünde dem schon vorher drohend angekündigten göttlichen Strafgericht verfallen. Nun aber wurde er, ferngehalten vom Baum des Lebens, jedoch ohne daß ihm außerhalb des Paradieses die Lebensmittel versagt worden wären, der Zeit und dem Alter überlassen. Sie sollten sein Leben beenden, das er, sündlos geblieben, im Paradiese immerdar hätte haben können, wenn auch einstweilen nur in einem beseelten Leibe, bis dieser zum Lohn für bewiesenen Gehorsam geistlich geworden wäre. Obwohl wir darum bei dem göttlichen Ausspruch: «Welches Tages ihr davon esset, werdet ihr des Todes sterben» auch an den augenfälligen Tod, der Seele und Leib von einander trennt, zu denken haben werden, brauchen wir es doch nicht unverständlich zu finden, daß die Menschen nicht an demselben Tage der leiblichen Auflösung anheimfielen, an dem sie die verbotene todbringende Frucht genossen. Denn an eben diesem Tage ward ihre Natur verschlechtert und verdorben und ergab sich für sie durch die gerechte Vertreibung vom Baum des Lebens die Notwendigkeit auch des leiblichen Todes, der wir seit unserer Geburt unterliegen. Darum sagt der Apostel nicht: «Der Leib zwar wird sterben um der Sünde willen», sondern: «Der Leib zwar ist tot um der Sünde willen, der Geist aber ist Leben um der Gerechtigkeit willen» und fährt dann fort: «So nun der Geist des, der Jesus von den Toten auferweckt hat, in euch wohnt, so wird auch derselbe, der Christus von den Toten auferweckt hat, eure sterblichen Leiber lebendig machen um deswillen, daß sein Geist in euch wohnt.» Dann also wird der Leib zum lebenspendenden Geiste werden, der jetzt eine lebendige Seele ist und gleichwohl vom Apostel als «tot» bezeichnet wird, weil er der Notwendigkeit des Sterbens unterworfen ist. Damals aber war er in der Weise eine lebendige Seele, wenn auch nicht lebenspendender Geist, daß man ihn noch nicht mit Recht hätte tot nennen können, weil die Notwendigkeit des Sterbens sich erst aus der Begehung der Sünde ergab. Wenn nun Gott mit dem Worte «Adam, wo bist du?» auf den Tod der Seele hindeutete, der eintrat, weil er sie verließ, und mit dem Worte «Du bist Erde und sollst zur Erde werden», auf den Tod des Leibes, der eintritt, wenn die Seele ihn verläßt, hat er, so muß man annehmen, vom zweiten Tode damals noch nichts gesagt, weil seine Enthüllung dem Neuen Testamente vorbehalten sein sollte, wo der zweite Tod offen angekündigt wird. So trat zunächst an den Tag, daß der erste allen Menschen gemeinsame Tod jener Sünde entsprang, die in dem einen, der sie beging, zur gemeinsamen Sünde aller ward. Der zweite Tod aber ist nicht allen gemeinsam wegen derer, «die nach dem Vorsatz berufen sind, die er zuvor ersehen und verordnet hat», wie der Apostel sagt, «daß sie gleich sein sollten dem Ebenbilde seines Sohnes, auf daß derselbe der Erstgeborene sei unter vielen Brüdern». Denn diese hat Gottes Gnade durch den Mittler vom zweiten Tode gerettet.

Daß nun der erste Mensch mit einem beseelten Leibe erschaffen wurde, hat der Apostel auf folgende Weise zum Ausdruck gebracht. Er wollte nämlich, was jetzt nur beseelt ist, von dem unterscheiden, was bei der Auferstehung geistlich sein wird, und sagt darum: «Es wird gesät verweslich und wird auferstehen unverweslich. Es wird gesät in Unehre und wird auferstehen in Herrlichkeit. Es wird gesät in Schwachheit und wird auferstehen in Kraft, es wird gesät ein beseelter Leib und wird auferstehen ein geistlicher Leib.» Zur Bekräftigung fügt er noch hinzu: «Gibt es einen beseelten Leib, so gibt es auch einen geistlichen Leib.» Und um klarzumachen, was ein beseelter Leib sei, spricht er: «So steht auch geschrieben: Der erste Mensch ward zu einer lebendigen Seele.» Denn auf diese Weise wollte er klären, was ein beseelter Leib sei, obschon die Schrift von Adam, dem ersten Menschen, als ihm durch Gottes Hauch die Seele erschaffen ward, nicht sagt: Der Mensch ward mit einem beseelten Leibe erschaffen, sondern: «Also ward der Mensch eine lebendige Seele.» Mit diesem Schriftwort «der erste Mensch ward eine lebendige Seele» soll also nach Meinung des Apostels der beseelte Leib des Menschen bezeichnet sein. Wie aber der geistliche Leib zu verstehen sei, zeigen die folgenden Worte: «Der letzte Adam ward zum lebenspendenden Geist», womit unzweifelhaft auf Christus hingewiesen wird, der bereits von den Toten auferstanden ist und nun überhaupt nicht mehr sterben kann. Endlich heißt es noch: «Aber der geistliche Leib ist nicht der erste, sondern der beseelte, danach der geistliche.» Da gibt er also noch viel deutlicher zu verstehen, daß er bei dem Schriftwort, der erste Mensch sei eine lebendige Seele geworden, an den beseelten Leib dachte, an den geistlichen Leib aber bei seinen Worten: «Der letzte Adam ward zum lebenspendenden Geist.» Denn voran geht der beseelte Leib, wie ihn der erste Adam besaß, ein Leib, der nicht hätte sterben müssen, wäre nicht der Sündenfall eingetreten, ein Leib, wie auch wir ihn jetzt haben, nun allerdings in verwandelter und verdorbener Art, wie Adams Leib nach seinem Fall war, mit der Notwendigkeit des Sterbens behaftet, wie ihn um unseretwillen zunächst auch Christus annahm, jedoch nicht gezwungen, sondern freiwillig. Sodann erst kommt der geistliche Leib, wie er bereits in Christus, unserem Haupte, voraufgegangen ist und in seinen Gliedern bei der abschließenden Totenauferstehung nachfolgen wird.

Weiterhin hebt der Apostel den offenkundigen Unterschied zwischen den beiden Menschen hervor und sagt: «Der erste Mensch ist von der Erde und irdisch, der zweite Mensch ist vom Himmel. Wie nun der irdische, so sind auch die irdischen, wie der himmlische, so auch die himmlischen. Und wie wir angezogen haben das Bild des irdischen, so werden wir auch anziehen das Bild des himmlischen.» Der Apostel meinte das in dem Sinne, daß es zwar jetzt schon in uns geschehe durch das Sakrament der Wiedergeburt, wie er anderswo sagt: «Wieviel euer auf Christus getauft sind, die haben Christus angezogen», daß es aber in voller Wirklichkeit erst dann vollendet werde, wenn auch in uns, was beseelt ward, als wir geboren wurden, durch die Auferstehung geistlich geworden sein wird. Denn – um mich wiederum seiner Worte zu bedienen – «wir sind wohl selig, doch in der Hoffnung». Das Bild des irdischen Menschen haben wir angezogen durch die Fortpflanzung der Sünde und des Todes, wie unsere Erzeugung sie mit sich brachte, aber das Bild des himmlischen Menschen werden wir anziehen durch die Gnade der Vergebung und des ewigen Lebens. Denn das ist's, was uns die Wiedergeburt gewährt, jedoch nur «durch den Mittler zwischen Gott und den Menschen, nämlich den Menschen Christus Jesus», den der Apostel darum den himmlischen Menschen nennt, weil er vom Himmel kam und sich mit dem Leibe irdischer Sterblichkeit bekleidete, um eben diesen Leib dereinst mit himmlischer Unsterblichkeit zu bekleiden. Himmlisch aber nennt er darum auch die anderen, weil sie durch die Gnade seine Glieder werden, so daß er zusammen mit ihnen nun den einen Christus darstellt, der aus Haupt und Gliedern besteht. Das spricht er in demselben Briefe noch deutlicher mit folgenden Worten aus: «Durch einen Menschen kommt der Tod und durch einen Menschen die Auferstehung der Toten. Denn gleich wie sie in Adam alle sterben, also werden sie in Christo alle lebendig gemacht werden», dies natürlich im geistlichen Leibe, der ein lebenspendender Geist sein wird. «Alle» aber heißt es nicht, als ob alle, die in Adam sterben, nun auch Christi Glieder sein würden – denn zum weitaus größeren Teil werden sie dem zweiten, ewigen Tode verfallen –, sondern darum das zweimalige «alle», weil man, was den beseelten Leib anlangt, nur in Adam stirbt, aber was den geistlichen Leib anlangt, nur in Christus lebendig gemacht wird. So müssen wir denn nicht meinen, wir würden bei der Auferstehung einen solchen Leib haben, wie ihn der erste Mensch vor dem Sündenfall besaß. Und auch das Wort «wie der irdische, so auch die irdischen» muß nicht auf den Zustand, wie er erst nach dem Sündenfall eintrat, bezogen werden. Denn man darf nicht annehmen, er habe vor dem Sündenfall einen geistlichen Leib besessen, der infolge der Sünde in einen nur noch beseelten verwandelt sei. Diese Annahme würde nämlich zu wenig die schon erwähnten Worte des großen Lehrers berücksichtigen: «Gibt es einen beseelten Leib, so gibt es auch einen geistlichen, wie geschrieben steht: Der erste Mensch, Adam, ward zu einer lebendigen Seele.» Denn das ist doch nicht erst nach dem Sündenfall geschehen, sondern es handelt sich hier um die ursprüngliche Beschaffenheit des Menschen, zu deren Kennzeichnung der selige Paulus das auf den beseelten Leib bezügliche Schriftzeugnis anführte.

24. *Vom Hauche Gottes, der dem ersten Menschen eingeblasen ward*

Darum ist es auch nicht genügend durchdacht, wenn einige Erklärer meinen, mit den Schriftworten: «Gott hauchte in sein Angesicht den Geist des Lebens, und so ward der Mensch eine lebendige Seele» werde nicht darauf hingewiesen, daß dem ersten Menschen damals seine Seele verliehen sei, sondern die ihm bereits verliehene sei nunmehr durch den Heiligen Geist belebt worden. Sie werden dadurch zu dieser Annahme bestimmt, daß der Herr Jesus nach seiner Auferstehung von den Toten seine Jünger anhauchte und sprach: «Nehmet hin den Heiligen Geist.» Sie meinen also, bei der Erschaffung des Menschen sei etwas Ähnliches geschehen wie in diesem Falle, als ob auch hier der Evangelist die Worte hätte folgen lassen: Sie wurden zu einer lebendigen Seele. Wäre das hier wirklich gesagt, würden wir den Geist Gottes als eine Art Leben der Seelen aufzufassen haben, und die vernünftigen Seelen müßten ohne ihn als tot gelten, obschon durch sie ihre Leiber augenscheinlich belebt werden. Aber daß es bei der Erschaffung des Menschen so nicht zuging, bekundet deutlich genug das Schriftwort: «Gott formte den Menschen aus Erdenstaub.» Einige meinten, dies deutlicher mit den Worten wiedergeben zu sollen: «Gott bildete den Menschen aus dem Schlamm der Erde.» Denn vorher war gesagt: «Quellwasser aber stieg empor aus der Erde und benetzte die ganze Oberfläche der Erde.» Dadurch schien es nahegelegt, an Schlamm zu denken, der ja aus angefeuchteter Erde besteht. Denn nachdem dies erwähnt, folgt alsbald: «Gott formte den Menschen aus Erdenstaub», wie man in den griechischen Handschriften liest, aus denen die Schrift ins Lateinische übersetzt ward. Ob man hier das griechische «éplasen» mit «formte» oder «bildete» übersetzt, bleibt sich gleich, die genauere Übertragung würde lauten «bildete». Doch wählten manche lieber das Wort «formte», um eine durch das Lateinische nahegelegte Zweideutigkeit zu vermeiden. Denn in dieser Sprache sagt man «fingere» meist von denen, die etwas vortäuschen wollen. Also dieser aus Erdenstaub oder Schlamm – denn es war feuchter Staub – geformte Mensch, oder, um es genauer im Anschluß an die Schrift zu sagen, dieser Erdenstaub war es, der, wie der Apostel lehrt, ein beseelter Leib ward, als er die Seele empfing: «Und es ward der Mensch zu einer lebendigen Seele», das heißt, dieser geformte Staub ward zur lebendigen Seele.

Doch, so sagt man, er mußte auch schon vorher eine Seele gehabt haben, denn sonst wäre er nicht Mensch genannt, da ein Mensch nicht bloßer Leib ist oder bloße Seele, sondern aus beiden, Seele und Leib, besteht. Gewiß, es ist nicht zu leugnen: Die Seele ist nicht der ganze Mensch, sondern sein besserer Teil, und auch der Leib nicht der ganze Mensch, sondern sein minderwertiger Teil, und erst wenn beides miteinander verbunden ist, spricht man von einem Menschen. Gleichwohl verlieren auch die einzelnen Teile, wenn von ihnen besonders die

Rede ist, diesen Namen nicht. Denn wem wäre es verwehrt, mit dem gewöhnlichen Sprachgebrauch zu sagen: Dieser Mensch ist abgeschieden und befindet sich jetzt in Ruhe oder auch in der Pein, obwohl das doch nur von der Seele gilt, oder aber: Jener Mensch ist hier oder dort begraben, obschon sich das nur auf den Leib bezieht? Oder wollen sie behaupten, die göttliche Schrift pflege nicht so zu reden? Im Gegenteil, sie stellt sich hierin auf unsere Seite und geht soweit, auch da, wo beide Teile verbunden sind und der Mensch noch lebt, den einzelnen Teilen den Namen Mensch beizulegen und die Seele den inneren Menschen, den Leib aber den äußeren Menschen zu nennen, als wären es zwei Menschen, während doch beides zusammen nur der eine Mensch ist. Doch muß man darauf achten, im Hinblick worauf der Mensch Gottes Ebenbild genannt wird, und was gemeint ist, wenn es heißt, er sei Erde und werde wieder zu Erde werden. Jenes wird gesagt im Hinblick auf die vernünftige Seele, die Gott dem Menschen, das heißt dem Leibe des Menschen, durch Einhauchen oder, wenn man lieber will, durch Einblasen gab, dieses im Hinblick auf den Leib, wie ihn Gott aus dem Staube zum Menschen bildete, dem eine Seele verliehen ward, wodurch der beseelte Leib entstand und der Mensch zur «lebendigen Seele» wurde.

Wenn also der Herr, als er seine Jünger anhauchte, das Wort sprach: «Nehmet hin den Heiligen Geist», wollte er das wohl so verstanden wissen, daß der Heilige Geist nicht bloß des Vaters, sondern auch sein, des eingeborenen Sohnes Geist sei. Denn es ist ein und derselbe Geist des Vaters und des Sohnes, der mit ihnen die Dreieinigkeit bildet, Vater, Sohn und Heiliger Geist, und ist nicht Geschöpf, sondern Schöpfer. Denn nicht jener körperliche, aus fleischlichem Munde hervorgehende Hauch war Wesen und Natur des Heiligen Geistes, sondern war nur seine Versinnbildlichung, die uns, wie gesagt, deutlich machen sollte, der Heilige Geist sei dem Vater und dem Sohne gemeinsam, da nicht jeder von ihnen seinen besonderen Geist hat, sondern der eine ihrer beider Geist ist. Dieser Geist aber wird in der Heiligen Schrift stets mit dem griechischen Worte «pneuma» bezeichnet, und auch Jesus nennt ihn so an der Stelle, wo uns erzählt wird, er habe ihn seinen Jüngern unter dem Sinnbild seines körperlichen Hauchs verliehen, und an allen Stellen derHeiligen Schrift finde ich ihn niemals anders genannt. Da jedoch, wo wir lesen: «Gott bildete den Menschen aus Erdenstaub und hauchte oder blies in sein Angesicht den Geist des Lebens», sagt der Grieche nicht «pneuma», wie der Heilige Geist genannt zu werden pflegt, sondern pnoé (Hauch), ein Wort, das sonst häufiger vom Geschöpf als vom Schöpfer gebraucht wird. Einige Lateiner haben darum, den Unterschied hervorzuheben, dies Wort hier lieber nicht mit Geist (spiritus), sondern mit Hauch (flatus) wiedergegeben. Das gleiche griechische Wort findet sich auch in jener Jesajastelle, wo Gott spricht: «Jeglichen Hauch habe ich geschaffen», womit ohne Frage jegliche Seele gemeint ist. Was also auf griechisch «Pnoé» heißt, haben die unseren bald mit «flatus», bald mit «spiritus», bisweilen auch mit «inspiratio» oder «aspiratio» (Einhauchung oder Anhauchung) wiedergegeben, auch dann, wenn von Gott die Rede ist. Dagegen wird «pneuma» nur mit «spiritus» übersetzt. Dabei kann es sich bald um den Geist des Menschen handeln, wenn etwa der Apostel sagt: «Denn welcher Mensch weiß, was im Menschen ist, als der Geist des Menschen, der in ihm ist?», oder auch um den des Viehes, wie wir im Buche Salomos lesen: «Wer weiß, ob der Geist des Menschen aufwärts fahre zum Himmel und der Geist des Viehes unterwärts in die Erde?», oder um den körperlichen «Geist», der auch Wind genannt wird, wie augenscheinlich in der Psalmstelle, wo man singt: «Feuer, Hagel, Schnee, Eis, Sturmgeist», oder endlich nicht um ein Geschöpf, sondern den Schöpfergeist selber, von dem der Herr im Evangelium, mit dem Hauch seines Mundes ihn versinnbildlichend, sagt: «Nehmet hin den Heiligen Geist», und von dem auch in dem Worte die Rede ist: «Gehet hin und taufet alle Völker im Namen des Vaters und des Sohnes und des Heiligen Geistes», wo die Dreieinigkeit so herrlich und offenkundig bezeugt wird, oder in dem Spruche: «Gott ist ein Geist» und noch sehr vielen anderen Stellen der heiligen Schriften. In all diesen Schriftzeugnissen lesen wir im Griechischen nicht «pnoé», sondern «pneuma», im Lateinischen aber nicht «flatus», sondern «spiritus». Wenn darum in dem Schriftwort: «Er blies», oder vielleicht besser «er hauchte in sein Angesicht den Geist des Lebens» der griechische Text nicht die Lesart «pnoé», die er tatsächlich bringt, sondern «pneuma» böte, würden wir dennoch nicht genötigt sein, an den Schöpfergeist zu denken, der in der Dreieinigkeit den besonderen Namen «Heiliger Geist» führt, da unzweifelhaft, wie gesagt, das Wort «pneuma» nicht nur vom Schöpfer, sondern auch vom Geschöpf gebraucht wird.

Doch, so wendet man ein, wenn in dem Schöpfungsbericht gesagt wird «Geist», wäre nicht hinzugefügt «des Lebens», wenn nicht an den Heiligen Geist gedacht wäre, und wenn es dann weiter heißt: «Also ward der Mensch eine Seele», wäre nicht hinzugesetzt eine «lebendige», wenn nicht das Leben der Seele gemeint wäre, das Gott ihr durch die Gabe seines Geistes verleiht. Denn da die Seele, sagt man, ohnehin auf eigene Weise lebendig ist, wär's nicht nötig gewesen, noch beizufügen «eine lebendige», wenn man nichtdas Leben im Sinne gehabt hätte, das ihr durch den Heiligen Geist geschenkt wird. Doch wenn man so redet, verteidigt man eifrig einen menschlichen Einfall, kümmert sich aber zu wenig um die Heilige Schrift selbst. Brauchte man doch nicht weit zu gehen, sondern konnte kurz vorher in demselben Buche lesen: «Die Erde bringe hervor die lebendige Seele», in einem Zusammenhang, in dem von der Erschaffung aller irdischen Lebewesen die Rede ist. Ferner hätte man – es wäre nicht zu viel verlangt – in demselben Buche, wenn auch ein wenig später, die Worte beachten sollen: «Alles, was den Geist des Lebens hatte, und jeder, der sich auf trockenem Lande befand, mußte sterben.» Da wird uns nämlich berichtet, daß alles, was auf Erden lebte, durch die Sündflut vernichtet wurde. Wenn wir also eine lebendige Seele und den Geist des Lebens auch bei Tieren finden, wie die göttliche Schrift nun einmal zu reden pflegt, und wenn auch an der Stelle, wo man liest: «Alles, was den Geist des Lebens hatte», der griechische Text nicht «pneuma», sondern «pnoé» schreibt, warum fragen wir dann nicht auch: Wozu mußte das Wort «lebendig» hinzugefügt werden, da es doch keine Seele geben kann, die nicht lebt? Oder wozu mußte es statt Geist ausdrücklich Geist des Lebens heißen? Aber man begreift wohl, daß die Schrift auf ihre Weise von einer «lebendigen Seele» oder einem «Geist des Lebens» spricht, wenn sie an tierische Lebewesen, das heißt beseelte Körper denkt, denen durch die Seele sinnliches Wahrnehmungsvermögen verliehen ist. Wo sich's jedoch um den Menschen handelt, vergißt man die übliche Redeweise der Schrift, obwohl sie auch hier sich ihrer bedient. Denn sie gibt zu verstehen, daß auch der Mensch mit seiner vernünftigen Seele, die, so werden wir belehrt, nicht wie die Seele der übrigen Lebewesen aus dem Wasser und der Erde hervorgebracht, sondern durch Gottes Hauch geschaffen wurde, nach dem Schöpfungsplane ebenso in einem beseelten, durch die Seele belebten Leibe leben sollte wie jene anderen Lebewesen, von denen es hieß: «Die Erde bringe hervor die lebendige Seele», und denen in gleicher Weise der Geist des Lebens zugesprochen wurde. Auch in diesem Zusammenhange heißt es im Griechischen ja nicht «pneuma», sondern «pnoé», da nicht von dem Heiligen Geiste, sondern der Seele die Rede sein soll.

Aber, so sagen sie nun, Gottes Hauch ist doch aus Gottes Munde hervorgekommen, und wenn wir darunter die Seele verstehen, ergibt sich die Folgerung, daß sie gleichen Wesens ist wie er und ein Teil jener Weisheit, die da spricht: «Ich bin aus dem Munde des Höchsten hervorgegangen.» Doch die Weisheit sagt nicht, sie sei aus dem Munde Gottes ausgehaucht, sondern aus seinem Munde hervorgegangen. Aber wie wir nicht etwa aus unserer menschlichen Natur, sondern aus der uns umgebenden Luft, die wir beim Ein- und Ausatmen einziehen und ausstoßen, den Hauch unsers Odems hervorbringen können, so konnte der allmächtige Gott, statt aus seiner Natur oder aus einer ihm zur Verfügung stehenden Kreatur, auch aus nichts jenen Hauch hervorbringen, den er dem Leibe des Menschen, wie es durchaus passend heißt, einhauchte oder einblies, er, der unkörperliche, einen unkörperlichen Hauch, aber ebensowohl er, der unwandelbare, einen wandelbaren, er, der ungeschaffene, einen geschaffenen. Doch vielleicht werden diejenigen, die über die Schrift reden wollen, aber ihre Redeweise nicht beachten, es begreifen, daß nicht nur das aus Gottes Munde hervorgeht, was von der nämlichen und gleichen Natur wie er selber ist, wenn sie den Ausspruch hören oder lesen, den die Schrift Gott tun läßt: «Weil du lau bist und weder kalt noch warm, werde ich dich ausspeien aus meinem Munde.»

So ist nicht der geringste Grund vorhanden, weswegen wir dem klaren Zeugnis des Apostels widersprechen sollten, der in Unterscheidung des geistlichen Leibes von dem beseelten, das ist unseres zukünftigen Leibes von dem gegenwärtigen, folgendermaßen spricht: «Es wird gesät ein beseelter Leib und wird auferstehen ein geistlicher Leib. Ist ein beseelter Leib, so ist auch ein geistlicher Leib. Wie geschrieben steht: Der erste Mensch, Adam, ward zu einer lebendigen Seele, und der letzte Adam zum Geist, der da lebendig macht. Aber der geistliche Leib ist nicht der erste, sondern der beseelte, danach der geistliche. Der erste Mensch ist von der Erde und irdisch, der zweite Mensch ist vom Himmel. Wie der irdische, so sind auch die irdischen, und wie der himmlische, so die himmlischen. Und wie wir getragen haben das Bild des irdischen, werden wir auch tragen das Bild des himmlischen.» Von all diesen apostolischen Worten haben wir bereits vorhin gesprochen. Der beseelte Leib also, in dem nach dem Ausspruch des Apostels der erste Mensch geschaffen ward, war nicht von der Art, daß er überhaupt nicht sterben konnte, sondern so, daß er nicht sterben sollte, wenn der Mensch nicht gesündigt hätte. Denn jener Leib, der durch den belebenden Geist geistlich und unsterblich sein wird, wird überhaupt nicht sterben können, so wenig wie die unsterblich erschaffene Seele. Diese wird freilich, wenn sie in Sünden lebt, tot genannt und entbehrt dann ein ihr in gewisser Weise auch zukommendes Leben, nämlich den Gottesgeist, durch den sie weise und selig hätte leben können; doch behält sie selbst dann ihr eigenes, obschon nun elendes Leben, da sie unsterblich erschaffen ist. So konnten auch die abtrünnigen Engel, obschon sie auf gewisse Weise tot in Sünden sind, weil sie Gott, den Quell des Lebens, verließen, aus dem sie hätten trinken können, um weise und glückselig zu leben, gleichwohl nicht in dem Sinne sterben, daß sie völlig aufhörten zu leben und fühlen, da sie nun einmal unsterblich geschaffen sind. Ja, sie werden auch im zweiten Tode, in welchen sie nach dem letzten Gericht hinabgestürzt werden, des Lebens nicht beraubt sein, da ihnen die Empfindung der ihnen dann bevorstehenden Qualen nicht fehlen wird. Dagegen die der Gnade Gottes teilhaftigen Menschen, die Mitbürger der heiligen und im seligen Leben verharrenden Engel, werden in der Weise mit geistlichen Leibern ausgestattet sein, daß sie hinfort weder sündigen noch sterben, mit einer Unsterblichkeit bekleidet, die ihnen wie die der Engel auch nicht durch Sünde verlorengehen kann. Freilich bleibt selbst dann das Wesen des Fleisches erhalten, aber ohne daß fleischliche Vergänglichkeit und Schwerfälligkeit sich irgendwie bemerkbar machen könnte.

Doch nun erhebt sich noch eine Frage, die notwendig behandelt und mit Hilfe des Herrn, des Gottes der Wahrheit, beantwortet werden muß. Wenn die Begehrlichkeit der ungehorsamen Glieder erst infolge des sündigen Ungehorsams jener ersten Menschen entstand, als Gottes Gnade sie verlassen hatte, und wenn sie erst dadurch auf ihre Nacktheit aufmerksam wurden, das heißt allzu neugierig darauf hinblickten und nun, weil die schamlose Regung ihrem eigenen Willen trotzte, ihre Scham bedeckten, wie hätten sie, fragt man sich, Kinder erzeugen können, wenn sie, so wie sie erschaffen waren, ohne Sünde geblieben wären? Aber weil das Buch nun abgeschlossen werden muß und eine so schwierige Frage nicht kurzab erledigt werden kann, mag es das beste sein, sie auf das folgende Buch zu verschieben.

VIERZEHNTES BUCH

EINE WEITERE FOLGE DES ABFALLS: DER AUFRUHR DES FLEISCHES

1. Die Entstehung der beiden Staaten

Wie schon in den vorhergehenden Büchern gesagt, wollte Gott alle Menschen aus einem einzigen hervorgehen lassen, um so das Menschengeschlecht nicht nur durch Gleichheit der Natur gesellig zusammenzuschließen, sondern auch durch verwandtschaftliche Beziehungen mit dem Band des Friedens in Einheit und Eintracht zu verknüpfen. Auch davon war die Rede, daß dies Geschlecht in seinen einzelnen Gliedern nicht hätte sterben müssen, wenn nicht die beiden ersten, von denen der eine aus keinem, die andere aus jenem einen erschaffen ward, es sich durch ihren Ungehorsam als Strafe zugezogen hätten. Sie begingen eine so schwere Sünde, daß dadurch die menschliche Natur zum Schlechteren verkehrt ward, da Verstrickung in Sünde und Todeszwang auch auf die Nachkommenschaft überging. Die Herrschaft des Todes aber hat die Menschen derartig geknechtet, daß die verdiente Strafe alle auch in den zweiten Tod, der kein Ende hat, hineinreißen würde, wenn nicht Gottes unverdiente Gnade einige davor rettete. Obwohl darum auf dem Erdkreis so viele und große Völker mit mannigfachen Sitten und Bräuchen leben und sich durch eine Vielfalt von Sprachen, Waffen und Kleidern unterscheiden, gibt es doch nicht mehr als nur zwei Arten menschlicher Gemeinschaft, die wir mit unserer Heiligen Schrift sehr wohl zwei Staaten nennen können. Der eine besteht aus den Menschen, die nach dem Fleisch, der andere aus denen, die nach dem Geist leben wollen, jeder in dem seiner Art entsprechenden Frieden, und wenn sie erreichen, was sie anstreben, leben sie tatsächlich in diesem ihrer Art entsprechenden Frieden.

2. *Was heißt «nach dem Fleisch leben»?*

Zuerst müssen wir also sehen, was es heißt, nach dem Fleisch und nach dem Geist leben. Wer auf das, was wir sagten, nur einen flüchtigen Blick wirft und nicht daran denkt oder nicht genügend erwägt, wie die Heilige Schrift zu reden pflegt, der mag meinen, es seien bloß die epikureischen Philosophen, die nach dem Fleische leben, da sie das höchste Gut des Menschen in der Lust des Leibes erblickten, oder etwa auch noch andere, die so oder so das leibliche Wohl für das wahre Wohl des Menschen hielten, dazu die Masse derer, die nach keiner Philosophie fragen und, ihren Lüsten verfallen, nur solche Freuden kennen, die sie mit leiblichen Sinnen genießen können. Die Stoiker dagegen, die das höchste Gut des Menschen in seinem Geiste erblicken, seien es, die nach dem Geiste leben. Denn, so sagt man, der Menschengeist ist doch auch Geist. Achten wir dagegen auf die Redeweise der Schrift, so zeigt sich, daß auch diese wie die vorigen nach dem Fleische leben. Denn unter Fleisch versteht sie nicht nur den Leib irdischer und sterblicher Lebewesen, wie an der Stelle: «Nicht alles Fleisch ist einerlei Fleisch, sondern ein anderes Fleisch ist der Menschen, ein anderes des Viehs, ein anderes der Vögel, ein anderes der Fische», sondern sie gebraucht das Wort auch noch in mancherlei anderer Bedeutung. So nennt sie in einer dieser verschiedenen Redeweisen häufig den Menschen selber, das heißt die menschliche Natur, Fleisch, wie man eben nach dem Teile das Ganze zu benennen pflegt, etwa in dem Spruch: «Aus den Werken des Gesetzes wird kein Fleisch gerecht.» Das soll natürlich heißen: kein Mensch. Bald darauf sagt sie das deutlicher: «Durch das Gesetz wird niemand gerecht», und im Brief an die Galater: «Wir wissen, daß der Mensch durch des Gesetzes Werke nicht gerecht wird.» In diesem Sinne ist es auch zu verstehen, wenn man liest: «Und das Wort ward Fleisch», das heißt also:

Mensch. Einige haben das freilich mißverstanden und daraus geschlossen, Christus habe eine menschliche Seele gefehlt. Aber wie bisweilen, wo das Ganze genannt wird, nur ein Teil gemeint ist, etwa in dem Wort der Maria Magdalena im Evangelium: «Sie haben meinen Herrn weggenommen, und ich weiß nicht, wo sie ihn hingelegt haben», wo sie ja nur von dem begrabenen Fleische Christi sprach, das sie aus der Grabkammer weggenommen wähnte, so ist auch, wenn nur ein Teil, also das Fleisch, genannt wird, oft das Ganze, nämlich der Mensch zu verstehen. So an den vorhin angeführten Stellen.

Auf mancherlei Weise also spricht die göttliche Schrift vom Fleische, und es wäre zu umständlich, alles zu erforschen und zusammenzustellen. Um nun zu ergründen, was es heißt, «nach dem Fleische leben», womit sicherlich etwas Böses gemeint ist, obwohl die Natur des Fleisches an sich nicht böse ist, wollen wir sorgfältig jene Stelle aus dem Briefe des Apostels Paulus an die Galater ins Auge fassen, wo er sagt: «Offenbar aber sind die Werke des Fleisches, nämlich Hurerei, Unreinigkeit, Üppigkeit, Abgötterei, Zauberei, Feindschaft, Hader, Eifersucht, Zorn, Zwietracht, Ketzerei, Neid, Trunksucht, Völlerei und dergleichen, wovon ich euch zuvor gesagt habe und sage noch zuvor, daß, die solches tun, werden das Reich Gottes nicht ererben.» Dieser eine Spruch des apostolischen Briefes, als Ganzes betrachtet und, soweit hier erforderlich, erwogen, genügt, die Frage zu beantworten, was es bedeutet, nach dem Fleische zu leben. Denn unter den Werken des Fleisches, von denen der Apostel sagt, sie seien offenbar, und die er aufzählt und verurteilt, treffen wir nicht nur solche an, die zur Fleischeslust gehören, wie Hurerei, Unreinigkeit, Üppigkeit, Trunksucht und Völlerei, sondern auch solche, welche wir als Geistessünden kennen, die mit Fleischeslust nichts zu schaffen haben. Denn wer sieht nicht ein, daß Götzendienst, Zauberei, Feindschaft, Hader, Eifersucht, Zorn, Zwietracht, Ketzerei und Neid mehr Geistes- als Fleischessünden sind? Kann es doch vorkommen, daß jemand um Götzendienstes oder ketzerischen Irrtums willen auf leibliche Genüsse verzichtet. Dennoch wird auch solch ein Mensch, mag er seine fleischlichen Lüste noch so sehr zu zähmen und zügeln scheinen, durch das gewichtige Apostelwort als nach dem Fleische lebend gekennzeichnet, und gerade dadurch, daß er sich der Lüste des Fleisches enthält, kommt es zutage, daß er verdammliche Fleischeswerke verrichtet. Wer hegt Feindschaft anderswo als im Geiste? Oder wer sagt zu seinem Feinde oder einem, den er für seinen Feind hält: Du hast ein böses Fleisch wider mich und nicht vielmehr einen bösen Geist? Und endlich, wie jeder, hörte er etwas von Fleischlichkeit, um einmal dieses Wort zu bilden, alsbald an das Fleisch denken würde, wird auch niemand bezweifeln, daß Zornmütigkeit ihren Sitz im Gemüt, also im Geiste hat. Wie könnte der Lehrer der Völker im Glauben und in der Wahrheit all dies und anderes derart Werke des Fleisches nennen, wenn er nicht nach der Redefigur, die einen Teil für das Ganze nimmt, unter dem Worte Fleisch den Menschen selber verstanden wissen wollte?

3. *Nicht das Fleisch ist die Ursache der Sünde*

Sagt nun jemand im Hinblick auf die sittlichen Übelstände, das Fleisch sei Ursache aller Sünden, weil es die mit Fleisch behaftete Seele ist, die so schlecht lebt, hat er doch nicht die ganze Natur des Menschen sorgfältig ins Auge gefaßt. Wohl ist es wahr, daß «der vergängliche Leib die Seele beschwert», und deswegen sagt auch derselbe Apostel von diesem vergänglichen Leibe, den er vorher mit den Worten erwähnte: «Wenn auch unser äußerlicher Mensch verdirbt», die folgenden Sätze: «Wir wissen, daß wir, wenn unser irdisches Wohnhaus abgebrochen wird, einen Bau haben, von Gott erbaut, ein Haus, nicht mit Händen gemacht, das ewig ist, im Himmel. Und wir seufzen darüber, voll Verlangen, mit unserer Behausung, die vom Himmel ist, überkleidet zu werden, jedoch so, daß wir, damit bekleidet, nicht nackt erfunden werden. Denn dieweil wir noch in dieser Hütte sind, seufzen wir und sind beschwert, da wir lieber nicht entkleidet, sondern überkleidet werden wollten, auf daß das Sterbliche verschlungen werde vom Leben.» Wir werden also in der Tat vom vergänglichen Leibe beschwert; da wir jedoch wissen, daß als Ursache dieser Beschwernis nicht die Natur und das Wesen des Leibes, sondern seine Vergänglichkeit in Frage kommt, wollen wir nicht des Leibes beraubt, sondern mit Unsterblichkeit bekleidet werden. Wenn das geschieht, wird der Leib noch dasein, aber uns nicht mehr beschweren, weil er dann nicht mehr vergänglich ist. Jetzt also «beschwert noch der vergängliche Leib die Seele, und die irdische Behausung drückt nieder den vieles erwägenden Sinn.» Doch die da meinen, alle Übel der Seele stammten vom Leibe, befinden sich im Irrtum.

Vergil freilich scheint in folgenden klangvollen Versen die Ansicht Platos wiederzugeben, wenn er dichtet:

«Feurig nennt' ich die Kraft und himmlisch den Ursprung der Seelen,
wenn nur nicht der Leiber beschwerliche Lasten sie drückten,
und die irdisch-todverfallenen Glieder sie schwächten.»

Indem er sodann zu verstehen geben will, daß die vier bekannten Gemütsstörungen, Begierde, Furcht, Freude und Schmerz, als Wurzeln aller Sünden und Laster vom Leibe herkommen, fügt er hinzu:

«Darum ist Furcht ihr Teil, Begierde, Schmerz auch und Freude,
schauen nicht auf zum Licht, im düsteren Kerker verschlossen.»

Doch unser Glaube lehrt anders. Denn die Vergänglichkeit des Leibes, die die Seele beschwert, ist nicht die Ursache der ersten Sünde, sondern ihre Strafe, und nicht das vergängliche Fleisch hat die Seele sündig gemacht, sondern die sündige Seele machte das Fleisch vergänglich. Mögen auch aus dieser Verderbnis des Fleisches manche Lockungen zur Sünde, ja auch sündhafte Begierden selber entspringen, so darf man doch nicht alle Fehler eines bösen Lebens dem Fleische zur Last legen, sonst müßte ja der Teufel von ihnen allen frei sein, da er kein Fleisch hat. Aber obwohl man den Teufel keinen Hurer oder Trunkenbold nennen und ihn auch sonst keines der Laster bezichtigen kann, die zur Fleischeslust gerechnet werden, zu denen er freilich insgeheim auch rät und anstachelt, ist er doch im höchsten Grade hochmütig und neidisch. Diese Laster halten ihn dermaßen im Bann, daß er um ihretwillen in den Kerkern der dämmerigen Luft eingesperrt und zur ewigen Verdammnis bestimmt ist. Und eben diese Laster, die im Teufel die Herrschaft haben, teilt der Apostel dem Fleische zu, das der Teufel gewiß nicht hat. Denn er sagt, Feindschaft, Hader, Eifersucht, Zorn, Neid seien Werke des Fleisches; aber Haupt und Wurzel all dieses Bösen ist der Hochmut, der auch ohne Fleisch im Teufel regiert. Wer ist auch mehr als er den Heiligen feind? Wer gehässiger gegen sie, erbitterter, eifersüchtiger, neidischer? Und all das ist er ohne Fleisch. Nur darum also kann man hier von Fleischeswerken reden, weil es Werke des Menschen sind, den der Apostel, wie ich sagte, als Fleisch bezeichnet. Denn nicht darum weil er Fleisch besitzt, das dem Teufel abgeht, sondern weil er nach sich selber, also nach dem Menschen lebte, ist der Mensch dem Teufel ähnlich geworden. Auch der wollte ja nach sich selber leben, als er «nicht in der Wahrheit bestand» und nicht aus dem, «was Gottes ist», sondern aus seinem Eigenen Lüge redete, er, der nicht nur ein Lügner, sondern auch der Vater der Lüge ist. Er zuerst hat ja gelogen, und wie die Sünde, so ist auch die Lüge von ihm ausgegangen.

4. *Was es heißt «nach dem Menschen leben»*

Lebt also der Mensch nach dem Menschen und nicht nach Gott, ist er dem Teufel ähnlich. Denn auch der Engel sollte nicht nach dem Engel, sondern nach Gott leben, um in der Wahrheit zu bestehen und aus dem, was Gottes ist, Wahrheit, nicht aus seinem Eigenen Lüge zu reden. Auch vom Menschen sagt ja derselbe Apostel an anderer Stelle: «Wenn aber die Wahrheit Gottes in meiner Lüge mächtig wird.» Unser ist demnach die Lüge, die Wahrheit Gottes. Lebt also der Mensch nach der Wahrheit, lebt er nicht nach sich selber, sondern nach Gott. Denn Gott ist's, der gesagt hat: «Ich bin die Wahrheit.» Lebt er aber nach sich selber, das ist nach dem Menschen und nicht nach Gott, lebt er unfraglich auch nach der Lüge. Das soll nicht heißen, daß der Mensch selber Lüge wäre. Denn sein Urheber und Schöpfer ist Gott, der gewiß nicht Urheber und Schöpfer der Lüge ist. Aber der Mensch war recht geschaffen und mußte demzufolge nicht nach sich selbst, sondern nach dem, der ihn schuf, leben, also nicht seinen eigenen, sondern des Schöpfers Willen tun. Lebt man also nicht so, wie man seiner anerschaffenen Natur nach leben sollte, so ist das Lüge. Denn der Mensch will glückselig sein, ohne doch so zu leben, daß er es sein kann. Gibt es etwas Verlogeneres als solchen Willen? So kann man nicht ohne Grund sagen, alle Sünde sei Lüge. Denn wenn wir sündigen, wollen wir stets, daß es uns wohl, und nicht, daß es uns übel ergehe. Darin also besteht die Lüge, daß, was um unseres Wohlergehens willen geschieht, vielmehr übles Ergehen zur Folge hat, was zur Verbesserung unserer Lage geschieht, sie nur verschlechtert. Und woher das? Daher, weil dem Menschen Wohlergehen nur von Gott, den er durch seine Sünde verläßt, zuteil werden kann, nicht durch sich selber, da er, wenn er nach sich selber lebt, nur sündigt.

Wenn wir also sagten, dadurch seien zwei verschiedene und einander entgegengesetzte Staaten entstanden, daß die einen nach dem Fleisch, die andern nach dem Geiste leben, so kann man das auch so ausdrücken, daß die einen nach dem Menschen, die andern nach Gott leben. Ganz unzweideutig sagt ja Paulus zu den Korinthern: «Wenn Eifersucht und Zwietracht unter euch sind, seid ihr dann nicht fleischlich und wandelt nach dem Menschen?» Also nach dem Menschen wandeln heißt fleischlich sein, weil unter dem Fleisch, nämlich einem Teile des Menschen, der Mensch selber zu verstehen ist. Dieselben, die er hier fleischlich nennt, hat er vorher «seelisch» genannt. Denn er sagt: «Welcher Mensch weiß, was im Menschen ist, als der Geist des Menschen, der in ihm ist? Also auch weiß niemand, was in Gott ist, als nur der Geist Gottes. Wir aber», fährt er fort, «haben nicht empfangen den Geist dieser Welt, sondern den Geist aus Gott, daß wir wissen können, was uns von Gott gegeben ist. Und das reden wir auch, nicht mit Worten, welche menschliche Weisheit lehren kann, sondern mit Worten, die der Heilige Geist lehrt, und richten geistliche Sachen geistlich. Der seelische Mensch aber vernimmt nichts vom Geiste Gottes, denn es ist ihm eine Torheit.» Zu solchen, also «seelischen» Menschen, sagt er kurz darauf: «Und ich, liebe Brüder, konnte nicht mit euch reden als mit Geistlichen, sondern als mit Fleischlichen.» Dort wie hier bedient er sich nämlich der Redefigur, die den Teil für das Ganze nimmt. Denn sowohl von seiten der Seele als des Fleisches her, also Teilen des Menschen, kann das Ganze, der Mensch, benannt werden. So ist denn der seelische Mensch nicht etwas anderes als der fleischliche, sondern beides ist dasselbe, nämlich der nach dem Menschen lebende Mensch. Menschen und nichts anderes sind ja auch gemeint, sowohl wenn es heißt: «Durch des Gesetzes Werke wird kein Fleisch gerecht», als auch wenn wir lesen: «Fünfundsiebzig Seelen waren es, die mit Jakob nach Ägypten zogen.» Denn «kein Fleisch» bedeutet dort kein Mensch, und unter den fünfundsiebzig Seelen sind hier fünfundsiebzig Menschen zu verstehen. Und wenn es vorhin hieß: «Nicht in Worten, welche menschliche Weisheit lehren kann», hätte es auch heißen können: Nicht in Worten fleischlicher Weisheit, wie es statt: «Ihr wandelt nach dem Menschen» ebensogut heißen konnte: «nach dem Fleisch». Noch klarer wird das bei den anschließenden Worten: «Denn wenn einer sagt: ‚Ich bin Paulisch', der andere aber: ‚Ich bin Apollisch', seid ihr dann nicht Menschen?» Sagte er erst: «Ihr seid seelisch», dann: «Ihr seid fleischlich», so jetzt genauer: «Ihr seid Menschen.» Das aber heißt: Ihr lebt nach dem Menschen, nicht nach Gott. Würdet ihr nach dem leben, wäret ihr Götter.

5. Nur im Widerspruch mit sich selbst können die Platoniker das Fleisch für die Entstehung des Bösen verantwortlich machen

Man soll also nicht im Hinblick auf unsere Sünden und Laster dem Schöpfer Unrecht tun und das Wesen des Fleisches verdächtigen, das in seiner Art und Ordnung gut ist. Aber den guten Schöpfer verlassen und nach einem geschaffenen Gut leben, das ist nicht gut, mag nun jemand vorziehen, nach dem Fleisch oder nach der Seele oder nach dem ganzen Menschen zu leben, der aus Seele und Leib besteht, weswegen man ihn sowohl nach der Seele allein als nach dem Fleische allein benennen kann. Denn wer die Natur der Seele als höchstes Gut preist und die Natur des Fleisches als übel hinstellt, dessen auf die Seele gerichtetes Sinnen und Trachten ist eben so fleischlich, wie seine Flucht des Fleisches fleischlich ist, weil menschlicher Unverstand und nicht göttliche Wahrheit solche Gedanken erzeugt. Zwar sind die Platoniker nicht so töricht wie die Manichäer, daß sie irdische Körper als wesenhaft böse verabscheuten, vielmehr führen sie alle Elemente, aus denen diese sichtbare und greifbare Welt sich aufbaut, sowie auch ihre Eigenschaften auf Gottes Urheberschaft zurück. Jedoch nehmen sie eine derartig schlimme Beeinflussung der Seelen durch die irdischen und todverfallenen Gliedmaßen an, daß die Krankheiten ihrer Begierden, Ängste, Freuden und Schmerzen von daher stammen sollen. In diesen vier Gemütsstörungen (perturbationes), wie Cicero sie nennt, oder Leidenschaften (passiones), wie man sie in Nachbildung eines griechischen Wortes meist nennt, soll ja die ganze Fehlerhaftigkeit menschlicher Sitten enthalten sein. Wenn dem so ist, was soll dann die verwunderte Frage, die Vergil dem Äneas in den Mund legt, als dieser vom Vater in der Unterwelt vernahm, die Seelen würden wieder zu den Leibern zurückkehren?

«Soll man's glauben, o Vater, daß Seelen, die hoch sich zum Himmel
schwangen, nun wieder zurückzukehren begehren in träge
Leiber? O welch unselige Gier nach irdischem Lichte!»

Lebt denn diese unselige, von den irdischen todverfallenen Gliedern herrührende Gier immer noch in diesen Seelen trotz ihrer gepriesenen Reinheit? Versichert er nicht selbst, sie seien von aller derartigen Verpestung gereinigt, jetzt, wo sie wieder in Leiber zurückzukehren begehren? Wenn es sich demnach auch so verhielte, was doch nur leere Einbildung ist, daß die Seelen sich im unaufhörlichen Wechsel von Reinigung und Befleckung bewegten, könnte es darum doch nicht wahr sein, daß alle schuldhaften und sündigen Regungen der Seelen ihrer irdischen Leiblichkeit entstammten. Hat doch nach ihnen selbst jene unselige Gier, wie ihr vornehmer Wortführer sie nennt, so wenig mit dem Körper zu schaffen, daß sie vielmehr es ist, die die von aller körperlichen Verpestung gereinigte und aller Leiblichkeit entkleidete Seele wieder in den Leib hineinzwingt. So wird nach ihrem eigenen Geständnis die Seele nicht etwa nur durch das Fleisch in Begierde, Furcht, Lust und Schmerz verstrickt, sondern kann auch durch eigenen Antrieb in diese Leidenschaften hineingeraten.

6. Die Beschaffenheit der Affekte hängt vom Willen ab

Es kommt vielmehr auf die Beschaffenheit des menschlichen Willens an. Ist er verkehrt, hat er auch diese verkehrten Regungen; ist er aber recht, werden sie nicht nur unschuldig, sondern auch lobenswert sein. Denn in ihnen allen ist Wille, vielmehr allesamt sind sie nichts anders als Willensrichtungen. Denn was ist Begierde und Lust anders als Wille, der bejaht, was wir wollen, was Furcht und Traurigkeit anders als Wille, der verneint, was wir nicht wollen? Äußert sich die Bejahung im Streben nach dem, was wir wollen, nennen wir's Begierde, äußert sie sich im Genuß dessen, was wir wollen, Lust. Desgleichen, wollen wir nicht, daß etwas uns trifft, und verneinen wir es deswegen, heißt solcher Wille Furcht, trifft uns dagegen etwas wider Willen, und verneinen wir es deswegen, heißt solcher Wille Traurigkeit. Kurz, je nach der Verschiedenheit der Dinge, die man erstrebt oder flieht, bald angezogen, bald abgestoßen, wendet und wandelt sich der Wille in diese oder jene Gemütsbewegungen. Ein Mensch also, der nach Gott und nicht nach dem Menschen lebt, ist notwendig Liebhaber des Guten, woraus sich die Folge ergibt, daß er das Böse haßt. Und da niemand von Natur, sondern jeder nur durch eigene Verfehlung böse ist, muß, wer nach Gott lebt, die Bösen «mit rechtem Ernst hassen», das heißt, er soll weder um der Sünde willen den Menschen hassen, noch um des Menschen willen die Sünde lieben, sondern die Sünde hassen und den Menschen lieben. Ist aber der Mensch von der Sünde genesen, ist alles liebenswert und bleibt nichts, was man noch hassen müßte.

7. Die verschiedenen Bezeichnungen der Schrift für Liebe

Denn wer sich vornimmt, Gott liebzuhaben und nicht nach dem Menschen, sondern nach Gott auch den Nächsten wie sich selbst lieb zu haben, der wird sonder Zweifel um dieser seiner Liebe willen ein Mensch guten Willens genannt. Dieser gute Wille heißt in der Heiligen Schrift gewöhnlich «caritas», wird aber in derselben Schrift auch «amor» genannt. Denn ein Liebender (amator) des Guten, sagt der Apostel, müsse der sein, den man zur Leitung des Volkes erwählen soll. Und als der Herr selbst den Apostel Petrus fragte: «Liebst du mich mehr als diese da?» und dabei das Wort «diligo» gebrauchte, antwortete der mit dem Wort «amo»: «Herr, du weißt, daß ich dich liebhabe.» Wiederum fragt der Herr nicht, ob Petrus ihn liebhabe (amaret), sondern ihn liebe (diligeret), und jener antwortet wie das erste Mal: «Herr, du weißt, daß ich dich liebhabe» (amo). Bei seiner dritten Frage aber sagt auch Jesus nicht: «Liebst du mich?», sondern: «Hast du mich lieb?» und der Evangelist fährt fort: «Da ward Petrus traurig, daß er ihm zum drittenmal sagte: «Hast du mich lieb?» Hatte der Herr doch nicht zum drittenmal, sondern nur einmal gesagt: «Hast du mich lieb?», dagegen zweimal: «Liebst du mich?» Daraus ersehen wir, daß der Herr, auch wenn er sagte: «Liebst du (diligis) mich?» nichts anderes meinte als mit den Worten: «Hast du mich lieb?» (amas me). Petrus aber gebraucht für die eine Sache nur das eine Wort und sagt auch zum drittenmal: «Herr, du weißt alle Dinge, du weißt auch, daß ich dich liebhabe» (amo te).

Das glaubte ich darum erwähnen zu sollen, weil einige meinen, «dilectio» oder «caritas» sei etwas anderes als «amor». Denn sie behaupten, «dilectio» sei in gutem, «amor» in üblem Sinne zu verstehen. Doch es steht fest, daß nicht einmal die weltlichen Schriftsteller die betreffenden Worte so gebrauchen.

Mögen immerhin die Philosophen zusehen, ob und wie sie hier einen Unterschied machen sollen, auf jeden Fall bekunden ihre Schriften, daß sie auch die «amor» genannte Liebe, wenn sie sich auf gute Dinge und auf Gott selbst richtet, hochschätzen. Doch es mußte klargelegt werden, daß auch die Schriften unserer Religion, deren Ansehen wir über alle anderen stellen, zwischen «amor», «dilectio» und «caritas» nicht unterscheiden. Denn daß auch amor in gutem Sinne gebraucht wird, hörten wir schon. Doch damit niemand meine, «amor» zwar könne sowohl einen guten als auch einen üblen Sinn haben, «dilectio» dagegen nur einen guten, beachte man das Psalmwort: «Wer die Ungerechtigkeit liebt (diligit), haßt seine Seele», desgleichen das Wort des Apostels Johannes: «So jemand die Welt liebt (dilexerit), in dem ist nicht die Liebe (dilectio) des Vaters.» An derselben Stelle also «dilectio» in guter und schlimmer Bedeutung. Sollte aber jemand auch für den Gebrauch von «amor» im schlimmen Sinne einen Beweis verlangen – den guten Sinn haben wir ja schon nachgewiesen –, lese er, was geschrieben steht: «Es werden Menschen sein, die sich selbst liebhaben (amantes) und Liebhaber (amatores) des Geldes sind.» Der rechte Wille also ist die gute Liebe und der verkehrte Wille die böse Liebe. Liebe, die danach lechzt zu besitzen, was sie liebt, ist Begierde, die es besitzt und genießt, Freude, die flieht, was ihr zuwider ist, Furcht, die das ihr Widerwärtige fühlt, Traurigkeit. All das ist bös, wenn die Liebe böse ist, gut, wenn sie gut ist. Belegen wir das soeben Gesagte durch die Schrift. Wir hören, daß der Apostel «begehrt, abzuscheiden und bei Christo zu sein», ferner: «Meine Seele begehrt verlangend nach deinen Gerichten», oder wie es vielleicht besser auszudrücken wäre, sie verlangt begierig nach deinen Gerichten, endlich: «Begierde nach Weisheit führt zur Herrschaft.» Doch hat sich der Sprachgebrauch festgesetzt, daß wenn von Begehren oder Begierde die Rede ist, ohne Hinzufügung dessen, wonach man Begehr trägt, das Wort stets einen üblen Sinn hat. Freude in gutem Sinn begegnet uns in dem Wort: «Freuet euch des Herrn und frohlocket, ihr Gerechten», und: «Freude verliehest du meinem Herzen», und: «Mit Freude erfüllt mich dein Angesicht.» Das Wort Furcht hat beim Apostel eine gute Bedeutung in dem Spruche: «Schaffet eure Seligkeit mit Furcht und Zittern», sowie in dem anderen: «Sei nicht stolz, sondern fürchte dich», ferner in dem: «Ich fürchte aber, daß wie die Schlange Eva mit von ihrer Arglist verführte, so auch eure Sinne verrückt werden von der Einfalt in Christo.» Was aber die Traurigkeit anlangt, die Cicero Unbehagen nennt, Vergil aber Schmerz, wo er sagt: «Schmerz ist ihr Teil und Freude» – ich ziehe aber das Wort Traurigkeit vor, weil Unbehagen und Schmerz gewöhnlich auf körperliche Zustände geht –, so ist es eine schwierigere Frage, ob auch sie in gutem Sinne verstanden werden kann.

8. Die Affekte. Sprachgebrauch der Stoiker, der Umgangssprache und der Heiligen Schrift

Denn was die Griechen Wohlgestimmtheiten (eupatheiai), Cicero auf lateinisch Ruhelagen (constantiae) der Seele nannte, deren gibt es nach den Stoikern drei, die im Geiste des Weisen den drei Gemütsstörungen entsprechen, nämlich anstelle der Begierde den (vernünftigen) Willen, anstelle der Freude (laetitia) das Frohgemüt (gaudium), anstelle der Furcht die Vorsicht. Dem Unbehagen aber oder dem Schmerz, wofür wir, um Zweideutigkeit zu vermeiden, lieber Traurigkeit sagen wollten, behaupteten sie, könne im Geiste des Weisen nichts entsprechen. Denn der Wille, so sagen sie, strebt nach dem Guten, und das eben ist's, was der Weise tut; das Frohgemüt ist Folge des erlangten Guten, und der Weise erlangt es immer; die Vorsicht meidet das Übel, wie der Weise es vermeiden muß. Da nun die Traurigkeit von dem Übel herrührt, das eingetroffen ist, den Weisen aber, wie sie meinen, kein Übel treffen kann, so kann es, lehren sie, auch in seinem Geiste nichts geben, was ihr entspricht. Sie behaupten also, nur der Weise wolle, sei frohgemut und sehe sich vor, der Tor aber könne nichts weiter als begehren, sich freuen, sich fürchten und traurig sein. Jenes seien die drei Ruhelagen der Seele, dies nach Cicero die vier Störungen, nach den meisten anderen die Leidenschaften (passiones). Auf griechisch aber nennt man jene drei, wie gesagt, Wohlgestimmtheiten, diese vier ebenfalls Leidenschaften (pathe). Als ich nun mit möglichster Sorgfalt prüfte, ob diese Redeweise auch zur Heiligen Schrift stimme, stieß ich auf das Prophetenwort: «Die Gottlosen können nicht frohgemut sein (gaudere), spricht der Herr», was bedeuten würde, daß die Gottlosen am Bösen mehr ihre Lust haben, als seiner wahrhaft froh sein können, weil das frohe Gemüt (gaudium) Merkmal der Guten und Frommen ist. Ebenso scheint jenes evangelische Wort: «Was ihr wollt, daß euch die Leute tun sollen, das tut ihr ihnen auch» dafür zu sprechen, daß niemand etwas Böses oder Schändliches «wollen», sondern nur es begehren kann. Allerdings haben hier einige Übersetzer mit Rücksicht auf den Sprachgebrauch hinzugefügt «Gutes», also übersetzt: «Was ihr wollt, daß euch die Leute Gutes tun.» Denn sie meinten verhüten zu sollen, daß nicht etwa jemand, der Unschickliches haben will, also beispielsweise, um von Schändlicherem zu schweigen, üppige Schmäuse, sich einrede, er erfülle das Gebot, wenn er nun selbst den Leuten diese darbiete. Doch im griechischen Text des Evangeliums, von dem der lateinische abstammt, liest man nicht «Gutes», sondern bloß: «Was ihr wollt, daß euch die Leute tun sollen, das tut ihr ihnen auch», ich glaube darum, weil mit dem Ausdruck «ihr wollt» schon gesagt sein soll, daß es etwas Gutes ist. Denn es heißt nicht: «Was ihr begehrt.»

Doch darf man unserer Sprache diese eingeschränkten Wortbedeutungen nicht als Regel aufzwingen, obschon sie bisweilen angebracht sind. Bei den heiligen Schriftstellern aber, deren Autorität man nicht widersprechen darf, sind sie dann anzunehmen, wenn sonst kein rechter Sinn ausfindig zu machen ist, wie in den soeben als Beispiel aus dem Propheten und dem Evangelium angeführten Stellen. Denn wer wüßte nichts von ausgelassener Freude der Gottlosen? Trotzdem heißt es: «Die Gottlosen können nicht frohgemut sein, spricht der Herr.» «Froh sein» ist eben etwas anderes, wenn das Wort im besonderen, eingeschränkten Sinne gebraucht wird. Wer müßte ferner nicht das Gebot als ungehörig zurückweisen, man solle den andern all das tun, was man von ihnen für sich begehrt? Denn sonst könnte man meinen, man solle sich gegenseitig Vergnügen an schändlichen Genüssen bereiten. Dennoch bleibt die Vorschrift heilsam und wahrhaftig: «Was ihr wollt, daß euch die Leute tun sollen, das tut ihr ihnen auch.» Und das aus keinem anderen Grunde, als weil an dieser Stelle vom Willen in dem besonderen Sinne gesprochen wird, daß er sich keinem Bösen zuwenden kann. Weit häufiger freilich wird das Wort in anderer Bedeutung gebraucht, und es könnte nicht gesagt werden: «Nie darf dein Wille auf Lüge gerichtet sein», wenn es nicht auch einen bösen Willen gäbe, dessen Verwerflichkeit in weitem Abstand steht von dem, den die Engel lobten, als sie sangen: «Friede auf Erden den Menschen, die guten Willens sind.» Es wäre ja überflüssig hinzuzufügen «eines guten», wenn es keinen anderen als guten gäbe. Was hätte auch Bemerkenswertes der Apostel zum Preis der Liebe gesagt in dem Ausspruch: «Sie freuet sich (gaudet) nicht der Ungerechtigkeit», wenn sich nicht die Bosheit tatsächlich ihrer freute? So gebrauchen auch die weltlichen Schriftsteller diese Worte, ohne einen Unterschied zu machen. Beispielsweise sagt Cicero, der gefeierte Redner: «Ich begehre, versammelte Väter, milde zu sein.» Er spricht also von Begehren in gutem

Sinn, und wer wollte solch ein Wortklauber sein, ihn zu tadeln, er hätte nicht sagen dürfen «ich begehre», sondern «ich will»? Ferner sagt bei Terenz ein lasterhafter, von unsinniger Leidenschaft entflammter Jüngling: «Nichts andres will ich, nichts als Philumene.» Daß dieser «Wille» ein wollüstiges Begehren war, erhellt aus der Antwort, die der vernünftigere Sklave erteilt, der zu seinem Herrn spricht: «Wär' es nicht besser, du unterdrücktest diese Liebe in deinem Herzen und redetest nicht so, daß deine Begierde nur noch mehr entflammt wird?» Daß auch das Wort Freude (gaudium) von ihnen in übler Bedeutung verwandt werden kann, bezeugt jener Vergilvers, der die vier Gemütsstörungen in gedrängter Kürze zusammenfaßt: «Darum ist Furcht ihr Teil, Begierde, Schmerz auch und Freude.» Und auch an anderer Stelle spricht derselbe Dichter von «den bösen Freuden (gaudia) des Herzens».

Also wollen, sehen sich vor und sind froh die Guten und die Bösen, oder um dasselbe mit anderen Worten zu sagen: Es begehren, fürchten und freuen sich Gute und Böse, aber die einen auf gute, die anderen auf böse Art, je nachdem sie einen rechten oder verkehrten Willen haben. Und auch Traurigkeit, von der die Stoiker meinten, im Geiste des Weisen sei nichts ihr Entsprechendes zu finden, gibt es in gutem Sinne, und zumal bei den Unseren kommt sie so vor. Denn der Apostel lobt die Korinther, daß sie sich göttlich betrübt hätten. Doch vielleicht sagt jemand, der Apostel wünsche ihnen darum Glück, weil sie sich bußfertig betrübten, eine Traurigkeit, die nur als Folge der Sünde denkbar sei. Denn seine Worte lauten: «Ich sehe, daß euch der Brief vielleicht eine Weile betrübt hat; so freue ich mich doch nun, nicht darüber, daß ihr betrübt worden seid, sondern daß ihr betrübt seid zur Reue. Denn ihr seid göttlich betrübt worden, daß ihr von uns ja keinen Schaden irgendworin nehmet. Denn die göttliche Traurigkeit wirkt zur Seligkeit eine Reue, die niemand gereut; die Traurigkeit aber der

Welt wirkt den Tod. Siehe, daß ihr göttlich betrübt worden seid, welchen Fleiß hat das in euch gewirkt!» So können denn die Stoiker für ihren Standpunkt geltend machen, die Traurigkeit scheine zwar dann nützlich zu sein, wenn man Sünde bereue. Im Geiste des Weisen aber könne sie darum keinen Eingang finden, weil er nicht in Sünde falle, worüber er Buße tun und traurig sein müßte, und weil auch sonst kein Übel ihm widerfahre, dessen Empfindung und Erduldung ihn betrüben könnte. So erzählen sie von Alcibiades – wenn ich mich nicht im Namen dieses Mannes irre –, er habe geweint, da er sich für glücklich gehalten hatte, aber von Sokrates sich beweisen lassen mußte, wie elend er doch war, da er töricht war. In diesem Falle war also die Torheit Ursache solcher ebenfalls nützlichen und erwünschten Traurigkeit, die Leid trägt, daß man ist, was man nicht sein soll. Die Stoiker aber behaupten, nicht der Tor, sondern der Weise könne nicht traurig sein.

9. Die Affekte in christlicher Beleuchtung

Doch was die Frage nach den Gemütserregungen anlangt, haben wir diesen Philosophen im neunten Buche unsers Werkes bereits Antwort gegeben und gezeigt, daß es ihnen mehr um Worte als um Sachen, mehr um Streit als Wahrheit zu tun ist. Bei uns aber empfinden im Einklang mit den heiligen Schriften und der gesunden Lehre die Bürger des heiligen Gottesstaates, die auf der Pilgerreise dieses Lebens nach Gott leben, Furcht und Verlangen, Schmerz und Freude, und weil ihre Liebe recht ist, sind auch all diese ihre Seelenregungen recht. Sie fürchten die ewige Pein und begehren das ewige Leben, trauern hüben, weil sie noch bei sich selbst aufseufzen und auf die Kindschaft, ihres Leibes Erlösung warten, und freuen sich in Hoffnung auf drüben, da das Wort in Erfüllung gehen wird: «Der Tod ist verschlungen in den Sieg.» Sie fürchten sich ferner zu sündigen, wünschen auszuharren, trauern über ihre Sünden und freuen sich der guten Werke. Die Furcht zu sündigen schöpfen sie aus dem Wort: «Weil die Ungerechtigkeit überhand nimmt, wird die Liebe in vielen erkalten», den Wunsch auszuharren aus dem Wort: «Wer beharret bis ans Ende, der wird selig», den Schmerz über die Sünde aus dem Wort: «Wenn wir sagen, wir haben keine Sünde, so verführen wir uns selbst, und die Wahrheit ist nicht in uns», die Freude an den guten Werken aus dem Wort: «Einen fröhlichen Geber hat Gott lieb.» Ferner je nach dem Maße ihrer inneren Schwäche oder Stärke, fürchten sie sich, versucht zu werden, verlangen danach, versucht zu werden, trauern und freuen sich in Versuchungen. Ihre Furcht davor schöpfen sie aus dem Wort: «So ein Mensch etwa von einem Fehler übereilt würde, helfet ihm wieder zurecht mit sanftmütigem Geist, die ihr geistlich seid; und siehe auf dich selbst, daß du nicht auch versucht werdest», ihr Verlangen, versucht zu werden, aus dem Wort eines der Tapferen des Gottesstaates: «Prüfe mich, Herr, und versuche mich, läutere meine Nieren und mein Herz», ihren Schmerz in Versuchungen aus dem Anblick des weinenden Petrus, ihre Freude in Versuchungen aus dem Wort des Jakobus: «Liebe Brüder, achtet es für lauter Freude, wenn ihr in mancherlei Versuchungen fallet.»

Aber nicht nur um ihrer selbst willen wird ihr Gemüt derartig bewegt, sondern auch um derer willen, deren Rettung sie wünschen, deren Untergang sie fürchten, um die sie trauern, wenn sie zugrunde gehen, und froh sind, wenn sie gerettet werden. Hier nennen wir, die wir aus den Heiden zur Kirche Christi kamen, vor allen einen der edelsten und tapfersten Männer, der sich seiner Schwachheit rühmt, den Lehrer der Heiden im Glauben und in der Wahrheit, der mehr als alle seine Mitapostel gearbeitet hat und in vielen Briefen die Völker Gottes, nicht nur die er vor Augen hatte, sondern auch die er noch kommen sah, unterwies. Auf ihn schauen voll Freuden die Glaubensaugen der Bürger des Gottesstaates, auf ihn, den Athleten Christi, der von ihm gelehrt, von ihm gesalbt, mit ihm gekreuzigt, mit ihm verherrlicht ward, der auf der Schaubühne dieser Welt, wo er zum Schauspiel ward für Engel und Menschen, den großen Kampf recht kämpfte und nach dem Siegespreis der himmlischen Berufung, der ihm winkte, lief. Sie sehen ihn, wie er sich freut mit den Fröhlichen, weint mit den Weinenden, wie er außen Streit hat und innen Furcht, wie er Lust hat, abzuscheiden und bei Christo zu sein, wie er danach verlangt, die Römer zu sehen, um auch unter ihnen einige Frucht zu schaffen wie unter den Heiden, wie er um die Korinther sich ereifert und in diesem Eifer fürchtet, ihre Herzen möchten verrückt werden von der Einfalt in Christus, wie er große Traurigkeit und Schmerzen ohne Unterlaß im Herzen trägt wegen der Israeliten, weil sie die Gerechtigkeit Gottes nicht erkannten, ihre eigene Gerechtigkeit aufrichten wollten und der Gerechtigkeit Gottes nicht untertan waren, wie er nicht nur Schmerz, sondern bitteren Gram kundgibt über manche, die zuvor gesündigt und nicht Buße getan hatten wegen ihrer Unsauberkeit und Unkeuschheit.

Sind diese Gemütsbewegungen, diese Affekte, die aus gutem Willen und heiliger Liebe hervorgehen, Laster zu nennen, so mag man meinethalben wahre Laster Tugenden nennen. Doch wer wird sich herausnehmen, solche Gefühle, wenn sie in vernünftigen Bahnen sich halten und nur da, wo es frommt, hervortreten, krankhaft oder sündige Leidenschaften zu heißen? So hat auch der Herr selber, als er sich herabließ, in Knechtsgestalt ein menschliches, aber sündloses Leben zu führen, ihnen Raum gegeben, wo er es für recht hielt. Denn hatte er einen wahren menschlichen Leib und eine wahre menschliche Seele, dann auch gewiß keine falschen Gefühle. Wenn also von ihm im Evangelium erzählt wird, daß er über die Herzenshärtigkeit der Juden zürnte und sich betrübte, daß er gesagt hat: «Ich bin froh um euretwillen, auf daß ihr glaubet», daß er Tränen vergoß, als er sich anschickte, Lazarus aufzuerwecken, daß ihn danach verlangte, mit seinen Jüngern das Osterlamm zu essen, daß beim Herannahen des Leidens seine Seele traurig ward, so wird uns mit alledem nichts Falsches berichtet. Er hat solchen seelischen Regungen seinem Heilsplan entsprechend ebenso in seinem Gemüte, wenn er wollte, Eingang gewährt, wie er Mensch ward, da er es wollte.

Man muß freilich gestehen: Auch wenn diese Gefühle recht und gottgemäß sind, gehören sie doch nur diesem, nicht etwa auch dem künftigen Leben an, auf das wir hoffen, und oft kommen sie auch gegen unsern Willen über uns. So weinen wir bisweilen, auch wenn wir's nicht wollen, obschon es nicht sündige Begierde, sondern reine Liebe ist, die uns bewegt. Wir unterliegen diesen Gefühlen infolge unserer menschlichen Schwäche. Mit unserm Herrn Jesus verhielt es sich allerdings anders, denn war er auch schwach, so doch aus eigener Machtvollkommenheit. Aber wenn uns dergleichen Gefühle in der Schwachheit dieses unsers Erdenlebens überhaupt fremd wären, würden wir schwerlich recht leben. So tadelt, ja verabscheut der Apostel manche Leute, von denen er sagt, sie seien ohne Gefühl. Auch der heilige Psalmist klagt sie an und sagt von ihnen: «Ich wartete, ob jemand mit mir trauerte, aber da war keiner.» Überhaupt keinen Schmerz zu empfinden, solange man an dieser Stätte des Elends weilt, das würde, wie auch einer der weltlichen Schriftsteller gemeint und ausgesprochen hat, nur für einen hohen Preis zu haben sein, nämlich Roheit des Gemüts und Trägheit des Leibes. Versteht man also jene von den Griechen sogenannte Apatheia – auf lateinisch müßte man etwa «impassibilitas», Leidensunfähigkeit sagen –, wenn man sie auf die Seele, nicht den Leib bezieht, in dem Sinne, daß man von solchen Gemütserregungen frei ist, die der Vernunft widerstreiten und den Geist verwirren, so ist sie ohne Frage etwas Gutes und höchst wünschenswert, freilich in diesem Leben unerreichbar. Denn es ist ein Wort aus dem Munde der Frömmsten, der wahrhaft Gerechten und Heiligen, und nicht etwa gewöhnlicher Sterblicher: «So wir sagen, wir haben keine Sünde, verführen wir uns selbst, und die Wahrheit ist nicht in uns.» Dann also wird jene «Apathie» erreicht werden, wenn es im Menschen keine Sünde mehr gibt. Jetzt aber lebt man gut genug, wenn man schwere Verfehlung meidet. Wer dagegen ohne Sünde zu leben glaubt, bringt's nicht dahin, keine Sünde zu haben, sondern keine Vergebung zu empfangen. Muß man jedoch unter Apathie einen Zustand verstehen, da die Seele überhaupt keine Gefühle mehr kennt, so wäre zu urteilen, daß solche Stumpfheit alle Laster an Schlechtigkeit noch übertrifft. Man mag also mit gutem Grund sagen, die vollkommene Seligkeit werde ohne den Stachel der Furcht und ohne jede Traurigkeit sein, doch nur ein von aller Wahrheit verlassener Mensch könnte behaupten, es werde dort auch keine Liebe und Freude geben. Ist aber Apathie solch ein Zustand, wo weder Furcht schrecken noch Schmerz quälen kann, ist er zwar für dies Leben, wenn wir es recht, das heißt nach Gott führen wollen, abzulehnen, aber für jenes selige Leben, dessen ewige Dauer uns verheißen ist, durchaus zu erhoffen.

Denn die Furcht, von welcher der Apostel Johannes sagt: «Furcht ist nicht in der Liebe, sondern die völlige Liebe treibt die Furcht aus, denn die Furcht hat Pein. Wer sich aber fürchtet, der ist nicht völlig in der Liebe», diese Furcht ist nicht von der Art wie jene, die den Apostel Paulus besorgen ließ, die Korinther möchten durch Schlangenlist verführt werden, also eine Furcht einzig und allein aus Liebe, sondern sie ist Furcht von der Art, die nicht in der Liebe ist, und von ihr sagt derselbe Apostel Paulus: «Ihr habt nicht einen knechtischen Geist empfangen, daß ihr euch abermals fürchten müßtet.»

Die keusche Furcht jedoch, die ewiglich bleibt, die in der künftigen Welt fortdauern wird – denn wie könnte sie sonst ewiglich bleiben? –, ist nicht Furcht, die vor einem Übel zurückschreckt, das sich zutragen könnte, sondern die an einem Gut festhält, das nicht verlorengehen kann. Denn wo die Liebe zu dem erlangten Gute unwandelbar ist, da ist die Furcht vor dem Übel, das vermieden werden muß, wenn man so sagen darf, ganz ruhig. Denn mit der «keuschen Furcht» ist der Wille gemeint, kraft dessen wir die Sünde nicht wollen und sie meiden, nicht in der Besorgnis, unsere Schwachheit könnte uns in Versuchung führen, sondern in der ruhigen Gewißheit der Liebe. Oder wenn in jener ruhevollen Sicherheit der ewigen und seligen Freuden überhaupt keine Furcht mehr bestehen kann, dann hat jenes Wort «die keusche Furcht des Herrn bleibt ewiglich» den gleichen Sinn wie das andere: «Die Geduld der Armen wird in Ewigkeit nicht verlorengehen.» Denn die Geduld selber wird ja nicht ewig währen, da sie nur nötig ist, wo Übel zu ertragen sind, sondern was ewig währt, ist das, wohin man durch die Geduld gelangt. So ist wohl auch deshalb von der keuschen Furcht gesagt, daß sie ewiglich bleibt, weil das bleibt, wohin diese Furcht uns führt.

So verhält sich das, und darum sind auch in einem rechten Leben, wie es geführt werden muß, um zum seligen Leben zu gelangen, alle Gemütsbewegungen recht, in einem verkehrten verkehrt. Im seligen und zugleich ewigen Leben aber wird es sowohl rechte als auch unverlierbare Liebe und Freude geben, dagegen keine Furcht und keinen Schmerz. Daraus erhellt schon in etwa, wie sich auf dieser Pilgerfahrt die Bürger des Gottesstaates, die nach dem Geist leben, nicht nach dem Fleisch, das heißt nach Gott und nicht nach dem Menschen, verhalten müssen, und wie sie in jener Unsterblichkeit, nach der sie trachten, beschaffen sein werden. Der Staat aber oder die Genossenschaft der Gottlosen, die nicht nach Gott, sondern nach dem Menschen leben und in Verehrung der falschen und Verachtung der wahren Gottheit Menschen- und Dämonenlehren folgen, wird von diesen Affekten wie von schlimmen Krankheiten und Stürmen erschüttert. Und wenn unter seinen Bürgern auch solche sind, die dergleichen Aufwallungen zu mäßigen und beschwichtigen scheinen, sind sie von gottlosem Hochmut dermaßen aufgeblasen, daß mit abnehmender Bedrängnis das Verhängnis nur um so schlimmer wird. Und wenn einige in einem Unverstand, der um so ungeheuerlicher ist, je seltener er ist, sich dessen rühmen, daß sie überhaupt von Gemütsbewegungen weder angeregt und gehoben noch gebeugt und niedergedrückt würden, nun so haben sie mehr ihre ganze Menschlichkeit verloren als wahre Ruhe erlangt. Denn was hart ist, das ist darum nicht recht, und was stumpf, nicht gesund.

10. *Vor dem Sündenfall der ersten Menschen keine Beunruhigung durch Affekte*

Aber ob der erste Mensch oder die ersten Menschen – es war ja ein Ehepaar – in ihrem beseelten Leibe schon vor dem Sündenfall diese Affekte hatten, die wir in unserm geistlichen Leibe, nachdem alle Sünde ausgekehrt und abgetan ist, nicht mehr haben werden, danach fragt man nicht ohne Grund. Denn hatten sie sie, wie konnten sie dann glückselig sein an jener denkwürdigen Stätte des Glücks, dem Paradiese? Kann man denn jemanden vollkommen glückselig nennen, wenn er von Furcht oder Schmerz beunruhigt wird? Doch was konnten sie fürchten oder worüber Schmerz empfinden bei der Fülle köstlicher Güter, wo weder Tod noch irgendein körperliches Übelbefinden drohte, wo nichts fehlte, was guter Wille hätte erlangen mögen, wo es nichts gab, was Leib oder Seele des glücklichen Menschen hätte verletzen können? Ungetrübt war die Liebe zu Gott und der Gatten untereinander, die in inniger, treuer Gemeinschaft lebten, und aus dieser Liebe erwuchs die schönste Freude, da, was geliebt ward, stets auch genossen werden konnte. In ruhiger Sicherheit ward die Sünde gemieden, und solange dies andauerte, konnte nirgendwoher ein Übel, das Trübsal verursacht hätte, hereinbrechen. Oder trugen sie etwa Verlangen, von dem verbotenen Baum zu essen, fürchteten sich aber vor dem drohenden Tode, und sollten aus diesem Grunde schon dort und damals Begierde und Furcht jene Menschen in Unruhe versetzt haben? Nein, das konnte nicht sein, da es überhaupt noch keine Sünde gab. Denn begehren, was Gottes Gesetz verbietet, und aus Furcht vor Strafe, nicht aus Liebe zur Gerechtigkeit, sich der Übertretung enthalten, ist doch Sünde. Undenkbar, sage ich, daß da vor aller Sünde schon solch eine Sünde gewesen wäre, daß man in bezug auf den Baum das Herrenwort vom Weibe hätte anwenden können: «Wer ein Weib ansiehet, ihrer zu begehren, der hat schon mit ihr die Ehe gebrochen in seinem Herzen.» So glücklich wie sie damals waren, als noch keine Leidenschaften ihre Seele verwirrten, keine Gebrechen ihren Leib heimsuchten, ebenso glücklich wäre das ganze Menschengeschlecht gewesen, hätten sie nicht das Böse begangen, das sie dann auf ihre Nachkommen übertrugen, und hätte auch sonst keiner aus ihrem Stamme Unrecht verübt, das Verdammnis zur Folge haben mußte. Dann hätte dieses Glück fortgedauert, bis in Kraft jenes Segenswortes «wachset und mehret euch» die vorherbestimmte Zahl der Heiligen erreicht und darauf ein anderes, noch größeres Glück gewährt worden wäre, wie es den seligsten Engeln verliehen ward. Alsdann hätte volle Gewißheit geherrscht, daß niemand sündigen, niemand sterben werde, und das Leben der Seligen, die Mühsal, Leid und Tod nie zu schmecken bekommen hätten, wäre dasselbe gewesen, wie es nun nach all diesem sein wird, wenn durch die Auferstehung der Toten die Unvergänglichkeit des Leibes erneuert ist.

11. *Vom Sündenfall der ersten Menschen und Evas und Adams Rolle*

Doch da Gott alles vorherwußte und ihm folglich auch die künftige Sünde des Menschen nicht verborgen bleiben konnte, müssen wir den heiligen Staat so nehmen, wie Gott ihn vorhergewußt und geplant hat, und nicht so, wie er gar nicht zu unserer Kenntnis kommen konnte, weil Gottes Plan ein anderer war. Denn der Mensch konnte durch seine Sünde den göttlichen Ratschluß nicht stören, daß Gott genötigt gewesen wäre, seine Absichten zu ändern; war doch beides im voraus Gott bekannt, sowohl wie böse der Mensch sein werde, den er gut geschaffen, als auch wie er selbst es mit ihm zum Guten wenden werde. Denn es heißt wohl, Gott ändere seine Pläne – liest man doch in der Schrift in übertragenem Sinne sogar von Reue Gottes –, doch sagt man das nur, weil man daran denkt, was der Mensch erwartete, oder was der natürliche Lauf der Dinge mit sich gebracht hätte, nicht daran, was der Allmächtige vorhergewußt und zu tun sich vorgenommen. Gott hat also, wie geschrieben steht, den Menschen recht geschaffen, demnach auch guten Willens. Denn er wäre nicht recht gewesen, hätte er nicht guten Willen gehabt. Der gute Wille also ist Gottes Werk, denn der Mensch ist mit ihm von Gott geschaffen. Der erste böse Wille aber, der allen bösen Werken im Menschen voraufging, war mehr Abfall vom Werke Gottes zu eigenen Werken als selbst ein Werk, und darum sind's böse Werke, weil der Mensch sie nach sich selber tut und nicht nach Gott. Der böse Baum sozusagen, an dem diese Werke als böse Früchte wachsen, ist der Wille oder auch der Mensch selbst, sofern er bösen Willens ist. Obwohl nun der böse Wille nicht naturgemäß, sondern als Gebrechen naturwidrig ist, haftet er doch an der Natur, deren Gebrechen er ist, weil er ohne Natur nicht sein kann, aber an einer Natur, die Gott aus nichts geschaffen, nicht an der, die der Schöpfer aus sich selbst erzeugt hat wie das Wort, durch welches alles geschaffen ward. Denn wohl hat Gott den Menschen aus Erdenstaub gebildet, aber die Erde selbst und aller irdische Stoff stammt aus dem Nichts, und auch eine aus nichts geschaffene Seele verlieh Gott dem Leibe, als er den Menschen schuf. Weit überlegen aber ist das Gute dem Bösen. Denn obschon auch dieses zugelassen ist, um darzutun, daß die vorausschauende Gerechtigkeit des Schöpfers es zum Guten gebrauchen kann, so kann doch das Gute ohne das Böse bestehen, wie der wahre und höchste Gott selber und die ganze himmlische unsichtbare und sichtbare Kreatur über diesem trüben Luftraum, das Böse aber nicht ohne das Gute. Denn die Naturen, denen es anhaftet, sind als Naturen allemal gut. Das Böse wird auch nicht dadurch beseitigt, daß eine böse Natur, die hinzugekommen, oder ein Teil von ihr weggeschafft würde, sondern dadurch, daß eben die verdorbene und schlecht gewordene Natur wieder geheilt und gebessert wird. Volle Willensfreiheit besteht also dann, wenn der Wille den Fehlern und Sünden nicht dient. So war er, als Gott ihn verlieh. Da er nun durch eigene Schuld verlorenging, konnte er nur von dem zurückgegeben werden, der allein ihn geben konnte. Darum spricht die Wahrheit: «Wenn euch der Sohn frei macht, seid ihr recht frei.» Das aber ist dasselbe, als wenn er sagte: Wenn euch der Sohn heilt, werdet ihr wahrhaft heil sein. Denn was ihn zum Befreier macht, das macht ihn auch zum Heiland.

So lebte der Mensch nach Gott im Paradiese. Das aber war sowohl leiblich als auch geistlich. Denn war es leiblich um des Wohlseins des Leibes willen, so war es nichtsdestoweniger auch geistlich um des Wohlseins des Geistes willen, oder umgekehrt: war es geistlich, so daß der Mensch es mit inneren Sinnen genoß, war es doch auch leiblich zum Genuß mit den äußeren Sinnen. Es war beides und diente dem doppelten Zweck. Nachdem jedoch jener hochmütige und darum auch neidische Engel durch eben diesen Hochmut sich von Gott weg und zu sich selbst hingewandt hatte und in einer Art Tyrannenstolz sich lieber an Untertanen freuen als selbst untertan sein wollte, somit aus dem geistlichen Paradiese herabgefallen war – von seinem Fall und dem seiner Genossen, die nun aus Gottes Engeln zu seinen Engeln wurden, habe ich schon im elften und zwölften Buche dieses Werkes das Nötige gesagt –, trachtete er in verführerischer Arglist danach, sich in des Menschen Sinn einzuschleichen, dem er es mißgönnte, daß er noch stand, während er selbst gefallen war. Da nun in dem leiblichen Paradiese neben den beiden Menschen, dem Manne und Weibe, auch die übrigen irdischen Lebewesen, sämtlich untertänig und unschädlich, weilten, wählte er sich die Schlange, ein glattes, in krummen Windungen sich fortbewegendes, zu seinem Vorhaben passendes Geschöpf als Sprachrohr aus. Durch sie, die er durch seine engelhaft überlegene Macht und Natur in geistiger Bosheit sich unterwarf und als Werkzeug mißbrauchte, sprach er zum Weibe, indem er mit dem schwächeren Teile des Menschenpaares den Anfang machte, um von da schrittweise zum Ganzen zu gelangen. Denn er dachte, der Mann werde nicht so leichtgläubig sein und sich täuschen lassen, wohl aber durch Nachgiebigkeit dem Irrtum der Gefährtin erliegen. Denn wie Aaron bei Anfertigung des Götzenbildes dem irrenden Volke nicht etwa zustimmte, weil er verführt worden wäre, sondern weil er seinem Drucke nachgab, und wie es unglaubhaft ist, daß Salomo irrtümlich gemeint habe, man müsse den Götzen dienen, sondern anzunehmen, daß er sich durch Frauenschmeichelei zu seinem gotteslästerlichen Tun bewegen ließ, so hat vermutlich auch dieser Mann seinem Weibe, der eine der einen, der Mensch dem Menschen, der Gatte der Gattin, vom Gefühl der engen Zusammengehörigkeit bestimmt, nicht vom Glauben an ihre vermeintlich wahre Rede verführt, nachgegeben. Nicht umsonst sagt ja der Apostel: «Adam ward nicht verführt, sondern das

Weib ward verführt.» Denn sie nahm die Worte der Schlange für Wahrheit, er aber wollte das Band der Gemeinschaft mit der einzigen Gefährtin nicht lösen, auch nicht, wo sich's um Sünde handelte. Er ist darum nicht weniger schuldig, vorausgesetzt, daß er mit Wissen und Vorbedacht gesündigt hat. Darum sagt auch der Apostel nicht: «Adam hat nicht gesündigt», sondern: «Er ward nicht verführt», und meint offenkundig ihn, wo er spricht: «Durch einen Menschen ist die Sünde in die Welt gekommen» und ein wenig später noch unzweideutiger, wo es heißt «mit gleicher Übertretung wie Adam». Als verführt betrachtet er nämlich diejenigen, die das, was sie tun, nicht für Sünde halten, Adam aber wußte es. Wie wäre sonst auch wahr, daß er nicht verführt ward? Doch hatte er die göttliche Strenge noch nicht erfahren und konnte darum dem Irrtum sich hingeben, sein Vergehen für entschuldbar zu halten. So unterlag er allerdings nicht derselben Verführung wie das Weib, täuschte sich aber über das Urteil, das seine Ausrede treffen mußte: «Das Weib, das du mir zugesellt hast, gab mir, und ich aß.» Was bedarf es weiterer Worte? Wurden auch nicht beide leichtgläubig hintergangen, so doch beide sündigend eingefangen und gerieten so in des Teufels Stricke.

12. *Die Schwere der ersten Übertretung*

Nun wundert sich vielleicht jemand, warum durch jene Übertretung der beiden ersten Menschen die menschliche Natur verändert ward, während sie doch durch andere Sünden nicht in dieser Weise verändert wird. Ist sie doch jetzt, wie wir sehen und fühlen, aufs schlimmste verderbt und dadurch dem Tode unterworfen und wird noch dazu von vielen, heftigen und einander widerstreitenden Gefühlen verwirrt und aufgeregt, wie es im Paradiese vor der Sünde, trotz des seelischen Leibes, mit dem sie ausgestattet war, noch nicht gewesen. Wundert sich jemand darüber, wie ich sagte, so darf er doch nicht meinen, jenes Vergehen sei nur leicht und gering gewesen, weil es sich nur um Speise, noch dazu keine schlechte und schädliche, obschon freilich verbotene, gehandelt habe. Denn etwas Schlechtes hätte Gott an dieser Stätte hohen Glückes gewiß nicht geschaffen oder wachsen lassen. Aber in dem göttlichen Gebot ward Gehorsam eingeschärft, eine Tugend, die bei vernünftigen Geschöpfen sozusagen Mutter und Wächterin aller Tugenden ist. Denn sie sind so geschaffen, daß untertan zu sein ihnen heilsam, dagegen ihrem eigenen Willen statt dem des Schöpfers zu folgen verderblich ist. Dies Gebot, nur von einer einzigen Speise nicht zu essen, wo solche Fülle anderer zur Verfügung stand, wie leicht war es zu befolgen, wie kurz, es dem Gedächtnis einzuprägen! Auch leistete damals noch keine Begierde dem Willen Widerstand, wie es zur Strafe der Übertretung später der Fall war. Je leichter es nun hätte beobachtet und gehalten werden können, desto größer die Ungerechtigkeit, es zu verletzen.

13. Der bösen Tat Adams ging der böse Wille vorauf

Aber sie fingen erst an, insgeheim böse zu sein, um dann in offenen Ungehorsam zu fallen. Denn sie hätten das böse Werk nicht vollbracht, wäre nicht böser Wille voraufgegangen. Womit aber begann der böse Wille? Keine andere Antwort ist möglich als: mit Hochmut. Denn «Hochmut ist der Anfang aller Sünde.» Was aber ist Hochmut anders als Streben nach falscher Hoheit? Denn das ist falsche Hoheit, vom Urgrund sich zu lösen, dem der Geist eingewurzelt sein soll, um gewissermaßen sein eigener Urgrund zu werden und zu sein. Das geschieht, wenn der Geist sich selbst zu sehr gefällt. Dann aber gefällt er so sich selbst, wenn er sich von jenem unwandelbaren Gut abwendet, das ihm mehr gefallen sollte als er sich selbst.

Diese Abkehr aber ist freiwillig. Denn wenn der Wille in der Liebe zum höheren, unwandelbaren Gut, das ihn zum Schauen erleuchtete und zum Lieben entflammte, ständig verharrte, würde er sich nicht von ihm zur Selbstgefälligkeit abwenden und dadurch finster und kalt werden, dann würde das Weib nicht die Schlangenrede für wahr gehalten und der Mann nicht seines Weibes Willen dem göttlichen Gebote vorgezogen und geglaubt haben, die Übertretung desselben sei entschuldbar, wenn er seiner Lebensgefährtin auch beim Sündigen Gemeinschaft leistete. So wurde das böse Werk, jene Übertretung durch Genuß der verbotenen Speise, von solchen vollbracht, die bereits böse waren. Wo anders sollte diese böse Frucht auch wachsen, wenn nicht an einem bösen Baum? Daß aber der Baum böse wurde, geschah wider die Natur, denn nur durch fehlsamen Willen, der widernatürlich ist, konnte es geschehen. Aber nur die aus nichts erschaffene Natur konnte durch Verfehlung verdorben werden. Daß sie Natur ist, hat sie also daher, daß sie von Gott geschaffen ist, daß sie aber von dem, was sie ist, abfällt, daher, daß sie aus nichts geschaffen ist. Doch fiel der Mensch nicht so, daß er nun überhaupt zu nichts geworden wäre, sondern, zu sich selbst hinneigend, ward er minderwertig im Vergleich zu früher, als er dem, der zuhöchst ist, noch anhing. Gott verlassen und bei sich selbst sein oder sich selbst gefallen, heißt also nicht nichts sein, sondern sich dem Nichts nähern. Darum nennt die Heilige Schrift die Hochmütigen auch selbstgefällig. Gut aber ist's, sein Herz droben zu haben, nicht jedoch bei sich selbst, denn das wäre Hochmut, sondern bei Gott. Das ist der Gehorsam, das Kennzeichen der Demütigen. Seltsam! Demut hat etwas an sich, was das Herz emporhebt, und Hochmut etwas, was das Herz herabzieht. Es scheint zwar ein Widerspruch zu sein, daß der Hochmut nach unten, die Demut nach oben führen soll. Aber fromme Demut unterwirft sich dem Höheren, und nichts ist höher als Gott.

Darum erhöht die Demut, die Gott untertänig macht. Der sündhafte Hochmut aber verschmäht seinem Wesen nach die Unterordnung und fällt von dem herab, der höher ist als alles. Darum sinkt er in die Tiefe, so daß sich das Schriftwort erfüllt: «Du hast sie herabgestürzt, da sie sich erhoben.» Denn es heißt nicht: «Da sie sich erhoben hatten», so daß sie zuerst sich erhoben und sodann herabgestürzt wären, sondern: Da sie sich erhoben, wurden sie herabgestürzt. So ist Sicherheben und Herabgestürztwerden ein und dasselbe. Darum wird jetzt im Gottesstaate, wird jetzt dem Gottesstaate, der noch die Welt durchpilgert, zuallermeist die Demut ans Herz gelegt, wird sie an seinem Könige Christus zuhöchst gerühmt und an seinem Widersacher, dem Teufel, das Gegenteil dieser Tugend, das Laster des Hochmuts als seine Hauptsünde von der Heiligen Schrift aufgedeckt. Das ist in der Tat der große Unterschied, der sie voneinander trennt, die beiden Staaten, von denen wir sprechen, die Genossenschaft der frommen sowie die der gottlosen Menschen, deren jede ihre dazugehörigen Engel hat, in denen hier die Gottesliebe, dort die Selbstliebe zuerst auf den Plan trat.

Zu solch offenkundiger, zutage liegender Sünde wie dem Sichhinwegsetzen über Gottes Gebot hätte also der Teufel den Menschen nicht verleitet, wenn dieser nicht schon angefangen hätte, sich selber zu gefallen. Denn daher kam's, daß ihm verlockend erschien, was ihm das Wort «ihr werdet sein wie Götter» in Aussicht stellte. Das hätten sie besser erreichen können, hätten sie in Gehorsam dem höchsten und wahren Urgrund angehangen und wären nicht durch Hochmut ihr eigener Urgrund geworden. Denn geschaffene Götter sind nicht in eigener Wahrheit Götter, sondern durch Teilhabe am wahren Gott. Wer mehr zu sein trachtet, wird weniger, wenn er, sich selbst genügend, von dem, der ihm wahrhaft genügt, sich lossagt. Jenes Böse also, das vor sich geht, wenn der Mensch sich selbst gefällt, als wäre er selber ein Licht, und sich von dem Licht abwendet, das ihn, wenn es ihm gefiele, wirklich licht machen würde, es ging verborgen voran, worauf dann das offenkundig verübte Böse folgte. Denn wahr ist, was geschrieben steht: «Ehe es stürzt, wird stolz das Herz, und ehe es Ehre erlangt, demütigt es sich.» Dem offenbaren geht also der heimliche Sturz vorauf, aber von ihm merkt man nichts. Denn wer hält diese Selbsterhöhung für einen Sturz, obwohl sie doch bereits der Abfall ist, durch den man sich vom Allerhöchsten trennt? Wer aber sieht den Sturz nicht, der erfolgt, wenn das Gebot gröblich und unzweifelhaft übertreten wird? Darum das göttliche Verbot, damit das begangene Unrecht durch keinen Schein des Rechts beschönigt werden kann. Ja, ich wage zu behaupten: Es ist für die Hochmütigen heilsam, in eine offene, unleugbare Sünde zu fallen, damit sie nun sich mißfallen, die schon dadurch gefallen waren, daß sie sich selbst gefielen. Denn heilsamer war des weinenden Petrus Mißfallen an sich selbst als seine Selbstgefälligkeit, da er vermessen prahlte. Das sagt auch der heilige Psalm: «Mache ihr Angesicht voll Schande, daß sie deinen Namen suchen, Herr», das ist, daß sie an dir Gefallen haben und deinen Namen suchen, die vorher an sich Gefallen hatten, als sie ihren eigenen suchten.

14. Entschuldigung vermehrte ihre Schuld

Schlimmer noch und verdammlicher ist der Hochmut, wenn man selbst bei offenbaren Sünden zu Entschuldigungen seine Zuflucht nimmt, wie das die ersten Menschen taten. Denn das Weib sprach: «Die Schlange betrog mich, und ich aß», der Mann aber sprach: «Das Weib, das du mir zugesellt hast, gab mir von dem Baum, und ich aß.» Hier vernimmt man keine Bitte um Vergebung, kein Flehen um ein Heilmittel. Denn obschon die beiden nicht wie Kain ihr Vergehen ableugnen, sucht doch ihr Hochmut die Schuld abzuwälzen, der Hochmut des Weibes auf die Schlange, der des Mannes auf das Weib. Aber Selbstbeschuldigung und nicht Entschuldigung ist am Platze, wo offenkundig Gottes Gebot übertreten ward. Denn darum handelt es sich, mochte auch das Weib auf Zureden der Schlange, der Mann auf Drängen des Weibes die Tat begangen haben. Als ob es irgend etwas gäbe, dem man mehr Glauben und Gehorsam schuldete als Gott!

15. *Die Vergeltung des Ungehorsams*

So ward Gottes Befehl verachtet, des Gottes, der den Menschen geschaffen und nach seinem Ebenbild gestaltet hatte, der ihn den anderen Lebewesen übergeordnet, ins Paradies versetzt und ihm eine Fülle aller möglichen Dinge sowie des Wohlseins verliehen hatte, der ihn nicht mit zahlreichen, großen und schweren Geboten belastet, sondern ihm nur durch ein ganz kurzes und leichtes Gebot zum heilsamen Gehorsam angeleitet hatte, um das Geschöpf, dem freiwilliges Dienen frommte, daran zu erinnern, daß er der Herr sei. Darauf folgte die gerechte Verdammnis. Sie bewirkte, daß der Mensch, der durch Erfüllung des Gebotes auch seinem Fleische nach geistlich geworden wäre, nun statt dessen seinem Geiste nach fleischlich wurde, daß er, der in eigenem Hochmut an sich selbst Gefallen gehabt hatte, durch Gottes Gerechtigkeit sich selber überlassen wurde. Dies nun freilich nicht so, daß er sich selber in voller Gewalt gehabt hätte, sondern, mit sich selbst in Zwiespalt, mußte er unter dessen Herrschaft, dem er bei seinem Sündenfalle nachgegeben hatte, statt der begehrten Freiheit harte und jämmerliche Knechtschaft eintauschen. Aus eigenem Willen geistlich tot, mußte er nun wider Willen leiblich sterben und, da er das ewige Leben preisgegeben, obendrein, wenn die Gnade ihn nicht rettete, zum ewigen Tode verdammt werden. Wer meint, diese Verdammnis sei zu schwer oder ungerecht, ermißt wahrlich nicht, wie groß die Schlechtigkeit einer Sünde war, die so leicht hätte vermieden werden können. Denn wie nicht ohne Grund Abrahams großer Gehorsam gepriesen wird, weil ihm der überaus schwere Befehl gegeben ward, seinen Sohn zu töten, so war im Paradiese der Ungehorsam um so größer, je geringer die Schwierigkeit, das Gebot zu erfüllen. Und war der Gehorsam des zweiten Menschen deshalb um so ruhmvoller, weil er gehorsam ward bis zum Tode, so ist der Ungehorsam des ersten deshalb um so abscheulicher, weil er ungehorsam ward bis zum Tode. Denn wo auf den Ungehorsam solch harte Strafe gesetzt und vom Schöpfer solch leichtes Gebot gegeben ward, wer findet da die rechten Worte zu beschreiben, wie groß die Bosheit ist, einem so leicht zu erfüllenden, von solch gewaltigem Machthaber unter Androhung solch furchtbaren Strafgerichts erlassenen Befehl nicht zu gehorchen?

Endlich, um es kurz zu sagen, was geschah bei der Bestrafung jener Sünde anders, als daß Ungehorsam mit Ungehorsam vergolten ward? Denn worin sonst besteht des Menschen Elend wenn nicht im eigenen Ungehorsam gegen sich selbst, da er nun will, was er nicht kann, während er einst nicht wollte, was er konnte? Denn obwohl er im Paradiese vor dem Sündenfall nicht alles konnte, wollte er doch auch nicht, was er nicht konnte, und konnte darum alles, was er wollte. Jetzt aber sehen wir es an seiner Nachkommenschaft, und die göttliche Schrift bezeugt es auch: «Der Mensch ist geworden wie ein Nichts.» Denn wer zählt es auf, wie vieles er will, was er doch nicht kann, weil er sich selbst nicht gehorcht, das ist, weil der Geist und das unter ihm stehende Fleisch seinem Willen nicht gehorcht? Wie oft wird der Geist wider seinen Willen erregt, leidet das Fleisch, wird alt und stirbt, und wieviel anderes müssen wir noch erdulden, was wir widerwillig nicht zu erdulden brauchten, wenn unsere Natur unserm Willen in jeder Weise und in allen ihren Teilen gehorchte! Nun sagt man wohl, nur das Fleisch leide und werde dadurch verhindert, seinen Dienst zu tun. Doch was liegt daran, woher es kommt? Ist doch nicht zu bezweifeln, daß durch die Gerechtigkeit des Weltherrschers, dem wir nicht untertan sein und dienen wollten, uns nun das einst unterworfene Fleisch durch Unbotmäßigkeit lästig wird. Denn durch Versagung unseres Dienstes konnten wir nicht etwa Gott lästig fallen, sondern nur uns selber. Gott bedarf ja unsers Dienstes nicht wie wir des Dienstes unsers Körpers, und so wird nicht er gestraft durch unser Tun, sondern wir durch unser Leiden. Die sogenannten leiblichen Schmerzen sind ja Schmerzen der Seele im Leibe und am Leibe. Denn allein und ohne Seele könnte der Leib keinerlei Schmerz oder Begierde empfinden. Sondern wenn man sagt, das Fleisch begehre oder leide, ist es entweder, wie wir schon ausführten, der Mensch selbst oder irgendein Seelenteil, der affiziert wird durch das, was das Fleisch rauh und sanft berührt, und der dann Schmerz oder Lust empfindet. Schmerz des Fleisches ist also nur Belästigung der Seele durch das Fleisch, und Auflehnung dagegen, also Seelenschmerz, der auch Trauer heißt, ist Ablehnung dessen, was uns gegen unsern Willen zustößt. Aber der Trauer geht meist Furcht vorauf, die ebenfalls nur in der Seele wohnt, nicht im Fleische. Dagegen geht leiblichem Schmerz nicht auch so etwas wie leibliche Furcht vorauf, die schon vor dem Schmerz im Fleische fühlbar wäre. Wohl aber geht der Lust ein gewisses Verlangen vorauf, das im Fleische als Begierde nach ihr empfunden wird, wie Hunger und Durst und jene sogenannte «Libido», ein Wort, das man meist in geschlechtlichem Sinne gebraucht, während es doch ganz allgemein Gier bezeichnet. Denn sogar den Zorn haben die Alten als Rachgier definiert, obwohl der Mensch bisweilen auch seelenlosen Dingen zürnt, die für seine Rache keine Empfindung haben, und etwa einen schlecht schreibenden Griffel zerstößt oder ein

Schreibrohr im Zorn zerbricht. Aber auch das ist bei aller Unvernunft eine Art Rachgier und sozusagen ein Schattenbild der Vergeltung; denn was übel getan hat, soll nun auch Übles leiden. Es gibt also eine Rachgier, welche Zorn heißt, eine Geldgier, welche Habsucht, eine Gier, um jeden Preis die Oberhand zu gewinnen, welche Hartnäckigkeit heißt, eine Ruhmgier, die man Prahlerei nennt. So gibt es viele und verschiedene Arten von Gier, und einige haben ihren eigenen Namen, andere nicht. Denn wer würde für Herrschgier leicht einen passenden besonderen Namen finden, obschon sie, wie die Bürgerkriege bezeugen, in tyrannischen Gemütern so viel Unheil anrichtet?

16. Sinnliche Regungen nicht dem Willen unterworfen

Obschon sich also die Gier auf vielerlei richten kann, kommt uns doch, wenn nur von Libido und keinem besonderen Gegenstande der Gier die Rede ist, in der Regel fast ausschließlich die Lust in den Sinn, von der die Geschlechtsteile unseres Leibes erregt werden. Diese aber nimmt den ganzen Leib, innerlich so gut wie äußerlich, in Anspruch und bringt, da die seelische Leidenschaft sich mit dem fleischlichen Triebe vereinigt und ihn durchdringt, den ganzen Menschen in Wallung, worauf jene Wollust folgt, mit der keine andere körperliche Lust zu vergleichen ist, die, auf ihrem Höhepunkte angelangt, fast alles Denken und Wachbewußtsein auslöscht. Wer aber, der ein Freund der Weisheit und heiliger Wonnen ist und im Ehestande lebt, jedoch, eingedenk der Mahnung des Apostels, sein Gefäß in Heiligung und Ehren zu behalten weiß, nicht in der Brunst der Lust wie die Heiden, möchte nicht lieber, wenn's möglich wäre, ohne Wollust Kinder erzeugen, so daß auch bei diesem Akte die hierzu erschaffenen Glieder, ebenso wie die übrigen Glieder bei den verschiedenen Verrichtungen, für die sie bestimmt sind, dem Geiste dienstbar wären und auf

Willensgeheiß hin in Tätigkeit träten, aber nicht durch die Glut der Wollust angereizt würden. Doch auch wer an diesem Genuß seine Freude hat, gerät nicht, wann er will, sei es beim ehelichen Umgang, sei es beim schändlichen Treiben der Unzucht, in solche Erregung, sondern bisweilen stellt sie sich plötzlich ein, wenn niemand danach verlangt, bisweilen aber verläßt sie den Schmachtenden, und während die Begierde in der Seele glüht, erkaltet sie im Leibe. So leistet seltsamerweise «Libido» oft nicht nur dem Zeugungswillen, sondern auch der Gier des Wollüstlings keinen Dienst, widersetzt sich fast immer ganz und gar dem Geist, der sie zügeln will, ja spaltet sich nicht selten und gerät dadurch in Widerspruch mit sich selbst, da sie, nachdem sie den Geist erregt, sich selber nicht Folge leistet und es nicht fertigbringt, auch den Leib zu erregen.

17. Von der Nacktheit der ersten Menschen und dem Erwachen des Schamgefühls

Mit Recht also schämt man sich dieses Triebes sehr, und mit Recht werden die betreffenden Glieder, die sozusagen nach eigenem Gesetz und durchaus nicht nur nach unserer Willkür erregt oder nicht erregt werden, Schamteile genannt, was sie vor der Sünde des Menschen noch nicht waren. Denn, wie geschrieben steht, waren die Menschen zuerst nackt und schämten sich nicht. Nicht als wäre ihnen ihre Nacktheit unbekannt gewesen, aber sie war noch nicht schimpflich, weil die Wollust diese Glieder noch nicht wider Willen in Erregung versetzte, noch nicht das Fleisch durch seinen eigenen Ungehorsam wider den Ungehorsam des Menschen anklagend Zeugnis ablegte. Sie waren ja nicht blind erschaffen, wie das gedankenlose Volk annimmt, da Adam die Tiere sah, denen er Namen gab, und da wir von Eva lesen: «Das Weib sah, daß von dem Baum gut zu essen und daß er lieblich anzusehen war.» Ihre Augen waren wohl offen, aber auf das, was ihnen durch das Kleid der Gnade verliehen war, also darauf, daß sie von einem Aufruhr ihrer Glieder gegen den Willen nichts wußten, blickten sie noch nicht hin, darauf waren sie noch nicht aufmerksam geworden. Als ihnen nun die Gnade entzogen wurde, entstand zur Züchtigung ihres Ungehorsams mit entsprechender Strafe in der leiblichen Regung etwas schamlos Neues. Nun erst ward ihre Nacktheit unschicklich, wurden sie aufmerksam und schämten sich. So lesen wir von ihnen nach dem Bericht über ihre offene Übertretung des göttlichen Gebots: «Da wurden ihrer beider Augen aufgetan, und sie wurden gewahr, daß sie nackt waren, und flochten Feigenblätter zusammen und machten sich Schürzen.» Beider Augen, heißt es, wurden geöffnet, aber nicht zum Sehen – sie sahen ja schon vorher –, sondern zur Unterscheidung des Guten, das sie verloren hatten, und des Bösen, in das sie gefallen waren. Von daher empfing auch der Baum selbst seinen Namen, weil er diese Unterscheidung herbeiführen sollte, wenn er wider das Verbot, mit der Absicht, von ihm zu essen, berührt würde, und ward Baum der Erkenntnis des Guten und Bösen genannt. Denn hat man erst die Beschwerden der Krankheit erfahren, erkennt man den Wert der Gesundheit besser. Sie wurden also gewahr, daß sie nackt waren, denn nun waren sie entblößt von jener Gnade, die bewirkt hatte, daß die Nacktheit des Körpers sie nicht zu beschämen brauchte, da noch kein Gesetz der Sünde ihrem Geiste widerstrebte. Sie erkannten also, was ihnen besser unbekannt geblieben wäre, wenn sie gläubig und gehorsam gegen Gott die Sünde nicht begangen hätten, die ihnen nun die Erfahrung aufdrängte, welches Unheil Unglaube und Ungehorsam anrichten. Beschämt also durch die Widerspenstigkeit ihres Fleisches, gleichsam das strafende Zeugnis ihrer eigenen Widerspenstigkeit, flochten sie Feigenblätter zusammen und machten sich Schürzen (campestria) zur Umgürtung der Geschlechtsteile. Einige Übersetzer gebrauchen denn auch das Wort Gürtel. Nun ist aber «campestria» zwar ein lateinisches Wort, stammt aber daher, daß die Jünglinge, die nackt auf dem Sportplatz, dem Campus, übten, ihre Schamglieder bedeckten, weswegen das Volk die so Umgürteten «Campestraten», Sportler, nennt. Was also die unreine Lust gegen den zur Strafe seines Ungehorsams verurteilten Willen aufreizte, bedeckte schamhaft die Sittsamkeit. Daher hat sich bei allen Völkern, die ja sämtlich aus diesem Stamm entsprossen sind, die Sitte, die Schamteile zu verhüllen, so fest eingebürgert, daß manche Barbaren sie nicht einmal im Bade entblößen, sondern nur mit Umhüllung baden. Auch jene Männer, die in den waldigen Einöden Indiens nackt philosophieren und deswegen Gymnosophisten heißen, bedecken ihre Geschlechtsteile mit Hüllen, während sie im übrigen ganz unbekleidet bleiben.

18. *Geschlechtsverkehr, auch in der Ehe, sucht Heimlichkeit*

Handelt sich's vollends um die Befriedigung geschlechtlichen Begehrens, sucht man nicht nur bei Verübung strafbarer Schandtaten Verborgenheit, sondern auch beim Umgang mit Dirnen, einer Schmach, die der bürgerliche Staat doch erlaubt. Obwohl also hier etwas geschieht, was kein Gesetz dieses Staates ahndet, meidet doch die zugelassene und straflose unreine Lust den Anblick der Menge, ja, aus natürlichem Schamgefühl haben selbst die Bordelle Heimlichkeit vorgesehen und ward es der Zuchtlosigkeit leichter, die Fesseln des Verbots abzustreifen als der Schamlosigkeit, aus den Schlupfwinkeln des abscheulichen Tuns hervorzutreten. Nennen es doch die Schändlichen selber schändlich, und obschon sie es lieben, wagen sie sich doch damit nicht an die Öffentlichkeit. Sucht nicht sogar der eheliche Umgang, der nach den Vorschriften der Ehegesetze der Kindererzeugung dient, mag er auch erlaubt und ehrbar sein, ein heimliches Schlafgemach ohne Zeugen? Schickt nicht der Gatte alle Diener und sogar die Brautführer und alle anderen, denen eine notwendige Verrichtung Zutritt gewährt hatte, hinaus, ehe er seine Gattin zu liebkosen beginnt? Und wenn auch, wie «der größte Meister römischer Beredsamkeit» sagt, alles rechte Tun ins Licht gestellt sein will, also bekannt zu werden verlangt, will doch dies rechte Tun wohl bekannt, aber schamhaft nicht gesehen werden. Denn wer weiß nicht, was Ehegatten tun, um Kinder zu erzeugen? Werden doch zu diesem Zwecke mit größter Feierlichkeit die Gattinnen heimgeführt. Dennoch dürfen, wenn das vor sich geht, was zur Kindererzeugung führt, nicht einmal etwa schon geborene Kinder Zeugen sein. So sucht dies rechte Tun, das bekannt werden will, wohl das Licht des Geistes, flieht aber das der Augen. Woher kommt das? Weil hier etwas geschieht, was zwar von Natur durchaus schicklich ist, aber Hand in Hand geht mit einem andern, dessen man sich schämt.

19. Zorn und Begehrlichkeit müssen von der Vernunft in Schranken gehalten werden

Das ist der Grund, weswegen auch jene Philosophen, die sich der Wahrheit näherten, zugestanden, daß Zorn und Begehrlichkeit fehlsame Seelenteile seien, weil sie wild und ordnungswidrig auch nach dem trachten, was Weisheit zu tun verbietet, und darum der Zügelung durch Geist und Vernunft bedürfen. Dieser dritte Seelenteil wohne gleichsam, sie zu regieren, auf einer Burg, und nur, wenn er befehle und sie gehorchen, könne Gerechtigkeit in allen Seelenteilen gewahrt werden. Diese Teile nun, die nach ihrem Geständnis auch in einem weisen und besonnenen Menschen fehlerhaft sind, weswegen der Geist sie von dem, wonach sie ungerecht trachten, durch Zügelung und Bändigung zurückhalten und abbringen muß und nur da gewähren lassen darf, wo das Gesetz der Weisheit es gestattet – also etwa den Zorn zur Verhängung gerechter Züchtigung, die Begierde zum Geschäft der Kindererzeugung –, diese Teile, sage ich, waren im Paradiese vor dem Sündenfall noch nicht fehlerhaft. Sie trachteten nämlich noch nicht nach dem, was rechtem Wollen widersprach, und brauchten deswegen auch nicht mit den Zügeln der leitenden Vernunft zurückgehalten zu werden. Denn wenn sie jetzt sich so zu betätigen trachten und von denen, die maßvoll, gerecht und fromm leben, bald leichter, bald schwerer durch Bändigung und Eindämmung in Schranken gehalten werden müssen, so ist das nicht natürliche Gesundheit, sondern verschuldete Schwäche. Wenn aber das Schamgefühl die Werke, die Zorn und andere Leidenschaften in Worten und Taten vollbringen, nicht dermaßen verbirgt wie das, was der Geschlechtstrieb vollbringt, so ist der Grund der, daß bei allem Übrigen die Glieder des Leibes nicht direkt von den Leidenschaften selbst, sondern von dem ihnen nachgebenden Willen in Bewegung gesetzt werden, der also beim Gebrauch der Glieder Herr und Gebieter bleibt. Denn wer ein zorniges Wort ausstößt oder jemanden schlägt, kann das nur, wenn Zunge oder Hand auf Willensgeheiß die erforderlichen Bewegungen verrichten, Glieder also, die, auch ohne daß Zorn dabei im Spiele ist, vom Willen bewegt werden. Aber die Geschlechtsteile hat die Wollust dermaßen mit Beschlag belegt, daß sie nicht bewegt werden können, wenn diese fehlt und nicht, sei es von selbst, sei es irgendwie angereizt, in Erregung versetzt ist. Das ist es, dessen man sich schämt und weswegen man errötend den Blicken anderer ausweicht; und leichter erträgt jemand eine Zuschauermenge, wenn er gegen einen Mitmenschen ungerechten Zorn ausläßt, als einen einzigen Zuschauer, wenn er von seinem Gattenrecht Gebrauch macht.

20. Selbst die schamlosen Kyniker schämten sich

Das haben jene «hündischen» Philosophen, also die Kyniker, nicht begriffen, als sie allem menschlichen Schamgefühl zum Trotz die unsaubere, schamlose, und in der Tat wahrhaft hündische Meinung vorbrachten, da es ganz in der Ordnung sei, was man mit dem Weibe mache, dürfe man sich auch nicht schämen, es öffentlich zu tun, und möge darum ohne Scheu auf Straßen und Gassen ehelichen Umgang pflegen. Dennoch hat das natürliche Anstandsgefühl über diesen Irrwahn den Sieg davongetragen. Denn wenn auch berichtet wird, Diogenes habe das einmal, um damit zu prahlen, getan, in der Meinung, seine Schule werde dadurch um so berühmter werden, wenn ihre Schamlosigkeit durch solch bemerkenswerten Beweis sich dem Gedächtnis der Menschen einprägte,so haben die Kyniker das doch später unterlassen, und das Anstandsgefühl, das Menschen vor Menschen erröten läßt, erwies sich stärker als der Irrwahn, der Menschen mit Hunden auf gleiche Stufe stellen wollte. Daher möchte ich eher glauben, der, von dem dies erzählt wird, und vielleicht auch andere, habe bloß solche Bewegungen, als vollziehe er den Geschlechtsakt, den Augen der Menschen zum besten gegeben, die nicht sehen konnten, was unter dem Mantel geschah, als daß er es fertiggebracht habe, ihn ungehemmt von ihrer Beobachtung zu vollziehen. Denn wo die Philosophen sich nicht schämten, den Anschein zu erwecken, als wollten sie der Wollust frönen, schämte sich selbst die Wollust, sich zu regen. Auch jetzt noch kann man kynische Philosophen sehen, die nicht nur den charakteristischen Mantel tragen, sondern auch den Knotenstock führen, doch wagt keiner von ihnen das eben Erwähnte zu tun, denn sonst würden die Vorübergehenden sie, wenn nicht mit Steinen werfen, so doch anspeien. Es schämt sich also die menschliche Natur ohne Frage der Wollust und das mit Recht. Denn deren Widerspenstigkeit, die die Geschlechtsglieder ausschließlich den eigenen Regungen unterwarf, dagegen sie der Verfügung des Willens entzog, zeigt hinlänglich, was der erste Ungehorsam des Menschen ihm eingetragen hat, und das mußte sich vor allem an dem Körperteil offenbaren, vermittels dessen die Natur sich fortpflanzt, die durch jene erste und schwere Sünde zum Schlechteren verkehrt wurde. Ihrem Bann wird niemand entrissen, es sei denn, daß das, was jener Eine, in dem alle beschlossen waren, zum allgemeinen Verderben beging und wofür er durch Gottes Gerechtigkeit bestraft ward, durch Gottes Gnade in jedem Einzelnen gesühnt wird.

21. *Wie ist der paradiesische Ehesegen zu verstehen?*

Ganz fern muß es uns also liegen zu glauben, das paradiesische Ehepaar würde in solch unreiner Lust, derentwegen es erröten und seine Glieder verhüllen mußte, den Segen erfüllt haben, den ihm Gott in dem Worte mitgab: «Seid fruchtbar und mehret euch und füllet die Erde.» Vielmehr entstand sie erst nach der Sünde. Erst nach der begangenen Sünde und dem Verlust der Herrschaft über den Leib in allen seinen Teilen hat die Natur, die ja nicht schamlos ist, sie gespürt, beachtet, sich ihrer geschämt und sie zu verbergen gesucht. Jener Ehesegen dagegen, daß die Vermählten fruchtbar sein, sich mehren und die Erde füllen sollten, der auch den Sündern nicht verlorenging, wurde darum vor dem Sündenfall erteilt, damit man erkenne, die Kindererzeugung sei Ehre der Ehe, nicht Strafe der Sünde. Aber jetzt meinen die Menschen, die vom Paradiesesglück nichts wissen, Kinder könnten nur durch jene Wollust, die sie selbst gespürt und deren sich, wie wir sehen, auch die Ehrbarkeit der Ehe schämt, erzeugt werden. So wollen denn die einen von der göttlichen Schrift, in der man liest, daß die Menschen sich nach dem Sündenfall ihrer Nacktheit schämten und ihre Schamteile bedeckten, überhaupt nichts wissen und lachen ungläubig über sie; die anderen aber, die sie annehmen und ehren, wollen doch das Wort «seid fruchtbar und mehret euch» nicht von fleischlicher Fruchtbarkeit verstehen, weil man auch in bezug auf die Seele etwas Ähnliches in der Schrift liest: «Du wirst meine Seele fruchtbar machen an Tugenden.» So verstehen sie bei den im ersten Mosesbuch folgenden Worten «erfüllet die Erde und macht sie euch untertan» unter Erde das Fleisch, das die Seele mit ihrer Gegenwart erfüllt und dann beherrscht, soweit das möglich ist, wenn sie an Tugenden fruchtbar ist. Leibesfrüchte aber hätten, meinen sie, damals ohne jene Wollust, wie sie erst nach der Sünde entstand und bemerkt sowie scheu verhüllt wurde, ebensowenig wie jetzt geboren werden können; es würde sie also auch im Paradiese nicht gegeben haben, sondern erst draußen, wie ja tatsächlich geschehen. Denn erst nachdem sie daraus vertrieben waren, vereinigten sich die Ehegatten, Kinder zu erzeugen, und erzeugten sie auch.

22. *Einsetzung und Segnung der Ehe vor dem Sündenfall*

Wir aber bezweifeln nicht im mindesten, daß fruchtbar sein, sich mehren und die Erde erfüllen, wie Gottes Segen es verhieß, eine der Ehe verliehene Gottesgabe ist. Gott hat die Ehe ja gleich zu Anfang vor dem Sündenfall des Menschen gestiftet, als er Mann und Weib mit ihrem offenkundigen leiblichen Geschlechtsunterschiede schuf. Mit diesem Gotteswerk ward ja auch der Segen verbunden. Denn nach dem Schriftwort: «Gott schuf sie, einen Mann und ein Weib», heißt es sogleich weiter: «Und Gott segnete sie und sprach: Seid fruchtbar und mehret euch und füllet die Erde und macht sie euch untertan» und so fort. All das kann zwar auch nicht unpassend in geistlichem Sinne verstanden werden, doch darf man bei den Worten Mann und Weib hier nicht an das denken, was in einem und demselben Menschen, in dem ein herrschender und ein beherrschter Teil zu unterscheiden ist, sich dementsprechendes findet. Vielmehr ergibt sich unzweideutig aus dem verschiedenen Geschlecht ihrer Leiber, daß Mann und Weib mit der Bestimmung geschaffen sind, durch Erzeugung von Nachkommenschaft fruchtbar zu sein, sich zu mehren und die Erde zu füllen. Es wäre widersinnig, wollte man sich dagegen sträuben. Denn der Herr Christus dachte nicht an den Geist, der befiehlt, und das Fleisch, das gehorcht, auch nicht an die vernünftige Seele, die herrscht, und die unvernünftige Begierde, die beherrscht wird, oder an die überlegene Befähigung zur Betrachtung und die niedere zum Handeln, oder an geistige Erkenntnis und leibliche Sinneswahrnehmung, sondern sprach offenkundig vom ehelichen Bande, das die beiden Geschlechter miteinander verknüpft, als er auf die Frage, ob man aus irgendeinem Grunde sein Weib entlassen dürfe, im Unterschied von Moses, der wegen der Herzenshärtigkeit der Israeliten erlaubt hatte, einen Scheidebrief zu schreiben, die Antwort gab: «Habt ihr nicht gelesen, daß, der im Anfang den Menschen gemacht hat, der machte, daß ein Mann und ein Weib sein sollte, und sprach: Darum wird ein Mensch Vater und Mutter verlassen und an seinem Weibe hangen, und werden die zwei ein Fleisch sein. So sind sie nun nicht zwei, sondern ein Fleisch. Was nun Gott zusammengefügt hat, soll der Mensch nicht scheiden.» Demnach ist es gewiß, daß Mann und Weib von Anfang an so geschaffen waren, wie wir auch heute noch zwei Menschen verschiedenen Geschlechts schauen und kennen, und daß sie eins genannt werden entweder wegen der ehelichen Verbindung oder wegen des Ursprungs der Frau, die aus der Seite des Mannes erschaffen wurde. Denn auch der Apostel ermahnt unter Berufung auf das erste voraufgegangene, von Gott aufgerichtete Vorbild alle Einzelnen, daß die Männer ihre Frauen lieben sollen.

23. Auch ohne Sündenfall hätten sich die Menschen im Paradiese vermehrt, aber ohne unreine Begierden

Wer aber behauptet, wenn sie nicht gesündigt hätten, würden sie sich nicht zusammengetan und Nachkommenschaft erzeugt haben, sagt nichts anderes als, die Menschen hätten sündigen müssen, um die Zahl der Heiligen voll zu machen. Denn wenn sie ohne Sünde allein geblieben wären, weil sie, wie man meint, nicht zeugen konnten, wenn sie nicht sündigten, mußte, sollten nicht bloß zwei gerechte Menschen da sein, sondern viele, notwendig die Sünde eintreten. Kann man das unmöglich glauben, ist vielmehr anzunehmen, daß die Zahl der Heiligen, auch wenn niemand gesündigt hätte, groß genug geworden wäre, um zur Vollendung des seligen Gottesstaates auszureichen, wie sie jetzt durch Gottes Gnade aus der Menge der Sünder gesammelt wird, solange noch die Kinder dieser Welt zeugen und gezeugt werden.

So würde die paradiesischen Glückes würdige Ehe, wenn es keine Sünde gegeben hätte, wohl liebenswerte Nachkommen erzeugt, aber keine beschämende Wollust gekannt haben. Wie das hätte geschehen können, kann jetzt freilich durch kein Beispiel veranschaulicht werden. Aber es sollte uns nicht unglaublich vorkommen, daß auch jenes eine Glied ohne Wollust dem Willen hätte dienen können, dem jetzt noch so viele Glieder dienen. Wir bewegen ja Hände und Füße, soviel wir wollen, zu den diesen Gliedern obliegenden Verrichtungen, ohne jedes Hindernis mit größter Leichtigkeit, wie wir an uns und anderen, zumal auch an allerlei Handwerkern beobachten können, bei denen natürliche Schwäche und Unbeholfenheit durch Fleiß und Übung behender wird. Und nun sollen wir nicht glauben, daß die in Betracht kommenden Glieder den Menschen zur Kindererzeugung auch ohne die Begierde, womit der Ungehorsam der Sünde bestraft ward, auf einen Wink des

Willens hin hätten gehorsam und dienstbar sein können, wie es doch die übrigen Glieder können? Sagt nicht Cicero in seinen Büchern über den Staat, wo er über den Unterschied der Regierungen spricht und seine Ausführungen durch ein von der Natur des Menschen entlehntes Gleichnis veranschaulicht, den Gliedern des Leibes könne man Befehle erteilen wie Kindern, wegen der Leichtigkeit, mit der sie gehorchen, aber die fehlerhaften Teile der Seele müsse man wie Sklaven durch ein härteres Regiment im Zaume halten? Nach der Ordnung der Natur steht der Geist über dem Leibe, gleichwohl regiert er den Leib leichter als sich selbst. Die Fleischeslust dagegen, von der jetzt die Rede ist, wird darum als so beschämend empfunden, weil hier der Geist weder sich selbst so wirksam Befehl erteilt, daß sie sich überhaupt nicht regt, noch auch dem ganzen Leibe, so daß auch die Schamglieder mehr vom Willen als der Lust beherrscht werden; denn wäre das der Fall, brauchte man sich ihrer nicht zu schämen. Nun aber muß der Geist sich schämen, daß ihm der Körper Widerstand leistet, der ihm doch wegen seiner niederen Natur unterworfen ist. Denn wenn er sich bei den anderen Leidenschaften selbst widersteht, schämt er sich deshalb nicht so sehr, weil er es hier selbst ist, der sich besiegt, wenn er besiegt wird. Mag das auch ordnungswidrig und sündhaft sein, weil der Geist von den Teilen überwunden wird, die der Vernunft unterworfen sein sollten, so sind es immerhin seine eigenen Teile und wird er, wie gesagt, von sich selbst besiegt. Überwindet er sich jedoch so, wie es der Ordnung entspricht, daß seine unvernünftigen Regungen der höheren Einsicht und Vernunft sich unterwerfen, während diese selbst Gott unterworfen ist, so ist das lobenswert und tugendhaft. Dennoch schämt der Geist sich weniger, wenn er unter dem Einfluß seiner eigenen fehlerhaften Teile sich selbst nicht gehorcht, als wenn der Leib, der doch etwas von ihm Verschiedenes und ihm Untergeordnetes ist und von ihm sein natürliches Leben hat, seinem Willen und Befehl nicht nachkommt.

Werden jedoch durch Willensgebot die anderen Glieder zurückgehalten, ohne deren Hilfe die wider Willen erregten Geschlechtsteile ihr Begehren nicht befriedigen können, so wird die Keuschheit bewahrt, die sündige Lust freilich nicht getilgt, sondern nur niedergehalten. Diesen Zwiespalt, diesen Widerstand, diesen Streit des Willens und der Begierde und günstigenfalls dies Zurückweichen der Begierde vor dem stärkeren Willen hätte die paradiesische Ehe ohne Frage nicht gekannt, wäre nicht auf die Schuld des Ungehorsams die Strafe des Ungehorsams gefolgt, sondern alle Glieder wären dann ohne Ausnahme dem Willen gefügig gewesen. Das zu diesem Werk geschaffene Glied würde das Zeugungsfeld ebenso besät haben wie die Hand des Säemanns den Acker, und wenn uns jetzt, sobald wir eingehender hiervon reden wollen, das Schamgefühl widersteht und uns nötigt, von keuschen Ohren durch ein «mit Verlaub zu sagen» Nachsicht zu erbitten, wäre dazu kein Grund vorhanden gewesen, sondern über alles, worauf das Nachdenken über diese Glieder stoßen könnte, würde sich die Rede ohne Furcht vor Anstößigkeit frei haben ergehen können, ja, es hätte überhaupt keine anstößig zu nennenden Worte gegeben, sondern alles, was man hierüber hätte sagen mögen, wäre so ehrbar gewesen, wie wenn man von anderen Körperteilen spricht. Wer also an das, was wir hier schreiben, mit unzüchtigen Gedanken herangeht, möge vor der Sünde zurückschrecken, nicht vor der Natur; die Tatsache seiner eigenen Verderbtheit klage er an, nicht die Worte, die man notgedrungen gebraucht. Ein keuscher und frommer Leser oder Hörer wird mir meine Worte gern verzeihen, die nun einmal nötig sind, den Unglauben zu widerlegen, der nur von dem, was er mit seinen Sinnen erfahren, nicht vom Glauben an das, was er nicht erfahren, wissen will. Denn jener Leser liest auch dies, ohne Anstoß zu nehmen, wie er nicht schaudert, wenn der Apostel die abscheulichen Laster der Frauen rügt, die den natürlichen Brauch in den unnatürlichen verwandelten, zumal da wir hier nicht wie der Apostel verdammliche Schändlichkeiten erwähnen und strafen, sondern nur von dem Vorgang der menschlichen Erzeugung sprechen und dabei nach Möglichkeit wie er schändliche Worte vermeiden.

24. *Im Paradiese auch die Zeugungsglieder dem Willen unterworfen*

Es würde also der Mann Nachkommenschaft erzeugt und das Weib sie empfangen und sich dazu der Zeugungsglieder bedient haben, die, wann und soweit nötig, durch den Willen bewegt, nicht durch Lust erregt worden wären. Denn nicht nur solche Körperteile bewegen wir nach Belieben, die durch feste Knochen gegliedert sind, wie Hände, Füße und Finger, sondern auch die, welche nur mit weichen Sehnen ausgestattet und schlaff sind. Wir bewegen sie, so oft wir wollen, hin und her, dehnen sie aus, drehen und wenden sie und versteifen sie durch Zusammenziehung, zum Beispiel Teile unsers Gesichts und Mundes, die der Wille mehr oder weniger zu bewegen vermag. Selbst die Lungen, die mit Ausnahme des Marks in den Knochen von allen Innenteilen des Körpers am weichsten und darum in der Brusthöhle geborgen sind, wie Blasebälge in den Schmieden und Orgeln, um Luft einzuziehen und auszuhauchen und die Stimme ertönen zu lassen und zu modulieren, sie dienen ebenfalls dem Willen dessen, der ein- und ausatmet, spricht, ruft und singt. Ich will nicht darauf eingehen, daß es manchen Tieren von Natur verliehen ist, ihr den ganzen Körper umhüllendes Fell, wenn sie an bestimmter Stelle einen lästigen Reiz verspüren, nur an eben dieser empfindlichen Stelle zu bewegen und so nicht nur Mücken, die sich festgesetzt haben, sondern auch darinsteckende Speere durch heftige

Bewegung der Haut abzuschütteln. Wenn der Mensch das nicht fertigbringt, konnte es der Schöpfer deshalb doch den Lebewesen verleihen, die er dazu ausersehen. So konnte auch der Mensch sich des Gehorsams der niederen Glieder erfreuen, der ihm dann freilich durch eigenen Ungehorsam verlorenging. Denn für Gott war es nicht schwer, ihn so zu schaffen, daß auch jener Körperteil, der jetzt nur noch durch Begierde erregt wird, bloß durch den Willen bewegt wurde.

Besitzt doch auch, wie wir wissen, die Natur mancher Menschen von der Regel weit abweichende Eigenschaften, die wir wegen ihrer Seltsamkeit anstaunen. Denn sie können mit ihren Gliedern allerlei verrichten, was anderen ganz unmöglich ist, so daß sie es kaum glauben, wenn man's ihnen erzählt. So können einige ihre Ohren bewegen, entweder nur eins oder beide zugleich. Andere gibt es, die die ganze Kopfhaut, soweit die Haare reichen, zur Stirne vorschieben und wieder zurückziehen, so oft sie wollen, ohne den Kopf zu bewegen. Noch andere, die erst unglaublich viele und verschiedenartige Dinge verschlingen und dann nur ein wenig das Zwerchfell zusammenziehen und wie aus einem Beutel, was ihnen beliebt, unversehrt wieder hervorholen. Wieder andere ahmen die Stimmen von Vögeln, Haustieren oder irgendwelchen Menschen so täuschend nach, daß man's schlechterdings nicht unterscheiden kann, wenn man sie nicht sieht. Auch solche gibt es, die nach unten hin ohne üblen Geruch, wie es ihnen beliebt, so zahlreiche Töne hervorbringen, daß man meint, sie könnten auch mit diesem Körperteile singen. Ich selbst habe einen Menschen gesehen, der schwitzen konnte, wann er wollte. Bekannt ist, daß einige auch weinen, wenn sie wollen, und sogar reichliche Tränen vergießen. Noch weit unglaublicher aber ist folgendes, wovon sich erst ganz kürzlich viele Brüder überzeugen konnten. Im Kirchsprengel von Calama war ein Presbyter, namens Restitutus. Wann es ihm gefiel, versetzte er sich auf Bitten derer, die den wundersamen Vorgang selbst miterleben wollten, während irgendein Mensch scheinbare Wehklagen ausstieß, in einen Zustand der Sinnesentrücktheit und lag ganz wie ein Toter da. Wenn man ihn nun zauste oder stach, fühlte er nicht das mindeste, ja selbst Brandwunden verursachten ihm zunächst gar keine, sondern erst nachträgliche Schmerzen. Daß aber seine Regungslosigkeit nicht durch Willensanstrengung, sondern Fehlen alles Gefühls verursacht wurde, ergab sich daraus, daß man wie bei einem Verstorbenen keinen Atem feststellen konnte. Doch erklärte er hinterher, daß er Menschenstimmen, wenn laut gesprochen, wie aus weiter Ferne vernommen habe. Wenn also auch jetzt noch manchen Leuten, obschon sie in sterblichem Fleisch dies mühselige Leben führen, der Leib in allerlei Bewegungen und Regungen, dem gewohnten Lauf der Natur zuwider, wunderbar zu Diensten steht, warum sollen wir dann nicht glauben, daß vor der Sünde des Ungehorsams und der deswegen verhängten Strafe die menschlichen Glieder ohne Wollustgefühl dem menschlichen Willen hätten dienstbar sein können? So ward denn der Mensch sich selbst überlassen, da er Gott verließ und an sich selber Gefallen hatte, und, ungehorsam geworden gegen Gott, vermochte er nun auch sich selbst nicht mehr zu gehorchen. Dadurch aber ist des Menschen Elend klar zutage getreten, denn er lebt nun nicht mehr so, wie er will. Denn lebte er, wie er wollte, würde er sich für glücklich halten, wäre es freilich auch dann nicht, wenn er gottlos lebte.

25. *Glückseligkeit während des Erdenlebens unmöglich*

Indes, sehen wir genauer zu, lebt nur der Glückselige, wie er will, und ist nur der Gerechte glückselig. Doch auch der Gerechte lebt nicht, wie er will, wenn er nicht dahin gelangt, wo es keinen Tod, keinen Irrtum und keine Nöte mehr gibt und er gewiß sein kann, daß es immer so bleiben wird. Denn danach verlangt die Natur, und nur durch Befriedigung dieses Verlangens kann sie völlig und restlos glückselig werden. Aber welcher Mensch auf Erden kann jetzt leben, wie er will, da er nicht einmal über das Leben selber verfügt? Denn er will leben, muß aber sterben. Kann er denn leben, wie er will, wenn er doch nicht leben kann, solange er will? Wollte er aber sterben, könnte er erst recht nicht leben, wie er will, da er ja überhaupt nicht mehr leben will. Und wenn er sterben will, nicht weil er überhaupt nicht leben, sondern nach dem Tode besser leben will, lebt er doch jetzt noch nicht, wie er will, sondern erst dann, wenn er durch den Tod zu dem gelangt ist, was er will. Doch mag er immerhin leben, wie er will, dann nämlich, wenn er sich's abgerungen und auferlegt hat, das nicht zu wollen, was er nicht kann, und nur das zu wollen, was er kann – nach dem Ausspruch des Terenz: «Kann nicht geschehen, was du willst, so wolle, was du kannst» –, ist er dann darum glückselig, weil er elend ist in Geduld? Denn das selige Leben besitzt man nicht, wenn man es nicht auch liebt. Liebt und besitzt man es aber, so muß man es notwendig mehr als alles andere lieben, weil nur um seinetwillen alles, was sonst noch geliebt wird, geliebt werden soll. Liebt man es also, wie es geliebt zu werden verdient – und der ist nicht selig, der das selige Leben nicht liebt, wie es das verdient –, so muß, wer es dermaßen liebt, auch wollen, daß es ewig währe. Denn nur dann ist es selig, wenn es ewig ist.

26. Glück und Frieden im Paradiese

Es lebte also der Mensch im Paradiese, wie er wollte, solange er wollte, was Gott befohlen hatte. Er lebte im Genusse Gottes, des guten, durch den er gut war. Er lebte ohne Mangel und hatte es in seiner Macht, immer so zu leben. Speise war da, daß ihn nicht hungerte, Trank, daß er nicht dürstete, der Baum des Lebens, daß ihn das Siechtum des Alters nicht beschlich. Nichts, was schadhaft gewesen wäre, sei es in seinem Leibe, sei es von seiner Leiblichkeit ausgehend, bereitete einem seiner Sinne irgendwelche Beschwer. Keine innere Krankheit, kein Schlag von außen war zu befürchten. Im Fleische höchste Gesundheit, im Geiste volle Ruhe. Wie es im Paradiese weder Hitze noch Kälte gab, drohte auch dem guten Willen seines Bewohners keine Gefahr, weder von Begierde noch von Furcht. Trauer fehlte ganz und gar, auch eitele Freude gab es nicht. Aber die wahre Freude aus Gott herrschte ununterbrochen, und für ihn war entbrannt die Liebe, die aus reinem Herzen, gutem Gewissen und ungeheucheltem Glauben kommt. Die Ehegatten verband treue Gemeinschaft in ehrbarer Liebe. Einträchtig gab man Obacht auf Leib und Seele, und ohne Mühe erfüllte man das Gebot. Muße erschlaffte nicht, und nicht wider Willen stellte Schlafbedürfnis sich ein. Wie dürfte man bei solcher Gunst der Verhältnisse, bei solchem Glück der Menschen argwöhnen, die Sprößlinge hätten nicht ohne krankhafte Lust erzeugt werden können? Im Gegenteil, durch denselben Willensantrieb wären die fraglichen Glieder bewegt worden wie die übrigen, und ohne den Stachel brünstigen Begehrens, in voller Ruhe des Geistes und Körpers und ohne Verletzung ihrer Unversehrtheit, hätte der Gatte seines Weibes Schoß befruchtet. Kann man auch keinen Erfahrungsbeweis dafür liefern, so muß man es doch glauben: Auch ohne daß jene Körperteile von unruhiger Glut erregt worden wären, auch dann, wenn freier Willensentschluß sie nach Bedarf in Dienst genommen hätte, würde der männliche Same ebenso unbeschadet der leiblichen Unversehrtheit sich in den Schoß der Gattin ergossen haben, wie noch jetzt aus dem Schoß der unversehrten Jungfrau der monatliche Blutfluß sich ergießt. So gut wie das eine möglich ist, wäre auch das andere möglich gewesen.

Wie zum Gebären nicht die bitteren Wehen den Mutterleib geöffnet hätten, sondern der Antrieb der Reife, so würde zur Zeugung und Empfängnis nicht das Verlangen der Begierde, sondern freier Wille und Absicht die beiden Geschlechter zusammengeführt haben. Wir reden hier von Dingen, deren man sich jetzt schämt, und obwohl wir unserer Vermutung Ausdruck geben, wie es um sie bestellt gewesen sein mochte, als man sich ihrer noch nicht zu schämen brauchte, muß unsere Betrachtung doch mehr durch hemmende Scheu eingeschränkt, als durch Beredsamkeit, die uns ohnehin nur mangelhaft zur Verfügung steht, gefördert werden. Denn wenn das, was ich jetzt sage, nicht einmal die erfahren haben, die es hätten erfahren können, da die Sünde dazwischenkam und sie aus dem Paradiese vertrieb, noch ehe sie zum Werk der Erzeugung von Nachkommen sich ruhigen Geistes zusammentaten, ist es begreiflich, daß, wenn wir jetzt davon handeln, vor den menschlichen Sinnen nur die Erinnerung an selbsterlebte stürmische Begier, nicht das Gedankenbild jenes ruhevollen Wollens aufsteigt. So kommt es, daß Schamgefühl die Rede behindert, auch wenn Vernunft sich dem Nachdenkenden nicht versagt. Doch der allmächtige Gott, der höchste, höchst gute Schöpfer aller Wesen, der den guten Willen unterstützt und belohnt, den bösen verläßt und verdammt und beide seinem Weltplan einordnet, war keineswegs um Rat verlegen, wie er die festgelegte, in seiner Weisheit vorherbestimmte Zahl der Bürger seines Staates aus dem verdammten Menschengeschlecht herausholen und vollmachen sollte. Nicht auf Grund ihrer Verdienste, sondern aus Gnade wählte er sie aus der in der Wurzel verderbten und darum verdammten Menschenmasse aus und gab den Erlösten, nicht nur im Blick auf ihr eigenes Schicksal, sondern auch auf das der Nichterlösten, zu erkennen, wie reich er sie beschenkt. Nicht etwa geschuldete, sondern frei gewährte Güte ist es – jeder muß das erkennen –, die uns dem Unheil entreißt und uns von dem Kreise jener Menschen trennt, mit denen wir gerechterweise die Strafe hätten teilen müssen. Warum sollte Gott auch nicht die Menschen schaffen, deren künftige Sünde er voraussah, da er ja an ihnen und ihrem Ergehen klarmachen konnte, was ihre Schuld verdiente und was seine Gnade verlieh, und da unter seiner, des Schöpfers und Weltregenten, Herrschaft auch das ordnungswidrige Verhalten der Sünder die rechte Ordnung des Alls nicht verkehren konnte?

27. Der Fall der Engel und Menschen in Gottes Weltplan eingeordnet

Demnach können die Sünder, sei's Engel oder Menschen, nichts tun, was Gottes große Werke, ausgewählt nach seinem Belieben, zu hindern imstande wäre. Denn er, der vorsorglich und allmächtig jedem das Seine zuteilt, weiß nicht nur die Guten, sondern auch die Bösen gut zu gebrauchen. Warum also sollte Gott sich nicht des bösen Engels, der wegen seines ersten bösen Wollens dermaßen verdammt und verstockt war, daß sich überhaupt kein guter Wille mehr in ihm regte, zum Guten bedienen, warum nicht zulassen, daß der erste recht, das heißt, guten Willens geschaffene Mensch von ihm versucht wurde? Denn der war so geartet, daß er, wenn er als guter Mensch auf Gottes Beistand vertraut hätte, den bösen Engel besiegt haben würde, dagegen überwunden werden mußte, wenn er Gott, seinen Schöpfer und Helfer, in hochmütiger Selbstgefälligkeit verließ. Sein Verdienst sollte in rechtem, von Gott unterstütztem Willen bestehen, seine Schuld in verkehrtem, von Gott sich abwendendem Willen. Zwar hätte er ohne Gottes Hilfe nicht auf Gottes Hilfe vertrauen können, hatte es aber deshalb doch in seiner Gewalt, durch Gefallen an sich selbst die Wohltaten der göttlichen Gnade preiszugeben. Denn wie man ohne Hilfe von Nahrungsmitteln sein leibliches Leben nicht fristen, wohl aber auf dies Leben verzichten kann, wie es die Selbstmörder tun, so war es auch im Paradiese dem Menschen unmöglich, ohne Gottes Beistand gut zu leben, wohl aber war es ihm möglich, böse zu leben, um dann freilich die Glückseligkeit zu verlieren und gerechter Strafe zu verfallen. Gewiß war Gott der bevorstehende Sündenfall des Menschen nicht unbekannt, doch warum sollte er ihn deswegen nicht durch die Bosheit des mißgünstigen Engels versuchen lassen? Wohl stand ihm des Menschen Niederlage klar vor Augen, aber er sah nicht minder voraus, daß sein Same unter dem Beistand der Gnade zu um so größerem Ruhm der Heiligen denselben Teufel überwinden würde. So geschah es, daß Gott wohl alles Künftige voraussah, aber doch durch sein Vorherwissen niemanden zum Sündigen zwang und alle vernunftbegabte Kreatur, Engel und Menschen, durch nachfolgende Erfahrung darüber belehrte, was für ein Unterschied ist zwischen eigener Selbstüberhebung und göttlichem Schutz. Wer möchte es wagen, zu glauben oder zu behaupten, Gott habe nicht die Macht gehabt zu bewirken, daß weder Engel noch Mensch fielen? Aber er wollte dies ihrer Macht nicht entziehen und so offenbaren, wie viel Unheil ihr Hochmut anzurichten und welches Heil seine Gnade zu spenden vermag.

28. Die beiden Staaten

Demnach wurden die zwei Staaten durch zweierlei Liebe begründet, der irdische durch Selbstliebe, die sich bis zur Gottesverachtung steigert, der himmlische durch Gottesliebe, die sich bis zur Selbstverachtung erhebt. Jener rühmt sich seiner selbst, dieser «rühmt sich des Herrn». Denn jener sucht Ruhm von Menschen, dieser findet seinen höchsten Ruhm in Gott, dem Zeugen des Gewissens. Jener erhebt in Selbstruhm sein Haupt, dieser spricht zu seinem Gott: «Du bist mein Ruhm und hebst mein Haupt empor.» In jenem werden Fürsten und unterworfene Völker durch Herrschsucht beherrscht, in diesem leisten Vorgesetzte und Untergebene einander in Fürsorge und Gehorsam liebevollen Dienst. Jener liebt in seinen Machthabern die eigene Stärke, dieser spricht zu seinem Gott: «Ich will dich lieben, Herr, meine Stärke.» Daher haben in jenem die Weisen dieser Welt sich entweder die Güter ihres Leibes oder ihrer Seele oder beider Güter zum Ziel gesetzt; oder, welche Gott erkennen konnten, haben «ihn doch nicht als Gott gepriesen noch ihm gedankt, sondern sind in ihrem Dichten eitel geworden, und ihr unverständiges Herz ist verfinstert. Da sie sich für weise hielten» – das heißt, von Stolz beherrscht sich ihrer eigenen Weisheit überhoben –, «sind sie zu Narren geworden und haben verwandelt die Herrlichkeit des unvergänglichen Gottes in ein Bild, gleich dem vergänglichen Menschen und der Vögel und der vierfüßigen und kriechenden Tiere» – in Anbetung solcher Götzenbilder gingen sie bald der Menge vorauf, bald folgten sie ihr nach – «und haben geehrt und gedient dem Geschöpfe mehr als dem Schöpfer, der da gelobt ist in Ewigkeit». In diesem Staate aber gibt es nur eine Weisheit des Menschen, die Frömmigkeit, die den wahren Gott recht verehrt und in der Gemeinschaft der Heiligen, nicht nur der Menschen, sondern auch der Engel, als Lohn erwartet, «daß Gott sei alles in allen».

FÜNFZEHNTES BUCH

DER WERDEGANG DER BEIDEN STAATEN BIS ZUR SÜNDFLUT

1. *Der Anfang der beiden Staaten · Kain und Abel*

Über das Glück im Paradiese oder das Paradies selbst und das Leben der ersten Menschen darin sowie über ihre Sünde und Strafe haben viele vielfach nachgedacht, viel gesagt und viel geschrieben. Auch wir haben hierüber in den voraufgehenden Büchern auf Grund der Heiligen Schrift manches vorgebracht, was wir in ihr gelesen oder was wir im Einklang mit ihr aus ihr erschließen konnten. Sucht man aber noch genauere Auskunft, erheben sich zahlreiche, verschiedenartige Streitfragen, deren Behandlung mehr Bände und mehr Zeit erfordern würde, als sie für dies Werk vorgesehen sind. So viel Zeit haben wir ja nicht, daß wir bei allem verweilen könnten, was müßige und spitzfindige Leute, deren Neugier größer ist als ihr Verständnis, vielleicht wissen möchten. Doch meine ich bereits große und schwierige Fragen wie die nach dem Anfang der Welt, der Seele und des Menschengeschlechts hinreichend geklärt zu haben. Was letzteres anlangt, unterschieden wir zwei Arten, nämlich derer, die nach dem Menschen, und derer, die nach Gott leben. In Gleichnisrede sprechen wir hier von zwei Staaten, das ist zwei menschlichen Genossenschaften, deren eine vorherbestimmt ist, ewig mit Gott zu herrschen, die andere, mit dem Teufel ein ewiges Strafgericht zu erleiden. Doch von diesem Ausgang wird später zu reden sein. Ihren Anfang nahmen sie teils mit den Engeln, deren Zahl uns unbekannt ist, teils mit den beiden ersten Menschen, und davon war bereits die Rede. So müssen wir nunmehr ihre Entfaltung beschreiben, von dem Zeitpunkt an, wo jene beiden Nachkommen zu erzeugen anfingen, bis dahin, wo keiner mehr Nachkommen erzeugt. Denn den Inhalt dieser ganzen Zeit oder Weltperiode, in der die Kette von Sterben und Geborenwerden nicht abreißt, bildet die Entfaltung dieser beiden Staaten, denen unsere Betrachtung gilt.

Von den beiden Eltern des Menschengeschlechts ward also zuerst Kain geboren, der dem Menschenstaate angehört, darauf Abel, der Angehörige des Staates Gottes. Denn wie beim einzelnen Menschen die Erfahrung das Apostelwort bestätigt, daß nicht das Geistliche das erste ist, sondern das Seelische und danach das Geistliche – denn da jeder aus verdammtem Geschlecht abstammt, muß er als Adams Nachfahr unausweichlich zunächst böse und fleischlich sein, aber durch Wiedergeburt und Wachstum in Christus wird er später gut und geistlich –, so verhält es sich auch mit der Menschheit als ganzer. Als jene beiden Staaten mit ihrer Aufeinanderfolge von Geburt und Tod anfingen sich zu entfalten, da ward zuerst der Bürger dieser Erdenwelt geboren, nach ihm aber, der ein Fremdling auf Erden und Glied des Gottesstaates war, aus Gnaden vorherbestimmt, aus Gnaden auserkoren, aus Gnaden ein Fremdling hier unten, aus Gnaden ein Bürger droben. Denn was ihn selbst anlangt, so stammt er aus jener Masse, die ganz und gar in ihrem Ursprung verdammt ist, doch hat Gott wie ein Töpfer – nicht unbedacht, sondern wohlüberlegt führt der Apostel dies Gleichnis an – aus derselben Masse das eine Gefäß zur Ehre, das andere zur Schmach zubereitet. Zuerst aber ward das Gefäß zur Schmach zubereitet, danach das andere zur Ehre, da ja auch, wie gesagt, beim Einzelmenschen das Böse, mit dem wir notwendig anfangen, aber in dem wir nicht notwendig verharren, vorangeht und das Gute nachfolgt, zu dem wir fortschreitend gelangen und bei dem wir dann verharren sollen. Indes wird nicht jeder böse Mensch gut, niemand jedoch wird gut, der nicht zuvor böse war. Aber je schneller sich jemand zum Besseren wandelt, um so eher wird er nach dem genannt, was er ergriffen hat, und überdeckt dann mit dem späteren Namen den früheren. Von Kain nun steht geschrieben, daß er einen Staat gründete, Abel aber als Fremdling tat dies nicht. Denn droben ist der Staat der Heiligen, wenn er auch hienieden Bürger erzeugt, in denen er dahinpilgert, bis die Zeit seines Reiches herbeikommt. Dann sammelt er alle leiblich Auferstandenen, und das verheißene Reich wird ihnen gegeben, wo sie mit ihrem Fürsten, dem Könige der Welten, ohne zeitliches Ende herrschen werden.

2. *Jerusalem, das Vorbild des Gottesstaates, vorgebildet in der Hagar*

Eine Art Schatten und prophetisches Bild dieser Stadt, mehr dazu bestimmt, sie anzudeuten als wirklich darzustellen, war dienstbar auf Erden zu einer Zeit, in welcher einstweilen bloß solch ein Hinweis am Platze war, und ward ebenfalls heilige Stadt genannt, aber nur im Sinne eines bezeichnenden Bildes, nicht vollendeter Wahrheit, die zukünftig ist. Von diesem dienstbaren Vorbild und jener freien Stadt, auf welche es hindeutet, spricht der Apostel folgendermaßen zu den Galatern: «Saget mir, die ihr unter dem Gesetz sein wollt, habt ihr das Gesetz nicht gehört? Denn es steht geschrieben, daß Abraham zwei Söhne hatte, einen von der Magd, den anderen von der Freien. Aber der von der Magd war, ist nach dem Fleisch geboren, der aber von der Freien durch die Verheißung. Das ist sinnbildlich zu verstehen. Denn das sind die zwei Testamente, eins von dem Berge Sinai, das zur Knechtschaft gebiert, und das ist die Hagar. Denn der Sinai ist ein Berg in Arabien und entspricht dem heutigen Jerusalem, das mit seinen Kindern dienstbar ist. Aber das Jerusalem, das droben ist, das ist die Freie und unsere Mutter. Denn es steht geschrieben: Sei fröhlich, du Unfruchtbare, die du nicht gebierst, und brich hervor und jauchze, die du nicht schwanger bist; denn die Einsame hat mehr Kinder als die, welche den Mann hat. Wir aber, liebe Brüder, sind nach Isaaks Weise der Verheißung Kinder. Aber wie damals der nach dem Fleisch geboren war, den verfolgte, der nach dem Geiste war, so ist es auch jetzt. Aber was spricht die Schrift? Stoß die Magd hinaus mit ihrem Sohn; denn der Magd Sohn soll nicht erben mit dem Sohn der Freien. So sind wir nun, liebe Brüder, nicht der Magd Kinder, sondern der Freien. Zu solcher Freiheit hat Christus uns befreit.» Diese Art der Erklärung, die auf apostolischer Autorität beruht, öffnet uns den Weg zum richtigen Verständnis der Schriften beider Testamente, des Alten und des Neuen. Denn ein Teil des irdischen Staates ward zum Bild des himmlischen, weist nicht auf sich selber, sondern auf den anderen hin und ist darum dienstbar. Denn nicht seiner selbst wegen sollte er dasein, sondern um einen anderen anzudeuten, und da auch ihm ein andeutender Hinweis voraufging, ward auch das Vorbild vorgebildet. Denn Hagar, die Magd Saras, und ihr Sohn war dieses Vorbildes Vorbild, und weil die Schatten verschwinden sollten bei Anbruch des Lichtes, sprach die freie Sara, die den freien Staat bedeutete – um ihn noch auf andere Weise vorzubilden, mußte auch jener Schatten dienstbar sein –: «Wirf die Magd und ihren Sohn hinaus; denn der Magd Sohn soll nicht erben mit meinem Sohne Isaak», oder wie der Apostel sagt: «mit dem Sohn der Freien». Wir müssen also zwei Weisen des irdischen Staates beachten, die eine führt uns sein eigenes Dasein vor Augen, die andere dient durch sein Dasein als Hinweis auf den himmlischen Staat. Bürger des Erdenstaates gebiert die durch Sünde verderbte Natur, Bürger des himmlischen Staates dagegen die Gnade, die die Natur von Sünde erlöst. Darum werden jene «Gefäße des Zornes», diese «Gefäße der Barmherzigkeit» genannt. Dasselbe ist auch in den beiden Söhnen Abrahams angedeutet, denn der eine, Ismael, wurde von der

Magd, namens Hagar, nach dem Fleisch geboren, der andere, Isaak, von der freien Sara nach der Verheißung. Beide stammten zwar von Abraham ab, aber den einen erzeugte ehelicher Umgang, wie er die Natur kennzeichnet, den andern aber schenkte die Verheißung, die auf die Gnade hinweist. Dort sehen wir menschlichen Brauch, hier preisen wir göttliche Wohltat.

3. Isaak als Sinnbild der Gnadenkinder

Sara war nämlich unfruchtbar, und da sie daran verzweifelte, noch Mutter zu werden, wollte sie wenigstens durch ihre Magd haben, was sie durch sich selbst nicht meinte erlangen zu können. Darum gab sie sie ihrem Manne, von dem sie selbst sich vergeblich Kinder gewünscht hatte. Auch so forderte sie von ihrem Gatten die eheliche Pflicht und machte in fremdem Schoße das ihr zustehende Recht geltend. So ward Ismael geboren, wie Menschen geboren werden, durch Vereinigung der beiden Geschlechter nach dem gewöhnlichen Gesetz der Natur. Darum heißt es: «Nach dem Fleische». Freilich, auch das sind Wohltaten Gottes, auch da wirkt Gott, dessen schöpferische Weisheit «gewaltig von einem Ende bis zum anderen greift und alles freundlich ordnet». Aber wo Gottes Gabe vorgebildet werden sollte, die aus freien Stücken und ungeschuldet den Menschen Gnade verleiht, mußte ein Sohn in einer vom Lauf der Natur abweichenden Weise geschenkt werden. Denn die Natur versagt Kinder bei einer Vereinigung von Mann und Frau, wie sie bei Abraham und Sara in ihrem damaligen Lebensalter noch stattfinden konnte, auch abgesehen von der Unfruchtbarkeit des Weibes, das selbst zu der Zeit nicht gebären konnte, als noch nicht der Fruchtbarkeit das Jugendalter, sondern dem Jugendalter die Fruchtbarkeit fehlte. Wenn also der Natur in dieser Lage Nachwuchs versagt bleiben mußte, deutet das darauf hin, daß aus der durch Sünde verderbten und deshalb von Rechts wegen verdammten Natur des Menschengeschlechts kein wahres Glück erwachsen konnte. Mit Recht also ist Isaak, der durch Verheißung Geborene, Sinnbild der Gnadenkinder, der Bürger des freien Staates und Genossen des ewigen Friedens, wo nicht eigenwillige und selbstsüchtige Liebe herrscht, sondern eine Liebe, die sich des gemeinsamen und darum unwandelbaren Gutes erfreut und aus vielen ein Herz macht, also ein vollkommen einträchtiger Liebesgehorsam.

4. Der irdisch gesinnte Staat in Kampf und Frieden

Der irdische Staat also, der nicht ewig ist – denn wenn er beim Endgericht verdammt ist, wird er kein Staat mehr sein –, hat hier sein Gut und freut sich des Genusses, wie man sich an solchen Dingen freuen kann. Und da es kein derartiges Gut ist, daß es seinen Liebhabern nicht auch Ängste bereitete, ist dieser Staat häufig in Zwiespalt mit sich selber, streitet, führt Krieg, kämpft und trachtet nach todbringenden und sicherlich todverfallenen Siegen. Denn wenn er mit irgendeinem seiner Teile gegen einen anderen kriegerisch aufbricht, will er Besieger von Völkern sein und ist doch Sklave von Lastern. Wenn er siegreich sich stolz überhebt, ist sein Sieg todbringend; aber auch wenn er eingedenk der Lage bleibt und sich mehr über mögliche, oft eintretende Unfälle beunruhigt als sich von wirklich eingetretenen Glücksfällen aufblasen läßt, ist solch ein Sieg doch todverfallen. Denn man wird nicht immerdar über die herrschen können, die man siegend unterjochen konnte. Doch darf man nicht sagen, das, wonach dieser Staat verlangt, sei überhaupt nichts Gutes, mag er auch selbst in seiner menschlichen Art etwas noch Besseres sein. Denn er verlangt in seinem niederen Bereich nach irdischem Frieden. Zu ihm möchte er durch Kriegführung gelangen, denn hat er gesiegt und regt sich kein Widerstand mehr, wird Friede sein. Die gegeneinander streitenden und in unseliger Begehrlichkeit um solche Dinge, die nicht gemeinsam besessen werden können, sich zankenden Teile hatten ja keinen. Diesen Frieden erstreben die mühseligen Kriege, ihn erlangt der vermeintlich ruhmreiche Sieg. Wenn aber die siegen, die das größere Recht auf ihrer Seite hatten, wird jeder solchen Sieg begrüßen und urteilen, nun sei der erwünschte Friede eingetreten. Auch das sind Güter und ohne Frage Gaben Gottes. Wenn aber diese Güter unter Vernachlässigung der edleren, die dem oberen Staate eignen, wo der Sieg in ewigem und höchsten Frieden gesichert ist, derart begehrt werden, daß man sie entweder für die einzigen hält, oder sie doch mehr liebt als die nach unserer Überzeugung besseren, dann muß unweigerlich Elend folgen und das schon vorhandene noch gemehrt werden.

5. *Kain und Abel, Romulus und Remus*

Der erste Gründer des irdischen Staates also war ein Brudermörder, denn er tötete, von Neid übermannt, seinen Bruder, der als Bürger des ewigen Staates auf dieser Erde ein Fremdling war. So ist es kein Wunder, daß lange hernach bei Gründung der Stadt, die das Haupt des irdischen Staates, von dem wir reden, werden und über so viele Völker herrschen sollte, diesem ersten Vorbild und Archetyp, wie die Griechen es nennen, das Abbild in seiner Art entsprach. Denn auch hier ereignete sich dieselbe Schandtat, wie sie einer ihrer Dichter gekennzeichnet hat: «Kaum errichtet, troffen die Mauern vom Blute des Bruders.» Denn Rom ward begründet, als nach dem Zeugnis der römischen Geschichte Remus von seinem Bruder Romulus umgebracht wurde, nur daß in diesem Falle beide Bürger des irdischen Staates waren. Beide waren nach dem Ruhm der römischen Staatsgründung begierig, beide nach solchem Ruhme, wie ihn doch nur einer gewinnen konnte. Denn wer darauf aus war, sich als Herrscher zu rühmen, dessen Herrschaft wäre Abbruch geschehen, wenn seine Macht durch einen lebenden Teilhaber vermindert worden wäre. So wurde, damit einer allein Herr sei, der Genosse aus dem Wege geräumt, und Freveltat vergrößerte und verschlechterte, was in Unschuld geringer aber besser gewesen wäre. Doch die beiden Brüder Kain und Abel hegten nicht das gleiche Begehren nach irdischen Dingen, und nicht deshalb beneidete der eine, der den Mord beging, den anderen, weil seine Herrschaft eingeschränkt worden wäre, wenn beide herrschten – denn Abel trachtete nicht nach Herrschaft in dem Staate, den sein Bruder gründete –, sondern es war jener teuflische Neid, den die Bösen wider die Guten hegen, aus keinem anderen Grunde, als weil diese gut sind und sie selber böse. Denn keineswegs wird der Besitz an Gutheit dadurch verringert, daß ein Genosse hinzutritt oder dabei bleibt, vielmehr ist Gutheit ein Besitz, von dem gilt: Je größer die Teilnehmerzahl, um so einträchtiger die unteilbare Liebe der Genossen. Ja, diesen Besitz kann niemand haben, der ihn nicht mit anderen teilen will, und um so reichlicher wird man seiner teilhaftig, je reicher die Liebe ist, die man dem Genossen zuwendet. Jener Streit also, der zwischen Remus und Romulus ausbrach, macht kund, wie der irdische Staat in sich selbst zwiespältig ist, während der Streit zwischen Kain und Abel die Feindschaft zwischen den beiden Staaten, dem Staate Gottes und dem der Menschen, aufdeckt. Es kämpfen demnach gegeneinander Böse und Böse, und ebenso kämpfen gegeneinander Böse und Gute. Gute und Gute jedoch können, wenn sie vollkommen sind, nicht miteinander kämpfen. Die Fortschreitenden aber und noch nicht Vollkommenen können es insofern, als jeder Gute mit dem Teil seines Wesens gegen den andern kämpft, mit dem er auch sich selbst bekämpft. Begehrt doch auch in einem und demselben Menschen das Fleisch wider den Geist und den Geist wider das Fleisch.

Geistliches Begehren des einen kann also gegen fleischliches des anderen streiten oder das fleischliche Begehren des einen gegen das geistliche des anderen, so wie Gute und Böse miteinander streiten; oder aber die fleischlichen Begehrungen zweier Guter, aber noch nicht Vollkommener bekämpfen einander wie Böse und Böse, bis endlich die Gesundung der Genesenden den letzten Sieg herbeiführt.

6. Die Heilung der den Fortschreitenden noch anhaftenden Gebrechen

Diese Krankheit aber, nämlich der Ungehorsam, von dem wir im vierzehnten Buche sprachen, ist Strafe des ersten Ungehorsams, darum nicht Natur, sondern Gebrechen. Deswegen wird den fortschreitenden Guten, die auf dieser Pilgerreise aus Glauben leben, gesagt: «Einer trage des andern Last, so werdet ihr das Gesetz Christi erfüllen», ebenso an anderer Stelle: «Vermahnet die Unruhigen, tröstet die Kleinmütigen, traget die Schwachen, seid geduldig gegen jedermann. Sehet zu, daß keiner dem andern Böses mit Bösem vergelte», ferner: «So ein Mensch etwa von einem Fehler übereilt würde, helfet ihm wieder zurecht mit sanftmütigem Geist, die ihr geistlich seid, und siehe auf dich selbst, daß du nicht auch versucht werdest», sodann: «Lasset die Sonne nicht über eurem Zorn untergehen», und im Evangelium: «Sündigt dein Bruder an dir, so strafe ihn zwischen dir und ihm»; endlich noch ein Apostelwort im Hinblick auf die Sünden, die bei vielen Ärgernis hervorrufen könnten: «Die da sündigen, weise zurecht angesichts aller, daß auch die anderen sich fürchten.» Darum auch die vielen Vorschriften über die Bereitschaft zu gegenseitigem Verzeihen und die große Sorge, den Frieden zu bewahren, ohne den niemand Gott schauen kann; darum jenes Schreckenswort, das dem Knecht befiehlt, die erlassene Schuld von zehntausend Talenten zurückzuzahlen, da er seinem Mitknecht die geschuldeten hundert Denare nicht erlassen hatte, ein Gleichnis, an das der Herr Jesus das Wort knüpft: «Also wird euch euer himmlischer Vater auch tun, so ihr nicht vergebet von eurem Herzen ein jeglicher seinem Bruder seine Fehler.» Auf solche Weise werden sie geheilt, die Bürger des Gottesstaates, die auf dieser Erde pilgern und nach dem Frieden des höheren Vaterlandes seufzen. Der Heilige Geist aber wirkt inwendig, daß die äußerlich dargereichte Arznei Erfolg hat. Denn sonst könnte dem Menschen keine Verkündigung etwas helfen, selbst dann nicht, wenn Gott, eines untertänigen Geschöpfes sich bedienend, in Menschengestalt die menschlichen Sinne, sei es die unsers Leibes, sei es die ganz ähnlichen, die uns im Schlaf zur Verfügung stehen, anspräche, aber nicht innerlich durch seine Gnade unsern Geist lenkte und antriebe. Gott aber tut das und unterscheidet so von den Gefäßen der Barmherzigkeit die Gefäße des Zorns kraft seines tief verborgenen, aber gerechten Waltens, dem alles kund ist. Wenn er auf seine wunderbare und geheimnisvolle Weise Beistand leistet, wird die Sünde, die in unsern Gliedern wohnt, aber nun bloß noch Sündenstrafe ist, wie der Apostel sagt, nicht mehr in unserm sterblichen Leibe herrschen, daß wir ihren Gelüsten folgten, und werden wir unsere Glieder nicht zu Waffen der Ungerechtigkeit hergeben. Vielmehr wendet sich nun der Mensch seinem Geiste zu, der unter Gottes Leitung nicht mehr zum Bösen seine Zustimmung gibt. Hat dieser aber die Oberhand erlangt und ist schon jetzt ruhiger geworden, wird der Mensch später nach Erlangung völliger Gesundheit und Unsterblichkeit ohne alle Sünde in ewigem Frieden herrschen.

7. Gottes Warnung und Kains Verstocktheit

Aber wenn Gott nun so, wie wir ausführten, zu Kain sprach, wie er in derselben Weise auch zu den ersten Menschen durch

Vermittlung eines untertänigen Geschöpfs und in einer Gestalt, als wär' er ihr Gefährte, gesprochen hatte, was nützte Kain das? Hat er nicht das geplante Verbrechen des Brudermordes nach Vernehmung des göttlichen Mahnwortes doch ausgeführt? Denn als Gott die Opfer der beiden verschieden wertete und das eine wohlgefällig, das andere mißfällig ansah, was man ohne Zweifel an einem in die Augen fallenden Zeichen erkennen konnte, und zwar deshalb, weil die Werke des einen Bruders böse, die das anderen aber gut waren, ward Kain sehr verstimmt, und sein Angesicht entstellte sich. Denn so steht geschrieben: «Und Gott sprach zu Kain: ‚Warum bist du verstimmt, und warum entstellt sich dein Angesicht? Wenn du zwar recht opferst, aber nicht recht teilst, ist das nicht Frevel? Laß ab! Seine Hinkehr zu dir wird dir zur Herrschaft über ihn verhelfen.'» Bei dieser von Gott an Kain gerichteten Mahnung oder Warnung hat die Dunkelheit des Wortes: «Wenn du zwar recht opferst, aber nicht recht teilst, ist das kein Frevel?», da nicht klar ist, weshalb und wovon dies gesagt ist, mancherlei Deutungen veranlaßt, wenn auch jeder Ausleger der göttlichen Schrift es gemäß der Glaubensregel zu verstehen sucht. Recht wird nämlich ein Opfer dann dargebracht, wenn man es dem wahren Gotte darbringt, dem allein Opfer gebühren. Es wird aber nicht recht geteilt, wenn man nicht recht unterscheidet, und zwar die Orte, die Zeiten, die Opfergaben selbst, den Darbringer und Empfänger des Opfers und die, an welche die Opferspeise zum Verzehren ausgegeben wird. Teilung heißt hier also Unterscheidung, und der Fehler liegt daran, daß man opfert, wo man nicht darf, oder etwas opfert, das man nicht hier, sondern nur anderswo opfern darf, oder opfert, wann man nicht darf, oder etwas opfert, das man nicht jetzt, sondern nur zu anderer Zeit opfern dürfte, oder etwas opfert, das man überhaupt nie und nirgends opfern dürfte, oder daran, daß der Mensch etwas für sich behält, was besser ist als das, was er von derselben Art Gott opfert, oder endlich daran, daß ein Unreiner oder sonst einer, der nicht dahin gehört, am Opfermahl Anteil erhält. Was nun von alledem es war, wodurch Kain Gottes Mißfallen erregte, ist nicht leicht zu ermitteln. Doch kann man aus dem Ausspruch des Apostels Johannes über die beiden Brüder: «Seid nicht wie Kain, der von dem Argen war und erwürgte seinen Bruder. Und warum erwürgte er ihn? Weil seine Werke böse waren und die seines Bruders gerecht» den Schluß ziehen, daß Gott darum seine Gabe nicht wohlgefällig angesehen habe, weil Kain insofern schlecht teilte, als er Gott zwar etwas von dem Seinen gab, aber nicht sich selbst. Das tun alle, die nicht Gottes Willen folgen, sondern ihrem eigenen, demnach nicht rechtschaffenen, sondern verkehrten Herzens leben und dennoch Gott eine Gabe darbringen, seine Gunst zu erkaufen, daß er ihnen behilflich sei, nicht etwa ihre bösen Begierden abzulegen, sondern sie zu befriedigen. Und das eben ist die Art des irdischen Staates, Gott oder Götter zu verehren, um mit ihrer Hilfe siegreich und in irdischem Frieden zu herrschen. Nicht liebende Fürsorge beseelt ihn dabei, sondern Herrschsucht. Denn die Guten gebrauchen die Welt zu dem Zweck, um Gott zu genießen; die Bösen dagegen wollen Gott gebrauchen, um die Welt zu genießen, wofern sie überhaupt glauben, daß er ist und sich um die menschlichen Verhältnisse kümmert. Denn es gibt noch viel Schlimmere, die auch das nicht glauben. Als Kain nun merkte, daß Gott wohl das Opfer seines Bruders, nicht aber das seine wohlgefällig ansah, hätte er sich bekehren und dem Bruder nacheifern sollen, nicht sich verkehren und eifersüchtig werden. Aber er ward verstimmt, und sein Angesicht entstellte sich. Diese Sünde der Verstimmung über eines anderen Gutsein, noch dazu des Bruders, ist Gott allermeist zuwider. Er strafte sie, indem er die Frage stellte: «Warum bist du verstimmt, und warum entstellt sich dein Angesicht?» Denn Gott sah, daß er seinen Bruder beneidete, und dagegen wandte sich sein strafendes Wort. Menschen freilich, denen das Herz des Nächsten verborgen ist, hätten zweifeln und ungewiß sein können, ob Kain in seiner Verstimmung über seine eigene Schlechtigkeit, die, wie er einsah, Gott mißfiel, Verdruß empfand oder über seines Bruders Gutheit, die Gott wohlgefiel, als er sein Opfer gnädig ansah. Aber indem Gott den Grund angab, weswegen er Kains Opfer nicht annehmen wollte, um dadurch zu bewirken, daß er lieber von Rechts wegen mit sich als zu Unrecht mit seinem Bruder unzufrieden sein sollte – hatte er doch durch sein schlechtes Teilen, das ist sein schlechtes Leben, sich ungerecht gezeigt und unwert der Annahme seines Opfers –, machte Gott zugleich offenbar, daß er noch ungerechter aus dem Grunde war, weil er seinen gerechten Bruder ohne Anlaß haßte.

Doch ließ er ihn nicht ohne eine heilige, gerechte und gute Mahnung. «Laß ab», sagte er, «seine Hinkehr zu dir wird dir zur Herrschaft über ihn verhelfen.» Über wen? Den Bruder? Gewiß nicht. Über wen denn? Über den Frevel. Denn er hatte vorher gesagt: «Ist das kein Frevel?» und darauf hinzugefügt: «Laß ab! Seine Hinkehr zu dir wird dir zur Herrschaft über ihn verhelfen.» Daß die Sünde sich zum Menschen hinkehren müsse, kann nun so verstanden werden, daß der Mensch niemand anders als sich selbst für seine Sünde verantwortlich machen soll. Denn das ist die heilsame Arznei der Buße und die rechte Bitte um Vergebung. So wäre aus den Worten «seine Hinkehr zu dir» eine Mahnung herauszuhören, nicht eine Voraussage: Der Frevel soll, nicht er wird sich zu dir hinkehren. Denn nur dann wird ein jeder über seine Sünde die Herrschaft gewinnen, wenn er sie nicht durch Verteidigung sich überordnet, sondern durch Buße sich unterwirft. Man stellt sich ja in ihren Dienst, wenn man ihre Rechtfertigung übernimmt. Doch wenn man unter der Sünde die fleischliche Begierde versteht, von der der Apostel sagt: «Das Fleisch gelüstet wider den Geist», unter deren Früchten er auch den Neid erwähnt, der Kain zum Brudermorde aufreizte und entzündete, hört man doch wohl besser aus den Worten: «Seine Hinkehr zu dir» eine Voraussage heraus. Denn wenn der fleischliche Teil des Menschen erregt wird, den der Apostel Sünde nennt, wenn er sagt: «Nicht ich tue es, sondern die Sünde, die in mir wohnt» – es ist der Teil des Menschen, den auch die Philosophen als fehlerhaft bezeichnen, und von dem sie sagen, er dürfe nicht den Geist herabziehen, sondern der Geist müsse ihn beherrschen und durch seine Vernunft von unerlaubtem Tun zurückhalten –, wenn also dieser Teil erregt wird, etwas Verwerfliches zu begehen, und man läßt davon ab und folgt der Mahnung des Apostels: «Macht eure Glieder nicht durch die Sünde zu Werkzeugen der Ungerechtigkeit», so kehrt er sich gebändigt und besiegt zum Geiste, und die Vernunft beherrscht ihn als Untertan. Das befahl Gott dem Manne, den die Brandfackel des Neides gegen seinen Bruder entzündet hatte, und der den, welchem er hätte nacheifern sollen, umbringen wollte. «Laß ab», sagte er, halte deine Hand vom Verbrechen zurück, laß die Sünde nicht herrschen in deinem sterblichen Leibe, daß du seinen Lüsten gehorchtest, mach deine Glieder nicht durch die Sünde zu Waffen der Ungerechtigkeit. Zu dir wird sie sich hinkehren, wenn sie nicht durch Gewährenlassen entfesselt, sondern durch Ablassen im Zaum gehalten wird, und du wirst über sie herrschen. Wenn sie sich nicht in äußeren Werken betätigen kann, wird sie sich unter der Herrschaft des leitenden, wohlgesinnten Geistes daran gewöhnen, auch im Innern sich nicht zu regen. Etwas Ähnliches ward im göttlichen Buche auch vom Weibe gesagt, als Gott nach dem Sündenfall fragte, urteilte und das Strafgericht verhängte, einmal über den Teufel in der Schlange, sodann auch über Eva und ihren Mann. Denn nachdem er gesagt: «Ich will dir viel Schmerzen schaffen und Stöhnen, und mit Schmerzen sollst du Kinder gebären», fügt er hinzu: «Und zu deinem Manne wirst du dich kehren, und er wird dein Herr sein.» Also was zu Kain gesagt ward von seinem Frevel oder der sündigen Begierde des Fleisches, hören wir an dieser Stelle von dem sündigenden Weibe, woraus zu ersehen, daß der Mann in der Herrschaft über das Weib dem sein Fleisch beherrschenden Geiste ähnlich sein soll. Darum sagt auch der Apostel: «Wer sein Weib liebt, der liebt sich selbst. Denn niemand hat jemals sein eigen Fleisch gehaßt.» Sie gehören ja zu uns, und wir müssen sie zu heilen suchen, nicht sie verdammen, als wären sie uns fremd. Aber Kain, der Gottes Gebot empfing, ward zum Übertreter. Denn das Laster des Neides gewann die Oberhand; er schlich seinem Bruder nach und ermordete ihn. Das also war der Gründer des irdischen Staates. Inwiefern auch die Juden von ihm sinnbildlich dargestellt wurden, die Christus, den Hirten der Menschenherde, töteten, den der Schafhirt Abel in Gleichnisgestalt vorwegnahm – im Gleichnis liegt etwas Prophetisches –, will ich hier nicht ausführen. Ich erinnere mich, darüber einiges in der Schrift gegen den Manichäer Faustus gesagt zu haben.

8. Kain als Städtegründer

Doch nun muß ich zunächst, scheint mir, die Geschichtsdarstellung der Heiligen Schrift in Schutz nehmen, damit man sie nicht für unglaubwürdig halte. Denn sie berichtet von nur einem Manne, er habe eine Stadt gebaut, und zwar zu einer Zeit, als anscheinend noch nicht mehr als vier Männer oder vielmehr, nachdem der eine Bruder den andern erschlagen, bloß drei auf Erden lebten, nämlich der erste Mensch, der Vater von allen, Kain und sein Sohn Henoch, nach dessen Namen die Stadt benannt wurde. Doch die daran Anstoß nehmen, bedenken nicht, daß der Schreiber der heiligen Geschichte keineswegs alle Menschen, die es damals schon geben mochte, mit

Namen nennen mußte, sondern nur die, deren Erwähnung der Plan seines Werkes forderte. Denn die Absicht jenes Schriftstellers, den der Heilige Geist dabei leitete, war, durch die Aufeinanderfolge bestimmter, von einem Menschen abstammender Geschlechter zunächst zu Abraham und sodann durch dessen Nachkommen zum Volke Gottes zu gelangen. In diesem, das von den übrigen Volksstämmen abgesondert ward, sollte all das im voraus dargestellt und verkündet werden, was von dem Staate, dessen Herrschaft ewig währt, und seinem Könige und Gründer Christus im Heiligen Geiste als künftig vorausgeschaut war. Dabei sollte dann auch von der anderen menschlichen Genossenschaft, die wir den irdischen Staat nennen, insoweit die Rede sein, als es erforderlich war, den Gottesstaat durch Vergleich mit seinem Gegenüber in helles Licht zu rücken. Wenn also die göttliche Schrift bei Erwähnung der Lebensdauer jedes der aufgeführten Männer allemal mit den Worten schließt: Er erzeugte Söhne und Töchter, seine Lebenszeit betrug soundso viel Jahre, und dann starb er; warum sollen wir dann allein aus dem Grunde, weil diese Söhne und Töchter nicht namhaft gemacht werden, nicht annehmen dürfen, daß in den vielen Jahren, die die Menschen in diesem ersten Weltzeitalter lebten, eine Menge Menschen geboren werden konnten, die im Verein auch eine Menge Städte gründen konnten? Aber es lag Gott daran, auf dessen Eingebung dies aufgezeichnet wurde, die beiden Menschengruppen in ihren gesonderten Geschlechterfolgen von Anfang an darzustellen und zu unterscheiden, so daß auf der einen Seite die Geschlechter der Menschen, das ist der nach Menschenweise Lebenden, auf der anderen die der Gotteskinder, das ist der nach Gott lebenden Menschen, aneinandergereiht wurden bis zur Sündflut. So lesen wir denn hier sowohl von der Absonderung als auch der Verschmelzung der beiden Gruppen. Die Absonderung tritt zutage, wo die beiderseitigen Geschlechter getrennt voneinander aufgeführt werden, das eine des Brudermörders Kain und das andere, das sich von Seth herleitet, der ja von Adam anstelle des vom Bruder Ermordeten erzeugt wurde, die Verschmelzung aber darin, daß die Guten auf die schlimme Seite hinüberschwenkten und alle nun derart waren, daß sie von der Sündflut vertilgt wurden, mit Ausnahme eines einzigen Gerechten, Noah geheißen, seiner Gattin und seiner drei Söhne nebst ebensoviel Schwiegertöchtern, also von acht Menschen, die allein verdienten, der Vernichtung aller Sterblichen in der Arche zu entrinnen.

Wenn wir also lesen: «Und Kain erkannte sein Weib, die ward schwanger und gebar den Henoch. Und er baute eine Stadt, die nannte er nach seines Sohnes Namen Henoch», dürfen wir nicht daraus folgern, daß man diesen für seinen Erstgeborenen zu halten habe. Denn wenn es heißt, er habe sein Weib erkannt, so ergibt sich keineswegs daraus, daß er sich damals zum erstenmal seinem Weibe zugesellt. Denn auch von Adam, dem Vater aller, wird das nicht nur da gesagt, wo von der Empfängnis des Kain die Rede ist, der sein Erstgeborener gewesen zu sein scheint. Sondern auch noch später teilt dieselbe Schrift uns mit: «Adam erkannte Eva, sein Weib, und sie ward schwanger und gebar einen Sohn, den hieß sie Seth.» Daraus erhellt, daß die Schrift so zu reden pflegt, freilich nicht immer, wenn sie erzählen will, es habe eine Empfängnis stattgefunden, nicht aber lediglich dann, wenn die beiden Geschlechter zum erstenmal sich vereinigten. Auch damit, daß die Stadt nach Henochs Namen genannt wurde, kann man nicht zwingend beweisen, daß er seines Vaters Erstgeborener war. Denn aus irgendeinem anderen Grunde liebte ihn vielleicht der Vater, obschon er noch andere Söhne hatte, mehr als die übrigen. Denn auch Juda, nach welchem Judäa und die Juden ihren Namen empfingen, war kein Erstgeborener. Aber auch wenn dem Gründer jener Stadt Henoch als erster Sohn geboren sein sollte, muß man nicht meinen, der Vater habe schon bei seiner Geburt die Stadt gegründet und nach ihm benannt, denn von einem Einzigen konnte keine Stadt gebaut werden, die doch nichts anderes ist als eine durch ein Gemeinschaftsband zusammengehaltene Menschenmenge. Sondern erst dann, als die Familie des Mannes zu solcher Anzahl herangewachsen war, daß sie nunmehr die Größe eines Volkes besaß, wird er sie gegründet und ihr den Namen seines Erstgeborenen beigelegt haben. Denn so lang währte damals das Leben jener Menschen, daß von denen, die die Schrift erwähnt und deren Lebensdauer sie mitteilt, der kurzlebigste vor der Sündflut 753 Jahre zählte. Denn mehrere wurden über neunhundert Jahre alt, wenn auch keiner es bis auf tausend brachte. Wer wollte also bezweifeln, daß sich das Menschengeschlecht während der Lebensdauer eines einzigen Mannes so vermehren konnte, daß es nicht nur für eine, sondern eine ganze Anzahl von Städten ausreichte? Das kann man bequem daraus ersehen, daß aus dem Stamm des einen Abraham in nicht viel mehr als vierhundert Jahren das Hebräervolk zu solcher Masse heranwuchs, daß bei seinem Auszug aus Ägypten die kriegstüchtige Jugend, wie berichtet wird, sechshunderttausend Mann betrug. Dabei können wir den Volksstamm der Idumäer, der nicht zum Volke Israel gehörte, den Israels Bruder Esau, Abrahams Enkel, erzeugte, und andere aus Abrahams Samen, wenn auch nicht aus Saras Schoße, hervorgegangene Stämme ganz aus dem Spiele lassen.

9. Von Alter und Leibesgröße der vorsündflutlichen Menschen

Demnach dürfte kein verständiger Beurteiler daran zweifeln, daß Kain nicht nur irgendeine, sondern sogar eine große Stadt gründen konnte, da sich das Leben der Sterblichen damals so lange hinzog. Es müßte denn sein, daß einer der Ungläubigen die große Zahl der Jahre anfechten wollte, die nach unsern Gewährsmännern die damaligen Menschen lebten, und ihre Glaubwürdigkeit bestritte. So glauben sie ja auch nicht, daß zu der Zeit die Menschen weit größer waren als jetzt. Doch berichtet ihr eigener hochberühmter Dichter Vergil von einem gewaltigen Steine, der an der Ackergrenze eingelassen war und den ein damaliger Recke im Kampf aus der Erde riß, heranstürmend herumwirbelte und dann durch die Luft schleuderte:

> «Kaum zwölf Männer erlesener Kraft, wie heute die Erde noch sie hervorbringt, hätten den Ungefügen gehoben»,

womit er zu verstehen gibt, daß die Erde damals größere Leiber hervorzubringen pflegte. Wieviel mehr also in den noch älteren Weltzeiten vor der bekannten schrecklichen Sündflut! Was nun die gewaltige Körpergröße anlangt, so werden Ungläubige oft durch Gräber, welche Alter oder Wasserflut oder sonst ein Zufall bloßgelegt hat und aus denen Totengebeine von unglaublicher Größe ans Tageslicht kamen oder herausfielen, überführt. Ich selbst, und nicht ich allein, sondern mehrere andere mit mir, sah an der Küste von Utica einen so ungeheuren menschlichen Backenzahn, daß, wenn man ihn in kleine Teile von der Größe unserer Zähne zerschlagen hätte, wohl hundert Stück daraus geworden wären. Doch das ist vermutlich eines Riesen Zahn gewesen. Denn davon abgesehen, daß damals die Leiber aller Menschen viel größer waren als unsere, überragten die Riesen die übrigen noch bei weitem, wie denn auch nicht nur in früheren, sondern noch in unseren Zeiten, obschon selten, Leute zu finden sind, deren Körpergröße das Durchschnittsmaß weit dahintenläßt. Plinius der Jüngere, ein großer Gelehrter, bezeugt, daß die Natur, je weiter der Weltlauf fortschreitet, um so kleinere Leiber erzeugt. Er erwähnt auch, daß Homer in seinem Gedichte oft darüber geklagt habe, und spottet nicht etwa, als wäre es bloße Dichterfabelei, sondern läßt es bei seiner Beschreibung der Wunder der Natur als geschichtlich zuverlässig gelten. Indessen, wie gesagt, von der Größe der vorzeitlichen Leiber geben die vielfach gefundenen, nicht so leicht zerfallenden Knochen auch der späten Nachwelt Kunde. Aber das hohe Lebensalter eines dazumal lebenden Menschen kann heute durch keine derartigen Zeugnisse bewiesen werden. Doch darf man deshalb dieser heiligen Geschichte den Glauben nicht versagen. Solche Ungläubigkeit wäre um so vermessener, je klarer wir sehen, wie ihre Voraussagen in Erfüllung gehen. Sagt doch sogar derselbe Plinius, es gebe noch jetzt ein Volk, wo die Leute zweihundert Jahre alt werden. Wenn man also eine lange Lebensdauer, wie wir sie nicht kennen, auch heute noch an uns unbekannten Orten gelten läßt, warum nicht auch in fernliegenden Zeiten? Oder ist es zwar glaubhaft, daß irgendwo etwas sei, was hier nicht ist, aber unglaubhaft, daß irgendwann etwas gewesen sei, was jetzt nicht ist?

10. Textunterschiede der hebräischen und lateinischen Bibelhandschriften betreffs des Alters der Urväter

Nun besteht freilich zwischen den hebräischen und unseren Bibelhandschriften ein gewisser Unterschied bezüglich jener Jahreszahlen, und ich weiß nicht, wie das zu erklären ist. Er ist jedoch nicht so groß, daß deswegen die lange Lebensdauer der damaligen Menschen bestritten werden könnte. So lesen wir in unseren Handschriften, Adam, der erste Mensch, sei, ehe er seinen Sohn Seth erzeugte, 230 Jahre alt gewesen, in den hebräischen Handschriften steht dagegen 130 Jahre. Dafür heißt es in den unseren, er habe nach dessen Erzeugung noch 700 Jahre gelebt, während jene dafür 800 sagen. So stimmt die Gesamtsumme in jedem Fall überein. Ebenso verhält es sich bei den folgenden Geschlechtern. Vor der Erzeugung eines jeden, der erwähnt wird, hat nach den Hebräern sein Vater hundert Jahre weniger gelebt, aber nachher den Unseren zufolge hundert Jahre weniger als bei den Hebräern, so daß auch hier stets die Gesamtzahl dieselbe ist. In der sechsten Geschlechterfolge aber weichen die beiderseitigen Handschriften nicht voneinander ab. In der siebten jedoch, wo jener Henoch geboren ward, der, wie wir hören, weil er Gott wohlgefiel, nicht starb, sondern entrückt ward, findet sich wieder dieselbe Abweichung um hundert Jahre vor der Erzeugung des genannten Sohnes wie in den früheren fünf, desgleichen die Übereinstimmung in der Gesamtzahl. Denn er lebte vor seiner Entrückung nach beiderseitigen Handschriften 365 Jahre. Die achte Generation weist wieder einen gewissen Unterschied auf, doch geringfügiger und anders als vorhin. Denn Methusalem, Henochs Sohn, hatte nach den Hebräern, ehe er den nun in der Reihe folgenden Sohn erzeugte, nicht hundert Jahre weniger, sondern zwanzig Jahre mehr gelebt, die wiederum bei den Unseren nach der Erzeugung hinzugefügt werden, so daß die Gesamtsumme auch in diesem Falle übereinstimmt. Nur in der neunten Generation findet sich bei Angabe der Jahre Lamechs, des Sohnes des Methusalem und Vaters des Noah, eine Abweichung in der Gesamtsumme, doch ist sie unbedeutend. Denn nach den hebräischen Handschriften hat er vierundzwanzig Jahre länger gelebt als nach den unseren. Ehe er nämlich seinen Sohn Noah erzeugte, war er bei den Hebräern sechs Jahre jünger als bei den Unseren, nach der Erzeugung jedoch lebte er den Hebräern zufolge dreißig Jahre länger, als die Unseren berichten. Zieht man jene sechs davon ab, bleibt, wie gesagt, eine Differenz von vierunszwanzig.

11. *Methusalems Alter und die Sündflut*

Infolge dieser Abweichung der hebräischen Handschriften von den unseren erhebt sich eine vielberufene Streitfrage. Man rechnet nämlich aus, daß Methusalem noch vierzehn Jahre nach der Sündflut gelebt habe, während die Schrift von allen damaligen Erdenbewohnern nur acht Menschen anführt, die dem Verderben der Sündflut in der Arche entrannen, unter denen sich jedoch Methusalem nicht befand. Denn nach unseren Handschriften war Methusalem, ehe er seinen Sohn Lamech erzeugte, 167 Jahre alt. Sodann lebte Lamech bis zur Geburt seines Sohnes Noah 188 Jahre. Zusammen ergibt das 355 Jahre. Dazu kommen die 600 Jahre, die Noah lebte, bis die Sündflut hereinbrach; also von der Geburt Methusalems bis zum Jahr der Sündflut im ganzen 955 Jahre. Aber Methusalems sämtliche Lebensjahre belaufen sich auf 969. Denn zu den 167 Jahren, die er alt war, als er seinen Sohn Lamech erzeugte, sind nach dessen Erzeugung noch 802 Lebensjahre hinzuzurechnen, und das ergibt, wie wir sagten, im ganzen 969. Zieht man davon die erwähnten 955 von der Geburt Methusalems bis zur Sündflut ab, bleiben vierzehn, die er also noch nach der Sündflut gelebt haben müßte. So meinen einige, er habe zwar nicht auf Erden, wo bekanntlich alles Fleisch, das seiner Natur nach nicht im Wasser leben kann, zugrunde ging, wohl aber eine Zeitlang bei seinem entrückten Vater geweilt, bis die Sündflut sich verzogen hatte. Denn sie wollen den Handschriften, denen die Kirche das größere Ansehen zuerkannt hat, den Glauben nicht versagen und sind der Ansicht, daß eher bei ihnen als bei den Juden das Wahre zu finden sei. Sie wollen nämlich nicht zugeben, daß hier eher ein Versehen der Übersetzer vorliegen kann als eine Unrichtigkeit in der Sprache, aus der die Schrift auf dem Umweg über das Griechische in die unsere übertragen wurde, sondern behaupten, es sei unglaublich, daß die siebzig Übersetzer, die zu gleicher Zeit gleichlautende Übersetzungen verfaßten, hätten irren können oder in einem für sie belanglosen Punkte hätten lügen wollen. Dagegen möchten wohl die Juden, da sie es uns mißgönnten, daß Gesetz und Propheten durch die Übersetzung in unsern Besitz übergingen, in ihren

Handschriften einige Stellen geändert haben, um das Ansehen der unseren dadurch zu beeinträchtigen. Zu dieser Meinung oder diesem Verdacht mag jeder sich stellen, wie ihn gut dünkt, sicher ist aber, daß Methusalem nicht über die Sündflut hinaus gelebt hat, sondern im Jahre, in welchem sie stattfand, gestorben ist, falls das wahr ist, was man in den hebräischen Handschriften über die Zahl seiner Lebensjahre liest. Was ich aber von den siebzig Übersetzern halte, werde ich an geeigneter Stelle ausführlicher darlegen, wenn ich mit Gottes Hilfe dahin komme, über ihre Zeiten, soweit der Plan dieses Werkes es fordert, Auskunft zu geben. Für die gegenwärtige Frage genügt es festzustellen, daß nach den beiderseitigen Handschriften die Menschen jenes Zeitalters so lange gelebt haben, daß während der Lebensdauer des einen Mannes, der als Erstgeborener des ersten Elternpaares zur Welt kam, sich das Menschengeschlecht soweit vermehren konnte, daß es zur Gründung einer Stadt ausreichte.

12. Über die Länge eines Jahres in der Patriarchenzeit

Denn denen muß man entschieden widersprechen, die meinen, in jenen Zeiten habe man mit anderen Jahren gerechnet, nämlich so kurzen, daß eins unserer Jahre zehn der damaligen in sich faßte. So behaupten sie denn, wenn man höre oder lese, jemand habe damals neunhundert Jahre gelebt, müsse man darunter neunzig verstehen. Denn zehn jener Jahre seien soviel wie eins der unseren und zehn unsrige soviel wie hundert von jenen. Dann war also, wie sie meinen, Adam dreiundzwanzig Jahre alt, als er Seth erzeugte, und Seth zwanzig Jahre und sechs Monate, als er seinen Sohn Enos bekam, während die Heilige Schrift 205 Jahre angibt. Denn wie diejenigen vermuten, deren Meinung wir jetzt darlegen, teilte man damals ein Jahr, wie wir es jetzt haben, in zehn Teile und nannte die einzelnen Teile Jahre. Jeder dieser Teile enthalte in sich das Quadrat von sechs, da Gott in sechs Tagen seine Werke vollendete, um am siebten Tage zu ruhen, wovon ich im elften Buche das Nötige gesagt habe. Sechs mal sechs, also sechs im Quadrat, sind aber sechsunddreißig Tage, und multipliziert man diese mit zehn, erhält man dreihundertundsechzig, demnach zwölf Mondmonate. Denn was die fünf Tage betrifft, die am Sonnenjahr noch fehlen, und den Vierteltag, um deswillen man alle vier Jahr im sogenannten Schaltjahre einen Tag einschiebt, so wurden von den Alten soviel Tage angehängt, daß die Jahre die richtige Tageszahl bekamen. Diese Tage nannten die Römer Schalttage (intercalares). Demnach war auch Enos, den Seth erzeugte, neunzehn Jahre alt, als er seinen Sohn Kenan bekam, während die Schrift von 190 Jahren spricht. Und auch weiterhin findet sich in all den Geschlechterfolgen vor der Sündflut, in denen die Lebensjahre der Menschen angegeben werden, in unseren Handschriften kaum einer, der in einem Alter von 100 Jahren und darunter, oder auch von 120 Jahren und nicht erst in viel höherem, einen Sohn erzeugt hätte. Vielmehr sollen diejenigen, die im jüngsten Alter Kinder erzeugten, 160 Jahre und darüber gezählt haben. Denn, sagen sie, kein Mensch kann mit zehn Jahren Kinder zeugen – und das wären damals hundert Jahre gewesen –, da erst mit sechzehn Jahren die Jugend mannbar und zur Erzeugung von Nachkommenschaft fähig ist, und das wären, heißt es, in jenen Zeiten 160 Jahre gewesen. Um es aber glaubhaft zu machen, daß man damals ein Jahr anders berechnet habe, bemerkt man noch, nach vielen Geschichtsschreibern hätten die Ägypter ein Jahr von vier Monaten gehabt, die Akarnanen von sechs, die Lavinier von dreizehn Monaten. Was den jüngeren Plinius anlangt, so erwähnt er, es sei schriftlich überliefert, daß jemand 152 Jahre alt geworden sei, ein anderer noch zehn Jahre älter, wieder andere hätten ein Alter von 200, noch andere von 300 Jahren erreicht, einige es auf 500, 600, ja auf 800 gebracht; aber dann spricht er seine Meinung dahin aus, diese Angaben seien nur der Unkenntnis der Zeitrechnung zu verdanken. «Die einen nämlich», sagt er, «ließen das Jahr schon mit dem Sommer enden, mit dem Winter dann ein zweites, andere teilten unser Jahr vierfach, wie die Arkader, deren Jahre also nur drei Monate hatten.» Er fügt hinzu, die Ägypter, deren kurze Jahre, wie vorhin bemerkt, vier Monate währten, hätten einst das Jahr mit jedem Neumond abgeschlossen. «Darum», sagt er, «hört man bei ihnen auch von Leuten, die tausend Jahre gelebt haben.»

Mit solchen vermeintlichen Wahrscheinlichkeitsgründen haben Leute, die nicht etwa den Glauben an die heilige Geschichte zerstören, sondern ihn stützen und dartun wollten, der Bericht, die Alten hätten so viele Jahre gelebt, sei nicht unglaubhaft, sich selbst eingeredet und damit nichts Dreistverwegenes zu sagen gemeint, man habe damals unter einem Jahre einen so kurzen Zeitraum verstanden, daß deren zehn ein unsriges ausmachten, zehn unsrige aber hundert von jenen. Doch daß das ganz verkehrt ist, kann man unwiderleglich beweisen. Indes möchte ich zuvor eine Vermutung aussprechen, die viel für sich haben dürfte. Gewiß hätten wir jene Behauptung auch auf Grund der hebräischen Handschriften zurückweisen und widerlegen können, nach denen Adam nicht 230, sondern nur 130 Jahre alt war, als er seinen dritten Sohn erzeugte. Wenn das nun dreizehn unsrige wären, hätte er seinen ersten Sohn ohne Frage schon mit elf Jahren oder doch nicht viel älter erzeugen müssen. Wer aber kann in diesem Alter nach dem herkömmlichen, uns wohlbekannten Gesetz der Natur schon Kinder zeugen? Doch übergehen wir das, da Adam vielleicht schon gleich bei seiner Erschaffung dazu imstande war, denn man wird nicht anzunehmen haben, daß er so klein war, wie unsere Kinder sind, als er erschaffen wurde. Aber Seth, sein Sohn, war nicht 205 Jahre alt, wie wir lesen, sondern nur 105, als er den Enos erzeugte, also nach ihrer Auffassung noch nicht elf Jahre alt. Und was soll man gar von Kenan, seinem Sohne, sagen, der nach unserer Überlieferung 170 Jahre alt war, nach der hebräischen aber nur 70, als er den Mahalaleel erzeugte? Wie kann ein siebenjähriges Menschenkind schon Nachkommenschaft zeugen, wenn man damals 70 Jahre nannte, was doch nur sieben waren?

13. Das Alter der Patriarchen nach dem hebräischen und griechisch-lateinischen Bibeltext

Doch wenn ich das sage, hält man mir sogleich entgegen, ich stütze mich auf die jüdische Fälschung, von der vorhin schon die Rede war. Denn siebzig Übersetzer, lauter gefeierte Männer, hätten nicht lügen können. Da frage ich mich, was glaubwürdiger ist, entweder daß das so weit und breit verstreute Judenvolk sich einmütig verschworen habe, diese Fälschung vorzunehmen und, um aus Mißgunst andern das Ansehen der Schrift zu untergraben, sich selbst um ihre Wahrheit zu betrügen, oder daß siebzig Männer, selbst Juden und an einem Ort versammelt, da der Ägypterkönig Ptolemäus sie zu diesem Werk berief, fremden Völkern die Wahrheit mißgönnten und auf Verabredung hin so etwas taten. Wer sieht da nicht, was näherliegend und glaubhafter ist? Doch meine ich, kein Verständiger wird es glauben, weder daß die Juden, seien sie noch so verkehrt und bösartig, bei der großen Zahl und weiten Verbreitung der Handschriften dies zuwege gebracht, noch daß jene siebzig achtbaren Männer, weil sie den Heiden die Wahrheit mißgönnten, diesen gemeinsamen Plan ausgeheckt haben sollten. Näher liegt die Annahme, daß es geschehen konnte, als man anfing, aus der Bibliothek des Ptolemäus die Übersetzung abzuschreiben, und zwar gleich bei der ersten so entstandenen Handschrift, durch die es sich dann weiter verbreitete. Auch um ein Versehen des Schreibers kann es sich gehandelt haben. Letzteres könnte allenfalls zutreffen bei der Methusalems Alter betreffenden Frage und auch da, wo bei der Summe der Lebensjahre sich eine Differenz von vierunszwanzig ergab. In den Fällen jedoch, wo die gleiche Abweichung immer wiederkehrt, daß nämlich vor der Geburt eines Sohnes in der Patriarchenreihe hier hundert Jahre mehr, dort hundert Jahre weniger angegeben werden, nach der Geburt aber hier das Überschüssige weggenommen, dort das Fehlende ergänzt wird, so daß die Gesamtsumme stimmt, und zwar in der ersten, zweiten, dritten, vierten, fünften und siebten Generation, wo also das Versehen eine gewisse Stetigkeit aufweisen würde, muß man doch wohl Absicht und nicht Zufall vermuten.

Wo also die Zahlen in den griechischen und lateinischen Handschriften einerseits, den hebräischen andererseits verschieden angegeben werden, und wo es sich nicht um jene in soviel Geschlechtern immer wieder und in gleicher Weise erst hinzugefügten, dann abgezogenen hundert Jahre handelt, mag man nicht auf Bosheit der Juden, auch nicht auf schlaue Absicht der siebzig Übersetzer, sondern auf einen Irrtum des Mannes schließen, der als erster aus der Bibliothek des erwähnten Königs die Handschrift zum Abschreiben erhielt. Denn auch heute noch werden Zahlen, wenn sie nicht auf etwas hinweisen, was leicht erkennbar oder nützlich zu wissen ist, nachlässig abgeschrieben und noch nachlässiger berichtigt. Denn wer hält es etwa für wissenswert, wieviel tausend Mann die einzelnen Stämme Israels zählen mochten? Denn man findet keinen Nutzen darin, und wieviel Menschen mögen es sein, denen auch hier ein tief verborgener Nutzen sich erschließt? Anders ist es jedoch, wo in soviel aufeinanderfolgenden Geschlechtern hier hundert Jahre erscheinen, dort fehlen, um sodann nach Geburt des zu erwähnenden Sohnes zu fehlen, wo sie erschienen waren, und zu erscheinen, wo sie fehlten, so daß die Summe stimmt. Da wollte der betreffende Schreiber doch wohl den Glauben erwecken, daß nur darum die alten Väter so viel Jahre leben konnten, weil man mit ganz kurzen Jahren rechnete. Das suchte er an der Geschlechtsreife, die zur Kindererzeugung befähigt, zu zeigen. So meinte er, um es den Ungläubigen glaubhaft erscheinen zu lassen, daß Menschen so lange gelebt haben könnten, ihnen nahelegen zu sollen, daß hundert Jahre von dazumal zehn heutige seien, fügte demnach hundert hinzu, wo das zur Kindererzeugung fähige Alter noch nicht erreicht zu sein schien, und zog sodann nach Erzeugung der Kinder, um eine gleichbleibende Summe zu erhalten, dieselbe Zahl wieder ab. So wollte er glaubhaft machen, das zur Erzeugung von Nachkommenschaft geeignete Alter sei erreicht, ohne doch das Gesamtlebensalter der einzelnen zu verkürzen. Wenn er aber bei der sechsten Generation anders verfuhr, so ist gerade das ein Beweis dafür, daß der von uns angegebene Grund richtig ist, weil er in diesem Falle nicht vorlag. Denn er las bei den Hebräern, Jared sei in seiner Generation vor Erzeugung des Henoch 162 Jahre alt gewesen, und das wären nach jener Rechnung mit kurzen Jahren sechzehn Jahre und etwas weniger als zwei Monate gewesen. Das aber ist ein Alter, das zur Erzeugung von Kindern schon imstande ist, und darum war es nicht nötig, hundert kurze Jahre hinzuzufügen, so daß es sechsundzwanzig der unseren geworden wären, folglich auch nicht, nach der Geburt des Henoch sie wieder abzuziehen. So kommt es, daß in diesem Falle die beiderseitigen Handschriften keinen Unterschied aufweisen.

Aber nun ist auffallend, daß in der achten Generation vor der Erzeugung Lamechs durch Methusalem, wo bei den Hebräern 182 Jahre angegeben werden, unsere Handschriften zwanzig Jahre weniger verzeichnen, während es doch sonst hundert Jahre mehr sind, zwanzig Jahre, die dann nach Lamechs Geburt zur Auffüllung der Summe, die in den beiderseitigen Handschriften übereinstimmt, nachgetragen werden. Denn wenn der Schreiber im Hinblick auf die Geschlechtsreife unter 170 Jahren siebzehn verstanden wissen wollte, hätte er weder etwas hinzufügen noch abziehen sollen, da er ein zeugungsfähiges Alter vorfand, um deswillen er, wo er es nicht vorfand, jene hundert Jahre hinzufügte. Was nun die erwähnten zwanzig Jahre anlangt, so würden wir mit Fug und Recht glauben können, sie seien zufällig durch Versehen hinzugekommen, wenn sie der Mann nicht, wie er sie früher abzog, so hinterher, um die Summe unverändert zu lassen, wieder eingesetzt hätte. Oder soll man hier eine überschlaue Berechnung entdecken und annehmen, er habe es getan, um seine sonstige absichtliche Erhöhung und Herabsetzung um hundert Jahre zu verschleiern, indem er auch da, wo es nicht nötig war, zwar nicht hundert Jahre, aber irgendeine beliebige Zahl erst abzog und hernach wieder hinzufügte? Doch wie man sich hier auch entscheiden mag, ob man glaubt oder nicht glaubt, daß sich's so zugetragen hat, und wie es sich schließlich auch in Wirklichkeit zugetragen haben mag, unter keinen Umständen möchte ich daran zweifeln, daß, wenn in den beiderseitigen Handschriften sich Unstimmigkeiten finden und im Hinblick auf den wirklichen Verlauf der Dinge nicht beides zugleich wahr sein kann, man der Sprache Glauben schenken soll, aus der die Übertragung in eine andere durch Dolmetscher erfolgte. Liest man doch auch in drei griechischen Handschriften sowie einer lateinischen und einer syrischen übereinstimmend, daß Methusalem sechs Jahre vor der Sündflut gestorben sei.

14. Die Jahre der Urzeit von gleicher Länge wie die unseren

Doch nun wollen wir sehen, wie sich ein einleuchtender Beweis dafür führen läßt, daß bei Berechnung der überaus langen Lebensdauer jener Männer nicht so kurze Jahre, daß ihrer zehn nur eins der unsrigen ausmachen, sondern genau dieselben Jahre, wie wir sie jetzt haben und wie sie bekanntlich der Sonnenumlauf bewirkt, gemeint sind. Im sechshundertsten Lebensjahre Noahs, so steht geschrieben, fand die Sündflut statt. Warum aber lesen wir da: «Und das Wasser der Sündflut ergoß sich über die Erde im sechshundertsten Lebensjahre Noahs, am siebenundzwanzigsten Tage des zweiten Monats», wenn es eins jener winzig kleinen Jahre war, deren zehn auf eins der unsrigen kommen, und das nur 36 Tage hatte? Solch ein Jährlein, wenn es wirklich diesen Namen bei den Alten führte, hatte entweder überhaupt keine Monate, oder wenn doch ihrer zwölf, dann solche von drei Tagen. Aber wie konnte es heißen «im sechshundertsten Jahre am siebenundzwanzigsten Tage des zweiten Monats», wenn es nicht auch damals solche Monate waren wie jetzt? Denn wie hätte sonst davon die Rede sein können, daß am siebenundzwanzigsten Tage des zweiten Monats die Sündflut begann? Sodann liest man nachher über das Ende der Sündflut: «Die Arche ließ sich nieder am siebenundzwanzigsten Tage des siebten Monats auf das Gebirge Ararat. Es nahm aber das Wasser immer mehr ab bis zum elften Monat; aber am ersten Tage des elften Monats sahen der Berge Spitzen hervor.» Wenn es also ebensolche Monate waren, so waren es sicherlich auch ebensolche Jahre, wie wir sie jetzt haben. Dreitägige Monate hätten ja keine siebenundzwanzig Tage haben können. Oder wenn der dreißigste Teil jenes Dreitage-Monats damals Tag geheißen haben sollte, um alles im gleichen Verhältnis zu verkleinern, dann wäre in weniger als vier Tagen nach unserer Zeitrechnung jene gewaltige Sündflut entstanden, von der wir hören, daß sie in vierzig Tagen und Nächten entstand. Wer wird solchen Unsinn glauben? Also hinweg mit diesem Irrtum, der durch eine falsche Annahme die Glaubwürdigkeit unserer Schriften stützen will, um sie anderweit zu zerstören! Genau so lang wie jetzt war auch damals ein Tag, den vierundzwanzig Stunden in täglichem und nächtlichem Lauf vollenden, ebensolang wie jetzt der Monat, den des Mondes Anfang und Ende begrenzt, ebensolang wie jetzt auch ein Jahr, das zwölf Mondmonate in sich faßt, wozu wegen des Sonnenumlaufs noch fünf und ein viertel Tage kommen. Im zweiten Monat des sechshundertsten solcher Lebensjahre Noahs am siebenundzwanzigsten Tage war es, als die Sündflut ihren Anfang nahm, bei der, wie berichtet, vierzig Tage lang ununterbrochen ungeheure Regenmengen fielen, Tage, die nicht etwa bloß zwei und ein wenig darüber Stunden hatten, sondern in vierundzwanzig Tages- und Nachtstunden verliefen. So lebten denn jene Alten bis zu neunhundert solcher Jahre und darüber, wie nachher Abraham 170 gleiche Jahre lebte, sein Sohn Isaak nach ihm 180, dessen Sohn Jakob fast 150 und nach Ablauf längerer Zeit Moses 120, wie auch die heutigen Menschen sie leben, freilich nur 70 oder 80 oder auch nicht viel mehr, von denen es heißt: «Und was darüber ist, das ist Mühsal und Schmerz.»

Jene Verschiedenheit der Zahlenangaben aber in den hebräischen und unsern Handschriften berührt nicht die lange Lebensdauer der Väter, die vielmehr übereinstimmend berichtet wird, und wenn die Abweichung derart ist, daß nicht beides zugleich wahr sein kann, so muß man, um zu ermitteln, was wirklich geschah, sich an die Sprache halten, aus welcher der uns vorliegende Text übersetzt ist. Obwohl nun diese Möglichkeit denen, die Wert darauf legen, allenthalben offensteht, ist es doch nicht ohne Grund, daß noch niemand in den zahlreichen Fällen, wo sich Abweichungen zu finden scheinen, die siebzig Dolmetscher nach den hebräischen Handschriften zu berichtigen gewagt hat. Denn man erblickte in diesen Abweichungen keine Fehlerhaftigkeit, und auch ich bin der Meinung, daß eine solche nicht anzunehmen ist. Sondern man muß glauben, daß da, wo es sich nicht um ein Versehen des Abschreibers handelt und sich ein der Wahrheit entsprechender und Wahrheit verkündender Sinn ergibt, die Verfasser nicht nach Weise von Übersetzern, sondern mit prophetischer Freiheit und vom göttlichen Geiste geleitet etwas anderes sagen wollten. So haben die Apostel, deren Autorität für uns maßgebend ist, wenn sie Zeugnisse aus der Schrift anführten, sich mit Recht auch an sie und nicht nur an die Hebräer gehalten. Doch darüber will ich, wie schon in Aussicht gestellt, mit Gottes Hilfe an geeigneterer Stelle mich verbreiten. Hier kommt es uns auf etwas anderes an. Es ist also bei der damaligen Langlebigkeit nicht zu bezweifeln, daß der Erstgeborene des ersten Menschen eine Stadt gründen konnte, freilich nur eine irdische, nicht jene, die Stadt Gottes heißt, die zu beschreiben wir die Mühe dieses großen Werkes auf uns genommen haben.

15. Die in den Stammtafeln angeführten Söhne waren nicht die Erstgeborenen

Nun fragt vielleicht jemand: Soll man glauben, daß ein Mann, dessen Bestimmung es war, Kinder zu erzeugen, und der nicht den Vorsatz der Enthaltsamkeit hatte, hundert Jahre und mehr, oder nach den Hebräern doch nicht viel weniger, nämlich achtzig, siebzig, sechzig Jahre gewartet hätte, von seinem ehelichen Rechte Gebrauch zu machen, oder wenn er nicht so lange wartete, keine Nachkommen hätte erzeugen können? Diese Frage läßt sich auf zweierlei Weise beantworten. Entweder trat die Geschlechtsreife um so später ein, je größer die Gesamtlebensdauer war, oder, was mich wahrscheinlicher dünkt, es sind hier nicht die erstgeborenen Söhne erwähnt, sondern nur diejenigen, die im Stammbaum Noahs einen Platz hatten. Von diesem führte dann die Reihenfolge bis zu Abraham und sodann weiter bis zu einem bestimmten Zeitpunkt, soweit es nötig war, den Lauf des ruhmreichen Staates, der diese Welt durchpilgert und das obere Vaterland sucht, auch durch Erwähnung der Aufeinanderfolge der Geschlechter zu kennzeichnen. Doch kann nicht bestritten werden, daß als erster von allen aus der Vereinigung von Mann und Weib Kain entsprossen ist. Denn sonst hätte Adam nach seiner Geburt nicht den überlieferten Ausspruch getan: «Einen Menschen habe ich empfangen von Gott», wenn er nicht der erste Mensch gewesen wäre, der zu den zweien durch Geburt hinzukam. Ihm folgte Abel, den der ältere Bruder tötete, und der als erster den pilgernden Gottesstaat vorbildete, welcher von den Gottlosen und Erdentsprossenen, wie man sie nennen kann, die nur ihren irdischen Ursprung lieben und sich des irdischen Glücks des Erdenstaates freuen, ungerechte Verfolgungen erdulden sollte. Aber wie alt Adam war, als er die beiden erzeugte, wird nicht ersichtlich. Darauf werden die Geschlechter aufgezählt, die einerseits von Kain abstammten, andererseits von dem, den Adam als Ersatz für den vom Bruder Erschlagenen erzeugt hatte, den er Seth nannte und von dem er sprach: «Gott hat mir einen andern Samen erweckt an Stelle Abels, den Kain getötet.» Während nun diese beiden sorgfältig auseinandergehaltenen Abstammungsreihen, die eine von Seth, die andere von Kain her, auf die beiden uns beschäftigenden Staaten hindeuten, den himmlischen, der auf Erden pilgert, und den irdischen, der nur nach irdischen Freuden, als wären sie die einzigen, dürstet und sie genießt, wird doch bei Kains Nachkommenschaft, obwohl sie mit Einschluß Adams bis auf das achte Glied aufgezählt wird, von keinem einzigen genau angegeben, in welchem Lebensalter er den auf ihn folgenden Sprößling erzeugt habe. Denn der Geist Gottes wollte bei den Geschlechtern des irdischen Staates vor der Sündflut keine Zeitangaben machen, wie er es doch bei den himmlischen gern tat, als wären sie des Gedächtnisses würdiger. Bei Seths Geburt wurden also die Jahre des Vaters nicht verschwiegen, doch hatte er vorher schon andere Söhne erzeugt, und ob bloß Kain und Abel, wer kann das mit Gewißheit sagen? Denn wenn nur sie um der Reihenfolge der zu erwähnenden Geschlechter willen namhaft gemacht wurden, darf man doch nicht daraus folgern, nur sie seien bis dahin von Adam erzeugt worden. Heißt es doch unter Verschweigung der Namen aller übrigen, er habe Söhne und Töchter erzeugt, und wer kann anders als aufs Geratewohl sagen, der wievielte Sohn Seth gewesen sein mag? Denn Adam konnte auf Gottes Eingebung hin nach Seths Geburt sagen: «Gott hat mir einen andern Samen erweckt an Abels Stelle», weil er es war, der der Erbe seiner Heiligkeit sein sollte, aber nicht weil er in der zeitlichen Reihenfolge nach ihm der erste war. Wenn sodann die Schrift fortfährt: «Seth aber lebte zweihundertundfünf Jahre, oder nach den Hebräern hundertundfünf, und erzeugte Enos», wer kann da ohne Unbesonnenheit behaupten, dieser sei der Erstgeborene gewesen? Denn dann müßten wir uns verwundert fragen, wie er ohne Vorsatz der Enthaltsamkeit den ehelichen Umgang habe vermeiden oder in der Ehe keine Kinder erzeugen können, obschon es doch auch von ihm heißt: «Er zeugte Söhne und Töchter, daß sein ganzes Alter ward neunhundertundzwölf Jahre, und starb.» Ebenso wird weiterhin von denen, deren Lebensjahre übermittelt sind, die Erzeugung von Söhnen und Töchtern nicht verschwiegen. So ist es durchaus unersichtlich, ob die jedesmal Genannten Erstgeborene waren. Vielmehr ist es ebensowenig glaublich, daß sie erstgeborene Söhne waren, wie es glaublich ist, daß ihre Väter so lange Jahre entweder noch nicht mannbar oder unverheiratet oder ohne Nachkommen gewesen sein sollten. Sondern der Schreiber der heiligen Geschichte, der unter Angabe der Lebensjahre in der Reihenfolge der Geschlechter zur Geburt und zum Leben Noahs gelangen wollte, zu dessen Zeit die Sündflut sich ereignete, erwähnte begreiflicherweise nur die, welche ihren Platz im Stammbaum haben, und nicht die Erstgeborenen der betreffenden Eltern.

Beispielshalber und um es noch deutlicher zu machen, will ich etwas anführen, was jeden Zweifel daran, daß es sich so verhalten haben kann, wie ich sagte, beseitigen muß. Als der Evangelist Matthäus die fleischliche Abstammung unsers Herrn durch Angabe der Reihenfolge seiner Vorfahren darlegen und beginnend mit dem Vater Abraham zunächst bis David gelangen wollte, schrieb er: «Abraham zeugte Isaak.» Warum nicht Ismael, der doch sein Erstgeborener war? «Isaak aber», heist es weiter, «zeugte Jakob.» Warum nennt er nicht Esau, den Erstgeborenen? Weil er über Ismael und Esau nicht zu David gelangen konnte. Sodann hören wir: «Jakob aber zeugte Juda und seine Brüder.» War Juda etwa der Erstgeborene? Weiter: «Juda zeugte Perez und Serah», aber keiner dieser Zwillinge war Judas Erstgeborener, sondern er hatte vor ihnen schon drei andere Söhne erzeugt. Der Evangelist hat also nur diejenigen in die Stammtafel aufgenommen, über die er zu David und an sein ferneres Ziel, das er sich gesteckt, gelangen konnte. Daraus kann man ersehen, daß auch die Alten vor der Sündflut nicht Erstgeborene waren, sondern nur diejenigen erwähnt wurden, über welche die Reihe aufeinanderfolgender Geschlechter bis zu dem Patriarchen Noah hinführte. So brauchen wir uns nicht mit der dunklen und überflüssigen Frage nach ihrer etwaigen späten Geschlechtsreife zu behelligen.

16. Geschwisterehe in der Urzeit erlaubt, später verboten

Da nun das Menschengeschlecht nach der ersten Verbindung des aus Staub geschaffenen Mannes und der aus des Mannes Seite gebildeten Gattin der geschlechtlichen Vereinigung von Mann und Weib bedurfte, um sich durch Zeugung fortzupflanzen, und da es keine Menschen außer denen gab, die von diesen beiden abstammten, nahmen die Männer ihre Schwestern zu Gattinnen. Denn das geschah in der Urzeit ebenso unter dem Zwang der Notwendigkeit, wie es späterhin unter dem Verbot der Religion verdammlich wurde. Dies Verbot erging wohlweislich mit Rücksicht auf die Liebe. Denn die Menschen, für welche die Eintracht heilsam und gut ist, sollten durch die Bande von mancherlei Verwandtschaften aneinandergeknüpft werden. Es sollte nicht einer mit einem anderen in vielen Verwandtschaftsverhältnissen stehen, sondern diese sollten sich einzeln auf Einzelne verteilen und zur Förderung des Gemeinschaftslebens sich vielfach auf möglichst viele erstrecken. So sind Vater und Schwiegervater zwei Bezeichnungen von Verwandtschaftsgraden. Wenn also jeder wen anders zum Schwiegervater als zum Vater hat, verbreitet sich die Liebe auf einen größeren Kreis. Der eine Adam aber mußte seinen Söhnen und Töchtern beides zugleich sein, da Brüder und Schwestern sich ehelichten. So war auch Eva, seine Gattin, den Kindern beiderlei Geschlechts sowohl Schwiegermutter als Mutter. Wären's zwei Frauen gewesen, eine die Mutter, die andere die Schwiegermutter, hätte die Liebe mehr Menschen umschlungen und vereint. Aber auch die Schwester, die zugleich Gattin war, vereinte zwei Verwandtschaftsbeziehungen in sich, hätten diese sich auf verschiedene Einzelne verteilt, so daß hier eine Schwester, da eine Gattin gewesen wäre, würde sich der Verwandtschaftskreis erweitert haben. Aber das war damals noch nicht möglich, da es außer Brüdern und Schwestern, die von dem ersten Elternpaar abstammten, keine Menschen gab. Sobald es geschehen konnte, mußten also aus der inzwischen vergrößerten Menge Gattinnen heimgeführt werden, die keine Schwestern waren, so daß die Geschwisterehe nicht mehr Notwendigkeit, sondern, wenn sie doch stattfand, Unrecht war. Denn wenn auch die Enkel der ersten Menschen, die schon Geschwisterkinder ehelichen konnten, ihre

Schwestern geheiratet hätten, wären in einem Menschen nicht bloß zwei, sondern drei Verwandtschaftsgrade vorhanden gewesen, die auf lauter Einzelne hätten verteilt werden sollen, um eine größere Menschenzahl in verwandtschaftlicher Liebe zusammenzuschließen. Es wäre ein und derselbe Mann seinen Kindern, nämlich dem ehelich verbundenen Geschwisterpaar, zugleich Vater, Schwiegervater und Onkel gewesen, ebenso seine Frau den gemeinsamen Kindern Mutter, Tante und Schwiegermutter; desgleichen wären ihre Kinder nicht nur Geschwister und Ehegatten, sondern auch noch Geschwisterkinder, weil Kinder von Geschwistern, gewesen. Alle diese Verwandtschaftsbeziehungen, die einen Menschen mit dreien verknüpften, würden ihn mit neun verknüpfen, wenn sie sich auf lauter Einzelne verteilten. Denn dann hätte der einzelne Mensch eine Schwester, eine Gattin, eine Base, einen Vater, einen Onkel, einen Schwiegervater, eine Mutter, eine Tante, eine Schwiegermutter, lauter verschiedene Personen, und so würde das Gemeinschaftsband nicht nur einen engen Kreis umspannen, sondern in zahlreichen Verwandtschaften immer mehr Menschen miteinander verknüpfen.

So sehen wir im wachsenden und sich mehrenden Menschengeschlecht auch die gottlosen Verehrer vieler und falscher Götter diesen Brauch beobachten, so daß selbst da, wo verkehrte Gesetze die Geschwisterehe erlauben, die bessere Gewohnheit vor dieser Freiheit zurückschreckt und, obwohl es in den ersten Zeiten des Menschengeschlechts durchaus statthaft war, Schwestern zu heiraten, so sehr dagegen sich sträubt, als wäre es nie erlaubt gewesen. Denn die Sitte übt starken Einfluß auf das menschliche Gemüt und seine Neigungen und Abneigungen, und da sie in diesem Falle die maßlose Begierde zügelt, gilt es mit Recht als frevelhaft, sie umzustoßen und zu verletzen. Denn wenn es strafbar ist, aus Habgier die Grenze der Äcker zu verrücken, ist es erst recht strafbar, in unreiner Lust die von der Sitte aufgerichtete Schranke niederzureißen. Selbst was die Ehe unter Geschwisterkindern anlangt, haben wir's zu unseren Zeiten erlebt, wie selten dank der bestehenden Sitte wegen des Verwandtschaftsgrades, der dem von Bruder und Schwester nahekommt, das geschah, was doch gesetzlich zulässig war, da es weder das göttliche Gesetz verbot noch das menschliche es bis dahin verboten hatte. Aber auch vor erlaubtem Tun scheute man sich, weil es dem Unerlaubten so nahe kam, und was man mit dem Geschwisterkind tat, galt beinah wie mit der Schwester getan, nennt man doch auch Vettern und Basen wegen der nahen Blutsverwandtschaft Geschwister, und beinahe sind sie es auch. Doch lag es den frommen alten Vätern sehr am Herzen, die Verwandtschaft, ehe sie sich im Fortgang der Generationen allmählich zu sehr verflüchtigte und schließlich ganz aufhörte zu bestehen, wiederum durch ein neues Eheband festzuknüpfen, ehe sie sich zu weit entfernte, und die flüchtige gewissermaßen zurückzuholen. So liebte man es, als bereits der Erdkreis voller Menschen war, zwar nicht Schwestern, die von Vater oder Mutter oder gar von beiden Eltern abstammten, aber doch Frauen aus dem eigenen Geschlecht zu heiraten. Wer aber möchte daran zweifeln, daß zu unserer Zeit auch Ehen unter Geschwisterkindern mit Fug und Recht verboten sind? Und das nicht nur, um, wie wir ausführten, die Verwandtschaftsbeziehungen zu vermehren, damit nicht in einer Person deren zwei bestehen, während sie zur Erweiterung des Verwandtenkreises auf zwei Personen verteilt werden könnten, sondern auch deshalb, weil – ich weiß nicht, wie es kommt – der menschlichen Natur eine gewisse löbliche Scheu innewohnt, die es verhindert, einer Verwandten, der man achtungsvolle Zuneigung schuldet, mit jener Leidenschaft zu nahen, die, auch wenn sie der Zeugung dient, Wollust bleibt, über die selbst eheliche Schamhaftigkeit erröten muß.

Die Verbindung von Mann und Weib ist also, soweit das sterbliche Geschlecht in Frage kommt, gewissermaßen die Keimzelle des Staates. Doch bedarf der irdische Staat nur der Geburt, der himmlische dagegen auch der Wiedergeburt, damit der von der Geburt her anhaftende Schaden getilgt werde. Ob es aber schon vor der Sündflut ein leibliches und sichtbares Zeichen der Wiedergeburt gab, wie dem Abraham später die Beschneidung anbefohlen ward, und welcher Art es war, wenn es eins gab, davon schweigt die heilige Geschichte. Doch verschweigt sie nicht, daß bereits die ältesten Menschen Gott Opfer darbrachten. Das sehen wir an den beiden ersten Brüdern, und auch von Noah liest man, er habe nach dem Aufhören der Sündflut und seinem Ausgang aus der Arche Gott Opfertiere geschlachtet. Darüber haben wir uns schon in früheren Büchern geäußert und klargelegt, daß die Dämonen, die sich Göttlichkeit anmaßen und für Götter gehalten werden möchten, Opfer für sich verlangen und an solchen Ehrungen sich freuen, weil sie wohl wissen, daß wahres Opfer allein dem wahren Gotte gebührt.

17. Kain und Seth, die Stammväter des irdischen und himmlischen Staates

Während also Adam Stammvater beider Geschlechter war, sowohl desjenigen, dessen Glieder zum irdischen, als auch desjenigen, dessen Glieder zum himmlischen Staat gehören, wurden, nachdem Abel erschlagen und durch seinen Tod ein wunderbares Geheimnis angedeutet war, Kain und Seth die beiden Väter der sich sondernden Geschlechter. In ihren Söhnen, die erwähnt werden mußten, fingen die Merkmale jener beiden Staaten im Geschlecht der Sterblichen an, klarer zutage zu treten. Denn Kain erzeugte den Henoch, nach dem er die von ihm gegründete Stadt benannte, eine irdische, versteht sich, die nicht diese Welt durchpilgert, sondern in ihrem zeitlichen Frieden und Glück Genüge findet. Kain heißt soviel wie Besitz, weswegen bei seiner Geburt Vater oder Mutter sprachen: «Einen Menschen habe ich empfangen von Gott.» Henoch aber heißt Weihe, denn der irdische Staat, der ein irdisches Ziel anstrebt und begehrt, empfängt schon bei seiner Gründung die irdische Weihe. Seth dagegen bedeutet Auferstehung und Enos, sein Sohn, Mensch, aber nicht in demselben Sinne wie Adam. Denn auch dessen Name wird mit Mensch übersetzt, aber man wendet ihn in der hebräischen Sprache auf Mann und Weib zugleich an. Denn die Schrift berichtet darüber folgendermaßen: «Er schuf sie, einen Mann und ein Weib, und segnete sie und hieß ihren Namen Adam.» So ist kein Zweifel, obschon die Frau ihren besonderen Namen Eva erhielt, daß Adam, das heißt Mensch, beider Name war. Enos aber heißt Mensch in einem Sinne, daß nach dem Zeugnis der Kenner jener Sprache das Weib nicht so genannt werden kann, denn er ist der Sohn der Auferstehung, wo man nicht freien und sich freien lassen wird. Denn dort, wohin die Wiedergeburt führt, gibt es keine Geburt mehr. So ist es, meine ich, auch nicht nutzlos, darauf hinzuweisen, daß bei der Abstammungslinie, die sich von Seth herleitet, obwohl es heißt, es seien Söhne und Töchter erzeugt worden, keine weibliche Person mit Namen genannt wird, während bei den Nachkommen Kains am Ende, wo die Reihe aufhört, als letzter Name der eines Weibes auftritt. Denn so lesen wir: «Methusael zeugte Lamech. Lamech aber nahm zwei Weiber, eine hieß Ada, die andere Zilla. Ada gebar Jabal; von dem sind hergekommen, die in Zelten wohnen und Vieh züchten. Und sein Bruder hieß Jubal, der das Harfen- und Zitherspiel lehrte. Zilla aber gebar auch, nämlich den Thubal, den Meister in allerlei Erz- und Eisenwerk. Die Schwester Thubals aber war Naema.» Soweit werden die von Kain abstammenden Geschlechter aufgezählt.

Von Adam an, diesen mitgerechnet, sind es acht, also sieben bis Lamech, den Ehemann der beiden Frauen. Das achte Geschlecht besteht dann aus seinen Kindern, unter denen auch eine Frau mit Namen hervorgehoben wird. Damit ist feinsinnig angedeutet, daß der irdische Staat bis zu seinem Ende fleischlich fortgepflanzt werden wird, was ja nur durch Verbindung von Mann und Frau geschehen kann. So werden denn die beiden Weiber des an letzter Stelle aufgeführten Erzeugers mit ihren eigenen Namen genannt, was sonst vor der Sündflut nur bei Eva der Fall ist. Wie aber Kain, das heißt «Besitz», der Gründer des irdischen Staates, und sein Sohn, nach dem er benannt wurde, nämlich Henoch, das heißt «Weihe», darauf hinweisen, daß dieser Staat einen irdischen Anfang und ein irdisches Ende hat und für ihn nur das zu hoffen ist, was man mit irdischen Augen erblicken kann, so müssen wir bei Seth, dessen Name «Auferstehung» bedeutet und der der Stammvater gesondert erwähnter Geschlechter ist, darauf achtgeben, was die heilige Geschichte von seinem Sohne berichtet.

18. *Enos, Seths Sohn, und seine vorbildliche Bedeutung*

«Auch dem Seth», lesen wir, «ward ein Sohn geboren, und er nannte seinen Sohn Enos. Dieser hoffte darauf, anzurufen den Namen Gottes, des Herrn.» Laut spricht das Zeugnis der Wahrheit. Ja, in Hoffnung lebt der Mensch, der Sohn der Auferstehung. In Hoffnung lebt er, solange er hier pilgert, der Gottesstaat, der erzeugt wird aus dem Glauben an die Auferstehung Christi. Denn in diesen beiden Männern, Abel, das heißt Trauer, und seinem Bruder Seth, was Auferstehung bedeutet, wird Christi Tod und sein Leben aus dem Tode vorgebildet. Aus diesem Glauben entsteht hienieden der Gottesstaat, das heißt der Mensch, «der darauf hofft, anzurufen den Namen Gottes, des Herrn». «Denn auf Hoffnung sind wir selig geworden», sagt der Apostel. «Die Hoffnung aber, die man sieht, ist nicht Hoffnung. Denn wie kann man des hoffen, das man sieht? So wir aber des hoffen, das wir nicht sehen, so warten wir sein in Geduld.» Wer kann daran zweifeln, daß hier ein tiefes Geheimnis vorliegt? Hat etwa Abel nicht darauf gehofft, den Namen Gottes, des Herrn, anzurufen, er, dessen Opfer, wie die Schrift bezeugt, Gott so angenehm war? Hat nicht auch Seth selber darauf gehofft, den Namen Gottes, des Herrn, anzurufen, da von ihm gesagt wurde: «Gott hat mir einen anderen Samen erweckt anstelle Abels, den Kain getötet»? Warum wird dem Enos in besonderer Weise zugeschrieben, was augenscheinlich allen Frommen gemeinsam ist? Ich denke, weil er, der ersterwähnte Sprößling des Stammvaters, von dem die edlere, den höheren Staat darstellende Geschlechterreihe ihren Ausgang nimmt, den Menschen vorbilden sollte, das ist die Gemeinschaft der Menschen, die nicht nach Menschenweise lebt und irdisches Glück genießt, sondern nach Gott und ewiges Glück erhofft. Denn es heißt nicht: «Dieser hoffte auf Gott, den Herrn», auch nicht: «Dieser rief an den Namen Gottes, des Herrn», sondern: «Er hoffte darauf, anzurufen den Namen Gottes, des Herrn.» Was soll das: «Er hoffte darauf anzurufen»? Es liegt darin offenbar eine Weissagung, ein Volk werde erstehen, das zufolge der Gnadenwahl den Namen Gottes, des Herrn, anrufen werde. Dasselbe sagt der Apostel mit einem anderen Prophetenworte von diesem Volke, dem Gottes Gnade gilt: «Jeder, der den Namen des Herrn wird anrufen, soll selig werden.» Denn wenn es heißt: «Er nannte seinen Namen Enos», was «Mensch» bedeutet, und dann weiter: «Dieser hoffte darauf, anzurufen den Namen Gottes, des Herrn», so wird damit unmißverständlich erklärt, daß der Mensch nicht seine Hoffnung auf sich selber setzen soll. Denn, so liest man anderswo: «Verflucht ist jeder, der seine Hoffnung auf Menschen setzt.» Wenn nicht auf Menschen, dann auch nicht auf sich selber; denn nur dann kann er Bürger des anderen Staates sein, der nicht nach dem Sohne Kains in dieser Zeit, das ist in dem vorübereilenden Lauf dieses sterbenden Zeitalters geweiht wird, sondern in der Unsterblichkeit der ewigen Seligkeit.

19. Der siebte in der Reihe, Henoch, und seine Entrückung

Denn auch der Zweig, dessen Stammvater Seth ist, hat in der siebten Generation, von Adam an gerechnet und diesen miteingeschlossen, den Weihenamen. Denn im siebten Glied ward Henoch geboren, was «Weihe» bedeutet. Das ist der, welcher entrückt ward, weil er Gott gefiel, und er steht in der Geschlechterfolge an hervorragender Stelle, weil er von Adam an der siebte ist und durch die Siebenzahl der Sabbat geweiht wurde. Aber von Seth an gerechnet, dem Vater der von der Nachkommenschaft Kains sich sondernden Geschlechter, ist er der sechste, und an diesem Tage schuf Gott den Menschen und vollendete alle seine Werke. Durch die Entrückung dieses Henoch nun ist vorgebildet der Aufschub unserer eigenen Weihe. Sie fand zwar bereits statt in Christus, unserm Haupte, der auferstand, um hinfort nicht mehr zu sterben. Aber auch er ward entrückt. So steht noch eine andere Weihe bevor, die des ganzen Hauses, dessen Grundstein Christus selber ist, und sie wird hinausgeschoben bis auf das Ende, da alle auferstehen und hinfort nicht mehr sterben werden. Ob man nun von dem Hause Gottes, dem Tempel Gottes oder Staate Gottes spricht, es ist alles dasselbe, und der lateinische Sprachgebrauch läßt jede dieser Redeweisen zu. Denn auch Vergil nennt als den mächtigsten Staat das Haus des Assaracus und meint damit die Römer, die ihren Ursprung über die Trojaner von Assaracus herleiten. Ebendieselben nennt er auch «Haus des Äneas», weil die Trojaner unter seiner Führung nach Italien kamen und

Rom gründeten. Denn dieser Dichter folgte hierin den heiligen Schriften, in denen das Volk der Hebräer, auch als es bereits gewaltig groß geworden war, «Haus Jakobs» genannt wird.

20. Betrachtungen über den Stammbaum der Kainiten

Nun sagt wohl jemand: Mag sein, daß der Schreiber dieser Geschichte bei Aufzählung der Geschlechter von Adam an über Seth, seinen Sohn, zu Noah kommen wollte, der zur Zeit der Sündflut lebte und an den die Stammtafel wieder anknüpft, um zu Abraham zu gelangen, mit dem der Evangelist Matthäus sein zu Christus, dem ewigen König des Gottesstaates, führendes Geschlechtsregister beginnt. Aber was beabsichtigte er mit der von Kain ausgehenden Geschlechterreihe, und wohin wollte er sie führen? Die Antwort lautet: Bis zur Sündflut, durch welche das ganze Geschlecht des irdischen Staates vertilgt wurde, das freilich in den Nachkommen der Söhne Noahs von neuem auflebte. Denn dieser irdische Staat, diese Genossenschaft von Menschen, die nach Menschenweise leben, wird nicht aufhören bis zum Ende dieser Weltzeit. Davon sagt der Herr: «Die Kinder dieser Welt freien und lassen sich freien.» Den Gottesstaat jedoch, der in dieser Welt pilgert, führt die Wiedergeburt zu einer anderen Welt, deren Kinder weder freien noch sich freien lassen. Hienieden aber ist das Sichfreienlassen und Freien beiden Staaten gemeinsam, obwohl der Gottesstaat auch hier schon viele tausend Bürger hat, die sich des Werkes der Zeugung enthalten. Doch hat auch der andere Staat solche, die das gewissermaßen nachäffen, dabei freilich auf Irrwegen gehen. Dahin gehören die, welche, vom Glauben des Gottesstaates abweichend, mancherlei Ketzereien stifteten, und auch von ihnen gilt, daß sie nach Menschenweise leben, nicht nach Gott. Auch die Gymnosophisten der Inder, die in den Einöden Indiens nackt philosophieren sollen, sind Bürger des Weltstaates und enthalten sich der Zeugung. Das ist aber nur dann gut, wenn es im Glauben an den zuhöchst Guten geschieht, nämlich Gott. Doch findet sich vor der Sündflut keiner, der das tat; denn selbst Henoch, der siebte von Adam, der, wie wir hören, nicht starb, sondern entrückt wurde, erzeugte vor der Entrückung Söhne und Töchter, unter ihnen den Methusalem, über den die Reihe denkwürdiger Zeugungen weiter verläuft.

Warum also werden bei Kains Nachkommenschaft so wenig Geschlechter aufgezählt, wenn sie doch bis zur Sündflut reichen sollten und die Geschlechtsreife nicht erst in so hohem Alter eintrat, daß man hundert Jahre oder länger bis zur Kindererzeugung warten mußte? Denn wenn der Verfasser des Buches keinen Mann im Auge hatte, bis zu welchem er die Geschlechterreihe führen mußte, wie er bei den Abkömmlingen Seths zu Noah kommen wollte, mit dem wiederum eine neue Reihe anhebt, wozu mußte er dann die erstgeborenen Söhne überschlagen, um zu Lamech zu gelangen, mit dessen Söhnen in der achten Generation von Adam, der siebten von Kain an, dieser Stammbaum endet? Hier war doch nichts weiter anzuknüpfen, etwa um zum Volk Israel zu gelangen, in welchem das irdische Jerusalem ein prophetisches Gleichnis des himmlischen Staates darbot, oder zu «Christus nach dem Fleisch, der da ist Gott über alles, gelobt in Ewigkeit», Schöpfer und Beherrscher des oberen Jerusalems. Wurde doch die gesamte Nachkommenschaft Kains durch die Sündflut vernichtet. So müßten eigentlich, sollte man meinen, bei dieser Reihe von Geschlechtern die Erstgeborenen namhaft gemacht werden. Aber warum so wenige? Denn bis zur Sündflut müßten es doch mehr gewesen sein, vorausgesetzt daß die Väter nicht erst mit hundert Jahren bei dann eintretender Geschlechtsreife Kinder erzeugten, da nicht anzunehmen ist, daß die Mannbarkeit dem hohen Lebensalter entsprechend erst so spät erreicht wurde.

Waren sie also durchschnittlich dreißig Jahre alt, als sie Kinder zu erzeugen anfingen, so sind acht mal dreißig – denn mit Adam und Lamechs Söhnen sind es acht Geschlechter – 240 Jahre. Haben sie etwa in der darauf folgenden Zeit bis zur Sündflut nicht mehr gezeugt? Und wenn doch, aus welchem Grunde hat der Schreiber die folgenden Geschlechter nicht erwähnen wollen? Denn von Adam bis zur Sündflut zählt man nach unseren Handschriften 2262 Jahre, nach den hebräischen aber 1656. Nehmen wir an, die kleinere Ziffer sei die richtigere und ziehen wir von 1656 Jahren 240 ab. Ist es wohl glaubhaft, daß in den 1400 und etlichen Jahren, die als Rest bis zur Sündflut übrigbleiben, die Nachkommenschaft Kains sich von Zeugungen habe enthalten können?

Doch wer darüber sich Gedanken macht, erinnere sich, daß ich auf die Frage, wie man es glauben könne, daß die Männer des Altertums so viel Jahre lang keine Kinder erzeugten, eine doppelte Antwort zur Verfügung stellte: Entweder trat, dem langen Lebensalter entsprechend, die Mannbarkeit erst spät ein, oder die in der Reihe der Generationen erwähnten Söhne waren nicht die Erstgeborenen, sondern die, über welche der Verfasser des Buches zu dem Manne gelangen konnte, den er ins Auge gefaßt hatte, wie zu Noah in der mit Seth anhebenden Reihe. Wenn uns also in der mit Kain anhebenden Reihe keiner begegnet, auf den man abzielte, und zu dem man nur unter Übergehung der Erstgeborenen über die tatsächlich aufgeführten Namen hingelangen konnte, bleibt noch die Annahme der späten Geschlechtsreife übrig. So wären sie also dazumal erst nach hundert Jahren mannbar und zur Zeugung tauglich gewesen. Dann konnte die Reihe der Geschlechter über die Erstgeborenen laufen und bis zur Sündflut solch große Jahreszahl erreicht werden. Freilich ist es auch möglich, daß aus einer geheimen mir verborgenen Ursache der Staat, den wir den irdischen nannten, nur in einer bis auf Lamech und seine Söhne reichenden Geschlechterfolge vorgeführt werden sollte und der Schriftsteller sodann darauf verzichtete, die übrigen Geschlechter bis zur Sündflut zu erwähnen. Denkbar wäre ferner, daß noch aus einem anderen Grunde die Reihe der Geschlechter nicht über die Erstgeborenen liefe, ohne daß es notwendig wäre, bei jenen Leuten eine so späte Mannbarkeit vorauszusetzen. Vielleicht herrschte die von Kain unter dem Namen seines Sohnes Henoch gegründete Stadt weit und breit, hatte aber nicht mehrere Könige, sondern zu seiner Zeit immer nur einen, der sich während seiner Herrschaft den künftigen Nachfolger erzeugte. Der erste dieser Könige wäre dann wohl Kain selbst gewesen, der zweite sein Sohn Henoch, nach dessen Namen die Stadt, über die er herrschen sollte, genannt wurde, der dritte Gaidad, den Henoch erzeugte, der vierte Mevia, den Gaidad erzeugte, der fünfte Methusael, den Mevia erzeugte, der sechste Lamech, den Methusael erzeugte. Das wäre also von Adam ab gerechnet über Kain der siebte. Es war aber nicht nötig, daß gerade die Erstgeborenen den Vätern in der Herrschaft folgten, sondern diejenigen, die Herrschtalent und Tapferkeit, wie sie für den irdischen Staat förderlich sind, oder irgendein Zufall begünstigte, oder das Erbrecht konnte auch verfügen, daß der vom Vater am meisten geliebte Sohn sein Nachfolger würde. Vielleicht brach dann noch zu Lebzeiten und während der Regierung Lamechs die Sündflut herein, so daß sie ihn nebst allen anderen, außer denen, die in der Arche waren, vertilgte. Es ist ja nicht weiter wunderbar, daß bei einer so langen Zwischenzeit wie von Adam bis zur Sündflut die beiderseitigen Stammeszweige infolge der jedesmal verschiedenen Lebensdauer nicht die gleiche Anzahl von Geschlechtern aufweisen, sondern daß es nur sieben Kainiten, dagegen zehn Sethiten sind. Denn Lamech ist, von Adam an gerechnet, der siebte, Noah der zehnte, und darum wurde wohl nicht nur ein Sohn Lamechs genannt wie in den früheren Fällen, sondern mehrere, weil es noch ungewiß war, wer der Nachfolger des Verstorbenen hätte sein sollen, wenn noch eine Regierungszeit zwischen diesem und der Sündflut übriggeblieben wäre.

Doch wie sich's hiermit auch verhalten mag, ob die Geschlechterfolge über die Erstgeborenen oder die Könige aus Kains Stamm verläuft, eins darf unter keinen Umständen verschwiegen werden, daß nämlich Lamech zwar als siebter von Adam an dasteht, aber soviel Kinder von ihm aufgezählt werden, daß die Elfzahl voll wird; und diese Zahl bedeutet die Sünde. Es werden nämlich drei Söhne zugefügt und eine Tochter. Die Weiber Lamechs aber mögen etwas anderes zu bedeuten haben, nicht das, worauf es hier ankommt. Denn jetzt ist die Rede von den Geschlechtsfolgen, und wir hören nicht, von wem jene Frauen erzeugt waren. Da nun durch die Zahl zehn auf das Gesetz hingewiesen wird, wie der berühmte Dekalog beweist, bedeutet die Zahl elf, da sie die zehn überschreitet, die Übertretung des Gesetzes, also die Sünde. Daher mußten an der Stiftshütte, die während der Wüstenreise dem Volke Gottes als eine Art wandelnder Tempel diente, elf härene Decken angebracht werden. Die Ziegenhaardecke erinnert ja wegen der Böcke, die zur Linken stehen werden, an die Sünden, und wenn wir sie bekennen, werfen wir uns im härenem Gewand zu Boden, als sprächen wir mit dem Psalmsänger: «Meine Sünde ist immer vor mir.» Die Nachkommenschaft Adams über den Frevler Kain endet also mit der Elfzahl, mit der die Sünde bezeichnet wird, und diese Zahl selber schließt mit einem Weibe ab, also jenem Geschlecht, das den Anfang mit der Sünde machte, die uns allen den Tod gebracht hat. Sie zog als Folge die Fleischeslust nach sich, die dem Geist widerstrebt. Und tatsächlich bedeutet der Name der Lamechstochter Naema so viel wie «Lust». In der Geschlechterreihe von Adam über Seth bis Noah begegnet uns dagegen die dem Gesetz entsprechende Zehnzahl. Rechnet man noch die drei Söhne Noahs hinzu, deren einer zu Fall kam, während die beiden anderen vom Vater gesegnet wurden, erhält man nach Ausfall des Verworfenen und Zuzählung der Bewährten zur Zahl zehn gleichfalls eine bedeutende Zahl, nämlich zwölf, die berühmt ist durch die gleiche Zahl der Patriarchen und Apostel, und die durch wechselseitige Multiplikation der beiden Teile der Siebenzahl miteinander entsteht. Denn drei mal vier oder vier mal drei sind dasselbe. So verhält es sich hiermit. Ich muß nun noch betrachten und darlegen, wie die beiden Reihen der Adamssöhne, die uns in ihren gesonderten Geschlechterfolgen die beiden Staaten, den der Erdgeborenen und den der Wiedergeborenen, vor Augen führen, sich nachher so miteinander vermischt und vermengt haben, daß das gesamte Menschengeschlecht mit Ausnahme von acht für den Untergang durch die Sündflut reif war.

21. Warum nach Erwähnung Seths Gen. 4,26 der Neuansatz von Kap. 5?

Doch zunächst müssen wir noch etwas anderes ins Auge fassen. Da wo die von Kain abstammenden Geschlechter aufgezählt werden und vor allen seinen späteren Nachkommen der eine erwähnt wird, dessen Namen die neugegründete Stadt erhielt, nämlich Henoch, werden gleich die übrigen angereiht bis zu dem uns bereits bekannten Ende, der Vernichtung dieses Geschlechts und der ganzen Nachkommenschaft durch die Sündflut. Anders bei Seth. Hier wird bloß der eine Enos genannt und dann, ohne daß die übrigen bis zur Sündflut gleich angeschlossen wären, eine Zwischenbemerkung eingeschoben, die folgendermaßen lautet: «Dies ist das Buch von der Abstammung der Menschen. Da Gott den Menschen schuf, machte er ihn nach dem Bilde Gottes und schuf sie, einen Mann und ein Weib, und hieß ihren Namen Adam, an dem Tage, da er sie schuf.» Wie mir scheint, ist sie darum eingeschaltet, weil hier, nach nochmaligem Einsatz mit Adam, die Zeitrechnung beginnen sollte, die der heilige Schriftsteller beim irdischen Staate nicht anbringen wollte, als wenn Gott diesen zwar erwähnte, aber nicht rechnete. Aber warum kehrt er nach Erwähnung des Sohnes Seths, des Menschen, der darauf hoffte, den Namen Gottes, des Herrn, anzurufen, zu dieser Wiederholung zurück? Darum, weil so die beiden Staaten eingeführt werden sollten, der eine mit einem Mörder beginnend und zu einem Mörder überleitend – denn auch Lamech bekennt seinen beiden Weibern, daß er einen Mord begangen –, der andere, begründet durch den, der darauf hoffte, den Namen Gottes, des Herrn, anzurufen. Das ist ja der ganze und höchste Beruf des in dieser Welt pilgernden Gottesstaates während dieses vergänglichen Lebens, der in der Person des einen Menschen, den wahrhaftig die Auferstehung des Getöteten erzeugte, vorbildlich dargestellt werden sollte. Denn dieser eine Mensch verkörpert die Einheit des ganzen oberen Staates, die zwar noch nicht vollendet ist, aber nach Vorausschickung des prophetischen Vorbildes vollendet werden soll. Der Sohn Kains also, das heißt der Sohn des Besitzes – des irdischen natürlich –, mag im irdischen Staat einen Namen haben, weil dieser in seinem Namen begründet ward. Denn von seinesgleichen singt der Psalm: «Man wird ihren Namen anrufen in ihren Landen.» Aber was darauf folgt, sagt ein anderer Psalmsänger: «In deinem Staate, Herr, machst du ihr Bild zunichte.» Der Sohn Seths aber, das ist der Sohn der Auferstehung, möge darauf hoffen, den Namen Gottes, des Herrn, anzurufen; denn er bildet die Gemeinschaft der Menschen vor, die da spricht: «Ich aber wie ein fruchtbarer Ölbaum im Hause des Herrn verlasse mich auf Gottes Erbarmen.» Er begehre nicht den eitelen Ruhm eines auf Erden gefeierten Namens, denn «selig der Mann, der seine Hoffnung setzt auf den Namen des Herrn und nicht schaut auf Eitelkeit und trügerische Torheit.» Somit werden uns hier die beiden

Staaten vorgeführt, der eine dieser Welt hingegeben, der andere hoffend auf Gott, beide hervorgehend aus der gemeinsam in Adam geöffneten Pforte der Sterblichkeit, um ihren Lauf anzutreten und ein jeder zu seinem besonderen, ihm gebührenden Ziel zu gelangen. Damit beginnt die Zeitrechnung. Nun werden auch die anderen Abkömmlinge nachgetragen, nachdem bei Adam der Faden wiederaufgenommen. Denn aus seinem verdammten Geschlecht, wie aus einer einzigen, selbstverschuldeter Verdammnis überlieferten Masse, macht Gott teils Gefäße des Zorns zur Schmach, teils Gefäße der Barmherzigkeit zur Ehre, lohnt jenen mit verdienter Pein, schenkt diesen unverdiente Gnade. So lerne der obere Staat, der auf Erden pilgert, im Hinblick gerade auch auf die Gefäße des Zorns, nicht auf seine Willensfreiheit zu vertrauen, sondern darauf zu hoffen, den Namen Gottes, des Herrn, anzurufen. Denn der Wille eines Wesens, das gut erschaffen ward vom guten Gotte, aber wandelbar vom Unwandelbaren, weil aus nichts, er kann kraft seiner Wahlfreiheit vom Guten abweichen, um Böses zu tun, desgleichen auch vom Bösen, um Gutes zu tun, doch dies nur kraft göttlichen Beistands.

22. Die Vermischung der beiden Staaten durch den Fall der Gottessöhne

Infolge dieser freien Willensentscheidung kam es, als das Menschengeschlecht sich entfaltete und anwuchs, zur Vermischung und infolge der Anteilnahme an der Bosheit zu einer Art Verschmelzung der beiden Staaten. Dies Unheil nahm wieder vom weiblichen Geschlecht seinen Ausgang, freilich nicht in derselben Weise wie zu Anfang; denn diesmal haben nicht die Weiber, durch fremde Tücke verführt, ihre Männer zur Sünde überredet. Sondern jene Weiber, die im irdischen Staate, das ist der Genossenschaft der Erdgeborenen, von Anbeginn an üblen Sitten gefrönt hatten, wurden von den Gottessöhnen, den Bürgern des in dieser Welt pilgernden anderen Staates, um ihrer schönen Leiber willen geliebt. Solche Schönheit ist zwar eine gute Gabe Gottes, doch wird sie darum auch Bösen verliehen, damit Gute sie nicht für ein großes Gut halten. Aber nun wurde das große, nur Guten eignende Gut preisgegeben und erfolgte der Abfall zum niedersten Gut, das nicht nur Guten eignet, sondern Guten und Bösen zugleich. Die Gottessöhne, von Liebe zu den Menschentöchtern ergriffen, die sie als Gattinnen genießen wollten, versanken in die Sittenlosigkeit der erdgeborenen Genossenschaft und ließen die Frömmigkeit fahren, die sie in der heiligen Genossenschaft bewahrt hatten. Denn wenn man leibliche Schönheit, die wohl von Gott geschaffen, aber nur ein zeitliches, fleischliches, ganz niederes Gut ist, unter Hintansetzung Gottes, des ewigen, inneren, unvergänglichen Gutes, liebt, ist es wie wenn ein Geiziger die Gerechtigkeit aufgibt und das Gold liebt. Nicht am Golde liegt dann der Fehler, sondern am Menschen. So ist's bei jeglichem Geschöpf. Denn es ist gut und kann gut geliebt werden und böse, gut, wenn die rechte Ordnung gewahrt, böse, wenn sie gestört wird. Ich habe das in einem Preis der Osterkerze in folgenden Versen kurz so ausgedrückt:

«Dein ist dies und auch gut, weil du es, Guter, geschaffen.
Unser daran ist nichts denn nur die sündige Liebe,
die die Ordnung verkehrt, dem Schöpfer Geschaffenes
vorzieht.»

Wenn aber der Schöpfer wahrhaft geliebt wird, das heißt, wenn er selbst und nicht statt seiner etwas anderes, was er nicht ist, geliebt wird, gibt es keine böse Liebe. Denn damit in uns die Tugend wohne, kraft deren man gut lebt, muß in rechter Ordnung auch die Liebe selber geliebt werden, die das Liebenswerte gut liebt. So kann man, scheint mir, die Tugend kurz und treffend als rechte Ordnung der Liebe definieren, und darum singt im heiligen Hohenliede die Braut Christi: «Ordnet in mir die Liebe.» Die Ordnung dieser Liebe haben die «Gottessöhne» verwirrt, als sie Gott vernachlässigten und «Menschentöchter» liebten. Durch diese beiden Benennungen werden sie beiden Staaten klar voneinander unterschieden. Denn auch die Erstgenannten waren von Natur Menschenkinder, aber dank der Gnade hatten sie einen anderen Namen zu führen begonnen. Denn in derselben Schrift, in der von der Liebe der Gottessöhne zu den Menschentöchtern berichtet wird, werden jene auch Engel Gottes genannt. Deswegen meinen viele, es seien überhaupt keine Menschen, sondern Engel gewesen.

23. Die Gottessöhne von Gen. 6, die Menschentöchter zu Weibern nahmen, waren keine Engel

Diese Frage wurde schon im dritten Buche dieses Werkes im Vorbeigehen berührt, aber ungelöst gelassen, die Frage nämlich, ob Engel, die doch Geister sind, mit Weibern fleischlichen Umgang haben können. Es steht geschrieben: «Er macht Geister zu seinen Engeln», das ist, er macht Wesen, die von Natur Geister sind, zu seinen Engeln, indem er ihnen Botendienste aufträgt. Denn was auf griechisch «Angelos», mit lateinischer Endung «Angelus», auf deutsch Engel heißt, bedeutet soviel wie Bote. Aber ob mit den folgenden Worten: «Und zu seinen Dienern flammendes Feuer» Engelleiber gemeint sind, oder ob damit gesagt sein soll, daß seine Diener von Liebe wie von geistlichem Feuer brennen sollen, ist fraglich. Daß jedoch Engel den Menschen in solchen Leibern erschienen sind, die nicht nur sichtbar, sondern auch tastbar waren, wird von derselben untrüglichen Schrift bezeugt. Da nun die häufige Rede geht und viele versichern, es selbst erlebt oder von glaubwürdigen Leuten, die es erlebt, vernommen zu haben, daß Silvane und Pane, die im Volksmund «incubi» heißen, Frauen belästigt und mit ihnen in Geschlechtsverkehr zu treten begehrt und es auch erreicht haben, da ferner gewisse Dämonen, von den Galliern «Dusii» geheißen, unablässig solch unzüchtigem Treiben ergeben sind – so viele und gewichtige Stimmen bekräftigen es, daß Leugnung hier Dreistigkeit wäre –, wage ich nicht zu entscheiden, ob wirklich irgendwelche mit einem Luftleib bekleideten Geister – dies Element wird ja, wenn auch nur mit einem Fächer bewegt, von dem leiblichen Gefühls- und Tastsinn wahrgenommen – solche Leidenschaften hegen und sich irgendwie mit Frauen, so daß diese Empfindung davon haben, verbinden können. Doch bin ich der Meinung, daß die heiligen Engel Gottes zu jener Zeit schlechterdings nicht auf solche Weise fallen konnten, und glaube nicht, daß der Apostel Petrus von ihnen gesprochen hat, wenn er sagt: «Gott hat die sündigen Engel nicht verschont, sondern sie verstoßen und den finsteren Kerkern der Unterwelt übergeben, um sie zur Strafe aufzubewahren am Tage des Gerichts», sondern von denen, die gleich anfangs von Gott abtrünnig wurden und mit ihrem Fürsten, dem Teufel, abfielen, der seinerseits den ersten Menschen aus Neid durch Schlangentrug zu Fall brachte. Daß aber auch Gottesmenschen Engel genannt wurden, bezeugt dieselbe Heilige Schrift vielfältig. Denn von Johannes steht geschrieben: «Siehe, ich sende meinen Engel vor dir her, der deinen Weg bereiten soll», und auch der Prophet Maleachi ward wegen einer besonderen, das heißt nur ihm verliehenen Gnade Engel genannt.

Aber manche werden dadurch bedenklich, daß von denen, die Engel Gottes heißen, und den Weibern, die sie liebten, nicht Menschen unserer Art, sondern Riesen erzeugt wurden. Als ob nicht auch zu unseren Zeiten, wie ich vorhin bereits erwähnte, Menschen, deren Körpergröße unser Maß weit überschreitet, geboren würden! War nicht erst vor wenigen Jahren, als die Zerstörung der Stadt durch die Goten herannahte, eine Frau mit ihrem Vater und ihrer Mutter in Rom, die durch ihren sozusagen riesenhaften Wuchs alle übrigen in den Schatten stellte? Sie zu sehen, lief von allen Seiten das Volk in Massen zusammen. Und das merkwürdigste war, daß beide Eltern keineswegs sehr große Leute waren, wie wir sie auch sonst wohl sehen. Es mochten also auch schon vorher Riesen geboren sein, ehe die Gottessöhne, die Engel Gottes genannt wurden, sich mit den Töchtern der Menschen, das heißt derer, die nach Menschenweise lebten, einließen, also die Söhne Seths mit den Töchtern Kains. Das sagt ja auch die kanonische Schrift an derselben Stelle des Buches, wo wir dies lesen. Ihre Worte lauten: «Da sich aber die Menschen begannen zu mehren auf Erden und ihnen Töchter geboren wurden, sahen die Engel Gottes nach den Töchtern der Menschen, wie sie gut waren, und nahmen zu Weibern, welche sie wollten. Da sprach der Herr: Mein Geist wird nicht ewig in diesen Menschen bleiben, denn sie sind Fleisch. Ihre Tage sollen sein hundertundzwanzig Jahre. Es waren aber Riesen auf Erden in jenen Tagen und auch nachher, als die Gottessöhne zu den Menschentöchtern eingingen und mit ihnen für sich Kinder erzeugten. Das waren die Riesen, von alters her berühmte Männer.» Diese Worte des göttlichen Buches lassen klar genug erkennen, daß es zu jenen Zeiten schon Riesen auf Erden gab, als die Gottessöhne sich die Menschentöchter zu Weibern nahmen, die sie liebten, da sie gut, das heißt schön waren. Denn die Schrift hat die Gewohnheit, auch Menschen von leiblicher Wohlgestalt gut zu nennen. Aber auch noch nachher wurden Riesen geboren; heißt es doch: «Es waren aber Riesen auf Erden in jenen Tagen und auch nachher, als die Gottessöhne zu den Menschentöchtern eingingen.» Also sowohl vorher als auch nachher. Wenn es aber heißt «sie erzeugten Kinder für sich», ersieht man daraus, daß die Gottessöhne vor ihrem Fall für Gott und nicht für sich Kinder erzeugten, also nicht von übermächtiger Wollust getrieben, sondern im Dienst der Fortpflanzung, nicht eine Familie, um selbst damit groß zu tun, sondern Bürger des Gottesstaates. Ihnen verkündeten sie als Engel Gottes, sie sollten auf Gott ihre Hoffnung setzen gleich dem Sprößling Seths, dem Sohn der Auferstehung, welcher darauf hoffte, anzurufen den Namen Gottes, des Herrn. In dieser Hoffnung wären sie mit ihren Nachkommen Miterben der ewigen Güter und unter Gott, dem Vater, ihrer Söhne Brüder gewesen.

Doch waren sie nicht insofern Engel Gottes, daß sie keine Menschen hätten sein können, wie manche meinen; sondern zweifellos waren es Menschen. Die Schrift selbst spricht das unzweideutig aus. Denn nach den voraufgehenden Worten: «Die Engel Gottes sahen nach den Töchtern der Menschen, wie sie gut waren, und nahmen zu Weibern, welche sie wollten» heißt es alsbald: «Da sprach der Herr: Mein Geist wird nicht ewig in diesen Menschen bleiben, denn sie sind Fleisch.» Durch Gottes Geist waren sie nämlich Engel Gottes und Gottessöhne geworden. Aber nun, zum Niederen herabgesunken, heißen sie als Natur- nicht Gnadenkinder Menschen. Abtrünnig vom Geist und als Abtrünnige selbst vom Geist verlassen, heißen sie auch Fleisch. Die siebzig Dolmetscher nennen sie übrigens sowohl Engel Gottes als auch Gottessöhne, doch nicht in allen Handschriften. Denn in einigen liest man bloß von Gottessöhnen. Aquila aber, den die Juden den anderen Übersetzern vorziehen, übersetzte nicht «Engel Gottes» oder «Gottessöhne», sondern «Göttersöhne». Beides aber ist richtig. Denn sie waren sowohl Gottessöhne und unter diesem Vater auch Brüder ihrer Väter, als auch Göttersöhne, da sie von Göttern erzeugt und ebenso wie diese selbst Götter waren, nach jenem Psalmwort: «Ich habe gesagt: Ihr seid Götter und allzumal Kinder des Höchsten.» Denn mit Recht nimmt man an, daß die siebzig Dolmetscher den prophetischen Geist empfangen haben, so daß man überzeugt sein darf, was sie unter seiner

Einwirkung änderten und worin sie vom Urtext abwichen, sei gleichfalls Gottes Wort. Doch soll das hebräische Wort hier zweideutig sein, so daß man sowohl «Gottessöhne» als auch «Göttersöhne» übersetzen kann.

Lassen wir also die Fabeln beiseite, die sich in apokryphen Schriften finden, sogenannt, weil ihre dunkele Herkunft durch die Väter nicht aufgeklärt werden konnte, von denen in gesicherter und bekannter Abfolge die Autorität der wahren Schriften bis zu uns gelangte. Wenn sich auch in diesen Apokryphen manches Wahre findet, besitzen sie doch wegen ihrer vielen Irrtümer kein kanonisches Ansehen. Daß jedoch jener Henoch, der siebte von Adam, einiges geschrieben hat, was göttlich ist, können wir nicht leugnen, da es der Apostel Judas in seinem kanonischen Briefe sagt. Doch nicht ohne Grund gehört Henochs Schrifttum nicht zu dem Schriftenkanon, der im Tempel des hebräischen Volkes von aufeinanderfolgenden Priestern sorgfältig aufbewahrt wurde. Man hielt die Glaubwürdigkeit dieses Schrifttums wohl wegen seines Alters für zweifelhaft und konnte nicht feststellen, ob Henoch wirklich der Verfasser war, da es nicht von solchen Leuten empfohlen wurde, von denen man annehmen konnte, daß sie es in fortlaufender Reihe vorschriftsmäßig aufbewahrt hatten. Darum stammen die Fabelgeschichten von Riesen, die keine Menschen zu Vätern gehabt haben sollen, welche unter Henochs Namen gehen, nach dem zutreffenden Urteil der Verständigen schwerlich von ihm. Bringen doch die Ketzer viel dergleichen unter dem Namen auch anderer Propheten, dazu Neueres unter dem Namen der Apostel, auf den Plan, was bei sorgfältiger Prüfung als apokryphes Schrifttum samt und sonders von kanonischer Geltung ausgeschlossen ward. Demnach hat es nach den kanonischen, hebräischen und christlichen Schriften ohne Zweifel schon vor der Sündflut viele Riesen gegeben, die Bürger der erdgeborenen Genossenschaft waren; die nach dem Fleisch von

Seth abstammenden Gottessöhne aber haben unter Preisgabe der Gerechtigkeit sich ihr angeschlossen. Und es ist nicht zu verwundern, daß auch sie Riesen erzeugen konnten. Denn wenn es auch nicht lauter Riesen waren, so gab es doch damals deren viel mehr als in den späteren Zeiten nach der Sündflut. Es gefiel dem Schöpfer, sie zu schaffen, um auch dadurch darauf hinzuweisen, daß Körpergröße und Kraft ebensowenig wie Schönheit dem Weisen großen Eindruck machen sollen. Denn er wird von geistlichen, unvergänglichen, weit besseren und sichereren, nur den Guten eignenden, nicht den Guten und Bösen gemeinsamen Gütern beseligt. Das legt uns ein anderer Prophet ans Herz und sagt: «Es waren vor Zeiten Riesen, große berühmte Leute und gute Krieger. Die hat der Herr nicht erwählt, noch ihnen den Weg der Erkenntnis offenbart, sondern sie sind untergegangen. Weil sie keine Weisheit hatten, sind sie zugrunde gegangen in ihrem Übermut.»

24. Was die hundertundzwanzig Jahre von Gen. 6,3 zu bedeuten haben

Wenn aber Gott sagte: «Ihre Tage sollen sein hundertundzwanzig Jahre», so ist das nicht so aufzufassen, als wäre damit vorhergesagt, die Menschen würden von nun an nicht älter als hundertundzwanzig Jahre werden, da wir ja auch nach der Sündflut mehr als fünfhundertjährige antreffen, sondern wir verstehen es so, daß Gott dies sagte, als Noah annähernd fünfhundert Jahre alt, genau gerechnet vierhundertachtzig Jahre alt war, wofür die Schrift nach ihrer Art fünfhundert sagt, da sie häufig den größten Teil meint, wenn sie das Ganze nennt. Denn im sechshundertsten Lebensjahre Noahs im zweiten Monat kam die Sündflut. So wurde denn vorausgesagt, die zum Untergang bestimmten Menschen würden noch hundertundzwanzig Jahre leben, nach deren Ablauf sie durch die Sündflut hingerafft werden sollten. Und mit gutem Grund nimmt man an, die Sündflut sei erst gekommen, als keine Menschen mehr auf Erden lebten, die eines solchen Todes, wie er über die Gottlosen verhängt wurde, nicht würdig waren. Das soll freilich nicht heißen, daß diese Todesart für die Guten, die doch irgendwann sterben mußten, etwas zu bedeuten gehabt hätte, was ihnen nach dem Tode hätte schaden können. Gleichwohl wurde durch die Sündflut keiner von denen hingerafft, die die Schrift als Abkömmlinge Seths namhaft macht. Denn die Ursache der Sündflut wird von ihr mit folgenden Worten angegeben: «Da aber der Herr sah, daß der Menschen Bosheit groß war auf Erden und alles Dichten und Trachten ihres Herzens nur böse war immerdar, da machte Gott sich ernstlich Gedanken darüber, daß er den Menschen auf Erden geschaffen hatte, und sprach: Ich will den Menschen, den ich erschaffen habe, von der Erde vertilgen, vom Menschen bis aufs Vieh und vom Gewürm bis auf die Vögel unter dem Himmel, denn ich bin zornig darüber, daß ich sie gemacht habe.»

25. *Vom Zorne Gottes*

Zorn Gottes aber ist nicht eine Erregung seines Gemüts, sondern das als Strafe über die Sünde verhängte Gericht. Und wenn er etwas ernstlich bedenkt, so ist das der unwandelbare Plan über den wandelbaren Dingen. Denn nicht wie ein Mensch empfindet Gott Reue über etwas, das er getan, da sein Ratschluß über alle Dinge ebenso feststeht, wie sein Vorherwissen untrüglich ist. Doch wenn die Schrift sich nicht solcher Worte bediente, könnte sie nicht Menschen aller Art vertraut werden, denen sie dadurch förderlich sein will, daß sie Übermütige schreckt, Gleichgültige aufstört, Suchende anregt, Einsichtige nährt. Das aber könnte sie nicht, wenn sie sich nicht zunächst herabließe und gewissermaßen niederbeugte zu den am Boden Liegenden. Wenn sie aber auch den Untergang aller Erdentiere und Vögel ankündigt, soll dadurch die Größe der bevorstehenden Katastrophe zum Ausdruck gebracht und nicht etwa den vernunftlosen Lebewesen Verderben angedroht werden, als hätten auch sie gesündigt.

26. Die Arche Noah als Gleichnis der Kirche Christi

Wenn nun aber Noah, dem gerechten und nach Aussage der wahrhaftigen Schrift in seinem Geschlecht vollkommenen Manne – natürlich nicht so vollkommen, wie die Bürger des Gottesstaates in jener Unsterblichkeit es sind, wo sie den Engeln Gottes gleichen werden, sondern wie man es eben auf dieser Pilgerreise sein kann –, von Gott der Befehl gegeben ward, eine Arche zu bauen, in der er mit den Seinen, nämlich seiner Frau, den Söhnen und Schwiegertöchtern sowie den Tieren, die nach Gottes Geheiß zu ihm in die Arche gingen, vor der vernichtenden Sündflut gerettet werden sollte, so ist das ohne Zweifel ein Bild des in dieser Weltzeit pilgernden Gottesstaates, nämlich der Kirche, die gerettet wird durch das Holz, an dem der Mittler zwischen Gott und den Menschen, der Mensch Christus Jesus, hing. Denn die Maße der Länge, Höhe und Breite weisen auf einen menschlichen Leib hin, wie der ihn in Wahrheit trug, der nach der Verheißung zu den Menschen kommen sollte und kam. Denn die Länge des menschlichen Körpers vom Scheitel bis zur Fußsohle beträgt das sechsfache seiner Breite von einer Seite zur anderen und das zehnfache seiner Höhe, vom Rücken bis zum Bauche gemessen. Wenn man nämlich einen rücklings oder mit der Brust auf der Erde liegenden Menschen mißt, so ist er vom Kopf bis zu den Füßen sechsmal so lang wie von der rechten zur linken Seite oder umgekehrt und zehnmal so lang wie vom Erdboden aus hoch. Dementsprechend war die Arche dreihundert Ellen lang, fünfzig breit und dreißig hoch. Und wenn an der Seite eine Tür angebracht wurde, so weist das offenbar auf jene Wunde des

Gekreuzigten hin, als seine Seite vom Speer durchbohrt ward. Denn durch diese Öffnung treten ein, die zu ihm kommen, weil aus ihr die Sakramente entströmten, durch welche die Gläubigen eingeweiht werden. Wenn die Arche ferner aus viereckig zugehauenen Balken gemacht werden sollte, so bedeutet dies das allseitig standfeste Leben der Heiligen, denn wie immer man ein Viereck auch wenden mag, es steht fest. Auch alles was sonst noch beim Bau dieser Arche gesagt wird, bildet kirchliche Verhältnisse ab.

Doch das im einzelnen auszuführen, wäre zu weitläufig; auch habe ich es bereits getan in meiner Streitschrift gegen den Manichäer Faustus, der leugnet, daß sich in den Büchern der Hebräer Weissagungen auf Christus finden. Übrigens kann es sein, daß jemand dies passender auslegt als ich und ein dritter noch passender, wenn nur alles, was vorgebracht wird, sich auf den Gottesstaat bezieht, von dem wir reden, der in dieser schlimmen Weltzeit wie in der Sündflut dahintreibt; denn nur dann kann man vermeiden, vom Sinne dessen, der dies niederschrieb, weit abzuweichen. So mag beispielsweise jemand die in diesem Zusammenhang gesprochenen Worte: «Unten sollst du sie zwei- und dreikammerig machen» nicht so, wie ich es in jenem Werke tat, verstehen, nämlich daß die Kirche sich aus allen Völkern sammeln solle und zweikammerig genannt werde wegen der beiden Gruppen, in die die Menschheit zerfällt, Beschneidung und Vorhaut oder Juden und Griechen, wie sie der Apostel sonst noch nennt, dreikammerig aber, weil alle Völker nach der Sündflut von den drei Söhnen Noahs abstammen. Mag er etwas anderes sagen, wenn es nur nicht von der Glaubensregel abweicht. Die Arche sollte ja nach Gottes Willen nicht nur in ihrem unteren Teil Wohnräume haben, sondern auch im oberen – darum nannte er sie zweikammerig –, desgleichen auch im obersten über dem oberen – und darum nannte er sie dreikammerig –, so daß sich von unten bis oben drei Stockwerke übereinander aufbauten. So kann man hier auch jene drei, die der Apostel preist, Glaube, Hoffnung und Liebe, angedeutet finden, desgleichen und noch ansprechender die dreifache evangelische Fruchtbarkeit, die dreißigfache, sechzigfache und hundertfache. Dann würde im unteren Raum die eheliche Keuschheit wohnen, im mittleren die der Witwen, im oberen die jungfräuliche. Und vielleicht läßt sich noch etwas Besseres ausfindig machen und vorbringen, was dem Glauben des Gottesstaates entspricht. Das gilt auch von allem übrigen, was hier noch zu erklären wäre: Es muß nicht überein lauten, aber es muß mit dem katholischen Glauben übereinstimmen.

27. Arche und Sündflut Geschichtstatsache und Allegorie zugleich

Doch darf niemand glauben, dies sei überflüssigerweise aufgeschrieben, oder hier liege lediglich ein geschichtlicher Tatsachenbericht ohne sinnbildliche Bedeutung vor, oder im Gegenteil, dies habe sich überhaupt nicht zugetragen und es handle sich um bloße Redefiguren oder, wie sich's im übrigen auch damit verhalten möge, um keine auf die Kirche bezügliche Weissagung. Denn nur ein Narr könnte behaupten, diese Bücher seien unnützerweise geschrieben und viel tausend Jahre so ehrfürchtig und mit solch sorgfältiger Pflege ununterbrochener Überlieferung aufbewahrt worden, oder man habe in ihnen nur die nackten Tatsachen zu beachten. Denn mochte beispielsweise auch die große Anzahl der Tiere dazu nötigen, eine so gewaltige Arche zu bauen, wozu mußten dann je zwei unreine und je sieben reine Tiere hineingenommen werden, wo doch ebensogut gleichviel von beiden hätten erhalten werden können? Oder konnte Gott, der ihre Erhaltung befahl, um ihre Art von neuem sich vermehren zu lassen, sie nicht auf die gleiche Weise ins Dasein rufen, wie er es einstmals getan?

Doch die Vorkämpfer der Ansicht, es seien hier keine wirklichen Tatsachen, sondern nur Sinnbilder und Gleichnisse zu suchen, sprechen zunächst die Vermutung aus, eine so gewaltige Flut, daß das Wasser die höchsten Berge noch um fünfzehn Ellen überstieg, habe überhaupt nicht kommen können. Denn über dem Gipfel des Olymp, behaupten sie, könnten sich keine Wolken zusammenballen, da er so hoch in den Himmel rage, daß dort die dichtere Luft, in der sich Winde, Nebel und Regenwolken bilden, nicht mehr anzutreffen sei, beachten aber dabei nicht, daß dort sogar das dichteste aller Elemente, nämlich die Erde, noch vorhanden ist. Oder sollten sie bestreiten, daß des Berges Gipfel aus Erde besteht? Konnte sich aber Erde bis zu jenen Himmelshöhen erheben, warum sollte es das Wasser nicht auch können? Erklären doch selbst jene klugen Leute, die die Elemente messen und wägen, daß das Wasser über der Erde und leichter als sie sei. Wie wollen sie es denn begründen, daß die schwerere, tiefer liegende Erde so viele Jahrtausende in die heitere Ruhe des Himmels eindringen konnte, während das leichtere und höhere Wasser dies nicht einmal auf kurze Zeit gekonnt haben soll?

Sie sagen ferner, der Innenraum jener Arche habe nicht so viele Arten von Tieren beiderlei Geschlechts, je zwei von den unreinen, je sieben von den reinen, fassen können. Aber, wie mir scheint, rechnen sie nur mit den dreihundert Ellen Länge und fünfzig Ellen Breite und denken nicht an die beiden anderen ebenso großen übereinander gelagerten Stockwerke, daß demnach die Ellenzahl dreimal genommen werden muß, also neunhundert mal hundertundfünfzig Ellen beträgt. Bedenken wir endlich, was Origenes scharfsinnig bemerkte, daß Moses, wie geschrieben steht, ein «in aller Weisheit der Ägypter gelehrter Mann» war und die Ägypter die Geometrie schätzten, so daß er geometrische Ellen meinen konnte, deren eine so viel sein soll wie sechs der unseren, muß jeder begreifen, welche Fülle solch ein Raum in sich fassen konnte. Denn der Einwand, solch riesige Arche habe nicht gezimmert werden können, ist törichtes Geschwätz, da man doch weiß, wie gewaltige Städte erbaut sind. Auch muß man daran denken, daß die Arche in hundert Jahren angefertigt wurde. Oder glaubt man zwar, daß Stein an Stein, mit bloßem Kalk verbunden, festhalte, so daß eine Rundmauer von vielen Meilen Länge errichtet werden kann, daß aber Holz an Holz, durch Klammern, Pflöcke, Nägel und Leim zusammengefügt, nicht Halt genug gewinnen könne, um eine Arche, die in geraden, nicht gekrümmten Linien lang und breit sich dehnt, zu erbauen, die nicht durch menschliche Anstrengung ins Meer gelassen zu werden brauchte, sondern von der heranrollenden Woge nach dem Naturgesetz der Schwere emporgehoben und mehr durch göttliche Vorsehung als menschliche Geschicklichkeit gesteuert wurde, um nirgendwo Schiffbruch zu erleiden?

Fragt man aber übertrieben spitzfindig nach den kleinsten Tierlein, also nicht nur Mäusen und Eidechsen, sondern auch Heuschrecken, Käfern und wohl gar Mücken und Flöhen, ob sie sich nicht in größerer Anzahl in der Arche befunden haben könnten, als Gott befohlen, so muß man diese Grübler zunächst daran erinnern, daß es in dem Befehle Gottes heißt: «Was auf Erden kriecht.» Es war also nicht nötig, Wassertiere in die Arche aufzunehmen, weder solche, die unter Wasser leben wie die Fische, noch solche, die obenauf schwimmen wie viele Vogelarten. Und wenn es dann weiter heißt: «Ein Männlein und ein Weiblein soll es sein», so begreift man, daß das auf die Fortpflanzung der Art abzielte. So brauchten in der Arche keine Geschöpfe zu sein, die sich nicht geschlechtlich vermehren, sondern von selbst aus allerlei Stoffen entstehen, etwa dann wenn sie in Fäulnis übergehen. Oder wenn es sich um solche handelt, die ohnehin in den Häusern zu sein pflegen, so konnten sie auch in unbestimmter Zahl vorhanden sein. Oder wenn das hochheilige Geheimnis, das hier vorliegt, und das bedeutsame

Sinnbild, das uns vor Augen gestellt werden soll, es tatsächlich erforderte, daß alle Geschöpfe, die nicht von Natur im Wasser leben können, in bestimmter Anzahl vorhanden sein mußten, so blieb das der göttlichen Sorge, nicht der Sorge jenes einen oder jener wenigen Menschen überlassen. Denn Noah mußte sie nicht erst einfangen, sondern ließ sie nur ein, als sie von selber kamen. Das besagen nämlich die Worte: «Sie werden zu dir eingehen»; es geschah also nicht auf Veranlassung eines Menschen, sondern auf Gottes Wink. Nur ist anzunehmen, daß geschlechtslose Tiere sich nicht darunter befanden. Denn ausdrücklich war vorgeschrieben: «Ein Männlein und ein Weiblein soll es sein.» Denn einige gibt es, die aus allerlei Dingen ohne Begattung entstehen, aber sich später geschlechtlich vermehren, wie die Mücken, andere auch, in denen der Unterschied von männlich und weiblich überhaupt fortfällt, wie die Bienen. Was endlich die Tiere anlangt, die wohl ein Geschlecht haben, aber sich nicht fortpflanzen, wie die männlichen und weiblichen Maulesel, so würde es mich wundern, wenn auch sie in der Arche gewesen wären statt lediglich ihre Erzeuger, nämlich Pferde und Esel, was genügt haben sollte. Dasselbe würde auch von etwaigen anderen Tieren gelten, die durch Begattung mit einer verschiedenen Art eine neue Art erzeugen. Doch wenn das Geheimnis das Vorhandensein auch dieser Art Tiere erforderte, so waren sie da. Denn auch bei ihnen unterscheidet man Männlein und Weiblein.

Einige machen sich auch Gedanken darüber, welcherlei Speise in der Arche die Tiere haben konnten, die, wie man annimmt, sich nur von Fleisch nähren, ob es also außer der vorgeschriebenen Anzahl ohne Mißachtung des göttlichen Befehls noch weitere Tiere gab, die man um der notwendigen Ernährung der anderen willen aufnehmen mußte, oder aber, was glaublicher scheint, ob außer Fleisch noch andere Nahrungsmittel verhanden waren, die für alle taugten. Denn es ist bekannt, daß viele Tiere, deren Speise sonst Fleisch ist, auch Früchte und Obst fressen, zumal Feigen und Kastanien. Kein Wunder, wenn ein so weiser und gerechter, noch dazu von Gott belehrter Mann alles vorbereitete und zurücklegte, was einer jeden Art zusagte und für sie, auch wenn es kein Fleisch gab, das richtige war. Wozu bequemt sich auch nicht der Hunger? Ferner, was hätte Gott nicht wohlschmeckend und zuträglich machen können, er, der die Tiere mit göttlicher Leichtigkeit auch ohne Speise am Leben hätte erhalten können, wenn nicht auch ihre Ernährung dazu hätte dienen müssen, das Sinnbild des großen Geheimnisses zu vervollständigen. Daß aber die vielfachen, in diesen Ereignissen sich darbietenden Zeichen keinen vorbildlichen Hinweis auf die Kirche darstellten, kann doch niemand, er sei denn streitsüchtig, sich einreden. Denn schon haben die Völker derartig die Kirche angefüllt und werden Reine und Unreine bis zum vorbestimmten Ende derartig von ihrem Einheitsband umschlossen, daß schon auf Grund dieses einen ganz offenkundigen Zeichens an den übrigen, die ein wenig verhüllter dargestellt und schwieriger zu erkennen sein mögen, kein Zweifel statthaft ist. Demnach wird selbst der Hartstirnigste es nicht wagen zu meinen, dies sei unnützerweise aufgezeichnet worden, noch für wahrscheinlich ausgeben, es sei zwar geschehen, habe aber nichts zu bedeuten, oder es handle sich um bloße Worte mit Gleichnischarakter und keine Tatsachen, oder es sei hierin kein Hinweis auf die Kirche zu finden. Sondern man muß glauben, daß dies wohlweislich der Erinnerung und der Schrift anvertraut wurde, daß es sowohl geschehen ist als auch etwas zu bedeuten hat, und daß es dazu dienen soll, die Kirche vorweg abzubilden. Mit diesem Abschnitt möchte ich das Buch beschließen, um sodann den Lauf der beiden Staaten, des irdischen, der nach Menschenweise, und des himmlichen, der nach Gott lebt, in den auf die Sündflut folgenden und späteren Ereignissen zu erforschen.

SECHZEHNTES BUCH

VON NOAH BIS ABRAHAM UND VON ABRAHAM BIS DAVID

1. *Von Noah bis Abraham fehlen Spuren des Gottesstaates*

Ob nach der Sündflut noch Spuren des sich weiter entwickelnden heiligen Staates sich erhielten, oder ob sie durch Einbruch von Zeiten der Gottlosigkeit dermaßen sich verloren, daß kein menschlicher Verehrer des wahren Gottes übrigblieb, ist aus den Angaben der Schrift schwer mit Klarheit zu ermitteln. Denn nach Noah, der mit seiner Frau und seinen drei Söhnen nebst ebensoviel Schwiegertöchtern durch die Arche aus dem Verderben der Sündflut errettet wurde, finden wir in den kanonischen Büchern bis auf Abraham niemanden, dessen Frömmigkeit durch einen deutlichen göttlichen Ausspruch gerühmt wäre, abgesehen davon, daß Noah seine zwei Söhne Sem und Japhet durch einen prophetischen Segen auszeichnete und dabei schaute und voraussah, was sich in später Zukunft ereignen sollte. So geschah es auch, daß er seinen mittleren Sohn, der nach dem Erstgeborenen und vor dem Jüngsten kam, der sich gegen seinen Vater vergangen hatte, verfluchte, zwar nicht ihn selbst in eigener Person, sondern in dessen Sohne, seinem Enkel, mit den Worten: «Verflucht sei der Knabe Kanaan, er sei ein Knecht unter seinen Brüdern.» Denn Kanaan war Hams Sohn, der seines Vaters Blöße nicht zugedeckt, sondern verraten hatte. Auch der nachfolgende Segen der beiden anderen Söhne, des ältesten und jüngsten: «Gelobt sei der Herr, der Gott Sems, und Kanaan sei sein Knecht; Gott breite Japhet aus und lasse ihn wohnen in den Hütten Sems», desgleichen die Pflanzung des Weinbergs durch Noah selbst, seine Berauschung durch dessen Frucht sowie seine Entblößung während des

Schlafs und was sonst noch damals geschah und aufgeschrieben ward, alles ist von prophetischem Sinn erfüllt und mit Schleiern verdeckt.

2. *Noahs Söhne als prophetische Vorbilder*

Aber nun, seit die Nachkommen die Erfüllung des Geweissagten erlebten, ist, was verhüllt war, zur Genüge enthüllt. Das ist in Christus geschehen, und wer, der aufmerksam und einsichtig prüft, wollte es nicht erkennen? Denn Sem, aus dessen Samen Christus nach dem Fleisch geboren ward, bedeutet der «Namhafte». Wer aber ist namhafter als Christus, dessen Name bereits überall seinen Duft verbreitet, so daß er im Hohenliede, gleichfalls einer voraufgehenden Weissagung, dem ausgegossenen Salböl verglichen wird, und in dessen Häuser, das ist seine Kirchen, weit und breit die Heiden eingegangen sind? Denn Japhet bedeutet «Weite». Ham aber, das heißt «der Hitzige», Noahs mittlerer Sohn, der sich gleichsam von beiden absondert und zwischen beiden steht, weder unter den Erstlingen Israels noch in der Fülle der Heiden seinen Platz hat, was bedeutet er anderes als das hitzige Geschlecht der Häretiker, erhitzt vom Geist der Unverträglichkeit, nicht der Weisheit? Denn das ist der Geist, der die Herzen der Häretiker in Glut versetzt und den Frieden der Heiligen stört. Aber die auf dem rechten Wege Fortschreitenden haben Nutzen davon, nach dem Worte des Apostels: «Es muß auch Spaltungen geben, auf daß die, so rechtschaffen sind, unter euch offenbar werden.» Darum steht auch geschrieben: «Ein verständiger Sohn wird weise sein und auch einen törichten Diener zu benutzen wissen.» Denn vieles, was zum katholischen Glauben gehört, und was der hitzige und ruhelose Geist der Ketzer anficht, wird in ihrer Abwehr sorgfältiger erwogen, klarer erkannt und nachdrücklicher verkündet, so daß das Aufrühren einer Streitfrage durch die Gegner Anlaß zum Lernen gibt. Doch kann man füglich nicht bloß diejenigen, die sich offenkundig abgesondert haben, sondern alle, die sich des Christennamens rühmen, aber schändlich leben, in Noahs mittlerem Sohne abgebildet finden, denn sie verkünden das Leiden Christi, das durch die Blöße jenes Mannes angedeutet wird, durch ihr Bekenntnis und entehren es doch durch ihren üblen Wandel. Von solchen Leuten gilt das Wort: «An ihren Früchten sollt ihr sie erkennen.» So wurde denn Ham in seinem Sohne, gleichsam in seiner Frucht, das heißt seinem Werke, verflucht. Dazu paßt auch die Bedeutung des Namens seines Sohnes Kanaan, nämlich «ihre Bewegung». Denn was heißt das anders als ihr Werk? Sem aber und Japhet, die Vertreter der Beschneidung und Vorhaut, oder wie sie der Apostel sonst nennt, der Juden und Griechen, doch nur der Berufenen und Gerechtfertigten, sie nahmen, nachdem sie irgendwie von ihres Vaters Blöße, dem Sinnbild des Leidens Christi, Kunde erlangt, ein Kleid, hängten es über ihren Rükken, traten abgewandt hinzu und bedeckten ihres Vaters Blöße, ohne zu sehen, was sie scheu verhüllten. So kann man sagen, daß wir beim Leiden Christi ehren, was für uns geschah, und uns zugleich abwenden vom Frevel der Juden. Das Kleid aber bedeutet das Geheimnis, der Rücken das Gedenken des Vergangenen. Denn die Kirche schaut zu einer Zeit, da Japhet bereits in den Hütten Sems und der böse Bruder in ihrer Mitte wohnt, andächtig auf das dahintenliegende Leiden Christi zurück und erwartet es nicht erst von der Zukunft.

Aber der böse Bruder ist in seinem Sohne, das heißt seinem Werke, Knecht seiner guten Brüder. Denn die Guten bedienen sich wohlweislich der Bösen zur Übung der Geduld und zum Fortschritt in der Erkenntnis. Es gibt ja nach dem Zeugnis des Apostels auch solche, die Christus nicht in lauterer Absicht verkündigen. Doch, so sagt er, «es geschehe nun zum Vorwand oder in Wahrheit, so freue ich mich doch darin und will mich auch freuen.» Er, Christus, ist's, der den Weinberg gepflanzt hat, von dem der Prophet spricht: «Der Weinberg des Herrn Zebaoth ist das Haus Israel», und der von seinem Weine trank; und hier mag an jenen Kelch gedacht sein, von dem er spricht: «Könnt ihr den Kelch trinken, den ich trinken werde?» und «Vater, ist es möglich, so gehe dieser Kelch an mir vorüber», also unfraglich an sein Leiden. Oder aber – da der Wein die Frucht des Weinbergs ist – es bedeutet vielleicht auch, daß er vom Weinberge, das ist dem Geschlecht Israel, um unseretwillen Fleisch und Blut annahm, um leiden zu können. Er ist es, der trunken ward, das heißt litt, und entblößt wurde. Denn in seinem Leiden ward er entblößt, das heißt trat seine Schwäche zutage, von der der Apostel sagt: «Obwohl er gekreuzigt ist aus Schwachheit», und wovon er anderswo sagt: «Die göttliche Schwachheit ist stärker als die Menschen sind, und die göttliche Torheit weiser als die Menschen sind.» Wenn aber die Schrift auf die Worte: «Und er ward entblößt» folgen läßt «in seinem Hause», so weist sie damit feinsinnig darauf hin, daß er von dem Geschlecht seines Fleisches und den Genossen seines Blutes, nämlich den Juden, Kreuz und Tod erleiden sollte. Dies Leiden Christi verkünden die Gottlosen nur äußerlich mit dem Schall ihrer Stimme, denn sie verstehen nicht, was sie verkünden. Die Rechtschaffenen aber tragen das große Geheimnis in ihrem Inneren und verehren inwendig im Herzen Gottes Schwachheit und Torheit, weil sie stärker und weiser ist, als die Menschen sind. Das wird dadurch versinnbildlicht, daß Ham ausging und es draußen verkündete, Sem und Japhet aber hineingingen, es zu verhüllen, das ist es zu ehren, und das taten sie in ihrem Inneren.

Diesen Geheimnissen der göttlichen Schrift gehen wir nach, so gut wir können, der eine mit mehr, der andere mit weniger Erfolg, doch halten wir treulich daran fest, daß die Geschehnisse und Aufzeichnungen eine vorbildliche Bedeutung für die Zukunft haben und nur auf Christus und seine Kirche, die der

Staat Gottes ist, zu beziehen sind. Darauf zielte seit Beginn des Menschengeschlechts die Verkündigung hin, die wir nun in allem sich erfüllen sehen. Nach der erwähnten Segnung der beiden Noahsöhne und der Verfluchung des einen mittleren herrscht weiterhin bis auf Abraham Schweigen und hören wir mehr als tausend Jahre lang nichts von irgendwelchen Gerechten, die Gott in Frömmigkeit verehrten. Doch möchte ich nicht annehmen, daß es keine gab. Aber es wäre zu umständlich gewesen, sie aufzuzählen, und würde mehr historische Sorgfalt als prophetischen Weitblick verraten. Denn nur auf das richtet der Verfasser der heiligen Schriften oder vielmehr der durch ihn redende Gottesgeist seine Aufmerksamkeit, was nicht nur die Vergangenheit aufhellt, sondern auch die Zukunft ankündigt und zugleich auf den Gottesstaat bezogen ist. Denn auch was man hier von Menschen hört, die nicht seine Bürger sind, dient dem Zweck, daß er durch den Vergleich mit dem Gegenteil gefördert oder doch deutlicher gekennzeichnet werde. Übrigens muß man nicht meinen, daß alles, was als geschehen aufgeführt wird, Bedeutung habe; aber um deswillen, was etwas zu bedeuten hat, wird auch beigefügt, was nichts zu bedeuten hat. Denn nur durch die Pflugschar wird die Erde aufgerissen; doch um das zu ermöglichen, sind auch die übrigen Bestandteile des Pfluges notwendig. Nur die Saiten von Zithern und ähnlichen Musikinstrumenten bringen die Melodie hervor; aber damit sie das können, ist ein weiterer Apparat angefertigt, den die Finger der Musikanten nicht anschlagen, der aber mit den angeschlagenen und tönenden Saiten in Verbindung steht. So wird auch in der prophetischen Geschichtsschreibung manches gesagt, was nichts zu bedeuten hat, aber mit dem, was etwas zu bedeuten hat, zusammenhängt und so oder so verknüpft ist.

3. Die Geschlechter der Söhne Noahs

Nunmehr müssen wir die Geschlechter der Söhne Noahs ins Auge fassen und, was von ihnen zu sagen ist, diesem Werke einfügen, in dem der Lauf der beiden Staaten, des irdischen und des himmlischen, durch die Weltzeit hin verfolgt werden soll. Zuerst werden die des jüngsten Sohnes, namens Japhet, erwähnt. Von ihm sind acht Söhne namhaft gemacht, dazu sieben Enkel von zweien seiner Söhne, drei von dem einen, vier von dem anderen, im ganzen fünfzehn. Als Söhne Hams aber, des mittleren Noahsohnes, lernen wir vier kennen, ferner fünf Enkel von einem der Söhne und zwei Urenkel von einem der Enkel, zusammen elf. Nach ihrer Aufzählung wird wieder auf den ersten Sohn, gleichsam das Haupt, zurückgegriffen und heißt es: «Chus aber zeugte den Nimrod, der fing an, gewaltig zu sein auf Erden. Er war ein riesiger Jäger wider Gott, den Herrn. Daher sagt man: Wie Nimrod, ein riesiger Jäger wider den Herrn. Und der Anfang seines Reiches war Babylon, Erech, Akkad und Chalne im Lande Sinear. Von diesem Lande ging Assur aus und erbaute Ninive und die Stadt Rehoboth und Kalah, ferner Resen zwischen Ninive und Kalah, eine große Stadt.» Dieser Chus nämlich, der Vater des gewaltigen Nimrod, war als erster von Hams Söhnen genannt, auch waren schon fünf Söhne von ihm aufgezählt und zwei Enkel. So hat er den nachträglich erwähnten Riesen wohl erst nach seinen Enkeln erzeugt, oder, was glaubhafter sein dürfte, die Schrift hat ihn außer der Reihe angeführt wegen seiner hervorragenden Bedeutung. Denn auch sein Reich wird genannt, das anfing mit der hochberühmten Stadt Babylon und den andern daneben erwähnten Städten oder Gegenden. Wenn es aber heißt, von jenem Lande, nämlich dem Lande Sinear, das zum Reiche Nimrods gehörte, sei Assur ausgegangen und habe Ninive erbaut und die anderen mitgenannten Städte, so geschah das erst viel später und wird hier nur kurz erwähnt wegen der Berühmtheit des Assyrerreiches, das Ninus, Bels Sohn, der Gründer der großen Stadt Ninive, so erstaunlich erweiterte. Denn der Name der Stadt ist von dem seinen abgeleitet und Ninive nach Ninus benannt. Assur aber, von dem die Assyrer abstammen, ist nicht unter den Söhnen Hams, des mittleren Noahsohnes, sondern unter den Söhnen Sems, des ältesten Sohnes Noahs, zu finden. Daraus ergibt sich, daß es Nachkommen Sems waren, die später das Reich jenes Riesen besaßen und von da vordrangen und andere Städte gründeten, als erste das nach Ninus genannte Ninive. Von da kehrt der Bericht zu einem andern Sohne Hams, mit Namen Mizraim, zurück und erwähnt die von ihm Erzeugten, aber nicht als einzelne Menschen, sondern als sieben Völker. Aus dem sechsten Volke, also gewissermaßen dem sechsten Sohne, sei das Volk der sogenannten Philister hervorgegangen, so daß sich im ganzen acht Völker ergeben. Sodann ist wieder von Kanaan die Rede, dem Sohne Hams, in dem dieser verflucht ward, und es werden die elf Söhne genannt, die er erzeugte. Auch wird das Gebiet erwähnt, über welches sie sich ausbreiteten, und der Name mehrerer Städte. Zählt man nun die Söhne und Enkel aus Hams Stamme zusammen, so sind es einunddreißig Namen, die wir hören.

Es bleibt noch übrig, die Söhne Sems, des ältesten Noahsohnes, zu erwähnen, denn die mit dem Jüngsten anhebende stufenweis fortschreitende Aufzählung der Geschlechter gelangt zuletzt zu ihm. Aber gerade am Anfang der Aufzählung der Söhne Sems findet sich eine Dunkelheit, die durch Erläuterung aufgehellt werden muß, da die Stelle für unsere Untersuchung von Wichtigkeit ist. Man liest da nämlich: «Auch dem Sem ward geboren, ihm, dem Vater aller Söhne, Heber, dem älteren Bruder Japhets.» Ordnet man die Worte, so erhält man dies: Auch dem Sem ward geboren Heber; ihm, nämlich dem Sem, der der Vater aller Söhne ist, ward Heber geboren.

Sem sollte also als Urvater all derer bezeichnet werden, die aus seinem Stamme entsprossen sind, mögen es nun Söhne, Enkel, Urenkel oder Abkömmlinge noch höheren Grades sein. Aber Sem hat keineswegs selbst den Heber erzeugt, der vielmehr in der Reihe seiner Nachfahren an fünfter Stelle steht. Denn Sem erzeugte neben anderen Söhnen den Arphachsad, Arphachsad den Kainan, Kainan den Salah, Salah den Heber. Nur darum wird letzterer an der Spitze der Nachkommenschaft Sems genannt, sogar vor dessen Söhnen, obwohl er Enkel fünften Grades ist, weil auf Grund zutreffender Überlieferung nach ihm die Hebräer, also gewissermaßen «Heberäer», benannt wurden. Hätte man doch der Meinung sein können, man sollte sie nach Abraham die Abrahäer nennen. Aber nein, man nannte sie nach Heber die Heberäer, sodann mit Weglassung eines Buchstabens Hebräer, deren Sprache, das Hebräische, allein das Volk Israel beibehielt, in dessen Heiligen sich der pilgernde Gottesstaat verkörperte, während er in dem ganzen Volke sich sinnbildlich darstellte. Daher werden zunächst die sechs Söhne Sems genannt, sodann die von einem derselben abstammenden vier Enkel. Darauf hören wir, daß ein anderer Semssohn ebenfalls einen Enkel Sems erzeugte, von dem wiederum ein Urenkel kam, der seinerseits Hebers Vater ward. Heber aber erzeugte zwei Söhne, deren einen er Peleg nannte, was der «Teiler» bedeutet. Die Schrift gibt auch den Grund dieser Benennung an und berichtet: «Denn zu seiner Zeit ward die Erde geteilt.» Was das heißen soll, wird sich später zeigen. Der andere Hebersohn aber erzeugte zwölf Söhne, so daß wir im ganzen siebenundzwanzig Abkömmlinge Sems erhalten. Die Summe aller Abkömmlinge der drei Noahsöhne, nämlich fünfzehn von Japhet, einunddreißig von Ham, siebenundzwanzig von Sem, beträgt also dreiundsiebzig. Darauf fährt die Schrift fort: «Das sind die Söhne Sems in ihren Stämmen, Ländern, Sprachen und Völkern.» Endlich sagt sie zusammenfassend: «Das sind die

Stämme der Söhne Noahs nach ihren Geschlechtern und Völkern. Von ihnen haben sich ausgebreitet die Völkerinseln auf Erden nach der Sündflut.» Daraus kann man entnehmen, daß es damals dreiundsiebzig oder vielmehr, wie wir noch sehen werden, zweiundsiebzig Völker – nicht etwa Einzelmenschen – gab. Denn schon vorher bei Erwähnung der Söhne Japhets lautete der Schluß: «Von ihnen haben sich abgesondert die Völkerinseln in ihren Ländern, jegliche nach ihren Sprachen, Stämmen und Völkern.»

Schon bei den Söhnen Hams wurde übrigens an einer Stelle deutlich genug zum Ausdruck gebracht, daß hier von Völkern die Rede ist, wie ich vorhin bereits bemerkte. «Mizraim», hieß es da, «zeugte die Luditer» und außerdem an die sieben weitere Völker. Nach ihrer Aufzählung folgt dann der Schluß: «Das sind die Söhne Hams in ihren Stämmen, Sprachen, Ländern und Völkern.» Deswegen also wurden die Söhne Vieler nicht erwähnt, weil sie bei ihrer Geburt anderen Völkern zugezählt wurden, aber selbst keine Völker zu bilden vermochten. Denn offenbar werden nur aus diesem Grunde von den acht aufgeführten Japhetsöhnen nur zweier Söhne mit Namen genannt, desgleichen von den vier Hamssöhnen nur die Namen dreier hervorgehoben; ebenso von den sechs namhaft gemachten Semssöhnen nur die Nachkommen zweier herausgestellt. Haben etwa die übrigen keine Söhne gehabt? Das ist unglaubhaft, aber sie haben keine Völker hervorgebracht, um derentwillen sie der Erwähnung wert gewesen wären, sondern wurden bei ihrer Geburt andern Völkern einverleibt.

4. *Vom Turmbau zu Babylon und der Sprachenverwirrung*

Obschon wir also bereits hörten, daß all diese Völker ihre eigenen Sprachen hatten, kehrt doch der Erzähler zu jener Zeit zurück, als alle nur eine Sprache redeten, und berichtet uns, wie es zur Verschiedenheit der Sprachen kam. «Es hatte aber», schreibt er, «alle Welt einerlei Zunge und Sprache. Da sie nun von Osten her aufbrachen, fanden sie ein ebenes Gefilde im Lande Sinear und wohnten daselbst. Und sie sprachen untereinander: Wohlauf, laßt uns Ziegel streichen und brennen! Und sie nahmen Ziegel zu Stein und Erdharz als Mörtel und sprachen: Wohlauf, laßt uns eine Stadt und einen Turm bauen, des Spitze bis an den Himmel reicht, daß wir uns einen Namen machen! Denn wir werden sonst zerstreut in alle Lande. Da fuhr der Herr hernieder, daß er sähe die Stadt und den Turm, die die Menschenkinder bauten. Und der Herr sprach: Siehe, es ist einerlei Volk und einerlei Sprache. Sie haben das angefangen zu tun und werden nicht ablassen von allem, was sie sich vorgenommen haben zu tun. Wohlauf, laßt uns herniederfahren und ihre Sprache daselbst verwirren, daß keiner des anderen Sprache verstehe! Also zerstreute sie der Herr von dort in alle Länder, daß sie mußten aufhören, die Stadt und den Turm zu bauen. Daher heißt ihr Name ‚Verwirrung', weil Gott daselbst verwirrt hatte aller Länder Sprache und sie zerstreut von dort in alle Länder.» Diese Stadt, welche ‚Verwirrung' genannt ward, ist Babylon, deren wundersamen Bau auch die heidnische Geschichtsschreibung hervorhebt. Babylon heißt nämlich Verwirrung. Es ergibt sich nun, daß jener riesenhafte Nimrod ihr Erbauer war. Schon früher wurde das kurz bemerkt, als die Schrift von ihm erwähnte, der Anfang seines Reiches sei Babylon gewesen. Das war also die Stadt, die über die anderen Städte regieren und in welcher als der Hauptstadt sich der Herrschersitz befinden sollte. Sie wurde freilich nicht so ausgebaut, wie die stolze Gottlosigkeit es sich erdacht. Denn allzuhoch, wie es hieß, bis zum Himmel sollte sie aufragen, sei es mit einem ihrer Türme, der als mächtigster von allen geplant war, sei es mit allen Türmen, die dann bei der Einzahl Turm mitgemeint wären, wie man von dem Soldaten spricht und darunter Tausende von Kriegern versteht, oder von Frosch und Heuschrecke. Denn so wird in der Schrift bei den Plagen, mit denen die Ägypter durch Moses geschlagen wurden, die Masse der Frösche und Heuschrecken bezeichnet. Doch was konnte menschlich-eitele Großmannssucht ausrichten, wenn sie auch noch so mächtig, noch so hoch Baumassen auftürmte wider Gott, selbst wenn der Bau alle Berge überragt und die dunstige Luftschicht unter sich gelassen hätte? Was konnte solch geistige oder körperliche Überhebung, so hoch sie sich auch reckt, Gott schaden? Den sicheren und wahren Weg zum Himmel bereitet die Demut, die das Herz zum Herrn erhebt, nicht wider den Herrn, wie es der erwähnte Riese tat, der «ein Jäger war wider den Herrn». Das haben einige nicht verstanden, sich durch den zweideutigen griechischen Ausdruck täuschen lassen und nicht übersetzt «wider den Herrn», sondern «vor dem Herrn», denn das griechische «enantion» heißt sowohl wider als auch vor. Finden wir doch dasselbe Wort in dem Psalm, wo es heißt: «Und laßt uns weinen *vor* dem Herrn, der uns gemacht hat», und im Buche Hiob, wo geschrieben steht: «In Wut bist du ausgebrochen *wider* den Herrn.» So also ist das Wort von dem gewaltigen Jäger wider den Herrn zu verstehen. «Jäger» aber bedeutet hier nichts anderes als Betrüger, Unterdrücker, Vertilger erdgeborener Geschöpfe. Er errichtete also mit seinen Völkern einen Turm wider Gott, der das Sinnbild gottlosen Hochmuts ist. Mit Recht aber wird das böse Verlangen bestraft, auch wenn ihm das Gelingen versagt bleibt. Und worin bestand die Strafe? Da die Zunge das Werkzeug des Gebietenden ist, wurde in ihr der Hochmut verdammt, so daß nun der, der nicht verstehen wollte, daß man dem Befehl Gottes gehorchen muß, nicht mehr verstanden wurde, wenn er einem Menschen Befehle gab. So ward jene Verschwörung zuschanden, da jeder sich von dem trennte, den er nicht verstand, und sich dem zugesellte, mit dem er reden konnte, und wurden die Völker nach ihren Sprachen geteilt und auf Erden zerstreut, wie es Gott gefiel, der dies auf verborgene und uns unbegreifliche Weise bewirkte.

5. *Vom «Herniederfahren» Gottes*

Wenn es nun heißt: «Gott fuhr hernieder, daß er sähe die Stadt und den Turm, den die Menschenkinder bauten» – die Menschenkinder, also nicht die Gotteskinder, sondern jene Genossenschaft, die nach Menschenweise lebt, die wir den irdischen Staat nennen –, so bewegt sich Gott nicht etwa vom Flecke, da er stets überall ganz gegenwärtig ist. Sondern man spricht von seinem Herabfahren, wenn er auf Erden etwas tut, was dem gewöhnlichen Lauf der Natur zuwider wunderbar bewirkt ist und so in besonderer Weise seine Gegenwart offenbart. Auch lernt er, dem nie etwas verborgen bleiben kann, nicht durch zeitliches Sehen etwas kennen, sondern sein sogenanntes zeitliches Sehen und Kennenlernen bedeutet, daß er es sehen und kennenlernen läßt. Man sah also jene Stadt vorher nicht so, wie Gott sie sehen ließ, als er kundtat, wie sehr sie ihm mißfiel. Doch kann man das Herniederfahren Gottes zu jener Stadt auch so verstehen, daß seine Engel, in denen er wohnt, herniederfuhren. Dann würde das, was sich anschließt: «Und der Herr sprach: Siehe, es ist einerlei Volk und einerlei Sprache unter ihnen allen» und so fort, und was dann noch beigefügt wird: «Wohlauf, laßt uns herniederfahren und ihre Sprache daselbst verwirren», eine Wiederholung sein, die ausmalt, wie jenes sogenannte «Herniederfahren Gottes» vor sich ging. Denn wenn er bereits herniedergefahren war, was soll dann die Aufforderung: «Wohlauf, laßt uns herniederfahren und verwirren» – ein Wort, das wir als an die Engel gerichtet zu verstehen haben –, wenn er nicht in den Engeln herabfuhr, da er in den herabfahrenden Engeln war? Ganz richtig aber ist es, daß es nicht heißt: «Wohlauf, fahrt herab und verwirrt», sondern «laßt uns daselbst ihre Sprache verwirren». Denn dadurch wird klar, daß Gott in der Weise durch seine Diener wirkt, daß auch sie selbst seine Mitarbeiter werden, wie der Apostel sagt: «Wir sind Gottes Mitarbeiter.»

6. *Wie Gott zu den Engeln spricht*

Man könnte auch jenes bei der Erschaffung des Menschen gesprochene Wort: «Lasset uns Menschen machen» auf die Engel beziehen, da es nicht heißt «Ich will machen». Doch weil darauf folgt: «Nach unserem Bilde» und man nicht annehmen darf, der Mensch sei nach dem Bilde der Engel geschaffen oder das Bild der Engel und Gottes sei dasselbe, ist hier richtiger an die Mehrzahl in der Dreieinigkeit zu denken. Aber da diese Dreieinigkeit der eine Gott ist, heißt es nach dem Ausspruch: «Lasset uns machen» weiter: «Und Gott schuf den Menschen nach dem Bilde Gottes», nicht etwa: «Götter schufen ihn», auch nicht: «nach dem Bilde von Göttern». Ebenso könnte man auch jetzt an dieselbe Dreieinigkeit denken, als habe der Vater zum Sohne und Heiligen Geiste gesprochen: «Wohlauf, lasset uns herniederfahren und ihre Sprache verwirren», wenn irgendetwas dem im Wege stände, an die Engel zu denken. Doch das ist nicht der Fall. Denn ihnen ziemt's allermeist, sich Gott zu nahen mit heiligen Schritten, das ist mit frommen Gedanken, durch die sie die unwandelbare Wahrheit befragen, die das ewige Gesetz ihres hohen Kreises ist. Denn sie sind sich nicht selbst die Wahrheit, sondern der schöpferischen Wahrheit teilhaftig schreiten sie ihr entgegen als der Quelle des Lebens, um aus ihr zu schöpfen, was sie nicht aus sich selber haben. Und ihr Schreiten ist standfest, stets zum Ziel führend, nie abgewandt. Gott aber redet zu den Engeln nicht so, wie wir miteinander oder mit Gott oder mit den Engeln, oder wie die

Engel selber mit uns reden, oder Gott mit uns durch sie redet, sondern auf seine unaussprechliche Weise; uns aber wird es mitgeteilt auf unsere Weise. Denn Gottes erhabenes Sprechen vor seinem Tun ist sein unwandelbares Planen dieses Tuns. Da gibt's keine tönenden und verhallenden Laute, sondern nur die ewig beharrende, aber zeitlich wirkende Kraft. In dieser Sprache redet er zu den heiligen Engeln, zu uns weitab Stehenden aber redet er anders. Doch wenn auch wir mit den inneren Ohren etwas von diesem seinem Reden vernehmen, nähern wir uns den Engeln. Aber wozu soll ich in diesem Werke immer wieder das Sprechen Gottes erläutern? Entweder redet die unwandelbare Wahrheit durch sich selbst auf unaussprechliche Weise zum Geiste der vernünftigen Kreatur, oder sie spricht durch ein wandelbares Geschöpf, sei es zu unserm Geist durch geistige Bilder, sei es mit körperlichen Lauten zu unsern körperlichen Sinnen.

Wenn es ferner heißt: «Sie werden nicht ablassen von allem, was sie sich vorgenommen haben zu tun», so ist das nicht in behauptendem, sondern fragendem Sinne gemeint, wie es bei Drohungen der Fall zu sein pflegt, z. B. in jenem Dichterwort:

«Helfen die Waffen denn nicht, stürmt nicht das Volk aus den Toren?»

Es ist also zu verstehen, als wenn gesagt wäre: Sollten sie wirklich nicht ablassen von allem, was sie sich vorgenommen haben zu tun? So kommt freilich die Drohung nicht zum Ausdruck. Aber mit Rücksicht auf schwerfälligere Leser habe ich den Satz in eine Frage verwandelt, denn die Betonung, mit der er gesprochen sein will, läßt sich nicht zu Papier bringen.

Von jenen drei Menschen also, Noahs Söhnen, stammten die dreiundsiebzig oder vielmehr, wie wir noch begründen werden, zweiundsiebzig Völker mit gleich viel Sprachen auf Erden ab, die bei ihrem Wachstum auch die Inseln füllten. Doch wuchs die Zahl der Völker weit stärker als die der Sprachen. Denn auch in Afrika kennen wir eine Menge Barbarenvölker, die die gleiche Sprache sprechen.

7. Woher die Tiere auf fernen Inseln?

Niemand bezweifelt, daß die Menschen, als ihr Geschlecht sich vermehrte, zur Besiedelung der Inseln mit Schiffen hinüberfahren konnten. Aber hier erhebt sich eine Frage in betreff mancher Tierarten, die nicht unter menschlicher Pflege stehen, auch nicht wie Frösche aus der Erde wachsen, sondern sich nur durch geschlechtliche Fortpflanzung vermehren, wie Wölfe und andere. Wie konnten sie nach der Sündflut, die alles Lebende, was nicht in der Arche war, vernichtete, auf die Inseln kommen, wenn sie doch von denen abstammen, deren Art in beiden Geschlechtern durch die Arche erhalten blieb? Gewiß kann man annehmen, daß sie hinübergeschwommen sind, aber doch nur zu den nächsten Inseln. Manche Inseln aber sind so weit vom Festland entfernt, daß kein Tier bis zu ihnen geschwommen sein kann. Unglaublich wäre es freilich nicht, daß die Menschen sie fingen, mit sich nahmen und an ihren neuen Wohnsitzen als Jagdwild einführten, auch konnten sie unfraglich auf Geheiß oder Zulassung Gottes von Engeln dorthin gebracht werden. Wenn sie jedoch aus der Erde hervorgegangen sind wie zuallererst, als Gott sprach: «Die Erde bringe hervor lebendige Wesen», wird es um so klarer, daß alle Tierarten nicht so sehr ihrer Erhaltung wegen als zur Versinnbildlichung der vielen Völker um des Geheimnisses der Kirche willen in die Arche aufgenommen wurden, falls auch auf den Inseln, wohin viele Tiere sonst nicht hätten gelangen können, die Erde sie hervorgebracht haben sollte.

8. Alle Menschen und Völker, wenn auch noch so ungeschlacht und mißgestaltet, stammen von Adam ab

Man fragt sich auch, ob man glauben soll, daß gewisse monströse Menschenarten, von denen die Völkergeschichte berichtet, von den Söhnen Noahs oder vielmehr von dem einen Menschen, der auch ihr Urahn ist, abstammen. So soll es Leute geben, die nur ein Auge mitten auf der Stirn haben, andere, deren Füße ungekehrt stehen wie unsere; noch andere sollen doppelgeschlechtlich sein, rechts eine männliche, links eine weibliche Brust haben, im Wechselspiel sich begatten und bald erzeugen, bald gebären. Wiederum heißt es von anderen, sie hätten keinen Mund, sondern lebten vom Einatmen durch die Nase, und es gebe auch solche, die nur ellenlang seien – die Griechen nennen sie Pygmäen nach der Elle –, desgleichen solche, bei denen die Frauen schon mit fünf Jahren schwanger werden und deren Lebensdauer nur acht Jahre beträgt. Auch erzählt man von einem Volke, wo die Leute nur ein Bein an den Füßen haben und die Kniekehle nicht beugen können, aber wunderbar behende sind. Man nennt sie Skiopoden, Schattenfüßler, weil sie bei Sonnenhitze rücklings auf der Erde liegend ihre Füße als Schirm benutzen. Einigen fehlt, heißt es, der Nacken, und Augen haben sie an den Schultern. Und wer weiß, was es sonst noch für Menschen oder menschenähnliche Geschöpfe geben mag, wie man sie an der Meerstraße Karthagos in Mosaikmalerei bewundern und aus seltsamen Schilderungen in allerhand Büchern kennenlernen kann. Was vollends soll ich von den Kynokephalen sagen, deren Hundskopf und Hundegebell mehr tierisch als menschlich ist? Aber man muß nicht glauben, daß es alle diese Menschenarten, von denen man spricht, wirklich gibt. Doch wer irgend als Mensch, das heißt als sterbliches, vernunftbegabtes Lebewesen geboren wird, mag er an Leibesgestalt, Farbe, Bewegung oder Stimme uns noch so fremdartig vorkommen, mag er Kräfte, Teile, Eigenschaften haben, welche er will, er stammt in jedem Fall von jenem Ersterschaffenen ab; daran darf kein Gläubiger zweifeln. Es liegt übrigens zutage, was hier als natürlich gilt, weil es sich bei den meisten findet, und was wegen seiner Seltenheit als wunderbar erscheint.

Ebenso nun wie man die bei uns vorkommenden menschlichen Mißgeburten rechtfertigt, kann man auch etwaige mißgestaltete Völker rechtfertigen. Gott ist der Schöpfer aller und weiß am besten, wo und wann es angebracht ist oder war, etwas zu schaffen; er versteht sich auch darauf, bald aus gleichen, bald aus verschiedenen Teilstücken das Teppichmuster des schönen Weltalls zu weben. Aber wer das Ganze nicht zu überschauen vermag, wird durch die vermeintliche Häßlichkeit eines Teilstückes beleidigt, weil er nicht erkennt, wozu es paßt und worauf es sich bezieht. Wir wissen, daß es Menschen gibt, die mit mehr als je fünf Fingern und Zehen an Händen und Füßen geboren werden, und diese Abweichung ist noch die geringste von allen. Aber niemand darf so unklug sein zu meinen, der Schöpfer habe sich in der Zahl der menschlichen Finger versehen, wenn man auch nicht weiß, warum er es so machte. Auch wenn der Unterschied größer ist, weiß er genau, was er tut, und seine Werke tadelt niemand mit Recht. Bei Hippo Zaritus lebt ein Mann, der mondsichelförmige Füße hat und an ihnen nur je zwei Zehen, und ebenso steht es mit seinen Händen. Wenn es ein ganzes Volk von dieser Beschaffenheit gäbe, würde man einen Bericht davon in jene Geschichte der Seltsamkeiten und Wunder aufnehmen. Wollen wir etwa deswegen leugnen, daß der erwähnte Mann von dem Erstling der Erschaffenen abstammt? Mannweiber, die man auch Hermaphroditen nennt, sind zwar selten, kommen aber wohl zu allen Zeiten vor, und bei ihnen sind die beiderseitigen Geschlechtsmerkmale so ausgeprägt, daß unklar ist, nach welchem Geschlecht man sie benennen soll. Doch pflegt sich der Sprachgebrauch für das bessere, nämlich das männliche, zu entscheiden, und man gibt den Mannweibern oder Hermaphroditen ein männliches Geschlecht. Vor einigen Jahren, aber noch zu unserer Zeit, wurde im Orient ein Doppelmensch geboren, der in der oberen Körperhälfte doppelte, in der unteren einfache Glieder hatte. Denn da waren zwei Köpfe, zwei Brüste und vier Hände, aber nur ein Bauch und zwei Beine wie bei einem Menschen, und er lebte solange, daß das Gerücht von ihm viele Schaulustige herbeizog. Und wer kann sie alle aufzählen, die menschlichen Mißgeburten, die von ihren unzweifelhaften Eltern weit abweichen? Wie man ihre Abstammung von jenem Einen nicht bestreiten kann, so muß man auch daran festhalten, daß alle Völkerschaften, die durch abweichende Formen die natürliche Bahn, auf der sich die meisten anderen, ja fast alle bewegen, verlassen und sozusagen über die Schranken springen, falls nur der Begriff des vernunftbegabten, sterblichen Lebewesens bestehen bleibt, von dem einen und ersten Vater aller Menschen herstammen, vorausgesetzt, daß all das wahr ist, was man sich über die bunte Mannigfaltigkeit der Völker und ihre großen Unterschiede voneinander und von uns erzählt. Denn wüßten wir nicht, daß Affen, Meerkatzen und Sphinxe keine Menschen, sondern Tiere sind, könnten jene stolz mit Seltsamkeiten aufwartenden Geschichtsschreiber uns wohl gar vorreden, ohne daß man sie Lügen strafen dürfte, auch das seien Menschenvölker. Wenn es aber Menschen sind, von denen wir solch wunderliche Dinge lesen, muß man fragen, ob nicht Gott vielleicht deshalb einige Völker dergestalt schaffen wollte, damit wir nicht bei Mißgestalten, wie sie unter uns unleugbar von Menschen geboren werden, uns einreden lassen, seine Weisheit, die die menschliche Natur bildet, habe wie die Kunstfertigkeit eines weniger geschickten Meisters einen Fehler gemacht. So braucht es uns nicht unsinnig vorzukommen, daß es ebenso wie es in den einzelnen Völkern Mißgeburten von Menschen gibt, auch im ganzen Menschengeschlecht allerlei mißgestaltete Völker geben mag. Um also diese Frage behutsam zum Abschluß zu bringen: Entweder ist an alledem, was von gewissen Völkern berichtet wird, überhaupt nichts Wahres, oder wenn doch, so sind es keine Menschen, oder aber, wenn es Menschen sind, dann stammen sie auch von Adam ab.

9. Gibt es Antipoden?

Wenn man aber sogar von Antipoden, Gegenfüßlern, fabelt, das ist Menschen, die auf der entgegengesetzten Seite der Erde, wo die Sonne aufgeht, wenn sie bei uns untergeht, also unsern Füßen gegenüber, wandeln sollen, so ist das schlechterdings unglaublich. Man behauptet ja auch nicht, hiervon irgendwelche geschichtliche Kunde zu haben, sondern nimmt es auf Grund eines Vernunftschlusses an. Denn man sagt sich, die Erde sei innerhalb des Himmelsgewölbes aufgehängt und nehme in ihm zugleich den untersten und den mittleren Platz ein, woraus sie dann folgern, daß auch die andere, untere Seite der Erde nicht unbewohnt von Menschen sein könne. Sie bedenken aber nicht, daß selbst wenn man eine runde Kugelgestalt der Erde voraussetzt, vielleicht auch mit Gründen beweist, doch noch nicht daraus folgt, daß die Erde auch auf der anderen Seite von Wassermassen frei ist, und wenn sie es wäre, daß dann dort auch Menschen wohnen müssen. Denn unter keinen Umständen lügt unsere Schrift, deren Mitteilungen über die Vergangenheit durch Erfüllung ihrer Voraussagen beglaubigt werden, und es wäre doch zu unsinnig, wollte man behaupten, daß irgendwelche Menschen den unermeßlichen Ozean hätten überqueren und von dieser auf jene Seite hinübersegeln können, so daß auch dort ein von jenem ersten Menschen abstammendes Geschlecht hausen würde. So wollen wir denn unter den erwähnten damaligen Menschenvölkern, die, wie wir erfahren, sich in zweiundsiebzig Stämme und ebensoviel Sprachen teilten, Umschau halten, ob wir hier jenen auf Erden pilgernden Gottesstaat finden können, den wir bis zur Sündflut und Arche begleiteten, und der in den Söhnen Noahs dank des ihnen zugesprochenen Segens fortbestand, zumal in Sem, dem Ältesten, während Japhets Segen dahin lautete, daß er in seines Bruders Häusern wohnen werde.

10. Der Gottesstaat bei den von Sem abstammenden Geschlechtern

Wir müssen uns also an die von Sem ausgehende Reihe von Geschlechtern halten. Hier wird uns nach der Sündflut der Gottesstaat begegnen, wie er uns vor der Sündflut in der von Seth ausgehenden Geschlechterreihe begegnete. So kehrt denn die göttliche Schrift, nachdem sie uns in Babylon, auf deutsch Verwirrung, den irdischen Staat vor Augen geführt, kurz wiederholend zum Urvater Sem zurück, zählt von da die Geschlechter auf bis hin zu Abraham und gibt von jedem Einzelnen das Lebensalter an, in welchem er den die Reihe fortsetzenden Sohn erzeugte, und wie lange er lebte. Dabei wird auch klar, worauf ich schon früher hindeutete, weshalb von Hebers Söhnen gesagt ward: «Der Name des einen war Peleg, weil zu seiner Zeit die Erde geteilt ward.» Denn wodurch sonst sollte wohl die Erde geteilt sein, wenn nicht durch Verschiedenheit der Sprachen? Unter Weglassung also der übrigen nicht hierhergehörigen Söhne Sems werden in der Reihe der Geschlechter diejenigen aufgeführt, über die man zu Abraham gelangt, ebenso wie vor der Sündflut aus der mit dem Adamssohne Seth anhebenden Geschlechterreihe diejenigen aufgeführt wurden, über die man zu Noah gelangte. So beginnt das neue Geschlechtsregister folgendermaßen: «Dies sind die Geschlechter Sems. Sem war hundert Jahre alt und zeugte Arphachsad, zwei Jahre nach der Sündflut, und lebte danach fünfhundert Jahre, zeugte Söhne und Töchter und starb.» Ebenso läßt die Schrift sodann die übrigen folgen unter Angabe, mit wieviel Jahren jeder den in diese auf Abraham abzielende Geschlechterreihe gehörigen Sohn erzeugt habe, und wieviel Jahre er dann noch lebte, wobei stets darauf hingewiesen wird, daß er Söhne und Töchter erzeugte. Daraus ersehen wir, wie die Völker heranwachsen konnten, und machen uns bei der verhältnismäßig geringen Zahl erwähnter Namen keine kindischen Gedanken, wie von Sems Nachkommen die weiten Räume der Länder und Reiche bevölkert werden konnten, zumal das gewaltige Assyrerreich, wo Ninus, der Bezwinger der Völker des Ostens, von unerhörtem Glück begünstigt, weit und breit seine Herrschaft ausdehnte und seinen Nachkommen ein riesengroßes, festgegründetes Reich hinterließ, das lange Zeit Bestand haben sollte.

Wir aber wollen uns nicht länger als nötig aufhalten und weglassen, wie lange jeder Einzelne in dieser Reihe von Geschlechtern lebte. Wir erwähnen nur, in welchem Lebensjahre jeder den hier einzureihenden Sohn erzeugte, um so die Zahl der Jahre von der Sündflut bis auf Abraham zu ermitteln. Von dem abgesehen, wobei wir notwendig verweilen müssen, werden wir alles andere nur kurz und im Vorübergehen berühren. Im zweiten Jahr nach der Sündflut also erzeugte Sem den Arphachsad, Arphachsad aber erzeugte mit hundertfünfunddreißig Jahren den Kainan, dieser mit hundertdreißig Jahren den Salah, der seinerseits ebenso alt war, als er den Heber erzeugte. Heber aber war hundertvierunddreißig Jahre alt, als er den Peleg erzeugte, zu dessen Zeit die Erde geteilt wurde. Dieser Peleg erzeugte mit hundertdreißig Jahren den Regu, Regu mit hundertzweiunddreißig Jahren den Serug, Serug mit hundertdreißig Jahren den Nahor, dieser mit neunundsiebzig Jahren den Thara. Tharah aber war siebzig Jahre alt, als er Abram erzeugte, dessen Namen Gott später änderte und Abraham nannte. Es ergeben sich also von der Sündflut bis Abraham nach der bei uns gebräuchlichen Bibelausgabe, die auf die siebzig Übersetzer zurückgeht, tausendzweiundsiebzig Jahre. In den hebräischen Handschriften sollen dagegen weit weniger Jahre angegeben sein, was man sich entweder überhaupt nicht oder doch nur sehr schwer erklären kann.

Suchen wir also in jenen zweiundsiebzig Völkern nach dem Gottesstaat, können wir freilich nicht behaupten, daß schon zu der Zeit, als es nur eine Zunge, das heißt nur eine Sprache gab, das Menschengeschlecht von der Verehrung des wahren Gottes sich losgesagt habe, so daß wahre Frömmigkeit sich nur bei den Geschlechtern erhalten hätte, die von Sem abstammend über Arphachsad auf Abraham hinzielen. Vielmehr trat der Staat oder die Genossenschaft der Gottlosen erst mit jenem hochmütigen Unterfangen des himmelhohen Turmbaus, dem Sinnbild gottloser Überhebung, zutage. Ob der Gottesstaat also vorher überhaupt noch nicht oder doch nur im Verborgenen bestand, oder ob auch damals beide nebeneinander bestanden, der fromme in den beiden Noahsöhnen, die den Segen empfingen, und ihren Nachkommen, der gottlose aber in dem verfluchten Sohne und seiner Nachkommenschaft, aus der auch jener gewaltige Jäger wider den Herrn hervorging, das ist nicht leicht auszumachen. Denn vielleicht, wahrscheinlich sogar, gab es, auch schon ehe man mit dem Bau Babylons begann, unter den Söhnen jener beiden Verächter Gottes und unter Hams Söhnen Gottesverehrer. Man muß ja annehmen, daß es auf Erden niemals an Menschen beiderlei Art gefehlt hat. Denn es heißt zwar: «Alle sind abgewichen und allesamt untüchtig; da ist keiner, der Gutes tue, auch nicht einer», doch liest man in beiden Psalmen, in welchen diese Worte sich finden, auch die

Frage: «Will denn der Übeltäter keiner das merken, die mein Volk fressen, wie man Brot verzehrt?» Es gab also auch damals ein Gottesvolk. Demnach bezieht sich das Wort: «Da ist keiner, der Gutes tue, auch nicht einer» nur auf die Menschenkinder, nicht die Gotteskinder. Denn voraufgeht: «Gott schaute vom Himmel auf der Menschen Kinder, daß er sehe, ob jemand klug sei oder nach Gott frage», und erst daran schließen sich die vorhin erwähnten Worte, die ankündigen, daß alle Menschenkinder, das heißt die Angehörigen des nach Menschenweise und nicht nach Gott lebenden Staates, verworfen sind.

11. Die Ursprache der Menschheit erhielt sich bei Heber und seinen Nachkommen

Wie es also schon zu der Zeit, als alle Menschen noch eine Sprache sprachen, gleichwohl an Söhnen des Verderbens nicht fehlte – denn auch vor der Sündflut gab es nur eine Sprache, und doch hatten alle außer dem einen Hause des gerechten Noah es verdient, durch die Sündflut vertilgt zu werden –, so fehlte später, als die Völker infolge ihrer überheblichen Gottlosigkeit durch Sprachverschiedenheit gestraft und voneinander getrennt wurden und die Stadt der Gottlosen den Namen ‚Verwirrung', das ist Babylon, empfing, doch das Haus Hebers nicht, wo sich die früher allen gemeinsame Sprache erhielt. Darum wurde bei der Aufzählung der Söhne Sems, von denen jeder Stammvater eines Volkes ward, wie bereits erwähnt, als erster Heber hervorgehoben, obwohl er Nachkomme fünften Grades war. Weil demnach, als bereits die übrigen Völker durch Änderung ihrer Sprachen abgetrennt waren, in seiner Familie die Sprache bewahrt wurde, die, wie man mit Recht annimmt, vordem dem Menschengeschlecht gemeinsam war, nannte man sie seitdem die hebräische Sprache. Denn man mußte sie damals von den anderen Sprachen durch einen eigenen Namen unterscheiden, ebenso wie auch diese ihren eigenen Namen erhielten. Solange sie dagegen noch die einzige war, nannte man sie bloß die menschliche Sprache oder menschliche Redeweise, denn das ganze Menschengeschlecht verständigte sich in ihr.

Nun könnte jemand sagen: Wenn in den Tagen Pelegs, des Sohnes Hebers, die Welt, das heißt die damals auf der Welt lebenden Menschen, nach Sprachen getrennt wurden, hätte man die vordem allen gemeinsame Sprache vielmehr nach seinem Namen nennen sollen. Doch muß man annehmen, daß Heber selbst seinem Sohne den Namen Peleg, das ist Zertrennung, darum beilegte, weil er ihm damals, als die Welt durch die Sprachen zerteilt wurde, also zu der Zeit, als sich das Wort: «In seinen Tagen ward die Welt geteilt» verwirklichte, geboren ward. Denn wenn Heber schon nicht mehr gelebt hätte, als die Vielheit der Sprachen entstand, wäre die von ihm bewahrte Sprache nicht nach seinem Namen genannt. Darum muß man glauben, daß sie die erste und allen gemeinsame gewesen ist; denn die Vermehrung und Änderung der Sprachen war Straffolge, und das Volk Gottes durfte doch von dieser Strafe nicht getroffen werden. Und nicht ohne Grund ist dies die Sprache, die Abraham sprach, aber nicht auf alle seine Söhne vererben konnte, sondern nur auf die, welche durch Jakob fortgepflanzt wurden und in einem vor allen andern sie auszeichnenden Sinne zum Volke Gottes heranwuchsen und Träger der Testamente Gottes und Stammvolk Christi sein durften. Auch Heber selbst hat diese Sprache nicht all seinen Nachkommen hinterlassen, sondern nur denen, deren Geschlechter zu Abraham hinführten. Wenn also auch nicht ausdrücklich von einem frommen Geschlecht zu der Zeit, als Babylon von den Gottlosen gegründet wurde, die Rede ist, so sollte diese Dunkelheit doch nicht etwa die Bemühungen des Forschers vereiteln, sondern sie zu vermehrtem Eifer anregen. Denn wenn man liest, uranfänglich habe es nur eine Sprache aller gegeben, wenn von allen Söhnen Sems Heber hervorgehoben wird, obwohl er erst der fünfte in der Abstammungsreihe ist, und wenn die Sprache, an der das Ansehen der Patriarchen und Propheten nicht nur in mündlichen Reden, sondern auch in heiligen Schriften festhielt, die hebräische heißt, so gibt es in der Tat auf die Frage, wo sich bei der Sprachzerteilung die gemeinsame Ursprache erhalten konnte, nur eine Antwort. Unzweifelhaft konnte sie sich nur da erhalten, wo die Strafe der Sprachveränderung nicht verhängt wurde, also in dem Volke des Mannes, nach dessen Namen sie benannt wurde; und ist es nicht ein bedeutsamer Hinweis auf die Gerechtigkeit dieses Volkes, daß es von dem über die anderen Völker verhängten Strafgericht der Sprachveränderung nicht betroffen wurde?

Noch über eins kann man sich Gedanken machen. Wie konnten sowohl Heber als auch sein Sohn Peleg je ein Volk erzeugen, wenn doch beide die gleiche Sprache beibehielten? Ist doch das hebräische Volk nur eins, nämlich das Volk, das sich von Heber bis auf Abraham und sodann durch diesen weiter fortpflanzte, bis es zu dem großen Volke Israel ward. Wie konnten also alle namhaft gemachten Nachkommen der drei Noahsöhne eigene Völker hervorbringen, wenn das nicht auch von Heber und Peleg gelten soll? Denn man muß als wahrscheinlich annehmen, daß auch jener riesige Nimrod ein eigenes Volk hervorgebracht hat, aber wegen seiner gewaltigen Macht und Körpergröße an hervorragender Stelle besonders genannt wurde. So bleibt die Zahl der zweiundsiebzig Völker und Sprachen bestehen. Peleg aber wurde dann nicht deshalb erwähnt, als hätte er ein eigenes Volk begründet – denn sein Volk ist das hebräische und seine Sprache Hebräisch –, sondern weil seine Zeit bemerkenswert war, da in seinen Tagen die Erde zerteilt wurde. Wir müssen uns auch nicht daran stoßen, daß der gewaltige Nimrod schon zu jener Zeit auftreten konnte, da Babylon gegründet wurde und die Sprachverwirrung und in deren Folge auch die Trennung der Völker stattfand. Denn wenn auch Heber von Noah an gerechnet der sechste, jener aber der vierte war, können sie darum doch zu gleicher Zeit gelebt haben, dann nämlich, wenn bei geringerer Anzahl von Geschlechtern die Lebensdauer länger war, dagegen bei größerer Anzahl kürzer, oder wenn die Geburten da, wo es weniger Geschlechter gab, später, wo es mehr gab, früher erfolgten. Man muß ja unfraglich annehmen, daß zur Zeit der Zerteilung der Erde die übrigen Nachkommen der Noahsöhne, die als Väter von Völkern angeführt werden, nicht nur geboren, sondern auch schon so alt waren, daß sie zahlreiche Familien hatten, denen man bereits den Namen von Völkern beilegen konnte. Deswegen darf man auch nicht glauben, daß sie in der Reihenfolge erzeugt wurden, in der sie angeführt werden. Denn die zwölf Söhne Joktans, des anderen Hebersohnes und Bruders Pelegs, hätten nicht schon Völker bilden können, wenn Joktan nach seinem Bruder Peleg geboren wurde, wie er erst nach ihm erwähnt ist. Denn zur Zeit der Geburt Pelegs wurde die Erde zerteilt. So muß man annehmen, daß er zwar zuerst genannt wird, aber viel später als sein Bruder Joktan geboren wurde, als dessen zwölf Söhne schon so große Familien hatten, daß sie nach eigenen Sprachen voneinander getrennt werden konnten. Ebenso wie vorhin von den Nachkommen der drei Noahsöhne an erster Stelle die Söhne Japhets, des jüngsten, genannt wurden, dann die Hams, des mittleren, und zuletzt erst die Sems, des ersten und ältesten, so konnte auch hier der jüngere zuerst genannt werden. Die Namen dieser Völker nun haben sich teilweise erhalten, so daß man heute noch sieht, woher sie stammen, wie die Assyrer von Assur, die Hebräer von Heber, teilweise wurden sie auch im Lauf der langen Zeit verändert, so daß kaum die gelehrtesten Männer bei Durchforschung der ältesten Geschichtsdenkmäler die Herkunft einiger, keineswegs aller Völker von ihnen haben nachweisen können. Denn wenn von dem Sohne Hams Mizraim die Ägypter abstammen sollen, so erinnert hier nichts an den ursprünglichen Namen, nichts auch bei den Äthiopiern, die, wie man sagt, zu Chus, einem anderen Sohne Hams, gehören. Faßt man alle Namen ins Auge, muß man sagen, daß ihrer mehr geändert als beibehalten sind.

12. Der mit Abraham beginnende neue Zeitabschnitt

Nunmehr wollen wir den weiteren Fortgang des Gottesstaates auch von dem Zeitabschnitt an betrachten, den der Vater Abraham eröffnet. Hier tritt uns dieser Staat schon klarer entgegen und lesen wir unmißverständlichere Verheißungen Gottes, die wir jetzt in Christus sich erfüllen sehen. Wie wir aus der Heiligen Schrift ersehen, ward Abraham im Gebiete der Chaldäer geboren, einem Lande, das zum assyrischen Reiche gehörte. Bei den Chaldäern aber ging schon damals derselbe gottlose Aberglaube im Schwange wie bei den übrigen Völkern. Einzig das Haus Tharas, aus dem Abraham stammte, war es, in dem die Verehrung des einen wahren Gottes und, wie man annehmen muß, auch die hebräische Sprache sich erhalten hatte, obschon er selber in Mesopotamien, ebenso wie das uns besser bekannte Gottesvolk in Ägypten, nach dem Berichte Josuas fremden Göttern gedient haben soll. Die übrigen Nachkommen jenes Heber waren inzwischen in anderen Sprachen und Nationen aufgegangen. Wie demnach in der großen Wasserflut allein das Haus Noahs zur Erneuerung des Menschengeschlechts übriggeblieben war, so hatte sich in der über die ganze Welt ausgebreiteten Flut vielgestaltigen Aberglaubens nur das Haus Tharas zur Pflege der Pflanzung des Gottesstaates erhalten. Ferner, wie es dort hieß nach Aufzählung der voraufgehenden Geschlechter bis auf Noah und Angabe der Lebensjahre sowie nach Darlegung der Ursache der Sündflut, ehe Gott dem Noah betreffs des Baus der Arche Auftrag gab –: «Dies sind die Geschlechter Noahs», so wird auch hier nach Aufzählung der Geschlechter des Noahsohnes Sem bis auf Abraham ein bedeutsamer Abschnitt mit den Worten eingeleitet: «Dies sind die Geschlechter Tharas. Thara erzeugte Abram, Nahor und Haran, und Haran erzeugte Lot. Haran aber starb vor seinem Vater Thara in seinem Vaterlande, im Gebiete der Chaldäer. Da nahmen Abram und Nahor Weiber. Abrams Weib hieß Sarai und Nahors Weib Milka, Harans Tochter.» Dieser Haran war Vater der Milka, desgleichen der Jeska, und man nimmt an, daß die Letztgenannte keine andere als Sara, das Weib Abrahams, ist.

13. Tharas und der Seinen Auszug aus dem Chaldäerlande nach Mesopotamien

Sodann wird erzählt, wie Thara mit den Seinen das Gebiet der Chaldäer verließ, nach Mesopotamien kam und sich in Haran ansiedelte. Doch hört man nichts von seinem Sohne Nahor, und es erweckt den Anschein, als habe er ihn nicht mitgenommen. Denn die Erzählung lautet so: «Da nahm Thara seinen Sohn Abram und Lot, seines Sohnes Haran Sohn, und seine Schwiegertochter Sarai, seines Sohnes Abram Weib, und führte sie aus dem Gebiet der Chaldäer, daß er ins Land Kanaan zöge, und kam nach Haran und wohnte daselbst.» Hier ist von Nahor und seinem Weibe Milka keine Rede. Doch lesen wir später, als Abraham seinen Knecht aussandte, seinem Sohne Isaak ein Weib zu holen: «Also nahm der Knecht zehn Kamele von den Kamelen seines Herrn und allerlei Güter seines Herrn und machte sich auf und zog nach Mesopotamien zu der Stadt Nahors.» Aus diesem Zeugnis der Heiligen Schrift und anderen ersieht man, daß auch Nahor, Abrahams Bruder, aus dem Gebiet der Chaldäer ausgewandert ist und seinen Wohnsitz in

Mesopotamien genommen hat, wo auch Abraham mit seinem Vater wohnte. Warum erwähnt ihn denn die Schrift nicht da, wo sie mitteilt, daß Thara mit den Seinen auszog und sich in Mesospotamien niederließ, während sie doch nicht nur von seinem Sohne Abraham, sondern auch seiner Schwiegertochter Sara und seinem Enkel Lot bemerkt, daß er sie mitgenommen habe? Vermutlich darum, weil er von der Frömmigkeit des Vaters und Bruders abgewichen war, sich dem Aberglauben der Chaldäer ergeben hatte und erst später, als er darüber Reue empfand oder verfolgt wurde, weil er für verdächtig galt, ebenfalls auswanderte. Denn in dem sogenannten Buche Judith antwortet Achior, der Anführer der Ammoniter, auf die Frage des Israelitenfeindes Holofernes, was das für ein Volk sei und ob man es bekämpfen müsse: «Es höre unser Herr ein Wort aus dem Munde seines Knechtes, und ich will dir die Wahrheit sagen von dem Volke, das neben dir dies Bergland bewohnt, und es soll keine Lüge aus dem Munde deines Knechtes gehen. Es stammt ab vom Volke der Chaldäer und hat vordem in Mesopotamien gewohnt. Denn sie wollten nicht den Göttern ihrer Väter folgen, die berühmt waren im Lande der Chaldäer, sondern verließen den Weg ihrer Väter und beteten den Gott des Himmels an, den sie erkannten. Und man vertrieb sie vom Angesicht der Götter, und sie flohen nach Mesopotamien und wohnten daselbst lange Zeit. Aber ihr Gott sprach zu ihnen, sie sollten ausziehen aus ihrer Behausung und ins Land Kanaan gehen, und da wohnten sie seitdem.» Das und einiges andere war es, was der Ammoniter Achior erzählte. Daraus ergibt sich klar, daß das Haus Tharas von den Chaldäern wegen seiner wahren Frömmigkeit, in der es den einen und wahren Gott verehrte, Verfolgung erduldet hatte.

14. Von Tharas Lebensalter

Nach dem Tode Tharas in Mesopotamien, wo er zweihundertfünf Jahre gelebt haben soll, beginnen sich bereits die Verheißungen Gottes an Abraham anzukündigen. Wir lesen: «Die Lebenszeit Tharas in Haran betrug zweihundertfünf Jahre, und dann starb Thara in Haran.» Das muß man nicht so verstehen, als habe er dort seine ganze Lebenszeit zugebracht, sondern so, daß er die Tage seines Lebens, nämlich insgesamt zweihundertfünf Jahre, dort vollendete. Denn sonst wüßte man nicht, wieviel Jahre Thara gelebt hat, da man nichts davon liest, wie alt er war, als er nach Haran kam, und es wäre doch widersinnig, wollte man annehmen, in der Geschlechterreihe, die bei jedem einzelnen sorgfältig angibt, wie viel Jahre er gelebt hat, sei die Zahl der Lebensjahre allein dieses Mannes nicht überliefert worden. Denn wenn die Jahre einiger Leute, die dieselbe Schrift erwähnt, verschwiegen werden, so gehören diese nicht zu der Reihe, die unter Verzeichnung bestimmter Jahreszahlen den Tod der Erzeuger und die Geburt der Erzeugten aufeinanderfolgen läßt. Die Reihe aber, die von Adam bis Noah und von da bis Abraham führt, enthält keinen, dessen Lebensjahre nicht angegeben wären.

15. Wann Abraham seine Heimat verließ

Wenn man aber nach Erwähnung des Todes Tharas, des Vaters Abrahams, weiter liest: «Und der Herr sprach zu Abram: Gehe aus aus deinem Vaterlande und von deiner Freundschaft und aus deines Vaters Hause» und so fort, muß man nicht meinen, daß beides, wie es hier nacheinander erzählt wird, auch zeitlich aufeinanderfolgte. Sonst entstände eine unüberwindliche Schwierigkeit. Denn im Anschluß an die erwähnten Worte Gottes, die an Abraham ergingen, fährt die Schrift fort: «Da zog Abram aus, wie der Herr zu ihm gesagt hatte, und Lot zog mit ihm. Abram aber war fünfundsiebzig Jahre alt, da er aus Haran zog.» Wie kann das stimmen, wenn er erst nach dem Tode seines Vaters Haran verließ? Denn als Thara siebzig Jahre alt war, erzeugte er, wie vorhin mitgeteilt, Abraham. Fügt man dieser Zahl die fünfundsiebzig Jahre hinzu, die Abraham alt war, als er aus Haran auszog, erhält man hundertfünfundvierzig Jahre. So alt war also Thara, als Abraham aus jener Stadt Mesopotamiens aufbrach. Denn Abraham stand im fünfundsiebzigsten Jahre, also sein Vater, der ihn, wie gesagt, mit siebzig Jahren erzeugte, im hundertfünfundvierzigsten. Folglich zog er nicht erst nach dem Tode des Vaters, das ist nach den zweihundertundfünf Jahren, die sein Vater lebte, aus, sondern das Jahr seines Aufbruchs aus jenem Orte war, weil sein eigenes fünfundsiebzigstes, ohne Zweifel das hundertfünfundvierzigste seines Vaters, der ihn mit siebzig Jahren erzeugt hatte. So muß man begreifen, daß die Schrift hier nach ihrer Weise auf eine Zeit zurückgeht, die die Erzählung schon hinter sich gelassen hatte. Ebenso hieß es schon früher, als von den Nachkommen der Noahsöhne die Rede war, sie seien nach Sprachen und Völkern gesondert gewesen, aber bald darauf, als ob das auch im Zeitverlauf so folgte: «Alle Welt hatte einerlei Zunge und Sprache.» Wie konnten sie aber nach ihren Völkern und ihren Sprachen gesondert sein, wenn sie nur eine Sprache hatten? So greift auch in diesem Fall die Erzählung auf etwas zurück, worüber sie vorhin schon hinweggegangen war. Nicht anders hier. Nach den Worten: «Und Thara ward zweihundertundfünf Jahre alt und starb in Haran» kehrt die Schrift zu dem zurück, was sie übergangen hatte, um zunächst die Erzählung von Thara zum Abschluß zu bringen, und wir hören nun: «Und der Herr sprach zu Abram: Gehe aus aus deinem Vaterlande» und so fort, und nach diesen Worten Gottes weiter: «Da zog Abram aus, wie der Herr zu ihm gesagt hatte, und Lot zog mit ihm. Abram aber war fünfundsiebzig Jahre alt, da er aus Haran zog.» Das geschah also, als sein Vater hundertfünfundvierzig Jahre alt war, denn damals stand er selber im fünfundsiebzigsten. Doch hat man die vorliegende Schwierigkeit auch noch auf andere Weise gelöst und die fünfundsiebzig Jahre Abrahams bei seinem Auszug aus Haran nicht von seiner Geburt an, sondern von dem Zeitpunkt an gerechnet, als er aus dem Feuer der Chaldäer gerettet wurde, als wäre er erst damals recht eigentlich geboren.

Nun sagt aber der selige Stephanus in der Apostelgeschichte, wo er von diesen Dingen berichtet: «Der Gott der Herrlichkeit erschien unserm Vater Abraham, da er in Mesopotamien war, ehe er in Haran wohnte, und sprach zu ihm: Gehe aus deinem Lande und von deiner Freundschaft und aus deines Vaters Hause und zieh in ein Land, das ich dir zeigen will.» Diesen Worten des Stephanus zufolge sprach Gott zu Abraham nicht nach dem Tode seines Vaters, der ja in Haran starb, wo mit ihm auch sein Sohn wohnte, sondern ehe dieser dort weilte, aber bereits in Mesopotamien war. Er war ja schon von den Chaldäern weggezogen. Wenn nun Stephanus hinzufügt: «Damals zog Abraham hinweg aus dem Lande der Chaldäer und wohnte in Haran», will er damit nicht auf das hinweisen, was auf die Aufforderung Gottes hin geschah – denn Abraham ist nicht nach jenen Worten Gottes aus dem Lande der Chaldäer aufgebrochen, da es heißt, Gott habe zu ihm gesprochen, als er in Mesopotamien war –, sondern das «damals» bezieht sich auf die ganze Zeit, seitdem er von den Chaldäern weggezogen war und in Haran wohnte. Desgleichen wollen die nun folgenden Worte: «Sodann, da sein Vater gestorben war, ließ er ihn Fuß fassen in diesem Lande, darin ihr nun wohnt und eure Väter» nicht besagen, daß er nach seines Vaters Tode Haran verlassen habe, sondern: Er ließ ihn hier (in Kanaan) Fuß fassen, nachdem sein Vater gestorben war. Man muß sich also klarmachen, daß Gott zu Abraham sprach, als er wohl schon in Mesopotamien, aber noch nicht in Haran wohnte, daß er dann mit seinem Vater nach Haran kam und zunächst Gottes Befehl für sich behielt und endlich von da in seinem eigenen fünfundsiebzigsten und im hundertfünfundvierzigsten Jahre seines Vaters auszog. Seine Niederlassung im Lande Kanaan aber, nicht etwa sein Aufbruch aus Haran, erfolgte nach dem Tode seines Vaters, denn sein Vater war schon gestorben, als Abraham Land kaufte und dadurch bodenständig wurde. Wenn Gott aber zu dem bereits in Mesopotamien Lebenden, der das Land der Chaldäer schon verlassen hatte, spricht: «Gehe aus deinem Lande und von deiner Freundschaft und aus deines Vaters Hause», so bedeutet das nicht, er solle sich leiblich von da begeben, was er ja schon getan hatte, sondern seine Seele losreißen. Denn seine Seele hatte sich noch nicht gelöst, solange sie durch Hoffnung zurückzukehren und Heimweh festgehalten wurde. Diese Hoffnung und Sehnsucht mußte er nun auf Gottes Befehl, mit Gottes Beistand und in eigenem Gehorsam aus dem Herzen reißen. So mag man denn annehmen, daß als Nahor später seinem Vater folgte, nun Abraham den Befehl Gottes ausführte und mit seinem Weibe Sara und seinem Bruderssohn Lot von Haran wegzog.

16. Die erste Verheißung Gottes an Abraham

Nunmehr müssen wir die von Gott dem Abraham gegebenen Verheißungen ins Auge fassen. Mit ihnen treten nämlich die Orakelsprüche unseres, des wahren Gottes, vom Volk der Frommen, dem die gewichtigen Weissagungen der Propheten gelten, deutlicher hervor. Die erste dieser Verheißungen lautet so: «Und der Herr sprach zu Abram: Gehe aus deinem Vaterlande und von deiner Freundschaft und aus deines Vaters Hause in ein Land, das ich dir zeigen will, und ich will dich zum großen Volk machen und will dich segnen und dir einen großen Namen machen, und du wirst gesegnet sein. Ich will segnen, die dich segnen, und verfluchen, die dich verfluchen, und in dir sollen gesegnet werden alle Geschlechter auf Erden.» Zweierlei, so müssen wir beachten, wird hier Abraham verheißen. Einmal, daß sein Same das Land Kanaan besitzen werde, was mit den Worten zum Ausdruck kommt: «Gehe in ein Land, das ich dir zeigen werde, und ich will dich zum großen Volk machen.» Sodann aber etwas weit Herrlicheres, das nicht dem fleischlichen, sondern dem geistlichen Samen gilt, durch welchen er der Vater nicht des einen israelitischen Volkes, sondern aller Völker ist, die seinen Glaubensspuren folgen, was mit den Worten angekündigt wird: «Und in dir sollen gesegnet werden alle Geschlechter auf Erden.» Diese Verheißung, so meint Eusebius, sei im fünfundsiebzigsten Lebensjahre Abrahams gegeben, nimmt also an, Abraham habe sogleich nach ihrem Empfang Haran verlassen. Der Schrift kann ja nicht widersprochen werden, in der wir lesen: «Abram war fünfundsiebzig Jahre alt, da er aus Haran zog.» Aber wenn die Verheißung in diesem Jahre stattfand, weilte Abraham bereits mit seinem Vater in Haran. Denn er hätte nicht von da wegziehen können, hätte er nicht vorher da gewohnt. Widerspricht das nun den Stephanusworten: «Der Gott der Herrlichkeit erschien unserm Vater Abraham, da er in Mesopotamien war, ehe er in Haran wohnte»? Nein, denn man muß annehmen, daß alles im selben Jahre stattfand: die Verheißung Gottes, ehe Abraham in Haran wohnte, sein Wohnen in Haran und sein Aufbruch von da. Dies nicht nur, weil Eusebius in seiner Chronik vom Jahre dieser Verheißung an rechnet und nachweist, daß vierhundertdreißig Jahre später der Auszug aus Ägypten erfolgte und das Gesetz gegeben ward, sondern auch weil der Apostel Paulus es berichtet.

17. Die drei Weltreiche zur Zeit Abrahams

In dieser Zeit gab es bei den Heidenvölkern hervorragende Reiche, in denen der Staat der Erdgeborenen, das ist die Genossenschaft der Menschen, die nach Menschenweise leben, unter der Herrschaft abtrünniger Engel zur Blüte kam, drei Reiche nämlich, das der Sikyonier, der Ägypter und der Assyrer. Das der Assyrer war bei weitem das mächtigste und glänzendste. Denn der schon erwähnte König Ninus, Bels Sohn, hatte mit Ausnahme von Indien die Völker ganz Asiens unterjocht. Asien heiße ich hier nicht jenes Teilstück, das nur eine Provinz des größeren Asiens ist, sondern Gesamtasien, wie man es nennt, in dem manche den einen von zwei Teilen, die meisten jedoch den dritten Teil des Erdkreises erblicken, so daß man also Asien, Europa und Afrika unterscheidet, die freilich nicht von gleicher Größe sind. Denn der Asien benannte Weltteil erstreckt sich von Süden her über den Osten bis zum Norden, Europa aber von Norden bis Westen, Afrika im Anschluß daran von Westen bis Süden. So bilden, wie es den Anschein hat, die eine Hälfte des Erdkreises ihrer zwei, nämlich Europa und Afrika, dagegen Asien allein die andere Hälfte. Man hat aber jene zwei Teile unterschieden, weil zwischen beide vom Ozean her die Gewässer eingedrungen sind, die die Länder bespülen und unser großes Meer bilden. Teilt man also den Erdkreis in zwei Teile, Orient und Okzident, so liegt Asien in dem einen, Europa und Afrika in dem anderen. Darum stand von den drei Reichen, die damals blühten, das der Sikyonier, weil in Europa gelegen, nicht unter der Macht der Assyrer; aber wie hätte ihnen das der Ägypter nicht unterworfen sein sollen, da sie sich ja, wie es heißt, ganz Asiens mit alleiniger Ausnahme Indiens bemächtigt hatten? In Assyrien hatte also die Herrschaft des gottlosen Staates einen Höhepunkt erreicht, und seine Hauptstadt war Babylon, das ist Verwirrung, der denkbar passendste Name einer erdgeborenen Stadt. Nach dem Tode seines Vaters Bel, der hier als erster fünfundsechzig Jahre lang regiert hatte, herrschte damals Ninus. Dieser Ninus, der nach seinem Vater das Reich übernahm, herrschte zweiundfünfzig Jahre und saß bereits dreiundvierzig Jahre auf dem Thron, als Abraham geboren ward. Das war ungefähr im zwölfhundertsten Jahre vor der Gründung Roms, das man das zweite, westliche Babylon nennen kann.

18. Die zweite Verheißung

So zog Abraham aus von Haran im fünfundsiebzigsten Jahre seines Lebens, im hundertfünfundvierzigsten seines Vaters, mit Lot, seines Bruders Sohn, und seinem Weibe Sara und begab sich ins Land Kanaan. Er kam nach Sichem, wo er wiederum einen göttlichen Orakelspruch empfing, über den die Schrift mit den Worten berichtet: «Da erschien der Herr dem Abram und sprach: Deinem Samen will ich dies Land geben.» Hier hören wir nichts von jenem Samen, durch welchen er der Vater aller Völker ward, sondern nur von dem, durch welchen er Vater des einen israelitischen Volkes ist. Denn von diesem Samen ward jenes Land in Besitz genommen.

19. Abraham in Ägypten

Darauf erbaute Abraham einen Altar und betete zu Gott. Dann brach er auf von da und wohnte in der Wüste, wurde aber durch den Druck des Hungers genötigt, nach Ägypten zu ziehen. Dort gab er seine Gattin als seine Schwester aus, ohne damit zu lügen. Denn als Blutsverwandte war sie es tatsächlich, wie ja auch Lot, der als Bruderssohn im gleichen Verwandtschaftsverhältnis stand, Abrahams Bruder genannt wird. So verschwieg er seine Ehe, ohne sie zu leugnen, überließ es Gott, die Keuschheit der Gattin zu schützen, und wich als Mensch menschlichen Nachstellungen aus. Denn wäre er der Gefahr nicht nach Möglichkeit aus dem Wege gegangen, hätte er Gott mehr versucht als seine Hoffnung auf ihn gesetzt. Hierüber habe ich in Abwehr der Verleumdung des Manichäers Faustus das Nötige gesagt. Es geschah dann auch, was Abraham vom Herrn erwartete. Denn Pharao, der Ägypterkönig, der Sara holen ließ, um sie zum Weibe zu nehmen, wurde durch schwere Heimsuchung genötigt, sie ihrem Manne zurückzugeben, und wir dürfen nicht glauben, er habe ihr Gewalt angetan. Sondern es ist viel wahrscheinlicher, daß Pharao durch die schlimmen Plagen daran gehindert wurde.

20. Trennung Lots von Abraham

Nachdem Abraham sodann aus Ägypten an seine frühere Wohnstätte zurückgekehrt war, trennte sich sein Neffe Lot in Liebe und Freundschaft von ihm und begab sich in das Land der Sodomiter. Denn sie waren inzwischen reich geworden und hatten viele Viehhirten, die miteinander Streit anfingen. So gingen sie durch die Trennung der Familienzwietracht aus dem Wege. Bei dieser Gelegenheit hätte, wie Menschen einmal sind, auch zwischen ihnen selber Streit entstehen können. Doch beugte Abraham dem Übel vor und sprach zu Lot: «Laß doch nicht Zank sein zwischen mir und dir und zwischen meinen und deinen Hirten, denn wir sind Brüder. Steht dir nicht alles Land offen? Scheide dich doch von mir. Willst du zur Linken, so will ich zur Rechten; oder willst du zur Rechten, so will ich zur Linken.» Vielleicht ist von daher die den Frieden erhaltende Sitte entstanden, daß bei etwaiger Teilung irdischer Güter, der Ältere die Teilung vollzieht, der Jüngere aber die Wahl hat.

21. Die dritte Verheißung

Als Abraham und Lot so auseinandergegangen waren und um des besseren Unterhalts der Familien willen, nicht aus häßlicher Zwietracht getrennt wohnten, Abraham im Lande Kanaan, Lot aber in Sodom, redete der Herr in einem dritten Orakelspruch zu Abraham: «Hebe deine Augen auf und siehe von der Stätte, da du jetzt wohnst, nach Norden, Süden, Osten und Westen. Denn alles Land, das du siehst, will ich dir geben und deinem Samen ewiglich, und ich will deinen Samen machen wie den Staub auf Erden. Kann ein Mensch den Staub auf Erden zählen, der wird auch deinen Samen zählen. So mache dich auf und ziehe durch das Land in die Länge und Breite, denn dir will ich's geben.» Ob in dieser Verheißung auch die andere enthalten ist, der zufolge er der Vater aller Völker ward, ist nicht klar ersichtlich. Man kann auch sie allenfalls in den Worten finden: «Ich will deinen Samen machen wie den Staub auf Erden.» Hier begegnet uns eine Redeweise, die die Griechen Hyperbel nennen, die figürlich, nicht eigentlich zu verstehen ist. Daß nämlich die Schrift auch dieser Redefigur wie der übrigen sich zu bedienen pflegt, daran zweifelt niemand, der sie kennt. Diese Figur oder Weise zu reden liegt da vor, wo der Ausdruck viel mehr besagt als das, worauf er hinweist. Denn wer sieht nicht, daß die Zahl der Staubkörner unvergleichlich größer ist als die Zahl aller Menschen von Adam bis zum Ende der Welt je sein kann? Dann erst recht größer als der Same Abrahams, und zwar nicht nur der, mit dem das israelitische Volk gemeint ist, sondern auch der, welcher sich in Nachfolge seines Glaubens über den ganzen Erdkreis und alle Völker ausgebreitet hat und ausbreiten wird. Dieser Same ist freilich verglichen mit der Menge der Gottlosen an Zahl nur gering, doch bilden auch die wenigen eine unzählbare Menge, worauf jene Hyperbel vom Staub der Erde hindeutet. Diese dem Abraham verheißene

Menge von Nachkommen ist natürlich nicht für Gott, sondern nur für Menschen unzählbar; zählt Gott doch selbst den Erdenstaub. Sofern also nicht nur das israelitische Volk, sondern auch und noch passender der gesamte Same Abrahams, auf welchen sich die geistliche, nicht fleischliche Verheißung der vielen Söhne bezieht, mit dem Erdenstaub verglichen wird, kann man hier eine Verheißung im doppelten Sinne finden. Doch tritt das, wie gesagt, nicht ganz klar hervor, denn auch die Masse jenes einen Volkes, das leiblich von Abraham über seinen Enkel Jakob abstammt, ist derart angewachsen, daß es fast alle Teile des Erdkreises füllt. Darum könnte es ebenfalls in jener Hyperbelsprache mit der Menge des Erdenstaubes verglichen werden, da es schon für sich allein menschlich betrachtet unzählbar ist. Daß aber mit dem verheißenen Lande nur das sogenannte Land Kanaan gemeint ist, daran zweifelt niemand. Doch wenn es heißt: «Dir will ich es geben und deinem Samen ewiglich», so können einige sich daran stoßen, wenn sie nämlich das «ewiglich» verstehen, als hieße es «in alle Ewigkeit». Wenn man aber das Wort (saeculum) nur auf diese Weltzeit bezieht und wir im Glauben daran festhalten, daß mit dem Ende dieser Weltzeit die künftige beginnt, so besteht kein Anstoß. Denn wenn die Israeliten auch aus Jerusalem vertrieben sind, bleiben sie doch in anderen Städten des Landes Kanaan und werden da bis zum Ende bleiben, und abgesehen davon, wenn auch jenes ganze Land einmal von Christen bewohnt sein sollte, so sind ja auch sie Abrahams Same.

22. Der siegreiche Abraham von Melchisedek gesegnet

Nach Empfang dieser Verheißung wanderte Abraham weiter und hielt sich an einem andern Orte des Landes auf, bei der Eiche Mamre zu Hebron. Als darauf Feinde in Sodom einfielen, fünf Könige gegen vier Krieg führten und die Sodomiter besiegt wurden, wobei auch Lot in Gefangenschaft geriet, befreite ihn Abraham. Denn er zog mit seinen dreihundertachtzehn Knechten in den Kampf und verhalf den Königen von Sodom zum Siege, wollte aber nichts von der Beute annehmen, obwohl der König, für den er den Sieg errungen hatte, sie ihm anbot. Doch wurde er eben damals von Melchisedek gesegnet, der ein Priester des höchsten Gottes war. Über ihn stehen im Briefe, der die Überschrift trägt «an die Hebräer», den die meisten dem Apostel Paulus zuschreiben, während manche gegenteiliger Ansicht sind, viele und große Dinge zu lesen. Hier zuerst erscheint das Opfer, das jetzt von den Christen auf dem ganzen Erdkreis Gott dargebracht wird, und erfüllt sich bereits das Wort, das viel später weissagend im Hinblick auf Christus gesprochen ward, der im Fleische erst noch kommen sollte: «Du bist ein Priester ewiglich nach der Weise Melchisedeks», also nicht nach der Weise Aarons, die aufgehoben werden sollte, als die Dinge ans Licht traten, die durch jene Schatten vorgebildet wurden.

23. Abrahams Glaube

Auch damals redete der Herr zu Abraham in einem Gesichte und versprach ihm Schutz und sehr großen Lohn. Als Abraham nun, um Nachkommenschaft besorgt, meinte, ein gewisser Elieser, sein Knecht, werde wohl sein Erbe sein, ward ihm alsbald ein Erbe verheißen, nicht jener Knecht, sondern ein Sprößling Abrahams selbst, und wiederum ein unzählbarer Same, unzählbar diesmal nicht wie Staub der Erde, sondern wie die Sterne des Himmels. Hier ist, scheint mir, mehr noch als vorhin an eine Nachkommenschaft zu denken, die zu himmlischem Glück erhöht sein wird. Denn was die Menge anlangt, können die Sterne des Himmels sich mit dem Erdenstaub nicht messen, und eine Ähnlichkeit besteht nur insofern, als man auch die

Sterne nicht zählen kann, zumal wir sie vermutlich gar nicht alle sehen können. Denn je schärfer das Auge ist, um so mehr sieht man. Deswegen nimmt man mit Recht an, daß auch den schärfsten Blicken einige verborgen bleiben, um nicht auch von den Gestirnen zu reden, die auf der anderen Seite des Erdkreises fern von uns auf- und untergehen sollen. Wenn aber etliche damit prahlen, sie hätten die ganze Zahl der Sterne festgestellt und verzeichnet, wie Aratus oder Eudoxus und vielleicht noch andere, so kommen sie nicht entfernt gegen das Ansehen der Heiligen Schrift auf. Hier nun lesen wir jenen Spruch, den der Apostel zur Empfehlung der Gnade Gottes hervorhebt: «Abraham glaubte Gott, und das ward ihm zur Gerechtigkeit gerechnet.» Die Beschneidung sollte sich nämlich nicht rühmen und dagegen sträuben, die unbeschnittenen Heiden zum Glauben an Christus zuzulassen. Denn als dem gläubigen Abraham sein Glaube zur Gerechtigkeit angerechnet ward, war er noch nicht beschnitten.

24. Die sinnbildliche Bedeutung des Abrahamsopfers von Gen. 15

Als Gott in diesem Gesicht zu ihm redete, sagte er ihm noch Folgendes: «Ich bin Gott, der dich aus dem Gebiet der Chaldaäer herausgeführt hat, um dir dies Land zum Erbteil zu geben.» Als Abraham darauf fragte, woran er es erkennen solle, daß er der Erbe sein werde, sprach Gott weiter zu ihm: «Bringe mir eine dreijährige Kuh und eine dreijährige Ziege und einen dreijährigen Widder und eine Turteltaube und eine Taube. Und er brachte ihm dies alles und zerteilte es mitten durch und legte einen Teil dem andern gegenüber, die Vögel aber zerteilte er nicht. Da stießen», heißt es, «Raubvögel auf die zerteilten Leiber herab, und Abram setzte sich dabei nieder. Als nun die Sonne am Untergehen war, fiel ein Schrecken auf Abram, und siehe, große düstere Furcht brach über ihn herein, und es ward zu Abram gesagt: Das sollst du wissen, daß dein Same fremd sein wird in einem Lande, das nicht sein eigen ist, und man wird sie zu dienen zwingen und plagen vierhundert Jahre. Aber ich will das Volk richten, dem sie dienen müssen. Danach werden sie ausziehen mit großem Gut. Du aber sollst dahinfahren zu deinen Vätern, mit Friede gesättigt und in gutem Alter. Sie aber sollen nach vier Menschenaltern wieder hierherkommen, denn die Missetat der Amoriter ist noch nicht voll. Als nun die Sonne untergegangen war, kam eine Flamme, und siehe, ein Ofen rauchte, und Feuerzungen erschienen, die hindurchfuhren zwischen den zerteilten Hälften. An diesem Tage machte Gott der Herr einen Bund mit Abram und sprach: ‚Deinem Samen will ich dies Land geben, von dem Flusse Ägyptens an bis an den großen Euphratfluß, die Keniter, Kenisiter, Kadmoniter, Hethiter, Peresiter, Raphaim, Amoriter, Kanaaniter, Eviter, Girgesiter und Jebusiter.'»

All das geschah und ward geredet in einem göttlichen Gesichte, und es wäre zu umständlich, würde auch über den Plan dieses Werkes hinausgehen, wollte ich alles im einzelnen erläutern. Wir beschränken uns auf das Notwendige. Wir begreifen also, daß Abraham, nachdem von ihm gesagt war, er habe geglaubt und das sei ihm zur Gerechtigkeit gerechnet, nicht etwa am Glauben irre geworden war, als er sprach: «Herr, Herr, woran soll ich es erkennen, daß ich der Erbe sein werde?» nämlich der Erbe jenes verheißenen Landes. Denn er sprach nicht: «Wie soll ich das erkennen?» als ob er's noch nicht glaubte, sondern: «Woran soll ich es erkennen?» also in dem Verlangen, was er glaubte, möchte in der Art, wie es erfüllt werden sollte, durch ein Sinnbild verdeutlicht werden. Ebenso sprach ja auch kein Mißtrauen aus den Worten der Jungfrau Maria: «Wie soll das zugehen, sintemal ich von keinem Manne weiß?» Denn daß es geschehen würde, stand ihr fest. Sie fragte nur nach der Weise, wie es geschehen werde, und bekam auf ihre Frage Bescheid. So wurde auch hier ein Sinnbild gegeben in den Tieren, Kuh, Ziege und Widder, sowie den beiden Vögeln, Turteltaube und Taube, damit Abraham erkenne, daß das Künftige, an dessen Eintreten er schon nicht mehr zweifelte, in dementsprechender Weise eintreten werde. Durch die Kuh mag also etwa das Volk unter dem Joch des Gesetzes dargestellt sein, durch die Ziege dasselbe Volk in seiner zu erwartenden Sündhaftigkeit, durch den Widder dasselbe Volk in seiner Bestimmung zur Herrschaft, und dreijährig sollten die Tiere wohl deshalb sein, weil es drei Hauptzeitabschnitte sind von Adam bis Noah, von da bis Abraham und von da bis David, der nach Sauls Verwerfung als erster das Reich Israel dem Willen Gottes gemäß fest begründete, und weil das Volk damals im dritten Abschnitt, der von Abraham bis David reicht, also gleichsam auf seiner dritten Altersstufe stand. Oder man mag hier auch einen anderen, noch besseren Sinn ausfindig machen. Doch zweifele ich nicht daran, daß mit der Turteltaube und Taube die Geistesmänner dieses Volkes vorgebildet sind. Und darum heißt es: «Die Vögel aber teilte er nicht», weil zwar die fleischlich Gesinnten untereinander zwiespältig sind, die geistlich Gesinnten aber keineswegs, mögen sie nun vom weltlichen Treiben der Menschen sich fernhalten, wie die Turteltaube es tut, oder sich unter ihnen bewegen, wie es Art der Taube ist. Denn beide Vögel sind einfältig und unschuldig und weisen darauf hin, daß es im israelitischen Volke, dem jenes Land zufallen sollte, Männer ungeteilten Herzens, Söhne der Verheißung und Erben des in ewiger Seligkeit beharrenden Reiches geben werde. Die auf die geteilten Leiber herabstoßenden Raubvögel aber bedeuten nichts Gutes, sondern die Geister dieser Luft, die im Zwiespalt der fleischlichen Menschen gewissermaßen ihren Fraß suchen. Daß aber Abraham sich bei ihnen niedersetzte, bedeutet, daß die wahren Gläubigen mitten im Zwiespalt der fleischlich Gesinnten bis ans Ende ausharren werden. Und wenn gegen Sonnenuntergang Abraham ein Schrecken überfiel und große düstere Furcht, so weist das hin auf die am Ende dieser Welt bevorstehende große Verwirrung und Trübsal der Gläubigen, von welcher der Herr im Evangelium sagt: «Es wird alsdann eine große Trübsal sein, wie nicht gewesen ist von Anfang der Welt bisher.»

Wenn aber Abraham gesagt ward: «Das sollst du wissen, daß dein Same fremd sein wird in einem Lande, das nicht sein eigen ist, und man wird sie zu dienen zwingen und plagen vierhundert Jahre», so ist das eine offenkundige Weissagung auf das Volk Israel, das in Ägypten Knechtsdienst leisten sollte. Doch sollte das Volk nicht etwa unter dem harten Joch der Ägypter vierhundert Jahre der Knechtschaft verleben, sondern der Sinn dieser Vorhersage ist, es sollte dies im Verlauf von vierhundert Jahren geschehen. So wurde ja auch von Thara, Abrahams Vater, geschrieben: «Die Tage Tharas in Haran waren zweihundertfünf Jahre», nicht als ob er sie alle da zugebracht hätte, sondern weil sie da zum Abschluß kamen. In derselben Weise heißt es auch hier: «Man wird sie zu dienen zwingen und plagen vierhundert Jahre», weil diese Zahl von Jahren unter dem Druck solcher Plagen sich vollendete, nicht als ob sie ganz unter diesem Druck zugebracht wäre. Vierhundert Jahre sind hier übrigens als runde Zahl aufzufassen. In Wirklichkeit waren es ja etwas mehr, mag man nun von der Zeit ausgehen, da Abraham diese Verheißung empfing, oder von der Geburt Isaaks an, da die Verheißung sich ja auf den Samen Abrahams bezieht. Denn man rechnet, wie vorhin bereits gesagt, vom fünfundsiebzigsten Lebensjahre Abrahams, als ihm die erste Verheißung zuteil ward, bis zum Auszug Israels aus Ägypten vierhundertdreißig Jahre, und ihrer gedenkt der Apostel mit den Worten: «Ich sage aber davon: Das Testament, das von Gott bestätigt ist, wird nicht aufgehoben, daß die Verheißung hinfiele durch das Gesetz, das vierhundertdreißig Jahre hernach gegeben ward.» Diese vierhundertdreißig Jahre konnten immerhin vierhundert genannt werden, weil es nicht viel mehr sind, und erst recht, da von der erstgenannten Zahl schon einige Jahre vergangen waren, als Abraham dies im Gesicht gezeigt und gesagt wurde, vollends als dem hundertjährigen Vater Isaak geboren ward, nämlich fünfundzwanzig Jahre nach der ersten Verheißung, also als von den vierhundertdreißig nur noch vierhundertfünf übrig waren, von denen Gott dann als von vierhundert sprach. Auch das übrige, was in den prophetischen Worten Gottes noch folgt, bezieht sich, wie niemand bezweifeln dürfte, auf das israelitische Volk.

Wenn aber hinzugefügt wird: «Als nun die Sonne untergegangen war, kam eine Flamme, und siehe, ein Ofen rauchte, und Feuerzungen erschienen, die hindurchgingen zwischen den zerteilten Hälften», so weisen diese Worte darauf hin, daß am Ende der Welt die fleischlich Gesinnten durch Feuer gerichtet werden sollen. Denn wie die Drangsal des Gottesstaates, die so vorher noch niemals war und unter dem Antichristen zu erwarten ist, durch Abrahams düstere Furcht um Sonnenuntergang, das heißt beim Herannahen des Weltendes, abgebildet wird, so wird durch dies Feuer bei Sonnenuntergang, also beim Ende selbst, der Gerichtstag abgebildet, der die fleischlich Gesinnten in solche scheidet, die durchs Feuer gerettet, und solche, die im Feuer verdammt werden. Der mit Abraham geschlossene Bund endlich bezieht sich ausdrücklich auf das Land Kanaan und führt in ihm elf Völkerschaften auf, vom Flusse Ägyptens bis zum großen Euphratfluß. Es ist also nicht vom großen Flusse Ägyptens, nämlich dem Nil, die Rede, sondern dem kleinen, der zwischen Ägypten und Palästina die Grenze bildet, an dem die Stadt Rhinokorura liegt.

25. *Abrahams Verhältnis zu seiner Nebenfrau Hagar*

Nunmehr folgen bereits die Zeiten der Söhne Abrahams, deren einer von der Magd Hagar geboren ward, der andere von der freien Sara, von denen wir im vorigen Buche schon sprachen. Im Hinblick hierauf darf man Abraham wegen seiner Nebenfrau keinerlei häßlichen Vorwurf machen. Er bediente sich ihrer zur Erzeugung von Nachkommenschaft, nicht um seiner Lust zu frönen, beschimpfte hierdurch seine Gattin nicht, sondern gehorchte ihr vielmehr. Denn sie hielt es für einen Trost in ihrer Unfruchtbarkeit, wenn sie den fruchtbaren Schoß der Magd durch Willensentschluß zu ihrem eigenen machte, da es auf natürliche Weise nicht anging, nach dem Rechte, das der Apostel in den Worten erwähnt: «Desgleichen hat auch der Mann nicht Macht über seinen Leib, sondern das Weib», um so durch eine andere zu gebären, da sie es selbst nicht konnte. Da ist von keiner zuchtlosen Leidenschaft die Rede, von keiner sträflichen Schamlosigkeit. Von der Gattin wird um der Nachkommenschaft willen die Magd dem Ehemann übergeben, um der Nachkommenschaft willen nimmt der Ehemann sie hin. Beide suchen nicht schuldbefleckten Genuß, sondern naturverliehene Frucht. Endlich, als die mit Kindshoffnung gesegnete Magd sich stolz über die unfruchtbare Herrin erhob und Sara dies in weiblicher Eifersucht dem Manne zur Last legte, bewies Abraham auch hier, daß er nicht sklavischer Liebhaber, sondern freier Erzeuger gewesen war, daß er in Hagar seinem Weibe die Keuschheit bewahrt und nicht von seiner Wollust, sondern ihrem Wollen sich hatte bestimmen lassen. Bei ihm hieß es: Willig, nicht gierig, hingegangen, aber nicht angehangen, Samen gespendet, aber keine Liebe verschwendet. Denn er sprach: «Siehe, deine Magd ist in deinen Händen, tue mit ihr, wie dir's gefällt.» Ja, das war ein Mann, der männlich mit

Frauen umging, mit der Gattin sittsam, mit der Magd fügsam, mit beiden genügsam.

26. Gottes Verheißung gilt nicht dem Sohne der Hagar, sondern dem der Sara

Danach ward Ismael von der Hagar geboren, und Abraham hätte glauben können, es sei nun bereits erfüllt, was ihm versprochen war, als er seinen Knecht hatte adoptieren wollen und Gott zu ihm sagte: «Er soll nicht dein Erbe sein, sondern der von deinem Leibe kommen wird, der soll dein Erbe sein.» Doch damit er diese Verheißung nicht in dem Sohne der Magd als erfüllt betrachte, erschien ihm, als er schon neunundneunzig Jahre alt war, der Herr und sprach zu ihm: «Ich bin Gott, wandle wohlgefällig vor meinem Angesicht und sei ohne Tadel! Und ich will meinen Bund zwischen dir und mir machen und dich sehr mehren. Da fiel Abram auf sein Angesicht. Und Gott redete weiter mit ihm und sprach: Siehe, ich bin's und habe meinen Bund mit dir, und du sollst Vater vieler Völker werden. Darum sollst du nicht mehr Abram heißen, sondern Abraham soll dein Name sein, denn ich habe dich zum Vater vieler Völker gemacht, und ich will dich sehr, sehr groß und zu Völkern machen, und Könige sollen aus dir hervorgehen. Und ich will aufrichten meinen Bund zwischen mir und dir und deinem Samen nach dir in ihren Geschlechtern, daß es ein ewiger Bund sei und ich dein Gott sei und deinem Samen nach dir. Und will dir und deinem Samen nach dir das Land geben, darin du wohnst, das ganze Land Kanaan zu ewigem Besitz, und will ihr Gott sein. Und Gott sprach zu Abraham: So halte nun meinen Bund, du und dein Same nach dir in seinen Geschlechtern. Das aber ist mein Bund, den ihr halten sollt zwischen mir und euch und deinem Samen nach dir in seinen Geschlechtern: Alles, was männlich ist unter euch, soll beschnitten werden, und ihr sollt die Vorhaut an eurem Fleisch beschneiden. Das soll ein Zeichen sein des Bundes zwischen mir und euch. Ein jegliches Knäblein, wenn es acht Tage alt ist, sollt ihr beschneiden in euren Geschlechtern. Desgleichen auch alles Gesinde, das daheim geboren oder gekauft ist von allerlei Fremden, die nicht von deinem Samen sind, es soll beschnitten werden, das daheim geborene sowie das gekaufte. Also soll mein Bund an eurem Fleische ein ewiger Bund sein. Und wo jemand männlichen Geschlechts nicht beschnitten wird an der Vorhaut seines Fleisches am achten Tage, des Seele soll ausgerottet werden aus ihrem Volke, weil sie meinen Bund gebrochen hat. Und Gott sprach zu Abraham: Du sollst dein Weib Sarai nicht mehr Sarai heißen, sondern Sara soll ihr Name sein. Denn ich will sie segnen und dir von ihr einen Sohn geben und will ihn segnen, und er wird zu Völkern werden, und Könige über Völker werden aus ihm hervorgehen. Da fiel Abraham auf sein Angesicht, lachte und sprach in seinem Herzen: Soll mir hundert Jahr alt ein Kind geboren werden und Sara neunzig Jahr alt gebären? Und Abraham sprach zu Gott: Möchte doch dieser Ismael vor dir leben! Gott aber sprach zu Abraham: Nein, Sara, dein Weib, soll dir einen Sohn gebären, den sollst du Isaak heißen, denn mit ihm will ich meinen ewigen Bund aufrichten und will sein Gott sein und seinem Samen nach ihm. Deine Bitte für Ismael aber habe ich auch erhört. Siehe, ich habe ihn gesegnet und will ihn fruchtbar machen und sehr mehren. Zwölf Völker wird er erzeugen, und ich werde ihn zu einem großen Volk machen. Aber meinen Bund will ich aufrichten mit Isaak, den dir Sara gebären soll um diese Zeit übers Jahr.»

Hier werden die Verheißungen schon deutlicher. Sie beziehen sich auf die Berufung der Völker in Isaak, dem Sohne der Verheißung, der ein Sinnbild der Gnade ist, nicht der Natur. Denn er ward als Sohn eines Greises und einer unfruchtbaren alten Frau verheißen. Gewiß wirkt Gott auch den natürlichen

Verlauf der Zeugung. Wo jedoch bei mangelhafter und versagender Natur Gottes Wirken offenkundig ist, tritt die Gnade offenkundiger zutage. Und weil dies in Zukunft nicht durch Geburt, sondern Wiedergeburt geschehen sollte, ward jetzt bei der Verheißung des Sarasohnes die Beschneidung anbefohlen. Und wenn nicht nur alle Söhne, sondern auch die hausgeborenen und gekauften Knechte beschnitten werden sollten, wird dadurch bezeugt, daß diese Gnade sich auf alle Menschen erstreckt. Denn was bedeutet die Beschneidung anders als die erneuerte Natur nach Ablegung des alten Wesens? Und worauf anders deutet der achte Tag hin als auf Christus, der nach Ablauf der Siebentagewoche, also nachdem der Sabbat vergangen war, auferstand? Auch die Namen der Eltern werden geändert; kurz, alles verkündet Neuheit, und man sieht, wie im Alten Bunde der Neue abgeschattet ist. Denn was ist der Alte Bund, wie man ihn nennt, anders als die Verhüllung des Neuen, und was anders der Neue, wie man ihn nennt, als die Enthüllung des Alten? Abrahams Lachen aber ist das Frohlocken des Glücklichen, nicht das Lächeln des Mißtrauischen. Auch die Worte, die er bei sich sprach: «Soll mir hundert Jahre alt ein Kind geboren werden und Sara neunzig Jahre alt gebären?» kommen nicht aus einem zweifelnden, sondern staunenden Herzen. Wenn aber jemand sich daran stößt, daß es heißt: «Und ich will dir und deinem Samen nach dir das Land geben, worin du wohnst, das ganze Land Kanaan zu einem ewigen Besitz» und fragt, wieso das erfüllt sein oder auch künftig erfüllt werden könne, da doch kein Volk irgendwelchen irdischen Besitz ewig behalten könne, der merke sich, daß mit «ewig» hier das griechische Wort «aionion» übersetzt ist, das von dem griechischen «aion» nämlich Zeitalter, abgeleitet ist. Aber die Lateiner wagten hier nicht, «zeitaltrig» (saeculare) zu sagen, um nicht gänzlich mißverstanden zu werden. Denn zeitaltrig wird vieles genannt, was in diesem Zeitalter derartig verläuft, daß es rasch vorübergeht. Was aber «aionion» genannt wird, hat entweder überhaupt kein Ende oder dauert doch bis zum Ende dieses Weltzeitalters.

27. Was hat es zu bedeuten, daß Nichtbeschneidung mit dem Tode bedroht wird?

Noch einen Anstoß kann man nehmen und fragen, wie man das Wort verstehen solle: «Wo jemand männlichen Geschlechts nicht beschnitten wird an der Vorhaut seines Fleisches am achten Tage, des Seele soll ausgerottet werden aus ihrem Volke, weil sie meinen Bund gebrochen hat.» Denn hier liegt doch keine Schuld des Knäbleins vor, dessen Seele, wie es heißt, ausgerottet werden soll. Hat es doch nicht selbst den Bund Gottes gebrochen, sondern die Eltern, die nicht für Beschneidung sorgten. Doch man muß darauf hinweisen, daß auch die kleinen Kinder, wenn man nicht an die Beschaffenheit ihres eigenen Lebens, wohl aber an den gemeinsamen Ursprung des Menschengeschlechts denkt, allesamt den Bund mit Gott gebrochen haben in jenem einen, «in dem sie alle gesündigt haben». Denn wir hören von vielen Bünden Gottes außer jenen beiden großen, dem Alten und Neuen, wie sich jeder Leser der Schrift überzeugen kann. Der erste mit dem ersten Menschen geschlossene Bund ist aber unfraglich der: «Welches Tages ihr davon esset, werdet ihr des Todes sterben.» Darum heißt es auch im Buche Sirach: «Alles Fleisch verschießt wie ein Kleid, denn es ist ein Bund von alters her: Du wirst des Todes sterben.» Denn da das Gesetz des Moses bekanntlich erst später gegeben wurde und der Apostel spricht: «Wo aber das Gesetz nicht ist, da ist auch keine Übertretung», kann das scheinbar widersprechende Psalmwort: «Für Übertreter halt' ich alle Sünder auf Erden» nur darum wahr sein, weil alle Menschen, die irgendwie in Sünde sich verstrickten, schuldig sind, ein Gesetz übertreten zu haben. Wenn also schon die kleinen Kinder, wie der wahre Glaube bezeugt, als Sünder geboren werden, belastet nicht mit eigener, sondern ursprünglicher Sünde, weswegen wir bekennen müssen, daß sie die Gnade der Sündenvergebung nötig haben, sind sie unstreitig als Sünder auch Übertreter jenes im Paradiese gegebenen Gesetzes, und so ist beides wahr: «Für Übertreter halt' ich alle Sünder auf Erden» und: «Wo das Gesetz nicht ist, da ist auch keine Übertretung.» Weil darum die Beschneidung das Zeichen der Wiedergeburt war und auch schon ein kleines Kind wegen seiner Erbsünde, die den ersten Bund mit Gott bricht, von Rechts wegen durch seine Geburt zugrunde geht, wenn es nicht durch Wiedergeburt gerettet wird, so sind jene göttlichen Worte so zu verstehen, als wenn gesagt wäre: «Wer nicht wiedergeboren wird, des Seele soll ausgerottet werden aus ihrem Volke.» Denn sie hat den Bund mit Gott gebrochen, da auch sie mit allen anderen in Adam sündigte. Wenn es hieße: «Da sie diesen meinen Bund gebrochen hat», könnte man die Worte allerdings nur auf die Beschneidung beziehen. Nun aber, wo nicht ausdrücklich gesagt wird, welchen Bund das Kleinkind gebrochen hat, steht es frei, hier an jenen Bund zu denken, dessen Bruch bereits dem Kleinkind zur Last gelegt werden kann. Wenn aber jemand darauf besteht, es könne hier nur an die Beschneidung gedacht sein, so daß also das Kleinkind den Bund mit Gott dadurch gebrochen hätte, daß es nicht beschnitten wurde, so suche er sich derart auszudrücken, daß seine Rede den vernünftigen Sinn bekommt, der Bund sei deshalb gebrochen, weil er nicht von dem Kinde, sondern an ihm gebrochen sei. Aber auch in diesem Falle ist festzuhalten, daß die Seele eines unbeschnittenen Kindes nicht ungerecht wegen einer an ihm verschuldeten Nachlässigkeit, sondern nur durch die Schuld der Erbsünde verlorengeht.

28. Die Änderung der Namen · Das Wunder der Geburt Isaaks

Eine große, klare Verheißung war es also, die an Abraham erging, als ihm unmißverständlich eröffnet wurde: «Ich habe dich zum Vater vieler Völker gemacht und will dich sehr, sehr groß und zu Völkern machen, und Könige sollen aus dir hervorgehen. Und ich will dir von Sara einen Sohn geben und ihn segnen, und er wird zu Völkern werden, und Könige über Völker werden aus ihm hervorgehen», eine Verheißung, die wir nun in Christus sich erfüllen sehen. Seitdem werden die beiden Ehegatten in der Schrift nicht mehr mit ihrem früheren Namen Abram und Sarai genannt, sondern so, wie wir sie gleich anfangs nannten, da sie jetzt von allen so genannt werden, Abraham und Sara. Warum nun Abrahams Name geändert ward, wird uns erklärt: «Weil ich dich», so heißt es, «zum Vater vieler Völker gemacht habe.» In diesem Sinne also ist der Name Abrahams zu verstehen; Abram aber, wie er vorher hieß, übersetzt man mit «hoher Vater». Für die Änderung des Namens der Sara aber wird kein Grund angegeben, doch nach Aussage derer, die die in den heiligen Schriften vorkommenden hebräischen Namen erklärt haben, heißt Sarai «meine Fürstin», Sara aber «Kraft». Deswegen ist im Brief an die Hebräer zu lesen: «Durch den Glauben empfing auch Sara Kraft, daß sie schwanger ward.» Denn beide waren, wie die Schrift bezeugt, hochbetagt, aber Sara außerdem noch unfruchtbar und hatte das Alter der monatlichen Regel überschritten. Sie hätte nun nicht mehr gebären können, selbst wenn sie nicht unfruchtbar gewesen wäre. Ist nämlich eine Frau bereits im vorgerückten Alter, ohne daß jedoch die monatliche Regel aufgehört hätte, kann sie wohl einem jüngeren Manne noch gebären, jedoch nicht einem älteren, während ein älterer zwar noch zu zeugen vermag, aber nur mit einer jüngeren Frau wie Abraham nach Saras Tode mit der Kettura, weil sie noch in Jugendblüte stand.

Das also ist es, was der Apostel als wunderbar bezeichnet, und darum sagt er, Abrahams Leib sei schon erstorben gewesen, weil er in diesem seinem Alter nicht mehr imstande war, mit jeder Frau, wenn die Zeit ihrer Gebärfähigkeit noch nicht ganz vorüber war, Kinder zu erzeugen. Wir müssen also annehmen, daß sein Leib zwar teilweise erstorben war, aber doch nicht völlig. Denn ganz erstorben ist nicht der Leib eines noch lebenden greisen Mannes, sondern der Leichnam eines Toten. Die Frage, wie Abraham später mit der Kettura noch Kinder erzeugen konnte, wird zwar vielfach auch durch die Annahme gelöst, daß Abraham die Kraft, Kinder zu erzeugen, die er vom Herrn empfangen hatte, auch nach dem Tode der Gattin erhalten geblieben sei. Doch scheint mir die hier vorgebrachte Lösung der Frage darum vorzuziehen, weil ein hundertjähriger Greis wohl zu unserer Zeit überhaupt mit keiner Frau Kinder erzeugen kann, aber nicht damals, wo die Leute solange lebten, daß hundert Jahre den Menschen noch nicht zu einem hinfälligen Greise machten.

29. Der Besuch der drei Männer bei der Eiche Mamre

Abermals erschien Gott dem Abraham bei der Eiche Mamre in drei Männern, die ohne Zweifel Engel waren. Einige meinen freilich, einer von ihnen sei der Herr Christus gewesen, denn sie behaupten, er sei schon vor seiner Annahme des Fleisches sichtbar gewesen. Dazu ist zu sagen: Wohl ist es der göttlichen Macht und unsichtbaren, unkörperlichen, unwandelbaren Natur durchaus möglich, ohne sich im geringsten zu verwandeln, menschlichen Blicken zu erscheinen, zwar nicht so wie sie ist, aber durch Vermittlung von etwas anderem, das ihr unterworfen ist – und was wäre ihr nicht unterworfen? Doch man beruft sich zur Begründung der Ansicht, einer der drei sei Christus gewesen, darauf, daß Abraham, obwohl er ihrer drei sah, doch nur den einen Herrn anredete. Denn so lesen wir: «Siehe, da standen drei Männer vor ihm. Und da er sie sah, lief er ihnen entgegen von der Tür seiner Hütte und bückte sich nieder auf die Erde und sprach: Herr, habe ich Gnade gefunden vor deinen Augen» und so fort. Aber warum beachtet man nicht auch Folgendes? Zwei von den Männern gingen hinweg, um die Sodomiter zu vernichten, während Abraham noch mit dem Zurückbleibenden, den er Herr nannte, redete und Fürsprache einlegte, er möge doch nicht in Sodom den Gerechten mit dem Gottlosen verderben. Aber Lot nahm die beiden anderen in der Weise auf, daß auch er im Gespräch mit ihnen nur den einen Herrn anredete. Zunächst freilich sprach er zu ihnen in der Mehrzahl: «Siehe, liebe Herren, kehrt doch ein im Hause eures Knechtes», und was weiter darauf folgt. Dann aber liest man: «Da ergriffen die Engel ihn und sein Weib und seine zwei Töchter bei der Hand, weil der Herr ihn verschonte. Und es geschah, als sie ihn schleunigst hinausgeführt hatten, sprachen sie: Rette deine Seele, sieh dich nicht um und bleib nirgends stehen in dieser ganzen Gegend. Rette dich auf den Berg, daß du nicht umkommst. Aber Lot sprach zu ihnen: Ach nein, Herr, da dein Knecht Gnade gefunden hat vor deinen Augen» und so fort. Nach diesen Worten erwidert ihm auch der Herr in der Einzahl, obwohl er doch in den beiden Engeln war, und sprach: «Siehe, ich habe dein Angesicht angeschaut» und so weiter. Demnach ist es weit glaubhafter, daß sowohl Abraham in den dreien als auch Lot in den zwei Männern den Herrn erkannte, zu dem sie in der Einzahl redeten, obwohl sie die Männer für Menschen hielten. Denn nur aus diesem Grunde nahmen sie sie so auf, wie uns geschildert wird, und leisteten ihnen Dienste, als ob sie sterblich wären und menschliche Erquickung nötig hätten. Dennoch war unfraglich etwas Besonderes und Auszeichnendes an ihnen, mochten sie auch in Menschengestalt erscheinen, so daß die Gastgeber nicht daran zweifeln konnten, in jenen Männern trete ihnen, wie es auch bei Propheten der Fall ist, der Herr selbst entgegen. So erklärt sich's, daß sie sie bald in der Mehrzahl, bald den Herrn in ihnen in der Einzahl anredeten. Daß es aber Engel waren, bezeugt die Schrift nicht nur in dem Genesisbuche, in welchem diese Ereignisse erzählt werden, sondern auch im Brief an die Hebräer, wo es zum Lobe der Gastfreundschaft heißt: «Dadurch haben etliche ohne ihr Wissen Engel beherbergt.» Durch diese drei Männer ward dem Abraham wiederum von Sara der Sohn Isaak verheißen, dazu auch folgende göttliche Antwort erteilt: «Abraham soll ein großes und zahlreiches Volk werden, und alle Völker auf Erden sollen in ihm gesegnet werden.» Hier wird beides so kurz und vollständig wie möglich verheißen: Das Volk Israel nach dem Fleische und alle Völker nach dem Glauben.

30. Sodoms Gericht · Abraham in Gerar

Nach dieser Verheißung und Lots Rettung aus Sodom fiel ein Feuerregen vom Himmel und verwandelte die Stadt mit ihrer ganzen Umgebung in Asche. Denn in ihr war die Schändung von Männern etwas so Gewöhnliches geworden wie andere Handlungen, die die Gesetze zu gestatten pflegen. Doch war das an den Bewohnern vollzogene Strafgericht auch ein Hinweis auf das künftige göttliche Gericht. Denn welchen Sinn hätte sonst der Befehl der Engel an die Geretteten, sich nicht umzublicken, wenn er nicht besagen sollte, daß der durch die Gnade wiedergeborene und vom alten Leben gelöste Mensch nicht mit dem Herzen zu ihm umkehren darf, wenn er dem letzten Gericht entrinnen will? So mußte denn Lots Weib, da sie sich umblickte, zurückbleiben und, in Salz verwandelt, den gläubigen Menschen sozusagen als Würze dienen, um ihnen die Lebensweise schmackhaft zu machen, durch welche man solches Schicksal vermeidet.

Sodann wiederholte Abraham in Gerar bei Abimelech, dem Könige dieser Stadt, dasselbe, was er schon in Ägypten mit seiner Frau gemacht hatte, und auch diesmal ward sie ihm unberührt zurückgegeben. Hier nun erwiderte Abraham dem Könige auf dessen Vorwurf, warum er geschwiegen und seine Frau als Schwester ausgegeben habe, nachdem er seine Befürchtungen ausgesprochen, auch dies: «Sie ist ja in Wahrheit meine Schwester, von Vaters- nicht Mutterseite her», denn sie war Abrahams Schwester von seiten ihres Vaters und durch ihn mit ihm verwandt. Aber sie war von solcher Schönheit, daß man trotz ihrer hohen Jahre für sie noch in Liebe entbrennen konnte.

31. Die Bedeutung des Namens Isaak

Darauf ward Abraham nach der Verheißung Gottes von Sara ein Sohn geboren, den er Isaak nannte, was «Lachen» bedeutet. Denn der Vater hatte, als er ihm verheißen ward, in frohem Staunen gelacht. Gelacht hatte auch die Mutter, als jene drei Männer die Verheißung wiederholten, da sie in ihrer Freude noch zweifelte, und obschon der Engel sie tadelte, weil dies Lachen zwar ein Zeichen der Freude war, aber auch mangelnden Glauben verriet, ward sie doch von demselben Engel im Glauben gestärkt. Daher also erhielt der Knabe seinen Namen. Denn daß es sich hier nicht um das Lachen über einen üblen Scherz, sondern um einen Ausdruck der Freude handelte, bewies Sara nach der Geburt Isaaks und Nennung seines Namens, da sie sprach: «Ein Lachen hat mir der Herr bereitet; wer es hört, wird sich mit mir freuen.» Einige Zeit später ward die Magd mit ihrem Sohne aus dem Hause geworfen und damit nach dem Wort des Apostels ein Gleichnis der beiden Testamente, des Alten und des Neuen, dargeboten, indem Sara die Gestalt des oberen Jerusalem, nämlich des Gottesstaates, verkörpert.

32. Isaaks Opferung und Saras Tod

Während sich dies und anderes zutrug, was ich nicht alles erwähnen kann, weil es zu weitläufig wäre, ward Abraham durch das Gebot, seinen heißgeliebten Sohn Isaak zu opfern, versucht. Dadurch sollte sein frommer Gehorsam erprobt werden, damit kommende Jahrhunderte, nicht etwa Gott, von ihm Kenntnis erlangten. Denn nicht jede Versuchung ist zu beklagen; man darf sich vielmehr zu ihr beglückwünschen, wenn sie zur Erprobung dient. Und häufig kann der menschliche Geist nur dadurch sich selbst kennenlernen, daß er auf Fragen, die sozusagen die Versuchung an seine Kräfte richtet – eine Prüfung nicht durch Worte, sondern durch Erfahrung –, Antwort geben muß. Wenn er dabei Gottes gnädige Hilfe anerkennt, ist er fromm und wird durch die Festigkeit der Gnade gekräftigt, nicht durch die Eitelkeit der Überhebung aufgebläht. Niemals wäre Abraham auf den Glauben gekommen, Gott habe an Menschenopfern Wohlgefallen, doch wenn ein göttliches Gebot erschallt, soll man gehorchen und keine Einwendungen machen. Rühmenswert aber ist, daß Abraham überzeugt war, sein Sohn werde, wenn hingeopfert, alsbald wieder auferstehen. Gott hatte ihm ja damals, als er sich sträubte, die Magd und ihren Sohn auszustoßen, wie seine Frau es wollte, gesagt: «In Isaak wird dein Same genannt werden.» Darauf folgen freilich die Worte: «Aber auch den Sohn der Magd will ich zum großen Volk machen, weil er dein Same ist.» Was bedeutet es also, daß wir hören: «In Isaak wird dein Same genannt werden», wenn doch Gott auch Ismael seinen Samen nennt? Nun, der Apostel erklärt es uns. «In Isaak wird dein Same genannt werden», besagt: «Nicht das sind Gottes Kinder, die nach dem Fleisch Kinder sind, sondern die Kinder der Verheißung werden als Same gerechnet.» Darum werden die Kinder der Verheißung, um Abrahams Same zu sein, in Isaak genannt, das heißt durch den Ruf der Gnade in Christus gesammelt. An dieser Verheißung hielt der fromme Vater gläubig fest, und weil sie durch den erfüllt werden sollte, dessen Tötung Gott befahl, zweifelte er nicht daran, daß ihm der Geopferte ebensowohl zurückgegeben werden könnte, wie der Nichterwartete gegeben werden konnte. So versteht und erklärt es auch der Hebräerbrief. «Im Glauben», heißt es da, «ging Abraham dem Isaak voran, da er versucht ward, und gab dahin den Eingeborenen, der die Verheißungen empfangen hatte und von dem gesagt war: ‚In Isaak wird dein Same genannt werden', denn er dachte: Gott kann auch von den Toten erwecken.» Sodann fügt der Apostel hinzu: «Deshalb ward er auch als Gleichnis angeführt.» Als wessen Gleichnis? Nun dessen, den der Apostel in den Worten nennt: «Welcher auch seines eigenen Sohnes nicht hat verschonet, sondern ihn für uns alle dahingegeben.» Darum mußte auch Isaak, wie der Herr sein Kreuz, selbst das Holz, auf das er gelegt werden sollte, zur Opferstätte tragen. Endlich ein letzter bezeichnender Zug. Was hatte, als Isaak nicht getötet werden sollte und der erhobene Arm des Vaters zurückgehalten wurde, jener Widder zu bedeuten, durch dessen Schlachtung und sinnbildlich vergossenes Blut das Opfer vollendet ward? Als Abraham ihn sah, hing er mit den Hörnern in einem Dornstrauche. Wen anders also bildete er ab als Jesus, den die Juden vor seiner Opferung mit Dornen krönten?

Doch hören wir lieber die Worte des Engels. Die Schrift berichtet: «Abraham reckte seine Hand aus und faßte das Messer, daß er seinen Sohn schlachtete. Da rief ihm der Engel des Herrn vom Himmel und sprach: Abraham! Er antwortete: Hier bin ich. Er aber sprach: Lege deine Hand nicht an den Knaben und tu ihm nichts; denn nun weiß ich, daß du Gott fürchtest und hast deines geliebten Sohnes nicht verschont um meinetwillen.» «Nun weiß ich», das heißt: Nun habe ich's ans Licht gebracht. Denn Gott wußte es ja längst. Sodann, nachdem er anstelle seines Sohnes Isaak den Widder geopfert, «nannte Abraham», wie wir lesen, «jene Stätte: Der Herr siehet, daher man noch heutigestags sagt: Auf dem Berge, da der Herr erschien.» Wie nämlich gesagt ward: «Nun weiß ich» für: «Nun habe ich ans Licht gebracht», so auch hier «der Herr siehet», für «der Herr erschien», das heißt, ließ sich sehen. «Und der Engel des Herrn rief Abraham abermals vom Himmel und sprach: Ich habe bei mir selbst geschworen, spricht der Herr, weil du solches getan hast und hast deines geliebten Sohnes nicht verschont um meinetwillen, will ich dich wahrlich segnen und deinen Samen mehren wie die Sterne am Himmel und wie den Sand am Ufer des Meeres, und dein Same soll besitzen die Städte seiner Feinde, und durch deinen Samen sollen gesegnet werden alle Völker auf Erden, weil du meiner Stimme gehorcht hast.» So ward jene Verheißung, im Samen Abrahams würden die Heidenvölker berufen werden, nach dem auf Christus hinweisenden Opfer auch noch durch einen Schwur Gottes bekräftigt. Oft schon hatte er ja verheißen, aber noch nie geschworen. Was anders aber ist der Schwur des wahren und wahrhaftigen Gottes als die Bekräftigung der Verheißung und eine laute Anklage gegen Ungläubige?

Danach starb Sara im hundertsiebenundzwanzigsten Jahre ihres Lebens und im hundertsiebenunddreißigsten ihres Mannes. Denn er war zehn Jahre älter als sie, wie er selber sagte, als ihm ein Sohn aus ihr verheißen ward: «Sollte mir hundert Jahre alt ein Sohn geboren werden und Sara neunzig Jahre alt gebären?» Damals kaufte Abraham einen Acker, in dem er sein Weib begrub, und faßte also nach Angabe des Stephanus in jenem Lande festen Fuß, weil er nun erst Eigentümer ward. Das geschah aber nach dem Tode seines Vaters, der, wie sich berechnen läßt, zwei Jahre vorher gestorben war.

33. Isaaks Heirat

Darauf nahm Isaak im Alter von vierzig Jahren und im hundertvierzigsten Lebensjahre seines Vaters Rebekka, die Enkelin seines Oheims Nahor, zum Weibe, drei Jahre nach dem Tode seiner Mutter. Wenn aber, sie ihm zuzuführen, von seinem Vater der Knecht nach Mesopotamien gesandt ward, zu dem Abraham sprach: «Lege deine Hand unter meine Hüfte, und ich beschwöre dich bei dem Herrn, dem Gott des Himmels und der Erde, daß du meinem Sohne Isaak kein Weib nehmest von den Töchtern der Kanaaniter», was wurde damit anderes angezeigt, als daß der Herr, der Gott des Himmels und der Erde, im Fleische, das von jener Hüfte herstammte, kommen werde? Sind das etwa geringe Anzeichen der vorherverkündeten Wahrheit, deren Erfüllung in Christus wir nun sehen?

34. Kettura und ihre Kinder als Hinweis auf die Häretiker

Was aber hat es zu bedeuten, daß Abraham nach Saras Tode die Kettura zur Frau nahm? Von Mangel an Enthaltsamkeit kann hier doch keine Rede sein, zumal er schon so alt und die Heiligkeit seines Glaubens bewährt war. Trachtete er etwa nach noch mehr Söhnen, obwohl er mit erprobtem Glauben an Gottes Verheißung festhielt, die ihm aus Isaak Söhne in Aussicht stellte so zahlreich wie die Sterne des Himmels und der Sand am Meer? Aber fürwahr, wenn Hagar und Ismael nach Anweisung des Apostels die Fleischesmenschen des Alten Testamentes bedeuteten, warum sollen dann Kettura und ihre Kinder nicht die Fleischesmenschen bedeuten, die sich zum Neuen Testament rechnen? Denn beide werden sowohl Weiber Abrahams als auch seine Konkubinen genannt; Sara aber heißt niemals Konkubine. Denn als Hagar dem Abraham übergeben ward, heißt es: «Da nahm Sarai, Abrams Weib, ihre ägyptische Magd Hagar, nachdem Abram zehn Jahre im Lande Kanaan gewohnt hatte, und gab sie Abram, ihrem Manne, zum Weibe.» Von der Kettura aber, die er nach Saras Tode zu sich nahm, liest man: «Abraham aber nahm wieder ein Weib, das hieß Kettura.» Also beide hießen sie Weiber, aber beide sind augenscheinlich nur Konkubinen, denn die Schrift sagt nachher: «Abraham aber gab all sein Gut seinem Sohne Isaak, und den Kindern, die er von den Konkubinen hatte, gab er Geschenke und ließ sie, während er noch lebte, von seinem Sohne Isaak nach Sonnenaufgang in das Ostland hinwegziehen.» Also haben auch die Söhne der Konkubinen einige Gaben, aber ins verheißene Reich gelangen sie nicht, weder die Häretiker noch die fleischlich gesinnten Juden, denn Isaak ist der einzige Erbe, und «nicht das sind Gottes Kinder, die nach dem Fleisch Kinder sind, sondern die Kinder der Verheißung werden zum Samen gerechnet», zum Samen, von dem es heißt: «In Isaak wird dein Same genannt werden.» Denn ich sehe keinen anderen Grund, weswegen Kettura, die doch erst nach dem Tode der Gattin heimgeführt ward, Konkubine genannt wird, wenn es nicht diese geheimnisvolle Beziehung ist. Doch auch wer hier den angegebenen Sinn nicht finden will, hüte sich, von Abraham schlecht zu reden. Vielleicht ist hier auch Vorsorge getroffen wider die Ketzer, die später die zweite Ehe verwarfen, und durch die nochmalige Heirat gerade des Vaters der vielen Völker nach dem Tode seiner Gattin angezeigt, daß man darin keine Sünde erblicken darf. Und Abraham starb, als er hundertfünfundsiebzig Jahre alt war, ließ also seinen Sohn Isaak, den er mit hundert Jahren erzeugt, fünfundsiebzigjährig zurück.

35. Die Zwillinge im Mutterleibe

Sehen wir nunmehr zu, wie die Zeiten des Gottesstaates weiterhin bei den Nachkommen Abrahams verlaufen. Aus der ersten Lebenshälfte Isaaks, also bis zu seinem sechzigsten Jahre, da ihm Söhne geboren wurden, ist folgendes bemerkenswert. Als er Gott bat, daß seine unfruchtbare Gattin gebären möchte, und Gott seine Bitte erhörte und sie schwanger ward, stießen sich die noch im Mutterleibe beschlossenen Zwillinge. Die Mutter, die sich über die Beschwerde ängstigte und den Herren befragte, erhielt die Antwort: «Zwei Völker sind in deinem Schoße, und zwei Nationen werden aus deinem Leibe hervorgehen und sich scheiden; ein Volk wird dem anderen überlegen sein und der ältere dem jüngeren dienen.» Hierin will der Apostel Paulus einen starken Beweis für die Gnade erblicken, weil, ehe noch die beiden geboren waren und irgend etwas Gutes oder Böses getan und das mindeste Verdienst erworben hatten, der jüngere erwählt, der ältere verworfen ward. Waren sie doch, was die Erbsünde anlangt, unfraglich beide einander gleich und was eigene Sünde anlangt, beide davon unberührt. Doch hierüber jetzt Ausführlicheres zu sagen, leidet der Plan des in Angriff genommenen Werkes nicht, auch habe ich mich darüber in anderen Schriften schon mehrfach geäußert. Wenn es aber heißt: «Der Ältere wird dem Jüngeren dienen», so hat fast niemand von den unseren dies anders verstanden, als daß das ältere Volk der Juden dem jüngeren Christenvolke dienen werde. Und in der Tat, obschon es so aussehen könnte, als sei das Wort im Volke der Idumäer, das von dem älteren abstammte, der zwei Namen führte – man nannte ihn sowohl Esau als auch Edom, woher der Name Idumäer –, bereits erfüllt worden, weil es später von dem israelitischen Volke, das von dem jüngeren abstammte, überwunden werden und ihm untertan sein sollte, nimmt man doch passender an, diese Weissagung «ein Volk wird dem anderen überlegen sein und der ältere wird dem jüngeren dienen» habe etwas Größeres im Sinne. Und was sollte es sein wenn nicht das, was jetzt offenkundig an Christen und Juden in Erfüllung geht?

36. Isaak um seines Vaters willen gesegnet

Auch Isaak empfing einen göttlichen Orakelspruch, wie ihn sein Vater mehrfach empfangen. Darüber berichtet die Schrift: «Es kam aber eine Teuerung ins Land nach der vorigen, die zu Abrahams Zeiten gewesen war. Isaak aber zog zu Abimelech, dem König der Philister in Gerar. Da erschien ihm der Herr und sprach: Ziehe nicht hinab nach Ägypten, sondern bleibe in dem Lande, das ich dir sage, und wohne daselbst, und ich will mit dir sein und dich segnen. Denn dir und deinem Samen will ich dies ganze Land geben und meinen Eid halten, den ich deinem Vater Abraham geschworen habe, und will deinen Samen mehren wie die Sterne am Himmel und deinem Samen dies ganze Land geben. Und durch deinen Samen sollen alle Völker auf Erden gesegnet werden, darum daß Abraham, dein Vater, meiner Stimme gehorsam gewesen ist und meine Vorschriften, meine Gebote, meine Rechte und meine Gesetze gehalten hat.» Dieser Patriarch hatte weder eine andere Gattin noch eine Konkubine, sondern begnügte sich mit der Nachkommenschaft der beiden Zwillinge, die aus einem Beilager entsprossen waren. Auch er, nebenbei bemerkt, fürchtete Gefahr von der Schönheit seines Weibes, als er unter Fremden weilte, gab sie wie sein Vater als Schwester aus und verschwieg die Ehe – war ihm seine Frau doch von väterlicher und mütterlicher Seite her blutsverwandt –, aber auch sie blieb von den Fremden, die merkten, wie sich die Sache verhielt, unangetastet. Doch dürfen wir ihn nicht deshalb seinem Vater vorziehen, weil er mit keiner Frau außer der einen Gattin zu tun hatte. Vielmehr waren ohne Zweifel die Verdienste des Glaubens und Gehorsams seines Vaters größer, und zwar so sehr, daß Gott dem Isaak sagt, er tue ihm das Gute um seines Vaters willen. Wir hörten es ja schon: «Durch deinen Samen sollen alle Völker auf Erden gesegnet werden, darum daß Abraham, dein Vater, meiner

Stimme gehorsam gewesen ist und meine Vorschriften und meine Gebote und meine Rechte und meine Gesetze gehalten hat.» Dazu noch ein anderer Ausspruch: «Ich bin deines Vaters Abraham Gott. Fürchte dich nicht, denn ich bin mit dir und habe dich gesegnet und will deinen Samen mehren um deines Vaters Abraham willen.» Daraus wollen wir entnehmen, wie keusch Abrahams Verhalten war, während unzüchtige Menschen, die für ihre eigene Schlechtigkeit in den heiligen Schriften Deckung suchen, meinen, er habe aus Begehrlichkeit gehandelt. Und auch das wollen wir hieraus lernen, daß man die Menschen nicht nach einzelnen guten Eigenschaften vergleichen darf, sondern bei jedem alles ins Auge fassen muß. Denn es kann vorkommen, daß ein Vorzug in Lebensführung und Sittlichkeit, durch den sich jemand vor einem andern auszeichnet, den Vorzug, den vielleicht auch dieser hat, weit übertrifft. So ist nach gesundem und wahrem Urteil, mag auch die Enthaltsamkeit der Ehe vorzuziehen sein, ein verheirateter gläubiger Mensch besser als ein enthaltsamer ungläubiger. Ja, der ungläubige ist nicht nur weniger zu loben, sondern sogar aufs höchste zu verabscheuen. Aber nehmen wir an, beide seien gut. Auch dann ist sicherlich ein Verheirateter, dessen Glaube und Gehorsam gegen Gott der denkbar größte ist, besser als ein Enthaltsamer von schwächerem Glauben und geringerem Gehorsam. Ist jedoch alles übrige gleich, wird man ohne Zögern den Enthaltsamen über den Verheirateten stellen.

37. Isaaks Segen ausgelegt

Die beiden Söhne Isaaks, Esau und Jakob, wachsen nun miteinander auf. Der Vorrang des Älteren geht durch Vertrag und Übereinkunft zwischen ihnen auf den Jüngeren über. Das kam, weil der Ältere nach einem Linsengericht, das der Jüngere zubereitet hatte, unmäßiges Verlangen trug und für diesen Preis seinem Bruder unter Eidschwur das Erstgeburtsrecht verkaufte. Daraus können wir lernen, daß es beim Essen nicht die Art der Speise ist, sondern die unbescheidene Gier, die man zum Vorwurf machen muß. Isaak wird Greis und verliert durch das Alter sein Augenlicht. Er will den älteren Sohn segnen und segnet statt seiner, ohne es zu wissen, den jüngeren, der sich an Stelle des älteren, rauhhaarigen, den väterlichen Händen darbot und in den Ziegenbocksfellen, mit denen er sich umhüllte, gleichsam fremde Sünden an sich trug. Damit man diese List Jakobs nicht für betrügerisch halte, vielmehr darin ein großes Geheimnis zu ergründen suche, hat die Schrift schon im voraus bemerkt: «Esau war ein Jäger und streifte auf dem Felde, Jakob aber war ein einfältiger Mann und blieb daheim.» Hier haben einige der unseren das in Frage kommende Wort mit «ohne Arg» übersetzt. Aber ob man das griechische «aplastos» mit «ohne Arg» oder «einfältig» oder vielmehr «ohne Verstellung» wiedergibt, in jedem Falle haben wir hier bei der Erlangung des Segens die Arglist eines Mannes ohne Arg, die Schlauheit eines Einfältigen, die Verstellung eines Ehrlichen und hüllt sich die Wahrheit in tiefes Geheimnis. Wie lautet nun der Segen? «Siehe, der Geruch meines Sohnes ist wie der Geruch eines vollen Feldes, das der Herr gesegnet hat. Gott gebe dir vom Tau des Himmels und von der Fettigkeit der Erde und Korn und Wein die Fülle. Völker müssen dir dienen und Fürsten dir zu Fuße fallen. Sei ein Herr über deinen Bruder, deines Vaters Kinder müssen dir zu Fuße fallen. Verflucht sei, wer dir flucht; gesegnet, wer dich segnet.» Der Jakobssegen besagt also die Verkündigung Christi bei allen Völkern. Das ist's, und darum handelt sich's. Isaak ist Gesetz und Weissagung. Auch durch den Mund der Juden wird Christus durch diese beiden gesegnet, und zwar von einem Nichtwissenden, weil sie nicht verstanden werden. Von dem Duft des Namens Christi ist die Welt erfüllt wie der Acker vom Duft des Getreides; auf Christus bezieht sich der Segen vom Tau des Himmels, das ist vom Regenguß der göttlichen Worte, sowie der Segen von der Fruchtbarkeit der Erde, das ist von der Sammlung der Völker. Sein ist auch die Fülle von Korn und Wein, das ist die Menschenmenge, die das Brot und der Wein im Sakrament seines Leibes und Blutes vereint. Ihm dienen die Völker, ihm fallen Fürsten zu Fuße. Er ist der Herr seines Bruders, weil sein Volk über die Juden herrscht. Ihm fallen zu Fuße die Söhne seines Vaters, nämlich die Söhne Abrahams nach dem Glauben; denn nach dem Fleisch ist auch er selbst ein Sohn Abrahams. Wer ihm flucht, ist verflucht, wer ihn segnet, gesegnet. Ja, unser Christus wird auch durch den Mund der Juden gesegnet, das ist in Wahrheit verkündigt, denn ob sie schon irren, verkünden sie doch das Gesetz und die Propheten. Was tut's, daß sie einen anderen zu segnen vermeinen, den sie in ihrem Irrwahn noch erwarten? Und sieh, als nun auch der Ältere den versprochenen Segen erbittet, erschrickt Isaak und erkennt, daß er statt des einen den anderen gesegnet. Verwundert fragt er, wer der sei, klagt aber nicht über Betrug, sondern, da ihm im Herzen alsbald das große Geheimnis sich enthüllt, unterdrückt er den Verdruß und bestätigt den Segen. «Wer ist denn», spricht er, «der Jäger, der mir das Wild gebracht hat? Von allem habe ich gegessen, ehe du kamst, und ihn gesegnet. Er wird auch gesegnet bleiben.» Sollte man hier nicht einen zornigen Fluch erwarten? Ja, wenn das menschlich zugegangen und nicht höhere Eingebung am Werke gewesen wäre! Wahrlich, ein prophetisches Geschehen, irdisch zwar, aber vom Himmel veranlaßt, menschlich, aber gottgewirkt! Wollte man hier alle Einzelheiten mit ihrem Reichtum an tiefen Geheimnissen genau erforschen, müßte man viele Bände füllen, doch ist diesem Werke sein Maß zugemessen und nötigt uns, schleunigst anderem uns zuzuwenden.

38. Jakobs Reise nach Mesopotamien · Sein Traum zu Bethel. Seine vier Weiber

Jakob wird von seinen Eltern nach Mesopotamien geschickt, sich von dort eine Frau zu holen. Der Vater entläßt ihn mit diesen Worten: «Nimm nicht ein Weib von den Töchtern Kanaans, sondern mache dich auf und fliehe nach Mesopotamien zum Hause Bethuels, des Vaters deiner Mutter, und nimm dir daselbst ein Weib von den Töchtern Labans, des Bruders deiner Mutter. Mein Gott aber segne dich, mache dich fruchtbar und mehre dich, daß du zu Völkerscharen werdest, und gebe dir den Segen Abrahams, deines Vaters, dir und deinem Samen nach dir, daß du besitzest das Land, darin du wohnst, das Gott Abraham gegeben hat.» Hier sehen wir bereits den Samen Jakobs von dem anderen Samen Isaaks, der ihm aus Esau erwuchs, getrennt. Denn als gesagt ward: «In Isaak wird dein Same genannt werden», der Same nämlich, der den Gottesstaat bildet, wurde zwar ebenfalls ein anderer Same Abrahams ausgeschieden, nämlich der im Sohne der Magd, sowie der spätere in den Söhnen der Kettura. Aber bei den Zwillingssöhnen Isaaks war es noch zweifelhaft, ob der Segen beiden oder nur einem, und wenn nur einem, dann welchem von ihnen gelten würde. Das klärt sich nun, da Jakob von seinem Vater prophetisch gesegnet und ihm gesagt wird: «Du wirst zu Völkerscharen werden, und Gott gebe dir den Segen deines Vaters Abraham.»

Als Jakob nun nach Mesopotamien zog, empfing er im Traum einen Orakelspruch. Die Schrift teilt mit: «Aber Jakob machte sich auf vom Brunnen des Schwurs und reiste gen Haran und kam an einen Ort, da blieb er über Nacht. Denn die Sonne war untergegangen. Und er nahm einen von den Steinen des Ortes, legte ihn zu seinen Häupten und legte sich an dem Ort schlafen. Und ihm träumte und siehe, eine Leiter stand auf

Erden, die rührte mit der Spitze an den Himmel, und die Engel Gottes stiegen daran auf und nieder. Und der Herr beugte sich herab über sie und sprach: Ich bin der Gott Abrahams, deines Vaters, und der Gott Isaaks, fürchte dich nicht. Das Land, auf dem du schläfst, will ich dir und deinem Samen geben. Und dein Same soll sein wie der Staub auf Erden und ausgebreitet werden nach Westen und Süden und Norden und Osten, und durch dich und deinen Samen sollen gesegnet werden alle Geschlechter auf Erden. Und siehe, ich bin mit dir und will dich behüten auf allen Wegen, wohin du ziehst, und will dich wieder herbringen in dies Land. Denn ich will dich nicht verlassen, bis ich alles tue, was ich dir geredet habe. Da nun Jakob von seinem Schlaf erwachte, sprach er: Gewiß ist der Herr an diesem Ort, und ich wußte es nicht. Und er fürchtete sich und sprach: Wie schrecklich ist dieser Ort! Hier ist nichts anderes als Gottes Haus, und hier ist die Pforte des Himmels. Und Jakob stand auf und nahm den Stein, den er sich dort unter sein Haupt gelegt hatte, richtete ihn auf zu einem Mal und goß Öl oben darauf und hieß die Stätte Haus Gottes.» Das hat prophetischen Sinn. Denn nicht wie Götzendiener tun, begoß Jakob den Stein mit Öl, um ihn damit zu einer Art Gott zu machen, betete den Stein auch nicht an und opferte ihm nicht. Sondern weil der Name Christus sich von Chrisma, das ist Salbung, herleitet, liegt hier unfraglich ein Gleichnis vor, das ein tiefes Geheimnis in sich birgt. Wir müssen daran denken, daß uns der Heiland selbst im Evangelium jene Leiter ins Gedächtnis ruft. Denn nach seinem Wort über Nathanael: «Siehe, ein rechter Israelit, an dem kein Falsch ist», das darauf hindeutet, daß Israel – das ist Jakob – dies Gesicht geschaut hatte, fährt er alsbald fort: «Wahrlich, wahrlich ich sage euch, ihr werdet den Himmel offen sehen und die Engel Gottes hinauf- und herabfahren auf des Menschen Sohn.»

Jakob begab sich also nach Mesopotamien, um sich von da

eine Frau zu holen. Die göttliche Schrift berichtet sodann, wie er zu vier Frauen kam, mit denen er zwölf Söhne und eine Tochter erzeugte, obwohl er nach keiner von ihnen unerlaubtes Begehren trug. Um eine sich zu holen, war er ja gekommen. Aber als ihr eine andere untergeschoben wurde, entließ er auch diese nicht, mit der er, ohne sie zu kennen, eine Nacht zugebracht hatte, um nicht den Anschein zu erwecken, als habe er sie zum besten gehabt. Denn in damaliger Zeit, als zahlreiche Nachkommenschaft erwünscht war, verbot noch kein Gesetz, mehrere Frauen zu haben. So nahm er auch jene hinzu, der allein er ein Eheversprechen gegeben hatte. Da sie jedoch unfruchtbar war, gab sie dem Gatten ihre Magd, um durch sie Kinder zu bekommen. Ihrem Beispiel folgte auch die ältere Schwester, obgleich sie selbst geboren hatte, da sie ihre Nachkommenschaft zu mehren trachtete. Von keiner aber hört man, Jakob habe nach ihr begehrt, außer der einen. Nur um der Kindererzeugung willen pflegte er Umgang mit einer Mehrzahl von Frauen und tat auch das nur unter Wahrung des Eherechts, also auf Verlangen seiner Weiber, die die rechtmäßige Gewalt über den Leib ihres Mannes besaßen. Also erzeugte er zwölf Söhne und eine Tochter mit vier Frauen. Später begab er sich nach Ägypten auf Veranlassung seines Sohnes Joseph, der von seinen neidischen Brüdern verkauft und dorthin verschleppt, aber ebenda erhöht war.

39. *Jakob erhält den Namen Israel*

Jakob aber wurde, wie vorhin erwähnt, auch Israel genannt, ein Name, der dann vornehmlich zur Bezeichnung des von ihm abstammenden Volkes diente. Dieser Name ward ihm von dem Engel beigelegt, der mit ihm gerungen hatte, als er aus Mesopotamien zurückkehrte, und der offenkundig ein Sinnbild Christi ist. Denn daß Jakob über ihn obsiegte – was natürlich mit seinem Willen geschah und ein Geheimnis darstellen sollte –, weist hin auf das Leiden Christi, da die Juden anscheinend über ihn obsiegten. Dennoch erlangte er den Segen des Engels, den er überwand, und auch die Beilegung jenes Namens sollte eine Segnung sein. Israel aber übersetzt man mit «Gott schauend», und das wird am Ende der Lohn aller Heiligen sein. Ferner berührte der Engel die Breite der Hüfte des scheinbaren Siegers und machte ihn dadurch lahm. So war ein und derselbe Jakob zugleich gesegnet und lahm, gesegnet in denen, die aus diesem Volke an Christus glaubten, lahm aber in den Ungläubigen. Denn die Breite der Hüfte bedeutet die große Masse des Volkes, und es ist ja die Mehrzahl in diesem Stamme, von denen die Weissagung gilt: «Sie hinkten hinweg von ihren Wegen.»

40. *Von den fünfundsiebzig Menschen, die angeblich mit Jakob nach Ägypten kamen*

Wir hören, daß es fünfundsiebzig Menschen waren, die mit Jakob in Ägypten einzogen, nämlich er selbst nebst seinen Kindern. Nur zwei Frauen werden in dieser Zahl erwähnt, eine Tochter und eine Enkelin. Doch sieht man genauer zu, so ist nicht gesagt, daß die Zahl der Nachkommen Jakobs schon so groß war an dem Tage oder in dem Jahre, als er in Ägypten einzog. Denn unter ihnen werden auch Urenkel Josephs genannt, die damals unmöglich schon existieren konnten, weil Jakob damals hundertdreißig, sein Sohn Joseph aber erst neununddreißig Jahre alt war. Da es nun feststeht, daß dieser dreißig Jahre alt oder noch älter war, als er heiratete, konnte er auf keinen Fall in neun Jahren Urenkel haben, von Söhnen her, die ihm eben diese Frau gebar. Denn da Ephraim und Manasse, Josephs Söhne, noch keine Kinder hatten, sondern Knaben unter neun Jahren waren, als Jakob nach Ägypten kam, konnten keinesfalls Söhne, geschweige Enkel von ihnen unter den fünfundsiebzig Leuten mitgezählt werden, die damals mit Jakob in Ägypten einzogen. Denn da wird Machir genannt, ein Sohn Manasses, Josephs Enkel, und ein Sohn dieses Machir, nämlich Galaad, Manasses Enkel und Josephs Urenkel, ferner ein Sprößling Ephraims, des anderen Josephssohns, nämlich Utalaam, Josephs Enkel, und ein Sohn dieses Utalaam, Edem, ein Enkel Ephraims und Urenkel Josephs. Die konnten schlechterdings noch nicht da sein, als Jakob nach Ägypten kam und Josephs Söhne, seine Enkel, die Großväter der vorhin erwähnten beiden Urenkel, als Knaben von weniger als neun Jahren vorfand. Aber augenscheinlich ist bei Erwähnung des Einzugs Jakobs in Ägypten, an dem nach der Schrift fünfundsiebzig Personen beteiligt waren, nicht an einen Tag oder ein Jahr gedacht, sondern an die ganze Zeit, solange Joseph lebte, der ja den Einzug veranlaßt hatte. Denn dieselbe Schrift sagt von Joseph: «Und Joseph wohnte in Ägypten, er selbst und seine Brüder und die ganze Familie seines Vaters, und er lebte hundertzehn Jahre und sah die Kinder Ephraims bis ins dritte Geschlecht.» Das geht auf jenen Urenkel Josephs, der nach Ephraim an dritter Stelle kommt. «Bis ins dritte Geschlecht» – damit ist Sohn, Enkel und Urenkel gemeint. Darauf folgt: «Auch die Söhne Machirs, des Sohnes Manasses, wurden auf Josephs Schoß geboren.» Das geht auf jenen Enkel Manasses und Urenkel Josephs. Die Mehrzahl ist hier gebraucht, wie es auch sonst in der Schrift vorkommt, die von einer Tochter Jakobs als von Töchtern spricht. Auch die lateinische Sprache pflegt von Kindern in der Mehrzahl zu sprechen, auch wenn es bloß eins ist. Wenn also Josephs Glück gepriesen wird, daß er Urenkel sehen durfte, muß man natürlich nicht glauben, sie seien schon im neununddreißigsten Lebensjahre ihres Urgroßvaters dagewesen, als sein Vater Jakob zu ihm nach Ägypten kam. Was irreführen kann, wenn man nicht genau zusieht, sind die Schriftworte: «Dies sind die Namen der Kinder Israel, die nach Ägypten kamen zugleich mit ihrem Vater Jakob.» So heißt es, weil zusammen mit ihm fünfundsiebzig Menschen gerechnet werden, doch soll damit nicht gesagt sein, daß sie schon alle da waren, als er selbst in Ägypten einzog. Sondern als sein Einzug gilt, wie gesagt, die ganze Zeit, die Joseph lebte, der den Einzug veranlaßt hatte.

41. *Auslegung des Juda betreffenden Jakobssegens*

Fragen wir also im Hinblick auf das Christenvolk, in welchem der Gottesstaat auf Erden pilgert, nach der leiblichen Abstammung Christi von Abrahams Samen, müssen wir die Söhne der Nebenfrauen beiseite lassen und uns an Isaak halten. Denken wir an Isaaks Samen, übergehen wir Esau, der auch Edom heißt, und halten uns an Jakob, der auch den Namen Israel führt. Fassen wir auch den Samen Israels ins Auge, bleibt nach Ausscheiden der übrigen Juda; denn aus Judas Stamm ist Christus entsprossen. Achten wir also darauf, wie Israel, als er vor seinem Tode in Ägypten seine Söhne segnete, in prophetischem Geiste über Juda seinen Segen sprach. «Juda», sprach er, «dich werden deine Brüder loben. Deine Hände werden auf dem Rücken deiner Feinde sein, vor dir sollen deines Vaters Kinder sich neigen. Juda ist ein junger Löwe, aus dem Keime bist du aufgestiegen, mein Sohn. Zum Schlaf hast du dich gelegt wie ein Löwe und wie ein Jungleu; wer wird ihn wecken? Nie wird's fehlen an Fürsten aus Juda und Heerführern aus seinen Lenden, bis das eintritt, was ihm hinterlegt ist. Auf ihn warten die Völker. Er wird sein Füllen an den Weinstock binden und mit einem Strick das Füllen seiner Eselin. Er wird sein Kleid in Wein waschen und seinen Mantel im Blut der Trauben. Gerötet vom Wein sind seine Augen und seine Zähne weißer als Milch.» Diese Worte habe ich in meiner Streitschrift wider den Manichäer Faustus zur Genüge, wie ich meine, erläutert, soweit die Wahrheit dieser Prophezeiung jetzt schon zutage tritt. Wenn hier vom Schlafen die Rede ist, so ist das eine Voraussage des Todes Christi, und die Nennung des Löwen zeigt an, daß er nicht unfreiwillig starb, sondern Macht über den Tod besaß. Diese Macht bezeugt er selbst im Evangelium mit den Worten: «Ich habe Macht, mein Leben zu lassen, und habe Macht, es wiederzunehmen. Niemand nimmt es von mir, sondern ich lasse es von mir selber und nehme es wieder.» Das ist des Löwen Stimme, so hat er erfüllt, was er sagte. Von dieser Macht spricht auch das beigefügte auf die Auferstehung deutende Wort: «Wer wird ihn wecken?» In der Tat, das kann kein Mensch, sondern nur er selbst, der von seinem Leibe sagte: «Brechet diesen Tempel ab, und in drei Tagen will ich ihn aufrichten.» Sogar die Art seines Todes, nämlich seine Erhöhung am Kreuz, ist aus dem Worte zu ersehen: «Du bist aufgestiegen.» Wenn es aber weiter heißt: «Zum Schlaf hast du dich gelegt», so gibt der Evangelist die Erläuterung dazu mit den Worten: «Er neigte sein Haupt und verschied.» Oder aber man kann hier an sein Begräbnis denken; denn da lag er und schlief, und kein Mensch konnte ihn erwecken, wie doch die Propheten einige erweckt haben und er selbst andere erweckte, sondern er erhob sich in eigener Kraft, wie man vom Schlafe aufsteht. Sein Kleid aber, das er in Wein wäscht, das will sagen, von Sünden reinigt durch sein Blut – das Geheimnis dieses Blutes kennen die Getauften, und darauf hin weisen auch die folgenden Worte: «Und seinen Mantel im Blut der Trauben» –, dies Kleid ist nichts anderes als die Kirche. Und seine vom Wein geröteten Augen sind seine Geistesmänner, die berauscht sind vom Trank aus seinem Becher, von dem der Psalm singt: «Wie herrlich ist er, dein berauschender Becher!» «Und deine Zähne sind weißer als Milch», das weist uns hin auf die Milch, die nach dem Apostel die Kleinen trinken, nämlich die nährenden Worte, da sie feste Speise noch nicht vertragen. Er selbst ist es also, in dem hinterlegt waren die Verheißungen Judas, und bis eintraf, was sie verhießen, fehlte es nie an Fürsten, das ist Königen Israels aus jenem Stamme. «Und auf ihn warten die Völker», das versteht man auf den ersten Blick besser als durch umständliche Erklärung.

42. Jakob segnet die Josephssöhne

Wie aber die beiden Isaakssöhne, Esau und Jakob, ein Gleichnis der zwei Völker der Juden und Christen darstellen – obschon, was leibliche Herkunft anlangt, weder die Juden vom Samen Esaus abstammen, sondern die Idumäer, noch die christlichen Völker von Jakob, sondern vielmehr die Juden; denn den Sinn des Gleichnisses erschließt allein das Wort: «Der Ältere wird dem Jüngeren dienen» –, so gilt dasselbe auch von den beiden Söhnen Josephs. Denn der Ältere ist Sinnbild der Juden, der Jüngere aber der Christen. Als Jakob sie segnete, legte er seine rechte Hand auf den Jüngeren, den er zur Linken hatte, aber seine Linke auf den Älteren, den er zur Rechten hatte. Ihrem Vater schien das ungehörig. Er machte seinen Vater darauf aufmerksam, als wollte er seinen Fehler verbessern, und wies ihm, wer der Ältere wäre. Doch Jakob wollte die Hände nicht vertauschen, sondern sprach: «Ich weiß wohl, mein Sohn, ich weiß wohl. Dieser soll auch ein Volk werden, auch dieser wird erhöht werden. Aber sein jüngerer Bruder wird größer sein als er, und sein Same wird zu einer Menge von Völkern werden.» Auch hier haben wir also die beiden bekannten Verheißungen. Denn der eine soll ein Volk werden, der andere eine Menge von Völkern. Was kann einleuchtender sein, als daß die beiden Verheißungen auf das Volk Israel und auf den im Samen Abrahams beschlossenen Erdkreis zielen, auf jenes im Sinne des Fleisches, auf diesen im Sinne des Glaubens?

43. Das Zeitalter von Moses bis David

Nach Jakobs und auch Josephs Tode wuchs das Volk in den noch übrigen hundertvierundvierzig Jahren bis zum Auszug aus Ägypten in unglaublicher Weise an und wurde doch dabei dermaßen bedrückt und verfolgt, daß eine Zeitlang die neugeborenen Kinder männlichen Geschlechts getötet wurden, da das übermäßige Wachstum die erstaunten Ägypter beunruhigte. Damals kam Moses, den Mördern der Knäblein durch List entzogen, ins königliche Haus, da Gott große Dinge mit ihm vorhatte. Die Tochter Pharaos – so hießen in Ägypten alle Könige – zog ihn auf und adoptierte ihn, und er ward solch hervorragender Mann, daß er jenes wunderbar vermehrte Volk von dem denkbar schwersten und härtesten Joch der Knechtschaft, das es damals trug, befreite; oder vielmehr, Gott, der das dem Abraham verheißen hatte, tat es durch ihn. Denn vorher war er aus Ägypten geflohen, weil er bei Verteidigung eines Israeliten einen Ägypter erschlagen hatte und in Furcht geraten war, dann aber, von Gott gesandt, überwand er in der Kraft göttlichen Geistes die ihm Widerstand leistenden Zauberer Pharaos. Darauf wurden von ihm über die Ägypter, die das Gottesvolk nicht ziehen lassen wollten, jene denkwürdigen zehn Plagen verhängt, nämlich Verwandlung des Wassers in Blut, Frösche, Stechmücken, Ungeziefer, Viehsterben, Geschwüre, Hagel, Heuschrecken, Finsternis, Tod der Erstgeburten. Zuletzt wurden die Ägypter, als sie, mürbe gemacht durch so viele und schwere Plagen, die Israeliten schließlich ziehen ließen, dann aber doch verfolgten, im Roten Meere ersäuft. Denn den Ausziehenden öffnete das sich teilende Meer einen Weg, aber die Verfolger verschlang die zurückflutende Woge. Sodann zog das Volk unter Moses' Führung vierzig Jahre lang in der Wüste umher und errichtete das sogenannte Zelt des Zeugnisses, in dem Gott durch Opfer, die Künftiges vorbildeten, verehrt wurde. Doch schon vorher war auf dem Berge das Gesetz gegeben, und zwar unter viel Schrecknissen, da die Gottheit durch wunderbare Zeichen und Stimmen sich unzweideutig kundtat. Das geschah schon bald nach dem Auszug aus Ägypten, nachdem der Wüstenaufenthalt soeben begonnen hatte, am fünfzigsten Tage nach der Passahfeier und Opferung des Lammes. Dies Lamm aber ist ein Vorbild Christi und kündet an, daß er durch das Opfer seines Leidens hindurch aus der Welt zum Vater hinübergehen werde – das hebräische Wort Passah bedeutet ja «Übergang» –, und das tritt besonders auch dadurch zutage, daß nunmehr bei Anbruch der Zeit des Neuen Testaments, am fünfzigsten Tage nach dem Opfertode unsers Passahlamms Christus, der Heilige Geist vom Himmel herabkam, der im Evangelium Gottes Finger heißt. Dadurch wird das Gedächtnis des ersten vorbildlichen Geschehens erneuert, denn auch jene Gesetzestafeln waren, wie wir lesen, mit Gottes Finger geschrieben.

Nach Moses' Tode leitete Josua das Volk und führte es in das Land der Verheißung, das er unter das Volk aufteilte. Von diesen beiden bewunderungswürdigen Führern wurden auch Kriege glücklich und wunderbar bestanden, wobei ihnen nach Gottes Zeugnis der Sieg nicht so sehr wegen der Verdienste des hebräischen Volkes als wegen der Sünden der von ihnen bekriegten Völkerschaften zufiel. Auf diese Führer folgten sodann die Richter. Damals hatte sich das Volk bereits im Lande der Verheißung niedergelassen, und die erste dem Abraham gegebene auf das eine Hebräervolk und das Land Kanaan abzielende Weissagung fing an sich zu erfüllen, aber noch nicht die Weissagung, die alle Völker und den ganzen Erdkreis betraf. Denn diese sollte erst durch Christi Ankunft im Fleische, nicht durch die Beobachtung der alten Gesetzesvorschriften, sondern den Glauben an das Evangelium erfüllt werden. Ein vorbildlicher Hinweis darauf ist die Tatsache, daß nicht Moses, der auf dem Berge Sinai das Gesetz für das Volk in Empfang genommen hatte, sondern Josua (= Jesus), dem auf Gottes Befehl dieser Namen in Abänderung seines früheren verliehen war, das Volk in das Land der Verheißung führte. Zur Zeit der Richter aber wechselten in den Kriegen Glück und Unglück miteinander ab, wie es des Volkes Sünde und Gottes Erbarmen mit sich brachte.

Sodann brach das Zeitalter der Könige an, als deren erster Saul regierte. Nachdem dieser verworfen und in einer unglücklichen Schlacht gefallen und nachdem auch über sein Geschlecht das Urteil gesprochen war, daß aus ihm keine Könige mehr hervorgehen sollten, folgte die Königsherrschaft Davids, als dessen Sohn Christus vorzugsweise bezeichnet wird. Mit ihm beginnt ein neuer Abschnitt, gewissermaßen das Mannesalter des Gottesvolkes, während sein Jünglingsalter von Abraham bis David währte. Denn nicht ohne Grund hat der Evangelist Matthäus die Geschlechterfolgen so dargestellt, daß er in diesem ersten Abschnitt, der von Abraham bis David reicht, vierzehn Geschlechter aufzählt. Denn mit den Jünglingsjahren tritt der Mensch ins zeugungsfähige Alter. Darum beginnt die Geschlechterreihe mit Abraham, der zum Vater von Völkern eingesetzt ward, als er den veränderten Namen erhielt. Vorher, also von Noah bis auf Abraham, währte sozusagen das Knabenalter dieses Geschlechts des Gottesvolkes, und darum findet sich hier auch die erste Sprache, nämlich die hebräische. Denn mit dem Knabenalter fängt der Mensch an zu reden, nach der Kindheit, die ihren lateinischen Namen (infantia) daher hat, daß sie noch nicht reden kann (fari non potest). Dies erste Lebensalter sinkt in Vergessenheit, wie das erste Zeitalter des Menschengeschlechts durch die Sündflut ausgelöscht ward. Denn wieviele sind es wohl, die sich ihrer Kindheit erinnern? So mag denn dies Buch im Unterschied von dem vorigen, welches nur das eine und erste Zeitalter im Verlauf des Gottesstaates behandelte, zwei Zeitalter, nämlich das zweite und dritte, umfassen. In dem dritten wurde, wie gesagt, vorgebildet durch die dreijährige Kuh, die dreijährige Ziege und den dreijährigen Widder, das Joch des Gesetzes auferlegt. In ihm nahmen die Sünden überhand, und das irdische Reich begann, in dem es jedoch an Geistesmännern nicht fehlte, deren Geheimnis durch Turteltaube und Taube bildlich dargestellt ist.

SIEBZEHNTES BUCH

VON DAVID BIS ZUR BABYLONISCHEN GEFANGENSCHAFT

1. *Das Zeitalter der Propheten*

Wie die von Gott an Abraham ergangenen Verheißungen, die wir kennenlernten, sich weiterhin erfüllten, nämlich daß seinem Samen das israelitische Volk dem Fleisch nach und alle Völker dem Glauben nach entsprießen sollten, das wird uns die Entwicklung des Gottesstaates im Lauf der Zeiten vor Augen stellen. Da uns das Ende des vorigen Buches bis zur Regierung Davids hinführte, wollen wir jetzt, ausgehend vom Zeitpunkte dieser Regierung, die folgenden Begebenheiten darstellen, soweit es für das in Angriff genommene Werk nötig ist. Diese Zeit, seit der heilige Samuel zu weissagen anfing, weiter bis das Volk Israel in die Gefangenschaft nach Babylon abgeführt wurde, und noch weiter, bis die Israeliten der Weissagung des heiligen Jeremia gemäß nach siebzig Jahren zurückkehrten und das Haus Gottes wieder aufbauten, diese ganze Zeit ist die der Propheten. Zwar können wir schon den Urvater Noah, in dessen Tagen die ganze Erde durch die Sündflut verwüstet wurde, und andere vor und nach ihm bis auf die Zeit, da es im Volke Gottes Könige gab, mit Fug und Recht Propheten nennen, da sie manches Künftige, was den Gottesstaat und das Himmelreich betraf, durch vordeutende Zeichen oder auch durch Worte ankündigten, zumal einige von ihnen wie Abraham und Moses ausdrücklich so genannt wurden. Doch rechnet man als Prophetenzeit zumeist und hauptsächlich die Zeit seit Beginn der Weissagungen Samuels, der auf Gottes Geheiß erst Saul und nach dessen Verwerfung David zum König salbte, den Stammvater der nachfolgenden Könige, solange die Königsherrschaft dauern sollte. Doch wollte ich alle Weissagungen der Propheten von Christus erwähnen, während der Gottesstaat in Aufeinanderfolge von Sterben und Geborenwerden seiner Glieder diese Zeit durchlief, würde ich nie zu Ende kommen. Denn erstens zeigt es sich, wenn man nur mit Hilfe des Geistes Gottes genauer nachprüft, daß die Schrift selber, die der Reihe nach die Könige und ihre Taten und Geschicke aufführt, anscheinend ganz davon hingenommen, mit historischer Gründlichkeit Tatsachen zu schildern, mehr noch, jedenfalls aber nicht weniger auf die Voraussage der zukünftigen als auf den Bericht der vergangenen Ereignisse bedacht ist. Und wem könnte, dächte er nur ein wenig nach, verborgen bleiben, was es für ein mühseliges, weitschichtiges, viele Bände beanspruchendes Werk sein müßte, wollte man das alles erforschen und ergründen und zur Darstellung bringen? Sodann aber gibt es auch so viele Prophezeiungen, die unzweifelhaft direkt auf Christus und das Himmelreich, also den Gottesstaat, hinweisen, daß ihre Ausdeutung einen größeren Raum einnehmen würde, als in diesem Werke zur Verfügung steht. So will ich denn nach bestem Vermögen über meinem Griffel wachen, um in Fortführung dieses Werkes weder Überflüssiges vorzubringen noch Notwendiges zu übergehen.

2. *Die Erfüllung der irdischen Verheißungen Gottes an Israel*

Im vorigen Buche führten wir aus, daß in den Verheißungen Gottes an Abraham von Anfang an zweierlei in Aussicht gestellt wurde, einmal, daß sein Same das Land Kanaan besitzen werde – darauf wird mit den Worten hingewiesen: «Gehe in ein Land, das ich dir zeigen will, und ich will dich zum großen Volk machen» –, sodann aber etwas weit Größeres im Hinblick nicht auf den fleischlichen, sondern den geistlichen Samen, durch den er der Vater nicht des einen israelitischen Volkes, sondern aller Völker ist, die den Spuren seines Glaubens folgen; und dies wurde zuerst mit den Worten verheißen: «In dir sollen gesegnet werden alle Völker auf Erden.» Wir haben nachgewiesen, daß diese beiden Verheißungen später in zahlreichen Bezeugungen noch oft wiederholt wurden. Nun war also der Same Abrahams nach dem Fleisch, das ist das Volk Israel, im Lande der Verheißung und hatte nicht nur die Städte der Gegner erobert und in Besitz genommen, sondern auch durch seine Könige zu herrschen angefangen. So waren die das Volk betreffenden Verheißungen Gottes schon großenteils in Erfüllung gegangen, nicht nur die, welche den drei Vätern, Abraham, Isaak und Jakob und sonst noch zu ihrer Zeit gegeben waren, sondern auch die, welche durch Moses selbst, der das Volk aus der Knechtschaft Ägyptens befreite und uns die ganze Vergangenheit kund tat, während der Wüstenwanderung vermittelt waren. Doch war die Verheißung Gottes vom Lande Kanaan, daß es sich von einem Flusse Ägyptens bis zum großen Euphratstrome ausdehnen werde, weder durch den hervorragenden Heerführer Josua, der das Volk in das verheißene Land einführte und es nach Unterwerfung der dortigen Völkerschaften der Anordnung Gottes gemäß unter die zwölf Stämme verteilt hatte und dann gestorben war, noch nach ihm während der ganzen Richterzeit erfüllt worden. Doch die künftige Erfüllung wurde nun nicht weiter geweissagt, sondern erwartet. Sie wurde verwirklicht durch David und seinen Sohn Salomo, deren Reich den verheißenen Umfang gewann. Sie unterwarfen nämlich alle in Frage kommenden Völkerschaften und machten sie tributpflichtig. So hatte sich also unter diesen Königen der Same Abrahams im Lande der Verheißung nach dem Fleische, nämlich im Land Kanaan, festgesetzt, so daß an der Erfüllung jener irdischen Verheißung Gottes nichts mehr fehlte, außer dem einen, daß das hebräische Volk nun auch in diesem Lande von Geschlecht zu Geschlecht im Genusse zeitlicher Wohlfahrt und unwandelbarer Sicherheit bis ans Ende dieser vergänglichen Erdenzeit verbleiben sollte, wenn es den Gesetzen seines Gottes gehorchte. Aber da Gott wußte, daß es das nicht tun würde, züchtigte er es mit zeitlichen Strafen, und diese mußten dazu dienen, die wenigen Gläubigen des Volkes zu üben und die künftigen Gläubigen in allen Völkern zu mahnen. Diese Mahnung aber tat not, da an ihnen nach Offenbarung des neuen Bundes durch die Menschwerdung Christi die zweite Verheißung erfüllt werden sollte.

3. Der dreifache Sinn der biblischen Weissagungen

Ebenso wie die göttlichen Orakelsprüche an Abraham, Isaak und Jakob und was sonst in den ältesten heiligen Schriften an Zeichen und prophetischen Reden sich findet, so beziehen sich auch die übrigen seit der Königszeit ergangenen Weissagungen teils auf Abrahams leibliche Nachkommenschaft, teils aber auf jenen seinen Samen, in dem alle Völker gesegnet werden, die durch den neuen Bund Miterben Christi geworden und zum ewigen Leben und Himmelreich berufen sind; also teilweise auf die Magd, die zur Knechtschaft gebiert, das irdische Jerusalem, das mit seinen Kindern dienstbar ist, teilweise aber auf die freie Gottesstadt, das wahre ewige Jerusalem im Himmel, dessen Söhne, die nach Gott lebenden Menschen, hier auf Erden pilgern. Doch gibt es auch manche Weissagungen, die augenscheinlich eine doppelte Beziehung haben und im eigentlichen Sinne auf die Magd, in figürlichem auf die Freie hinweisen.

Es finden sich also Prophetensprüche von dreierlei Art. Einige schauen hin auf das irdische Jerusalem, andere auf das himmlische, noch andere auf beide. Doch ich sehe, ich muß meine Worte durch Beispiele belegen. Der Prophet Nathan ward gesandt, dem König David seine schwere Sünde vorzuhalten und ihm schlimme Folgen anzukündigen. Diese und ähnliche Aussprüche, mögen sie für die Öffentlichkeit bestimmt sein, also die Wohlfahrt und den Nutzen des Volkes im Auge haben, oder für einen Einzelnen, der in seinen persönlichen Angelegenheiten von Gott angesprochen wird, machen im Interesse des zeitlichen Lebens Künftiges offenbar, beziehen sich also unzweifelhaft auf den irdischen Staat. Wenn wir aber lesen: «Siehe, es kommt die Zeit, spricht der Herr, da will ich mit dem Hause Israel und dem Hause Juda einen neuen Bund machen, nicht wie der Bund gewesen ist, den ich mit ihren Vätern machte, da ich sie bei der Hand nahm, sie aus Ägyptenland zu führen, welchen Bund sie nicht gehalten haben, so daß ich mich von ihnen abwenden mußte, spricht der Herr. Sondern das soll der Bund sein, den ich mit dem Hause Israel machen will nach diesen Tagen, spricht der Herr: Ich will mein Gesetz in ihr Herz geben und in ihren Sinn schreiben und will sie gnädig ansehen und ihr Gott sein, und sie sollen mein Volk sein», so wird hier ohne Zweifel vom oberen Jerusalem geweissagt, dessen Lohn Gott selber ist, und dessen höchstes und alleiniges Gut es ist, ihn zu besitzen und sein eigen zu sein. Auf beide aber bezieht es sich, wenn Jerusalem Gottes Stadt genannt und geweissagt wird, in ihr werde sich das künftige Gotteshaus erheben, eine Weissagung, die sich durch den Bau des prächtigen Tempels durch den König Salomo zu erfüllen scheint. Denn hier haben wir die geschichtliche Wirklichkeit im irdischen Jerusalem und zugleich ein Sinnbild des himmlischen Jerusalems. Diese aus beidem zusammengefügte und gemischte Art der Weissagung spielt in den alten kanonischen Büchern erzählenden Inhalts eine große Rolle und übt wie einst so auch jetzt den Scharfsinn der Erklärer der heiligen Schriften, die zu erforschen suchen, wie das, was von Abrahams Samen nach dem Fleisch geschichtlich vorhergesagt und erfüllt ward, sinnbildlich als noch zu erfüllende Weissagung auch von dem Samen Abrahams dem Glauben nach gilt. So waren manche Erklärer sogar der Ansicht, überhaupt nichts sei in diesen Büchern vorhergesagt und geschehen, oder auch geschehen, ohne vorhergesagt zu sein, was nicht in figürlichem Sinne auf den oberen Gottesstaat und seine auf Erden pilgernden Kinder Bezug habe. Wenn das zutrifft, sind die Aussprüche der Propheten oder vielmehr aller jener Schriften, die man unter dem Namen des Alten Testaments zusammenfaßt, nur von zweierlei, nicht dreierlei Art. Denn dann gibt es nichts, was nur auf das irdische Jerusalem hinwiese, da alles, was von ihm oder seinetwegen gesagt ward und in Erfüllung ging, einen Sinn enthält, der sich, bildlich eingekleidet, auch auf das himmlische Jerusalem bezieht. Sondern es gibt dann nur zwei Arten, deren eine auf das freie Jerusalem hinweist, die andere dagegen auf beide. Aber wie mir diejenigen in großem Irrtum befangen zu sein scheinen, die meinen, keinerlei in jenen Schriften dargestellten Ereignisse bedeuteten etwas anderes als das, was sich damals zugetragen, so kommen mir auch diejenigen verwegen vor, die behaupten, hier sei alles sinnbildlich zu verstehen. Darum sprach ich von einer dreifachen, nicht bloß zweifachen Art. Das ist meine Ansicht, doch will ich diejenigen nicht schelten, die es fertigbringen, jedem hier geschilderten Ereignis einen geistigen Sinn abzugewinnen, vorausgesetzt daß sie an der zunächst feststehenden geschichtlichen Wahrheit nicht rütteln. Im übrigen wird kein Gläubiger auch das, was nicht zutreffen kann, wenn man es auf menschliches oder göttliches Geschehen der Vergangenheit oder Zukunft bezieht, deshalb für nichtig halten, sondern dergleichen Aussagen, wenn irgend möglich, im geistlichen Sinne verstehen, oder wenigstens zugeben, daß solch ein Verständnis gesucht werden muß.

4. Die Übertragung des Hohenpriestertums auf Christus von Hanna geweissagt

Als nun der Verlauf des Gottesstaates zu den Zeiten der Könige hingeführt und David nach Sauls Verwerfung als erster seine Herrschaft so fest begründet hatte, daß auch seine Nachkommen in langdauernder Aufeinanderfolge im irdischen Jerusalem herrschten, traten Ereignisse von vorbildlicher Bedeutung ein, die wir nicht mit Stillschweigen übergehen dürfen. Sie deuteten darauf hin und kündeten an, daß künftig ein Wechsel bezüglich der beiden Testamente, des Alten und Neuen, eintreten und das bisherige Priestertum und Königtum durch den abgelöst werden würde, der zugleich neuer und ewiger Priester und König ist, nämlich Jesus Christus. Denn einerseits war es die Verwerfung des Priesters Eli und seine Ersetzung durch Samuel, der im Dienste Gottes zugleich das Priester- und Richteramt verwaltete, andererseits die sichere Begründung des Königtums durch David nach Sauls Verstoßung, wodurch das, was ich nannte, sinnbildlich dargestellt wurde. Auch Hanna, Samuels Mutter, die vorher unfruchtbar gewesen, aber später mit Fruchtbarkeit gesegnet war und nun ihren Knaben nach seiner Geburt und Entwöhnung mit derselben Frömmigkeit, mit der sie es gelobt, Gott darbrachte, weist in ihrem jubelnden Dankgebet offenbar prophetisch auf das gleiche hin. Denn sie spricht: «Gestärkt ist mein Herz in dem Herrn, und mein Horn ist erhöht in meinem Gott. Mein Mund hat sich weit aufgetan über meine Feinde, ich freue mich deines Heils. Denn niemand ist heilig wie der Herr, niemand gerecht wie unser Gott. Keiner ist heilig außer dir. Laßt euer Rühmen und Prahlen, kein freches Reden komme aus eurem Mund. Denn der Herr ist ein Gott, der alles weiß, ein Gott, der von langher seine Pläne faßt. Den Bogen der Starken hat er schlaff gemacht, und die Schwachen sind umgürtet mit Kraft. Die Brot in Fülle haben, sind gemindert, und die hungerten, erheben sich über die Erde. Denn die Unfruchtbare hat sieben geboren, und die viele Kinder hatte, ward kraftlos. Der Herr tötet und macht lebendig, er führt in die Unterwelt und wieder heraus. Der Herr macht arm und macht reich, er erniedrigt und erhöht. Er hebt den Armen aus dem Staub und erhöht den Dürftigen aus dem Kot, daß er ihn setze neben die Mächtigen des Volkes und ihn den Stuhl der Ehre erben lasse. Er hilft das Gelübde erfüllen und hat gesegnet die Jahre des Gerechten, denn nicht aus eigener Kraft ist mächtig der Mann. Der Herr wird seinen Widersacher schwächen, er, der heilige Herr. Der Kluge rühme sich nicht seiner Klugheit, der Mächtige rühme sich nicht seiner Macht, der Reiche rühme sich nicht seines Reichtums. Sondern wer sich rühmt, der rühme sich, daß er den Herrn erkenne und wisse und Recht und Gerechtigkeit übe mitten auf Erden. Der Herr steigt zum Himmel empor und donnert, er wird richten die Enden der Erde, denn er ist gerecht. Er gibt Kraft unsern Königen und wird erhöhen das Horn seines Gesalbten.»

Glaubt hier wohl jemand, das wären bloß Worte eines Weibleins, das sich über die Geburt ihres Sohnes freut? Ist denn der Geist der Menschen so entfremdet dem Licht der Wahrheit, nicht zu merken, daß die Worte, die hier ausströmen, weit hinausgehen über das, was dieser Frau zuzutrauen ist? Wahrlich, wer den Inhalt der Worte, die sich bereits in dieser irdischen Pilgerschaft zu erfüllen angefangen haben, wie sich's gehört, auf sich wirken läßt, muß einsehen, begreifen und erkennen, daß durch dies Weib, dessen Name Hanna schon «seine Gnade» bedeutet, die christliche Religion selber, der Gottesstaat selber, dessen König und Gründer Christus ist, ja die Gnade Gottes selber in prophetischem Geiste gesprochen hat. Die Stolzen wollen von ihr nichts wissen und kommen zu Fall, die Demütigen sind von ihr erfüllt und stehen auf, das ist in dem Lobgesang der lauteste Ton. Mag jemand sagen, jenes Weib habe nicht als Prophetin gesprochen, sondern nur in überströmendem Jubel Gott gepriesen, weil ihr der erbetene Sohn geschenkt war. Aber was sollen dann die Worte: «Den Bogen der Starken hat er schlaff gemacht, und die Schwachen sind umgürtet mit Kraft. Die Brot die Fülle hatten, sind gemindert, und die hungerten, erheben sich über die Erde. Denn die Unfruchtbare hat sieben geboren, und die viele Kinder hatte, ward kraftlos»? Hatte sie etwa selber sieben Kinder geboren, obwohl sie unfruchtbar war? Ein einziges hatte sie, als sie so sprach, und auch später hat sie keine sieben geboren oder sechs, so daß Samuel das siebte gewesen wäre, sondern nur fünf, drei männlichen, zwei weiblichen Geschlechts. Und was für einen Sinn hätten zu einer Zeit, da es in jenem Volke überhaupt noch keinen König gab, ihre Schlußworte: «Er gibt Macht unseren Königen und wird erhöhen das Horn seines Gesalbten», wenn sie nicht weissagte?

So mag denn die Kirche Christi, die Stadt des großen Königs, die Gnadenvolle und Kinderreiche, das Wort nachsprechen, das so lange vorher der Mund dieser frommen Mutter von ihr weissagend sprach: «Gestärkt ist mein Herz in dem Herrn, und mein Horn ist erhöht in meinem Gott.» Ja, wahrhaft gestärkt ist ihr Herz und wahrhaft erhöht ihr Horn, weil nicht in sich selber, sondern in dem Herrn, ihrem Gott. «Mein Mund hat sich weit aufgetan über meine Feinde», denn Gottes Wort war auch in der Drangsal der Verfolgung nicht gebunden, ob auch seine Verkünder gebunden wurden. «Ich freue mich», spricht sie, «deines Heils.» Das ist Jesus Christus, den Simeon, der Greis, wie wir im Evangelium lesen, klein auf den Armen, groß vor Augen hatte, als er sprach: «Herr, nun lässest du deinen Diener in Frieden fahren, denn meine Augen haben dein Heil gesehen.» So spreche denn die Kirche: «Ich freue mich deines Heils, denn niemand ist heilig wie der Herr und niemand gerecht wie unser Gott.» Denn er ist heilig und macht heilig, ist gerecht und macht gerecht. «Keiner ist heilig außer dir», denn niemand wird's, wenn nicht durch dich. Weiter heißt es: «Laßt euer Rühmen und Prahlen, kein freches Reden komme aus eurem Munde, denn der Herr ist ein Gott, der alles weiß.» Er kennt euch, auch wo niemand euch kennt, denn «so jemand sich läßt dünken, er sei etwas, so er doch nichts ist, der betrügt sich selbst». Das wird den Gegnern des Gottesstaates gesagt, die zu Babylon gehören, sich auf die eigene Kraft verlassen und in sich, nicht im Herrn sich rühmen. Unter ihnen sind auch die fleischlichen Israeliten, die erdgeborenen Bürger des irdischen Jerusalems, die, wie der Apostel sagt, «die Gerechtigkeit Gottes nicht erkennen» – die Gerechtigkeit nämlich, die Gott, der allein gerecht ist und gerecht macht, dem Menschen verleiht –, «ihre eigene Gerechtigkeit aufzurichten trachten» – nämlich eine angeblich selbst erworbene, nicht von Gott geschenkte – «und der Gerechtigkeit Gottes nicht untertan sind.» Denn sie meinen in ihrem Stolz, mit Eigenem, nicht dem, was Gottes ist, Gott gefallen zu können, der doch alles weiß und die Gewissen erforscht, wo er die Gedanken der Menschen sieht, daß sie eitel sind, da es Menschengedanken sind, die nicht von ihm kommen. «Und der von langher», heißt es weiter, «seine Pläne faßt.» Was für Pläne, meinen wir wohl? Nun, daß die Hochmütigen zu Fall kommen und die Demütigen sich erheben. Denn von solchen Plänen handeln die folgenden Worte: «Den Bogen der Starken hat er schlaff gemacht, und die Schwachen sind umgürtet mit Kraft.» Schlaff geworden ist ihr Bogen, das heißt das Streben derer, die sich für so stark halten, ohne Gottes Gabe und Beistand aus eigenem menschlichen Vermögen die göttlichen Gebote zu erfüllen; aber mit Kraft werden umgürtet, die im Herzen sprechen: «Herr, sei mir gnädig, denn ich bin schwach.»

«Die Brot in Fülle haben», spricht sie, «sind gemindert, und die hungerten, erheben sich über die Erde.» Wer ist gemeint mit denen, die Brot in Fülle haben, wenn nicht wiederum jene scheinbar Mächtigen, die Israeliten, denen die Worte Gottes anvertraut wurden? Aber in diesem Volke wurden die Söhne der Magd «gemindert» – ein Wort, das zwar nicht in bestem Deutsch, aber doch deutlich zum Ausdruck bringt, daß sie aus Älteren zu Minderjährigen geworden sind –, weil sie am Brote selbst, das ist an den göttlichen Aussprüchen, die die Israeliten damals als die einzigen von allen Völkern empfingen, nur irdischen Geschmack fanden. Die Heiden aber, denen das Gesetz nicht gegeben war, sie haben, als jene Aussprüche durch den neuen Bund auch zu ihnen gelangten, in ihrem großen Hunger sich über die Erde erhoben, weil sie an ihnen nicht das Irdische, sondern das Himmlische schmeckten. Und nun, als wäre nach der Ursache dessen gefragt, spricht sie weiter: «Denn die Unfruchtbare hat sieben geboren, und die viele Kinder hatte, ward kraftlos.» Hier wird der Sinn der ganzen Weissagung klar, wenn man nur weiß, was die Siebenzahl bedeutet, nämlich die Vollendung der ganzen Kirche. Deswegen schreibt ja der Apostel Johannes an sieben Gemeinden und bringt damit zum Ausdruck, daß er an die Gesamtheit der einen Kirche schreibe, und nach den Sprüchen Salomos hat die Weisheit, wie sie dasselbe mit sinnbildlichem Ausdruck im voraus ankündigt, sich ein Haus gebaut und es auf sieben Säulen gestützt. Denn unfruchtbar war in allen Völkern der Gottesstaat, ehe jene Frucht, die wir nun sehen, erwuchs. Wir sehen auch, wie das irdische Jerusalem, einst mit Kindern gesegnet, jetzt schwach geworden ist. Denn seine Kraft waren die Kinder der Freien in ihr. Nun aber ist dort nur Buchstabe, nicht Geist; so ging seine Kraft verloren und ward es schwach.

«Der Herr tötet und macht lebendig», das heißt, er hat die Kinderreiche getötet und die Unfruchtbare lebendig gemacht, die sieben gebar. Doch versteht man dies Wort wohl besser in dem Sinne, daß Gott dieselben lebendig macht, die er getötet hat. Denn ebendies wiederholt sie gewissermaßen, wenn sie hinzufügt: «Er führt in die Unterwelt und wieder heraus.» Denn diejenigen, zu denen der Apostel spricht: «Seid ihr mit Christo gestorben, so suchet, was droben ist, da Christus ist, sitzend zur Rechten Gottes», werden ja zu ihrem Heil vom Herrn getötet, und für sie schreibt er auch das folgende: «Trachtet nach dem, was droben ist, nicht nach dem, was auf Erden ist.» So sind sie es, die in ihrem Hunger sich über die Erde erhoben. «Denn», so heißt es weiter, «ihr seid gestorben» – sieh da, wie Gott zum Heil tötet – sodann: «Und euer Leben ist verborgen mit Christo in Gott» – sieh da, wie Gott dieselben lebendig macht. Aber hat er sie auch in die Unterwelt hinab und wieder heraus geführt? Beides sehen wir, darüber sind sich die Gläubigen einig, vor allem an jenem, unserm Haupte, erfüllt, mit dem, wie der Apostel sagt, unser Leben in Gott verborgen ist. Denn wenn Gott «seines eigenen Sohnes nicht verschont, sondern ihn für uns alle dahingegeben hat», so heißt das, er hat ihn getötet, und wenn er ihn von den Toten auferweckte, hat er ihn wieder lebendig gemacht. Und da wir in der Weissagung: «Du wirst meine Seele nicht in der Unterwelt lassen» seine Stimme erkennen, hat er ihn auch in die Unterwelt hinab und wieder heraus geführt. Durch diese seine Armut sind wir reich gemacht. «Denn der Herr macht arm und macht reich.» Damit wir das nicht mißverstehen, heißt es weiter: «Er erniedrigt und erhöht.» Die Hochmütigen sind's, die er erniedrigt, die Demütigen, die er erhöht. Denn wenn wir an anderer Stelle lesen: «Gott widersteht den Hoffärtigen, aber den Demütigen gibt er Gnade», so gibt das den ganzen Inhalt der Rede jener Frau wieder, deren Name schon «seine Gnade» bedeutet.

Was sich dann weiter anschließt: «Er hebt den Armen aus dem Staube», versteht man am besten von dem, der «ob er wohl reich war, arm ward um unseretwillen, auf daß wir», wie schon vorher gesagt, «durch seine Armut reich würden.» Denn ihn hat er so rasch aus dem Staube erhoben, daß sein Fleisch die Verwesung nicht sah. Und auch die folgenden Worte: «Und erhöht den Dürftigen aus dem Kot» möchte ich auf ihn beziehen. Denn dürftig ist dasselbe wie arm, und unter dem Kot, aus dem er erhöht ward, versteht man mit gutem Recht die jüdischen Verfolger, zu denen einst auch der Apostel gehörte, als er die Kirche verfolgte. Mit Bezug darauf sagt er ja: «Was mir Gewinn war, das habe ich um Christi willen für Schaden geachtet, ja, ich habe es nicht nur für Verlust, sondern sogar für Kot geachtet, um Christus zu gewinnen.» Aus dem Staube also ward jener Arme erhoben übei alle Reichen, aus diesem Kot erhöht der Dürftige über alle Begüterten, um nun «zu sitzen neben den Mächtigen des Volks», zu denen er sagt: «Ihr werdet sitzen auf zwölf Stühlen.» «Und läßt sie erben den Stuhl der Ehre.» Denn jene Mächtigen hatten gesagt: «Siehe, wir haben alles verlassen und sind dir nachgefolgt.» Das hatten sie in Vollmacht gelobt. Aber woher diese Macht, wenn nicht von dem, von welchem es gleich darauf heißt: «Er hilft das Gelübde erfüllen»? Sonst hätten sie zu den Mächtigen gehört, deren Bogen erschlaffte. «Er hilft das Gelübde erfüllen», hören wir. Denn niemand könnte dem Herrn etwas Rechtes geloben, empfinge er nicht von ihm, was er gelobt. Weiter liest man: «Er hat gesegnet die Jahre des Gerechten», so daß er nun ohne Ende bei dem lebt, zu dem gesagt ward: «Und deine Jahre nehmen kein Ende.» Denn dort stehen die Jahre still, hier gehen sie vorüber, ja sie vergehen. Denn ehe sie kommen, sind sie nicht, sind sie aber gekommen, werden sie nicht bleiben, denn sie kommen mit ihrem Ende. Von den beiden Stücken, die hier genannt werden: «Er hilft das Gelübde erfüllen» und «er hat gesegnet die Jahre des Gerechten», tun wir das eine und nehmen in Empfang das andere. Aber dies andere, das Gott uns schenkt, empfangen wir nicht, wenn wir nicht mit seiner Hilfe das erste geleistet. «Denn nicht aus eigener Kraft ist mächtig der Mann. Der Herr wird seinen Widersacher schwächen», nämlich den, der dem Manne sein Gelübde neidet und ihn zu hindern sucht, es zu erfüllen. Nach dem doppelsinnigen griechischen Text könnte hier auch von dem Widersacher Gottes die Rede sein. Denn sobald der Herr von uns Besitz ergriffen hat, wird unser Widersacher auch der seine, und wird er dann von uns besiegt, geschieht es nicht durch unsere Kraft, «denn nicht aus eigener Kraft ist mächtig der Mann». Der Herr also wird seinen Widersacher schwächen, «er, der heilige Herr», auf daß er besiegt werde von den Heiligen, die der allerheiligste Herr heilig macht.

Darum «rühme der Kluge sich nicht seiner Klugheit, der Mächtige rühme sich nicht seiner Macht, der Reiche rühme sich nicht seines Reichtums. Sondern wer sich rühmt, der rühme sich, daß er den Herrn erkenne und wisse und Recht und Gerechtigkeit übe mitten auf Erden.» Dies «den Herrn erkennen und wissen» besteht zum guten Teil darin, daß man erkennt und weiß, der Herr habe uns auch dies verliehen, den Herrn zu erkennen und wissen. Denn «was hast du», sagt der Apostel, «das du nicht empfangen hast? Wenn du es aber empfangen hast, was rühmst du dich denn, als ob du es nicht empfangen hättest?» das heißt, als hättest du es aus dir selber, wessen du dich rühmst. Recht und Gerechtigkeit aber übt, wer recht lebt. Recht aber lebt, wer dem Gebote Gottes gehorcht, und «der Endzweck des Gebotes», nämlich das, worauf das Gebot abzielt, «ist Liebe aus reinem Herzen und gutem Gewissen und ungeheucheltem Glauben». Nun ist diese Liebe, wie der Apostel Johannes bezeugt, von Gott. Also ist auch Recht und Gerechtigkeit üben von Gott. Aber was soll nun das «mitten auf Erden»? Müssen etwa, die an den Enden der Erde leben, nicht Recht und Gerechtigkeit üben? Das wird doch niemand behaupten. Warum also «mitten auf Erden»?

Wäre ohne diesen Zusatz von «Recht und Gerechtigkeit üben» die Rede, bezöge sich das Gebot doch unmißverständlicher auf alle Menschen, die Küstenbewohner so gut wie die im Binnenlande. Aber «mitten auf Erden» soll hier wohl heißen: So lange einer noch im Leibe lebt, und das ist gesagt, damit niemand sich einbilde, nach Beendigung des leiblichen Lebens sei noch Zeit, Recht und Gerechtigkeit zu üben, was man vordem versäumt, und so könne man dem göttlichen Urteil entgehen. Denn während dieses Lebens trägt jeder seine Erde mit sich herum, die dann, wenn der Mensch stirbt, die gemeinsame Erde aufnimmt, um sie dem Auferstehenden zurückzugeben. Demnach müssen wir «mitten auf Erden», das ist, solange noch unsere Seele in diesem Erdenleibe eingeschlossen ist, Recht und Gerechtigkeit üben, und das wird uns später zugute kommen, wenn «ein jeglicher empfängt nach dem er im Leibe gehandelt hat, es sei gut oder böse». «Im Leibe», damit will der Apostel sagen: während des leiblichen Lebens. Denn wenn jemand durch ein tückisches Herz und gottlose Gedanken Gott lästert, ohne daß seine leiblichen Glieder dabei beteiligt sind, wird er keineswegs deswegen schuldlos sein, weil keine körperlichen Bewegungen mitspielten, da er es zu einer Zeit tat, in der er noch im Leibe lebte. In demselben Sinne kann man füglich auch das Psalmwort verstehen: «Gott aber ist unser König von alters her, der Heil wirkt mitten auf Erden.» Hier ist mit unserm Gott von alters her der Herr Jesus gemeint, da durch ihn die Zeitalter gemacht sind, und er hat unser Heil mitten auf Erden gewirkt, da das Wort Fleisch ward und in einem irdischen Leibe wohnte.

Nachdem also die zuletzt angeführten Prophetenworte der Hanna uns gezeigt haben, wie wir uns rühmen sollen, nämlich nicht in uns selber, sondern im Herrn, fährt sie fort und denkt dabei an die Vergeltung am künftigen Tage des Gerichts: «Der Herr steigt zum Himmel empor und donnert, er wird richten die Enden der Erde, denn er ist gerecht.» Sie hält sich also an die Reihenfolge des Bekenntnisses der Gläubigen. Denn der Herr Christus ist gen Himmel gefahren und wird von dannen kommen, zu richten die Lebendigen und die Toten. Und der Apostel sagt: «Wer ist aufgefahren? Kein anderer als der, welcher zuvor hinuntergefahren ist in die untersten Räume der Erde. Der aber hinuntergefahren ist, das ist derselbe, der aufgefahren ist über alle Himmel, um alles zu erfüllen.» Durch seine Wolken also donnerte er, die er nach seiner Auffahrt mit dem Heiligen Geiste erfüllte. Auf diese Wolken bezieht sich die Drohung, die er durch den Propheten Jesaja an die Magd Jerusalem, nämlich den undankbaren Weinberg richtete, daß sie keinen Regen mehr über ihn ergießen würden. Die Worte aber: «Er wird richten die Enden der Erde» bedeuten dasselbe, wie wenn gesagt wäre: «Auch die Enden der Erde.» Denn Erdteile, die er, der ohne Frage alle Menschen richten wird, nicht richten würde, gibt es nicht. Doch besser versteht man unter den Enden der Erde den Endzustand des Menschen. Denn nicht darüber wird Gericht gesprochen, was in des Lebens Mitte sich noch zum Besseren oder Schlechteren ändern mag, sondern jeden trifft das Gericht so, wie er am Ende befunden wird. Deswegen heißt es auch: «Wer bis ans Ende beharrt, der wird selig.» Wer also beharrlich Recht und Gerechtigkeit übt mitten auf Erden, wird nicht verdammt, wenn die Enden der Erde gerichtet werden. «Er gibt», so spricht sie weiter, «Kraft unsern Königen», so daß er sie nicht im Gericht verdammen muß. Er gibt ihnen ja die Kraft, das Fleisch wie Könige zu beherrschen und durch ihn, der um ihretwillen sein Blut vergossen hat, die Welt zu besiegen. «Und er wird erhöhen das Horn seines Gesalbten.» Aber wieso wird Christus, der Gesalbte, das Horn seines Gesalbten erhöhen? Denn derselbe, von dem es vorhin hieß: «Der Herr steigt auf zum Himmel» und den wir als den Herrn Christus erkannten, wird, wie uns jetzt gesagt wird, das Horn seines Gesalbten erhöhen. Wer also ist der Gesalbte des Gesalbten? Ist es vielleicht so zu verstehen, daß er das Horn jedes seiner Gläubigen erhöhen wird, wie ja die Sängerin selber im Eingang ihres Lobliedes spricht: «Mein Horn ist erhöht in meinem Gott»? In der Tat, wir können alle, die mit seinem Salböl gesalbt sind, mit Recht Gesalbte nennen, doch so, daß der ganze Leib zusammen mit seinem Haupte der eine Christus ist. – Das also weissagte Hanna, die Mutter Samuels, des heiligen, vielgepriesenen Mannes, in dem damals die Änderung des alten Priestertums vorgebildet ward, die jetzt erfüllt ist. Denn nun ist die Kinderreiche kraftlos geworden, und die Unfruchtbare, die sieben gebar, hat in Christus ein neues Priestertum erlangt.

5. *Das an Eli gerichtete Prophetenwort hat den gleichen Sinn*

Doch noch deutlicher sagt dies der zum Hohenpriester Eli gesandte Gottesmann, dessen Name zwar verschwiegen wird, den man aber an seinem Auftrag und Dienst mit Sicherheit als einen Propheten erkennt. Denn so steht geschrieben: «Es kam ein Mann Gottes zu Eli und sprach zu ihm: So spricht der Herr: Ich habe mich offenbart deines Vaters Hause, da sie noch in Ägyptenland Knechte in Pharaos Hause waren, und habe deines Vaters Haus mir erwählt aus allen Zeptern Israels zum Priestertum, emporzusteigen zu meinem Altar, Räucherwerk anzuzünden und das Ephod zu tragen, und habe deines Vaters Hause alles zur Speise gegeben, was vom Brandopfer der Kinder Israel abfällt. Warum hat du nun mit dreistem Auge mein Räucherwerk und mein Opfer angeschaut und deine Söhne mehr geehrt als mich, daß sie das Beste von allen Opfern in Israel in Anspruch nehmen vor meinen Augen? Darum spricht der Herr, der Gott Israels: Ich habe gesagt: Dein Haus und deines Vaters Haus sollen vor mir aus- und eingehen ewiglich. Aber nun spricht der Herr: Nicht also, sondern wer mich ehrt, den will ich auch ehren, und wer mich verachtet, der soll wieder verachtet werden. Siehe, es wird die Zeit kommen, da werde ich ausrotten deinen Samen und den Samen des Hauses deines Vaters, und du wirst hinfort keinen Ältesten mehr haben in meinem Hause und keinen Mann an meinem Altare. Sondern ich werde ihn austilgen, daß seine Augen erlöschen und seine Seele hinschwindet, und jeder, der noch überbleibt von deinem Hause, muß fallen durch das Schwert der Männer. Und zum Zeichen sei dir, was über deine zwei Söhne, Hophni und Pinehas, kommen wird: An einem Tage werden beide sterben. Ich aber will mir einen treuen Priester erwecken, der alles tun soll, was meinem Herzen und meiner Seele gefällt. Dem will ich ein beständiges Haus bauen, daß es vor meinem Gesalbten aus- und eingehe immerdar. Und wer übrigbleibt von deinem Hause, wird vor ihm niederfallen mit einem Silbergroschen und bitten: Gewähre mir Anteil an deinem Priestertum, daß ich Brot zu essen habe.»

Man darf nicht behaupten, diese Weissagung, die mit solcher Klarheit den Wechsel im alten Priestertum voraussagt, sei in Samuel erfüllt worden. Man könnte ja zunächst der Meinung sein. Denn Samuel war wohl ein Glied des Stammes, der vom Herrn zum Altardienst bestimmt war, gehörte aber nicht zu den Söhnen Aarons, dessen Nachkommen zum Priestertum berufen waren, und insofern ist der Wechsel, der durch Christus eintreten sollte, auch durch Samuels Priestertum angedeutet, und man muß sagen: Diese Sach-, nicht Wortprophezeiung, die durch eine Tatsache dasselbe anzeigte, was der Prophet dem Eli mit Worten ankündigte, gehört zwar im eigentlichen Sinne zum Alten Testament, im übertragenen aber zum Neuen. Doch daß bei der Weissagung nicht an Samuel zu denken ist, ergibt sich daraus, daß es auch später Priester aus dem Geschlecht Aarons gab, wie Zadok und Abjathar während der Königsherrschaft Davids und nach ihnen noch andere, bis die Zeit gekommen war, da die so lange vorher ausgesprochene Weissagung vom Wechsel des Priestertums in Christus erfüllt werden sollte. Doch wer, der dies gläubigen Blickes betrachtet, sieht nicht, daß es nunmehr erfüllt ist? Denn den Juden ist keine Stiftshütte, kein Tempel, kein Altar, kein Opfer und darum auch kein Priester geblieben, der, wie das Gesetz befahl, aus Aarons Samen bestellt werden sollte. Und darauf hat schon jener ungenannte Prophet mit den Worten hingewiesen: «So spricht der Herr, der Gott Israels: Ich habe gesagt: Dein Haus und deines Vaters Haus sollen vor mir aus- und eingehen ewiglich. Aber nun spricht der Herr: Nicht also, sondern wer mich ehrt, den will ich auch ehren, und wer mich verachtet, der soll wieder verachtet werden.» Denn daß bei Nennung des Vaterhauses nicht an den eigentlichen Vater Elis, sondern jenen Aaron zu denken ist, der als erster Priester eingesetzt ward und dessen Nachkommen die späteren Priester stellen sollten, ist aus den vorhergehenden Worten zu ersehen: «Ich habe mich offenbart deines Vaters Hause, da sie noch in Ägyptenland Knechte in Pharaos Hause waren, und habe deines Vaters Haus mir erwählt aus allen Zeptern Israels zum Priestertum.» Wer sonst unter den Vätern Elis befand sich in ägyptischer Knechtschaft und wurde nach der Befreiung daraus zum Priestertum bestellt als eben Aaron? Aus dessen Stamm also, hören wir an unserer Stelle, werde es später einmal keine Priester mehr geben, und das ist jetzt, wie wir sehen, in Erfüllung gegangen. Nur eines wachen Glaubens bedarf es; die Tatsachen sind da, man sieht und greift sie, ja, sie drängen sich wider Willen den Augen auf. «Siehe», sagt der Prophet, «es wird die Zeit kommen, da werde ich ausrotten deinen Samen und den Samen des Hauses deines Vaters, und du wirst hinfort keinen Ältesten haben in meinem Hause und keinen Mann an meinem Altare. Sondern ich werde ihn austilgen, daß seine Augen erlöschen und seine Seele hinschwindet.» Siehe, die hier angekündigte Zeit ist nun gekommen. Es gibt keinen Priester mehr nach der Ordnung Aarons, und wer noch übrig ist aus jenem Geschlecht, wenn er sieht, wie das Opfer der Christen auf dem ganzen Erdkreis in Ansehen steht, ihm selber aber die große Ehre entzogen ist, dessen Augen erlöschen und dessen Seele schwindet dahin in zehrendem Gram.

Nur auf das Haus Elis, an den die Worte des Propheten gerichtet waren, bezieht sich dagegen, was folgt: «Jeder, der noch überbleibt von deinem Hause, muß fallen durch das Schwert der Männer. Und zum Zeichen sei dir, was über deine zwei Söhne, Hophni und Pinehas, kommen wird: An einem Tage werden sie beide sterben.» Das also war das Zeichen, welches darauf hinwies, daß das Priestertum dem Hause Elis genommen werden sollte, und dies wiederum zeigte an, daß auch das Priestertum des Hauses Aaron dem Wechsel unterworfen sein sollte. Der Tod der Söhne Elis bedeutete also nicht das Ende von Menschen, sondern das Ende des Priestertums der Nachkommen Aarons. Was aber nun folgt, betrifft schon jenen Priester, auf den Samuel dadurch hinwies, daß er Elis Nachfolger ward. So ist denn das Nachfolgende von Christus Jesus, dem wahren Priester des Neuen Bundes gesagt: «Ich aber will mir einen treuen Priester erwecken, der alles tun soll, was meinem Herzen und meiner Seele gefällt, und ich will ihm ein beständiges Haus bauen.» Das ist das ewige und obere Jerusalem. «Daß es», so lesen wir weiter, «vor meinem Gesalbten aus- und eingehe immerdar.» «Aus- und eingehe» besagt dasselbe wie: «wandele». So hieß es ja auch vorher vom Hause Aaron: «Ich habe gesagt: Dein Haus und deines Vaters Haus sollen vor mir aus- und eingehen ewiglich.» Die Worte «vor meinem Gesalbten aus- und eingehe» sind natürlich vom Hause zu verstehen, nicht von dem Priester, der ja Christus selber ist, der Mittler und Erlöser. Also sein Haus wird vor ihm aus- und eingehen. Das «wird aus- und eingehen» kann man auch verstehen vom Übergang aus dem Tode zum Leben, und «immerdar» bedeutet dann die Zeit unsers vergänglichen Lebens bis zum Ende dieser Welt. Wenn Gott aber spricht: «Der alles tun soll, was meinem Herzen und meiner Seele gefällt», müssen wir nicht meinen, Gott habe eine Seele, da er vielmehr der Schöpfer der Seele ist. Sondern dies wird von Gott im übertragenen, nicht eigentlichen Sinne gesagt, wie ja auch von Hand und Fuß und andern Körperteilen Gottes die Rede ist. Und damit man sich nicht auf Grund derartiger Redewendungen einbilde, der Mensch in seiner leiblichen Gestalt sei nach Gottes Ebenbild geschaffen, werden auch noch Flügel hinzugefügt und an Gott die Worte gerichtet: «Beschirme mich unter dem Schatten deiner Flügel.» So versteht man, daß Aussagen über Gottes unaussprechliches Wesen nicht in buchstäblichem, sondern bildlichem Sinne gemeint sind.

Wenn aber der Prophet fortfährt: «Und wer übrigbleibt in deinem Hause, wird vor ihm niederfallen», so gilt das nicht eigentlich vom Hause dieses Eli, sondern jenes Aaron, von dem bis zur Ankunft Jesu Christi Abkömmlinge übrigblieben, und dessen Geschlecht auch jetzt noch nicht erloschen ist. Denn vom Hause Elis hieß es ja schon vorhin: «Jeder der von deinem Hause noch überbleibt, muß fallen durch das Schwert der Männer.» Die Worte «wer noch übrigbleibt in deinem Hause, wird vor ihm niederfallen» können also nicht zutreffen, wenn von eben diesem Hause niemand dem rächenden Schwert entrinnen wird. Man muß sie demnach auf den Stamm des ganzen Priestertums nach der Ordnung Aarons beziehen. Wenn also die Worte «Wer noch übrigbleibt in deinem Hause» mit Recht auf den vorherbestimmten Überrest bezogen werden, von dem ein anderer Prophet spricht: «Ein Überrest wird gerettet werden», auf den auch der Apostel hinweist, wenn er schreibt: «So ist auch in dieser Zeit durch Gnadenwahl ein Überrest geblieben», nun, so glaubt dieser Überrest tatsächlich an Christus. Denn schon zur Zeit der Apostel haben aus diesem Volke sehr viele geglaubt, und auch jetzt fehlen gläubige Juden nicht, wenn sie auch recht spärlich sind, und erfüllt sich an diesem Rest, was der Mann Gottes im Anschluß an die erwähnten Worte weiter sagt: «Er wird vor ihm niederfallen mit einem Silbergroschen.» Vor wem niederfallen? Nun, vor keinem anderen als dem Hohenpriester, der zugleich Gott ist. Denn in jenem Priestertum nach der Ordnung Aarons kamen die Menschen nicht zum Tempel oder Altar Gottes, um vor dem Priester niederzufallen. Aber was soll das bedeuten: «Mit einem Silbergroschen»? Damit ist das kurze und bündige Glaubenswort gemeint, auf welches der vom Apostel angeführte Prophetenspruch hinweist: «Ein Wort kurz und bündig wird der Herr schaffen auf Erden.» Silber aber ist gleichbedeutend mit Wort; das bezeugt der Psalm, in dem man singt: «Die Worte des Herrn sind lauter, im Feuer bewährtes Silber.»

Was sagt nun der, welcher niederfällt vor dem Priester Gottes und Priester-Gott? «Gewähre mir Anteil an deinem Priestertum, daß ich Brot zu essen habe.» Ich will nicht auf dem Ehrenplatz meiner Väter sitzen, denn das ist keiner; gewähre mir Anteil an deinem Priestertum! Denn «ich will gern der niedrigste sein im Hause Gottes.» Ein Glied deines Priestertums möchte ich sein, einerlei welches, sei es auch noch so gering. Priestertum bedeutet hier das Volk, dessen Priester der Mittler zwischen Gott und den Menschen, der Mensch Christus Jesus ist. Dies Volk nennt ja der Apostel Petrus «das heilige Volk, das königliche Priestertum». Freilich übersetzen auch einige: Gewähre mir Anteil «an deinem Opfer», statt «an deinem Priestertum», doch auch damit ist das Christenvolk gemeint. Denn davon sagt der Apostel Paulus: «Ein Brot, ein Leib sind wir vielen.» Wenn der Bittende sodann hinzufügt: «Daß ich Brot zu essen habe», so hat er damit treffend auch die

Art des Opfers angegeben, von dem der Priester selber sagt: «Das Brot, das ich geben werde, ist mein Fleisch, welches ich geben werde für das Leben der Welt.» Das ist das Opfer, nicht nach der Ordnung Aarons, sondern nach der Ordnung Melchisedeks. Wer dies liest, verstehe es. Kurz und bündig also ist dies Bekenntnis und heilsam demütig: «Gewähre mir Anteil an deinem Priestertum, daß ich Brot zu essen habe», und das eben ist der Silbergroschen. Denn es ist kurz und bündig und ein Wort des Herrn, der im Herzen des Gläubigen wohnt. Denn vorher war gesagt, Gott habe dem Hause Aarons Speise von den Opfern des Alten Bundes angewiesen: «Ich habe deines Vaters Hause alles zur Speise gegeben, was vom Brandopfer der Kinder Israel abfällt» – das betraf die Opfer der Juden –, und nun heißt es hier: «Daß ich Brot zu essen habe.» Das aber ist im Neuen Bunde das Opfer der Christen.

6. Ewigkeit kommt nur dem wahren Priestertum und Königtum zu, nicht seinem Schatten

Obwohl nun dies einst mit solch göttlicher Erhabenheit vorhergesagt wurde und jetzt mit solcher Klarheit zutage liegt, könnte doch jemand begründeten Anstoß nehmen und sagen: Wie soll man glauben, daß alles eintrifft, was in diesen Schriften als bevorstehend angekündigt wird, wenn doch das, was wir hier als göttlichen Ausspruch lesen: «Dein Haus und deines Vaters Haus werden vor mir aus- und eingehen ewiglich» nicht zur Durchführung gelangen konnte? Wir sehen doch, daß in jenem Priestertum ein Wechsel eintrat, und daß die jenem Hause gegebene Verheißung auch in Zukunft niemals in Erfüllung gehen kann, weil ja vielmehr dem Priestertum, das an die Stelle des verworfenen und abgeschafften trat, ewiges Bestehen angekündigt wird. Wer so spricht, begreift noch nicht oder denkt nicht daran, daß auch das Priestertum nach Aarons

Ordnung als Schatten des zukünftigen ewigen Priestertums eingesetzt ist. Darum gilt die Ewigkeit, die ihm verheißen ist, nicht dem Schatten und Sinnbild, sondern dem, das dadurch abgeschattet und abgebildet ist. Freilich, damit man nicht den Schatten für dauerhaft halte, mußte auch dessen Abschaffung geweissagt werden.

Auch das Königtum Sauls, der ja unzweifelhaft verstoßen und verworfen wurde, war in derselben Weise ein Schatten des ewig bleibenden Königtums. Denn das Öl, mit dem er gesalbt und wonach er der Gesalbte genannt wurde, hat einen mystischen Sinn und ist als großes Geheimnis zu würdigen, ein Geheimnis, das David an Saul so sehr ehrte, daß er angstvollen Herzens erzitterte, als er, verborgen in der dunklen Höhle, in die auch Saul eines natürlichen Bedürfnisses wegen eingetreten war, rücklings und heimlich ein Stückchen seines Gewandes abschnitt. Er wollte nämlich ein Beweisstück dafür in Händen haben, daß er ihn geschont hatte, obschon er ihn töten konnte, um auf diese Weise den Argwohn aus seiner Seele zu tilgen, der Saul veranlaßt hatte, den frommen David für seinen Feind zu halten und grimmig zu verfolgen. David fürchtete also, er möchte der Verletzung des großen Geheimnisses, das sich für ihn mit Saul verband, schuldig werden, wenn er auch nur sein Gewand berührte. Denn so liest man: «Danach schlug ihm sein Herz, weil er den Zipfel des Mantels abgeschnitten hatte.» Zu den Männern aber, die bei ihm waren und ihm rieten, Saul, der in seine Hände gegeben sei, umzubringen, sprach er: «Das lasse der Herr ferne von mir sein, daß ich das tun und meine Hand legen sollte an meinen Herrn, den Gesalbten des Herrn, denn er ist der Gesalbte des Herrn.» Diesem Schatten des Zukünftigen also wurde nicht um seiner selbst willen, sondern um deswillen, was er zu bedeuten hatte, solche Ehrfurcht zuteil. Das wirft ein Licht auch auf das Wort, das Samuel zu Saul sprach: «Weil du mein Gebot nicht gehalten hast, das dir der

Herr gegeben hat, wird dein Königreich, das nach des Herren Rat ewig dauern sollte über Israel, für dich keinen Bestand haben, sondern der Herr wird sich einen Mann suchen nach seinem Herzen. Dem wird der Herr gebieten, Fürst zu sein über sein Volk; denn du hast des Herrn Gebot nicht gehalten.» Das ist nicht so zu verstehen, als hätte Gott vorgesehen, Saul selbst sollte ewig herrschen, und hätte das nachher dem Sünder nicht wahr machen wollen – wußte er doch sehr wohl, daß er sündigen werde –, sondern er hatte seine Herrschaft vorgesehen als Sinnbild des ewigen Reiches. Darum fügte er hinzu: «Nun wird dein Reich für dich keinen Bestand haben.» Es bestand also und wird bestehen, was durch dieses Reich sinnbildlich dargestellt war, aber nicht für ihn. Denn er selbst sollte nicht ewig herrschen und ebensowenig seine Nachkommen, so daß man hätte meinen können, durch ihre ununterbrochene Aufeinanderfolge erfülle sich das Wort «ewig». «Der Herr aber wird sich einen Mann suchen», diesen Ausspruch mag man auf David deuten oder auch auf den Mittler des Neuen Bundes, auf den ja auch das Salböl hinweist, mit welchem David selbst und seine Nachkommen gesalbt wurden. Gott aber sucht sich einen Mann nicht so, als wüßte er noch nicht, wo er ist, sondern spricht durch einen Menschen nach Menschenweise, und dadurch daß er spricht, sucht er uns. Denn nicht nur Gott, dem Vater, sondern ebenso seinem Eingeborenen, welcher kam, zu suchen, was verloren ist, waren wir längst so wohl bekannt, daß wir in ihm auerwählt waren vor Grundlegung der Welt. Er «wird ihn sich suchen» heißt also: Er wird ihn haben. Darum setzt man im Lateinischen dem Wort «quaerere», suchen, eine Präposition vor, dann heißt es «adquirere», was bekanntlich erlangen bedeutet. Doch kann man «quaerere» auch ohne Präposition wie «adquirere» verstehen, und dementsprechend heißt «quaestus» auch der Gewinn.

7. Die Spaltung Israels ein Hinweis auf die Trennung des fleischlichen und geistlichen Israel

Wiederum sündigte Saul durch Ungehorsam, und wiederum sprach Samuel zu ihm im Namen des Herrn: «Weil du des Herrn Wort verworfen hast, hat dich der Herr auch verworfen, daß du nicht König seist über Israel.» Und noch einmal und um derselben Sünde willen, obwohl Saul sie bekannte, Verzeihung erflehte und Samuel bat, mit ihm umzukehren und Gott zu versöhnen, sprach dieser: «Ich will nicht mit dir umkehren; denn du hast des Herrn Wort verworfen, so wird der Herr dich auch verwerfen, daß du nicht König seist über Israel. Und als Samuel sich umwandte, daß er wegginge, ergriff Saul ihn an einem Zipfel seines Rocks, und er zerriß. Da sprach Samuel zu ihm: Weggerissen hat heute der Herr das Königreich von Israel aus deiner Hand und wird es deinem Nächsten geben, der gut ist über dir, und Israel wird in zwei Teile zerspalten werden. Und er wird sich nicht wandeln und Reue empfinden; denn er ist nicht wie ein Mensch, daß ihn etwas gereuen sollte. Nur ein Mensch droht und bleibt nicht dabei.» Der Mann, dem dies gesagt wurde: «Der Herr wird dich verwerfen, daß du nicht König seist über Israel» und «weggerissen hat heute der Herr das Königreich von Israel aus deiner Hand», herrschte vierzig Jahre über Israel, also ebenso lange wie auch David selbst, und vernahm das Gerichtswort in der ersten Zeit seiner Herrschaft. So verstehen wir, daß es darum gesprochen ward, weil keiner aus seinem Stamm König werden sollte, und daß wir unsern Blick auf den Stamm Davids richten müssen, aus welchem dem Fleische nach der Mittler zwischen Gott und den Menschen hervorging, der Mensch Christus Jesus.

In der Schrift steht aber nicht, was man in den meisten lateinischen Handschriften liest: «Weggerissen hat der Herr das Königreich Israel aus deiner Hand», sondern wie wir es im Anschluß an die griechischen wiedergaben: «Weggerissen hat der Herr das Königreich von Israel aus deiner Hand», und «aus deiner Hand» und «von Israel» bedeutet hier offenbar dasselbe. Saul stellte also in seiner Person das Volk Israel dar, und dies Volk sollte die Herrschaft verlieren, da Christus Jesus, unser Herr, dazu bestimmt war, im Neuen Bunde nicht fleischlich, sondern geistlich zu herrschen. Wenn es von ihm heißt: «Er wird es deinem Nächsten geben», bezieht sich das auf die leibliche Verwandtschaft, denn aus Israel stammt auch Christus dem Fleische nach, ebenso wie Saul. Wenn aber fortgefahren wird: «Der gut ist über dir», kann man das freilich in dem Sinne verstehen: «Der besser ist als du», und in der Tat haben einige es so übersetzt; doch deutet man die fraglichen Worte besser so: Weil er gut ist, darum wird er über dir stehen, jenem anderen Prophetenwort gemäß: «Bis ich alle deine Feinde unter deine Füße lege.» Unter diesen Feinden aber befindet sich auch Israel, der Verfolger Christi, dem Christus das Reich entzog. Freilich gab es da auch ein Israel, in dem kein Falsch war, und das war gleichsam der Weizen in jener Spreu. Denn von daher kamen die Apostel, von daher so viel Märtyrer, allen voran Stephanus, von daher so viele Gemeinden, von denen der Apostel Paulus zu berichten weiß, daß sie bei seiner Bekehrung Gott priesen.

Hierauf bezieht sich, wie ich nicht bezweifle, das folgende Wort: «Und Israel wird in zwei Teile zerspalten werden», nämlich in das Christus feindliche und das Christus anhangende Israel, in das Israel, das zur Magd, und das Israel, das zur Freien gehört. Denn diese beiden Gruppen waren erst beisammen, gleichwie Abraham solange der Magd anhing, bis die Unfruchtbare, durch Christi Gnade fruchtbar gemacht, ausrief: «Wirf die Magd und ihren Sohn hinaus.» Zwar wissen wir, daß wegen der Sünde Salomos unter der Herrschaft seines Sohnes Rehabeam Israel in zwei Teile zerspalten wurde und auch gespalten blieb, jeder Teil unter eigenen Königen, bis das ganze Volk von den Chaldäern unter ungeheurer Verwüstung niedergeworfen und verschleppt wurde. Aber was hat das mit Saul zu tun? Wenn damit gedroht werden sollte, hätte die Drohung eher an David gerichtet sein sollen, dessen Sohn Salomo war. Schließlich ist das hebräische Volk gegenwärtig überhaupt nicht zerspalten, sondern bildet eine unterschiedslos dem gleichen Irrtum verfallene und über die Länder hin zerstreute Genossenschaft. Dagegen die Teilung, die Gott in der Person Sauls, des Repräsentanten jenes Reiches und Volkes, diesem Reiche und Volke androhte, ist als ewig und unwandelbar durch den Zusatz gekennzeichnet: «Und er wird sich nicht wandeln und Reue empfinden; denn er ist nicht wie ein Mensch, daß ihn etwas gereuen sollte. Nur ein Mensch droht und bleibt nicht dabei.» In der Tat, nur ein Mensch tut das, nicht aber Gott, der nicht wie ein Mensch Reue empfindet. Denn wenn man liest, es reue ihn etwas, ist eine Änderung der Verhältnisse gemeint bei unwandelbar beharrendem göttlichen Vorherwissen. Wenn es also heißt, es reue ihn nicht, bedeutet das, es werde keine Änderung eintreten.

Wir sehen also, es ist ein unwiderruflicher und schlechterdings endgültiger göttlicher Urteilsspruch, der mit den angeführten Worten diese Teilung des Volkes ankündigt. Denn alle, welche von ihm zu Christus übergingen, übergehen oder noch übergehen werden, gehörten nach Gottes Vorherwissen nicht zu ihm, mag auch die Menschennatur eine und dieselbe sein. Darum werden alle Israeliten, die Christus anhangen und bei ihm ausharren, nichts zu schaffen haben mit den Israeliten, die bis zum Ende dieses Lebens seine Feinde bleiben. Sie werden vielmehr in der hier angekündigten Trennung stets verharren. Denn das Alte Testament vom Berge Sinai, das zur Knechtschaft gebiert, hat nur den einen Nutzen, daß es dem Neuen Testamente Zeugnis gibt. Anderenfalls liegt, solange

Moses gelesen wird, ein Schleier über ihren Herzen; wenn aber jemand zu Christus übergeht, wird der Schleier weggenommen. Denn der Sinn derer, die so hinübergehen, wendet sich vom Alten zum Neuen, so daß nun keiner mehr nach fleischlichem, sondern bloß noch nach geistlichem Glücke trachtet. Darauf deutet auch das Verhalten des großen Propheten Samuel hin, ehe er Saul zum König salbte. Er betete nämlich zum Herrn für Israel, und der Herr erhörte ihn, und als er dann ein Brandopfer darbrachte und die Feinde zum Kampf gegen das Gottesvolk antraten, donnerte Gott über ihnen, daß sie erschraken und beim Zusammenstoß mit Israel überwunden wurden. Und nun das, worauf es ankommt: «Samuel nahm einen Stein und stellte ihn auf zwischen dem neuen und alten Mizpa und nannte ihn Ebenezer» – das ist in unserer Sprache «Stein des Helfers» – «und sagte dazu: Bis hierher hat uns der Herr geholfen.» Mizpa bedeutet Gesinnung. Jener Helferstein ist die Mittlerschaft des Erlösers, durch den man vom alten Mizpa zum neuen übergehen muß, das heißt von jener Gesinnung, die in einem irdischen Reiche ein falsches fleischliches Glück erwartet, zu der Gesinnung, die im Neuen Bunde die allein wahre, geistliche Glückseligkeit des Himmelreiches erwartet. Zu ihr, dem besten, was es gibt, verhilft uns Gott.

8. Die dem Davidssohn geltenden Verheißungen nicht in Salomo, sondern in Christus erfüllt

Nunmehr habe ich zu zeigen, was Gott dem David selbst verheißen hat, soweit es hierhergehört. Denn er war's, der dem Saul im Königtum nachfolgte, und dieser Wechsel bildet jenen endgültigen Wechsel ab, auf den alles hinzielt, was im Geiste Gottes geredet und geschrieben ward. Nachdem dem Könige David schon viele Erfolge zugefallen waren, gedachte er, Gott ein Haus zu bauen, nämlich jenen hochberühmten Tempel, der später von seinem Sohne, dem König Salomo, errichtet ward. Als er dem nachsann, erging an den Propheten Nathan ein Wort des Herrn, das er dem Könige übermitteln sollte. Gott ließ sagen, er selbst, David, solle ihm kein Haus bauen, habe Gott doch während so langer Zeit noch niemandem in seinem Volk Auftrag gegeben, ihm ein Zedernhaus zu errichten. Gott fuhr fort: «So sollst du nun sagen zu meinem Knechte David: So spricht der allmächtige Herr: Ich habe dich genommen von der Schafhürde, daß du ein Fürst sein solltest über mein Volk Israel, und bin mit dir gewesen überall, wo du hingegangen bist, und habe all deine Feinde vor dir ausgerottet und dir einen Namen gemacht gleich dem Namen der Großen auf Erden. Und ich will meinem Volk Israel eine Stätte gewähren und es einpflanzen, wo es abgesondert wohnen und nicht mehr beunruhigt werden soll, und kein Bösewicht wird es fürderhin demütigen, wie es früher von Anbeginn an geschah, seit ich Richter über mein Volk Israel eingesetzt. Und ich will dir Ruhe geben vor allen deinen Feinden, und der Herr wird dir verkünden, daß du ihm ein Haus bauen sollst. Und es wird geschehen, wenn deine Zeit hin ist, daß du mit deinen Vätern schlafen liegst, dann will ich deinen Samen nach dir erwecken, der von deinem Leibe kommen soll, dem werde ich ein Reich bereiten. Der soll meinem Namen ein Haus bauen, und ich will ihm einen ewigen Thron errichten. Ich will sein Vater sein, und er soll mein Sohn sein. Wenn er eine Übeltat tut, will ich ihn mit Menschenruten und mit der Menschenkinder Schlägen züchtigen, aber meine Barmherzigkeit will ich nicht von ihm abwenden, wie ich's andern tat, von denen ich mein Angesicht abwandte. Und sein Haus soll beständig sein und sein Reich ewiglich vor mir und sein Thron aufgerichtet stehen in Ewigkeit.»

Wer meint, diese gewichtige Verheißung sei in Salomo erfüllt worden, befindet sich in großem Irrtum. Denn er beachtet zwar das Wort: «Der soll mir ein Haus bauen», da Salomo in der Tat jenen berühmten Tempel errichtet hat, aber nicht das andere: «Sein Haus soll beständig sein und sein Reich ewiglich vor mir.» Er gebe doch acht und bedenke, daß Salomos Haus voll war von fremdländischen Weibern, die falsche Götter verehrten, und daß er selber, der einst so weise König, von ihnen zu gleichem Götzendienst verführt ward und abfiel, und sei nicht so frech zu glauben, entweder Gottes Verheißung sei lügenhaft gewesen, oder Gott habe solch einen Salomo und solch ein Haus nicht voraussehen können. Hier ist jeder Zweifel ausgeschlossen. Er wäre es selbst dann, wenn wir nicht sähen, wie die Verheißung in Christus, unserm Herrn, der nach dem Fleische aus Davids Samen stammt, bereits erfüllt ist, so daß wir nicht eitel und sinnlos nach einem anderen auszuschauen brauchen wie die fleischlich gesinnten Juden. Denn auch sie sind sich darüber, daß der hier dem Könige David verheißene Sohn nicht Salomo gewesen sein kann, so klar, daß sie auch jetzt noch, wo der Verheißene so offenkundig hervorgetreten ist, in erstaunlicher Verblendung auf einen anderen zu hoffen versichern. Zwar ist uns auch in Salomo ein Gleichnis des Zukünftigen vorgestellt, weil er es war, der den Tempel erbaute und, wie schon sein Name besagt – Salomo heißt Friedebringer –, in Frieden herrschte, auch im Anfang seiner Herrschaft sich höchst preiswürdig verhielt; doch in eigener Person kündete auch er nur im Schattenbild den Herrn Christus an und brachte nicht selbst die Erfüllung. So kommt es, daß einiges, das von ihm berichtet wird, sich so liest, als gälte die Vorhersage ihm selber, während doch die Heilige Schrift, die auch durch Tatsachen weissagt, in ihm nur eine Art Sinnbild des Künftigen zeichnet. Denn abgesehen von den Büchern der göttlichen Geschichte, in denen seine Regierung geschildert wird, trägt auch der zweiundsiebzigste Psalm seine Namensüberschrift, in dem wir vielerlei lesen, was auf Salomo durchaus nicht, aber auf unsern Herrn Christus ganz offensichtlich paßt. So wird unzweideutig klar, daß uns in ihm nur ein abschattendes Bild gezeigt wird, in Christus aber die Wahrheit selber gegenwärtig vor Augen steht. Ist es doch bekannt, welches die Grenzen des salomonischen Reiches waren, und gleichwohl liest man im Psalm, um von anderem zu schweigen: «Er wird herrschen von einem Meer bis ans andere und von dem Flusse bis ans Ende der Welt», eine Weissagung, die wir in Christus erfüllt sehen. Denn von einem Flusse nahm seine Herrschaft ihren Anfang. Da ward er von Johannes getauft und fingen die Jünger auf dessen Zeugnis hin an, ihn zu erkennen und ihn nicht nur Meister, sondern auch Herr zu nennen.

Und wenn Salomo noch zu Lebzeiten seines Vaters David zu herrschen anfing, was sonst keinem der israelitischen Könige widerfuhr, sollte auch dadurch deutlich ans Licht treten, daß er es nicht selber war, auf den die Weissagung deutete, die seinem Vater zuteil ward: «Und es wird geschehen, wenn deine Zeit hin ist, daß du mit deinen Vätern schlafen liegst, dann will ich deinen Samen nach dir erwecken, der von deinem Leibe kommen soll, dem werde ich ein Reich bereiten.» Wie kann man diese Weissagung wegen der anschließenden Worte: «Der soll meinem Namen ein Haus bauen» auf Salomo beziehen, wo doch die vorhergehenden Worte: «Wenn deine Zeit hin ist, daß du mit deinen Vätern schlafen liegst, dann will ich deinen Samen nach dir erwecken» beweisen, daß ein anderer verheißener Friedebringer gemeint ist, der nicht vor Davids Tode wie Salomo, sondern erst nach ihm erweckt werden sollte? Gewiß verstrich noch lange Zeit bis zur Ankunft Jesu Christi. Doch mußte ohne Frage erst nach König Davids Tode der ihm in den angeführten Worten Verheißene kommen, der Gott ein Haus baute, nicht aus Holz und Stein, sondern aus Menschen, wie Christus das zu unserer Freude tut. Denn zu diesem Hause, das ist zu den Gläubigen Christi, sagt der Apostel: «Denn der Tempel Gottes ist heilig, und das seid ihr.»

9. Ebenso ist der neunundachtzigste Psalm zu deuten

Deswegen werden auch im neunundachtzigsten Psalm, der die Überschrift trägt «Unterweisung Ethans, des Israeliten», die an den König David ergangenen Verheißungen erwähnt, und man liest dort manches, was den im Königsbuch niedergelegten ähnlich ist. Etwa dies: «Ich habe David, meinem Knecht, geschworen: Ich will deinen Samen bestätigen ewiglich», ferner: «Dazumal redetest du im Gesicht zu deinen Söhnen und sprachst: Hilfe habe ich gelegt auf einen Mächtigen, ich habe erhöht einen Auserwählten aus meinem Volk. Ich habe gefunden meinen Knecht David, ich habe ihn gesalbt mit meinem heiligen Öl. Meine Hand soll ihm beistehen und mein Arm ihn stärken. Der Feind soll ihn nicht überwältigen und der Bösewicht ihm nichts schaden. Sondern ich will seine Widersacher vor ihm zerschmettern und seine Hasser verjagen. Aber meine Wahrheit und Gnade soll bei ihm sein und sein Horn in meinem Namen erhöht werden. Ich will seine Hand legen aufs Meer und seine Rechte auf die Ströme. Er wird mich anrufen: Du bist mein Vater, mein Gott und Hort, der mir hilft. Ich will ihn zum Erstgeborenen machen, erhaben unter den Königen auf Erden. Ewiglich will ich ihm bewahren meine Gnade, und mein Bund mit ihm soll fest bleiben. Ich will ihm ewiglich Samen geben und seinen Thron erhalten, solange der Himmel währt.» All das gilt, wenn man's recht versteht, von dem Herrn Jesus, wenn auch unter dem Namen Davids wegen der Knechtsgestalt, die der Mittler vom Samen Davids aus der Jungfrau angenommen hat. Sodann wird auch von den Sünden seiner Kinder Ähnliches gesagt, wie wir es im Buch der Könige lasen, was man voreilig auf Salomo bezieht. Da, also im Königsbuche, hieß es nämlich: «Wenn er eine Übeltat tut, will ich ihn mit Menschenruten und mit der Menschenkinder Schlägen züchtigen, aber meine Barmherzigkeit will ich nicht von ihm wenden.» Mit den Schlägen sind die Strafheimsuchungen gemeint, wie es auch an anderer Stelle heißt: «Schlagt meine Gesalbten nicht.» Das kann natürlich nichts anderes bedeuten als: verletzt sie nicht. In unserm Psalm nun, in dem scheinbar von David die Rede ist, liest man gleichfalls etwas Entsprechendes. «Wenn seine Kinder», hören wir, «mein Gesetz verlassen und nicht in meinen Rechten wandeln, wenn sie meine Ordnungen entheiligen und meine Gebote nicht halten, so will ich ihre Sünden mit der Rute heimsuchen und ihre Missetaten mit Plagen. Aber meine Gnade will ich nicht von ihm wenden.» Er sagt hier nicht «von ihnen», obwohl doch von seinen Kindern und nicht von ihm selbst die Rede ist, sondern «von ihm»; doch das ist recht verstanden das gleiche. Denn an Christus selbst, der das Haupt der Kirche ist, findet man keine Sünde, die Gott mit menschlichen Züchtigungen heimsuchen müßte, ohne deswegen seine Gnade zu entziehen, wohl aber an seinem Leibe und seinen Gliedern, nämlich seinem Volke. Darum heißt es im Königsbuch: «Wenn er eine Übeltat tut», während der Psalm von seinen Kindern spricht, und wir verstehen, daß von ihm etwas ausgesagt wird, was doch nur von seinem Leibe gilt. Darum rief er auch selber vom Himmel herab, als Saulus seinen Leib, nämlich seine Gläubigen verfolgte: «Saul, Saul, was verfolgst du mich?» Darauf heißt es im Psalm weiter: «Und ich will meine Wahrheit nicht trügen lassen, meinen Bund nicht entweihen und nicht widerrufen, was aus meinem Munde gekommen ist. Einmal habe ich geschworen bei meinem Heiligtume: Wenn ich dem David lüge» – das bedeutet aber nach ständigem Schriftgebrauch: «Nie und nimmer werde ich dem David lügen.» Was es aber ist, das nicht gelogen sein soll, sagt das Folgende: «Sein Same soll ewig sein und sein Stuhl vor mir wie die Sonne und wie der Vollmond in Ewigkeit; und der Zeuge im Himmel ist treu.»

10. Weitere Auslegung dieses messianischen Psalms

Nach dieser feierlichen Bekräftigung der großen Verheißungen, die man nicht als in Salomo erfüllt ansehen sollte, folgt, als habe man dies erwartet und sei nun enttäuscht: «Du aber hast verstoßen und zunichte gemacht, o Herr.» Denn das widerfuhr dem salomonischen Reiche unter seinen Nachkommen. Es kam bis zur Zerstörung des irdischen Jerusalems, der Hauptstadt dieses Reiches, und sogar zum Sturz des von Salomo erbauten Tempels. Aber damit man nicht deswegen meine, Gott habe seinen Verheißungen zuwider gehandelt, heißt es gleich weiter: «Verzögert hast du deinen Gesalbten.» Also kann nicht Salomo, aber auch nicht David selbst mit dem Gesalbten des Herrn gemeint sein, wenn seine Ankunft sich verzögerte. Denn obgleich alle mit jenem geheimnisvollen Öl gesalbten Könige, nicht nur von David an und weiterhin, sondern schon von Saul an, der als erster König dieses Volkes gesalbt wurde, Gesalbte hießen – David selbst nennt ihn ja den Gesalbten des Herrn –, so gab es doch nur einen wahren Gesalbten, und die weissagende Salbung machte jene Könige nur zu seinen Schattenbildern. Er selbst aber verzog nach Meinung der Leute, die ihn schon in David oder Salomo finden wollten, allzulange, doch sollte er nach dem Ratschluß Gottes zur festgesetzten Zeit kommen. Wie es nun während dieser Wartezeit dem Reich des irdischen Jerusalems erging, wo er doch, wie man hoffte, herrschen sollte, beschreibt der Psalm mit folgenden Worten: «Du hast den Bund mit deinem Knechte zerstört, sein Heiligtum zu Boden getreten und entweiht. Du hast alle seine Mauern niedergerissen und seine Festen erschüttert. Beraubt haben ihn alle, die vorübergingen, er ist seinen Nachbarn zum Spott geworden. Du erhöhtest die Rechte seiner Widersacher, ließest alle seine Feinde frohlocken. Seinem Schwerte hast du den Beistand entzogen und ihm nicht geholfen im

Kriege. Seinen Glanz hast du getilgt und seinen Sitz zu Boden geworfen, die Tage seines Thronens verkürzt und ihn mit Schmach überschüttet.» All das kam über die Magd Jerusalem. Dort herrschten freilich auch einige Söhne der Freien, die das Reich in abgemessenem Zeitverlauf verwalteten; doch waren sie in wahrem Glauben auch Bürger im Reich des himmlischen Jerusalems und hofften auf den wahren Gesalbten. Wie aber all das Unheil über jenes Reich hereinbrach, das muß man in der Geschichte der Begebenheiten nachlesen.

11. *Fortsetzung*

Nach diesen Weissagungen wendet sich der Prophet im Gebet an Gott; doch auch sein Gebet ist Weissagung. «Wie lange, Herr, wendest du ab zum Ende?» Hier ergänzt man wohl: «Dein Angesicht». So heißt es ja auch anderswo: «Wie lange verbirgst du dein Angesicht vor mir?» Einige Handschriften lesen darum nicht «wendest du ab», sondern «wendest du dich ab». Man kann es indessen auch so verstehen: Wie lange wendest du die Gnade ab, die du David verheißen? Die Worte «zum Ende» aber bedeuten nichts anderes als bis zum Ende. Mit diesem Ende aber ist gemeint die letzte Zeit, in der auch jenes Volk an Christus Jesus glauben wird. Ihr müssen all die Drangsale voraufgehen, die der Psalmsänger beseufzte. An sie denkt er auch bei den folgenden Worten: «Wie Feuer entbrennt dein Zorn; denk doch daran, was mein Wesen ist.» Unter dem Wesen seines Volkes versteht man am besten Jesus selbst, denn aus ihm stammt die Natur seines Fleisches. «Denn nicht hast du», hören wir weiter, «alle Menschenkinder nichtig erschaffen.» Freilich wäre nicht eines der Menschenkinder das wahre Wesen Israels und würden nicht durch diesen Menschensohn viele Menschenkinder gerettet, wären in der Tat alle Menschenkinder nichtig erschaffen. Nun ist zwar durch die Sünde des ersten Menschen das gesamte Menschenwesen von der Wahrheit zur Nichtigkeit abgesunken und sagt infolgedessen ein anderer Psalm: «Der Mensch ist geworden wie ein Nichts, seine Tage fahren dahin wie ein Schatten», gleichwohl hat Gott nicht alle Menschen nichtig erschaffen, da er viele durch Jesus, den Mittler, aus der Nichtigkeit erlöst. Diejenigen aber, die nach seinem Vorherwissen nicht gerettet werden sollten, hat er zum Frommen derer, die er retten wollte, und zum Vergleich der beiden einander entgegengesetzten Staaten keineswegs nichtig erschaffen, sondern ihnen in bewunderungswürdiger und gerechtester Anordnung ihren Platz im Ganzen der vernünftigen Kreatur angewiesen. Darauf folgt: «Wo ist ein Mensch, der da lebt und den Tod nicht sähe, der seine Seele errettete aus der Gewalt der Unterwelt?» Nur einen gibt es, von dem man dies sagen kann, ihn, der Israels wahres Wesen ist, aus Davids Samen geboren: Christus Jesus. Von ihm sagt der Apostel, daß er «von den Toten erweckt hinfort nicht stirbt, der Tod wird hinfort über ihn nicht herrschen.» Denn er wird leben und den Tod nicht sehen, so freilich, daß er wohl tot war, aber seine Seele der Gewalt der Unterwelt entriß, in welche er, um einigen die Unterweltsfesseln zu lösen, herabgestiegen war. Er entriß sie aber in jener Machtvollkommenheit, von der er im Evangelium spricht: «Ich habe Macht, meine Seele hinzugeben, und habe Macht, sie wiederzunehmen.»

12. *Auslegung der Schlußverse des Psalms*

Der Schluß des Psalms lautet so: «Wo sind deine alten Gnaden, Herr, die du David geschworen hast in deiner Wahrheit? Gedenke, Herr, an die Schmach deiner Knechte, die ich in meinem Busen trage von vielen Völkern, mit der, Herr, deine Feinde schmähen, mit der sie schmähen die Wandlung deines Gesalbten.» Hier muß man fragen, ob diese Worte aus der Seele jener Israeliten gesprochen sind, die danach sich sehnten, daß an ihnen die dem David gegebene Verheißung in Erfüllung ginge, oder vielmehr aus der Seele der Christen, die nicht nach dem Fleisch, sondern nach dem Geist Israeliten sind. Sie wurden ja gesprochen oder niedergeschrieben zur Zeit, da Ethan lebte, dessen Namen die Überschrift des Psalms trägt, und das war die Zeit der Königsherrschaft Davids. Es hätte also nicht gesagt werden können: «Wo sind deine alten Gnaden, Herr, die du David geschworen hast in deiner Wahrheit?» wenn die Weissagung sich nicht in die Seele derer versetzte, die erst lange nachher lebten und denen die Zeit, da der König David diese Verheißungen empfing, als längst vergangen erschien. Man kann die Stelle nun so erklären, daß zur Zeit der Christenverfolgung viele Völker den Christen höhnend das Leiden Christi vorhielten, das die Schrift eine Verwandlung nennt, da er durch Sterben unsterblich geworden ist. Man kann aber auch die Verwandlung Christi insofern als einen Hohn auf die Israeliten verstehen, da sie ihn als den Ihren erwarteten, während er den Heiden geschenkt ward, und da nun die vielen Völker, die im Neuen Bund an ihn glaubten, über sie spotten, die im Alten verharren. Dann würden die Worte: «Gedenke, Herr, an die Schmach deiner Knechte» zu bedeuten haben, daß der Herr sie nicht vergessen, sondern vielmehr sich ihrer erbarmen wird, und daß sie selbst nach dieser Schmach dereinst gläubig sein werden. Doch scheint mir die zuerst angeführte Deutung annehmbarer. Denn zu Feinden Christi, denen spottend vorgehalten wird, daß Christus sie verlassen und sich den Heiden zugewandt habe, paßt jener Ausruf: «Gedenke, Herr, an die Schmach deiner Knechte» nur schlecht. Denn solche Juden kann man nicht Knechte Gottes nennen. Wohl aber passen diese Worte zu denjenigen, die in der Erniedrigung durch schwere um des Namens Christi willen erduldete Verfolgungen sich des dem Samen Davids verheißenen erhabenen Reiches erinnerten, um dann sehnsüchtig, nicht verzweifelnd, sondern bittend, suchend, anklopfend zu sprechen: «Wo sind deine alten Gnaden, Herr, die du David geschworen hast? Gedenke, Herr, an die Schmach deiner Knechte, die ich von vielen Völkern in meinem Busen trage» – das ist, die ich in meinem Innern still erdulde – «mit der, Herr, deine Feinde schmähen, mit der sie schmähen die Wandlung deines Christus.» Denn sie halten es nicht für eine Wandlung, sondern für Vernichtung. Das «gedenke, Herr» besagt also: Erbarme dich und verleihe mir für meine geduldig ertragene Erniedrigung die Erhöhung, die du David in deiner Wahrheit zugeschworen hast. Wollen wir aber diese Worte den Juden in den Mund legen, so konnten allenfalls auch jene Knechte Gottes so sprechen, die nach Zerstörung des irdischen Jerusalems, ehe noch Christus als Mensch geboren ward, in Gefangenschaft geführt wurden. Denn sie begriffen, was die Wandlung des Gesalbten zu bedeuten hatte, nämlich daß man von ihm nicht ein irdisches und fleischliches Glück, wie man es während der wenigen Jahre des Königs Salomo genoß, sondern ein himmlisches und geistliches im Glauben zu erhoffen habe; und wenn nun der törichte Unglaube der Heiden über die Gefangenschaft des Volkes Gottes frohlockte und höhnte, schmähte er damit unwissend, aber vor den Ohren Wissender die Verwandlung Christi. So gilt denn der folgende Schlußvers des Psalms: «Der Segen des Herrn in Ewigkeit – er komme, komme!» augenscheinlich dem ganzen Gottesvolk, das zum himmlischen Jerusalem gehört, sowohl denen, die im Alten Bunde, bevor der Neue offenbar ward, noch verborgen waren, als auch denen, die nach Enthüllung des Neuen Bundes offenkundig Christus angehören. Denn der Segen des Herrn durch den Samen Davids ist nicht bloß für einige Zeit, wie in den Tagen Salomos, sondern für ewig zu erhoffen, und in dieser felsenfesten Hoffnung heißt es: «Er komme, komme!» Denn die Wiederholung des Wortes dient der Bekräftigung der Hoffnung. Das erkannte auch David und sprach darum nach dem zweiten Buch der Könige, von dem wir zu unserm Psalm übergingen: «Du hast dem Hause deines Knechtes von fern Zukünftigem geredet», und ein wenig später: «So hebe nun an und segne das Haus deines Knechtes ewiglich.» Denn damals sollte er den Sohn erzeugen, von dem die Reihe der Nachkommen zu Christus hinführte. Durch diesen aber sollte sein Haus ewig und zugleich ein Haus Gottes werden. Denn Davids Haus ist es wegen der Abstammung von David, zugleich aber Gottes Haus wegen des nicht aus Steinen, sondern aus Menschen erbauten Tempels Gottes, wo das Volk ewiglich mit und in seinem Gotte und Gott mit und in seinem Volke wohnen wird. Dann wird Gott sein Volk erfüllen und das Volk seines Gottes voll sein, denn Gott wird alles in allen sein, er, der im Frieden der Lohn ist wie im Kampfe die Kraft. Obwohl also Nathan zu David spricht: «Und der Herr wird dir verkünden, daß du ihm ein Haus bauen sollst», lauten nachher Davids Worte: «Du, allmächtiger Herr und Gott Israels, hast das Ohr deines Knechtes geöffnet und gesagt: Ich will dir ein Haus bauen.» Denn dies Haus bauen sowohl wir, wenn wir gut leben, als auch Gott, wenn er uns zum guten Leben verhilft, denn: «Wenn der Herr nicht das Haus baut, so arbeiten umsonst, die daran bauen.» Wenn dann dieses Hauses letzte Weihe erfolgt, wird in Erfüllung gehen, was hier Gott durch Nathan gesprochen: «Ich will meinem Volk Israel eine Stätte gewähren und es einpflanzen, wo es abgesondert wohnen und nicht mehr beunruhigt werden soll, und kein Bösewicht wird es fürderhin demütigen, wie es früher von Anbeginn an geschah, seit ich Richter über mein Volk Israel eingesetzt.»

13. Das verheißene Friedensreich ist nicht das Reich Salomos

Wer solch großes Gut in dieser Weltzeit und auf dieser Erde erhofft, ist ein Narr. Oder bildet sich jemand ein, diese Verheißung sei in dem Frieden des salomonischen Reiches in Erfüllung gegangen? Gewiß rühmt die Schrift den salomonischen Frieden als Abschattung dessen, was zukünftig ist. Doch wird falschem Verständnis dadurch vorsorglich ein Riegel vorgeschoben, daß den Worten: «Kein Bösewicht wird es fürderhin demütigen» sogleich beigefügt wird: «Wie es früher von Anbeginn an geschah, seit ich Richter über mein Volk Israel eingesetzt.» Denn nach der Besitznahme des Landes der Verheißung und ehe die Könige aufkamen, waren Richter über jenes Volk gesetzt. Und der «Bösewicht», das heißt der fremde Feind, demütigte es wohl zeitweise, aber zwischendurch löste auch Frieden den Krieg ab. Ja, es gab damals längere Friedenszeiten als unter Salomo, der vierzig Jahre regierte, denn unter dem Richter Ehud waren's achtzig Friedensjahre. Also kann keine Rede davon sein, daß in jener Verheißung die Zeiten Salomos vorhergesagt sein sollten, viel weniger natürlich die irgendeines anderen Königs. Denn keiner von ihnen herrschte in solchem Frieden wie er, und überhaupt war das Reich dieses Volkes nie so fest gegründet, daß es nicht durch die Sorge, einmal von Feinden überwältigt zu werden, hätte beunruhigt zu sein brauchen. Denn bei der großen Wandelbarkeit der menschlichen Verhältnisse wird keinem Volke jemals solche Sicherheit zuteil, daß es nicht während dieses Erdenlebens feindliche Einbrüche zu befürchten hätte. Jene Stätte also friedvollen und gesicherten Wohnens, die hier verheißen wird, ist ewig und wird Ewigen nach Verdienst gewährt in Jerusalem, der freien Mutter. Die dort hausen, werden in Wahrheit Volk Israel sein, denn dieser Name bedeutet «Gott schauend». In Sehnsucht nach solchem Lohne soll man während dieser mühseligen Pilgerreise gläubig ein frommes Leben führen.

14. David, der Psalmsänger

Im zeitlichen Verlauf des Gottesstaates bildete also David als erster durch seine Herrschaft im irdischen Jerusalem das Zukünftige ab. David aber war ein sangeskundiger Mann, der den Wohllaut der Musik nicht gemeinen Vergnügens wegen, sondern frommen Sinnes liebte und mit ihr, dem geheimnisvollen Sinnbild großer Dinge, seinem Gott diente, der der wahre Gott ist. Denn der einsichtig geregelte Zusammenklang der Töne kündet durch Eintracht in der Mannigfaltigkeit von der festgefügten Einheit des wohlgeordneten Staates. So ist denn fast seine ganze Weissagung in den Psalmen zu finden, deren das sogenannte Psalmbuch hundertundfünfzig enthält. Einige wollen nur diejenigen auf David als Verfasser zurückführen, die seine Namensüberschrift tragen. Es gibt auch Leute, die meinen, nur die Psalmen stammten von ihm, die überschrieben sind «von David», dagegen die, bei welchen es in der Überschrift heißt «dem David», seien von anderen verfaßt, aber seiner Art angepaßt. Doch diese Meinung wird durch einen Ausspruch des Heilandes selbst im Evangelium widerlegt, wo er erklärt, David selber habe im Geist Christus seinen Herrn genannt. Denn der hundertundzehnte Psalm beginnt mit den Worten: «Der Herr sprach zu meinem Herrn: Setze dich zu meiner Rechten, bis ich deine Feinde zum Schemel deiner Füße lege.» Und gerade dieser Psalm trägt die Überschrift nicht «von David», sondern «dem David», wie die meisten anderen auch. Mir aber scheint die Ansicht derjenigen glaubhafter, die alle hundertundfünfzig Psalmen für sein Werk halten und annehmen, er habe einigen die Namen anderer Männer vorgesetzt, womit etwas zur Sache Gehöriges angedeutet werden sollte, weiteren aber in der Überschrift überhaupt keinen Namen beilegen wollen, und so, nach einem verborgenen, jedenfalls aber sinnvollen Plan, den ihm der Herr eingab, die vorliegende Mannigfaltigkeit herbeigeführt. Diesen Glauben brauchen wir uns nicht dadurch erschüttern zu lassen, daß in den Überschriften mehrerer Psalmen die Namen einiger Propheten genannt werden, die lange nach König Davids Zeiten lebten und also die Verfasser zu sein scheinen. Denn der Prophetengeist konnte dem prophetischen König David sehr wohl die Namen künftiger Propheten offenbaren, so daß er ein prophetisches Lied zu dichten imstande war, das zu ihrer Person paßte. So ward ja auch das Auftreten und die Regierung des Königs Josias mehr als dreihundert Jahre vorher einem Propheten offenbart, der seine künftigen Taten vorhersagte und dabei auch seinen Namen nannte.

15. Unmöglich, alle Weissagungen des Psalters von Christus anzuführen

Nunmehr sollte ich wohl – man erwartet das gewiß von mir – an dieser Stelle des Buches alles darlegen, was David in den Psalmen von unserm Herrn Jesus Christus oder seiner Kirche geweissagt hat. Diese Erwartung, der ich wenigstens in bezug auf einen Psalm schon nachgekommen bin, zu befriedigen, hindert mich mehr die Fülle als der Mangel an Stoff. Unmöglich kann ich alles anführen; es wäre zu weitläufig. Wenn ich aber einiges auswähle, fürchte ich, daß viele, die Bescheid wissen, finden werden, ich habe Wichtigeres übergangen. Sodann müßte bei jedem Psalm der Nachweis geführt werden, daß der Zusammenhang des Ganzen für das angeführte Zeugnis spricht, oder, wenn das zu viel verlangt wäre, ihm wenigstens nichts widerspricht, denn sonst möchte es den Anschein haben, als ob wir wie bei einem poetischen Flickwerk die für unsern

Zweck passenden Verse zusammenstoppelten, wie man es wohl mit einer großen Dichtung macht, die einen ganz anderen Gegenstand behandelt. Um das aber bei jedem Psalm zu leisten, müßte man ihn ganz auslegen. Was dies aber für eine Arbeit ist, lehren zur Genüge die Werke anderer Männer und auch die eigenen, in denen ich's unternommen habe. Die mag lesen, wer will und kann, und es wird ihm aufgehen, wie vieles und Bedeutsames David, der König und Prophet, von Christus und seiner Kirche, also dem Könige und dem von ihm begründeten Staate, geweissagt hat.

16. Deutung von Psalm 45 auf Christus und die Kirche

Denn obschon es über jeglichen Gegenstand prophetische Aussprüche gibt, die wörtlich zu verstehen und ganz klar sind, so kann es doch nicht fehlen, daß ihnen auch figürlich zu verstehende beigemischt sind, und zumal deren Erörterung und Auslegung macht den Lehrern im Hinblick auf schwerfälligere Hörer Mühe und Not. Manches legt ja ohne weiteres, kaum daß man's ausgesprochen, von Christus und der Kirche Zeugnis ab, doch bleibt nicht selten etwas übrig, was weniger einleuchtend ist und darum in Muße erklärt werden muß. So ist's der Fall bei folgender Psalmstelle: «Mein Herz strömt über von lieblicher Rede, mein Lied gilt dem Könige. Meine Zunge ist der Griffel eines flinken Schreibers. Du bist der Schönste unter den Menschenkindern; holdselig sind deine Lippen, darum segnet dich Gott ewiglich. Gürte dein Schwert um deine Hüfte, du Mächtigster, so stattlich und schön! Auf, zieh siegreich einher und herrsche der Wahrheit, Milde und Gerechtigkeit zugut, so wird deine rechte Hand Wunder vollbringen. Scharf sind deine Pfeile, Mächtigster, daß die Völker vor dir niederfallen. Sie dringen ins Herz der Feinde des Königs. Dein Stuhl, Gott, bleibt immer und ewig, das Zepter deines Reiches ist ein gerades Zepter. Du liebst Gerechtigkeit und hassest das Unrecht, darum hat dich gesalbt Gott, dein Gott, mit Freudenöl vor deinen Gefährten. Von Myrrhe, Aloe und Kasia duften deine Gewänder, die elfenbeinernen Paläste. Königstöchter kommen daraus hervor, dich zu erfreuen in deiner Pracht.» Wer, und wäre er noch so schwerfällig, erkennte hier nicht Christus, den wir preisen und an den wir glauben, wenn er von einem Gott hört, dessen Stuhl immer und ewig bleibt, der von Gott gesalbt ist, nämlich so, wie Gott salbt, nicht mit sichtbarem, sondern geistlichem und übersinnlichem Salböl? Denn wer ist so wenig vertraut mit unserer Religion, so taub gegen die weitverbreitete Kunde von ihr, daß er nicht wüßte, daß Christus, der Gesalbte, seinen Namen vom Chrisma, dem Salböl, hat, mit dem er gesalbt ist? Hat man aber Christus als den König erkannt, so mag man, ihm bereits sich beugend, der der Wahrheit, Milde und Gerechtigkeit zugut seine Herrschaft führt, in Muße über das andere nachsinnen, das hier bildlich gesagt ist, inwiefern er der Schönste ist unter den Menschenkindern, in einer Schönheit, die um so liebens- und bewundernswerter ist, je weniger sie bloß leibliche Schönheit ist, und was mit seinem Schwert, seinen Pfeilen und dem übrigen gemeint ist, was man nicht im eigentlichen, sondern figürlichen Sinne verstehen muß.

Sodann wende man den Blick auf seine Kirche, die ihrem großen Gemahl in geistlicher Ehe und göttlicher Liebe verbunden ist, von der die folgenden Verse des Psalms reden: «Die Königin steht zu deiner Rechten in goldschimmerndem Gewande, angetan mit bunter Pracht. Höre, Tochter, sieh und neige dein Ohr. Vergiß dein Volk und deines Vaters Haus, denn der König begehrt deine Schönheit, und er ist dein Gott. Vor ihm werden niederfallen mit Geschenken die Töchter von Tyrus, zu deinem Antlitz werden flehen die Reichen des Volks. Die ganze Herrlichkeit der Königstochter zeigt sich drinnen, mit goldenen Säumen ist sie angetan in bunter Pracht. Ihr nach führt man ihre Jungfrauen dem Könige zu, ihre Gespielinnen, man führt sie dir zu. Man führt sie herbei mit Freuden und Frohlocken und bringt sie in des Königs Tempel. An deiner Väter Statt werden dir Söhne geboren, und du wirst sie zu Fürsten einsetzen über alle Lande. Sie sollen deines Namens gedenken von Kind zu Kindeskind, und darum werden die Völker dich preisen immer und ewiglich.» Ich denke doch nicht, daß jemand so töricht ist zu meinen, hier werde irgendein Weiblein geschildert und verherrlicht als Gattin dessen, zu dem gesagt ward: «Dein Stuhl, Gott, bleibt immer und ewig, das Zepter deines Reiches ist ein gerades Zepter. Du liebst Gerechtigkeit und hassest das Unrecht, darum hat dich gesalbt Gott, dein Gott, mit Freudenöl vor deinen Gefährten.» «Vor deinen Gefährten», ja Christus vor den Christen! Denn diese sind seine Gefährten, und, aus allen Völkern in Einheit und Eintracht versammelt, stellen sie jene Königin dar, die in einem andern Psalm «die Stadt des großen Königs» genannt wird. Sie ist das geistliche Zion, ein Name, der in Übersetzung «Ausschau» heißt. Denn Ausschau hält sie nach dem großen Gut der zukünftigen Welt, und dahin ist ihr Sinn gerichtet. Sie ist, ebenfalls im geistlichen Sinn, jenes Jerusalem, von dem wir so oft schon geredet. Ihre Feindin ist Babylon, die Teufelsstadt, deren Name ‚Verwirrung' bedeutet. Aus diesem Babylon wird jedoch unsere Königin bei allen Völkern durch die Wiedergeburt gerettet und geht so vom schlimmsten zum besten Könige, nämlich vom Teufel zu Christus über. Darum wird ihr auch gesagt: «Vergiß dein Volk und deines Vaters Haus.» Ein Teil dieses gottlosen Staates sind auch die Israeliten, die bloß nach dem Fleisch, nicht nach dem Glauben also heißen. Auch sie sind Feinde des großen Königs und seiner Königin. Denn zu ihnen kam und von ihnen ward getötet Christus, der nun mehr als ihnen den übrigen Völkern gehört, die er im Fleische nicht sah. So vernehmen wir in den weissagenden Worten eines anderen Psalms die Stimme unsers Königs selbst: «Du rettest mich aus den Anfeindungen des Volkes und machst mich zum Haupt der Heiden. Ein Volk, das ich nicht kannte, dient mir, es horcht auf und gehorcht mir.» Dieses Heidenvolk also, das Christus während seines Erdenlebens nicht kannte, das aber an ihn, als er ihm verkündigt ward, glaubte, so daß es mit Recht von ihm heißt: «Es horcht auf und gehorcht mir» – denn «der Glaube kommt vom Hören» –, dies Volk, sage ich, vereint mit den wahren Israeliten im Fleisch und im Glauben, ist der Gottesstaat, der einst, als er noch allein bei jenen Israeliten sich befand, auch Christus nach dem Fleisch geboren hat. Denn aus ihm stammt die Jungfrau Maria, in der Christus, um Mensch zu werden, Fleisch annahm. Von diesem Staat spricht noch ein anderer Psalm: «Mutter Zion, wird sagen der Mensch, der als Mensch in ihr geboren ist; und er selbst, der Höchste, hat sie gegründet.» Wer sonst ist der Höchste als Gott? So hat denn Christus als Gott jenen Staat, ehe er in ihm durch Maria Mensch ward, in den Patriarchen und Propheten gegründet. Dieser Königin, dem Gottesstaat, ward demnach lange vorher geweissagt, was wir nun erfüllt sehen: «An deiner Väter Statt werden dir Söhne geboren, und du wirst sie zu Fürsten einsetzen über alle Lande»; denn in der Tat: Von ihren Söhnen sind genommen die Vorsteher und Väter jenes Staates in allen Landen, indes die Völker zu ihm hineilen und ihn mit immerwährendem Lobpreise verherrlichen. So muß denn ohne Zweifel, was in unserm Psalm in bildlicher Redeweise ein wenig dunkel ausgedrückt ist, wie man es auch deuten mag, zu diesen offenkundigen Tatsachen stimmen.

17. Die Weissagungen des 110. und 22. Psalms

In einem anderen Psalm, in dem es heißt: «Der Herr sprach zu meinem Herrn: Setze dich zu meiner Rechten, bis ich deine Feinde zum Schemel deiner Füße lege», wird Christus ebenso unzweideutig als Priester gefeiert wie im vorigen als König. Doch daß er zur Rechten des Vaters sitzt, sieht man nicht, sondern glaubt es, wie auch noch nicht offenkundig ist, daß ihm die Feinde zu Füßen gelegt werden. Gewiß, auch dies geschieht, aber erst am Ende wird's offenbar; einstweilen glaubt man es noch, später wird man es schauen. Was jedoch folgt: «Der Herr wird das Zepter deiner Macht ausgehen lassen aus Zion, und du sollst herrschen inmitten deiner Feinde», ist so klar, daß man nicht nur ungläubig und unglücklich, sondern unverschämt sein müßte, wollte man's leugnen. Selbst die Feinde gestehen ja, daß das Gesetz Christi von Zion ausgegangen ist. Wir nennen es das Evangelium und erkennen in ihm das Zepter seiner Macht. Daß er aber inmitten seiner Feinde herrscht, müssen sie, unter denen er herrscht, zähneknirschend, verzagend und ohnmächtig, etwas wider ihn auszurichten, ebenfalls bezeugen. Wenn es sodann kurz nachher heißt: «Der Herr hat geschworen, und es wird ihn nicht gereuen», Worte, die besagen, daß unwandelbar bestehen wird, wovon wir weiter hören: «Du bist ein Priester ewiglich nach der Ordnung Melchisedeks», so kann unmöglich jemand daran zweifeln, von wem dies gesagt wird. Denn es gibt nirgends mehr ein Priestertum und Opfer nach der Ordnung Aarons, aber überall opfert man unter dem Priester Christus dasselbe, was Melchisedek darbrachte, als er Abraham segnete. Nach diesen deutlichen Stellen ist auch, was in demselben Psalm mit etwas dunkleren Worten gesagt wird, zu erklären, wenn man es recht verstehen will. So haben wir es in unsern volkstümlichen Predigten getan. Ebenso verhält sich's mit jenem Psalm, wo Christus die Niedrigkeit seines Leidens in folgenden Worten weissagend ankündigt: «Sie haben meine Hände und Füße durchgraben und alle meine Gebeine gezählt. Sie schauen her und sehen ihre Lust an mir.» Hier wird auf den am Kreuze ausgespannten Leib und die angehefteten, von Nägeln durchbohrten Hände und Füße hingewiesen, und daß er so den Zuschauern und Betrachtern ein Schauspiel dargeboten habe. Hinzugefügt wird: «Sie haben meine Kleider unter sich geteilt und über mein Gewand das Los geworfen», und die evangelische Geschichte erzählt, wie auch diese Weissagung in Erfüllung gegangen ist. Sicherlich wird auch das übrige, das weniger deutlich ausgesprochen ist, dann recht verstanden, wenn es mit dem, was so einleuchtend und klar dasteht, übereinstimmt, zumal auch das, was nicht vergangen ist und darum geglaubt werden muß, sondern was wir gegenwärtig mit unsern Augen schauen, wie es so lange vorher in diesem Psalm vorausgesagt wurde, bereits auf dem ganzen Erdkreis offensichtlich verwirklicht worden ist. Denn etwas später heißt es: «Es werden daran gedenken und sich zum Herrn bekehren aller Welt Enden und vor ihm anbeten alle Geschlechter der Heiden. Denn des Herrn ist das Reich, und er wird herrschen über die Heiden.»

18. Tod und Auferstehung Christi von verschiedenen Psalmen geweissagt

Auch von seiner Auferstehung schweigen die Orakelsprüche der Psalmen keineswegs. Denn worauf sonst sollte sich jener aus seiner Seele gesprochene Vers des dritten Psalms beziehen: «Ich schlummerte und schlief und bin aufgestanden, denn der Herr nahm sich meiner an»? Oder ist jemand so unklug zu glauben, daß uns der Prophet als etwas Großes habe mitteilen wollen, daß er einschlief und aufstand, wenn nicht dieser Schlaf der Tod und das Erwachen die Auferstehung wäre, die solchermaßen von Christus verkündet werden sollte? Denn dasselbe, nur noch viel deutlicher, sehen wir auch im einundvierzigsten Psalm, wo dem Mittler, wie üblich, Weissagungen künftiger Dinge als Erzählung von vergangenen in den Mund gelegt werden. Denn was kommen sollte, war in der Vorherbestimmung und Voraussicht Gottes so gut wie schon geschehen, weil sein Eintreffen gewiß war. «Meine Feinde», so spricht er, «redeten Arges wider mich: Wann wird er sterben und sein Name vergehen? Und wenn einer daherkam, um zu schauen, redete sein Herz Eiteles und sammelte Bosheit an. Gingen sie hinweg, besprachen sie sich miteinander. Alle flüsterten feindselig über mich und ersannen mir Böses. Einen tückischen Anschlag machten sie wider mich; aber wird er, der schläft, nicht wieder aufstehen?» In diesem Zusammenhang haben die letzten Worte offenbar den Sinn: Wird er, der stirbt, nicht wieder aufleben? Denn das Vorhergehende zeigt, daß seine Feinde auf seinen Tod gesonnen und ihn beschlossen haben, und zwar mit Hilfe des einen, der daherkam, um zu schauen, und dann hinausging, um Verrat zu üben. Wem kommt hier nicht Judas in den Sinn, der aus einem Jünger zum Verräter ward? Da sie nun, was sie planten, ausführen und ihn töten sollten, fügt er, um zu zeigen, daß sie in eiteler Bosheit vergeblich den zur Auferstehung Berufenen töten würden, jenen Vers hinzu, als spräche er: Was tut ihr so Eiteles? Was euer Frevel ist, ist ja nur mein Schlaf. «Wird er, der schläft, nicht wieder aufstehen?» Doch daß ihr schweres Unrecht nicht ungestraft bleiben werde, kündet er mit den folgenden Versen an: «Denn der Mann, mit dem ich in Frieden lebte, auf den ich vertraute, der mein Brot aß, hat die Ferse wider mich erhoben», das heißt mich mit Füßen getreten. «Du aber, Herr», spricht er, «sei mir gnädig und erwecke mich, so will ich ihnen vergelten.» Wer aber möchte die Wahrheit dieser Worte bestreiten, der sich vergegenwärtigt, wie die Juden nach dem Leiden und der Auferstehung Christi vernichtend geschlagen und aus ihren Wohnsitzen gänzlich vertrieben wurden? Denn der von ihnen Getötete ist auferstanden und hat ihnen einstweilen mit zeitlicher Züchtigung vergolten, abgesehen von der Strafe, die er den Unverbesserlichen vorbehält, wenn er kommen wird, die Lebendigen und Toten zu richten. Hat doch der Herr Jesus selbst durch Darreichung des Brotes den Aposteln seinen Verräter kundgetan und dabei unser Psalmwort angeführt, das nun an ihm erfüllt sei: «Der mein Brot aß, hat die Ferse wider mich erhoben.» Wenn er jedoch sagt: «Auf den ich vertraute», so trifft das nicht für das Haupt, sondern nur für den Leib zu. Denn der Heiland kannte ihn wohl, von dem er schon vorher gesagt: «Einer unter euch wird mich verraten» und: «Einer unter euch ist ein Teufel.» Aber er pflegt auch sonst die Rolle seiner Glieder auf sich zu übertragen und, was von ihnen gilt, sich selbst zuzuschreiben, denn Haupt und Leib sind der eine Christus. Daher auch das Wort im Evangelium: «Ich bin hungrig gewesen, und ihr habt mich gespeist», das er folgendermaßen auslegt: «Was ihr getan habt einem meiner Geringsten, das habt ihr mir getan.» Er sagte also, er habe ihm vertraut, weil seine Jünger damals dem Judas vertrauten, als er noch zu den Aposteln gezählt wurde.

Die Juden aber erwarten nicht, daß der von ihnen erwartete Christus sterben werde. Darum glauben sie nicht, daß unser Christus der vom Gesetz und den Propheten Verheißene sei, sondern irgendein anderer, ihnen Zugehöriger, der, wie sie sich einbilden, mit Todesleiden nichts zu tun habe. Darum behaupten sie in erstaunlicher Torheit und Verblendung, die von uns angeführten Worte bezeichneten nicht Tod und Auferstehung, sondern Schlaf und Erwachen. Doch auch der sechzehnte Psalm ruft ihnen zu: «Darum freut sich mein Herz und frohlockt meine Zunge, und auch mein Fleisch wird in Hoffnung ruhen. Denn du wirst meine Seele nicht in der Unterwelt lassen und nicht zugeben, daß dein Heiliger die Verwesung schaue.» Wer anders dürfte sagen, sein Fleisch ruhe in der Hoffnung, daß seine Seele nicht in der Unterwelt gelassen, sondern schnell zu ihm zurückkehren und aufleben und keine Verwesung erfahren werde, wie sonst Leichen verwesen, als er, welcher am dritten Tage auferstand? Das können sie doch unmöglich von dem Propheten und Könige David sagen. Und auch der achtundsechzigste Psalm ruft aus: «Unser Gott ist ein Gott, der Heil spendet, und des Herrn Ausgang ist der Tod.» Was könnte deutlicher gesagt werden? Der Gott, der Heil spendet, ist der Herr Jesus, dessen Name «Heiland» oder «Heilbringer» bedeutet. Denn zur Begründung dieses Namens ward, ehe noch die Jungfrau den Herrn gebar, verkündet: «Sie wird einen Sohn gebären, des Namen sollst du Jesus heißen, denn er wird sein Volk heilen von seinen Sünden.» Da zur Vergebung dieser Sünden sein Blut vergossen ward, durfte es für ihn keinen anderen Ausgang aus diesem Leben geben als den des Todes. Darum folgt auf die Worte: «Unser Gott ist ein Gott, der Heil spendet» alsbald: «Und des Herren Ausgang ist der Tod», um zu zeigen, daß er durch seinen Tod Heil spenden werde. Man beachte den Ton der Verwunderung in den Worten: «Und des Herrn», es ist, als würde gesagt: Derart ist das Leben der Sterblichen, daß nicht einmal der Herr selber anders als durch den Tod von ihm ausgehen konnte.

19. Der Unglaube der Juden im Psalm 69 vorhergesagt

Wenn nun die Juden gleichwohl solch offenbaren Zeugnissen dieser Weissagung nicht weichen wollen, obschon auch die Tatsachen, die eingetroffen sind, so klar und unmißverständlich reden, so geht eben dadurch an ihnen ein Wort des nächstfolgenden Psalms in Erfüllung. Denn auch in diesem Psalm ist aus der Seele Christi heraus weissagend einiges angekündigt, was sich auf sein Leiden bezieht und nachher im Evangelium bestätigt wird, so dies: «Sie gaben mir Galle zu essen und Essig zu trinken in meinem Durst.» Und nach dieser Mahlzeit, um es so zu nennen, nach dieser ihm also verabfolgten Speise erwidert er ihnen alsbald: «Ihr Tisch werde ihnen zur Falle und zur Vergeltung und zum Anstoß. Ihre Augen sollen finster werden, daß sie nicht sehen, und ihren Rücken krümme für immer» und was weiter folgt. Das ist nicht als Wunsch gesagt, sondern in Wunschform weissagend vorhergesagt. So ist's nicht zu verwundern, daß sie das Offenkundige nicht sehen, da ihre Augen verdunkelt sind, daß sie nicht sehen können. Kein Wunder, daß sie zum Himmlischen nicht aufblicken, da ihr Rücken für immer gekrümmt ist. Denn nun müssen sie sich dem Irdischen zuneigen. Mit diesen vom Leibe hergenommenen Worten sind nämlich seelische Schäden gemeint. Das mag nun genug gesagt sein von den Psalmen oder der Weissagung des Königs David, sonst würde das Maß überschritten werden. Mögen mir's die Leser, die all dies bereits kennen, verzeihen und sich nicht darüber beschweren, daß ich vielleicht manches übergangen habe, was nach ihrer Einsicht oder Meinung noch beweiskräftiger gewesen wäre.

20. Die Weissagungen in den Schriften Salomos

So herrschte David im irdischen Jerusalem, als Sohn des himmlischen Jerusalems oft durch göttliches Zeugnis gepriesen. Denn auch seine Vergehen hat er durch die heilsame Demut der Buße so fromm gesühnt, daß er gewiß zu denen gehört, von denen er selbst sagt: «Wohl denen, deren Übertretungen vergeben, deren Sünden zugedeckt sind.» Nach ihm beherrschte sein Sohn Salomo ebenfalls das ganze Volk, und es wurde von ihm bereits bemerkt, daß er die Regierung schon zu Lebzeiten seines Vaters antrat. Seine Anfänge waren gut, der Ausgang leider schlimm. Denn das Glück, das den Geist der Weisen erschlafft, schadete ihm mehr, als selbst seine Weisheit ihm nützte, die damals weit und breit gerühmt wurde und auch heute und fernerhin denkwürdig bleibt. Auch er zeigt sich in seinen Büchern als Prophet. Von ihnen sind drei zu kanonischem Ansehen gelangt, die Sprüche, der Prediger und das Hohelied. Zwei andere, das eine «Weisheit», das zweite «Ecclesiasticus» (Jesus Sirach) betitelt, schreibt das Herkommen wegen einer gewissen Ähnlichkeit des Stils ebenfalls Salomo zu, doch steht es für die Gelehrteren fest, daß sie nicht von ihm herrühren. Aber die Kirche, zumal die westliche, hat ihnen von alters her Autorität zuerkannt. In dem einen, das man die Weisheit Salomos nennt, wird das Leiden Christi aufs deutlichste geweissagt. Denn da treten seine gottlosen Mörder auf und sprechen: «Laßt uns den Gerechten umgarnen, denn er ist uns verdrießlich und widersetzt sich unserm Tun. Er hält uns unsere Sünden wider das Gesetz vor und bringt uns in bösen Ruf wegen der Sünden unsers Lebenswandels. Er gibt vor, daß er Gott kenne, und nennt sich selbst Gottes Sohn. Er bringt unsere Gedanken ans Licht. Schon sein Anblick ist uns lästig, denn sein Leben gleicht nicht dem der andern, und er geht eigene Wege. Wir sind Narren in seinen Augen, und er meidet unsere Wege wie Pfützen. Er zieht das Ende der Gerechten vor und rühmt sich, Gott zum Vater zu haben. So laßt uns sehen, ob seine Reden wahr sind, abwarten, was ihm widerfahren wird, und acht geben, wie es mit ihm zu Ende geht. Ist er Gottes rechter Sohn, wird er sich seiner annehmen und ihn aus der Hand seiner Widersacher retten. Mit Schmach und Qual wollen wir ihn auf die Probe stellen, so werden wir sehen, wie fromm, und ergründen, wie geduldig er ist. Zu schimpflichstem Tode wollen wir ihn verdammen, denn, wie er spricht, wird Gott dann nach ihm schauen. So dachten sie und gingen irre, denn ihre Bosheit hatte sie verblendet.» Im Buch Ecclesiasticus aber wird der künftige Glaube der Heiden folgendermaßen vorhergesagt: «Herr, allmächtiger Gott, erbarme dich unser und sende deine Furcht über alle Völker. Hebe deine Hand auf über die fremden Völker, daß sie deine Macht sehen. Wie du vor ihren Augen geheiligt wirst bei uns, so erzeige dich herrlich an ihnen vor unsern Augen; so werden sie dich erkennen, wie auch wir dich erkennen, daß kein anderer Gott ist als du, Herr.» Diese in Form eines Wunsches und Gebets gekleidete Weissagung sehen wir durch Jesus Christus erfüllt. Doch hat das, was nicht im Kanon der Juden geschrieben steht, den Widersachern gegenüber keine so große Beweiskraft.

Um jedoch zu zeigen, daß entsprechende Ausführungen in den drei anderen anerkanntermaßen von Salomo verfaßten und von den Juden für kanonisch gehaltenen Schriften auf Christus und die Kirche hinweisen, wäre ein umständlicher Beweisgang nötig, der aber an dieser Stelle zu viel Raum beanspruchen würde. Doch wenn man in den «Sprüchen» von gottlosen Männern liest, welche sprechen: «Wir wollen den Gerechten unter die Erde bringen, sei's auch noch so ungerecht, wir wollen ihn wie die Unterwelt lebendig verschlingen, sein Andenken austilgen von der Erde und sein kostbares Besitztum uns aneignen», ist das nicht so dunkel, daß man nicht ohne mühsame Erläuterung einsehen könnte, wie hier von Christus und seinem Besitztum, der Kirche, die Rede ist. Etwas Ähnliches läßt ja auch der Herr Jesus selbst im evangelischen Gleichnis die bösen Weingärtner sagen: «Das ist der Erbe, kommt, laßt uns ihn töten und sein Erbgut an uns bringen.» Desgleichen pflegt auch jene Stelle desselben Buches, die wir früher schon anführten, als wir von der Unfruchtbaren, die sieben gebar, handelten, gleich beim ersten Hören von Christus und der Kirche verstanden zu werden, wenigstens von denen, die wissen, daß Christus die Weisheit Gottes ist: «Die Weisheit baute ihr Haus und stützte es mit sieben Säulen, schlachtete ihr Vieh, mischte im Krug ihren Wein und deckte ihren Tisch. Sie sandte ihre Diener aus und lud mit tönenden Worten zu ihrem Becher ein und sprach: Wer ist unweise? Er kehre bei mir ein. Und zu den Armen im Geist sprach sie: Kommt und eßt von meinem Brot und trinkt den Wein, den ich euch gemischt habe.» Hier erkennen wir doch mit voller Klarheit die Weisheit Gottes, das ist des Vaters gleichewiges Wort. Sie ist es, die sich im Schoße der Jungfrau als Haus den menschlichen Leib erbaute und mit ihm, wie die Glieder mit dem Haupte, die Kirche verband, Opfer der Märtyrer schlachtete und mit Wein und Brot den Tisch bereitete, wo uns das Priestertum nach der Ordnung Melchisedeks entgegentritt, die ferner die Unweisen und Armen im Geist berief; denn wie der Apostel sagt: «Was schwach ist vor der Welt, das hat Gott erwählt, daß er zuschanden mache, was stark ist.» Doch sagt sie zu diesen Schwachen auch die folgenden Worte: «Verlasset die Unweisheit, so werdet ihr leben, und suchet die Klugheit, so werdet ihr das Leben haben.» Aber an ihrem Tisch Anteil haben, das heißt anfangen, das Leben zu haben. Denn auch die Worte des anderen, «der Prediger» genannten Buches: «Es gibt nichts Besseres für den Menschen als zu essen und zu trinken» kann man doch nur auf die Teilnahme an diesem Tische beziehen, den der Mittler des Neuen Bundes als Priester nach der Ordnung Melchisedeks uns zurüstet mit seinem Leibe und Blute. Denn dies Opfer trat an die Stelle all der Opfer des Alten Testaments, die als Schattenbild des Zukünftigen dargebracht wurden. Darum erkennen wir auch jenen Spruch des vierzigsten Psalms als ein prophetisches Wort desselben Mittlers: «Schlachtopfer und Speisopfer gefallen dir nicht, aber einen Leib hast du mir bereitet.» Denn anstelle all jener Schlachtopfer und Speisopfer wird sein Leib geopfert und den Teilnehmern gereicht. Denn daß jener Prediger mit seinem oft wiederholten und stark betonten Ausspruch vom Essen und Trinken nicht an Speisen denkt, die fleischlichem Genusse dienen, zeigt er uns deutlich genug mit den Worten an: «Es ist besser, in ein Trauerhaus zu gehen als in ein Trinkhaus» und wenig später: «Das Herz der Weisen ist im Trauerhause und das Herz der Narren im Hause der Tafelfreuden.» Doch für noch bemerkenswerter halte ich die Stelle aus diesem Buche, die sich auf die beiden Staaten, den Teufels- und Christusstaat, und ihre Könige, den Teufel und Christus, bezieht. «Weh dir, Land», spricht er da, «dessen König ein Knabe ist, und dessen Fürsten frühmorgens tafeln. Aber glückselig du Land, dessen König ein Sohn der Edlen ist, und dessen Fürsten zur rechten Zeit speisen, zur Kräftigung und nicht zur Schande.» Einen Knaben nennt er den Teufel wegen seiner Torheit, Hoffart, Verwegenheit und Frechheit sowie der übrigen Fehler, die in diesem Alter so häufig sind, Christus aber einen Sohn der Edlen, nämlich der heiligen Patriarchen, die zum freien Staat gehören, von denen er leiblich abstammt. Die Fürsten jenes Staates schmausen schon frühmorgens, also vor der passenden Stunde, weil sie nicht das wahre Glück des künftigen Lebens, das zu rechter Zeit sich einstellt, abwarten können, sondern eilends mit den Genüssen dieses Lebens beglückt zu werden trachten, während die Fürsten des Staates Christi geduldig auf die Zeit einer Glückseligkeit warten, die nicht trügerisch ist. Das meint er mit den Worten: «Zur Kräftigung und nicht zur Schande», denn diese Glückseligkeit betrügt die Hoffnung nicht, von der der Apostel spricht: «Hoffnung aber läßt nicht zuschanden werden», und das meint auch der Psalm: «Denn keiner wird zuschanden, der auf dich harret.» Das Hohelied endlich ist, so kann man sagen, die geistliche Lust heiliger Seelen bei der Vermählung des Königs und der Königin dieses Staates, nämlich Christi und der Kirche. Aber diese Lust ist in Schleier von Gleichnissen eingehüllt, auf daß sie um so glühender begehrt werde und um so wonniger sich entschleiere, wenn der Bräutigam erscheint, dem in diesem

Liede zugerufen wird: «Billig liebt man dich», und die Braut, die hier das Wort vernimmt: «Du Liebe voller Wonne!» Vieles andere übergehen wir mit Schweigen, darauf bedacht, dies Werk zum Abschluß zu bringen.

21. Die Teilung des Reiches unter Rehabeam

Bei den übrigen Königen der Hebräer nach Salomo, sowohl denen in Juda als auch denen in Israel, finden wir kaum irgendwelche geheimnisvollen Aussprüche oder Taten, die einen Hinweis auf Christus enthielten. Juda und Israel nannte man nämlich die beiden Teile des Volkes, in welche es um des salomonischen Ärgernisses willen zur Zeit seines Sohnes Rehabeam, der seinem Vater in der Regierung folgte, verdientermaßen zerfiel. Seitdem hießen die zehn Stämme, die Jerobeam, ein Knecht Salomos, in Samaria, wo er zum Könige eingesetzt war, beherrschte, Israel im engeren Sinne, obwohl dies eigentlich der Name des ganzen Volkes war. Juda und Benjamin dagegen, die beiden Stämme, die um Davids willen, damit das Königtum in seinem Geschlecht nicht gänzlich erlösche, der Stadt Jerusalem unterworfen blieben, nannte man Juda, weil das der Stamm Davids war. Aus dem anderen Stamme, der, wie gesagt, zu demselben Reiche gehörte, also Benjamin, war Saul, der König vor David, hervorgegangen. Aber beide Stämme zusammen hießen, wie ich schon sagte, «Juda» und unterschieden sich durch diesen Namen von Israel im engeren Sinne, wie man die zehn Stämme, die ihren eigenen König hatten, jetzt nannte. Denn der priesterliche Stamm Levi, der zum Dienste Gottes und nicht der Könige bestimmt war, wurde als dreizehnter gezählt. Joseph, einer der zwölf Söhne Israels, hatte nämlich nicht nur einen Stamm wie die übrigen Brüder, sondern ihrer zwei erzeugt, Ephraim und Manasse. Doch gehörte auch der Stamm Levi vorwiegend zum jerusalemitischen

Reiche, weil dort der Tempel war, in dem er Dienst tat. Nach der Teilung des Volkes herrschte also in Jerusalem als König von Juda zuerst Rehabeam, der Sohn Salomos, und in Samaria als König über Israel Jerobeam, der Knecht Salomos. Und als Rehabeam die in jenem abgetrennten Teil aufgerichtete vermeintliche Gewaltherrschaft bekämpfen wollte, verhinderte Gott den Bruderkrieg, indem er durch einen Propheten verkünden ließ, die Trennung sei sein Werk. Daraus ist ersichtlich, daß hier keine Verschuldung des Königs oder Volkes von Israel vorlag, sondern nur Gottes Strafgericht sich vollzogen hatte. Nachdem sie dies erkannt, beruhigten sich beide Teile und hielten Frieden, denn es war ja keine Religionstrennung, sondern nur eine Reichsteilung erfolgt.

22. Israel verfällt dem Götzendienst und wird von Propheten gewarnt

Doch Jerobeam, der König von Israel, verkehrten Sinnes und ungläubig, obschon sich Gott durch die Verleihung der ihm verheißenen Herrschaft als zuverlässig erwiesen hatte, fürchtete, das Volk möchte, wenn es zum Tempel Gottes nach Jerusalem käme, wohin sich nach göttlichem Gesetz alle Volksgenossen zum Opfern begeben sollten, von ihm abfallen und zum Stamme Davids als dem königlichen Samen zurückkehren. So führte er in seinem Reiche den Götzendienst ein und betrog in schändlicher Gottlosigkeit das Volk Gottes, das sich mit ihm der Verehrung von Götzenbildern ergab. Gleichwohl hörte Gott nicht gänzlich auf, sowohl diesen König als auch seine Nachfolger und Nachahmer seiner Gottlosigkeit sowie das Volk selbst durch Propheten zu warnen. Denn hier traten unter anderen jene großen und berühmten Propheten auf, die auch viele Wunder verrichteten, nämlich Elias und sein Schüler Elisa. Hier war es auch, wo Elias auf seine Klage: «Herr, sie haben deine Propheten getötet, deine Altäre zerbrochen, und ich bin allein übriggeblieben, und sie trachten mir nach dem Leben» die Antwort bekam, es seien dort noch siebentausend Männer, die ihre Knie nicht vor Baal gebeugt.

23. Vom Reiche Juda und den weiteren Schicksalen beider Reichshälften

Desgleichen fehlte es auch im Reiche Juda, das zu Jerusalem gehörte, zur Zeit der folgenden Könige nicht an Propheten, wie es Gott gefiel, sie zu senden, die bald, wenn es not tat, Künftiges vorhersagten, bald die Sünden straften und zur Gerechtigkeit mahnten. Denn auch hier, obschon weit weniger als in Israel, standen Könige auf, die durch ihre Gottlosigkeit Gott schwer beleidigten und mitsamt dem Volke, das ihnen glich, durch angemessene Züchtigungen heimgesucht wurden. Doch ist auch von Verdiensten frommer Könige die Rede, denen hohes Lob gespendet wird, während wir in Israel nur von Königen lesen, die zwar mehr oder weniger, aber sämtlich böse waren. So wurden denn beide Teile des Reichs, je nachdem die göttliche Vorsehung es anordnete oder zuließ, durch mancherlei Wechselfälle des Glücks oder Unglücks bald aufgerichtet, bald niedergedrückt, und zwar nicht nur durch äußere Kriege, sondern auch durch Bürgerkriege untereinander heimgesucht. Je nach den vorliegenden Ursachen trat bald Gottes Barmherzigkeit, bald sein Zorn ans Licht, bis schließlich, da sein Unwille sich steigerte, das ganze Volk von den siegreichen Chaldäern nicht nur an seinen eigenen Wohnsitzen niedergeworfen, sondern auch größtenteils in die Länder Assyriens verschleppt wurde. Das traf zuerst den Teil, der in seinen zehn Stämmen Israel hieß, sodann aber auch Juda, wo Jerusalem und sein herrlicher Tempel zerstört wurde. Siebzig Jahre lang mußte das Volk in diesen Ländern in Gefangenschaft schmachten, dann wurde es freigelassen und stellte den zerstörten Tempel wieder her. Seitdem hatte es, obwohl viele Volksgenossen in fremden Landen blieben, nicht mehr zwei Reichshälften und in einer jeden verschiedene Könige. Sondern es gab nur noch einen Fürsten zu Jerusalem, und zum dortigen Tempel kamen alle von überall her, wo sie auch waren und woher sie nur konnten, zu bestimmten Zeiten zusammen. Aber auch jetzt fehlten ihnen die auswärtigen Feinde und Eroberer nicht, und als Christus kam, fand er sie bereits den Römern tributpflichtig.

24. Die letzten Propheten

Aber während der ganzen Zeit seit ihrer Rückkehr aus Babylon hatten sie nach Maleachi, Haggai und Zacharias, den damaligen Propheten, sowie nach Esra keine Propheten mehr bis zur Ankunft des Heilandes, es sei denn, als die Geburt Christi schon ganz nahe war, jenen zweiten Zacharias, den Vater des Johannes, und seine Gattin Elisabeth und nach Christi Geburt den greisen Simeon und die gleichfalls hochbetagte Witwe Hanna und zuletzt noch Johannes selbst. Dieser Johannes, damals ein Jüngling, hat den ebenfalls schon zum Jüngling herangewachsenen Christus nicht als Kommenden vorausgesagt, sondern ihn, den noch Unbekannten, in prophetischer Erleuchtung dem Volke bekanntgemacht, weswegen der Herr selbst sagte: «Das Gesetz und die Propheten reichen bis Johannes.» Doch ist uns das prophetische Auftreten dieser fünf nur im Evangelium berichtet, das uns auch die jungfräuliche Mutter des Herrn selbst als Prophetin noch vor Johannes kennen lehrt. Ihre Weissagungen freilich nehmen die verworfenen Juden nicht an, wohl aber taten es die Ungezählten aus ihrer Mitte, die dem Evangelium Glauben schenkten. Denn erst damals ward Israel wahrhaft in zwei Teile gespalten, eine Teilung, die durch den Propheten Samuel dem Könige Saul als unwiderruf'lich vorhergesagt war. Dagegen dem Maleachi, sowie Haggai, Zacharias und Esra wurde als letzten auch von den verworfenen Juden göttliches Ansehen zuerkannt. Denn es sind auch von ihnen Schriften vorhanden, die kanonisches Ansehen erlangten, wie von anderen Propheten auch, freilich nur sehr wenigen aus der großen Prophetenzahl. Von ihren Weissagungen, die sich auf Christus und die Kirche beziehen, muß ich doch noch einiges in diesem Werke anführen; aber das wird mit Gottes Hilfe besser im folgenden Buche geschehen, um dieses, das ohnehin lang genug ist, nicht noch mehr zu belasten.

ACHTZEHNTES BUCH

DAS NEBENEINANDER VON WELTSTAAT UND GOTTESSTAAT VON ABRAHAM BIS CHRISTUS

1. Rückblick

Ich stellte in Aussicht, den Ursprung, Verlauf und verdienten Ausgang der beiden Staaten, des Gottes- und des Weltstaates, zu beschreiben, von denen der erstere, soweit er aus Menschen besteht, in dem letzteren als Fremdling weilt. Zuvor jedoch, und zwar in den ersten zehn Büchern, hatte ich die Feinde des Gottesstaates, die seinem Begründer Christus ihre eigenen Götter vorziehen und die Christen in einer für sie selbst verderblichen Eifersucht grimmig hassen, soweit mir Gott dazu die Kraft verlieh, zurückgewiesen. Was nun diesen meinen eben erwähnten dreiteiligen Entwurf anlangt, so habe ich in den vier Büchern, die dem zehnten folgen, den Ursprung der beiden Staaten dargelegt, sodann in einem Buche, nämlich dem fünfzehnten des vorliegenden Werks, ihren Verlauf vom ersten Menschen bis zur Sündflut geschildert. Von da bis auf Abraham liefen ebenfalls wie in Wirklichkeit so auch in unserer Darstellung beide Staaten nebeneinander her. Aber vom Vater Abraham bis zur Zeit der israelitischen Könige, womit wir das sechzehnte Buch abschlossen, und von da bis zur Erscheinung des Heilandes im Fleisch, bis wohin das siebzehnte Buch reichte, könnte es nach meinen Ausführungen so aussehen, als habe allein der Gottesstaat sich weiterentwickelt. Tatsächlich jedoch wandert er in dieser Welt niemals für sich allein, sondern wie von Anfang an so führen auch weiterhin im Menschengeschlecht beide zusammen in ihrem Verlauf den Wandel der Zeiten herbei. Die Absicht bei meinem Vorgehen war, es sollte zunächst einmal ohne Störung durch die Gegenseite der Verlauf des Gottesstaates von dem Zeitpunkt an, wo Gottes Verheißungen deutlicher wurden, bis zur Jungfrauengeburt dessen, in dem sie erfüllt werden sollten, um so klarer hervortreten, obwohl dieser Verlauf freilich bis zum Offenbarwerden des Neuen Bundes nicht im Lichte, sondern im Schatten erfolgte. Nunmehr muß ich also das Unterlassene nachholen und, soweit es die Sache erfordert, schildern, wie seit den Tagen Abrahams auch der Weltstaat sich entfaltet hat, damit die Leser beide zum Vergleich vor Augen haben.

2. *Die irdischen Reiche und Könige zur Zeit Abrahams*

So läuft denn im sterblichen Menschengeschlecht, das sich über alle Länder hin verbreitet und trotz der Verschiedenheit seiner Wohnstätten durch das Band der Wesensgleichheit zusammengehalten wird, jedermann seinem Vorteil und seinen Begierden nach; aber was man auch erstrebt, es genügt keinem oder doch nicht allen, weil es so verschiedenerlei ist. Darum kommt es fast überall zum Zwiespalt, und der Teil, der die Oberhand gewinnt, unterdrückt den andern. Denn dem siegreichen Teil unterwirft sich der besiegte und zieht Frieden und Wohlstand, mag er noch so kümmerlich sein, der Herrschaft oder auch der Freiheit vor, so daß man diejenigen anstaunt, die lieber tot als Sklaven sein wollen. Man muß es schon eine Stimme der Natur nennen, die bei allen Völkern laut wird, daß sie lieber den Siegern, denen sie unterlagen, untertan sein, als durch Verheerung im Kriege gänzlich vernichtet werden wollen. So geschah es denn, nicht ohne Gottes Vorsehung, die darüber verfügt, wer im Kriege Unterjocher und wer Unterjochter sein soll, daß die einen mit Herrschaft begabt, die anderen dagegen Herrschern unterworfen wurden. Aber unter all den vielen Erdenreichen, in welche die Genossenschaft irdischen Vorteils oder Begehrens zerfällt, die wir mit zusammenfassendem Ausdruck den Staat dieser Welt nennen, haben vor allen anderen, wie wir sehen, zwei Reiche größten Ruhm erlangt, zuerst das der Assyrer, dann das der Römer, die zeitlich und räumlich getrennt von einander auftraten. Denn wie das eine früher, das andere später sich erhob, so dieses im Morgen-, jenes im Abendlande, und auf das Ende des einen folgte alsbald der Anfang des anderen. Die weiteren Reiche und Könige möchte ich als eine Art Anhängsel dieser beiden bezeichnen.

Ninus also, der seinem Vater Bel, dem ersten Könige des assyrischen Reiches, in der Herrschaft folgte, war der zweite Assyrerkönig, und zu seiner Zeit ward Abraham im Lande der Chaldäer geboren. Damals gab es auch das Reich der Sikyonier, freilich ein recht kleines, mit dem als ältestem der allseitig gelehrte Marcus Varro sein Werk über die Abstammung des römischen Volkes eröffnet. Denn von den Königen der Sikyonier kommt er zu den Athenern, von diesen zu den Latinern, von da zu den Römern. Aber vor der Gründung Roms muß man im Vergleich mit dem Reiche der Assyrer diese Reiche unbedeutend nennen, obschon auch der römische Geschichtsschreiber Sallust einräumt, daß die Athener in Griechenland höchstes Ansehen genossen. Doch verdankten sie das mehr dem Ruf als ihren Leistungen. Denn er schreibt von ihnen: «Die Taten der Athener waren auch meiner Meinung nach gewiß groß und bewundernswert, entsprechen aber nicht ganz ihrem Ruf. Doch weil es bei ihnen so talentvolle Schriftsteller gab, wurden diese Taten in der ganzen Welt über die Maßen gefeiert. Denn die Leistung der Männer gilt nun einmal so viel, wie hervorragende Geister sie mit Worten herauszustreichen vermögen.» Auch durch Wissenschaft und Philosophie hat der Staat der Athener nicht geringen Ruhm erlangt, weil diese Studien hier in höchster Blüte standen. Was aber das Reich selbst anlangt, so gab es in den ersten Zeiten kein größeres, keines, das so weit und breit sich ausdehnte, als das der Assyrer. Denn nach der Überlieferung hat König Ninus, Bels Sohn, ganz Asien, das man als dritten Erdteil zählt, das aber seiner Größe nach die Hälfte der Erde ausmacht, bis zu den Grenzen Libyens unterworfen. Nur über die Inder ganz im Osten herrschte er nicht, doch hat nach seinem Tode Semiramis, seine Gattin, auch diese bekriegt. So geschah es, daß alle Völker oder Könige in jenen Landen dem Reich und der Macht der Assyrer untertan waren und ihren Befehlen nachkamen. Abraham also ward in diesem Reiche zu Ninus Zeiten bei den Chaldäern geboren. Doch die griechische Geschichte, die die Erforscher des römischen Altertums in aufsteigender Linie von den Griechen zu den Latinern und von da bis zu den Römern, die selbst Latiner waren, verfolgt haben, ist uns nun einmal weit bekannter als die der Assyrer. So müssen wir uns darauf beschränken, soweit es not tut, die assyrischen Könige mit Namen zu nennen, damit man sieht, wie Babylon, also gleichsam das erste Rom, sich zugleich mit dem in dieser Welt pilgernden Gottesstaat entfaltet hat. Doch müssen wir die Tatsachen, die wir zum Vergleich der beiden Staaten, des irdischen und himmlischen, in diesem Werke zu erwähnen haben, vorwiegend den Griechen und Lateinern entnehmen, in deren Darstellung Rom selbst, gewissermaßen das zweite Babylon, den wichtigsten Platz einnimmt.

Zur Zeit der Geburt Abrahams also herrschten als zweite Könige bei den Assyrern Ninus, bei den Sikyoniern Europs. Die beiden ersten waren einerseits Bel, andererseits Ägialeus gewesen. Als jedoch Gott dem Abraham nach seinem Auszug aus Babylon verhieß, aus ihm werde ein großes Volk hervorgehen und durch seinen Samen allen Völkern Segen zuteil werden, hatten die Assyrer bereits den vierten, die Sikyonier den fünften König. Bei jenen herrschte nämlich des Ninus Sohn als Nachfolger seiner Mutter Semiramis, die von ihm getötet sein soll, als sie es wagte, die Mutter den Sohn, durch blutschänderischen Umgang zu beflecken. Einige meinen auch, sie habe Babylon gegründet, das sie doch nur wiederaufbaute. Wann es tatsächlich gegründet wurde und wie es dabei zuging, haben wir im sechzehnten Buche gehört. Den Sohn des Ninus und der Semiramis, der nach seiner Mutter die Herrschaft übernahm, nennen einige ebenfalls Ninus, andere dagegen mit einem von dem des Vaters abgeleiteten Namen Ninyas. Das Reich der Sikyonier beherrschte damals Telxion. Unter seiner Regierung waren die Zeiten so sanft und froh, daß man ihn nach seinem Tode durch Opfer und Veranstaltung von Spielen, wie sie damals zuerst eingeführt sein sollen, als Gott verehrte.

3. Die zur Zeit Isaaks lebenden Beherrscher der Weltreiche

Zur Zeit dieses Königs wurde nach der Verheißung Gottes dem hundertjährigen Vater Abraham von seiner Gattin Sara, die, weil unfruchtbar und alt, schon die Hoffnung auf Kinder aufgegeben hatte, sein Sohn Isaak geboren. Damals herrschte über die Assyrer als fünfter König Arrius. Isaak aber wurden, als er sechzig Jahre alt war, von seiner Ehefrau Rebekka die Zwillinge Esau und Jakob geboren. Der Großvater Abraham lebte damals noch im Alter von hundertsechzig Jahren und starb dann nach vollendetem hundertfünfundsiebzigsten Lebensjahre, während bei den Assyrern der ältere Xerxes, mit dem Zunamen Baleus, bei den Sikyoniern Thuriakus, den einige auch Thurimachus nennen, herrschte, beides die siebten Könige. Das Reich der Argiver aber, wo Inachus erster König war, trat zugleich mit den Enkeln Abrahams ins Dasein. Auch am Grabe ihres siebten Königs Thuriakus pflegten übrigens, wie wir nicht übergehen wollen, die Sikyonier nach Varro zu opfern. Während der Regierungszeit sodann der beiden achten Könige, Armamitres in Assyrien und Leukippus in Sikyonien und des ersten Königs der Argiver Inachus, redete Gott zu Isaak und verhieß auch ihm, was er seinem Vater verheißen, nämlich erstens seinem Samen das Land Kanaan, zweitens durch seinen Samen Segen über alle Völker. Das gleiche ward auch seinem Sohne, dem Enkel Abrahams, der erst Jakob, später Israel hieß, angekündigt, und damals war bereits Belokus neunter König Assyriens und Phoroneus, des Inachus Sohn, zweiter König der Argiver, während bei den Sikyoniern die Herrschaft des Leukippus noch fortdauerte. In dieser Zeit erlangte Griechenland unter Phoroneus, dem Könige von Argolis, durch Einführung von allerlei Gesetzen und Rechtsordnungen höheres Ansehen. Als jedoch Phegous, der jüngere Bruder dieses Phoroneus, gestorben war, wurde bei seinem Grabe ein Tempel erbaut, in dem man ihn als Gott verehrte und Rinder opferte. Ich vermute, daß man ihn darum solcher Ehre für würdig hielt, weil er in seinem Reichsteil – der Vater hatte ihnen beiden Gebiete zugewiesen, in denen sie noch zu seinen Lebzeiten herrschten – Heiligtümer zur Verehrung der Götter errichtet und gelehrt hatte, die Zeit durch Messung und Zählung nach Monaten und Jahren zu berechnen. Dies Neue bestaunten die damals noch ungebildeten Menschen und meinten deshalb, als er starb, oder wollten es so, er sei nun Gott geworden. Dasselbe ist auch von Jo zu sagen, die ebenfalls von Inachus erzeugt sein soll, später Isis genannt und als große Göttin in Ägypten verehrt wurde. Andere schreiben freilich, sie sei aus Äthiopien als Königin nach Ägypten gekommen und dort habe man ihr, weil sie weithin und gerecht regierte und viel Gutes, darunter auch die Schreibkunst, einführte, nach ihrem Tode göttliche Ehre erwiesen, und zwar so große, daß es als todeswürdiges Verbrechen galt, wenn jemand sagte, sie sei bloß ein Mensch gewesen.

4. *Die weltlichen Herrscher zur Zeit Jakobs und Josephs*

Als nun unter den Assyrern der zehnte König, Baleus, und unter den Sikyoniern der neunte, Messapus, herrschte, den einige auch Kesiphos nennen – wenn mit diesen beiden Namen derselbe Mann gemeint ist und nicht vielmehr die betreffenden Schriftsteller mit dem anderen Namen auch einen andern Mann im Auge hatten –, und als Apis der dritte Argiverkönig war, starb Isaak im Alter von hundertachtzig Jahren und ließ seine Zwillingssöhne hundertzwanzigjährig zurück. Der jüngere von ihnen, Jakob, der zum Gottesstaat gehörte, über den wir schreiben, während der ältere verworfen war, hatte zwölf Söhne, und einen von ihnen, Joseph, verkauften die Brüder noch zu Lebzeiten des Großvaters Isaak an Händler, die nach Ägypten reisten. Dieser Joseph war, als er aus der Erniedrigung erhöht wurde und vor Pharao stand, dreißig Jahre alt. Er hatte nämlich des Königs Träume göttlich gedeutet und sieben fruchtbare Jahre vorhergesagt, deren überströmende Fülle die nachfolgenden sieben unfruchtbaren Jahre aufzehren würden, und deshalb hatte ihn der König aus dem Gefängnis befreit und zum Herrn von Ägypten gemacht. Ins Gefängnis hatte ihn seine Keuschheit gebracht, die er standhaft wahrte, als seine Herrin in sträflicher Liebe zu ihm entbrannte und seinen sträflich leichtgläubigen Herrn belog. Er hatte, als sie ihn an sich ziehen wollte, sein Kleid in ihrer Hand gelassen und nicht in den Ehebruch gewilligt, sondern war geflohen. Aber im zweiten der sieben unfruchtbaren Jahre kam Jakob mit seiner ganzen Familie zu seinem Sohne, hundertdreißig Jahre alt, wie er selbst auf die Frage des Königs antwortete, während Joseph damals neununddreißig Jahre zählte. Denn zu den dreißig Jahren seines Lebensalters zur Zeit seiner Erhöhung waren sieben Jahre der Fruchtbarkeit und zwei der Hungerjahre hinzugekommen.

5. *Wie aus dem Argiverkönig Apis der Ägyptergott Serapis ward*

Zu dieser Zeit begab sich Apis, der Argiverkönig, zu Schiff nach Ägypten und wurde, nachdem er dort gestorben war, als Serapis der größte aller ägyptischen Götter. Dafür aber, daß man ihn nach seinem Tode nicht mehr Apis, sondern Serapis nannte, gab Varro eine sehr naheliegende Erklärung. Denn die Lade, in die man einen Verstorbenen legt und die man jetzt allgemein Sarg nennt, heißt auf griechisch «Soros», und da man ihn vor der Erbauung eines Tempels zunächst in diesem Sarge verehrte, nannte man ihn, aus Soros und Apis ein Wort bildend, anfänglich Sorapis, sodann in häufig vorkommender Abwandlung eines Buchstabens Serapis. Auch in bezug auf ihn ward verfügt, daß jeder, der sagte, er sei ein Mensch gewesen, der Todesstrafe verfiele. Und da sich in fast allen Tempeln, in denen Isis und Serapis verehrt wurden, ein Götterbild befand, das mit seinem auf die Lippen gedrückten Finger zum Schweigen aufzufordern scheint, meint Varro darin eine Andeutung zu finden, man solle darüber schweigen, daß sie Menschen gewesen. Jenen Stier aber, den Ägypten in erstaunlicher Verblendung zu Serapis Ehren mit reichlichen Leckerbissen nährte, nannte man, da man ihn lebend und nicht im Sarge verehrte, Apis und nicht Serapis. War nun der Stier gestorben und suchte und fand man ein Stierkalb von derselben Farbe, das ist in ähnlicher Weise mit gewissen weißen Flecken gezeichnet, so hielt man das für ein Wunderzeichen und göttliches Geschenk. Für die Dämonen war es ja kein großes Kunststück, einer einzelnen empfangenden oder trächtigen Kuh das Scheinbild solch eines Stieres zu zeigen und ihre Begehrlichkeit auf das hinzulenken, was dann an ihrem Kalbe leiblich in Erscheinung trat. So hat ja auch Jakob mit bunten Stäben zuwege gebracht, daß gefleckte Schafe und Ziegen geboren wurden. Denn was Menschen mit wirklichen Farben und körperlichen

Dingen bei der Empfängnis von Tieren erreichen, das erreichen die Dämonen ohne Schwierigkeit mit Blendwerken.

6. Die Könige zur Zeit des Todes Jakobs

Apis also, König nicht der Ägypter, sondern der Argiver, starb in Ägypten. Ihm folgte in der Herrschaft sein Sohn Argus, nach dessen Namen man seine Untertanen erst Arger und davon abgeleitet später Argiver nannte. Unter den früheren Königen trug weder Land noch Volk diesen Namen. Während er nun über die Argiver, Eratus über die Sikyonier, aber Baleus immer noch über die Assyrer herrschte, starb Jakob hundertsiebenundvierzig Jahre alt in Ägypten. Vorher, als er im Sterben lag, hatte er seine Söhne und die Josephssöhne, seine Enkel, gesegnet und Christus aufs deutlichste vorhergesagt. Denn bei dem Segen über Juda sprach er: «Es wird nicht mangeln an einem Fürsten aus Juda noch an einem Gebieter aus seinen Lenden, bis daß geschieht, was ihm vorbehalten ist. Er ist's, auf den die Heiden warten.» Unter des Argus Regierung fing Griechenland an, sich von eigenen Früchten zu ernähren und selbst Ackerbau zu treiben. Das Saatgut holte man sich von auswärts. Auch Argus hielt man nach seinem Tode für einen Gott und ehrte ihn durch Tempel und Opfer. Diese Ehre ward vor ihm, während er noch regierte, auch einem gewissen Homogyrus, einem gewöhnlichen Bürger, den der Blitz erschlug, zuteil, weil er als erster Ochsen vor den Pflug spannte.

7. Die Könige zur Zeit des Todes Josephs

Als sodann Mamythus zwölfter König der Assyrer und Plemmeus elfter der Sikyonier war, bei den Argern aber noch Argus regierte, starb Joseph hundertzehnjährig in Ägypten. Nach seinem Tode blieb das wunderbar sich mehrende Volk Gottes hundertfünfundvierzig Jahre in Ägypten, zunächst in Ruhe und Frieden, bis die Leute starben, die Joseph noch gekannt hatten. Weiterhin aber, weil sein Wachstum Neid und Argwohn weckte, wurde es bis zu seiner Befreiung durch Verfolgungen und die Mühsale einer unerträglichen Knechtschaft geplagt, wuchs aber gleichwohl in gottverliehener Fruchtbarkeit immer mehr an. In Assyrien und Griechenland blieben währenddessen die Reiche bestehen.

8. Der Weltstaat und seine Herrscher zur Zeit des Moses

Während sodann Saphrus als vierzehnter König die Assyrer beherrschte, Orthopolis als zwölfter die Sikyonier und Kriasus als fünfter die Argiver, ward in Ägypten Moses geboren, der Befreier des Volkes Gottes aus der ägyptischen Knechtschaft, einer Prüfung, die dazu dienen sollte, das Verlangen nach der Hilfe seines Schöpfers wachzurufen. Unter dem Regiment der genannten Könige hat nach Ansicht einiger Prometheus gelebt, von dem man wohl aus dem Grunde sagt, er habe die Menschen aus Lehm gebildet, weil er ein vorzüglicher Lehrer der Weisheit gewesen sein soll; doch kann man sonst keine Weisen damaliger Zeit ausfindig machen. Sein Bruder Atlas soll ein großer Astrolog gewesen sein, und das mag der Fabeldichtung Anlaß zu der Behauptung gegeben haben, er trage das Himmelsgewölbe. Doch führt auch ein Berg seinen Namen, dessen Höhe wohl noch besser die Volksmeinung vom Tragen des Himmels erklärt. Noch viel andere Fabeleien hat man zu jener Zeit in Griechenland erdichtet, auch wurden bis hin zu Kekrops, dem König von Athen, unter dessen Regierung diese Stadt ihren nunmehrigen Namen empfing und Gott durch Moses sein Volk aus Ägypten führte, allerlei Sterbliche auf Grund blinden und törichten abergläubischen Brauchs der Griechen in die Zahl der Götter aufgenommen. Unter ihnen

Melantomice, die Gattin des Königs Kriasus, und Phorbas, Sohn der beiden, der nach seinem Vater sechster König der Argiver war, und der Sohn des siebten Königs Triopas, namens Jasus, sowie der neunte König Sthenelas oder Stheneleus oder auch Sthenelus, dessen Name von den verschiedenen Gewährsmännern verschieden angegeben wird. Zu dieser Zeit soll auch Merkur gelebt haben, ein Enkel des Atlas von seiner Tochter Maja, wovon auch volkstümlichere Schriften zu erzählen wissen. Er war als Meister vieler Künste berühmt, in denen er auch seine Mitmenschen unterwies, ein Verdienst, weswegen man nach seinem Tode wollte oder glaubte, er sei ein Gott. Nach ihm soll Herkules gelebt haben, jedenfalls noch zur Zeit der Argiver, obwohl auch einige ihn vor Merkur ansetzen, was ein Irrtum sein dürfte. Aber wann sie auch geboren sein mögen, darüber sind die ernsten Geschichtsschreiber, die von diesen alten Zeiten berichten, einig, daß sie beide Menschen waren und sich dadurch, daß sie durch allerlei gute Dienste den Sterblichen zu angenehmerem Erdenleben verhalfen, ein Anrecht auf göttliche Ehren erworben haben. Minerva aber stammt aus viel weiter zurückliegendem Altertum, denn sie soll zur Zeit des Ogygus an einem See, namens Tritonis, in jungfräulichem Alter aufgetaucht sein, weswegen man sie auch Tritonia nannte. Man hielt sie für die Erfinderin vieler Künste und glaubte um so bereitwilliger an ihre Gottheit, je weniger man von ihrem Ursprung wußte. Denn daß sie aus Jupiters Haupt entsprungen sei, ist natürlich Märchendichtung und hat mit Geschichte und Tatsächlichkeit nichts zu schaffen. Wann übrigens dieser Ogygus lebte, in dessen Zeit auch eine große Flut fällt – nicht die ganz große, der keine Menschen entrannen außer denen, die in der Arche waren, und von der weder die griechische noch die lateinische Geschichte etwas weiß, aber immerhin eine größere als die spätere zu Deukalions Zeiten –, darüber sind sich die Geschichtsschreiber nicht einig. Denn Varro beginnt hiermit sein vorhin erwähntes Buch und weiß keinen älteren Ausgangspunkt zu finden, um von da zur römischen Geschichte überzugehen, als die Flut des Ogygus, das heißt die zu Ogygus Zeit hereingebrochene Flut. Die christlichen Schriftsteller dagegen, die Chroniken verfaßt haben, zuerst Eusebius, dann Hieronymus, die in dieser Frage naturgemäß älteren Geschichtsschreibern folgten, setzen die Flut des Ogygus mehr als dreihundert Jahre später an, nämlich zur Zeit der Herrschaft des zweiten Königs der Argiver Phoroneus. Doch wann sie auch stattgefunden haben mag, jedenfalls wurde Minerva schon als Göttin verehrt, als Kekrops über Athen herrschte, unter dessen Regierung diese Stadt neu aufgebaut oder überhaupt erst erbaut sein soll.

9. *Wie Athen seinen Namen empfing*

Denn dafür, daß man die Stadt Athen nannte, ein Name, der sicher von Minerva, auf griechisch Athene, herzuleiten ist, gibt Varro folgenden Grund an. Als daselbst plötzlich ein Olivenbaum zum Vorschein kam und an anderer Stelle Wasser hervorbrach, ward der König durch diese Wunderzeichen beunruhigt und ließ beim Delphischen Apollo nachfragen, wie das zu deuten und was dabei zu tun sei. Der gab zur Antwort, der Ölbaum weise auf Minerva hin, das Wasser auf Neptun, und es sei nun den Bürgern anheimgestellt, nach welcher der beiden Gottheiten, deren Wahrzeichen jene Erscheinungen seien, sie die Stadt benennen wollten. Nach Empfang dieses Orakelspruches rief Kekrops alle Bürger beiderlei Geschlechts zusammen – es war nämlich damals und dortzulande üblich, daß auch die Frauen an öffentlichen Beratungen teilnahmen –, um abzustimmen. Bei Befragung der Menge gaben sodann die Männer ihre Stimmen für Neptun, die Frauen für Minerva ab, und da sich herausstellte, daß eine Frauenstimme mehr war, siegte

Minerva. Darüber erzürnt, verwüstete Neptun mit wilden Meeresfluten das Land der Athener; machte es doch den Dämonen wenig Mühe, beliebig viel Wasser weithin auszuschütten. Seinen Groll zu besänftigen, so erzählt derselbe Gewährsmann weiter, hätten die Athener den Frauen eine dreifache Strafe auferlegt. Keine von ihnen durfte hinfort mehr mitstimmen, kein Kind den mütterlichen Namen tragen und niemand sie fernerhin Athenerinnen heißen. So hat denn diese Stadt, Mutter oder Amme der freien Wissenschaften und so vieler und großer Philosophen, berühmter und vornehmer als alle anderen Städte Griechenlands, durch Possenspiel der Dämonen und aus Anlaß eines Streites ihrer Götter, des männlichen und des weiblichen, sowie des Sieges der Frau mit Hilfe der Frauen ihren Namen Athen erhalten und sich dann durch die Rache des Besiegten genötigt gesehen, den Sieg der Siegerin zu bestrafen, da die Wasser Neptuns fürchterlicher erschienen als Minervas Waffen. Denn mit den so bestraften Weibern ward auch die siegreiche Minerva besiegt und konnte ihren Wählerinnen nicht einmal so viel nützen, daß sie nach Verlust des Stimmrechts und der Befugnis, die Kinder nach den Müttern zu benennen, sich wenigstens Athenerinnen hätten nennen und den Namen der Göttin tragen dürfen, der sie durch ihre Abstimmung zum Sieg über den männlichen Gott verholfen hatten. Darüber könnte man noch manch kräftiges Wort sagen, doch dürfen wir nicht länger verweilen.

10. Varro über den Namen Areopag

Doch will Marcus Varro den Fabelgeschichten, die ein ungünstiges Licht auf die Götter werfen, nicht glauben, um nicht etwas der Würde ihrer Majestät Unwürdiges zu denken. So will er auch nicht zugeben, daß der Areopag, wo der Apostel Paulus mit den Athenern im Wortkampf stritt, und nach welchem die Ratsherren dieser Stadt Areopagiten hießen, daher seinen Namen empfangen habe, daß Mars, auf griechisch «Ares», wegen Mordes angeklagt, durch den Richterspruch von zwölf Göttern auf diesem Platze (pagus) mit sechs Stimmen freigesprochen sei – denn bei gleicher Stimmenzahl galt der Freispruch, nicht das Verdammungsurteil. Sondern im Gegensatz zu dieser Überlieferung, so weit sie auch verbreitet ist, hat er aus entlegenen Schriften einen anderen Grund zur Erklärung des Namens ausgegraben, damit man nicht glaube, die Athener hätten jenen Gerichtsplatz nach dem Namen des Mars und dem Wort für Platz als Areopag bezeichnet und dadurch den Göttern Unrecht getan, bei denen es seiner Meinung nach keine Streitigkeiten und Gerichtsurteile geben kann. So behauptet er denn, was man hier von Mars sage, sei genau so verkehrt wie jene Fabel von den drei Göttinnen Juno, Minerva und Venus, die, wie erzählt wird, um den Preis eines goldenen Apfels vor Paris als Richter stritten, wer die Schönste sei, eine Fabel, die man zur Versöhnung der Götter durch Spiele, da sie an solchen Schimpflichkeiten, sie seien nun wahr oder falsch, ihre Lust haben, unter Gesängen und Tänzen im Theater zum besten gibt. Das also glaubt Varro nicht, weil es zum Wesen und Charakter der Götter nicht passe, und trotzdem hat er da, wo er eine geschichtliche, nicht etwa fabulierende Erklärung des Namens Athen geben will, jenen großen Streit zwischen Neptun und Minerva, nach wessen Namen die Stadt benannt werden sollte, in sein Werk aufgenommen. Da bekommen wir also zu hören, daß, als die beiden sich mit Wunderzeichen den Rang abliefen, nicht einmal Apollo, den man befragte, ein Urteil abzugeben wagte, sondern die Götter zur Beendigung ihres Streites an Menschen verwies – wie Jupiter jene drei Göttinnen an Paris –, wo dann Minerva bei der Abstimmung siegte, aber durch die Bestrafung der für sie stimmenden Frauen besiegt wurde, da sie wohl bei den gegnerischen Männern den Namen

Athen durchsetzen konnte, während die ihr holden Frauen keine Athenerinnen sein durften. Um diese Zeit, nach Varro unter dem Athenerkönig Kranaus, dem Nachfolger des Kekrops, dagegen nach unseren Gewährsmännern Eusebius und Hieronymus noch zu Lebzeiten des Kekrops, brach jene Flut herein, die man nach Deukalion benennt, weil er in jenen Landen herrschte, wo sie am ärgsten wütete. Diese Flut kam aber nicht etwa auch nach Ägypten und den daran angrenzenden Ländern.

11. Die weltlichen Herrscher zu Moses' und Josuas Zeiten

Es war also gegen Ende der Regierungszeit des Königs der Athener Kekrops, als Moses das Gottesvolk aus Ägypten führte, und bei den Assyrern herrschte damals Askatades, bei den Sikyoniern Marathus, bei den Argivern Triopas. Nach dem Auszug aber gab er dem Volke auf dem Berge Sinai das aus Gottes Hand empfangene Gesetz, genannt das Alte Testament, weil es irdische Verheißungen enthält, während erst durch Jesus das Neue Testament gestiftet werden sollte, in dem das Himmelreich verheißen wird. Denn diese Ordnung mußte innegehalten werden, wie ja auch bei jedem Einzelmenschen, der auf dem Wege zu Gott fortschreitet, zutrifft, was der Apostel sagt: «Nicht das Geistliche ist das erste, sondern das Seelische, und dann erst das Geistliche.» Denn es ist so, wie er ebenfalls wahrheitsgemäß erklärt: «Der erste Mensch ist von der Erde und irdisch, der zweite Mensch ist vom Himmel.» Moses aber leitete das Volk vierzig Jahre in der Wüste und starb mit hundertzwanzig Jahren, nachdem auch er von Christus geweissagt hatte, nämlich durch das Sinnbild äußerer Gebräuche wie Zelt, Priestertum, Opfer und viele andere geheimnisvolle Einrichtungen. Auf Moses folgte Josua, der das Volk in das Land der Verheißung führte und dort ansiedelte, nachdem er auf Gottes Befehl die hier wohnenden Völker niedergeworfen. Er leitete nach Moses' Tode das Volk siebenundzwanzig Jahre und starb dann ebenfalls, während bei den Assyrern der achtzehnte König, Amyntas, bei den Sikyoniern der sechzehnte, Korax, bei den Argivern der zehnte, Danaus, bei den Athenern der vierte, Erichthonius, regierte.

12. Von heidnischen Bräuchen, die zu dieser Zeit eingeführt wurden

Während dieser Zeit, also vom Auszug Israels aus Ägypten bis zum Tode Josuas, durch den das Volk in den Besitz des Landes der Verheißung gelangte, wurden von den Königen Griechenlands zu Ehren der falschen Götter allerlei heilige Bräuche eingeführt, um durch ihren feierlichen Vollzug die Erinnerung an die Flut und die Rettung der Menschen sowie ihr damaliges mühevolles Leben mit seinen Wanderungen bald auf die Höhen hinauf, bald in die Täler hinunter, wach zu halten. Denn so deutet man den Auf- und Abstieg der Luperci auf der heiligen Straße. Sie sollen Menschen darstellen, die beim Einbruch der Wasserflut die Berggipfel aufsuchten und dann bei ihrem Absinken wieder herunterkamen. Damals soll Dionysus, der auch Vater Liber heißt und nach seinem Tode als Gott galt, in Attika seinem Gastfreunde den Weinstock gezeigt haben. Ebenfalls wurden damals zu Ehren des Delphischen Apollo Musikspiele eingeführt, um seinen Zorn zu versöhnen, da er, wie man meinte, die Gefilde Griechenlands mit Dürre heimsuchte, weil man seinen Tempel nicht geschützt hatte, als ihn der König Danaus bei seinem Einfall in dies Gebiet anzündete. Diese Spiele einzurichten, mahnte nämlich des Gottes Orakel. In Attika aber hat zu seinen Ehren zuerst König Erichthonius Spiele eingeführt, doch nicht nur ihm, sondern auch Minerva zu Ehren. Dabei wurde als Siegespreis ein Olivenzweig gereicht, weil man der Minerva die Frucht des Ölbaums zu verdanken meinte, wie dem Liber die des Weinstocks. In diesen Jahren soll vom Kreterkönig Xanthus, dessen Name aber auch anders angegeben wird, die Europa geraubt sein, die darauf, wie es heißt, den Rhadamanthus, Sarpedon und Minos gebar, deren Vater jedoch nach weiter verbreiteter Annahme Jupiter sein soll. Doch die Verehrer dieser Götter nennen, was wir vom Kreterkönige sagten, die geschichtliche Wahrheit, dagegen das, wovon die Dichter singen, die Theater widerhallen und woran die Leute sich vergnügen, eitele Fabelei, immerhin dazu gut, Spiele daraus zu machen, um durch solche, sei's auch erfundene Schlechtigkeiten die Gottheiten zu versöhnen! In dieser Zeit war Herkules in Syrien berühmt, aber ein anderer als der, von dem wir vorhin sprachen. Denn die weniger bekannte Geschichtsschreibung weiß von mehr als einem Herkules wie auch von mehr als einem Vater Liber zu erzählen. Herkules also, von dem man zwölf gewaltige Taten berichtet, darunter allerdings nicht die Bezwingung des Afrikaners Antäus – diese Tat vollbrachte der andere Herkules –, hat, wie die betreffenden Schriften überliefern, auf dem Berge Öta sich selbst verbrannt, weil er, der so viele Ungeheuer überwand, nicht einmal so viel Kraft hatte, das ihn quälende Leiden zu ertragen. Damals pflegte der König oder vielmehr Tyrann Busiris seine Gäste seinen Göttern zu opfern, und der soll ein Sohn des Neptun und der Libya, einer Tochter des Epaphus gewesen sein. Doch glaube man immerhin nicht, daß Neptun solchen Ehebruch begangen habe, und klage die Götter nicht an, sondern schiebe es auf Rechnung der Dichter und Theater; denn dergleichen war ja nötig, die Götter zu versöhnen! Die Eltern des Athenerkönigs Erichthonius, während dessen letzter Lebenszeit Josua starb, sollen Vulcanus und Minerva gewesen sein. Aber da Minerva nun einmal Jungfrau sein muß, sagt man, Vulcanus habe beim Streit mit ihr in seiner Brunst den Samen in die Erde ergossen, woraus dann ein Mensch entsprossen sei, dem man deshalb diesen Namen beigelegt habe. Denn im Griechischen bedeutet «Eris» Streit und «Chthon» Erde, und aus diesen beiden Worten ist der Name Erichthonius zusammengesetzt. Doch ist zuzugeben, daß klügere Leute hiervon nichts wissen wollen, um ihre Götter zu entlasten, und angeben, die Fabel von der Göttergeburt sei dadurch entstanden, daß man den ausgesetzten Knaben im Tempel des Vulcanus und der Minerva – sie hatten beide in Athen den gleichen – von einer Schlange umwunden gefunden habe, die seine künftige Größe verkündete. Wegen des gemeinsamen Tempels habe man ihn dann, weil seine Eltern unbekannt waren, Sohn des Vulcanus und der Minerva genannt. Doch erklärt jene Fabel seinen Namen besser als diese Geschichte. Doch was geht's uns an? Mag die eine in sauberen Büchern religiöse Menschen belehren, die andere in schmutzigen Spielen häßliche Dämonen ergötzen, jene religiösen Männer verehren diese Dämonen doch als Götter, und wenn sie auch bei ihnen dergleichen in Abrede stellen, können sie sie doch nicht von allem Schmählichen reinwaschen. Denn auf ihr Verlangen veranstaltet man ihnen zu Ehren Spiele, wo schändlicherweise dargestellt, was vernünftigerweise bestritten wird, und durch solche erlogenen und abscheulichen Sachen will man die Götter gnädig stimmen. Hat also die Fabel eine erdichtete Schandtat der Götter besungen, so ist's doch eine wahre Schande, sich an einer erdichteten Schandtat zu ergötzen.

13. *Die heidnischen Fabeln, die zur Zeit der Richter entstanden*

Nach dem Tode Josuas hatte Gottes Volk Richter, und zu deren Zeit wechselten Demütigung und Drangsal als Folge seiner Sünden und Tröstung und Wohlergehen dank göttlichen Erbarmens miteinander ab. Damals erdichtete man eine Menge Fabeln, wie die von Triptolemus, der auf Geheiß der

Ceres, von geflügelten Schlangen getragen, bedürftigen Ländern das Getreide brachte; von Minotaurus, jenem Untier, das im Labyrinth eingeschlossen war, aus dessen unentwirrbaren Irrgängen keiner, der hineingeriet, sich wieder herausfinden konnte; von den Centauren, die halb Pferde, halb Menschen waren; von Cerberus, dem dreiköpfigen Hunde der Unterwelt; von Phrixus und seiner Schwester Helle, die auf einem Widder reitend dahinflogen; von der Gorgo, deren Haare Schlangen waren und deren Anblick Menschen in Stein verwandelte; von Bellerophon, der auf einem gefiederten und fliegenden Pferde, Pegasus genannt, ritt; von Amphion, der durch den Wohlklang seines Zitherspiels Steine erweichte und an sich zog; von Dädalus, dem Kunstschmiede, und seinem Sohne Ikarus, welche mit selbst angefertigten Flügeln von dannen flogen; von Ödipus, der ein vierfüßiges Ungetüm mit Menschenantlitz, genannt die Sphinx, durch Lösung eines für unlösbar gehaltenen Rätsels, das sie aufzugeben pflegte, sich kopfüber in den Abgrund zu stürzen veranlaßte; von Antäus, den Herkules tötete und der ein Sohn der Erde war, weswegen er nach einem Fall auf die Erde stärker als zuvor wiederaufzustehen pflegte, und dergleichen mehr, falls ich etwas ausgelassen haben sollte. Diese Fabeln wurden bis zum Trojanischen Kriege, mit dem Marcus Varro sein zweites Buch von der Abstammung des römischen Volkes beschließt, im Zusammenhang mit Geschichten, die wirkliche Ereignisse schildern, in der Weise vom menschlichen Erfindungsgeist erdichtet, daß den Gottheiten wenigstens kein Schimpf angehängt wurde. Außerdem aber hat man gefabelt, daß Jupiter den schönen Ganymedes sich als Buhlknaben geraubt habe, ein Frevel, den der König Tantalus beging, die Sage aber Jupiter zuschrieb, oder daß er vermittels eines goldenen Regens sich der Danae verbunden habe, was wir wohl so zu verstehen haben, daß die Keuschheit eines Weibes für Goldeslohn zu Fall gebracht wurde. Solche Taten hat man in jenen Zeiten sei es verrichtet, sei es erdichtet, oder sie wurden von anderen verrichtet und Jupiter angedichtet, und es ist nicht zu beschreiben, welch üble Meinung man von den Herzen der Menschen haben mußte, um ihnen zuzutrauen, solche Lügen geduldig anzuhören. Aber sie haben sie sogar mit Behagen geschluckt! Hätten sie doch, je andächtiger sie Jupiter verehrten, um so strenger die, die solches von ihm zu sagen wagten, bestrafen sollen. Nun aber haben sie denen, die derartiges aufbrachten, nicht nur nicht gezürnt, sondern vielmehr den Zorn der Götter heraufzubeschwören gefürchtet, wenn sie solche Hirngespinste nicht im Theater hätten aufführen lassen. Um diese Zeit gebar Latona den Apollo, aber nicht den, dessen Orakel man, wie vorhin erwähnt, befragte, sondern jenen, der mit Herkules zusammen dem Admetus diente. Freilich hat man auch ihn für einen Gott gehalten, und die meisten, ja fast alle glauben, es sei ein und derselbe gewesen. Damals kämpfte auch Vater Liber in Indien und hatte in seinem Heere viele Weiber, die man Bacchantinnen nannte. Sie waren weniger durch Tapferkeit berühmt als durch Raserei. Einige schreiben auch, dieser Liber sei im Kampf überwunden und mit Fesseln gebunden, andere, er sei in der Schlacht von Perseus erschlagen. Sie geben auch den Ort seines Begräbnisses an. Gleichwohl wurde unter seinem als eines Gottes Namen durch die unreinen Dämonen der Gottesdienst oder vielmehr Teufelsdienst der Bacchanalien eingeführt, deren rasende Ausschreitungen so schändlich waren, daß nach vielen Jahren der Senat sich ihrer so sehr schämte, daß er sie in Rom nicht mehr duldete. Um dieselbe Zeit bildete man sich auch ein, Perseus und seine Gattin Andromeda seien nach ihrem Tode in den Himmel aufgenommen, und schämte und scheute sich nicht, ihre Bilder mit Sternen zu verknüpfen und diese nach ihrem Namen zu benennen.

14. Von den Dichtertheologen dieser Zeit

In diesem Zeitabschnitt traten Dichter auf, die man auch «Theologen» nannte. Sie verfaßten nämlich Götterlieder, die aber von solchen Göttern handelten, die wenn auch große Menschen, so doch Menschen gewesen waren oder Elemente dieser vom wahren Gott geschaffenen Welt sind, oder die nach dem Willen des Schöpfers und ihrem eigenen Verdienst ihren Platz unter den «Herrschaften und Gewalten» angewiesen bekommen haben. Mögen die Gesänge dieser Dichtertheologen neben viel Nichtigem und Verkehrtem hin und wieder auch Bezeugungen des einen wahren Gottes enthalten, so haben sie ihm doch nicht recht gedient, da sie außer ihm auch andere, die keine Götter sind, verehrten und ihnen ihre Huldigung darbrachten, wie man es nur dem einen Gotte schuldig ist. Außerdem konnten auch sie, also etwa ein Orpheus, Musaeus, Linus, die ihre Götter verunzierenden Fabeleien nicht beiseite lassen. Doch haben diese «Theologen» wenigstens die Götter verehrt und sind nicht selbst als Götter verehrt worden, obwohl der Staat der Gottlosen dem Orpheus irgendwie eine führende Stellung in dem Gottes- oder vielmehr Teufelsdienst der Unterwelt zuzuschreiben pflegt. Dagegen wurden die Gattin des Königs Athamas, Ino mit Namen, und ihr Sohn Melicertes, die sich freiwillig ins Meer stürzten und umkamen, durch Menschenwahn unter die Götter versetzt, ebenso wie auch andere Menschen dieser Zeit, etwa Kastor und Pollux. Die Mutter des Melicertes nannten die Griechen übrigens Leukothea, die Lateiner Matuta, hielten sie aber beide für eine Göttin.

15. Das Laurenterreich zur Zeit der Debora

Um diese Zeit nahm das Reich der Argiver ein Ende und ging auf Mykene über, woher Agamemnon stammte. Damals entstand das Reich der Laurenter, wo Picus, der Sohn Saturns, als erster regierte, während bei den Hebräern ein Weib, Debora, richtete, oder vielmehr durch sie der Geist Gottes. Denn sie war auch eine Prophetin; doch ist ihre Weissagung weniger deutlich, und wir könnten deshalb die Beziehung auf Christus nicht ohne längere Auslegung einleuchtend machen. In Italien herrschten also bereits die Laurenter, und die Abstammung der Römer von ihnen läßt sich sicherer nachweisen als die von den Griechen. Doch bestand damals auch das assyrische Reich noch, und als Picus seine Königsherrschaft über die Laurenter antrat, war dort Lampares dreiundzwanzigster König. Was nun des Picus Vater, Saturn, anlangt, so mögen die Verehrer derartiger Götter, die nicht zugeben, daß er ein Mensch gewesen, sehen, was sie mit ihm anfangen sollen. Von ihm haben auch andere geschrieben, er sei vor seinem Sohn Picus in Italien Herrscher gewesen, und bekannt sind folgende Verse Vergils, die sich auf ihn beziehen:

„Dieser besänftigt' das Volk, das wild im Gebirge sonst schweifte,
Gab ihm Gesetze und gab den passenden Namen der Landschaft.
Latium, bergendes Land, so hieß er's, weil er einst sicher
An dem Gestade sich barg. Dann ward er König und herrschte,
Und die goldene Zeit brach an ..."

Doch das mag man für poetische Erfindung halten und statt dessen versichern, Sterces sei des Picus Vater gewesen, der als erfahrener Landwirt die Entdeckung gemacht haben soll, daß man durch den Mist der Tiere, den man daher nach seinem Namen Stercus nannte, die Fruchtbarkeit der Äcker erhöhen kann. Einige meinen auch, er habe Stercutius geheißen. Aus welchem Grunde man ihn auch Saturn genannt haben mag, jedenfalls hat man diesen Sterces oder Stercutius wegen seines Verdienstes um die Landwirtschaft zum Gotte gemacht. Seinen Sohn Picus nahm man ebenfalls in die Zahl dieser Götter auf und behauptet, er sei ein berühmter Zeichendeuter und Kriegsheld gewesen. Picus erzeugte Faunus, den zweiten König der Laurenter, und auch er gilt oder galt ihnen als Gott. Solche göttlichen Ehren verlieh man vor dem Trojanischen Kriege verstorbenen Menschen.

16. Der Griechenheld Diomedes als Gott · Seine Gefährten

Nach Trojas Zerstörung und seinem weithin besungenen, schon den Knaben geläufigen Untergange, der durch seine Erhabenheit und die glänzende Darstellungsgabe der berichtenden Schriftsteller berühmt und überall bekanntgeworden ist – er fand statt, als schon Latinus, des Faunus Sohn, das Reich der Laurenter beherrschte, das man von nun an nach ihm das Latinerreich nannte –, verließen die siegreichen Griechen das verwüstete Troja und wurden bei ihrer Heimkehr von mancherlei schrecklichem Unheil geschlagen und zerschmettert. Gleichwohl vermehrten sie auch aus ihnen die Zahl ihrer Götter. Denn auch den Diomedes, dem ein göttliches Strafgericht, wie es heißt, die Heimkehr zu den Seinen verwehrte, machten sie zum Gott, und man behauptet, daß die Verwandlung seiner Gefährten in Vögel keine lügenhafte Dichterfabel, sondern geschichtlich verbürgt sei. Aber obschon, wie man glaubt, ein Gott geworden, konnte er ihnen weder selbst das menschliche Wesen zurückgeben noch als neugebackener Himmelsbewohner dies von seinem Könige Jupiter erlangen. Man sagt sogar von ihm, sein Tempel befinde sich auf einer Insel Diomedea, unweit des Berges Garganus in Apulien, und dieser Tempel werde von dort nistenden Vögeln in wunderbarem Diensteifer umflogen; sie besprengen ihn nämlich, heißt es, mit Wasser, womit sie ihre Schnäbel gefüllt. Und wenn dorthin Griechen kommen, heißt es weiter, oder Abkömmlinge griechischen Stammes, sind sie nicht nur zahm, sondern umschmeicheln sie obendrein, sehen sie aber Fremde, fliegen sie ihnen an die Köpfe und verwunden sie mit starken, ja tödlichen Schnabelhieben. Denn zu solchen Kämpfen sollen sie mit harten, mächtigen Schnäbeln hinreichend ausgerüstet sein.

17. *Varro über Verwandlung von Menschen in Tiere*

Dies zu stützen, erwähnt Varro noch andere nicht weniger unglaubliche Sachen und erzählt von jener berüchtigten Zauberin Circe, die auch des Odysseus Gefährten in Tiere verwandelte, und von Arkadiern, die einst zufällig einen Sumpf durchschwammen, dabei in Wölfe verwandelt wurden und sodann mit anderen Raubtieren ihresgleichen in den Wildnissen jener Gegend zusammenlebten. Wenn sie aber kein Menschenfleisch fräßen, sollten sie nach neun Jahren und nach Durchschwimmung desselben Sumpfes wieder zu Menschen werden. Schließlich nennt er auch einen gewissen Demänetus mit Namen, der vom Fleisch eines Knaben aß, welchen die Arkadier ihrem Gott Lycaeus geopfert hatten, wie sie zu tun pflegten, der dann in einen Wolf verwandelt wurde und im zehnten Jahre seine menschliche Gestalt wiederbekam, darauf im Faustkampf sich übte und bei den Olympischen Wettkämpfen siegte. Und aus keinem anderen Grunde, meint unser Geschichtsforscher, habe man in Arkadien dem Pan und Jupiter den Beinamen Lycaeus gegeben, als wegen dieser Verwandlung von Menschen in Wölfe, weil man göttliche Macht für erforderlich hielt, das zu bewirken. Denn Wolf heißt auf griechisch Lykos, und daher augenscheinlich der Name Lycaeus. Auch die römischen Luperci sind seiner Ansicht nach aus der Saat dieser Mysterien entstanden.

18. Was davon zu halten ist.

Doch vielleicht erwarten die Leser unserer Ausführungen, daß wir über solches Gaukelspiel der Dämonen unsere Meinung sagen. Nun, was sollen wir anders sagen als: «Fliehet hinweg aus Babylons Mitte»? Diese prophetische Mahnung ist geistlich so zu verstehen, daß wir aus dem Staate dieser Welt, der Genossenschaft gottloser Engel und Menschen, mit den Schritten des Glaubens, der durch die Liebe tätig ist, hinwegfliehen und dem lebendigen Gott entgegeneilen sollen. Je größer sich unsern Blicken die Macht der Dämonen in diesen niedersten Regionen darstellt, um so fester müssen wir uns an den Mittler halten, durch den wir von den niedersten zu den höchsten Regionen aufsteigen. Wollten wir aber sagen, all das, wovon die Rede war, sei unglaubhaft, so fehlt es auch heute nicht an Leuten, die versichern, daß sie dergleichen entweder zuverlässig gehört oder aber selbst erlebt haben. Auch ich habe mir, als ich in Italien war, erzählen lassen, daß in einer gewissen Gegend des Landes Stallmägde, die in diese schwarzen Künste eingeweiht waren, Wanderern im Käse etwas einzugeben pflegten, wodurch sie sie, wenn sie es wollten und fertigbrachten, sogleich in Lasttiere verwandelten, die dann alles Nötige herbeischleppen mußten und nach vollbrachter Arbeit wieder zu Menschen wurden. Dabei, so hieß es, bekamen sie nicht eine Tierseele, sondern behielten ihre vernünftige Menschenseele, wie auch Apuleius in den Büchern, die er «Der goldene Esel» betitelte, von sich berichtete – wenn er's nicht erdichtete –, er sei einmal durch Einnehmen von Gift, ohne seinen Menschenverstand zu verlieren, ein Esel geworden.

Dergleichen ist nun entweder unwahr oder doch so ungewöhnlich, daß man es mit Recht bezweifelt. Aufs festeste muß man dagegen glauben, daß der allmächtige Gott alles tun kann, was er will, sei es strafend, sei es Wohltaten erweisend, daß aber die Dämonen bei aller ihrer Natur eignenden Macht – auch sie sind ja engelhafte Geschöpfe, wenn auch durch eigene Verfehlung böse geworden – nichts ausrichten können, was er nicht zuläßt, er, dessen Gerichte oft geheimnisvoll, aber niemals ungerecht sind. Auch können die Dämonen gewiß keine Wesen schaffen, selbst dann nicht, wenn sie solche Sachen machen wie die, von denen die Rede war. Nur dem Ansehen nach ändern sich allenfalls Geschöpfe des wahren Gottes, so daß diese etwas zu sein scheinen, was sie nicht sind. Ich möchte also glauben, daß weder die Menschenseele noch auch der Leib irgendwie durch dämonische Kunst oder Macht wirklich in tierische Glieder und Umrisse verwandelt werden können. Vielmehr ist es die Einbildungskraft des Menschen, die bekanntlich in Gedanken oder Träumen unzählige Arten von Dingen sich vorstellt und, obwohl selbst unkörperlich, mit erstaunlicher Schnelligkeit körperähnliche Formen annimmt und es fertigbringt, wenn die eigenen leiblichen Sinne schlafen oder betäubt sind, den Sinnen anderer auf irgend unbeschreibliche Weise körperliche Gestalten vorzuführen. Der Leib des Menschen läge dann irgendwo, lebte zwar, aber seine Sinne wären viel schwerer und gewaltsamer als sonst beim Schlaf gefesselt, und nun erschiene jene Einbildungskraft den Sinnen anderer Menschen in Gestalt von irgendwelchen Tieren verkörpert, und der Mensch selbst sähe sich ebenfalls so, wie er ja auch im Schlafe sich selbst so sehen und etwa als Esel Lasten tragen kann. Diese Lasten würden dann aber, wenn sich's um wirkliche handelte, von den Dämonen getragen, um die Menschen, welche teils die wirklichen Lasten, teils die Scheinbilder der Lasttiere erblickten, zu nasführen. So erzählte ein gewisser Prästantius folgendes Erlebnis seines Vaters. Dieser nahm einstmals zu Hause im Käse solch ein Gift zu sich und lag dann in seinem Bette als schliefe er, doch konnte man ihn auf keine Weise erwecken. Nach einigen Tagen wachte er sozusagen auf und erzählte, als wär's ein Traum gewesen, was ihm widerfahren. Er sei ein Pferd geworden und habe zusammen mit anderen Lasttieren den Soldaten Getreide zugetragen, Rätisches Getreide genannt, weil für Rätien bestimmt. Es stellte sich sodann heraus, daß es sich tatsächlich, wie er berichtet, zugetragen hatte, während er es nur für einen Traum hielt. Ein anderer teilte mit, er habe daheim in der Nacht vorm Zubettegehen einen ihm wohlbekannten Philosophen kommen sehen, der ihm einige Sätze Platos erklärt habe, was er vorher, obwohl darum gebeten, nicht hatte tun wollen. Als man nun diesen Philosophen fragte, warum er im Hause jenes Mannes getan habe, was er im eigenen Hause trotz dessen Bitten abgeschlagen, antwortete er: Ich hab' es nicht getan, sondern nur geträumt, ich hätte es getan. So ward dem einen durch ein Phantasiebild wachend zuteil, was der andere nur im Traum gesehen.

Das ist mir nicht von irgendwelchen Leuten, denen man nicht trauen dürfte, sondern von solchen berichtet, deren Aussagen ich nicht für lügnerisch halten kann. Wenn man sich also erzählt und es auch in Büchern lesen kann, daß von den arkadischen Göttern oder vielmehr Dämonen Menschen mehrfach in Wölfe verwandelt seien und daß

«Circes Zaubergesang des Odysseus Gefährten verwandelt.»

so mag sich das, wenn überhaupt, auf die angegebene Weise zugetragen haben. Die Vögel des Diomedes dagegen dürften, falls sie ihre Art, wie es heißt, durch natürliche Fortpflanzung erhalten, nicht durch Verwandlung von Menschen entstanden, sondern verschwundenen Menschen untergeschoben sein, wie die Hirschkuh der Iphigenie, Agamemnons Tochter. Dergleichen Blendwerke konnten ja, wenn Gottes Gericht sie zuließ, den Dämonen nicht schwerfallen. Da jene Jungfrau später lebend vorgefunden wurde, lag es in diesem Falle auf der

Hand, daß die Hirschkuh ihr untergeschoben war. Die Gefährten des Diomedes dagegen, die auf einmal nicht mehr da waren und auch später nirgendwo wieder auftauchten, mögen wohl von bösen Racheengeln umgebracht sein, und man glaubte dann, sie seien in jene Vögel, die heimlich aus einer Gegend, wo es diese Art Vögel gibt, hergebracht waren und nun plötzlich an ihrer Stelle erschienen, verwandelt worden. Wenn diese Vögel aber in ihren Schnäbeln Wasser zum Tempel des Diomedes bringen und ihn damit besprengen, und wenn sie Menschen griechischer Herkunft umschmeicheln und Fremde angreifen, so braucht man sich nicht zu wundern, wenn das auf Antrieb der Dämonen wirklich geschieht. Liegt es doch in ihrem Interesse, die Menschen zu betrügen und ihnen die Überzeugung beizubringen, Diomedes sei tatsächlich ein Gott geworden. Denn nun beleidigt man den wahren Gott, verehrt viele falsche Götter und dient toten Menschen, die nicht einmal zu Lebzeiten wahrhaft lebten, mit Tempeln, Altären, Opfern und Priestern. All das aber gebührt, wenn es recht sein soll, nur dem einen lebendigen und wahren Gotte.

19. Die Beherrscher der Weltreiche zur Zeit der Richter Labdon und Eli

Zu der Zeit, also nach der Eroberung und Zerstörung Trojas, kam Äneas mit zwanzig Schiffen und den übriggebliebenen Trojanern nach Italien. Damals herrschte dort als König Latinus, bei den Athenern Menestheus, bei den Sikyoniern Polyphides, bei den Assyrern Tautanes, bei den Hebräern aber waltete Labdon als Richter. Nach dem Tode des Latinus regierte Äneas drei Jahre lang, während in den erwähnten Gebieten die Könige weiter herrschten, außer daß bei den Sikyoniern schon Pelasgus König und bei den Hebräern Simson Richter geworden war. Diesen hat man wegen seiner wunderbaren Stärke für

Herkules gehalten. Den Äneas aber, weil er bei seinem Tode verschwand, machten die Latiner zu ihrem Gotte. Die Sabiner versetzten gleichfalls ihren ersten König Sancus oder, wie einige ihn nennen, Sanctus unter die Götter. Um dieselbe Zeit gab sich Kodrus, der König der Athener, unerkannt als Todesopfer in die Hände der Peloponnesier, seiner Feinde, und ward umgebracht. So rettete er, wie man rühmt, sein Vaterland. Denn die Peloponnesier hatten den Bescheid empfangen, nur dann würden sie siegen, wenn sie den gegnerischen König nicht töteten. Er täuschte sie aber, indem er in ärmlichem Gewande zu ihnen ging und sie durch Schmähungen dermaßen reizte, daß sie ihn ermordeten. In diesem Sinne spricht Vergil von den «Schmähungen des Kodrus». Auch ihn haben die Athener als Gott mit Opfern geehrt. Unter dem vierten Könige der Latiner, Silvius, dem Sohne des Äneas, aber nicht von der Kreusa, der Mutter des dritten dortigen Königs Ascanius, sondern von der Lavinia, des Latinus Tochter, die ihm diesen Sohn nachträglich geboren haben soll, sowie unter dem neunundzwanzigsten König der Assyrer, Oneus, dem sechzehnten der Athener, Melanthus, und unter dem Priester Eli als Richter der Hebräer löste sich das Reich der Sikyonier auf, das neunhundertneunundfünfzig Jahre bestanden haben soll.

20. Die ersten israelitischen Könige und die gleichzeitigen Herrscher in Latium

Bald darauf, während diese noch in den erwähnten Gebieten herrschten, ging die Zeit der Richter bei den Israeliten zu Ende und nahm das Königtum mit König Saul seinen Anfang. Damals lebte der Prophet Samuel. Von da an beginnt bei den Latinern die Reihe der Könige, die man Silvier nannte. Denn seit jenem Sohn des Äneas, der als erster diesen Namen trug, führten seine Nachfolger neben ihrem eigenen Namen auch diesen

Beinamen, wie viel später die Nachfolger des Cäsar Augustus Cäsaren genannt wurden. Als aber Saul dermaßen verworfen war, daß keiner aus seinem Geschlecht mehr König werden durfte, und dann nach vierzigjähriger Herrschaft sein Leben verlor, bestieg David den Königsthron. Damals schafften die Athener nach Kodrus' Tode das Königtum ab und wählten sich zur Verwaltung des Staates Magistrate. Nach David, der ebenfalls vierzig Jahre regierte, ward sein Sohn Salomo König der Israeliten und erbaute den hochberühmten Tempel Gottes zu Jerusalem. Zu seiner Zeit wurde bei den Latinern Alba gegründet, und die Herrscher nannten sich seitdem nicht mehr Latiner – sondern Albanerkönige, obwohl das Land dasselbe blieb. Auf Salomo folgte sein Sohn Rehabeam, unter dem das Volk sich in zwei Reiche spaltete, von denen jedes nun seine eigenen Könige hatte.

21. Die Götterkönige Latiums

Nach Äneas, den man zum Gotte machte, hatte Latium elf Könige, deren keiner zum Gotte erhoben wurde. Aventinus dagegen, der dem Äneas an zwölfter Stelle folgt, ward, nachdem er im Kriege gefallen und auf dem Berge bestattet war, der noch jetzt seinen Namen trägt, der Zahl dieser Götter, wie man sie sich machte, beigesellt. Andere wollten freilich nicht zugeben, daß er in der Schlacht getötet sei, sondern behaupteten, er sei verschwunden, auch der Berg nicht nach ihm benannt, sondern nach dem Einflug von Vögeln (ex adventu avium). Bis auf Romulus, den Gründer Roms, wurde sodann in Latium kein Gott mehr gemacht. Zwischen ihm und Aventinus gab es noch zwei Könige, von deren erstem ein vergilscher Vers sagt:

«Procas folgte sodann, der Stolz des trojan'schen
Geschlechtes.»

Zu seiner Zeit, als sozusagen die Geburtswehen Roms schon begannen, war es endlich mit der langen Dauer des assyrischen

Reiches, des größten von allen, vorbei. Es ging auf die Meder über, nach einem Bestand von fast dreizehnhundertfünf Jahren, wenn man nämlich die Regierungszeit des Bel, des ersten dortigen Königs, mitrechnet, der den Ninus erzeugte und noch mit einem kleineren Herrschaftsbereich sich begnügte. Procas war Vorgänger des Amulius. Dieser Amulius hatte die Tochter seines Bruders Numitor, mit Namen Rhea, auch Ilia genannt, des Romulus Mutter, zur vestalischen Jungfrau gemacht, und sie soll nun, so will man's, von Mars Zwillinge empfangen haben. Man sagt so, um den von ihr begangenen Bruch der Keuschheit zu beschönigen oder entschuldigen, und führt als Beweis dafür an, daß eine Wölfin die ausgesetzten Kinder ernährte. Denn diese Art Raubtiere, meint man, stehe mit Mars in Verbindung, und die Wölfin habe die Kleinen aus ihrem Milchquell getränkt, weil sie sie als Söhne ihres Herrn, des Mars, erkannte. Es gibt freilich auch Leute, die sagen, die ausgesetzten Knaben seien, als sie wimmernd dalagen, zuerst von einer Buhldirne aufgelesen und an ihren Brüsten gesäugt worden. Denn Buhldirnen nannte man Wölfinnen, weswegen man auch heute noch ihre schimpflichen Häuser Wolfshöhlen – Lupanaria – nennt. Später seien die Knaben dann zu einem Hirten Faustulus gekommen und von seiner Frau Acca ernährt worden. Kein Wunder übrigens, wenn Gott zur Bestrafung des Königs, der die Kinder grausam hatte ertränken lassen wollen, sie, von denen ein so großer Staat begründet werden sollte, aus dem Wasser rettete und ihnen durch ein säugendes wildes Tier Hilfe schaffte. Dem Amulius folgte in der Herrschaft über Latium sein Bruder Numitor, des Romulus Großvater. In seinem ersten Regierungsjahre wurde Rom gegründet. Infolgedessen regierte er weiterhin mit seinem Enkel Romulus gemeinsam.

22. Rom gegründet, als Assyrien unterging und in Juda und Israel Hiskia und Hosea herrschten

Doch ich will mich nicht länger aufhalten. Die Stadt Rom ward gegründet und war gewissermaßen das zweite Babylon und die Tochter des früheren Babylons. Gott aber gefiel es, durch sie den Erdkreis zu unterwerfen, ihn in eine einzige Staats- und Gesetzesgemeinschaft zu überführen und weit und breit zu befrieden. Damals waren die Völker schon stark, tapfer und kriegsgeübt und nicht leicht zu bezwingen. Nur unter ungeheuren Gefahren und beiderseitigem großem Blutvergießen und furchtbarer Anstrengung konnten sie überwunden werden. Als dagegen das Reich der Assyrer fast ganz Asien unterjochte, geschah es freilich auch durch Kriege, aber nicht so harte und mühselige. Denn die Völker hatten noch nicht gelernt, Widerstand zu leisten, waren auch noch nicht so zahlreich und groß. Denn seit jener größten, die ganze Erde bedeckenden Flut, der in Noahs Arche nur acht Menschen entrannen, waren noch nicht viel mehr als tausend Jahre verstrichen, als Ninus ganz Asien mit Ausnahme von Indien eroberte. Aber Rom bezwang die vielen Völker des Morgen- und Abendlandes, die jetzt der römischen Herrschaft untertan sind, nicht mit der gleichen Raschheit und Leichtigkeit, denn es stieß bei seinem allmählichen Wachstum, nach welcher Seite es sich auch ausdehnte, überall auf inzwischen zahlreich gewordene, starke und kriegerische Nationen. Zu der Zeit also, als Rom gegründet ward, hatte das Volk Israel siebenhundertachtzehn Jahre im Lande der Verheißung gelebt. Siebenundzwanzig Jahre davon fallen auf Josua, sodann dreihundertneunundzwanzig auf die Zeit der Richter. Seitdem aber dort Könige herrschten, waren dreihundertzweiundsechzig Jahre vergangen. Nun war Ahas in Juda König, oder nach Berechnung anderer sein Nachfolger Hiskia, der beste und frommste aller Könige, der – das steht fest – zur Zeit des Romulus regierte. In dem Israel genannten Teile des Volkes aber war gerade Hosea zur Herrschaft gelangt.

23. Die Christusweissagungen der erythräischen Sibylle

In diese Zeit verlegen manche die Weissagungen der erythräischen Sibylle. Varro überliefert nämlich, es habe mehrere, nicht bloß eine Sibylle gegeben. Aber gerade die erythräische Sibylle hat einige Weissagungen aufgeschrieben, die offenkundig auf Christus deuten. Ich lernte sie zunächst lateinisch kennen, und zwar in schlechtem Latein und holperigen Versen, die, wie ich später erfuhr, auf Rechnung eines ungeschickten Übersetzers kommen. Denn der bekannte Flaccianus, einst Prokonsul und ein Mann von großer Redegewandtheit und Gelehrsamkeit, hat mir bei einem Gespräch über Christus eine griechische Handschrift gezeigt, die, wie er sagte, die Gesänge der erythräischen Sibylle enthielt, und mich darauf aufmerksam gemacht, daß an einer Stelle die Anfangsbuchstaben aufeinanderfolgender Verse die Worte ergeben: *Ἰησοῦς Χρειστὸς Θεοῦ υἱὸς σωτήρ*, das ist: Jesus Christus, Gottes Sohn, Heiland. Diese Verse, deren erste Buchstaben, wie gesagt, den angeführten Sinn haben, hat ein anderer in richtigem Latein und glatteren Versen folgendermaßen wiedergegeben:

I. „Ist dann genaht das Gericht, so trieft von Angstschweiß die Erde.
H Er, er kommt nun herab, des Himmels ewiger König,
S Steht als Richter und sieht zu seinen Füßen den Erdkreis.
O O, nun schauen sie Gott, die Gläubigen all und Ungläub'gen,
Y Und seiner Engel Heer. Die Weltzeit ist jetzt zu Ende.
S Siehe, die Seelen sind nun wieder mit Fleische umkleidet,
X Harrend des Richterspruchs. Die Welt liegt wüst und verödet.

R Ratlos werfen die Männer hinweg die Götzen und Schätze.
E Erde und Meer vergehn in der Glut, ja bis zu den Polen
I Ist das Feuer gelangt, das höllische Tor aufgebrochen.
S Seliges Licht verklärt nunmehr der Heiligen Leiber,
T Todesgrauen umfängt mit ewiger Pein die Verworfnen.
O Offen muß jeglicher nun geheimste Sünden bekennen,
S Selbst sich richtend, und Gott erschließt die Herzen dem Lichte.
Θ Trauer herrschen und Angst, und allen klappern die Zähne.
E Es entschwindet die Sonne, der Chor der Sterne geht unter,
O Ohne Glanz ist der Mond, der Himmel selbst bricht zusammen.
Y Unten liegt das Gebirg, die Täler drängen nach oben,
Y Und was groß bei den Menschen, wie kläglich ward es erniedrigt!
I Ja, zum Tal ward der Berg, das Festland wurde zum Meere,
O Ordnung gibt es nicht mehr, die ganze Welt geht zugrunde.
S Selbst die Quellen und Flüsse, sie müssen im Feuer verdorren.
S Schauerlich tönt aus der Höhe herab der Schall der Posaune,
Ω Ohrenzerreißend, als klagt sie ob all des Jammers und Elends.
T Tief gespalten die Erde enthüllt abgründiges Grauen,
H Edle und Könige stehn vor dem Herrn, ein zitternder Haufe.
R Rauchend entstürzt dem Himmel ein Strom von Schwefel und Feuer."

Bei diesen aus dem Griechischen mehr oder weniger genau übersetzten Versen konnten im Lateinischen die Worte, die durch Verknüpfung der Anfangsbuchstaben sich ergeben sollten, da, wo im Griechischen der Buchstabe *Y* steht, nicht herauskommen, weil sich im Lateinischen keine Worte finden ließen, die mit diesem Buchstaben beginnen und in den Zusammenhang gepaßt hätten. Das ist der Fall bei drei Versen, dem fünften, achtzehnten und neunzehnten. Wenn wir also die Anfangsbuchstaben all dieser Verse in der vorliegenden Reihenfolge verknüpfen, aber bei den drei hervorgehobenen Versen an Stelle der dortigen Anfangsbuchstaben (hier an Stelle des U) ein *Y* uns denken, so ergeben sich die fünf Worte – freilich nicht in unserer, sondern in griechischer Sprache –: «Jesus Christus, Gottes Sohn, Heiland.» Es sind aber siebenundzwanzig Verse, eine Zahl, die das Quadrat von drei zum Kubus erhebt. Denn drei dreimal genommen ergeben neun, und nimmt man auch neun dreimal, so daß die quadratische Fläche zur Höhe eines Würfels aufsteigt, erhält man siebenundzwanzig. Stellt man nun die Anfangsbuchstaben jener fünf griechischen Worte: *Ἰησοῦς Χρειστὸς Θεοῦ υἱὸς σωτήρ*, also auf deutsch: Jesus Christus, Gottes Sohn, Heiland, zusammen, erhält man das Wort *ἰχθύς*, Fisch, ein Wort, das, mystisch verstanden, Christus bedeutet, weil Christus im Abgrund dieser Sterblichkeit wie in Meerestiefen lebendig, daß heißt sündlos bleiben konnte.

Diese erythräische oder, wie einige lieber wollen, cumäische Sibylle bringt in ihrem ganzen Gesange, von dem wir nur einen kleinen Teil herausgehoben haben, gar nichts, was das geringste mit Verehrung der falschen, von Menschen gemachten Götter zu tun hätte, ja sie spricht sich so unmißverständlich gegen sie und ihre Verehrer aus, daß man sie wohl zur Zahl derer rechnen muß, die zum Gottesstaat gehören. Auch Lactantius flicht in sein Werk einige Christusweissagungen der Sibylle ein, freilich ohne zu sagen, welcher. Was er nur in kurzen Bruchstücken mitteilt, habe ich hier, als ob es ein größeres

Ganzes wäre, zusammengestellt. Es lautet: «In die gottlosen Hände der Ungläubigen wird er alsdann fallen; sie aber werden Gott mit unreinen Händen Backenstreiche geben und aus schmutzigem Munde giftigen Speichel ausspeien; er aber wird den Schlägen einfältig seinen heiligen Rücken darbieten. Auch zu den Fausthieben, die er empfängt, wird er schweigen, damit niemand erkenne, daß er das Wort ist und woher er kam, um zu den Unterirdischen zu reden und mit einer Dornenkrone gekrönt zu werden. Zur Speise haben sie ihm Galle und für seinen Durst Essig gegeben; solch ungastlichen Tisch werden sie ihm weisen. Denn du, Törichte, hast deinen Gott nicht erkannt, der des Verstandes der Sterblichen spottet, sondern hast ihn mit Dornen gekrönt und abscheuliche Galle gemischt. Aber des Tempels Vorhang wird reißen und mitten am Tage finsterste Nacht sein drei Stunden lang. Und er wird des Todes sterben und dreitägigen Schlaf auf sich nehmen; dann aber, zurückkehrend aus der Unterwelt, wird er als erster ans Licht kommen und den zur Umkehr Gerufenen den Beginn der Auferstehung kundtun.» Diese Zeugnisse der Sibylle hat Lactantius stückweise, wie der Gang der Beweisführung es forderte, seinen Darlegungen eingefügt. Hier sind sie ohne Zwischenbemerkungen in einen Zusammenhang gebracht und die einzelnen Stücke nur durch große Anfangsbuchstaben voneinander abgehoben. Die Abschreiber werden das hoffentlich beibehalten. Einige schreiben übrigens, die erythräische Sibylle habe nicht zur Zeit des Romulus, sondern des Trojanischen Krieges gelebt.

24. Romulus und Numa sowie die gleichzeitigen Vorgänge in Israel

Während der Regierungszeit des Romulus soll der Milesier Thales gelebt haben, einer der sieben Weisen, die, wie vorher die Dichtertheologen, unter denen Orpheus als Berühmtester hervorragt, «Sophoi», also in unserer Sprache Weise genannt wurden. Um diese Zeit wurden die zehn Stämme, die man bei der Teilung des Volkes weiterhin Israel nannte, von den Chaldäern besiegt und als Gefangene in deren Länder abgeführt, während die beiden übrigen, Juda genannten Stämme, deren Königssitz Jerusalem war, im Lande Judäa zurückblieben. Den toten Romulus versetzten die Römer, wie jedermann weiß, da auch er nicht mehr zum Vorschein kam, unter die Götter. Dieser Brauch war damals schon so sehr abgekommen – später, zur Zeit der Cäsaren, wurde er aus Schmeichelei, nicht aus wirklicher Überzeugung wieder eingeführt –, daß Cicero es dem Romulus zu hohem Ruhme anrechnet, daß ihm solche Ehrung nicht in rohen und unwissenden Zeiten, wo sich die Menschen leicht täuschen lassen, sondern in bereits gebildeten und wohlunterrichteten zuteil geworden sei, immerhin in Zeiten, in denen die spitzfindige und haarspaltende Geschwätzigkeit der Philosophen noch nicht so üppig ins Kraut geschossen war. Aber wenn auch spätere Zeiten verstorbene Menschen nicht mehr zu Göttern erhoben, hörten sie doch nicht auf, die von den Alten Vergötterten zu verehren und für Götter zu halten, ja sie vermehrten den Reiz des nichtigen und gottlosen Aberglaubens durch Götzenbilder, die man im Altertum noch nicht hatte. Denn die unreinen Dämonen berückten die Herzen dermaßen, unter anderem durch trügerische Orakelsprüche, daß man sogar die erdichteten Schandtaten der Götter, die ein gebildeteres Zeitalter nicht mehr erfand, im Dienst ebendieser falschen Götter auf der Bühne schamlos zur Darstellung brachte. Nach Romulus ward Numa König. Der meinte den Staat durch eine möglichst große Anzahl lauter falscher Götter schützen zu sollen, ward aber deshalb doch nicht nach seinem Tode in ihren Schwarm aufgenommen, vielleicht weil man dachte, er habe den Himmel mit vielen Göttern schon so vollgestopft, daß für ihn kein Platz mehr zu finden sei. Während er in Rom herrschte und bei den Hebräern die Regierung Manasses ihren Anfang nahm, jenes gottlosen Königs, der den Propheten Jesaja getötet haben soll, lebte, sagt man, die samische Sibylle.

25. Die sieben Weisen zur Zeit der Babylonischen Gefangenschaft

Als jedoch bei den Hebräern Zedekia herrschte und bei den Römern Tarquinius Priscus, der Nachfolger des Ancus Marcius, wurde das Judenvolk nach Babylonien in Gefangenschaft geführt, nachdem vorher Jerusalem und der von Salomo erbaute Tempel zerstört waren. Denn so hatten es ihnen die Propheten, die ihnen ihre Sünden und Gottlosigkeiten vorhielten, vorausgesagt, zumal Jeremia, der auch die genaue Zahl der Gefangenschaftsjahre angab. Zu der Zeit soll Pittakus aus Mitylene, ein anderer der sieben Weisen, gelebt haben. Die fünf übrigen, die man, die Siebenzahl voll zu machen, zu dem bereits erwähnten Thales und diesem Pittakus hinzugerechnet, lebten nach Eusebius ebenfalls in den Jahren, die das Volk Gottes in der Babylonischen Gefangenschaft zubrachte. Es sind folgende: Der Athener Solon, der Lacedämonier Chilon, der Korinther Periander, der Lindier Kleobulos, der Prienäer Bias. Alle diese sieben sogenannten Weisen erlangten nach den Dichtertheologen dadurch Berühmtheit, daß sie sich vor ihren Zeitgenossen durch löblichen Lebenswandel auszeichneten und allerlei Sittenregeln in Form kurzer Sprüche prägten. Doch hinterließen sie der Nachwelt keine schriftlichen Denkmale, abgesehen davon, daß Solon den Athenern einige Gesetze gegeben haben soll. Thales freilich war Naturforscher und hinterließ Bücher, die seine Lehren enthalten. Zur selben Zeit der jüdischen Gefangenschaft glänzten auch als Naturforscher Anaximander, Anaximenes und Xenophanes. Auch Pythagoras lebte damals, und mit ihm kam die Bezeichnung «Philosophen» auf.

26. Heimkehr aus Babel zur Zeit der Vertreibung des Tarquinius aus Rom

Um dieselbe Zeit erleichterte der Perserkönig Cyrus, der auch Herr über die Chaldäer und Assyrer war, die Gefangenschaft der Juden ein wenig und ließ fünfzigtausend von ihnen zum Wiederaufbau des Tempels zurückkehren. Doch sie legten nur die ersten Fundamente und errichteten einen Altar. Da nämlich die Feinde andrängten, konnten sie den Bau nicht fortsetzen, und das Werk ward bis auf Darius verschoben. Um dieselbe Zeit trug sich auch zu, was im Buche Judith berichtet ist, das die Juden jedoch in den Kanon ihrer Schriften nicht aufgenommen haben, wie man sagt. Unter dem Perserkönig Darius sodann, als die vom Propheten Jeremia vorhergesagten siebzig Jahre voll waren, wurde die Gefangenschaft aufgehoben und erhielten die Juden ihre Freiheit zurück. Damals herrschte über die Römer der siebte König, Tarquinius. Nach seiner Vertreibung wurden auch sie von der Gewaltherrschaft ihrer Könige frei. Bis zu diesem Zeitpunkt hatte das Volk Israel Propheten, aber so viele es auch waren, sind doch bei den Juden wie auch bei uns nur von wenigen derselben kanonische Schriften erhalten. Aus ihnen wollte ich, wie ich am Schluß des vorigen Buches in Aussicht stellte, einiges anführen und möchte das nunmehr tun.

27. Das Zeitalter der Schriftpropheten

Um uns die Zeit, in der sie wirkten, zu vergegenwärtigen, müssen wir zunächst ein wenig auf Früheres zurückgreifen. Zu Anfang des Buches des Propheten Hosea, des ersten der zwölf, heißt es: «Dies ist das Wort des Herrn, das an Hosea erging in den Tagen des Usia, Jotham, Ahas und Hiskia, der Könige Judas.» Auch Amos schreibt, er habe in den Tagen des Königs Usia geweissagt, und fügt noch Jerobeam, den König Israels, hinzu, der gleichzeitig lebte. Ebenso gibt Jesaja, der Sohn des Amos – entweder des genannten Propheten oder nach Annahme der meisten eines andern, der denselben Namen führte wie der Prophet –, im Eingang seines Buches die gleichen vier Könige an wie Hosea, unter denen er geweissagt habe. Und auch Micha verlegt seine Weissagung in dieselbe Zeit nach Usia. Denn er nennt die drei ihm folgenden Könige mit Namen, die auch Hosea nannte, nämlich Jotham, Ahas und Hiskia. Diese vier also sind es, die nach dem Befund ihrer Schriften gleichzeitig weissagten. Zu ihnen kommt noch unter der Regierung desselben Königs Usia der Prophet Jona und unter der seines Nachfolgers Jotham der Prophet Joel. Doch konnten wir die Zeit der letztgenannten beiden nur aus den Chroniken ermitteln, nicht aus ihren Büchern, weil sich hier keine Zeitangaben finden. Die Tage des Wirkens der erwähnten Propheten erstrecken sich nun von der Regierungszeit des Latinerkönigs Procas oder auch seines Vorgängers Aventinus bis zu Romulus, dem Römerkönig, oder vielleicht noch bis in die Anfänge der Regierung seines Nachfolgers Numa Pompilius – Hiskia wenigstens, der König Judas, herrschte bis dahin. So sind denn, um bildlich zu sprechen, diese Quellen der Prophetie gleichzeitig hervorgebrochen, und zwar damals, als das assyrische Reich unterging und das römische seinen Anfang nahm. Wie also zu Beginn des Assyrerreiches Abraham auftrat, dem die klarsten Verheißungen zuteil wurden, daß durch seinen Samen alle Völker gesegnet werden sollten, so öffnete sich beim Hochkommen des abendländischen Babylons, während dessen Herrschaft Christus erscheinen sollte, der Mund der Propheten, das große zukünftige Ereignis nicht nur mit ihren Reden, sondern auch ihren Schriften zu bezeugen. Denn obwohl dem Volke Israel seit der Zeit seiner Könige Propheten fast niemals fehlten, kamen sie doch nur ihm, nicht auch den Heiden zugute; als aber das offenkundiger sich bezeugende prophetische

Schrifttum hervortrat, das einst auch den Heiden zu nützen bestimmt war, sollte es zu der Zeit geschehen, als der Staat begründet ward, der zur Herrschaft über die Heidenvölker bestimmt war.

28. Die Weissagungen der Propheten Hosea und Amos

Vom Propheten Hosea muß man sagen: Je tiefsinniger seine Rede, um so schwieriger sein Verständnis. Doch möchte ich einiges herausgreifen und meinem Versprechen gemäß hier anführen. So lesen wir bei ihm: «Es soll geschehen an dem Ort, da man zu ihnen gesagt hat: Ihr seid nicht mein Volk, wird man zu ihnen sagen: Auch ihr seid Kinder des lebendigen Gottes.» Dies prophetische Zeugnis von der Berufung des Heidenvolkes, das vordem nicht Gott angehörte, haben auch die Apostel so verstanden. Da nun auch das Heidenvolk in geistlichem Sinne zu den Abrahamskindern zu rechnen ist und darum mit Recht Israel heißt, fährt er fort: «Und es werden sich die Kinder Juda und die Kinder Israel zusammentun und sich einen einigen Grund legen und aufsteigen von der Erde.» Wollten wir dies Wort auslegen, würde der Duft der prophetischen Rede verfliegen. Doch erinnern wir uns an jenen Eckstein und die zwei Wände, deren eine aus den Juden besteht, die andere aus den Heiden. Die eine meint der Prophet, wenn er von den Kindern Juda, die andere, wenn er von den Kindern Israel spricht, und wir verstehen auch, was es heißt, daß sie sich auf ein und dieselbe Grundlage stützen und von der Erde aufsteigen werden. Daß aber auch die Israeliten nach dem Fleisch, die jetzt noch nicht an Christus glauben wollen, später einmal glauben werden, das heißt ihre Nachkommen – denn sie selber werden, wenn sie sterben, dahin gelangen, wohin sie gehören –, bezeugt der Prophet mit folgenden Worten: «Denn die Kinder Israel werden lange Zeit ohne König, ohne Fürsten, ohne Opfer, ohne Altar, ohne Priestertum und ohne Offenbarungen sein.» Wer sieht nicht, daß es jetzt so mit den Juden steht? Doch hören wir weiter: «Und danach werden sich die Kinder Israel bekehren und den Herren, ihren Gott, und ihren König David suchen und werden staunen über den Herrn und seine Gaben in den letzten Tagen.» Nichts kann deutlicher sein als diese Weissagung, wenn man nur versteht, daß mit dem König David Christus gemeint ist, der, wie der Apostel sagt, «aus dem Samen Davids geboren ist nach dem Fleisch». Auch die künftige Auferstehung Christi am dritten Tage hat dieser Prophet vorhergesagt, so wie sie in geheimnisvoll erhabener Prophetenrede vorgesagt werden sollte: «Er wird uns nach zwei Tagen heilen, und am dritten werden wir auferstehen.» Denn dementsprechend sagt uns der Apostel: «Seid ihr mit Christus auferstanden, so suchet, was droben ist.» Auch Amos weissagt über denselben Gegenstand: «Bereite dich, Israel, anzurufen deinen Gott. Denn ich bin's, der dem Donner Kraft gibt, den Wind schafft und den Menschen verkündigt seinen Gesalbten», und anderswo: «An jenem Tage werde ich die zerfallene Hütte Davids wieder aufrichten, wieder aufbauen, was von ihr eingefallen, und aufrichten, was von ihr zerstört ist, und es wieder aufbauen wie die Tage der Ewigkeit. Dann werden mich suchen, die noch übrig sind von den Menschen, und alle Völker, über denen mein Name angerufen ist, spricht der Herr, der das tut.»

29. Jesajas Prophezeiungen von Christus und der Kirche

Der Prophet Jesaja befindet sich nicht im Buche der zwölf Propheten. Man nennt diese darum die kleinen, weil ihre Reden kurz sind, wenn man sie mit denen der sogenannten großen vergleicht, die umfangreiche Schriften hinterlassen haben. Einer von ihnen ist Jesaja, den ich wegen der Gleichzeitigkeit seiner Prophetie den beiden vorerwähnten anreihe. Abgesehen davon, daß Jesaja das Unrecht straft, zur Gerechtigkeit mahnt und dem sündigen Volke eine schlimme Zukunft voraussagt, hat er auch von Christus und der Kirche, also dem Könige und dem von ihm gegründeten Staate, weit mehr als die übrigen geweissagt, so daß manche ihn lieber einen Evangelisten als einen Propheten nennen wollten. Doch will ich, um mein Werk eher zum Abschluß zu bringen, hier statt vieler nur eine Prophezeiung anführen. Er läßt nämlich Gottvater also sprechen: «Siehe mein Knecht wird einsichtig sein und erhöht und sehr verherrlicht werden. Gleichwie viele über dich staunen, so wird deine Gestalt von den Menschen der Ehre beraubt und deine Ehre von den Menschen dir entzogen werden. So werden viele Völker sich über ihn wundern und Könige ihren Mund zuhalten. Denn denen nichts von ihm verkündigt ward, die werden ihn sehen, und die nichts gehört haben, ihn erkennen. Herr, wer hat unserer Verkündigung geglaubt, und wem ward der Arm des Herrn offenbart? Wir haben verkündet vor ihm wie ein Kind, wie eine Wurzel in dürrer Erde: Er hat keine Gestalt noch Pracht. Wir sahen ihn, und er hatte keine Gestalt noch Schönheit, sondern seine Gestalt war ohne Zier, hinschwindend vor allen Menschen. Er war ein Mensch, in Elend versetzt, gewohnt, Schwachheit zu tragen, denn abgewandt ist sein Antlitz, ungeehrt ist er und geringgeschätzt. Er ist's, der unsere Sünden trägt und für uns leidet, und wir dachten, er litte Schmerz und Elend und Anfechtung für sich. Aber er ist um unserer Missetaten willen verwundet und um unserer Sünden willen schwach geworden. Unterweisung zu unserm Frieden ist bei ihm, durch seine Striemen sind wir geheilt. Wir gingen alle in die Irre wie Schafe, der Mensch irrte ab von seinem Wege, und der Herr gab ihn dahin für unsere Sünden; er aber hat um deswillen, daß er heimgesucht ward, seinen Mund nicht aufgetan. Wie ein Schaf ward er zur Schlachtbank geführt, und wie ein Lamm, das stumm ist vor seinem Scherer, öffnete er seinen Mund nicht. In der Erniedrigung ward sein Recht aufgehoben. Wer wird noch reden von seinem Geschlecht? Denn weggenommen wird sein Leben von der Erde. Wegen der Missetaten meines Volkes ward er zum Tode geführt. Und ich werde die Bösen für sein Begräbnis dahingeben und die Reichen für seinen Tod. Denn er hat kein Unrecht getan, noch war Betrug in seinem Munde, und der Herr will ihn vom Elend befreien. Wenn ihr hingebt eure Seele für die Sünde, werdet ihr langlebigen Samen schauen, und der Herr will seine Seele dem Schmerz entrücken, ihm das Licht zeigen, seine Einsicht bilden und rechtfertigen den Gerechten, der so vielen aufs beste dient, und ihre Sünden wird er tragen. Darum wird er viele beerben und der Starken Beute teilen, weil seine Seele dahingegeben ward in den Tod, weil er unter die Übeltäter gerechnet ward, selbst die Sünden vieler getragen hat und um ihrer Sünden willen dahingegeben ward.»

Soviel von Christus. Hören wir nun auch das Folgende, das sich auf die Kirche bezieht. «Freue dich», sagt er, «du Unfruchtbare, die du nicht gebierst, brich in Jubel aus und rufe laut, die du nicht schwanger bist! Denn die Verlassene hat mehr Kinder, als die den Mann hat. Mache weit den Raum deines Zeltes und deiner Vorhänge; schlage Nägel ein, spare nicht, verlängere deine Seile und befestige deine Pfähle, breite dich weiter aus nach rechts und links! Und dein Same wird die Völker beerben, und die verlassenen Städte wirst du bewohnen. Fürchte dich nicht, weil du zuschanden geworden bist, scheue dich nicht, weil du beschimpft wurdest. Denn du wirst deine ewige Schande vergessen und der Schmach deiner Witwenschaft nicht mehr gedenken. Denn der Herr ist's, der dich geschaffen, Herr Zebaoth ist sein Name; und der dich errettet, man wird ihn Israels Gott nennen in aller Welt.» Der Prophet redet noch weiter, doch dies mag genügen. Auch hier wäre einiges zu erklären, aber ich meine, des Unmißverständlichen ist so viel, daß auch die Feinde es wider Willen begreifen müssen.

30. Die Weissagungen des Micha, Jona und Joel

Der Prophet Micha, der für Christus das Bild eines großen Berges verwendet, spricht so: «In den letzten Tagen wird der Berg des Herrn weithin sichtbar sein, erhaben über den Gipfeln der Berge und erhöht über den Hügeln. Und die Völker werden zulaufen und viele Heiden hingehen und sagen: Kommt, laßt uns hinaufsteigen auf den Berg des Herrn und zum Hause des Gottes Jakobs, daß er uns lehre seinen Weg und wir auf seinen Pfaden wandeln. Denn aus Zion wird das Gesetz ausgehen und das Wort des Herrn aus Jerusalem. Und er wird unter großen Völkern richten und weithin zurechtweisen mächtige Nationen.» Dieser Prophet hat auch den Ort der Geburt Christi vorhergesagt: «Und du Bethlehem, Haus Ephrata, bist die Kleinste unter den Tausenden Judas, aber aus dir soll mir hervorgehen, der ein Fürst sei über Israel, und sein Ausgang ist von Anfang und von Ewigkeit her. Darum wird er sie dahingeben bis zur Zeit, da die, so gebären soll, geboren hat, und dann werden die noch übrig sind von seinen Brüdern wiederkommen zu den Kindern Israel. Er aber wird stehen und schauen und seine Herde weiden in der Kraft des Herrn, und sie werden dem Namen des Herrn, seines Gottes, zur Ehre gereichen, denn nun wird er verherrlicht werden bis ans Äußerste der Erde.»

Der Prophet Jona aber hat nicht so sehr durch Rede als durch die besondere Art seines Leidens von Christus geweissagt, und wahrlich noch deutlicher, als wenn er seinen Tod und seine Auferstehung laut angekündigt hätte. Denn wozu sonst mußte er in den Bauch des Meerungeheuers eingehen und am dritten Tage wieder hervorkommen, wenn nicht um vorbildlich darauf hinzuweisen, daß Christus am dritten Tage aus der Tiefe der Unterwelt wiederkehren werde?

Alles, was Joel weissagt, bedarf einer ausführlichen Erläuterung, wenn klar werden soll, was sich auf Christus und die Kirche bezieht. Doch will ich einen Ausspruch nicht übergehen, den auch die Apostel angeführt haben, als der Verheißung Christi gemäß der Heilige Geist von obenher auf die versammelten Gläubigen niederkam: «Nach diesem wird es geschehen, daß ich ausgieße von meinem Geist über alles Fleisch, und eure Söhne und Töchter sollen weissagen, und eure Ältesten werden Träume haben und eure Jünglinge Gesichte sehen, ja auch auf meine Knechte und Mägde will ich in jenen Tagen von meinem Geiste ausgießen.»

31. Die Weissagungen Obadjas, Nahums und Habakuks

Drei der kleinen Propheten, Obadja, Nahum und Habakuk, geben weder selbst ihre Zeit an, noch findet man in den Chroniken des Eusebius und Hieronymus, wann sie geweissagt haben. Denn Obadja wird zwar von ihnen mit Micha zusammengestellt, aber nicht da, wo die Zeit angegeben ist, in der Micha nach seinem eigenen Zeugnis geweissagt hat. Das wird vermutlich auf ein Versehen nachlässiger Abschreiber fremder Werke zurückzuführen sein. Dagegen die beiden anderen waren in den Handschriften der uns zugänglichen Chroniken überhaupt nicht erwähnt zu finden. Da sie jedoch in den Kanon aufgenommen sind, dürfen wir auch sie nicht übergehen. Obadja, nach seiner Schrift zu urteilen, der kürzeste aller Propheten, redet gegen Idumäa, das Volk Esaus, des älteren und verworfenen der beiden Zwillingssöhne Isaaks und Enkels Abrahams. Wenn wir nun unter Idumäa nach der Redeweise, die einen Teil für das Ganze setzt, die Heidenwelt verstehen, wird uns klar, daß sich die folgenden Aussprüche auf Christus beziehen: «Auf dem Berge Zion aber wird Heil, wird das Heilige zu finden sein», und bald darauf am Schluß seiner Weissagung: «Und die Wiedererlösten vom Berge Zion werden hinaufsteigen, den Berg Esaus zu verteidigen, und er wird des Herrn Reich sein.» Das ward augenscheinlich erfüllt, als die Wiedererlösten vom Berge Zion, nämlich die an Christus gläubigen Juden, vornehmlich also die Apostel, hinaufstiegen, den Berg Esaus zu verteidigen. Wie sonst hätten sie ihn verteidigt, wenn nicht dadurch, daß sie durch die Predigt des Evangeliums den Gläubigen das Heil brachten, so daß diese aus der Macht der Finsternis errettet und in das Reich Gottes versetzt wurden? Das bringen ja die Schlußworte zum Ausdruck: «Und er wird des Herrn Reich sein.» Denn der Berg Zion bedeutet das Land Judäa, wo nach der Weissagung das künftige Heil und das Heilige sein sollte, nämlich Christus Jesus. Der Berg Esaus aber ist Idumäa, das Sinnbild der Heidenkirche, die, wie dargelegt, die Wiedererlösten vom Berge Zion verteidigten, so daß sie zum Reiche des Herrn ward. Das war dunkel, ehe es eintraf, aber nun es eingetroffen ist, muß jeder Gläubige es verstehen.

Der Prophet Nahum aber, oder vielmehr Gott durch ihn, spricht so: «Austilgen werde ich deine Schnitz- und Gußbilder und dir ein Grab bereiten. Denn siehe, eilend kommen über die Berge die Füße des Freudenboten, des Friedeverkünders. Feiere, Juda, deine Feste und erfülle deine Gelübde, denn sie werden fürderhin nicht mehr veralten. Es ist vollbracht, vollendet, abgetan. Heraufsteigt, der dir ins Angesicht haucht, der dich der Trübsal entreißt.» Wer es ist, der heraufstieg aus der Unterwelt und ins Angesicht Judas, das ist der aus Juda stammenden Jünger, den Heiligen Geist hauchte, weiß jeder, der das Evangelium kennt. Denn zum Neuen Bunde gehören die, deren Festtage geistlich so erneuert werden, daß sie nicht mehr veralten können. Daß aber durch das Evangelium die Schnitz- und Gußbilder, nämlich die falschen Götzenbilder, ausgetilgt und dem Grabe der Vergessenheit überliefert sind, sehen wir nun vor Augen und erkennen, daß auch hierin die Weissagung in Erfüllung gegangen ist.

Auch Habakuk kündet offenbar die bevorstehende Ankunft Christi an, wenn er sagt: «Der Herr antwortete mir und sprach: Schreibe, was du sahst, deutlich auf die Tafel, daß es verstehe, wer dies liest. Denn noch ist fern das Gesicht, aber endlich wird's erscheinen und nicht ausbleiben. Verzieht er auch, so harre auf ihn, denn er kommt gewiß und wird nicht säumen.»

32. Die Weissagungen im Gesang des Habakuk

Zu keinem anderen als dem Herrn Christus spricht er ferner in seinem Gebet und Liede: «Herr, ich habe die Kunde von dir vernommen und fürchtete mich, ich habe deine Werke betrachtet und bin erschrocken.» Denn was ist dies anders als sprachloses Staunen über das im voraus geschaute neue und plötzliche Heil der Menschen? «Mitten zwischen zwei Lebenden wird man dich erblicken», was bedeutet das anders als entweder mitten zwischen den beiden Testamenten, oder mitten zwischen zwei Schächern, oder mitten zwischen Moses und Elias, die auf jenem Berge mit ihm redeten? «Wenn die Jahre herannahen, wird man dich erkennen, wenn die Zeit kommt, wirst du dich zeigen.» Das bedarf keiner Auslegung. «Wenn verwirrt ist meine Seele, wirst du im Zorn des Erbarmens eingedenk sein», wie könnte man das anders verstehen, als daß der Prophet sich an die Stelle der Juden versetzt, zu deren Volk er gehörte, die, von heftigem Zorn verwirrt, Christus kreuzigten, während er des Erbarmens eingedenk sprach: «Vater, vergib ihnen, denn sie wissen nicht, was sie tun»? «Gott wird kommen von Theman und der Heilige vom schattigen, dichtbewaldeten Berge.» Wenn es hier heißt: «Er wird kommen von Theman», so haben andere übersetzt: «Von der Süd- oder Afrikaseite her», womit die Mittagssonne gemeint ist, das ist die Glut der Liebe und der Glanz der Wahrheit. Der «schattige, dichtbewaldete Berg» kann zwar auf mancherlei Weise gedeutet werden, doch möchte ich unter ihm am liebsten die Erhabenheit der göttlichen Schriften verstehen, die von Christus weissagten. Denn vieles ist da schattig und dichtverhangen, um den Geist des Forschers zu üben. Doch er kommt von da, wenn der Einsichtige ihn dort findet. «Die Himmel verdunkelt seine Kraft, und seines Ruhmes voll ist die Erde», was ist das anders, als was auch der Psalm ausspricht: «Erhebe dich, Gott, über die Himmel, und über die ganze Erde strahle dein Ruhm»? «Sein Glanz wird sein wie das Licht», was ist das anders als: Die Kunde von ihm wird die Gläubigen erleuchten? «Hörner sind in seinen Händen», was anders könnte damit gemeint sein als das Siegeszeichen des Kreuzes? «Und zuverlässig und machtvoll bewies er seine Liebe», das bedarf keiner Erläuterung. «Vor seinem Angesicht einhergehen wird sein Wort und hinausschreiten ins Feld hinter seinen Füßen», was heißt das anders, als daß er vorausverkündigt ward, ehe er hierher kam, und angekündigt, nachdem er von hier zurückgekehrt? «Er stand, und die Erde ward bewegt», was heißt das anders, als er stand da zum Helfen, und die Erde ward bewegt zum Glauben? «Er blickte an, und die Völker verschmachteten», das heißt, er erbarmte sich und machte, daß die Völker sich in Reue verzehrten. «Zerbrochen mit Gewalt wurden die Berge», das heißt, durch gewaltige Wundertaten ward der Stolz der Hochmütigen gebrochen. «Es versanken die ewigen Hügel», das heißt, sie wurden zeitweilig gedemütigt, um ewiglich emporgehoben zu werden. «Ich schaute seinen ewigen Einzug für seine Mühen», das heißt, nicht ohne ewigen Lohn blieb, so sah ich, seine mühevolle Liebe. «Die Zelte der Äthiopier werden erschrecken, desgleichen die Zelte im Lande Midian», das heißt, die Heiden, auch die, welche nicht unter römischem

Recht stehen, aufgeschreckt durch die Botschaft von deinen Wundertaten, werden sich dem Christenvolk anschließen. «Zürnst du etwa mit Wasserfluten, oder tobt dein Grimm sich in Fluten aus und dein Ungestüm im Meer?» Das ist darum gesagt, weil er jetzt nicht kommt, die Welt zu richten, sondern daß die Welt durch ihn selig werde. «Denn du steigst auf deine Pferde, und dein Reiten ist Heil», das heißt, deine Boten, von dir gelenkt, tragen dich hinaus, und deine Frohbotschaft ist das Heil derer, die an dich glauben. «Deinen gespannten Bogen richtest du auf die Zepter, spricht der Herr», das heißt, du drohst mit Gericht auch den Königen der Erde. «Durch Ströme wird das Land aufgerissen», das heißt, durch die andringenden Reden deiner Prediger werden die Herzen derer sich zum Bekenntnis öffnen, zu denen gesagt ward: «Zerreißt eure Herzen und nicht eure Kleider.» Was aber heißt das: «Sehen werden dich die Völker und trauern»? Nun, nichts anders, als daß sie durch Leidtragen selig werden. Und was heißt: «Wasser sprengend beim Einherschreiten»? Etwa dies: Einherwandelnd in denen, die dich überall verkünden, sprengst du allenthalben die Wasser der Lehre aus. Was heißt: «Der Abgrund ließ seine Stimme hören»? Etwa dies: Das abgründige Menschenherz hat ausgesprochen, was es denkt. Die folgenden Worte «die Tiefe seiner Phantasie» erläutern gleichsam den vorherigen Vers, denn Tiefe ist dasselbe wie Abgrund. Zu «seiner Phantasie» aber ist zu ergänzen: Hat ihre Stimme hören lassen oder, wie wir sagten: Hat ausgesprochen, was sie denkt. Denn Phantasie ist das Schauen, das die Seele nicht für sich behielt, nicht zudeckte, sondern bekennend hervorquellen ließ. «Empor stieg die Sonne, und der Mond stand an seinem Platze», das heißt, Christus ist zum Himmel aufgefahren, und die Kirche nimmt unter ihrem Könige ihren Platz ein. «Ins Licht werden gehen deine Geschosse», das heißt, deine Worte werden nicht ins Verborgene, sondern in die Öffentlichkeit hinausgesandt werden. «In den funkelnden Glanz deiner Waffen», zu ergänzen ist: Werden gehen deine Geschosse. Denn er hatte den Seinen gesagt: «Was ich euch sage in der Finsternis, das redet im Lichte.» «In deiner Drohung wirst du die Erde verkleinern», das heißt, durch dein Drohen wirst du die Menschen demütigen. «Und in deinem Grimm wirst du stürzen die Völker», weil du die, welche sich selbst erhöhen, rächend niederwirfst. «Du bist ausgegangen zum Heil deines Volkes, um zu erlösen deine Gesalbten, hast den Tod gesandt auf die Häupter der Gottlosen.» Das versteht man alles auch ohne Erklärung. «Bande hast du angelegt bis zum Halse», hier mag man an die guten Bande der Weisheit denken, in deren Fesseln die Füße gelegt werden sollen und in deren Kette der Hals. «Du hast sie zerbrochen zum Staunen des Geistes», nämlich die Fesseln. Denn gute Fesseln hat er angelegt und böse zerbrochen, von denen der Psalm singt: «Du hast meine Bande zerrissen», und zwar «zum Staunen des Geistes», das heißt wunderbar. «Die Mächtigen werden darob ihre Köpfe schütteln», in solcher Verwunderung nämlich. «Sie werden zubeißen wie der Arme, der im Verborgenen ißt.» Denn einige Mächtige der Juden kamen zum Herrn, da sie seine Taten und Reden bewunderten, und hungernd nach dem Brot seiner Lehre aßen sie davon im Verborgenen aus Furcht vor den Juden, wie das Evangelium von ihnen berichtet. «Du sandtest deine Pferde ins Meer, die rührten viele Wasser auf.» Diese Wasser sind nichts anderes als viele Völker. Die einen hätten sich nicht in Furcht bekehrt, die andern nicht in Grimm Verfolgungen angezettelt, wären sie nicht alle aufgerührt. «Ich gab acht, und mein Leib erbebte von dem Gebetswort meiner Lippen, Schrecken drang in meine Gebeine, und es zitterten meine Füße.» Er richtet hier sein Augenmerk auf das, was er selbst gesagt, und ist erschreckt durch sein eigenes Gebet, das seinem Prophetenmund entströmte und in dem er das Künftige voraussah; denn er schaut die Verwirrung der vielen Völker sowie die bevorstehenden Drangsale der Kirche, weiß sich sogleich als ihr Glied und spricht: «Ich werde ruhig sein am Tage der Drangsal», da er zu denen gehört, die in Hoffnung froh und in Trübsal geduldig sind. «Daß ich hinaufziehe zum Volk meiner Pilgerschaft», dann nämlich, wenn er sich trennt vom bösartigen Volke seiner fleischlichen Verwandtschaft, das nicht auf dieser Erde pilgert und nicht nach dem oberen Vaterlande trachtet. «Denn der Feigenbaum», fährt er fort, «wird keine Früchte bringen und der Weinstock keine Schößlinge treiben, umsonst sein wird die Arbeit am Ölbaum, und die Äcker werden keine Nahrung geben, den Weiden fehlen die Schafe, und an den Krippen sind keine Rinder mehr.» Denn er sieht das Volk, das Christus töten sollte, der Fülle seiner geistlichen Schätze verlustig, die er nach Prophetenweise durch das Gleichnis irdischer Fruchtbarkeit beschreibt. Und weil jenes Volk solchen Gotteszorn darum erdulden mußte, weil es, die Gerechtigkeit Gottes verkennend, seine eigene aufrichten wollte, fügt er alsbald hinzu: «Ich aber will frohlocken im Herrn und mich freuen in Gott, meinem Heil. Denn der Herr, mein Gott, ist meine Kraft; er wird meine Füße ans Ziel bringen und mich auf Höhen stellen, daß ich siege in seinem Liede», in jenem Liede nämlich, von dem es ähnlich im Psalm heißt: «Er stellte meine Füße auf einen Fels und leitete meine Schritte und gab mir ein neues Lied in meinen Mund, einen Lobgesang unserm Gott.» Denn der siegt im Liede des Herrn, der an seinem und nicht am eigenen Lobe Gefallen hat, nach dem Worte: «Wer sich rühmt, der rühme sich des Herrn.» Doch gebe ich einigen Handschriften, in denen wir lesen: «Ich will mich freuen in Gott, meinem Jesus», den Vorzug vor denen, die sich unserer Sprache bedienen und darum den Namen nicht hierhersetzen wollten, der uns so herzerfreuend und lieblich klingt.

33. Die Weissagungen Jeremias und Zephanjas

Der Prophet Jeremia gehört wie Jesaja zu den großen, nicht den kleinen wie die anderen, aus deren Schriften ich bereits einiges angeführt habe. Er weissagte in Jerusalem unter dem Könige Josia, als bei den Römern Ancus Marcius herrschte, zu einer Zeit, als die jüdische Gefangenschaft schon herannahte. Seine prophetische Tätigkeit zog sich, wie wir aus seinen Schriften ersehen, bis in den fünften Monat der Gefangenschaft hin. Zephanja aber, einer der kleinen Propheten, steht neben ihm. Denn auch er sagt, er habe in den Tagen Josias geweissagt, doch sagt er nicht, wie lange. Jeremia also weissagte nicht nur zur Zeit des Ancus Marcius, sondern auch des Tarquinius Priscus, des fünften Königs der Römer. Denn dessen Regierung hatte bereits begonnen, als die Gefangenschaft eintrat. Von Christus weissagend spricht Jeremia: «Unsers Mundes Odem, der Gesalbte, unser Herr, ist gefangengenommen um unserer Sünden willen» und weist damit kurz darauf hin, daß Christus unser Herr ist und für uns gelitten hat. Ebenso an anderer Stelle: «Das ist mein Gott, und keiner ist ihm zu vergleichen. Alle Wege der Klugheit hat er aufgefunden und kundgetan Jakob, seinem Knecht, und Israel, seinem Geliebten. Danach ist er erschienen auf Erden und wandelte unter den Menschen.» Dies Zeugnis weisen allerdings einige nicht dem Jeremia, sondern seinem Schreiber, namens Baruch, zu, doch gilt es häufiger als das des Jeremia selbst. Weiter sagt der Prophet von ihm: «Siehe, es kommt die Zeit, spricht der Herr, da will ich David einen gerechten Sprößling erwecken, und er wird als König herrschen und weise sein und Recht und Gerechtigkeit auf Erden anrichten. In jenen Tagen soll Juda geholfen werden und Israel sicher wohnen, und das wird der Name sein, mit dem man ihn nennen wird: Unser Herr, der gerechte.» Auch von der künftigen Berufung der Heiden, die wir jetzt erfüllt sehen, sprach er in folgenden Worten: «Herr, mein Gott und meine Zuflucht in der Not, die Völker werden zu dir kommen von der Welt Enden und sagen: Unsere Väter haben falsche Götzen verehrt, die nicht nützen können.» Daß ihn aber die Juden nicht anerkennen würden, von denen er sogar getötet werden sollte, verkündet derselbe Prophet, wenn er spricht: «Hart ist das Herz allewege, und er ist ein Mensch, aber wer erkennt ihn?» Von diesem Propheten stammt auch die Bezeugung des Neuen Bundes, dessen Mittler Christus ist, die ich im siebzehnten Buche angeführt habe. Denn Jeremia ist es, der sagt: «Siehe es kommt die Zeit, spricht der Herr, da will ich mit dem Hause Jakob einen Neuen Bund machen», und was man weiter dort liest.

Von Zephanja, dem Propheten, der gleichzeitig mit Jeremia weissagte, möchte ich vorerst die folgenden Hinweise auf Christus anführen: «Warte auf mich, spricht der Herr, am Tage meiner künftigen Auferstehung, denn mein Beschluß ist, die Völker zusammenzuführen und die Reiche zu sammeln.» Ferner: «Schrecklich ist über ihnen der Herr, und er wird alle Götter der Erde vertilgen, und jeder wird ihn anbeten, wo er auch sei, dazu alle Inseln der Völker.» Und bald darauf: «Dann werde ich eine neue Sprache verleihen den Völkern und ihren Nachkommen, daß sie alle den Namen des Herrn anrufen und unter einem einzigen Joche dienen; von den Enden der Ströme Äthiopiens wird man mir Opfer bringen. An jenem Tage wirst du nicht mehr beschämt sein ob all deiner Anschläge, die du gottlos wider mich gefaßt hast; denn dann werde ich wegnehmen, was schlecht und unrecht ist an dir, und du wirst nicht mehr großtun auf meinem heiligen Berge, und ich werde in dir lassen überbleiben ein sanftes und demütiges Volk, und fürchten werden sich vor dem Namen des Herrn, die übriggeblieben sind in Israel.» Das ist der Überrest, von dem anderswo geweissagt wird – auch der Apostel führt den Spruch an: «Wäre die Zahl der Kinder Israel auch wie der Sand am Meer, so wird doch nur ein Rest gerettet werden.» Denn dieser Überrest des Volkes glaubte an Christus.

34. Die Weissagungen Daniels und Ezechiels

Während der Babylonischen Gefangenschaft selber weissagten zunächst Daniel und Ezechiel, zwei andere der großen Propheten. Von ihnen hat Daniel auch die Zeit, wann Christus kommen und leiden würde, nach der Zahl der Jahre vorausbestimmt, doch wäre es zu weitläufig, es durch Nachrechnen zu bestätigen. Andere haben das vor uns mehrfach getan. Von seiner Macht jedoch und der Kirche sprach er in folgenden Worten: «Ich sah in einem Nachtgesicht, und siehe, es kam einer mit den Wolken des Himmels wie eines Menschen Sohn und gelangte zu dem Uralten und ward vor sein Angesicht gebracht. Und ihm ward gegeben Vorherrschaft, Ehre und Reich, und alle Völker, Stämme und Zungen werden ihm dienen. Seine Macht ist ewige Macht, die nicht vergehen wird, und sein Königreich wird nicht zerstört werden.»

Auch Ezechiel hat in Worten, die er Gottvater in den Mund legt, Christus weissagend vorherverkündet, und zwar führt er ihn nach Prophetenweise als David ein, weil er aus Davids Samen Fleisch annahm. Denn in Knechtsgestalt ward er Mensch, und ihretwegen wird Gottes Sohn auch Knecht Gottes genannt. Die Worte lauten: «Ich will über meine Schafe den einen Hirten erwecken, der sie weiden soll, meinen Knecht David, der wird sie weiden und wird ihr Hirte sein. Ich aber, der Herr, will ihr Gott sein und mein Knecht David der Fürst in ihrer Mitte; ich, der Herr, hab' es gesprochen.» Und anderswo: «Und nur ein König wird herrschen über alle, und es werden nicht mehr zwei Völker sein und nicht geteilt in zwei Reiche. Sie sollen sich auch nicht mehr verunreinigen mit ihren Götzen und Greueln und allerlei Sünden. Ich will ihnen heraushelfen aus all den Orten, da sie gesündigt haben, und will sie reinigen, und sie sollen mein Volk sein und ich will ihr Gott sein. Und mein Knecht David soll ihr König sein, und er allein soll Hirt sein über sie alle.»

35. Weissagung der drei letzten Propheten, Haggai, Sacharja, Maleachi

Nun sind noch drei kleine Propheten übrig, die am Ende der Gefangenschaft weissagten, Haggai, Sacharja und Maleachi. Von ihnen weissagt Haggai von Christus und der Kirche mit folgenden ebenso klaren wie kurzen Worten: «So spricht der Herr der Heerscharen: Es ist nur noch eine kleine Weile, so werde ich Himmel und Erde, das Meer und das trockene Land bewegen, ja, alle Völker will ich bewegen. Dann wird kommen der von allen Völkern Ersehnte.» Diese Weissagung ist, wie man sieht, teils schon erfüllt, teils erhoffen wir ihre Erfüllung am Ende. Denn den Himmel hat er in Bewegung gesetzt durch das Zeugnis der Engel und Sterne, als Christus im Fleisch geboren ward. Die Erde hat er bewegt durch das gewaltige Wunder der Jungfrauengeburt, das Meer und das trockene Land dadurch, daß auf den Inseln und dem ganzen Erdkreis Christus verkündigt wird, und wir sehen nun, wie alle Völker bewegt werden, an ihn zu glauben. Doch was dann folgt: «Kommen wird der von allen Völkern Ersehnte», das wird erst in Erfüllung gehen bei seiner Ankunft am Jüngsten Tage. Denn um der Ersehnte der Hoffenden zu sein, muß er zuvor der Geliebte der Glaubenden sein.

Auch Sacharja spricht von Christus und der Kirche: «Freue dich sehr, Tochter Zion, und du Tochter Jerusalem jauchze! Siehe, dein König kommt zu dir, gerecht und ein Helfer. Arm ist er und reitet auf einem Esel und auf einem Füllen der Eselin.

Und seine Macht reicht von Meer zu Meer und von den Strömen bis ans Ende der Erde.» Wann das eintraf und sich der Herr Christus auf der Reise solch eines Lasttieres bediente, liest man in den Evangelien, wo auch diese Weissagung teilweise, soweit es der Zusammenhang forderte, angeführt wird. An anderer Stelle, wo der Prophet im Geist der Weissagung Christus selber anredet, spricht er von der Sündenvergebung durch sein Blut: «Du hast durch das Blut deines Bundes deine Gefangenen befreit aus der Grube, in der kein Wasser ist.» Was er für eine Grube meint, darüber kann man, auch ohne vom rechten Glauben abzuweichen, verschiedener Ansicht sein. Ich finde keine bessere Deutung als die, daß hier an die sozusagen dürre und unfruchtbare Tiefe menschlichen Elends gedacht ist, wo es kein Quellwasser der Gerechtigkeit gibt, sondern nur den Schlamm der Sünde. Davon singt ja auch der Psalm: «Er hat mich aus der Grube des Elends gezogen und aus dem Schlamm und Kot.»

Maleachi sodann läßt Gott in einer Weissagung von der durch Christus gepflanzten Kirche den Juden unmißverständlich folgendes sagen: «Ich habe kein Gefallen an euch und nehme keine Opfergabe von eurer Hand. Denn vom Aufgang der Sonne bis zum Niedergang soll mein Name groß werden unter den Völkern und an allen Orten geopfert und dargebracht werden meinem Namen ein reines Opfer. Denn groß ist mein Name unter den Völkern, spricht der Herr.» Wie wir sehen, wird dies Opfer durch das Priesteramt Christi nach der Weise Melchisedeks an allen Orten von Sonnenaufgang bis Untergang Gott dargebracht, während die Juden, von denen gesagt ist: «Ich habe kein Gefallen an euch und nehme keine Opfergabe von eurer Hand», nicht leugnen können, daß ihr Opfer aufgehört hat. Aber was erwarten sie dann noch einen anderen Christus, da doch die Prophezeiung, die sie lesen und deren Erfüllung sie sehen, nur durch ihn erfüllt wurde? Denn bald darauf erklärt der Prophet von ihm wiederum im Namen Gottes: «Mein Bund des Lebens und Friedens war mit ihm, und ich verlieh ihm, daß er mich fürchtete und Ehrfurcht hatte vor meinem Namen. Das Gesetz der Wahrheit war in seinem Munde, im Frieden wandelte er mit mir und bekehrte viele von ihrer Sünde. Denn des Priesters Lippen sollen das Wissen bewahren, und man soll das Gesetz suchen in seinem Munde, denn er ist der Engel des allmächtigen Herrn.» Man darf sich nicht darüber wundern, daß Jesus Christus Engel des allmächtigen Herrn genannt wird. Denn wie er Knecht heißt wegen seiner Knechtsgestalt, in der er zu den Menschen kam, so Engel wegen des Evangeliums, das er den Menschen verkündigte. Denn übersetzen wir diese Worte aus dem Griechischen, so heißt Evangelium frohe Botschaft und Engel Bote. Darum sagt er auch von ihm weiter: «Siehe ich will meinen Engel senden, der vor mir her den Weg bereiten soll. Und alsbald wird kommen in seinen Tempel der Herr, den ihr sucht, und der Engel des Bundes, nach dem ihr verlangt. Siehe, er kommt, spricht der Herr, der Allmächtige. Wer aber wird den Tag seines Einzugs ertragen, und wer widerstehen, wenn er erscheint?» Hier hat der Prophet die erste und zweite Ankunft Christi vorhergesagt, die erste mit den Worten: «Alsbald wird er kommen in seinen Tempel», das ist in sein Fleisch, von dem er im Evangelium sagte: «Brechet diesen Tempel ab, und in drei Tagen will ich ihn wieder bauen», die zweite aber mit den Worten: «Siehe, er kommt, spricht der Herr, der Allmächtige. Wer aber wird den Tag seines Einzugs ertragen, und wer widerstehen, wenn er erscheint?» Wenn er aber sagt: «Der Herr, den ihr sucht, und der Engel des Bundes, nach dem ihr verlangt», so gibt er damit zu verstehen, daß auch die Juden auf Grund der Schriften, die sie lesen, Christus suchen und nach ihm verlangen. Aber ihrer viele haben den, den sie suchten und nach dem sie verlangten, als er kam, nicht erkannt, denn ihr Herz war verblendet, wie sie es nicht anders verdient. Wenn der Prophet in diesem Zusammenhange von dem Bunde spricht, nämlich vorhin, wo es hieß: «Mein Bund war mit ihm», und jetzt, wo er Christus den Engel des Bundes nennt, müssen wir ohne Zweifel an den Neuen Bund denken, in dem uns Ewiges, nicht wie im Alten Bunde Zeitliches verheißen wird. Sehr viele schwache Menschen freilich, die zeitliche Güter für etwas Großes halten und in Hoffnung auf solchen Lohn dem wahren Gott dienen, geraten in Verwirrung, wenn sie sehen, daß auch Gottlose daran Überfluß haben. Eben deshalb sagt unser Prophet, um die ewige Seligkeit des Neuen Bundes, die nur den Guten zuteil wird, von dem irdischen Glück des Alten, das häufig auch den Bösen verliehen wird, zu unterscheiden: «Harte Worte redetet ihr über mich, spricht der Herr. Ihr spracht: Wann haben wir dich schlecht gemacht? Ihr spracht: Eitel ist jeder, der Gott dient, und was half's uns, daß wir seine Vorschriften gehalten haben und im Gebet gewandelt sind vor dem Angesicht des allmächtigen Herrn? Darum preisen wir selig die Entfremdeten, denn alle kommen hoch, die Böses tun, und die Gott widerstreben, denen geht es gut. So murrten sie untereinander, die den Herrn fürchteten, Gott aber merkte und hörte es und schrieb ein Buch des Gedenkens vor seinem Angesicht für die, welche den Herrn fürchten und seinen Namen scheuen.» Mit diesem Buch ist der Neue Bund gemeint. Hören wir auch noch das Folgende: «Sie sollen, spricht der Herr, der Allmächtige, an dem Tage, den ich mache, mein Eigentum sein, und ich will sie auswählen, wie ein Mann seinen Sohn auswählt, der ihm dient. Und ihr werdet euch bekehren und sehen, was für ein Unterschied ist zwischen dem Gerechten und Ungerechten, zwischen dem, der Gott dient, und dem, der ihm nicht dient. Denn siehe, ein Tag kommt glühend wie ein Ofen und wird sie verbrennen, dann werden alle Fremdlinge und alle, die Böses tun, Stoppeln sein, und der Tag, der kommt, wird sie anzünden, spricht der Herr, der Allmächtige, und weder Wurzel noch Zweig wird übrigbleiben von ihnen. Euch aber, die ihr meinen Namen fürchtet, soll aufgehen die Sonne der Gerechtigkeit, und Heil ist unter ihren Flügeln. Und ihr werdet herauslaufen und hüpfen wie die Kälber, deren Strick gelöst ist, und werdet die Gottlosen zertreten, und sie sollen Asche sein untern euren Füßen an dem Tage, an dem ich's tue, spricht der Herr, der Allmächtige.» Dieser Tag heißt Tag des Gerichts, über den wir, so Gott will, an seiner Stelle ausführlicher reden werden.

36. Esra und die Makkabäerbücher

Nach diesen drei Propheten, Haggai, Sacharja und Maleachi, und um dieselbe Zeit der Befreiung des Volkes aus der Babylonischen Knechtschaft verfaßte auch Esra sein Buch. Man hält ihn mehr für einen Geschichtsschreiber als einen Propheten wie auch das sogenannte Buch Esther zum Lobe Gottes ein, Ereignis berichtet, welches dieser Zeit nicht fern liegt. Allenfalls könnte man jedoch sagen, daß auch Esra in seiner Erzählung von den drei Jünglingen von Christus geweissagt habe. Denn als diese die Frage aufwarfen, was auf Erden am mächtigsten sei, und einer die Könige nannte, der zweite den Wein, der dritte die Weiber, weil diese sehr oft die Könige beherrschen, wies zuletzt dieser dritte darauf hin, daß die Wahrheit doch über alles andere Siegerin sei. Befragen wir nun das Evangelium, so erfahren wir, daß Christus die Wahrheit ist. Seit dieser Zeit und nach Wiederherstellung des Tempels gab es bei den Juden keine Könige mehr, sondern bis auf Aristobul nur Oberste, und die Berechnung der Zeiten ergibt sich hinfort nicht aus den heiligen, kanonisch genannten Schriften, sondern anderen. Unter ihnen befinden sich auch die Makkabäerbücher, die zwar nicht von den Juden, wohl aber von der Kirche für kanonisch gehalten werden. Denn in ihnen wird von überaus großen und bewunderswerten Leiden etlicher Märtyrer erzählt, die noch vor Christi Ankunft im Fleisch bis zum Tode für Gottes Gesetz stritten und schwerste, furchtbarste Übel erduldeten.

37. Die Propheten älter als alle heidnische Weisheit

Zur Zeit unserer Propheten, deren Schriften bereits zur Kenntnis fast aller Völker gelangt sind, in der Hauptsache jedoch erst nach ihnen, lebten die heidnischen Philosophen, die mit dem Namen bezeichnet wurden, den zuerst der Samier Pythagoras aufbrachte, welcher zur Zeit der Aufhebung der jüdischen Gefangenschaft glänzte und bekannt wurde. Erst recht gilt es also von den übrigen Philosophen, daß sie nach den Propheten auftraten. Denn selbst Sokrates, der Athener, der Lehrer aller damals Berühmtesten, der auf dem Felde der Moral- oder praktischen Philosophie sich hervortat, lebte den Chroniken zufolge erst nach Esra. Nicht viel später ward auch Plato geboren, der die übrigen Sokratesschüler bei weitem überragte. Nehmen wir auch die früheren hinzu, die noch nicht Philosophen hießen, die sieben Weisen nämlich und auch die Naturforscher, die auf Thales folgten und wie er die Natur der Dinge zu ergründen suchten, also Anaximander, Anaximenes, Anaxagoras und einige andere, ehe Pythagoras sich als erster einen Philosophen nannte, so gehen auch sie nicht etwa allen unsern Propheten zeitlich voran. Denn Thales, der erste von ihnen, soll während der Regierung des Romulus hervorgetreten sein, also damals, als sich aus Israels Quellen in den Schriften, die sich über den ganzen Erdkreis verbreiteten, der Strom der Weissagung ergoß. Demnach waren es allein jene Dichtertheologen Orpheus, Linus, Musäus und etwa noch der eine oder andere bei den Griechen, die der Zeit nach älter waren als die hebräischen Propheten, deren Schriften bei uns in maßgeblichem Ansehen stehen. Aber nicht einmal sie gingen unserm wahren Theologen Moses, der den einen wahren Gott wahrheitsgemäß verkündete und dessen Schriften in unserm Kanon an erster Stelle stehen, zeitlich voraus. So haben denn wenigstens die Griechen, in deren Sprache die weltlichen Wissenschaften zur Blüte kamen, keinerlei Grund, von ihrer Weisheit zu rühmen, sie sei wenn nicht gar erhabener, so doch älter als unsere Religion, die die wahre Weisheit enthält. Allerdings ist nicht zu leugnen, daß es zwar nicht bei den Griechen, wohl aber bei barbarischen Völkern wie den Ägyptern schon vor Moses einige Gelehrsamkeit gab, die man ihre Weisheit nennen könnte. Denn sonst läse man nicht in der Heiligen Schrift, Moses sei unterrichtet gewesen in aller Weisheit der Ägypter, also schon damals, als er dort geboren und von der Tochter Pharaos adoptiert, ernährt und standesgemäß erzogen wurde. Doch nicht einmal die Weisheit der Ägypter kann zeitlichen Vorrang vor unsern Propheten geltend machen, denn auch Abraham war ein Prophet. Was hätte es auch für Weisheit in Ägypten geben können, ehe ihnen Isis, die sie nach ihrem Tode als große Göttin glaubten verehren zu sollen, die Schriftzeichen lehrte? Isis aber soll die Tochter des Inachus gewesen sein, des ersten Argiverkönigs, der seine Herrschaft antrat, als Abrahams Enkel bereits geboren waren.

38. Von alten prophetischen, aber nicht in den Kanon aufgenommenen Schriften

Gehe ich aber auf noch weit Älteres zurück, so lebte ja schon vor jener großen Sündflut unser Erzvater Noah, den ich mit gutem Grund einen Propheten nennen möchte. Denn die Arche selber, die er baute und in der er mit den Seinen sich rettete, war eine Weissagung auf unsere Zeiten. Und wie? Heißt es nicht schon von Henoch, dem siebten von Adam an gerechnet, in dem kanonischen Brief des Apostels Judas, er habe geweissagt? Daß deren Schriften wie bei den Juden so auch bei uns nicht als maßgeblich gelten, macht ihr allzu hohes Alter, um deswillen man Verdacht hegen mußte, hier möchte uns Falsches statt Echtem vorgelegt werden. Tatsächlich werden uns ja einige Schriften, die auf die genannten Männer zurückgehen sollen, vorgelegt, aber von Leuten, die nach ihrem Gutdünken alles glauben, was ihnen paßt. Doch die Reinheit des Kanons hat sie nicht aufgenommen, nicht als ob man das hohe Ansehen dieser Männer, die Gott wohlgefällig waren, leugnete, sondern weil man nicht glaubt, daß die betreffenden Schriften von ihnen stammen. Man muß sich auch nicht darüber wundern, daß für verdächtig gilt, was mit dem Anspruch so hohen Alters auftritt. Wird doch selbst in der Geschichte der jüdischen und israelitischen Könige, wo Tatsachen berichtet sind, welche wir auf Grund der kanonischen Schrift für zuverlässig halten, vieles erwähnt, aber nicht ausführlich dargestellt, was, wie es heißt, in anderen von Propheten verfaßten Büchern sich findet. Manchmal werden sogar die Namen dieser Propheten angeführt, doch finden sich die Bücher nicht in dem vom Volke Gottes angenommenen Kanon. Warum das – ich muß gestehen, ich weiß es nicht; doch glaube ich, daß diejenigen, denen der Heilige Geist das religiös Maßgebliche offenbarte, manches nur auf Menschenweise mit historischer Sorgfalt geschrieben haben mögen, anderes dagegen als Propheten unter göttlicher Eingebung. Beides wäre dann so zu unterscheiden, daß das eine ihnen selbst, das andere dagegen dem durch sie redenden Gott zugeschrieben werden müßte. Jenes gehörte dann in den weiten Bereich des bloß Wissenswerten, dieses in den Bereich des religiös Autoritativen, in dem der Kanon seinen Platz einnimmt. Was außerhalb von ihm, sei's auch unter dem Namen von wahren Propheten, an Schrifttum vorgebracht wird, kann nicht einmal die Fülle des Wissens vermehren, weil man nicht weiß, ob es wirklich von den angeblichen Verfassern herrührt. Deswegen schuldet man solchen Schriften keinen Glauben, zumal denen nicht, in welchen man allerlei liest, was dem Glaubensinhalt der kanonischen Bücher widerspricht. Diese Schriften sind deshalb offenbar nicht von wahren Propheten verfaßt.

39. Die Weisheit der Hebräer älter als selbst die der Ägypter

Man muß also nicht meinen, wie manche wollen, nur die hebräische Sprache sei durch jenen Heber, von dem der Name Hebräer stammt, bewahrt worden und von ihm auf Abraham gekommen, das hebräische Schrifttum dagegen habe erst mit dem von Moses gegebenen Gesetz seinen Anfang genommen, vielmehr wurde die hebräische Sprache mitsamt ihrem Schrifttum von jener Reihe aufeinanderfolgender Väter gehütet. Schließlich hat dann Moses für schriftkundige Lehrer des Volkes gesorgt, noch ehe man irgendwelche Niederschriften des Gesetzes kannte. Diese Lehrer nennt die Bibel «Grammatoeisagogoi», in unserer Sprache etwa Ein- oder Hineinführer in die Schrift, weil sie die Schrift sozusagen ins Herz der Lernenden ein- oder hineinführen, oder vielmehr die Schüler in sie. Kein Volk rühme sich also in eitler Prahlerei des Alters seiner Weisheit, als reiche sie hinaus über unsere Patriarchen und Propheten, denen die göttliche Weisheit einwohnte, da doch nicht einmal Ägypten, das sich fälschlich und grundlos des Alters seiner Gelehrsamkeit zu rühmen pflegt, mit seiner Weisheit, sie mag sein, wie sie will, der Weisheit unserer Urväter zeitlich zuvorgekommen ist. Man wird doch nicht wagen zu behaupten, sie seien bereits im Vollbesitz ihrer bewundernswerten Wissenschaft gewesen, ehe sie schreiben konnten, also ehe Isis, die sie darin unterwies, zu ihnen gekommen war. Worin bestand übrigens ihre gewiß bemerkenswerte Gelehrsamkeit, die man Weisheit nannte? Nun, hauptsächlich in Astronomie und etwaigen verwandten Wissenszweigen, die mehr zur Übung des Verstandes als zur Erleuchtung der Seelen mit wahrer Weisheit dienen. Denn was die Philosophie anlangt, die ja freilich etwas zu lehren verspricht, wodurch die Menschen glückselig werden, so blühten diese Studien zur Zeit des Merkur, den man Trismegistus nannte, in der Tat in jenen Landen, lange bevor in Griechenland Weise und Philosophen auftraten, doch erst nach Abraham, Isaak, Jakob und Joseph, ja erst nach Moses. Denn zur Zeit der Geburt des Moses, so ergab sich uns, lebte Atlas, jener große Astrologe, des Prometheus Bruder und von mütterlicher Seite Großvater des älteren Merkur, dessen Enkel der erwähnte Merkur Trismegistus war.

40. Töricht zu behaupten, die Weisheit der Ägypter sei schon hunderttausend Jahre alt

Es ist also nichts als grundloses und anmaßendes Geschwätz, wenn einige behaupten, seit Ägypten wissenschaftliche Sternkunde betreibe, seien mehr als hunderttausend Jahre verstrichen. Denn welchen Büchern sollten sie diese Zahl entnommen haben, sie, die doch erst vor wenig über zweitausend Jahren von der Isis als Lehrmeisterin das Schreiben lernten? Denn Varro, der uns dies überliefert hat, was ja auch mit der Wahrheit der göttlichen Schriften übereinstimmt, ist in Fragen der Geschichte ein nicht zu verachtender Gewährsmann. Seit Adam, dem ersten Menschen, sind ja noch nicht ganz sechstausend Jahre vergangen, und so muß man Leute, die in bezug auf die Zeitenlänge so weit Abweichendes und der ausgemachten Wahrheit Widersprechendes zu verfechten wagen, mehr verlachen als widerlegen. Wem werden wir die Erzählung des Vergangenen auch lieber glauben als dem, der auch das Künftige voraussagte, wie wir's nunmehr gegenwärtig mit Augen sehen? Auch die Abweichungen der Geschichtsforscher voneinander müssen uns veranlassen, zuallermeist demjenigen Glauben zu schenken, der der göttlichen Geschichte, an der wir festhalten, nicht widerspricht. Freilich, wenn die überall auf Erden verstreuten Bürger des gottlosen Staates lesen, wie gelehrteste Männer, die sämtlich Beachtung zu verdienen scheinen, über Ereignisse, die von unserer Zeit weit abliegen, verschiedene Ansichten äußern, so wissen sie nicht, wem sie glauben sollen. Wir dagegen, über die Geschichte unserer Religion von göttlicher Autorität belehrt, zweifeln nicht daran, daß alles grundfalsch ist, was damit in Widerspruch steht. Was aber sonst noch in dem weltlichen Schrifttum sich findet, mag wahr sein oder falsch, jedenfalls ist es ohne Belang für das rechte und glückselige Leben.

41. Die Philosophen widersprechen einander, die Heilige Schrift ist einhellig

Doch lassen wir nunmehr die Geschichtskunde beiseite. Was aber die Philosophen anlangt, von denen wir zu unseren geschichtlichen Erörterungen übergingen, so haben sie offenbar bei ihren Forschungen ihr Bestreben nur darauf gerichtet, ausfindig zu machen, wie man leben muß, um Glückseligkeit zu erlangen. Aber warum diese Abweichungen der Schüler von den Lehrern und der Mitschüler voneinander? Weil sie nur auf Menschenweise mit menschlichen Sinnen und Vernunftschlüssen sich abmühten. Dabei mag auch das Verlangen nach Ruhm beteiligt sein, das jeden treibt, weiser und scharfsinniger erscheinen zu wollen als die anderen und nicht Nachbeter einer fremden, sondern Erfinder einer eigenen Lehre und Meinung zu sein. Doch wenn ich auch zugeben möchte, daß es Wahrheitsliebe war, die manche, vielleicht die meisten von ihnen veranlaßte, sich von ihren Lehrern und Studiengefährten loszusagen, um für das zu streiten, was sie mit Recht oder Unrecht für wahr hielten – was fängt sie nur an, oder wohin und auf welchen Wegen läuft sie, die menschliche Armseligkeit, um die Glückseligkeit zu erlangen, wenn göttliche Autorität sie nicht leitet? Dagegen sind unsere Schriftsteller, die man mit gutem Grund zum fest abgegrenzten Kanon heiliger Schriften zusammengefaßt hat, weit entfernt, irgendwie voneinander abzuweichen. So haben mit Fug und Recht nicht etwa einige wenige streitsüchtige Schwätzer in Schulen und Gymnasien, sondern viele und große Völker, Land- und Stadtleute, Gelehrte und Ungelehrte, es geglaubt, daß zu diesen Schriftstellern oder durch sie, als sie jene Schriften verfaßten, Gott geredet hat. Es mußten freilich nur wenige sein, denn sonst wäre durch ihre Menge entwertet worden, was um der Religion willen teuer sein sollte, doch auch nicht so wenige, daß ihre Einhelligkeit nicht wunderbar erscheinen müßte. Denn in der Menge von Philosophen, die ihre Lehrgebäude schriftlich hinterlassen haben, wird kaum jemand irgendwelche finden, die in allen ihren Meinungen übereinstimmten. Doch dies zu zeigen, würde hier zu weit führen.

Doch welchem dieser Schulhäupter hat man in dem dämonenfürchtigen Staate dermaßen Ansehen zuerkannt, daß man es den anderen aberkannt hätte, die Verschiedenes und Widersprechendes lehrten? Glänzten nicht in Athen sowohl die Epikureer, die behaupteten, die Götter kümmerten sich nicht um das Ergehen der Menschen, als auch die Stoiker, die das Gegenteil dachten und dafür stritten, das menschliche Leben werde durch Hilfe und Schutz der Götter geleitet und behütet? So wundere ich mich, warum Anaxagoras angeklagt wurde, weil er die Sonne einen feurigen Stein nannte und ihre Gottheit leugnete, während in derselben Stadt Epikur hoch in Ehren stand und unangefochten lebte, obwohl er weder an die Gottheit der Sonne noch irgendeines Sternes glaubte, ja sogar Jupiter und alle anderen Götter so völlig aus der Welt verbannte, daß kein menschliches Bitten und Flehen sie mehr erreichte. Waren da nicht auch nebeneinander Aristipp, der das höchste Gut in leiblicher Lust erblickte, und Antisthenes, der im Gegenteil behauptete, daß der Mensch nur durch Tugend glückselig werde, beides angesehene Philosophen, beides Sokratesschüler, die das menschliche Leben auf so verschiedene, ja entgegengesetzte Ziele richteten, und von denen der eine lehrte, der Weise müsse die Politik fliehen, der andere, er müsse sich ihr widmen? Sammelten sie nicht beide Schüler um sich? Ja, vor aller Augen, in jedermann zugänglicher allbekannter Säulenhalle, in Schulen und Gärten, an öffentlicher und privater Stätte stritten sie gruppenweise jeder für seine Meinung, behaupteten teils, es gebe nur eine Welt, teils, es gebe deren unzählige; teils, sie habe einen Ursprung, teils, sie habe keinen; teils, sie werde untergehen, teils, sie werde ewig dauern; teils, sie werde vom Geiste Gottes, teils, sie werde von Zufall und Ungefähr geleitet; teils, die Seelen seien unsterblich, teils, sie seien sterblich; und von den Verfechtern ihrer Unsterblichkeit behaupteten die einen, sie gehe in Tierleiber über, die andern, das komme nicht in Frage, dagegen von den Verfechtern ihrer Sterblichkeit die einen, sie gehe alsbald nach dem Leibe zugrunde, die anderen, sie lebe auch noch nachher, sei es kürzer, sei es länger, aber nicht immerfort; die einen erblickten das höchste Gut im Leibe, die andern in der Seele, wieder andere in beiden, noch andere fügten zu Seele und Leib auch allerlei äußere Güter hinzu; die einen waren der Ansicht, man solle den leiblichen Sinnen immer trauen, andere nicht immer, noch andere überhaupt niemals. Das wären einige, längst nicht alle der fast unzähligen Meinungsverschiedenheiten der Philosophen. Welches Volk, welcher Senat, welcher Gewalthaber oder Würdenträger des gottlosen Staates hat je dafür Sorge getragen, diese Ansichten zu prüfen, die einen zu billigen und anzunehmen, die anderen zu mißbilligen und zu verwerfen, und nicht vielmehr im Schoß des Staates all diese Streitigkeiten uneiniger Menschen ohne Urteil und in wirrem Durcheinander geduldet, Streitigkeiten, bei denen es doch nicht etwa um Äcker oder Häuser oder irgendwelche Geldwerte ging, sondern darum, wie man entweder elend oder glückselig lebt? Wurde gelegentlich auch etliches Wahre vorgebracht, so doch ebenso ungehindert auch Falsches, gewiß damit solch ein Staat nicht umsonst den mystischen Namen Babylon empfange. Denn Babylon heißt Verwirrung, wie ich meines Wissens bereits erwähnte. Der Teufel aber, der König in diesem Staate, fragt nicht danach, daß die Philosophen mit ihren entgegengesetzten Irrmeinungen einander befehden, hat er sie doch alle, wie sie es mit ihrer großen und vielfältigen Gottlosigkeit verdient, in seinen Klauen.

Aber jenes Geschlecht, jenes Volk, jene Bürgerschaft, jener Staat, jene Israeliten, denen Gottes Aussprüche anvertraut wurden, sie haben keineswegs Lügenpropheten und wahre Propheten unterschiedslos gewähren lassen und durcheinander gemengt, sondern als wahrhaftig nur diejenigen Verfasser heiliger Schriften anerkannt und festgehalten, die untereinander einhellig waren und in keinem Stücke voneinander abwichen. Nur sie galten ihnen als Philosophen, das ist als Liebhaber der Weisheit, nur sie als Weise, als Theologen, als Propheten, als Lehrer der Rechtschaffenheit und Frömmigkeit. Wer wie sie dachte und lebte, dachte und lebte nicht nach Menschen, sondern nach Gott, der durch sie sprach. Wenn hier Gotteslästerung verboten wurde, war es Gott, der sie verbot. Wenn es hieß: «Ehre deinen Vater und deine Mutter», war es Gott, der das befahl. Wenn es hieß: «Du sollst nicht ehebrechen, nicht töten, nicht stehlen» und was sich daran anschließt, so waren dies keine menschlichen Reden, sondern göttliche Orakelsprüche. Und wenn etliche Philosophen neben den falschen Ansichten, die sie hegten, auch Wahres schauen konnten und in umständlichen Disputen sich bemühten, davon zu überzeugen, daß Gott diese Welt geschaffen habe und mit seiner Vorsehung über ihr walte, und wenn sie für die Würde der Tugenden, für Vaterlandsliebe, Freundestreue, gute Werke und alles, was zum rechtlichen Lebenswandel gehört, eintraten, obschon sie das Endziel nicht kannten und nicht sahen, wie all dies in seinem Dienste stehen muß, so wurde im Unterschied davon in jenem anderen Staate dem Volke durch prophetische, das ist durch göttliche Aussprüche, sei's auch durch Vermittlung von Menschen, dasselbe ans Herz gelegt, aber nicht in spitzfindigen Streitgesprächen aufgedrängt, so daß, wer sie vernahm, nicht etwa eines Menschen Geist, sondern Gottes Wort zu verachten sich scheute.

42. Die Entstehung der Septuaginta

Diese heiligen Schriften kennenzulernen und zu besitzen, war der Wunsch auch eines der Ptolemäerkönige Ägyptens. Denn nach der Herrschaft und dem Tode des Mazedoniers Alexander, mit dem Beinamen der Große, dessen Machtbesitz erstaunlich, aber nur von kürzester Dauer war, und der sich ganz Asien, ja fast den ganzen Erdkreis teils durch Waffengewalt, teils durch Schrecken unterworfen hatte – neben den übrigen Ländern des Ostens hatte er auch Judäa seinem Reiche einverleibt –, hatten seine Generäle das gewaltige Reich, das sie nicht gemeinsam und in Frieden besitzen konnten, geteilt, vielmehr zerrissen und alles durch Kriege verwüstet. Damals begannen die Ptolemäer als Könige Ägypten zu beherrschen, und der erste von ihnen, des Lagus Sohn, überführte viele Juden gefangen nach Ägypten. Ihm folgte ein anderer Ptolemäus, mit Beinamen Philadelphus, der allen diesen ins Land gebrachten Gefangenen freie Rückkehr erlaubte. Obendrein sandte er auch königliche Geschenke in den Tempel Gottes und erbat sich von dem damaligen Hohenpriester Eleazar die Schriften, von deren göttlichem Ursprung er sicherlich Kunde bekommen hatte, und die er deshalb in der von ihm begründeten berühmten Bibliothek zu besitzen wünschte. Nachdem der Hohepriester sie ihm in hebräischer Sprache zugestellt, verlangte der König auch Übersetzer. Man stellte ihm zweiundsiebzig zur Verfügung, je sechs aus den zwölf Stämmen, lauter in beiden Sprachen, der hebräischen und griechischen, sehr beschlagene Männer, deren Übersetzung jetzt allgemein die Septuaginta heißt. Es wird überliefert, die Übereinstimmung in ihrem Wortlaut sei so wunderbar und verblüffend, ja geradezu göttlich gewesen, daß, obwohl die zweiundsiebzig Männer jeder für sich und getrennt voneinander bei der Arbeit saßen – denn auf diese Weise wollte Ptolemäus ihre Zuverlässigkeit erproben –, keiner vom andern auch nur in einem Worte, hätte es auch die gleiche Bedeutung gehabt, ja sogar in der Wortstellung abwich. Als wäre es nur ein Übersetzer gewesen, übersetzten alle ein und dasselbe; denn es war tatsächlich der eine Geist in ihnen allen. Und deshalb ward ihnen solch wunderbare Gottesgabe zuteil, damit auch hierdurch das hohe Ansehen dieser nicht etwa menschlichen, sondern in Wahrheit göttlichen Schriften verbürgt werde. Das sollte den künftig glaubenden Heiden zugute kommen, und so ist es auch geschehen.

43. Auch die Septuaginta trotz vieler Abweichungen vom hebräischen Text inspiriert

Es gibt freilich auch noch andere Übersetzer, die die heiligen Gottesworte aus der hebräischen in die griechische Sprache übertragen haben, wie Aquila, Symmachus, Theodotion, dazu auch jene Übersetzung, deren Verfasser unbekannt ist und die man deswegen ohne Namennennung die fünfte Ausgabe heißt. Doch hat die Kirche die Septuaginta übernommen, als ob sie die einzige wäre, und die griechisch sprechenden Christen bedienen sich ihrer so ausschließlich, daß sie meist gar nicht wissen, daß noch andere Übersetzungen vorhanden sind. Die Septuaginta-Übersetzung hat man dann ins Lateinische übertragen, und das ist die Übersetzung, die bei den lateinischen Kirchen in Gebrauch ist. Doch lebt zu unserer Zeit der Priester Hieronymus, ein höchst gelehrter, in allen drei Sprachen bewanderter Mann, der die Heilige Schrift nicht aus dem Griechischen, sondern dem Hebräischen ins Lateinische übersetzt hat. Aber obwohl die Juden seine wissenschaftlich hochstehende Arbeit für wahrheitsgetreu erklären und behaupten, die Septuaginta habe in vielen Punkten geirrt, so halten doch die Kirchen Christi dafür, daß niemand größeres Ansehen erlangen könne als die vielen, vom damaligen Hohenpriester Eleazar zu diesem großen Werk ausgewählten Männer. Denn auch wenn sich bei ihnen nicht der eine und zweifellos göttliche Geist kundgetan hätte, sondern wenn die siebzig Gelehrten nach Menschenweise den Wortlaut ihrer Übersetzung miteinander verglichen und sich dann über einen endgültigen Text geeinigt hätten, dürfte ihnen kein einzelner Übersetzer vorgezogen werden. Wo nun aber bei ihnen solch ein Zeichen göttlichen Ursprungs sich kundtat, muß unfraglich jeder andere zuverlässige Übersetzer jener Schriften aus der hebräischen in eine beliebige andere Sprache entweder mit den siebzig Dolmetschern übereinstimmen, oder es muß da, wo anscheinend keine Übereinstimmung vorliegt, ein tiefer prophetischer Sinn angenommen werden. Denn derselbe Geist, der in den Propheten wirkte, als sie jene Aussprüche taten, war auch in den siebzig Männern wirksam, die sie übersetzten. Der aber konnte sicherlich mit göttlichem Ansehen auch etwas anderes sagen, und es war dann so, als hätte der Prophet beides gesagt, weil derselbe Geist beides sagte. Auch konnte er dasselbe auf andere Weise sagen, so daß einsichtigen Lesern trotz verschiedener

Worte der gleiche Sinn einleuchten muß, konnte auch wohl einiges auslassen und einiges hinzufügen, um dadurch zu zeigen, daß dies nicht ein Werk menschlichen Knechtsdienstes war, wie ihn sonst ein Übersetzer seiner Vorlage schuldet, sondern ein Werk göttlicher Vollmacht, die den Geist des Übersetzers durchdrang und leitete. Einige Männer meinten nun, die griechischen Handschriften der Septuaginta nach den hebräischen Handschriften verbessern zu sollen, doch wagten sie nicht zu streichen, was in den hebräischen Handschriften fehlt, aber bei den Siebzig sich findet, sondern fügten nur hinzu, was in den hebräischen steht, aber in der Septuaginta fehlt. Das deuteten sie durch gewisse Zeichen in Form von Sternchen am Anfang der betreffenden Verse an, die sie Asterisci nannten. Was dagegen nicht in den hebräischen Handschriften, wohl aber in der Septuaginta sich findet, bezeichneten sie in ähnlicher Weise durch liegende Stäbchen, so wie man die Bruchstriche schreibt. Viele Handschriften mit solchen Zeichen findet man weitverbreitet, auch lateinische. Handelt es sich dagegen nicht um Auslassungen und Hinzufügungen, sondern um Abweichungen im Wortlaut, sei es solche, die einen anderen, jedoch unanstößigen Sinn ergeben, sei es solche, die mit anderem Ausdruck sachlich dasselbe sagen, so kann man das nur durch Einsichtnahme der beiderseitigen Handschriften feststellen. Erblicken wir also, wie sich's gehört, in jenen Schriften nichts anderes, als was der Geist Gottes durch Menschen geredet hat, so wollte dieser Geist das, was sich wohl in den hebräischen Handschriften, nicht aber bei den siebzig Dolmetschern findet, uns eben nicht durch diese, sondern jene Propheten sagen. Was aber bei den Siebzig steht, dagegen nicht in den hebräischen Handschriften, wollte uns derselbe Geist lieber durch diese als durch jene sagen und dadurch zeigen, daß sie beide Propheten waren. Denn ebenso sagte er verschiedenerlei durch Jesaja, Jeremia und noch manche andere Propheten oder auch dasselbe auf verschiedene Weise bald durch diesen, bald durch jenen, wie es ihm beliebte. Was also bei beiden sich findet, wollte uns ein und derselbe Geist durch beide sagen, aber so, daß jene mit prophetischer Rede vorangingen, diese in prophetischer Übersetzung nachfolgten. Denn wie in jenen, als sie Wahres und Einhelliges redeten, der eine Geist des Friedens wirksam war, so tat sich auch in diesen, die sich nicht miteinander verständigten und dennoch, als sprächen sie aus einem Munde, alles in gleicher Weise übersetzten, derselbe eine Geist kund.

44. Die Abweichungen beeinträchtigen nicht den Sinn und sind selbst sinnvoll

Aber nun sagt jemand: Wie soll ich wissen, was der Prophet Jona den Niniviten angekündigt hat, «drei Tage noch und Ninive wird zerstört werden», oder «vierzig Tage noch»? Wer sieht nicht, daß der Prophet unmöglich damals beides gesagt haben kann, als er den Auftrag hatte, die Stadt durch die Drohung bevorstehenden Gerichts zu schrecken? War ihr der Untergang am dritten Tage angesagt, dann gewiß nicht am vierzigsten, wenn aber am vierzigsten, dann nicht am dritten. Wenn man mich also fragt, was von beidem Jona gesagt habe, möchte ich mich am liebsten für den hebräischen Text entscheiden, in dem es heißt: «Noch vierzig Tage, und Ninive wird zerstört werden.» Aber die viel späteren siebzig Übersetzer konnten wohl etwas anderes sagen, das doch auch zur Sache gehörte und trotz Abweichung in der Darstellung auf denselben Sinn hinauslief und den Leser mahnte, sich ohne Verachtung der beiderseitigen Autorität von der Geschichte zu dem aufzuschwingen, auf das die Geschichte selber hinweisen soll. Denn das Berichtete hat sich zwar in der Stadt Ninive zugetragen, aber es hat auch etwas zu bedeuten, was uns weit über diese Stadt hinausführt. So war ja der Prophet selbst tatsächlich drei Tage im Bauche des Ungeheuers und bildete damit doch auch einen anderen ab, der drei Tage in der Tiefe der Unterwelt sein sollte, nämlich den, der Herr ist aller Propheten. Erblickt man also in jener Stadt das prophetische Abbild der Heidenkirche und in ihrer Zerstörung die Buße, durch die sie ganz umgewandelt ward, so muß man sich klarmachen, daß Christus es war, der dies an der Heidenkirche, deren Abbild jenes Ninive darstellt, vollbrachte, und daß sowohl die vierzig wie die drei Tage auf ihn hindeuten, die vierzig, weil er so viele Tage nach der Auferstehung bis zur Himmelfahrt bei seinen Jüngern verweilte, die drei aber, weil er am dritten Tage auferstand. Es ist als wollten die siebzig Dolmetscher, die selbst Propheten waren, einen Leser, der am geschichtlichen Sinn der Darstellung klebt, aus dem Schlaf zur Betrachtung der Tiefe der Weissagung aufwecken und ihm gewissermaßen zurufen: Suche in den vierzig Tagen den, bei welchem du auch die drei Tage finden kannst. Das eine findest du bei seiner Himmelfahrt, das andere bei seiner Auferstehung. So erkennen wir in beiden Zahlen einen treffenden Hinweis auf Christus, und ein und derselbe Geist Gottes ist es, der durch den Propheten Jona die eine, durch die siebzig Dolmetscher die andere mitteilen ließ. Ich scheue mich, weitläufig zu werden, und will darum nicht noch viele weitere Beweise dafür anführen, daß, wo die siebzig Übersetzer von der Wahrheit des hebräischen Textes abzuweichen scheinen, sich bei rechtem Verständnis Einhelligkeit ergibt. So will ich denn mit meinen bescheidenen Kräften den Spuren der Apostel folgen, die ebenfalls aus beiden Quellen, dem hebräischen Text und der Septuaginta, prophetische Zeugnisse angeführt haben, und mich an beide Autoritäten halten, da sie beide in gleicher Weise göttlich sind. Doch nun weiter zu dem, was noch zu erledigen ist.

45. Überblick über die Geschichte des jüdischen Volkes von der Heimkehr aus Babel bis zur Ankunft Christi

Seitdem das jüdische Volk keine Propheten mehr hatte, verschlechterte sich unverkennbar seine Lage, und das zu einer Zeit, da es nach Beendigung der Babylonischen Gefangenschaft und Wiederherstellung des Tempels hoffte, es werde nun besser werden. Denn das fleischlich gesinnte Volk mißverstand die Vorhersage des Propheten Haggai: «Die Herrlichkeit dieses letzten Hauses soll größer sein als die des ersten», einen Hinweis, der doch nur vom Neuen Bunde gilt, wie der Prophet selber kurz vorher zu erkennen gibt, wo er in klarer Ankündigung Christi weissagt: «Ich werde alle Völker erregen, und dann wird kommen der von allen Völkern Ersehnte.» An dieser Stelle haben übrigens die siebzig Übersetzer mit prophetischer Autorität einem anderen Gedanken, der mehr für den Leib als das Haupt, das ist mehr für die Kirche als für Christus paßt, Ausdruck gegeben und geschrieben: «Kommen wird, was auserwählt ward vom Herrn aus allen Völkern», nämlich die Menschen, von denen Jesus im Evangelium spricht: «Viele sind berufen, aber wenige sind auserwählt.» Denn aus solchen Auserwählten der Heidenschaft als lebendigen Steinen erbaut sich im Neuen Bunde das Haus Gottes, weit herrlicher als jener Tempel, den einst der König Salomo baute, und der nach der Gefangenschaft wiederhergestellt wurde. Also deswegen hatte jenes Volk seitdem keine Propheten mehr, deswegen mußte es so viele Niederlagen durch fremde Könige und zuletzt durch die Römer erleiden, daß es sich nicht einbilde, die Weissagung des Haggai sei durch die damalige Wiederherstellung des Tempels erfüllt worden.

Denn bald darauf kam Alexander und wurde es unterjocht. Zwar gab es jetzt keine neue Zerstörung, da ihm die Juden nicht Widerstand zu leisten wagten, sondern sich ohne weiteres ergaben und darum seine Gnade fanden, doch war die Herrlichkeit jenes Hauses keineswegs so groß wie einst unter der freien Herrschaft eigener Könige. Übrigens brachte Alexander im Tempel Gottes Opfer dar, aber nicht als hätte er sich in wahrer Frömmigkeit zum Dienste Gottes bekehrt, sondern weil er in gottlosem Wahn auch ihn neben seinen falschen Göttern glaubte verehren zu sollen. Sodann nach Alexanders Tode überführte, wie vorhin erwähnt, Ptolemäus, Sohn des Lagus, Gefangene von da nach Ägypten, die jedoch von seinem Nachfolger Ptolemäus Philadelphus gütigst wieder entlassen wurden. Er ist es auch, dem wir, wie ich vorhin bemerkte, die Schrift der siebzig Dolmetscher zu verdanken haben. Darauf wurden sie schwer heimgesucht durch die Kriege, welche in den Makkabäerbüchern geschildert sind. Es folgte ihre Unterwerfung durch Ptolemäus, genannt Epiphanes, den König Alexandriens, und dann wurden sie von Antiochus, dem König Syriens, unter vielfältigem härtestem Druck zur Verehrung von Götzenbildern gezwungen und der Tempel selber mit gotteslästerlichen Heidengreueln angefüllt. Doch ihr heldenhafter Anführer Judas, genannt der Makkabäer, vertrieb die Feldherren des Antiochus und reinigte den Tempel wieder von aller Befleckung durch Götzendienst.

Nicht viel später geschah es, daß Alcimus durch ehrgeizige Umtriebe das Hohepriesteramt erlangte. Es war ein Frevel, weil er nicht aus priesterlichem Geschlechte stammte. Fast fünfzig Jahre danach, während welcher niemals Friede herrschte, wenn auch einige Erfolge zu verzeichnen waren, griff Aristobul nach der Krone und ward als erster König und Hoherpriester der Juden zugleich. Denn vorher, seit ihrer Rückkehr aus der Babylonischen Gefangenschaft und der Wiederherstellung des Tempels, hatten sie keine Könige, sondern nur Anführer oder Oberbefehlshaber gehabt. Zwar kann man einen

König auch Oberbefehlshaber nennen, weil er den Oberbefehl hat, und Anführer, weil er das Heer führt, aber nicht umgekehrt Befehlshaber und Anführer auch Könige, wie dieser Aristobul einer war. Ihm folgte Alexander, ebenfalls König und Hoherpriester zugleich, der nach der Überlieferung ein grausames Regiment führte. Nach ihm wurde seine Gemahlin Alexandra Königin der Juden, und seit deren Zeit brachen über sie wieder schwerere Leiden herein. Denn die Söhne dieser Alexandra, Aristobul und Hyrkan, stritten um die Herrschaft und riefen wider das israelitische Volk die römische Streitmacht herbei. Denn Hyrkan bat die Römer um Hilfe gegen seinen Bruder. Damals hatte Rom schon Afrika unterjocht, desgleichen Griechenland, gebot auch sonst weit und breit über andere Teile des Erdkreises, konnte sich aber gewissermaßen selbst nicht mehr ertragen und war, so kann man sagen, unter dem Gewicht seiner eigenen Größe zerbrochen. Denn es war zu schweren inneren Aufständen gekommen, sodann zu den Bundesgenossenkriegen, bald auch den Bürgerkriegen, und so sehr hatte sich das Reich dadurch selbst geschwächt und zerrieben, daß ihm nunmehr eine Änderung der Staatsform durch Aufrichtung der Königsherrschaft bevorstand. Pompejus also, der berühmte römische Feldherr, drang mit einem Heere in Judäa ein, eroberte die Hauptstadt, öffnete den Tempel nicht mit der Andacht des Beters, sondern dem Recht des Siegers und betrat das Allerheiligste, in das nur der oberste Priester eingehen durfte, nicht als Verehrer, sondern Entehrer. Sodann bestätigte er Hyrkan als Hohenpriester, bestellte dem unterworfenen Volke in Antipater einen Aufseher – solche nannte man damals Landpfleger – und führte Aristobul gefesselt mit sich von dannen. Seitdem waren die Juden den Römern auch tributpflichtig. Später hat Cassius den Tempel sogar geplündert. Sodann, noch einige Jahre später, mußten sich die Juden auch einen fremdblütigen König, den Herodes, gefallen lassen, unter dessen Herrschaft Christus geboren wurde. Denn nun war die Fülle der Zeit herbeigekommen, auf die der prophetische Geist durch den Mund des Patriarchen Jakob mit den Worten hingewiesen hatte: «Es wird nicht mangeln an einem Fürsten aus Juda noch an einem Gebieter aus seinen Lenden, bis der kommt, dem es vorbehalten ist; der ist's, auf den die Heiden hoffen.» Es fehlte nämlich den Juden nie an einem Fürsten bis auf diesen Herodes, den ersten ausländischen König. Jetzt also war es Zeit, daß der kommen sollte, dem es vorbehalten war, was die dem Neuen Bunde geltende Verheißung besagte, daß auf ihn die Heiden hoffen sollten. Doch hätten sie ihn nicht erhoffen können, wie sie es jetzt tun, nämlich so, daß er in Macht und Herrlichkeit kommen wird, Gericht zu halten, wenn sie nicht zuvor an ihn geglaubt hätten, als er demütig und geduldig kam, Gericht über sich ergehen zu lassen.

46. Die Juden in alle Welt zerstreut, um durch ihr prophetisches Schrifttum von Christus zu zeugen

Als nun Herodes in Judäa König, bei den Römern aber nach erfolgter Änderung der Staatsform Augustus Kaiser und durch ihn der Erdkreis befriedet war, wurde Christus geboren, und zwar gemäß der voraufgegangenen Weissagung in dem jüdischen Bethlehem, offenbarer Mensch aus der menschlichen Jungfrau und geheimer Gott aus Gott, dem Vater. Denn so hatte es der Prophet vorhergesagt: «Siehe, eine Jungfrau wird schwanger sein und einen Sohn gebären, und man wird seinen Namen nennen Immanuel, das ist verdolmetscht: Gott mit uns.» Christus tat viele Wunder, um damit auf den Gott, der in ihm war, hinzudeuten. Von ihnen wurde eine Anzahl, soweit es der Botschaft von ihm dienlich war, in den Evangelien aufgezeichnet. Deren erstes ist, daß er so wunderbar geboren ward, das letzte aber, daß er in seinem von den Toten erweckten Leibe gen Himmel fuhr. Die Juden aber, die ihn töteten und nicht an ihn glauben wollten, daß er sterben und auferstehen mußte, wurden von den Römern noch schlimmer heimgesucht und mit Stumpf und Stiel aus dem Heimatlande, wo sie bereits unter Fremdherrschaft lebten, ausgerottet und über alle Länder zerstreut – fehlen sie doch nirgendwo – und müssen uns nun durch ihre Schriften das Zeugnis liefern, daß wir die Weissagungen von Christus nicht erdichtet haben. Im Hinblick auf diese haben viele von ihnen teils schon vor seinem Leiden, zumeist aber nach seiner Auferstehung an ihn geglaubt, und ihnen gilt die Vorhersage: «Wäre auch die Zahl der Kinder Israel wie der Sand am Meer, wird doch nur ein Rest gerettet werden.» Die übrigen aber wurden verblendet, und ihnen gilt die andere Vorhersage: «Ihr Tisch werde ihnen zur Falle und zur Vergeltung und zum Anstoß. Ihre Augen sollen finster werden, daß sie nicht sehen, und ihren Rücken krümme für immer.» Da sie also unsern Schriften nicht glauben wollen, gehen ihre eigenen, die sie in Blindheit lesen, an ihnen in Erfüllung. Es könnte ja vielleicht jemand sagen, jene Weissagungen von Christus, die unter dem Namen der Sibylle oder etwa auch anderer gehen, die nichts mit den Juden zu tun haben, seien von den Christen erdichtet. Uns aber genügen die, welche den Schrifttexten unserer Gegner zu entnehmen sind, und wir begreifen, daß sie um eben dieses Zeugnisses willen, das sie uns wider Willen dadurch abgeben müssen, daß sie diese Schriften besitzen und bewahren, über alle Völker zerstreut sind, soweit sich die Kirche Christi auch ausbreitet. Ist doch in den Psalmen, die sie wie wir lesen, auch dies schon vorhergesagt, denn da heißt es: «Gottes Erbarmen wird mir zuvorkommen. Er erwies es mir in meinen Feinden. Töte sie nicht, daß sie nicht dereinst dein Gesetz vergessen; zerstreue sie durch deine Kraft.» Gott hat also der Kirche in den Juden, ihren Feinden, die Gnade seines Erbarmens erwiesen, wie der Apostel spricht:

«Ihr Vergehen ist das Heil der Heiden.» Darum tötete er sie nicht, das ist löschte ihre jüdische Sonderart nicht aus, so sehr sie auch von den Römern geschlagen und unterdrückt wurden, damit sie nicht das Gesetz Gottes vergäßen und dann außerstande wären, jenes Zeugnis abzugeben, von dem hier die Rede ist. Darum wäre es zu wenig gewesen zu sagen: «Töte sie nicht, damit sie nicht dereinst dein Gesetz vergessen», wäre nicht auch beigefügt: «Zerstreue sie.» Denn wenn sie mit diesem Schriftzeugnis nur in ihrem eigenen Lande und nicht überall zur Stelle wären, hätte sie die Kirche, die überall ist, nicht unter allen Völkern als Zeugen der vorausgesandten Verheißungen von Christus zur Hand.

47. *Auch außerhalb Israels gab es in der vorchristlichen Zeit einzelne Bürger des Gottesstaates*

Wenn man daher liest, irgendein fremder, also nicht aus Israel hervorgegangener, auch nicht von jenem Volk in den Kanon heiliger Schriften aufgenommener Mann habe von Christus geweissagt, so kann das, wenn es zu unserer Kenntnis gelangt oder gelangen wird, nur zum Überfluß von uns beigefügt werden. Es geschieht nicht, als wäre es notwendig – es könnte vielmehr auch fehlen –, sondern weil man Grund hat zu glauben, es habe auch in anderen Völkern Menschen gegeben, denen dies Geheimnis offenbart wurde und die den Antrieb empfingen, davon zu prophezeien, mochten sie nun der Gnade teilhaftig oder nicht teilhaftig und von bösen Engeln unterrichtet sein, die ja auch, wie wir wissen, Christus bekannten, als ihn die Juden bei seinem Auftreten noch nicht erkannten. Ich glaube, selbst die Juden würden nicht wagen zu behaupten, niemand außer den Israeliten habe jemals Gott angehört, seit es eine Nachkommenschaft Israels nach Verwerfung des älteren Bruders gab. Gewiß gab es kein anderes Volk, das in besonderem Sinne Gottes Volk hätte genannt werden können, außer dem einen, doch können sie nicht bestreiten, daß auch in anderen Völkern einzelne Menschen lebten, die nicht in irdischer, sondern himmlischer Verbundenheit zu den wahren Israeliten, den Bürgern des Vaterlandes droben, gehörten. Sollten sie es doch leugnen, könnte man sie leicht überführen durch Hinweis auf Hiob, jenen heiligen und bewundernswerten Mann, der weder ein Glied des Volkes noch ein Proselyt, das heißt ein zum Volke Israel durch Übertritt Hinzugekommener war, sondern aus dem Volk der Idumäer stammte, wo er geboren ward und auch starb. Denn er empfängt aus Gottes Mund solch hohes Lob, daß ihm, was Gerechtigkeit und Frömmigkeit anlangt, kein Mensch damaliger Zeit an die Seite zu stellen ist. Zu welcher Zeit er lebte, erfahren wir zwar nicht aus Chroniken, doch können wir aus seinem Buche, das die Israeliten verdientermaßen in den Kanon aufgenommen haben, ersehen, daß er ein Mann der dritten Generation nach Israel war. Unzweifelhaft hat Gottes Vorsehung das so gefügt, damit wir an diesem einen Mann ersehen sollten, es habe auch in anderen Völkern Leute geben können, die göttlich und Gott wohlgefällig lebten und zum geistlichen Jerusalem gehörten. Doch das wurde, so muß man glauben, nur solchen zuteil, denen von Gott der eine Mittler zwischen Gott und den Menschen, der Mensch Christus Jesus, offenbart ward, dessen spätere Ankunft im Fleisch den Heiligen des Altertums ebenso vorher verkündigt wurde, wie uns seine nunmehr erfolgte Ankunft verkündigt ist, so daß es ein und derselbe durch ihn geweckte Glaube ist, der alle zum Gottesstaat, Gotteshaus und Gottestempel Vorherbestimmten zu Gott hinführt. Doch was man an Weissagungen von anderen über Gottes durch Jesus Christus verliehene Gnade vorbringt, kann man freilich für christliche Erdichtung halten. Daher ist es das sicherste Mittel, wenn man Außenstehende, die den christlichen Glauben bestreiten, überführen und auf unsere Seite herüberziehen will, falls sie nur vernünftig sind, als göttliche Weissagungen von Christus nur solche anzuführen, die in den Handschriften der Juden stehen. Denn erst nach ihrer Vertreibung aus dem Heimatlande und ihrer Zerstreuung über den ganzen Erdkreis, die um dieses Zeugnisses willen erfolgen mußte, ist die Kirche allenthalben emporgewachsen.

48. *Von der Herrlichkeit des ersten und zweiten Tempels*

Dies Gotteshaus besitzt größere Herrlichkeit als jenes erste, das aus Holz und Steinen und sonstigen kostbaren Stoffen und Metallen erbaut war. So wurde demnach die Weissagung Haggais nicht durch die Wiederherstellung jenes Tempels erfüllt. Denn seit er wiederhergestellt ward, besaß er, wie feststeht, nie wieder solche Herrlichkeit wie zu Salomos Zeiten; vielmehr ergibt sich, daß die Herrlichkeit jenes Hauses zunächst durch das Aufhören der Prophetie vermindert wurde, sodann durch die schweren Niederlagen des Volkes bis zur letzten Katastrophe, die die Römer herbeiführten, wie das vorhin von uns Angeführte bezeugt. Dagegen dies unser zum Neuen Bunde gehöriges Haus besitzt um so größere Herrlichkeit, je edler die lebendigen Steine, die Gläubigen und Wiedergeborenen, sind, aus denen es aufgebaut ist. Aber insofern wird es durch die Wiederaufrichtung jenes Tempels sinnbildlich dargestellt, als die Erneuerung des Gebäudes selber in prophetischer Sprache auf einen anderen Bund hinweist, den man den Neuen nennt. Wenn also Gott durch den erwähnten Propheten verkündet: «Ich will Frieden geben an diesem Orte», so hat man bei der als Sinnbild dienenden Stätte an die zu denken, die durch sie sinnbildlich dargestellt wird. Da es nun die Kirche ist, die durch jene wiederhergestellte Stätte abgebildet wird, die Kirche, die durch Christus erbaut werden sollte, muß man das

Wort: «Ich will Frieden geben an diesem Orte» so verstehen, daß es besagt: Ich will Frieden geben an dem Orte, dessen Sinnbild diese Stätte hier ist. Denn alles Sinnbildliche tritt, so kann man sagen, für das sinnbildlich Dargestellte ein. So spricht etwa der Apostel: «Der Fels war Christus», weil der Fels, von dem er das sagt, ein Sinnbild Christi ist. Größer also ist die Herrlichkeit dieses Hauses des Neuen Bundes als die des Hauses des früheren Alten Bundes, und noch größer wird sie sein, wenn es eingeweiht werden wird. Denn dann «wird kommen der von allen Völkern Ersehnte», wie man im hebräischen Texte liest. Seine erste Ankunft war ja noch nicht von allen Völkern ersehnt. Denn sie wußten nicht, nach wem sie sich sehnen sollten, da sie noch nicht an ihn glaubten. Dann wird auch, wie die siebzig Dolmetscher übersetzten – auch so ergibt sich ein prophetischer Sinn – «kommen, was auserwählt ward vom Herrn aus allen Völkern.» Denn dann wird in Wahrheit nur kommen, was auserwählt ist, wovon der Apostel sagt: «Wie er uns auserwählt hat in ihm, ehe der Welt Grund gelegt war.» Denn der Baumeister selbst, der gesagt hat: «Viele sind berufen, aber wenige sind auserwählt», wird an den Tag bringen, daß das Haus nicht aus solchen erbaut ist, die berufen wurden und kamen, aber nur um vom Gastmahl fortgewiesen zu werden, sondern aus lauter Auserwählten. Dieses Haus aber braucht keinen Einsturz mehr zu fürchten. Jetzt aber, wo auch solche die Kirchen füllen, die später einmal sozusagen durch Worfeln auf der Tenne ausgeschieden werden, erscheint die Herrlichkeit dieses Hauses noch nicht so groß, wie sie erscheinen wird, wenn jeder, der drinnen ist, immer dort bleiben wird.

49. Die Kirche während dieser Weltzeit, begründet durch das Wirken Jesu Christi

In dieser argen Welt also, in diesen bösen Tagen, in denen sich die Kirche durch gegenwärtige Niedrigkeit zukünftige Hoheit erwirbt und durch Stacheln der Ängste, Qualen der Schmerzen, Beschwerden der Anstrengungen und Gefahren der Versuchungen erzogen wird und nur in Hoffnung froh ist, wenn ihre Freude vernünftig ist, sind viele Verworfene den Guten beigemischt. Beide sammeln sich sozusagen in dem Netz, von dem man im Evangelium liest, und schwimmen, von seinen Maschen eingeschlossen, unterschiedslos gleichsam im Meere dieser Welt, bis das Ufer erreicht ist, wo die Bösen von den Guten abgesondert werden und Gott in den Guten wie in seinem Tempel alles sein wird in allen. So sehen wir denn, wie heute das Wort dessen in Erfüllung geht, der im Psalm also sprach: «Ich habe verkündet und geredet, und es sind ihrer so viele geworden, daß man sie nicht zählen kann.» Das geschieht jetzt, seit er zuerst durch den Mund seines Vorläufers Johannes, dann mit eigenem Munde verkündete und sprach: «Tut Buße, denn das Himmelreich ist nahe herbeigekommen.» Er wählte sich Jünger aus, die er auch Apostel nannte, niedrig geboren, ungelehrt und ungeehrt, um das Große, das sie sein und wirken sollten, selbst in ihnen zu sein und zu wirken. Einer von ihnen war böse, aber er bediente sich seiner zum Guten, um das Vorhaben seines Leidens zur Ausführung zu bringen und seiner Kirche ein Vorbild zu geben, wie man die Bösen ertragen soll. Nachdem er den Samen des heiligen Evangeliums ausgestreut, soweit das während seiner leiblichen Gegenwart geschehen sollte, litt er, starb und stand von den Toten auf. Durch sein Leiden zeigte er, was wir für die Wahrheit erdulden, durch seine Auferstehung, was wir von der Ewigkeit erhoffen sollen, abgesehen von dem erhabenen Geheimnis, daß sein Blut vergossen ward zur Vergebung der Sünden. Er weilte noch vierzig Tage bei seinen Jüngern auf Erden, fuhr dann vor ihren Augen zum Himmel und sandte ihnen nach zehn Tagen den verheißenen Heiligen Geist. Das größte und wichtigste Wahrzeichen seiner Herabkunft auf die, welche geglaubt hatten, aber war, daß jeder von ihnen in den Sprachen aller Völker redete. Dadurch war angezeigt, daß die katholische Kirche in allen Völkern eine Einheit sein und also in allen Sprachen reden werde.

50. Ausbreitung des Evangeliums trotz aller Verfolgungen

Sodann bewahrheitete sich das Prophetenwort: «Von Zion wird das Gesetz ausgehen und des Herrn Wort von Jerusalem», desgleichen die Vorhersage des Herrn Christus selbst, die er machte, als er nach der Auferstehung seinen staunenden Jüngern den Sinn der Schrift öffnete und zu ihnen sprach: «Also ist's geschrieben, und also mußte Christus leiden und auferstehen von den Toten am dritten Tage und predigen lassen in seinem Namen Buße und Vergebung der Sünden unter allen Völkern und anheben zu Jerusalem», ferner auch das, was er ihnen auf ihre Frage nach seinem letzten Kommen zur Antwort gab: «Es gebührt euch nicht zu wissen die Zeit, welche der Vater seiner Macht vorbehalten hat, sondern ihr werdet die Kraft des Heiligen Geistes empfangen, welcher auf euch kommen wird, und werdet meine Zeugen sein in Jerusalem und in ganz Judäa und Samarien und bis an das Ende der Erde.» So breitete sich die Kirche zunächst von Jerusalem aus, und nachdem in Judäa und Samarien sehr viele zum Glauben gekommen waren, wandte man sich auch an andere Völker, denen die Männer das Evangelium verkündigten, die der Herr selbst als Leuchten durch sein Wort zubereitet und durch den Heiligen Geist entzündet hatte. Denn er hatte ihnen gesagt: «Fürchtet euch nicht vor denen, die den Leib töten, die Seele aber nicht töten können.» Daß sie nicht aus Furcht erkalteten, verhütete das Feuer der Liebe. Weiterhin wurde nicht nur von ihnen selbst, die den Herrn vor seinem Leiden und nach seiner Auferstehung gesehen und gehört hatten, sondern auch nach ihrem Hingang von ihren Nachfolgern unter schrecklichen Verfolgungen und mancherlei Qualen und Hinrichtungen, wie die Märtyrer sie erdulden mußten, das Evangelium dem ganzen Erdkreis verkündigt, und Gott bestätigte es durch Zeichen und Wunder und mancherlei Kräfte und Gaben des Heiligen Geistes. Schließlich kam es dahin, daß die heidnischen Völker im Glauben an den, der um ihrer Erlösung willen gekreuzigt ward, und in christlicher Liebe das Blut der Märtyrer verehrten, das sie in teuflicher Wut vergossen hatten, und daß selbst Könige, deren Gesetze die Kirche einst unterdrückt hatten, nun zu ihrem Heil dem Namen sich beugten, den sie zuvor grausam von der Erde hatten austilgen wollen, und anfingen, die falschen Götter zu verfolgen, um derentwillen sie früher die Verehrer des wahren Gottes verfolgt hatten.

51. *Die Heimsuchung der Kirche Christi durch Ketzer und Bösewichter*

Als nun der Teufel sah, daß die Dämonentempel leer standen und das Menschengeschlecht dem Namen des rettenden Mittlers zueilte, brachte er die Häretiker auf den Plan, die unter dem Deckmantel des christlichen Namens der christlichen Lehre widersprachen; als ob man solche Leute unterschiedslos und ohne Zurechtweisung im Gottesstaate dulden könnte, wie der Staat der babylonischen Verwirrung sich unterschiedslos Philosophen verschiedener und entgegengesetzter Richtungen gefallen ließ. Die also in der Kirche Christi ungesunden und verkehrten Ansichten huldigen und der Zurechtweisung, die sie zum Gesunden und Richtigen zurückführen möchte, hartnäckig widerstreben und ihre verpestenden, todbringenden Lehren nicht aufgeben wollen, sondern unentwegt verteidigen, werden zu Ketzern, verlassen damit die Kirche und werden zu den Feinden gerechnet, die um ihrer Übung willen nötig sind. Denn auch so bringen sie durch ihre Bosheit den wahren, katholischen Gliedern Christi Nutzen, da Gott sich der Bösen zum Guten bedient und «denen, die ihn lieben, alles zum Besten dienen muß». Denn alle Feinde der Kirche, welcher Irrtum sie auch verblenden, welche Schlechtigkeit sie auch verderben mag – erlangen sie die Macht, ihr äußeren Schaden zu tun, so üben sie ihre Geduld; widersetzen sie sich ihr bloß mit falschen Lehrmeinungen, üben sie ihre Weisheit; daß man sie aber auch als Feinde liebe, üben sie ihr Wohlwollen oder auch ihre Wohltätigkeit, mag man nun mit sanfter Belehrung oder scharfer Zucht gegen sie vorgehen. Demnach wird dem Teufel, dem Fürsten des gottlosen Staates, der gegen den in dieser Welt pilgernden Gottesstaat seine eigenen Gefäße mobil macht, nicht verstattet, ihm zu schaden. Diesem wird vielmehr durch Gottes Vorsehung sowohl Trost durch Glücksfälle gewährt, daß er im Unglück nicht erliege, als auch Übung durch schweres Geschick, daß ihn das Glück nicht verderbe. So wird das eine durch das andere heilsam eingeschränkt, und wir begreifen, daß aus dieser Erfahrung das Psalmwort geschöpft ist: «So zahlreich wie die Kümmernisse meines Herzens waren, haben auch deine Tröstungen meine Seele erquickt.» Hierher gehört auch das Apostelwort: «Fröhlich in Hoffnung, geduldig in Trübsal.»

Denn auch das, was derselbe Lehrer sagt: «Alle, die gottselig leben wollen in Christus, müssen Verfolgung leiden», darf zu keiner Zeit fehlen. Denn wenn auch die Draußenstehenden nicht mehr wüten und Ruhe eingekehrt zu sein scheint, wie es zur Zeit der Fall ist – gewiß ein großer Trost, zumal für Schwache –, sind doch drinnen viele, die die Herzen der Frommen durch ihren gottlosen Lebenswandel martern. Denn durch sie wird der christliche und katholische Name gelästert, und je teurer er denen ist, die in Christus fromm leben möchten, um so mehr leiden sie darunter, daß er infolge der drinnen sich breitmachenden Bösewichter weniger geliebt wird, als ihr frommer Sinn es wünscht. Auch die Ketzer verursachen dem Herzen der Frommen großen Kummer, denn man muß daran denken, daß auch sie den christlichen Namen, die christlichen Sakramente sowie die gleichen Schriften und das gleiche Bekenntnis zu Christus haben. Denn viele, die Christen sein möchten, werden durch ihre abweichenden Lehren zum Zögern veranlaßt, und viele schmähsüchtige Menschen finden hier Stoff, den christlichen Namen zu lästern, weil man doch auch die Ketzer Christen heißt. Durch solche und ähnliche üble Sitten und Irrlehren erleiden die, welche in Christus ein frommes Leben führen möchten, auch dann Verfolgung, wenn niemand ihren Leib antastet und quält. Denn nicht ihr Leib leidet unter dieser Verfolgung, sondern ihre Seele. Daher also jenes Wort: «So zahlreich wie die Kümmernisse meines Herzens waren.» Denn nicht vom Leibe ist hier die Rede. Doch weil man nun auch der unwandelbaren göttlichen Verheißungen gedenkt und daran, daß der Apostel sagt: «Es kennt der Herr die Seinen» – denn keiner von denen, «die er vorhergesehen und vorherbestimmt hat, daß sie dem Ebenbild seines Sohnes gleich sein sollten», kann verlorengehen –, heißt es weiter im Psalm: «Ebenso zahlreich haben auch deine Tröstungen meine Seele erquickt.» Ja, der Schmerz selber in den Herzen der Frommen, die durch die schlimmen Sitten der bösen und falschen Christen gepeinigt werden, ist denen, die darunter leiden, heilsam, denn er entspringt der Liebe, die nicht will, daß sie verlorengehen und dem Heil der andern hinderlich sind. Endlich ist es auch ein großer Trost, wenn sie sich zurechtweisen lassen; denn dann durchströmt die Seele der

Frommen ein Glücksgefühl, das nicht geringer ist als die vormaligen Schmerzen über ihr Verlorengehen. So wandert die Kirche auf ihrer Pilgerreise in dieser Weltzeit, in diesen bösen Tagen, nicht erst seit der Zeit des leiblichen Auftretens Christi und seiner Apostel, sondern seit den Tagen Abels, des ersten Gerechten, den sein gottloser Bruder umbrachte, und dann immerfort bis zum Ende dieser Weltzeit, zwischen Verfolgungen der Welt und Tröstungen Gottes dahin.

52. Die Berechnung einer Zehnzahl von Verfolgungen ist sehr anfechtbar

Demnach darf man, meine ich, nicht dreist behaupten oder sich einreden, was einige angenommen haben oder noch annehmen, die Kirche werde nun bis zur Zeit des Antichrists keine Verfolgungen mehr erdulden, als sie bereits erduldete, nämlich zehn, so daß also die Verfolgung durch den Antichrist die elfte und letzte wäre. Denn als erste zählt man die unter Nero, als zweite die unter Domitian, als dritte die unter Trajan, als vierte die unter Antonin, als fünfte die unter Severus, als sechste die unter Maximin, als siebte die unter Decius, als achte die unter Valerian, als neunte die unter Aurelian, als zehnte die unter Diokletian und Maximian. Man erinnert nämlich daran, daß es ebenfalls zehn Plagen waren, die über die Ägypter verhängt wurden, ehe das Gottesvolk seinen Auszug antrat, und vervollständigt die Deutung durch die Behauptung, die letzte Verfolgung durch den Antichrist gleiche der elften Plage, die den Ägyptern, als sie den Hebräern feindlich nachsetzten, im Roten Meer, das die Israeliten trocken durchzogen, den Untergang brachte. Doch glaube ich nicht, daß die ägyptischen Ereignisse prophetische Sinnbilder der Christenverfolgungen sind. Wenn auch die Vertreter dieser Meinung den Vergleich scharfsinnig und geistreich Punkt für Punkt durchgeführt haben, so ist hier doch wohl nicht prophetischer Geist, sondern menschliche Kombinationsgabe am Werke, die ja bisweilen das Wahre trifft, aber sich bisweilen auch täuscht.

Denn was sagen diese Leute zu der Verfolgung, die unsern Herrn selber ans Kreuz brachte? Wie wollen sie sie in der Zehnzahl unterbringen? Doch vielleicht werden sie diese nicht mitrechnen, als ob nur die aufzuzählen wären, die gegen den Leib sich richteten, dagegen nicht, die das Haupt selber angriffen und töteten. Aber was fangen sie dann mit der an, die nach Christi Himmelfahrt in Jerusalem ausbrach, bei der der selige Stephanus gesteinigt, Jakobus, des Johannes Bruder, mit dem Schwert hingerichtet und der Apostel Petrus, um getötet zu werden, eingekerkert, aber durch den Engel befreit wurde, bei der ferner die Brüder aus Jerusalem vertrieben und zerstreut wurden, bei der Saulus, der spätere Apostel Paulus, die Kirche verwüstete und bei der er auch selber, als er den erst verfolgten Glauben verkündete, die gleichen Leiden, die er andern zugefügt, erdulden mußte, während er überall, bald in Judäa, bald unter anderen Völkern mit Feuereifer predigte? Warum wollen sie erst mit Nero den Anfang machen? Ist doch die wachsende Kirche nur unter den heftigsten Verfolgungen, die mit allen Einzelheiten zu schildern hier zu weit führen würde, zu Neros Zeiten gelangt. Meinen sie nur die von Königen veranstalteten Verfolgungen aufzählen zu sollen, nun so war auch Herodes ein König, der nach des Herrn Auffahrt eine schwere Verfolgung einleitete. Was sagen sie ferner von Julian, den sie unter den zehn Verfolgern nicht mitzählen? Hat er etwa die Kirche nicht verfolgt, der doch den Christen verbot, die freien Wissenschaften zu lehren und zu lernen? Unter ihm ward der ältere Valentinian, der dritte Kaiser nach ihm, als Bekenner des christlichen Glaubens aus dem Heere ausgestoßen. Ich übergehe die Verfolgung, mit der er zu Antiochien den Anfang machte, die er dann aber abbrach, als ein einziger gläubiger und standhafter Jüngling, der als erster von vielen zur Folterung bestimmten Verhafteten einen ganzen Tag gefoltert wurde, mitten unter Krallen und Martern Psalmen sang und dessen Unerschrockenheit und Freudigkeit den Kaiser in Staunen und Schrecken setzte und befürchten ließ, daß er von den übrigen noch ärger beschämt werden würde. Hat nicht endlich auch noch zu unsern Zeiten Valens, der Bruder des genannten Valentinian, der Arianer, in einer großen Verfolgung im Ostreich die katholische Kirche verwüstet? Man darf auch nicht übersehen, daß die in der ganzen Welt fruchtbringende und wachsende Kirche bei einigen Völkern von den Königen Verfolgungen erleiden kann, bei anderen dagegen nicht. Soll man es etwa nicht als Verfolgung rechnen, daß der Gotenkönig im Reich der Goten die Christen mit unglaublicher Härte verfolgte und das zu einer Zeit, als es dort nur katholische Christen gab? Viele von ihnen erlangten die Märtyrerkrone, wie wir es selbst von einigen Brüdern vernahmen, die dort damals als Knaben lebten und sich, befragt, sogleich daran erinnerten, es gesehen zu haben. Und wie ist es jetzt in Persien? Wütete nicht dort die Verfolgung gegen die Christen so sehr – wer weiß, ob sie schon aufgehört hat? –, daß einige Flüchtlinge sogar in römischen Städten Zuflucht suchten? Bedenke ich dies und anderes derart, glaube ich nicht, daß die Anzahl der Verfolgungen, durch welche die Kirche geprüft werden soll, begrenzt werden kann. Freilich wäre es ebenso vermessen, wollte man behaupten, außer jener letzten Verfolgung, an deren Bevorstehen kein Christ zweifelt, würden auch noch weitere zu erwarten sein. Darum lassen wir es dahingestellt, entscheiden uns weder für die eine noch für die andere Seite und warnen nur vor voreiligem, sei es bejahendem, sei es verneinendem Urteil.

53. *Wann die Verfolgung durch den Antichrist einsetzen wird, kann und soll niemand ergrübeln*

Jene letzte Verfolgung nun, die der Antichrist entfacht, wird Jesus selbst durch sein Erscheinen auslöschen. Denn es steht geschrieben, daß «er ihn töten wird durch den Hauch seines Mundes und vernichten durch den Glanz seiner Erscheinung.» Hier pflegt man zu fragen: Wann wird das sein? Eine unschickliche Frage! Wenn es uns frommte, das zu wissen, wer hätte es dann besser als der göttliche Lehrmeister den wißbegierigen Jüngern sagen können? Denn sie verhehlten ihm ihr Verlangen nicht und befragten ihn, als er bei ihnen war: «Herr, wirst du zu dieser Zeit wiederaufrichten das Reich Israel?» Er aber sprach zu ihnen: «Es gebührt euch nicht zu wissen die Zeit, die der Vater seiner Macht vorbehalten hat.» Als sie diese Antwort empfingen, hatten sie noch nicht einmal nach der Stunde oder dem Tage oder Jahre, sondern nur im allgemeinen nach der Zeit gefragt. Also ist es umsonst, wenn wir die Jahre, die diese Weltzeit noch dauern mag, ausrechnen und festlegen wollen, da wir aus dem Munde der Wahrheit hören, daß uns solches Wissen nicht gebührt. Gleichwohl behaupteten einige, es würden vierhundert, andere fünfhundert, noch andere tausend Jahre von der Auffahrt des Herrn bis zu seiner letzten Ankunft verstreichen. Es wäre umständlich und ist auch nicht nötig, darzulegen, wie jeder seine Ansicht zu begründen sucht. Es handelt sich ja nur um menschliche Vermutungen, und man kann nichts Sicheres vorbringen, das sich auf das Ansehen der kanonischen Schrift stützte. Allen, die hierüber grübeln wollen, befiehlt der die Finger davon zu lassen, der spricht: «Es gebührt euch nicht zu wissen die Zeit, die der Vater seiner Macht vorbehalten hat.»

Doch da dies ein Ausspruch des Evangeliums ist, kann man sich nicht darüber wundern, daß die Verehrer der vielen und falschen Götter sich dadurch nicht hindern lassen, die eitele Behauptung aufzustellen, durch Antworten, welche die von ihnen als Götter verehrten Dämonen gegeben, sei festgelegt, wie lange Zeit die christliche Religion sich halten werde. Denn da sie sahen, daß dieselbe durch so viele und schwere Verfolgungen nicht unterdrückt werden konnte, sondern gerade dadurch wunderbare Wachstumskraft gewann, dachten sie sich etliche griechische Verslein aus, die ein göttliches Orakel irgendeinem Befrager mitgeteilt haben soll. Hier wird Christus zwar von dem Vorwurf gotteslästerlichen Verbrechens freigesprochen, aber Petrus, so heißt es, habe es durch Zauberei zuwege gebracht, daß Christi Name dreihundertfünfundsechzig Jahre lang verehrt werden sollte, aber nach Ablauf dieser Frist werde es damit alsbald zu Ende sein. O ihr Herzen voller Gelehrsamkeit, ihr hochgebildeten Geister! In der Tat, ihr seid würdig, solches von Christus zu glauben, an den ihr ja nicht glauben wollt, nämlich, daß sein Schüler Petrus zwar von ihm keine Zauberkünste gelernt habe, aber doch, wenn auch ohne Christi Zutun, sein Zauberpriester gewesen sei und sich mit seinen Zauberkünsten sowie großen Mühen und Gefahren, zuletzt gar unter Vergießung seines Blutes, statt für die Verehrung des eigenen Namens für die Verehrung des Namens Christi eingesetzt habe! Wenn Petrus es durch Zauberei bewirkte, daß die Welt Christus so liebte, wie fing es dann der unschuldige Christus an, sich die Liebe des Petrus zu gewinnen? Darauf mögen sie sich selbst die Antwort geben, um, wenn's möglich ist, die Einsicht zu gewinnen, daß nur himmlische Gnade es dahin bringen konnte, daß die Welt um des ewigen Lebens willen Christus liebgewann, dieselbe Gnade, die auch Petrus hoffen ließ, von ihm das ewige Leben zu empfangen, und die ihn bis zum willigen Erdulden des zeitlichen Todes Christus zu lieben trieb. Ferner, was sind denn das für Götter, die dergleichen wohl vorhersagen, aber nicht abwenden konnten, die in dieser Weise einem Hexenmeister und einem Zauberfrevel, bei dem, wie es heißt, ein einjähriger Knabe getötet, zerstückelt und unter abscheulichen Zeremonien begraben wurde, so völlig unterlagen, daß sie eine ihnen verhaßte Sekte so lange Zeit erstarken lassen, so viele und schwere grausame und schreckliche Verfolgungen nicht durch Gegenwehr, sondern Geduld überwinden und es bis zur Zerstörung ihrer eigenen Bildnisse, Tempel und heiligen Orakel kommen lassen mußten? Endlich, was ist das für ein Gott – nicht unser Gott, sondern ihrer, versteht sich –, der sich durch solch eine Schandtat locken oder treiben läßt, das zu gewähren? Denn nicht bei irgendwelchem Dämon, sondern bei Gott soll Petrus, wie jene Verse versichern, durch Zauberkunst das durchgesetzt haben. Ja, solch einen Gott haben sie, die Christus nicht haben.

54. *Widerlegung der angeblichen Weissagung, die christliche Religion werde nur dreihundertfünfundsechzig Jahre dauern*

Dies und noch manches andere könnte ich zur Widerlegung vorbringen, doch ist es überflüssig, da das Jahr bereits verstrichen ist, das die erdichtete Wahrsagung angab und auf das getäuschter Unverstand wartete. Doch da nunmehr, seitdem die Verehrung des Namens Christi durch seine Erscheinung im Fleisch und die Predigt der Apostel ihren Anfang genommen hat, die dreihundertfünfundsechzig Jahre voll geworden sind – vor mehreren Jahren sogar –, wozu bemühen wir uns da noch um weitere Beweisgründe, den Unsinn zu widerlegen? Wir brauchen den Anfang gar nicht bei der Geburt Christi anzusetzen, da er ja als Kind und Knabe noch keine Jünger hatte. Aber seit er Jünger um sich sammelte, ist die christliche Lehre und Religion ohne Frage schon während seiner leiblichen Gegenwart bekannt geworden, also seit seiner Taufe im Jordanfluß durch Johannes. Denn auf sie bezieht sich, was einst von ihm geweissagt war: «Er wird herrschen von einem Meer bis ans andere und von dem Flusse bis ans Ende der Welt.» Freilich war er vor seinem Leiden und seiner Auferstehung von den Toten noch nicht erklärter Gegenstand des Glaubens für alle. Das ward er erst durch seine Auferstehung, denn also spricht der Apostel Paulus zu den Athenern: «Nun gebietet er allen Menschen an allen Enden Buße zu tun. Denn er hat einen Tag gesetzt, den Erdkreis zu richten in Gerechtigkeit, durch einen Mann, den er dadurch zum Gegenstand des Glaubens für alle gemacht, daß er ihn von den Toten auferweckte.» So nehmen wir bei Beantwortung der vorliegenden Frage am besten hier den Ansatzpunkt, zumal da jetzt auch der Heilige Geist verliehen wurde, wie er nach Christi Auferstehung in der Stadt verliehen werden sollte, von der das zweite Gesetz, das ist der Neue Bund, ausgehen mußte. Denn das erste Gesetz kam vom Berge Sinai durch Moses und wird der Alte Bund genannt. Von dem andern aber, das durch Christus gegeben werden sollte, war vorhergesagt: «Von Zion wird das Gesetz ausgehen und des Herrn Wort von Jerusalem.» Darum sagte er auch selbst, alle Völker sollten in seinem Namen zur Buße aufgerufen werden, doch den Anfang müsse man in Jerusalem machen. Hier also fing man an, diesen Namen zu verehren, indem man an Jesus Christus, den Gekreuzigten und Auferstandenen, glaubte. Wahrlich,ein herrlicher, strahlenderGlaubensanfang! Denn mehrere tausend Menschen bekehrten sich wunderbar schnell zum Namen Christi, verkauften ihr Hab und Gut, um den Erlös an die Armen auszuteilen, nahmen in heiligem Vorsatz und glühender Liebe freiwillige Armut auf sich und schickten sich an, unter zähneknirschenden und blutdürstigen Juden bis zum Tode für die Wahrheit nicht mit bewaffneter Macht, sondern mit der mächtigeren Waffe der Geduld zu streiten. Geschah dies nun ohne Anwendung irgendwelcher Zauberkünste, warum will man dann nicht glauben, daß dieselbe Gotteskraft in der ganzen Welt das gleiche bewirken konnte, was sie hier bewirkte? Sollte es jedoch Petrus durch Zauberei zuwege gebracht haben, daß jene große Menschenmenge zur Verehrung des Namens Christi entflammt wurde, die ihn eben noch teils ergriffen hatte und ans Kreuz gebracht, teils unterm Kreuz verspottet und verlacht, so muß man jedenfalls von diesem Jahre ausgehen, um festzustellen, wann die dreihundertfünfundsechzig voll wurden. Christus starb nun unter dem Konsulat der beiden Geminus am fünfundzwanzigsten März. Am dritten Tage stand er wieder auf, wie sich die Apostel mit eigenen Sinnen überzeugen konnten. Vierzig Tage später fuhr er gen Himmel, und zehn Tage darauf, also am fünfzigsten nach seiner Auferstehung, sandte er den Heiligen Geist. An dem Tage kamen dreitausend Menschen durch die Predigt der Apostel zum Glauben an ihn. Damals also nahm die Verehrung seines Namens ihren Anfang, und zwar, wie wir glauben und wie es der Wahrheit entspricht, durch die Wirksamkeit des Heiligen Geistes, wie es aber der gottlose Wahn erdichtet und sich vielleicht auch einredet, durch des Petrus Zauberkünste. Als kurze Zeit später ein erstaunliches Wunderzeichen geschah und auf das Wort desselben Petrus der von Mutterleibe an lahme Bettler, den andere zur Tempelpforte tragen mußten, damit er dort sein Almosen empfange, im Namen Jesu Christi aufsprang, glaubten ihrer fünftausend, und seitdem wuchs die Kirche durch immer neuen Zustrom von Gläubigen. So kann man sogar den Tag fest ansetzen, an dem das fragliche Jahr begann. Es war der Tag, an dem der Heilige Geist gesandt wurde, nämlich der fünfzehnte Mai. Zählt man nun von da an die Konsuln, so ergibt sich, daß unter dem Konsulat des Honorius und Eutychianus wiederum am fünfzehnten Mai die dreihundertfünfundsechzig Jahre verflossen waren. Was sich darauf im folgenden Jahre unter dem Konsul Malius Theodorus, als es nach jenem dämonischen

Orakelspruch oder menschlichen Lügenwort schon keine christliche Religion mehr geben durfte, in anderen Teilen der Welt etwa zugetragen haben mag, braucht hier nicht untersucht zu werden, jedenfalls haben, wie wir wissen, in der bekanntesten und bedeutendsten Stadt Afrikas, in Karthago, die beiden Statthalter des Kaisers Honorius, Gaudentius und Jovius, am neunzehnten März dieses Jahres die Tempel der falschen Götter zerstört und ihre Standbilder zerbrochen. Wer sieht aber nicht, wie seitdem bis zum heutigen Tage, also in fast dreißig Jahren, die Verehrung des Namens Christi zugenommen hat, zumal nachdem viele von denen, die von jener für sie maßgeblichen Weissagung vom Glauben zurückgehalten wurden, nun nach Ablauf der angegebenen Jahre gesehen hatten, wie nichtig und lächerlich sie war. Wir also, die wir Christen sind und heißen, glauben nicht an Petrus, sondern den, an welchen Petrus glaubte, sind durch des Petrus Zeugnis von Christus erbaut, nicht durch seine Zauberei verhext, nicht berückt durch seine Bosheiten, sondern beglückt durch seine Guttaten. Christus, der Meister, der Petrus in der Lehre unterwies, die zum ewigen Leben führt, ist auch unser Meister.

Doch nun wollen wir endlich das Buch abschließen. Wir haben bisher erörtert und wohl zur Genüge aufgewiesen, welches der hinschwindende Verlauf der beiden Staaten war, des himmlischen und irdischen, die von Anfang bis zu Ende miteinander vermischt sind. Der eine von ihnen, der irdische, machte sich nach Belieben aus allem Möglichen, auch aus Menschen, falsche Götter, denen er mit Opfern diente. Der andere dagegen, der himmlische, der auf Erden pilgert, schafft sich keine falschen Götter, sondern ist selber vom wahren Gott geschaffen, um selber sein wahres Opfer zu sein. Beide aber machen sich in gleicher Weise die zeitlichen Güter zunutze und plagen sich in gleicher Weise mit den zeitlichen Übeln, doch verschieden ist ihr Glaube, verschieden ihre Hoffnung, verschieden ihre Liebe. Schließlich aber werden sie im Letzten Gericht voneinander getrennt, und jeder gelangt zu seinem Ende, einem Ende, das kein Ende nimmt. Von diesem Ende der beiden wird nun zu handeln sein.

NEUNZEHNTES BUCH

VOM ENDZIEL, DEM HÖCHSTEN GUT UND WAHREN FRIEDEN

1. In der Frage nach dem höchsten Gut kann es Varro zufolge 288 verschiedene Lehrmeinungen geben.

Nunmehr soll also von dem gebührenden Endausgang der beiden Staaten, des irdischen und himmlischen, gehandelt werden. Zuerst ist in Kürze, da das Werk zum Abschluß drängt, darzulegen, mit welchen Gründen die Sterblichen ihre eigenen Bemühungen, sich in diesem elenden Leben Glückseligkeit zu verschaffen, rechtfertigten. Dann wird klar zutage treten, und zwar nicht nur durch Berufung auf göttliche Autorität, sondern auch durch vernünftige Überlegung, wie sie mit Rücksicht auf die Ungläubigen am Platze ist, welch ein Unterschied ist zwischen den von ihnen vorgebrachten Nichtigkeiten und der Hoffnung, die uns Gott geschenkt, vollends der wahren Glückseligkeit selber, die er uns schenken wird. Darüber, was das Endgut und Endübel sei, haben sich die Philosophen häufig und mit vielerlei Argumenten gestritten und sich allergrößte Mühe gegeben, die Frage zu beantworten, was den Menschen glückselig mache. Denn das allein ist unser Endgut, um deswillen alles andere zu erstreben ist, während es selber um seiner selbst willen erstrebt wird, und Endübel dementsprechend das, um deswillen alles andere zu meiden ist, während es selber um seiner selbst willen gemieden werden muß. Denn Endgut nennen wir es nicht, als ob es mit ihm zu Ende gehen und es aufhören solle zu sein, sondern weil sich's vollenden soll und vollkommen sein, und Endübel nicht im Hinblick auf etwaiges Erlöschen, sondern auf das denkbar größte Unheil, wohin es führt. Endgut und Endübel bedeutet also höchstes Gut und höchstes Übel. Diese beiden ausfindig zu machen und schon während des Erdenlebens das höchste Gut zu erlangen, das höchste Übel aber zu vermeiden, haben sich, wie gesagt, jene Männer lebhaft bemüht, die sich in diesem eitelen Weltleben das Studium der Weisheit angelegen sein ließen. Obwohl sie mancherlei Irrtümern verfielen, hat sie doch das natürliche Gefühl soweit in Schranken und auf dem Wege der Wahrheit gehalten, daß sie einsahen, das höchste Gut und Übel sei entweder in der Seele oder im Leibe oder aber in beiden zu suchen. Aus dieser allgemein gehaltenen Dreiteilung der Philosophenschulen hat Marcus Varro in seinem Buche über die Philosophie durch sorgfältiges und scharfsinniges Nachdenken so viele Lehrunterschiede entwickelt, daß er durch Aufweis möglicher Unterschiede ohne Schwierigkeit auf zweihundertachtundachtzig Schulen kam, die es zwar nicht gab, aber doch hätte geben können.

Um das in aller Kürze klarzumachen, muß ich mit dem beginnen, was er selbst festgestellt und in dem erwähnten Buche angeführt hat. Er sagt nämlich, es gebe vier Dinge, die die Menschen ohne Lehrmeister, ohne irgendwelche Anleitung, ohne Mühe und Anwendung jener Lebenskunst, die man Tugend heißt und unfraglich erst lernen muß, also gewissermaßen von Natur anstreben. Das seien einmal die Lust, die die leiblichen Sinne angenehm berührt, sodann die Ruhe, das Nichtvorhandensein irgendwelcher körperlichen Beschwerden, ferner die Summe dieser beiden, wofür Epikur nur die eine Bezeichnung «Lust» verwendet, endlich die sogenannten ursprünglichen Naturgüter, also nicht nur die bereits erwähnten, sondern auch noch andere, etwa die Unversehrtheit der Glieder, Wohlsein und Gesundheit des Leibes oder die sei es kleinen, sei es großen Vorzüge des menschlichen Geistes. Mit diesen vier erwünschten Dingen, also der Lust, der Ruhe, der Summe beider und den ursprünglichen Naturgütern, verhalte es sich nun so, daß entweder die später durch Unterweisung eingepflanzte Tugend um ihretwillen zu erstreben sei, oder diese Dinge um der Tugend willen, oder aber sowohl die Tugend als auch diese Dinge um ihrer selbst willen. So ergeben sich zwölf Schulen, indem nämlich unter dem angegebenen Gesichtspunkt jede einzelne verdreifacht wird. Zeige ich das an einer, wird man es bei den andern mühelos ergänzen können. Wird also die körperliche Lust der Tugend des Geistes entweder untergeordnet oder übergeordnet oder gleichgestellt, erhält man drei verschiedene Schulen. Untergeordnet wird sie der Tugend, wenn ihr Genuß im Dienst der Tugend steht. So gehört es zur Tugendpflicht, für das Vaterland zu leben und um des Vaterlandes willen Kinder zu erzeugen, und beides ist ohne körperliche Lust unmöglich; denn ohne Lust kann man weder die für das Leben notwendigen Speisen zu sich nehmen noch den zum Gewinn von Nachkommenschaft erforderlichen Zeugungsakt vollziehen. Wird sie aber der Tugend übergeordnet, so erstrebt man die Lust, um ihrer selbst willen und hält sich an die Tugend nur um ihretwillen, legt also der Tugend nur die Bedeutung bei, zur Erlangung oder Bewahrung körperlicher Lust zu dienen. Das ist freilich ein erbärmliches Leben, denn nun muß die Tugend eine Sklavenrolle im Dienst der Lust spielen und verdient den Namen Tugend überhaupt nicht mehr, doch hat auch diese abscheuliche Lehre einige Philosophen zu Gönnern und Verteidigern gehabt. Der Tugend wird endlich die Lust gleichgestellt, wenn keine von beiden um der anderen willen, sondern jede um ihrer selbst willen erstrebt wird. Wie man demnach durch Unterordnung, Überordnung und Gleichstellung der Lust in ihrem Verhältnis zur Tugend drei Schulen erhält, so je drei weitere, wenn man ebenso mit der Ruhe, der Summe von Lust und Ruhe und den ursprünglichen Naturgütern verfährt. Denn auch sie kann man, da die menschlichen Ansichten so verschieden sind, der Tugend bald überordnen, bald unterordnen, bald gleichstellen, und so kommt man zu einer Zwölfzahl von Schulen. Aber auch diese Zahl läßt sich verdoppeln, wenn man die verschiedene Stellungnahme zum gemeinschaftlichen Leben berücksichtigt. Denn jeder, der sich einer dieser zwölf Schulen verschreibt, tut das entweder nur um seiner selbst oder auch um seines Mitmenschen willen, der ihm ebenso wichtig sein soll wie er selbst. So gibt es denn die zwölf Schulen derer, die sich nur um ihrer selbst willen für eine von ihnen entscheiden, und weitere zwölf, die nicht nur um ihrer eigenen Person willen dieser oder jener Philosophie zufallen, sondern auch um der andern willen, deren Wohl ihnen nicht minder am Herzen liegt. Diese vierundzwanzig Schulen verdoppeln sich abermals, wenn man nun auch die Unterscheidung ins Auge faßt, die auf die neuen Akademiker angewendet ist, und dann sind es bereits achtundvierzig. Denn jeder kann eine dieser vierundzwanzig Schulmeinungen als gewiß festhalten und verteidigen, so wie die Stoiker entschieden dafür eintraten, daß das beseligende Gut des Menschen allein in der Tugend des Geistes bestehe, ein anderer dagegen als ungewiß, wie die neuen Akademiker ihre Ansichten zwar nicht als gewiß, aber als wahrscheinlich hinstellten. Vierundzwanzig also erhält man durch die, welche die betreffenden Lehren wegen ihrer Wahrheit für gewiß und andere vierundzwanzig durch die, welche sie wegen ihrer bloßen Wahrscheinlichkeit für ungewiß halten. Da nun ferner jeder eine dieser achtundvierzig Schulen in der äußeren Lebenshaltung der übrigen Philosophen vertreten kann oder aber im Gegensatz dazu in der Lebenshaltung der Kyniker, verdoppelt sich infolge dieses Unterschiedes die Zahl noch einmal, und man erhält sechsundneunzig. Endlich kann man jede dieser Anschauungen in der Weise verfechten und ihr anhangen, daß man entweder ein der Muße geweihtes Leben bevorzugt wie die, welche sich ausschließlich den gelehrten Studien ergeben wollten und konnten, oder ein geschäftiges Leben wie die, welche zwar philosophierten, aber sich doch angelegentlichst mit der Verwaltung des Staates und der Leitung der menschlichen Angelegenheiten befaßten, oder ein aus beiden Arten gemischtes Leben, wie die, welche abwechselnd ihre Zeit bald der gelehrten Muße, bald den notwendigen Geschäften widmeten. Im Hinblick auf diese Unterschiede kann man die zuletzt genannte Zahl der Schulen sogar noch verdreifachen und auf zweihundertachtundachtzig hinauftreiben.

Das habe ich aus Varros Buche in möglichster Kürze und Klarheit hier angeführt und dabei seine Gedanken mit meinen Worten wiedergegeben. Er selbst nun entscheidet sich unter Abweisung der übrigen für eine der Schulen, nämlich die der alten Akademiker. Sie reicht nach seiner Darstellung von Plato, der sie begründet, bis auf Polemon, den vierten Leiter der Akademie genannten Schule nach ihm. Sie vertrat ihre Lehrmeinungen nach Varros Angabe als gewiß und unterschied sich dadurch von den neuen Akademikern, die alles für ungewiß halten, einer Art Philosophie, die mit Arkesilaus, dem Nachfolger Polemons, ihren Anfang nahm. Varro nun ist der Ansicht, daß jene Schule, also die der alten Akademiker, ebenso wie von allem Zweifel so auch von allem Irrtum frei sei. Seine diesbezüglichen Ausführungen in vollem Umfang darzulegen, wäre zu umständlich, doch dürfen wir nicht ganz daran vorbeigehen. Er scheidet also zunächst alle jene Unterschiede aus, wodurch die Zahl der Schulen vervielfältigt wurde, und glaubt sich deshalb dazu berechtigt, weil diese Unterschiede sich nicht auf das höchste Gut beziehen. Denn er meint, von einer besonderen Philosophenschule könne nur da die Rede sein, wo eine eigene von den übrigen abweichende Ansicht über das höchste Gut und Übel vertreten werde. Denn nichts anderes treibt den Menschen zum Philosophieren als das Verlangen nach Glückseligkeit, und glückselig macht ihn nur das höchste Gut. Also gibt es nur einen Grund zum Philosophieren, nämlich das höchste Gut, und von einer Philosophenschule kann man folglich nur da reden, wo man sich um das höchste Gut bemüht. Wenn es sich also um das Gemeinschaftsleben und die Teilnahme des Weisen daran handelt, also um die Frage, ob er das höchste, den Menschen beseligende Gut seinem Freunde ebenso wünschen und zuwenden soll wie sich selber, oder sich nur um seine eigene Glückseligkeit kümmern, so geht es in diesem Fall nicht um das höchste Gut selbst, sondern um die Beteiligung oder Nichtbeteiligung des Genossen daran, und zwar nicht zum Zweck der eigenen Befriedigung, sondern der des Genossen, so daß man sich des Glückes des anderen ebenso freut wie des eigenen. Ebenso ist es, wenn man fragt, ob man mit den neuen Akademikern, denen alles ungewiß ist, auch die Gegenstände des philosophischen Nachdenkens für ungewiß oder im Anschluß an andere Philosophen sie für gewiß halten soll. Auch da betrifft die Frage nicht das Gut selbst, das man erstreben soll, sondern nur die Gewißheit des für erstrebenswert gehaltenen Gutes, ob man daran zweifeln darf oder nicht, oder, um es noch deutlicher zu sagen, ob man so danach streben soll, daß der Strebende sagt, es sei gewiß das höchste, oder so, daß der Strebende sagt, es sei nur wahrscheinlich das höchste, und er könne sich vielleicht irren. In jedem Falle wird doch ein und dasselbe Gut erstrebt. Auch bei jenem Unterschied, der sich aus der Tracht und Lebensweise der Kyniker ergibt, handelt es sich nicht um das höchste Gut selbst, sondern nur darum, ob der, welcher nach dem wahren Gute strebt, mag ihm nun das eine oder andere wahr und erstrebenswert erscheinen, diese Tracht und Lebensweise annehmen soll. Gab es doch Philosophen, die in der Frage nach dem höchsten Gut uneins waren und es teils als Tugend, teils als Lust bestimmten, aber dieselbe Tracht und Lebensweise angenommen hatten und deswegen Kyniker hießen. Was es also auch sein mag, wodurch sich die kynischen Philosophen von den übrigen unterschieden, so hat es doch nichts damit zu schaffen, was für ein Gut man wählen und festhalten soll, um glückselig zu werden. Denn wenn es etwas damit zu tun hätte, müßte die gleiche Tracht dazu nötigen, das gleiche höchste Gut zu erstreben, während eine abweichende Tracht das Erstreben desselben Gutes unmöglich machte.

2. *Wie Varro diese 288 Schulen auf drei reduziert*

Auch bei jenen drei Lebensweisen, deren eine nicht in Trägheit, wohl aber in Muße sich der Betrachtung oder Erforschung der Wahrheit widmet, während die andere in allerlei irdischen Geschäften sich betätigt und die dritte eine Mischung aus beiden Lebensweisen darstellt, trifft man, wenn man sich überlegt, welche man für sich erwählen soll, nicht auf die Streitfrage nach dem höchsten Gute selbst. sondern hier handelt es sich nur darum, welche dieser drei Lebensweisen die Erlangung oder Bewahrung des höchsten Gutes erschwert oder erleichtert. Denn wenn jemand das Endziel des höchsten Gutes erreicht, ist er sogleich auch glückselig; in wissenschaftlicher Muße dagegen oder im öffentlichen Dienst oder im Wechsel zwischen beiden Lebensweisen ist man keineswegs ohne weiteres glückselig. Denn viele können sich einer jeden dieser drei Lebensweisen hingeben, aber im Streben nach dem höchsten, beseligenden Gute einem Irrtum verfallen. Also ist die Frage nach dem höchsten Gut und Übel, der allein es zukommt, Philosophenschulen zu begründen, etwas anderes als die Fragen, die sich auf das Gemeinschaftsleben, den Zweifel der Akademiker, die Tracht und Aufführung der Kyniker und jene drei Lebensweisen, die müßige, tätige und aus beiden gemischte, beziehen. Bei keiner von diesen geht es um das höchste Gut oder Übel. So läßt denn Marcus Varro diese vier Unterscheidungen, auf die ihn das Gemeinschaftsleben, die neuen Akademiker, die Kyniker und jene dreifache Lebensweise gebracht und zur Annahme von zweihundertachtundachtzig Schulen, die man auf ähnliche Weise wohl noch vermehren könnte, veranlaßt hatten, sämtlich wieder fallen. Denn sie tragen zur Beantwortung der Frage nach dem höchsten Gute nichts bei, sind darum auch keine Schulen und verdienen diesen Namen nicht. Er kehrt also zu jenen zwölf, in denen man nach dem die Menschen beseligenden Gute fragt, zurück, um eine von ihnen als die wahre, die anderen als falsch zu erweisen. Läßt man nämlich jene dreifache Lebensweise beiseite, verschwinden zwei Drittel der obigen Zahl und bleiben noch sechsundneunzig Schulen. Übergeht man auch die von den Kynikern hergenommene Unterscheidung, wird auch diese Zahl halbiert und sind es noch achtundvierzig. Sehen wir auch von dem ab, was die neuen Akademiker beigesteuert haben, bleibt wiederum nur die Hälfte bestehen, nämlich vierundzwanzig. Räumen wir endlich auch noch mit dem auf, was im Hinblick auf das Gemeinschaftsleben hinzugekommen war, bleiben als Restbestand, den die letztere Unterscheidung auf vierundzwanzig verdoppelt hatte, nur noch zwölf übrig. Was nun diese zwölf anlangt, liegt kein Grund vor, sie nicht als Schulen gelten zu lassen. Denn bei ihnen fragt man einzig und allein nach dem höchsten Gut oder Übel. Hat man aber das höchste Gut gefunden, ergibt sich das höchste Übel ohne weiteres als das Gegenstück dazu. Die Zwölfzahl von Schulen aber erhält man dadurch, daß man jene vier Dinge, die Lust, die Ruhe, die Summe beider und die ursprünglichen Naturgüter, die Varro die «Erstlinge» (primigenia) nennt, verdreifacht. Denn wenn man diese vier, eins wie das andere, bald der Tugend unterordnet, so daß sie nicht ihrer selbst, sondern der Tugend wegen als erstrebenswert gelten, bald der Tugend überordnet, so daß diese nicht ihrer selbst wegen, sondern um jene zu erlangen oder zu bewahren für nötig erachtet wird, bald auch sie und die Tugend einander gleichstellt, so daß sowohl die Tugend als auch sie als Selbstzweck erscheinen, verdreifacht man die Vierzahl und gelangt damit zu den zwölf Schulen. Von den genannten vier Dingen scheidet Varro ferner drei aus, nämlich die Lust, die Ruhe und die Summe aus beiden, nicht als ob er sie mißbilligte, sondern weil jene «Erstlinge» der Natur sowohl die Lust als auch die Ruhe schon sowieso in sich schließen. Wozu auch aus diesen zweien drei machen? Zwei sind es nämlich, wenn man Lust und Ruhe einzeln erstrebt, und ein drittes kommt hinzu, wenn beide zugleich erstrebt werden. Aber wie unnötig ist das, da doch die ursprünglichen Naturgüter sie sämtlich und außer ihnen noch vieles andere in sich befassen? Drei Schulen also, empfiehlt Varro, soll man sorgfältig prüfen, welcher von ihnen der Vorzug gebührt. Denn wahre Vernunft läßt nur eine als wahr gelten, mag sie nun eine dieser drei sein oder, wie wir noch sehen werden, anderswo zu suchen sein. Zunächst wollen wir nun möglichst kurz und verständlich darlegen, wie Varro sich aus den dreien eine auswählt. Diese drei Schulen ergaben sich nämlich in der Weise, daß entweder die ursprünglichen Naturgüter um der Tugend willen, oder die Tugend um der ursprünglichen Naturgüter willen, oder aber sowohl die Tugend als auch die ursprünglichen Naturgüter um ihrer selbst willen anzustreben sind.

3. Varros eigene Ansicht über das höchste Gut

Was nun hiervon wahr und erstrebenswert ist, sucht er auf folgende Weise einleuchtend zu machen. Zunächst meint er, da es sich in der Philosophie um das höchste Gut nicht eines Baumes, nicht eines Tieres, auch nicht Gottes, sondern des Menschen handle, müsse man fragen, was der Mensch selber sei. Er weiß, daß zu seiner Natur zweierlei gehört, Leib und Seele, und zweifelt nicht im geringsten daran, daß die Seele von diesen beiden das Bessere und bei weitem Vorzüglichere ist. Aber nun wirft er die Frage auf, ob die Seele allein der Mensch sei, so daß sich der Leib zu ihr wie das Pferd zum Reiter verhalte. Denn ein Reiter, sagt er, ist nicht ein Mensch und ein Pferd, sondern bloß ein Mensch, und Reiter nennt man ihn wegen seiner Beziehung zum Reittier. Oder aber, fragt er weiter, ob der Leib allein der Mensch sei und sich gewissermaßen zur Seele verhalte wie das Trinkgefäß zum Getränk. Denn nicht das Glas mitsamt dem darin enthaltenen Getränk heißt Trinkgefäß, sondern das Glas allein, aber darum, weil es dazu bestimmt ist, das Getränk aufzunehmen. Oder endlich, ob weder die Seele allein noch der Leib allein, sondern beide zusammen der Mensch seien und Seele und Leib je ein Teil von ihm, so daß der ganze Mensch aus beiden bestehe. So nennen wir zwei zusammengekoppelte Pferde ein Zweigespann, und das rechte wie das linke ist nur ein Teil davon, eines allein dagegen, wie es sich auch zum andern verhalten mag, nennen wir nicht ein Zweigespann, sondern nur beide zusammen. Von diesen drei Möglichkeiten entscheidet sich Varro für die dritte und ist der Ansicht, der Mensch sei weder eine Seele allein, noch ein Leib allein, sondern Seele und Leib zusammen. So bestehe denn, sagt er, das höchste Gut des Menschen, das ihn glückselig mache, aus Gütern beider, sowohl der Seele als auch des Leibes. Darum, so meint er, seien jene ursprünglichen Naturgüter um ihrer selbst willen zu erstreben und ebenso auch die Tugend, die als rechte Lebenskunst durch Belehrung eingepflanzt wird und unter den Gütern der Seele das vorzüglichste ist. Wenn daher der Tugend, also der Kunst rechter Lebensführung, die ursprünglichen Naturgüter dargeboten werden, die schon vor ihr dawaren, als es an der rechten Unterweisung noch mangelte, so strebt sie nach all dem um seiner selbst willen und zugleich auch nach sich selbst und gebraucht alles miteinander, dazu sich selbst, zu dem Zweck, an allem sich zu erfreuen und es zu genießen, mehr oder weniger, versteht sich, je nach dem größeren oder geringeren Wert, den etwas hat, dennoch von allem beglückt und bereit, wenn's nötig ist, Minderwertiges zu verschmähen, wenn es Wertvolleres zu erlangen oder zu bewahren gilt. Doch von allen Gütern der Seele oder des Leibes schätzt die Tugend nichts höher als sich selbst. Denn sie ist es, die sowohl sich selbst als auch die übrigen Güter, die den Menschen glückselig machen, recht gebraucht. Wo sie dagegen fehlt, mögen noch so viele Güter vorhanden sein, sie kommen doch dem, der sie besitzt, nicht zugute, und man kann sie folglich auch nicht seine Güter heißen, da sie dem, der sie schlecht nützt, nicht nützlich sein können. Solch ein Leben also, das sich der Tugend und weiterer Güter der Seele und des Leibes, ohne welche es keine Tugend geben kann, erfreut, heißt man glückselig. Noch glückseliger ist es aber, wenn es sich auch anderer Güter, sei es einiger, sei es vieler, erfreut, derer die Tugend an sich nicht bedarf, am glückseligsten, wenn es im Besitze aller Güter ist, so daß überhaupt kein seelisches oder leibliches Gut ihm mangelt. Denn Leben und Tugend sind nicht dasselbe, da nicht jedes Leben, sondern nur das weise Leben Tugend ist. Jedoch kann es ein Leben ohne irgendwelche Tugend geben, dagegen keine Tugend, wo gar kein Leben ist. Das gleiche möchte ich von Gedächtnis und Vernunft und etwaigen andern ähnlichen Fähigkeiten des Menschen sagen. Sie sind schon vor der Belehrung da, aber ohne sie ist keine Belehrung möglich, folglich auch keine Tugend, die man ja lernen muß. Dagegen schnell laufen können, schön aussehen, gewaltige Kräfte besitzen und dergleichen mehr, das sind Gaben, deren die Tugend nicht bedarf, und die auch ihrerseits der Tugend nicht bedürfen. Güter jedoch sind es, und darum, wenn man Leuten wie Varro glauben darf, liebt die Tugend sie auch um ihrer selbst willen und gebraucht und genießt sie, wie es der Tugend zukommt.

Dies glückselige Leben, so sagt man weiter, sei auch gesellig und liebe darum das Wohl der Freunde um seiner selbst willen wie das eigene und wünsche ihnen um ihrer selbst willen dasselbe wie sich. Es mache keinen Unterschied, ob sie im gleichen Hause leben wie Gattin, Kinder und sonstige Hausgenossen oder an dem Orte, wo das Haus steht, also etwa in der Stadt wie die Mitbürger, oder auf dem ganzen Erdkreise wie die Völker, die das Band menschlicher Gemeinschaft mit uns verknüpft, oder im Weltall, worunter man Himmel und Erde versteht, wie die sogenannten Götter, die dem weisen Menschen freund sein sollen und die wir Engel zu nennen gewohnt sind. Was nun das höchste Gut und sein Gegenteil, das höchste Übel, anlangt, so leugnen Varro und seine Gewährsmänner, daß es irgend zweifelhaft sein könne, und das sei, sagen sie, der Unterschied zwischen ihnen und den neuen Akademikern. Dagegen sei es gleichgültig, ob jemand in kynischer oder sonst welcher Tracht und Lebensart philosophierend für das Endziel, das sie für das wahre halten, eintrete. Von jenen drei Lebensweisen, der müßigen, geschäftigen und aus beiden gemischten, geben sie jedoch der dritten den Vorzug. Das sei, versichert Varro, auch die Meinung und Lehre der alten Akademiker gewesen, und beruft sich dabei auf Antiochus, Ciceros und seinen Lehrer, von dem Cicero freilich urteilt, er scheine in manchen Punkten mehr ein Stoiker als ein Altakademiker gewesen zu sein. Doch was geht uns das an? Wir müssen uns ein Urteil über die Sache bilden und brauchen keinen Wert darauf zu legen, was dieser oder jener über Menschen gedacht hat.

4. *In diesem armseligen Leben findet niemand das höchste Gut, auch nicht der Tugendhafte*

Fragt man nun uns, was der Gottesstaat zu all dem sage, und vor allem, was er über das höchste Gut und Übel für eine Meinung habe, so gibt er zur Antwort, das ewige Leben sei das höchste Gut, der ewige Tod aber das größte Übel. Um jenes zu erlangen und diesem zu entgehen, müsse man recht leben. Deswegen heißt es in der Schrift: «Der Gerechte lebt aus dem Glauben.» Denn wir sehen unser Gut noch nicht, müssen es also glaubend suchen, können auch nicht aus eigener Kraft recht leben, wenn der nicht unserm Glauben und Gebet beisteht, der uns den Glauben einflößte, daß wir seine Hilfe nötig haben. Jene aber, die meinen, das Endziel des Guten und Bösen sei in diesem Leben zu finden, suchen das höchste Gut entweder im Leibe oder in der Seele oder in beiden. Ich will es etwas ausführlicher darlegen. Sie suchen es entweder in der Lust oder in der Tugend oder in beiden, oder aber entweder in der Ruhe oder in der Tugend oder in beiden, oder aber entweder in der Lust und Ruhe zugleich oder in der Tugend oder in beiden, oder endlich entweder in den ursprünglichen Naturgütern oder in der Tugend oder in beiden; in jedem Fall wollen sie in erstaunlicher Verblendung hier glückselig sein und durch sich selbst glückselig werden. Aber die Wahrheit spottet ihrer und spricht durch den Propheten: «Der Herr kennt die Gedanken der Menschen», oder wie der Apostel dies Schriftwort wiedergibt: «Der Herr kennt der Weisen Gedanken, daß sie eitel sind.»

Denn wer vermöchte es wohl, und ergösse sich seine Beredsamkeit wie ein Strom, das Elend dieses Lebens zu schildern? Wie ergreifend klagte Cicero in seiner Trostschrift über den Tod der Tochter! Und doch konnte die Kunst seiner Rede nicht genügen. Denken wir etwa an jene ursprünglichen Güter der Natur. Wann, wo und wie wäre es wohl in diesem Leben mit ihnen so gut bestellt, daß sie nicht, ungewissen Zufällen ausgesetzt, unsicher schwankten? Der Schmerz widerstreitet der Lust, die Unruhe der Ruhe; aber gibt es einen Schmerz, eine Unruhe, die den Leib des Weisen nicht befallen könnte?

Verlust oder Schwächung von Gliedern zerstört des Menschen Unversehrtheit, Entstellung seine Schönheit, Siechtum seine Gesundheit, Mattigkeit seine Kraft, Steifheit oder Lähmung seine Beweglichkeit; und was von alledem könnte nicht auch über des Weisen Leiblichkeit hereinbrechen? Auch Haltung und Bewegung des Körpers, wenn sie würdig und angemessen sind, rechnet man zu den ursprünglichen Gütern der Natur; aber was dann, wenn irgendein Leiden die Glieder schmählich erzittern läßt? Was dann, wenn das Rückgrat sich so krümmt, daß die Hände den Boden berühren und der Mensch sozusagen zum Vierfüßler wird? Wo bleibt da die stattliche Haltung, die Anmut und Schönheit der Bewegung? Und wie ist es mit den sogenannten ursprünglichen Gütern der Seele, deren zwei den ersten Platz einnehmen, weil sie zur Auffassung und Erkenntnis der Wahrheit dienen, die Sinneswahrnehmung und der Verstand? Was bleibt denn von der Sinneswahrnehmung übrig, wenn der Mensch, um von den anderen Sinnen zu schweigen, taub wird und blind? Die Vernunft aber und das Erkenntnisvermögen, wohin entweichen, wo schlummern sie, wenn infolge einer Erkrankung der Geist sich verwirrt? Wenn wir daran denken oder es sehen, wie die Irrsinnigen so viel tolles Zeug reden und tun, was meist gar nicht zu ihren guten Absichten und Sitten paßt, ja ihren guten Absichten und Sitten geradezu entgegengesetzt ist, können wir uns, bei ernsthafter Erwägung dieses Elends kaum oder vielleicht überhaupt nicht der Tränen enthalten. Und was soll ich gar von denen sagen, die dämonische Besessenheit erdulden müssen? Wo ist ihr Erkenntnisvermögen versteckt oder vergraben, wenn der böse Geist mit ihrer Seele und ihrem Leibe macht, was er will? Und wer kann dessen gewiß sein, daß einem Weisen während seines Lebens solches Unheil nicht widerfahren werde? Ferner, wie ist es mit dem Erfassen der Wahrheit bestellt, und wie weit kommt man damit in dieser Leiblichkeit, da nun einmal, wie wir im untrüglichen Buche der Weisheit lesen, «der vergängliche Leib die Seele beschwert und die irdische Behausung den vieles erwägenden Sinn niederdrückt»? Jener Betätigungs-Trieb oder -Drang sodann, wenn wir das griechische Wort Horme so recht wiedergeben, den man ebenfalls zu den ursprünglichen Gütern der Natur rechnet, ist er's nicht gerade, der auch in den kläglichen Bewegungen und Taten der Wahnsinnigen wirksam ist, vor denen wir zurückschaudern, wenn ihr Sinn sich verwirrt und die Vernunft schläft?

Wie steht es ferner mit der Tugend selbst, die nicht zu den ursprünglichen Naturgütern gehört, da sie erst später, durch Belehrung eingeführt, zu ihnen hinzutritt? Sie beansprucht den Vorrang unter allen menschlichen Gütern und kann doch hienieden nichts weiter tun, als ohne Aufhören mit den Lastern kämpfen, und zwar nicht denen, die draußen, sondern drinnen sind, nicht fremden, sondern durchaus selbsteigenen. Zumal gilt das von jener Tugend, die auf griechisch Sophrosyne heißt, dem Maßhalten, wodurch die fleischlichen Begierden gezügelt werden, daß sie nicht den Geist zur Einwilligung in allerlei Schandtaten verleiten. Denn sicherlich ist es ein Gebrechen, wenn, wie der Apostel sagt, «das Fleisch wider den Geist gelüstet», und diesem Gebrechen tritt die Tugend entgegen, wenn, wie er fortfährt, «den Geist wider das Fleisch gelüstet». «Denn die beiden», sagt er, «sind wider einander, so daß ihr nicht erreicht, was ihr wollt.» Was aber wollen wir anderes erreichen, die wir nach der Vollendung im Besitz des höchsten Gutes trachten, als daß das Fleisch nicht mehr wider den Geist gelüste und das Gebrechen, wider das den Geist gelüstet, in uns ausgetilgt werde? Aber in diesem Erdenleben, wenn wir uns noch so sehr bemühen, erreichen wir's nicht, bringen es höchstens mit Gottes Hilfe so weit, daß der Geist dem wider ihn gelüstenden Fleisch nicht weicht und unterliegt und wir uns nicht dazu hinreißen lassen, in die Sünde einzuwilligen. Aber fern muß es uns liegen, solange dieser innere Kampf dauert, zu glauben, wir hätten die Seligkeit, zu der wir siegend gelangen möchten, schon erlangt. Und wer hat es in der Weisheit so weit gebracht, daß er gegen die Begierden überhaupt keinen Kampf mehr zu führen brauchte?

Sodann jene Tugend, die man Klugheit heißt, muß sie nicht ihre ganze Wachsamkeit aufbieten, das Gute vom Übel zu unterscheiden, damit beim Trachten nach jenem und beim Ausweichen vor diesem kein Irrtum sich einschleicht? Bezeugt nicht auch sie dadurch, daß wir von Übeln umgeben sind und die Übel in uns tragen? Denn sie lehrt uns, daß es übel ist, in die Sünde einzuwilligen, aber gut, der Lust zum Sündigen nicht nachzugeben. Doch können dies Übel, in welches einzuwilligen Klugheit uns abrät, Mäßigung uns abhält, weder Klugheit noch Mäßigung aus unserm Leben beseitigen. Und macht uns nicht auch die Gerechtigkeit klar, deren Amt es ist, jedem das Seine zuzuteilen – wodurch im Menschen selbst die rechte Naturordnung aufgerichtet wird: die Seele Gott untertan, das Fleisch der Seele und somit Seele und Fleisch Gott –, daß sie bei diesem ihrem Werke sich mehr abmüht als bereits in der Vollendung des Werkes ruht? Denn um so weniger ist die Seele Gott untertan, je weniger sie Gott mit ihren Gedanken erfaßt, und um so weniger das Fleisch der Seele untertan, je mehr es gegen den Geist gelüstet. Solange also diese Schwäche, diese Pest, dieses Siechtum in uns steckt, wie können wir da wagen zu behaupten, wir seien schon gesund, und wenn noch nicht gesund, wir seien gar endgültig glückselig! Vollends jene Tapferkeit genannte Tugend legt, mag die Weisheit auch noch so groß sein, unüberhörbar Zeugnis ab von den menschlichen Übeln, die sie in Geduld ertragen muß. Von diesen Übeln behaupten freilich die Stoiker mit erstaunlicher Dreistigkeit, sie seien gar keine, und räumen doch ein, daß der Weise, wenn sie so groß seien, daß er sie nicht mehr ertragen könne oder zu ertragen brauche, sich selbst das Leben zu nehmen und diese Welt zu verlassen genötigt werde. So groß ist in diesen Menschen, die sich einreden, sie besäßen schon jetzt das höchste Gut und erreichten aus eigener Kraft die Glückseligkeit, der törichte Hochmut, daß ihr Weiser, das heißt der von ihnen in seltsamer Verblendung sogenannte Weise, auch wenn er blind, taub und stumm wird, auch wenn er an den Gliedern gelähmt, von Schmerzen gepeinigt und von allen irgend aussprech- und ausdenkbaren Übeln überfallen wird, so daß er sich gezwungen sieht, selbst Hand an sich zu legen, sich trotzdem nicht schämt, ein von solchen Übeln überschwemmtes Leben glückselig zu nennen. Wahrlich, ein schönes glückseliges Leben, das, um nur zu Ende zu kommen, den Tod zu Hilfe ruft! Ist es glückselig, so bleibe man in ihm. Das wären keine Übel, die doch über das Gut der Tapferkeit triumphieren und sie nicht nur zum Weichen, sondern auch zur Raserei bringen, so daß sie in einem Atem dasselbe Leben glückselig nennt und daraus zu entfliehen rät? Wer ist so blind, nicht einzusehen, daß man es nicht zu fliehen brauchte, wenn es glückselig wäre? Aber sie geben zu, und unverkennbar ist's die Stimme der Schwachheit, die aus ihnen spricht, man müsse es fliehen. Warum lassen sie denn nicht den Nacken des Stolzes zerbrechen und gestehen, daß es elend ist? Hat, ich bitte euch, jener Cato sich aus Geduld oder Ungeduld selbst umgebracht? Er hätte es gewiß nicht getan, hätte er Cäsars Triumph dulden können. Wo ist da die Tapferkeit? Wahrlich, sie wich, sie unterlag, ward so sehr überwunden, daß sie das glückselige Leben aufgab, im Stiche ließ, floh! Oder war es nicht mehr glückselig? Elend war es! Wie sollten das auch keine Übel sein, die das Leben elend machten und wert, ihm zu entfliehen?

So kann man sich die Peripatetiker und Altakademiker, deren Schule Varro verteidigt, schon eher gefallen lassen, da sie zugeben, daß es Übel sind. Doch findet sich auch bei ihnen ein kaum glaublicher Irrtum. Sie behaupten nämlich, daß das Leben trotz dieser Übel, seien sie auch so schwer, daß der Betroffene sich durch Selbstmord ihnen entziehen müsse, glückselig sei. «Übel sind», sagt Varro, «Martern und Qualen des Leibes, und zwar um so schlimmer, je mehr sie sich steigern; und um sie loszuwerden, muß man diesem Leben entfliehen». Bitte, so sag: Welchem Leben? «Diesem Leben», antwortet er, «das von solchen Übeln beschwert wird.» Wirklich? Soll man's glauben, daß es glückselig ist in all den Übeln, um derentwillen man ihm, wie du sagst, entfliehen muß? Nennst du es etwa deswegen glückselig, weil es dir freisteht, dich diesen Übeln durch den Tod zu entziehen? Wie aber, wenn du in ihnen durch göttlichen Urteilsspruch festgehalten würdest und weder sterben noch jemals ohne jene Übel leben dürftest? Dann würdest du also solch ein Leben elend nennen. Nun, so ist es auch elend, wenn man es schnell wieder verläßt. Wenn du selbst es, währte es ewig, für elend erklärst, darfst du es doch nicht darum, weil es nur kurze Zeit währt, für nicht elend halten, oder was noch unsinniger ist, es darum, weil es nur ein kurzes Elend ist, sogar glückselig nennen. Welch große Macht müssen doch diese Übel besitzen, daß sie den Menschen, ja, nach ihrer Lehre auch die Weisen, zwingen, sein eigenes menschliches Dasein aufzugeben! Sie lehren doch und haben vollkommen recht, es sei sozusagen die erste und lauteste Stimme der Natur, die den Menschen treibe, sich selber zugetan zu sein, darum vor dem Tode ein natürliches Grauen zu empfinden und sich selbst dermaßen zu lieben, daß man mit aller Gewalt will und begehrt, ein lebendiges Wesen zu sein und die Verbindung des Leibes und der Seele aufrechtzuerhalten. Welch große Macht müssen diese Übel besitzen, daß sie dies natürliche Gefühl überwinden, das dem Tode auf jede Weise mit aller Kraft und Anstrengung auszuweichen sucht, es so weit überwinden, daß man das, wovor man auswich, nun wünscht und begehrt und, wenn's nicht anders möglich ist, es sich selber zuzieht! Welch große Macht müssen diese Übel besitzen, daß sie die Tapferkeit zur Mörderin machen! Ja, eine Tapferkeit, die sich so völlig von diesen Übeln besiegen läßt, daß sie den Menschen, den sie als Tugend leiten und schützen sollte, statt ihn durch Geduld aufrechtzuerhalten, obendrein zu töten sich nötigen läßt, verdient sie überhaupt noch diesen Namen? Gewiß muß der Weise auch den Tod geduldig erleiden, aber nur den, der sonstwie an ihn herankommt. Wenn er aber diesen Philosophen zufolge sich selbst den Tod zu geben gezwungen wird, müßten sie doch gestehen, daß es nicht nur Übel, sondern sogar unerträgliche Übel sind, die ihn zu solcher Tat nötigen. Auf keinen Fall also kann ein Leben, das von der Last so großer und schwerer Übel bedrückt ist oder doch von ihnen heimgesucht werden kann, glückselig genannt werden, wenigstens dann nicht, wenn die Menschen, die es so zu nennen belieben und die dem Unglück weichen und, besiegt von immer schwerer lastenden Übeln, sich selbst das Leben nehmen wollen, ebenso, besiegt von klaren Gründen, auf der Suche nach dem glückseligen Leben, der Wahrheit weichen wollten und sich nicht einbildeten, sie müßten sich schon in diesem vergänglichen Leben des höchsten Gutes erfreuen. Legen doch selbst die Tugenden, die unfraglich das Beste und Wertvollste sind, was man hier an Menschen finden kann, je stärker der Beistand ist, den sie gegen die Macht der Gefahren, Mühen und Schmerzen gewähren, ein um so zuverlässigeres Zeugnis vom bestehenden Elende ab. Denn wenn es wahre Tugenden sind, die sich freilich nur bei denen finden, in denen wahre Frömmigkeit wohnt, so versprechen sie nicht etwa, sie könnten die Menschen, in denen sie wohnen, vor allem Elend bewahren – denn wahre Tugenden sind keine Lügnerinnen, daß sie so etwas versprächen –, sondern sie versprechen, das menschliche Leben, das unter dem Druck so vieler und schwerer Übel notwendig elend sein muß, durch die Hoffnung auf die künftige Welt zu beseligen und zu heilen. Denn wie könnte es selig sein, wenn es noch nicht geheilt ist? Darum sagt auch der Apostel Paulus nicht von unklugen und ungeduldigen, unmäßigen und ungerechten Menschen, sondern von denen, die wahrhaft fromm leben und folglich lauter wahre Tugenden besitzen: «Denn durch Hoffnung sind wir heil geworden. Die Hoffnung aber, die man sieht, ist keine Hoffnung. Denn wie kann man auf das hoffen, das man sieht? Wenn wir aber auf das hoffen, das wir nicht sehen, so warten wir sein in Geduld.» Wie wir also durch Hoffnung geheilt sind, so sind wir auch durch Hoffnung selig gemacht und halten demnach wie das Heil, so auch die Seligkeit noch nicht gegenwärtig in Händen, sondern warten auf die zukünftige Seligkeit, und zwar in Geduld. Denn jetzt sind wir von Übeln umringt, die wir geduldig ertragen müssen, bis wir zu jenen Gütern gelangen, wo all das ist, dessen wir uns unsagbar freuen, aber nichts mehr, das wir noch erdulden müßten. Solch ein Heil, wie es die zukünftige Welt uns bescheren soll, wird dann auch die endgültige Seligkeit sein. An diese Seligkeit wollen die Philosophen, da sie sie nicht sehen, auch nicht glauben und versuchen darum, sich eine falsche zurechtzuzimmern mit Hilfe einer Tugend, die um so trügerischer ist, je hochmütiger sie ist.

5. Das menschliche Gemeinschaftsleben und seine Nöte

Wenn man uns nun sagt, der Weise strebe nach einem Leben in Gemeinschaft, so treten wir noch weit entschiedener dafür ein. Denn wie könnte der Gottesstaat, von dem wir in unserm Werke handeln und dessen neunzehntes Buch wir schon unter den Händen haben, begründet werden, fortschreiten und sein ihm gesetztes Ziel erreichen, wenn das Leben der Heiligen nicht ein geselliges wäre? Aber wie wird doch das menschliche Gemeinschaftsleben in der Mühsal dieses vergänglichen Lebens von so vielen und schlimmen Übeln überflutet! Wer kann sie aufzählen, wer vermag ihre Schwere zu ermessen? Man höre nur, wie bei den Komikern ein Mann ganz im Sinne aller Menschen und unter ihrem Beifall sagt:

„Ich nahm 'ne Frau. O Jammer, was hab' ich da erlebt!
Die Kinder kamen, immer neue Sorgen!"

Und wie ist's mit den Liebesnöten, die derselbe Terenz erwähnt: «Kränkung, Argwohn, Feindschaft, Krieg, dann wieder Friede»? Wer kann sich davor retten? Dringt das nicht häufig störend auch in ehrbare Freundschaften ein? Ist nicht die ganze Welt voll davon, in der, wie jeder es erfährt, Kränkung, Argwohn, Feindschaft, Krieg die sicheren Übel sind, der Friede dagegen nur ein unsicheres Gut? Denn die Herzen derer, mit denen wir in Frieden leben möchten, kennen wir nicht, und kennten wir sie heute, wüßten wir doch nicht, wie sie morgen sind. Die beste Freundschaft herrscht doch wohl – sollte es wenigstens – unter denen, die in Hausgemeinschaft miteinander leben. Doch auch da gibt's keine Sicherheit. Denn aus der versteckten Tücke der Hausgenossen entstehen oft die ärgsten Übel, die um so bitterer sind, je süßer der Friede war. Man hielt ihn für echt, und er war doch nur arglistig erheuchelt. Darum greift es uns allen so ans Herz und preßt uns Seufzer aus, wenn Tullius spricht: «Die hinterhältigsten Bosheiten sind die, welche sich unter trügerischer Dienstwilligkeit oder unter der Maske verwandtschaftlicher Vertrautheit bergen. Denn vor einem offenen Feinde kannst du dich leicht hüten und ihm aus dem Wege gehen. Doch dies im Inneren des Hauses versteckte Übel ist nicht nur da, sondern richtet auch Unheil an, ehe man sich dessen versieht und auf Abhilfe bedacht sein kann.» Und nur tiefbekümmert kann man jenes Gotteswort vernehmen: «Des Menschen Feinde sind seine eigenen Hausgenossen.» Denn mag jemand auch so tapfer sein, daß er es gleichmütig erträgt, oder so wachsam, daß er in kluger Voraussicht dem aus dem Wege geht, was heuchlerische Freundschaft gegen ihn im Schilde führt, so muß ihm doch, wenn er selbst gut ist, die Bosheit der treulosen Menschen, deren ganze Schlechtigkeit er erfährt, höchst qualvoll sein, gleichviel, ob sie immer so schlecht waren und sich nur gut stellten, oder ob sie früher gut waren und dann erst schlecht wurden. Wenn also nicht einmal das Haus, die Zufluchtsstätte aller Menschen in diesen unübersehbaren Übeln, sicher ist, wie dann erst die Stadt, deren Gerichtsplatz um so voller ist von bürgerlichen Händeln und Strafprozessen, je größer sie ist? Mögen bisweilen die wilden, meist auch blutigen Aufstände und Bürgerkriege ruhen und die Staaten zeitweilig von solch schlimmen Ereignissen verschont bleiben, die Gefahr droht doch immer.

6. Von dem mit der Rechtsprechung verbundenen Elend

Und wie steht es mit der Rechtsprechung von Menschen über andere Menschen, die ja im Staate auch bei dauerndem Friedenszustande nicht fehlen darf? Wie kümmerlich ist sie doch, wie beklagenswert! Denn die, welche das Urteil fällen, können denen, über die sie urteilen, nicht ins Herz sehen. Darum sind sie oft genötigt, durch Folterung unschuldiger Zeugen, die mit der Sache, um die sich's handelt, nichts zu tun haben, die Wahrheit zu erforschen. Und wie, wenn einer in eigener Sache gefoltert und peinlich gefragt wird, ob er schuldig sei, und nun unschuldig um einer ungewissen Straftat willen gewisseste Qualen erleiden muß, nicht etwa weil es herausgekommen wäre, daß er die Tat begangen hat, sondern weil man nicht weiß, ob er sie begangen hat? So ist denn des Richters Unwissenheit vielfach das Mißgeschick eines Unschuldigen. Und was noch unerträglicher, noch bejammernswerter ist, worüber man eigentlich Ströme von Tränen vergießen müßte: Wenn nur deshalb der Richter einen Angeklagten foltern läßt, um nicht unwissentlich einen Unschuldigen zu töten, und nun infolge dieser kläglichen Unwissenheit den Gefolterten und Unschuldigen auch noch tötet, den er doch hatte foltern lassen, um keinen Unschuldigen zu töten. Denn wenn dieser nach dem weisen Rat jener Philosophen vorzieht, aus dem Leben zu fliehen, statt noch länger Folterqualen aushalten zu müssen, so bekennt er sich zu dem Verbrechen, das er doch nicht begangen hat. Ist er aber verurteilt und getötet, weiß der Richter immer noch nicht, ob er einen Schuldigen oder Unschuldigen getötet hat, obwohl er ihn folterte, um nicht unwissend einen Unschuldigen zu töten. So hat er einen Unschuldigen erst gefoltert, um zum Wissen zu gelangen, dann ihn in Unwissenheit doch getötet. Wird überhaupt in diesen Finsternissen, die über dem Gemeinschaftsleben lagern, ein weiser Richter zu Gericht sitzen, oder wird er's nicht wagen? Doch, er wird es. Denn die menschliche Gesellschaft verpflichtet und nötigt ihn zu diesem Dienst, und er hält es für Unrecht, sich ihr zu entziehen. Das aber hält er nicht für ein Unrecht, wenn er unschuldige Zeugen in fremder Sache foltern läßt; wenn er Angeschuldigte, die oft, vom Schmerz der Folterung überwältigt, ein unwahres Geständnis ablegen, unschuldig bestraft, nachdem sie schon unschuldig die Folter erlitten; wenn er sie zwar nicht mit dem Tode bestraft, aber doch Ursache ist, daß sie oft genug während der Folterung oder an ihren Folgen sterben; wenn er in seiner Unwissenheit bisweilen auch Ankläger verurteilt, die, um der menschlichen Gesellschaft zu nützen und um nicht ungestraft Verbrechen verüben zu lassen, ihre Anklage vorbrachten, aber sie nicht beweisen konnten, weil die Zeugen logen und der Angeklagte selbst zwar schuldig war, aber trotz aller Folter hartnäckig blieb und kein Geständnis ablegte. Diese vielen und großen Übel hält er nicht für Sünde, denn als weiser Richter tut er das alles nicht mit der Absicht, Schaden anzurichten, sondern in der Zwangslage, in die ihn sein Nichtwissen und die Notwendigkeit richten zu müssen, versetzt, da die menschliche Gesellschaft es nun einmal fordert. So liegt hier zwar keine Schlechtigkeit des Weisen vor, aber doch gewiß ein Elend des Menschen, und davon sprechen wir jetzt. Oder ist er wohl gar in der Zwangslage, nicht wissen zu können, aber doch urteilen und Unschuldige foltern sowie Unschuldige bestrafen zu müssen, nicht damit zufrieden, daß man ihm deswegen keine Vorwürfe machen kann, sondern will obendrein noch glückselig sein? Wieviel vernünftiger und menschenwürdiger wäre es doch, wollte er in dieser Zwangslage sein Elend anerkennen, ihm grollen und, wenn er fromm gesinnt ist, zu Gott rufen: «Rette mich aus meinen Nöten!»

7. Das Elend der vielsprachigen Völkerwelt · Die Kriege

Auf die Stadt oder den Staat folgt als dritte Stufe der menschlichen Gesellschaft der Erdkreis. Denn vom Hause gelangt man fortschreitend zum Staat, sodann zum Erdkreis. Der aber ist wie eine Wassermasse, je größer um so gefahrvoller. In ihm ist es zunächst schon die Vielsprachigkeit, die den Menschen dem Mitmenschen entfremdet. Denn wenn sich zwei Menschen begegnen und nicht aneinander vorbei können, sondern sich irgendwodurch gezwungen sehen, beisammenzubleiben, obwohl einer die Sprache des andern nicht versteht, werden eher stumme Tiere, sei's auch verschiedener Art, sich zur Gemeinschaft verbinden als diese beiden, die doch Menschen sind. Wenn sie nämlich ihre Gedanken nicht austauschen können, verhilft ihnen alle von Natur bestehende Ähnlichkeit allein schon wegen der Verschiedenheit der Sprache nicht zu gegenseitiger Annäherung. So kommt's, daß der Mensch lieber mit seinem Hunde als mit einem fremdsprachigen Mitmenschen zusammenleben mag. Nun hat gewiß der herrschende Staat es sich angelegen sein lassen, nicht nur sein Joch, sondern auch seine Sprache den unterworfenen Völkern aufzunötigen, und in der so begründeten Friedensgemeinschaft war kein Mangel, sondern sogar Überfluß an Dolmetschern. Das ist schon recht, aber durch wie viele und schreckliche Kriege, durch welche Menschenschlächterei, welches Blutvergießen ward es erreicht! Und als man so weit war, da war das Elend dieser Übel noch immer nicht zu Ende. Denn abgesehen davon, daß es auch jetzt noch auswärtige feindliche Völker gab und gibt, gegen welche immerfort Kriege geführt wurden und geführt werden, hat gerade die Größe des Reiches Kriege schlimmerer Art entfesselt, Bundesgenossen- und Bürgerkriege, von denen das Menschengeschlecht noch jämmerlicher gepeinigt wird, sei es daß man kämpft, um endlich einmal zur Ruhe zu kommen, sei es daß man sich ängstet, die Kämpfe möchten von neuem ausbrechen. Wollte ich all das vielfältige Unheil, all die drängenden und drückenden Notstände im Gefolge dieser Übel so schildern, wie sie es verdienen, wozu ich freilich völlig außer stande bin, wie würde ich damit je zu Ende kommen? Doch, so sagt man, der Weise wird nur gerechte Kriege führen. Als ob er nicht, wenn er menschlich fühlt, noch viel mehr über die Notwendigkeit gerechter Kriege trauern müßte! Denn wären sie nicht gerecht, dürfte er sie nicht führen, gäbe es also für den Weisen keine Kriege. Nur die Ungerechtigkeit der gegnerischen Seite zwingt ja den Weisen zu gerechter Kriegführung. Und diese Ungerechtigkeit muß ein Mensch an Menschen betrauern, auch wenn keine Nötigung zu Kriegen daraus erwächst. Wer also diese großen, schauerlichen, verheerenden Übel leidvoll betrachtet, der gestehe, daß sie ein Elend sind. Wer dagegen ohne Seelenschmerz sie über sich ergehen läßt oder auch nur an sie denkt, mag sich immerhin für glückselig halten, aber er ist um so elender, weil er sein menschliches Empfinden verloren hat.

8. Gute Freunde vermehren noch unsere Sorgen

Doch nehmen wir einmal an, es könnte von jener Verblendung, um nicht zu sagen Narrheit, die doch in unsrer elenden Lebenslage nicht selten ist, keine Rede sein, nämlich, daß jemand einen Feind für seinen Freund oder einen Freund für seinen Feind hält, was kann es dann in dieser an Irrungen und Sorgen überreichen menschlichen Gesellschaft für uns Tröstlicheres geben als echte Treue und gegenseitige Liebe wahrer und guter Freunde? Doch je mehr Freunde wir haben und auf je mehr Orte sie sich verteilen, um so mehr bedrängt uns auch die Furcht, es möge ihnen von der aufgehäuften Masse von Übeln dieser Welt etwas Übles zustoßen. Wir sind ja nicht nur darum besorgt, daß sie von Hunger, Kriegsnot, Krankheit und Gefangennahme betroffen werden und in der Gefangenschaft so Schreckliches erdulden müssen, wie wir es uns gar nicht vorzustellen vermögen, sondern auch – und diese Furcht ist weit quälender – sie könnten untreu, schlecht und nichtsnutzig werden. Und wenn das dann eintrifft, um so häufiger natürlich, je größer ihre Zahl, und wir es erfahren, kann nur der nachfühlen, welch brennende Wunden uns dadurch geschlagen werden, wer selbst Ähnliches erlebt hat. Lieber hörten wir, sie wären tot, obwohl auch diese Nachricht uns kummervoll sein würde. Denn wie sollte uns ihr Tod nicht betrüben, da doch ihr Leben um der Tröstungen der Freundschaft willen uns so erfreulich war? Wer solche Betrübnis verhindern will, verhindere doch auch, wenn er kann, die freundschaftlichen Gespräche, untersage oder unterdrücke alle freundschaftlichen Gefühle und zerreiße in roher Unempfindlichkeit alle Bande menschlicher Zusammengehörigkeit, oder lasse sie nur soweit gelten, als von ihr keinerlei Beglückung dem Geiste zufließt. Wenn das unmöglich ist, wird man auch niemals dem Tode desjenigen, dessen Leben uns teuer ist, seinen bitteren Stachel nehmen können. Darum ist ja auch die Trauer eine Art Wunde oder Schwäre des menschlich fühlenden Herzens, zu deren Heilung die üblichen Beileidsbezeugungen dienen sollen. Denn wenn auch die Heilung um so schneller und leichter erfolgt, je besser die Seele ist, so ist doch erst der Schaden da, der geheilt werden soll. Obwohl also das Leben der Sterblichen durch den Tod liebster Freunde, zumal derer, die der Menschheit noch wertvolle Dienste leisten könnten, bald leichter, bald schwerer heimgesucht wird, möchten wir doch, die wir liebhaben, lieber tot sehen oder von ihrem Tode hören, als erfahren, daß sie vom Glauben und ehrbaren Leben abgefallen, also geistlich tot sind. So ist die Erde eine Brutstätte ungezählter Übel. Es steht ja auch geschrieben: «Ist nicht lauter Versuchung das menschliche Leben auf Erden?» Und der Herr selbst spricht: «Wehe der Welt der Ärgernisse halben» und abermals: «Weil die Ungerechtigkeit überhand genommen hat, wird die Liebe in vielen erkalten.» So geschieht es denn, daß wir gute Freunde zu ihrem Tode beglückwünschen und gerade ihr Tod, obschon er uns betrübt, uns doch den sichersten Trost gewährt. Denn nun sind sie von den Übeln frei, von denen in diesem Leben auch die guten Menschen entweder zermürbt oder verdorben werden, oder doch in beiderlei Hinsicht Gefahr laufen.

9. Sucht man Gemeinschaft mit den Engeln, droht dämonischer Betrug

Der Gemeinschaft mit den heiligen Engeln wiesen jene Philosophen, vom Erdkreis zum Weltall übergehend und damit gewissermaßen auch den Himmel einbeziehend, den vierten

Platz an. Sie lehrten ja, daß die Götter den Menschen freund seien. Was nun diese Gemeinschaft anlangt, so machen wir uns gewiß keine Sorge, solche Freunde könnten uns durch ihren Tod oder Sündenfall Trauer verursachen. Aber da sie nicht in menschlicher Vertrautheit mit uns verkehren – was auch zu den Kümmernissen dieses Lebens gehört –, und da Satan bisweilen, wie wir lesen, die Gestalt eines lichten Engels annimmt, um diejenigen zu versuchen, für die das ein heilsames Erziehungsmittel oder aber eine wohlverdiente Täuschung ist, bedarf es fürwahr großer Barmherzigkeit Gottes, daß man nicht in dem Glauben, gute Engel zu Freunden zu haben, in Wirklichkeit böse Dämonen zu trügerischen Freunden hat und ihrer Feindschaft preisgegeben ist, die um so schädlicher ist, je listiger und tückischer sie sind. Und was ist es, das diese große Barmherzigkeit Gottes nötig macht? Einzig und allein das große menschliche Elend, die große Unwissenheit, die auf uns lastet und uns so leicht dämonischem Betrug zum Opfer fallen läßt. Es ist auch nicht im geringsten zu bezweifeln, daß jene Philosophen und Bürger des gottlosen Staates, die sich der Freundschaft der Götter rühmten, eine Beute der bösartigen Dämonen waren, denen ja jener Staat ganz und gar verfallen ist, und mit denen er das ewige Strafgericht teilen wird. Aus den gottesdienstlichen, vielmehr gotteslästerlichen Bräuchen, womit man sie verehrte, und aus den unsauberen Spielen, in denen ihre Schandtaten zum besten gegeben wurden, und mit denen man sie glaubte versöhnen zu müssen, da sie selber diese Abscheulichkeiten veranlaßten und forderten, kommt klar genug zutage, wer es ist, der da verehrt wird.

10. Bewährung in den Nöten und Versuchungen des Erdenlebens erlangt seligen Frieden

Aber auch die heiligen und gläubigen Verehrer des einen wahren und höchsten Gottes sind vor ihren Betrügereien und vielfältigen Versuchungen keineswegs sicher. Denn an diesem Ort der Schwachheit und in diesen bösen Tagen ist die daraus erwachsende Besorgnis für uns nur heilsam, damit wir jene Sicherheit, wo vollkommener und unangefochtener Friede herrscht, mit um so glühenderem Verlangen suchen. Denn da werden die Gaben der Natur, mit denen der Schöpfer aller Naturen unsere Natur ausgestattet, nicht nur gut, sondern auch von ewiger Dauer sein. Das gilt von den Gaben unseres Geistes, der dann durch die Weisheit gesundet sein wird, aber auch von denen unseres Leibes, der durch die Auferstehung erneuert sein wird. Da werden unsere Tugenden nicht mehr gegen Laster oder Übel ankämpfen, sondern als Siegespreis den ewigen Frieden erlangt haben, den kein Feind mehr beunruhigen kann. Denn das ist die endgültige Glückseligkeit, das Endziel der Vollendung, das von Ende und Aufhören nichts weiß. Hienieden heißt man uns zwar auch glückselig, wenn wir Frieden in dem bescheidenen Maße besitzen, wie er hier bei guter Lebensführung besessen werden kann. Aber diese Glückseligkeit ist, verglichen mit jener, die wir endgültig nennen, nichts als Elend. Wird uns sterblichen Menschen also in dieser vergänglichen Erdenwelt Friede zuteil, soweit es ihn hier überhaupt gibt, so gebraucht die Tugend, wenn wir recht leben, seine Gaben recht, wird er uns dagegen versagt, macht sie auch von den Übeln, die der Mensch dann erdulden muß, guten Gebrauch. Das aber ist die wahre Tugend, die alles Gute, von dem sie guten Gebrauch macht, und all ihr Tun beim guten Gebrauch sowohl der Güter als auch der Übel, dazu auch sich selbst ausrichtet auf jenes Ende, wo uns solch großer

Friede zuteil werden wird, wie er besser und größer nicht sein kann.

11. Der ewige Friede als höchstes Gut

So könnten wir denn sagen, unser höchstes Gut oder, wie wir es vorhin nannten, das ewige Leben sei der Friede, zumal wenn wir daran denken, daß zu dem Gottesstaat, dem unsere mühevolle Untersuchung gilt, das heilige Psalmwort gesprochen ward: «Preise, Jerusalem, den Herrn, lobe, Zion, deinen Gott; denn er hat festgemacht die Riegel deiner Tore und gesegnet deine Kinder drinnen; er hat dir als Ziel den Frieden gesetzt.» Sind die Riegel seiner Tore festgemacht, wird niemand mehr in es eingehen, niemand es verlassen. Darum müssen wir hier als sein Ziel den Frieden verstehen, den wir als endgültig erweisen wollen. Denn auch der mystische Name der Stadt, nämlich Jerusalem, bedeutet, wie bereits früher erwähnt, Friedensschau. Doch da man von Frieden häufig auch im Bereich des vergänglichen Daseins spricht, wo es doch kein ewiges Leben gibt, wollten wir das Endziel dieses Staates, in dem er sein höchstes Gut erblickt, lieber das ewige Leben als Frieden nennen. Von diesem Ziel spricht der Apostel: «Nun ihr aber seid von der Sünde frei und Gottes Knechte geworden, habt ihr eure Frucht, daß ihr heilig werdet, das Ende aber das ewige Leben.» Aber wiederum, weil das ewige Leben von solchen, welchen die Heilige Schrift nicht vertraut ist, auch als Fortleben der Bösen verstanden werden kann, und zwar sowohl im Hinblick auf einige Philosophen, die die Unsterblichkeit der Seele lehren, als auch im Hinblick auf unsere eigene Glaubenslehre, welche die endlose Strafe der Gottlosen bezeugt, die ja nicht ewig gepeinigt werden könnten, wenn sie nicht ewig lebten, sollte man das Endziel des Gottesstaates, in dem er sein höchstes Gut genießen wird, entweder als Frieden im ewigen Leben oder ewiges Leben im Frieden bezeichnen, damit es um so leichter von allen recht verstanden werde. Denn solch großes Gut ist der Friede, daß man auch im Bereich der irdischen und vergänglichen Dinge nichts Lieberes hören, nichts Erwünschteres begehren, endlich auch nichts Besseres finden kann. Wenn ich hierbei noch ein wenig länger verweile, werde ich, so möchte ich glauben, den Lesern nicht lästig fallen. Denn wer hörte nicht gern von dem Endziel des Staates, von dem wir reden, und dem Frieden selbst, der so süß und allen teuer ist?

12. *Das Streben nach Frieden allgemeines Naturgesetz*

Daß er es ist, wird mir jeder zugeben, der die menschlichen Verhältnisse und die gemeinsame Natur ins Auge faßt. Denn wie es niemanden gibt, der sich nicht freuen wollte, gibt es auch niemanden, der keinen Frieden haben will. Wollen doch selbst die, welche Kriege wollen, nichts anders als siegen, trachten also danach, durch Krieg zu ruhmvollem Frieden zu gelangen. Denn was ist Sieg anders als Unterwerfung der Widersacher? Ist das aber erreicht, so ist Friede. Mit Friedensabsicht werden also auch die Kriege geführt, sogar von denen, die durch Kommandieren und Kämpfen die kriegerische Tüchtigkeit üben wollen. Friede ist demnach das erwünschte Ende des Krieges. Denn jedermann erstrebt durch Kriegführung Frieden, keiner durch Friedensschluß Krieg. Auch die, welche den Frieden, in dem sie leben, stören wollen, hassen ja nicht den Frieden als solchen, sondern wollen nur einen anderen, der ihren Wünschen entspricht. Sie wollen also nicht etwa überhaupt keinen Frieden, sondern nur solch einen, wie er ihnen paßt. Ja auch dann, wenn sie sich im Aufruhr von den andern lossagen, müssen sie doch mit ihren Mitläufern und Mitverschworenen eine Art Frieden wahren, sonst werden sie ihr Ziel nicht erreichen. Sogar die Räuber wollen mit ihren Spießgesellen Frieden haben, um den Frieden der anderen um so grimmiger und erfolgreicher anzugreifen. Und wenn es schließlich auch nur einer ist, so riesenstark und so sehr vor Mitwissern auf der Hut, daß er sich keinem Gefährten anvertraut, sondern sich allein in Hinterhalt legt und so viel Leute überwältigt, umbringt und ausplündert, wie er eben kann, hält er doch mit denen, die er nicht töten kann, und denen seine Untaten möglichst verborgen bleiben sollen, eine Art schattenhaften Frieden aufrecht. In seinem Hause aber wünscht er sicherlich mit Weib und Kindern und sonstigen Hausgenossen in Frieden zu leben und freut sich ohne Zweifel, wenn sie ihm aufs Wort gehorchen. Denn geschieht das nicht, wird er zornig, schilt und straft und stellt, wenn's nötig ist, mit wilder Gewalt den häuslichen Frieden wieder her, der, wie er wohl weiß, nicht bestehen kann, wenn nicht dem einen Oberhaupt des Hauses, also ihm selber, alles, was sonst noch zur Hausgemeinschaft gehört, sich fügt. Und wenn sich ihm noch viele andere unterwürfen, etwa eine Stadt oder ein Volk, so daß sie ihm ebenso dienstbar wären, wie er zu Hause Dienstbarkeit verlangt, würde er sich nicht mehr als Räuber in Schlupfwinkeln verstecken, sondern als König stolz vor aller Augen einhergehen, aber Gier und Bosheit wären die gleichen geblieben. So wünschen denn alle mit den Ihrigen, die nach ihrem Willen leben sollen, Frieden zu halten. Denn auch die, mit denen sie Krieg führen, wollen sie womöglich zu Ihrigen machen, um ihnen als Untertanen ihre Friedensgesetze aufzuerlegen.

Doch nehmen wir einmal an, es wäre da einer, wie ihn die Dichterfabeln beschreiben, den man vielleicht wegen seiner ungeselligen Wildheit lieber einen Halbmenschen als einen Menschen nennen möchte. Sein Reich ist die Einsamkeit einer schauerlichen Höhle und seine Bösartigkeit so unerhört, daß er daher seinen Namen bekommen hat – denn das griechische Wort für böse ist «kakos», und so heißt er auch – da ist keine Gattin zu freundlicher Zwiesprache, keine kleinen Kinder, mit denen er scherzen, keine großen, denen er Befehle geben kann, kein Freund zur Unterhaltung, nicht einmal sein Vater Vulkan, der übrigens noch unglücklicher ist als er selber, weil er solch einen Sohn erzeugt hat. Niemandem schenkt er was, sondern nimmt jedem weg, was er kriegen, schleppt jeden fort, den er fangen kann. Trotz alledem sucht auch er in seiner einsamen Höhle, deren Boden, wie erzählt wird, stets von frischem Blute dampft, nichts anderes als Frieden, und keiner darf ihm lästig fallen, keiner sein Behagen durch Gewalt oder Schrecken stören. Auch mit seinem eigenen Leibe wünscht er Frieden zu haben, und soweit ihm das gelingt, ist ihm wohl. Denn dann gebietet er über gefügige Glieder, und sollte etwa sein Leib aus Nahrungsmangel gegen ihn sich empören und einen Hungeraufruhr anstiften, der Seele und Leib in Zwiespalt bringt und womöglich auseinanderreißt, so raubt, mordet und schlingt er, um ihn schleunigst zur Ruhe zu bringen, und sorgt, wild und roh, wie er ist, auf wilde und rohe Weise für Frieden und Wohlergehen. Wollte er auch mit andern ebenso Frieden halten, wie er in seiner Höhle und mit sich selber in Frieden zu leben sich bemüht, würde man ihn nicht böse oder ein Ungeheuer oder einen Halbmenschen nennen. Aber vielleicht ist es nur seine Gestalt und der feurige Qualm, den er ausatmet, der die Menschen vor ihm zurückschreckt, so daß er nicht aus Schadenfreude, sondern Lebensnotwendigkeit solch wüstes Leben führt. Übrigens mag er wohl gar nicht gelebt haben oder jedenfalls nicht so gewesen sein, wie dichterische Willkür ihn beschreibt, und wohl nur darum hat man ihn, Cacus, so schreckhaft geschildert, um Herkules desto mehr preisen zu können. Das beste ist also, wie gesagt, man glaubt nicht, daß es solch einen Menschen oder Halbmenschen je gegeben hat, wie so manche andere Fabelgestalten der Dichter auch. Aber sogar die wildesten Tiere, von deren Wildheit jener Cacus sein Teil abbekommen hatte – nannte man ihn doch auch einen Halbwilden –, erhalten ihr Geschlecht nur durch eine Art Frieden. Das zeigt sich, wenn sie sich begatten, zeugen und gebären sowie ihre Jungen hegen und nähren, obschon sie sonst meist ungesellig und Einzelgänger sind, also nicht etwa wie Schafe, Hirsche, Tauben, Stare, Bienen, sondern wie Löwen, Wölfe, Füchse, Adler, Nachteulen. Knurrt nicht der Tiger seine Jungen zärtlich an, vergißt seine Wildheit und spielt mit ihnen? Und der Geier, der auf Raubsuche einsam umherstreift, gesellt er sich nicht ein Weibchen zu, baut ein Nest, brütet Eier aus, füttert die Jungen und hält mit seiner Hausfrau, um sie so zu nennen, häusliche Gemeinschaft und Frieden, so gut er's eben versteht? Wieviel mehr wird ein Mensch gewissermaßen durch die Gesetze seiner Natur getrieben, gesellige Verbindung einzugehen und, soviel an ihm ist, mit allen Mitmenschen Frieden zu halten! Kämpfen doch selbst die Bösen für den Frieden der Ihrigen und möchten alle, wenn irgend möglich, zu Ihrigen machen, damit alle und alles nur Einem dienstbar sei. Und wie geschieht das? Wenn alle, sei es aus Liebe, sei es aus Furcht, in seinen Frieden willigen. Da sieht man, wie sündiger Hochmut Gott nachahmt. Denn Gleichheit mit den anderen unter Gott ist ihm verhaßt, und statt dessen will er den Genossen an Stelle Gottes seine Herrschaft aufzwingen. Er haßt also den gerechten Frieden Gottes und liebt seinen eigenen ungerechten Frieden. Aber überhaupt keinen Frieden zu lieben, dazu ist er ganz außerstande. Denn keines Menschen Laster ist so wider die Natur, daß es die letzten Spuren der Natur austilgen könnte.

Freilich verdient es der Friede der Gottlosen, wenn man ihn mit dem Frieden der Gerechten vergleicht, nicht Friede genannt zu werden, wie jeder einsehen muß, der Rechtes dem Schlechten und Wohlgeordnetes dem Verkehrten vorzuziehen weiß. Doch auch was verkehrt ist, muß notwendig in und aus und mit irgendeinem Teil der Dinge, in denen oder aus denen es besteht, in Frieden sein, denn sonst könnte es überhaupt nicht sein. Nehmen wir beispielsweise an, es sei jemand mit dem Kopf nach unten aufgehängt, so ist sicherlich die Lage des Körpers und die Ordnung der Glieder verkehrt, da das, was von Natur oben sein soll, unten ist, und was naturgemäß unten sein sollte, nach oben geraten ist. Diese Verkehrtheit hat den Frieden des Leibes gestört und wird darum peinlich empfunden. Da die Seele mit ihrem Leibe von Haus aus in Frieden lebt und um sein Wohlergehen besorgt ist, so empfindet sie jetzt Schmerz. Aber auch wenn sie, durch solche Störung ausgetrieben, entweicht, ist doch der zurückbleibende Leib, solange das Gefüge der Glieder erhalten bleibt, nicht ohne einen gewissen Frieden der Teile, folglich ein hängender Körper immer noch da. Und wenn dieser irdische Leib nun zur Erde strebt und an der Fessel, die ihn aufgehängt hält, zerrt, so sucht er seine Friedensordnung und fordert sozusagen mit der Stimme seines Schwergewichts den Ort, da er ruhen kann. Obschon bereits entseelt und ohne jede Empfindung, läßt er doch den ihm zukommenden natürlichen Frieden nicht fahren, sei es daß er ihn festhält, sei es daß er zu ihm hinstrebt. Wendet man nämlich die entsprechenden Salben an und verfährt mit ihm auf eine Weise, die die Verwesung und Auflösung des Leichnams hindert, so verbindet immer noch eine Art Friede die Teile miteinander und hält den Erdenleib an einem irdischen, zu ihm passenden, also befriedeten Orte fest. Legt man aber auf seine Einbalsamierung keinen Wert, sondern überläßt ihn dem Lauf der Natur, so gerät er zwar in eine Art Aufruhr, der sich in widerlichen, unsere Sinne beleidigenden Ausdünstungen, dem sogenannten Leichengeruche, kundtut, doch nur so lange, bis er sich den Elementen der Welt angepaßt hat und allmählich, Stück für Stück sich auflösend, in ihren Frieden eingeht. Kann sich doch schlechterdings nichts den Gesetzen des höchsten Schöpfers und Ordners entziehen, der über dem Frieden des

Weltalls waltet. Denn wenn auch aus der Leiche eines größeren Lebewesens kleine Tiere hervorgehen, so müssen doch nach demselben Gesetz des Schöpfers auch diese winzigen Geschöpfe ihren Seelchen im Frieden des Wohlergehens dienen. Und auch wenn das Fleisch toter Tiere von anderen gefressen wird, es findet, wohin es auch kommt, womit es sich auch verbindet und wohinein es sich auch verwandelt, dieselben über das All hin ausgebreiteten Gesetze vor, die zum Wohl jeder Art von sterblichen Wesen das Passende zusammenführen und zum Frieden bringen.

13. Friede und Ordnung allüberall

So besteht denn der Friede eines Körpers in dem geordneten Verhältnis seiner Teile, der Friede einer vernunftlosen Seele in der geordneten Ruhelage der Triebe, der Friede einer vernünftigen Seele in der geordneten Übereinstimmung von Denken und Handeln, der Friede zwischen Leib und Seele in dem geordneten Leben und Wohlbefinden des beseelten Wesens, der Friede zwischen dem sterblichen Menschen und Gott in dem geordneten gläubigen Gehorsam gegen das ewige Gesetz, der Friede unter Menschen in der geordneten Eintracht, der Friede des Hauses in der geordneten Eintracht der Hausbewohner im Befehlen und Gehorchen, der Friede des Staates in der geordneten Eintracht der Bürger im Befehlen und Gehorchen, der Friede des himmlischen Staates in der bestgeordneten, einträchtigsten Gemeinschaft des Gottesgenusses und gegenseitigen Genusses in Gott, der Friede aller Dinge in der Ruhe der Ordnung. Ordnung aber ist die Verteilung gleicher und ungleicher Dinge, die jedem den gebührenden Platz anweist. Darum fehlt den Unseligen, die, sofern sie unselig sind, keinen Frieden haben, die Ruhe der Ordnung, in der es keine Störung gibt. Aber da sie nach Recht und Verdienst unselig sind, können sie auch in ihrer Unseligkeit nicht außerhalb der Ordnung sein, zwar nicht mit den Seligen vereint, wohl aber von ihnen durch das Gesetz der Ordnung getrennt. Soweit sie ohne Störung sind, befinden sie sich mit ihrer Umgebung irgendwie in Einklang und besitzen infolgedessen eine gewisse Ruhe der Ordnung, also auch einen gewissen Frieden. Darum aber sind sie unselig, weil sie zwar in gewisser Sicherheit und insofern auch Leidlosigkeit sich befinden, aber doch nicht da, wo sie ganz sicher und leidlos sein würden, um so unseliger aber, wenn sie mit dem Gesetz nicht zufrieden sind, das in der Ordnung der Natur waltet. Wenn sie aber leiden, so ist ebenda, wo sie leiden, eine Störung des Friedens eingetreten; aber da, wo kein Schmerz sie brennt und das Einheitsgefüge sich nicht auflöst, besteht immer noch Friede. Wie es also zwar ein Leben ohne Schmerz geben kann, aber keinen Schmerz ohne Leben, so gibt es auch einen Frieden ohne allen Krieg, niemals aber einen Krieg ohne irgendwelchen Frieden, versteht sich, nicht sofern Krieg ist, sondern sofern der Krieg von denen oder inmitten derer geführt wird, die irgendwelche Naturen sind. Denn diese könnten keinesfalls existieren, wenn nicht irgendwie auf der Grundlage des Friedens.

So gibt es wohl eine Natur, in der nichts Böses ist, auch eine, in der nichts Böses sein kann, aber keine Natur kann existieren, in der nichts Gutes ist. Darum ist auch die Natur des Teufels, soweit sie Natur ist, nicht schlecht, sondern nur die Verkehrtheit macht sie schlecht. So «bestand er nicht in der Wahrheit», aber dem Gericht der Wahrheit entging er nicht. Er verharrte nicht in der Ruhe der Ordnung, aber entfloh nicht der Macht des Ordners. Das Gute, das Gott ihm in seiner Natur verlieh, entzieht ihn nicht der Gerechtigkeit Gottes, die ihn der Strafe überliefert; doch verfolgt Gott damit nicht das Gute, das er erschuf, sondern das Böse, das jener beging. Denn er tilgt nicht ganz, was er der Natur verliehen, sondern nimmt etwas weg und läßt etwas bestehen, so daß einer bleibt, den das Weggenommene schmerzt. Gerade der Schmerz bezeugt, daß Gutes weggenommen und Gutes geblieben ist. Wäre nichts Gutes geblieben, gäbe es ja keinen Schmerz über den Verlust des Guten. Denn wer sündigt, ist um so schlechter, wenn er sich auch noch freut über den Verlust der Rechtschaffenheit; wer dagegen Pein erleidet, der ist, falls er nicht dadurch etwas Gutes gewinnt, betrübt über den Verlust des Wohlbefindens. Da nun Rechtschaffenheit und Wohlbefinden beides Güter sind, und man über den Verlust eines Gutes trauern muß, nicht sich freuen – wenn der Verlust nicht durch etwas Besseres wettgemacht wird, und Rechtschaffenheit der Seele ist besser als Wohlbefinden des Leibes –, so ist es sicherlich richtiger, daß der Ungerechte nun unter dem Strafgericht leidet, als daß er sich einst seines Unrechts freute. Wie also Freude über die Abkehr vom Guten bei der Sünde ein Zeugnis bösen Willens ist, so Schmerz über den Verlust eines Gutes beim Strafgericht Zeugnis für die gute Natur. Denn wer darunter leidet, daß er den Frieden seiner Natur verloren hat, der leidet, weil ihm noch ein Überrest des Friedens geblieben ist, der es bewirkt, daß die Natur sich selber lieben muß. So geschieht es beim letzten Strafgericht mit Recht, daß die Ungerechten und Gottlosen den Verlust der natürlichen Güter unter Qualen beweinen; denn sie erfahren nun, daß derselbe Gott, den sie verachteten, als er in seiner Güte die Gaben darreichte, sie ihnen nun in seiner Gerechtigkeit wieder entzieht. Denn Gott ist der weiseste Schöpfer und gerechteste Ordner aller Naturen. Er hat das sterbliche Menschengeschlecht zur schönsten Zier der Erdenwelt gemacht. Er gab den Menschen mancherlei Güter, die diesem Leben förderlich sind, nämlich zeitlichen Frieden, wie er dem sterblichen Leben angemessen ist, also Wohlergehen, Unversehrtheit und geselliges Zusammenleben, dazu manches, das erforderlich ist, diesen Frieden zu bewahren und wiederherzustellen, wie all das, was sich den Sinnen freundlich darbietet, Licht und Ton, Luft zum Atmen und Wasser zum Trinken, ferner was zur Ernährung und Bedeckung, zur Pflege und zum Schmucke des Leibes dienlich ist. Aber er verfügte, und nichts konnte gerechter sein, daß wer von diesen dem irdischen Frieden der Sterblichen angepaßten Gütern rechten Gebrauch machen würde, noch reichere und edlere erlangen sollte, nämlich den Frieden der Unsterblichkeit und die ihm entsprechende Herrlichkeit und Ehre im ewigen Leben zum Genusse Gottes und des Nächsten in Gott. Wer aber verkehrten Gebrauch davon machte, der sollte diese nicht erlangen und jene verlieren.

14. Die Friedensordnung und das letzte Ziel

Aller Gebrauch zeitlicher Dinge zielt also im irdischen Staate auf den Genuß irdischen Friedens ab, im himmlischen Staate aber auf den Genuß des ewigen Friedens. Wären wir demnach vernunftlose Lebewesen, würden wir nichts begehren als das geordnete Verhältnis der Körperteile und die Ruhelage der Triebe, also nichts als Ruhe des Fleisches und Fülle von Genüssen, damit leiblicher Friede dem Frieden der Seele förderlich sei. Denn fehlt der leibliche Friede, wird auch der Friede im vernunftlosen Seelenleben behindert, weil die Ruhelage der Triebe nicht erreicht werden kann. Beides zusammen aber fördert den Frieden zwischen Seele und Leib, nämlich den Frieden des geordneten Lebens und Wohlbefindens. Denn wie die Lebewesen zu erkennen geben, daß sie den Frieden des Leibes lieben, da sie den Schmerz fliehen, sowie den Frieden der Seele, da sie zur Befriedigung der Bedürfnisse ihrer Triebe der Lust nachgehen, so zeigen sie durch ihre Flucht vor dem Tode deutlich an, wie sehr sie auch den Frieden lieben, der Seele und Leib in Freundschaft verbindet. Doch weil der Mensch eine vernünftige Seele besitzt, ordnet er all das, was er mit den Tieren gemeinsam hat, dem Frieden der vernünftigen Seele unter, urteilt demnach mit dem Geiste und handelt dementsprechend so, daß sich eine geordnete Übereinstimmung von Erkennen und Handeln ergibt, die wir den Frieden der vernünftigen Seele nannten. Um seinetwillen muß er wünschen, weder von Schmerz belästigt, noch von Verlangen beunruhigt, noch vom Tode aufgelöst zu werden. Denn nur dann kann er Nützliches erkennen und sein Leben und Verhalten nach dieser Erkenntnis einrichten. Doch damit er nicht gerade durch sein Erkenntnisstreben infolge der Schwäche des menschlichen Geistes verderblichen Irrtümern verfällt, bedarf er der göttlichen Unterweisung, der er in Sicherheit gehorcht, und der göttlichen Unterstützung, um in Freiheit zu gehorchen. Und da er, solange er in diesem sterblichen Leibe weilt, fern vom Herrn dahinpilgert, wandelt er im Glauben und nicht im Schauen. So muß denn aller Friede, der Friede des Leibes und der Seele sowie der zwischen Leib und Seele, gerichtet sein auf jenen Frieden, der den sterblichen Menschen mit dem unsterblichen Gott verbindet; dann besitzt er den im Glauben geordneten Gehorsam gegen das göttliche Gesetz. Nun lehrt aber der göttliche Meister zwei Hauptgebote, Gottes- und Nächstenliebe, in denen der Mensch drei Gegenstände der Liebe findet, nämlich Gott, sich selbst und den Nächsten, und wer Gott liebt, geht auch in der Selbstliebe nicht irre. So ergibt sich die Folgerung, daß er auch dem Nächsten, den er lieben soll wie sich selbst, also Weib, Kindern, Hausgenossen und allen übrigen Menschen, soweit das möglich ist, zur Gottesliebe behilflich sein und die gleiche Hilfe, wenn er ihrer bedarf, sich vom Nächsten leisten lassen soll. Dann wird er, soviel an ihm liegt, mit allen Menschen Frieden haben, jenen Frieden unter Menschen, der in geordneter Eintracht besteht. Diese Ordnung aber ist, daß er zunächst einmal keinem schade, sodann aber auch nütze, wem er kann. An erster Stelle also obliegt ihm die

Sorge für die Seinen, denn ihnen kann er nach Ordnung der Natur und der menschlichen Gesellschaft am bequemsten und leichtesten behilflich sein. Darum sagt der Apostel: «So jemand die Seinen, zumal seine Hausgenossen, nicht versorgt, der hat den Glauben verleugnet und ist ärger als ein Heide.» Daraus entspringt also auch der häusliche Friede, das ist die geordnete Eintracht der Zusammenwohnenden im Befehlen und Gehorchen. Denn hier befehlen die, die Fürsorge üben, der Mann dem Weibe, die Eltern den Kindern, die Herren den Knechten. Es gehorchen aber die, denen die Fürsorge gilt, die Frauen ihren Ehemännern, die Kinder den Eltern, die Knechte den Herren. Doch im Hause des Gerechten, der aus dem Glauben lebt und noch fern der himmlischen Stadt dahinpilgert, dienen auch die, welche befehlen, denen, welchen sie zu befehlen scheinen. Denn nicht die Lust zu herrschen, sondern die Pflicht zu helfen heißt sie befehlen, nicht ehrgeiziger Hochmut, sondern fürsorgliches Erbarmen.

15. Naturordnung und Sklaverei

Das ist's, was die natürliche Ordnung vorschreibt, und so hat Gott den Menschen geschaffen. Denn Gott sprach: «Er herrsche über die Fische des Meeres und über die Vögel des Himmels und über alles Gewürm, das auf Erden kriecht.» Vernünftig und nach seinem Ebenbild erschaffen, sollte der Mensch nur über die vernunftlosen Geschöpfe herrschen, also nicht Mensch über Mensch, sondern Mensch über Tier. Daher wurden die ersten Gerechten mehr zu Hirten über Vieh als zu Königen über Menschen eingesetzt, und auch dadurch gab Gott zu verstehen, was die Naturordnung der Schöpfung fordert und was verdiente Folge der Sünde ist. Denn das Los der Knechtschaft ist, wie man einsehen muß, mit Recht dem Sünder auferlegt. Darum lesen wir in der Schrift nirgendwo etwas von Knechten, bevor der gerechte Noah mit diesem Worte seines Sohnes Sünde strafte. Dies Wort hat also die Schuld aufgebracht, nicht die Natur. Man nimmt jedoch an, daß das Wort Knecht in der lateinischen Sprache daher stammt, daß die, welche nach Kriegsrecht getötet werden konnten, von den Siegern, die sie aufbewahrten, Knechte genannt wurden («servi» von «servare»); aber auch das ist eine Folge der Sünde. Denn wenn auch ein gerechter Krieg geführt wird, kämpft man doch auf der Gegenseite für die Sünde. Und jeder Sieg, auch wenn er Bösen zufällt, ist ein Gottesgericht zur Demütigung der Besiegten, sei es um sie von Sünden zu reinigen, sei es um sie für Sünden zu bestrafen. Zeuge ist der Gottesmann Daniel, der in der Gefangenschaft seine und seines Volkes Sünde Gott bekennt und mit frommem Schmerz bezeugt, daß sie die Ursache der Gefangenschaft sei. Also ist erste Ursache der Knechtschaft die Sünde, die dahin führt, daß ein Mensch dem anderen durch den Zwang seiner Lage dienstbar wird. Dazu kommt es aber nur durch das Gericht Gottes, bei dem keine Ungerechtigkeit ist und der den Schuldigen mancherlei Strafen nach Verdienst zumißt. Aber es ist, wie der Herr des Himmels sagt: «Wer Sünde tut, der ist der Sünde Knecht», und so stehen zwar viele Fromme im Dienst ungerechter Herren, doch sind diese deshalb nicht etwa frei, denn «von wem jemand überwunden ist, des Knecht ist er geworden». Und sicher ist besser daran, wer einem Menschen dient als der Begierde; denn mit grausamster Herrschaft verwüstet die Herzen der Menschen, um von anderen Begierden zu schweigen, gerade die Herrschgier. Wenn aber jetzt nach jener Friedensordnung die einen den andern untertan sein müssen, so ist Demut den Dienenden ebenso heilsam, wie Hochmut den Herrschenden schädlich. Doch ist von Natur, wie Gott den Menschen anfangs schuf, niemand eines Menschen oder der Sünde Knecht. Aber auch die als Strafe auferlegte Knechtschaft wird von dem Gesetz geordnet, das die natürliche Ordnung zu bewahren gebietet und sie zu verletzen verbietet. Denn wenn dies Gesetz nicht übertreten wäre, gäbe es nichts, was durch die Strafe der Knechtschaft zu ahnden wäre. Darum ermahnt auch der Apostel die Knechte, ihren Herren untertan zu sein und ihnen von Herzen und gutwillig zu dienen. Können sie also von den Herren nicht frei werden, so sollen sie ihre Knechtschaft gewissermaßen dadurch frei machen, daß sie nicht in arglistiger Furcht, sondern in treuer Liebe ihren Dienst tun, bis die Ungerechtigkeit vergeht, alle menschliche Herrschaft und Gewalt aufgehoben wird und Gott alles ist in allen.

16. *Von rechter Ausübung der Herrschgewalt*

Obschon darum auch unsere gerechten Erzväter Knechte hatten, walteten sie des Hausfriedens doch in der Weise, daß sie zwar hinsichtlich der zeitlichen Güter einen Unterschied machten zwischen dem Los der Kinder und der Lage der Knechte, was aber die Gottesverehrung anlangt, die uns auf ewige Güter hoffen läßt, waren sie für alle Glieder ihres Hauses in gleicher Liebe besorgt. Das fordert ja schon die Naturordnung, und zwar mit solchem Nachdruck, daß der Name Familienvater hier seinen Ursprung hat und so weit verbreitet ist, daß auch Haustyrannen sich gern so nennen lassen. Die wahren Familienväter aber leiten alle Familienangehörigen wie Kinder dazu an, Gott zu verehren und seine Gunst zu gewinnen. Denn auch sie verlangen und wünschen, einmal in das himmlische Haus einzugehen, wo es nicht mehr nötig ist, Sterblichen Befehle zu geben, weil es auch nicht mehr nötig sein wird, Unsterblichen, die schon glückselig sind, noch Fürsorge zuzuwenden. Doch bis man dahin gelangt, haben die Väter an der Last ihrer Herrschaft schwerer zu tragen als die Knechte an der ihres Dienstes. Wenn aber ein Hausgenosse dem häuslichen Frieden ungehorsam widerstrebt, muß er durch Worte oder Schläge oder ein anderes gerechtes und erlaubtes Zuchtmittel, wie es das Herkommen gestattet, gestraft werden, und zwar zum eigenen Nutzen, damit er der Friedensordnung, die er verlassen, wieder eingefügt werde. Denn so wenig man Lob verdient, wenn man durch Gewährung von Unterstützung den Verlust eines größeren Gutes herbeiführt, so sehr verdient man Tadel, wenn man durch Schonung das Eintreten eines schwereren Übels veranlaßt. Es gehört also zur Pflicht eines untadeligen Mannes, nicht nur niemandem Böses zu tun, sondern auch Sünde zu verhüten und zu bestrafen, so daß entweder der Gezüchtigte selbst durch Schaden klug wird oder andere durch das Beispiel abgeschreckt werden. Da nun die menschliche Familie Ausgangspunkt oder Teilstück des Staates sein soll, jeder Ausgangspunkt aber auf ein entsprechendes Ziel und jeder Teil auf das vollendete Ganze, zu dem er gehört, ausschaut, so ergibt sich klar, daß der häusliche Friede auf den bürgerlichen abzielt, mit anderen Worten, daß die geordnete Eintracht im Befehlen und Gehorchen der Hausgenossen abzielt auf die geordnete Eintracht im Befehlen und Gehorchen der Bürger. Daher kommt es, daß der Hausvater aus dem Gesetz des Staates die Vorschriften entnehmen muß, nach denen er sein Hauswesen so leitet, daß es dem Frieden des Staates sich anpaßt.

17. Der irdische und himmlische Staat und ihre Beziehung zum irdischen Frieden

Jedoch eine menschliche Hausgemeinschaft, die nicht aus dem Glauben lebt, trachtet nur danach, im Genuß der Gaben und Güter des zeitlichen Lebens irdischen Frieden zu gewinnen. Eine Hausgemeinschaft aber von solchen, die aus dem Glauben leben, erwartet die ewigen Güter, die für die Zukunft verheißen sind, und gebraucht die irdischen und zeitlichen Dinge nur wie ein Gast, läßt sich von ihnen nicht fangen und vom Wege zu Gott abbringen, sondern stärkt sich durch sie, die Last des vergänglichen Leibes, der die Seele beschwert, leichter zu ertragen und so wenig wie möglich zu vermehren. So ist zwar der Gebrauch der für unser sterbliches Leben notwendigen Dinge beiderlei Menschen und Häusern gemeinsam. Aber der Endzweck, zu dem man sie gebraucht, ist bei beiden anders und grundverschieden. Demnach strebt auch der irdische Staat, der nicht im Glauben lebt, nach irdischem Frieden und versteht die Eintracht der Bürger im Befehlen und Gehorchen als gleichmäßige Ausrichtung des menschlichen Wollens auf die zum sterblichen Leben gehörenden Güter. Der himmlische Staat dagegen oder vielmehr der Teil desselben, der noch in dieser vergänglichen Welt auf der Pilgerfahrt sich befindet und im Glauben lebt, bedient sich notwendig auch dieses Friedens, bis das vergängliche Leben selbst, dem solcher Friede not tut, vergeht. Solange er darum im irdischen Staate gleichsam in Gefangenschaft sein Pilgerleben führt, trägt er, bereits getröstet durch die Verheißung der Erlösung und den Empfang des Unterpfandes der Geistesgabe, kein Bedenken, den Gesetzen des irdischen Staates, die all das regeln, was der Erhaltung des sterblichen Lebens dient, zu gehorchen. Da ja das sterbliche Leben beiden Staaten gemeinsam ist, kann zwischen ihnen in allen darauf bezüglichen Angelegenheiten Eintracht bestehen. Nun hatte aber auch der irdische Staat seine Weisen, die jedoch von der göttlichen Lehre verworfen werden. Sie mutmaßten oder glaubten, von Dämonen betrogen, wirklich, man bedürfe für die menschlichen Angelegenheiten des Beistandes vieler Götter, die sich auf verschiedene Weise betätigen und je nachdem die verschiedenen Dinge überwachen sollten. Der eine, hieß es, habe auf den Leib achtzugeben, der andere auf die Seele, und wenn auf den Leib, dann der eine auf den Kopf, der andere auf den Nacken und so fort, jeder auf seinen Teil, wenn aber auf die Seele, dann der eine auf den Verstand, der andere auf das Lernen, der andere auf den Zorn, der andere auf die Begierde. Was ferner die Dinge des täglichen Lebens betrifft, so sei dem einen das Vieh anvertraut, dem andern das Korn, dem andern der Wein, dem andern das Öl, dem andern die Wälder, dem andern das Geld, dem andern die Schiffahrt, dem andern die Kriege und Siege, dem andern die Ehen, dem andern Geburt und Fruchtbarkeit und so immerfort, jedem etwas anderes. Der himmlische Staat dagegen weiß nur von der Verehrung eines einzigen Gottes und ist in frommem Glauben überzeugt, daß man nur ihm jenen Dienst weihen soll, der auf griechisch «Latreia» heißt und allein Gott gebührt. So konnte er unmöglich die Religionsgesetze mit dem irdischen Staate teilen, sondern mußte darin von ihm abweichen und somit den Andersdenkenden lästig fallen und ihre Zornes- und Haßausbrüche und Verfolgungen ertragen, falls nicht gelegentlich die Wut der Gegner durch die Angst vor der großen Zahl der Gläubigen und die ihnen stets gewährte göttliche Hilfe in Schranken gehalten wurde. Während also dieser himmlische Staat auf Erden pilgert, beruft er aus allen Völkern seine Bürger und sammelt aus allen Zungen seine Pilgergemeinde. Er fragt nichts nach Unterschieden in Sitten, Gesetzen und Einrichtungen, wodurch der irdische Friede begründet oder aufrechterhalten wird, lehnt oder schafft nichts davon ab, bewahrt und befolgt es vielmehr, mag es auch in den verschiedenen Völkern verschieden sein, da alles ein und demselben Ziele irdischen Friedens dient. Nur darf es die Religion, die den einen höchsten und wahren Gott zu verehren lehrt, nicht hindern. So benutzt auch der himmlische Staat während seiner Erdenpilgerschaft den irdischen Frieden, sichert und befördert in allen Angelegenheiten, die die sterbliche Natur der Menschen betreffen, die menschliche Willensübereinstimmung, soweit es unbeschadet der Frömmigkeit und Religion möglich ist, und stellt diesen irdischen Frieden in den Dienst des himmlischen Friedens. Denn der allein ist in Wahrheit Friede, und wenigstens für ein vernunftbegabtes Geschöpf gibt es im Grunde nur ihn, und nur ihn darf man so nennen, nämlich die bestgeordnete, einträchtigste Gemeinschaft des Gottesgenusses und wechselseitigen Genusses in Gott. Ist man aber erst dahin gelangt, gibt es kein sterbliches Leben mehr, sondern nur das ganz und gar und immerdar lebendige, und keinen seelischen Leib mehr, der in seiner Gebrechlichkeit die Seele beschwert, sondern nur einen geistlichen, der keine Bedürfnisse kennt und vollständig dem Willen unterworfen ist. Diesen Frieden besitzt der Gottesstaat, solang er hier pilgert, im Glauben, führt in der Kraft dieses Glaubens ein gerechtes Leben und zielt mit allem, was er Gutes tut für Gott und den Nächsten – denn das Leben des Gottesstaates ist ein Leben in Gemeinschaft – auf die Erlangung jenes Friedens hin.

18. Der Gottesstaat verwirft den Zweifel der Akademiker

Was aber jene Unterscheidung anlangt, die Varro auf die neuen Akademiker angewendet hat, die alles für ungewiß halten, so weist der Gottesstaat solchen Zweifel mit Abscheu als Narrheit von sich. Denn er hat von den Dingen, die man mit dem Geiste und Verstande erfaßt, ein zwar wegen des vergänglichen Leibes, der die Seele beschwert, beschränktes Wissen – denn unser Wissen ist, wie der Apostel sagt, nur «Stückwerk» –, doch ein durchaus sicheres. Er verläßt sich auf die Sinne, deren sich der Geist durch Vermittlung des Leibes bedient, überall da, wo eine Evidenz vorliegt, weil der, welcher ihnen niemals glaubt, einer weit jämmerlicheren Täuschung verfällt. Er vertraut auch den heiligen Schriften, den alten wie den neuen, die wir kanonisch nennen und die den Glauben begründen, aus dem der Gerechte lebt. In ihm wandeln wir, ohne zu zweifeln, solange wir fern vom Herrn dahinpilgern. Wenn er nur unverletzt und gewiß bleibt, mögen wir immerhin, ohne daß uns berechtigter Tadel trifft, an manchen Dingen zweifeln, die unserer Sinneswahrnehmung und Vernunft entzogen und uns weder durch die kanonische Schrift offenbart noch durch Zeugen, denen zu mißtrauen unsinnig wäre, zur Kenntnis gebracht sind.

19. Die äußere Lebensführung im Gottesstaat

Darum kümmert sich jedoch dieser Staat nicht, in welcher Tracht oder Lebensweise jeder den Glaubensweg gehen mag, der zu Gott führt. Man darf nur nicht gegen Gottes Gebote verstoßen. Deshalb nötigt er selbst die Philosophen, wenn sie Christen werden, nicht, ihre Tracht oder Lebensgewohnheit, soweit sie die Religion nicht beeinträchtigt, aufzugeben, sondern nur ihre falschen Lehren. So fragt er auch nichts nach jener Unterscheidung, die Varro an den Kynikern vornahm, wofern nur alle Schändlichkeit und Zuchtlosigkeit ausgeschlossen bleibt. Was aber jene drei Arten der Lebensführung anlangt, die müßige, die geschäftige und die aus beiden zusammengesetzte, so kann man zwar unbeschadet des Glaubens auf jede dieser Weisen sein Leben zubringen und den ewigen Lohn erlangen, doch muß jeder darauf achten, was er um der Liebe zur Wahrheit willen festhalten und was er um der Liebespflicht willen tun muß. Demnach darf niemand so müßig sein, daß er in seiner Muße das Wohl des Nächsten vergißt, aber auch nicht so geschäftig, daß er die geistliche Betrachtung versäumt. Bei der Muße soll nicht etwa träges Nichtstun locken, sondern das Erforschen und Auffinden der Wahrheit, und jeder darauf bedacht sein, in der Erkenntnis fortzuschreiten und, was er gefunden, auch dem Nächsten zu gönnen. Beim tätigen Leben aber ist nicht weltliche Ehre oder Macht anzustreben – denn alles unter der Sonne ist eitel –, sondern das Werk selbst, das mit Hilfe einer etwaigen Ehren- oder Machtstellung zustande kommt, vorausgesetzt daß es etwas Gutes und Nützliches ist, was zum Wohl der Untergebenen, wie es Gott gefällt, beiträgt. Davon war vorhin bereits die Rede. Deswegen sagt der Apostel: «Wer ein Bischofsamt begehrt, der begehrt ein köstlich Werk.» Er will hier darlegen, was das Bischofsamt zu bedeuten hat, und daß schon der Name auf das Werk hinweist und nicht auf die Ehre. Denn das Wort «Episkopos», Bischof, stammt aus dem Griechischen und besagt, daß der Vorgesetzte über die, welchen er vorgesetzt ist, Aufsicht führt, indem er nämlich sich ihre Fürsorge angelegen sein läßt. Denn «Skopos» ist Aufsicht. So können wir «episkopein» auf lateinisch mit «superintendere», beaufsichtigen übersetzen. Nicht der ist also ein rechter Bischof, der vorzustehen, sondern der beizustehen gewillt ist. So ist denn das Streben nach Wahrheitserkenntnis, wie es zu einer löblichen Muße gehört, niemandem verwehrt, aber ein höheres Amt, wie es zur Leitung des Volkes nötig ist, mag wohl in geziemender Weise bekleidet und verwaltet werden, doch wäre es unziemlich, danach zu streben. So ist es Liebe zur Wahrheit, die die heilige Ruhe sucht, aber Zwang der Liebe, der die geschäftige, aber gottwohlgefällige Unruhe auf sich nimmt. Legt niemand diese Bürde auf, mag man seine Muße der Erforschung und Betrachtung der Wahrheit widmen, wird sie aber auferlegt, soll man sie um des Zwanges der Liebe willen übernehmen. Doch darf man auch in diesem Falle nicht aufhören, sich an der Wahrheit zu freuen, denn sonst würde jener heilige Genuß fehlen und dieser Zwang niederdrücken.

20. *Glückseligkeit während des Erdenlebens nur in Hoffnung*

Da also das höchste Gut des Gottesstaates der ewige und vollkommene Friede ist, kein Friede, wie ihn die Sterblichen zwischen Geburt und Tod durchschreiten, sondern wie ihn die Unsterblichen, befreit von aller Plage, dauernd genießen – wer könnte da leugnen, daß dies Leben das glückseligste ist, wer bestreiten, daß, verglichen mit ihm, das Leben, welches wir hier führen, und wäre es überreich an Gütern der Seele, des Leibes und äußerer Habe, nichts als jämmerliches Elend ist? Doch kann man den, welcher von seinem gegenwärtigen Leben rechten Gebrauch macht und es auf das Ziel jenes Lebens einstellt, das er glühend liebt und in festem Glauben erhofft, auch jetzt schon sinnvoll glückselig nennen, freilich mehr in Hoffnung auf das Jenseits als im Besitz des Diesseits. Diesseitiger Besitz aber ohne Hoffnung auf das Jenseits ist falsches Glück und großes Elend, denn da macht man von den wahren Gütern der Seele keinen Gebrauch. Das aber ist keine wahre Weisheit, die ihr Auge bei dem, was sie klug unterscheidet, tapfer ausführt, maßvoll beschränkt und gerecht verteilt, nicht auf jenes Ziel richtet, wo Gott alles in allem sein wird in unwandelbarer Ewigkeit und vollkommenem Frieden.

21. Nach Ciceros Definition war Rom überhaupt kein Staat

Hier ist nun der Ort, in möglichster Kürze und Klarheit darzulegen, wie ich schon im zweiten Buche dieses Werkes in Aussicht gestellt, daß es nach den Begriffsbestimmungen, die Scipio in Ciceros Büchern über den Staat verwendet, einen römischen Staat niemals gegeben hat. Denn er definiert den Staat kurz als Volkssache. Ist diese Definition aber richtig, dann gab es niemals einen römischen Staat. Denn von einer Volkssache, die ja der Staat nach der Begriffsbestimmung sein soll, kann da keine Rede sein. Volk nennt Scipio nämlich eine Gemeinschaft vieler Menschen, die durch Rechtsgleichheit und Interessengemeinschaft verbunden ist. Was er aber unter Rechtsgleichheit versteht, führt er im Verlauf seiner Untersuchung näher aus, indem er zeigt, daß ohne Gerechtigkeit kein Staat geleitet werden kann. Denn wo keine wahre Gerechtigkeit ist, gibt's auch kein Recht. Denn was rechtmäßig ist, das ist auch gerecht, und was ungerecht, kann nicht rechtmäßig sein. Ungerechte menschliche Anordnungen kann man ja nicht Recht nennen oder für Recht halten, erklären sie doch selbst, nur das sei Recht, was aus dem Quell der Gerechtigkeit geflossen ist, dagegen falsch die Ansicht, die man häufig von einigen verkehrt urteilenden Menschen vernehmen kann, Recht sei, was dem Stärkeren nützt. Wo demnach keine wahre Gerechtigkeit ist, kann es auch keine durch Rechtsgleichheit verbundene Menschengemeinschaft geben, also nach Scipios und Ciceros Definition auch kein Volk. Wenn aber kein Volk, dann auch keine Volkssache, sondern nur Sache einer Menge, die den Namen Volk nicht verdient. Darum, wenn Staat Volkssache ist und ein Volk durch Rechtsgleichheit verbunden sein muß, Recht aber nicht sein kann, wo keine Gerechtigkeit ist, ergibt sich unweigerlich der Schluß: Wo keine Gerechtigkeit, da auch kein Staat. Nun ist Gerechtigkeit die Tugend, die jedem das Seine gibt. Was ist das aber für eine Gerechtigkeit unter Menschen, welche die Menschen selber dem wahren Gott entzieht und unreinen Dämonen unterstellt? Heißt das, jedem das Seine geben? Ungerecht ist doch, wer ein Grundstück dem rechtmäßigen Käufer wegnimmt und es einem andern übergibt, der kein Recht darauf hat; aber wer sich selbst der Herrschaft Gottes, der ihn geschaffen, entzieht und bösen Geistern dient, der sollte gerecht sein? Nun streiten die erwähnten Bücher über den Staat unfraglich sehr energisch und kräftig gegen Ungerechtigkeit und für Gerechtigkeit. Zunächst freilich wird für die Ungerechtigkeit Partei genommen und behauptet, ohne sie könne ein Staat nicht bestehen und geleitet werden, und als stärkster Beweis dafür angeführt, es sei gewiß ungerecht, daß Menschen über Menschen herrschen, aber wenn eine herrschlustige Bürgerschaft, die einen großen Staat aufbauen wolle, nicht trotzdem diese Ungerechtigkeit übe, könne sie nicht über Provinzen gebieten. Seitens der Gerechtigkeit wird darauf erwidert, Ungerechtigkeit liege hier nicht vor, denn solchen Menschen sei Dienstbarkeit nur heilsam und gereiche ihnen, wenn es recht zugehe, das heißt, wenn den Bösewichtern die Freiheit zu Übeltaten entzogen werde, zum Nutzen, und unterworfen sei ihnen wohler als vor ihrer Unterwerfung. Man führt zur Bekräftigung dieser Überlegung ein gewissermaßen der Naturordnung entliehenes beachtliches Beispiel an und sagt: Warum sonst herrschte Gott über den Menschen, der Geist über den Leib, sowie die Vernunft über die Begierde und die übrigen fehlsamen Seelenteile? Sicherlich ist durch dies Beispiel hinlänglich erwiesen, daß zu dienen in manchen Fällen, Gott aber zu dienen in jedem Falle nützlich ist. Wenn aber der Menschengeist Gott dient, herrscht er in rechter Weise über den Leib und herrscht die Gott als Herrn unterworfene geistige Vernunft in rechter Weise über die Begierde und die übrigen Leidenschaften. Dient darum ein Mensch Gott nicht, was kann es dann in ihm noch für Gerechtigkeit geben? Denn wenn er Gott nicht dienstbar ist, kann der Geist unmöglich in rechter Weise über den Leib oder die menschliche Vernunft über die Leidenschaften gebieten. Und wenn in solch einem Menschen keinerlei Gerechtigkeit ist, dann auch zweifellos nicht in einem Kreise, der aus lauter solchen Menschen besteht. Hier gibt es also jene Rechtsgleichheit nicht, die aus einer Menschenmenge ein Volk macht, dessen Sache, wie es heißt, der Staat ist. Denn wozu soll ich noch von Nutzen und Interessen sprechen, deren Gemeinschaft nach der erwähnten Definition ebenfalls eine Vereinigung von Menschen zum Volke macht? Sieht man nämlich genauer zu, gibt es überhaupt nichts, was Menschen nützen könnte, die gottlos leben, wie jeder lebt, der Gott nicht, wohl aber den Dämonen dient. Denn diese sind um so gottloser, je mehr sie darauf erpicht sind, sich opfern zu lassen, als wären sie Götter. Ich denke jedoch, was ich über die Rechtsgleichheit sagte, genügt schon zum Erweise, daß es nach dieser Begriffsbestimmung kein Volk, dessen Sache doch der Staat sein soll, geben kann, in dem keine Gerechtigkeit ist. Denn behaupten sie, die Römer hätten in ihrem Staate nicht unreinen Geistern, sondern guten und heiligen Göttern gedient, was soll ich dann machen? Soll ich immer von neuem wiederholen, was ich doch wohl schon genug, ja ich meine mehr als genug gesagt habe? Wer mir durch die früheren Bücher dieses Werkes bis hierher gefolgt ist, kann doch unmöglich noch daran zweifeln, daß die Römer bösen und unreinen Dämonen gedient haben, er müßte sonst stumpfsinnig oder schamlos streitsüchtig sein. Doch schweigen wir davon, was das für Wesen sind, die sie mit ihren Opfern verehrten, jedenfalls steht im Gesetz des wahren Gottes geschrieben: «Wer den Göttern opfert und nicht dem Herrn allein, der soll ausgerottet werden.» Der dies mit solch furchtbarer Drohung gebot, wollte nicht, daß man irgendwelchen Göttern opfere, sie seien gut oder böse.

22. Der Christengott der einzig wahre

Doch nun kann man erwidern: Wer ist denn dieser Gott, und wie kann man die Behauptung begründen, er allein verdiene es, daß ihm die Römer hätten gehorchen und keinen andern Gott außer ihm mit Opfern verehren sollen? Nun, es wäre ein Beweis großer Blindheit, wollte man noch fragen, wer dieser Gott sei. Der Gott ist es, dessen Propheten vorhergesagt haben, was wir jetzt mit unsern Augen sehen. Der Gott ist es, der Abraham die Antwort gab: «In deinem Samen sollen alle Völker gesegnet werden;» und daß dies Wort in Christus sich erfüllt, der nach dem Fleisch aus Abrahams Samen hervorgegangen ist, müssen wohl oder übel selbst die einsehen, die Feinde seines Namens geblieben sind. Der Gott ist es, dessen göttlicher Geist durch den Mund der Männer gesprochen hat, deren Weissagungen durch die Kirche in Erfüllung gingen, die sich vor unsern Augen über den ganzen Erdkreis ausgebreitet hat, wie ich das schon in den vorigen Büchern darlegte. Der Gott ist es, den Varro, der gelehrteste Römer, für Jupiter hält, obwohl er nicht weiß, was er damit sagt. Ich wollte das doch darum erwähnen, weil wir daraus ersehen, daß ein Mann von so umfassendem Wissen diesen Gott weder leugnen noch für unbedeutend halten konnte. Denn seiner Meinung nach war er der höchste Gott. Dieser Gott ist es endlich, den Porphyrius, der gelehrteste der Philosophen, wenn auch erbittertster Feind der Christen, auf Grund sogar der Orakelsprüche seiner vermeintlichen Götter als den großen Gott bekennen mußte.

23. Angebliche heidnische Orakelsprüche über den Gott der Juden und Christus

Denn in den Büchern, die er «Philosophie auf Grund von Orakelsprüchen» (ek logion philosophias) nennt und in denen er angebliche Götterworte, die sich auf philosophische Probleme beziehen, anführt und zusammenstellt, sagt er, um seine eigenen Worte, aus der griechischen in unsere Sprache übersetzt, hier anzuführen: «Als jemand fragte, welchen Gott er versöhnen solle, um sein Weib wieder vom Christentum abzubringen, erwiderte Apollo in folgenden Versen.» Nun also der Bescheid, den Apollo gegeben haben soll: «Eher möchtest du wohl in lesbarer Schrift auf Wasser schreiben oder als Vogel leichtbeschwingt durch die Lüfte fliegen, als den Sinn der befleckten, gottlosen Gattin ändern. Möge sie nach Belieben in ihrem eitelen Wahn verharren und einen toten Gott in Klageliedern feiern, den nach gerechtem Urteilsspruch in den besten Jahren ein schimpflicher Tod mit rauher Gewalt dahingerafft hat.» Nach diesen Versen Apollos, die hier in Prosa wiedergegeben wurden, heißt es weiter: «In diesen Worten hat er die Unverbesserlichkeit ihres Sinns zum Ausdruck gebracht, denn eher noch kann man von den Juden sagen, daß sie Gott annehmen als von ihnen.» Sieh da, wie er hier unter Schmähung Christi den Christen die Juden vorzieht, da er zugibt, daß sie Gott annehmen. Denn so hat er die Verse Apollos ausgelegt, in denen es heißt, Christus sei auf Grund eines gerechten Urteilsspruchs getötet und von gerechten Richtern nach Verdienst bestraft worden. Ich möchte wohl wissen, ob dies wirklich die lügnerische Seherin des Apollo gesagt und der Philosoph es geglaubt hat, oder ob dieser der Seherin den Spruch fälschlich in den Mund gelegt hat. Wie er sich selbst gleich bleibt oder auch die Orakelsprüche miteinander in Übereinstimmung bringt, werden wir bald sehen. Hier beachten wir zunächst einmal, daß er behauptet, die Juden hätten Gott angenommen und über Christus ganz recht geurteilt, wenn sie meinten, man müsse ihn auf qualvollste Weise zu Tode bringen. Also auf den Gott der Juden, für den er Zeugnis ablegt, muß man hören, wenn dieser Gott spricht: «Wer den Göttern opfert und nicht dem Herrn allein, der soll ausgerottet werden.» Doch gehen wir zu Deutlicherem über und vernehmen wir, wie groß nach seinen eigenen Worten der Gott der Juden ist. Er fragt nämlich den Apollo weiter, was besser sei, das Wort und die Vernunft oder das Gesetz, und dann heißt es: «Darauf antwortete er in Versen also.» Es genügt, aus den nun angeführten Versen Apollos folgende herauszuheben: «Gott, den Erzeuger und König, der allem voraufgeht, vor dem erzittern Himmel und Erde, vor dem das Meer und die Tiefen der Unterwelt und selbst die Götter schaudern, deren Gesetz er ist, der Vater, ihn ehren gar sehr die heiligen Hebräer.» Mit diesem Orakelspruch seines Gottes Apollo hat Porphyrius den Gott der Hebräer für so groß erklärt, daß vor ihm selbst die Götter erschaudern. Da nun eben dieser Gott gesagt hat: «Wer den Göttern opfert, soll ausgerottet werden», muß ich mich wundern, daß nicht auch Porphyrius erschauderte und fürchtete, ausgerottet zu werden, wenn er den Göttern opferte.

Doch auch Gutes sagt dieser Philosoph von Christus, und es ist, als hätte er seine von uns soeben erwähnte Schmähung vergessen, oder als hätten seine Götter Christus nur im Schlaf gelästert, aber beim Aufwachen seine Güte erkannt und gebührend gepriesen. So sagt er denn und ist sich dabei bewußt, etwas Wunderbares und kaum Glaubliches auszusprechen: «Gewiß wird manch einer erstaunt sein über das, was wir nun sagen wollen: Christus selbst haben die Götter für höchst fromm erklärt und unsterblich geworden und mit Lobsprüchen seiner gedacht. Die Christen aber, sagen sie, sind besudelt und befleckt und in Irrtum verstrickt, und noch viele ähnliche Schmähungen bringen sie gegen sie vor.» Sodann erwähnt er allerlei angebliche göttliche Orakelsprüche, in denen die Christen beschimpft werden, und fährt anschließend fort: «Auf die Frage nach Christus aber, ob er ein Gott sei, antwortete Hekate: Daß die unsterbliche Seele nach Ablegung des irdischen Leibes ihren Wandel fortsetzt, weißt du, doch von der Weisheit getrennt, irrt sie immerdar. Seine Seele aber ist die eines überaus frommen Mannes, nur seine Verehrer sind von der Wahrheit weit entfernt.» Zu diesen Worten eines angeblichen Orakels bemerkt er selber noch: «Sie sagte also, er sei ein höchst frommer Mann und seine Seele wie die anderer Frommer nach seinem Tode der Unsterblichkeit würdig befunden, aber Unwissenheit sei es, wenn die Christen sie verehren.» Und weiter: «Auf die Frage aber: Warum wurde er denn verdammt? erwiderte die Göttin durch Orakelspruch also: Der Leib ist allzeit aufreibenden Qualen ausgesetzt, doch die Seele der Frommen hat ihre Wohnstätte im Himmel. Jene Seele aber ward anderen Seelen zum Verhängnis, denen das Schicksal nicht gewährte, Gaben der Götter zu empfangen und Erkenntnis des unsterblichen Jupiter zu erlangen, und verstrickte sie in Irrtum. Darum sind sie den Göttern verhaßt, weil sie, denen das Schicksal die Erkenntnis Gottes und den Empfang göttlicher Gaben versagte, durch diesen Mann in verhängnisvollen Irrtum gerieten. Aber er selbst war fromm und ist wie andere Fromme in den Himmel eingegangen. Darum sollst du ihn nicht lästern, wohl aber die Torheit der Menschen bemitleiden, die es verschuldet, daß er ihnen so leicht und plötzlich zur Gefahr werden konnte.»

Wer wäre nun so töricht, nicht einzusehen, daß diese Orakelsprüche von einem schlauen, dazu den Christen höchst feindseligen Menschen erfunden oder in ähnlicher Absicht von unreinen Dämonen vorgebracht sind, um durch Lobsprüche für Christus ihren gegen die Christen gerichteten Tadel glaubhaft zu machen und so womöglich den Weg zum ewigen Heil zu versperren, den jeder, der Christ wird, betritt? Diese schlauen Tausendkünstler sind sich ja darüber klar, daß es ihrem boshaften Wunsch zu schaden nicht zuwider ist, wenn man ihrem Lobe Christi glaubt, falls man nur auch ihrem Tadel der Christen Glauben schenkt. Denn den, der beides glaubt, machen sie zu einem Lobredner Christi, der aber kein Christ sein will, und den darum Christus, obwohl von ihnen gelobt, von der Herrschaft dieser Dämonen nicht befreien kann. Um so sicherer erreichen sie ihren Zweck, als sie Christus in einer Weise loben, daß der, welcher an ihn, so wie sie ihn verkünden, glaubt, kein wahrer Christ ist, sondern ein photinianischer Ketzer, der Christus nur als Menschen, nicht auch als Gott kennt und deshalb weder von ihm gerettet werden noch die Schlingen jener verlogenen Dämonen vermeiden oder zerreißen kann. Wir aber können uns ebensowenig mit Apollo befreunden, der Christus tadelt, wie mit Hekate, die ihn lobt. Jener will, daß man Christus für einen Übeltäter halte, der von gerecht urteilenden Richtern getötet sei, diese aber, daß man ihn für einen sehr frommen Menschen, doch eben nur für einen Menschen halte. Dennoch ist die Absicht beider die gleiche: Sie wollen die Menschen nicht Christen werden lassen, denn wenn sie es nicht sind, können sie auch nicht ihrer Macht entrissen werden. Unser Philosoph also oder vielmehr die, welche solchen angeblichen Orakeln wider die Christen glauben, mögen zunächst einmal zusehen, wie sie Hekate und Apollo in ihrem Urteil über Christus unter einen Hut bringen, so daß sie ihn entweder beide verdammen oder beide verherrlichen. Aber brächten sie das auch fertig, würden wir nichtsdestoweniger die trügerischen Dämonen meiden, ganz gleich, ob sie Tadler oder Lobredner Christi sind. Da sie aber, Gott und Göttin, einander widersprechen, indem er Christus tadelt, während sie ihn lobt, werden irgend vernünftige Menschen ihnen gewiß keinen Glauben schenken.

Übrigens setzen Porphyrius oder Hekate, die Christus loben, obwohl sie behaupten, er sei den Christen zum Verhängnis geworden und habe bewirkt, daß sie in Irrtum fielen, die Ursachen dieses angeblichen Irrtums auseinander. Ehe ich diese mit ihren eigenen Worten darlege, muß ich doch fragen, ob Christus, wenn er in so verhängnisvoller Weise die Christen in Irrtum verwickelte, das mit Willen oder wider Willen getan hat. Wenn mit Willen, wie ist er dann gerecht? Wenn wider Willen, wie dann glückselig? Doch hören wir nun die Ursachen des Irrtums. «Es gibt», sagt Porphyrius, «irgendwo hausende niedere Erdgeister, die der Macht böser Dämonen unterworfen sind. Vor ihnen haben die Weisen der Hebräer, deren einer jener Jesus war, wie die vorhin erwähnten göttlichen Aussprüche Apollos, die du gehört hast, es verkündeten, also vor diesen grundschlechten Dämonen und niederen Geistern haben die Hebräer gewarnt und den Frommen untersagt, sich mit ihnen

abzugeben, und statt dessen empfohlen, die himmlischen Götter, vor allem aber Gott den Vater zu verehren. Dasselbe schreiben auch die Götter vor, und wir haben vorhin schon gezeigt, wie sie mahnen, den Geist Gott zuzuwenden, und wie sie ihn überall zu verehren gebieten. Aber die Ungebildeten und gottlosen Naturen, denen in der Tat das Schicksal verwehrte, Gaben von den Göttern zu empfangen und Erkenntnis des unsterblichen Jupiter zu gewinnen, hörten nicht auf die Götter und göttlichen Menschen und wiesen alle Götter zurück, dagegen haben sie die verbotenen Dämonen nicht gehaßt, sondern sogar verehrt. Stellen sie sich auch so, als ob sie Gott verehrten, unterlassen sie doch gerade das, was man die wahre Anbetung Gottes nennen kann. Denn Gott, der Vater aller, bedarf keines Menschen, aber uns kommt es zugute, wenn wir ihn durch Gerechtigkeit, Keuschheit und andere Tugenden anbeten und so unser Leben selbst durch Nachahmung und Nachsinnen über ihn zu einem an ihn gerichteten Gebete machen. Denn das Nachsinnen reinigt und die Nachahmung vergöttlicht, da sie bewirkt, daß unsere Liebe auf ihn sich richtet.»
In der Tat, hier hat er trefflich Gott den Vater verkündet und gezeigt, mit welchem Verhalten man ihn verehren soll, und von solchen Vorschriften sind die prophetischen Bücher der Hebräer voll, wenn dort das Leben der Heiligen anbefohlen oder gepriesen wird. Was nun aber die Christen anlangt, so irrt er oder verleumdet sie so sehr, wie das eben die Dämonen wollen, welche er für Götter hält. Und es liegt doch so nahe, sich ins Gedächtnis zu rufen, was für schimpfliche und schmähliche Dinge im Dienst der Götter in Theatern und Tempeln getrieben wurden, und demgegenüber zu beachten, was man in den Kirchen liest, redet und hört, und was man da dem wahren Gotte opfert, und sich daran klarzumachen, wo Erbauung und wo Verfall der Sitten zu finden ist. Wer sonst als ein teuflischer Geist kann sie diesem Manne mitgeteilt oder eingebla-

sen haben, diese alberne und offenkundige Lüge, daß die Christen die Dämonen, deren Dienst die Hebräer verboten, nicht etwa hassen, sondern verehren sollen? Nein, jener Gott, dem die Weisen der Hebräer dienten, verbietet es, selbst den heiligen himmlischen Engeln und Kräften Gottes, die wir als seligste Mitbürger während unserer sterblichen Pilgerschaft ehren und lieben, zu opfern, und ruft im Gesetz, das er seinem hebräischen Volke gab, drohend und mit Donnerstimme: «Wer den Göttern opfert, soll ausgerottet werden.» Niemand aber darf sich einbilden, es sei hier lediglich verboten, den abscheulichen Dämonen und Erdgeistern, die Porphyrius die niedersten oder niederen nennt, zu opfern, denn auch sie werden in der Heiligen Schrift Götter genannt, nicht der Hebräer natürlich, sondern der Heiden, was die siebzig Dolmetscher deutlich in jenem Psalmwort zum Ausdruck gebracht haben: «Denn alle Götter der Heiden sind Dämonen.» Daß niemand auf den Gedanken komme, nur solchen Dämonen sei es untersagt zu opfern, nicht aber den himmlischen, sei es allen, sei es einigen von ihnen, fügt er dem Drohwort «wer den Göttern opfert» alsbald hinzu: «und nicht dem Herrn allein.» So nämlich sind die Worte «nisi Domino soli» zu verstehen (also «soli» von «solus»), wie ausdrücklich gesagt werden muß, damit niemand meint, hier werde die Verehrung der Sonne («soli» von «sol») gefordert. Der griechische Text beseitigt jeden Zweifel.

Der Gott der Hebräer also, für welchen auch dieser bedeutende Philosoph ein so gewichtiges Zeugnis ablegt, hat seinem hebräischen Volke ein in hebräischer Sprache aufgezeichnetes Gesetz gegeben, das nicht etwa verborgen und unbekannt, sondern nun schon allen Völkern bekanntgeworden ist. In ihm steht geschrieben: «Wer den Göttern opfert und nicht dem Herrn allein, der soll ausgerottet werden». Wozu also noch in diesem seinem Gesetz und seinen Propheten nach vielen anderen Aussprüchen hierüber suchen, oder vielmehr nicht suchen – denn sie sind weder unklar noch selten – sondern sie, die so unmißverständlich und häufig sind, sammeln und in meiner Abhandlung anführen? Aus ihnen ergibt sich sonnenklar, daß der wahre und höchste Gott nur für sich allein und sonst niemanden Opfer gefordert hat. Nur das eine kurze, aber gewaltige, drohende und wahrhaftige Gebot dieses Gottes, den die weisesten Männer des Volkes so herrlich preisen, höre, fürchte und befolge man, damit nicht Ausrottung die Strafe des Ungehorsams sei. Er spricht: «Wer den Göttern opfert und nicht Gott allein, der soll ausgerottet werden»; nicht als ob Gott des Eigentums irgendeines Menschen bedürfte, sondern weil es uns frommt, sein eigen zu sein. Ihm singt man in den heiligen Schriften der Hebräer: «Ich sprach zum Herrn: Mein Gott bist du, denn meiner Güter bedarfst du nicht.» Sein köstlichstes und bestes Opfer sind wir selbst, wir sein Staat, und wir feiern dies Geheimnis mit unseren Darbringungen, die den Gläubigen bekannt sind, wie wir das in den vorhergehenden Büchern dargelegt haben. Denn daß die Tieropfer, die die Juden als Schattenbild des Zukünftigen darbrachten, aufhören und alle Völker vom Aufgang der Sonne bis zu ihrem Untergang ein einziges Opfer darbringen würden, wie wir es jetzt vor Augen sehen, das haben göttliche Orakelsprüche durch den Mund der hebräischen Propheten laut genug verkündet. Einige davon, ich denke, genug, haben wir bereits hier und da in unserm Werke angeführt. Wo also diese Gerechtigkeit fehlt, wo nicht der eine und höchste Gott in seiner Gnade dem ihm ergebenen Staate befiehlt, nur ihm allein Opfer darzubringen, wo folglich auch nicht alle zu diesem Staat gehörenden und Gott ergebenen Menschen in der vorgeschriebenen Weise mit dem Geiste dem Körper und mit der Vernunft den Leidenschaften gewissenhaft gebieten, wo ebensowenig die Gemeinde und das Volk der Gerechten, als wär' es nur ein Mann, aus dem Glauben lebt, der durch die Liebe tätig ist, die Liebe, die Gott so liebt, wie er geliebt werden soll, und den Nächsten wie sich selbst – ich sage, wo diese Gerechtigkeit fehlt, da ist gewiß auch keine durch Rechtsgleichheit und Interessengemeinschaft verbundene Vereinigung von Menschen. Und wo sie nicht ist, da ist auch kein Volk, wenn es mit dieser Definition des Volkes seine Richtigkeit hat, also auch kein Staat, weil es keine Volkssache geben kann, wo es kein Volk gibt.

24. Bei anderer Definition als der Ciceros kann man immerhin von einem römischen Volk und Staat reden

Wird aber der Begriff des Volkes nicht auf diese Weise, sondern anderswie bestimmt, etwa so, daß man sagt: Volk ist die Vereinigung einer vernunftbegabten Menge, die durch einträchtiges Streben nach gewissen geliebten Dingen zusammengehalten wird, dann muß man, um festzustellen, was für ein Volk man jedesmal vor sich hat, natürlich darauf achten, was für Dinge es sind, die geliebt werden. Doch welche es auch sein mögen, wenn es nur eine Vereinigung nicht einer Menge Vieh, sondern vernunftbegabter Geschöpfe ist, die durch einträchtiges Streben nach geliebten Dingen zusammengehalten wird, so kann man es jedenfalls sinnvoll ein Volk nennen, und zwar ein um so besseres, je besser, ein um so schlechteres, je schlechter das ist, worauf sich das gemeinsame Streben richtet. Nach dieser unserer Definition ist das römische Volk in der Tat ein Volk und bildet somit auch eine «Volkssache», einen Staat. Was dies Volk aber in seinen ersten Zeiten und was in den darauffolgenden geliebt hat, und wie sein sittlicher Zustand war, durch den es in blutige Aufstände und von da in Bürger- und Bundesgenossenkriege hineingetrieben wurde und so seine Eintracht, die sozusagen die Gesundheit eines Volkes ist, zerriß und zerstörte, das bezeugt die Geschichte, und aus ihr haben wir in den früheren Büchern schon viele Belege beigebracht. Doch möchte ich deswegen nicht behaupten, es sei kein Volk und seine Sache keine Volkssache, kein Staat, solange nur irgendwie die Vereinigung einer vernünftigen Menge, die durch einträchtiges Streben nach gewissen geliebten Dingen zusammengehalten wird, bestehen bleibt. Was ich aber von diesem Volk und diesem Staate gesagt habe, gilt auch von dem der Athener oder anderer Griechen, von dem der Ägypter und jenem ersten Babylon der Assyrer, solange sie in ihren Staaten kleine oder große Reiche bildeten, sowie von jeder anderen der mancherlei Völkerschaften, die ich noch nennen oder ins Auge fassen könnte. Denn dem Staat der Gottlosen fehlt nun einmal die wahre Gerechtigkeit, da er dem Gebote Gottes, nur ihm allein Opfer darzubringen, nicht gehorcht, und da deshalb auch in ihm der Geist nicht über den Leib und die Vernunft nicht über die Leidenschaften herrscht, wie Recht und Gewissen es fordern.

25. *Wahre Tugend nur, wo wahre Gottesverehrung*

Mag es immerhin den Anschein haben, als geböte der Geist in löblicher Weise über den Leib und die Vernunft über die Leidenschaften, muß man doch sagen: Wenn Geist und Vernunft nicht ihrerseits Gott so dienen, wie er selbst seinen Dienst befohlen hat, können sie über Leib und Leidenschaften unmöglich so gebieten, wie es recht ist. Was für ein Herr über Leib und Leidenschaften wäre auch ein Geist, der von Gott nichts weiß und seinem Gebot nicht untertan, sondern der Verführung der lasterhaftesten Dämonen preisgegeben ist? Darum sind die Tugenden, die zu besitzen er sich einbildet, und durch die er dem Leib und den Leidenschaften gebietet, wenn er sich nicht Gott, sondern den Erwerb und Besitz anderer Güter, es mögen sein, welche sie wollen, als Ziel setzt, selber vielmehr Laster als Tugenden. Mögen auch manche sie dann für wahre und rechtschaffene Tugenden halten, wenn sie nicht um irgendeines anderen Gutes willen, sondern nur um ihrer selbst willen angestrebt werden, so sind sie doch auch in diesem Falle aufgeblasen und hochmütig, also nicht als Tugenden, sondern als Laster anzusehen. Denn wie das, was dem Fleische Leben verleiht, nicht vom Fleisch stammt, sondern höher ist als Fleisch, so ist auch nicht vom Menschen, sondern höher als der Mensch, was dem Menschen und nicht nur dem Menschen, sondern auch allen erdenklichen himmlischen Mächten und Kräften das glückselige Leben verleiht.

26. Der zeitliche Frieden des Weltstaates ist auch für das Gottesvolk von Wert

Wie also die Seele das Leben des Fleisches ist, so ist Gott das glückselige Leben des Menschen. Davon sagen die heiligen Schriften der Hebräer: «Glückselig das Volk, dessen Herr Gott ist.» Unselig also ein Volk, das diesem Gott entfremdet ist. Doch liebt auch solch ein Volk seine Art Frieden, den man nicht schelten soll. Es wird ihn freilich am Ende nicht mehr besitzen, weil es vor dem Ende sich seiner nicht recht bedient. Daß es ihn aber einstweilen in diesem Leben besitze, daran haben auch wir Interesse. Denn solange die beiden Staaten miteinander vermischt sind, bedienen auch wir uns des Friedens Babylons. Zwar wird das Gottesvolk durch den Glauben von Babylon befreit, doch muß es einstweilen noch bei ihm als Pilgrim weilen. Deswegen ermahnte auch der Apostel die Kirche, für seine Könige und Würdenträger zu beten, und fügte hinzu: «Auf daß wir ein ruhiges und stilles Leben führen mögen in aller Gottseligkeit und Liebe.» Und auch der Prophet Jeremia, der dem alten Gottesvolk die Gefangenschaft vorhersagte und ihm im Namen Gottes befahl, gehorsam nach Babylon zu gehen und durch solche Geduld seinem Gott zu dienen, mahnte es, für dies Babylon zu beten. Denn, so sagte er, «ihr Friede ist auch euer Friede», wobei er natürlich nur an den zeitlichen Frieden dachte, der Guten und Bösen gemeinsam ist.

27. Die Unvollkommenheit des irdischen Friedens

Unser wahrer Friede jedoch ist von eigener Art. Es ist der Friede mit Gott, den wir hier im Glauben besitzen und in der Ewigkeit schauend genießen werden. Doch hienieden ist der Friede, und zwar sowohl der Allerweltsfriede als auch unser Christenfriede, derart, daß man ihn eher Trost im Elend als Freude an der Glückseligkeit nennen kann. Ist doch selbst unsere Gerechtigkeit zwar wahr wegen des wahren Gutes, das sie als Ziel erstrebt, aber in diesem Leben nur so armselig, daß sie mehr in Vergebung der Sünden als in Vollendung der Tugenden besteht. Das bezeugt das Beten des ganzen Gottesstaates, solange er auf Erden pilgert. Denn in allen seinen Gliedern ruft er zu Gott: «Vergib uns unsere Schuld, wie wir vergeben unsern Schuldigern.» Dies Gebet nützt freilich denen nichts, deren Glaube ohne Werke und tot ist, sondern nur denen, deren Glaube durch die Liebe tätig ist. Doch weil ihre Vernunft zwar Gott untertan ist, aber in diesem sterblichen Dasein und bei der Belastung der Seele durch den sterblichen Leib die Leidenschaften nicht völlig beherrscht, bedürfen auch die Gerechten noch dieses Gebets. Denn wahrlich, wenn die Vernunft auch über die Leidenschaften herrscht, so doch nicht ohne Kampf, und an diesem Ort der Schwachheit schleicht sich selbst dann, wenn sie tapfer kämpft und den besiegten und unterworfenen Feinden gebietet, immer wieder etwas ein, was zur Sünde Anlaß gibt, wenn nicht in leichtfertiger Tat, so doch in leichtentschlüpftem Wort und flüchtigem Gedanken. Solange man also noch Leidenschaften beherrschen muß, gibt es keinen vollkommenen Frieden. Denn leisten sie noch Widerstand, müssen sie in gefahrvollem Ringen niedergekämpft werden, und sind sie besiegt, kann man doch nicht in sicherer Ruhe über sie triumphieren, sondern muß sie in wachsamer Beherrschung niederhalten. Wer könnte inmitten all dieser Versuchungen, von denen Gottes Wort kurz und knapp sagt: «Ist nicht Versuchung des Menschen Leben auf Erden?» sich vermessen, solch ein Leben zu führen, daß er nicht mehr zu Gott rufen müßte: «Vergib uns unsere Schuld?» Doch nur ein hochmütiger Mensch, nicht wahrhaft groß, sondern von Stolz geschwollen und aufgeblasen, ein Mensch, dem in Gerechtigkeit der widersteht, der den Demütigen Gnade schenkt. Darum sagt die Schrift: «Gott widerstehet den Hoffärtigen, aber den Demütigen gibt er Gnade.» Hienieden also gibt es für jedermann nur eine Gerechtigkeit, nämlich die, daß Gott dem gehorsamen Menschen gebietet, ferner, daß der Geist dem Leibe, die Vernunft aber den Leidenschaften trotz ihres Sträubens gebietet, sie entweder unterwerfend oder sich ihrer erwehrend, und daß man von Gott Gnade zu Verdiensten und Verzeihung für die Sünden erbittet und Dank sagt für die empfangenen Güter. In jenem endgültigen Frieden aber, auf welchen diese Gerechtigkeit abzielt und um deswillen sie geübt werden muß, wird die in Unsterblichkeit und Unvergänglichkeit genesene Natur keine Leidenschaften mehr kennen und keiner von uns weder mit einem anderen noch mit sich selbst streiten müssen. Da braucht die Vernunft den Leidenschaften nicht zu gebieten, weil es keine mehr gibt, sondern Gott wird über den Menschen gebieten und der Geist über den Leib, und so süß und leicht wird das Gehorchen sein wie das Leben und Herrschen beglückend. Und alle miteinander und jeder einzelne werden dort dies Glück ewiglich besitzen und seiner ewigen Dauer gewiß sein; und darum ist der Friede dieser Glückseligkeit oder die Glückseligkeit dieses Friedens das höchste Gut.

28. Der Ausgang der Gottlosen

Denen dagegen, die nicht zu diesem Gottesstaat gehören, ist ewige Unseligkeit beschieden. Man heißt sie auch den zweiten Tod, weil weder eine Seele, die dem Leben Gottes entfremdet ist, noch ein Leib, der ewigen Qualen unterworfen ist, wirklich lebt, und der zweite Tod wird um so bitterer sein, weil kein Tod ihn beenden kann. Aber da offenbar wie das Elend der Glückseligkeit und der Tod dem Leben so der Krieg dem Frieden entgegengesetzt ist, muß man fragen, was für ein Krieg als äußerstes Übel der Bösen dem verheißenen hochgelobten Frieden, dem höchsten Gut der Frommen, gegenübersteht. Wer so fragt, gebe acht, was beim Kriege das eigentlich Schädliche und Verderbliche ist, und es wird ihm klarwerden: Nichts anderes als der Widerstreit und Kampf der Dinge untereinander. Nun kann man sich keinen Krieg ausdenken, der härter und bitterer wäre als der, bei dem das Wollen dem Leiden und das Leiden dem Wollen so entgegensteht, daß kein Sieg des einen Teiles die Feindschaft je beendet, und bei dem die Gewalt des Schmerzes mit der Natur des Leibes dermaßen streitet, daß keins dem anderen jemals weicht. Kommt es nämlich hienieden zu solchem Streit, siegt entweder der Schmerz und löscht der Tod die Empfindung aus, oder die Natur siegt, und Gesundheit nimmt den Schmerz hinweg. Dorten aber bleibt der Schmerz bestehen und fährt fort zu peinigen, und die Natur bleibt erhalten und fährt fort zu empfinden. Beides aber nimmt kein Ende, weil die Strafe nicht enden soll. Um zu jenem höchsten Gut, das man erstreben, sowie zu diesem größten Übel, vor dem man sich hüten muß, zu gelangen, müssen die Guten und die Bösen gleicherweise durch das Gericht hindurchgehen. So werde ich denn mit Gottes Beistand im nächsten Buche vom Gerichte handeln.

ZWANZIGSTES BUCH

DIE WEISSAGUNG VOM JÜNGSTEN GERICHT

1. Vom vorläufigen und endgültigen Gottesgericht

Jetzt, da wir uns anschicken, über den Tag des Letzten Gerichts Gottes zu sagen, was er selbst uns eingeben wird, und diesen Tag gegen die Einwände der Gottlosen und Ungläubigen sicherzustellen, müssen wir zunächst gleichsam als Grundlage des zu errichtenden Gebäudes die göttlichen Zeugnisse anführen. Die ihnen nicht glauben wollen, suchen mit falschen und trügerischen menschlichen Vernünfteleien dagegen anzugehen und behaupten entweder, die aus den heiligen Schriften beigebrachten Beweisstellen hätten einen anderen Sinn, oder sie leugnen gar ihren göttlichen Ursprung. Denn es gibt doch wohl keinen Menschen auf Erden, der diesen Aussprüchen, wenn er sie so versteht, wie sie gemeint sind, und auch glaubt, daß der höchste und wahre Gott sie uns durch heilige Seelen hat mitteilen lassen, nicht nachgibt und innerlich zustimmt, mag er dies nun ausdrücklich anerkennen oder es in falscher Scham und Furcht verschweigen oder mit einer an Wahnsinn grenzenden Verstocktheit das Gegenteil von dem, was er doch als wahr einsieht oder glaubt, streitsüchtig zu verteidigen sich bemühen.

Wenn also die ganze Kirche des wahren Gottes immerdar bekennt und bezeugt, daß Christus vom Himmel herabkommen wird, die Lebenden und Toten zu richten, so nennen wir das den letzten Tag des göttlichen Gerichts, und meinen damit die Endzeit. Denn wieviel Tage dies Gericht währen mag, ist ungewiß. Daß aber nach dem Sprachgebrauch der heiligen Schriften Tag Zeit bedeutet, weiß jeder, der sie auch nur flüchtig gelesen hat. Doch fügen wir, wenn wir vom Tage des göttlichen Gerichts sprechen, hinzu «der Letzte» oder «der Jüngste».

Denn auch jetzt schon richtet Gott und hat vom Anbeginn des Menschengeschlechts an gerichtet, seit er die ersten Menschen wegen ihres schweren Sündenfalls aus dem Paradiese vertrieb und vom Baume des Lebens schied. Ja, er übte unfraglich schon damals Gericht, als er die sündigen Engel nicht verschonte, deren Fürst erst durch sich selbst zu Fall kam und dann aus Neid auch die Menschen zu Fall brachte; und nicht ohne Gottes geheimes und gerechtes Gericht ist in diesem unserm Lufthimmel und auf Erden das Leben der Dämonen und Menschen so jammervoll elend, so voll von Irrtum und Mühsal. Aber auch wenn niemand gesündigt hätte, würde es Gottes gutes und gerechtes Gericht gewesen sein, das die gesamte vernunftbegabte und ihm als ihrem Herrn standhaft und treu anhangende Kreatur in ewiger Glückseligkeit bewahrt hätte. Er richtet auch nicht bloß in Bausch und Bogen über das Dämonen- und Menschengeschlecht, daß sie elend sein müssen wegen der Schuld ihrer ersten Sünden, sondern ebenso über die Werke, die jeder einzelne durch Willensentscheidung vollbringt. Denn auch die Dämonen flehen, von Qualen verschont zu werden, und stets ist es gerecht, wenn sie entweder Schonung erlangen oder aber, jeder nach dem Maße seiner Schlechtigkeit, gepeinigt werden, und in gleicher Weise müssen die Menschen, vielfach offenkundig, immer aber insgeheim, für ihre eigenen Taten sei es in diesem Leben, sei es nach dem Tode göttliche Strafen erleiden. Dabei ist zu beachten, daß kein Mensch recht handelt, wenn Gottes Hilfe ihm nicht zur Seite steht, und daß kein Dämon oder Mensch unrecht handelt, wenn nicht das göttliche, stets gerechte Gericht es zuläßt. Denn es ist wie der Apostel sagt: «Bei Gott gibt's keine Ungerechtigkeit»; aber nicht minder wahr ist sein anderes Wort: «Unbegreiflich sind seine Gerichte und unerforschlich seine Wege.» In diesem Buche werde ich nun nicht von jenen ersten Gerichten Gottes, auch nicht von denen, die in der Zwischenzeit stattfinden, sondern mit Gottes Beistand von dem Jüngsten Gerichte handeln, da Christus vom Himmel kommen wird, die Lebenden und Toten zu richten. Dieser Tag heißt in ganz besonderem Sinne Gerichtstag, denn an ihm wird sich niemand mehr töricht darüber beklagen können, warum wohl dieser Ungerechte glücklich und jener Gerechte unglücklich sei. Denn dann wird aller Guten, und nur der Guten, wahres und vollkommenes Glück und aller Bösen, und nur der Bösen, verdientes, aber furchtbares Unglück offenbar werden.

2. Bis zum Jüngsten Tage bleiben Gottes Gerichte dunkel

Einstweilen aber müssen wir lernen, die Übel mit Gleichmut zu ertragen, die auch die Guten zu erdulden haben, und die Güter nicht hochzuschätzen, die auch die Bösen erlangen, und darum ist auch hier, wo Gottes Gerechtigkeit nicht zutage tritt, göttliche Unterweisung heilsam. Denn wir wissen nicht, welches Gottesgericht dem zugrunde liegt, daß hier ein Guter arm, dort ein Böser reich ist; daß hier einer sich freut, der, wie wir meinen, wegen seiner Sittenlosigkeit von Kummer geplagt sein müßte, während dort ein anderer traurig ist, dem sein löbliches Leben nach unserer Überzeugung Freude hätte verschaffen sollen; daß ein Unschuldiger die Gerichtssitzung nicht nur ungerächt, sondern sogar verurteilt verläßt und Opfer eines gottlosen Richters oder lügenhafter Zeugenaussagen wird, während sein verbrecherischer Gegner nicht nur ungestraft bleibt, sondern auch noch Recht bekommt und höhnt; daß ein Bösewicht kerngesund ist, während ein Frommer dahinsiecht; daß junge Männer kraftstrotzend das Räuberhandwerk treiben, während kleine Kinder, die niemanden auch nur mit einem Worte kränken konnten, von mancherlei schrecklichen Krankheiten heimgesucht werden; daß jemand, der der Menschheit noch hätte nützen können, durch vorzeitigen Tod hingerafft wird, während ein anderer, der, wie man meinen sollte, gar nicht hätte geboren werden dürfen, obendrein sehr alt wird; daß ein großer Schurke zu hohen Ehren gelangt, während ein untadeliger Mann unbeachtet im Dunkel der Verborgenheit bleibt und dergleichen mehr. Wer könnte das alles aufzählen? Wenn wenigstens noch in diesem scheinbaren Unsinn Methode wäre, so daß in diesem Leben, in dem der Mensch nach den Worten des heiligen Psalms der Nichtigkeit verfallen ist und wie ein Schatten dahinschwindet, nur die Bösen diese vergänglichen irdischen Güter erlangten und nur die Guten solche Übel erduldeten! So könnte man das allenfalls auf Gottes gerechtes und wohl auch gütiges Gericht zurückführen. Dies Gericht würde dann verfügen, daß die nicht zum Genuß der ewigen, beseligenden Güter bestimmten Menschen durch zeitliche Güter entweder wegen ihrer Bosheit getäuscht oder aber dank der Barmherzigkeit Gottes getröstet werden sollen, dagegen die nicht zur ewigen Qual bestimmten Menschen durch zeitliche Übel für ihre doch immer noch vorhandenen, wenn auch geringfügigen Sünden bestraft oder zur Vervollkommnung ihrer Tugenden geübt werden sollen. Nun aber, wo nicht nur Gute im Unglück und Böse im Glück sich befinden, was ungerecht scheint, sondern wo es oft genug auch Bösen böse und Guten gut ergeht, werden die Gottesgerichte noch unbegreiflicher und seine Wege noch unerforschlicher. Wir wissen es also nicht, nach welchem Gericht Gott das tut oder zuläßt, der Gott, der doch höchste Kraft, höchste Weisheit und höchste Gerechtigkeit besitzt, und bei dem sich keinerlei Schwäche, keinerlei Unbedachtsamkeit, keinerlei Ungerechtigkeit findet. Doch schöpfen wir daraus die heilsame Lehre, die Güter oder Übel nicht hochzuschätzen, die, wie wir sehen, Guten und Bösen gemeinsam sind, und nach jenen Gütern zu trachten, die nur den Guten, und vor jenen Übeln ängstlich zu fliehen, die nur den Bösen zuteil werden. Wenn wir aber vor jenes Gottesgericht kommen, dessen Zeit in besonderem Sinne Tag des Gerichts, bisweilen auch Tag des Herrn heißt, werden nicht nur alle Urteile, die dann gefällt werden, sondern auch alle Urteile, die von Anfang an gefällt wurden und bis zu jenem Zeitpunkt noch zu fällen sind, als durchaus gerecht sich offenbaren. Dann wird auch an den Tag kommen, wie gerecht das Gottesgericht ist, welches verfügt, daß jetzt so viele, ja fast alle gerechten Gottesgerichte dem Sinn und Geist der Sterblichen verborgen bleiben, obwohl es doch dem Glaubensauge der Frommen nicht verborgen bleiben kann, daß gerecht ist, was verborgen bleibt.

3. Der Prediger Salomo über die Eitelkeit dieser Welt

Bekanntlich hat Salomo, der weiseste König Israels, der in Jerusalem regierte, sein Buch, das den Titel führt «der Prediger» und auch von den Juden in den Kanon heiliger Schriften aufgenommen ist, mit den Worten begonnen: «Eitelkeit der Eitelkeiten, sprach der Prediger; Eitelkeit der Eitelkeiten, alles ist eitel. Was hat der Mensch für Gewinn von all seiner Mühe, mit der er sich abmüht unter der Sonne?» An diesen Ausspruch knüpft er Weiteres an und erwähnt die Drangsale und Irrungen dieses Lebens, und wie darüber die Zeit hinschwindet, in der es nichts Festes, nichts Dauerhaftes gibt. Aus all dem, was eitel ist unter der Sonne, hebt er hervor und klagt gewissermaßen darüber, daß zwar die Weisheit der Torheit so überlegen ist wie das Licht der Finsternis und der Weise Augen im Kopfe hat, während der Tor im Dunklen tappt, und dennoch das gleiche Geschick über alle hereinbricht. Natürlich hat er hier unser Erdenleben unter der Sonne im Sinn und denkt an die Übel, die, wie wir sehen, Guten und Bösen gemeinsam sind. Auch das führt er an, daß die Guten Übles erdulden müssen, als ob sie böse wären, und den Bösen Gutes widerfährt, als wären sie gut.

«Es ist auch», sagt er, «Eitelkeit, die sich zuträgt auf Erden, daß Gerechte sind, denen es geht, als hätten sie die Werke der Gottlosen getan, und Gottlose, denen es geht, als hätten sie die Werke der Gerechten getan. Und ich sprach: Auch das ist eitel.» Dieser Eitelkeit, deren eindringlicher Schilderung der so weise Mann sein ganzes Buch widmete – versteht sich, aus keinem anderen Grunde, als um unsere Sehnsucht nach dem Leben zu erwecken, das die Eitelkeit unter dieser Sonne nicht mehr kennt, sondern nur die Wahrheit unter dem, der diese Sonne schuf –, wäre wohl dieser Eitelkeit der Mensch verfallen und ihr gleich geworden ohne Gottes gerechtes Gericht? Aber nun kommt in den Tagen seiner Eitelkeit alles darauf an, ob er der Wahrheit Widerstand leistet oder gehorcht, ob er wahre Frömmigkeit besitzt oder verschmäht, nicht um die Güter dieses Lebens zu erlangen und seine Übel zu vermeiden, die ja eitel sind und dahinschwinden, sondern wegen des künftigen Gerichts, das den Guten Güter und den Bösen Übel von endloser Dauer zuteilen wird. So beschließt denn jener Weise sein Buch mit den Worten: «Fürchte Gott und halte seine Gebote, das ist's, was den Menschen macht. Denn Gott wird alle Werke vor Gericht bringen, sie seien gut oder böse, und wäre einer auch ganz unbeachtet.» Was ließe sich Kürzeres, Wahreres, Heilsameres sagen? «Fürchte», so sagt er, «Gott und halte seine Gebote, das ist's, was den Menschen macht.» Denn wer überhaupt ist, der ist so, nämlich ein Beobachter der Gebote Gottes, und wer nicht so ist, ist nichts, denn er wird nicht nach dem Bilde der Wahrheit erneuert, sondern bleibt der Eitelkeit gleich. «Denn Gott wird alle Werke», also die Werke, die der Mensch in diesem Leben tut, «sie seien gut oder böse, vor Gericht bringen, und wäre einer auch ganz unbeachtet». Das heißt: Und gälte einer hier als ganz verächtlich und würde darum völlig übersehen, Gott sieht auch ihn, verachtet ihn nicht und übergeht ihn nicht in seinem Gerichte.

4. Zunächst ist die neutestamentliche Bezeugung des Gerichtes anzuführen

Die Zeugnisse aus der Heiligen Schrift für das Letzte Gericht Gottes, die ich anführen möchte, sind zuerst den Büchern des Neuen Testaments, sodann denen des Alten zu entnehmen. Denn wenn auch die alten Zeugnisse zeitlich früher sind, besitzen doch die neuen höhere Würde. Die alten sind ja nur Hinweise auf die neuen. Also stellen wir die neuen voran und fügen dann zu ihrer Bekräftigung noch die alten hinzu. Zu den alten rechnet man das Gesetz und die Propheten, zu den neuen das Evangelium und die apostolischen Schriften. Denn der Apostel spricht: «Durch das Gesetz kommt Erkenntnis der Sünde. Nun aber ist ohne Zutun des Gesetzes die Gerechtigkeit Gottes offenbart und bezeugt durch das Gesetz und die Propheten. Die Gerechtigkeit Gottes aber wird durch den Glauben an Jesus Christus allen zuteil, die da glauben.» Diese Gerechtigkeit Gottes gehört zum Neuen Testament und wird von den alten Schriften bezeugt, nämlich vom Gesetz und von den Propheten. Zunächst muß man also die Sache selbst vorlegen, dann erst die Zeugen einführen. Daß man diese Ordnung innehalte, hat auch Jesus Christus selber empfohlen, wenn er sagt: «Ein Schriftgelehrter, der im Reiche Gottes Bescheid weiß, ist gleich einem Hausvater, der aus seinem Schatze Neues und Altes hervorholt.» Er sagt nicht «Altes und Neues», wie er sicher gesagt haben würde, wenn für die Anordnung nicht die Bedeutsamkeit, sondern die Zeit hätte maßgebend sein sollen.

5. Worte Jesu vom Jüngsten Gericht

Hören wir also zunächst den Heiland selbst. Als er die Städte schalt, in denen er große Taten getan hatte, ohne daß sie zum Glauben gekommen wären, und denen er darum Heidenstädte vorzog, sprach er: «Doch ich sage euch, es wird Tyrus und Sidon erträglicher gehen am Tage des Gerichts als euch», und bald darauf zu einer anderen Stadt: «Wahrlich, ich sage euch, es wird dem Lande der Sodomer erträglicher gehen am Tage des Gerichts als dir.» Hier spricht er mit aller Deutlichkeit von dem künftigen Gerichtstage. Und noch eine andere Stelle: «Die Männer von Ninive werden auftreten beim Gericht mit diesem Geschlecht und es verdammen. Denn sie taten Buße bei der Predigt des Jona, und siehe, hier ist mehr als Jona. Die Königin vom Mittag wird auftreten beim Gericht mit diesem Geschlecht und es verdammen, denn sie kam von den Enden der Erde, Salomos Weisheit zu hören, und siehe, hier ist mehr als Salomo.» Zweierlei lernen wir hier, einmal, daß das Gericht kommen wird, und sodann, daß es zugleich mit der Auferstehung der Toten kommen wird. Denn von den Niniviten und der Königin vom Mittag sprach er in diesen Worten augenscheinlich als von Toten, die jedoch, wie er vorhersagte, am Tage des Gerichts auferstehen würden. Mit den Worten aber «sie werden es verdammen», wollte er nicht sagen, daß sie selber das Urteil fällen werden, sondern daß der Vergleich mit ihnen die Verdammnis jenes Geschlechts als wohlverdient erweisen wird.

Wiederum an einer anderen Stelle, wo er von der gegenwärtigen Vermischung der Guten und Bösen spricht, der dann später am Tage des Gerichts die Trennung folgen werde, bedient er sich des Gleichnisses von ausgesätem Weizen und dazwischengesätem Unkraut und legt es mit folgenden Worten seinen Jüngern aus: «Des Menschen Sohn ist's, der den guten Samen sät. Der Acker ist die Welt. Der gute Same sind die Kinder des Reichs. Das Unkraut sind die Kinder der Bosheit. Der Feind, der sie sät, ist der Teufel. Die Ernte ist das Ende der Welt. Die Schnitter sind die Engel. Wie man nun das Unkraut sammelt und mit Feuer verdrennt so wird es auch am Ende dieser Welt gehen. Des Menschen Sohn wird seine Engel senden, und sie werden sammeln aus seinem Reich alle Ärgernisse und die da Unrecht tun und sie in den Feuerofen werfen. Da wird sein Heulen und Zähneklappen. Dann werden die Gerechten leuchten wie die Sonne in ihres Vaters Reich. Wer Ohren hat zu hören, der höre.» Hier gebraucht er zwar nicht das Wort Gericht oder Gerichtstag, aber die Sache selbst ist um so unverkennbarer zum Ausdruck gebracht, auch vorausgesagt, daß das Gericht am Ende der Weltzeit stattfinden wird.

Ferner sprach er zu seinen Jüngern: «Wahrlich, ich sage euch, ihr, die ihr mir nachgefolgt seid, werdet bei der Wiedergeburt, da des Menschen Sohn sitzen wird auf dem Stuhl seiner Herrlichkeit, auch sitzen auf zwölf Stühlen und richten die zwölf Stämme Israels.» Hier erfahren wir, daß Jesus zusammen mit seinen Jüngern richten wird. Darum sagte er auch anderswo zu den Juden: «Wenn ich durch Beelzebub die Dämonen austreibe, durch wen treiben sie denn eure Kinder aus? Darum werden sie eure Richter sein.» Doch wenn er sagt, sie würden auf zwölf Stühlen sitzen, müssen wir deswegen nicht meinen, es seien nur zwölf Menschen, die mit ihm Gericht halten werden. Denn mit der Zwölfzahl ward auf eine beliebig große Gesamtmenge von Richtenden hingedeutet, wegen der in ihr enthaltenen beiden Teile der Siebenzahl, die meist eine Gesamtheit bedeutet. Denn ihre beiden Teile, nämlich drei und vier, ergeben miteinander multipliziert zwölf, da vier mal drei und dreimal vier zwölf sind, abgesehen von etwaigen anderen hier in Betracht kommenden Sinngehalten der Zwölfzahl. Sonst wäre ja, da nach dem Bericht der Schrift anstelle des Verräters Judas Matthias zum Apostel bestellt ward, für den Apostel Paulus, der mehr als jene alle gearbeitet hat, kein Richterstuhl vorhanden, während er doch selbst darlegt, daß auch er mit anderen Heiligen zur Zahl der Richter gehöre, da er sagt: «Wißt ihr nicht, daß wir über die Engel richten werden?»

Was sodann die zu Richtenden anlangt, so hat es auch in dem Fall mit der Zwölfzahl eine ähnliche Bewandtnis. Denn wenn es heißt: «Ihr werdet richten die zwölf Stämme Israels», muß man deswegen nicht meinen, sie dürften den Stamm Levi, weil er der dreizehnte ist, nicht richten, oder sie würden nur jenes eine Volk und nicht auch die übrigen Völker richten. Wenn er aber sagt: «Bei der Wiedergeburt», so denkt er mit diesem Wort offenbar an die Auferstehung der Toten. Denn unser Fleisch wird durch Annahme der Unverweslichkeit ebenso wiedergeboren werden, wie unsere Seele durch den Glauben schon wiedergeboren ist.

Vieles übergehe ich, was sich zunächst auf das Endgericht zu beziehen scheint, aber bei genauerem Zusehen als zweideutig herausstellt oder wohl eher auf etwas anderes hinweist. Es deutet etwa hin auf die geistliche Ankunft des Heilandes, welche diese ganze Zeit hindurch erfolgt, wenn er bei seiner Kirche, das ist bei ihren Gliedern, bald hier, bald da, bald jetzt, bald später, einkehrt, da die ganze Kirche sein Leib ist, oder auch auf den Untergang des irdischen Jerusalems. Denn auch wenn er von ihm spricht, redet er oft so, als wäre das Ende der Weltzeit und jener Tag des Jüngsten und großen Gerichts gemeint. So findet man die richtige Auslegung nur dann, wenn man die ähnlich lautenden Aussagen hierüber bei den drei Evangelisten Matthäus, Markus und Lukas sämtlich miteinander vergleicht. Denn einiges drückt der eine dunkler, der andere klarer aus, so daß erst die Vergleichung dieser Stellen, die sich alle auf dasselbe Ereignis beziehen, deutlich macht, wie sie zu verstehen sind. Das zu tun habe ich mich in einem Briefe an Hesychius, den Bischof von Solona, Gott hab ihn selig, bemüht. Er trägt die Überschrift: «Vom Ende der Weltzeit.»

So will ich nunmehr das anführen, was wir im Evangelium nach Matthäus von der Trennung der Guten und Bösen lesen, die der höchstpersönlich erscheinende Christus beim Jüngsten

Gericht vollziehen wird. «Wenn aber», spricht er, «des Menschen Sohn kommen wird in seiner Herrlichkeit und alle Engel mit ihm, dann wird er sitzen auf dem Stuhl seiner Herrlichkeit, und es werden vor ihm alle Völker versammelt werden, und er wird sie von einander scheiden, wie ein Hirte die Schafe von den Böcken scheidet, und wird die Schafe zu seiner Rechten stellen und die Böcke zur Linken. Dann wird der König sagen zu denen zu seiner Rechten: Kommt her, ihr Gesegneten meines Vaters, ererbet das Reich, das euch bereitet ist vom Anbeginn der Welt. Denn ich bin hungrig gewesen, und ihr habt mich gespeist; ich bin durstig gewesen, und ihr habt mich getränkt; ich war ein Gast, und ihr habt mich beherbergt; ich war nackt, und ihr habt mich bekleidet; ich war krank, und ihr habt mich besucht; ich war gefangen, und ihr seid zu mir gekommen. Dann werden ihm die Gerechten antworten und sagen: Herr, wann haben wir dich hungrig gesehen und haben dich gespeist, oder durstig und haben dich getränkt? Wann haben wir dich als einen Gast gesehen und beherbergt, oder nackt und haben dich bekleidet? Wann haben wir dich krank oder gefangen gesehen und sind zu dir gekommen? Und der König wird ihnen antworten und sagen: Wahrlich ich sage euch, was ihr getan habt einem unter diesen meinen geringsten Brüdern, das habt ihr mir getan. Dann wird er sagen»», heißt es weiter, «auch zu denen zur Linken: Gehet weg von mir, ihr Verfluchten, in das ewige Feuer, das bereitet ist dem Teufel und seinen Engeln.» Darauf hält er ihnen in ähnlicher Weise vor, was sie nicht getan haben, während die zur Rechten es taten. Und als sie ihn ebenso fragen, wann sie ihn in solcher Bedürftigkeit sahen, antwortet er, was seinen Geringsten nicht erwiesen sei, das sei ihm selbst nicht erwiesen. Dann schließt er die Rede mit den Worten: «Und sie werden in die ewige Pein gehen, die Gerechten aber in das ewige Leben.» Der Evangelist Johannes aber berichtet unzweideutig, Christus habe vorher verkündet, das künftige

Gericht werde bei der Auferstehung der Toten stattfinden. Wir hören ihn nämlich zunächst sagen: «Denn der Vater richtet niemand, sondern alles Gericht hat er dem Sohne gegeben, auf daß alle den Sohn ehren, wie sie den Vater ehren. Wer den Sohn nicht ehrt, der ehrt den Vater nicht, der ihn gesandt hat.» Sodann fährt er fort: «Wahrlich, wahrlich ich sage euch, wer mein Wort hört und glaubt dem, der mich gesandt hat, der hat das ewige Leben und kommt nicht in das Gericht, sondern er ist vom Tode zum Leben hindurchgedrungen.» Sieh, hier sagt er, daß seine Gläubigen nicht ins Gericht kommen. Doch wie können sie dann durch das Gericht von den Bösen geschieden und zu seiner Rechten gestellt werden? Offenbar gebraucht er an dieser Stelle das Wort Gericht im Sinne von Verdammnis. In solch ein Gericht werden sie freilich nicht kommen, die sein Wort hören und dem glauben, der ihn gesandt hat.

6. *Jesu Zeugnis von der ersten und zweiten Auferstehung*

Darauf spricht Christus weiter: «Wahrlich, wahrlich, ich sage euch: Es kommt die Stunde und ist schon jetzt, daß die Toten werden die Stimme des Sohnes Gottes hören, und die sie hören werden, die werden leben. Denn wie der Vater das Leben hat in ihm selber, so hat er auch dem Sohn gegeben, das Leben zu haben in ihm selber.» Hier spricht er noch nicht von der zweiten Auferstehung, also der der Leiber, die erst am Ende erfolgen soll, sondern der ersten, die schon jetzt ist. Um sie deutlich zu kennzeichnen, sagt er ja: «Es kommt die Stunde und ist schon jetzt.» Da handelt sich's also nicht um die Auferstehung der Leiber, sondern der Seelen. Denn auch die Seelen haben ihren Tod, den Tod in Gottlosigkeit und Sünden, und solche Tote meint der Herr, wenn er spricht: «Laß die Toten ihre Toten begraben», womit er sagen will, daß die geistlich Toten die leiblich Toten begraben sollen. Also in bezug auf diese durch

Gottlosigkeit und Ungerechtigkeit geistlich Toten spricht er: «Es kommt die Stunde und ist schon jetzt, daß die Toten werden die Stimme des Sohnes Gottes hören, und die sie hören werden, die werden leben.» «Die sie hören werden», das soll heißen: Die gehorchen und glauben und bis ans Ende beharren. Hier macht er keinen Unterschied zwischen Guten und Bösen. Denn für alle ist es gut, seine Stimme zu hören und zu leben und aus dem Tode der Gottlosigkeit zum Leben der Gottseligkeit überzugehen. Von diesem Tode spricht der Apostel Paulus: «Also sind sie alle gestorben, und er ist darum für alle gestorben, auf daß die, so da leben, hinfort nicht sich selbst leben, sondern dem, der für sie gestorben und auferstanden ist.» Demnach sind alle ohne Ausnahme tot in Sünden, sei es angeborenen, sei es willentlich noch hinzugefügten, sei es, daß einer nicht wußte, was recht ist, sei es, daß er's wohl wußte, aber nicht tat. Und für alle Toten starb der eine Lebendige, das ist der, welcher keinerlei Sünde hatte, auf daß die, welche nun durch Vergebung der Sünden leben, hinfort nicht mehr sich selbst leben, sondern dem, der für uns alle um unserer Sünden willen gestorben ist und um unserer Rechtfertigung willen auferstanden. So glauben wir an den, der den Gottlosen rechtfertigt, und können nun, aus Gottlosigkeit gerechtfertigt, gleichsam aus dem Tode zum Leben erweckt, an der ersten Auferstehung, die jetzt schon ist, teilhaben. Denn an dieser ersten haben nur teil, die ewig selig sein werden, an der zweiten aber, von der er auch bald sprechen wird, sollen nach seiner Lehre Selige und Unselige teilhaben. Die erste ist das Werk der Barmherzigkeit, die zweite des Gerichts. Darum heißt es im Psalm: «Von Barmherzigkeit und Gericht will ich dir, Herr, singen.»

Von diesem Gericht spricht Christus bei Johannes weiter: «Und er hat ihm die Macht gegeben, das Gericht zu halten, weil er des Menschen Sohn ist.» Hier weist er darauf hin, daß er in demselben Fleische kommen wird, um zu richten, in dem er kam, sich richten zu lassen. Denn darum sagt er: «Weil er des Menschen Sohn ist.» Sodann fährt er fort und sagt zu dem uns beschäftigenden Thema: «Wundert euch nicht darüber; denn es wird kommen die Stunde, in welcher alle, die in den Gräbern sind, werden seine Stimme hören und werden hervorgehen, die da Gutes getan haben, zur Auferstehung des Lebens, die aber Übles getan haben, zur Auferstehung des Gerichts.» Damit ist jenes Gericht gemeint, von dem er schon kurz vorher einmal wie auch jetzt im Sinne von Verdammnis sprach, als er sagte: «Wer mein Wort hört und glaubt dem, der mich gesandt hat, der hat das ewige Leben und kommt nicht ins Gericht, sondern er ist vom Tode zum Leben hindurchgedrungen.» Also, wer an der ersten Auferstehung teilhat, durch die man vom Tode zum Leben hindurchdringt, der wird nicht in die Verdammnis kommen, die hier mit dem Wort Gericht bezeichnet wird. So auch an unserer jetzigen Stelle, in der es heißt: «Die aber Böses getan haben, zur Auferstehung des Gerichts», das ist der Verdammnis. Wer also nicht in der zweiten Auferstehung verdammt werden will, möge in der ersten aufstehen. Denn «es kommt die Stunde und ist schon jetzt, daß die Toten werden die Stimme des Sohnes Gottes hören, und die sie hören werden, die werden leben», also nicht in die Verdammnis kommen, die der zweite Tod heißt. In diesen Tod werden nach der künftigen zweiten leiblichen Auferstehung diejenigen gestürzt werden, die in der ersten, der Auferstehung der Seelen, nicht aufstehen. «Denn es wird kommen die Stunde» – hier sagt er nicht «und ist schon jetzt», denn sie wird erst am Ende der Weltzeit kommen, das ist beim Letzten und größten Gottesgericht –, «in welcher alle, die in den Gräbern sind, werden seine Stimme hören und hervorgehen». Hier sagt er nicht wie bei der ersten Auferstehung: «Und die sie hören werden, die werden leben.» Denn nicht alle werden leben, nämlich in jenem

Leben, das, weil es das selige ist, allein Leben genannt zu werden verdient. Doch könnten sie natürlich nicht ohne irgendeine Art von Leben die Stimme hören und im Auferstehungsleibe aus den Gräbern hervorgehen. Warum sie aber nicht alle leben werden, macht er uns in den folgenden Worten klar: «Die Gutes getan haben, zur Auferstehung des Lebens» – das sind die, die leben werden –, «die aber Übles getan haben, zur Auferstehung des Gerichts» –, und das sind die, welche nicht leben, sondern im zweiten Tode sterben werden. Denn Übles haben sie getan, weil sie übel lebten; übel aber lebten sie, weil sie nicht in der ersten Auferstehung der Seelen, die jetzt ist, neu auflebten oder doch nicht in dem neuen Leben bis ans Ende verharrten. Wie es also zwei Wiedergeburten gibt, von denen ich schon vorhin sprach, die eine nach dem Glauben, welche jetzt durch die Taufe geschieht, die andere nach dem Fleisch, die geschehen wird in der fleischlichen Unverweslichkeit und Unsterblichkeit durch das große und Jüngste Gericht, so gibt es auch zwei Auferstehungen. Die eine und «erste» ist schon jetzt, eine Auferstehung der Seelen, die es nicht zum zweiten Tode kommen läßt, die andere «zweite» ist jetzt noch nicht, sondern wird erst am Ende der Weltzeit sein, eine Auferstehung nicht der Seelen, sondern der Leiber, die durch das Letzte Gericht die einen in den zweiten Tod entsenden wird, die anderen in das Leben, das keinen Tod kennt.

7. *Von der ersten Auferstehung und den tausend Jahren der Johannesapokalypse*

Von diesen beiden Auferstehungen spricht derselbe Evangelist Johannes auch in seinem «Apokalypse» genannten Buche, doch in einer Weise, daß die erste der beiden von einigen der Unseren nicht verstanden, sondern obendrein zu einer Art lächerlichen Fabel verdreht wurde. Der Apostel Johannes sagt nämlich in dem erwähnten Buche: «Und ich sah einen Engel vom Himmel fahren, der hatte den Schlüssel zum Abgrund und eine Kette in seiner Hand. Und er griff den Drachen, die alte Schlange, welche heißt der Teufel und Satan, und band ihn tausend Jahre und warf ihn in den Abgrund und schloß zu und versiegelte über ihm, daß er die Völker nicht mehr verführen sollte, bis die tausend Jahre um wären. Danach muß er eine kurze Zeit frei werden. Und ich sah Stühle und die darauf saßen, und ihnen ward das Gericht gegeben. Und die Seelen derer, die getötet sind um des Zeugnisses von Jesus und um des Wortes Gottes willen, und die nicht angebetet hatten das Tier und sein Bild und nicht angenommen sein Malzeichen auf ihrer Stirn oder auf ihrer Hand, die herrschten mit Jesus tausend Jahre. Die anderen Toten aber wurden nicht lebendig, bis daß die tausend Jahre vorüber sind. Dies ist die erste Auferstehung. Selig ist und heilig, wer Anteil hat an der ersten Auferstehung. Über sie hat der zweite Tod keine Gewalt, sondern sie werden Priester Gottes und Christi sein und mit ihm regieren tausend Jahre.» Diejenigen nun, welche auf Grund der soeben angeführten Worte dieses Buches eine erste leibliche Auferstehung annahmen, wurden, von anderem abgesehen, dazu hauptsächlich durch die Zahl der tausend Jahre veranlaßt. Sie sagten sich, es solle auf diese Weise den Heiligen gleichsam eine Sabbatfeier von dieser Zeitdauer verliehen werden, eine heilige Ruhe nach den Mühsalen der sechstausend Jahre, seit der Mensch erschaffen und infolge seiner schweren Sünde aus dem Paradiesesglück in die Nöte dieses sterblichen Lebens verstoßen ward. So würde denn dem Schriftwort gemäß: «Ein Tag vor dem Herrn ist wie tausend Jahre und tausend Jahre wie ein Tag» nach Vollendung von sechstausend Jahren, also gleichsam von sechs Tagen, in den letzten tausend Jahren gleichsam als siebter Tag der Sabbat folgen, und um diesen Sabbat zu feiern, würden die Heiligen auferstehen. Diese Meinung wäre erträglich, wenn man annähme, daß an jenem Sabbat den Heiligen durch die Gegenwart des Herrn allerlei geistliche Freuden beschert werden würden. Auch ich habe das früher einmal so aufgefaßt. Aber wenn man sagt, die dann Auferstehenden würden ihre Muße mit maßlosen leiblichen Tafelfreuden hinbringen und solche Fülle von Speise und Trank genießen, daß von keinem Maßhalten mehr die Rede wäre, ja ein mehr als unglaubliches Schwelgen anfinge, so können doch nur fleischlich gesinnte Menschen derartiges glauben. Die geistlich Gesinnten pflegen die, welche dieser Meinung huldigen, mit einem griechischen Wort Chiliasten zu nennen. Auf lateinisch würden diese Tausendjährler Milliarier heißen. Es wäre zu umständlich, sie im einzelnen zu widerlegen, aber wir müssen jetzt zeigen, wie die angeführte Schriftstelle zu verstehen ist.

Der Herr Jesus Christus selber sagte einmal: «Es kann niemand einem Starken in sein Haus fallen und seinen Hausrat rauben, wenn er den Starken nicht zuvor gebunden hat.» Unter dem Starken soll der Teufel verstanden werden, der es fertigbrachte, das menschliche Geschlecht gefangenzuhalten, unter dem Hausrat aber, den Christus ihm zu rauben sich anschickte, die künftigen Gläubigen, die der Teufel bisher in mancherlei Sünde und Gottlosigkeit verstrickt und sich zu eigen gemacht hatte. Diesen Starken also zu binden, sah der Apostel in der Apokalypse den Engel vom Himmel fahren, der den Schlüssel des Abgrundes und eine Kette in seiner Hand hatte. «Und er griff», hören wir, «den Drachen, die alte Schlange, welche heißt der Teufel und Satan, und band ihn tausend Jahre». Das soll bedeuten: Er schränkte ein und zügelte seine Macht, diejenigen zu verführen und sich zu eigen zu machen, die erlöst werden sollten. Die tausend Jahre aber können, soviel ich sehe, auf zweierlei Weise verstanden werden. Entweder soll das eben Erwähnte in den letzten tausend Jahren vor sich gehen, also in dem sechsten Jahrtausend, gleichsam am sechsten

Tage, der nun zu Ende geht und auf den der Sabbat folgen wird, der keinen Abend hat, nämlich die Ruhe der Heiligen, die kein Ende hat. Dann hätte Johannes den letzten Teil dieses Tausendjahr-Tages, der noch bis zum Weltenende übrig war, tausend Jahre genannt und damit, wie auch sonst üblich, für einen Teil das Ganze eingesetzt. Oder aber er denkt bei den tausend Jahren an die gesamten Jahre des jetzigen Zeitalters, so daß also mit der vollkommenen Zahl Tausend die Fülle der Zeit gemeint wäre. Denn die Tausendzahl erhebt das Quadrat der zehn zum Kubus. Denn zehn mal zehn sind hundert, also eine quadratische, aber noch flächenhafte Figur. Um auch in die Höhe zu steigen und würfelförmig zu werden, muß die Hundert noch einmal mit zehn multipliziert werden, so erhält man die Tausend. Darum, wenn bisweilen schon die Hundert zur Bezeichnung einer Gesamtheit dient, etwa da, wo der Herr dem, der alles hingibt, um ihm nachzufolgen, verheißt: «Er wird es hundertfältig empfangen in dieser Zeit» – der Apostel erläutert das gewissermaßen mit den Worten: «Als die nichts haben und doch alles besitzen», und schon früher hieß es: «Dem Gläubigen gehören die Güter aller Welt» – so wird erst recht die Tausend in diesem Sinne gebraucht; denn erst mit ihr gewinnt dies Quadrat der Zehn Körperlichkeit. So versteht man am besten auch jenes Psalmwort: «Er gedenkt ewiglich seines Bundes, des Wortes, das er verheißen hat auf tausend Geschlechter.» Hier bedeutet tausend Geschlechter soviel wie alle.

«Und warf ihn in den Abgrund», lesen wir weiter. Wen? Den Teufel, versteht sich. «In den Abgrund», damit ist die zahllose Menge Gottloser gemeint, deren Herzen voll abgründiger Bosheit gegen die Kirche Gottes sind. Damit soll nicht gesagt sein, der Teufel sei nicht schon vorher dort gewesen, sondern darum, heißt es, ist er hineingeworfen, weil er nun, von den Gläubigen ausgeschlossen, die Gottlosen um so mehr in seinen Besitz bekommt. Denn wer nicht nur Gott entfremdet ist, sondern auch noch die Diener Gottes grundlos haßt, ist vollends Eigentum des Teufels. «Und schloß zu und versiegelte über ihm, daß er die Völker nicht mehr verführen sollte, bis die tausend Jahre um wären.» «Er schloß über ihm zu», das bedeutet, er untersagte ihm, hervorzukommen, das ist das Verbot zu übertreten. «Er versiegelte» aber deutet an, so scheint mir wenigstens, daß es geheim bleiben soll, wer zur Sippschaft des Teufels gehört und wer nicht. Denn das ist in dieser Weltzeit völlig verborgen, weil es ungewiß ist, ob der, welcher dem Anschein nach steht, nicht noch fallen, und der, welcher dem Anschein nach am Boden liegt, nicht noch aufstehen wird. Die Völker aber, deren Verführung dem Teufel durch Fessel und Riegel dieses Verbots verwehrt und unmöglich gemacht wird, das sind die Menschen, die zu Christus gehören, und die der Teufel früher verführte und gefangenhielt. Denn sie hat Gott vor Grundlegung der Welt auserwählt, um sie der Macht der Finsternis zu entreißen und in das Reich seines lieben Sohnes zu versetzen, wie der Apostel sagt. Denn welcher Gläubige wüßte nicht, daß der Teufel auch jetzt noch Völker verführt und mit sich in die ewige Pein hineinzieht, aber eben nicht die zum ewigen Leben Vorherbestimmten? Man darf sich nicht daran stoßen, daß er häufig genug auch Leute verführt, die in Christus wiedergeboren sind und auf Gottes Wegen wandeln. Denn «es kennt der Herr die Seinen», und von denen bringt der Teufel keinen einzigen in die ewige Verdammnis. Denn der Herr kennt sie so, wie Gott, dem nichts Zukünftiges verborgen ist, erkennt, nicht wie ein Mensch, der seinen Nächsten nur, wie er jetzt ist, sieht – soweit er ihn, dem er nicht ins Herz sieht, überhaupt sieht –, aber nicht sieht, wie dieser Nächste, ja wie er selbst in Zukunft sein wird. Deshalb also ist der Teufel gebunden und im Abgrund eingeschlossen, daß er die Völker, aus denen die Kirche besteht, nicht mehr verführe, die er zuvor verführte und in Banden hielt, ehe sie Kirche waren. Es heißt ja nicht, auf daß er niemanden verführe, sondern «auf daß er die Völker nicht mehr verführe», unter denen unfraglich die Kirche verstanden sein soll, «bis die tausend Jahre um wären». Die tausend Jahre – also entweder das, was vom sechsten Tage, der tausend Jahre währt, noch übrig ist, oder all die Jahre, in denen diese Weltzeit weiterhin verlaufen soll.

Auch dürfen die Worte: «Auf daß er die Völker nicht mehr verführe, bis die tausend Jahre um wären» nicht so verstanden werden, als würde er nachher gerade diese Völker, aus denen die vorherbestimmte Kirche besteht, verführen, deren Verführung ihm durch Fessel und Riegel verwehrt war. Sondern entweder ist hier eine Ausdrucksweise angewandt, wie man sie in der Schrift auch sonst findet, etwa in dem Psalmwort: «Also sehen unsere Augen auf den Herrn, bis er uns gnädig werde.» Denn auch wenn er Gnade erwiesen hat, werden die Augen seiner Knechte auf Gott ihren Herrn gerichtet sein. Oder aber die Gedankenverbindung ist die: «Er schloß zu und versiegelte über ihm, bis die tausend Jahre um wären», und mit dem eingeschobenen Sätzchen: «Auf daß er die Völker nicht mehr verführe» verhält sich's so, daß es unabhängig davon verstanden werden muß, als wenn es nicht eingeschoben wäre, sondern nachstünde. Denn wäre dies der Sinn: «Er schloß zu und versiegelte über ihm, bis die tausend Jahre um wären, auf daß er nicht mehr die Völker verführe», also er schloß zu bis zum Ende der tausend Jahre, damit er die Völker nicht mehr verführe.

8. *Vom gefesselten und losgelassenen Teufel*

«Danach», fährt Johannes fort, «muß er eine kurze Zeit frei werden.» Wenn für den Teufel das Gebunden – und Eingeschlossenwerden bedeutet, daß er die Kirche nicht verführen kann, soll dann diese seine Freilassung bedeuten, daß er es nun kann?

Nimmermehr! Niemals wird er sie verführen, die vor Grundlegung der Welt vorherbestimmte und auserwählte Kirche, von der gesagt ist: «Es kennt der Herr die Seinen.» Doch wird sie auch zu jener Zeit, wo der Teufel losgelassen werden soll, noch auf Erden weilen, wie sie seit ihrer Gründung jederzeit da war und da sein wird in steter Aufeinanderfolge von Tod und Geburt ihrer Glieder. Denn bald darauf hören wir, daß der losgelassene Teufel die verführten Völker des ganzen Erdkreises zum Krieg gegen sie sammeln wird, und daß die Zahl dieser Feinde sein wird wie der Sand am Meer. «Und sie zogen herauf», heißt es, «auf die Breite der Erde und umringten das Lager der Heiligen und die geliebte Stadt. Da fiel Feuer von Gott aus dem Himmel und verzehrte sie. Und der Teufel, der sie verführte, ward geworfen in den Pfuhl von Feuer und Schwefel, wo auch das Tier und der Lügenprophet sind, und sie werden gequält werden Tag und Nacht, von Ewigkeit zu Ewigkeit.» Doch das gehört schon zum Letzten Gericht, und ich erwähnte es jetzt nur darum, damit niemand meine, in jener kurzen Zeit, da der Teufel frei sein wird, werde auf Erden keine Kirche sein, sei es daß er sie hier nicht mehr vorfinde, wenn er losgelassen ist, sei es daß er sie mit seinen vielfältigen Verfolgungen vernichte. Also in jener ganzen Zeit, die das Buch der Offenbarung umspannt, nämlich von der ersten Ankunft Christi bis zum Weltenende und seiner zweiten Ankunft, wird der Teufel nicht in dem Sinne gebunden, daß seine Bindung in dieser Zwischenzeit der sogenannten tausend Jahre zu bedeuten hätte, daß er die Kirche nicht verführen kann, da er sie ja auch dann nicht wird verführen können, wenn er freigelassen ist. Denn wenn gebundenwerden bedeutete nicht verführen können oder dürfen, hieße ja freigelassenwerden verführen können oder dürfen, und daran ist nun einmal nicht zu denken. Aber mit der Bindung des Teufels ist gemeint, daß ihm nicht gestattet ist, die ganze Macht seiner Versuchung mit Gewalt oder List in Anwendung zu bringen, um die Menschen zu verführen und sie durch übermächtigen Zwang oder heimtückischen Betrug auf seine Seite zu bringen. Denn wenn ihm das gestattet würde, so lange Zeit hindurch und bei so großer Schwäche vieler Menschen, würde er auch sehr viele, denen das nach Gottes Willen nicht widerfahren soll, zum Abfall vom Glauben bringen oder daran hindern, zum Glauben zu kommen. Um das nicht zu können, ward er gebunden.

Dann aber wird er losgelassen, wenn nur noch kurze Zeit übrig ist – denn drei Jahre und sechs Monate, so liest man, wird er selbst nebst den Seinen mit aller Macht wüten –, und dann werden die, gegen welche er streiten soll, derart gefestigt sein, daß er sie mit all seinen Stürmen und Listen nicht überwältigen kann. Würde er aber niemals freigelassen, so käme seine bösartige Macht weniger zutage, würde die edle Treue und Geduld des heiligen Staates weniger erprobt, würde man auch weniger bewundern, wie der Allmächtige des Teufels große Schlechtigkeit so gut zu benutzen weiß. Denn er hat ihm nicht etwa die Versuchung der Heiligen ganz unmöglich gemacht, sondern ihn nur aus ihrem inneren Menschen, wo der Glaube an Gott zu Hause ist, verbannt, damit sein äußerer Ansturm dem Fortschritt ihrer Heiligung diene, und hat ihn in denen, die zu seiner Sippschaft gehören, gebunden, damit er nicht, wenn er seine ganze Bosheit ausschüttete und wirken ließe, die ungezählten Schwachen, die seine Kirche mehren und füllen sollen und teils schon gläubig sind, teils noch glauben werden, vom frommen Glauben abtrünnig mache oder abschrecke. Er wird ihn aber am Ende freilassen, damit der Gottesstaat staunend erkenne, welch mächtigen Gegner er überwunden hat, und seinen Erlöser, Helfer und Retter lobpreisend verherrliche. Wie könnten wir uns mit jenen Heiligen und Gläubigen der Endzeit vergleichen? Denn zu ihrer Bewährung wird der furchtbare Feind losgelassen, mit dem wir, obschon er noch gebunden ist, nur unter schweren Gefahren kämpfen. Doch gab und gibt es zweifellos auch im gegenwärtigen Zeitalter so kluge und tapfere Streiter Christi, daß sie, auch wenn sie zur Zeit der Freilassung des Teufels lebten, allen seinen Nachstellungen und Angriffen mit höchster Weisheit aus dem Wege gehen und mit höchster Geduld standhalten würden.

Diese Bindung des Teufels geschah aber nicht etwa nur damals, als die Kirche sich außerhalb Judäas in immer neuen Völkern auszubreiten anfing, sondern findet auch jetzt noch statt und wird stattfinden bis zum Ende der Weltzeit, da er freigelassen werden soll. Denn auch jetzt bekehren sich Menschen vom Unglauben, in dem er sie zu eigen besaß, zum Glauben, und so wird es ohne Zweifel bis zu jenem Ende weiter gehen. Jeder einzelne aber erlebt diese Fesselung des Starken dann, wenn er ihm wie ein Stück seines Hausrats entrissen wird, und der Abgrund, in dem er eingeschlossen ist, verschwindet nicht etwa mit dem Tode derer, die damals lebten, als die Einschließung begann. Sondern andere, die weiterhin geboren werden und ebenfalls die Christen hassen, traten und treten bis zum Weltende an ihre Stelle, und auch in ihren blinden und finsteren Herzen wird er wie in einem Abgrunde täglich eingeschlossen. Ob aber auch in jenen letzten drei Jahren und sechs Monaten, wenn er losgelassen mit allen Kräften wütet, sich noch ein Ungläubiger zum Glauben kehren wird, das scheint zunächst fraglich. Denn wie will man in diesem Fall das Wort aufrecht halten: «Wer kann in das Haus des Starken eindringen und seinen Hausrat rauben, der nicht zuvor den Starken gebunden hat», wenn ihm auch in seiner Freiheit etwas entrissen werden kann? So scheint dieser Ausspruch zu der Annahme zu nötigen, daß in jener allerdings nur kurzen Zeit niemand zum Christenvolk hinzukommen, sondern der Teufel nur mit den Christen, die er dann vorfindet, kämpfen wird; und gewiß mögen dann einige von ihm besiegt werden und sich ihm beigesellen, aber nicht die, welche zur vorherbestimmten Zahl der Gotteskinder gehören. Denn nicht umsonst sagt derselbe Apostel Johannes, der auch das Buch der Offenbarung schrieb, in seinem Briefe von einigen Leuten: «Sie sind von uns ausgegangen, aber sie waren nicht von uns, denn wenn sie von uns gewesen wären, so wären sie auch bei uns geblieben.» Aber was wird dann aus den kleinen Kindern? Denn es ist doch nicht zu glauben, daß es beim Anbruch jener Zeit keine bereits geborenen, aber noch nicht getauften Christenkinder geben sollte, oder daß nicht auch in jenen Tagen christlichen Eltern Kinder geboren werden sollten, oder daß sie dann nicht von den Eltern irgendwie zum Bad der Wiedergeburt gebracht werden könnten. Geschieht das aber, wie können dann dem losgelassenen Teufel jene Geräte entrissen werden, in dessen Haus doch niemand zum Raub des Hausrats eindringen kann, der ihn nicht zuvor gebunden hat? So muß man glauben, daß es auch in jener Zeit weder an solchen fehlen wird, die von der Kirche abfallen, noch an solchen, die zu ihr hinzukommen. Sondern es wird tapfere Eltern geben, die für die Taufe ihrer Kleinen sorgen, und auch Neugläubige, die jenen Starken, auch wenn er nicht gebunden ist, besiegen, die wachsam auf der Hut sind vor ihm, wenn er wie nie zuvor mit allen Listen sie umgarnt und mit allen Kräften bedrängt, die tapfer standhalten und so trotz seiner Freiheit ihm entrinnen. Deswegen bleibt der evangelische Ausspruch: «Wer kann in das Haus des Starken eindringen und seinen Hausrat rauben, der nicht zuvor den Starken gebunden hat?» doch wahr. Denn in Übereinstimmung mit ihm wird folgende Ordnung innegehalten: Zuerst ward der Starke gebunden und sein Hausrat geraubt und weit und breit in allen Völkern aus Starken und Schwachen die Kirche dermaßen groß gemacht, daß sie nun im Gedanken an all das, was göttlich vorhergesagt und erfüllt wurde, durch kraftvollen Glauben dem Teufel auch in seiner Freiheit noch Hausgerät rauben kann. Freilich wird, es ist nicht zu leugnen, die Liebe vieler erkalten, wenn die Bosheit überhand nimmt, und werden viele, die nicht im Buch des Lebens verzeichnet stehen, den ungewohnten und furchtbaren Verfolgungen und Ränken des losgelassenen Teufels erliegen, aber ebenso werden, daran muß man festhalten, nicht nur die guten Gläubigen jener Endzeit, sondern auch manche, die bis dahin draußen standen, mit Gottes Gnadenhilfe durch die Betrachtung der Schrift, die ja unter anderem auch jenes Ende vorausgesagt hat, das man nun herankommen sieht, um so stärker werden, das bisher nicht Geglaubte zu glauben, und um so tapferer, auch den nicht gefesselten Teufel zu besiegen. Wenn das eintrifft, wird man sagen müssen, daß die Bindung des Teufels darum vorherging, damit später sowohl der Gebundene als auch der Losgelassene beraubt werde, denn im Hinblick darauf ward das Wort gesagt: «Wer kann in das Haus des Starken eindringen und seinen Hausrat rauben, der nicht zuvor den Starken gebunden hat?»

9. *Vom Sinn der tausendjährigen Herrschaft der Heiligen mit Christus*

Während der tausend Jahre nun, die der Teufel gefesselt ist, herrschen auch die Heiligen mit Christus tausend Jahre lang, und diese Jahre sind ohne Frage in demselben Sinne zu verstehen, beziehen sich also auf diese unsere Zeit seiner ersten Ankunft. Denn wenn seine Heiligen nicht auch abgesehen von jenem Reiche, von welchem er am Ende sagen wird: «Kommt her, ihr Gesegneten meines Vaters, ererbet das Reich, das euch bereitet ist», auf andere, freilich ganz ungleiche Weise schon jetzt mit ihm herrschten, die Heiligen, zu denen er spricht: «Siehe, ich bin bei euch bis an das Ende der Welt», könnte nicht schon jetzt die Kirche sein Reich oder das Himmelreich heißen. Das aber ist der Fall. Denn zu eben dieser Zeit wird doch im Reiche Gottes jener Schriftgelehrte unterwiesen, von dem wir vorhin sprachen, der aus seinem Schatze Neues und Altes hervorholt, und von der Kirche werden jene Schnitter das Unkraut zusammenlesen, das der Herr mit dem Weizen bis zur Ernte wachsen ließ; denn es heißt in seiner Auslegung: «Die Ernte ist das Ende der Welt. Die Schnitter sind die Engel. Gleichwie man nun das Unkraut ausjätet und mit Feuer verbrennt, so wird's auch am Ende der Welt sein: Des Menschen Sohn wird seine Engel senden, und sie werden sammeln aus seinem Reiche alle Ärgernisse.» Aus welchem Reiche? Etwa aus dem, wo es keine Ärgernisse mehr gibt? Nein, also aus diesem seinem Reiche der gegenwärtigen Kirche werden sie gesammelt. Ferner sagt er: «Wer eins von diesen kleinsten Geboten auflöst und lehrt die Leute also, der wird der Kleinste heißen im Himmelreich; wer es aber tut und lehrt, der wird groß heißen im Himmelreich.» Beide, so sagt er, sind im Himmelreiche, sowohl wer die Gebote nicht hält, die er doch lehrt – denn das heißt auflösen: nicht halten, nicht tun –, als auch wer sie tut und lehrt, aber der eine als Kleinster, der andere groß. Und sogleich fügt er hinzu: «Denn ich sage euch: Es sei denn eure Gerechtigkeit besser als die der Schriftgelehrten und Pharisäer, also derer, die das, was sie lehren, auflösen – denn von den Schriftgelehrten und Pharisäern sagt er an anderer Stelle, daß sie nicht tun, was sie sagen –, also, wenn eure Gerechtigkeit nicht besser ist als ihre, so daß ihr nicht auflöst, sondern vielmehr tut, was ihr lehrt, «werdet ihr nicht ins Himmelreich eingehen.» Also ein anderes Himmelreich muß es sein, in welchem sie beide sind, sowohl der, welcher auflöst, was er lehrt, als auch wer es tut, nur jener als Kleinster, dieser groß, ein anderes als jenes Himmelreich, in das nur eingeht, wer Täter ist. So ist da, wo sich beide Arten von Menschen befinden, die Kirche, wie sie jetzt ist; wo sich aber nur die eine Art befinden wird, die Kirche, wie sie dann sein wird, wenn kein Böser mehr in ihr ist. Also ist auch jetzt die Kirche Reich Christi und Himmelreich. Es herrschen demnach mit ihm auch jetzt schon seine Heiligen, anders freilich, als sie dereinst herrschen werden. Dagegen herrscht nicht mit ihm das Unkraut, obschon es in der Kirche mit dem Weizen wächst. Denn es herrschen mit ihm, die nach dem Wort des Apostels tun: «Seid ihr nun mit Christo auferstanden, so suchet, was droben ist, da Christus ist, sitzend zur Rechten Gottes. Trachtet nach dem, was droben ist, und nicht nach dem, was auf Erden ist.» Von diesen sagt er auch, ihr Wandel sei im Himmel. Kurz, diejenigen herrschen mit ihm, die in der Weise in seinem Reiche sind, daß sie zugleich selbst sein Reich sind. Wie aber könnten die Christi Reich sein, welche, um von anderem zu schweigen, zwar dort sind, bis am Ende der Welt alle Ärgernisse aus seinem Reiche ausgeräumt werden, aber da nur das Ihre suchen und nicht das, was Jesu Christi ist?

Von diesem auf Kriegsdienst angewiesenen Reiche, in dem man noch mit dem Feinde im Kampfe liegt und bald den andringenden Leidenschaften Widerstand leistet, bald den weichenden gebietet, bis man endlich zu jenem Reich ruhevollsten Friedens gelangt, wo man ohne Bedrohung durch Feinde herrscht, von ihm und der ersten jetzt schon stattfindenden Auferstehung spricht der Seher folgendermaßen. Nachdem er nämlich erwähnt, der Teufel werde tausend Jahre gefesselt und dann für kurze Zeit losgelassen werden, spricht er zusammenfassend darüber, was in diesen tausend Jahren die Kirche tun oder was in ihr vorgehen wird, und sagt: «Ich sah Stühle und die darauf saßen, und es wurde ihnen Gericht gegeben.» Hier darf man nicht an das Letzte Gericht denken, sondern es sind die Stühle der leitenden Männer und die Männer selbst gemeint, von denen die Kirche jetzt verwaltet wird. Daß ihnen aber Gericht gegeben ward, versteht man wohl am besten, wenn man sich des Wortes erinnert: «Was ihr auf Erden binden werdet, soll auch im Himmel gebunden sein, und was ihr auf

Erden lösen werdet, soll auch im Himmel los sein.» Davon spricht auch der Apostel: «Was gehen mich die draußen an, daß ich sie richten sollte? Richtet ihr nicht, die drinnen sind?» Weiter heißt es in der Offenbarung: «Und die Seelen derer, die um des Zeugnisses von Jesus willen und um des Wortes Gottes willen getötet sind» – diese, so ist aus dem Schluß des Satzes zu ergänzen, «herrschten mit Jesus tausend Jahre.» Gemeint sind die Seelen der Märtyrer, denen ihre Leiber noch nicht zurückgegeben wurden. Denn die Seelen der verstorbenen Frommen sind nicht etwa von der Kirche getrennt, die schon jetzt das Reich Christi bildet. Denn sonst würde ihrer nicht am Altar in der Gemeinschaft des Leibes Christi gedacht werden. Auch wäre es unnütz, sich in Zeiten der Gefahr zu seiner Taufe zu drängen, um nicht ohne sie aus dem Leben zu scheiden, oder zur Wiederversöhnung, falls jemand etwa durch Auferlegung von Buße oder böses Gewissen vom Leibe Christi getrennt ist. Warum sollte man das tun, wenn nicht darum, weil die Gläubigen auch noch nach ihrem Tode seine Glieder sind? Wenn also auch noch nicht mit ihren Leibern vereinigt, so herrschen jene Seelen doch schon jetzt mit ihm, während die tausend Jahre ablaufen. Darum lesen wir auch in demselben Buche an anderer Stelle: «Selig sind die Toten, die im Herrn sterben. Von nun an, so spricht der Geist, sollen sie ruhen von ihrer Arbeit, denn ihre Werke folgen ihnen nach.» Es herrscht also die Kirche mit Christus jetzt zum ersten Mal in Lebenden und Toten. «Denn darum ist», sagt der Apostel, «Christus gestorben, daß er über Lebende und Tote Herr sei.» Nur die Seelen der Märtyrer aber erwähnt Johannes hier, weil diese Toten, die bis zum Tode für die Wahrheit stritten, vornehmlich zum Herrschen berufen sind. Doch vom Teil aufs Ganze schließend, müssen wir dies so verstehen, daß auch die übrigen Toten zur Kirche gehören, die das Reich Christi ist.

Die nächstfolgenden Worte unseres Textes: «Und die nicht

angebetet hatten das Tier und sein Bild und nicht angenommen sein Malzeichen an ihrer Stirn und auf ihrer Hand» gelten zugleich von den Lebenden und Toten. Was für ein Tier gemeint ist, wäre freilich genauer zu untersuchen, jedenfalls aber widerspricht es rechtem Glauben nicht, wenn wir darunter den gottlosen Staat selber und das Volk der Ungläubigen verstehen, das dem gläubigen Volke und Gottesstaate entgegengesetzt ist. Sein Bild aber dürfte seine Heuchelei sein, wie sie in den Menschen zutage tritt, die den Glauben bekennen, aber ungläubig leben. Denn sie stellen sich, als wären sie etwas, was sie doch nicht sind, und wenn sie sich nach Christus Christen nennen, ist es nicht ein wahres Abbild, sondern ein falsches Trugbild. Denn zu demselben Tier gehören nicht nur die offenen Feinde des Namens Christi und seines ruhmvollen Staates, sondern auch das Unkraut, das am Ende der Weltzeit aus seinem Reiche, der Kirche, zusammengelesen werden soll. Und wer sind die, welche das Tier und sein Bild nicht anbeten? Nun die, welche nach dem Worte des Apostels handeln: «Ziehet nicht am selben Joch mit den Ungläubigen.» «Sie beten nicht an» bedeutet ja: Sie willigen nicht ein, sie unterwerfen sich nicht; und «sie nehmen das Malzeichen nicht an», nämlich das Verbrechermal, «auf der Stirn und auf der Hand», da sie sich weder mit Worten noch mit Werken in den Dienst der Gottlosigkeit stellen. Von all diesem Bösen halten sie sich fern, mögen sie noch in diesem sterblichen Fleisch leben oder schon gestorben sein, und herrschen schon jetzt mit Christus auf eine dieser Zeit angemessene Weise während der ganzen Weltperiode, die mit der Zahl der tausend Jahre gekennzeichnet wird.

«Die anderen Toten aber», fährt der Seher fort, «wurden nicht lebendig.» Denn «die Stunde ist jetzt, in der die Toten die Stimme des Sohnes Gottes hören, und die sie hören, werden leben.» Die übrigen also werden nicht lebendig sein. Wenn es aber weiter heißt: «Bis die tausend Jahre vorüber sind», so ist das so zu verstehen, daß sie zu der Zeit nicht lebten, in der sie hätten leben und aus dem Tode zum Leben übergehen sollen. Wenn darum der Tag kommen wird, an dem auch die Leiber auferstehen, werden sie nicht zum Leben, sondern zum Gericht aus den Gräbern hervorgehen, zu jener Verdammnis, die man den zweiten Tod nennt. Denn wer bis zum Ablauf der tausend Jahre nicht lebendig geworden ist, wer also in der ganzen Zeit, da die erste Auferstehung stattfindet, die Stimme des Sohnes Gottes nicht gehört hat und nicht vom Tode zum Leben übergegangen ist, der wird sicherlich bei der zweiten Auferstehung, nämlich der des Fleisches, mitsamt seinem Fleische in den zweiten Tod hinübergehen. Denn es folgen jetzt die Worte: «Dies ist die erste Auferstehung. Selig ist und heilig, wer Anteil hat an der ersten Auferstehung», das ist wer ihrer teilhaftig ist. Der aber ist ihrer teilhaftig, der nicht nur aus dem Tode in Sünden auflebt, sondern auch in dem neuen Leben beharrt. «Über sie», hören wir, «hat der zweite Tod keine Gewalt». Also hat er Gewalt über die anderen, von denen es vorher hieß: «Die anderen Toten wurden nicht lebendig, bis die tausend Jahre vorüber sind.» Denn von ihnen ist in diesem ganzen Zeitraum der sogenannten tausend Jahre keiner, wie lang er währenddessen auch leiblich gelebt haben mag, vom Tode, in dem ihn die Gottlosigkeit gefangenhielt, aufgelebt. So konnte er auch nicht an der ersten Auferstehung teilhaben und der Gewalt des zweiten Todes entrinnen.

10. Die erste Auferstehung ist nicht eine leibliche

Es gibt Ausleger, die meinen, es könne nur von einer leiblichen Auferstehung die Rede sein, und die infolgedessen dafür eintreten, auch die erste Auferstehung werde eine leibliche sein. Denn, so sagen sie, nur wer fällt, steht auf. Es fallen aber beim Sterben nur die Leiber hin, weswegen man im Lateinischen nach dem Wort für fallen «cadere» die Leiche «cadaver» benennt. So kann es, sagen sie, keine Auferstehung der Seelen geben, sondern nur der Leiber. Aber was wollen sie dem Apostel erwidern, der doch offenkundig von einer Auferstehung der Seelen spricht? Denn nach dem inneren Menschen, nicht nach dem äußeren sind auferstanden, zu denen er sagt: «Seid ihr nun mit Christus auferstanden, so suchet, was droben ist.» Dasselbe sagt er anderswo mit anderen Worten: «Auf daß, gleichwie Christus ist auferstanden von den Toten durch die Herrlichkeit des Vaters, also laßt auch uns in einem neuen Leben wandeln.» Auch jener Spruch gehört hierher: «Wache auf, der du schläfst, und stehe auf von den Toten, so wird dich Christus erleuchten.» Wenn sie aber sagen, wer nicht falle, könne auch nicht aufstehen, und darum beziehe sich die Auferstehung nur auf die Leiber und nicht auf die Seelen, weil es ein Fallen nur bei Leibern gebe, so können sie, scheint's, nicht hören. Denn heißt es nicht: «Weichet nicht von ihm, auf daß ihr nicht fallet», und: «Er steht oder fällt seinem Herrn», ferner: «Wer sich dünken läßt, er stehe, mag wohl zusehen, daß er nicht falle»? Ich denke doch, daß hier vor dem Fall der Seele und nicht dem des Leibes gewarnt wird. Mag es also sein, daß nur Gefallene aufstehen, so fallen doch auch die Seelen und muß man folglich zugeben, daß auch Seelen aufstehen. Wenn nun aber den Worten: «Über sie hat der zweite Tod keine Gewalt» hinzugefügt und gesagt wird: «Sie werden Priester Gottes und Christi sein und mit ihm herrschen tausend Jahre», so gilt das nicht allein von den Bischöfen und Presbytern, die man jetzt in der Kirche im eigentlichen Sinne Priester heißt. Sondern wie wir alle Christen Gesalbte nennen wegen der geheimnisvollen Salbung, die sie empfangen, so auch alle Priester, da sie Glieder des einen Priesters sind. Der Apostel Petrus heißt sie ja «das heilige Volk, das königliche Priestertum». Übrigens hat der Seher hier, wenn auch nur kurz und beiläufig, zum Ausdruck gebracht, daß Christus Gott ist, da er von Priestern Gottes und Christi, also des Vaters und des Sohnes, spricht, obschon Christus wegen seiner Knechtsgestalt wie Menschensohn so auch Priester geworden ist, und zwar «ewiglich, nach der Weise Melchisedeks». Doch davon habe ich in diesem Werke schon mehr als einmal gesprochen.

11. *Was unter Gog und Magog zu verstehen ist*

«Und wenn tausend Jahre vollendet sind», heißt es weiter in der Offenbarung Johannes' «wird der Satan aus seinem Gefängnis losgelassen und ausgehen, zu verführen die Völker an den vier Enden der Erde, den Gog und Magog, sie zu versammeln zum Streit, und ihre Zahl ist wie der Sand am Meer.» Er wird sie also verführen, um sie zu diesem Streit zu versammeln. Denn auch schon vorher verführte er sie auf alle erdenkliche Weise durch mancherlei Tücke. «Er wird ausgehen» aber besagt: Sein versteckter Haß wird sich nun in offener Verfolgung austoben. Und das wird am Vorabend des letzten Gerichts die letzte Verfolgung sein, die die heilige Kirche auf dem ganzen Erdkreis, also der gesamte Staat Christi vom gesamten Staat des Teufels erdulden muß, soweit sich beide dann auf Erden ausgebreitet haben. Denn bei jenen Völkern, die hier Gog und Magog heißen, ist nicht an irgendwelche Barbarenvölker irgendwo auf Erden zu denken, weder an die Geten und Massageten, auf die einige wegen der gleichen Anfangsbuchstaben der Namen verfallen sind, noch irgendwelche andere Fremdvölker außerhalb des römischen Machtbereichs. Vielmehr ist gemeint, daß sie den ganzen Erdkreis bewohnen werden, denn es ist von den Völkern an allen vier Enden der Erde die Rede, und diese sind's, die als Gog und Magog bezeichnet werden. Die Bedeutung dieser Namen ist, wie wir uns haben sagen lassen, die: Gog heißt «Dach» und Magog «vom Dache her».

Es wäre hier also ein Haus und ein aus dem Hause Hervorkommender bezeichnet. Es handelt sich demnach um die Völker, in denen, wie wir schon sahen, der Teufel wie in einem Abgrund eingeschlossen ist, und er selbst ist es, der sich gewissermaßen aus ihnen erhebt und hervorgeht. So sind sie das «Dach» und der Teufel der «vom Dach» Herkommende. Oder wenn wir beide Namen auf die Völker beziehen, also nicht nur den einen auf die Völker und den anderen auf den Teufel, dann sind sie zunächst das Dach, weil in ihnen der alte Feind jetzt noch gewissermaßen eingeschlossen und verdeckt ist, aber sie werden auch «vom Dache her» sein, wenn sie aus dem verborgenen zum offenen Hasse hervorbrechen. Wenn es aber heißt: «Und sie zogen herauf auf die Breite der Erde und umringten das Lager der Heiligen und die geliebte Stadt», so ist das nicht so zu verstehen, als wären sie an einen bestimmten Ort gekommen oder würden dahin kommen, wie wenn sich das Lager der Heiligen und die geliebte Stadt an einem einzigen Orte befände, während die Kirche Christi doch über den ganzen Erdkreis ausgebreitet ist. Sondern wo immer sie sich befindet, die unter allen Völkern sein wird – was mit den Worten «die Breite der Erde» gesagt sein soll –, da wird auch das Lager der Heiligen, da die gottgeliebte Stadt sein, und da wird sie von allen ihren Feinden, die sich ja ebenso wie sie unter allen Völkern finden werden, in jener grausamen Verfolgung umringt werden, das heißt in die Enge der Trübsal gedrängt, gepreßt und eingeschlossen werden. Aber sie wird nicht fahnenflüchtig werden oder, um mit dem Seher der Offenbarung zu sprechen, ihr Lager nicht verlassen.

12. Über das Feuer vom Himmel, das die Gottlosen verzehren wird

Wenn es dann weiter heißt: «Und es fiel Feuer vom Himmel und verzehrte sie», so darf man dabei nicht an das Letzte Gericht denken, das eintritt, wenn der Herr sprechen wird: «Gehet weg von mir, ihr Verfluchten, in das ewige Feuer.» Denn dann werden sie selbst in das Feuer geworfen, aber das Feuer wird nicht vom Himmel her über sie kommen. Dies Feuer vom Himmel – so muß man's recht verstehen – entzündet sich an der Festigkeit der Heiligen, die dem Wüten der Verfolger nicht weichen und ihrem Willen sich nicht fügen werden. Denn der Himmel ist eine Feste, und seine Festigkeit wird die Verfolger mit brennender Eifersucht martern, weil sie die Heiligen Christi nicht auf die Seite des Antichrists hinüberziehen können. Das ist das Feuer, das sie verzehren wird. Es kommt von Gott, denn Gottes Gnadengabe ist es, die die Heiligen zur Qual der Feinde unüberwindlich macht. Denn es heißt nicht nur in gutem Sinne von der Eifersucht: «Der Eifer um dein Haus hat mich verzehrt», sondern auch im schlimmen: «Eifersucht ergriff das unwissende Volk, und schon jetzt wird das Feuer die Gegner verzehren.» «Schon jetzt», also ist hier noch nicht vom Feuer des Letzten Gerichts die Rede. Aber auch wenn mit dem vom Himmel fallenden und die Feinde verzehrenden Feuer die Plage gemeint sein sollte, mit der Christus die Verfolger der Kirche, die er bei seiner Ankunft auf Erden lebend vorfindet, schlagen wird, wenn er den Antichrist mit dem Hauch seines Mundes tötet, auch dann würde sich's nicht um das Letzte Gericht der Gottlosen handeln, das diese vielmehr erst nach geschehener Auferstehung der Leiber erleiden werden.

13. Von den dreieinhalb Jahren der Verfolgung durch den Antichrist

Diese letzte Verfolgung durch den Antichrist, von der ich schon sprach, und die an einer früheren Stelle des Buches der Offenbarung und auch beim Propheten Daniel erwähnt ist, wird drei Jahre und sechs Monate dauern. Ob diese freilich nur kurze Zeit zu den tausend Jahren gehört, die der Teufel gebunden sein soll, während die Heiligen mit Christus herrschen, oder ob die geringfügige Frist in diesen Jahren nicht enthalten ist und noch zu ihnen hinzukommt, darüber kann man mit Recht Zweifel hegen. Rechnen wir sie nämlich in die tausend Jahre ein, so ergibt sich, daß die Herrschaft der Heiligen mit Christus nicht ebensolange, sondern länger währen wird als die Bindung des Teufels. Denn ohne Frage werden doch die Heiligen mit ihrem Könige auch und gerade in dieser Verfolgung herrschen, siegreich über all die schweren Übel, während der Teufel nicht mehr gebunden ist, sondern sie nun mit seiner ganzen Kraft verfolgen kann. Aber wie kann dann die Schrift für beides, die Fesselung des Teufels und das Reich der Heiligen, den gleichen Zeitraum von tausend Jahren ansetzen, da doch die Fesselung des Teufels drei Jahre und sechs Monate eher zu Ende geht als die tausendjährige Herrschaft der Heiligen mit Christus? Doch nun wollen wir einmal annehmen, jene kurze Verfolgungszeit sei nicht in die tausend Jahre einzurechnen, sondern komme nach ihrem Ablauf noch hinzu, dann könnte man die Schriftworte: «Die Priester Gottes und Christi werden mit ihm herrschen tausend Jahre» und: «Wenn die tausend Jahre um sind, wird der Satan aus seinem Gefängnis losgelassen» in ihrem eigentlichen Sinne verstehen. Denn dann würde das Reich der Heiligen und die Gefangenschaft des Teufels zugleich aufhören und die darauffolgende Verfolgungszeit weder zum Reich der Heiligen noch zur Haft des Satans gehören, die beide tausend Jahre dauern würden, sondern wäre besonders und überher zu rechnen. Allein dann müßten wir zugeben, daß die Heiligen in dieser Verfolgungszeit nicht mit Christus herrschen. Doch das wäre eine unerträgliche Annahme. Denn nun müßte man behaupten, daß die Glieder Christi gerade dann nicht mit ihm herrschen, wenn sie ihm am treuesten und tapfersten anhangen, also zu einer Zeit, in der mit der gesteigerten Wucht des feindlichen Angriffs auch der Ruhm der Standhaftigkeit um so größer sein und der Kranz des Martyriums um so üppiger grünen wird. Oder wenn man wegen der Drangsale, die sie erleiden werden, nicht soll sagen dürfen, daß sie herrschen, wäre zu folgern, daß man auch in den voraufgegangenen Tagen der tausend Jahre von den Drangsal leidenden Heiligen nicht sagen dürfte, daß sie in der Zeit ihrer Drangsal mit Christus herrschten. Dann hätten auch die, deren Seelen der Verfasser unseres Buches, wie er schreibt, erblickte, die um des Zeugnisses von Jesus und des Wortes Gottes willen getötet waren, nicht mit Christus geherrscht, als sie Verfolgung erlitten, und wären gerade die nicht Christi Reich gewesen, die doch sein wertestes Eigentum waren. Aber das ist ja widersinnig und muß entschieden abgelehnt werden. Jedenfalls aber haben die siegreichen Seelen der ruhmvollen Märtyrer, nach Überwindung und Beendigung aller Schmerzen und Mühsale und Ablegung ihrer sterblichen Glieder, mit Christus geherrscht und herrschen noch, bis die tausend Jahre um sind, um sodann nach Wiedererlangung auch ihrer nun unsterblichen Leiber weiterhin zu herrschen. Also werden in jenen dreiundeinhalb Jahren die Seelen der um des Zeugnisses von Christus willen Getöteten, und zwar sowohl die schon früher ihre Leiber verließen, als auch die, welche sie in der letzten Verfolgung verlassen werden, mit ihm herrschen, bis diese vergängliche Weltzeit abschließt und der Übergang erfolgt zu jenem Reiche, in dem es keinen Tod mehr gibt. Demnach werden die

Heiligen mit Christus eine größere Zahl von Jahren herrschen, als die Bindung und Haft des Teufels währt, weil sie mit ihrem Könige, dem Sohne Gottes, auch in jenen dreieinhalb Jahren, in denen der Teufel nicht mehr gefesselt ist, herrschen werden. Wenn wir also hören: «Die Priester Gottes und Christi werden mit ihm herrschen tausend Jahre, und wenn die tausend Jahre um sind, dann wird Satan aus seinem Gefängnis losgelassen», so bleibt zweierlei übrig: Entweder wir nehmen an, daß mit den tausend Jahren nicht die Herrschaft der Heiligen beendet ist, sondern nur die Bindung und Gefangenschaft des Teufels. Dann hätte jeder Teil seine tausend Jahre, das ist seine Gesamtsumme von Jahren, die dann verschieden lang und zu verschiedener Zeit beendet sein würde, und das Reich der Heiligen währte länger als die Haft des Teufels. Oder aber man müßte annehmen, daß die so kurze Frist der drei Jahre und sechs Monate gar nicht in Rechnung gestellt wurde, mag nun die Haft des Teufels um so viel kürzer oder das Reich der Heiligen um so viel länger dauern. Dasselbe habe ich ja auch im sechzehnten Buche dieses Werkes auseinandergesetzt, als es sich um vierhundert Jahre handelte. Auch damals war es etwas mehr, und doch war nur von vierhundert die Rede. Dergleichen findet sich ja oft in den heiligen Schriften, wenn man darauf achtet.

14. Von der Verdammung des Teufels und dem Gericht über die Toten

Nach dieser Erwähnung der letzten Verfolgung beschreibt der Seher in kurzer Zusammenfassung die Pein, die beim Endgericht über den Teufel sowie den feindseligen Staat mitsamt seinem Fürsten verhängt werden wird. Er sagt nämlich: «Und der Teufel, der sie verführte, ward geworfen in den Pfuhl von Feuer und Schwefel, da auch das Tier und der Lügenprophet sind, und sie werden gepeinigt werden Tag und Nacht in alle Ewigkeit.» Daß unter dem Tier füglich der gottlose Staat selber verstanden werde, sagte ich schon vorhin. Sein Lügenprophet aber ist entweder der Antichrist oder jenes Bild, die Truggestalt, von der ebenda die Rede war. Sodann berichtet er zurückgreifend von dem Jüngsten Gericht selber, das bei der zweiten Totenauferstehung, nämlich der der Leiber, gehalten werden wird, wie es ihm in der Offenbarung gezeigt war: «Und ich sah einen großen weißen Thron und den, der darauf saß, vor dessen Angesicht der Himmel entfloh und die Erde, so daß ihre Stätte nicht mehr gefunden ward.» Er sagt nicht: «Ich sah einen großen weißen Thron und den, der darauf saß, und vor seinem Angesicht entflohen Himmel und Erde.» Denn das geschah nicht damals, also noch nicht, ehe über die Lebenden und Toten Gericht gesprochen war, sondern er sagt, er habe den auf dem Thron sitzen sehen, vor dessen Angesicht Himmel und Erde flohen, aber erst nachher. Denn wenn das Gericht vollendet ist, dann erst wird dieser Himmel und diese Erde verschwinden, während gleichzeitig ein neuer Himmel und eine neue Erde entsteht. Denn durch Veränderung der Dinge, nicht völligen Untergang wird diese Welt vergehen. Darum sagt auch der Apostel: «Denn die Gestalt dieser Welt vergeht; ich möchte aber, daß ihr ohne Sorge seid.» Die Gestalt vergeht, nicht das Wesen. Nachdem also Johannes gesagt hat, er habe den auf dem Thron sitzen sehen, vor dessen Angesicht – was später geschehen sollte – Himmel und Erde entflohen, fährt er fort: «Und ich sah die Toten, groß und klein, und die Bücher wurden aufgetan. Und ein anderes Buch ward aufgetan, welches ist das Buch des Lebens eines jeglichen, und die Toten wurden gerichtet aus der Schrift in den Büchern nach ihren Taten.» Er spricht von Büchern, die geöffnet seien, und von einem Buche, verschweigt auch nicht, was für ein Buch es ist. «Es ist das Buch des Lebens eines jeglichen.» Mit den zuerst erwähnten Büchern sind demnach die heiligen Schriften des Alten und Neuen Testamentes gemeint, und an ihnen soll aufgewiesen werden, welche Gebote Gott den Menschen zu befolgen gegeben hat. In jenem einen aber, dem Buch des Lebens eines jeglichen, liest man, was jeder nicht befolgt oder befolgt hat. Wäre hier an ein wirkliches Buch nach fleischlichem Verständnis zu denken, müßte es von unfaßbarer Größe und Länge sein. Und wie lange würde es wohl dauern, ein Buch zu verlesen, in dem das ganze Leben aller Menschen verzeichnet wäre? Oder sollten etwa ebensoviel Engel dasein wie Menschen, so daß jeder von einem ihm zugeteilten Engel sein Leben verlesen hörte? Dann gäbe es aber nicht ein Buch für alle, sondern für jeden sein besonderes. Doch unser Schriftwort will nur von einem Buche wissen, denn da heißt es: «Und ein anderes Buch ward aufgetan.» Es ist hier also an eine göttliche Kraftäußerung zu denken, die bewirkt, daß einem jeden seine Werke, die guten und bösen, ins Gedächtnis zurückgerufen und mit dem Blick des Geistes wunderbar schnell überflogen werden, so daß nun das Gewissen vom Wissen sei es beschuldigt, sei es entschuldigt wird und somit über alle und jeden Einzelnen gleichzeitig das Gericht ergeht. Diese göttliche Kraftäußerung heißt hier ein Buch. Was durch ihre Einwirkung erinnert wird, liest man gewissermaßen in ihr. Um aber zu verdeutlichen, was für Tote es sind, die klein und groß gerichtet werden sollen, sagt Johannes, auf Übergangenes, vielmehr beiseite Gestelltes, zurückgreifend: «Und das Meer gab die Toten her, die darin waren, und der Tod und die Unterwelt gaben die Toten zurück, die sie in sich bargen.» Das geschah unfraglich, bevor die Toten gerichtet waren, und doch ist vom Gericht zuerst die Rede. Es verhält sich also so, wie ich sagte, daß nachträglich auf Übergangenes zurückgegriffen wird. Sodann aber weicht der Seher nicht mehr von der Ordnung ab, und um diese Ordnung klarzulegen, wiederholt er zur besseren Übersicht an richtiger Stelle, was er schon vom Gericht über die Toten gesagt. Denn auf die eben angeführten Worte: «Und das Meer gab die Toten her, die darin waren, und der Tod und die Unterwelt gaben die Toten zurück, die sie in sich bargen», läßt er alsbald folgen, was er schon kurz zuvor gesagt hatte: «Und sie wurden gerichtet, ein jeglicher nach seinen Werken.» Das ist aber dasselbe, was wir schon vorher hörten: «Und die Toten wurden gerichtet nach ihren Taten.»

15. *Von den Toten, die das Meer sowie Tod und Unterwelt hergaben, und vom Buch des Lebens*

Doch was sind das für Tote, die das Meer in sich barg und nun hergab? Sind etwa die, welche im Meer ihren Tod fanden, nicht auch in der Unterwelt? Bewahrt überhaupt das Meer die Leiber der Toten auf, oder sollte gar – es wäre noch ungereimter – das Meer die guten und die Unterwelt die bösen Toten bergen? Wer glaubt das? Nun, einige Ausleger haben bereits richtig erkannt, daß das Meer hier Gleichnis für diese Welt ist. Da Johannes zum Ausdruck bringen wollte, daß die Menschen, die Christus noch bei Leibesleben antreffen wird, zugleich mit den Auferstandenen gerichtet werden sollen, zählte er auch sie zu den Toten, und zwar sowohl die Guten, da zu ihnen gesagt wird: «Ihr seid gestorben, und euer Leben ist verborgen mit Christus in Gott», als auch die Bösen, von denen es heißt: «Laß die Toten ihre Toten begraben.» Auch deshalb kann man sie Tote nennen, weil ihre Leiber sterblich sind. Denn der Apostel spricht: «Der Leib ist zwar tot um der Sünde willen, der Geist aber ist Leben um der Gerechtigkeit willen.» Beides, daß der Leib tot und der Geist Leben ist, gilt ja, wie der Apostel deutlich zu verstehen gibt, von lebenden, noch im Leibe befindlichen Menschen. Dennoch nennt er den Leib nicht sterblich, sondern tot, obschon er ein wenig später, wie sonst meist üblich, auch von sterblichen Leibern spricht. Diese Toten also, die in ihm waren, gab das Meer her, das soll heißen: Die Welt gab die Menschen heraus, die in ihr waren, das ist die noch nicht gestorben waren. «Und der Tod und die Unterwelt», so hören wir weiter, «gaben die Toten zurück, die sie in sich bargen.» Das Meer gab sie her, weil sie, wie man sie vorfand, gleich zur Stelle waren, der Tod aber und die Unterwelt gaben sie zurück, weil sie ins Leben, das sie bereits verlassen hatten, wieder zurückgerufen wurden. Vielleicht ist es nicht ohne Absicht, daß hier nicht etwa vom Tode oder von der Unterwelt, sondern von beiden die Rede ist, und zwar vom Tode im Hinblick auf die Guten, die nur den Tod, aber nicht auch die Unterwelt zu erleiden haben, von der Unterwelt aber im Hinblick auf die Bösen, die in der Unterwelt gepeinigt werden. Denn wenn man mit gutem Grund annimmt, daß die ehemaligen Heiligen, die an den zukünftigen Christus glaubten, zwar an Stätten, die von den Qualen der Gottlosen weit abliegen, aber doch in der Unterwelt sich befanden, bis Christi Blut und Niederfahrt zu diesen Stätten sie befreite, so wissen sicherlich die frommen, durch das blutige Lösegeld bereits freigekauften Gläubigen überhaupt nichts von der Unterwelt, auch nicht bevor sie ihre Leiber zurückempfangen und den verdienten Lohn erhalten. Nach den Worten aber: «Und sie wurden gerichtet, ein jeglicher nach seinen Werken» fügt der Seher noch kurz hinzu, welcher Art das Gericht sein wird: «Und der Tod und die Unterwelt wurden geworfen in den feurigen Pfuhl.» Mit Tod und Unterwelt ist hier der Teufel gemeint, weil er der Urheber des Todes und der Höllenstrafen ist, desgleichen die ganze Rotte der Dämonen. Denn hier wird nur wiederholt, was er vorgreifend früher schon deutlicher gesagt: «Und der Teufel, der sie verführte, ward geworfen in den Pfuhl von Feuer und Schwefel.» Und wenn er dort die dunkleren Worte hinzufügte: «Wo auch das Tier ist und der Lügenprophet», heißt es hier klarer: «Und die man nicht eingeschrieben fand im Buch des Lebens, wurden in den Feuerpfuhl geworfen.» Dies Buch aber soll nicht etwa Gott erinnern, daß er sich nicht aus Vergeßlichkeit täusche, sondern mit ihm ist die Vorherbestimmung derer gemeint, denen das ewige Leben verliehen werden soll. Denn so ist es nicht, als wüßte Gott nicht, wer sie sind, und müßte erst in dem Buche nachlesen, sondern sein untrügliches Vorherwissen ist selbst das Buch des Lebens, in dem sie eingetragen, das heißt schon im voraus erkannt sind.

16. Vom neuen Himmel und von der neuen Erde

Nunmehr ist die Beschreibung des Gerichts, dem die Bösen anheimfallen sollen, abgeschlossen und muß weiterhin von den Guten geredet werden. Denn hat der Seher bisher das kurze Herrenwort erläutert: «Sie werden in die ewige Pein gehen», so bleibt noch seine Fortsetzung zu erläutern: «Die Gerechten aber in das ewige Leben.» «Und ich sah», spricht er, «einen neuen Himmel und eine neue Erde. Denn der erste Himmel und die erste Erde sind vergangen, und das Meer ist nicht mehr.» In dieser Ordnung wird es geschehen, was er schon vorhin vorwegnehmend sagte, er habe den gesehen, der auf dem Thron saß, vor dessen Angesicht Himmel und Erde entflohen. Denn erst nach der Verurteilung derer, die nicht ins Buch des Lebens eingetragen sind, und nach ihrer Verweisung ins ewige Feuer – ein Feuer, von dem meiner Meinung nach kein Mensch weiß, welcher Art es ist und in welchem Teil der Welt oder des Weltalls es sich befinden wird, es müßte ihm denn Gottes Geist es offenbart haben – wird die Gestalt dieser Erde in einer Feuersbrunst irdischer Flammen vergehen, wie es bei der Sündflut durch eine Überschwemmung irdischer Wasser geschah. In dieser irdischen Feuersbrunst, wie ich's nannte, werden die Eigenschaften der vergänglichen Elemente, die unsern vergänglichen Leibern entsprachen, durch die Glut völlig vernichtet werden, und das Wesen der Dinge wird alsdann solche Eigenschaften besitzen, wie sie zu den durch wunderbare Umwandlung unsterblich gewordenen Leibern stimmen, und die zu besserem Dasein erneuerte Welt sich den auch leiblich zu besserem Dasein erneuerten Menschen glücklich anpassen. Was aber die Bemerkung anlangt: «Und das Meer ist nicht mehr», so ist schwer zu sagen, ob es in jener ungeheuren Glut austrocknen oder ebenfalls eine Umwandlung zu Besserem erfahren wird. Denn wir lesen wohl von einem künftigen neuen Himmel und einer neuen Erde, doch habe ich meines Wissens nie etwas von einem neuen Meere gelesen, man müßte sonst an die Worte denken, auf die wir in demselben Buch der Offenbarung stoßen: «Wie ein gläsernes Meer, gleich einem Kristall.» Doch an der Stelle ist nicht vom Weltenende die Rede, auch augenscheinlich nicht von einem wirklichen Meere, da es heißt: «Wie ein Meer.» Indes kann der Seher auch hier in der prophetischen Redeweise, die es liebt, buchstäblich und figürlich zu verstehende Worte zu vermengen und so das Gesagte in gewisser Weise zu verhüllen, bei seinen Worten: «Und das Meer ist nicht mehr» jenes Meer im Auge haben, von dem er vorhin gesagt hatte: «Und das Meer gab die Toten her, die in ihm waren.» Denn nun wird sich nicht mehr wie jetzt im Leben der Sterblichen die unruhevolle und stürmische Welt geltend machen, die bildlich als Meer bezeichnet wird.

17. Von der Herrlichkeit des himmlischen Jerusalems

«Und ich sah», so berichtet Johannes weiter, «die große Stadt, das neue Jerusalem, aus dem Himmel von Gott herabfahren, bereitet als eine geschmückte junge Braut ihrem Manne. Und ich hörte eine große Stimme von dem Thron, die sprach: Siehe da, eine Hütte Gottes bei den Menschen; und er wird bei ihnen wohnen, und sie werden sein Volk sein, und Gott selbst wird mit ihnen sein. Und er wird abwischen alle Tränen von ihren Augen, und der Tod wird nicht mehr sein, noch Leid noch Geschrei noch irgendwelcher Schmerz. Denn das erste ist vergangen. Und der auf dem Thron saß, sprach: Siehe, ich mache alles neu.» Aus dem Himmel, so wird uns gesagt, fährt diese Stadt herab, denn himmlische Gnade ist es, daß Gott sie geschaffen hat. Darum spricht er auch durch den Mund Jesajas zu ihr: «Ich bin's, der Herr, der dich schafft.» Vom Himmel aber fährt sie herab vom Anfang ihres Bestehens an, weil ihr während des Verlaufs dieser Weltzeit dank der göttlichen Gnade, die von oben herabkommt, durch das Bad der Wiedergeburt im Heiligen, vom Himmel gesandten Geiste immerfort ihre Bürger zuwachsen. Ist sie jedoch durch das jüngste Gericht hindurchgegangen, das Gott durch seinen Sohn Jesus Christus halten lassen wird, dann wird ihre gottverliehene Herrlichkeit so groß und neu aufleuchten, daß keine Spuren des alten Wesens zurückbleiben; denn auch die Leiber werden nun aus der alten Vergänglichkeit und Sterblichkeit zu neuer Unvergänglichkeit und Unsterblichkeit übergehen. Die Behauptung aber, das gelte schon von jener Zeit, da sie mit ihrem Könige die tausend Jahre herrscht, scheint mir allzu dreist, da es ausdrücklich heißt: «Er wird abwischen alle Tränen von ihren Augen, und der Tod wird nicht mehr sein, noch Leid noch Geschrei noch irgendwelcher Schmerz.» Wer wäre auch so töricht und in hartnäckiger Rechthaberei verblendet, zu behaupten, in den Nöten dieser Vergänglichkeit könne während des gegenwärtigen, zukünftigen oder vergangenen Lebens auch nur ein einziger Heiliger, geschweige das ganze heilige Volk ohne Tränen und Schmerzen sein? Ganz im Gegenteil, je heiliger jemand ist und je mehr heilige Sehnsucht sein Herz erfüllt, um so reichlicher werden auch beim Gebet seine Tränen fließen. Ist es nicht die Stimme eines Bürgers des oberen Jerusalems, die spricht: «Meine Tränen sind meine Speise Tag und Nacht», und: «Jede Nacht überschwemme ich mein Bett und benetze mit Tränen mein Lager», und: «Mein Seufzen ist dir nicht verborgen», und: «Mein Schmerz ward neu»? Oder sind das nicht ihre Kinder, die von Kummer beschwert aufseufzen, weil sie «lieber nicht entkleidet, sondern überkleidet werden möchten, auf daß das Sterbliche vom Leben verschlungen werde»? Sind nicht auch sie es, die «die Erstlinge des Heiligen Geistes empfangen haben, aber nun bei sich seufzen, weil sie nach der Kindschaft sich sehnen, der Erlösung ihres Leibes»? Oder der Apostel Paulus selbst, war er kein Bewohner des oberen Jerusalems, und war er es nicht erst recht deshalb, weil er um die Israeliten, seine Brüder im Fleisch, «so große Traurigkeit und Schmerzen ohne Unterlaß in seinem Herzen trug»? Wann aber wird es in dieser Stadt keinen Tod mehr geben? Erst dann, wenn es heißt: «Wo ist, Tod, dein Wüten? Wo ist, Tod, dein Stachel? Der Stachel des Todes ist die Sünde.» Auch Sünde wird es doch erst dann nicht mehr geben, wenn man fragt: Wo ist sie? Nun aber klagt nicht nur jeder schwache Bürger jener Stadt, sondern selbst ein Johannes in seinem Briefe: «So wir sagen, wir haben keine Sünde, verführen wir uns selbst, und die Wahrheit ist nicht in uns.» Zwar ist in dem Apokalypse genannten Buche vieles dunkel gesagt, um den Geist des Lesers zu üben, und nur weniges so klar, daß daraus, wenn auch nicht ohne Mühe, der Sinn des Übrigen sich ermitteln läßt – zumal da häufig dasselbe mit anderen Worten wiederholt wird, so daß man meinen kann, es komme etwas Neues, während sich bei genauerem Zusehen ergibt, daß nur auf neue Weise das gleiche gesagt wird –, aber diese unsere Worte: «Er wird abwischen alle Tränen von ihren Augen, und der Tod wird nicht mehr sein, noch Leid noch Geschrei noch irgendwelcher Schmerz» sprechen mit solch zwingender Klarheit von der zukünftigen Welt, der Unsterblichkeit und dem ewigen Leben der Heiligen – denn erst dann und nur dort wird es all das nicht mehr geben –, daß wir, wollten wir auch dies für dunkel halten, überhaupt nichts Klares in den heiligen Schriften suchen dürften oder lesen könnten.

18. Die Weissagung des Petrus vom Jüngsten Gericht

Laßt uns nun auch sehen, was der Apostel Petrus von diesem Gericht geschrieben hat. «Es werden», sagt er, «in den letzten Tagen Spötter kommen, die nach ihren eigenen Lüsten wandeln und sagen: Wo ist die Verheißung seiner Ankunft? Denn seit die Väter entschlafen sind, bleibt alles, wie es von Anfang an gewesen ist. Sie vergessen bei solcher Rede, daß einstmals Himmel und Erde aus dem Wasser hervorgegangen sind und durch Gottes Wort im Wasser bestanden, und dann doch die Welt in Wasserfluten unterging. Himmel und Erde aber, wie sie jetzt sind, wurden durch dasselbe Wort erneuert, um aufbewahrt zu werden zum Feuer am Tage des Gerichts und Untergangs der gottlosen Menschen. Dies eine aber sei euch unverborgen, Liebste, daß ein Tag vor dem Herrn ist wie tausend Jahre und tausend Jahre wie ein Tag. Der Herr aber zögert seine Verheißung nicht hinaus, wie einige es für Zögern halten, sondern hat Geduld um euretwillen und will nicht, daß jemand verlorengehe, sondern daß jedermann sich zur Buße kehre. Es wird aber kommen der Tag des Herrn wie ein Dieb, und die Himmel werden zergehen mit großem Krachen, die Elemente aber vor Hitze zerschmelzen und die Erde und die Werke, die darauf sind, verbrennen. Wenn nun dies alles vergehen wird, wie heilig muß dann euer Wandel sein, wie müßt ihr warten und entgegeneilen dem Anbruch des Tages, an dem die Himmel vom Feuer verzehrt und die Elemente in der Glut sich auflösen werden! Wir aber warten auf neue Himmel und eine neue Erde nach seiner Verheißung, in welchen Gerechtigkeit wohnt».

Hier hören wir nichts von Auferstehung der Toten, wohl aber genug vom Untergang dieser Welt. Wenn er aber an die Welt vor der Sündflut erinnert, will er wohl einen Hinweis darauf geben, wie wir uns am Ende dieser Weltzeit den Untergang unserer Welt zu denken haben. Denn auch zu jener Zeit, sagt er, sei die damalige Welt vergangen, und zwar nicht nur der ganze Erdkreis, sondern auch die Himmel. Unter diesen versteht er natürlich den Luftraum, über dessen Stätte und Ausdehnung damals das anschwellende Wasser emporstieg. Also die ganze oder beinah die ganze windbewegte Luft war es – er nennt sie Himmel oder vielmehr die Himmel, aber meint natürlich nur diese unteren, nicht jene obersten, wo Sonne und Mond und Sterne stehen –, sie war es, die sich in Nässe verwandelte und so mitsamt der Erde zugrunde ging, deren früheres Aussehen durch die Sündflut zerstört wurde. «Himmel und Erde aber, wie sie jetzt sind», sagt er, «wurden durch dasselbe Wort erneuert, um aufbewahrt zu werden zum Feuer am Tage des Gerichts und Untergangs der gottlosen Menschen.» Die Himmel demnach und die Erde, mit anderen Worten die Welt, die an Stelle der in der Sündflut versunkenen aus demselben Wasser erneuert wurde, wird für das letzte Feuer auf den Tag des Gerichts und Untergangs der gottlosen Menschen aufbewahrt. Denn er scheut sich nicht, im Hinblick auf die große Umwandlung, die mit ihnen vorgehen wird, auch von einem künftigen Untergang der Menschen zu sprechen, obwohl ihr Wesen sogar in der ewigen Pein erhalten bleiben wird. Nun fragt vielleicht jemand, wo während der Zeit des Weltbrandes, in welchem nach stattgefundenem Gericht diese Welt verzehrt werden soll, ehe an ihrer Stelle der neue Himmel und die neue Erde erstehen, die Heiligen sein werden, die doch, da sie Leiber haben, auch an einem räumlichen Orte sein müssen. Wir können antworten, daß sie dann in höheren Regionen sich aufhalten werden, wohin die Flamme jenes Brandes ebensowenig dringen wird wie einst die Woge der Sündflut. Sie werden dann ja solche Körper besitzen, daß sie dort weilen können, wo sie wollen. Doch brauchen sie, unsterblich und unvergänglich geworden, selbst die Flammen jenes Weltbrandes nicht zu fürchten, da doch sogar die vergänglichen und sterblichen Leiber der drei Männer im feurigen Ofen unversehrt am Leben bleiben konnten.

19. Die Weissagung des Paulus vom Antichrist

Ich sehe schon, daß ich viele evangelische und apostolische Aussprüche über das Jüngste göttliche Gericht übergehen muß, denn sonst würde mein Buch allzusehr anschwellen; doch darf unter keinen Umständen der Apostel Paulus fehlen, der an die Thessalonicher folgendes schreibt: «Was die Ankunft unseres Herrn Jesus Christus und unsere Entrückung zu ihm anlangt, bitten wir euch, liebe Brüder, daß ihr euch nicht schnell aufregen und erschrecken laßt, weder durch Geisterstimmen noch durch Reden noch durch einen angeblichen Brief von mir, als stände der Tag des Herrn dicht bevor. Laßt euch doch von niemand betrügen. Denn vorher muß noch kommen der Abtrünnige und offenbar werden der Mensch der Sünde, der Sohn des Verderbens, der allem widerstrebt und sich über alles erhebt, was Gott oder Gottesdienst heißt, so daß er sich in den Tempel Gottes setzt und für Gott ausgibt. Denkt ihr nicht daran, daß ich euch dies schon sagte, als ich noch bei euch war? Auch wißt ihr, was ihn jetzt noch aufhält, bis er zu seiner Zeit offenbar werden muß. Denn es regt sich bereits das Geheimnis der Bosheit. Mag der, welcher jetzt noch standhält, weiter standhalten, bis er aus dem Wege geräumt ist. Dann aber wird der Bösewicht offenbar werden, den der Herr Jesus töten wird mit dem Hauch seines Mundes und zunichte machen durch die Klarheit seiner Erscheinung, ihn, dessen Auftreten kraft der Wirkung Satans begleitet ist von allerlei trügerischen Machterweisen, Zeichen und Wundern und aller erdenklichen Verführung zur Ungerechtigkeit für die, welche verlorengehen, weil sie die Liebe zur Wahrheit nicht angenommen haben, die sie hätte retten können. Darum wird ihnen Gott kräftige Irrtümer senden, daß sie der Lüge glauben und alle gerichtet werden, die der Wahrheit nicht glaubten, sondern der Ungerechtigkeit zufielen.»

Niemand zweifelt daran, daß er hier vom Antichrist spricht und kundtut, daß der Tag des Gerichts – denn der ist mit dem Tage des Herrn gemeint – nicht kommen wird, bevor jener gekommen ist, den er den Abtrünnigen heißt, nämlich abtrünnig von Gott, dem Herrn. Kann man so mit Recht alle Gottlosen nennen, wieviel mehr dann ihn. Doch in welchem Tempel Gottes er sitzen wird, ist ungewiß. Man fragt sich, ob in den Trümmern des Tempels, den einst König Salomo erbaute, oder aber in der Kirche. Denn den Tempel eines Götzen oder Dämons würde der Apostel nie einen Gottestempel nennen. Darum wollen manche diese Stelle so verstehen, als sei hier mit dem Antichristen nicht der Fürst selber, sondern sozusagen sein ganzer Leib, das ist die ihm angehörige Menschenmenge mitsamt ihrem Fürsten, gemeint. Sie sind auch der Ansicht, es müsse im Lateinischen nicht «in templo», sondern richtiger wie im Griechischen «in templum» heißen, was dann nicht bedeuten würde, er sitze im Tempel, sondern setze oder stelle sich selbst als Tempel Gottes, also als Kirche hin. So sagen wir ja auch: Er stellt sich als Freund hin, das heißt, gibt sich als Freund aus, oder was dergleichen Redewendungen mehr sind. Wenn der Apostel aber sagt: «Ihr wißt, was ihn jetzt noch aufhält», das ist was ihn zögern läßt, was die Ursache ist, die sein Offenbarwerden zu seiner Zeit noch hinausschiebt, so wollte er augenscheinlich das, was die Leser, wie er sagt, ohnehin wußten, nicht offen aussprechen. Wir aber, die wir nicht wissen, was jene wußten, suchen nun mit Mühe ausfindig zu machen, was er meinte, aber es gelingt nicht. Denn die folgenden Worte machen den Sinn noch dunkler. Was soll das auch bedeuten: «Denn es regt sich bereits das Geheimnis der Bosheit. Mag der, welcher jetzt noch standhält, weiter standhalten, bis er aus dem Wege geräumt ist. Dann aber wird der Bösewicht offenbar werden?» Ich muß wirklich gestehen, daß ich nicht weiß, was der Apostel hier sagen will. Doch will ich die Vermutungen von allerlei Leuten, die ich gehört oder gelesen habe, nicht verschweigen.

Einige meinen nämlich, dies beziehe sich auf das römische Reich, und der Apostel Paulus habe es nicht offen nennen wollen, um sich nicht dem Vorwurf auszusetzen, er sei dem römischen Reiche, an dessen Ewigkeit man glaubte, übel gesinnt. Dann hätte er bei den Worten: «Es regt sich bereits das Geheimnis der Bosheit» wohl an Nero gedacht, dessen Taten schon damals denen des Antichrists zu gleichen schienen. Deshalb vermuten manche, er werde auferstehen und der künftige Antichrist sein. Noch andere sind der Ansicht, er sei nicht getötet, sondern nur beiseite geschafft, damit man glaube, er sei tot. Aber er werde lebend und in dem rüstigen Alter, in dem er sich zur Zeit seines vermeintlichen Todes befand, verborgen gehalten, bis er zu seiner Zeit hervorkommen und wieder in seine Herrschaft eingesetzt werde. Doch kann ich über die Verwegenheit solcher Mutmaßung nur staunen. Dagegen wird jenes Apostelwort: «Mag der, welcher jetzt noch standhält, weiter standhalten, bis er aus dem Wege geräumt wird» mit gutem Grunde auf das römische Reich bezogen, wie wenn gesagt wäre: «Mag der, welcher jetzt noch herrscht, weiter herrschen, bis er aus dem Wege geräumt, also beseitigt wird. «Dann aber», heißt es, «wird der Bösewicht offenbar werden». Daß damit der Antichrist gemeint ist, bezweifelt niemand. Andere aber beziehen die Worte: «Ihr wißt, was noch aufhält» und «das Geheimnis der Bosheit regt sich» ausschließlich auf die Bösen und Heuchler, die in der Kirche sind und zuletzt so zahlreich sein werden, daß der Antichrist an ihnen ein großes Volk besitzt. Das soll dann das Geheimnis der Bosheit sein, weil es sich im Verborgenen hält. Mit dem Worte aber: «Mag der, welcher jetzt noch standhält, weiter standhalten, bis er aus dem Wege geräumt ist», meint man, ermahne der Apostel die Gläubigen, standhaft an ihrem Glauben festzuhalten, bis das jetzt noch verborgene Geheimnis der Bosheit aus der Kirche entfernt werde. Auf dies Geheimnis deute auch der Evangelist Johannes in seinem Briefe hin, wenn er sage: «Kinder, es ist die letzte Stunde, und wie ihr gehört habt, daß der Antichrist kommen wird, so sind nun schon viele Antichristen da. Daraus erkennen wir, daß es die letzte Stunde ist. Sie sind von uns ausgegangen, aber sie waren nicht von uns. Denn wenn sie von uns gewesen wären, wären sie ja bei uns geblieben.» Wie also schon vor dem Ende, sagt man, in jener Stunde, die Johannes die letzte nennt, viele Ketzer von der Kirche ausgingen, die er als viele Antichristen bezeichnet, so werden sie alsdann alle von ihr ausgehen, die nicht zu Christus, sondern zu jenem letzten Antichrist gehören, und dann wird er offenbar werden.

Demnach deutet der eine die dunklen Worte des Apostels so, der andere so. Eins aber sagt er unzweifelhaft, nämlich daß Christus nicht kommen wird, die Lebenden und Toten zu richten, bevor nicht sein Widersacher, der Antichrist, gekommen ist, um die geistlich Toten zu verführen, obschon auch das schon zum geheimen Gericht Gottes gehört, daß sie von ihm verführt werden sollen. Denn sein Auftreten wird, wie wir hörten, «kraft der Wirkung Satans begleitet sein von allerlei trügerischen Machterweisen, Zeichen und Wundern und aller erdenklichen Verführung zur Ungerechtigkeit für die, welche verlorengehen.» Denn dann wird der Satan losgelassen sein und durch jenen Antichrist mit all seiner Macht zwar wunderbar, aber trügerisch wirken. Bei dieser Aussage kann man zweifeln, ob die Zeichen und Wunder darum trügerisch heißen, weil er die irdischen Sinne durch Blendwerk täuschen wird und es sich also nur um Scheintaten handelt, oder weil es zwar wahre Wunder sind, die aber zur Lüge verführen, da man ohne Kenntnis der Macht des Teufels glaubt, nur göttliche Kraft könne sie verursacht haben, zumal dann, wenn er so große Macht erlangt hat wie nie zuvor. So war es ja auch kein Blendwerk, als seinerzeit Feuer vom Himmel fiel und das zahlreiche Gesinde und die großen Viehherden des frommen Hiob mit einem Schlage vernichtete und ein plötzlicher Sturmwind das Haus umwarf und seine Kinder tötete. Gleichwohl war es ein Werk Satans, dem Gott diese Macht verliehen hatte. Weswegen also an unserer Stelle von trügerischen Wundern und Zeichen die Rede ist, das wird sich wohl erst zeigen, wenn es soweit ist. Doch wie es auch gemeint sein mag, jedenfalls werden durch diese Zeichen und Wunder nur die verführt, die es verdienten, verführt zu werden, «weil sie die Liebe zur Wahrheit nicht angenommen haben, die sie hätte retten können». Ja, der Apostel scheut sich nicht hinzuzufügen: «Darum wird ihnen Gott kräftige Irrtümer senden, daß sie der Lüge glauben.» Gott wird sie senden, weil Gott dem Teufel solches zu tun gestattet. Dabei bleibt Gottes Urteil gerecht, wenngleich der Teufel in schlechter und boshafter Absicht handelt. «Auf daß alle gerichtet werden», heißt es zum Schluß, «die der Wahrheit nicht glaubten, sondern der Ungerechtigkeit zufielen.» So werden die Verurteilten verführt und die Verführten verurteilt. Aber die Verurteilten werden verführt nach jenen verborgen gerechten und gerecht verborgenen Gerichten Gottes, nach denen er seit dem Sündenfall der vernünftigen Kreatur unablässig gerichtet hat. Die Verführten aber werden verurteilt in jenem Letzten und offenbaren Gericht durch Jesus Christus, den gerechtesten Richter, der einst aufs ungerechteste gerichtet ward.

20. Paulus über die Totenauferstehung

Während der Apostel an dieser Stelle von der Totenauferstehung schweigt, lesen wir im ersten an dieselben Thessalonicher gerichteten Briefe die folgenden Sätze: «Wir wollen euch, liebe Brüder, nicht in Ungewißheit lassen über die Entschlafenen, daß ihr nicht traurig seid wie die anderen, die keine Hoffnung haben. Denn wenn wir glauben, daß Jesus gestorben und auferstanden ist, so wird Gott auch die, die in Jesus entschlafen sind, mit ihm herbeiführen. Denn das sagen wir euch mit einem Worte des Herrn, daß wir, die wir leben und übrig bleiben bis zur Ankunft des Herrn, denen nicht zuvorkommen werden, die vorher entschlafen sind. Denn er selbst, der Herr, wird, wenn der Ruf und die Stimme des Erzengels und die Posaune Gottes ertönt, vom Himmel herabfahren, und dann werden die Toten in Christus zuerst auferstehen. Danach werden auch wir, die wir noch leben und übriggeblieben sind, zugleich mit ihnen in den Wolken entrückt werden, dem Herrn entgegen in die Lüfte, und so bei dem Herrn sein allezeit.» Diese apostolischen Worte lehren mit größter Klarheit die künftige Auferstehung der Toten, die stattfinden wird, wenn Christus kommt, die Lebenden und Toten zu richten.

Aber nun pflegt man zu fragen, ob die, welche Christus hier lebend antreffen wird und an deren Stelle der Apostel sich selbst und die damals am Leben Befindlichen versetzt, überhaupt niemals sterben werden, oder ob sie in dem Augenblick, da sie zugleich mit den Auferstehenden in den Wolken Christus entgegen in die Lüfte entrückt werden, wunderbar schnell durch den Tod zur Unsterblichkeit übergehen. Denn man darf es nicht für unmöglich erklären, daß sie in jener Zeitspanne, da sie durch die Lüfte emporgetragen werden, sowohl sterben als auch wieder zum Leben erweckt werden. Denn die Worte: «Und so werden wir bei dem Herrn sein allezeit» sind nicht so zu verstehen, als würden wir nun immer mit dem Herrn dort oben in der Luft bleiben; wird er doch selbst nicht dableiben, sondern die Lüfte bei seinem Kommen durchschreiten. Dem Kommenden wird man entgegeneilen, nicht dem Bleibenden. Sondern «so werden wir bei dem Herrn sein» heißt: So, im Besitz ewiger Leiber, werden wir sein, wo immer wir auch bei ihm weilen. Zu dieser hier vertretenen Auffassung, daß auch diejenigen, die der Herr lebend antrifft, in jenem kurzen Zeitraum den Tod erleiden und die Unsterblichkeit erlangen werden, scheint uns der Apostel selbst zu nötigen. Denn er sagt: «In Christus werden alle lebendig gemacht werden», während er an anderer Stelle, wo ausdrücklich von der leiblichen Auferstehung die Rede ist, spricht: «Was du säst, wird nicht lebendig, es sterbe denn.» Wie sollten also wohl diejenigen, die Christus hier lebend antreffen wird, durch Verleihung von Unsterblichkeit in ihm belebt werden, ohne erst zu sterben, wenn doch gerade mit Bezug hierauf gesagt ward: «Was du säst, wird nicht lebendig, es sterbe denn»? Oder aber, falls das Wort vom Gesätwerden sich nur auf die Menschenleiber beziehen kann, die mit dem Tode in gewisser Weise zur Erde zurückkehren – dem göttlichen Urteilsspruch gemäß, der über den ungehorsamen Stammvater des Menschengeschlechts erging: «Du bist Erde und wirst zur Erde gehen» –, muß man zugeben, daß die, welche Christus bei seiner Ankunft noch in ihren Leibern vorfinden wird, weder von den angeführten Worten des Apostels noch von denen der «Genesis» getroffen werden. Denn, auf Wolken emporgehoben, werden sie ja nicht gesät, weil sie weder zur Erde gehen noch zur Erde zurückkehren, mögen sie nun überhaupt keinen Tod zu spüren bekommen oder in der Luft für eine kleine Weile sterben.

Doch tritt dem wieder eine andere Äußerung desselben Apostels entgegen, der bei seinen Ausführungen über die leibliche Auferstehung zu den Korinthern spricht: «Wir werden alle auferstehen», oder wie wir in anderen Handschriften lesen: «Wir werden alle entschlafen.» Wenn es nun keine Auferstehung geben kann ohne vorhergehenden Tod und wir unter «entschlafen» nichts anderes verstehen können als sterben, wie soll es dann stimmen, daß alle entschlafen oder auferstehen werden, wenn doch so viele, die Christus im Leibe antreffen wird, weder entschlafen noch auferstehen? Nehmen wir dagegen an, daß die Heiligen, die bei Christi Ankunft lebend angetroffen und ihm entgegengerückt werden, in dieser Entrückung ihre sterblichen Leiber ablegen, um sie alsbald unsterblich zurückzuempfangen, bereiten uns des Apostels Worte keinerlei Schwierigkeiten mehr, weder wenn er sagt: «Was du säst, wird nicht lebendig, es sterbe denn», noch wenn er sagt: «Wir werden alle auferstehen», oder «wir werden alle entschlafen». Denn auch sie können nur dann durch Unsterblichkeit belebt werden, wenn sie vorher, sei's auch nur für eine kleine Weile, sterben. Dann aber werden sie auch von der Auferstehung nicht ausgeschlossen sein, welcher ein sei's auch nur ganz kurzes Entschlafen, jedenfalls aber ein Entschlafen voraufging. Warum aber sollte es uns unglaublich scheinen, daß solch eine Menge von Leibern in der Luft gewissermaßen ausgesät und dann alsbald unsterblich und unvergänglich neubelebt werde? Glauben wir doch auch dem unzweideutigen Wort des Apostels, daß die Auferstehung in einem Augenblick erfolgen und der Staub uralter Leichen mit größter Leichtigkeit und unfaßbarer Schnelligkeit zu Gliedern zurückkehren wird, die nun endlos leben werden. Auch müssen wir nicht meinen, daß für diese Heiligen das Wort nicht zuträfe, das den Menschen gesagt ward: «Du bist Erde und wirst zur Erde gehen», obwohl ihre erstorbenen Leiber nicht in die Erde sinken, sondern während der Entrückung in die Luft sowohl sterben als auch auferstehen. Denn «du wirst zur Erde gehen» bedeutet: Du wirst nach Verlust deines Lebens zu dem zurückkehren, was du warst, ehe du das Leben empfingest, mit andern Worten: Entseelt wirst du wieder sein, was du vor deiner Beseelung warst. Denn es war Erde, welcher Gott den Lebensodem ins Antlitz blies, als der Mensch zu einer lebenden Seele ward. Es ist also, wie wenn gesagt würde: Du bist nun beseelte Erde, was du nicht warst, und du wirst wieder entseelte Erde sein, was du warst. Erde sind ja schon vor der Verwesung alle Leiber der Toten, und das werden auch die Leiber der Heiligen sein, wenn sie, wo es auch sein mag, sterben und das Leben verloren haben, mögen sie es auch alsbald zurückempfangen. So gehen sie zur Erde, da sie aus lebenden Menschen zu Erde werden, ebenso wie etwas in Asche übergeht, was zu Asche wird, oder ins Alter, was alt wird, oder in ein Gefäß, was aus Ton zu einem Gefäße wird, und was dergleichen mehr ist. Wie das aber zugehen wird, was wir jetzt mit den Kräften unserer kümmerlichen Vernunft nur mutmaßen, dann erst werden wir's erkennen können. Daß die Auferstehung der Toten kommen wird, und zwar im Fleische, wenn Christus zum Gericht der Lebenden und Toten erscheint, müssen wir, wenn wir Christen sein wollen, glauben; aber unser Glaube ist deswegen nicht eitel, wenn wir auch nicht völlig begreifen können, wie es geschehen wird.

Doch nun müssen wir, wie wir vorhin in Aussicht stellten, noch aufzeigen, soweit es angebracht ist, was die alten prophetischen Bücher vom Letzten Gottesgericht geweissagt haben, und ich denke, diese Erörterung und Auslegung wird nicht so umständlich zu sein brauchen, wenn der Leser das Vorausgeschickte zu Rate zieht.

21. *Jesaja über Totenauferstehung und Gericht*

Der Prophet Jesaja spricht: «Auferstehen werden die Toten und auferstehen, die in den Gräbern waren, und sich freuen alle, die auf Erden sind. Denn der Tau, der von dir kommt, bringt ihnen Gesundheit, das Land der Gottlosen aber wird fallen.» Der erste Teil dieses Ausspruchs bezieht sich ausschließlich auf die Auferstehung der Seligen. Wenn er aber fortfährt: «Das Land der Gottlosen wird fallen», so hat das den Sinn: Den Leibern der Gottlosen ist der Sturz in die Verdammnis beschieden. Betrachten wir nunmehr sorgfältiger und genauer, was hier über die Auferstehung der Gerechten gesagt wird, so sind die Worte: «Auferstehen werden die Toten» auf die erste Auferstehung zu beziehen, die folgenden: «Und auferstehen werden, die in den Gräbern waren» auf die zweite. Fragen wir dann auch nach den Heiligen, die der Herr hier lebendig antreffen wird, so passen auf sie die anschließenden Worte: «Freuen werden sich alle, die auf Erden sind. Denn der Tau, der von dir kommt, bringt ihnen Gesundheit.» Denn unter Gesundheit dürfen wir an dieser Stelle mit Fug und Recht Unsterblichkeit verstehen, da sie vollkommenste Gesundheit ist, die nicht durch Nahrungsmittel wie durch tägliche Arznei aufrechterhalten werden muß. Desgleichen flößt der Prophet im Hinblick auf den Tag des Gerichtes zunächst den Guten Hoffnung ein und sodann Schrecken den Bösen, wenn er andernorts sagt: «So spricht der Herr: Siehe, ich leite herab auf sie den Frieden wie einen Strom und die Herrlichkeit der Völker wie einen Gießbach. Ihre Kinder sollen auf den Schultern getragen und auf den Knien getröstet werden. Ich will euch trösten, wie einen seine Mutter tröstet. In Jerusalem werdet ihr getröstet werden und werdet's sehen, und euer Herz wird sich freuen und euer Gebein sprießen wie Gras. Da wird die Hand des Herrn kundwerden denen, die ihn ehren, und die Widerspenstigen bedrohen. Denn siehe, der Herr wird kommen wie Feuer und seine Wagen wie ein Sturmwind, um Vergeltung zu üben in seinem Zorn und Verheerung anzurichten mit Feuerflammen. Denn mit dem Feuer des Herrn wird die ganze Erde gerichtet werden und mit seinem Schwerte alles

Fleisch, und viele werden vom Herrn verwundet sein.» Bei der Verheißung an die Guten müssen wir unter dem Strom des Friedens sicherlich die Überfülle jenes Friedens verstehen, den nichts übertreffen kann. Mit ihm werden wir am Ende gelabt werden, und davon haben wir schon im vorigen Buche eingehend gesprochen. Diesen Strom, sagt Gott, werde er auf diejenigen herableiten, denen er solch große Seligkeit verheißt; so zweifeln wir nicht daran, daß in jenem glückseligen himmlischen Gefilde alles durch diesen Strom gesättigt werden wird. Weil aber auch von daher den irdischen Leibern Friede der Unvergänglichkeit und Unsterblichkeit zufließen soll, spricht er von einem Herableiten dieses Stromes, der sich also gewissermaßen aus der Höhe in die Tiefe ergießt und die Menschen den Engeln gleichmacht. Auch unter Jerusalem haben wir hier nicht die mit ihren Kindern dienende Stadt, sondern nach dem Apostel unsere freie Mutter zu verstehen, die ewige Stadt im Himmel. Dort werden wir nach den Mühsalen der irdischen Nöte und Sorgen getröstet werden, getragen wie die kleinen Kinder auf Schultern und Knien der Mutter. Denn als Unerfahrene und Neulinge, die wir dann sind, wird uns solch ungewohnte Seligkeit gar zärtlich und hilfreich umfangen. Da werden wir's sehen, und unser Herz wird sich freuen. Er sagt nicht deutlich, was wir sehen werden, doch was sonst könnte es sein als Gott? Denn dann wird die evangelische Verheißung in Erfüllung gehen: «Selig sind, die reines Herzens sind, denn sie werden Gott schauen.» Und auch all das werden wir schauen, was wir jetzt nicht sehen, aber uns im Glauben nach dem bescheidenen Maß unserer menschlichen Fassungskraft unvergleichlich geringer vorstellen, als es ist. «Ihr werdet's sehen», spricht er, «und euer Herz wird sich freuen.» Hier glaubt ihr, dort werdet ihr schauen.

Wenn es nun aber heißt: «Euer Herz wird sich freuen», dürfen wir deswegen nicht denken, jene Güter Jerusalems seien nur für unsern Geist bestimmt. Darum spricht er: «Und euer Gebein wird sprießen wie Gras.» Hier deutet er nämlich, als wollte er Übergangenes nachholen, auf die Auferstehung der Leiber hin. Sie wird ja nicht erst eintreten, wenn wir geschaut haben, sondern wenn sie eingetreten ist, werden wir schauen. Denn auch vom neuen Himmel und der neuen Erde hatte er schon früher gesprochen, als er das, was den Heiligen am Ende verheißen wird, mehrfach und in verschiedenen Wendungen erwähnte. «Es wird kommen», sagt er, «ein neuer Himmel und eine neue Erde, daß man der vorigen nicht mehr gedenken wird noch sie zu Herzen nehmen, sondern Freude und Jubel wird man daselbst finden. Siehe, ich will Jerusalem zum Jubel machen und mein Volk zur Freude und werde in Jerusalem jubeln und mich freuen in meinem Volke, und man wird darin kein Weinen mehr vernehmen», und so fort, was einige auf jene fleischlich verstandenen tausend Jahre beziehen möchten. Hier sind nämlich wie auch sonst bei den Propheten figürliche Redewendungen mit wörtlich zu verstehenden vermischt, damit ernsthaftes Forschen in nützlicher und heilsamer Anstrengung zum geistlichen Verständnis gelange. Fleischliche Trägheit dagegen und die Stumpfheit eines ungebildeten und ungeübten Geistes gibt sich oberflächlich mit dem buchstäblichen Sinn zufrieden und sucht nichts dahinter. Das mag zur Erklärung der prophetischen Worte, die der von uns jetzt behandelten Stelle voraufgehen, genügen. Doch kehren wir zu dieser Stelle, von der wir eben abschweiften, zurück. Um zu zeigen, daß mit den Worten: «Euer Gebein wird sprießen wie Gras» zwar an die Auferstehung des Fleisches, aber hier nur an die der Guten gedacht ist, fügt er hinzu: «Da wird die Hand des Herrn kundwerden denen, die ihn ehren.» Nichts anderes kann hier doch gemeint sein, als die Hand dessen, der seine Verehrer von seinen Verächtern scheidet. Von letzteren gelten dann die folgenden Worte: «Und die Widerspenstigen» – oder, wie ein anderer Übersetzer sagt, die Ungläubigen – «wird sie bedrohen». Dann freilich wird sie nicht bloß drohen, sondern was hier mit Worten angedroht ist, wird sich dann in Taten verwandeln. «Denn siehe», so heißt es, «der Herr wird kommen wie Feuer und seine Wagen wie ein Sturmwind, um Vergeltung zu üben in seinem Zorn und Verheerung anzurichten mit Feuerflammen. Denn mit dem Feuer des Herrn wird die ganze Erde gerichtet werden und mit seinem Schwerte alles Fleisch, und viele werden vom Herrn verwundet sein.» Die Worte Feuer, Sturm oder Schwert bezeichnen hier die Strafe des Gerichts; sagt der Prophet doch, daß der Herr selbst wie Feuer kommen werde, zu denen versteht sich, denen seine Ankunft Strafe bringt. Unter seinen Wagen aber – der Plural ist zu beachten – mag man füglich die Dienste der Engel verstehen. Wenn weiter bemerkt wird, die ganze Erde und alles Fleisch werde mit seinem Feuer und Schwert gerichtet werden, so dürfen wir hier nicht auch an die geistlichen und heiligen Menschen denken, sondern nur an die irdischen und fleischlichen, von denen die Schrift sagt: «Die da irdisch gesinnt sind», ferner: «Fleischlich gesinnt sein ist der Tod.» Diese werden ja vom Herrn kurzweg «Fleisch» genannt, so in dem Worte: «Mein Geist soll nicht in diesen Menschen bleiben, denn sie sind Fleisch.» Wenn wir hier endlich noch hören: «Viele werden vom Herrn verwundet sein», so ist an die Wunde zu denken, die den zweiten Tod herbeiführt. Allerdings können Feuer, Schwert und Wunde auch in gutem Sinne verstanden werden. Denn der Herr hat gesagt, er wolle «ein Feuer auf die Erde senden», und als der Heilige Geist kam, erschienen an den Jüngern «Zungen zerteilt wie von Feuer», ferner sprach der Herr: «Ich bin nicht gekommen, Frieden zu senden auf Erden, sondern das Schwert», und die Schrift nennt das Wort Gottes «ein zweischneidiges Schwert» wegen der doppelten Schneide der beiden Testamente, und im Hohenliede sagt die heilige Kirche, sie sei «von Liebe wund», gleichsam vom Pfeil der Liebe durchbohrt. Doch wenn wir an unserer Stelle lesen oder hören, der Herr werde als Rächer kommen, kann kein Zweifel bestehen, wie das alles hier gemeint ist.

Weiterhin erwähnt der Prophet kurz diejenigen, die durch dies Gericht verzehrt werden, wobei er die Sünder und Gottlosen mit dem Bilde derer, die sich von den im alten Gesetz verbotenen Speisen nicht enthielten, kennzeichnet, und spricht sodann zusammenfassend von der Gnade des Neuen Testaments, indem er seine Rede vom Anfang an, von der ersten Ankunft des Heilandes bis zum Letzten Gericht, von dem wir jetzt handeln, hinführt, um sie damit zu beschließen. Er läßt nämlich den Herrn sagen, er komme, um alle Völker zu versammeln, die herbeikommen würden und seine Herrlichkeit sehen. «Denn alle», sagt der Apostel, «haben sie gesündigt und ermangeln der Herrlichkeit Gottes.» Und Gott werde, fährt der Prophet fort, über ihnen Verwunderung und Glauben weckende Zeichen aufrichten. Er werde Erlöste aus ihrer Mitte aussenden zu mancherlei Völkern und fernen Inseln, die seinen Namen noch nicht gehört und seine Herrlichkeit noch nicht gesehen; sie würden seine Herrlichkeit verkünden unter den Völkern und den Auserwählten in Israel, zu denen der Prophet spricht, Brüder zuführen, Brüder im Glauben an den gleichen Vatergott. Sie würden sie herbeiführen aus allen Völkern als Weihegabe für den Herrn auf Rossen und Wagen – unter den Rossen und Wagen mag man allerlei göttliche Hilfeleistungen, die er durch den Dienst von Engeln oder Menschen gewährt, verstehen –, herbeiführen in die heilige Stadt Jerusalem, die jetzt in den heiligen Gläubigen über alle Lande sich ausbreitet. Denn wo Gott Hilfe gewährt, da glaubt man auch, und wo man glaubt, kommt man. Der Herr vergleicht aber jene Sendboten den Kindern Israel, die ihm in seinem Hause unter Psalmengesang Opfergaben darbringen, was nunmehr überall die Kirche tut, und verheißt, er werde von ihnen sich Priester und Leviten nehmen, was gleichfalls nun vor unseren Augen geschieht. Denn jetzt fragt man nicht nach leiblicher Abstammung wie einst beim Priestertum nach der Ordnung Aarons; sondern, wie sich's im Neuen Testament gehört, wo Christus der Hohepriester ist nach der Ordnung Melchisedeks, werden, wie wir sehen, nach eines jeden Verdienst, wie es ihm die göttliche Gnade verleiht, Priester und Leviten erwählt, die aber nicht nach ihrem Namen, den oft auch Unwürdige führen, sondern nach der Heiligkeit, die die Guten nicht mit den Bösen teilen, zu werten sind.

Nach diesen Worten, die sich auf die von Gott der Kirche jetzt zugewandte und uns allen so wohlbekannte Barmherzigkeit beziehen, verheißt Gott auch das Ende, zu dem es nach der Scheidung zwischen den Guten und Bösen beim Letzten Gericht kommen wird. Denn er spricht durch den Propheten, oder der Prophet selbst spricht im Namen des Herrn: «Wie der neue Himmel und die neue Erde bestehen werden vor mir, so wird auch euer Same und euer Name bestehen, und es wird sein Monat aus Monat, Sabbat aus Sabbat. Kommen wird alles Fleisch, anzubeten vor meinem Angesicht in Jerusalem, spricht der Herr. Und sie werden hinausgehen und schauen die Glieder der Menschen, die gefrevelt haben wider mich. Ihr Wurm wird nicht sterben und ihr Feuer nicht verlöschen, und sie werden ein Schauspiel sein allem Fleisch.» Diese Worte des Propheten, die das Weltende schildern, bilden auch das Ende seines Buches. Einige haben freilich nicht übersetzt «die Glieder der Menschen», sondern «die Leichen der Männer», wohl um mit dem Wort Leichen die offenkundige Bestrafung der Leiber zum Ausdruck zu bringen. Doch pflegt man «Leiche» nur das entseelte Fleisch zu nennen, während jene Leiber beseelt sein werden, da sie sonst keine Qualen empfinden könnten; es müßte denn sein, daß man sie darum nicht ohne Grund Leichen nennt, weil es Leiber von Toten sind, nämlich derer, die dem zweiten Tode anheimfallen. Dabei erinnert man sich an jenes bereits vorhin erwähnte Wort desselben Propheten: «Das Land der Gottlosen aber wird fallen.» Jedem muß ja einleuchten, daß das Wort cadaver, Leiche, von cadere, fallen, herkommt. Wenn jene Übersetzer aber von «Männern» sprechen, so liegt auf der Hand, daß damit Menschen im allgemeinen gemeint sind. Denn niemand wird behaupten, daß es bei dem Strafgericht nicht auch frevelhafte Frauen geben werde; mit dem vornehmeren Geschlecht des Mannes sind eben beide Geschlechter gemeint, zumal ja das Weib aus dem Manne geschaffen wurde. Doch hier ist noch eins von Wichtigkeit. Wenn von den Guten gesagt wird: «Kommen wird alles Fleisch»,das heißt ein Volk, das aus Menschen aller Art besteht – denn hier ist nicht an alle Menschen zu denken, da der größere Teil von ihnen der Pein verfällt –, also, um fortzufahren, wenn es die Guten sind, die Fleisch, und die Bösen, die Glieder oder Leichen genannt werden, so ist damit klargestellt, daß erst nach der Auferstehung des Fleisches, die durch die hier gebrauchten Ausdrücke noch bekräftigt wird, jenes Gericht stattfinden wird, in dem die Guten und Bösen endgültig voneinander geschieden werden.

22. Inwiefern die Heiligen ausgehen, die Strafen der Bösen zu schauen

Doch wie ist es zu verstehen, daß die Guten hinausgehen werden, die Strafen der Bösen zu schauen? Werden sie etwa in körperlicher Bewegung jene seligen Stätten verlassen und sich an die Straforte begeben, um leiblich gegenwärtig die Qualen der Bösen in Augenschein zu nehmen? Keineswegs, sondern sie gehen hinaus mit ihren wissenden Gedanken. Denn mit dem Wort «hinausgehen» ist angedeutet, daß die, welche gepeinigt werden, sich draußen befinden. Deswegen nennt auch der Herr diese Orte die «äußerste Finsternis». Ihr ist der Eingang entgegengesetzt, der dem guten Knechte winkt, dem gesagt wird: «Gehe ein zu deines Herren Freuden.» Man meine nicht, die Bösen müßten hier hereinkommen, damit man um sie wisse, vielmehr geht zu ihnen hinaus das Wissen der Guten, das sie erkennt; denn es erkennt, was draußen ist. Denn die in der Pein Befindlichen wissen nicht von dem, was drinnen in der Freude des Herrn vor sich geht, aber die zu jener Freude Eingegangenen wissen um das, was in der äußersten Finsternis vor sich geht. Darum also heißt es: «Sie werden ausgehen», weil ihnen auch das nicht verborgen bleiben wird, was draußen ist. Denn wenn bereits, ehe es eintrat, die Propheten es erkennen konnten, weil Gott schon, wenn auch noch unvollkommen, im Geist dieser Sterblichen wirksam war, wie sollten es, wenn es eingetreten ist, die unsterblichen Heiligen nicht wissen, da nun Gott alles sein wird in allen? Es wird also in jener Seligkeit der Same und Name der Heiligen bestehen, der Same, von dem Johannes sagt: «Und sein Same bleibt bei ihm», desgleichen der Name, von dem wir bei demselben Jesaja lesen: «Ich will ihnen einen ewigen Namen geben.» Und es wird ihnen sein Monat aus Monat und Sabbat aus Sabbat», also Mond aus Mond und Ruhe aus Ruhe. Denn beides werden sie selber sein, wenn sie aus diesen alten und zeitlichen Schatten zu jenen neuen und ewigen Lichtern übergehen. Was aber die Strafen der Bösen anlangt, so hat man das nie verlöschende Feuer und den immer rührigen Wurm auf verschiedene Weise ausgelegt. Die einen haben beides auf den Leib, die andern beides auf die Seele bezogen, noch andere – und sie dürften recht haben – das Feuer im eigentlichen Sinn auf den Leib und den Wurm im übertragenen auf die Seele. Doch haben wir jetzt nicht Zeit, auf diese Meinungsverschiedenheit näher einzugehen. Denn dies Buch ist dem letzten Gericht, das die Scheidung der Guten und Bösen herbeiführt, gewidmet. Von den Belohnungen selbst und den Strafen wird später sorgfältiger zu handeln sein.

23. Die Weissagungen Daniels, insbesondere vom Antichrist

Daniel weissagt vom Letzten Gericht in der Weise, daß auch er zuerst die Ankunft des Antichrists ankündigt und sodann zur Schilderung des ewigen Reiches der Heiligen übergeht. Wir hören nämlich, wie er im prophetischen Gesicht vier Tiere erblickte, die vier Reiche bedeuten, deren viertes von einem Könige überwunden ward, in dem man den Antichrist erkennt, und wie er sodann das ewige Reich des Menschensohnes, nämlich Christi, erblickt. Dann fährt er fort: «Da erschauderte mein Geist – ich, Daniel – in meinem Leibe, und die Gesichte meines Hauptes verwirrten mich. Und ich ging zu einem derer, die dastanden, daß er mir von alledem zuverlässigen Bericht gäbe, und er gab ihn mir.» Darauf teilt er mit, was er von dem so Befragten vernommen, und spricht, gewissermaßen dessen Worte wiedergebend: «Diese vier großen Tiere sind vier Reiche, die sich auf Erden erheben werden. Aber sie werden verschwinden, und die Heiligen des Höchsten werden das Reich empfangen und es immer und ewiglich besitzen. Und ich forschte», hören wir weiter, «vor allem nach dem vierten Tier, welches ganz anders war als die übrigen, viel schrecklicher, das eiserne Zähne und eherne Klauen hatte, fraß und zermalmte und, was übrigblieb, mit Füßen zertrat, und nach den zehn Hörnern auf seinem Haupte und dem andern Horn, das hervorbrach und drei frühere wegriß, das Augen hatte und ein Maul, das große Dinge redete und größer anzusehen war als die anderen. Und ich sah, wie dies Horn Krieg führte mit den Heiligen und sie überwand, bis der Uralte kam und das Reich den Heiligen des Höchsten gab und die Zeit herbeikam, da die Heiligen das Reich erlangten.» Hiernach, sagt Daniel, habe er gefragt, und sogleich fügt er die Antwort bei, die er vernahm: «Und er sprach» – also der von ihm Befragte erwiderte und sprach –: «Das vierte Tier wird das vierte Reich auf Erden sein, stärker als alle anderen Reiche, und wird alle Länder fressen, zertreten und verderben. Und seine zehn Hörner sind zehn Könige, die aus ihm aufstehen werden. Nach ihnen aber wird ein anderer aufstehen, viel böser als alle, die vor ihm waren. Er wird drei Könige demütigen und seinen Mund auftun wider den Höchsten und die Heiligen des Höchsten niedertreten und sich vornehmen, Zeiten und Gesetz zu ändern. Und die Macht wird in seine Hand gegeben eine Zeit und Zeiten und eine halbe Zeit. Dann wird das Gericht thronen, und man wird seine Herrschaft wegnehmen, sie auszurotten und gänzlich zu vernichten. Aber das Reich, die Gewalt und Größe aller Könige, die unter dem Himmel sind, ward den Heiligen des Höchsten gegeben. Und sein Reich ist ein ewiges Reich, und alle Gewalten werden ihm dienen und gehorchen. Das war der Rede Ende. Aber ich, Daniel, ward sehr bestürzt in meinen Gedanken und meine Gestalt verfiel, aber ich bewahrte die Rede in meinem Herzen.» Manche haben diese vier Reiche auf die Reiche der Assyrer, Perser, Mazedonier und Römer bezogen. Wer sich davon zu überzeugen wünscht, wie zutreffend das ist, mag das mit viel Gelehrsamkeit und Fleiß geschriebene Buch des Presbyters Hieronymus über Daniel lesen. Daß jedoch dann von dem gegen die Kirche so grausam wütenden Reich des Antichrists die Rede ist, dem man freilich nur kurze Zeit wird standhalten müssen, bis durch Gottes Letztes Gericht die Heiligen das ewige Reich empfangen, daran kann unmöglich jemand zweifeln, und läse er die angeführte Stelle auch nur im Schlaf. Denn daß die Worte «eine Zeit und Zeiten und eine halbe Zeit» ein Jahr und zwei und ein halbes bedeuten sollen, also im ganzen dreieinhalb Jahre, ergibt sich aus der nachher mitgeteilten Zahl der Tage und wird gelegentlich in der

Schrift auch durch die Monatszahl klargestellt. Das Wort «Zeiten» klingt ja in der lateinischen Sprache unbestimmt, aber es handelt sich im Urtext um eine Dualzahl, wie man sie im Lateinischen nicht kennt, wohl aber im Griechischen und, wie man mir sagt, auch im Hebräischen. So bedeutet also «Zeiten» hier dasselbe wie zwei Zeiten. Ich fürchte jedoch, wie ich gestehen muß, wir könnten uns in betreff der zehn Könige täuschen, die der Antichrist, wenn er kommt, anscheinend als lebende Menschen antreffen soll, und dann würde er vielleicht ganz unvermutet kommen. Denn so viel Könige gibt es im römischen Reiche nicht. Aber wie, wenn mit dieser Zehnzahl die Gesamtheit der Könige vor der Ankunft des Antichrists angezeigt sein sollte? So wird ja bekanntlich häufig auch durch die Zahlen tausend, hundert oder sieben eine Gesamtheit angedeutet, desgleichen noch durch manche andere Zahlen, die ich hier jetzt nicht anzuführen brauche.

An einer anderen Stelle sagt derselbe Daniel: «Es wird eine Zeit der Trübsal kommen, wie sie noch nicht war, seit es Menschen auf Erden gibt, bis auf diese Zeit. Und zur selben Zeit wird dein Volk gerettet werden, alle, die im Buch geschrieben stehen. Und viele, die im Erdhügel schlafen, werden aufstehen, die einen zum ewigen Leben, die anderen zu ewiger Schmach und Schande. Die aber Einsicht hatten, werden leuchten wie des Himmels Klarheit und von den Gerechten viele wie die Sterne immer und ewiglich.» Diese Stelle hat große Ähnlichkeit mit jenem Spruch aus dem Evangelium von der Auferstehung der toten Leiber. Denn die, von denen es dort hieß, daß sie «in den Gräbern» sind, heißen hier die «im Erdhügel», oder wie andere übersetzen, «im Erdenstaub Schlafenden», war dort von einem «Hervorgehen», so ist hier von einem «Aufstehen» die Rede, und hörten wir dort: «Welche Gutes getan haben, zur Auferstehung des Lebens, die aber Böses getan haben, zur Auferstehung des Gerichts», so hier: «Die einen zum ewigen Leben, die anderen zu ewiger Schmach und Schande.» Darin aber darf man keinen Widerspruch finden, daß, während es dort heißt: «Alle, die in den Gräbern sind», hier der Prophet nicht von allen, sondern vielen spricht, die im Erdhügel schlafen. Denn die Schrift gebraucht bisweilen das Wort «viele» im Sinn von «alle». So ward beispielsweise von Abraham gesagt: «Ich habe dich zum Vater vieler Völker gemacht», während wir an anderer Stelle lesen: «Durch deinen Samen sollen alle Völker auf Erden gesegnet werden.» Von dieser Auferstehung wird auch dem Propheten Daniel persönlich bald darauffolgendes Verheißungswort gesagt: «Komm du und ruhe! Denn es vergehen noch manche Tage, bis die Vollendung sich erfüllt, du aber wirst ruhen und auferstehen zu deinem Erbteil am Ende der Tage.»

24. Die Psalmen über das Weltende und das Jüngste Gericht

In den Psalmen ist vom Jüngsten Gericht häufig die Rede, aber meist wird es nur im Vorübergehen kurz berührt. Doch will ich auf keinen Fall stillschweigend übergehen, was in ihnen mit klaren Worten vom Ende dieser Welt gesagt wird. «Du hast im Anbeginn die Erde gegründet, Herr, und die Himmel sind deiner Hände Werk. Sie werden vergehen, du aber bleibst. Sie werden alle veralten wie ein Gewand, und wie ein Kleid wirst du sie wechseln, sie aber müssen sich wechseln lassen. Doch du bleibst immer derselbe, und deine Jahre nehmen kein Ende.» Wie kann da Porphyrius, der doch die Frömmigkeit der Hebräer rühmt, weil sie, wie er sagt, den großen, wahren und selbst für göttliche Wesen schrecklichen Gott verehren, den Christen größte Torheit zum Vorwurf machen und sich dabei sogar auf göttliche Orakelsprüche berufen, weil sie den Untergang dieser Welt lehren? Sieh, in den frommen Schriften der Hebräer wird der Gott, vor dem nach dem Geständnis des großen Philosophen selbst die göttlichen Wesen erzittern, mit den Worten angeredet: «Deiner Hände Werk sind die Himmel, und sie werden vergehen.» Wenn die Himmel vergehen werden, sollte dann nicht auch die Welt, deren oberster und festester Teil die Himmel sind, vergehen? Wenn diese Ansicht dem Jupiter nicht gefällt, dessen Orakel mit seinem angeblich gewichtigeren Ansehen, wie dieser Philosoph schreibt, die Christen als leichtgläubig ausschilt, warum schilt er dann nicht ebenso die Weisheit der Hebräer töricht, in deren frommen Büchern sich dasselbe findet? Wenn aber in jener Weisheit, die dem Porphyrius so gut gefällt, daß er sie sogar von Götterstimmen preisen läßt, die Lehre verkündet wird, daß die Himmel vergehen werden, wie nichtsnutzig ist es doch dann, so zu tun, als ob man am Glauben der Christen unter anderem oder vielmehr vor anderem verabscheue, daß hier der bevorstehende Untergang der Welt angenommen wird, die doch auch untergehen muß, weil sonst die Himmel nicht untergehen könnten! Nun liest man gewiß in den heiligen Schriften, die uns allein und nicht auch den Hebräern angehören, das ist in den evangelischen und apostolischen Büchern: «Die Gestalt dieser Welt geht vorüber», desgleichen: «Die Welt geht dahin», ferner: «Himmel und Erde werden dahingehen.» Aber ich denke doch, dies «geht vorüber», «geht dahin», «werden dahingehen» klingt weniger schroff, als wenn es heißt: «Sie werden vergehen.» Und auch im Briefe des Apostels Petrus, wo davon die Rede ist, daß die einstige Welt in Wasserfluten verging, wird deutlich genug zu verstehen gegeben, an welchen Teil der Gesamtwelt hier gedacht und inwieweit er vergangen ist, und welche Himmel gemeint sind, die erneuert wurden, um für das Feuer am Tage des Gerichts und des Untergangs der Gottlosen aufbewahrt zu werden. Und wenn es dann bald darauf weiter heißt: «Kommen wird der Tag des Herrn wie ein Dieb, und die Himmel werden zergehen mit großem Krachen, die Elemente aber vor Hitze zerschmelzen und die Erde und die Werke, die darauf sind, verbrennen», worauf fortgefahren wird: «Wenn nun dies alles vergeht, wie heilig muß dann euer Wandel sein», so kann man unter jenen Himmeln, die vergehen, doch nur die verstehen, die erneuert und zum Feuer aufbewahrt werden sollten, und unter den von der Glut verzehrten Elementen nur die, welche diesen untersten sturmbewegten, unruhigen Teil der Welt bilden, zu dem auch die erneuerten Himmel gehören. Dagegen bleiben die höheren Himmel, an deren Gewölbe die Sterne befestigt sind, davon unberührt. Denn auch jenes Schriftwort, welches besagt, «die Sterne werden vom Himmel fallen», das freilich höchst wahrscheinlich nicht wörtlich aufzufassen ist, beweist doch eher, daß diese Himmel bestehen bleiben werden, falls tatsächlich die Sterne von ihnen herabfallen sollten. Doch ist diese Stelle wohl entweder, und das scheint am glaubhaftesten, bildlich zu verstehen, oder es wird sich das an unserem unteren Himmel zutragen, freilich auf wunderbarere Weise, als wir es jetzt kennen. Man denkt hier an den Vergilschen Stern, der «Hell aufleuchtend den Feuerschweif zog über den Himmel», um dann im Idäischen Walde zu verschwinden. Das angeführte Psalmwort dagegen scheint überhaupt keinen Himmel überzulassen, der nicht vergehen würde. Denn wenn es da heißt: «Die Himmel sind deiner Hände Werk; sie werden vergehen», so wird keiner von ihnen vom Werke Gottes und ebenso auch keiner von ihnen vom Untergang ausgenommen. Man wird sich's doch nicht einfallen lassen, durch Hinweis auf die Redeweise des verhaßten Apostels Petrus die von göttlichen Orakelsprüchen anerkannte Frömmigkeit der Hebräer zu verteidigen und, um nicht glauben zu müssen, die ganze Welt werde vergehen, bei dem Worte: «Sie werden vergehen» statt an das Ganze nur an einen Teil zu denken. Dann würde nämlich auch hier vom Vergehen nur der unteren Himmel die Rede sein, ebenso wie in jenem apostolischen Briefe, in dem es heißt, die Welt sei durch die Sündflut vernichtet, das Ganze für den Teil gesetzt wird, und der Sinn ist, daß nur ihr unterer Teil mit seinen Himmeln vergehen wird. Doch das wird man sich, wie gesagt, nicht einfallen lassen, denn sonst müßte man die Ansicht des Apostels Petrus gutheißen und zugeben, daß der letzte Weltbrand die gleiche Vernichtung bewirken werde wie einst nach unserer Annahme die Sündflut. Aber sie streiten ja dafür, daß das ganze Menschengeschlecht weder durch Feuer noch durch Wasser zugrunde gehen könne. Dann bleibt ihnen nichts anderes übrig als zuzugeben, daß ihre Götter nur darum die Weisheit der Hebräer rühmen konnten, weil sie diesen Psalm nicht gelesen haben.

Auch im fünfzigsten Psalm liest man ein Wort, das vom Jüngsten Gerichte Gottes zu verstehen ist: «Sichtbar wird er kommen, unser Gott, und nicht schweigen. Loderndes Feuer ist vor ihm und um ihn her gewaltiges Brausen. Herbeirufen wird er den Himmel nach oben und die Erde, sein Volk zu scheiden. Sammelt ihm seine Gerechten, die den Bund mit ihm machen über Opfern.» Dies deuten wir auf den Herrn Jesus Christus, der, wie wir erwarten, vom Himmel kommen wird, die Lebenden und Toten zu richten. Denn sichtbar wird er kommen, gerecht zu richten zwischen Gerechten und Ungerechten, der früher verborgen kam, um von Ungerechten ungerecht gerichtet zu werden. Er also ist es, der sichtbar kommen und nicht schweigen, das ist mit klarem Richterspruch hervortreten wird, während er früher, als er verborgen kam, vor dem Richter schwieg, da er «wie ein Lamm zur Schlachtbank geführt ward und wie ein Schaf, das verstummt vor seinem Scherer», wie wir es beim Propheten Jesaja geweissagt lesen und im Evangelium erfüllt sehen. Was aber unter dem Feuer und Sturmwind zu verstehen ist, sagten wir schon, als bei Behandlung der Weissagung Jesajas etwas Ähnliches zu besprechen war. Wenn es aber heißt: «Herbeirufen wird er den Himmel nach oben», so hat dies dasselbe zu bedeuten wie die Worte des Apostels: «Zugleich mit ihnen werden wir entrückt werden mit den Wolken Christus entgegen in die Luft», denn die Heiligen und Gerechten werden mit gutem Grund «Himmel» genannt. Denn wie könnte man im wörtlichen Verstand den Himmel nach oben rufen, der doch nirgendwo anders sein kann als oben? Wenn aber die Fortsetzung lautet: «Und die Erde, sein Volk zu scheiden», so kann man allenfalls ergänzen: Er wird auch die Erde herbeirufen, aber ohne den Schluß «nach oben». Das würde, rechtgläubig ausgelegt, den Sinn ergeben, daß unter «Himmel» diejenigen zu verstehen wären, die mit ihm Gericht halten werden, und unter «Erde» diejenigen, die gerichtet werden sollen, und dann würde das Wort: «Er wird herbeirufen den Himmel nach oben» nicht zu bedeuten haben: «Er wird sie in die Luft entrücken», sondern: Er wird sie auf Richterstühle setzen. Jenes Wort: «Er wird die Himmel herbeirufen nach oben» kann aber auch den Sinn haben: Er wird die Engel an ihren hohen und erhabenen Stätten herbeirufen und mit ihnen herabsteigen, Gericht zu halten, und er wird auch die Erde herbeirufen, nämlich die Menschen auf Erden, die gerichtet werden sollen. Oder aber man kann zu den Worten «und die Erde» beides ergänzen, nämlich sowohl «er wird herbeirufen» als auch «nach oben». Dann heißt es also: Er wird den Himmel herbeirufen nach oben und auch die Erde herbeirufen nach oben, und als beste Deutung würde sich, meine ich, ergeben, daß hier an alle zu denken ist, die Christus entgegen in die Luft entrückt werden, und die nun Himmel genannt werden wegen ihrer Seelen und Erde wegen ihrer Leiber. «Sein Volk zu scheiden» sodann, was kann es anders heißen, als durch das Gericht die Guten von den Bösen zu sondern wie die Schafe von den Böcken? Weiterhin wendet sich die Rede an die Engel: «Sammelt ihm seine Gerechten», denn durch den Dienst der Engel soll dies große Werk vollbracht werden. Fragt man aber, was für Gerechte die Engel ihm sammeln sollen, so hören wir: «Die den Bund mit ihm machen über Opfern.» Darin besteht das ganze Leben der Gerechten, den Bund mit Gott zu machen über Opfern. Denn entweder sind die Werke der Barmherzigkeit «über Opfern», also den Opfern vorzuziehen, gemäß jenem Gotteswort: «Barmherzigkeit ist mir lieber als Opfer», oder aber wenn «über Opfern» dasselbe bedeuten soll wie «beim Opfer», wie man ja auch von dem, was sich über dem Festlande abspielt, sagt, daß es sich auf ihm abspiele, dann sind die Werke der Barmherzigkeit selbst das Opfer, wodurch man Gott gefällt. Das habe ich, wie ich mich erinnere, schon im zehnten Buche dieses Werkes dargelegt. Durch solche Werke machen die Gerechten einen Bund mit Gott, denn sie vollbringen sie im Hinblick auf die Verheißungen, die im Neuen Bunde mit Gott enthalten sind. So wird denn Christus, wenn seine Gerechten um ihn gesammelt und zu seiner Rechten gestellt sind, am Jüngsten Gericht sagen: «Kommt her, ihr Gesegneten meines Vaters, ererbet das Reich, das euch bereitet ist vom Anbeginn der Welt. Denn ich bin hungrig gewesen, und ihr habt mich gespeist», und wie es weiterhin von den guten Werken der Guten und ihrem ewigen Lohn beim letzten Urteilsspruch des Richters heißt.

25. *Maleachi über das Jüngste Gericht*

Der Prophet Malachiel oder Maleachi, der auch Engel (Bote) heißt und von manchen für den Priester Esra gehalten wird, von dem noch weitere in den Kanon aufgenommene Schriften herrühren – das ist nach Hieronymus wenigstens die Ansicht der Hebräer –, weissagt vom Jüngsten Gericht mit folgenden Worten: «Siehe, er kommt, spricht der Herr, der Allmächtige, und wer wird den Tag seiner Ankunft aushalten, oder wer es ertragen können, ihn zu schauen? Denn er kommt daher wie das Feuer des Schmelzofens und wie das Kraut der Wäscher. Er wird sitzen wie einer, der Silber und Gold schmelzt und reinigt, und wird reinigen die Söhne Levis und sie läutern wie Gold und Silber. Dann werden sie dem Herrn Opfer darbringen in Gerechtigkeit, und der Herr wird Wohlgefallen haben an dem Opfer Judas und Jerusalems wie in den alten Tagen und wie in früheren Jahren. Und ich will zu euch kommen im Gericht und ein rascher Zeuge sein wider die Zauberer und wider die Ehebrecher und wider die, welche in meinem Namen falsch schwören und die Tagelöhner um ihren Lohn betrügen und die Witwen mit Gewalt unterdrücken und die Waisen hintergehen und das Recht des Fremdlings verkehren, und die mich nicht fürchten, spricht der Herr, der Allmächtige. Denn ich bin der Herr, euer Gott, und wandle mich nicht.» Aus diesen Worten scheint klar hervorzugehen, daß es bei jenem Gericht für manche auch reinigende Strafen geben wird. Man höre nur: «Wer wird den Tag seiner Ankunft aushalten, oder wer es ertragen können, ihn zu schauen? Denn er kommt daher wie das Feuer des Schmelzofens und wie das Kraut der Wäscher. Er wird sitzen wie einer, der Silber und Gold schmelzt und reinigt, und wird reinigen die Söhne Levis und sie läutern wie Gold und Silber.» Wie soll man das anders verstehen? Etwas Ähnliches sagt ja auch Jesaja: «Abwaschen wird der Herr den Schmutz der Söhne und Töchter Zions und die Blutschuld austilgen aus ihrer Mitte durch den Geist des Gerichts und den Geist des Feuers.» Nun könnte man allenfalls sagen, daß sie dadurch gewissermaßen von Schmutz gereinigt und geläutert werden, daß die Bösen von ihnen durch das Strafgericht ausscheiden; dann wäre die Aussonderung und Verdammnis jener die Reinigung dieser, weil sie nun ohne Vermischung mit solchen Menschen leben würden. Aber mit den Worten: «Und er wird reinigen die Söhne Levis und sie läutern wie Gold und Silber.

Dann werden sie dem Herrn Opfer darbringen in Gerechtigkeit, und der Herr wird Wohlgefallen haben an dem Opfer Judas und Jerusalems» weist er doch ausdrücklich auf die hin, welche gereinigt werden sollen, um fortan durch Opfer der Gerechtigkeit dem Herrn wohlgefällig zu sein, die also selber von ihrer Ungerechtigkeit gereinigt werden sollen, in der sie dem Herrn bisher mißfielen. Die Opfer aber, die sie nun in lauterer und vollkommener Gerechtigkeit nach ihrer Reinigung darbringen werden, das sind sie selbst. Denn was könnten sie Gott Angenehmeres darbringen als sich selbst? Doch muß die sorgfältigere Erörterung der Frage nach den reinigenden Strafen auf eine andere Zeit verschoben werden. Unter den Söhnen Levis aber und unter Juda und Jerusalem müssen wir die Kirche Gottes selber verstehen, die nicht nur aus den Hebräern, sondern auch aus den anderen Völkern gesammelt ist, aber nicht so wie jetzt, da das Wort gilt: «Wenn wir sagen, wir haben keine Sünde, verführen wir uns selbst, und die Wahrheit ist nicht in uns», sondern wie sie dann sein wird. Denn dann wird sie, wie das Getreide auf der Tenne durch Worfeln, durch das Jüngste Gericht gereinigt werden und auch die, denen es not tut, werden durchs Feuer gereinigt sein, so daß nun keiner mehr ist, der noch ein Opfer für seine Sünden darbringen müßte. Denn alle, die solch ein Opfer darbringen, sind ja noch in Sünden, für deren Nachlaß sie opfern. Aber wenn sie es zu Gottes Wohlgefallen dargebracht haben, werden ihnen die Sünden vergeben sein.

26. Fortsetzung

Da nun Gott deutlich machen wollte, daß sein Staat solchen Brauch dann nicht mehr nötig haben wird, sprach er, die Söhne Levis würden ihm Opfer darbringen in Gerechtigkeit, also nicht mehr in Sünde und folglich auch nicht für Sünde.

Daraus ist zu ersehen, daß die Juden die anschließenden Worte: «Und der Herr wird Wohlgefallen haben an den Opfern Judas und Jerusalems wie in den alten Tagen und wie in früheren Jahren» falsch verstehen, wenn sie sich auf die Wiederkehr der alten Zeiten mit ihren Opfern nach dem Gesetz des Alten Bundes Hoffnung machen. Denn damals brachten sie nicht in Gerechtigkeit, sondern in Sünden ihre Opfer dar, da sie vornehmlich und zuerst für ihre Sünden opferten und sogar der Priester selbst, von dem man doch annehmen muß, daß er gerechter war als die anderen, nach Gottes Vorschrift zuerst für seine eigenen Sünden zu opfern pflegte, danach erst für die des Volkes. Wir müssen uns also um die rechte Erklärung der Worte: «Wie in den alten Tagen und wie in früheren Jahren» bemühen. Sollte hier nicht an jene Zeit gedacht sein, die die ersten Menschen im Paradiese verlebten? Damals brachten sie ja rein und unberührt von allem Schmutz und Fehl der Sünde sich selbst Gott als die heiligsten Opfer dar. Seitdem sie aber zur Strafe ihres Ungehorsams von dort verstoßen waren und in ihnen die menschliche Natur verdammt worden war, gab es außer dem einen Mittler und den kleinen Kindern nach dem Bade der Wiedergeburt, wie geschrieben steht, «keinen, der rein wäre von Schmutz, nicht einmal ein Kind, dessen Leben auf Erden nicht länger währt als einen Tag». Nun könnte man erwidern, auch diejenigen brächten ihre Opfer in Gerechtigkeit dar, die sie im Glauben darbringen – denn «der Gerechte lebt aus Glauben»; doch wäre es Selbstbetrug, wollte er sagen, er habe keine Sünde, und gerade weil er aus Glauben lebt, wird er das nicht sagen –, doch unmöglich kann jemand diese Zeit des Glaubens jener Endzeit an die Seite stellen, da durch das Feuer des Jüngsten Gerichts diejenigen gereinigt werden, die nun ihre Opfer in Gerechtigkeit darbringen. Da man glauben muß, daß die Gerechten nach dieser Reinigung keinerlei Sünde mehr haben werden, kann man diese Zeit, was

Reinheit von Sünden anlangt, sicherlich keiner anderen vergleichen außer der, in welcher die ersten Menschen im Paradiese vor dem Fall in unschuldigstem Glücke lebten. An diese Zeit also ist, wie man annehmen muß, bei den Worten: «Wie in den alten Tagen und wie in früheren Jahren» zu denken. Sagt doch auch Jesaja, nachdem er einen neuen Himmel und eine neue Erde verheißen, neben anderen Aussprüchen, in denen er in Bilder- und Rätselrede die Glückseligkeit der Heiligen beschreibt – eine entsprechende Auslegung würde zu viel Zeit erfordern –: «Den Tagen des Lebensbaumes werden gleich sein die Tage meines Volkes.» Wer aber, der die heiligen Schriften auch nur ein wenig kennt, weiß nicht, wo Gott den Lebensbaum pflanzte, dessen Frucht er den Menschen verwehrte, nachdem ihre Sünde sie aus seinem Paradiese vertrieben, und den er mit einer feurigen und schrecklichen Wache umstellte?

Doch vielleicht behauptet jemand demgegenüber, mit jenen Tagen des Lebensbaums, die der Prophet Jesaja erwähnte, seien die Tage gemeint, die die Kirche Christi jetzt verlebt, und Christus selbst werde hier prophetisch als Lebensbaum bezeichnet, weil er die Weisheit Gottes ist, von der Salomo spricht: «Sie ist ein Baum des Lebens allen, die sie ergreifen», ferner, jene ersten Menschen hätten nicht mehrere Jahre im Paradiese zugebracht, aus dem sie so rasch vertrieben wurden, daß sie dort kein Kind erzeugten, und darum könne mit den Worten: «Wie in den alten Tagen und wie in früheren Jahren» jene Zeit nicht gemeint sein. Nun, so will ich die Erörterung dieser Frage hier beiseite lassen, um nicht, was zu umständlich wäre, vielerlei Möglichkeiten durchprüfen zu müssen und schließlich eine als wahr zu erweisen. Denn ich sehe noch einen anderen Sinn der Worte, der uns ebenfalls der Nötigung überhebt, jene alten Tage und früheren Jahre der fleischlichen Opfer für eine große durch den Propheten uns verheißene Gottesgabe zu halten. Die dargebrachten Opfertiere des alten Gesetzes, einerlei um was für Vieh es sich handelte, mußten unbefleckt und ohne jeden Fehler sein und deuteten damit auf heilige Menschen hin, so wie einzig und allein Christus erfunden ward, ohne irgendwelche Sünde. Nun wird aber nach dem Gericht, das alle Menschen durch Feuer reinigen soll, die dieser Reinigung wert sind, an keinen Heiligen irgendeine Sünde gefunden werden, so daß sie sich nunmehr in Gerechtigkeit selbst zum Opfer bringen. Sie sind dann solch gänzlich unbefleckte, von jedem Fehl freie Opfer, wie es sie gab in den alten Tagen und früheren Jahren, als in Abschattung dieses künftigen Daseins ganz reine Opfertiere dargebracht wurden. Denn die Reinheit, die damals in den Leibern der Opfertiere vorgebildet ward, wird nun an dem unsterblichen Fleisch und Geist der Heiligen zutage treten.

Sodann spricht Gott weiter mit Bezug auf die, welche nicht der Reinigung, sondern der Verdammnis wert sind: «Ich will zu euch kommen im Gericht und ein rascher Zeuge sein wider die Zauberer und wider die Ehebrecher» und so fort, und beschließt die Aufzählung verdammlicher Straftaten mit den Worten: «Denn ich bin der Herr, euer Gott, und wandele mich nicht.» Es ist, wie wenn er sagte: Während ihr durch eure Schuld zum Schlechteren und durch meine Gnade zum Besseren umgewandelt werdet, wandele ich mich nicht. Ein Zeuge werde er sein, sagt er, weil er bei seinem Gericht keiner Zeugen bedarf, ein rascher Zeuge aber, entweder weil er plötzlich kommen und das Gericht infolge seiner unvermuteten Ankunft nicht säumig, wie es schien, sondern sehr rasch eintreten wird, oder aber, weil er die Gewissen ohne langes Hin- und Herreden überführen wird. Denn es ist wie geschrieben steht: «In den Gedanken des Gottlosen findet die Befragung statt», und wie der Apostel sagt: «Die Gedanken verklagen oder entschuldigen sich am Tage, da Gott das Verborgene der

Menschen richten wird nach meinem Evangelium durch Jesus Christus.» Also wird Gott auch insofern ein rascher Zeuge sein, als er ohne Verzug alles ins Gedächtnis zurückrufen wird, was dazu dient, das Gewissen zu überführen und zu strafen.

27. *Ein anderes auf das Endgericht hinweisendes Wort des Propheten*

Auch jene Stelle, die ich in anderem Zusammenhange bereits im achtzehnten Buche anführte, bezieht sich auf das Jüngste Gericht. Da heißt es: «Sie sollen, spricht der allmächtige Herr, am Tage, den ich machen will, mein Eigentum sein, und ich will sie auswählen, wie ein Mann seinen Sohn auswählt, der ihm dient, und mich zu ihnen kehren, und ihr sollt sehen, was für ein Unterschied ist zwischen dem Gerechten und dem Gottlosen und zwischen dem, der Gott dient, und dem, der ihm nicht dient. Denn siehe, es kommt ein Tag, brennend wie ein Ofen, der wird sie verzehren, da werden alle Fremdlinge und alle, die Unrecht tun, Stoppeln sein, und der kommende Tag wird sie in Brand setzen, spricht der allmächtige Herr, und weder Wurzel noch Zweig wird übrigbleiben von ihnen. Euch aber, die ihr meinen Namen fürchtet, soll aufgehen die Sonne der Gerechtigkeit, und Heil wird sein unter ihren Flügeln, und ihr werdet ausgehen und hüpfen wie Kälber, denen man die Fesseln abgenommen hat, und werdet die Gottlosen zertreten, und sie sollen Asche sein unter euren Füßen, spricht der allmächtige Herr.» Wenn dereinst durch Gewährung von Lohn und Verhängung von Strafe die Kluft zwischen Gerechten und Ungerechten, die man unter der irdischen Sonne in der Eitelkeit dieses Lebens nicht wahrnimmt, unter jener Sonne der Gerechtigkeit beim Offenbarwerden jenes Lebens zutage treten wird, dann fürwahr findet das Gericht statt, desgleichen noch niemals war.

28. Nicht auf Erden, sondern im Endgericht empfangen Gute und Böse ihren Lohn

Wenn nun derselbe Prophet fortfährt: «Gedenket des Gesetzes meines Knechtes Moses, das ich ihm befohlen habe auf dem Berge Horeb an das ganze Israel», nachdem er soeben auf die künftige große Scheidung zwischen den Erfüllern und Verächtern des Gesetzes hingewiesen, so ist das an dieser Stelle ein sehr angebrachter Hinweis auf Gottes Vorschriften und Satzungen und zugleich eine Mahnung, man möge das Gesetz geistig zu deuten und in ihm Christus zu finden lernen, der als Richter jene Trennung der Guten von den Bösen vollziehen wird. Denn nicht umsonst sagt der Herr zu den Juden: «Wenn ihr Moses glaubtet, so glaubtet ihr auch mir, denn er hat von mir geschrieben.» Denn da sie das Gesetz fleischlich verstanden und nicht begriffen, daß seine irdischen Verheißungen Sinnbilder himmlischer Dinge sind, brachen sie in solches Murren aus, daß sie sich erfrechten zu sagen: «Ein Narr, wer Gott dient! Was nützt es, daß wir seine Gebote hielten und demütig wandelten vor dem Angesicht des allmächtigen Herrn? Nun preisen wir selig die Gott Entfremdeten, und wohl bekommt es allen, die Unrecht tun.» Durch dergleichen Reden sah sich der Prophet gewissermaßen genötigt, das Jüngste Gericht vorherzusagen, bei dem die Bösen auch nicht dem Scheine nach selig sind, sondern vor aller Augen jämmerlich dastehen, während die Guten unter keinem zeitlichen Elend mehr seufzen, sondern helleuchtende, ewige Glückseligkeit genießen. Schon vorher hatte ja der Prophet ähnliche schlimme Reden angeführt. Da hieß es: «Wer Böses tut, gefällt dem Herrn, und an solchen hat er seine Lust.» Zu diesem Murren wider Gott kamen sie, wie gesagt, dadurch, daß sie das Gesetz des Moses fleischlich auffaßten. So gesteht ja auch der Sänger des dreiundsiebzigsten Psalms, seine Füße wären beinah gestrauchelt und seine Tritte ausgeglitten, daß er fast zu Fall gekommen wäre, weil seine Eifersucht erwachte beim Anblick des Wohlergehens der Gottlosen, und ihm Worte in den Mund gab wie diese: «Weiß Gott das, und kümmert sich der Höchste darum?» oder auch: «Ist es denn umsonst, daß ich mein Herz rein erhielt und meine Hände in Unschuld wusch?» Um diese schwierige Frage, die sich aus dem anscheinenden Elend der Guten und Glück der Bösen erhebt, zu lösen, spricht er weiter: «Damit plage ich mich nun, bis ich eingehe in Gottes Heiligtum und daran denke, was das Letzte ist.» Beim Letzten Gericht wird es ja nicht sein wie jetzt, sondern im offenbaren Elend der Gottlosen und offenbaren Glück der Gerechten etwas ganz anderes zutage treten.

29. Die Aufgabe des Elias vor dem Jüngsten Gericht

Nach jener Mahnung, des Mosesgesetzes zu gedenken, fügte er alsbald, da er voraussah, sie würden es noch lange Zeit nicht, wie sich's gehört, geistlich verstehen, folgende Worte hinzu: «Siehe, ich will euch senden Elias, den Thisbiter, ehe denn der große und herrliche Tag des Herrn kommt. Der soll das Herz des Vaters hinkehren zum Sohne und das Herz des Menschen zu seinem Nächsten, daß ich nicht komme und die Erde vollends zerschlage.» Daß die Juden in der letzten Zeit vor dem Gericht, nachdem ihnen Elias, der große und wunderbare Prophet, das Gesetz ausgelegt, an den wahren, das ist unsern Christus glauben werden, davon legen überall die Reden und Herzen der Gläubigen Zeugnis ab. Denn daß er vor der Ankunft des Heilandes zum Gericht kommen wird, darauf hofft man mit ebenso gutem Grunde, wie man mit gutem Grunde glaubt, daß er jetzt noch lebt. Denn im feurigen Wagen ward er der Erde entrückt, wie die Heilige Schrift unzweideutig bezeugt. Wenn er also kommt und das Gesetz geistlich auslegt, das die

Juden jetzt fleischlich verstehen, wird er «das Herz des Vaters hinkehren zum Sohne», gemeint ist: Das Herz der Väter zu den Söhnen – denn die siebzig Dolmetscher setzten für die Mehrzahl die Einzahl. Der Sinn aber ist: Auch die Söhne, also die Juden, sollen das Gesetz so verstehen wie die Väter, nämlich die Propheten, deren einer Moses selber war. Denn dann wird das Herz der Väter sich hinkehren zu den Söhnen, wenn das Verständnis der Väter auch den Söhnen zum Verständnis gebracht wird, und «das Herz der Söhne zu ihren Vätern», wenn auch sie dem zustimmen, was diese gedacht. Statt dessen übersetzten die Siebzig: «Und das Herz des Menschen zu seinem Nächsten», denn Väter und Söhne sind sich ja die allernächsten. Doch kann man in den Worten der siebzig Dolmetscher, die ja prophetisch übersetzten, auch einen anderen, noch vortrefflicheren Sinn finden, nämlich, Elias werde das Herz Gottes, des Vaters, seinem Sohne zukehren, natürlich nicht indem er bewirkt, daß der Vater den Sohn liebt, sondern indem er darüber belehrt, daß der Vater den Sohn liebt, so daß nun auch die Juden denselben unsern Christus, den sie vorher haßten, lieben. Denn nach Meinung der Juden ist das Herz Gottes jetzt von unserm Christus abgekehrt. Für sie wird sich's also dann so stellen, als kehre sich Gottes Herz seinem Sohne zu, während sie in Wirklichkeit bekehrten Herzens die Liebe des Vaters zum Sohne begreifen lernen. Wenn es dann weiter heißt: «Und das Herz des Menschen zu seinem Nächsten», also Elias wird auch das Herz des Menschen zu seinem Nächsten hinkehren, wie könnte man das besser verstehen als so, daß sich nun das Herz des Menschen dem Menschen Christus zukehren wird? Denn obschon er in göttlicher Gestalt unser Gott ist, hat er sich doch herabgelassen, Knechtsgestalt anzunehmen und unser Nächster zu sein. Das also wird Elias tun. «Daß ich nicht komme», heißt es zum Schluß, «und die Erde vollends zerschlage». Erde sind nämlich, die irdischen Sinn haben, so wie bis jetzt die fleischlich gesinnten Juden, aus deren verkehrtem Herzen jenes Murren wider Gott aufsteigt: «An den Bösen hat er seine Lust» und: «Ein Narr, wer Gott dient!»

30. Der im Alten Testamente angekündigte Weltenrichter ist Christus

Noch viele andere Zeugnisse der göttlichen Schriften vom Jüngsten Gerichte Gottes gibt es, doch würde es zu weit führen, wollte ich sie alle sammeln. Der Nachweis, den wir brachten, daß es sowohl in den neuen als auch den alten heiligen Schriften vorausverkündigt worden ist, mag genügen. Freilich ist in den alten noch nicht wie in den neuen mit voller Klarheit zum Ausdruck gebracht, daß das Gericht durch Christus vollzogen werden, mit andern Worten, daß Christus als Richter vom Himmel kommen wird. Denn wenn da Gott der Herr sagt, er werde kommen, oder wenn gesagt wird, Gott, der Herr, werde kommen, sieht man nicht gleich, daß Christus gemeint ist. Denn Gott der Herr ist Vater, Sohn und Heiliger Geist. So müssen wir auch dafür, daß Christus gemeint ist, Zeugnisse suchen. Zunächst ist also zu zeigen, daß Jesus Christus als Gott der Herr in den prophetischen Büchern redet und doch dabei als Jesus Christus klar erkennbar ist, woraus sich ergibt, daß auch da, wo dies nicht so deutlich wird, aber die Rede davon ist, Gott der Herr werde zum Letzten Gericht kommen, Christus erkannt werden kann. Wir finden eine Stelle im Propheten Jesaja, die das, was ich sagte, unmißverständlich ausspricht. Da sagt Gott nämlich durch den Propheten also: «Höre mich, Jakob, und du Israel, den ich berufe. Ich bin der Erste und bin immerdar. Meine Hand hat den Erdboden gegründet und meine Rechte den Himmel fest gemacht. Ich will sie rufen, und sämtlich werden sie dastehen; alle werden sich versammeln und hören. Wer verkündete ihm das? Da ich dich liebe, habe ich deinen Willen vollstreckt an Babylon und ausgetilgt den Samen der Chaldäer. Ich war's, der sprach, ich, der gerufen hat. Ich habe ihn herbeigeführt und seinen Weg glückhaft gemacht. Tretet zu mir und hört! Nicht im Verborgenen habe ich von Anfang an geredet; als es geschah, war ich dabei. Und nun hat mich Gott der Herr gesandt und sein Geist.» Augenscheinlich ist er selbst es, der hier als Gott der Herr spricht, doch würde man ihn nicht als Jesus Christus erkennen, wäre nicht hinzugefügt: «Und nun hat mich Gott der Herr gesandt und sein Geist.» So spricht er nach seiner Knechtsgestalt und bedient sich bei der Ansage künftigen Geschehens der Zeitform der Vergangenheit, wie man ja auch bei demselben Propheten liest: «Er ward wie ein Lamm zur Schlachtbank geführt.» Auch da heißt es nicht: Er wird geführt werden, sondern Zukünftiges wird mit der Zeitform der Vergangenheit bezeichnet. In dieser Weise drückt sich die Weissagung sehr häufig aus.

Es gibt noch eine andere Stelle, und zwar bei Sacharja, in der dasselbe ganz klar wird, weil es da heißt, daß der Allmächtige den Allmächtigen gesandt habe. Also wer wen? Offenbar Gottvater Gott, den Sohn. Denn da lesen wir: «So spricht der Herr, der Allmächtige: Nach der Verherrlichung sandte er mich zu den Völkern, die euch beraubten. Denn wer euch antastet, tastet gleichsam des Herrn Augapfel an. Siehe, ich erhebe meine Hand über sie, und sie sollen zur Beute werden denen, die ihnen dienten, und ihr sollt erfahren, daß der Herr, der Allmächtige, mich gesandt hat.» Sieh, da sagt der allmächtige Herr, er sei von dem allmächtigen Herrn gesandt. Wer wäre so dreist, hier einen anderen finden zu wollen als Christus, der zu den verlorenen Schafen des Hauses Israel spricht? Denn er spricht im Evangelium: «Ich bin nicht gesandt denn nur zu den verlorenen Schafen von dem Hause Israel.» Er vergleicht sie hier mit dem Augapfel Gottes wegen der ihnen zugewandten überaus zärtlichen Liebe, und zu diesen Schafen gehörten auch die Apostel. Aber nach der Verherrlichung, die, wie bekannt, durch seine Auferstehung erfolgte – denn ehe sie erfolgte, war, wie der Evangelist sagt, Jesus noch nicht verherrlicht –, ward er zu den Völkern gesandt, nämlich in seinen Aposteln, und so das Psalmwort erfüllt: «Du rettest mich aus den Anfeindungen des Volks und machst mich zum Haupt der Heiden.» So sollten die, welche die Israeliten beraubt und welchen die Israeliten gedient hatten, als sie fremden Völkern unterworfen waren, nicht etwa zur Vergeltung in gleicher Weise beraubt, sondern selbst die Beute der Israeliten werden – denn das hatte der Herr den Aposteln versprochen, als er zu ihnen sagte: «Ich will euch zu Menschenfischern machen» und zu einem von ihnen: «Von nun an wirst du Menschen fangen.» Beute also sollten sie werden, aber in gutem Sinn, gleichsam als das jenem Starken, aber noch stärker Gebundenen entrissene Hausgerät.

Wiederum spricht der Herr durch denselben Propheten: «An jenem Tage will ich daran denken, zu vertilgen alle Völker, die wider Jerusalem zu Felde ziehen, und will ausgießen über das Haus Davids und über die Bewohner Jerusalems den Geist der Gnade und des Erbarmens, und sie werden auf mich blicken darum, daß sie mich verspottet haben, und werden über ihn klagen wie über den Teuersten und trauern wie über den einzigen Sohn.» Wem kommt es zu wenn nicht Gott, alle Völker zu vertilgen, die der heiligen Stadt Jerusalem feindlich sind und gegen sie ausziehen, oder, wie andere übersetzt haben, über sie herfallen, um sie sich zu unterwerfen, oder auszugießen über das Haus Davids und die Bewohner dieser Stadt den Geist der Gnade und des Erbarmens? Sicher ist das Gottes Sache, und im Namen Gottes sagt es der Prophet. Dennoch gibt Christus klar zu erkennen, daß er dieser Gott ist, der so Großes und Göttliches vollbringt, da er hinzufügt und sagt:

«Sie werden auf mich blicken darum, daß sie mich verspottet haben, und werden über ihn klagen wie über den Teuersten – oder den Geliebten – und trauern wie über den einzigen Sohn.» Denn es wird die Juden an jenem Tage reuen, und zwar auch die, welche den Geist der Gnade und des Erbarmens empfangen, daß sie Christus in seinem Leiden verspottet haben. Denn wenn sie ihn bei seinem Kommen in Herrlichkeit erblicken, werden sie erkennen, daß es derselbe ist, den sie einstmals in ihren Vorfahren während seiner Niedrigkeit verlachten. Und auch diese ihre Vorfahren selbst, die diese schreckliche Gottlosigkeit begingen, werden auferstehen und ihn sehen, aber nur noch zum Strafgericht, nicht zur Bekehrung. An sie ist also an dieser Stelle nicht zu denken, wo es heißt: «Ich will ausgießen über das Haus Davids und über die Bewohner Jerusalems den Geist der Gnade und des Erbarmens, und sie werden auf mich blicken, darum daß sie mich verspottet haben», sondern an die von ihnen Abstammenden, die zu jener Zeit durch Elias zum Glauben kommen. Aber wie wir zu den Juden sagen: «Ihr habt Christus getötet», obschon ihre Vorfahren das getan haben, werden auch sie darüber trauern, gewissermaßen getan zu haben, was jene taten, von denen sie abstammen. Obwohl sie also, durch Empfang des Geistes der Gnade und des Erbarmens gläubig geworden, nicht mit ihren gottlosen Vorfahren verdammt werden, müssen sie doch trauern, als hätten sie selbst getan, was jene taten. Sie werden also nicht in Schuldbewußtsein trauern, sondern in frommer Liebe. Übrigens hat man die Stelle, die nach den siebzig Dolmetschern lautet: «Sie werden auf mich blicken, darum daß sie mich verspottet haben», aus dem Hebräischen folgendermaßen übersetzt: «Sie werden auf mich blicken, den sie angeheftet haben», wodurch noch unzweideutiger auf den gekreuzigten Christus hingewiesen wird. Doch jene Verhöhnung, von der die Siebzig lieber sprechen wollten, begleitete sein ganzes Leiden. Denn überall hat man ihn verhöhnt, bei der Gefangennahme, Fesselung und Verurteilung, bei der Schmach der Anlegung eines schimpflichen Gewandes, bei der Krönung mit Dornen, bei den Stockschlägen auf sein Haupt, bei der spöttisch anbetenden Kniebeugung und auch dann noch, als er sein Kreuz trug und bereits am Kreuze hing. Wenn wir uns also nicht einer der beiden Übersetzungen anschließen, sondern beide verbinden, so daß von Verspottung und Anheftung zugleich die Rede ist, erkennen wir um so vollständiger, daß hier in Wahrheit das Leiden des Herrn bezeugt ist.

Wenn wir also in den prophetischen Schriften lesen, daß Gott kommen wird, das Jüngste Gericht zu halten, müssen wir dabei eben wegen des Gerichts immer an Christus denken, auch dann, wenn sonst kein kennzeichnendes Merkmal angegeben wird. Denn wenn auch der Vater richtet, so richtet er doch durch die Ankunft des Menschensohnes. So, daß er selbst mit seiner Gegenwart hervorträte, «richtet er ja niemanden, sondern alles Gericht hat er dem Sohn gegeben», der als Mensch erscheinen wird zu richten, wie er einst als Mensch gerichtet ward. Denn wer sonst als er wäre gemeint, wenn Gott beim Propheten Jesaja, Jakob und Israel anredend, aus dessen Samen Christus seinen Leib empfing, also spricht: «Jakob ist mein Kind, ihn nehme ich auf, Israel mein Auserwählter, an ihm hat meine Seele Wohlgefallen. Ich habe ihm meinen Geist gegeben, er wird den Völkern das Gericht verkünden. Er wird nicht laut rufen und nicht ablassen, und seine Stimme wird man draußen nicht hören. Das zerstoßene Rohr wird er nicht zerbrechen und den glimmenden Docht nicht auslöschen, sondern in Wahrheit das Gericht verkünden. Hell strahlen wird er und nicht ermatten, bis er auf Erden das Gericht hält, und auf seinen Namen werden die Völker hoffen.» Im Hebräischen liest man hier nichts von Jakob und Israel, aber wenn es da heißt «mein Knecht», so wollten die siebzig Dolmetscher wohl darauf aufmerksam machen, wie es zu verstehen sei, nämlich als Hinweis auf die Knechtsgestalt, in der der Höchste sich so tief erniedrigte, und so haben sie, um ihn zu kennzeichnen, den Namen des Mannes gewählt, aus dessen Geschlecht diese Knechtsgestalt angenommen ward. Ihm wurde der Heilige Geist verliehen, was nach dem Zeugnis des Evangeliums durch die Erscheinung einer Taube offenbar ward. Er hat den Völkern das Gericht verkündet, indem er es den Völkern, denen es verborgen war, als bevorstehend ankündigte. Sanftmütig, wie er war, hat er nicht laut gerufen, aber gleichwohl nicht abgelassen, die Wahrheit zu bezeugen. Doch draußen ward seine Stimme nicht gehört und wird sie auch jetzt nicht gehört, da die, welche draußen, das ist abgetrennt von seinem Leibe sind, ihm nicht gehorchen. Selbst die Juden, seine Verfolger, die mit einem zerstoßenen Rohr, das nicht mehr aufrecht steht, und mit einem glimmenden Docht, der nicht mehr leuchtet, verglichen werden, hat er nicht zerbrochen, nicht ausgelöscht, sondern ihrer geschont, da er nicht gekommen war, sie zu richten, sondern von ihnen gerichtet zu werden. Gleichwohl hat er in Wahrheit das Gericht verkündet, da er ihnen vorhersagte, wann die Strafe sie treffen würde, wenn sie in ihrer Bosheit verharrten. Hell strahlte auf dem Berge sein Angesicht und auf dem Erdkreis sein Ruhm. Nicht ermattet ist er oder zerbrochen, da er weder persönlich den Verfolgern wich noch in seiner Kirche, so daß sie jemals völlig vernichtet worden wäre. So ist es nicht geschehen und wird auch nicht geschehen, was seine Feinde sagten, auch wohl noch sagen: «Wann wird er sterben und sein Name vergehen? Bis er auf Erden das Gericht hält.» Siehe, so ist das Verborgene offenbar geworden, das wir suchten; denn dies ist das Jüngste Gericht, das er halten wird auf Erden, wenn er vom Himmel herabkommt, er, auf den sich das Schlußwort der angeführten Weissagung bezieht, das bereits in Erfüllung gegangen ist:

«Und auf seinen Namen werden die Völker hoffen.» So möge man denn im Hinblick auf das, was man nicht bestreiten kann, auch das andere glauben, was nur Frechheit bestreitet. Wer hätte es wohl gehofft, was nun auch die, die immer noch nicht an Christus glauben wollen, ebenso wie wir mit Augen sehen, und weswegen sie, da sie es nicht leugnen können, mit den Zähnen knirschen und vor Grimm vergehen? Wer hätte es, sage ich, gehofft, daß die Völker auf Christi Namen hoffen würden, als er gefangengenommen, gefesselt, geschlagen, verspottet, gekreuzigt wurde, als selbst die Jünger die Hoffnung verloren, die sie anfänglich auf ihn setzten? Was damals kaum noch ein einziger Schächer am Kreuze hoffte, hoffen nun die Völker weit und breit und bezeichnen sich, um nicht auf ewig zu sterben, mit eben dem Kreuze, an welchem er starb.

Niemand also kann leugnen oder bezweifeln, daß durch Jesus Christus das Jüngste Gericht, wie es in den heiligen Schriften vorherverkündet ist, abgehalten werden wird, er müßte sonst in schier unglaublicher Verbitterung oder Verblendung diesen Schriften den Glauben verweigern, die ihre Wahrheit doch bereits dem Erdkreis erwiesen haben. Bei diesem Gericht also oder um die Zeit seines Eintretens wird sich das zutragen, wovon wir hier vernommen haben, die Ankunft Elias, des Thisbiters, das Gläubigwerden der Juden, die Verfolgung durch den Antichrist, die Erscheinung Christi zum Gericht, die Auferstehung der Toten, die Scheidung der Guten und Bösen, der Brand und die Erneuerung der Welt. All das wird kommen, man muß es glauben, aber wie und in welcher Reihenfolge, das wird dereinst die Erfahrung besser lehren, als es jetzt der Menschengeist, dem volle Klarheit versagt bleibt, zu erfassen imstande ist. Ich glaube jedoch, daß es in der von mir angegebenen Reihenfolge eintreffen wird.

Nun fehlen an unserm Werk noch zwei Bücher. Sie sollen mit Gottes Hilfe zum Abschluß bringen, was wir in Aussicht

stellten. Das eine wird von der Bestrafung der Bösen, das andere vom Glück der Gerechten handeln. Hier werden vor allen Dingen, soweit Gott Gnade verleiht, die Einwendungen zu widerlegen sein, welche armselige, sich darob weise dünkende Menschen, die die heilsame Speise des Glaubens als verkehrt und lächerlich verachten, wider die göttlichen Weissagungen und Verheißungen ausgeklügelt haben. Wer aber göttlich weise ist, führt für alles, was Menschen unglaublich scheint, aber in den heiligen Schriften enthalten ist, deren Wahrheit bereits auf vielerlei Weise erprobt ward, als stärksten Beweisgrund die Wahrhaftigkeit und Allmacht Gottes an. Denn er ist dessen gewiß, daß Gott in ihnen schlechterdings nicht lügen konnte, wohl aber vollbringen kann, was der Ungläubige für unmöglich hält.

EINUNDZWANZIGSTES BUCH

DIE EWIGKEIT DER HÖLLENSTRAFEN

1. *Zunächst vom Strafgericht der Gottlosen*

Was wird nun geschehen, wenn durch Jesus Christus, unsern Herrn, den Richter der Lebendigen und Toten, die beiden Staaten, der Staat Gottes und der des Teufels, dem gebührenden Ende zugeführt sind? In Beantwortung dieser Frage wollen wir in diesem Buche, soweit Gott Kraft dazu verleiht, mit möglichster Sorgfalt darlegen, welches Strafgericht den Teufel und alle, die zu ihm gehören, treffen wird. Sodann erst soll von der Glückseligkeit der Heiligen die Rede sein. Dieser Reihenfolge möchte ich darum den Vorzug geben, weil es sich in beiden Fällen auch um leibliche Vorgänge handelt und man es für unglaubhafter halten könnte, daß Leiber ewige Qualen überdauern als ohne jeden Schmerz in ewiger Seligkeit fortbestehen. Habe ich also gezeigt, daß solch eine Strafe keineswegs unglaubhaft ist, wird es mir um so leichter fallen, die künftige beschwerdefreie Unsterblichkeit des Leibes der Heiligen glaubhaft zu machen. Diese Reihenfolge läßt sich auch durch göttliche Aussprüche belegen. Bisweilen zwar steht die Seligkeit der Guten voran, wie in jenem Wort: «Die da Gutes getan haben, zur Auferstehung des Lebens, die aber Böses getan haben, zur Auferstehung des Gerichts.» Doch wird sie auch bisweilen nachgestellt, so wenn es heißt: «Des Menschen Sohn wird seine Engel senden, und sie werden sammeln aus seinem Reich alle Ärgernisse und sie in den Feuerofen werfen, da wird sein Heulen und Zähneknirschen. Dann werden die Gerechten leuchten wie die Sonne in ihres Vaters Reich», oder: «Sie werden in die ewige Pein gehen, aber die Gerechten in das ewige Leben.» Ebenso findet sich bei den

Propheten bald diese, bald jene Reihenfolge. Es wäre zu umständlich, es darzutun; wer nachschaut, wird es bestätigt finden. Warum ich also diese Anordnung wählte, habe ich gesagt.

2. Können Leiber im Feuer fortbestehen?

Worauf soll ich wohl hinweisen, um Ungläubige davon zu überzeugen, daß beseelte und lebende Menschenleiber nicht nur niemals der Auflösung durch den Tod verfallen, sondern auch in den Qualen ewiger Flammen fortbestehen können? Sie lehnen ja unsere Berufung auf die Macht des Allmächtigen ab und machen ihre Zustimmung von der Anführung von Beispielen abhängig. Antworten wir ihnen, es gebe doch sicherlich vergängliche, weil sterbliche Lebewesen, die mitten im Feuer leben, oder es finde sich eine Art von Würmern im Wasser heißer Quellen, in die niemand seine Hand tauche, ohne sich zu verbrennen, während jene sich nicht nur darin ohne Schaden aufhalten, sondern außerhalb gar nicht leben können, so wollen sie uns das entweder nicht glauben, wenn wir's ihnen nicht vor Augen führen können, oder wenn wir ihnen durch Augenschein den Beweis liefern oder sie durch zuverlässige Zeugen überführen, behaupten sie immer noch ungläubig, diese Beispiele seien für die hier vorliegende Frage nicht ausreichend. Denn, so sagen sie, diese Geschöpfe leben erstens nicht immerfort, und zweitens leben sie in solcher Hitze ohne Schmerzempfindung, da ihre Natur den betreffenden Elementen angepaßt ist, so daß sie sich in ihnen wohlfühlen und nicht gepeinigt werden –, während es doch noch unglaublicher ist, daß sie sich in solcher Umgebung wohlfühlen, als daß sie darin Pein erdulden. Denn gewiß ist's wunderbar, in Flammen leiden und doch leben, aber noch wunderbarer, in Flammen leben und nicht darunter leiden. Glaubt man aber das eine, warum nicht auch das andere?

3. Muß nicht körperlicher Schmerz zuletzt zum Tode führen?

Aber, so versichern sie, solch einen Leib, der zwar Schmerz empfinden, aber nicht sterben kann, gibt es überhaupt nicht. Wirklich? Woher wissen wir das? Wer kann mit Sicherheit von den Dämonen sagen, ob es nicht auch ein leiblicher Schmerz ist, wenn sie gestehen, daß sie von großen Qualen gepeinigt werden? Antwortet man, es gebe keinen irdischen, also greif- und sichtbaren Leib, oder mit einem Worte gesagt, kein Fleisch, das wohl Schmerz empfinden, aber nicht sterben könne, so sagt man nichts anderes, als was die Menschen durch Sinneswahrnehmung und äußere Erfahrung festgestellt zu haben glauben. Denn sie wissen von keinem Fleisch, das nicht sterblich wäre, und ihre ganze Weisheit ist die: Was sie nicht erfahren haben, meinen sie, könne auch nicht existieren. Wie aber kann man vernünftigerweise den Schmerz zu einem Beweisgrund für das Sterben machen, da er doch vielmehr ein Anzeichen des Lebens ist? Denn wenn wir uns auch fragen, ob das Leben immer fortdauern kann, ist es doch gewiß, daß alles, was Schmerz empfindet, lebt, und daß Schmerz nur in einem lebenden Wesen vorkommen kann. So ist es zwar notwendig, daß, wer Schmerz fühlt, auch lebt, nicht aber, daß Schmerz tötet. Denn nicht einmal diese unsere sterblichen und darum dem Tode verfallenen Leiber tötet jeder Schmerz, und wenn es schon einen Schmerz gibt, der sie töten kann, so ist der Grund der, daß die Seele in der Art mit unserm Leibe verbunden ist, daß sie dem höchsten Schmerz weichen und dann entweichen muß. Denn das Gefüge der Glieder und belebten Körperteile ist so schwach, daß es einen Angriff, welcher großen oder äußersten Schmerz verursacht, nicht aushalten kann. Dereinst aber wird die Seele mit solch einem Leibe und auf solche Weise verknüpft sein, daß das Band durch keine noch so lange Zeitdauer aufgelöst und ebenso auch durch keinen

Schmerz zerrissen werden kann. Mag es darum auch jetzt kein Fleisch geben, das schmerzempfindlich ist, aber nicht sterben kann, so wird doch dereinst das Fleisch ganz anders sein als jetzt, wie ja auch der Tod dann ganz anders als jetzt sein wird. Denn dann gibt es nicht etwa keinen, sondern den ewigen Tod, und die Seele wird weder leben können ohne Gott noch auch durch Sterben von den körperlichen Schmerzen erlöst werden. Der erste Tod treibt die Seele wider Willen aus dem Leibe, der zweite Tod hält sie wider Willen im Leibe fest; der erste aber sowie der zweite Tod haben gemeinsam, daß durch sie die Seele von ihrem Leibe etwas erleidet, was sie nicht will.

Aber unsere Widersacher richten ihre Aufmerksamkeit nur darauf, daß es einstweilen kein Fleisch gibt, das wohl Schmerz, aber nicht den Tod erleiden kann, dagegen nicht darauf, daß es doch etwas gibt, was höher steht als der Leib. Das aber ist die Seele, die durch ihre Gegenwart den Leib belebt und regiert und wohl Schmerz empfinden, aber nicht sterben kann. Da haben wir also etwas, was schmerzempfindlich und doch unsterblich ist. Was aber jetzt, wie wir wissen, für die Seelen aller zutrifft, wird dereinst auch für die Leiber der Verdammten gelten. Sehen wir genauer zu, so ist auch der sogenannte leibliche Schmerz mehr Sache der Seele. Denn die Seele ist es, die Schmerz empfindet, nicht der Leib, auch wenn die Ursache des Schmerzes körperlich ist, da sie an der Stelle Schmerz empfindet, wo der Körper verletzt wird. Wie wir also von fühlenden und lebenden Leibern sprechen, obwohl der Leib Gefühl und Leben nur durch die Seele hat, so reden wir auch von schmerzempfindenden Leibern, obwohl der Schmerz des Leibes seelischer Art ist. Es leidet also die Seele mit dem Leibe an der Stelle des Leibes, wo ihn etwas Schmerzerregendes trifft; sie leidet ferner allein, auch wenn sie noch im Körper weilt, wenn sie bei unversehrtem Leibe, aus irgendeinem, vielleicht nicht wahrnehmbaren Grunde trauert; und sie kann endlich auch dann leiden, wenn sie sich außerhalb des Leibes befindet. So litt wahrlich jener reiche Mann in der Unterwelt, als er sprach: «Ich leide Pein in dieser Flamme.» Ein entseelter Körper aber leidet nicht, und ist er beseelt, leidet er nicht ohne die Seele. Wenn man also vom Schmerz mit Recht auf den Tod schließen und behaupten dürfte, darum könne auch der Tod eintreten, weil sich Schmerz einstellen konnte, müßte man annehmen, daß es eher die Seele wäre, die stirbt, da sie vornehmlich es ist, die Schmerz empfindet. Da nun sie, die mehr leiden kann, doch nicht sterben kann, was veranlaßt uns dann, anzunehmen, die Körper müßten darum sterben, weil ihnen künftige Schmerzen bevorstehen? Zwar lehren die Platoniker, es rühre von den irdischen Leibern und den todverfallenen Gliedern her, daß die Seele sich fürchte und begehre, sowie Schmerz und Lust empfinde, und in demselben Sinne sagt Vergil: «Darum» – nämlich wegen der todverfallenen Glieder des irdischen Leibes – «ist Furcht ihr Teil, Begierde, Schmerz auch und Freude.» Doch wir haben diese Leute im zwölften Buch unseres Werks schon überführt, daß nach ihrer eigenen Aussage auch die von aller leiblichen Befleckung gereinigten Seelen unselige Begierde hegen, die ihnen den Willen zur Rückkehr im Leibe einflößt. Wo aber Begierde sein kann, da unfraglich auch Schmerz. Denn enttäuschte Begierde, die das Gewünschte nicht erlangt oder das Erlangte wieder verliert, wandelt sich in Schmerz. Wenn also die Seele, die entweder allein oder doch zuallermeist den Schmerz empfindet, die ihr zukommende Unsterblichkeit besitzt, werden auch jene Leiber deshalb nicht sterben müssen, weil sie Schmerz empfinden. Schließlich, wenn die Leiber es sind, die den Seelen Schmerzen verursachen, wie können sie ihnen dann wohl Schmerz, aber keinen Tod bringen? Darum, weil, was Schmerz verursacht, nicht auch notwendig den Tod herbeiführt. Warum also soll es unglaublich sein, daß Feuerflammen jenen Leibern wohl Schmerzen bereiten, aber nicht den Tod bringen, da doch die Leiber selber es sind, die die Seele leiden machen, ohne sie dadurch zum Sterben zu nötigen? Der Schmerz ist also kein zwingender Beweis dafür, daß später auch der Tod eintreten müßte.

4. Wie viel wunderbare Eigenschaften finden sich doch an manchen Dingen!

Wenn also nach dem Zeugnis derer, die die Natur der Lebewesen genauer erforscht haben, der Salamander im Feuer lebt, wenn einige allbekannte Berge Siziliens, die schon so lange Zeit und von alters her bis heute in Flammen stehen und doch unversehrt bleiben, dadurch hinreichend beweisen, daß nicht alles, was brennt, auch verzehrt wird, wenn auch die Seele es bezeugt, daß nicht alles, was Schmerz empfinden kann, auch sterben kann, was fordert man da von uns noch weitere Tatsachenbelege, um glaubhaft zu machen, daß die Leiber der mit ewiger Verdammnis bestraften Menschen im Feuer ihr Leben nicht verlieren, vielmehr brennen, ohne Schaden zu leiden, und Qual empfinden, ohne dem Untergang zu verfallen? Denn dann wird dem Wesen des Fleisches die dazu nötige Beschaffenheit mitgeteilt werden von dem Gott, der vielen Dingen, die wir vor Augen haben, so wunderbare und mannigfache Eigenschaften verliehen hat, daß wir nur darum nicht darüber staunen, weil sie so zahlreich sind. Wer sonst wenn nicht Gott, der Schöpfer aller Dinge, hat dem Fleisch des toten Pfauen die Eigenschaft verliehen, nicht in Verwesung überzugehen? Als ich das zuerst hörte, kam es mir unglaublich vor. So ließ ich, als mir einst in Karthago dieser Vogel gekocht vorgesetzt wurde, ein ziemlich großes Stück von seinem Brustfleisch abschneiden und aufbewahren. Nach Ablauf so vieler Tage, daß jedes andere gekochte Fleisch gefault wäre, ward es hervorgeholt und aufgetragen, und nichts war, was unsern Geruchssinn hätte beleidigen können. Wiederum weggelegt, war es nach mehr als dreißig Tagen noch unverändert, desgleichen auch nach einem Jahre, nur ein wenig trockener und eingeschrumpfter. Wer gab dem Stroh die kühlende Kraft, Schnee, den man damit zudeckt, zu erhalten, und zugleich die wärmende, vorzeitig gepflücktes Obst zum Reifen zu bringen?

Wie viel Wunderbares beobachtet man doch beim Feuer! Es leuchtet und macht doch das Angebrannte schwarz, hat selbst die herrlichste Farbe und entfärbt fast alles, was es ergreift und beleckt, und läßt ein hellglühendes Holzscheit häßlich verkohlen. Doch auch das ist nicht etwa feste Regel. Denn im Gegensatz dazu werden in weißglühendem Feuer erhitzte Steine selbst auch weiß, und wiewohl das Feuer mehr rötlich ist, während die Steine, wie gesagt, weiß sind, so paßt doch, was weiß ist, zum Lichte wie das Schwarze zur Finsternis. Wenn also im Feuer ein Holz brennt, um Steine zu erhitzen, bringt es in Dingen, die einander nicht entgegengesetzt sind, entgegengesetzte Wirkungen hervor. Denn wiewohl Stein und Holz verschieden sind, sind sie sich doch nicht entgegengesetzt wie weiß und schwarz. Das Feuer aber bewirkt beim Stein das eine, beim Holz das andere, selbst hell erhellt es jenen und macht dieses dunkel und müßte in jenem hinsterben, wenn es nicht in diesem lebte. Und wie merkwürdig ist es auch mit der Kohle! Sie ist so schwach, daß der leichteste Schlag sie zerbricht, der geringste Druck sie zerreibt, und doch zugleich so fest, daß keine Feuchtigkeit sie verdirbt, kein Alter sie zerstört. Das veranlaßt die Leute, welche Grenzsteine setzen, Kohlen unterzulegen, um einen später nach beliebiger Zeit auftretenden Prozeßgegner zu überführen, der behauptet, der gesetzte Stein sei kein Grenzstein. Was aber bewirkt es, daß die in feuchter Erde, in der das Holz vermodert, eingegrabenen Kohlen unversehrt erhalten bleiben? Eben jenes Feuer, das alles verzehrt!

Betrachten wir auch das Wunder des Kalksteins. Abgesehen davon, daß er, wie dargelegt, im Feuer, das doch andere Dinge schwarz macht, weiß wird, nimmt er obendrein höchst geheimnisvoll vom Feuer Feuer an und bewahrt es als kalt anzufühlende Scholle so tief verborgen, daß es keinem unserer Sinne wahrnehmbar wird, bis man, durch Erfahrung belehrt, erkennt, daß es, obschon man nichts davon merkt, in ihm schlummert. Deshalb nennen wir diesen Kalk lebendig, wie wenn das verborgene Feuer die unsichtbare Seele des sichtbaren Körpers wäre. Und wie wunderbar vollends ist es, daß er sich entzündet, wenn man ihn löscht! Um ihm nämlich das heimliche Feuer auszutreiben, wird er in Wasser geworfen oder Wasser darübergegossen, und während er vorher kalt war, wird er nun heiß durch das, was sonst alles Heiße kalt macht. Während also jene Kalkscholle gleichsam hinstirbt, tritt das entweichende, vorher verborgene Feuer zutage; sodann aber ist sie so kalt und sozusagen tot, daß sie bei weiterem Aufguß von Wasser sich nicht wieder erhitzt, worauf wir den Kalk, den wir früher lebendig nannten, gelöscht nennen. Man sollte meinen, das wäre wunderbar genug, aber es kommt noch mehr. Denn nimmst du statt Wassers Öl, das doch bessere Nahrung für Feuer ist, nützt kein Darüber- und Darangießen, es hitzt nicht. Würden wir dies Wunder von irgendeinem indischen Steine lesen oder hören, ohne die Probe machen zu können, würden wir es sicher entweder für eine Lüge halten oder uns doch mächtig darüber wundern. Was uns aber tagtäglich vor Augen steht, mag es auch nicht weniger wunderbar sein, wird uns durch seine Häufigkeit gleichgültig. Ja, schließlich hören wir auch auf, uns über Dinge zu wundern, die aus Indien, jenem so weit von uns entfernten Erdteil, zum Anstaunen herbeigebracht werden konnten.

Viele Leute bei uns, zumal Goldschmiede und Gemmenschneider, besitzen den Diamantstein. Das ist ein Stein, dem weder Eisen noch Feuer noch sonst irgendeine Gewalt etwas anhaben kann, wie man versichert, außer Bocksblut. Doch wie ist es? Wundern sich die, welche ihn besitzen und kennen, ebenso wie die, welchen man seine Macht zum erstenmal zeigt? Gewiß nicht. Denen sie aber nicht gezeigt wird, die glauben vielleicht gar nicht daran, oder wenn sie es glauben, staunen sie über das Unbekannte. Glückt es ihnen dann, es kennenzulernen, staunen sie zunächst noch über das Ungewohnte, doch haben sie sich erst daran gewöhnt, schwindet allmählich der Anreiz zum Staunen. Vom Magnetstein wissen wir, daß er mit wunderbarer Kraft Eisen anzieht. Als ich es das erste Mal sah, erschrak ich heftig. Denn da erblickte ich, daß ein eiserner Ring von dem Stein angezogen und in der Schwebe gehalten wurde. Sodann war's, als hätte er dem angezogenen Eisen seine Kraft verliehen und mitgeteilt, so daß dieser Ring, wenn man ihn einem anderen näherte, auch den emporhob, worauf nun, wie der erste am Stein, der zweite am ersten Ring hing. Noch ein dritter und vierter kamen hinzu, und schon entstand eine Art Kette miteinander verbundener Ringe, die nicht etwa ineinander geschachtelt waren, sondern äußerlich aneinander hingen. Wer staunte nicht über solche Kraft des Steins, die dieser nicht bloß in sich trägt, sondern mit der er auch noch viele angehängte Glieder durchdringt und mit unsichtbaren Fesseln zusammenhält? Doch noch weit wunderbarer ist, was ich von meinem Bruder und Mitbischof Severus von Mileve von diesem Stein erfahren habe. Er erzählt, er habe gesehen, wie Bathanarius, früher Comes von Afrika, bei dem der Bischof einstmals speiste, solch einen Stein hervorgeholt, ihn unter eine Silberplatte gehalten und dann ein Stück Eisen auf das Silber gelegt habe. Als er darauf die Hand mit dem Stein unter der Platte bewegte, bewegte sich oben entsprechend auch das Eisen, und obwohl das Silber, dem nichts geschah, dazwischen war, wurde mit größter Schnelligkeit der Stein unten von

Menschenhand und das Eisen oben vom Stein hin und her gerissen. Ich sage hier, was ich teils selbst sah, teils von einem Manne hörte, dem ich so fest glaube, als hätte ich's selbst gesehen. Ich will auch sagen, was ich sonst noch von jenem Magneten gelesen habe. Legt man neben ihn einen Diamanten, so zieht er das Eisen nicht an, und hat er es schon angezogen, so daß es sich ihm nähert, stößt er es sogleich zurück. Indien sendet uns diese Steine. Aber wie wir aufhören, uns darüber zu wundern, wenn wir sie kennen, wird das erst recht für jene gelten, von denen sie kommen. Vorausgesetzt, daß man sie dort ebenso leicht haben kann wie bei uns den Kalkstein, über den wir uns nicht wundern, wenn er wunderbarerweise durch Wasser erhitzt wird, womit man doch sonst das Feuer löscht, aber nicht erhitzt wird durch Öl, das das Feuer auflodern läßt.

5. *Wie viel Wunderbares gibt es, das man nicht erklären kann!*

Jedoch wenn wir göttliche Wunder der Vergangenheit oder Zukunft verkünden, für die wir keinen Erfahrungsbeweis liefern können, dann fordern ungläubige Menschen eine vernünftige Erklärung dafür, und falls wir sie nicht geben können – denn dazu reichen die menschlichen Geisteskräfte nicht hin –, meinen sie, was wir sagen, sei nicht wahr. Sie sollten lieber selbst für so viele wunderbare Dinge, die wir sehen können und wohl auch wirklich sehen, eine vernünftige Erklärung geben. Wenn sie sich überzeugt haben, daß das nicht menschenmöglich ist, dürfen sie auch nicht behaupten, es sei etwas deshalb nicht geschehen oder werde künftig nicht geschehen, weil man es nicht vernünftig erklären kann. Denn es gibt nun einmal Dinge, die man ebensowenig erklären kann. Wie vieles ist doch schriftlich verzeichnet und zwar nicht etwa bloß als einst geschehen und nun vergangen, sondern als auch jetzt noch an seinem Orte fortbestehend, so daß, wer sich dahin begeben will und kann, feststellen mag, ob es wahr ist! Nur einiges wenige erwähne ich hier. Zu Agrigent in Sizilien, heißt es, gibt es ein Salz, das, wenn man es ins Feuer wirft, wie in Wasser zerfließt, aber im Wasser knistert, als wär' es im Feuer. Bei den Garamanten befindet sich eine Quelle, die tagsüber so kalt ist, daß man nicht aus ihr trinken kann, aber nachts so heiß, daß man die Hand davon lassen muß. In Epirus ist eine andere Quelle, in welcher zwar ebenso wie sonst im Wasser brennende Fackeln erlöschen, aber im Unterschied von anderen Quellen auch erloschene Fackeln sich wieder entzünden. Der Asbest, ein Stein Arkadiens, führt seinen Namen darum, weil er, wenn einmal entzündet, nicht gelöscht werden kann. Das Holz eines gewissen ägyptischen Feigenbaums schwimmt nicht wie anderes Holz im Wasser, sondern taucht unter, und was noch merkwürdiger ist, wenn es eine Zeitlang am Grunde gelegen hat, taucht es wieder an die Oberfläche des Wassers auf, obwohl es doch durch das Gewicht der aufgesogenen Feuchtigkeit schwerer geworden sein sollte. Im Land der Sodomer wachsen Äpfel und gelangen auch anscheinend zur Reife, aber beißt man hinein oder drückt sie, platzt die Haut und sie zergehen in Rauch und Asche. In Persien gibt es den Stein Pyrit, an dem man sich, wenn man ihn anfaßt und kräftig drückt, die Hand verbrennt, daher auch sein Name («pyr» = Feuer). Ferner kommt in Persien der Selinitstein vor, der von innen heraus leuchtet und dessen Glanz mit dem Monde zu- und abnimmt. In Kappadozien werden Stuten durch den Wind trächtig, doch leben ihre Füllen nicht länger als drei Jahre. Tylos, eine indische Insel, zeichnet sich dadurch vor andern Ländern aus, daß sämtliche auf ihr wachsenden Bäume niemals ihren Blätterschmuck verlieren.

Diese und unzählige andere Wunderdinge, von welchen die Geschichte nicht als von geschehenen und vergangenen, sondern noch fortbestehenden berichtet, denen ich aber, weil ich anderes zu tun habe, nicht weiter nachgehen kann, mögen, wenn sie's können, die Ungläubigen vernünftig erklären, die den göttlichen Schriften keinen Glauben schenken wollen. Und warum nicht? Weil sie meinen, sie könnten nicht göttlich sein, weil in ihnen anscheinend unglaubliche Sachen stehen, die doch nicht unglaublicher sind als das eben Erwähnte. Denn sie sagen: Keine Vernunft läßt sich's bieten, daß Fleisch brennen, aber nicht verzehrt werden, Schmerz empfinden, aber nicht sterben soll. O diese Vernunfthelden, die von allen Dingen, die augenscheinlich wunderbar sind, eine vernünftige Erklärung geben können! Nun, so mögen sie doch das Wenige erklären, das ich eben angeführt habe, was sie ohne Frage, wenn sie nichts davon wüßten und wir sagten, es würde künftig geschehen, noch viel weniger glauben würden als das, was sie uns jetzt nicht glauben wollen, da wir es als bevorstehend ankündigen. Denn wer von ihnen würde uns glauben, wenn wir ebenso, wie wir behaupten, daß die Menschen künftig lebende Leiber haben werden, die immerfort brennen und Schmerz empfinden, ohne je zu sterben, auch sagen würden, in der kommenden Welt werde es Salz geben, das, statt wie sonst im Wasser, im Feuer zerfließe und im Wasser wie sonst im Feuer knistere; oder da werde ein Quell sein, dessen Wasser in der Nachtkälte so heiß sei, daß man nicht den Finger eintauchen kann, in der Tageshitze aber so kalt, daß man's nicht trinken kann; oder ein Stein, der die zugreifende Hand mit seiner Glut verbrennt, oder einer, der, irgendwie in Brand gesetzt, überhaupt nicht gelöscht werden kann, und was ich sonst noch unter Übergehung zahlloser anderer Beispiele hier erwähnt habe? Wenn wir also sagten, in jener zukünftigen Welt werde es dergleichen geben, und sie uns ungläubig antworteten: «Wollt ihr, daß wir es glauben, so gebt Stück für Stück eine vernünftige Erklärung», müßten wir bekennen, daß wir es nicht können, weil solche und ähnliche Wunderwerke Gottes die kümmerliche Vernünftelei der Sterblichen mattsetzen. Aber wir würden fortfahren, ein Vernunftsatz stehe uns fest, nämlich, daß der Allmächtigste nicht ohne vernünftigen Grund Dinge tut, die der schwache Menschengeist nicht vernünftig erklären kann. Zwar sei uns bei vielem ungewiß, was Gott damit wolle, aber ganz gewiß, daß ihm nichts unmöglich sei, was er wolle. Niemand aber dürfe seiner Voraussage den Glauben verweigern, da man ihn unmöglich für ohnmächtig und lügenhaft halten könne. Was werden aber unsere Glaubenskritiker und Vernunftanbeter zu diesen Dingen sagen, für die kein Mensch eine vernünftige Erklärung ausfindig machen kann, die es gleichwohl gibt und die dem vernunftgemäßen Naturgeschehen zu widersprechen scheinen? Sagten wir, diese Dinge würden künftig eintreten, würden die Ungläubigen von uns genau so wie für das, was wir tatsächlich als bevorstehend ankündigen, einen Vernunftgrund fordern. Doch bei solchen Gotteswerken versagt nun einmal die Vernunft des Menschenherzens und der menschlichen Rede; aber wie die von uns vorhin genannten Dinge deswegen doch vorhanden sind, so werden auch die von uns vorausgesagten eintreffen, mag auch der Mensch von beiden keine vernünftige Erklärung geben können.

6. Es gibt auch durch Zauberkünste und Dämonenmacht hervorgebrachte Wunder

Hier werden sie vielleicht entgegnen: Das ist ja alles nicht wahr, und wir glauben's nicht; erlogen ist, was man von alledem gesagt und geschrieben hat. Daran knüpfen sie wohl noch folgende Schlußfolgerung: Wenn man dergleichen glauben soll, dann glaubt, bitte, auch ihr, was man in denselben Schriften findet, also etwa, daß es ein Heiligtum der Venus gegeben hat oder noch gibt und in ihm einen Leuchter, auf dem unter freiem Himmel ein Licht brannte, das kein Sturm und kein

Regenguß auslöschen konnte, so daß es ebenso wie jener Stein «lychnos ásbestos», unauslöschliches Licht genannt wurde. So könnten sie sagen, um uns in die Enge zu treiben. Denn erwidern wir, es sei nicht glaubhaft, so schwächen wir das Ansehen der Schriften, die solche Wunder berichten; räumen wir aber seine Glaubwürdigkeit ein, stärken wir das Ansehen der Heidengötter. Wir jedoch brauchen, wie ich schon im achtzehnten Buche dieses Werkes ausführte, durchaus nicht alles zu glauben, was weltliche Geschichtsschreibung überliefert, da ja die Geschichtsschreiber selbst, wie Varro sagt, fast als ob es absichtlich und mit Fleiß geschähe, einander in vielen Stücken widersprechen; doch sind wir allenfalls bereit zu glauben, was nicht in Widerspruch zu den Büchern steht, denen wir nach unserer Überzeugung glauben müssen. Was nun jene vorhin erwähnten Wunderdinge anlangt, so genügen uns zur Bekräftigung der Wunder, deren künftiges Eintreffen wir den Ungläubigen glaubhaft machen möchten, die Tatsachen, von denen wir uns persönlich überzeugen und für die wir ohne Schwierigkeit zuverlässige Zeugen beibringen können. Jenes Heiligtum der Venus aber mitsamt dem unauslöschlichen Licht bringt uns nicht nur in keinerlei Bedrängnis, sondern öffnet uns vielmehr ein weites Feld. Es gibt ja nicht nur jenes eine unauslöschliche Licht, sondern eine Menge menschlicher und zauberischer, das ist durch Künste dämonenbesessener Menschen sowie durch die Dämonen selbst verübter Wunder. Wollten wir sie leugnen, würden wir uns gerade zur Wahrheit der heiligen Schriften, der wir doch glauben, in Widerspruch setzen. Was nun jenes Licht anlangt, so hat sich da entweder menschliche Kunstfertigkeit etwa mit Hilfe jenes Asbeststeines betätigt, oder es waren Zauberkünste, die das angestaunte Tempelwunder hervorbrachten, oder irgendein Dämon hat unter dem Namen der Venus seine Gegenwart so wirksam manifestiert, daß sich die fragliche Spukerscheinung den Blicken der Menschen darbot und längere Zeit andauerte. Die Dämonen lassen sich nämlich durch mancherlei Dinge anlocken, die nicht sie selbst geschaffen haben, sondern Gott, und die ihnen je nach ihrer Art anziehend sind, nicht wie Nahrungsmittel den Tieren, sondern da sie Geister sind, wie allerlei dem Geschmack eines jeden zusagende Lockmittel, also durch verschiedene Arten von Steinen, Kräutern, Bäumen, Tieren, Zaubersprüchen und Bräuchen. Um aber von den Menschen angelockt zu werden, verführen sie sie zuerst mit arglistigster Schläue, indem sie entweder ihrem Herzen ein geheimes Gift einträufeln oder ihnen auch wohl in trügerischer Freundschaft erscheinen und einige wenige zu ihren Schülern machen, die dann die Lehrer vieler anderer werden. Man hätte ja, wären sie nicht selbst die ersten Lehrmeister gewesen, nicht in Erfahrung bringen können, was jeder dieser Dämonen begehrt und was er verabscheut, unter welchem Namen man ihn anruft oder bannt; und das ist der Ursprung der Zauberkünste und -künstler. Am liebsten aber ergreifen sie dadurch von Menschenherzen Besitz – ein Besitz, dessen sie sich zu allermeist rühmen –, daß sie sich in Engel des Lichts verwandeln. Es gibt also dämonische Werke in großer Menge, und je wunderbarer sie, wie wir zugeben, sind, um so vorsichtiger müssen wir sie meiden, doch zu unserm gegenwärtigen Zwecke können sie uns auch von Nutzen sein. Denn wenn schon unreine Dämonen dergleichen zustandebringen, wie viel mächtiger müssen dann die heiligen Engel sein, wie viel mächtiger als sie alle Gott, der auch die Engel selbst, die solch gewaltige Wunder tun, geschaffen hat!

Wenn nun schon durch menschliche Kunstfertigkeit, die sich dabei göttlicher Geschöpfe bedient, so viele und große Wunderdinge – man nennt sie «Mechanemata» – vollbracht werden, daß Unwissende sie für göttlich halten, wenn also beispielsweise in einem gewissen Tempel am Fußboden und an der

Decke Magnetsteine von entsprechender Größe angebracht waren, so daß ein eisernes Götterbild zwischen den beiden Steinen in der Luft schwebte, zum Staunen derer, die nicht wußten, was oben und unten sich befand, und die darum an göttliche Machtwirkung glaubten – etwas Ähnliches konnte auch wohl, wie gesagt, ein kunstfertiger Mann bei jenem Licht der Venus mit Hilfe des Asbeststeines zuwege bringen –, wenn ferner die Magier, die unsere Schrift Giftmischer und Zauberer nennt, von den Dämonen zur Vollbringung solcher Werke befähigt werden konnten, daß der berühmte Dichter die allgemeine Ansicht richtig zum Ausdruck zu bringen meinte, wenn er von einem in dieser Kunst erfahrenen Weibe sagte:

«Diese verspricht durch Zaubergesang die Herzen zu lösen,
welche sie will, doch andre mit schweren Sorgen zu quälen,
Flüsse zum Stehen zu bringen, den Lauf der Sterne zu wenden;
Nachtgespenster beschwört sie, du siehst ihr unter den Füßen
beben die Erde und niedersteigen vom Berge die Eschen»,

wieviel mehr ist Gott mächtig zu tun, was Ungläubigen unglaublich erscheint, seiner Macht aber leicht fällt! Denn er ist's, der die in Steinen und anderen Dingen verborgenen Kräfte, die Menschengeister, die sich ihrer auf wunderbare Weise bedienen, dazu auch die Engelwesen mit ihrer alle irdischen Geschöpfe weit überragenden Macht geschaffen hat, der alles, was irgend wunderbar, durch seine wunderbare, bald wirkende, bald gebietende, bald zulassende Kraft und Weisheit in den Schatten stellt und alles ebenso wunderbar braucht, wie er es schuf.

7. Denkt man an Gottes Allmacht, kann man auch Unglaubliches glauben

Warum also soll Gott nicht machen können, daß die Leiber der Toten auferstehen und die Leiber der Verdammten durch ewiges Feuer gepeinigt werden, er, der die Welt – Himmel, Erde, Luft und Wasser – voll unzähliger Wunder geschaffen hat, dessen größtes und herrlichstes Wunder, größer und herrlicher als alle andern, die sie füllen, die Welt selber ist? Doch unsere Gesprächspartner oder Gegner glauben zwar an einen Gott, der die Welt geschaffen hat, und an von ihm erschaffene Götter, durch welche er die Welt regieren läßt, sie leugnen ferner nicht oder rühmen wohl gar auf Erden waltende Mächte, die allerlei Wunder wirken, sei es aus eigenem Antrieb, sei es durch Anrufung und Beschwörung, auch wohl Magie dazu veranlaßt; halten wir ihnen aber die wunderbare Wirkkraft anderer Dinge vor, die weder vernünftige Lebewesen noch vernunftbegabte Geister sind, wie wir deren einige wenige erwähnten, so pflegen sie zu antworten: Das ist die Naturkraft, so bringt es ihre Natur mit sich; es sind Wirkungen, wie sie durch die besondere Art der verschiedenen Naturen bedingt sind. Das also ist die ganze Begründung für die seltsame Erscheinung, daß das agrigentische Salz in der Flamme zerfließt, im Wasser dagegen knistert: Es ist, halt, seine Natur so! Aber scheint es nicht vielmehr gegen die Natur zu sein, die nicht dem Feuer, sondern dem Wasser verliehen hat, Salz zu verflüssigen, dagegen dem Feuer und nicht dem Wasser, es zu dörren? Doch sie sagen: Dieses Salz hat nun einmal von Natur die Art, daß ihm das Gegenteil widerfährt. In derselben Weise erklärt man sich auch den garamantischen Quell, wo ein und dieselbe Wasserader bei Tage kalt, bei Nacht heiß, in jedem Fall aber für das Tastgefühl unangenehm ist, desgleichen jenen andern Quell, der sich zwar kalt anfühlt und wie andere Quellen eine brennende

Fackel zum Erlöschen bringt, aber im Unterschied davon eine erloschene wunderbar aufflammen läßt, sowie auch den Asbeststein, der kein eigenes Feuer hat, aber wenn fremdes Feuer ihn ergreift, nicht wieder gelöscht werden kann, sowie all das andere, das ich nicht wiederholen mag, worin eine naturwidrige Kraft wirksam zu sein scheint. Immer führt man den gleichen Erklärungsgrund an, so sei nun einmal die Natur dieser Dinge. Wahrlich, eine kurze Erklärung und, ich gestehe es, in der Tat eine genügende Antwort. Doch da Gott der Urheber aller Naturen ist, versteht man nicht, warum sie unseren stärkeren Erklärungsgrund nicht gelten lassen, wenn wir, falls sie etwas anscheinend Unmögliches nicht glauben wollen und eine Erklärung dafür fordern, ihnen antworten, es sei so der Wille des allmächtigen Gottes. Aus keinem anderen Grunde heißt man ihn doch allmächtig, als weil er alles, was er will, auch kann. So vieles konnte er schaffen, was man, sähe man es nicht mit Augen oder würde es nicht auch heute noch von glaubwürdigen Zeugen versichert, für unmöglich hielte, nicht nur solches, das bei uns unbekannt ist, sondern auch uns durchaus Bekanntes, wie ich es ebenfalls angeführt habe. Denn was nur von den Verfassern jener erwähnten Bücher bezeugt ist, die nicht von Gott gelehrt waren und nach Menschenweise vielleicht irren konnten, mag jeder, ohne daß begründeter Tadel ihn trifft, für unglaubhaft halten.

Denn auch ich will nicht, daß man ohne weiteres alles glauben soll, was ich angeführt habe. Glaube ich doch selber nicht so fest daran, daß sich in meinen Gedanken kein Zweifel regte, abgesehen von den Fällen, die ich selbst geprüft habe und die jeder leicht nachprüfen kann. Letzteres gilt von dem Kalk, der im Wasser siedet, im Öl aber kalt bleibt, von dem Magnetstein, der mit unsichtbarer Kraft das Eisen ansaugt und den Strohhalm unbewegt läßt, von dem Fleisch des Pfauen, das unverweslich ist, während das Fleisch des Philosophen verwest, von dem Stroh, das so kalt hält, daß es den Schnee nicht schmelzen läßt, und zugleich so warm, daß es das Obst zur Reife bringt, von dem glänzenden Feuer, das seinem Glanz entsprechend die in ihm erhitzten Steine weiß macht, dagegen demselben Glanz zuwider das meiste, was es ansengt, schwärzt. Dahin gehört auch, daß durch blankes Öl häßliche dunkele Flecken entstehen, daß man mit weißem Silber schwarze Linien ziehen kann, auch das von den Kohlen schon Erwähnte, bei denen durch das Feuer solch gegensätzliche Wirkung hervorgerufen wird, daß sie aus schönstem Holz schwarz, aus hartem zerbrechlich, aus vermoderndem unvergänglich werden. All das weiß ich, gemeinsam teils mit vielen, teils mit allen, dazu noch eine Fülle anderer Seltsamkeiten, die ich unmöglich samt und sonders anführen kann. Was aber das andere anbetrifft, was ich selbst nicht kennengelernt, sondern nur gelesen habe, so stehen mir dafür, abgesehen von jenem Quell, in dem brennende Fackeln erlöschen, erloschene wieder zu brennen anfangen, und den Äpfeln des Sodomerlandes, die von außen reif aussehen, aber inwendig rauchen, keine zuverlässigen Zeugen zur Verfügung, von denen ich hätte erfahren können, ob es wahr ist. Auch fand ich keine Leute, die jenen Quell in Epirus gesehen hätten, wohl aber solche, die einen ähnlichen in Gallien unweit von Gratianopolis (Grenoble) kannten. Die sodomitischen Baumfrüchte aber werden nicht nur von glaubwürdigen Schriften, sondern auch von so vielen, die sie gesehen haben wollen, beschrieben, daß ich nicht daran zweifeln kann. Das übrige möchte ich weder bestreiten noch verfechten und habe es nur darum angeführt, weil ich es bei den Geschichtsschreibern unserer Gegner las, um zu zeigen, wie vieles viele von ihnen, ohne es begründen zu können, glauben, weil es sich in den Schriften ihrer Literaten findet, während sie uns nicht glauben wollen, wenn wir sagen, der allmächtige Gott werde etwas tun, was ihr Fassungsvermögen übersteigt, obwohl wir es doch begründen. Denn was für eine bessere und stärkere Begründung sollte es wohl geben, als daß wir versichern, der Allmächtige könne es tun, und erklären, er werde es tun, da man in denselben Schriften liest, er habe es vorhergesagt, in denen er so vieles andere vorhergesagt hat, was er nachweislich getan hat? Ja, er wird es tun, was man für unmöglich hält, weil er vorausgesagt, er werde es tun, er, der es verheißen und wahr gemacht hat, daß ungläubige Völker das Unglaubliche glaubten.

8. Gott kann von ihm geschaffene Naturen nach Belieben umwandeln

Doch nun entgegnen sie vielleicht, es sei ihnen unmöglich zu glauben, was wir von immer brennenden, aber nie sterbenden Menschenleibern gesagt, da wir doch die ganz anders beschaffene Natur der Menschenleiber kennen. Darum gelte hier jener bezüglich der wunderbaren Naturerscheinungen angeführte Grund: «Das ist Naturkraft, so ist die Natur dieses Dinges» nicht. Denn es stehe fest, daß die Natur menschlichen Fleisches nun einmal nicht derartig sei. Darauf geben uns freilich die heiligen Schriften eine Antwort an die Hand. Ihnen zufolge war ja das menschliche Fleisch vor dem Sündenfall anders beschaffen, nämlich so, daß es niemals hätte zu sterben brauchen, anders aber nachher, nämlich so wie wir es jetzt in der Mühsal dieses sterblichen Lebens vorfinden, nämlich unfähig, ein dauerndes Leben zu bewahren, und wiederum anders, als wir es jetzt kennen, wird es sein bei der Auferstehung der Toten. Da sie aber diesen Schriften nicht glauben, in denen wir lesen, wie der Mensch im Paradiese lebte, und wie fremd ihm damals der Zwang des Todes war – glaubten sie ihnen, brauchten wir uns nicht mit ihnen mühsam über die künftige Strafe der Verdammten auseinanderzusetzen –, müssen wir aus den Schriften ihrer besten Gelehrten ein Zeugnis dafür erheben, daß jedes Ding andere Eigenschaften annehmen kann, als sie ihm vorher nach der Beschaffenheit seiner Natur zukamen.

Es findet sich in den Büchern des Marcus Varro, die betitelt sind «Von der Abstammung des römischen Volkes», und ich führe es mit denselben Worten an, in denen man es da liest: «Am Himmel», sagt er, «erschien ein wunderbares Zeichen; denn nach Kastors Bericht hat sich an dem hochberühmten Venusstern, den Plautus Vesperugo, Homer Hesperos (Abendstern) und den schönsten aller Sterne nennt, das große Wunder zugetragen, daß er Farbe, Größe, Gestalt und Lauf änderte, was in dieser Weise weder vor- noch nachher jemals geschah. Es ereignete sich unter dem Könige Ogygus, wie die berühmten Mathematiker Adrastos von Cyzikos und Dion von Neapel mitteilten.» Hier hätte Varro, dieser hervorragende Schriftsteller, gewiß nicht von einem Wunderzeichen gesprochen, wäre es nicht anscheinend wider die Natur gewesen. Denn von allen Wundern sagen wir, sie seien naturwidrig, obwohl sie es in Wirklichkeit nicht sind. Wie könnte auch etwas wider die Natur sein, was nach Gottes Willen geschieht, da doch der Wille des großen Schöpfers die Natur jedes geschaffenen Dinges ist? Wunder sind also nicht wider die Natur, sondern nur wider die uns bekannte Natur. Wer aber zählt die Menge der Wunder, von denen die Völkergeschichte berichtet? Doch jetzt beachten wir nur das eine, das für die uns beschäftigende Frage von Bedeutung ist. Was sonst ist vom Urheber der Natur des Himmels und der Erde so planvoll angelegt wie der wohlgeordnete Lauf der Gestirne? Was durch unverbrüchliche, feste Gesetze so sehr gesichert? Dennoch mußte, als Gott es wollte, der mit höchster Herrschgewalt seine Schöpfung lenkt, der vor allen anderen durch Größe und Glanz hervorstechendste Stern Farbe, Größe, Gestalt, ja, was noch wunderbarer ist, Ordnung und Regel seines Laufs ändern. Er verwirrte also damals die von den Astronomen aufgestellten

Richtlinien, wenn es sie damals schon gab, nach denen sie mit angeblich unfehlbarer Sicherheit die vergangenen und künftigen Bewegungen der Gestirne bestimmten und denen sie folgten, als sie zu sagen wagten, solch ein Vorgang an Lucifer (dem Morgen- und Abendstern) habe sich weder vor- noch nachher zugetragen. Wir aber lesen in den göttlichen Büchern, sogar die Sonne sei stillgestanden, als Josua, der heilige Mann, es von Gott, dem Herrn, erbat, bis die begonnene Schlacht siegreich beendet war, und sie sei rückwärts gegangen, um durch dies der göttlichen Verheißung beigegebene Wunderzeichen anzuzeigen, daß dem König Hiskia noch fünfzehn Lebensjahre zugelegt werden sollten. Doch solche Wunder, mit denen die Verdienste der Heiligen belohnt wurden, schreiben sie, falls sie an ihre Tatsächlichkeit glauben, Zauberkünsten zu, wie dergleichen der vorhin erwähnte Vergil'sche Vers voraussetzt:

> «Flüsse zum Stehen zu bringen, den Lauf der Sterne zu wenden.»

Lesen wir doch auch in den heiligen Schriften, ein Fluß sei oberhalb stehengeblieben und unterhalb abgeflossen, als das Gottesvolk unter Führung des eben erwähnten Josua hindurchging, und dasselbe sei geschehen, als der Prophet Elias und später auch sein Schüler Elisa ihn überschritt. Daß ferner sogar das größte Gestirn zur Zeit des Königs Hiskia sich rückwärts gewandt habe, hörten wir vorhin schon. Doch ist bei dem Bericht Varros über den Morgenstern nicht die Rede davon, daß der Vorgang auf das Gebet eines Menschen hin erfolgt sei.

Die Ungläubigen sollen sich doch durch ihre Naturwissenschaft nicht den Blick vernebeln lassen, als sei es unmöglich, daß ein Ding durch göttliche Einwirkung anders werde, als sie es seiner Natur nach durch menschliche Erfahrung kennenlernten. Sind doch sogar allbekannte Naturerscheinungen nicht weniger wunderbar und würden den Blicken aller Betrachter sich als staunenswert darstellen, wenn nur die Menschen sich nicht bloß über selten Vorkommendes zu wundern pflegten. Wer sähe auch nicht, wenn er nur seine Vernunft zu Rate zieht, wie überaus wunderbar es ist, daß bei der Unzahl von Menschen und ihrer großen natürlichen Ähnlichkeit doch jeder sein eigenes Gesicht hat, so daß, glichen sie einander nicht, ihre Art nicht von anderen Geschöpfen unterschieden werden könnte, und wären sie nicht auch einander unähnlich, man die einzelnen Menschen von den übrigen nicht unterscheiden könnte? Die wir demnach als ähnlich bezeichnen müssen, stellen sich auch als unähnlich heraus. Doch müssen wir uns am meisten wundern, wenn wir ihre Unähnlichkeit betrachten, da die gemeinsame Natur mit größerem Recht Ähnlichkeit zu fordern scheint. Dennoch, da uns nun einmal nur das Seltene wunderbar vorkommt, wundern wir uns weit mehr, wenn wir zwei so ähnlichen Menschen begegnen, daß wir sie immer oder doch häufig miteinander verwechseln.

Doch es kann sein, daß sie das, was ich da aus Varros Schrift angeführt habe, nicht für Tatsache halten, obwohl er ihr eigener und dazu gelehrtester Geschichtsschreiber ist; oder das Beispiel macht vielleicht darum auf sie keinen großen Eindruck, weil das Gestirn seinen veränderten Lauf nicht lange beibehielt, sondern bald zum gewohnten zurückkehrte. Nun, so sollen sie ein anderes haben, das sich noch jetzt den Blicken darbietet und, wie ich meine, genügen muß, sie zu überzeugen, daß sie, wenn sie eine gewisse Naturerscheinung beobachtet und sich damit aufs beste vertraut gemacht haben, darum doch Gott keine Vorschriften machen dürfen, als könne er sie nicht zu etwas ganz anderem umwandeln und verändern. Das Land der Sodomer war einst sicher nicht so wie jetzt, sondern sah aus wie andere Länder und erfreute sich derselben oder noch reicherer Fruchtbarkeit; ward es doch in göttlichen Aussprüchen mit dem Paradiese Gottes verglichen. Seitdem es aber vom Himmel heimgesucht wurde, flößt es, wie auch ihre Geschichtsschreibung bezeugt und dorthin gelangende Reisende es durch Augenschein bestätigt finden, durch den seltsamen Ruß, der dort lagert, Schauder ein und bergen seine Äpfel unter trügerischer Hülle der Reife inwendige Asche. Sieh, so war das Land einst nicht, und jetzt ist es so. Sieh, vom Schöpfer der Naturen ward seine Natur durch wunderbare Umwandlung in dies häßliche Zerrbild verwandelt, und was nach so langer Zeit sich zutrug, dauert so lange Zeit hindurch an.

Wie es also Gott nicht unmöglich war, Naturen so zu bilden, wie es ihm beliebte, ist es ihm ebensowenig unmöglich, die von ihm gebildeten Naturen beliebig umzuwandeln. Daher auch die dichtgesäte Menge von unheimlichen Vorzeichen, die man *monstra*, *ostenta*, *portenta*, *prodigia* nennt – wenn ich sie alle anführen und aufzählen wollte, käme ich mit meinem Werke nie zu Ende. *Monstra* heißen sie von *monstrare* zeigen, weil sie etwas durch ein Zeichen anzeigen, *ostenta* von *ostendere* hinweisen, *portenta* von *portendere* ankündigen, also als bevorstehend ankündigen, *prodigia* von *porro dicere* im voraus sagen, also die Zukunft voraussagen. Doch mögen die Deuter dieser Zeichen selbst sehen, wie sie entweder durch sie betrogen werden, oder auch wohl Wahres sagen, aber durch Eingebung von Geistern, welche darauf sinnen, Menschenseelen, die es nicht besser verdienen, in Netze schädlicher Neugier zu verstricken, oder endlich bei vielen Voraussagen auch zufällig einmal die Wahrheit treffen. Uns aber müssen solche scheinbar widernatürlichen und widernatürlich genannten Vorfälle – dieser üblichen Redeweise bediente sich auch der Apostel, als er von dem wider die Natur dem Ölbaum eingepflanzten Pfropfreis sprach, das an der Fruchtbarkeit des Ölbaums Anteil gewinnt –, die man *monstra*, *ostenta*, *portenta* und *prodigia* nennt, dies anzeigen, darauf hinweisen und es ankündigen und voraussagen, daß Gott sein prophetisches Wort betreffs der

Menschenleiber wahr machen wird und zwar ohne Schwierigkeit und ohne jeden Widerstand durch ein Naturgesetz. Wie es sich aber mit dieser seiner prophetischen Ankündigung verhält, darüber habe ich meines Erachtens im vorigen Buche genügend Auskunft gegeben, als ich aus den heiligen Schriften, sowohl neuen wie alten, zwar nicht alle hierhergehörigen Stellen auszog, doch so viele, wie es mir für dies Werk ausreichend zu sein schien.

9. Was unter Wurm und Feuer im Drohwort des Propheten zu verstehen ist

So steht es felsenfest: Was Gott durch seinen Propheten von der ewigen Pein der Verdammten gesagt hat, das wird geschehen. «Ihr Wurm wird nicht sterben und ihr Feuer nicht erlöschen.» Dies um so eindringlicher einzuschärfen, hat auch der Herr Jesus mehrere Aussprüche getan, in denen er von Gliedern spricht, die dem Menschen Ärgernis bereiten, womit er Menschen meint, die jeder wie seine rechtsseitigen Glieder liebt, und die abgehauen werden sollen. «Es ist dir besser», sagt er, «daß du als ein Krüppel zum Leben eingehst, als daß du zwei Hände habest und fahrest in die Hölle, in das ewige Feuer, wo ihr Wurm nicht stirbt und ihr Feuer nicht erlischt.» Ähnlich vom Fuße. «Es ist dir besser», sagt er, «daß du lahm zum Leben eingehst, als daß du zwei Füße habest und werdest in die Hölle geworfen, in das ewige Feuer, wo ihr Wurm nicht stirbt und ihr Feuer nicht erlischt.» Desgleichen auch vom Auge: «Es ist dir besser, daß du einäugig in das Reich Gottes gehst, als daß du zwei Augen habest und werdest in das höllische Feuer geworfen, wo ihr Wurm nicht stirbt und ihr Feuer nicht erlischt.» Also an einer Stelle dreimal dieselben Worte! Wen sollte diese Wiederholung und so eindringliche Einschärfung jener Pein aus göttlichem Munde nicht erschrecken?

Nun meinen manche, beides, nämlich Feuer und Wurm, sei auf Qualen der Seele, nicht des Leibes zu beziehen. Sie sagen, die zu späte und fruchtlose Reue bereite den vom Reiche Gottes Abgetrennten brennende Seelenpein, und so könne anstelle solch brennender Pein durchaus passend von Feuer geredet werden. Sagt doch auch der Apostel in diesem Sinne: «Wer leidet Ärgernis, und ich brenne nicht?» Ebenso, meinen sie, sei der Wurm zu verstehen. Denn, so sagen sie, es steht doch geschrieben: «Wie die Motte das Kleid und der Wurm das Holz, so zernagt Trauer das Herz des Mannes.» Die aber nicht daran zweifeln, daß es sich bei jenem Strafgericht um Qualen der Seele und des Leibes handeln werde, behaupten demgegenüber, der Leib brenne im Feuer, die Seele aber werde gewissermaßen vom Wurm der Trauer zernagt. Diese Auslegung ist gewiß zutreffender; denn es wäre doch sinnlos zu denken, daß hier entweder der leibliche oder aber der seelische Schmerz fehlen werde. Doch möchte ich eher annehmen, daß beide Ausdrücke sich auf den Leib beziehen als keiner. Dann wäre in den Worten der göttlichen Schrift der Seelenschmerz darum nicht erwähnt, weil es sich als notwendige, wenn auch stillschweigende Folgerung ergibt, daß bei solcher Pein des Leibes auch die Seele von fruchtloser Reue gemartert wird. Man liest ja auch in den alten Schriften: «Feuer und Wurm ist die Strafe des Fleisches der Gottlosen.» Kürzer hätte gesagt werden können: «Die Strafe der Gottlosen». Warum also heißt es: «Des Fleisches der Gottlosen»? Offenbar, weil beides, Feuer und Wurm, die Strafe des Fleisches ist. Oder wenn sich's so verhält, daß von einer Bestrafung des Fleisches darum die Rede ist, weil der Mensch dafür bestraft werden wird, daß er nach dem Fleische lebte – denn deswegen verfällt er dem zweiten Tode, auf den der Apostel mit dem Worte hinweist: «So ihr nach dem Fleisch lebet, werdet ihr sterben müssen» –, so mag jeder nach Gutdünken wählen und entweder das Feuer auf den Leib, den

Wurm auf die Seele beziehen – jenes im eigentlichen, diesen im figürlichen Sinne –, oder beides im eigentlichen Sinne auf den Leib. Denn ich habe vorhin hinreichend bewiesen, daß Lebewesen durch die Wundermacht des allmächtigen Schöpfers auch im Feuer am Leben bleiben können, brennend, aber nicht verbrennend, leidend, aber nicht sterbend. Wer leugnet, daß er die Macht dazu habe, weiß nicht, von wem all das stammt, was man bei allen Naturen anstaunen muß. Denn das ist der Gott, der alle großen und kleinen Wunder dieser Welt, die wir erwähnten, und unvergleichlich viel mehr, die wir nicht erwähnten, geschaffen und sie der Welt, dem einen und allergrößten Wunder, eingefügt hat. So mag jeder nach Gutdünken seine Wahl treffen und entweder den Wurm im eigentlichen Sinne auf den Leib beziehen oder in einer von Körperlichem auf Unkörperliches übertragenen Redeweise auf die Seele. Was das richtige ist, wird seinerzeit an den Tag kommen, wenn das Wissen der Heiligen so groß sein wird, daß sie zur Erkenntnis jener Qualen keiner Erfahrung mehr bedürfen, sondern wenn die volle und vollendete Weisheit genügt, auch dies zu erkennen – denn jetzt erkennen wir nur stückweise, bis das Vollkommene kommen wird. Doch dürfen wir keinesfalls glauben, daß die Leiber dann derart sein werden, daß sie im Feuer keine Qualen erdulden.

10. *Wie das Höllenfeuer auch körperlose Dämonen peinigt*

Hier erhebt sich die Frage: Wenn das Feuer nicht wie der Seelenschmerz unkörperlich, sondern körperlich sein wird, peinvoll dem, den es berührt, so daß darin die Leiber Qualen erdulden, wie können dann damit auch die bösen Geister bestraft werden? Denn dasselbe Feuer wird es sein, das zur Peinigung von Menschen und Dämonen bestimmt ist, da Christus sagt: «Gehet weg von mir, ihr Verfluchten, in das ewige Feuer, das bereitet ist dem Teufel und seinen Engeln.» Man könnte erwidern, daß auch die Dämonen, wie gelehrte Männer meinten, ihre besondere Art von Leibern haben, gebildet aus unserer dichten und feuchten Luft, deren Zug man beim Wehen des Windes fühlt. Falls dies Element für Feuer unzugänglich wäre, würde es uns ja nicht brennen, wenn es in den Bädern zu sehr erhitzt ist. Denn um zu brennen, muß es selbst vorher gebrannt werden und bewirkt dann dasselbe, was es erleidet. Besteht aber jemand darauf, daß Dämonen keine Leiber haben, braucht er sich deswegen doch nicht mit mühsamer Untersuchung abzuquälen oder ein erbittertes Streitgespräch zu führen. Denn warum sollen wir nicht sagen, daß körperlose Geister, wenn auch wunderbar, so doch wahrhaft, unter der Strafe körperlichen Feuers leiden können, da doch die fraglos unkörperlichen Geister der Menschen sowohl hüben von körperlichen Gliedern eingeschlossen sein konnten als auch drüben unlöslich an ihre Körper gebunden sein werden? Es werden also die Geister der Dämonen oder vielmehr die dämonischen Geister, wenn sie keine Körper haben, trotz ihrer Unkörperlichkeit an körperliche Feuerflammen angeheftet werden, um darunter Qualen zu leiden. Das ist nicht so zu denken, als würden diese Feuerflammen, an die sie geheftet sind, durch die Verbindung mit ihnen beseelt, so daß Lebewesen aus Geist und Körper entständen, sondern sie werden, wie gesagt, auf wunderbare und unbeschreibliche Weise angeheftet und verleihen dem Feuer kein Leben, aber empfangen von ihm die Strafe. Ist doch auch jene andere Weise, in welcher Geister mit Leibern derart verknüpft werden, daß Lebewesen entstehen, durchaus wunderbar und dem Menschen unbegreiflich, obwohl dies der Mensch selber ist.

Ich möchte wohl sagen, jene Geister würden, ohne irgendwelchen Leib zu haben, ebenso brennen, wie jener Reiche in der Unterwelt brannte, als er sprach: «Ich leide Pein in dieser

Flamme», sähe ich nicht, daß man mir mit Recht erwidern würde, jene Flamme sei von derselben Beschaffenheit gewesen wie die Augen, die er aufschlug, als er Lazarus erblickte, wie die Zunge, die er sich gern ein wenig anfeuchten lassen wollte, und wie des Lazarus Finger, der ihm diese Erquickung bringen sollte. Gab es doch in der Unterwelt nur körperlose Seelen. So waren also unkörperlich sowohl jene Flamme, in der er brannte, als auch jenes Wassertröpfchen, um das er bat, ebenso wie die Gesichte Schlafender oder in Ekstase Befindlicher, die unkörperliche, jedoch in körperähnlicher Gestalt erscheinende Dinge schauen. Denn auch sich selber erblickt der Mensch, der im Geist und nicht im Körper solche Gesichte hat, in körperähnlicher Gestalt, so daß er keinerlei Unterschied merkt. Dagegen wird jene Hölle, die auch Feuer und Schwefelpfuhl heißt, ein körperliches Feuer sein und die Leiber der Verdammten peinigen, sowohl der Menschen als auch der Dämonen, die festgefügten der Menschen und die luftigen der Dämonen, oder nur die Menschenleiber mit ihren Geistern, die dämonischen körperlosen Geister aber in der Weise, daß sie von körperlichen Flammen, an die sie geheftet sind, Pein erdulden, ohne ihnen Leben zu verleihen. Denn sie kommen in ein und dasselbe Feuer, wie es die Wahrheit gesagt hat.

11. Ist es gerecht, daß schnell vollbrachte Sünde mit ewiger Strafe geahndet wird?

Nun aber halten manche von denen, gegen deren Angriffe wir den Gottesstaat verteidigen, es für ungerecht, daß jemand für Sünden, die vielleicht schwer sind, aber kurzfristig begangen, zu ewiger Strafe verdammt wird. Als ob die Gerechtigkeit irgendwelches Gesetzes es forderte, daß jeder nur so lange Zeit bestraft wird, wie seine Straftat Zeit in Anspruch nahm! Tullius schreibt, acht Arten von Strafen seien in den Gesetzen vorgesehen, Geldbuße, Gefängnis, Schläge, Wiedervergeltung, Ehrlosigkeit, Verbannung, Tod und Knechtschaft. Welche dieser Strafen beschränkt sich mit Rücksicht auf die Raschheit des Vergehens auf so kurze Zeit, daß sie nicht länger währte als die Verübung der Tat, außer etwa die Wiedervergeltung? Denn die läßt jeden dasselbe erleiden, was er getan. Daher jene Gesetzesvorschrift: «Auge um Auge, Zahn um Zahn.» Es kann ja sein, daß jemand durch die Strenge des Gesetzes ebenso rasch sein Auge verliert, wie er einen andern durch seinen Frevelmut darum gebracht hat. Dagegen, wenn es Rechtens ist, den einem fremden Weibe geraubten Kuß mit Rutenschlägen zu bestrafen, wird da nicht das Vergehen eines kurzen Augenblicks durch ungleich länger währende Züchtigung geahndet und ein flüchtiger Genuß mit langem Schmerz vergolten? Und wie? Soll man jeden nur so lange im Gefängnis sitzen lassen, wie die Tat währte, womit er sich diese Bestrafung verdiente? Ist es nicht durchaus gerecht, wenn ein Sklave zur Strafe jahrelang in Fesseln gelegt wird, der mit raschem Wort oder Schlag seinen Herrn beleidigt oder verletzt hat? Gleichen nicht vollends Geldbuße, Ehrlosigkeit, Verbannung, Knechtschaft, die meist nicht auf bestimmte Zeit, sondern für das ganze Leben auferlegt werden, in gewisser Weise den ewigen Strafen? Können sie doch nur darum nicht ewig sein, weil das Leben selbst, das mit solchen Strafen belastet wird, nicht ewig währt. Dennoch sind die Sünden, die mit Strafen von längster Zeitdauer geahndet werden, in kürzester Zeit begangen, und keinem Menschen fällt es ein zu urteilen, die Leiden der Übeltäter müßten ebenso schnell beendet werden, wie Mord oder Ehebruch oder Tempelraub oder sonst ein Verbrechen vollbracht wurde, dessen Schwere doch nicht nach der Zeitdauer, sondern nach der Größe der Bosheit und Gottlosigkeit zu bemessen ist. Und wenn jemand für ein schweres Verbrechen mit dem Tode bestraft wird, rechnen da etwa die Gesetze die kurze Zeit, die die

Hinrichtung in Anspruch nimmt, als Strafe und nicht vielmehr dies, daß sie ihn für immer aus dem Kreis der Lebenden ausschließen? Der Ausscheidung von Menschen aus dem vergänglichen Staat durch die Strafe des ersten Todes aber entspricht ihre Ausscheidung aus dem unvergänglichen Staat durch die Strafe des zweiten Todes. Denn so wenig die Gesetze des Erdenstaates verfügen, daß der Getötete wieder zu ihm zurückkehren möge, ebensowenig die Gesetze des himmlischen Staates, daß der Verdammte ins ewige Leben zurückkehre. Aber wie ist denn das wahr, wendet man ein, was euer Christus spricht: «Mit dem Maß, mit dem ihr messet, wird man euch wieder messen», wenn zeitliche Sünde mit ewiger Pein bestraft wird? Sie beachten nicht, daß hier von Gleichheit nicht wegen gleicher Zeitdauer die Rede ist, sondern wegen der Gleichheit des Bösen, so daß wer Böses getan hat, entsprechend auch Böses erleiden muß. Doch kann man dies Wort, wenn man den Zusammenhang ins Auge faßt, in dem der Herr es sprach – es ist vom Richten und Verdammen die Rede –, auch im eigentlichen Sinne verstehen. Also: Wer ungerecht richtet und verdammt und daraufhin gerecht gerichtet und verdammt wird, dem wird mit gleichem Maße vergolten, wenn auch die Strafe nicht dieselbe ist. Gericht war seine Tat, Gericht auch sein Leiden; tat er Unrecht, als er verdammte, ist es gerecht, daß er nun verdammt wird.

12. Der Abfall Adams verdiente ewige Strafe

Doch die ewige Strafe scheint menschlichen Sinnen darum hart und ungerecht, weil es bei der gegenwärtigen Schwäche der todverfallenen Sinne an dem Sinn für die höchste und reinste Weisheit fehlt, der zu erfassen imstande wäre, welch ein Frevel mit jener ersten Übertretung begangen ward. Denn je mehr der Mensch Gott genoß, um so größer seine Ruchlosigkeit, als er Gott verließ und ewiges Übel dadurch verdiente, daß er in sich das Gut zerstörte, das ewig hätte sein können. Deswegen ward auch die ganze Masse des menschlichen Geschlechts verdammt; denn der zuerst diesen Frevel beging, wurde mitsamt seiner in ihm wurzelnden Nachkommenschaft bestraft, so daß keiner von diesem gerechten und wohlverdienten Strafgericht gerettet wird, es sei denn durch erbarmende und unverdiente Gnade. Demnach ist im Menschengeschlecht eine Scheidung eingetreten, da an einigen kund wird, was die erbarmende Gnade vermag, an den andern, was die gerechte Strafe. Beides konnte ja nicht an allen kund werden. Denn wären alle in der Strafe der gerechten Verdammnis geblieben, hätte die erbarmende Gnade sich an keinem offenbart, und wiederum, würden alle aus der Finsternis ins Licht versetzt, könnte sich an keinem die Wahrheit der Vergeltung offenbaren. In diesem Zustand aber befinden sich weit mehr als in jenem, denn dadurch zeigt es sich, was alle verdient hätten. Würde allen entsprechend vergolten, könnte niemand mit Recht gegen die Gerechtigkeit dessen, der die Strafe verhängt, etwas einwenden, wenn aber gleichwohl so viele gerettet werden, muß man der freien Gnadengabe des Retters innigsten Dank sagen.

13. Von den reinigenden Strafen

Die Platoniker freilich wollen zwar, daß jede Sünde ihre Strafe finde, lassen aber alle Strafen zur Besserung dienen, mögen sie nun durch menschliche oder göttliche Gesetze auferlegt sein, mögen sie in diesem Leben sich auswirken oder auch, wenn jemand hier verschont bleibt oder trotz seiner Strafe sich nicht bessert, erst nach dem Tode. Hierher gehören jene Verse des Maro, in denen es zunächst von den Seelen heißt, die unter der Last der irdischen Leiber und der todverfallenen Glieder seufzen:

«Darum ist Furcht ihr Teil, Begierde, Schmerz auch und Freude,
niemals schaun sie empor, im finsteren Kerker verschlossen»,

um dann fortzufahren:

«Ja, selbst wenn mit dem Himmelslichte das Leben dahinschwand»,

das heißt also, wenn dies Erdenleben mit dem letzten Tage hinschwand,

«werden die Ärmsten nicht gänzlich los der Übel und Plagen,
welche dem Leib zu verdanken, und welche, wie es auch zuging,
unvermeidlich im Laufe der Zeit die Seele entstellten.
Büßen müssen sie drum, für einst begangene Sünden
Strafen dulden. So sieht man die einen hangend an Stricken
baumeln im Wind, die andern in wilde Strudel geworfen
oder in Feuersglut, die argen Flecken zu tilgen.»

Die so meinen, wollen nur von reinigenden Strafen nach dem Tode wissen, und zwar in der Art, daß man durch eins der Elemente, die höheren Ranges sind als Erde, nämlich Wasser, Luft und Feuer, vermittels sühnender Strafen von dem Makel gereinigt werde, den man sich durch irdische Befleckung zugezogen. Denn an die Luft ist gedacht, wenn es heißt: «Baumeln im Wind», an das Wasser bei den Worten: «In wilde Strudel geworfen», das Feuer aber wird ausdrücklich genannt, wenn von «Feuersglut» die Rede ist. Wir dagegen erkennen zwar ebenfalls für dies vergängliche Leben reinigende Strafen an, freilich nicht, wie sie diejenigen treffen, deren Leben dadurch nicht besser, sondern nur noch schlechter wird, sondern solche, die denen Reinigung wirken, die sich durch sie züchtigen und bessern lassen. Alle übrigen Strafen, sowohl zeitliche als auch ewige, werden, wie die göttliche Vorsehung es für jeden bestimmt, entweder für Sünden auferlegt, seien es frühere, seien es solche, in denen der Straffällige noch lebt, oder zur Erwerbung und Offenbarung von Tugenden. Vollstrecker aber sind Menschen und Engel, gute oder böse. Denn mag auch jemandem durch Ungerechtigkeit oder Irrtum eines anderen Übles widerfahren, so sündigt doch nur der Mensch, der ihm aus Unwissenheit oder Bosheit das Übel zufügt, nicht jedoch Gott, der es nach seinem gerechten, wenn auch verborgenen Gerichte geschehen läßt. Zeitliche Strafen aber erleiden die einen in diesem Leben, die andern nach dem Tode, noch andere jetzt und auch dann, jedoch vor jenem strengsten und letzten Gericht. Aber nicht alle, die nach dem Tode zeitliche Strafen erleiden, verfallen den ewigen Strafen, welche auf dies Gericht folgen. Denn, wie vorhin bereits gesagt, wird manchen im zukünftigen Leben vergeben, was in diesem noch nicht vergeben war, so daß sie nicht mit der ewigen Pein des zukünftigen Lebens bestraft werden.

14. *Das ganze Menschenleben ist Strafe und Plage*

Doch kommt es nur selten vor, daß Leute noch nicht in diesem Leben, sondern erst nach ihm Strafen zu erdulden haben. Immerhin hat es, wie ich selbst weiß und von anderen vernahm, einige gegeben, die bis ins höchste Greisenalter auch nicht das leichteste Fieber verspürt und ein ganz ruhiges Leben geführt haben. Im allgemeinen aber ist das Leben der Sterblichen lauter Strafe, weil es lauter Versuchung ist, wie es uns aus der Heiligen Schrift entgegentönt: «Ist nicht lauter Versuchung das menschliche Leben auf Erden?» Ist doch schon Unverstand und Unwissenheit keine geringe Strafe, und weil man mit Recht urteilt, daß sie zu fliehen sind, zwingt man die Knaben durch schmerzhafte Strafen, allerlei Künste und Wissenschaften zu lernen; ja das Lernen selbst, zu dem sie mit Strafen angehalten werden, erscheint ihnen so sehr als Strafe, daß sie bisweilen die Strafen, durch die man sie zum Lernen treibt, lieber auf sich nehmen als lernen. Wer aber würde nicht zurückschrecken und, vor die Wahl gestellt, entweder zu sterben oder noch einmal Kind zu werden, nicht lieber den Tod erwählen? Begrüßt doch das Kind nicht lachend, sondern weinend dies Tageslicht und weissagt damit unbewußt, welchen Übeln es entgegengeht. Nur Zoroaster soll bei seiner Geburt gelacht haben, aber dies unheimliche Lachen kündete ihm nichts Gutes an. Man sagt nämlich von ihm, er habe die Zauberkünste erfunden, die ihm aber nicht einmal das eitele Glück des gegenwärtigen Lebens gegen seine Feinde zu sichern vermochten. Denn als König der Baktrier ward er von Ninus, dem Assyrerkönig, im Kriege besiegt. Wahrlich, das Schriftwort: «Ein schweres Joch liegt auf den Adamskindern vom Tage an, da sie hervorgehen aus dem Mutterleibe, bis zu dem Tage, da man sie begräbt in der Mutter aller» muß so restlos in Erfüllung gehen, daß selbst kleine Kinder, die durch das Bad der Wiedergeburt von Erbsünde, der einzigen Fessel, die sie derzeit band, befreit wurden, viele Übel erdulden müssen, ja bisweilen den Anfällen böser Geister ausgesetzt sind. Doch das schadet ihnen nichts, selbst dann nicht, wenn sie bei zunehmendem und tödlich verlaufendem Leiden in diesem Alter aus dem Leben scheiden.

15. *Die umwandelnde Gottesgnade als Unterpfand des ewigen Friedens*

Ein verwunderliches Übel freilich, dies Leiden der Kinder! Es gehört auch zu dem schweren Joch, das den Adamskindern auferlegt ist, von dem Tage an, da sie hervorgehen aus dem Mutterleibe, bis zu dem Tage, da man sie begräbt in der Mutter aller. Es soll uns dazu helfen, nüchtern zu werden und einzusehen, daß infolge jenes furchtbaren, im Paradiese begangenen Frevels unser Leben zur Strafe geworden ist, und daß alles, was uns der Neue Bund bringt, lediglich abzielt auf das neue Erbteil in der neuen Welt. Hier empfangen wir nur ein Unterpfand dessen, was wir zu seiner Zeit erlangen sollen, jetzt wandeln wir in Hoffnung und töten fortschreitend von Tag zu Tage «durch den Geist des Fleisches Geschäfte». Denn «es kennt der Herr die Seinen», und «welche der Geist Gottes treibt, die sind Gottes Kinder», aber aus Gnade und nicht von Natur. Denn er, der allein von Natur Gottes Sohn war, ist um unseretwillen aus Barmherzigkeit Menschensohn geworden, daß wir, die wir von Natur Menschenkinder sind, durch ihn aus Gnaden Gotteskinder würden. Unwandelbar bleibend, nahm er von uns unsere Natur an, um sich unser anzunehmen, und, festhaltend an seiner Gottheit, ward er teilhaft unserer Schwachheit, daß wir, zum Besseren umgewandelt, unsere Sündhaftigkeit und Sterblichkeit durch Teilnahme an seiner Unsterblichkeit und Gerechtigkeit verlören und, was er in unserer Natur an Gutem schuf, durch das höchste Gut erfüllen ließen und in der Gutheit seiner Natur bewahrten. Denn wie wir durch einen Menschen, der sündigte, in dies tiefe Elend abgesunken sind, werden wir auch durch einen Menschen und Gott zugleich, der rechtfertigt, zu jenem hocherhabenen Gut aufsteigen. Niemand aber darf sich rühmen, er sei schon vom einen zum andern hinübergegangen, wenn er nicht dort angekommen ist, wo es keine Versuchung mehr gibt, wenn er nicht den Frieden gefunden hat, nach welchem man in den vielen und wechselvollen Kämpfen jenes Krieges strebt, in dem das Fleisch wider den Geist und den Geist wider das Fleisch gelüstet. Diesen Krieg gäbe es aber überhaupt nicht, wenn die menschliche Natur durch freien Willensentschluß bei der Rechtschaffenheit verblieben wäre, in der Gott sie schuf. Nun aber kämpft sie, die nicht glücklich im Frieden mit Gott leben wollte, unglücklich mit sich selbst, und obwohl dies ein jämmerliches Übel ist, ist es doch besser als der frühere Zustand dieses Lebens. Denn besser ist's, mit den Lastern zu kämpfen, als sie kampflos über sich herrschen zu lassen. Besser ist, sage ich, Krieg mit der Hoffnung auf ewigen Frieden als Knechtschaft, bei der an keine Befreiung zu denken ist. Wir möchten freilich auch dieses Krieges überhoben werden und sind entbrannt vom Feuer göttlichen Liebesverlangens, jenen Frieden voller Harmonie zu ergreifen, wo in unverrückbarer Festigkeit das Niedere dem Höheren unterworfen ist. Aber selbst wenn wir – schrecklicher Gedanke! – keine Hoffnung hätten auf solch hohes Gut, sollten wir lieber in der Qual dieses Kampfes verharren, als den Lastern widerstandslos die Herrschaft über uns einräumen.

16. Gottes Gnade auf den verschiedenen Altersstufen

Wie groß jedoch die Barmherzigkeit Gottes ist gegen «die Gefäße der Barmherzigkeit, die er zur Herrlichkeit bereitet hat», das kann man an der ersten Altersstufe des Menschen, der Kindheit, ersehen, die widerstandslos dem Fleische unterliegt, sowie auch an der zweiten, die man die frühe Jugend nennt. Denn auch in dieser hat die Vernunft den Kampf noch nicht aufgenommen und unterliegt fast allen verkehrten Lockungen. Wenn solch ein größeres Kind auch schon sprechen kann und darum der eigentlichen Kindheit entwachsen zu sein scheint, ist doch die Schwachheit seines Geistes nicht imstande, den Ernst des Gebotes zu erfassen. Gleichwohl, wenn es nur die Sakramente des Mittlers empfangen hat, wird es bei Beendigung des Lebens in diesem Alter aus der Macht der Finsternis in das Reich Christi versetzt und nicht nur keineswegs den ewigen Strafen überliefert, sondern nicht einmal reinigende Strafen nach dem Tode erdulden. Denn die geistliche Wiedergeburt allein genügt in diesem Falle, um nach dem Tode unschädlich zu machen, was man sich durch die fleischliche Erzeugung zugleich mit dem Tode zugezogen hat. Hat man jedoch das Lebensalter erreicht, in welchem man das Gebot bereits zu erfassen und dem Befehl des Gesetzes zu gehorchen vermag, muß der Kampf mit den eigenen Fehlern aufgenommen und mit Nachdruck geführt werden, damit es nicht zu verdammlichen Sünden kommt. Sind diese Fehler noch nicht durch oft wiederholten Sieg erstarkt, kann man sie leichter besiegen und zum Weichen bringen; haben sie sich aber bereits daran gewöhnt, zu siegen und zu herrschen, kann man sie nur mit Mühe und Not überwinden. Das geschieht in Wahrheit und Lauterkeit nur durch Wohlgefallen an der wahren Gerechtigkeit, das eine Frucht des Glaubens an Christus ist. Denn wenn zwar das Gesetz mit seinem Befehl zur Stelle ist, aber der Geist mit seiner Hilfe fehlt, wächst die Lust an der Sünde durch das Verbot und gewinnt den Sieg. Dann kommt also noch die Schuld der Übertretung hinzu. Bisweilen werden auch offenkundige Laster durch andere geheime Laster besiegt, die man für Tugenden hält, in denen jedoch der Hochmut triumphiert und eine sich brüstende, aber zu Fall bringende Selbstgefälligkeit. Dann erst darf man also diese Laster für besiegt erachten, wenn sie durch Gottesliebe besiegt werden, die nur Gott verleiht, und die Gott nur verleiht durch den Mittler zwischen Gott und den Menschen, den Menschen Christus Jesus, der an unserer Sterblichkeit teilnahm, um uns an seiner Gottheit teilnehmen zu lassen. Doch nur sehr wenige haben das große Glück, vom Beginn der eigentlichen Jugend an keine verdammlichen Sünden zu begehen, weder durch Laster noch durch Übeltaten noch durch Verstrickung in abscheulichen und gottlosen Irrwahn, sondern in der Kraft reichlich verliehenen Geistes alles zu unterdrücken, was sie durch Fleischeslust knechten will. Die meisten dagegen vernehmen das Gebot des Gesetzes, werden aber zunächst infolge der Übermacht der Leidenschaften besiegt, fallen in Übertretung und nehmen dann erst zur hilfreichen Gnade ihre Zuflucht. Wenn sie sodann bitter bereuen und kraftvoll kämpfen und ihren Geist zuerst zum Knechte Gottes und dadurch auch zum Herrn des Fleisches machen, erlangen sie den Sieg. Wer also den ewigen Strafen entrinnen will, lasse sich nicht nur taufen, sondern auch durch Christus rechtfertigen und vollziehe so in Wahrheit den Übergang vom Teufel zu Christus. Auf reinigende Strafen aber rechne niemand, es sei denn vor jenem letzten, furchtbaren Gericht. Doch soll man nicht bestreiten, daß auch das ewige Feuer nach dem verschiedenen Grade der Verschuldung den einen leichtere, den anderen schwerere Pein schaffen wird, sei es, daß seine Gewalt und Hitze nach eines jeden verdienter Strafe sich richtet, sei es, daß es überall in gleicher Weise brennt, aber nicht mit gleicher Qual gefühlt wird.

17. *Das falsche Mitleid derer, die nicht an ewige Höllenstrafen glauben*

Nun muß ich mich wohl noch in friedlichem Disput mit unseren mitleidigen Seelen auseinandersetzen, die nicht glauben wollen, daß allen, welche nach dem Urteil des gerechtesten Richters Höllenstrafen verdient haben, oder auch nur manchen von ihnen, ewige Pein bestimmt sei, sondern daß sie nach Verlauf einer gewissen je nach der Schwere der Sünde eines jeden bemessenen längeren oder kürzeren Zeit daraus befreit werden würden. In diesem Punkte war Origenes wahrlich noch mitleidiger, denn er glaubte, sogar der Teufel und seine Engel würden nach einer ihrer Schuld entsprechenden härteren und länger dauernden Bestrafung diesen Qualen entrissen und den heiligen Engeln zugesellt werden. Doch ihn hat die Kirche aus diesem und noch einigen anderen Gründen, vor allem aber, weil er einen unaufhörlichen Wechsel von Seligkeit und Unseligkeit und ein endloses Hin- und Her in bestimmten Zeiträumen vom einen zum andern annahm, mit Fug und Recht verworfen. Hat er doch auch seine scheinbare Barmherzigkeit dadurch verleugnet, daß er den Heiligen wahre Unseligkeit bescherte, in der sie Strafen abzubüßen hätten, dazu falsche Seligkeit, in der ihnen wahre und sichere, mit andern Worten, von Furcht befreite und gewisse Freude am ewigen Gut versagt bleiben sollte. Ganz anders verhält sich's allerdings mit dem aus menschlichem Mitgefühl fließenden Erbarmen derer, nach deren Dafürhalten die in jenem Gericht verdammten Menschen zwar zeitweise Elend zu erdulden haben werden, aber zuletzt nach kürzerer oder längerer Frist doch alle zu ewiger Glückseligkeit erlöst werden sollen. Wenn diese Ansicht deswegen gut und wahr ist, weil sie mitleidig ist, wird sie, je mitleidiger, um so besser und wahrer sein. Man lasse also die Flut dieses Mitleids noch weiter und mächtiger strömen bis zu den verdammten Engeln, die dann gleichfalls nach beliebig vielen und lang sich dehnenden Zeitaltern zu befreien wären. Denn warum ergießt sie sich zwar über die ganze Menschenwelt, trocknet aber alsbald ein, wenn sie zu den Engeln gelangt? Man wagt freilich nicht, das Mitleid noch weiter ausgreifen zu lassen und auch die Rettung des Teufels selber ins Auge zu fassen. Sollte es trotzdem einer wagen, würde er die anderen allerdings in Schatten stellen. Aber es ist vielmehr so: Um so schmählicher und um so mehr klaren Gottesworten zuwider irrt man, je milder man zu empfinden sich schmeichelt.

18. Sollte Gott um der Fürbitte der Heiligen willen niemanden verdammen?

Auch solche gibt es – ich habe sie selbst in Gesprächen kennengelernt –, welche die heiligen Schriften zu ehren scheinen, während doch ihr Lebenswandel Tadel verdient, und die ihren eigenen Vorteil im Auge haben, wenn sie Gott noch weit größere Barmherzigkeit gegen das Menschengeschlecht zuschreiben als die vorhin Erwähnten. Denn sie geben zu, den bösen und ungläubigen Menschen sei in der Schrift wohl in Wahrheit vorausgesagt, was sie verdient haben, komme es jedoch zum Gericht, werde die Barmherzigkeit das letzte Wort behalten. Denn, so sagt man, der barmherzige Gott wird sie auf die Bitte und Fürsprache seiner Heiligen hin freigeben. Wenn diese nämlich schon für sie baten, als sie noch ihre Feindschaft erdulden mußten, wie viel mehr dann, wenn sie sie nun demütig und flehend am Boden hingestreckt sehen! Es wäre doch unglaublich, sagt man, daß das Herz der Heiligen gerade dann mitleidslos geworden sein sollte, wenn sie die reinste und vollkommenste Heiligkeit erlangt haben, und daß sie, die einstmals, als sie selbst noch nicht ohne Sünde waren, für ihre Feinde baten, gerade dann, wenn soeben alle Sünde von ihnen genommen ist, nicht für die ihr Erbarmen Heischenden bitten sollten. Oder sollte Gott gerade jetzt seine Kinder – so viele, so fromme Kinder! – nicht erhören, wenn ihre vollkommene Heiligkeit jedes Gebetshindernis aus dem Wege geräumt hat? Zwar nehmen auch die anderen, welche die ungläubigen und gottlosen Menschen lange Zeit gepeinigt und dann erst von allen Übeln befreit werden lassen, das folgende Psalmwort für sich in Anspruch: «Wird Gott etwa vergessen, gnädig zu sein, und im Zorn sein Erbarmen verschließen?» Aber noch mehr die, von welchen nun die Rede ist. Sein Zorn besteht, sagen sie, darin, daß alle, die der ewigen Seligkeit unwert sind, durch seinen Urteilsspruch zu ewiger Pein verdammt werden. Aber würde er diese Pein lange währen oder auch nur wirklich eintreten lassen, müßte er doch unfraglich im Zorn sein Erbarmen verschließen, und das ist's gerade, was er nach dem angeführten Psalmwort nicht tun wird. Denn da heißt es nicht: Wird er im Zorn sein Erbarmen lange verschließen?, sondern wir hören, daß er es überhaupt nicht verschließen wird.

Sie wollen auch nicht zugeben, daß Gottes Drohung mit dem Gericht dadurch lügenhaft werde, daß er tatsächlich niemanden der Verdammnis überliefere. Ebensowenig könne hier von einer Lüge die Rede sein wie bei jener Drohung, er werde die Stadt Ninive zerstören. Auch das, sagen sie, sei nicht eingetroffen, obwohl er es bedingungslos vorausgesagt. Gott sprach ja nicht: «Ninive wird zerstört werden, wenn seine Bewohner keine Buße tun und sich bessern», sondern die künftige Zerstörung der Stadt wird ohne diesen Zusatz angekündigt. Die Drohung ist nach ihrem Dafürhalten darum wahrhaftig, weil Gott voraussagte, was sie wahrhaft verdient hatten, wenn er es auch nicht zur Ausführung bringen wollte. Denn wenn er sie auch, heißt es, um ihrer Buße willen verschonte, wußte er doch, daß sie Buße tun würden, und sagte trotzdem mit voller Sicherheit und Bestimmtheit ihren künftigen Untergang voraus. So entsprach es, sagt man weiter, der Strenge des gerechten Richters – denn sie hatten es verdient –, aber nicht der Güte des Erbarmens. Denn er verschloß sein Erbarmen nicht im Zorn, sondern verschonte die Bittflehenden mit der Strafe, die er den Halsstarrigen angedroht hatte. Wenn er also, fährt man fort, damals Schonung übte, obwohl er dadurch, wie er wußte, seinen heiligen Propheten betrüben würde, wie viel mehr wird er dereinst die noch kläglicher Flehenden verschonen, wenn alle seine Heiligen solche Schonung erbitten! Doch sei, so meinen sie, diese Vermutung ihres Herzens von der göttlichen Schrift darum nicht klar ausgesprochen, damit viele sich aus Furcht vor langen und wohl gar ewigen Strafen bekehren möchten und es solche gebe, die für die Unbekehrten Fürbitte einlegen. Doch sind sie der Ansicht, auch die Heilige Schrift schweige nicht gänzlich hierüber. Denn was sonst kann, sagen sie, das Schriftwort bedeuten: «Wie sehr groß ist deine Süßigkeit, die du verborgen hast denen, die dich fürchten», wenn nicht dies, daß wir einsehen sollen, um der notwendigen Furcht willen sei Gottes große und geheime Süßigkeit verborgen? Sie fügen noch hinzu, der Apostel habe darum geschrieben: «Gott hat alles unter den Unglauben beschlossen, um sich aller zu erbarmen», weil er damit andeuten wollte, Gott werde niemanden verdammen. Doch wollen die Vertreter dieser Ansicht ihre Mutmaßung nicht bis zur Erlösung oder Nichtverdammung des Teufels und seiner Engel weitertreiben. Denn es beseelt sie nur das menschliche Mitgefühl mit Menschen, und zu allermeist denken sie an ihren eigenen Vorteil, da sie sich von der allumfassenden Barmherzigkeit Gottes gegen das Menschengeschlecht fälschlich Straflosigkeit ihrer eigenen Sittenverderbnis versprechen. So werden sie im Preis der göttlichen Barmherzigkeit von denen noch überboten, die solche Straflosigkeit auch dem Fürsten der Dämonen und seinen Trabanten in Aussicht stellen.

19. Oder werden wenigstens alle getauften Christen, die am Abendmahl teilgenommen haben, selig?

Noch andere gibt es, die zwar gewiß nicht allen Menschen Rettung von der ewigen Pein versprechen, aber doch den durch die Taufe Christi Gereinigten, die seinen Leib genossen haben, sie mögen nun gelebt haben, wie sie wollen, und jeder möglichen Ketzerei oder Gottlosigkeit verfallen sein. Denn Jesus hat ja gesagt: «Dies ist das Brot, das vom Himmel kommt, auf daß, wer davon ißt, nicht sterbe. Ich bin das lebendige Brot, vom Himmel gekommen. Wer von diesem Brot essen wird, der wird leben in Ewigkeit.» Diese müssen also, sagen sie, unweigerlich dem ewigen Tode entrissen und irgendwann dem ewigen Leben zugeführt werden.

20. Oder doch alle, die Taufe und Abendmahl in der katholischen Kirche empfingen?

Desgleichen gibt es Leute, die das nicht allen Empfängern des Sakraments der Taufe Christi und seines Leibes, sondern nur den Katholiken, mögen sie auch ein schlechtes Leben führen, in Aussicht stellen. Denn sie haben, sagt man, nicht nur im Sakrament, sondern in Wirklichkeit den Leib Christi genossen, da sie seinem Leibe eingegliedert wurden, von dem der Apostel spricht: «Ein Brot ist's, so sind wir viele ein Leib.» Daraus soll dann folgen, daß sie, auch bei späterem Fall in Ketzerei oder wohl gar in heidnischen Götzendienst, nur darum, weil sie im Leibe Christi, nämlich der katholischen Kirche, die Taufe empfangen und den Leib Christi genossen haben, nicht ewig sterben, sondern irgendwann das ewige Leben erlangen werden. So würde all ihre Gottlosigkeit, und wäre sie noch so groß, ihnen nicht ewige, sondern nur langdauernde und schwere Strafen zuziehen.

21. Oder zum mindesten alle, die sich nicht von der katholischen Kirche trennten?

Auch an solchen fehlt es nicht, die um des Schriftworts willen: «Wer beharret bis ans Ende, der wird selig werden» dies nur denen verheißen, die in der katholischen Kirche verharren, auch wenn sie in ihr ein schlechtes Leben führen. Sie sollen dann in Kraft des gelegten Grundes durchs Feuer gerettet werden. Denn der Apostel spricht: «Einen andern Grund kann niemand legen außer dem, der gelegt ist, welcher ist Christus Jesus. Wenn aber jemand auf diesen Grund baut Gold, Silber, edle Steine, Holz, Heu, Stoppeln, so wird eines jeglichen Werk offenbar werden; der Tag wird's klarmachen. Denn er wird mit Feuer anbrechen, und welcher Art eines jeglichen Werk ist, wird das Feuer bewähren. Wird jemandes Werk, das er darauf gebaut hat, Bestand haben, wird er Lohn empfangen. Wird aber jemandes Werk verbrennen, so wird er Schaden leiden; er selbst aber wird gerettet werden, jedoch so wie durchs Feuer.» Man sagt also, ein katholischer Christ, wie auch sein

Lebenswandel sein möge, habe Christus als Grundlage, eine Grundlage, die aller Häresie fehle, da sie von der Einheit seines Leibes getrennt sei. Um dieser Grundlage willen, meint man, werde ein katholischer Christ auch trotz schlechter Lebensführung, also wenn er gewissermaßen Holz, Heu und Stoppeln darauf gebaut habe, durchs Feuer gerettet, werde demnach nach Erleiden der Strafe jenes Feuers, das beim Letzten Gericht die Bösen strafen wird, erlöst.

22. Oder endlich alle, die Werke der Barmherzigkeit übten?

Wie ich erfahren habe, glauben auch manche, nur diejenigen würden in ewiger Feuerspein leiden, die es versäumten, zur Sühne ihrer Sünden die nötigen Werke der Barmherzigkeit zu verrichten, nach jenem Worte des Apostels Jakobus: «Ein unbarmherziges Gericht wird über den ergehen, der nicht Barmherzigkeit geübt hat.» Wer sie also geübt hat, sagen sie, der wird, auch wenn er sich nicht gebessert, sondern bei all seiner Wohltätigkeit gottlos und abscheulich gelebt hat, milde gerichtet werden. Entweder wird er gar nicht mit Verdammnis bestraft, oder nach kürzerer oder längerer Frist von der Verdammnis wieder erlöst werden. Daher, so meinen sie, habe auch der Richter der Lebendigen und Toten in seinen Worten an die zur Rechten, denen er das ewige Leben geben, und an die zur Linken, die er zur ewigen Pein verdammen wird, nichts anderes erwähnen wollen als die geübten oder nicht geübten Werke der Barmherzigkeit. Hierher gehöre auch, fahren sie fort, die tägliche Bitte im Gebet des Herrn: «Vergib uns unsere Schulden, wie auch wir unsern Schuldigern vergeben.» Denn wer dem, der wider ihn gesündigt, verzeiht und die Sünde vergibt, übt ohne Frage Erbarmen. Der Herr selbst hat das mit folgenden Worten bekräftigt: «Denn so ihr den Menschen ihre Fehler vergebet, wird euch euer Vater eure Fehler auch vergeben; so ihr aber den Menschen ihre Fehler nicht vergebet, wird auch euer himmlischer Vater euch nicht vergeben.» Auf diese Art von Wohltätigkeit bezieht sich auch das Wort des Apostels Jakobus von dem künftigen unbarmherzigen Gericht über den, der keine Barmherzigkeit geübt hat. Auch spricht der Herr, sagen sie, nicht von großen oder kleinen Sünden, sondern einfach: Euer Vater wird euch eure Sünden vergeben, wenn ihr den Menschen vergebt. So meinen sie denn, auch denen, die bis zum letzten Lebenstage lasterhaft lebten, werde täglich kraft dieses Gebets alle Sünde, wie groß sie auch sei, vergeben, wie ja auch das Gebet sich täglich wiederhole. Nur müsse man darauf Bedacht nehmen, denen, die einen durch irgendwelche Sünde gekränkt haben und um Verzeihung bitten, von Herzen zu vergeben. Auf all das will ich noch mit Gottes Hilfe antworten und dann dies Buch abschließen.

23. *Die ewige Pein des Teufels und der bösen Menschen*

Zuerst müssen wir danach fragen und es verstehen, warum die Kirche die Rede der Leute nicht ertragen kann, die sogar dem Teufel, freilich erst nach schwersten und langwierigsten Strafen, Reinigung und Verzeihung verspricht. Keineswegs nämlich haben so viele Heilige und Kenner der alten und neuen Schriften irgendwelchen, sei's noch so vielen Engeln die Läuterung und Seligkeit im Himmelreich nach allerlei Qualen mißgönnt, sondern sie waren sich darüber klar, daß der göttliche Richterspruch nicht entleert und abgeschwächt werden darf, den der Herr, wie er vorausgesagt, fällen wird: «Geht weg von mir, ihr Verfluchten, in das ewige Feuer, das bereitet ist dem Teufel und seinen Engeln», womit deutlich zum Ausdruck gebracht ist, daß der Teufel und seine Engel im ewigen Feuer brennen werden, und ebensowenig das Wort der Offenbarung: «Der Teufel, der sie verführte, ward geworfen in den

Feuer- und Schwefelpfuhl, wo auch das Tier und der Lügenprophet ist; und sie werden gepeinigt werden Tag und Nacht von Ewigkeit zu Ewigkeit.» Heißt es in dem ersten Spruche «ewig», so in dem zweiten «von Ewigkeit zu Ewigkeit», und mit diesen Worten pflegt die Heilige Schrift nur das zu bezeichnen, was zeitlich kein Ende nimmt. So muß denn wahre Frömmigkeit fest und unbeugsam darauf bestehen, daß es für den Teufel und seine Engel keine Rückkehr zur Gerechtigkeit und zum Leben der Heiligen gibt, weil – kein anderer Grund, der gerechter und einleuchtender wäre, läßt sich angeben – die Schrift, die niemals trügt, es sagt, Gott habe sie nicht verschont, und sie seien von ihm einstweilen dadurch vorbestraft, daß sie, in die finsteren Kerker der Unterwelt verstoßen, zur endgültigen Bestrafung beim Letzten Gericht aufbewahrt werden. Dann aber erwarte sie das ewige Feuer, in dem sie von Ewigkeit zu Ewigkeit gepeinigt werden sollen. Wie können, wenn sich das so verhält, von dieser ewigen Pein alle oder auch einige Menschen, sei's auch nach so langer Zeit, befreit werden, ohne daß sogleich auch der Glaube hinschwindet, daß das Strafgericht der Dämonen ein ewiges sein werde? Denn wenn die, zu denen gesagt wird: «Gehet weg von mir, ihr Verfluchten, in das ewige Feuer, das bereitet ist dem Teufel und seinen Engeln» entweder sämtlich oder doch teilweise nicht immer darin bleiben werden, warum soll man das nicht auch vom Teufel und seinen Engeln glauben? Oder sollte Gottes Urteil, das über die bösen Engel und Menschen ergeht, nur bezüglich der Engel wahr sein, bezüglich der Menschen aber falsch? So wäre es in der Tat, wenn menschliche Vermutung mehr gelten würde als das göttliche Wort. Wenn das ausgeschlossen ist, darf, wer dem ewigen Strafgericht entgehen will, nicht gegen Gott vernünfteln, sondern er muß, solange es noch Zeit, dem göttlichen Befehl gehorchen. Sodann, wie kann man die ewige Pein nur für ein lange Zeit quälendes Feuer halten, dagegen das ewige Leben für endlos, da doch Christus in einem und demselben Ausspruch beides zusammenfaßt, wenn er spricht: «Sie werden in die ewige Pein gehen, die Gerechten aber in das ewige Leben?» Ist beides ewig, so ist unweigerlich auch beides entweder langwährend, aber endlich, oder beides immerwährend und endlos. Denn beides ist auf gleiche Stufe gestellt, hier die ewige Pein, dort das ewige Leben. Aber trotz der offenbaren Sinngleichheit des Wortes «ewig» zu sagen, das ewige Leben werde kein Ende haben, wohl aber die ewige Pein, das wäre doch zu toll. Also, weil das ewige Leben der Heiligen endlos ist, wird auch unfraglich die ewige Pein für die, welche ihr verfallen, kein Ende nehmen.

24. *Widerlegung der Ansicht, daß Gott auf Fürbitte der Heiligen alle Sünder beim Gericht begnadigen werde*

Das ist auch gegen diejenigen zu sagen, die aus selbstsüchtigen Gründen und in scheinbar größerer Barmherzigkeit gegen die Worte Gottes anzugehen sich herausnehmen und behaupten, die Worte, die den Menschen ihre Strafe ankündigen, seien zwar deshalb wahr, weil sie die Strafe verdient hätten, aber nicht weil sie sie tatsächlich erleiden müßten. Denn, so heißt es, Gott wird sie auf Fürsprache seiner Heiligen begnadigen, die auch dann für ihre Feinde bitten, und zwar um so inständiger, je heiliger sie nun sind, und ihr Gebet wird noch wirksamer und der Erhörung würdiger sein, weil sie nun überhaupt keine Sünde mehr haben. Aber warum bitten sie dann in ihrer vollkommenen Heiligkeit und mit ihren reinen, mitleidsvollen Gebeten, denen nichts versagt werden kann, auch für die Engel, denen das ewige Feuer bereitet ist, Gott möge seinen Urteilsspruch mildern, so daß er gnädiger ausfällt, und sie vor diesem Feuer bewahrt bleiben? Oder sollte es tatsächlich irgendwen geben, der kühnlich behauptet, auch das werde geschehen und die heiligen Engel mitsamt den heiligen Menschen, die dann den Engeln Gottes gleichen, würden für die zur Verdammnis bestimmten Engel und Menschen fürbittend eintreten, daß sie aus Barmherzigkeit nicht zu erdulden brauchten, was sie in Wahrheit zu erdulden verdienten? Doch das hat noch nie ein Rechtgläubiger gesagt, wird es auch niemals sagen. Sonst wäre ja nicht abzusehen, warum nicht auch jetzt schon die Kirche Gottes für den Teufel und seine Engel bitten sollte, da der Lehrer Gottes sie anhielt, für ihre Feinde zu beten. Derselbe Grund, der die Kirche veranlaßt, jetzt nicht für die bösen Engel zu bitten, die sie als ihre Feinde kennt, wird sie auch an jenem Gerichtstage hindern, so vollkommen ihre Heiligkeit dann auch ist, für die dem ewigen Feuer verfallenen Menschen einzutreten. Jetzt freilich bittet sie für Menschen, die ihr feind sind, weil es noch Zeit zu fruchtbringender Buße ist. Denn das ist ihr Hauptanliegen, welches sie zum Gebet treibt, daß Gott ihnen, wie der Apostel sagt, «Buße gebe und sie zur Besinnung kommen und den Schlingen des Teufels entrinnen, der sie gefangen hält nach seinem Willen». Wüßte sie übrigens von einigen, die jetzt noch leben, mit voller Sicherheit, daß sie vorherbestimmt sind, mit dem Teufel in das ewige Feuer zu fahren, würde sie für diese ebensowenig beten wie für ihn. Weil sie jedoch von niemandem diese Gewißheit hat, bittet sie für alle ihr feindlich gesinnten Menschen, die noch im Leibe sich befinden, wird freilich nicht für alle erhört. Denn erhört wird sie nur für die, die zwar der Kirche noch widerstreben, aber vorherbestimmt sind, auf Grund der erhörten Fürbitte der Kirche zu Söhnen der Kirche zu werden. Handelt es sich aber um solche, die bis zum Tode ein unbußfertiges Herz behalten und sich nicht aus Feinden zu Söhnen umwandeln, bittet die Kirche etwa auch für sie, mit anderen Worten für die Seelen solcher Verstorbener? Gewiß nicht, und warum? Weil der schon an die Seite des Teufels gehört, wer sich nicht, solange er noch im Leibe weilte, zu Christus bekehrte.

Man betet also aus demselben Grunde alsdann nicht für die dem ewigen Feuer verfallenden Menschen, aus welchem man weder jetzt noch alsdann für die bösen Engel betet, und derselbe Grund ist es auch, der es schon jetzt verwehrt, für verstorbene Ungläubige und Gottlose zu beten, wenn es sich auch um Menschen handelt. Wohl wird das Gebet, sei es der Kirche selbst, sei es frommer Christen, für manche Verstorbene erhört, doch nur für solche, die in Christus wiedergeboren sind und während ihres Erdenlebens kein so schlechtes Leben geführt haben, daß man sie des Erbarmens für unwert halten muß, aber auch kein so gutes, daß sie solches Erbarmen nicht nötig hätten. So wird es auch nach der Auferstehung der Toten nicht an solchen fehlen, denen nach Abbüßung der Strafen, welchen ihre Seelen dann noch unterworfen sind, Barmherzigkeit zuteil wird, so daß sie nicht ins ewige Feuer geworfen werden. Denn es könnte nicht wahrheitsgemäß von etlichen gesagt werden, daß sie weder in dieser noch in der zukünftigen Welt Vergebung finden, wenn es nicht auch solche gäbe, die zwar nicht in dieser, wohl aber der zukünftigen Welt Vergebung finden. Doch wenn einmal der Richter der Lebendigen und Toten gesprochen hat: «Kommt her, ihr Gesegneten meines Vaters, und ererbet das Reich, das euch bereitet ist von Anbeginn der Welt», dann zu den anderen: «Geht weg von mir, ihr Verfluchten, in das ewige Feuer, das bereitet ist dem Teufel und seinen Engeln», und sie dann hingegangen sind, diese in die ewige Pein, die Gerechten aber in das ewige Leben, wäre es doch allzu vermessen, wollte man behaupten, daß einer von denen, welchen Gott ewige Pein angekündigt hat, der ewigen Pein entrinnen könnte. Diese Vermessenheit würde ja zur Folge haben, daß man auch am ewigen Leben verzweifeln oder doch zweifeln müßte.

Niemand also darf das Psalmwort: «Wird Gott etwa vergessen, gnädig zu sein, und im Zorn sein Erbarmen verschließen?» so verstehen, daß die Vermutung gerechtfertigt erschiene, Gottes Urteilsspruch über die guten Menschen sei wahr, der über die Bösen aber unwahr, oder der über die guten Menschen und bösen Engel sei wahr, aber der über die bösen Menschen unwahr. Denn was der Psalm sagt, bezieht sich auf die Gefäße der Barmherzigkeit und die Söhne der Verheißung, deren einer der Prophet selbst war. Er läßt nämlich auf die Worte: «Wird Gott etwa vergessen, gnädig zu sein, und im Zorn sein Erbarmen verschließen?» sogleich die weiteren folgen: «Und ich sprach: Jetzt beginnt's; das ist der Wandel durch die Rechte des Herrn.» Damit erläutert er das vorher Gesagte: «Wird er im Zorn sein Erbarmen verschließen?» Denn unter Gottes Zorn steht auch dies sterbliche Leben, wo der Mensch der Nichtigkeit gleich geworden ist und seine Tage wie ein Schatten dahinfahren. Doch in diesem Zorn vergißt Gott sein Erbarmen nicht, sondern läßt seine Sonne aufgehen über die Guten und Bösen und regnen über die Gerechten und Ungerechten, verschließt demnach sein Erbarmen nicht im Zorn. Zumal nicht, wenn wir an das denken, was der Psalm mit den Worten meint: «Jetzt beginnt's; das ist der Wandel durch die Rechte des Herrn», denn mitten in diesem drangsalvollen Leben, über dem Gottes Zorn liegt, wandelt er die Gefäße der Barmherzigkeit zum Bessern, wenn auch im Elend dieser Vergänglichkeit sein Zorn bestehen bleibt. Denn er verschließt sein Erbarmen selbst im Zorne nicht. Wenn also auf diese Weise die Wahrheit jenes göttlichen Psalmwortes zu ihrem Rechte kommt, muß man es nicht auch da anwenden, wo von der Bestrafung der nicht zum Gottesstaat Gehörenden mit ewiger Pein die Rede ist. Aber die, welche diesen Ausspruch auch auf die Qualen der Gottlosen beziehen möchten, sollten ihn wenigstens so verstehen, daß Gott sogar in dem Zorn, der mit dem ewigen Strafgericht angekündigt ist und bestehen bleibt, sein Erbarmen nicht verschließt und die Verdammten nicht mit solcher Härte peinigt, wie sie es verdient haben. Es ist dann also nicht so gemeint, daß sie diese Strafen nie zu erdulden brauchten oder schließlich ihrer überhoben würden, sondern die Strafen würden milder und leichter sein, als es ihnen eigentlich zukäme. So würde der Zorn Gottes bestehen bleiben, ohne daß Gott in diesem seinem Zorn sein Erbarmen verschlösse. Doch will ich diese Auslegung, gegen die ich nichts einzuwenden habe, nicht als allein möglich ausgeben.

Im übrigen werden diejenigen, welche meinen, mehr zur Abschreckung als zur Vollstreckung seien Worte wie diese gesagt: «Gehet weg von mir, ihr Verfluchten, in das ewige Feuer», oder: «Sie werden gepeinigt werden von Ewigkeit zu Ewigkeit», oder: «Ihr Wurm stirbt nicht, und ihr Feuer erlischt nicht», nicht sosehr von mir wie von der göttlichen Schrift selbst aufs klarste und überzeugendste zurückgewiesen und widerlegt. Denn die Niniviten taten in diesem Leben Buße, die darum auch fruchtbringend sein konnte; sie säten gleichsam auf dem Acker, auf dem man nach Gottes Willen mit Tränen säen soll, um später mit Freuden zu ernten. Dennoch kann niemand leugnen, daß auch an ihnen der Herr seine Voraussage wahr gemacht hat, man müßte sonst übersehen, daß Gott die Sünder nicht bloß in seinem Zorn, sondern auch in seinem Erbarmen vertilgt. Denn Sünder werden auf zweierlei Weise vertilgt, entweder so wie die Sodomiter, indem die Menschen selbst für ihre Sünden gestraft werden, oder wie die Niniviten, indem die Sünden der Menschen durch Buße ausgerottet werden. Was Gott vorhersagte, ist also geschehen. Vertilgt ward das Ninive, das böse war, und das gute erbaut, das noch nicht da war. Denn trotz unbeschädigter Mauern und Häuser ward die Stadt der Sittenverderbnis vertilgt. Und so ward, obwohl der Prophet selber trauerte, weil nicht eingetroffen war, was die Leute auf Grund seiner Weissagung fürchteten, doch das wahr, was Gott vorausschauend angekündigt hatte. Denn er, der es ankündigte, wußte es auch zum besten zu wenden.

Um nun aber den Sinn jenes Schriftwortes: «Wie sehr groß ist, Herr, deine Süßigkeit, die du verborgen hast denen, die dich fürchten» recht zu verstehen, mögen unsere verkehrt Barmherzigen die darauf folgenden Worte lesen: «Die du aber denen erweisest, die auf dich hoffen.» Was heißt das: «Du hast sie verborgen denen, die fürchten, und erweisest sie denen, die hoffen» anders, als daß denen, welche aus Furcht vor Strafen ihre eigene Gerechtigkeit, nämlich die des Gesetzes, aufrichten wollen, die Gerechtigkeit Gottes nicht süß ist, weil sie sie nicht kennen? Denn sie haben sie nicht geschmeckt. Sie hoffen ja auf sich, nicht auf ihn, und darum bleibt ihnen die große Süßigkeit Gottes verborgen. Sie fürchten Gott zwar, aber mit jener knechtischen Furcht, die nicht in Liebe ist, denn «völlige Liebe treibt die Furcht aus». Deshalb erweist er denen, die auf ihn hoffen, seine Süßigkeit, indem er ihnen seine Liebe einflößt, auf daß sie in keuscher Furcht, die die Liebe nicht austreibt, sondern «die ewiglich bleibt», sich im Herrn rühmen, wenn sie sich rühmen. Denn Gottes Gerechtigkeit ist Christus, «welcher uns», wie der Apostel sagt, «gemacht ist von Gott zur Weisheit und zur Gerechtigkeit und zur Heiligung und zur Erlösung, auf daß, wie geschrieben steht, wer sich rühmt, im Herrn sich rühme». Diese Gerechtigkeit Gottes, die uns die Gnade ohne alle Verdienste verleiht, kennen sie nicht, da sie ihre eigene Gerechtigkeit aufrichten wollen, und sind darum der Gerechtigkeit Gottes, welche Christus ist, nicht unterworfen. In dieser Gerechtigkeit liegt die so große Süßigkeit Gottes, derenthalben es im Psalm heißt: «Schmecket und sehet, wie süß der Herr ist.» Wir schmecken sie zwar schon jetzt auf dieser unserer Pilgerfahrt, aber können uns an ihr noch nicht sättigen. So hungern und dürsten wir, um später einmal satt zu werden, wenn wir «ihn schauen werden, wie er ist» und das Schriftwort in Erfüllung geht: «Ich werde mich sättigen, wenn offenbar wird deine Herrlichkeit.» So erweist Christus seine große Süßigkeit denen, die auf ihn hoffen. Wenn aber Gott nach Ansicht unserer Gegner eine ganz andere Süßigkeit, die darin bestehen soll, daß er die Gottlosen nicht verdammen wird, denen, die ihn fürchten, verbirgt, damit sie in Unkenntnis dessen und in Furcht vor der Verdammnis rechtschaffen leben und es Leute gebe, die für die nicht rechtschaffen Lebenden fürbittend eintreten, wie erweist er sie dann denen, die auf ihn hoffen, da er doch, wie sie träumen, in dieser seiner Süßigkeit denen die Verdammnis ersparen wird, die nicht auf ihn hoffen? Man möge uns doch die Süßigkeit aufzeigen, die er denen erweist, die auf ihn hoffen, nicht die er angeblich seinen Verächtern und Lästerern erweist. Umsonst also sucht der Mensch nach diesem Erdenleben, was er während dieses Erdenlebens sich zu erwerben versäumt hat.

Auch jenes Apostelwort: «Gott hat alle unter den Unglauben beschlossen, um sich aller zu erbarmen», soll nicht besagen, daß er niemanden verdammen wird. Was gemeint ist, ergibt sich vielmehr aus dem Vorhergehenden. Denn da spricht der Apostel zu den bereits gläubigen Heiden, an die sein Brief sich richtet, von den Juden, die erst später glauben werden. Er sagt: «Denn wie ihr einst nicht an Gott glaubtet, jetzt aber durch ihre Ungläubigkeit Barmherzigkeit erlangt habt, so haben auch sie jetzt nicht geglaubt an die Barmherzigkeit, die euch widerfahren ist, auf daß auch sie Barmherzigkeit erlangen.» Sodann fährt er mit den Worten fort, auf welche unsere Gegner ihre irrige Hoffnung gründen: «Gott hat alle unter den Unglauben beschlossen, um sich aller zu erbarmen.» Was bedeutet hier alle? Nur die können gemeint sein, von denen er hier spricht. Er könnte auch sagen: Ihr und jene. Gott hat also die Heiden und die Juden, die er vorherwußte und vorherbestimmte, dem Ebenbild seines Sohnes zu gleichen, alle unter den Unglauben beschlossen, auf daß sie der Bitterkeit ihres Unglaubens bußfertig sich schämen, der Süßigkeit des Erbarmens Gottes gläubig sich zuwenden und mit jenem Psalmwort ausrufen möchten: «Wie sehr groß ist deine Süßigkeit, Herr, die du verborgen hast denen, die dich fürchten, aber denen erweisest, die auf dich hoffen», ja, auf dich, nicht auf sich. So erbarmt er sich aller Gefäße der Barmherzigkeit. Also was heißt «aller»? Derer, die er aus den Heiden und derer, die er aus den Juden vorherbestimmt, berufen, gerechtfertigt, verherrlicht hat, von denen allen er niemanden verdammen wird, aber es heißt nicht: aller Menschen.

25. Sakramentsempfang allein verbürgt nicht die ewige Seligkeit, auch denen nicht, die äußerlich bei der Kirche bleiben

Doch nunmehr wollen wir auch denen Antwort geben, welche weder dem Teufel und seinen Engeln, was ja auch die vorigen Gegner nicht taten, noch auch allen Menschen die Rettung aus dem ewigen Feuer versprechen, sondern nur denen, die durch Christi Taufe abgewaschen und seines Leibes und Blutes teilhaftig geworden sind, sie mögen im übrigen gelebt haben, wie sie wollen, und in jede beliebige Ketzerei und Gottlosigkeit geraten sein. Doch ihnen widerspricht der Apostel und sagt: «Offenbar aber sind die Werke des Fleisches, nämlich Hurerei, Unreinigkeit, Üppigkeit, Götzendienst, Zauberei, Feindschaft, Hader, Eifersucht, Zorn, Zwietracht, Ketzerei, Neid, Trunksucht, Völlerei und dergleichen, wovon ich euch zuvor gesagt habe und sage noch zuvor, daß, die solches tun, das Reich Gottes nicht ererben werden.» Dieser apostolische Ausspruch wäre unwahr, wenn solche Leute, sei's auch nach noch so langer Zeit, das Reich Gottes ererben würden. Doch da er nicht unwahr ist, werden sie das Reich Gottes gewiß nicht ererben. Und wenn sie niemals zur Erbschaft des Reiches Gottes gelangen, bleiben sie in der ewigen Pein. Denn einen mittleren Ort, wo man sich zwar nicht in jenem Reiche, aber auch nicht in der Pein befindet, gibt es nicht.

So fragt man sich mit Recht, wie das Wort Jesu zu verstehen sei: «Dies ist das Brot, das vom Himmel kommt, auf daß, wer davon isset, nicht sterbe. Ich bin das lebendige Brot, vom Himmel gekommen. Wer von diesem Brot essen wird, der wird leben in Ewigkeit.» Doch wird denen, welchen wir nun antworten, ihr Verständnis dieses Wortes von den Nächstfolgenden, mit denen wir uns auseinanderzusetzen haben, bestritten. Das sind nämlich die, welche nicht allen Empfängern des Sakraments der Taufe und des Leibes Christi Befreiung verheißen, sondern nur den Katholiken, mögen sie auch ein schlechtes Leben führen. Denn sie sagen, daß diese nicht nur im Sakrament, sondern in Wirklichkeit den Leib Christi genossen haben, da sie seinem Leibe angehören, von welchem der Apostel spricht: «Ein Brot, ein Leib sind wir vielen.» Wer also in der Einheit seines Leibes, das ist in dem Gliedgefüge der Christenheit, sich befindet, eines Leibes, dessen Sakrament die Gläubigen beim heiligen Mahl am Altar zu empfangen pflegen, der ist es, von dem man in Wahrheit sagen kann, daß er den Leib Christi ißt und sein Blut trinkt. Demnach können Häretiker und Schismatiker, die von der Einheit dieses Leibes abgetrennt sind, wohl dasselbe Sakrament empfangen, aber nicht zu ihrem Heil. Sondern es ist ihnen nur schädlich, und sie werden infolgedessen nicht etwa später gerettet, sondern strenger gerichtet. Denn sie gehören nicht zu dem Friedensbund, der durch das Sakrament veranschaulicht wird.

Dagegen haben auch diese, die es richtig begreifen, daß man von einem Essen des Leibes Christi bei dem nicht reden kann, der dem Leibe Christi nicht angehört, Unrecht, wenn sie denjenigen, die aus der Einheit jenes Leibes in eine Ketzerei oder auch in heidnischen Aberglauben fallen, irgendwann einmal die Rettung aus der ewigen Feuerspein in Aussicht stellen. Sie müssen sich doch klarmachen, wie unerträglich und von gesunder Lehre weit abweichend es wäre, wenn viele, ja fast alle, die gottlose Ketzereien stifteten, aus der Kirche ausschieden und Ketzerhäupter wurden, ein besseres Los haben sollten als die, die niemals katholisch gewesen waren, als sie in ihre Schlingen gerieten, falls tatsächlich die Ketzerhäupter dadurch von der ewigen Pein gerettet würden, daß sie in der katholischen Kirche getauft wurden und das Sakrament des Leibes Christi zunächst in dem wahren Leibe Christi empfingen. Sicherlich ist doch ein vom Glauben Abtrünniger, der aus einem Abtrünnigen auch noch zum Bestreiter des Glaubens geworden ist, schlechter als einer, der niemals vom Glauben abfiel, weil er ihn nie besaß. Sodann tritt auch ihnen der Apostel mit denselben Worten entgegen, in denen er nach Aufzählung jener Fleischeswerke mit derselben Wahrheit vorhersagt, daß die, «welche solches tun, das Reich Gottes nicht ererben werden».

Daher dürfen auch solche Leute, die ein lasterhaftes und verdammliches Leben führen, sich nicht deswegen in Sicherheit wiegen, weil sie vielleicht bis ans Ende scheinbar in der Gemeinschaft der katholischen Kirche verharren, sich auch nicht auf das Wort berufen: «Wer beharret bis ans Ende, der wird selig.» Denn durch die Verkehrtheit ihres Lebens verlassen sie die Gerechtigkeit des Lebens, die ihnen Christus bringt, mögen sie sich nun der Hurerei und anderen unreinen Lastern, die der Apostel nicht einmal mit Namen nennen wollte, ergeben, oder in schändlicher Üppigkeit erschlaffen, oder sonst etwas von dem tun, was der Apostel mit den Worten meint: «Die solches tun, werden das Reich Gottes nicht ererben.» Demnach können die, die solches tun, nirgendwo anders sein als in der ewigen Qual, da ihnen das Reich Gottes verschlossen bleibt. Denn wenn sie bei solchen Schlechtigkeiten bis ans Ende dieses Erdenlebens verharren, kann man von ihnen natürlich nicht sagen, sie hätten bei Christus bis ans Ende ausgeharrt. Bei Christus verharren ist ja nichts anders, als im Glauben an ihn verharren. Der Glaube aber, wie ihn der Apostel beschreibt, ist «durch die Liebe tätig», «die Liebe aber tut», wie er an anderer Stelle sagt, «nichts Böses». Also kann man auch von solchen nicht sagen, daß sie Christi Leib essen, weil man sie nicht zu Christi Gliedern zählen darf. Denn, um von anderem zu schweigen, sie können nicht zugleich Glieder Christi und Hurenglieder sein. Sagt doch Christus selbst: «Wer mein Fleisch isset und trinket mein Blut, der bleibt in mir und ich in ihm.» Damit macht er klar, was es heißt, nicht bloß sakramental, sondern in Wirklichkeit sein Fleisch essen und sein Blut trinken; denn nur dann bleibt einer in Christus, wenn auch Christus in ihm bleibt. Es ist demnach so, als wenn er sagte: Wer nicht in mir bleibt, und in wem ich nicht bleibe, der sage oder meine auch nicht, daß er meinen Leib esse und mein Blut trinke. Also bleiben nicht in Christus, die nicht seine Glieder sind. Es sind aber keine Glieder Christi, die sich selbst zu Hurengliedern machen, sie müßten denn durch Buße aufhören, solch Böses zu sein, und durch Versöhnung zu jenem Guten zurückkehren.

26. Wer sind die, welche wie ein Gebäude mit festem Fundamente durchs Feuer gerettet werden?

Aber man wendet ein, die katholischen Christen besitzen doch Christus als Fundament und haben die Einheit mit ihm nicht verlassen, wenn sie auch auf diesem Grunde wie Holz, Heu und Stroh das übelste Leben aufgebaut haben. Der rechte Glaube also, kraft dessen Christus ihr Fundament ist, wird sie, obzwar mit Schaden, weil der Aufbau verbrannt werden muß, dennoch seinerzeit von der ewigen Dauer jenes Feuers retten. Ihnen mag der Apostel Jakobus kurz antworten: «So jemand sagt, er habe den Glauben, und hat doch die Werke nicht, kann ihn der Glaube etwa selig machen?» Aber wer ist es denn, entgegnet man darauf, den der Apostel Paulus meint, wenn er spricht: «Er selbst aber wird selig werden, so jedoch wie durchs Feuer»? Nun, das wollen wir jetzt untersuchen. Aber eins ist gewiß: Es kann nicht derselbe sein, denn sonst würden die Aussprüche der beiden Apostel in Widerstreit geraten, falls der eine sagen sollte: «Mag einer auch böse Werke tun, so wird ihn doch der Glaube durchs Feuer retten», der andere aber: «Wenn er keine Werke hat, kann ihn dann etwa der Glaube retten?»

Es wird uns klar werden, wer es ist, der durchs Feuer gerettet werden kann, wenn wir zuvor Klarheit gewonnen haben, was es heißt, Christus zum Fundamente haben. Wir werden am schnellsten zum Ziel gelangen, wenn wir das Gleichnis zum Ausgangspunkt nehmen. Bei einem Gebäude ist das Fundament das Wichtigste. Wer also Christus so in seinem Herzen trägt, daß er ihm nichts Irdisches und Zeitliches, mag es auch erlaubt und zulässig sein, vorzieht, der hat Christus zum Fundament. Zieht er es ihm aber vor, so mag er wohl scheinbar an Christus glauben, aber Christus ist dann nicht sein Fundament, wenn ihm dergleichen vorgezogen wird. Weit mehr noch verrät einer, daß er Christus nicht vorgezogen, sondern zurückgesetzt hat, wenn er seine heilsamen Vorschriften verachtet und Unerlaubtes begeht. Er hat ihn, dessen Vorrecht es ist, zu befehlen oder zu erlauben, zurückgesetzt, da er, ohne Befehl oder Erlaubnis zu beachten, vorzog, in schändlichem Tun seine Begierde zu befriedigen. Wenn also ein Christ eine Buhlerin liebt, ihr anhängt und ein Leib wird mit ihr, hat er Christus nicht mehr zum Fundamente. Liebt er aber seine

Ehefrau, und zwar im Sinne Christi, kann niemand ihm bestreiten, daß Christus sein Fundament sei. Liebt er sie jedoch im Sinne dieser Welt, also fleischlich, in krankhafter Begierde, wie auch die Heiden tun, die Gott nicht kennen, ist der Apostel, vielmehr Christus in ihm, so nachsichtig, ihm auch das hingehen zu lassen. So kann auch er Christus zum Fundamente haben. Wenn er ihm nämlich diese seine Hinneigung und Wollust in keiner Weise vorzieht, baut er wohl Holz, Heu und Stroh darauf, doch bleibt Christus das Fundament, um deswillen er durchs Feuer gerettet werden wird. Denn dergleichen Lüste und irdische Liebesregungen, die wegen der ehelichen Verbindung nicht verdammlich sind, wird das Feuer der Trübsal verbrennen. Zu diesem Feuer mag man den Verlust der Gattin und sonstige Schicksalsschläge rechnen. Sie räumen damit auf. Wer also dergleichen aufbaut, wird Schaden davon haben, denn was er aufbaute, wird er nicht behalten und der Verlust der Dinge, deren Genuß ihn erfreute, schmerzlich sein. Aber durch dies Feuer hindurch wird er in Kraft des Fundamentes selig werden, denn würde ihm von dem Verfolger die Frage vorgelegt, ob er lieber jene Genüsse oder Christus behalten wollte, würde er sie Christus nicht vorziehen. Sieh, so laß dir mit den Worten des Apostels den Mann beschreiben, der auf dem Fundamente Gold, Silber und edle Steine aufbaut: «Wer ehelos ist», spricht er, «der sorgt, was Gott angehört, wie er Gott gefalle.» Und nun sieh auch den andern, der Holz, Heu und Stroh aufbaut: «Wer aber verheiratet ist», spricht er, «der sorgt, was der Welt angehört, wie er dem Weibe gefalle.» «Eines jeglichen Werk wird offenbar werden, der Tag wird es ans Licht bringen» – der Tag der Trübsal nämlich – «denn im Feuer wird es enthüllt werden» – diese Trübsal nennt er Feuer; liest man doch an anderer Stelle: «Die Gefäße des Töpfers prüft der Ofen und die gerechten Menschen die Heimsuchung mit Trübsal» –, und welcherart eines jeglichen

Werk sei, wird das Feuer bewähren. «Wird jemandes Werk erhalten bleiben» – es bleibt erhalten, sofern jemand sorgt, was Gott angehört, wie er Gott gefalle –, «das er darauf gebaut hat, so wird er Lohn empfangen» –, also, um was er sich gesorgt hat, das wird er auch erhalten –; «wird aber jemandes Werk verbrennen, so wird er Schaden leiden» –, denn er behält nicht, was er geliebt hatte –; «er selbst aber wird selig werden» –; denn keine Trübsal hat ihn von der Festigkeit des Fundaments getrennt –, «so jedoch wie durchs Feuer» –; denn was er nicht ohne lockende Liebe besaß, verliert er nicht ohne brennenden Schmerz. Sieh, so ist, wie ich meine, das Feuer gefunden, das keinem Verdammnis bringt, wohl aber dem einen Gewinn, dem andern Schaden, und das beide prüft.

Wollten wir aber an dieser Stelle unter dem Feuer das verstehen, von dem der Herr zu denen auf seiner Linken sagen wird: «Gehet weg von mir, ihr Verfluchten, in das ewige Feuer», so wären zu ihnen auch diejenigen zu rechnen, die auf das Fundament Holz, Heu und Stroh bauen, und sie würden nach Abbüßung der durch ihr Verschulden verdienten Strafzeit um des guten Fundaments willen aus diesem Feuer entlassen. Aber wer wäre dann mit denen zur Rechten gemeint, denen das Wort gilt: «Kommet her, ihr Gesegneten meines Vaters, und ererbet das Reich, das euch bereitet ist»? Dann doch nur die, welche auf dem Fundamente Gold, Silber und edle Steine aufgebaut haben. Aber in jenes Feuer, von dem es heißt: «Jedoch so wie durchs Feuer», wenn es dasselbe Feuer sein sollte, kommen ja beide hinein, die zur Rechten so gut wie die zur Linken. Denn beide müssen durch das Feuer geprüft werden, von dem es heißt: «Denn der Tag wird es ans Licht bringen, denn im Feuer wird es enthüllt werden, und welcherart eines jeglichen Werk sei, wird das Feuer erproben.» Wenn also das Feuer beide erproben wird und der, dessen Werk, also das, was er aufgebaut hat, nicht vom Feuer verzehrt wird,

Lohn empfängt, während der andere, dessen Werk verbrennt, Schaden leidet, dann ist hier gewiß nicht vom ewigen Feuer die Rede. Denn in dieses werden durch die letzte und endgültige Verdammung lediglich die zur Linken verwiesen, während jenes die zur Rechten nur prüft. Die einen von ihnen prüft es mit dem Ergebnis, daß es den auf dem Fundament Christus errichteten Aufbau nicht verbrennt und verzehrt, die andern mit dem entgegengesetzten, daß es nämlich den Aufbau zerstört und ihnen dadurch Schaden zufügt, sie aber gleichwohl gerettet werden läßt, da sie sich an Christus, dem festgelegten Grunde, in überwiegender Liebe halten. Werden sie aber gerettet, so werden sie gewiß auch zur Rechten stehen und mit den übrigen hören: «Kommt her, ihr Gesegneten meines Vaters, ererbet das Reich, das euch bereitet ist», nicht zur Linken, wo die Nichtgeretteten stehen und vernehmen müssen: «Geht weg von mir, ihr Verfluchten, in das ewige Feuer.» Denn aus diesem Feuer wird keiner gerettet, da alle Verdammten in die ewige Pein kommen, «wo ihr Wurm nicht stirbt und das Feuer nicht erlischt», wo sie «gepeinigt werden Tag und Nacht von Ewigkeit zu Ewigkeit».

In der Zwischenzeit übrigens zwischen dem Tode dieses Leibes bis zu jenem letzten Tage des Gerichts und der Vergeltung, der nach der Auferstehung der Leiber anbricht, mögen immerhin Geister von Verstorbenen ein derartiges Feuer erdulden, das die nicht spüren, welche während ihres Erdenwandels nicht so lebten und liebten, daß es Holz, Heu und Stroh zu verzehren gäbe, während die anderen es zu spüren bekommen, die ein Bauwerk weltlicher Art, das jedoch keine Verdammnis heraufbeschwört, mit sich führen und also, sei es nur dort, sei es hier und dort, sei es bloß hier und nicht auch dort, ein zerstörendes Feuer vorübergehender Trübsal zu erwarten haben. Ich habe nichts dagegen, denn vielleicht ist es wahr. Zu dieser Trübsal kann man auch den leiblichen Tod rechnen, der eine Folge des ersten Sündenfalls ist. Die an ihn sich anschließende Zeit würde dann von jedem je nach der Beschaffenheit seines Bauwerks so oder so empfunden werden. Auch die Verfolgungen, in denen die Märtyrer ihre Krone empfingen, die alle Christen über sich ergehen lassen müssen, prüfen wie Feuer beiderlei Gebäude und verzehren die einen mitsamt den Erbauern, wenn sie bei ihnen nicht auf Christus als Fundament stoßen, andere dagegen, wenn sie darauf stoßen, ohne die Erbauer, die ihrerseits, wenn auch nicht ohne Schaden, selig werden, noch andere verzehren sie überhaupt nicht, weil ihre Beschaffenheit ewige Dauer verbürgt. Auch am Ende der Welt zur Zeit des Antichrists wird eine Trübsal kommen, wie sie nie vorher war. Wie viele Gebäude von beiderlei Art wird es alsdann geben, teils aus Gold, teils aus Heu, erbaut auf dem besten Grunde, Christus Jesus, die nun die Feuerprobe zu bestehen haben! Dem einen, der sie errichtet, wird die Probe Freude, dem anderen Schaden bringen, doch wird sie keinen verderben, bei dem sie solch Bauwerk findet, um des dauerhaften Fundamentes willen. Wer jedoch nicht etwa nur sein Weib, das ihm im ehelichen Umgang auch Lustbefriedigung gewährt, sondern auch andere nah verbundene Menschen, bei denen derartige Lust nicht in Frage kommt, auf menschliche Weise fleischlich liebt und sie Christus vorzieht, der hat ihn nicht zum Fundamente und wird darum auch nicht durchs Feuer gerettet, sondern gar nicht gerettet werden. Denn er kann nicht bei dem Heilande bleiben, der hierüber in voller Deutlichkeit sich ausspricht: «Wer Vater oder Mutter mehr liebt als mich, der ist mein nicht wert, und wer Sohn oder Tochter mehr liebt als mich, der ist mein nicht wert.» Wer jedoch diese seine Verwandten zwar fleischlich liebt, aber sie nicht dem Herrn Christus vorzieht und lieber auf sie als auf Christus verzichtet, der wird, wenn er in dieser Hinsicht auf die Probe gestellt werden sollte, durchs Feuer gerettet werden; denn der Schmerz über ihren Verlust, der ihn unvermeidlich brennt, ist ebenso groß wie die Liebe, mit der er an ihnen hing. Wer aber Vater, Mutter, Söhne, Töchter im Sinne Christi liebt und ihnen dazu verhelfen möchte, sein Reich zu erlangen und ihm anzuhangen, mit anderen Worten, wer an ihnen liebt, daß sie Glieder Christi sind, dessen Liebe wird keineswegs verdienen, wie Holz, Heu und Stoppeln verzehrt zu werden, sondern für Bauwerk aus Gold, Silber und Edelstein erachtet werden. Wie aber könnte er sie mehr lieben als Christus, da er sie doch nur um Christi willen liebt?

27. *Werke der Barmherzigkeit, ohne Besserung des Lebens, können nicht vor der Verdammnis retten*

Es bleibt noch übrig, auch denen Antwort zu geben, die sagen, im ewigen Feuer würden die brennen, die es versäumten, zur Sühne ihrer Sünden hinreichende Werke der Barmherzigkeit zu vollbringen, und die sich dafür auf das Wort des Apostels Jakobus berufen: «Ein unbarmherziges Gericht wird über den ergehen, der nicht Barmherzigkeit geübt hat.» Wer sie aber geübt hat, sagen sie, der wird auch, selbst wenn er seine üblen Sitten nicht gebessert, sondern bei all seiner Wohltätigkeitsübung ein schändliches, lasterhaftes Leben geführt hat, mit Erbarmen gerichtet und entweder überhaupt nicht verdammt oder doch nach einiger Zeit von der letzten Verdammnis befreit werden. Deshalb, so meinen sie, werde Christus allein im Hinblick auf Verrichtung oder Vernachlässigung von Werken der Barmherzigkeit seine Unterscheidung zwischen Rechts- und Linksstehenden treffen, von denen er die einen in sein Reich, die andern in die ewige Pein sendet. Für ihre Meinung aber, daß ihnen ihre täglichen Sünden, die sie unablässig begehen, sie mögen so groß und schwer sein, wie sie wollen, kraft ihrer Wohltätigkeit vergeben werden können, rufen sie das

Gebet, das der Herr selbst lehrte, zum Beistand und Zeugen an. Denn wie kein Tag vergeht, sagen sie, an dem nicht von den Christen dies Gebet gesprochen wird, so gibt es auch keine tägliche Sünde, sie sei, wie sie sei, die nicht Vergebung findet, wenn wir beten: «Vergib uns unsere Schulden», falls wir nur darauf Bedacht nehmen, zu tun, was darauf folgt: «Wie auch wir vergeben unsern Schuldigern.» Denn der Herr sagt nicht, fahren sie fort: Wenn ihr den Menschen ihre Sünden vergebt, wird euch euer Vater eure kleinen täglichen Sünden vergeben, sondern er sagt: Er wird euch eure Sünden vergeben. Mögen sie also noch so groß und schwer sein, mögen sie tagtäglich begangen werden, ohne daß man von ihnen läßt und sein Leben bessert, können sie doch, wie sie sich schmeicheln, dank des guten Werkes nicht versagter Verzeihung vergeben werden.

Es ist nur gut, daß sie für die Sünden ausreichende Werke der Barmherzigkeit fordern. Denn sagten sie, durch all und jede Wohltätigkeitsübung könne man sich göttliche Barmherzigkeit für täglich wiederholte und schwere Sünden und jede Art gewohnheitsmäßiger Vergehen erwerben, so daß tägliche Vergebung darauf folge, müßten sie selbst sehen, daß das eine unsinnige und lächerliche Rede wäre. Dann müßten sie ja zugeben, daß der reichste Mann mit zehn täglich als Almosen gespendeten Pfennigen Mord, Ehebruch und Verbrechen aller Art wieder gutmachen könnte. Ist es aber ganz widersinnig und abgeschmackt, so etwas zu sagen, und fragt man weiter, welches die ausreichenden Werke der Barmherzigkeit zur Sühne der Sünden sind, von denen auch der Vorläufer Christi sprach: «Tut rechtschaffene Früchte der Buße», so ist klar, daß diejenigen sie nicht tun, die ihr Leben bis zum Tode täglich durch Begehung sträflicher Taten beflecken. Denn zunächst einmal muß man sagen, daß sie andern durch Wegnahme ihrer Habe weit mehr rauben als das wenige beträgt, womit sie durch Armenspende Christus zu speisen meinen, und wodurch sie sich von ihm Nachsicht mit ihren Übeltaten erkauft zu haben oder vielmehr täglich zu erkaufen einbilden, um nun getrost weitere verdammliche Taten zu begehen. Wenn sie auch nur für eine einzige Untat all ihr Hab und Gut an bedürftige Glieder Christi austeilten, aber nicht von solchen Werken abließen, getrieben von jener Liebe, «die nichts Böses tut», könnte es ihnen nichts nützen. Wer also für seine Sünden ausreichende Werke der Barmherzigkeit tun will, fange damit zuvor bei sich selber an. Denn es reicht nicht aus, wollte er nicht, was er für den Nächsten tut, auch für sich selber tun, da doch Gott spricht: «Du sollst deinen Nächsten lieben wie dich selbst», und ferner: «Erbarme dich deiner Seele, daß du Gott gefallest.» Wer dieses gute Werk, womit er Gott gefällt, nicht an seiner eigenen Seele verrichtet, von dem kann man doch unmöglich sagen, daß er ausreichende Werke der Barmherzigkeit zur Sühne seiner Sünden tue. Hierher gehört auch jenes Schriftwort: «Wer sich selbst nichts Gutes tut, was sollte der anderen Gutes tun?» Gewiß, gute Werke unterstützen das Gebet, und man beachte, was geschrieben steht: «Mein Sohn, hast du gesündigt, so tu es nicht wieder, und bitte, daß dir die vorigen Sünden auch vergeben werden.» Deshalb also muß man Wohltätigkeit üben, um Erhörung zu finden, wenn man wegen der vorigen Sünden Verzeihung erbittet, aber nicht um dann in Sünden zu verharren, in der Einbildung, man könnte sich durch seine guten Werke einen Freibrief für weitere Übeltaten verschaffen.

Wenn nun der Herr voraussagt, er werde denen zur Rechten die von ihnen geübten Werke der Barmherzigkeit anrechnen und denen zur Linken die nicht geübten, so wollte er damit klarmachen, wie wirksam die Wohltätigkeit ist, früher begangene Sünden auszutilgen, aber nicht etwa, auch weiterhin immerfort ungestraft neue zu begehen. Die von ihren sträflichen Gewohnheiten nicht lassen und ihr Leben nicht bessern wollen, üben ja im Grunde genommen gar keine Wohltätigkeit. Wenn also der Herr sagt: «Was ihr nicht getan habt einem meiner Geringsten, das habt ihr mir auch nicht getan», gibt er damit zu erkennen, daß es keine Wohltätigkeit war, auch wenn sie sich's einbildeten. Denn wenn sie einem hungernden Christen, weil er Christ ist, Brot spendeten, würden sie sich nicht selbst das Brot der Gerechtigkeit, das Christus ist, vorenthalten, denn Gott sieht nicht darauf, wem man gibt, sondern in welcher Gesinnung man gibt. Wer demnach im Christen Christus liebt, reicht ihm das Almosen in einer Gesinnung, die sich Christus nähern, nicht aber sich ungestraft von ihm entfernen möchte. Denn um so weiter entfernt man sich von Christus, je mehr man das liebt, was Christus mißbilligt. Was kann es auch nützen, wenn einer getauft wird, ohne gerechtfertigt zu werden? Hat nicht er, der sagte: «Es sei denn, daß jemand wiedergeboren werde aus Wasser und Geist, so kann er nicht in das Reich Gottes kommen», auch gesagt: «Es sei denn eure Gerechtigkeit besser als die der Schriftgelehrten und Pharisäer, so werdet ihr nicht in das Himmelreich kommen»? Warum eilen so viele aus Furcht vor der ersten Drohung zur Taufe, und nicht ebenso viele aus Furcht vor der zweiten zur Rechtfertigung? Wie also nicht zu seinem Bruder sagt: «Du Narr», wer, wenn er so sagt, nicht der Brüderlichkeit, sondern seiner Sünde feind ist – denn sonst wäre er des höllischen Feuers schuldig –, so reicht umgekehrt, wer einem Christen Almosen spendet, es in Wirklichkeit nicht dem Christen, wenn er in ihm nicht Christus liebt. Er liebt aber Christus nicht, wenn er nicht in Christus gerechtfertigt werden will. Und wie es für den, der sich dadurch schuldig macht, daß er zu seinem Bruder sagt: «Du Narr!», der ihn also nicht in der Absicht, ihn von seiner Sünde zu heilen, sondern ungerecht schilt, nicht genügt, wenn er zur Sühne Almosen gibt, falls er nicht auch das Heilmittel der Versöhnung hinzufügt, von dem gleich darauf die Rede ist – denn der Herr fährt fort: «Darum, wenn du deine

Gabe auf dem Altar opferst und wirst allda eingedenk, daß dein Bruder etwas wider dich habe, so laß allda vor dem Altar deine Gabe und gehe zuvor hin und versöhne dich mit deinem Bruder, und alsdann komm und opfere deine Gabe» –, so genügt es auch nicht, sei's auch noch so viele Werke der Barmherzigkeit zur Sühne für irgendein Vergehen zu vollbringen, wenn man gewohnheitsmäßig weitersündigt.

Das tägliche Gebet jedoch, das Jesus selber lehrte und das deswegen auch Gebet des Herrn heißt, tilgt zwar die täglichen Sünden, wenn man täglich spricht: «Vergib uns unsere Schulden», und wenn man das, was folgt: «Wie auch wir unsern Schuldigern vergeben» nicht bloß sagt, sondern auch tut, aber man betet so, weil man Sünden begangen hat, nicht um weiterhin welche zu begehen, weil man so betet. Denn durch dies Gebet wollte uns der Heiland darauf aufmerksam machen, daß es uns, so gerecht wir auch im Dunkel und der Schwachheit dieses Lebens wandeln mögen, an Sünden nicht fehlt, zu deren Vergebung wir beten und denen, die wider uns sündigen, verzeihen müssen, um selbst Verzeihung zu erlangen. Also nicht deswegen spricht der Herr: «So ihr den Menschen ihre Fehler vergebet, wird euch euer himmlischer Vater eure Fehler auch vergeben», daß wir im Vertrauen auf diese Bitte täglich von neuem sträflich handeln, sei es in der Macht, die keine Menschengesetze scheut, sei es mit der List, die die Menschen selber hintergeht, sondern um uns durch diese Bitte zu belehren, daß wir uns nicht für sündlos halten, auch wenn wir keiner Verbrechen schuldig sind. Ebenso belehrte Gott die Priester des alten Gesetzes durch die Opfervorschriften, da er ihnen befahl, zuerst für die eigenen, dann erst für des Volkes Sünden zu opfern. Die Worte unseres großen Lehrers und Herrn müssen aber mit aller Sorgfalt ins Auge gefaßt werden. Er sagt ja nicht: «So ihr den Menschen ihre Fehler vergebet, wird euch euer himmlischer Vater alle und jede Fehler vergeben», sondern er sagt:

«eure Fehler». Es war aber ein tägliches Gebet, das er lehrte, und er lehrte es seine Jünger, die schon gerechtfertigt waren. Also «eure Fehler» kann nichts anderes bedeuten als die Sünden, ohne die auch ihr, die ihr gerechtfertigt und geheiligt seid, nicht sein könnt. Während also jene, die sich auf diese Bitte berufen, um täglich neue Straftaten zu begehen, behaupten, der Herr habe bei ihr auch an die schweren Sünden gedacht, da er nicht sagte: «Er wird euch die kleinen Sünden vergeben», sondern «die Sünden», bedenken wir, zu wem er so sprach, und können darum bei seinem Wort «eure Sünden» nur an kleine denken, weil es bei solchen Leuten keine großen mehr gibt. Doch werden auch die großen Sünden, von denen man sich unter allen Umständen durch Besserung des Lebens lossagen muß, den Betenden nicht vergeben, wenn sie nicht mit dem, was folgt, Ernst machen: «Wie auch wir vergeben unsern Schuldigern.» Denn wenn schon die kleinsten Sünden, ohne die auch das Leben der Gerechten nicht sein kann, anders nicht vergeben werden, wie viel weniger werden dann die von vielen und schweren Straftaten Belasteten, auch wenn sie bereits davon abgelassen haben, Verzeihung erlangen, wenn sie es unerbittlich ablehnen, andern zu verzeihen, was diese an ihnen gesündigt haben! Denn der Herr sagt: «So ihr aber den Menschen nicht vergebet, wird euch euer himmlischer Vater auch nicht vergeben.» Darauf zielt auch das Wort des Apostels Jakobus von dem zukünftigen unbarmherzigen Gericht hin, das über den ergeht, der keine Barmherzigkeit geübt hat. Auch müssen wir uns hier an jenen Knecht erinnern, dem sein Herr die Schuld von zehntausend Pfunden erließ, die er ihm nachher aber doch noch zu zahlen befahl, weil er sich seines Mitknechtes nicht erbarmte, welcher ihm hundert Groschen schuldete. Für die Söhne der Verheißung also und Gefäße der Barmherzigkeit gilt das Wort, mit welchem der vorhin genannte Apostel fortfährt: «Die Barmherzigkeit aber geht noch hinaus über das

Gericht.» Denn auch die Gerechten, die so heilig lebten, daß sie andere aufnehmen in die ewigen Hütten, die sich durch ungerechten Mammon ihre Freundschaft erwarben, sind doch nur durch Barmherzigkeit so geworden. Sie wurden gerettet von dem, der den Ungerechten rechtfertigt und ihm den Lohn nach Gnaden zurechnet, nicht nach Verdienst. Zu ihnen gehört auch der Apostel, der spricht: «Ich habe die Barmherzigkeit erlangt, gläubig zu werden.»

Diejenigen dagegen, die von ihnen in die ewigen Hütten aufgenommen werden, sind, man muß es zugeben, sittlich nicht so beschaffen, daß ihre Lebensführung ohne Eintreten der Heiligen für sie zur Rettung genügte, und aus diesem Grunde geht bei ihnen die Barmherzigkeit noch weit mehr über das Gericht hinaus. Doch darf man deswegen nicht meinen, jeder auch noch so lasterhafte Mensch werde, ohne im mindesten sein Leben zum Guten oder Erträglicheren geändert zu haben, in die ewigen Hütten aufgenommen, weil er die Heiligen mit seinem ungerechten Mammon unterstützte, also mit Geld oder Reichtum, der übel erworben oder, wenn auch rechtmäßig erworben, doch kein wahrer Reichtum ist, sondern den nur Ungerechtigkeit für Reichtum hält, weil sie den wahren nicht kennt, den jene so reichlich besitzen, die auch andere in die ewigen Hütten aufnehmen. Es gibt also eine Lebensführung, die nicht so schlecht ist, daß freigebiges Almosenspenden, wodurch man dem Mangel der Heiligen abhilft und Freunde gewinnt, die einen in die ewigen Hütten aufnehmen möchten, nichts nützen könnte, das Himmelreich zu gewinnen, die aber auch nicht so gut ist, daß sie allein genügte, solch hohe Seligkeit zu erlangen, wenn sie nicht kraft der Verdienste derer, die sie sich zu Freunden machten, Gnade fänden. Ich muß mich bisweilen wundern, daß auch Vergil die Ansicht vertritt, die der Herr in den Worten ausspricht: «Macht euch Freunde mit dem ungerechten Mammon, daß sie euch aufnehmen in die ewigen Hütten», sowie ganz ähnlich in folgenden: «Wer einen Propheten aufnimmt in eines Propheten Namen, der wird eines Propheten Lohn empfangen, und wer einen Gerechten aufnimmt in eines Gerechten Namen, der wird eines Gerechten Lohn empfangen.» Denn da, wo dieser Dichter die elysischen Gefilde beschreibt, in denen, wie man meint, die Seelen der Seligen weilen, versetzt er nicht nur die dahin, die kraft eigener Verdienste zu diesen Stätten gelangen konnten, sondern gesellt ihnen auch noch solche zu, «die durch Gefälligkeiten die Gunst der andern erwarben», also solche, die sich um andere verdient gemacht und sich dadurch bei ihnen ein gutes Andenken gesichert haben. Es ist, als sagten sie zu ihnen, was man häufig auch aus Christenmund vernehmen kann, wenn sich einer demütig einem Heiligen mit den Worten empfiehlt: «Sei meiner eingedenk», wobei man es sich etwas kosten läßt, ihn günstig zu stimmen. Doch welcher Art die Lebensführung sein muß, und um welche Sünden es sich handelt, die zwar den Eingang ins Reich Gottes hindern, aber durch die Verdienste heiliger Freunde Verzeihung erlangen, das ist sehr schwer ausfindig zu machen, und sehr gefährlich, es näher zu bestimmen. Ich wenigstens habe es bislang, wenn ich darüber nachsann, nicht ergründen können. Vielleicht soll es darum verborgen bleiben, damit nicht der Eifer, fortzuschreiten und alle Sünden zu meiden, erschlaffe. Denn wüßte man, welche und was für Sünden es sind, für welche man die Fürsprache der Heiligen suchen und erhoffen darf, auch wenn sie bestehen bleiben und nicht durch Fortschritt zu besserem Leben getilgt werden, so würde die menschliche Bequemlichkeit sich im Gefühl der Sicherheit von ihnen umstricken lassen und keinerlei Kraftanstrengung machen, sich aus diesen Banden zu lösen, sondern lediglich durch die Verdienste anderer sich retten lassen wollen, die man sich mit seinem ungerechten Mammon durch freigebige Almosenspende zu Freunden gemacht hat. Nun aber, da man das Maß der Ungerechtigkeit, die trotz Bestehenbleibens verzeihlich ist, nicht kennt, wird es einerseits am Eifer, durch Gebet und wachsames Bemühen zum Besseren voranzuschreiten, nicht fehlen, andererseits doch auch die Sorge, sich mit dem ungerechten Mammon Heilige zu Freunden zu machen, nicht vernachlässigt werden.

Doch diese Befreiung, die sei's durch eigenes Gebet, sei's durch Fürbitte der Heiligen erlangt wird, kann nur bewirken, daß einer nicht ins ewige Feuer verstoßen wird, dagegen nicht, daß er, einmal dahin verstoßen, daraus nach noch so langer Zeit wieder erlöst wird. Denn auch die, welche das Gleichnis von dem guten Lande, das reichliche, bald dreißig-, bald sechzig-, bald hundertfältige Frucht bringt, in dem Sinne verstehen, daß die Heiligen je nach dem Maß ihrer Verdienste bald dreißig, bald sechzig, bald hundert Menschen befreien werden, denken dabei an eine Befreiung am Tage des Gerichts, nicht nachher. Sehr fein soll einmal jemand, der die Beobachtung machte, daß Menschen sich törichterweise Straflosigkeit versprachen, in der Meinung, alle könnten auf diese Art erlöst werden, die Antwort gegeben haben, man solle lieber fromm leben, um zu denen zu gehören, die sich für die Erlösung anderer verwenden. Denn sonst möchten ihrer so wenig sein, daß jeder bald seine Zahl von dreißig, sechzig oder hundert vollgemacht hätte und noch viele übrig blieben, die nicht durch ihre Fürsprache aus der Pein gerettet werden könnten. Zu ihnen würde dann wohl jeder gehören, der in eiteler Dreistigkeit auf fremde Fruchtbarkeit seine Hoffnung gesetzt. Damit habe ich wohl zur Genüge denen geantwortet, die die Autorität der uns gemeinsamen heiligen Schriften nicht verachten, aber sie falsch verstehen und sich einbilden, es müsse künftig geschehen, was sie wollen, und nicht, was die Schriften wirklich sagen. Nunmehr, nach Erteilung dieser Antwort, möchte ich, wie angekündigt, das Buch beschließen.

ZWEIUNDZWANZIGSTES BUCH

DIE EWIGE SELIGKEIT

1. Die ursprüngliche Beschaffenheit der Engel und Menschen

Wie im vorigen Buche angekündigt, soll dies nunmehr beginnende letzte Buch des ganzen Werkes die Darlegung von der ewigen Seligkeit des Gottesstaates enthalten. Ewig wird sie nicht in dem Sinne genannt, als dehnte sie sich über viele Jahrtausende aus, fände aber doch irgendwann einmal ein Ende, sondern so wie es das Evangelium meint, in dem es heißt: «Seines Königreichs wird kein Ende sein.» Auch nicht so, daß durch das Abtreten der einen, die sterben, und das Hinzutreten anderer, die geboren werden, ein Anschein ewiger Dauer entsteht wie bei einem ständig belaubten Baume, der seinen Blätterschmuck immerfort zu behalten scheint, während doch nur der Wechsel von welkenden und abfallenden und von neu nachwachsenden Blättern eine stets gleichbleibende Laubhülle vortäuscht. Sondern dieses Reiches Bürger werden alle unsterblich sein, da nun auch die Menschen erlangen, was den heiligen Engeln nie verlorenging. Gott, der allmächtige Begründer des Reiches, wird es tun. Denn er hat es verheißen und kann nicht lügen und hat's dadurch glaubwürdig gemacht, daß er schon so vieles Verheißene und Nichtverheißene tat.

Denn er ist es, der im Anfang die Welt geschaffen hat, voll lauter guter sichtbarer und unsichtbarer Wesen, und das Beste in ihr, das er schuf, waren die Geister, denen er die Gabe der Erkenntnis verlieh, die er geschickt machte, ihn zu schauen, und fähig, ihn aufzunehmen, und die er zu einer Gemeinschaft verband, welche wir den heiligen und oberen Staat nennen. In ihm ist, was alle erhält und selig macht, das allen gemeinsame

Leben, die allen gemeinsame Speise, Gott selber. Er gab der von ihm erschaffenen geistigen Natur Willensfreiheit, so daß sie, wenn sie wollte, Gott, ihr glückseliges Leben, verlassen konnte, um dann freilich sogleich der Unseligkeit zu verfallen. Obwohl er voraussah, daß manche Engel in einer Überhebung, die das selige Leben nur sich selber verdanken wollte, von dem hohen Gute sich abwenden würden, entzog er ihnen doch nicht die Fähigkeit dazu. Denn er hielt es für einen größeren Machtbeweis und besser, auch das Böse gut zu verwenden, als Böses gar nicht zuzulassen. Es würde überhaupt nichts Böses geben, hätte nicht die wandelbare, gleichwohl gute und vom höchsten Gott, dem unwandelbar Guten, der alles Gute schuf, ins Dasein gerufene Natur es durch Sündigen sich selber zugezogen; und noch durch die Sünde muß sie Zeugnis ablegen, daß sie gut erschaffen ist. Denn wäre sie nicht an sich ein großes, obschon nicht dem Schöpfer gleichwertiges Gut, könnte die Abkehr von Gott, ihrem Lichte, nichts Böses für sie bedeuten. Denn wie die Blindheit des Auges ein Gebrechen ist, aber eben damit darauf hinweist, daß das Auge zum Sehen geschaffen ist, wie also das lichtempfängliche Organ gerade durch sein Gebrechen sich als vorzüglicher erweist als die übrigen Organe – denn das Gebrechen besteht ja nur darin, des Lichtes zu ermangeln –, so gibt die Natur, die Gott genoß, gerade durch ihr Gebrechen zu erkennen, daß sie die besterschaffene ist; denn dadurch ist sie unselig, daß sie Gott nicht mehr genießt. Gott aber hat an den freiwilligen Fall der Engel die gerechteste Strafe immerwährender Unseligkeit geknüpft und den übrigen, beim höchsten Gut beharrenden Engeln als Belohnung ihrer Standhaftigkeit die Gewißheit geschenkt, daß sie hinfort ohne Ende bei ihm ausharren werden. Er hat auch den Menschen recht geschaffen, ausgerüstet mit demselben freien Willen, ein zwar irdisches Geschöpf, aber des Himmels würdig, wenn es seinem Schöpfer anhing, jedoch gleichfalls einer seinem Wesen entsprechenden Unseligkeit verfallend, wenn es von ihm abfiel. Gott wußte zwar vorher, daß auch der Mensch durch Übertretung des göttlichen Gebotes sündigen und abfallen werde, nahm ihm aber dennoch nicht die Macht der freien Willensentscheidung, da er zugleich voraussah, was für Gutes er aus diesem Bösen schaffen würde. Denn er sammelte aus dem mit Fug und Recht verdammten sterblichen Geschlecht durch seine Gnade ein Volk, zahlreich genug, die Lücke auszufüllen, die durch den Fall der Engel entstanden war. Der geliebte himmlische Staat sollte ja nicht Einbuße erleiden an Zahl seiner Bürger, ja sogar vielleicht mit einer noch größeren erfreut werden.

2. *Vom wahren und ewigen und vom nur sogenannten Gotteswillen*

Die Bösen tun freilich vieles, was Gottes Willen widerstreitet, aber seine Weisheit und Macht ist so groß, daß auch all das, was seinem Willen zuwider zu sein scheint, auf das Ziel und Ende hinsteuert, das er als gut und gerecht vorherweiß. Wenn darum, wie man wohl sagt, Gott seinen Willen ändert und etwa die, welche er erst milde anfaßte, seinen Zorn fühlen läßt, so sind sie es vielmehr, die sich ändern und nicht er. Er kommt ihnen nur anders vor, wenn sie vom Leiden betroffen werden. Es ist wie bei der Sonne. Für kranke Augen wandelt sie sich und ist nun nicht mehr lieb und erfreulich, sondern lästig und quälend, während sie tatsächlich immer die gleiche bleibt. Man spricht auch vom Willen Gottes im Herzen derer, die seinen Geboten gehorchen, und davon sagt der Apostel: «Gott ist es, der in euch wirket das Wollen und Vollbringen.» So ist auch mit der Gerechtigkeit Gottes nicht nur die gemeint, durch welche er selbst gerecht ist, sondern auch jene, welche er in dem von ihm gerechtfertigten Menschen wirkt. Desgleichen spricht man auch von einem Gottesgesetz, während es sich eigentlich um ein von ihm gegebenes Menschengesetz handelt; waren es doch Menschen, zu denen Jesus sprach: «In eurem Gesetz steht geschrieben», während wir anderswo lesen: «Das Gesetz seines Gottes ist in seinem Herzen.» Es ist also der von Gott im Menschen gewirkte Wille gemeint, wenn man sagt, Gott wolle etwas, was er doch nicht selber will, sondern den Seinen als Willen einflößt, wie man auch sagt, Gott erkenne etwas, was er doch nur Menschen, die es vorher nicht wußten, erkennen läßt. Wenn nämlich der Apostel spricht: «Nun ihr aber Gott erkannt habt, vielmehr von Gott erkannt seid», dürfen wir nicht meinen, Gott habe sie jetzt erst erkannt, die er doch vor Grundlegung der Welt vorauserkannt hatte. Sondern darum heißt es, jetzt habe er erkannt, weil er eben jetzt Erkenntnis verlieh. Über dergleichen Redeweisen habe ich mich, fällt mir ein, bereits in früheren Büchern ausgelassen. Mit diesem Willen also, den wir Gottes Willen nennen, obwohl er ihn anderen einflößt, die nicht wissen, was die Zukunft bringt, will er vieles, was er dann doch nicht tut.

Vieles wollen ja seine Heiligen mit heiligem Willen, den er selbst eingeflößt, aber es geschieht nicht. So beten sie fromm und heilig für manche Leute und finden keine Erhörung, obschon Gott durch seinen Heiligen Geist den Willen zu solchem Gebet in ihnen geweckt hat. Wenn also die Heiligen ganz im Sinne Gottes wollen und beten, daß jedermann selig werde, können wir unter Anwendung jener Redeweise sagen: Gott will es und tut's doch nicht; wir schreiben ihm dann nämlich selbst ein Wollen zu, das er in Wirklichkeit in anderen hervorruft. Dagegen kraft jenes Willens, der wie sein Vorherwissen ewig ist, hat er wahrlich im Himmel und auf Erden alles, was er irgend wollte, nicht nur Vergangenes und Gegenwärtiges, sondern auch Zukünftiges, bereits getan. Doch ehe die Zeit kommt, da geschieht, was er wollte und vor allen Zeiten vorausgewußt und angeordnet hat, sagen wir: Es wird geschehen, wann Gott es will. Ist uns aber nicht nur die Zeit, da es geschehen wird, unbekannt, sondern auch, ob es überhaupt geschehen wird, sagen wir: Es wird geschehen, wenn Gott es will. Das soll aber nicht heißen, daß Gott dann einen neuen Willen haben würde, anders als zuvor, sondern daß nun eintreten wird, was von Ewigkeit her in seinem unwandelbaren Willen vorbereitet ist.

3. Gottes Verheißungen vom ewigen Leben

Wie wir also, um vieles andere zu übergehen, jetzt in Christus sich erfüllen sehen, was Gott Abraham verheißen hat: «In deinem Samen sollen alle Völker gesegnet werden», so wird auch in Erfüllung gehen, was er eben diesem Samen durch den Mund des Propheten verhieß: «Auferstehen werden, die in den Gräbern lagen», ferner: «Es wird kommen ein neuer Himmel und eine neue Erde, daß man der vorigen nicht mehr gedenken wird noch sie zu Herzen nehmen, sondern Freude und Jubel wird man daselbst finden. Siehe, ich will Jerusalem machen zum Jubel und mein Volk zur Freude und werde jubeln in Jerusalem und mich freuen in meinem Volke, und man wird darin kein Weinen mehr vernehmen.» Desgleichen wird in Erfüllung gehen, was Gott durch einen andern Propheten vorhersagte, zu dem er sprach: «Zu dieser Zeit wird dein Volk errettet werden, alle, die im Buch geschrieben stehen. Und viele, die im Staub der Erde» – oder wie andere übersetzen: «im Erdhügel» – «schlafen, werden auferstehen, die einen zum ewigen Leben, die anderen zu ewiger Schmach und Schande», ferner was er durch denselben Propheten an anderm Orte sagt: «Die Heiligen des Höchsten werden das Reich empfangen und es immer und ewiglich behalten» und bald darauf: «Sein Reich ist ein ewiges Reich», sondern auch die übrigen hierher gehörigen Weissagungen, die ich im zwanzigsten Buche angeführt habe oder auch nicht angeführt habe, und die in denselben Schriften verzeichnet stehen. Sie werden ebenso eintreffen, wie die andern bereits eingetroffen sind, deren Eintreffen die Ungläubigen für ausgeschlossen hielten. Denn derselbe Gott hat beides verheißen, beides als künftig vorausgesagt, der Gott, vor dem die Heidengötter erzittern, wie sogar Porphyrius, der hochberühmte heidnische Philosoph, bezeugt.

4. Gott kann den irdischen Leib sehr wohl in den Himmel erheben

Freilich gibt es gelehrte und weise Menschen, die sich sehr gescheit dünken, wenn sie der maßgebenden göttlichen Autorität, durch welche so viel Menschen aller Art, wie längst vorhergesagt, zu solchem Glauben und solcher Hoffnung bekehrt wurden, Trotz bieten und gegen die leibliche Auferstehung Vernunftgründe ins Feld führen und wiederholen, was Cicero im dritten Buch über den Staat vorgebracht hat. Nachdem dieser nämlich versichert, Herkules und Romulus seien aus Menschen Götter geworden, bemerkt er: «Ihre Leiber aber wurden nicht in den Himmel erhoben, denn es wäre naturwidrig, wenn Irdisches anderswo bliebe als auf Erden.» Das also ist das gewaltige Argument der Weisen, von denen es mit Recht heißt: «Der Herr kennt ihre Gedanken, daß sie eitel sind.» Wie töricht doch! Denn wenn wir nur Seelen, also körperlose Geister wären und im Himmel wohnend von irdischen Geschöpfen nichts wüßten, und man uns dann sagte, wir würden durch ein seltsames Band mit irdischen Leibern verknüpft werden, um sie zu beseelen, ja, würden wir das nicht noch viel entschiedener in hartnäckigem Unglauben bestreiten und es naturwidrig heißen, daß ein unkörperliches Wesen durch ein körperliches Band gefesselt werde? Dennoch ist die Erde voller Seelen, die ihre irdischen Glieder beleben, mit denen sie wundersam verknüpft und vereinigt sind. Warum also sollte, wenn derselbe Gott, der solche Lebewesen geschaffen hat, es will, nicht auch ein irdischer Körper zu einem himmlischen erhoben werden können, wenn doch die Seele, die vorzüglicher ist als alle, also auch himmlische Körper, an einen irdischen gebunden werden konnte? Oder konnte dies bißchen Erdenstaub etwas festhalten, was besser ist als selbst ein himmlischer Körper, um dadurch Empfindung und Leben zu gewinnen, aber der Himmel sollte es verschmähen, das bereits empfindende und lebende Geschöpf aufzunehmen, oder es nicht behalten können, da es doch nun kraft dessen, was besser ist als jeder himmlische Körper, empfindet und lebt? Wenn dies jetzt noch nicht geschieht, so ist eben die Zeit noch nicht da, in der es nach dem Willen dessen geschehen soll, der doch bereits etwas viel Wunderbareres als das, was jene nicht glauben wollen, hervorgebracht hat. Das freilich wird nicht beachtet, weil wir es täglich sehen. Warum nur wundern wir uns nicht weit mehr darüber, daß unkörperliche, selbst himmlischen Körpern überlegene Seelen an irdische Leiber gebunden werden, als darüber, daß irdische Leiber zu zwar himmlischen, doch immerhin körperlichen Behausungen erhoben werden? Nur deshalb, weil wir das eine stets vor Augen haben und selbst sind, während wir das andere noch nicht sind und auch noch niemals geschaut haben. Denn bei vernünftiger Überlegung muß doch einleuchten, daß es ein wunderbareres Gotteswerk ist, Körperliches irgendwie mit Unkörperlichem zu verknüpfen, als Körper zu Körpern zu gesellen, mögen sie auch als himmlisch und irdisch voneinander verschieden sein.

5. *Unglaubliche Tatsachen machen die unglaubliche Verkündigung glaubhaft*

Doch mag dies auch einstmals unglaublich gewesen sein, so glaubt doch jetzt die Welt, daß der irdische Leib Christi in den

Himmel erhoben ist. Die Auferstehung des Fleisches und seine Auffahrt zu den himmlischen Behausungen glauben jetzt Gelehrte und Ungelehrte, und nur ganz wenig Gelehrte oder Ungelehrte stehen abseits und schütteln den Kopf. Ist es glaubhaft, was man glaubt, so erweisen die Ungläubigen sich als töricht, ist es aber unglaublich und wird doch geglaubt, so ist es nicht minder unglaublich, daß Unglaubliches Glauben fand. Diese zwei unglaublichen Dinge, die Auferstehung unseres Leibes zum ewigen Leben und den Glauben der Welt an etwas so Unglaubliches, hat derselbe Gott, ehe auch nur eins davon eintraf, beide als künftig vorhergesagt. Das eine der beiden ist bereits, wie wir sehen, eingetroffen: Die Welt glaubt das Unglaubliche. Warum also das noch Ausstehende hartnäckig anzweifeln und bestreiten, daß es eintreffen wird, was trotz seiner Unglaublichkeit die Welt glaubt? Ist doch das ebenso Unglaubliche, daß die Welt solch Unglaubliches glaubte, bereits eingetroffen. Ist doch ferner beides Unglaubliche, das eine, das wir schon sehen, und das andere, das wir noch glauben, in denselben Schriften vorhergesagt, durch die die Welt gläubig wurde. Und wie es zuging, daß die Welt gläubig ward, das muß man, wenn man's recht betrachtet, schier noch unglaublicher finden. Einige wenige Fischer, wissenschaftlich ungebildet, von der Gelehrsamkeit der Zeitgenossen gänzlich unbeschwert, ohne Kunde der Grammatik, ohne Rüstung der Dialektik, ohne Pomp der Rhetorik, sandte Christus mit den Netzen des Glaubens auf das Meer dieser Welt und fing gleichwohl so viele Fische jeder Art, darunter so wunderbare und seltene wie die Philosophen selber. So wollen wir denn den beiden Unglaublichkeiten, wenn's dem Leser recht ist – und es muß ihm schon recht sein –, noch diese dritte beifügen. Dann sind's schon drei unglaubliche Dinge, die sich doch tatsächlich zugetragen haben. Unglaublich ist, daß Christus im Fleisch auferstand und mit dem Fleisch zum Himmel fuhr, unglaublich, daß die Welt diese so unglaubliche Tatsache glaubte, unglaublich, daß unbekannte, ärmliche, wenige, ungebildete Menschen von dieser so unglaublichen Tatsache die Welt und sogar die Gelehrten in ihr so erfolgreich überzeugen konnten. Von diesen drei Unglaublichkeiten wollen unsere Gegner die erste nicht glauben, die zweite müssen sie sogar mit ihren Augen schauen, aber werden nie begreifen, wie das zuging, wenn sie nicht auch die dritte glauben. Was nun aber die Auferstehung Christi und seine Himmelfahrt mit dem auferstandenen Leibe anlangt, so wird sie nunmehr in der ganzen Welt verkündigt und geglaubt, und wäre sie nicht glaubhaft, wie könnte sie dann auf dem ganzen Erdkreise geglaubt werden? Wenn viele, bekannte, vornehme, gelehrte Leute gesagt hätten, daß sie es sahen, und für die Ausbreitung der Kunde Sorge getragen hätten, wäre es nicht wunderbar gewesen, hätte ihnen die Welt geglaubt, und schwer erträglich, wenn unsere Gegner auch dann nicht hätten glauben wollen. Nun aber, da die Welt, wie es tatsächlich der Fall ist, wenigen, unberühmten, bescheidenen und ungelehrten Männern, die sagten und schrieben, sie hätten es gesehen, geglaubt hat, wie können da die wenigen noch vorhandenen Starrköpfe der bereits gläubig gewordenen Welt selber bis auf den heutigen Tag den Glauben weigern? Diese hat ja darum der geringen Anzahl unberühmter, ärmlicher, ungebildeter Männer geglaubt, weil sich in so unansehnlichen Zeugen die Gottheit um so wunderbarer zur Geltung brachte. Die überzeugenden Gründe, die sie vorbrachten, waren wunderbare Taten, nicht bloß Worte. Denn die, welche Christi fleischliche Auferstehung und Himmelfahrt nicht gesehen hatten, glaubten die Botschaft Augenzeugen, die nicht nur redeten, sondern auch wunderbare Zeichen vollbrachten. Denn sie hörten Männer, die, wie sie wußten, nur eine oder höchstens zwei Sprachen kannten, plötzlich wunderbar in den Sprachen aller Völker reden, sie sahen, wie ein vom Mutterleibe an Gelähmter auf ihr Wort im Namen Christi nach vierzigjährigem Leiden heil und gesund aufstand, daß die von ihren Leibern genommenen Schweißtücher Siechen Genesung brachten, daß ungezählte, an mancherlei Krankheiten leidende Menschen der Reihe nach, wie man sie den Vorübergehenden in den Weg legte, damit ihr Schatten über sie hingleite, sogleich gesund wurden, sowie viele andere erstaunliche Taten, die sie im Namen Christi vollbrachten, zuletzt sogar, wie Tote auferstanden. Geben sie die Wahrheit dieser Berichte zu, sieh, so kommt zu jenen drei Unglaublichkeiten noch eine ganze Menge Unglaubliches hinzu. Um das eine Unglaubliche, die Botschaft von der Auferstehung und Himmelfahrt des Fleisches, glaubhaft zu machen, müssen gewichtige Zeugnisse vieler unglaublicher Vorfälle dienen – und immer noch nicht läßt sich die schreckliche Halsstarrigkeit der Ungläubigen zum Glauben bewegen! Glauben sie aber auch das nicht, daß die Apostel, um für ihre Verkündigung der Auferstehung und Himmelfahrt Christi Glauben zu wecken, solch wunderbare Taten vollbracht haben, so genügt uns doch das eine große Wunder, daß der Erdkreis sie dann ohne alle Wunder geglaubt hätte.

6. Der vergöttlichte Romulus und die Gottheit Jesu Christi

An dieser Stelle möchte ich an das erinnern, was Tullius bei der Entstehung des Glaubens an die Gottheit des Romulus merkwürdig findet. Ich will seine Worte anführen. Er sagt: «Darüber muß man sich bei Romulus um so mehr verwundern, als die übrigen, die aus Menschen Götter geworden sein sollen, in weniger unterrichteten Jahrhunderten gelebt haben, in denen die Vernunft noch zu Fabeln neigte, da Ungebildete sich leicht zum Glauben bewegen lassen. Das Zeitalter des Romulus aber liegt weniger als sechshundert Jahre zurück, und damals hatten sich, wie wir wissen, Literatur und Wissenschaft bereits eingebürgert und war all jener alte, aus der Zeit der Unbildung stammende Irrwahn längst geschwunden.» Gleich darauf spricht er von dem nämlichen Romulus im gleichen Sinne: «Daraus kann man ersehen, daß Homer sehr viel früher lebte als Romulus. Denn als dieser regierte, waren die Menschen schon unterrichteter und das Zeitalter selbst aufgeklärter, so daß Erdichtetes kaum noch Boden fand. Nur das Altertum nimmt ja Fabeln willig auf, bisweilen selbst ungeschickt erfundene; diese Zeit aber war schon gebildet und verschmähte dergleichen, zumal wenn sich's um Unmögliches handelte.» Also einer der gelehrtesten Männer, noch dazu der beredteste von allen, Marcus Tullius Cicero, findet es erstaunlich, daß man an die Gottheit des Romulus glaubte, weil die Zeiten damals schon aufgeklärt und für die Fabelgeschichten nicht mehr zugänglich waren. Doch wer hielt damals Romulus für einen Gott? Zunächst nur das kleine, eben begründete Rom. Die Nachkommen freilich mußten sich an die Überlieferung der Vorfahren halten und sogen gewissermaßen mit der Muttermilch diesen Aberglauben ein. Dann wuchs der Staat und erlangte solch große Macht, daß er kraft seines Ansehens wie von höher gelegenem Standort aus auch die andern Völker, die er beherrschte, mit seinem Wahn überschwemmte. Glaubte man auch nicht daran, so nannte man doch Romulus einen Gott, um nicht den herrschenden Staat in seinem Gründer zu beleidigen, wenn man ihn anders titulierte als Rom selbst. Denn das glaubte nun einmal daran, wenn auch nicht aus Liebe zum Irrwahn, so doch aus dem Irrwahn der Liebe. Christus aber ist zwar auch Gründer eines himmlischen und ewigen Staates, doch glaubt dieser nicht deshalb an ihn als Gott, weil er durch ihn gegründet ward, sondern ward vielmehr dadurch gegründet, daß er an ihn glaubte. Rom hat, bereits gegründet und eingeweiht, seinen Gründer als Gott im Tempel verehrt, dies Jerusalem dagegen Christus, seinen Gott, um gegründet und eingeweiht zu werden, zum Glaubensfundament gemacht. Jenes glaubte an seinen Gott, weil es ihn liebte, dieses liebte seinen Gott, weil es an ihn glaubte. Wie also bei jenem die Liebe vorausging und man vom Geliebten gern Gutes glaubte, auch wenn's falsch war, so bei diesem der Glaube, so daß man nun rechtgläubig nicht blindlings Falsches, sondern Wahres liebte. Denn abgesehen von so vielen und großen Wundern, die die Gottheit Christi bezeugten, gingen auch höchst glaubwürdige göttliche Weissagungen voraus, die nun bereits, wie man sieht, in Christus erfüllt sind und nicht erst, wie noch die Väter glaubten, erfüllt werden sollen. Von Romulus aber hört und liest man nur, was geschah, nämlich daß er Rom gegründet und beherrscht hat, dagegen nicht, daß es schon vorher geweissagt wäre. Aber daß er unter die Götter aufgenommen ward, überliefern die Schriften wohl als Glauben, beweisen es jedoch nicht als Tatsache. Denn es fehlen die Wunderzeichen, die bekräftigen könnten, daß ihm das wirklich widerfahren ist. Es scheint ja freilich erstaunlich, daß eine Wölfin ihn nährte, aber ist das so bedeutsam, daß es seine Gottheit beweisen könnte? Mag auch jene Wölfin nicht eine Buhlerin, sondern ein wirkliches Tier gewesen sein, so nährte sie doch beide Brüder, und den andern hält man für keinen Gott. Wem hat man auch verboten, Romulus oder Herkules oder irgend welche andere Menschen als Götter zu bekennen, und wer wäre wohl lieber gestorben, als von diesem Bekenntnis zu lassen? Oder hätte irgendein Volk Romulus in die Zahl seiner Götter aufgenommen, wenn nicht aus Furcht vor dem römischen Namen? Wer aber zählt sie auf, die sich lieber in grausamster Weise umbringen lassen als die Gottheit Christi verleugnen wollten? So hat wohl die Furcht vor einigem, sei's auch leichtem Unwillen der Römer, der widrigenfalls sich hätte erheben können, manche unter römischer Herrschaft befindlichen Staaten veranlaßt, Romulus als Gott zu verehren; aber Christus als Gott nicht nur zu verehren, sondern auch zu bekennen, davon hat keine Furcht die Riesenmenge von Märtyrern in allen Völkern der Welt abschrecken können, und zwar nicht etwa Furcht vor leichtem Anstoß, sondern vor ungezählten Strafen aller Art, ja vor dem Tode, den man sonst mehr als alles andere fürchtet. Dabei hat der Staat Christi, obwohl er noch auf Erden pilgert und große Völkerscharen hinter sich hat, nicht für zeitliches Heil gegen seine gottlosen Verfolger gekämpft, sondern vielmehr, um das ewige Heil zu erlangen, auf Kampf verzichtet. Seine Bürger wurden gefesselt, eingekerkert, geschlagen, gefoltert, verbrannt, zerfleischt, umgebracht und vermehrten sich doch. Für das Heil kämpfen war für sie nichts anderes, als um des Heilandes willen das Heil verschmähen.

Irre ich nicht, so setzt sich Cicero in seinem dritten Buche über den Staat dafür ein, ein guter Staat führe Krieg nur um der Treue oder seines Heiles willen. Was er aber unter «Heil» versteht oder verstanden wissen will, sagt er an anderer Stelle. Seine Worte lauten: «Diesen Strafen, die auch Einfältigste fühlen, also der Armut und Verbannung, den Fesseln und Schlägen, entziehen sich einzelne Menschen oft durch raschen Tod. Für die Staaten aber ist der Tod, der Einzelmenschen vor Strafe zu retten scheint, selber Strafe. Denn ein Staat soll auf ewige Dauer angelegt sein. Daher ist für einen Staat der Untergang nicht natürlich wie für den Menschen, dem der Tod nicht nur notwendig, sondern oft genug auch erwünscht ist. Wenn aber ein Staat aufgehoben, zerstört, ausgelöscht wird, so ist das, um Kleines mit Großem zu vergleichen, wie wenn die ganze Welt unterginge und einfiele.» Das sagt Cicero deshalb, weil er mit den Platonikern der Ansicht ist, die Welt werde nicht untergehen. Er will also, wie feststeht, daß der Staat für das Heil seines immerwährenden Bestandes Krieg führt, mögen auch die einzelnen Bürger sterben und geboren werden, wie

Ölbaum, Lorbeer und ähnliche Bäume immer grün bleiben trotz Abfalls und Neuentstehens der einzelnen Blätter. Der Tod ist also, sagt er, Strafe nicht der einzelnen Menschen, sondern des ganzen Staates, während er oftmals einzelne vor Strafe bewahrt. Darum fragt man mit Recht, ob die Saguntiner richtig gehandelt haben, als sie lieber ihre ganze Stadt untergehen lassen als die Treue brechen wollten, die sie an den römischen Staat band, eine Handlungsweise, um derentwillen sie von allen Bürgern des irdischen Staates gelobt werden. Ich sehe freilich nicht, wie sie den Ausführungen Ciceros hätten gerecht werden sollen, wenn er darlegt, ein Krieg sei nur um der Treue oder um des Heiles willen zu führen, aber nicht sagt, wofür man sich entscheiden soll, wenn es in einer und derselben Gefahr um beides geht und das eine ohne Preisgabe des anderen nicht festgehalten werden kann. Denn wählten die Saguntiner das Heil, mußten sie von der Treue lassen, hielten sie aber an der Treue fest, mußten sie, wie es wirklich geschah, auf das Heil verzichten. Mit dem Heil des Gottesstaates aber verhält es sich so, daß es nur mitsamt der Treue, ja nur durch Treue festgehalten oder vielmehr erworben werden kann, während nach ihrer Preisgabe niemand zu ihm gelangen kann. Diese Gesinnung eines gefestigten und geduldigen Herzens schuf so viele und edle Märtyrer, wie Romulus, als man ihn für einen Gott hielt, deren nicht einmal einen einzigen hatte oder haben konnte.

7. Der Glaube an die Gottheit Christi ist gottgewirkt und göttlich verbürgt

Doch ist es nicht geradezu lächerlich, wenn man von Christus spricht, der falschen Gottheit des Romulus zu gedenken? Aber Romulus lebte fast sechshundert Jahre vor Cicero, und zu seiner Zeit, die schon wissenschaftlich gebildet gewesen sein soll, glaubte man an nichts Unmögliches mehr. Wie viel mehr gilt das für die Zeit Ciceros selbst, sechshundert Jahre später, und vollends für die des Augustus und Tiberius, also zweifellos noch gebildetere Zeiten! Da würde doch der Menschengeist die Auferstehung und Himmelfahrt des Leibes Christi als etwas ganz Unmögliches nicht ertragen und ihr verächtlich Ohr und Herz verschlossen haben, hätten nicht die göttliche Wahrheit oder die wahre Gottheit selbst, sodann auch bekräftigende Wunderzeichen erwiesen, daß es doch geschehen konnte und tatsächlich geschehen war. So kam es, daß trotz des Schreckens und Widerstandes so vieler und schwerer Verfolgungen zunächst die voraufgehende Auferstehung und leibliche Unsterblichkeit Christi, dann auch die beim Anbruch der neuen Welt nachfolgende der übrigen Menschen zuversichtlich geglaubt, unerschrocken bekannt und die Kunde davon zugleich mit dem Blute der Märtyrer zu um so fruchtbarerem Wachstum über den Erdkreis hin ausgesät wurde. Denn man las die vorhergegangenen Weissagungen der Propheten, wunderbare Kraftbeweise kamen hinzu, und so setzte sich die Wahrheit, die zwar ungewohnt, aber nicht widervernünftig war, siegreich durch, bis schließlich der Erdkreis von wütender Verfolgung zu gläubiger Folgsamkeit überging.

8. Bericht von allerlei auch in der Gegenwart geschehenen Wundern

Warum, so sagt man nun, geschehen denn jetzt jene Wunder nicht mehr, die, wie die Christen rühmen, einst geschehen sind? Darauf könnte ich erwidern, daß sie notwendig waren, ehe die Welt glaubte, damit sie zum Glauben käme. Wer aber jetzt noch, um glauben zu können, nach Wundern verlangt, ist selbst ein großes Wunder, da er nicht glaubt, wo doch alle Welt glaubt. Doch jener Einwand zielt wohl darauf ab, auch die einst geschehenen Wunder unglaubhaft erscheinen zu lassen.

Aber wie ist es dann zu erklären, daß man überall mit solch froher Glaubensüberzeugung von der leiblichen Auffahrt Christi zum Himmel singt und sagt? Wie erklärt sich das übergroße Wunder, daß in aufgeklärten Zeiten, die alles Unmögliche von sich weisen, die Welt ohne alle Wunder das Unglaubliche geglaubt hat? Oder behaupten sie nun, es sei glaubhaft gewesen und deshalb habe man es geglaubt? Warum glauben sie dann nicht selber? So ergibt sich die kurze Schlußfolgerung: Entweder haben für ein unglaubliches Geschehen, das man nicht sah, andere unglaubliche Tatsachen, die wirklich geschahen und gesehen wurden, Glauben geweckt, oder es handelte sich um ein glaubhaftes Geschehen, so daß es keiner beglaubigenden Wunder bedurfte, womit dann der hartnäckige Unglaube widerlegt wäre. Soviel zur Zurückweisung der eitlen Schwätzer. In Wirklichkeit ist jedoch nicht zu bestreiten, daß viele Wunder stattgefunden haben, jenes eine gewaltige, heilbringende Wunder zu bekräftigen, daß Christus mit seinem auferstandenen Leibe gen Himmel fuhr. Denn in denselben durch und durch wahrhaftigen Büchern ist alles aufgezeichnet, sowohl was geschah, als auch die Glaubenswahrheit, um derentwillen es geschah. So ist es bekannt geworden, um Glauben zu wirken, und durch den so gewirkten Glauben wird es noch weit herrlicher bekannt gemacht. Man liest es den Leuten vor, damit sie glauben, aber würde es ihnen nicht vorlesen, glaubte man nicht daran. Doch auch jetzt noch geschehen Wunder im Namen Christi, sei es durch seine Sakramente, sei es durch Gebete, sei es durch die Gedächtnisstätten der Heiligen, doch treten sie nicht dermaßen ans Licht und werden infolgedessen auch nicht in gleicher Weise rühmend ausgebreitet. Der Kanon der heiligen Schriften, der abgeschlossen sein mußte, bringt es ja mit sich, daß jene überall verlesen werden und sich dem Gedächtnis aller Leute einprägen, diese aber, wo sie sich auch zugetragen haben mögen, kennt man kaum in der betreffenden ganzen

Stadt oder Ortschaft. Meist wissen es nur ganz wenige, während die übrigen nichts davon erfahren, zumal wenn die Stadt groß ist. Wird es aber anderswo und anderen erzählt, so fehlt dem Bericht, auch wenn er gläubigen Christen von Gläubigen erstattet wird, die Autorität und wird er folglich auch nicht so leicht und zweifellos geglaubt.

Das Wunder der Blindenheilung, das sich während meines Aufenthaltes in Mailand zutrug, konnte freilich zur Kenntnis vieler gelangen. Denn die Stadt ist sehr groß, der Kaiser war gerade da, und eine gewaltige Volksmenge, die zu den Gebeinen der Märtyrer Gervasius und Protasius eilte, wurde Zeuge des Ereignisses. Diese Gebeine waren nämlich verborgen gewesen, und niemand wußte von ihnen, bis sie dem Bischof Ambrosius im Traum gezeigt und aufgefunden wurden. Bei der Gelegenheit erblickte jener Blinde, der so lange im Finstern gesessen, das Tageslicht wieder.

Aber wer außer ganz wenigen weiß in Karthago etwas von der Heilung des Innocentius, des ehemaligen Advokaten der Vikariatspräfektur? Ich selbst jedoch war zugegen und habe es mit eigenen Augen gesehen. Er hatte mich und meinen Bruder Alypius – wir waren damals noch keine Kleriker, dienten aber bereits Gott – nach beendeter Seereise bei sich aufgenommen. Er selbst sowie sein ganzes Haus war nämlich sehr fromm, und wir wohnten damals bei ihm. Er wurde gerade von Ärzten behandelt, weil er am hinteren und unteren Teile seines Leibes zahlreiche in einander übergehende Fistelgeschwüre hatte. Sie hatten bereits das Messer gebraucht und suchten ihn nun weiter mit den Heilmitteln ihrer Kunst zu kurieren. Er aber hatte bei jener Operation langdauernde, heftige Schmerzen gelitten. Doch eines jener vielen Geschwüre war, weil ganz versteckt, von den Ärzten übersehen, und so hatten sie es nicht angerührt, obwohl es mit dem Messer hätte geöffnet werden müssen. Demnach war nach Heilung aller übrigen, die aufgeschnitten waren, dies Geschwür geblieben, und alle Mühe, die sie sich mit ihm machten, blieb umsonst. Das Hinzögern wurde dem Manne verdächtig, und er hatte große Angst vor nochmaligem Schneiden. Ein anderer Arzt, der Hausarzt, den jene bei der ersten Operation nicht einmal hatten zusehen lassen, wie sie's machten, hatte ihm das schon vorausgesagt. Daraufhin hatte er ihn zornig aus dem Hause verwiesen, schließlich aber doch wieder zugelassen. Nun aber brach der Unwille des Kranken heraus. Wollt ihr mich, rief er, noch einmal schneiden? Soll denn der Mann, dessen Anwesenheit bei der Operation ihr nicht duldetet, recht behalten? Jene aber spotteten über den vermeintlich unerfahrenen Kollegen und beschwichtigten die Furcht des Kranken mit guten Worten und Versprechungen. Nun verging eine längere Zeit, aber kein Mittel wollte helfen. Die Ärzte aber blieben bei ihrer Versicherung, sie würden das Geschwür ohne Messer nur durch Arzneien zum Verschwinden bringen. Sie zogen auch einen andern schon hochbetagten Arzt, der in seinem Beruf einen bedeutenden Namen hatte, den Ammonius, der damals noch lebte, hinzu. Der besah die kranke Stelle und schloß sich im Hinblick auf die Sorgfalt und Erfahrung der behandelnden Ärzte ihrem hoffnungsvollen Gutachten an. Durch sein gewichtiges Wort sicher geworden, machte sich der Kranke heiter und vergnüglich, als wäre er schon gesund, über seinen Hausarzt, der eine neue Operation vorausgesagt hatte, lustig. Doch was geschah? Ohne daß Besserung erzielt wäre, verstrichen so viel Tage, daß die Ärzte zuletzt verstimmt und verwirrt zugeben mußten, ohne Operation gebe es keine Heilung. Da erschrak und erblaßte der Mann, geriet vor großer Furcht ganz außer sich, und nachdem er sich endlich gesammelt und die Sprache wiedererlangt, bedeutete er jenen Ärzten, ihm nicht wieder vor die Augen zu kommen. Vom Weinen erschöpft und vor die bittere Notwendigkeit gestellt, wußte er sich keinen anderen Rat, als einen damals vielgerühmten Chirurgen, der aus Alexandria stammte, zu berufen, den Eingriff vorzunehmen, den er von jenen ihm nun verhaßten Ärzten nicht machen lassen wollte. Doch nachdem dieser gekommen war und die von den anderen geleistete Arbeit mit sachverständigen Blicken an den Narben geprüft hatte, handelte er als Ehrenmann und redete dem Kranken zu, er möge doch lieber jene, die sich so viel Mühe mit ihm gegeben hätten, wie er mit Bewunderung feststellen könne, die Behandlung zum Abschluß bringen lassen. Er fügte hinzu, ohne Operation könne in der Tat keine Heilung erzielt werden. Es widerstrebe ihm aber durchaus, Männern, deren außerordentliche Mühe und Sorgfalt er an den Narben bewundern könne, wegen der geringen noch übrigen Arbeit um den Ruhm zu bringen, den sie sich durch so viel Eifer verdient. So ließ jener seinen Groll fahren und willigte ein, daß die früheren Ärzte unter Assistenz des Alexandriners das Geschwür, das nunmehr nach aller Meinung anders nicht heilbar war, mit dem Messer aufschneiden sollten. Man verschob es auf den nächsten Tag. Aber als die Ärzte sich entfernt hatten, erhob sich infolge der übergroßen Traurigkeit des Herrn solch ein Jammer im Hause, daß wir ihn kaum beschwichtigen konnten. Es war als klagte man über einen Verstorbenen. Täglich pflegten ihn heilige Männer zu besuchen, so der damalige Bischof von Uzali Saturninus, gesegneten Andenkens, der Presbyter Gulosus und Diakone der karthagischen Kirche. Unter ihnen befand sich als einziger jetzt noch Lebender der nunmehrige Bischof Aurelius, dessen Namen ich mit schuldiger Ehrerbietung nenne. Mit ihm habe ich mich, der Wunderwerke Gottes gedenkend, oft hierüber unterhalten und festgestellt, daß auch er sich lebhaft an das von mir Berichtete erinnert. Als diese ihn nun nach ihrer Gewohnheit am Abend vor der Operation besuchten, bat er kläglich weinend, sie möchten sich doch in der Frühe des nächsten Tages an seinem Schmerzenslager oder vielmehr Sterbebett einfinden. Denn es hatte ihn solche Angst wegen der früher ausgestandenen Qualen befallen, daß er nicht daran zweifelte, er werde unter den Händen der Ärzte sterben. Sie trösteten und ermahnten ihn, auf Gott zu vertrauen und sich mannhaft in seinen Willen zu fügen. Dann wandten wir uns zum Gebet, wobei wir wie üblich die Knie beugten und uns zur Erde neigten. Jener aber warf sich dermaßen nieder, als hätte ihn jemand mit Gewalt zu Boden geschlagen, und begann ebenfalls zu beten. Aber wie, mit welcher Inbrunst, welcher Gemütsbewegung, welchen Tränenströmen, welchem Seufzen und Schluchzen, das all seine Glieder erschütterte und ihm fast den Atem benahm – wer kann's beschreiben? Ob die anderen noch beteten oder durch diesen Anblick vom Gebet abgelenkt wurden, wußte ich nicht. Ich jedenfalls konnte nicht mehr beten und sprach in meinem Herzen kurz nur so viel: «Herr, welche Bitten der Deinen erhörst du, wenn du diese nicht erhörst?» Denn eine Steigerung, so schien mir, war nicht mehr möglich, es sei denn, er hätte im Gebet seine Seele ausgehaucht. Wir erhoben uns sodann und gingen nach Empfang des bischöflichen Segens davon. Er aber bat die Diener Gottes, frühmorgens wiederzukommen, worauf sie ihm noch einmal Mut zusprachen. Als der gefürchtete Tag anbrach, waren sie, wie versprochen, zur Stelle. Nun traten auch die Ärzte ein und bereiteten alles Erforderliche vor. Die unheimlichen Instrumente wurden hervorgeholt, und alle Anwesenden waren voll Erwartung und benommen. Während nun die Angeseheneren seinen sinkenden Mut durch Trostworte aufrichten, legt man ihn im Bette für die Operation zurecht, entfernt die Binden und entblößt die Stelle. Der Arzt blickt hin und sucht, das Messer in der Hand, nach dem aufzuschneidenden Geschwür. Er späht mit den Augen, tastet mit den Fingern, bemüht sich auf jede Weise und findet – eine schon ganz festgewordene Narbe. Welcher Jubel jetzt ausbrach, wie man den barmherzigen und allmächtigen

Gott lobte und ihm danksagte, wie dieser Dank, begleitet von Freudentränen, aus aller Mund sich ergoß, das erlasse man mir zu schildern. Man kann sich's besser vorstellen als es aussprechen.

In dem nämlichen Karthago war es, wo Innocentia, eine sehr fromme Frau aus den ersten Familien der Stadt, an einem Brustkrebs litt, einer Krankheit, die, wie die Ärzte sagen, aller Heilmittel spottet. Man pflegt also entweder das Glied, an dem der Krebs sich zeigt, zu amputieren und vom Körper abzutrennen, oder man muß, wie es heißt, nach Ansicht des Hippokrates, damit der Mensch ein wenig länger am Leben bleibt, ohne den späteren tödlichen Ausgang abwenden zu können, auf jeden Heilungsversuch verzichten. Das hatte sie von einem sachkundigen, ihrem Hause sehr nahestehenden Arzte erfahren und sich daraufhin nur noch betend an Gott gewandt. Nun empfängt sie beim Herannahen des Osterfestes im Traum die Mahnung, sie möge beim Taufbecken auf der Frauenseite Obacht geben und von der ersten ihr begegnenden Neugetauften über der kranken Stelle das Kreuzeszeichen machen lassen. Sie tat's und wurde alsbald gesund. Der Arzt, der ihr geraten hatte, wenn sie länger leben wolle, sich auf kein Heilverfahren einzulassen, und der sie nun bei seiner Untersuchung völlig genesen fand, obwohl er doch früher jenes Übel bei ihr sicher festgestellt hatte, drängte sie, ihm das angewandte Heilmittel zu nennen. Es lag ihm offenbar daran, ein Mittel kennenzulernen, das die Anweisung des Hippokrates als irrig erweisen würde. Als er von ihr das Geschehene vernommen, soll er mit spöttischer Miene und Stimme, so daß jene schon fürchtete, ein Schmähwort gegen Christus hören zu müssen, fromm und höflich geantwortet haben: «Ich dachte schon, du würdest mir etwas Bedeutsames sagen.» Als sie darüber erschrak, fuhr er alsbald fort: «Das ist ja nichts Besonderes, wenn Christus ein Krebsgeschwür heilt, da er doch nach vier Tagen einen Toten auferweckt hat.» Als ich dies erfuhr, verdroß es mich, daß ein in dieser Stadt und an dieser keineswegs unbekannten Person geschehenes gewaltiges Wunder so verborgen geblieben war, und meinte deshalb die Frau vermahnen, ja fast ausschelten zu sollen. Da sie mir zur Antwort gab, sie habe gar nicht darüber geschwiegen, fragte ich die älteren Frauen, die sie gerade als ihre nächsten Freundinnen bei sich hatte, ob sie früher davon gewußt hätten. Sie erwiderten, nicht das Geringste. Wie geht das zu? sagte ich darauf; du schweigst nicht, und diese deine vertrauten Freundinnen hören nichts davon! Und da ich sie bisher nur kurz befragt hatte, ließ ich sie nun vor den Ohren der Frauen, die sich höchlich wunderten und Gott priesen, den ganzen Vorfall der Reihe nach, wie er sich zugetragen, erzählen.

In derselben Stadt lebte ein Arzt, der an Fußgicht litt. Er hatte sich als Taufbewerber gemeldet. Da erschienen ihm am Tage vor der Taufe im Schlaf schwarze krauslockige Knaben, in denen er Dämonen erkannte, und wollten ihm verwehren, sich in diesem Jahre taufen zu lassen. Er aber gab ihnen nicht nach, worauf sie ihn auf die Füße traten und ihm dadurch so heftigen Schmerz verursachten, wie er ihn nie zuvor empfunden hatte. Er jedoch bot ihnen erst recht Trotz, schob das reinigende Bad der Wiedergeburt, wie er gelobt, nicht hinaus und wurde bei der Taufe nicht bloß von dem ihn quälenden ungewohnten Schmerze, sondern von der Fußgicht überhaupt befreit, so daß er, obwohl er noch lange lebte, niemals mehr Schmerzen an seinen Füßen hatte. Aber wer weiß das? Nun, ich weiß es und noch einige wenige Brüder, zu denen die Kunde gelangte.

Ein früherer Schauspieler aus Curubis wurde bei seiner Taufe nicht nur von einer Lähmung, sondern auch von einer unförmlichen Schwellung der Geschlechtsteile geheilt und stieg befreit von beiden Übeln, als ob er nie mit dergleichen zu tun gehabt hätte, aus dem Brunnquell der Wiedergeburt herauf. Aber wer außer den Bewohnern von Curubis und vereinzelten anderen, zu denen die Kunde dringen konnte, hat davon gehört? Wir aber, nachdem wir es erfahren, ließen ihn auf Geheiß des heiligen Bischofs Aurelius nach Karthago kommen, obwohl wir schon früher von Leuten, an deren Zuverlässigkeit kein Zweifel war, Bericht empfangen hatten.

Bei uns lebt ein ehemaliger Volkstribun namens Hesperius, der im Gebiet von Fussala das Landgut Zubedi besitzt. Als er hörte, daß sein Haus unter der schädlichen Macht böser Geister, die Vieh und Dienerschaft plagten, zu leiden hatte, bat er in meiner Abwesenheit unsere Presbyter, einer von ihnen möchte sich dorthin begeben, sie mit Gebeten zu vertreiben. Wirklich machte sich einer auf, brachte daselbst das Opfer des Leibes Christi dar und betete nach Kräften, daß die Heimsuchung aufhören möge. Gottes Gnade schenkte sofortigen Erfolg. Hesperius hatte aber von einem Freunde heilige Erde aus Jerusalem empfangen, von der Stätte, wo Christus begraben und am dritten Tage auferstanden war, und sie in seinem Schlafgemach aufgehängt, um nicht selbst von der Plage betroffen zu werden. Als nun sein Haus von dem Ungemach gereinigt war, überlegte er, was er mit jener Erde machen sollte, die er in ehrfürchtiger Scheu nicht länger in seinem Schlafgemach behalten wollte. Es traf sich, daß ich und mein damaliger Amtsbruder Maximinus, Bischof der Kirche von Sinit, in der Nähe waren, und so bat er uns zu kommen. Wir kamen, er erzählte uns alles und bat sodann, die Erde möchte irgendwo eingegraben und darüber ein Bethaus errichtet werden, wo sich die Christen zu gottesdienstlichen Feiern versammeln könnten. Wir erhoben keine Einwendungen, und es geschah. Nun war da ein gichtbrüchiger Bauernjunge. Er hörte hiervon und bat seine Eltern, ihn unverzüglich an diesen heiligen Ort zu bringen. Sie taten es, er betete und ging alsbald gesund auf eigenen Füßen von dannen.

Victoriana, so nennt man ein Landhaus, das von Hippo Regius weniger als dreißig Meilen entfernt ist. Dort befindet sich eine Gedächtnisstätte der mailändischen Märtyrer Protasius und Gervasius. Dahin brachte man einen Jüngling, in den um die Mittagszeit eines Sommertages, als er in einem Wasserloch sein Pferd abwusch, ein Dämon gefahren war. Als er dort dem Tode nahe oder doch einem Toten ganz ähnlich dalag, kam nach ihrer Gewohnheit zu abendlichen Liedern und Gebeten die Herrin des Besitztums mit ihren Mägden und einigen geweihten Jungfrauen in die Kapelle. Sie fingen an zu singen, und die frommen Töne trafen den Dämon wie ein Faustschlag. Es riß ihn empor, und fürchterlich schreiend umklammerte er den Altar, wagte aber nicht oder vermochte es nicht, ihn zu verrücken. Es war, als wäre er daran angebunden oder geheftet. Laut heulend flehte er um Schonung und bekannte, wo, wann und wie er den Jüngling überfallen hatte. Schließlich kündigte er an, er werde ausfahren, drohte aber, dabei gewisse Glieder, die er namhaft machte, auszureißen. Damit entwich er. Aber des Jünglings Auge hing, nur noch durch eine dünne Ader mit der Augenhöhle verbunden, über die Backe herab, und der Augenstern, früher schwärzlich, war weiß geworden. Auch andere Leute waren inzwischen, aufmerksam geworden durch das Geschrei, herbeigeeilt und hatten sich sämtlich im Fürbittgebet für den Unglücklichen zur Erde geworfen. Als sie sahen, was geschehen war, freuten sie sich zwar, daß er vernünftig vor ihnen stand, waren aber doch wegen seines Auges bekümmert und wollten einen Arzt holen lassen. Da rief der Gatte seiner Schwester, der ihn dahin gebracht hatte: «Gott, der den Dämon vertrieb, kann auf Bitten der Heiligen auch das Augenlicht wiedergeben.» Darauf setzte er, so gut er konnte, das herausgefallene und herunterhängende Auge wieder ein, wohin es gehörte, band ein Taschentuch darüber und ließ den Verband sieben Tage lang sitzen. Dann entfernte er ihn, und das Auge war vollkommen gesund. Auch andere Leute fanden an dieser Stätte Heilung, doch es würde zu weit führen, davon zu erzählen.

Ich kenne eine Jungfrau in Hippo, die sich mit Öl salbte, in welches ein Presbyter unter Fürbitte für sie Tränen hatte fließen lassen, und die dadurch alsbald von dämonischer Besessenheit geheilt wurde. Auch einen Bischof kenne ich, der für einen Jüngling, den er nicht gesehen hatte, nur einmal betete, worauf dieser sogleich von einem Dämon erlöst wurde.

In unserm Hippo lebte ein Greis namens Florentius, ein frommer, aber armer Mann, der sich vom Schneiderhandwerk nährte. Er hatte seinen Mantel verloren und kein Geld, sich einen neuen zu kaufen. Da betete er mit lauter Stimme zu den zwanzig Märtyrern, deren Gedächtniskapelle bei uns in hohem Ansehen steht, um solch ein Kleidungsstück. Ihn hörten einige gerade anwesende spottlustige Jünglinge, gingen ihm nach und neckten ihn, als habe er die Märtyrer um fünfzig Pfennige gebeten, sich ein Kleid dafür zu kaufen. Er ging still seines Weges und erblickte am Strande einen von den Wellen ausgeworfenen zappelnden großen Fisch. Er griff ihn auf, wobei ihm jene Jünglinge gutmütig behilflich waren, verkaufte ihn an einen Koch namens Cattosus, einen guten Christen, in seine Garküche für dreihundert Pfennige und berichtete dabei den Vorfall. Er gedachte sich dafür Wolle zu kaufen, damit seine Frau ihm daraus nach bestem Vermögen ein Gewand anfertigte. Als aber der Koch den Fisch aufschnitt, fand er in seinem Bauch einen goldenen Ring und gab ihn alsbald, von Mitleid und frommer Scheu bewogen, dem Manne zurück und sagte dazu: Da siehst du, wie dich die zwanzig Märtyrer gekleidet haben.

Als der Bischof Praeiectus unter großem Volksauflauf eine Reliquie des glorreichen Märtyrers Stephanus nach Aquae Tibilitanae brachte, bat daselbst eine blinde Frau, zum Bischof, der die Reliquie trug, hingeführt zu werden. Sie reichte ihm Blumen, die sie mitgebracht, und empfing sie von ihm zurück. Als sie sie nun an die Augen hielt, konnte sie sogleich sehen. Alle Anwesenden waren starr vor Staunen, sie aber ging frohlockend vor ihnen her und schritt ihres Weges dahin, ohne hinfort einen Führer zu brauchen.

Eine Reliquie desselben Märtyrers befand sich auch in dem Fort Sinit, das der Kolonialstadt Hippo benachbart ist. Der dortige Bischof Lucillus trug sie, während das Volk voranging und nachfolgte. Schon lange Zeit litt er an einer lästigen Fistel, die auf die Hand seines vertrauten Arztes, der sie aufschneiden sollte, wartete. Aber durch das Tragen jener heiligen Bürde ward sie plötzlich geheilt, denn sie fand sich nun an seinem Leibe nicht mehr vor.

Eucharius, ein Presbyter aus Spanien, wohnhaft in Calama, krankte an einem alten Steinleiden. Auch er wurde durch die Reliquie des eben erwähnten Märtyrers, die der Bischof Possidius dahin brachte, gesund. Derselbe Mann wurde später von einer anderen, immer heftiger werdenden Krankheit befallen, so daß er wie tot dalag und man ihm schon die Daumen umwickelte. Aber durch den Beistand des genannten Märtyrers ward er erweckt, als man von dessen Kapelle den Leibrock des Kranken zurückbrachte und über den Daliegenden ausbreitete.

Dort lebte auch ein Mann mit Namen Martialis, der erste unter seinen Standesgenossen, bereits hochbetagt und ein großer Feind der christlichen Religion. Er hatte jedoch eine gläubige Tochter, ferner einen Schwiegersohn, der im gleichen Jahre wie sie getauft war. Als diese ihn bei seiner Erkrankung mit vielen heißen Tränen baten, Christ zu werden, lehnte er schroff ab und wies sie aufgeregt und zornig von sich. Da fiel es dem Schwiegersohn ein, zur Kapelle des heiligen Stephanus zu gehen und dort für ihn inständig zu beten, Gott möge ihm frommen Sinn verleihen, daß er nicht länger zögere, an Christus zu glauben. Er tat's unter viel Seufzen und Weinen und in aufrichtiger, warmer Sohnesliebe. Dann nahm er beim Fortgehen einige Blumen vom Altar und legte sie, als es Nacht wurde, unter das Kopfkissen des Kranken. Dann schlief man ein. Und sieh da, ehe es Tag ward, ruft Martialis, man solle zum Bischof eilen, der aber gerade bei mir in Hippo zu Besuch war. Als er seine Abwesenheit erfuhr, verlangte er nach den Presbytern. Sie kamen, er bekannte seinen Glauben und wurde zum Staunen und zur Freude aller getauft. Und solange er noch lebte, hörte man ihn immer wieder sagen: «Christus, nimm meinen Geist auf», obwohl er nicht wußte, daß es die letzten Worte des hochseligen Stephanus waren, als ihn die Juden steinigten. Es waren auch seine letzten, denn nicht viel später entschlief er.

Es wurden dort durch denselben Märtyrer auch zwei Fußgichtkranke geheilt, ein Bürger und ein Fremder, doch nur der Bürger völlig. Dem Fremden dagegen ward durch Offenbarung kundgetan, was er anwenden sollte, wenn der Schmerz käme, und wenn er das dann tat, hörte der Schmerz sofort auf.

Audurus heißt ein Landgut, wo sich eine Kirche mit einer Reliquie des Märtyrers Stephanus befindet. Hier geschah es, daß ein kleiner Knabe beim Spiel auf dem Hofe unter das Rad eines Wagens kam, den wildgewordene Ochsen zogen, und sogleich unter Zuckungen im Sterben lag. Da nahm ihn die Mutter und trug ihn zu jener Gedächtnisstätte, worauf er nicht nur wiederauflebte, sondern sogar unverletzt erfunden ward.

Auf einem benachbarten Gute, Caspaliana geheißen, ereignete es sich, daß eine geweihte Jungfrau hoffnungslos erkrankte. Man trug ihr Unterkleid zu derselben Gedächtnisstätte, aber sie starb, ehe man es zurückbrachte. Gleichwohl deckten die Eltern ihre Leiche damit zu; sie kam zum Leben und war gesund.

In Hippo ging ein Syrer namens Bassus zum Gebet für seine gefährlich erkrankte Tochter in die Kapelle desselben Märtyrers. Er hatte ihr Kleid mitgebracht. Da kamen Diener aus seinem Hause gelaufen, ihm ihren Tod zu melden. Sie wurden aber, während er noch betete, von seinen Freunden abgefangen und verhindert, es ihm zu sagen, damit er nicht auf der Straße in Wehklagen ausbreche. Als er nun in sein Haus zurückkehrte, das schon vom Jammer der Angehörigen widerhallte, deckte er das zurückgebrachte Kleid der Tochter über sie, und sie kam wieder zum Leben.

Desgleichen geschah es bei uns, daß der Sohn eines gewissen Steuereinnehmers Irenäus von einer Krankheit hingerafft wurde. Der entseelte Leib lag da, und unter Trauern und Klagen wurde schon die Bestattung vorbereitet. Da schlug einer der Freunde vor, während die anderen Trostworte sprachen, die Leiche mit dem Öl desselben Märtyrers zu salben. Man tat es, und der Tote lebte wieder auf.

Ebenfalls bei uns trug sich's zu, daß ein früherer Tribun Eleusinus sein an einer Krankheit verstorbenes Söhnlein auf die Märtyrerreliquie legte, die sich in der Vorstadt, wo er wohnte, befindet, und es nach dem Gebet, bei dem er viele Tränen vergoß, lebend wieder aufhob.

Was soll ich machen? Das Versprechen, das Werk nun zu beenden, drängt und muß erfüllt werden, und so kann ich hier nicht alles vorbringen, was ich weiß. Aber ohne Zweifel werden viele der Unsrigen, wenn sie dies lesen, bedauern, daß ich so manches übergangen habe, was sie so gut wissen wie ich. Ich bitte sie um Verzeihung. Sie mögen bedenken, eine wie langwierige Arbeit erforderlich wäre, das zu tun, was nun im Hinblick auf den Plan dieses Werkes unterlassen werden muß. Denn wenn ich auch nur die Heilungswunder – um von anderen zu schweigen – aufschreiben wollte, die durch diesen Märtyrer, nämlich den glorreichen Stephanus, in Colonia Calama und unserer Stadt geschehen sind, müßte ich eine Menge Bücher füllen und könnte doch nicht alles anführen, sondern nur das, worüber schriftliche Aufzeichnungen vorliegen, die öffentlich verlesen wurden. Denn dies ordneten wir an, als wir sahen, daß Erweise göttlicher Kraft ähnlich wie vormals auch in unsern Zeiten häufig vorkommen und der Kenntnis der Menge nicht vorenthalten werden dürfen. Aber noch sind es nicht zwei Jahre her, seit sich diese Reliquien in Hippo Regius befinden, und obwohl von vielen Wundern, wie ich genau weiß, keine Aufzeichnungen niedergelegt wurden, sind die, bei denen es geschah, jetzt da ich dies schreibe, fast schon auf siebzig angewachsen. In Calama dagegen, wo die Reliquien schon länger sind und solche Aufzeichnungen häufiger vorgenommen werden, sind es noch unvergleichlich mehr.

Auch in Uzali, einer Pflanzstadt nahe bei Utica, sind durch denselben Märtyrer, wie wir wissen, viel herrliche Taten vollbracht. Dort wurde weit früher als bei uns von dem Bischof Evodius eine Gedächtnisstätte zu seinen Ehren eingerichtet. Aber die Sitte, Aufzeichnungen einzureichen, ist da nicht üblich oder war es doch nicht. Vielleicht geschieht es jetzt. Denn als ich neulich dort weilte, ermahnte ich die Petronia, eine vornehme Frau, die von einem schweren, langwierigen Leiden, bei dem alle ärztliche Kunst versagt hatte, geheilt war, unter Zustimmung des genannten Bischofs, eine Aufzeichnung zur öffentlichen Verlesung abzuliefern, was sie auch bereitwilligst tat. Hier teilte sie etwas mit, was ich nicht verschweigen mag, obwohl es mich drängt, auf das eigentliche Thema dieses Werkes zurückzukommen. Ein gewisser Jude, sagte sie, habe sie überredet, einen Ring an einem Haargürtel zu befestigen und diesen Gürtel unter allen Kleidern auf bloßem Leibe zu tragen. An dem Ring sollte unter dem Edelstein ein in den Nieren eines Ochsen gefundener Stein angebracht sein. Mit diesem vermeintlichen Heilmittel umgürtet, machte sie sich auf den Weg zur Schwelle des heiligen Märtyrers. Aber als sie, von Karthago abgereist, nahe beim Flusse Bagrada auf ihrem Besitztum verweilte und dann ihre Fahrt fortsetzen wollte, fand sie beim Aufstehen den Ring vor ihren Füßen liegen und untersuchte verwundert den Haargürtel, in dem er befestigt gewesen war. Aber sie fand, daß dieser wie zuvor mit festen Verknotungen ihren Leib umschloß, und vermutete nun, der Ring sei gesprungen und infolgedessen abgefallen. Aber auch er erwies sich als vollkommen heil, so nahm sie den wunderbaren Vorgang als Unterpfand ihrer bevorstehenden Genesung, löste den Gürtel auf und warf ihn mitsamt dem Ringe in den Fluß. Mögen das nicht glauben, die ebensowenig glauben wollen, daß der Herr Jesus aus unversehrtem jungfräulichem Mutterschoß hervorgegangen und bei seinen Jüngern durch verschlossene Türen eingetreten ist. Doch mögen sie dem hier berichteten Wunder nachforschen und, wenn sie es als wahr befinden, auch jene Wunder glauben. Es ist, wie gesagt, eine hochangesehene Frau, vornehm geboren, vornehm vermählt und wohnt in Karthago. Stadt und Person sind bekannt genug; die Nachforschung wird nicht ergebnislos bleiben. Der Märtyrer wenigstens, dessen Eintreten ihr die Genesung verschaffte, glaubte sicherlich an den Sohn der jungfräulich gebliebenen Mutter, an den, der bei verschlossenen Türen zu den Jüngern einging, an den – um auch auf das zu kommen, um deswillen ich all dies anführe –, der mit seinem auferstandenen Fleische gen Himmel fuhr. Denn nur darum geschehen durch ihn so große Dinge, weil er für diesen Glauben sein Leben hingab. Also auch jetzt noch geschehen viel Wunder. Durch wen er will und wie er will, wirkt Gott sie, der auch die, von denen wir in der heiligen Schrift lesen, gewirkt hat. Aber die heutigen Wunder werden nicht in gleicher Weise bekannt, werden auch nicht so, um dem Gedächtnis nicht wie Sand, der durch die Finger rinnt, zu entgleiten, durch häufige Verlesung eingeprägt. Denn auch wo man, wie jetzt seit kurzem bei uns, dafür Sorge trägt, daß die Aufzeichnungen derer, die Gnadenhilfen erfahren, öffentlich verlesen werden, hören es manche ein einziges Mal, aber noch mehr sind nicht anwesend. Und auch die, welche da waren, behalten es nur einige Tage in Erinnerung, und kaum einer ist, der von dem, was er gehört, einem Nichterschienenen Mitteilung macht.

Doch ein Wunder geschah bei uns, nicht größer als die schon erwähnten, aber weit und breit so bekannt geworden, daß wohl kein Bewohner Hippos ist, der es nicht gesehen oder davon gehört hätte, keiner, der es je vergessen könnte. Zehn Geschwister, sieben Brüder, drei Schwestern aus Cäsarea in Kappadozien, nicht unangesehen in ihrer Heimatstadt, wurden auf den Fluch ihrer nach dem kürzlich erfolgten Tode des Vaters verwitweten Mutter, die wegen eines ihr angetanen Unrechts erbittert war, von Gott mit schrecklichem Gliederzittern gestraft. Da sie in ihrem kläglichen Zustand die Blicke ihrer Mitbürger nicht ertragen konnten, zerstreuten sie sich, der eine hier – der andere dahin, fast über das ganze römische Reich. Von ihnen kamen zwei, Bruder und Schwester, Paulus und Palladia, auch zu uns. An vielen anderen Orten waren sie, da ihr Mißgeschick sich herumsprach, schon bekannt. Sie kamen etwa vierzehn Tage vor Ostern an, besuchten täglich die Kirche und in ihr besonders die Gedächtnisstätte des glorreichen Stephanus und beteten, Gott möge ihnen nunmehr verzeihen und die frühere Gesundheit wiederschenken. Hier und wohin sie sonst auch gehen mochten, lenkten sie aller Blicke auf sich. Einige, die sie anderswo gesehen und die Ursache ihres Zitterns erfahren hatten, verbreiteten die Neuigkeit unter allen Bekannten. Das Osterfest brach an, und als nun in der Frühe des Ostersonntags, da schon viel Volk versammelt war, der Jüngling das Gitter der heiligen Stätte, wo sich die Märtyrerreliquie befand, betend anfaßte, fiel er plötzlich zu Boden und lag da, ganz wie wenn er schliefe, aber ohne zu zittern, während die Geschwister sonst auch im Schlaf zu zittern pflegten. Die anwesenden Zuschauer staunten, teils erschrocken, teils mitleidig. Einige wollten ihn aufrichten, andere wehrten ab und sagten, man solle lieber den Ausgang abwarten. Und siehe da, er erhob sich und zitterte nicht mehr, denn er war geheilt. Gesund stand er da und hielt die auf ihn gerichteten Blicke aus. Da erscholl aus aller Mund der Lobpreis Gottes. Freudengeschrei und Glückwünsche füllten die ganze Kirche. Nun eilt man zu meinem Sitz, von dem ich gerade vortreten wollte. Einer nach dem andern dringt herein, jeder meldet neu, was der vorige schon gesagt. Ich freue mich und danke Gott im stillen. Da tritt er selber, von mehreren begleitet, herein und wirft sich mir zu Füßen; ich hebe ihn auf und küsse ihn. Wir treten unter das Volk. Die Kirche ist voller Leute und hallt wieder von Jubelrufen. Gott sei Dank, Gott sei gepriesen! So schallt's von allen Seiten, und keiner will schweigen. Ich begrüße das Volk, und von neuem und noch lauter umgibt mich der Lärm froher Stimmen. Nachdem endlich Stille eingetreten, wurden die Festabschnitte der Heiligen Schrift verlesen. Als dann meine Predigt beginnen sollte, sprach ich nur wenige auf die Stunde und das frohe Ereignis hinweisende Worte. Bei diesem göttlichen Werk galt es ja, dem, der hier Wortführer war, nämlich Gott selber, weniger die Ohren als die Herzen zu öffnen. Der junge Mann speiste dann mit uns und erzählte ausführlich von seinem, seiner Geschwister und seiner Mutter Unglück. Tags darauf kündigte ich nach der Predigt an, die Aufzeichnung dessen, was er berichtet, werde am nächsten Tage öffentlich verlesen werden. Als dies am dritten Osterfeiertage geschah, ließ ich die beiden Geschwister, während der Verlesung an den Stufen des Chores sich aufstellen, wo ich von erhöhtem Orte aus sprach. Das ganze Volk, Männer und Frauen, sah sie stehen, ihn ohne die jämmerliche Bewegung, sie noch an allen Gliedern zitternd. Die ihn und was Gottes Barmherzigkeit an ihm getan, noch nicht gesehen hatten, sahen's nun an seiner Schwester. Denn da hatten sie vor Augen, wofür man seinethalben zu danken, ihrethalben zu bitten hatte. Inzwischen war die Aufzeichnung verlesen, ich ließ die beiden sich aus der Versammlung entfernen und hatte gerade angefangen, den ganzen Vorfall ein wenig eingehender zu besprechen, als meine Rede von neuen Jubelrufen von der Gedächtnisstätte des Märtyrers her übertönt wurde. Meine Hörer wandten sich dahin, man lief von allen Seiten zusammen. Was war geschehen? Die Schwester hatte sich von den Chorstufen, wo sie gestanden, zum heiligen Märtyrer begeben, um zu beten. Kaum aber hatte sie das Gitter berührt, als sie ebenfalls wie schlafend niedersank und dann gesund aufstand. Während wir uns noch erkundigen, was geschehen sei und der frohe Lärm zu bedeuten habe, kommt man schon mir ihr zu uns in die Basilika und führt sie von der Stätte des Märtyrers gesund herbei. Da vollends erhob sich, vermischt mit Schluchzen, ein schier endloses Jubelgeschrei staunender Männer und Frauen. Man führte sie an den Platz, wo sie noch kurz vorher zitternd gestanden. Hatte man erst bedauert, daß sie dem Bruder so unähnlich geblieben war, jauchzte man nun, daß sie ihm so ähnlich geworden, und überzeugte sich, daß, ehe noch die Gebete für sie über die Lippen kamen, der dem Gebet vorauseilende Wunsch schon Erhörung gefunden hatte. Man jubelte zum Lobe Gottes, ohne Worte, aber mit solchem Stimmenschall, daß es fast zu viel war für unsere Ohren. Und was war's, was die Herzen so aufjauchzen ließ? Der Glaube an Christus, für den Stephanus sein Blut vergossen.

9. Die Märtyrerwunder bezeugen den Auferstehungsglauben

Wofür legen nun diese Wunder Zeugnis ab? Doch nur für den Glauben, der verkündet, daß Christus im Fleisch auferstanden und mit dem Fleische zum Himmel gefahren ist. Denn die Märtyrer waren Märtyrer dieses Glaubens, das ist Zeugen dieses Glaubens. Indem sie diesen Glauben bezeugten, haben sie die ärgste Feindschaft und Grausamkeit der Welt ertragen und wehrlos sterbend besiegt. Für diesen Glauben starben sie und können nun von Gott, dessen Namen sie durch den Tod verherrlichten, so große Dinge erlangen. Voran ging ihre wunderbare Geduld, die sie um dieses Glaubens willen bewiesen, nachfolgte die große Macht, die sich in solchen Wundern kundtat. Denn wäre die Auferstehung des Fleisches zum ewigen Leben in Christus nicht voraufgegangen, und wäre sie nicht auch für die Zukunft zu erwarten, wie sie von Christus geweissagt wird und von den Propheten geweissagt wurde, von denen Christus selber geweissagt ward, wie könnten dann Tote, die für den Glauben, der diese Auferstehung verkündigt, umgebracht wurden, so große Dinge tun? Denn mag Gott selber unmittelbar und auf solch wunderbare Weise, wie er, der Ewige, Zeitliches wirkt, diese Dinge tun oder dazu seine Diener brauchen, mag er ferner, was er durch seine Diener tut, sei es durch die Geister der Märtyrer selbst wie auch wohl durch noch lebende Menschen wirken, sei es ausschließlich durch Engel, denen er unsichtbar, unkörperlich, unwandelbar Befehl erteilt – in dem Fall würde alles, was, wie man sagt, die Märtyrer tun, nur auf ihre Fürbitte und ihr Eintreten hin, nicht durch ihr persönliches Wirken geschehen –, oder mag er es auf verschiedenerlei Weise, bald so bald so wirken, wie Sterbliche es nie begreifen können, so legt doch alles für diesen Glauben Zeugnis ab, der die Auferstehung des Fleisches zum ewigen Leben verkündet.

10. Die wunderwirkenden Märtyrer sind glaubhafter als die wunderwirkenden Dämonen

Hier werden unsere Gegner vielleicht einwenden, ihre Götter hätten ebenfalls mancherlei Wunderbares vollbracht. Gut so, sie fangen also an, ihre Götter mit unsern Verstorbenen auf eine Stufe zu stellen. Oder geben sie wohl gar zu, auch ihre Götter seien im Grunde genommen verstorbene Menschen wie Herkules oder Romulus und viele andere, die, wie sie wähnen, in die Zahl der Götter aufgenommen sind? Aber für uns sind die Märtyrer keine Götter, denn wir wissen, daß einunderselbe unser und der Märtyrer Gott ist. Doch sind den Wundern, die an den Gedächtnisstätten unserer Märtyrer geschehen, die Wunder, welche in Heidentempeln geschehen sein sollen, in keiner Weise an die Seite zu stellen. Sondern wenn auch eine gewisse Ähnlichkeit vorliegt, so werden wie Pharaos Zauberer von Moses, so auch ihre Götter von unsern Märtyrern geschlagen. Verrichteten doch die Dämonen jene Wunder in unreinem Hochmutsdünkel, um sich damit als Götter aufzuspielen; die Märtyrer dagegen, vielmehr Gott unter ihrer Mitwirkung oder auf Grund ihrer Fürbitte, verrichten ihre Wunder zur Förderung des Glaubens, der uns lehrt, daß nicht etwa sie unsere Götter sind, sondern mit uns nur einen Gott haben. Endlich, die Heiden haben ihren sogenannten Göttern Tempel erbaut, Altäre errichtet, Priester eingesetzt und Opfer dargebracht; wir aber bauen unsern Märtyrern keine Göttertempel, sondern Gedächtnishallen als verstorbenen Menschen, deren Seelen bei Gott leben. Auch errichten wir dort keine Altäre, auf denen wir den Märtyrern opfern, sondern opfern dem einen, unserm und der Märtyrer Gott. Werden sie auch bei diesem Opferdienst als Menschen Gottes, die die Welt im Bekenntnis zu ihm überwunden haben, ihrem Ort und Rang entsprechend mit Namen genannt, so werden sie doch nicht vom

Opferpriester angerufen. Gotte opfert er, nicht ihnen, mag er auch an ihrer Gedächtnisstätte opfern, denn er ist Gottes und nicht ihr Priester. Das Opfer aber ist der Leib Christi, der nicht ihnen dargebracht werden kann, weil sie ja selber zu diesem Leibe gehören. Welchen Wundertätern soll man also eher glauben? Solchen, die von denen, für die sie ihre Wunder tun, selbst für Götter gehalten werden wollen, oder solchen, die alles Wunderbare, was sie tun, darum tun, daß man an Gott – und auch Christus ist Gott – glaube? Solchen, die sogar ihre eigenen Schandtaten feiern ließen, oder solchen, die nicht einmal ihre löblichen Taten feiern lassen wollen, sondern all das, was man mit Recht an ihnen rühmt, dem zur Ehre gereichen lassen, in dem sie sich rühmen? Denn im Herrn rühmen sich ihre Seelen. Glauben wir also ihnen, die Wahres sagen und Wunderbares tun! Sie sagten Wahres, litten dafür, und dürfen nun Wunderbares tun. Unter dem Wahren aber, das sie sagten, ist ein Hauptpunkt, daß Christus von den Toten auferstanden ist und uns als erster an seinem Leibe die Auferstehung zum ewigen Leben vor Augen geführt hat, die auch uns zuteil werden wird am Anbeginn der neuen oder am Ende der jetzigen Weltzeit.

11. *Schwere und Ordnung der Elemente kein Grund, irdische Leiber vom Himmel auszuschließen*

Gegen diese große Gottesgabe führen jene spitzfindigen Gesellen, «deren Gedanken der Herr kennt, daß sie eitel sind», das Gewicht der Elemente ins Feld. Denn von ihrem Lehrmeister Plato haben sie gelernt, daß die beiden größten, an den äußersten Enden befindlichen Körper durch zwei mittlere, nämlich Luft und Wasser, verknüpft und verbunden seien. Da die Erde, sagen sie, von unten nach oben gerechnet, zuerst kommt, an zweiter Stelle und über der Erde das Wasser, an dritter über dem Wasser die Luft, an vierter über der Luft der Himmel, kann sich kein irdischer Körper im Himmel befinden. Denn durch ihr Eigengewicht werden die einzelnen Elemente genötigt, sich jedes an seinem angewiesenen Platze zu halten. Hier sieht man, mit welchen Beweisgründen die von Eitelkeit aufgeblasene menschliche Schwachheit der göttlichen Allmacht sich widersetzt. Was haben denn soviel irdische Körper in der Luft zu suchen, obwohl doch von der Erde aus die Luft erst an dritter Stelle kommt? Sollte der, der irdischen Vogelleibern durch die Leichtigkeit des Gefieders und der Flügel die Fähigkeit verlieh, in der Luft zu schweben, unsterblich gewordenen Menschenleibern nicht die Kraft verleihen können, auch im höchsten Himmel zu wohnen? Müßten nicht eigentlich die irdischen Lebewesen, die nicht fliegen können, also auch wir Menschen, unter der Erde leben, wie die Fische, die Wassergeschöpfe, unterm Wasser? Wie kommt es nur, daß Erdengeschöpfe ihr Leben nicht einmal im zweiten Element, dem Wasser, sondern sogar im dritten verbringen? Wie ist zu begreifen, daß sie, die doch zur Erde gehören, sogleich ersticken, wenn sie im zweiten Element über der Erde leben sollen, und nur im dritten Element leben können? Irrt hier die Ordnung der Elemente? Nein, nicht die Natur der Dinge ist fehlerhaft, sondern die Beweisführung dieser Leute. Ich will nicht wiederholen, was ich schon im dreizehnten Buche sagte, daß viele schwere Erdenkörper, etwa Blei, durch Künstlerhand eine Form empfangen, die sie auf dem Wasser schwimmen läßt. Aber wie darf man da dem allmächtigsten Künstler bestreiten, daß der menschliche Körper Eigenschaften annehmen kann, die seine Erhebung zum Himmel und sein dortiges Verweilen ermöglichen?

Vollends gegen ein weiteres Argument, das ich oben bereits anführte, kann man durch Hinweis und Reflexion auf die Anordnung der Elemente, worauf man sich verläßt, nicht das geringste vorbringen. Kommt auch bei der Stufenfolge von unten nach oben die Erde an erster, das Wasser an zweiter, die Luft an dritter, der Himmel an vierter Stelle, so ist doch über dem allem die Natur der Seele. Denn Aristoteles bezeichnete sie als fünften, Plato als gar keinen Körper. Wäre sie der fünfte, stände sie sicherlich höher als die anderen; da sie aber überhaupt kein Körper ist, überragt sie die anderen noch viel mehr. Was will sie denn in einem irdischen Körper? Was tut sie, die Allerfeinste, in dieser Masse? Was tut sie, die allerleichteste, in dieser Schwere? Was tut sie, die allerschnellste, in dieser Trägheit? Sollte nicht die Güte einer so edlen Natur die Erhebung ihres Leibes zum Himmel bewirken können? Wenn jetzt die Natur der irdischen Leiber die Seelen herabdrücken kann, sollten dann nicht auch dereinst die Seelen irdische Leiber emporheben können?

Fassen wir nun ihre Wunder ins Auge, mit denen als dem Werk ihrer Götter sie gegen unsere Märtyrer auftrumpfen, und sehen wir zu, ob sie nicht ebenfalls für uns sprechen und uns in jeder Weise zugute kommen. Zu den großen Wundern ihrer Götter gehört gewiß auch jenes von Varro erwähnte große, daß einst eine vestalische Jungfrau, als sie durch den falschen Verdacht, Unzucht getrieben zu haben, in Gefahr schwebte, ein Sieb mit Tiberwasser füllte und vor ihre Richter trug, ohne daß ein Tropfen durchsickerte. Wer hielt das schwere Wasser über dem Siebe fest? Wer ließ durch die vielen Öffnungen nichts auf die Erde herabfließen? Sie werden antworten: Irgendein Gott oder Dämon. War's ein Gott, dann jedenfalls kein größerer als der Gott, der diese Welt geschaffen hat. War's ein Dämon, dann bestimmt kein mächtigerer als der Engel, der dem Gotte dient, von dem die Welt geschaffen ward. Wenn also ein geringerer Gott oder Engel oder Dämon das Gewicht des feuchten Elements in der Schwebe halten konnte, daß das Wasser anscheinend seine Natur änderte, sollte dann der allmächtige Gott und Schöpfer aller Elemente dem Erdenleibe nicht sein schweres Gewicht nehmen und bewirken können, daß der belebte Körper in dem Elemente wohnt, in dem er nach dem Willen des belebenden Geistes wohnen soll?

Ferner, wenn man der Luft den mittleren Platz anweist zwischen dem Feuer droben und dem Wasser drunten, wie kommt es dann, daß wir sie häufig zwischen Wassern sowie zwischen Wasser und Erde antreffen? Was sonst als Wasser sollen die nassen Wolken sein, zwischen denen und den Meeren sich in der Mitte Luft befindet? Ich möchte wohl wissen, welches Gewicht, welche Ordnung der Elemente es zuwege bringt, daß wilde und wasserreiche Gießbäche, ehe sie unter der Luft auf dem Erdboden hineilen, über der Luft in den Wolken hängen? Warum endlich befindet sich die Luft mitten zwischen Himmelshöhen und bloßer Erde, soweit sich der Erdkreis auch dehnt, wenn ihr Platz doch zwischen Himmel und Wasser sein soll, wie der des Wassers zwischen ihr und der Erde?

Schließlich, wenn die Elemente so angeordnet sind, daß Plato zufolge durch die beiden mittleren, Luft und Wasser, die beiden äußeren, Feuer und Erde, verbunden werden und jenes den obersten Platz im Himmel, dieses aber den untersten, gleichsam als Grundlage der Welt, erhält, und wenn deshalb im Himmel keine Erde sein kann, warum gibt es dann doch Feuer auf der Erde? Denn aus dem angeführtem Grunde müßten die beiden Elemente, Erde und Feuer, an ihren eigenen Orten, zuoberst und zuunterst sein, so daß, wie nach Wunsch und Willen der Gegner das Unterste nicht zuoberst sein kann, auch das Oberste nicht zuunterst sein könnte. Wie also nach ihrer Meinung kein Krümchen Erde im Himmel sein oder dahin kommen kann, dürfte auch kein Feuerflämmchen auf Erden zu sehen sein. Nun aber ist Feuer nicht nur auf Erden, sondern auch unter der Erde, derart, daß Bergesgipfel es ausspeien,und außerdem bedienen sich die Menschen seiner auf Erden und sehen wir es aus der Erde entstehen. Denn es entspringt aus Hölzern und Steinen, also unzweifelhaft irdischen Stoffen. Doch nun sagt man: Jenes Feuer ist ruhig, rein, unschädlich und ewig, dieses dagegen wild, rauchend, vergänglich und verzehrend. Nun, es verzehrt doch die Berge nicht, in denen es beständig lodert, auch nicht die Erdhöhlen. Doch sei es so; mag das irdische dem himmlischen Feuer unähnlich sein, um zu seiner irdischen Behausung zu passen, warum wollen sie uns dann zu glauben verbieten, daß die Natur irdischer Leiber, wenn sie dereinst unvergänglich geworden sind, zum Himmel passen werde, wie jetzt das vergängliche Feuer zu dieser Erde paßt? So kann man denn aus dem Gewicht und der Anordnung der Elemente keinen Grund herleiten, dem allmächtigen Gott vorzuschreiben, er dürfe unsere Leiber nicht derartig umbilden, daß sie auch im Himmel wohnen können.

12. *Spitzfindige Einwände der Ungläubigen gegen die Auferstehung*

Doch sie pflegen noch allerlei Tüfteleien vorzubringen, um unsern Glauben an die Auferstehung des Fleisches lächerlich zu machen. So fragen sie, ob auch die lebensunfähigen Frühgeburten auferstehen, ferner, da doch der Herr spricht: «Wahrlich, ich sage euch, kein Haar von eurem Haupte wird umkommen», ob Gestalt und Kraft bei allen gleich, oder ob die Körper verschieden groß sein werden. Denn, sind alle Körper gleich, woher nehmen dann jene Frühgeburten, falls auch sie auferstehen, die Körperfülle, die sie hier nicht besaßen? Oder wenn sie nicht auferstanden, da sie ja nicht richtig geboren, sondern vorzeitig ausgestoßen sind, stellt man dieselbe Frage in bezug auf die kleinen Kinder, woher ihnen, wenn sie in diesem Alter sterben, die Leibeslänge zuwachsen soll, die ihnen, wie wir sehen, jetzt fehlt. Denn wir können doch nicht sagen, daß sie nicht auferstehen werden, die nicht nur geboren, sondern auch wiedergeboren werden konnten. Sodann fragt man, wie groß man sich jene Gleichheit vorzustellen habe. Denn wenn alle so groß und lang sein sollten, wie hier die Größten und Längsten waren, so wäre nicht nur in bezug auf die kleinen Kinder, sondern in bezug auf die allermeisten Menschen zu fragen, woher ihnen der Zuwachs, der hier fehlte, komme, wenn jeder das wieder erhält, was er hier hatte. Wenn aber das Apostelwort, daß wir alle «zum Maße des vollkommenen Alters Christi gelangen werden», und jenes andere: «Die er vorherbestimmt hat, gleich zu sein dem Ebenbilde seines Sohnes», so zu verstehen ist, daß alle im Reiche Christi an Gestalt und Leibesgröße ihm gleichen sollen, müßte man vielen, sagen sie, ihre Körpergröße und Länge verkürzen, und was würde bei solcher Verkleinerung des ganzen Leibes aus dem Worte: «Kein Haar unseres Hauptes wird umkommen?» Doch auch bezüglich der Haare kann man fragen, ob das, was beim Scheren abfällt, zurückerstattet wird. Und wenn das geschähe, welch schreckliche Verunstaltung wäre das! Denn von den Nägeln müßte doch dasselbe gelten, kurz alles, was man bei der Pflege des Leibes entfernt hat, würde wiederkehren. Aber wo bliebe dann die Schönheit, die doch in jener Unvergänglichkeit größer sein müßte als in diesem vergänglichen Leben? Wenn das alles aber nicht wiederkehrt, wird es eben umkommen und stimmt es nicht, daß kein Haar umkommen soll. Auch von Magerkeit und Fettleibigkeit redet man in ähnlicher Weise. Denn wenn alle gleich sein sollen, können nicht die einen mager, die anderen fettleibig sein. Den einen muß also etwas zugelegt, den anderen weggenommen werden, dann aber kommt es zu keiner Wiederherstellung des Früheren, sondern bald muß Nichtgewesenes zugefügt, bald Gewesenes ausgetilgt werden.

Auch die verschiedene Art der Verwesung und Auflösung der Leichen macht ihnen viel zu schaffen. Denn die eine verwandelt sich in Staub, die andere verflüchtigt sich in Luft, manche fallen wilden Tieren, manche dem Feuer zum Raube, einige gehen durch Schiffbruch oder sonstwie im Wasser zugrunde, so daß ihr verwesendes Fleisch sich in Flüssigkeit auflöst. Man will nicht glauben, daß all das wieder in Fleisch zurückverwandelt und zum Ganzen zusammengefügt werden könne. Auch allerlei körperliche Entstellungen und Gebrechen, mögen sie angeboren oder später entstanden sein, zieht man heran, erwähnt dabei auch schaudernd und höhnisch die Mißgeburten und fragt, wie man sich die Auferstehung solcher Greuelbildungen zu denken habe. Denn sagen wir, daß derlei beim Auferstehungsleibe nicht wiederkehren werde, brüsten sie sich damit, diese Antwort durch Hinweis auf die Nägelmale, mit denen Christus nach unserer Verkündigung auferstand, widerlegen zu können. Die raffinierteste aller derartigen Fragen aber ist die, zu wessen Fleisch das Fleisch zurückkehren werde, mit dem sich der Leib eines andern nährte, den der Hunger trieb, Menschenfleisch zu verzehren. Es wurde ja in das Fleisch dessen verwandelt, der sich durch diese Nahrung am Leben erhielt, und ersetzte den Verlust, der bei seiner Abmagerung zutage trat. Sie bedrängen uns also mit der Frage, ob es nun wieder das Fleisch dessen werde, dem es früher gehörte, oder dessen, der es sich dann aneignete. Die Absicht ist dabei, den Glauben an die Auferstehung zu verspotten. Statt dessen stellt man der menschlichen Seele entweder wie Plato einen steten Wechsel von wahrer Unseligkeit und falscher Seligkeit in Aussicht oder wie Porphyrius nach häufigem Hindurchgang durch verschiedene Leiber eine schließliche Beendigung des Elends ohne Wiederkehr, aber nicht durch Erlangung eines unsterblichen Leibes, sondern durch Flucht aus aller Leiblichkeit.

13. Über die Auferstehung der Frühgeburten

Auf diese von gegnerischer Seite vorgebrachten und von mir angeführten Einwendungen will ich nun, wenn Gottes Erbarmen meine Bemühung unterstützt, Antwort geben. Daß Frühgeburten, die bereits im Mutterschoß lebten und dann vorzeitig starben, auferstehen werden, wage ich weder zu behaupten noch zu bestreiten. Doch sehe ich nicht, aus welchem Grunde ihnen die Auferstehung der Toten versagt sein sollte, da sie doch auch zur Zahl der Toten gehören. Denn entweder werden nicht alle Toten auferstehen und infolgedessen manche menschliche Seelen ewig ohne ihre Leiber fortleben, die sie einst, wenn auch nur im Mutterschoße, besaßen, oder aber, wenn alle Menschenseelen bei der Auferstehung ihre einstigen Leiber wiedererlangen, wo sie sie auch lebend besessen und sterbend gelassen haben mögen, so sehe ich nicht ein, wie sie, auch wenn sie schon im Mutterschoße starben, von der Auferstehung der Toten ausgeschlossen werden können. Doch für welche dieser beiden Annahmen man sich auch entscheiden mag, sicherlich gilt das, was wir von den schon geborenen Kindern noch sagen werden, auch von ihnen, falls sie auferstehen.

14. Über den Auferstehungsleib verstorbener Kinder

Was soll ich also von den Kindern sagen? Ich denke doch dies, daß sie nicht so klein, wie sie starben, auferstehen werden, sondern durch Gottes Wundermacht das Wachstum, das andernfalls langsamer erfolgt sein würde, schnellstens zum Abschluß bringen werden. Denn in dem Herrenwort: «Kein Haar auf unserm Haupte wird umkommen» ist wohl gesagt, es werde nichts fehlen, was da war, aber nicht bestritten, daß Fehlendes da sein wird. Es fehlte dem verstorbenen Kinde seine volle Leibeslänge. Mag es als Kind vollkommen sein, die vollkommene

Größe, nach deren Erlangung das Wachstum aufhört, fehlt ihm doch. Dies Maß der Vollkommenheit haben alle bei der Empfängnis und Geburt schon mitbekommen, aber es ist nur eine ideelle, keine wirkliche Größe. So sind ja auch alle Glieder unsichtbar schon im Samen vorhanden, obschon selbst bei der Geburt noch manches fehlt wie Zähne und dergleichen. In dieser dem Leibesstoff eines jeden eingepflanzten Idee scheint gewissermaßen vorgebildet zu sein, was noch nicht, vielmehr nur unsichtbar da ist und erst im Laufe der Zeit da sein, vielmehr in Erscheinung treten wird. In ihr ist also das Kind bereits so kurz oder lang, wie es später kurz oder lang sein wird. Um dieser Idee willen brauchen wir bei der Auferstehung des Leibes wegen körperlicher Mängel keine Befürchtungen zu hegen. Ja, sollte einst die Gleichheit aller zu erwarten sein, und zwar in riesenhafter Größe, damit auch die Größten nichts an Leibeslänge einbüßen, was dem Wort Christi vom nicht umkommenden Haupthaar widerspräche, käme doch der Schöpfer, der alles aus nichts erschuf, nicht in Verlegenheit, woher das nehmen, was er als wunderbarer Künstler etwa hinzufügen wollte.

15. Inwiefern der Auferstehungsleib Christi für die anderen Leiber maßgebend ist

Aber unzweifelhaft ist Christus in derselben Körpergröße auferstanden, in der er starb, und man darf nicht sagen, sein Leib werde zur Zeit der allgemeinen Auferstehung, um dann den Längsten gleich zu sein, zu einer Größe heranwachsen, die er noch nicht besaß, als er seinen Jüngern in der ihnen bekannten Gestalt erschien. Behaupten wir aber, daß dann alle größeren Leiber auf das Maß des Herrenleibes zurückgeführt werden sollen, müßte von den Leibern vieler ein gut Teil verlorengehen, während er doch verheißen hat, nicht einmal ein Haar werde umkommen. So bleibt nur übrig, daß jeder sein Maß wiederbekommt, das er in seiner Jugendreife hatte, auch wenn er als Greis starb, oder welches er gehabt haben würde, wenn er nicht vorher gestorben wäre. Was aber der Apostel von dem Maß des vollkommenen Alters Christi sagte, ist entweder anders zu verstehen, etwa so, daß das Vollmaß seines Alters dann erreicht sein wird, wenn zur Vollendung des Hauptes auch die Vollendung aller Glieder in der Christenheit hinzukommt, oder es wäre, falls hier doch von der Auferstehung der Leiber die Rede ist, dies der Sinn, daß die Leiber der Toten in jugendlicher Vollreife, und nicht drunter und drüber, auferstehen werden, also in dem Alter und der Kraft, zu der Christus auf Erden gelangte. Denn ein Alter von etwa dreißig Jahren setzten auch die weltlichen Gelehrten für die Vollreife an; sei sie von jedem erreicht, gehe es schon abwärts dem ernsteren und greisenhaften Alter entgegen. Darum spricht der Apostel auch nicht von dem Maße des Leibes oder der Statur Christi, sondern von dem Maße seines vollkommenen Alters.

16. Inwiefern die Auferstandenen dem Ebenbilde des Gottessohnes gleichen werden

Auch das andere Apostelwort, daß die Auserwählten dem Ebenbilde des Sohnes Gottes gleich sein werden, kann man vom inneren Menschen verstehen. In diesem Sinne heißt es anderen Orts: «Stellet euch nicht dieser Welt gleich, sondern gestaltet euch um in Erneuerung eures Sinnes.» Denn wenn wir uns umgestalten, um uns nicht dieser Welt gleichzustellen, werden wir dem Sohne Gottes gleichgestaltet. Es kann aber auch so verstanden werden, daß, wie er uns gleichförmig wurde in unserer Sterblichkeit, so wir ihm gleichförmig sein werden in seiner Unsterblichkeit, und das bezieht sich dann freilich auch auf die Auferstehung der Leiber. Doch auch wenn in diesen Worten darauf hingewiesen werden soll, in welcher

Gestalt die Leiber auferstehen, so ist diese Gleichförmigkeit, ebenso wie vorhin das Maß, nicht auf die Körpergröße, sondern das Alter zu beziehen. Alle werden also auferstehen in der Größe, die sie im jugendlichen Alter besaßen oder besessen haben würden. Übrigens wäre es kein Schaden, wenn die Gestalt des Leibes eine kindliche oder greisenhafte wäre, da jedenfalls alle Schwäche sowohl des Geistes als auch des Leibes ausgetilgt sein wird. Wenn darum jemand behauptet, jedermann werde in der leiblichen Gestalt, die er hatte, als er starb, auferstehen, braucht man dagegen nicht lang und breit anzukämpfen.

17. *Fortbestand des weiblichen Geschlechts bei der Auferstehung*

Im Hinblick auf die angeführten Schriftworte: «Bis wir alle ein vollkommener Mann werden nach dem Maße des vollkommenen Alters Christi», und «daß wir gleich sein werden dem Ebenbilde des Sohnes Gottes» sind einige der Meinung, die Frauen würden nicht in ihrem weiblichen Geschlecht auferstehen, sondern alle Menschen in männlichem, da ja Gott nur den Mann aus Erde, dagegen die Frau aus dem Manne gemacht habe. Doch mir scheinen einsichtiger zu sein, die nicht daran zweifeln, daß beide Geschlechter auferstehen werden. Denn dann gibt es keine Begehrlichkeit mehr, also auch keinen Grund zur Scham. Vor dem Sündenfall waren nämlich Mann und Weib nackt und schämten sich nicht. Jenen Leibern wird also die Gebrechlichkeit abgestreift werden, aber ihre Natur bleibt. Das weibliche Geschlecht ist ja kein Gebrechen, sondern Natur. Begattung freilich und Geburt wird es dann nicht mehr geben. Die weiblichen Glieder werden nicht mehr dem alten Zweck angepaßt sein, sondern der neuen Zier und nicht mehr die Begehrlichkeit des Betrachtenden reizen, die ja nicht mehr vorhanden ist. Sondern preisen wird man Gottes Weisheit und Güte, die schuf, was nicht war, und was er schuf, von allem

Verderb befreite. Denn wenn zu Beginn des Menschengeschlechts das Weib aus einer der Seite des schlafenden Mannes entnommener Rippe geschaffen wurde, so sollte schon damals dadurch weissagend auf Christus und die Kirche hingewiesen werden. Der tiefe Schlaf des Mannes bedeutete nämlich den Tod Christi, dessen Seite, als er entseelt am Kreuze hing, von einem Speer durchbohrt ward, worauf Blut und Wasser herausfloß – ein Sinnbild, wie wir wissen, der Sakramente, durch welche die Kirche gebaut wird. Gerade dieses Wortes bediente sich ja die Heilige Schrift, in der es nicht heißt: Gott «formte» oder «bildete», sondern «baute ein Weib aus der Rippe», weshalb auch der Apostel von einem Bau des Leibes Christi, nämlich der Kirche, spricht. Das Weib ist demnach so gut Gottes Geschöpf wie der Mann; aber dadurch, daß sie aus dem Manne entstand, wurde die Einheit angekündigt, dadurch, daß sie auf diese Weise entstand, wie gesagt, Christus und die Kirche vorgebildet. Er, der beide Geschlechter schuf, wird also auch beide wiederherstellen. So hat auch Jesus selber auf die Frage der die Auferstehung leugnenden Sadduzäer, welchem von den sieben Brüdern das Weib gehören werde, das sie alle nacheinander gehabt hatten, da nach der Gesetzesvorschrift jeder dem verstorbenen Bruder Nachkommenschaft erzeugen wollte, geantwortet: «Ihr irret und wißt die Schrift nicht noch die Kraft Gottes.» Weiterhin wäre es am Platze gewesen zu sagen: Das Weib, nach dem ihr mich fragt, wird dann selbst ein Mann und kein Weib mehr sein; doch so sagte er nicht, sondern: «Bei der Auferstehung werden sie weder freien noch sich freien lassen, sondern sind wie die Engel Gottes im Himmel.» Ihre Unsterblichkeit und Glückseligkeit läßt sie den Engeln gleich sein, nicht ihr Fleisch, wie auch nicht ihre Auferstehung, deren die Engel nicht bedurften, da sie ja nicht sterben konnten. Daß es Heiraten, nicht daß es Frauen bei der Auferstehung geben werde, bestritt der Herr, und zwar bei Gelegenheit einer Frage, die er am bequemsten durch Hinweis darauf hätte beantworten können, daß es dann überhaupt kein weibliches Geschlecht mehr geben werde – falls er das als künftig bevorstehend vorhergewußt hätte. Aber er hat gerade das Gegenteil versichert, da er sagt: «Sie werden weder freien», was sich auf die Männer bezieht, «noch sich freien lassen», was auf die Frauen geht. Die Menschen werden dann also ebenso sein wie hier, wo sie zu freien und sich freien zu lassen pflegen, aber sie werden es dort nicht mehr tun.

18. Sinn des Schriftwortes vom «vollkommenen Manne»

Was nun die Aussage des Apostels, daß wir alle ein vollkommener Mann sein werden, anbetrifft, so müssen wir die Stelle in ihrem ganzen Zusammenhang betrachten. Wir lesen da nämlich: «Der hinuntergefahren ist, das ist derselbe, der aufgefahren ist über alle Himmel, auf daß er alles erfülle. Und er hat etliche zu Aposteln gesetzt, etliche aber zu Propheten, etliche zu Evangelisten, etliche zu Hirten und Lehrern, daß die Heiligen zugerichtet werden zum Werk des Dienstes, den Leib Christi zu bauen, bis wir alle hinankommen zu einerlei Glauben und Erkenntnis des Sohnes Gottes und ein vollkommener Mann werden im Maße des vollkommenen Alters Christi, auf daß wir nicht mehr Kinder seien, hin und her getrieben von jedem Wind der Lehre durch Schalkheit der Menschen und Arglist, die auf Verführung sinnt. Laßt uns vielmehr rechtschaffen sein in der Liebe und in allen Stücken wachsen an dem, der das Haupt ist, Christus, von welchem aus der ganze Leib zusammengefügt ist, so daß ein Glied am andern hängt durch alle Gelenke und eins dem andern Handreichung tut nach dem Werk eines jeglichen Gliedes in seinem Maße, wodurch der Leib wächst zu seiner Erbauung in der Liebe.» Da sieht man, wer der vollkommene Mann ist, nämlich das Haupt und der Leib, der aus allen Gliedern besteht, die zu seiner Zeit vollzählig sein werden, jetzt aber noch täglich dem Leibe sich anfügen, bis der Bau der Kirche vollendet ist, von der es heißt: «Ihr aber seid der Leib Christi und Glieder», und anderswo: «Für seinen Leib, welcher die Kirche ist», ferner anderswo: «Ein Brot ist's, so sind wir viele ein Leib.» Von der Erbauung dieses Leibes ist auch an unserer Stelle die Rede, wo es heißt: «Daß die Heiligen zugerichtet werden zum Werk des Dienstes, den Leib Christi zu bauen», und daran schließen sich die uns beschäftigenden Worte: «Bis wir alle hinankommen zu einerlei Glauben und Erkenntnis des Sohnes Gottes und ein vollkommener Mann werden im Maße des vollkommenen Alters Christi» und so weiter. Der Abschnitt schließt dann mit den Worten, die uns klarmachen, von welchem Leibe dies Maß zu verstehen sei: «Laßt uns in allen Stücken wachsen an dem, der das Haupt ist, Christus, von welchem aus der ganze Leib zusammengefügt ist, so daß ein Glied am andern hängt durch alle Gelenke und eins dem andern Handreichung tut nach dem Werk eines jeglichen Gliedes in seinem Maße, wodurch der Leib wächst zu seiner Erbauung in der Liebe.» Wie es also ein Maß gibt für jedes Glied, so für den ganzen Leib, der aus all seinen Gliedern besteht, ein Maß der Vollkommenheit, von dem es heißt: «Im Maße des vollkommenen Alters Christi.» Diese Vollkommenheit oder Fülle erwähnt er auch andern Orts, wo er von Christus sagt: «Er hat ihn gesetzt zum Haupt der Kirche über alles, die da ist sein Leib, die Fülle des, der alles in allem erfüllt.» Doch auch dann, wenn das fragliche Wort auf den Auferstehungsleib jedes einzelnen zu beziehen wäre, könnte uns nichts hindern, unter dem Manne, von dem die Rede ist, auch die Frau mitzuverstehen. Es wäre dann eben «Mann» im Sinne von Mensch gebraucht, wie das ja auch für das Psalmwort gilt: «Wohl dem Manne, der den Herrn fürchtet», da es doch auch Frauen gibt, die den Herrn fürchten.

19. Die Auferstehungsleiber frei von jedem Fehl

Was ist nun von den Haaren und Nägeln zu sagen? Ich meine: Hat man begriffen, daß zwar nichts vom Körper zugrunde gehen wird, aber auch nichts ihn künftig mehr entstellen darf, begreift man auch, daß nichts, was durch übermäßige Größe entstellend wirken müßte, zum Stoff des Leibes an solchen Stellen hinzukommen kann, wo es die Form der Glieder verunstalten würde. Wenn beispielsweise aus Ton ein Gefäß gemacht, dieses wieder in Tonmasse zurückverwandelt und dann noch einmal aus demselben Stoff angefertigt würde, brauchte nicht notwendig der Teil des Tons, der erst im Henkel war, wieder zum Henkel zu werden, oder was Boden war, wieder zum Boden, wenn nur die gesamte Tonmasse verwertet wird, also der ganze Ton, ohne daß etwas verlorengeht, das ganze neue Gefäß bildet. Wenn also die so häufig geschorenen Haare und geschnittenen Nägel bei ihrer Rückkehr an den früheren Ort Entstellung verursachen würden, werden sie nicht dahin zurückkehren, gleichwohl bei der Auferstehung keinem verlorengehen, sondern sich vermöge der Wandelbarkeit des Stoffes auf die Weise in das Fleisch desselben Leibes verwandeln, daß sie die Harmonie seiner Teile nicht stören, welchen Platz sie auch einnehmen mögen. Übrigens ist bei dem Herrenwort: «Kein Haar von eurem Haupte wird verlorengehen» nicht sosehr an die Länge wie an die Zahl der Haare zu denken, wie er denn auch anderswo sagt: «Die Haare auf eurem Haupte sind alle gezählt.» Doch will ich damit nicht sagen, daß einem Leibe irgend etwas verlorengehen könnte, was von Natur zu ihm gehört; sondern was mißgestaltet geboren war – wodurch angezeigt werden sollte, daß das gegenwärtige Los der Sterblichen ein Strafzustand ist –, wird so wiederkehren, daß nur die Stofflichkeit erhalten bleibt, die Mißgestalt aber verschwindet. Wenn schon ein menschlicher Künstler ein

Standbild, das ihm aus irgendeinem Grunde mißriet, einschmelzen und aufs trefflichste erneuern kann, so daß kein Stoff, sondern nur die Mißbildung schwindet, wenn er also das, was bei der ersten Figur als unpassend auffiel und das Ebenmaß der Teile störte, nicht etwa aus der Gesamtmasse ausscheidet und entfernt, sondern es so mit dem übrigen zusammenwirft und vermengt, daß die Masse gleich bleibt, aber nicht von neuem etwas Häßliches entsteht, was kann man dann erst von dem allmächtigen Künstler erwarten? Sollte er nicht alle Mißbildungen menschlicher Leiber aufheben und beseitigen können, nicht nur die gewöhnlichen, sondern auch seltene und ungeheuerliche, die zwar zu diesem elenden Erdenleben, aber nicht zu der künftigen Seligkeit der Heiligen passen, und zwar so, daß alle sie verursachenden vielleicht natürlichen, aber entstellenden Auswüchse der Leibesmasse ohne Verminderung derselben verschwinden?

So braucht man nicht um die Mageren und Fettleibigen besorgt zu sein, sie möchten auch drüben so sein, wie sie hier ungern genug waren. Alle Schönheit des Leibes besteht ja im Ebenmaß der Teile nebst ansprechender Farbe. Wo aber dies Ebenmaß fehlt, mißfällt etwas deshalb, weil es entweder mißgestaltet oder zu klein oder zu groß geraten ist. Eine durch Unstimmigkeit der Teile hervorgerufene Verunstaltung kann also da nicht mehr vorliegen, wo die Mißbildung korrigiert, oder das zu klein Geratene verlängert ist – der Schöpfer weiß schon wie – und das zu groß Geratene verkürzt, während die Stoffmenge unverändert bleibt. Wie lieblich aber werden dort die Farben sein, wo «die Gerechten leuchten wie die Sonne in ihres Vaters Reich»! Diesen Lichtglanz besaß, wie man annehmen muß, der Auferstehungsleib Christi, wenn er auch den Augen der Jünger verborgen blieb. Denn der menschlich schwache Blick hätte ihn nicht ertragen, und der Herr sollte doch von den Seinen angeschaut und erkannt werden. Dahin gehört auch, daß er von den Seinen die Wundmale betrachten und betasten ließ, ferner, daß er Speise und Trank zu sich nahm, nicht als ob er der Nahrung bedurft hätte, sondern weil er auch dazu die Macht besaß. Wenn aber etwas, obwohl es da ist, nicht gesehen wird von Leuten, die doch anderes sehen, das ebenfalls da ist, wie die Jünger jenen tatsächlich vorhandenen Lichtglanz nicht sahen, obwohl sie doch anderes sahen, spricht man im Griechischen von «Aorasia», ein Wort, das die lateinischen Übersetzer nicht wiedergeben konnten und darum in der Genesis mit «Blindheit» übersetzten. Mit ihr wurden nämlich die Sodomiter geschlagen, als sie die Tür des gerechten Mannes suchten und nicht finden konnten. Wäre es nämlich wirkliche Blindheit gewesen, die ihnen das Sehvermögen völlig geraubt hätte, würden sie nicht die Tür gesucht haben, um ins Haus einzudringen, sondern Wegweiser, sich von ihnen abführen zu lassen.

Wie es zugeht, weiß ich nicht, aber in unserer großen Liebe zu den Märtyrern möchten wir gern in jenem Reiche an den Leibern der seligen Märtyrer die Narben der Wunden sehen, die sie um des Namens Christi willen erlitten, und vielleicht werden wir sie auch sehen. Denn sie verunstalten nicht, sondern verleihen Würde und lassen eine Schönheit erstrahlen, die, obschon am Leibe, doch eine Schönheit nicht des Leibes, sondern der Tugend ist. Doch werden die Märtyrer, wenn ihnen irgend Glieder abgetrennt und abhanden gekommen sind, diese Glieder bei der Auferstehung der Toten nicht entbehren, da das Wort «Kein Haar auf eurem Haupte wird verlorengehen» auch für sie gilt. Aber wenn es in der neuen Welt sich gehört, daß die Male der glorreichen Wunden an dem unsterblich gewordenen Fleische sichtbar sind, werden da, wo die Glieder, um abgetrennt zu werden, durchbohrt oder durchschnitten waren, Narben erscheinen, die Glieder selbst jedoch wieder an ihrem Platze und nicht verloren sein. Sämtliche dem Leibe widerfahrenen Schädigungen sind dann gewiß beseitigt, aber die Tugendmale darf man nicht für Schädigungen halten oder sie so nennen.

20. Nichts, was dem toten Leibe widerfahren mag, kann die Auferstehung hindern

Kein Gedanke, daß des Schöpfers Allmacht nicht zur Auferweckung und Neubelebung der Leiber all das zurückrufen könnte, was wilde Tiere oder Feuer verzehrt haben, was in Staub oder Asche zerfallen ist, sich in Wasser aufgelöst oder in die Lüfte verflüchtigt hat. Kein Gedanke, daß ein Winkel oder Versteck der Natur irgend etwas, das unserer Wahrnehmung entgeht, den Blicken des Schöpfers verbergen oder seiner Allmacht entrücken könnte. Hat doch schon Cicero, dieser große heidnische Schriftsteller, als er Gott nach bestem Vermögen begrifflich bestimmen wollte, gesagt: «Er ist ein ungebundener und freier Geist, mit nichts Sterblichem vermengt, alles erkennend und bewegend und selbst in ewiger Bewegung.» So fand er's in den Lehren der großen Philosophen. Ich rede also ganz in ihrem Sinne, wenn ich sage: Wie könnte etwas dem Allerkennenden verborgen bleiben, dem Allbewegenden sich unerreichbar entziehen?

So läßt sich denn auch die Frage beantworten, die schwieriger zu sein scheint als alle anderen, wem von beiden das Fleisch eines toten Menschen, das ein lebender verzehrte, bei ihrer Auferstehung zurückerstattet wird. Wenn nämlich jemand, vom Hunger erschöpft und getrieben, sich von Menschenleichen genährt hat, eine traurige Tatsache, die die alte Geschichte mehrfach bezeugt und auch jämmerliche Erfahrungen unserer Zeiten bestätigt haben, kann man nicht wahrheitsgemäß behaupten, es sei alles durch die unteren Leibesöffnungen wieder abgegangen, und nichts habe sich in das Fleisch des anderen umgesetzt und verwandelt, da doch die frühere nun geschwundene Abmagerung genügend beweist, daß durch diese Speise einstige Verluste wieder ersetzt werden. Doch habe ich vorhin schon einiges angeführt, was zur Auflösung dieses Knotens wird dienen können. Denn das Fleisch, das der Hunger wegnahm, hat sich unfraglich in die Lüfte verflüchtigt und kann von da, wohin es entwich, durch den allmächtigen Gott zurückgerufen werden. Es wird also dem Menschen wiedergegeben werden, in dem es sich zuerst als menschliches Fleisch bildete. Das verzehrte Fleisch des anderen dagegen muß man als gewissermaßen geliehen ansehen, und es ist wie geborgtes Geld dem ursprünglichen Besitzer zurückzuerstatten. Aber auch der durch Hunger Entkräftete wird das seine wiedererhalten von dem, der auch das Verflüchtigte zurückrufen kann. Übrigens würde der Allmächtige, selbst wenn es völlig verloren gegangen und in keinem Schlupfwinkel der Natur das Geringste von seinem Stoff zurückgeblieben wäre, es, woraus er wollte, wiederherstellen können. Doch wäre es um des Ausspruches der Wahrheit willen: «Kein Haar auf eurem Haupte wird umkommen» unsinnig zu denken, daß eine so große vom Hunger aufgezehrte und vertilgte Menge Fleisch verlorengehen könne, wenn nicht einmal eines Menschen Haar umkommen kann.

All das, was wir hier nach unserem bescheidenen Vermögen betrachtet und dargelegt haben, führt zu dem Ergebnis, daß bei der Auferstehung des Fleisches zum ewigen Leben die Körpergröße so bemessen sein wird, wie es der dem Leibe eines jeden eingepflanzten Idee vollendeter oder zu vollendender Jugendkraft entspricht, wobei die einzelnen Glieder in schicklichem Verhältnis zueinander stehen werden. Dies angemessene Verhältnis zu wahren, mag bisweilen der ungefügen Größe eines Gliedes etwas abgenommen werden, um es auf das Ganze zu verteilen, so daß es nicht verlorengeht und das rechte Gleichmaß der Teile hergestellt wird. Demnach wäre es auch denkbar, daß von diesem Überschuß auch der Körpergröße etwas zugelegt würde, indem sich die ungehörige Masse eines einzelnen Gliedes in passendem Verhältnis auf alle übrigen verteilt. Will aber jemand darauf bestehen, daß jeder in der Körpergestalt auferstehen werde, die er sterbend besaß, braucht man auch das nicht zu bestreiten, wenn nur alle Mißgestalt, alle Schwäche, alle Trägheit und alle Vergänglichkeit verbannt ist, und was sonst etwa noch unpassend wäre für ein Reich, in welchem die Kinder der Auferstehung und Verheißung den Engeln Gottes gleichen werden, wenn nicht an Gestalt und Alter, so doch gewiß an Glückseligkeit.

21. *Vom fleischlichen und geistlichen Leibe*

Es wird also alles wiederhergestellt werden, was den lebenden Leibern oder auch den Leichen nach dem Tode verlorenging, und wird mitsamt den in den Gräbern verbliebenen Überresten aus dem alten natürlichen Leibe in die Neuheit des geistlichen Leibes verwandelt werden, auferstehen und mit Unvergänglichkeit und Unsterblichkeit umkleidet werden. Mag auch der Leib durch hartes Geschick oder feindliche Wut ganz und gar zerstäubt, in Luft oder Wasser aufgelöst und, soweit überhaupt möglich, vernichtet sein, so kann er doch schlechterdings nicht der Allmacht des Schöpfers entzogen werden, die kein Haar seines Hauptes umkommen läßt. Alsdann wird das Fleisch, geistlich geworden, dem Geiste untertan sein, jedoch Fleisch bleiben, nicht etwa Geist werden, wie ja auch einst der dem Fleisch unterworfene Geist selbst fleischlich war, aber Geist blieb und nicht Fleisch ward. So erfahren wir's in unserm gegenwärtigen kläglichen Strafzustand. Denn nicht nach dem Fleisch, sondern nach dem Geist waren fleischlich die, zu welchen der Apostel sprach: «Ich konnte nicht zu euch reden als mit Geistlichen, sondern als mit Fleischlichen», und auch wer in diesem Leben geistlich heißt, bleibt doch dem Leibe nach fleischlich und spürt ein anderes Gesetz in seinen Gliedern, das dem Gesetz seines Geistes widerstreitet. Er wird aber einmal auch dem Leibe nach geistlich sein, wenn dies sein Fleisch auferstehen und das Schriftwort sich erfüllen wird: «Es wird gesät ein natürlicher Leib und wird auferstehen ein geistlicher Leib.» Aber was nun die Beschaffenheit und Herrlichkeit der Gnadengabe eines geistlichen Leibes anlangt, von dem wir noch keine Erfahrung haben, so würde, fürchte ich, jeder Versuch, sie zu beschreiben, verwegenes Gerede sein. Dennoch dürfen wir, schon um des Lobpreises Gottes willen, von unserer frohen Hoffnung nicht schweigen, von der das aus dem Innersten eines in heiliger Liebe glühenden Herzens aufsteigende Psalmwort Zeugnis ablegt: «Herr, ich habe lieb die Zier deines Hauses.» So wollen wir denn aus den Gaben, die in diesem kummervollen Leben Guten und Bösen verliehen werden, mit Gottes Hilfe nach Möglichkeit erschließen, wie köstlich das sein muß, was wir, weil es uns noch fremd ist, nicht nach Gebühr schildern können. Ich will jetzt nicht davon sprechen, wie es war, als Gott den Menschen untadelig schuf, auch nicht von dem glücklichen Leben der beiden Gatten in der paradiesischen Fruchtbarkeit, das zu kurz war, als daß es zur Kenntnis von Kindern hätte gelangen können. Nein, in diesem Leben, das wir kennen, in dem wir uns noch befinden, dessen Anfechtungen wir, solang wir hier weilen und so weit wir auch fortschreiten, unablässig erdulden – ist es doch nichts als Anfechtung –, gibt es gleichwohl so viel Beweise göttlicher Güte gegen das Menschengeschlecht, daß niemand sie aufzählen kann.

22. Elend und Jammer des Erdenlebens

Denn schon in seinem ersten Anbeginn bezeugt dies unser Leben, wenn man es überhaupt Leben nennen darf, welches so voll ist von schweren Übeln, daß das ganze Geschlecht der Sterblichen verdammt ist. Das beweist schon jene schreckliche, tiefe Unwissenheit, aus der all und jeder Irrtum entspringt, der sämtliche Adamskinder wie in finsterem Schoße aufnimmt, so daß niemand daraus ohne Mühe, Qual und Angst befreit werden kann. Das beweist auch die Liebe zu so viel eitelen und schädlichen Dingen und was daraus erwächst: Sorgen, Leidenschaften, Kümmernisse, Ängste, alberne Freuden, Zwietracht, Prozesse, Kriege, Nachstellungen, Zorn, Feindschaft, Falschheit, Schmeichelei, Betrug, Diebstahl, Raub, Treulosigkeit, Hochmut, Ehrgeiz, Neid, Totschlag, Vatermord, Grausamkeit, Wildheit, Liederlichkeit, Schwelgerei, Frechheit, Unverschämtheit, Schamlosigkeit, Hurerei, Ehebruch, Blutschande und all die widernatürlichen Greuel und Unsauberkeiten beider Geschlechter, von denen man nicht einmal reden mag, Entweihungen, Ketzereien, Lästerungen, Meineide, Vergewaltigungen Unschuldiger, Verleumdungen, Hintergehungen, Rechtsverdrehungen, falsche Zeugnisse, ungerechte Urteile, Gewalttätigkeiten, Raubzüge und was sonst noch an dergleichen schlimmen Dingen mir eben nicht einfällt, aber aus dem Leben der Menschen nicht wegzudenken ist. Gewiß sind das alles Laster böser Menschen, doch wachsen sie aus jener Wurzel des Irrtums und der verkehrten Liebe, mit der jedes Adamskind geboren wird. Denn wer weiß nicht, mit welcher Unkenntnis der Wahrheit, wie sie bei Kindern offenkundig ist, und welchem Übermaß eiteler Begehrlichkeit, wie sie sodann im Knabenalter auftritt, der Mensch in dies Leben eingeht? Ließe man ihn leben, wie er will, und tun, was er will, würde er dann nicht in diese von mir erwähnten, keineswegs sämtlich aufgezählten Schand- und Freveltaten, wenn nicht in alle, so doch in viele verfallen?

Doch da Gottes Führung die Verdammten nicht ganz im Stiche läßt, und da Gott auch in seinem Zorn mit seinen Erbarmungen nicht zurückhält, stehen, den Sinnen des Menschengeschlechts gleichfalls wahrnehmbar, Zucht und Erziehung gegen diese Finsternisse, mit denen wir geboren werden, auf der Wache und widersetzen sich den Angriffen, sind freilich selber voller Mühsal und Schmerzen. Denn was sonst wollen die mancherlei Schreckmittel, die man anwendet, den Unarten der Kleinen zu steuern? Wozu Erzieher, Lehrer, Stecken, Riemen, Ruten, wozu all die Züchtigungen, mit denen man, wie die Heilige Schrift sagt, den Rücken des geliebten Sohnes bläuen soll, damit er nicht unbändig heranwächst und so störrisch wird, daß er kaum noch, vielleicht überhaupt nicht mehr gebändigt werden kann? Was bezwecken all diese Strafen anders, als die Unklugheit zu überwinden und die böse Begierde einzudämmen, jene Übel, mit denen belastet wir in diese Welt eintreten? Denn woher kommt es, daß wir mühsam uns erinnern, aber mühelos vergessen, mühsam lernen, aber mühelos verlernen, mühsam fleißig, aber mühelos träge sind? Geht nicht daraus deutlich hervor, wohin die verderbte Natur durch ihr eigenes Schwergewicht neigt und absinken will, und welcher Anstrengung es bedarf, sie davor zu bewahren? Trägheit, Gleichgültigkeit, Faulheit, Nachlässigkeit sind ja Laster, mit denen man der Arbeit entfliehen will, während die Arbeit selbst, auch die nützliche, eine Plage ist.

Doch auch abgesehen von den Strafen, die die Kinder treffen und ohne die sie nicht lernen, was die Erwachsenen wollen – was freilich nur selten nützlich ist –, ach, von wie vielen und schweren Plagen wird das Menschengeschlecht sonst noch heimgesucht, die nicht etwa der Bosheit und Schlechtigkeit gottloser Menschen zur Last fallen, sondern dem allen gemeinsamen elenden Lose! Wer kann sie aufzählen, wer sie auch nur ausdenken? Welche Sorge, welches Ungemach ist die Folge der traurigen Verwaisung, des Vermögensverlusts, der Verurteilung, der Lügen und Täuschungen durch Mitmenschen, der falschen Verdächtigungen, der Gewalttaten und Verbrechen aller Art! Da gibt es Plünderung und Gefangennahme, Kerker und Bande, Verbannung und Folter, Verstümmelung der Glieder und Verlust der Sinne, Vergewaltigungen, die schnöde Lust eines Bösewichts zu befriedigen, und sonst viel Schreckliches. Welche Bedrohung auch durch zahllose schlimme Zufälle, Hitze, Kälte, Stürme, Regengüsse, Überschwemmungen, Blitz und Donner, Hagel und Wetterschlag, Erschütterung und Aufspaltung der Erde, Einsturz von Häusern, durch Wut, Scheuwerden oder Bösartigkeit der Zugtiere, durch so viel giftige Früchte, Wässer, Gerüche, Tiere, durch bald bloß schmerzhafte, bald sogar tödliche Bisse wilder Bestien, durch Tollwut von Hunden, die ein dem Herrn sonst vertrautes und anhängliches Tier bisweilen furchtbarer und schrecklicher machen kann als Löwen und Drachen und den durch Ansteckung davon befallenen Menschen derartig rasen läßt, daß Eltern, Gattin, Kinder sich mehr vor ihm fürchten als vor einem wilden Tier! Welche Übel muß man auf Seefahrt erdulden, welche auch bei Reisen zu Lande! Mag man gehen, wohin man will, überall ist man unerwarteten Unfällen ausgesetzt. Einer ging mit gesunden Beinen vom Markt nach Hause, fiel hin, brach ein Bein und starb an der Verletzung. Kann man sicherer sein, als wenn man sitzt? Trotzdem fiel Eli, der Priester, von seinem Stuhl und war tot. Wie viele und schlimme Gefahren beunruhigen die Bauern, und nicht nur sie, sondern alle Menschen im Hinblick auf die Feldfrüchte, Gefahren, die von Himmel und Erde und schädlichen Tieren drohen! Immerhin pflegt man sicher zu sein, wenn das Getreide eingeerntet und aufgespeichert ist. Und doch hat schon manchen, die ich kenne, ein plötzlich über die Ufer tretender Fluß, der die Menschen zur Flucht zwang, den schönsten Ernteertrag aus den Scheunen gerissen und entführt. Wer kann sich angesichts der tausendfachen Anfälle der Dämonen auf seine Unschuld verlassen?

Quälen sie doch bisweilen mit Gottes Zulassung, solch falsches Vertrauen zu erschüttern, sogar kleine getaufte Kinder, das Unschuldigste, was es gibt, dermaßen, daß man daraus besonders deutlich ersieht, wie beweinenswert das Elend dieses Lebens, wie begehrenswert die Seligkeit des jenseitigen ist. Was vollends den Körper anlangt, gibt es so viel leidige Krankheiten, daß selbst die Bücher der Ärzte sie nicht fassen, und bei den meisten, ja fast allen sind die Hilfs- und Heilmittel selber ebenfalls peinvoll, so daß die Menschen von den verderblichen Plagen nur durch neue Plagen erlöst werden. Hat nicht fürchterliche Hitze dürstende Menschen schon dahin gebracht, menschlichen Harn zu trinken, sogar den eigenen? Und der Hunger dahin, daß sie nicht einmal vor Menschenfleisch zurückschreckten und nicht etwa bloß gefundene Leichen verzehrten, sondern Menschen, um sie zu verzehren, umbrachten, und nicht bloß fremde, sondern auch Mütter ihre eigenen Kinder, mit unfaßlicher Grausamkeit, wie sie nur eine Folge rasenden Hungers sein konnte? Und nun schließlich der Schlaf, den man recht eigentlich Ruhe genannt hat – wer kann's beschreiben, wie ruhelos er oft ist infolge von Traumgesichten, wie er mit Schreckbildern, die zwar trügerisch, aber doch so anschaulich und handgreiflich sind, daß man sie von wahren nicht unterscheiden kann, arme Seelen und Sinne verwirrt? Noch jämmerlicher werden bei gewissen Krankheiten und infolge von Gifttränken Erwachsene durch trügerische Gesichte geängstet, ja es gehört zu den vielfältigen Lügenkünsten der boshaften Dämonen, daß sie bisweilen auch gesunde Menschen mit solchen Gesichten täuschen und, auch wenn es ihnen nicht gelingt, sie dadurch zum Bösen zu verleiten, doch ihre Sinne durch den Reiz falschen Gaukelspiels narren.

Aus diesen Höllen eines dermaßen unglückseligen Lebens erlöst uns nur die Gnade des Heilandes Christus, unseres Gottes und Herrn. Daß er Heiland ist, besagt schon sein Name Jesus, und er ist es besonders darum, weil er uns davor bewahrt, daß auf dieses nicht ein noch elenderes Leben folgt, das kein Ende nimmt und nicht Leben ist, sondern Tod. Denn wenn uns auch schon in diesem Leben durch Heiliges und Heilige große Tröstungen und Heilungen beschert werden, so fallen solche Wohltaten doch nicht stets den Bittenden zu, da sonst die Religion um ihretwillen gesucht würde, während sie doch vornehmlich um des anderen Lebens willen gesucht werden soll, in dem es keinerlei Übel mehr gibt. Darum steht gerade den Edleren die Gnade in diesen Trübsalen zu dem Ende bei, daß sie sie, je gläubiger, um so tapferer ertragen. Dazu soll nach Ansicht der Weltweisen auch die wahre Philosophie gut sein, die, wie Tullius bemerkt, die Götter einigen wenigen Menschen verliehen. Kein größeres Geschenk, sagt er, haben sie je den Menschen gereicht oder konnten sie ihnen reichen. So sehen sich auch unsere Gegner genötigt, den Erwerb nicht jeder beliebigen, wohl aber der wahren Philosophie auf göttliche Gnade zurückzuführen. Freilich, wenn die wahre Philosophie das einzige Heilmittel gegen die Nöte dieses Lebens ist, das nur wenigen von Gott dargereicht wird, so geht schon daraus hervor, daß das Menschengeschlecht zu Elend und Pein verdammt wurde. Ist aber nach ihrem Geständnis keine göttliche Gabe größer als diese, muß man auch annehmen, daß sie nur von dem Gott kommen kann, den auch sie, obwohl Verehrer vieler Götter, für den größten von allen halten.

23. Die besonderen Leiden der Guten

Außer diesen den Guten und Bösen gemeinsamen Übeln des Erdenlebens haben die Gerechten in ihm auch noch ihre eigenen Nöte, da sie gegen die Laster ankämpfen müssen und den Versuchungen und Gefahren solcher Kämpfe ausgesetzt sind. Denn bald wilder, bald zahmer, aber unablässig gelüstet das

Fleisch wider den Geist und den Geist wider das Fleisch, so daß wir nicht tun, was wir wollen, und es nicht fertigbringen, alle Begehrlichkeit auszutilgen, sondern höchstens, sie durch Versagung der Zustimmung, soweit Gott beisteht, uns untertan zu machen. Stets müssen wir wachsam sein, daß wir nicht Schein für Wahrheit nehmen, daß arglistige Rede uns nicht betrügt, die Finsternis eines Irrtums unsern Blick nicht verdunkelt, daß wir nicht Böses für gut, Gutes für böse halten, uns weder durch Furcht von Pflichterfüllung abhalten noch durch Begierde zu pflichtwidrigem Tun hinreißen lassen, die Sonne nicht über unserm Zorn untergehen, uns auch nicht durch Feindschaft verleiten lassen, Böses mit Bösem zu vergelten. Wir müssen wachen, daß uns nicht unziemliche oder unmäßige Traurigkeit niederdrücke, Undankbarkeit träge mache wohlzutun, üble Nachrede gutes Gewissen lähme, voreiliger Verdacht uns an anderen irre, falscher Verdacht anderer uns mutlos mache, müssen wachen, daß nicht die Sünde herrsche in unserm sterblichen Leibe und wir ihren Lüsten Gehorsam leisten, daß unsere Glieder nicht der Sünde dienen als Waffen der Ungerechtigkeit, das Auge nicht dem Begehren folge, Rachsucht nicht die Oberhand gewinne, Blick oder Gedanke nicht bei böser Lockung verweile, das Ohr nicht gottloser oder unsauberer Rede willig zuhöre, daß Untunliches auch ungetan bleibe, daß wir in diesem mit Mühsal und Gefahr überladenen Kriege den Sieg nicht von unseren Kräften erhoffen oder, wenn wir ihn errangen, unsern Kräften zuschreiben, sondern der Gnade dessen, von dem der Apostel sagt: «Gott sei Dank, der uns den Sieg gegeben hat durch unsern Herrn Jesus Christus», und an anderer Stelle: «In dem allem überwinden wir weit um deswillen, der uns geliebt hat.» Dazu müssen wir wissen: Wenn wir auch noch so tapfer wider die Leidenschaften ankämpfen, ja wenn wir sie überwinden und unterjochen, haben wir gleichwohl zeitlebens stets Anlaß, zu Gott zu sprechen:

«Vergib uns unsere Schulden.» In jenem Reiche aber, in dem wir mit unsterblichen Leibern allzeit weilen werden, gibt es für uns keine Kämpfe mehr und keine Schulden, die es ja überhaupt nie und nirgends geben würde, wäre unsere Natur recht geblieben, wie sie recht erschaffen war. So gehört auch dieser unser Streit, in dem wir so viel Gefahr laufen, und aus dem wir durch einen letzten Sieg erlöst zu werden verlangen, zu den Übeln dieses Lebens, das sich durch das Zeugnis so vieler und schwerer Übel als Verdammungszustand erweist.

24. Die natürlichen Gaben und Güter des irdischen Lebens

Wird also Gottes preiswürdige Strafgerechtigkeit am elenden Zustande des Menschengeschlechts offenbar, müssen wir nunmehr betrachten, mit wie vielen und köstlichen Gaben seine Güte, die über allem Geschaffenen waltet, diesen Zustand dennoch ausgestattet hat. Erstlich wollte er jenen Segen, den er vor der Sünde mit den Worten gespendet: «Seid fruchtbar und mehret euch und füllet die Erde», auch nach der Sünde nicht unwirksam machen, und so blieb dem verdammten Geschlecht die verliehene Fruchtbarkeit erhalten. Auch jene wunderbare Kraft des Samens und die noch wunderbarere, die den Samen bildet, welche er den menschlichen Leibern eingepflanzt und gewissermaßen eingewebt hatte, konnte durch das Sündenverderben, das uns den Tod als notwendiges Übel zuzog, nicht ausgetilgt werden. Sondern nun wird beides miteinander von jenem Strom und Gießbach des Menschengeschlechts weitergetragen, sowohl das Übel, das vom Stammvater kommt, als auch das Gut, das der Schöpfer verleiht. Im Erbübel ist zweierlei enthalten, Sünde und Strafe, im Erbgut gleichfalls zweierlei, Fortpflanzung und Arterhaltung. Doch haben wir von den Übeln, deren eines die Sünde, Folge unserer Vermessenheit war, das andere, die Strafe, Folge des göttlichen Gerichts, bereits hinreichend gesprochen, soweit es in unsern Zusammenhang gehörte. Nun möchte ich noch von dem Guten handeln, das Gott auch der verderbten und verdammten Natur verliehen hat und bis heute verleiht. Denn durch die Verdammung hat er ihr nicht alles Verliehene entzogen, da sonst überhaupt nichts geblieben wäre, noch hat er sie, als er sie zur Strafe dem Teufel unterwarf, aus seiner Gewalt entlassen, da er selbst den Teufel in steter Abhängigkeit hält. Hat doch er, der zuhöchst Seiende, es bewirkt, daß auch des Teufels Wesen da ist, sowie alles andere, was sonst noch da ist.

Von jenen beiden Gütern, die, wie gesagt, auch noch der durch Sünde verderbten und durch Strafgericht verdammten Natur aus dem Quell der göttlichen Güte zufließen, hat Gott das eine, die Fortpflanzung, schon durch seinen Segen bei den ersten Schöpfungswerken, von denen er am siebten Tage ruhte, verliehen, das andere, die Arterhaltung, gehört dagegen zu dem Werk, das bis heute weitergeht. Denn wenn er seine wirkende Macht den Dingen entzöge, könnten sie nicht fortschreiten und mit den ihnen zugemessenen Bewegungen den Zeitenlauf vollenden, ja nicht einmal in dem erschaffenen Zustande verharren. Gott hat also dem Menschen bei der Erschaffung eine Art Fruchtbarkeit zugeteilt, die ihn befähigt, andere Menschen zu erzeugen, indem er ihm das Vermögen, obschon nicht den Zwang zur Fortpflanzung anerschuf. Einigen freilich entzog Gott das Vermögen, wie er eben wollte, und ließ sie unfruchtbar werden; doch entzog er es nicht dem ganzen Menschengeschlecht, nachdem er es einmal den beiden ersten Ehegatten durch seinen allgemein gültigen Segen verliehen. Freilich vollzieht sich die trotz der Sünde erhalten gebliebene Fortpflanzung nicht so, wie es ohne Sünde der Fall gewesen wäre. Denn nachdem der auf einen Ehrenplatz gestellte Mensch gesündigt, ward er dem Viehe gleich und zeugt nun auch wie das Vieh. Doch ward das Fünklein der Vernunft, in welcher das Ebenbild Gottes bestand, nach dem er geschaffen war, nicht gänzlich in ihm ausgetilgt. Aber wäre nicht zur Fortpflanzung auch die Arterhaltung hinzugekommen, würden keine gleichbleibenden Formen und Daseinsweisen entstanden sein. Gewiß hätte Gott, wenn er gewollt, auch ohne menschliche Geschlechtsakte die Welt mit Menschen füllen können. Wie er den einen ohne geschlechtliche Verbindung von Mann und Frau erschuf, hätte er alle erschaffen können. Doch kann nur durch seine schöpferische Macht der Geschlechtsakt zur Zeugung führen. Denn wie der Apostel von der geistlichen Unterweisung, die den Menschen zur Frömmigkeit und Gerechtigkeit bildet, sagt: «Weder der pflanzt, ist etwas, noch der begießt, sondern nur Gott, der das Gedeihen gibt», so kann es auch hier heißen: Weder Begattung noch Besamung ist etwas, sondern nur die göttliche Formung. Auch die Mutter, die die Leibesfrucht trägt und den Säugling nährt, ist nichts, sondern Gott, der das Wachstum gibt. Denn durch sein bis heute fortgehendes Wirken macht er es, daß der Same sich entfaltet und seine geheimen, unsichtbaren Keime zu den sichtbaren schönen Formen, wie wir sie vor Augen haben, entwickelt. Gott ist es, der die unkörperliche und körperliche Natur, jene über-, diese untergeordnet, wundersam verbindet und ineinanderfügt und so ein lebendes Geschöpf hervorbringt. Dies sein Werk ist so groß und wunderbar, daß es nicht nur beim Menschen, dem vernunftbegabten und deshalb alle übrigen irdischen Geschöpfe überragenden und in Schatten stellenden Lebewesen, sondern bei der kleinsten Mücke das Staunen des aufmerksamen Betrachters wecken und zum Lobe des Schöpfers treiben muß.

Gott also ist es, der der menschlichen Seele den Geist gegeben hat, in welchem während der Kindheit Vernunft und Denkkraft gewissermaßen noch schlummern, als wären sie nicht vorhanden, um mit zunehmendem Alter geweckt und entfaltet zu werden. Denn dann wird der Geist für Wissen und Belehrung empfänglich und fähig, die Wahrheit und Liebe zum Guten aufzunehmen. Kraft dieser Befähigung soll er Weisheit schöpfen und Tugenden erwerben, um klug, tapfer, besonnen und gerecht gegen die Irrtümer und übrigen angeborenen Fehler zu kämpfen und sie durch das sehnliche Verlangen einzig und allein nach jenem höchsten und unwandelbaren Gut zu besiegen. Aber auch wenn er das nicht tut, ist doch die Befähigung zur Erlangung solcher Güter, womit die vernünftige Natur von Gott ausgestattet ward, solch hohes Gut, solch ein Wunderwerk des Allmächtigen, daß niemand es richtig mit Worten beschreiben oder in Gedanken erfassen kann. Denn sind nicht auch abgesehen von den Künsten rechter Lebensführung, die zur ewigen Seligkeit verhelfen und Tugenden heißen und nur durch Gottes Gnade in Christus den Kindern der Verheißung und des Reiches verliehen werden, durch den Menschengeist so viele und große, teils dem Unterhalt, teils dem Schmuck des Lebens dienende Künste erfunden und ausgeübt, daß solch hervorragende Kraft des Geistes und der Vernunft Zeugnis ablegt – obwohl es oft überflüssige, ja gefährliche und verderbliche Dinge sind, um die sie sich bemüht –, was für ein großes natürliches Gut dieser Menschengeist ist, der all das erfinden, erlernen und ausüben konnte? Zu welch wunderbaren und staunenswerten Erzeugnissen im Bekleidungs- und Baugewerbe hat menschliche Betriebsamkeit es gebracht, welche Fortschritte in Ackerbau und Schiffahrt erzielt, was hat sie nicht alles ausgedacht und ausgeführt in Herstellung aller möglichen Gefäße oder auch der mannigfaltigsten Skulpturen und Malereien! Was hat sie nicht in den Theatern für Zuschauer und Zuhörer Wunderbares und Unglaubliches hervorzuzaubern und darzubieten vermocht, was nicht alles erfunden, unvernünftige Tiere zu fangen, töten, bändigen! Auch den Menschen selber zu Leibe zu gehen, welch massenhafte Gifte, Waffen, Kriegsmaschinen; und seine gebrechliche Gesundheit zu schützen und wiederherzustellen, welche Fülle von Heil- und Hilfsmitteln! Wie viele Gewürze und Reizmittel für den Gaumen der Feinschmecker, welche Menge und Vielfalt von Zeichen, vor allem in Sprache und Schrift! Welche Schmuckformen der Rede, welche Fülle verschiedener Versarten, die Herzen zu erfreuen, wie viele Musikinstrumente und Melodien zum Ohrenschmause! Welch umfassende Kunde von Maßen und Zahlen hat sie erworben, mit welchem Scharfsinn die Bahnen und Stellungen der Gestirne erforscht! Ja, wer kann's beschreiben, welche Unsumme weltlichen Wissens sie aufgehäuft hat, zumal wenn man alles nicht bloß unter allgemeinen Gesichtspunkten darstellen, sondern im einzelnen ausführen wollte? Wer endlich vermag zu ermessen, welchen Geistreichtum Philosophen und Häretiker aufgewandt haben bei Verteidigung ihrer Irrtümer und Verkehrtheiten? Denn hier ist die Rede von der Natur des menschlichen Geistes, der dies sterbliche Leben ziert, nicht vom Glauben und dem Wege der Wahrheit, auf dem man zum unsterblichen Leben gelangt. Da der wahre und höchste Gott Schöpfer dieser so hochbegnadeten Natur ist, da er über allem Erschaffenen waltet und höchste Macht und Gerechtigkeit besitzt, wäre sie sicher nie in dies Elend herabgesunken und würde sie erst recht nicht, abgesehen von den Erlösten, in ewiges Elend verstoßen werden, wenn nicht vom ersten Menschen, von dem die übrigen abstammen, allzugroße Sünde begangen wäre.

Aber schon an unserm Leibe, der doch in gleicher Weise sterblich ist wie der Tierleib, dazu schwächer als der vieler Tiere, zeigt sich in herrlicher Weise des großen Schöpfers Güte und Vorsehung. Ist nicht die Stellung der Sinnesorgane und die Anordnung der übrigen Glieder, ja Form, Gestalt und Haltung des ganzen Körpers ein Beweis dafür, daß er zum Dienst einer vernünftigen Seele bestimmt ist? Denn nicht niedergebeugt zur Erde, wie wir es bei den vernunftlosen Tieren sehen, ist der Mensch geschaffen, sondern seine zum Himmel aufgerichtete Gestalt mahnt ihn, nach dem zu trachten, was droben ist. Zeigt nicht ferner die der Zunge und den Händen verliehene wunderbare Beweglichkeit, die sie zum Sprechen und Schreiben und zur Ausübung so vieler Künste und Verrichtungen geschickt und tauglich macht, deutlich genug an, wie trefflich die Seele sein muß, der solch ein Körper als Diener zugesellt ist? Doch auch abgesehen von der Eignung zur nötigen Arbeit ist die Gliederung des Körpers so wohlbemessen, das Gleichmaß der Teile so schön und ansprechend, daß man zweifelt, ob bei seiner Erschaffung mehr der Nutzen als die Schönheit maßgebend war. Denn nichts ist, wie wir uns überzeugen können, am Körper Nutzens halber geschaffen, was nicht auch der Zierde Rechnung trüge. Das würde noch mehr auffallen, wenn wir die Zahl- und Maßverhältnisse kennten, nach denen alles miteinander verknüpft und eins dem andern angepaßt ist. Vielleicht könnte menschlicher Fleiß, wenn man sich viel Mühe gäbe, sie bei den äußeren Gliedern ausfindig machen, was aber verdeckt und unsern Blicken nicht zugänglich ist wie die vielfach verschlungenen Adern, Nerven, Eingeweide und sonstige innere lebenswichtige Organe, kann niemand ergründen. Denn mag auch der grausame Eifer jener Ärzte, die man Anatomen nennt, die Leiber von Toten, vielleicht auch von solchen, die unter der Hand des forschenden Chirurgen sterben, zerschneiden und unmenschlich genug alles, was im menschlichen Fleische verborgen ist, durchwühlen, um herauszubekommen, was und wo und wie man heilen kann, jedoch die Zahlen, von denen ich hier spreche, die die Zusammenstimmung und Harmonie, wie die Griechen sagen, des ganzen Leibes, äußerlich und innerlich, als eines einzigen Organismus begründen, hat niemand entdecken können, ja auch nur danach zu forschen gewagt. Könnte man sie erkennen, würde auch bei den inneren Körperteilen, an denen keine Zier bemerkbar ist, die Schönheit der vernunftgemäßen Anordnung so erfreuen, daß sie nach dem Urteil des Geistes, dem doch die Augen dienen müssen, aller den Augen wohlgefälligen Formschönheit noch vorgezogen werden müßte. Doch gibt es auch Körperteile, die nur zur Zierde, nicht zum Nutzen bestimmt sind. Weist doch des Mannes Vorderseite die Brustwarzen auf und sein Gesicht den Bart, der nicht dem Schutze, sondern männlichem Schmucke dienen soll, wie das glatte Gesicht der Frauen beweist, die als die schwächeren doch den Schutz nötiger hätten. Wenn es also kein Glied gibt, wenigstens nicht, was niemand bezweifelt, unter den sichtbaren, welches seinem Zweck nicht derart angepaßt wäre, daß es auch der Zierde diente, und wenn es einige gibt, die nur zieren und nicht auch nützen, so wird man leicht einsehen, daß bei Erschaffung des Leibes die edle Gestalt den Vorrang hatte vor dem Bedürfnis. Denn das Bedürfnis hört einmal auf, und die Zeit wird kommen, da wir uns gegenseitig allein an der Schönheit erfreuen und das Begehren schweigt. Das wird dann ein besonderer Anlaß sein, den Schöpfer zu loben, zu dem der Psalmsänger spricht: «Mit Preis und Zier bist du bekleidet.»

Und nun gar die Schönheit und Zweckmäßigkeit der übrigen Schöpfung, die Gottes milde Güte den Menschen, mag er auch, wie geschildert, in Mühsal und Elend verstoßen und verdammt sein, schauen und genießen läßt, ist sie nicht ganz unbeschreiblich? Sieh sie dir nur an, die vielgestaltige, wechselnde Schönheit des Himmels, der Erde und des Meeres, die Fülle und den wunderbaren Glanz des Lichtes, die Sonne, den Mond und die Sterne, die dichtbelaubten Wälder, die Farben und Düfte der Blumen, die Menge zwitschernder, bunter Vögel in ihren mancherlei Arten, die Vielgestaltigkeit zahlloser Tiere, die je kleiner, desto wundersamer sind – denn über das Treiben der winzigen Ameisen und Bienen staunen wir mehr als über die Riesenleiber der Walfische –, das gewaltige Schauspiel des

Meeres selbst, das sich mit den verschiedensten Farben schmückt, als wären es seine Gewänder, bald in mancherlei Schattierungen grün schimmert, bald purpurrot, bald himmelblau. Wie kann es uns entzücken, gerade wenn es wildbewegt ist – ein um so größerer Genuß, wenn es auf den Betrachter Eindruck macht, ohne ihn auf der Seefahrt zu rütteln und zu schütteln. Oder denk an die Fülle der Speisen zur Stillung des Hungers, wohlschmeckend und doch, dem Überdruß zu steuern, verschiedenartig, wie sie der Reichtum der Natur und nicht sosehr die Kunst und Mühe der Köche darbietet, desgleichen an die vielen Mittel, die Gesundheit zu erhalten oder wiederherzustellen. Wie angenehm ferner der Wechsel von Tag und Nacht, wie einschmeichelnd das sanfte Spiel der Lüfte! Wieviel Stoffe für Kleidung spenden Pflanzen und Tiere! Wer kann alles aufzählen? Wollte ich auch nur all das, was ich jetzt wie in Bündeln verschnürt dem Leser vorgelegt habe, auseinanderfalten und darlegen, wie lange müßte ich da bei den einzelnen Stücken verweilen, die so vieles in sich schließen! Und all das sind nur die Tröstungen Elender und Verdammter, nicht die Belohnungen der Seligen. Wie werden die erst ausfallen, wenn schon jene so zahlreich, köstlich und groß sind? Was wird er denen geben, die er zum Leben vorherbestimmte, der dies den zum Tode Vorherbestimmten gab, welche Güter in jenem seligen Leben diejenigen genießen lassen, für die er in diesem elenden Leben seinen eingeborenen Sohn so viel Leiden, ja den Tod erdulden ließ? Darum sagt der Apostel von den zu jenem Reich Vorherbestimmten: «Welcher auch seines eigenen Sohnes nicht verschont, sondern ihn für uns alle dahingegeben hat, wie sollte er uns mit ihm nicht alles schenken?» Wenn diese Verheißung in Erfüllung geht, was werden wir, wie werden wir dann sein, welche Güter in jenem Reiche empfangen, die wir mit dem Tode Christi für uns jetzt schon solch ein Unterpfand empfingen? Wie wird dann des Menschen

Geist sein, der nun keine Leidenschaften mehr kennt, keine, denen er unterliegt, denen er nachgibt, ja auch keine, gegen die er löblich ankämpft, da er im Besitz der Tugend und voll befriedet ist! Welch hohes, köstliches, sicheres Wissen alsdann von allen Dingen ohne irgendwelchen Irrtum oder Mühe, da man Gottes Weisheit aus ihrem eigenen Urquell trinkt, in höchster Seligkeit und ohne alle Beschwer! Und wie wird der Leib dann sein, der nun dem Geiste willig und gänzlich sich fügt und, von ihm belebt, keiner Nahrung mehr bedarf! Nicht mehr seelisch, sondern geistlich ist er alsdann und besitzt wohl noch des Fleisches Natur, aber nicht mehr die ihm jetzt anhaftende Vergänglichkeit.

25. *Wie Gott vorausgesagt, glaubt die ganze Welt an die Auferstehung. Unglaube töricht und frevelhaft*

Was nun die geistigen Güter anlangt, die der Glückselige nach diesem Erdenleben genießen wird, so teilen die edleren Philosophen unsere Meinung darüber; der Streit dreht sich nur um die Auferstehung des Fleisches, von der sie nichts wissen wollen. Doch stehen der Menge der Gläubigen nur noch ganz wenige Leugner gegenüber, und Gelehrte und Ungelehrte, Weise und Unweise haben sich gläubigen Herzens zu Christus bekehrt, der eben das, was jenen unsinnig zu sein scheint, durch seine eigene Auferstehung erhärtete. Hat doch die Welt nur geglaubt, was Gott vorhergesagt, der auch das vorhersagte, daß die Welt diese Tatsache glauben werde. Denn es haben ihn doch nicht des Petrus Zauberkünste bewogen, sie so lange vorher anzukündigen und den Lobpreis der Gläubigen dazu. Er ist ja der Gott, vor dem, wie ich schon mehrmals gesagt und gern noch einmal wiederhole, nach dem Geständnis des Porphyrius, der es noch dazu durch Orakelsprüche seiner Götter bestätigt, sogar die Gottheiten erzittern und den er lobpreisend Gott-Vater und König nennt. Man kann ja Gottes Voraussage unmöglich so verstehen, wie die es wollen, die dem Glauben der Welt ihre Zustimmung verweigern, einem Glauben, den Gott doch ebenfalls vorausgesagt. Warum nicht sie so verstehen, wie die ganze übrige Welt sie versteht, deren Glauben so lange vorhergesagt ward, sondern wie einige wenige Schwätzer es wollen, die es nicht mit der übrigen, nach Gottes Vorhersage gläubig gewordenen Welt glauben wollen? Falls sie etwa behaupten, man müsse es anders verstehen, um nicht den Gott, den sie so hoch rühmen, dadurch zu beleidigen, daß man ihn etwas Nichtiges voraussagen lasse, nun, so tun sie ihm dadurch weit schwereres Unrecht, daß sie es anders verstehen als die gläubige Welt, deren Glauben er selber gelobt, verheißen und herbeigeführt hat. Kann er etwa nicht machen, daß das Fleisch aufersteht und ewig lebt, oder soll man darum nicht glauben, daß er's tun wird, weil es angeblich von Übel und seiner unwürdig ist? Doch von Gottes Allmacht, die so viele und große unglaubliche Dinge vollbracht, war schon oft die Rede. Wollen sie aber etwas ausfindig machen, was der Allmächtige nicht kann –, nun, da ist eins: Er kann nicht lügen. Glauben wir also, was er kann, und nicht, was er nicht kann! Mögen auch sie, wenn sie nicht glauben, daß er lügen kann, glauben, daß er tun wird, was er zu tun verheißen hat, und also dasselbe glauben wie die Welt, deren künftigen Glauben er vorausgesagt, gelobt und verheißen, deren nunmehrigen Glauben er aller Augen offenbar gemacht hat. Wie aber wollen sie beweisen, daß es sich hier um etwas Übles handle? Des Leibes Übel ist die Vergänglichkeit, und die wird es dann ja nicht mehr geben. Von der Ordnung der Elemente sprachen wir schon, von anderen vorgebrachten Mutmaßungen desgleichen. Mit welcher Leichtigkeit ein unvergänglicher Leib sich bewegen wird, habe ich schon im dreizehnten Buche durch den Hinweis auf seine jetzige Leistungsfähigkeit bei guter Gesundheit, die doch mit jener Unsterblichkeit gar nicht zu vergleichen ist, hinreichend plausibel gemacht. Man lese diese früheren Darlegungen nach, falls man sie noch nicht gelesen hat oder das Gelesene wieder auffrischen will.

26. *Seligkeit und Leiblichkeit schließen sich nicht aus*

Aber Porphyrius sagt doch, wendet man ein, die Seele müsse, um selig zu werden, alle Leiblichkeit fliehen. Dann nützt es also nichts, daß wir nach unserer Lehre einen unvergänglichen Leib haben werden, wenn die Seele nur durch Flucht vor aller Leiblichkeit selig werden kann. Doch auch darüber habe ich in dem erwähnten Buche schon das Erforderliche gesagt und will hier nur an eins erinnern. Mag doch Plato, der Lehrmeister ihrer aller, seine eigenen Bücher säubern und sagen, daß auch seine Götter, die er sich in himmlische Leiber gekleidet denkt, um selig zu sein, ihre Leiber fliehen, also sterben müssen. Aber nein, ihnen soll der Gott, der sie schuf, damit sie beruhigt sein können, Unsterblichkeit, das ist ewiges Verweilen in ihren Leibern verheißen haben, was freilich nicht in deren Natur liegen, sondern sein übermächtiger Ratschluß herbeigeführt haben soll. Damit stößt er aber die Behauptung um, die Auferstehung des Fleisches sei unmöglich und darum unglaubhaft. Ganz unzweideutig hat ja diesem Philosophen zufolge der unerschaffene Gott, als er den von ihm geschaffenen Göttern Unsterblichkeit verhieß, erklärt, daß er das Unmögliche tun werde. Denn Plato läßt ihn also reden: «Da ihr entstanden seid, könnt ihr nicht unsterblich und unvergänglich sein; aber ihr sollt trotzdem nicht vergehen, und kein Todesgeschick soll euch hinraffen und mächtiger sein als mein Beschluß, der ein stärkeres Band eurer Unvergänglichkeit ist als jene Bande, die euch einst zusammengefügt.» Man muß demnach nicht nur keinen Verstand, sondern auch keine Ohren haben, wenn man bezweifelt, daß nach Plato der Schöpfergott den von ihm geschaffenen Göttern verheißen hat, was doch unmöglich ist. Denn wer spricht: Ihr könnt zwar nicht unsterblich sein, aber weil ich's will, werdet ihr's dennoch sein, sagt ja nichts anderes als: Es ist zwar unmöglich, aber wenn ich's tue, geschieht es doch. Der also wird das Fleisch unvergänglich, unsterblich, geistlich auferwecken, der nach Plato verheißen hat, Unmögliches zu tun. Wollen sie also weiterhin schreien, unmöglich sei, was Gott verheißen und die Welt der Verheißung Gottes geglaubt hat, die Welt, deren künftiger Glaube ebenfalls von Gott verheißen wurde, so schreien wir dawider, der Gott, der selbst nach Plato Unmögliches tut, werde auch dieses tun. Also muß die Seele, um selig zu werden, nicht etwa alle Leiblichkeit fliehen, sondern einen unvergänglichen Leib empfangen. In welchem unvergänglichem Leibe aber werden die Seelen sich billig mehr freuen als in dem, worin sie einst seufzten, als er noch vergänglich war? Dann werden sie nicht von jenem Verlangen gequält werden, von dem Vergil, darin Platos Gefolgsmann, schreibt:

«Und nun sehnen sie sich zurück in die früheren Leiber»,

dann werden sie, sage ich, von diesem Verlangen nichts mehr spüren, wenn sie die Leiber, in die sie zurückkehren möchten, wiederhaben, und zwar so wiederhaben, daß sie sie niemals, sei's auch nur auf kurze Zeit, sterbend ablegen müssen.

27. Platos und Porphyrius' Lehre, kombiniert, nähert sich der christlichen Auferstehungslehre

Hätten Plato und Porphyrius sich über die besonderen Lehrmeinungen, die jeder von ihnen vertrat, aussprechen können, wären sie vielleicht Christen geworden. Plato sagte, die Seelen könnten nicht ewig ohne Leiber sein. Darum lehrte er, auch die Seelen der Weisen würden, sei's auch nach noch so langer Zeit, zu Leibern zurückkehren. Porphyrius dagegen behauptete, eine völlig gereinigte Seele werde nach ihrer Heimkehr zum Vater niemals wieder zu den Leiden dieser Welt zurückkehren. Hätte also Plato die von ihm erblickte Wahrheit, daß auch die ganz rein gewordenen Seelen der Gerechten und Weisen zu menschlichen Leibern zurückkehren werden, dem Porphyrius übermacht, Porphyrius dagegen dem Plato die von ihm erblickte, daß die heiligen Seelen niemals in das Elend eines vergänglichen Leibes zurückkehren werden, so daß nun nicht jeder seine Sonderlehre, sondern beide das gleiche vertreten hätten, ich glaube, sie würden dann als folgerichtig erkannt haben, daß die Seelen nicht nur zu Leibern zurückkehren, sondern auch solche Leiber empfangen werden, in denen sie selig und unsterblich leben können. Denn nach Plato werden auch die heiligen Seelen zu menschlichen Leibern, nach Porphyrius die heiligen Seelen nicht zu den Übeln dieser Welt zurückkehren, nun, so möge Porphyrius mit Plato sprechen: Sie werden zu Leibern zurückkehren, Plato aber mit Porphyrius: Sie werden nicht zu Übeln zurückkehren. Dann werden beide darin übereinstimmen, daß sie zu solchen Leibern zurückkehren, in denen sie keine Übel zu erdulden haben. Das aber können keine anderen Leiber sein als die, die Gott verheißt, der die Seelen mitsamt ihrem nun unvergänglichen Fleische ewig glückselig machen wird. Denn so viel würden sie uns beide, denke ich, gern einräumen, hätten sie nur erst zugegeben, daß die Seelen der Heiligen zu unsterblichen Leibern zurückkehren, daß sie dann zu ihren eigenen Leibern zurückkehren dürfen, in denen sie die Übel dieser Welt erlitten, und in denen sie, um von diesen Übeln erlöst zu werden, Gott fromm und gläubig verehrten.

28. Es muß nur noch eine von Varro vorgetragene Lehrmeinung als Ergänzung hinzukommen

Etliche von uns, welche Plato wegen seines glänzenden Stils und mancher von ihm vertretener wahrer Ansichten lieben, sagen, er habe auch über die Totenauferstehung ähnlich wie wir gedacht. Doch bemerkt Tullius in seinen Büchern über den Staat von den diesbezüglichen Ausführungen Platos, er habe wohl mehr gescherzt als wirklich die Wahrheit sagen wollen. Plato läßt da nämlich einen Menschen wiederaufleben und Anschauungen vortragen, die mit seinen Lehrmeinungen übereinstimmen. Auch Labco erzählt, es seien einmal zwei Menschen am selben Tage gestorben und bei einer Wegkreuzung zusammengetroffen. Auf das Geheiß, in ihre Leiber zurückzukehren, hätten sie beschlossen, hinfort in Freundschaft miteinander zu leben, und diesen Vorsatz auch bis zu ihrem späteren Tode wahr gemacht. Doch diese Schriftsteller berichten von einer Auferstehung des Leibes, wie sie tatsächlich einigen widerfuhr, die, wie wir wissen, auferstanden und diesem Leben zurückgegeben wurden, aber damit dem späteren Tode nicht entgingen. Etwas Merkwürdiges erwähnt dagegen Marcus Varro in seinen Büchern über die Abstammung des römischen Volkes. Ich setze seine Worte hierher. «Einige Nativitätssteller», sagt er, «haben geschrieben, die Menschen erlebten solch eine Wiedergeburt, wie die Griechen sie als Palingenesia bezeichneten. Durch sie, so schrieben sie, werde nach vierhundertvierzig Jahren zuwege gebracht, daß derselbe Leib und dieselbe Seele, die einmal in einem Menschen vereinigt waren, sich von neuem zusammenfänden.» Damit hat Varro oder haben jene unbekannten Nativitätssteller, deren Ansichten er ohne Namennennung mitteilt, freilich etwas Falsches behauptet, da die zu ihren früheren Leibern zurückgekehrten Seelen diese niemals wieder verlassen werden; immerhin werden dadurch jener angeblichen Unmöglichkeit, von der man immer schwatzt, um uns in Verlegenheit zu bringen, viele Beweisgründe entzogen. Denn denen, die dieser Meinung sind oder doch waren, schien es nicht unmöglich, daß Leichen, die in Luft, Staub, Asche, Feuchtigkeit, oder auch in Leiber von Tieren, vielleicht gar von Menschen, die sie verzehrten, übergegangen sind, wieder zu dem zurückkehren können, was sie einst waren. Wenn also Plato und Porphyrius oder vielmehr ihre noch jetzt lebenden Verehrer darin mit uns übereinstimmen, daß die heiligen Seelen zu Leibern zurückkehren werden, wie Plato sagt, nicht jedoch zu irgend welchen Übeln, wie Porphyrius sagt, woraus sich als Folgerung die Verkündigung christlichen Glaubens ergibt, daß sie solche Leiber empfangen, in denen man ohne jegliche Übel ewig selig lebt, nun, so mögen sie von Varro auch noch dies hinzunehmen, daß sie zu denselben Leibern zurückkehren werden, in denen sie früher lebten. Damit hätten sie dann die ganze Frage nach der Auferstehung des Fleisches zum ewigen Leben richtig beantwortet.

29. *Die geistige Gottesschau der Seligen*

Und nun laßt uns sehen – Gott wolle uns dabei seinen Beistand nicht versagen –, was die Heiligen in ihren unsterblichen und geistlichen Leibern, in ihrem Fleisch, das nun nicht mehr fleischlich, sondern geistlich lebt, tun werden. Freilich, die Wahrheit zu bekennen, ich weiß es nicht, was das für ein Tun, oder vielmehr für eine Ruhe und Muße sein wird. Denn mit keinen leiblichen Sinnen hab' ich's wahrgenommen. Wollte ich aber sagen, ich hätte es im Geiste, also in geistiger Schau wahrgenommen, ja, wie weit reicht denn, was ist denn unsers Geistes Schau verglichen mit jener überschwenglichen Herrlichkeit? Denn da ist «der Friede Gottes», der, wie der Apostel sagt, «höher ist als alle Vernunft». Höher als welche Vernunft?

Doch wohl die unsere, vielleicht auch die der heiligen Engel, nicht jedoch Gottes. Wenn also die Heiligen im Frieden Gottes leben werden, leben sie sicherlich in dem Frieden, der über alle Vernunft ist. Daß er höher ist als die unsere, daran besteht kein Zweifel; wenn auch höher als die der Engel, so daß auch sie in den Worten «höher als alle Vernunft» mitgemeint sind, ist das so zu verstehen, daß den Frieden Gottes, in dem Gott selber ruht, zwar Gott erkennt, daß aber weder wir noch die Engel ihn ebenso erkennen können. Denn er ist höher als alle Vernunft, ausgenommen natürlich seine eigene. Doch da auch wir auf unsere Weise seines Friedens teilhaftig geworden, höchsten Frieden unter uns und mit ihm erlangen werden, soweit unser Höchstmaß reicht, so kennen ihn derart auf ihre Weise auch die heiligen Engel, die jetzt lebenden Menschen dagegen, so weit sie auch geistig fortgeschritten sein mögen, nur weit unvollkommener. Man muß ja bedenken, welch großer Mann es war, der sprach: «Unser Wissen ist Stückwerk und unser Weissagen ist Stückwerk, bis das Vollkommene kommen wird», und «Wir sehen jetzt durch einen Spiegel im Rätsel, dann aber von Angesicht zu Angesicht». So sehen schon jetzt die heiligen Engel, die auch unsere Engel genannt werden. Denn der Macht der Finsternis entrissen und nach Empfang des Unterpfandes des Geistes in das Reich Christi versetzt, gehören wir schon zu den Engeln und leben zusammen mit ihnen in der heiligen und wonnevollen Gemeinschaft des Gottesstaates, über den ich nun schon so viele Bücher geschrieben habe. Sie, die Engel Gottes, sind also ebenso unsere Engel, wie der Christus Gottes unser Christus ist. Sie sind Gottes, weil sie Gott nicht verlassen haben; unser sind sie, weil sie uns nun zu Mitbürgern haben. Der Herr Jesus aber sprach: «Sehet zu, daß ihr niemand von diesen Kleinen verachtet. Denn ich sage euch, ihre Engel im Himmel sehen allezeit das Angesicht meines Vaters im Himmel.» Wie sie sehen, werden auch wir einmal sehen, aber jetzt sehen wir so noch nicht. Darum spricht der Apostel, wie vorhin bereits erwähnt: «Wir sehen jetzt durch einen Spiegel im Rätsel, dann aber von Angesicht zu Angesicht.» Als Belohnung des Glaubens also ist uns dies Schauen vorbehalten, von dem auch der Apostel Johannes spricht: «Wenn es erscheinen wird, werden wir ihm ähnlich sein, denn wir werden ihn sehen, wie er ist.» Unter Gottes Angesicht aber ist seine Selbstoffenbarung zu verstehen und nicht ein Glied, wie wir es an unserm Leibe haben und mit diesem Namen bezeichnen.

Fragt man mich demnach, was die Heiligen in jenem geistlichen Leibe tun werden, so sage ich nicht, was ich schon schaue, sondern was ich glaube, nach dem bekannten Psalmwort: «Ich glaube, darum rede ich.» Ich sage also: Sie werden Gott schauen, und zwar in ihrem Leibe. Ob aber auch durch ihn, so wie wir jetzt durch Vermittlung unseres Leibes Sonne, Mond und Sterne, Meer und Land und alles was darin ist, sehen, das ist schwer zu beantworten. Man wird doch kaum sagen dürfen, die Heiligen würden dann solche Leiber haben, daß sie nicht mehr nach Belieben die Augen schließen und öffnen könnten, jedoch noch weniger, daß man dort mit geschlossenen Augen Gott nicht sehen werde. Denn wenn der Prophet Elisa trotz leiblicher Abwesenheit sah, wie sein Diener Gehasi Geschenke annahm, die ihm der durch den Propheten von der Plage des Aussatzes befreite Syrer Naeman gab, weil der falsche Knecht glaubte, es geschehe insgeheim, ohne daß sein Herr es sehe, wieviel mehr werden die Heiligen in ihrem geistlichen Leibe alles sehen, nicht nur wenn sie die Augen schließen, sondern auch wenn sie leiblich abwesend sind! Denn dann wird jenes Vollkommene gekommen sein, von dem der Apostel spricht: «Unser Wissen ist Stückwerk, und unser Weissagen ist Stückwerk. Wenn aber kommen wird das Vollkommene, dann wird das Stückwerk aufhören.» Sodann, um nach Möglichkeit durch ein Gleichnis klarzumachen, wie groß der Unterschied zwischen diesem und dem künftigen Leben nicht irgendwelcher, sondern auch durch hervorragende Heiligkeit ausgezeichneter Menschen ist, fährt er fort: «Da ich ein Kind war, da redete ich wie ein Kind und war klug wie ein Kind und hatte kindische Anschläge; da ich aber ein Mann ward, tat ich ab, was kindisch war. Wir sehen jetzt durch einen Spiegel im Rätsel, dann aber von Angesicht zu Angesicht. Jetzt erkenne ich's stückweise, dann aber werde ich es erkennen, gleichwie ich erkannt bin.» Wenn also schon in diesem Leben, in dem das Weissagen selbst der Wundermänner sich zur Wirklichkeit jenes Lebens verhält wie das kleine Kind zum jungen Manne, gleichwohl Elisa seinen Geschenke nehmenden Diener hellseherisch aus der Ferne erblickte, werden dann wohl, wenn das Vollkommene gekommen ist und der vergängliche Leib nicht mehr die Seele beschwert, aber der unvergängliche kein Hindernis mehr darstellt, die Heiligen, um zu schauen, was da zu schauen ist, noch leiblicher Augen bedürfen, deren doch Elisa nicht bedurfte, seinen abwesenden Diener zu sehen? Denn nach den siebzig Dolmetschern lauteten die Worte des Propheten an Gehasi also: «Ist nicht mein Herz mitgegangen, da der Mann umkehrte von seinem Wagen dir entgegen und du das Geld nahmst?», oder wie der Presbyter Hieronymus aus dem Hebräischen übersetzte: «War nicht mein Herz zugegen, da sich der Mann von seinem Wagen umwandte und dir entgegenkam?» Mit seinem Herzen also, sagt der Prophet, habe er es gesehen, dabei natürlich ohne Frage wunderbar von Gott erleuchtet. Wie viel mehr werden alle, wenn erst Gott alles in allen sein wird, diese Gnadengabe genießen! Doch werden dann auch die leiblichen Augen an ihrem Platze sein und ihren Dienst verrichten; der Geist wird sich ihrer mittels des geistlichen Leibes bedienen. Hat doch auch jener Prophet, obwohl er ihrer nicht bedurfte, den Abwesenden zu sehen, sich ihrer bedient, Gegenwärtiges zu erblicken, das er freilich auch bei geschlossenen Augen durch den Geist hätte sehen können, wie er Abwesendes sah, als er selbst weit entfernt war. Hüten wir uns also zu denken, jene Heiligen könnten im jenseitigen Leben bei geschlossenen Augen Gott nicht sehen, den sie im Geist doch immerdar sehen werden.

Aber die Frage ist, ob sie ihn auch mit den geöffneten leiblichen Augen sehen werden. Wenn nämlich im geistlichen Leibe die dann natürlich ebenfalls geistlichen Augen nur so viel zu sehen vermögen wie unsere jetzigen Augen, wird man mit ihnen unfraglich Gott nicht sehen können. Ganz anders muß also ihre Sehkraft sein, soll mit ihnen jene unkörperliche Natur erblickt werden, die nicht von Raum eingeschlossen, sondern überall ganz ist. Denn wenn wir auch sagen, Gott sei im Himmel und auf Erden – und er selbst sagt durch den Propheten: «Ich bin's, der Himmel und Erde füllt» –, dürfen wir doch nicht meinen, er sei zu einem Teil im Himmel, zu einem anderen auf Erden. Sondern er ist ganz im Himmel und ganz auf Erden, und zwar nicht nacheinander, sondern zugleich, was keiner körperhaften Natur möglich ist. Jene Augen müssen also eine weit überlegene Kraft besitzen, um nicht etwa bloß schärfer zu sehen als, wie es heißt, Schlangen und Adler sehen, Tiere, die mit ihrer erstaunlichen Sehschärfe doch nur Körper sehen können, sondern nun auch Unkörperliches zu erblicken. Vielleicht ward diese wunderbare Sehkraft vorübergehend einmal schon in diesem sterblichen Leibe den Augen des frommen Hiob verliehen, als er zu Gott sprach: «Einst hörte ich von dir mit meines Ohres Gehör, jetzt aber schaut dich mein Auge; darum verachte ich mich selbst und vergehe und erkenne, daß ich Erde und Asche bin.» Doch steht nichts im Wege, hier an das Auge des Herzens zu denken; sagt doch der Apostel von solchen Augen: «Gott gebe euch erleuchtete Augen eures Herzens.» Daß man mit ihnen Gott schaut, wenn man ihn schauen wird, daran zweifelt ja kein Christ, der das Wort des göttlichen Lehrmeisters gläubig annimmt: «Selig sind, die reines Herzens sind, denn sie werden Gott schauen.» Aber ob man ihn dann auch mit leiblichen Augen sehen wird, das ist's, wonach wir jetzt fragen.

Wenn es nämlich in der Schrift heißt: «Alles Fleisch wird das Heil Gottes schauen», so kann man dies Wort ohne Schwierigkeit so verstehen, als wenn gesagt wäre: «Jedermann wird den Christus Gottes schauen», den man ja leiblich sah und leiblich sehen wird, wenn er kommt, die Lebenden und Toten zu richten. Denn daß er das Heil Gottes ist, dafür gibt es viele Schriftzeugnisse, aber am unzweideutigsten lauten die Worte jenes ehrwürdigen Greises Simeon, die er sprach, als er das Christuskind auf seine Arme nahm: «Herr, nun lässest du deinen Diener in Frieden fahren, wie du gesagt hast, denn meine Augen haben dein Heil gesehen.» Auch jenes Wort aus dem Munde des vorhin erwähnten Hiob, wie es in den aus dem Hebräischen übersetzten Handschriften lautet: «In meinem Fleische werde ich Gott sehen», weissagt zwar ohne Zweifel die Auferstehung des Fleisches, aber es heißt eben nicht: «Mit meinem Fleische.» Aber selbst wenn es so hieße, könnte man an Gott-Christus denken, den man mit dem Fleische im Fleische sehen wird. Nun aber können die Worte: «In meinem Fleische werde ich Gott sehen» auch so verstanden werden, als hieße es: In meinem Fleische werde ich sein, wenn ich Gott schaue. Auch jenes Apostelwort: «Von Angesicht zu Angesicht» nötigt nicht zu der Annahme, daß wir mit diesem unserm leiblichen Gesicht, in dem die leiblichen Augen ihren Platz haben, Gott schauen werden, den wir dann mit dem Geiste ohne Unterlaß schauen. Denn gäbe es nicht auch ein Angesicht des inneren Menschen, würde nicht derselbe Apostel sagen: «Nun aber spiegelt sich in uns des Herren Klarheit mit aufgedecktem Angesicht, und wir werden verwandelt in dasselbe Bild von einer Klarheit zur anderen, wie vom Geiste des Herrn.» Ebenso ist auch der Psalmvers zu verstehen: «Tretet heran zu ihm und laßt euch erleuchten, so braucht euer Angesicht nicht zu erröten.» Denn zu Gott tritt man im Glauben heran, und der ist Herzenssache, nicht Sache des Leibes. Aber da wir nicht wissen, wie wir uns das Herantreten eines geistlichen Leibes zu denken haben – denn wir reden von Unerfahrenem –, und da uns hier nicht das Ansehen eines göttlichen und eindeutigen Schriftwortes zur Verfügung steht und zu Hilfe kommt, muß es uns so ergehen, wie man im Buche der Weisheit liest: «Die Gedanken der Sterblichen sind zaghaft und unsicher unsere Vermutungen.»

Freilich, wenn wir gewiß sein könnten, daß die Philosophen recht haben, wenn sie vernünfteln, durch Geistesschau werde das Übersinnliche wahrgenommen und durch den leiblichen Sinn das Sinnenfällige, Körperhafte, so daß infolgedessen der Geist weder das Übersinnliche durch den Leib noch das Körperliche durch sich selbst erfassen könnte, stünde es allerdings fest, daß Gott auch mit den Augen eines geistlichen Leibes unmöglich erblickt werden kann. Doch über diese Vernünftelei spottet die wahre Vernunft und das maßgebende prophetische Wort. Denn wer wäre so verschlossen gegen die Wahrheit, daß er zu behaupten wagte, Gott wisse nichts von körperlichen Dingen? Hat er etwa einen Leib, mit dessen Augen er sie kennenlernen kann? Ergibt sich nicht auch aus dem, was wir soeben vom Propheten Elisa sagten, deutlich genug, daß man mit dem Geiste, und nicht bloß leiblich, Körperliches erblicken kann? Denn als jener Knecht Geschenke nahm, war das ein körperliches Geschehen, das aber der Prophet nicht leiblich, sondern durch den Geist erschaute. Wenn also klar ist, daß der Geist Körperhaftes schauen kann, sollte dann nicht auch die Macht des geistlichen Leibes so weit gehen, Geistiges leiblich wahrzunehmen? Denn Gott ist Geist. Sodann kennt zwar jeder sein eigenes Leben, durch das er jetzt im Leibe lebt und diese irdischen Glieder rührig und lebendig erhält, vermöge seines inneren Sinnes und nicht mittels der leiblichen Augen, das Leben anderer jedoch, obwohl es an sich unsichtbar ist, nimmt man durch Vermittlung des Leibes wahr. Denn wie könnten wir sonst lebende von leblosen Körpern unterscheiden, wenn wir nicht zugleich mit dem Körper auch das Leben wahrnähmen, das wir nur vermittels des Leibes wahrnehmen können? Aber Leben ohne Leib sehen wir mit den leiblichen Augen nicht.

So mag es wohl sein, ist auch durchaus glaubhaft, daß wir dereinst das weltlich Körperhafte des neuen Himmels und der neuen Erde auf neue Weise schauen werden, nämlich so, daß wir den allgegenwärtigen, auch über allem Körperlichen waltenden Gott vermittels der Körper, die wir tragen und die wir erblicken, wohin wir auch die Augen wenden, in hellster Klarheit schauen, und zwar, nicht bloß so, wie wir jetzt Gottes unsichtbares Wesen an den Werken der Schöpfung nur durch einen Spiegel im Rätsel und stückweise ersehen und erkennen, wobei unser Glaube wirksamer ist als die körperlichen Gestalten, die wir mit unsern leiblichen Augen erblicken. Sondern wie wir die lebendigen und Lebensbewegungen verrichtenden Menschen, unter denen wir leben, sobald wir sie erblicken, nicht bloß für lebendig halten, sondern sehen, daß sie leben – obwohl wir doch ihr Leben ohne ihre Leiber nicht sehen können, während wir es vermittels ihrer Leiber an ihnen unzweifelhaft erblicken –, ebenso werden wir überall, wohin die geistigen Lichtstrahlen unserer leiblichen Augen fallen, vermittels unsers Leibes den unkörperlichen Gott erblicken, der über allem waltet. Entweder also werden wir mit den neuen Augen Gott darum schauen, weil sie in ihrer wunderbaren Klarheit dem Geist ähnlich geworden und instandgesetzt sind, auch eine unkörperliche Natur zu schauen, was man freilich nur schwer oder gar nicht durch Beispiele oder Schriftzeugnisse belegen kann, oder aber – das wäre leichter zu begreifen – Gott wird uns dadurch bekannt und einsichtig sein, daß wir alle ihn im Geist in uns allen erblicken, der eine im anderen und jeder in sich selbst, ihn erblicken im neuen Himmel und der neuen Erde und in allen Kreaturen, die es dann dort geben wird, ihn erblicken durch Vermittlung des Leibes in allen Leibern, wohin irgend die Augen des geistlichen Leibes ihre Strahlen senden werden. Auch unsere Gedanken werden uns dann gegenseitig offenbar sein. Dann nämlich wird erfüllt werden, was der Apostel auf seine Mahnung: «Richtet nicht vor der Zeit» folgen läßt: «Bis der Herr kommt, welcher auch wird ans Licht bringen, was im Finstern verborgen ist und den Rat der Herzen offenbaren; alsdann wird einem jeglichen von Gott Lob widerfahren.»

30. Die ewige Seligkeit und Sabbatruhe des Gottesstaates

O wie groß wird sie sein, jene Seligkeit, da es kein Übel mehr gibt, kein Gut sich verbirgt, da man in freier Muße Gott lobt, der alles ist in allen! Denn was man sonst dort tun sollte, wo man weder aus Trägheit feiert, noch aus Not sich plagt, ich weiß es nicht. Auch das heilige Lied weist darauf hin: «Wohl denen, die in deinem Hause wohnen, die loben dich immerdar.» Alle Glieder und inneren Organe des unvergänglichen Leibes, jetzt aus Notdurft mancherlei Zwecken dienlich, werden dann, da Notdurft abgelöst ist von vollem, gewissem, sicherem und ewigem Glück, dem Preise Gottes dienen. Denn alle jene das Ebenmaß des Leibes begründenden, äußerlich und innerlich wirksamen Zahlenverhältnisse, von denen ich schon sprach, werden nicht mehr verborgen sein, sondern nebst all dem anderen Großen und Wunderbaren, was dort den Blicken sich bietet, die vernünftigen Geister voll Entzücken über die vernunftdurchwaltete Schönheit zum Lobe des großen Künstlers entflammen. Wie die verklärten Leiber sich dort regen und bewegen, erkühne ich mich nicht zu beschreiben, kann ich's mir doch nicht vorstellen; sicher aber wird die Bewegung und Haltung wie die Gestalt selbst edel sein, da nichts, was unedel wäre, mehr zu finden sein wird. Wo der Geist nur will, der Leib wird alsbald dort sein, und der Geist will nichts, was für Geist oder Leib sich nicht schickte. Da wird der wahre Lobpreis erschallen, wo niemand irrig, niemand schmeichlerisch gelobt wird, da die wahre Ehre erwiesen, die keinem Würdigen mangelt, keinen Unwürdigen ziert – denn kein Unwürdiger wird nach ihr trachten, wo es nur noch Würdige gibt –, da der wahre Friede herrschen, wo niemand mehr, sei es durch andere, sei es durch sich selbst belästigt wird. Lohn der Tugend aber wird er selber sein, der die Tugend verlieh und sich selbst als besten und höchsten Tugendlohn verheißen hat. Denn was anders will das Prophetenwort: «Ich werde ihr Gott und sie werden mein Volk sein» uns sagen als dies: Ich werde es sein, der sie sättigt, werde den Menschen alles sein, wonach sie ehrbar sich sehnen, Leben, Gesundheit, Nahrung, Reichtum, Ruhm, Ehre, Friede und alle Güter? Denn das ist der rechte Verstand des Apostelworts: «Auf daß Gott sei alles in allen», Er selbst wird das Endziel unserer Sehnsucht sein, den wir ohne Ende schauen, ohne Überdruß und Müdigkeit lieben werden und loben. Solche Gabe, solcher Sinn und solches Tun wird allen gemeinsam sein, ebenso wie das ewige Leben selbst.

Aber wie sich dann, verdientem Lohn entsprechend, Ehre und Herrlichkeit abstufen, wer wäre fähig, es auszudenken, geschweige es auszusprechen? Daß es jedoch Stufen geben wird, ist nicht zweifelhaft. Und auch das wird jener glückselige Staat, betrachtet er sich selber, als hohes Gut preisen, daß hier kein Niedrigerer den Höheren beneidet, wie ja schon jetzt die übrigen Engel nicht neidisch sind auf die Erzengel. Keiner wird sein wollen, was ihm nicht zugefallen ist, aber mit dem, welchem es zufiel, in friedvoller Eintracht verbunden leben, wie im Leib das Auge nicht sein will, was der Finger ist, da beide Glieder das Friedensband des ganzen Leibes umschließt. Hat so freilich der eine an Gaben weniger empfangen als der andere, ward ihm doch die Gabe zuteil, nicht noch mehr zu verlangen.

Auch an freiem Willen wird es ihnen dann nicht fehlen, obschon die Sünden sie nicht mehr locken. Um so freier vielmehr wird ihr Wille sein, da er von der Lust zu sündigen befreit ward zur unbeirrbaren Lust, nicht zu sündigen. Denn der erste freie Wille, den Gott dem Menschen verlieh, als er ihn recht erschuf, war wohl imstande, nicht zu sündigen, konnte aber auch sündigen, der letzte dagegen wird um so mächtiger sein, als er nicht mehr sündigen kann, freilich nur durch Gottes Gnadengabe, nicht durch das Vermögen der eigenen Natur. Denn zweierlei ist's, Gott sein und teilhaben an Gott. Gott kann von Natur nicht sündigen, wer aber an Gott teilhat, empfängt von ihm die Gnade, nicht mehr sündigen zu können. Doch sollte es Abstufungen der Gnadengabe geben und zuerst ein freier Wille verliehen werden, kraft dessen der Mensch imstande war, nicht zu sündigen, zuletzt ein solcher, der nicht mehr sündigen kann, jener dazu bestimmt, Verdienst zu erwerben, dieser Lohn zu empfangen. Da nun die Menschennatur, als sie noch sündigen konnte, tatsächlich sündigte, ist die rettende Gnade um so größer, die sie zur Freiheit führt, in der sie nicht mehr sündigen kann. Denn wie die erste Unsterblichkeit, die Adam durch seine Sünde verlor, in der Möglichkeit bestand, nicht zu sterben, die letzte dagegen in der Unmöglichkeit zu sterben bestehen wird, so verlieh die erste Willensfreiheit die Möglichkeit, nicht zu sündigen, und wird die letzte die Unmöglichkeit zu sündigen verleihen. Denn ebenso unverlierbar wird nun der Wille zur Frömmigkeit und Rechtschaffenheit sein, wie der Wille zum Glück es ist. Denn durch die

Sünde gaben wir zwar die Frömmigkeit und Glückseligkeit preis, aber der Verlust des Glückes hat uns den Willen zum Glück nicht geraubt. Man wird doch nicht etwa Gott den freien Willen deshalb absprechen wollen, weil er nicht sündigen kann?

Ein und derselbe in allen und unverlierbarer Besitz jedes Einzelnen – so wird der freie Wille in jenem Staate sein, befreit von allem Übel, erfüllt mit allem Gut, ohne Ende die Wonne ewiger Freuden genießend. Vergessen ist die Schuld, vergessen die Strafe, nicht jedoch vergessen die Erlösung; denn das wäre Undank gegen den Erlöser. Soweit klar bewußtes Erkennen in Frage kommt, wird man gewiß einstiger Übel eingedenk sein, aber gänzlich ihrer uneingedenk, was Erfahrung und Gefühl anlangt. Denn auch ein tüchtiger Arzt kennt, von seiner Wissenschaft belehrt, fast alle Krankheiten des Leibes, aber wie man sie im Leibe empfindet, weiß er von sehr vielen nicht, da er noch nicht selbst an ihnen gelitten. Wie es also zweierlei Kenntnis des Übels gibt, eine, die der Geist kraft seines Denkvermögens erlangt, eine andere, die auf Erfahrung der Sinne beruht – ist es doch auch eine andere Kunde vom Laster, wie Weisheitslehre sie vermittelt, als wie sie durch schlechtes Leben ein Unweiser sich erwirbt –, so gibt es auch zwei Arten von Vergessen des Übels. Anders ist es, wenn einer vergißt, der belehrt und unterwiesen ward, anders wenn einer, der gefühlt und gelitten hat. Der eine vergißt, wenn er Gelerntes vernachlässigt, der andere, wenn er vom Leiden frei geworden. Von der zweiten Art ist das Vergessen der Heiligen, die ihrer vergangenen Leiden nicht mehr gedenken, denn sie sind völlig davon frei; ausgelöscht ist's aus ihren Sinnen. Aber kraft ihres gerade jetzt so großen Wissens ist ihnen nicht nur ihr eigenes einstiges, sondern auch das ewige Elend der Verdammten wohlbekannt. Wie sollten sie sonst, wüßten sie nichts mehr von ihrem früheren Elend, nach dem Wort des Psalms «ewiglich singen von der Gnade des Herrn»? Wird doch dieser

Lobgesang zum Ruhm der Gnade Christi, durch dessen Blut wir erlöst sind, jenes Staates größte Wonne sein. Da wird's in Erfüllung gehen: «Seid stille und erkennt, daß ich Gott bin», und das ist wahrlich der große Sabbat, der keinen Abend hat, den der Herr bei der Weltschöpfung aus den anderen Tagen heraushob. Lesen wir doch: «Und Gott ruhte am siebten Tage von allen seinen Werken, die er tat, und Gott segnete den siebten Tag und heiligte ihn, weil er an demselben geruht hatte von allen seinen Werken, die er begonnen.» Denn der siebte Tag werden auch wir selber sein, wenn wir durch Gottes Segen und Heiligung geheilt sein werden und vollendet. Dann werden wir stille sein und erkennen, daß er Gott ist. Wir wollten es aus uns selber sein, als wir von ihm abfielen und auf den Verführer hörten: «Ihr werdet sein wie Gott» und den wahren Gott verließen, der uns zu Göttern gemacht hätte, durch Teilnahme an ihm und nicht durch Abfall von ihm. Wohin sind wir auch ohne ihn gekommen? Ach, umgekommen durch seinen Zorn! Aber aus Gnaden heimgekommen, ja durch noch größere Gnade vollkommen, werden wir ewig stille sein und sehen, daß er Gott ist. Und wenn er selbst alles sein wird in allen, dann werden wir Gottes voll sein. Denn auch unsere guten Werke, die nun mehr als seine denn als unsere gelten, müssen, von Gott gnädig angesehen, uns zur Sabbatruhe gedeihen. Denn wollten wir sie uns selbst zuschreiben, wären sie knechtisch, während es vom Sabbat heißt: «Ihr sollt an ihm kein Knechtswerk tun.» Spricht der Herr doch auch durch den Propheten Ezechiel: «Ich gab ihnen meine Sabbate zum Zeichen zwischen mir und ihnen, damit sie lernten, daß ich der Herr sei, der sie heiligt.» Das werden wir dann vollkommen lernen, wenn wir vollkommen still sein, vollkommen sehen werden, daß er Gott ist.

Auch die Zahl der Weltalter, gleichsam der Welttage, nach den in der Schrift angegebenen Zeitabschnitten berechnet, weist deutlich auf diese Sabbatruhe hin, die als siebtes Weltalter zu gelten hat. Denn das erste Weltalter, gleichsam der erste Tag, reicht von Adam bis zur Sündflut, das zweite von da bis Abraham, beide einander gleich, nicht an Zeitdauer, wohl aber an Zahl der Geschlechter, deren sich je zehn ergeben. Darauf folgen die vom Evangelisten Matthäus angesetzten drei Weltalter bis zur Ankunft Christi, deren jedes vierzehn Geschlechter in sich begreift, das eine von Abraham bis David, das andere von da bis zur babylonischen Gefangenschaft, das dritte von da bis zur Geburt Christi im Fleisch. Bis dahin also im ganzen fünf. Das sechste dauert noch an und ist nach keiner Zahl von Geschlechtern bemessen. Denn es steht geschrieben: «Es gebührt euch nicht zu wissen die Zeit, die der Vater seiner Macht vorbehalten hat.» Danach wird Gott gleichsam am siebten Tage ruhen, indem er diesen siebten Tag, nämlich uns, ruhen läßt in sich. Von den Weltaltern ausführlich im einzelnen zu handeln, wäre zu umständlich. Das siebte aber wird unser Sabbat sein, dessen Ende kein Abend ist, sondern der Tag des Herrn, gleichsam der achte ewige, der durch Christi Auferstehung seine Weihe empfangen hat und die ewige Ruhe vorbildet, nicht nur des Geistes, sondern auch des Leibes! Dann werden wir stille sein und schauen, schauen und lieben, lieben und loben. Das ist's, was dereinst sein wird, an jenem Ende ohne Ende. Denn welch anderes Ende gäbe es für uns, als heimzugelangen zu dem Reich, das kein Ende hat?

Ich glaube nunmehr mit Gottes Hilfe der Aufgabe, die ich mir in diesem umfangreichen Werk gesetzt, gerecht geworden zu sein. Wem es zu wenig ist oder zu viel, möge mir verzeihen, wem es aber genügt, der möge nicht mir, sondern Gott mit mir fröhlichen Dank sagen. Amen.

ANMERKUNGEN

VORBEMERKUNGEN

Für den zweiten Band dieser Übersetzungsausgabe haben die «Vorbemerkungen» zum ersten weiterhin Geltung. Die Kommentierung orientiert sich auch hier an den Bänden der «Bibliothèque Augustinienne»; nur ist der Dank für solche Orientierungshilfen jetzt auf F.-J. Thonnard, Th. Camelot (für «de trinitate») und A. Solignac (für «de Genesi ad litteram») zu erweitern.

Der stärkeren Hinwendung A.s zum Bibeltext im zweiten Hauptteil seines «Gottesstaates» entspricht die vermehrte Zitierung von Schriftstellen. Für die alttestamentlichen Zitate hält die römische Ziffer LXX = Septuaginta fest, daß A. nachweisbar eine altlateinische, an der LXX überprüfte, Bibelübersetzung seiner nordafrikanischen Heimatkirche benutzt. Wo die «Vulgata» (lateinische Bibelübersetzung des Hieronymus, an dem hebräischen Text orientiert) feststellbar ist, wird dies gleichfalls festgehalten.

Das «Abkürzungsverzeichnis» von Band I wird durch folgende Siglen erweitert:

Afra	=	Altlateinische Bibelübersetzung Nordafrikas
AL	=	Sankt Augustinus. Der Lehrer der Gnade. Lateinisch-deutsche Gesamtausgabe seiner antipelagianischen Schriften, hg. von A. Kunzelmann und A. Zumkeller, Würzburg 1955 ff.
Begriffslexikon	=	O. Gigon u. L. Zimmermann, Platon, Begriffslexikon zur Artemis-Jubiläumsausgabe, Zürich-München 1974; auch separat: Platon. Lexikon der Namen und Begriffe, Zürich-München 1975
Blaise	=	A. Blaise, Dictionnaire latin-français des auteurs chrétiens, revue par H. Chirat, Paris-Saze (Gard) 1954
CCL	=	Corpus christianorum, series latina, Turnholt 1953 ff.
CSEL	=	Corpus scriptorum ecclesiasticorum latinorum, Wien 1866 ff.
Denz–Schönm	=	H. Denzinger – A. Schönmetzer, Enchiridion symbolorum, definitionum et declarationum de rebus fidei et morum, Freiburg–Rom–Wien ³⁵1973
Eus. (Hier.)	=	Die Chronik des Hieronymus, hg. und in 2. Aufl. bearbeitet von R. Helm = Eusebius Werke 7, Berlin 1956
FS	=	Festschrift

GCS	=	Die griechischen christlichen Schriftsteller, Berlin 1897ff.
George	=	Karl Ernst Georges Ausführliches Lateinisch-Deutsches Handwörterbuch, 14. Aufl. (Nachdruck der Achten Aufl.), Hannover 1976
Kt.	=	Karte
Ktr	=	Kommentar
RGG^3	=	Die Religion in Geschichte und Gegenwart, 3. Aufl. hg. von K. Galling, Tübingen 1957–1962 (6 Bde.)
Rost	=	L. Rost, Einleitung in die alttestamentlichen Apokryphen und Pseudepigraphen, Heidelberg 1971
T(a)	=	Text(ausgabe)
Vulg.	=	Vulgata
Würthwein	=	E. Würthwein, Der Text des Alten Testaments, Stuttgart ^{2}1963
LXX	=	Septuaginta, id est Vetus Testamentum graece iuxta LXX interpretes ed. A. Rahlfs, Stuttgart (2 Bde.)

Selten vorkommende Zeitschriften-Siglen finden sich in der BiblA S. 267ff.

ELFTES BUCH, KAPITEL 1

Seite 3 – *Bibelzitate:* Ps. 87,3. / Ps. 48,2f. / Ps. 48,9 hebr. / Ps. 46,5f.; vgl. dazu die Einführung S. XVIII f.

Seite 3 oben – «*hoch über dem ganzen Schrifttum*»: vgl. A., doctr. christ. 2,42,63.

Seite 3 unten – «*Gott der Götter*»: «Deum deorum»; vgl. Ps. 50,1. «*Privatherrschaft*»: «privatas potentias» sc. der Dämonen; hierzu wie zur Deutung auf die Engel vgl. civ. 9,23 (S. 459ff.).

Seite 4 oben – «*ineinander verwirrt und vermengt*»: vgl. civ. 10,32 (S. 530 unten).

ELFTES BUCH, KAPITEL 2

Seite 4 unten – «*im Flug des Geistes*»: «intentione mentis excedere»; zu diesem platon. Weg des Aufstiegs vgl. die berühmten Texte A., conf. 7,17,23; 10,9,23–25 (BAW S. 182ff. 263ff.). «*der in Schwingungen versetzte Luftraum*»: «aeria spatia verberentur»; vgl. die stoische Definition der Stimme als ἀὴρ πεπληγμένος, SVF 1,74; Diog. Laert. 7,55; vgl. Tert., adv. Prax. 7,6, die auch bei den Mittelplatonikern gebräuchlich war, vgl. Albinos, Epit. 19,1 nach Plat., Tim. 67b (Jub. Ausg. S. 266). «*spirituelles Gebilde*»: «eius modi spiritalem»; über die «spiritalia» als «imagines corporum» im Unterschied zu den «intellegibilia», die körperlos sind, vgl. A., de Gen. ad litt. 12,4–8 sowie Porphyr., sent. 42 Mommert p. 40,9–41,4.

Seite 5 oben – «*nach Gottes Ebenbild*»: vgl. 1. Mos. 1,27.

Seite 5 unten – *Bibelzitat:* 1. Tim. 2,5. «*ist er auch Weg*»: vgl. Joh. 14,6; Hebr. 10,20. «*Gott und Mensch zugleich*»: «Deus et homo; quo itur Deus, qua itur homo»; klassische Explikation der abendländ. Christologie.

ELFTES BUCH, KAPITEL 3

Seite 6 oben – «*wegen ihres hervorragenden Ansehens*»: «eminentissimae auctoritatis»; das Thema der Beziehung zwischen Autorität und Vernunft beschäftigte A. schon in seinen «Philosophischen Frühdialogen» (z. B. ord. 2,7,24–2,19,51, BAW S. 231ff. 236ff. 302ff.); Grund dafür war seine manichäische Vergangenheit, vgl. A., util. cred.; dazu: P. Brown, Augustinus von Hippo (1973) 39ff.

Seite 6 Mitte – «*andere Zeugen*»: vgl. A., ep. 147 ad Paulinam de videndo Deo 2,7 Goldbacher p. 280f.

Seite 6 unten – «*geistig wahrgenommen*»: «mente sentiuntur»; in den «Philosophischen Frühdialogen» (c. acad. 1,1,3; ord. 1,1,2; soliloq. 1, 1,3, BAW S. 46. 246ff. 50ff.) mißtraut der junge A. noch der Sinneswahrnehmung prinzipiell; vgl. seine Selbstkritik retract. 1,1,2; 1,3,2; 1,4,2.

ELFTES BUCH, KAPITEL 4

Seite 6 unten – «*Daß aber eine Welt* ...»: der lapidare Satz wird in der zweiten Hälfte des Kapitels eingeschränkt.

Seite 7 oben – *Bibelzitate:* 1. Mos. 1, 1. / Weish. 7, 27. / Mt. 18, 10. / 1. Mos. 1, 1: «Im Anfang» («in principio») bedeutet für A. sowohl den zeitlichen Beginn als auch den kosmischen Ursprung durch das Weltprinzip, d. h. «das Wort», vgl. A., de Gen. c. Manich. 1, 2, 3; conf. 11, 9, 11; 12, 20, 29 (BAW S. 350f.); civ. 11, 32 (S. 52f.); hier ist wie in civ. 11, 6 der zeitl. Beginn gemeint. «*Die Weisheit Gottes war dabei*»: vgl. Weish. 7, 27; die kosmolog. Interpretation eines Philon (→ KlP 4, 771 ff.) wurde von der Logoschristologie der frühchristl. Apologetik aufgegriffen und so «christianisiert». «*war jener Prophet*»: sc. Moses, vgl. Apg. 3, 22; 7, 3 aufgrund christolog. Exegese von 5. Mos. 18, 15. 18. «*Aber warum gefiel es ... Gott*»: vgl. conf. 11, 10, 12–11, 12, 14 (BAW S. 308 ff.); dort wohl gegen die Manichäer gerichtet, vgl. A., de Gen. c. Manich. 1, 2, 4, hier wohl mehr gegen die von der frühchristl. Apologetik als «gottlos» apostrophierten Epikureer («letali morbo impietatis»).

Seite 7 unten – «*verkündet die Welt selber*»: «mundus ipse ... proclamat»; zum Gotteslob der Kreatur vgl. A., conf. 10, 6, 8–10 (BAW S. 25 ff.; zum lat. Text s. Augustinus Magister 1, 1954, 138f.); 11, 4, 6 (BAW S. 304) und dazu Plot., enn. III 2 (47) 3, 19–33 (Übers. Harder Bd. Va S. 49). «*Diejenigen aber* ...»: zielt wohl auf die Platoniker, vgl. civ. 10, 31 (S. 523 Mitte mit Anm.); auch an Stoiker wie Boethos von Sidon ließe sich denken, vgl. Philon, de aetern. mundi, SVF 3, 265–267.

Seite 8 Mitte – «*Schmach voraussähe*»: zur Vorstellung vom «notwendigen Kreislauf» vgl. civ. 10, 30 (S. 522) und 12, 19 (S. 91 f.).

Seite 9 oben – «*Die Zahl* ...»: zur Unbegrenztheit der Zahlenabfolge bzw. Unendlichkeit der Zahlen vgl. civ. 12, 19 (S. 91). Die (neo-)pythagoreische Lehre war bei den Platonikern heimisch, wozu nicht nur Platon selber (mathematische Erklärung von Weltseele und Weltkörper im Timaios), sondern auch der Tim.-Ktr des Poseidonios von Apameia (gest. 51/50 v. Chr.) beitrugen, vgl. den Traktat des Platonikers Theon von Smyrna (1. H. 2. Jh. n. Chr.): «Was man an mathematischem Wissen für die Lektüre Platons braucht» (ed. Hiller in BT 1878); vgl. Albinos, Epit. 7, 4; 28, 4.

ELFTES BUCH, KAPITEL 5

Seite 9 Mitte – «*wie Welt und Zeit ... wie sich ... Welt und Raum zueinander verhalten*»: «de mundi tempore ... de mundi loco»; zu dieser für die griechische Kosmologie typischen Fragestellung, die Philon v. Alexandrien der frühchristl. Apologetik vermittelte, vgl. S. Sambursky, Das physikalische Weltbild der Antike (1965) 378–404 («Raum und Zeit»).

Seite 9 unten – «*unbegrenzte Zeitlängen ... unbegrenzte Raumausdehnung*»: «infinita spatia temporis ... locorum»; damit ist das altgriech. Dogma von der Unendlichkeit Gottes angesprochen, vgl. A., ep. 118, 23 ff.

auf Grundlage von Cic., nat.deor. 1,10,26; ferner die Akklamationsformeln conf. 7,5,7; 7,14,20; 7,20,26; 10,26,37, dazu E. Gilson, Augustinus Magister 1, 1954, 569–574; E. Mühlenberg, Die Unendlichkeit Gottes bei Gregor von Nyssa (1966) passim.

Seite 10 oben – «*doch näher kommen als die übrigen*»: nach civ. 7,5 (S. 324ff.) die «interpretatio physica» der Stoiker, nach A., vera rel. 4,7 (BAW S. 381) die Platoniker.

Seite 11 oben – «*während es doch keine Zeit gibt vor der Welt*»: vgl. A., conf. 11,12,15–11,14,17 (BAW S. 310–321). Diese Frage beschäftigte die Mittelplatoniker bei ihrer Timaios-Exegese, vgl. C. Andresen, Logos und Nomos (1955) 276–291.

ELFTES BUCH, KAPITEL 6

Seite 11 Mitte – «*Ewigkeit und Zeit*»: wiederum ein von den spätantiken Platonikern häufig behandeltes Thema, ausgelöst durch Plat., Tim. 37d–38b (Jub. Ausg. S. 218f.); vgl. das Echo bei Plot., enn. III 7 (45) (Übers. Harder IVa S. 306ff.); Anstoß gab auch die aristotel. Ableitung αἰών = αἰὲν εἶναι (cael. 279a,23–28, BAW S. 87); s. wiederum A., conf. 11,14,17 (BAW S. 311); ferner C. Andresen, a.O.; weiter BiblA S. 116–119. «*Ewigkeit keine Veränderung*»: vgl. A., conf. 11,15,20 (BAW S. 314f.); civ. 10,31 (S. 522 unten mit Anm.); ferner den Nachklang bei Boeth., consol. 5,6,9–38 (BAW S. 262–265).

Seite 11 unten – «*Man müßte sonst behaupten ... vor der Welt eine Kreatur*»: «nisi dicatur ante mundum iam aliquam fuisse creaturam»; die Parallele in A., de Gen. ad litt. 5,5,12 lehrt, daß A. an Lebewesen denkt. Das Argument als solches geht auf die orthodoxe Timaios-Exegese (z.B. Plutarch oder Attikos) zurück, für die mit der Bewegtheit der vorkosmischen Materie die Zeit gegeben war. «*die heiligen ... Schriften lehren*»: vgl. 1. Mos. 1,1; hier wie civ. 11,4 (s. Anm.) zeitlich verstanden, vgl. civ. 11,33 (S. 56); conf. 11,10,12–11,13,16 (BAW S. 310f.): Gott schuf «zuerst» die Engel, dann auch «durch das Wort» («principio») die Welt.

ELFTES BUCH, KAPITEL 7

Seite 12 Mitte – «*berichtet wird*»: 1. Mos. 1,14–19. «*durch Gottes Wort*»: vgl. 1. Mos. 1,3: «Und Gott sprach ...». «*und schied Gott*»: vgl. 1. Mos. 1,4.

Seite 12/13 – *Bibelzitate*: Gal. 4,26. / 1. Thess. 5,5. / 1. Mos. 1,5.

Seite 13 oben – «*Das Wissen um die Kreatur, ... um Gott*»: «scientia creaturae in comparatione scientiae Creatoris»; vgl. S. 13 Mitte: «Erkenntnis der Kreatur in sich selbst» – «in der Weisheit Gottes». «Abenderkenntnis» ist also indirekte Gotteserkenntnis an der Schöpfung («theologia naturalis») im Unterschied zur «Morgenerkenntnis» durch erleuchtende Offenbarung («theologia revelata»). Erkennendes Subjekt sind nach civ. 11,29 (S. 48f.) die Engel; zu A.s Engellehre s. B. Lohse, ZKG 70, 1959, 278–291.

Seite 13 unten – *«ist's der eine Tag»:* «dies unus»; d.h. nicht «primus dies», vgl. Philon, opif. mundi 9,35; weiteres civ. 11,9. Die Schöpfungstage sind nicht aufeinanderfolgende Tage oder Zeitabschnitte, sondern Entwicklungsphasen, in denen sich die in einem Moment geschaffene Welt (simultane Schöpfung) in der Erkenntnis der Engel bzw. der seligen Geister fortschreitend spiegelt. *«ist's der sechste Tag»:* zur Nacht- und Tagerkenntnis der Engel vgl. A., de Gen. ad litt. 4,1,1; 4,21,38–4,35,56 und den Ktr BA 48,645–653.

ELFTES BUCH, KAPITEL 8

Seite 14 oben – *Bibelzitat:* Ps. 33,9; 148,5. *«die in Gott ruhen»:* «qui requiescunt in Deo»; was A., conf. 1,1,1 (BAW S. 31) individualist. formuliert ist, erhält hier durch das Bild von der häuslichen Ruhe eine ekklesiologische Note. Zur Relation: civitas Dei – domus Dei vgl. die Einf. Anm. 28; zur Exegese vgl. A., de Gen. ad litt. 4,8,15–4,12,23 und Ktr BA 48,639–644.

Seite 14 unten – *«spricht man von einem frohen Briefe»:* die voraufgehende Partie bezeugt, daß A. auch noch als Bischof über das Wissen eines «Grammatikers» seiner Jugendzeit verfügt, vgl. H.-I. Marrou, S. Augustin et la fin de la culture antique ([4]1958, Nachdruck 1960) 15f. 239f. *«an passender Stelle»:* civ. 22,30.

ELFTES BUCH, KAPITEL 9

Seite 15 – *Bibelzitate:* 1. Mos. 1,1 (zweimal)/1,2.

Seite 15 oben – *«vom Ursprung der heiligen Stadt»:* «de sanctae civitatis exortu»; vgl. die Einf. zu Buch 1–10, S. XVIf. *«niemals in der Fremde»:* «numquam peregrinata»; vgl. A., conf. 12,11,13: «quando tua domus quae peregrinata non est.»

Seite 15 Mitte – *«von dem ich schon sprach»:* civ. 11,7 (S. 12 unten). *«von allen seinen Werken geruht»:* vgl. 1. Mos. 2,2, dazu Philo, de posteritate Caini 18,64f.; leg. alleg. 1,3,5–7; Ps.-Aristobul. bei Eus., praep. evang. 13,12,9–12, den auch Clem. Alex., strom. 6,137,4–6,138,4 für seine christliche Deutung heranzieht.

Seite 15 unten – *«wüst und leer»:* 1. Mos. 1,2 hebr. «tohuwabohu»; dass. LXX *«ἀόρατος καὶ ἀκατασκεύαστος»*; Vulg. «inanis et vacua»; A. «invisibilis et incomposita»: so auch conf. 12,3,3f.; 12,8,8 (BAW S. 333 mit Anm. 1; Übers. S. 336 unten daher falsch); 12,9,9; de Gen. ad litt. 1,1,3. Die Deutung von 1. Mos. 1,1f. auf die vorkosmische, nach Plat., Tim. 30a (Jub. Ausg. S. 209 unten) «ungeordnete» Materie, deren «Ordnung» (kosmein) den Gesetzen des vorgegebenen immateriellen «Kosmos» der «Ideen» folgte, ist voraugustinisch, vgl. Philo, opif. mundi 5,22; Albinos, Epit. 12,2; Iust., apol. 1,59,1–5; Orig., in Gen. 1,1,2; princ. 3,6,7f. (Görgemanns–Karpp S. 663ff. mit Anm.). *«einer ungesonderten Mischung»:* «quandam terrae et aquae indistinctam confusionem» als Erklärung des Abgrundes (Gen. 1,2: ἀβύσσος); vgl. A., de Gen. ad litt.

1,1,3; conf.12,3,3; Philon, opif. mundi 9,32. «*die Engel Gottes Werk*»: nach A., conf.12,9,9 auf Grundlage von Gen.1,1 entsteht diese «creatura aliqua intellectualis» mit der Erschaffung des «Himmels» (A.: «caelum caeli»); vgl. A., de Gen. ad litt.1,9,15 (BA 48,586ff. Ktr); conf.12,13,16 (BAW S.341f.).

Seite 16 – *Bibelzitate:* Dan.3,57 Vulg. / Ps.148,1–5. / Hiob 38,7.

Seite 16 Mitte – «*Die Engel waren also schon da*»: ähnlich argumentiert auf Grund von Hiob 38,7 Orig., in Mt.15,27 p.429f. Klostermann.

Seite 16 unten – «*Oder am zweiten?*»: diese Möglichkeit liegt A., conf. 13,15,18 (BAW S.378 unten f.) zugrunde, wo A. die Engel mit den «Wassern über der Feste» (1.Mos.1,7) in Verbindung bringt, vgl. A., de Gen. ad litt., lib.imperf.3,7 (PL 34,222), was ihre Schöpfung am zweiten Tag voraussetzt. «*Wenn also die Engel*»: als «geschaffene Weisheit» sind sie «durch Betrachtung des Lichtes selber Licht», vgl. A., conf.12,15,20; 13,3,4 (BAW S.344.368). «*dessen Einmaligkeit*»: «unitas»; vgl. A., de Gen. ad litt.5,24,44f.; zur sog. simultanen Schöpfung durch Gott («simul omnia») bei A. vgl. de Gen. ad litt., lib.imperf.7,28 (PL 34,231); BiblA S.114ff., bes. A.Dempf, PhJ 61, 1951, 49–51.

Seite 16/17 – «*sondern ‹der eine›*»: vgl. 1.Mos.1,5a.

Seite 17 oben – «*sondern jener eine wurde ... wiederholt*»: vgl. A., de Gen. ad litt. 4,21,38–4,35,56 mit Ktr BA 48,645–653; B.Lohse, ZKG 70, 1959, 278–291. Weiteres s. zu civ.11,30f. (S.50ff.). «*und es ward Licht*»: vgl. 1.Mos.1,3. «*den eingeborenen Sohn Gottes*»: vgl. Joh.1,14.

Seite 17 Mitte – «*alles übrige erschaffen*»: vgl. A., conf.13,3,4 (BAW S.368). *Bibelzitat:* Joh.1,9; vgl.8,12; 12,46. «*das Böse hat kein Wesen*»: «Mali enim nulla natura est»; dazu vgl. civ.12,2. Zur Definition des Bösen als «amissio boni» (so hier) bzw. häufiger als «privatio boni» (A., conf.7,12,18; enchir.4,12–14 [Barbel p.36ff.]; civ.12,3), die neuplaton. Ursprungs ist, vgl. Plot., enn.I 8(51)spez.11 (Übers. Harder S.224ff.); Weiteres civ.11,17–21.

ELFTES BUCH, KAPITEL 10

Seite 18 oben – «*‹ein anderer›, nicht ‹ein anderes›*»: «sed ‹alius› dixi non ‹aliud›»; vgl. Tert., adv.Prax.9,1f.; 21,1–3; Orig., princ.1,2,2.

Seite 18 Mitte – «*ohne personhaften Wesensunterschied*»: «sine subsistentia personarum»; die «Sabellianer» (→ LAW Sp.2682 s.v. Sabellius) verstanden die trinitarischen «Personen» als uneigentliche Benennungen des einen Gottes in seinen versch. Offenbarungsphasen. «*wie er an sich ist, ... ist er das, was er hat*»: «In quo ergo ad semet ipsum dicitur, ... hoc est quod habet.» Hatte Boethius durch seine Übersetzung des Porphyrios (→ LAW 482.2415) gleichfalls diese Unterscheidung von «essentia» und «existentia» dem MA vermittelt, so sollten A.stellen wie diese ihr dogmatische Autorität verleihen, vgl. Anselm (gest.1109), monol.17.

Seite 18 unten – «*Einfach heißt also ein Wesen ...*»: «natura dicitur simplex»; vgl. S.20 oben: «Demgemäß nennt man einfach ...» Diese

Gleichsetzung von «Sein» («substantia») und «Haben» («qualitas» fußt auf der neuplat. Ontologie, vgl. etwa Plot., enn. 6,9 «Das Gute (das Eine)» (Übers. Harder Ia 170ff.); A. legt sie auch seinen Ausführungen über den «Deus simplex» zugrunde, trin. 6,8–8,9.

Seite 19 unten – «*ist doch das Wesen ... etwas anderes als seine Eigenschaft*»: «aliud est tamen substantia ... aliud qualitas»; die «Eigenschaft» kann verlorengehen, vgl. A., trin. 5,4,5. Auch diese Unterscheidung aristotel. Ontologie wird von A. auf den Gottesgedanken angewendet, wobei er aufgrund von 2. Mos. 3,14 («Ego sum qui sum») den Begriff der «essentia» dem der «substantia» vorzieht, vgl. A., de moribus Manich. 2,2,2; trin. 7,5,10; weiter s. civ. 12,2 mit Anm. und bei Thonnard, Augustinus Magister 1 (1954) 317–327; Lit. s. BiblA 112f. «*einige*»: z.B. Tert., anim. 9,4,7 (unter Hinweis auf 1. Mos. 2,7); vgl. Waszink (Ktr 1947; BAW 1979) z.St.

Seite 20 oben – «*denn die Finsternis ... Luft ohne Licht*»: vgl. civ. 11,9 (S. 15 unten); A., de Gen. c. Manich. 1,4,7.

Seite 20 Mitte – «*in der Heiligen Schrift*»: Weish. 7,22: «Est enim in illa (sc. sapientia) spiritus intelligentiae, sanctus, unicus, multiplex ...» «*für sie*»: «eique» (Dat.), sc. die Weisheit. Im folgenden assoziiert A. das Pauluswort von den in Christus verborgenen «Schätzen der Weisheit» (Kol. 2,3) mit den platon. «Ideen» («rationes rerum»).

ELFTES BUCH, KAPITEL 11

Seite 20 unten – «*wurden sie Licht*»: s. civ. 11,9 (S. 15f.).

Seite 21 oben – «*Von dieser Erleuchtung sich abwendend*»: «ab hac inluminatio aversi»; vgl. civ. 11,20 (S. 32 oben).

Seite 21 Mitte – «*weil sie die irrtumslose Gewißheit ...*»: «quoniam nequaquam de suae beatitudinis aeternitate falluntur»; das gilt für die Engelswelt, während sich menschliche Existenzbewußtheit an dem Satz «si fallor, sum» entzündet (civ. 11,26 = S. 43 Mitte).

Seite 21 unten – «*wir fassen ja das Wort*»: «beatae vitae vocabulum»; vgl. A., de beata vita 2,11 (BAW S. 192).

ELFTES BUCH, KAPITEL 12

Seite 22 oben – «*nicht die einzigen ...*»: «Nec ipsos tantum, quod adtinet ad rationalem vel intellectualem creaturam.» «*die ersten Menschen*»: vgl. A., de correptione et gratia 10,26 (Übers. Kopp S. 201ff.); de Gen. ad litt. 11,18,23f.

Seite 22 Mitte – «*Schwachheitssünden*»: «peccatis huius infirmitatis»: A., enchirid. 13,46; 17,64f.; 21,78; 22,81. «*Denn wer kann wissen ...*»: zur Fragestellung vgl. die gleichzeitigen Traktate «de correptione et gratia» und «de dono perseverantiae» (Überss. Kopp; Zumkeller: BiblA S. 262f.).

ELFTES BUCH, KAPITEL 13

Seite 23 oben – «*die Glückseligkeit ..., nach der geistige Wesen ...*»: «beatitudinem quam recto proposito intellectualis natura desiderat.»

Seite 23 Mitte – «*Glückseligkeit, wenn auch ohne Vorherwissen*»: sc. ihres künftigen Abfalls.

Seite 23 unten – «*auf Grund der Heiligen Schrift wissen können*»: vgl. A., de corrept. et gratia 6,10 (Übers. Kopp S. 173ff.).

Seite 24 oben – «*Denn die evangelische Wahrheit ...*»: «Veritas quippe in evangelio»; vgl. Mt. 22,30; 25,46.

Seite 24 Mitte – «*von Anfang an einander ungleich*»: zur Frage, ob die bösen Engel eines anderen Ursprungs als die guten sind vgl. A., de Gen. ad litt. 11,14,18ff.; de corrept. et gratia 10,27 (Übers. Kopp S. 203ff.); civ. 22,1.

Seite 24 unten – *Bibelzitate:* Joh. 8,44. / 1. Joh. 3,8; vgl. zu ihrer Deutung durch A. de Gen. ad litt. 11,16,21–11,23,30; ferner Ktr BA 49, 545–553.

Seite 25 oben – «*den Manichäern*», die besagte Stellen als Beleg für ihr dualistisches Weltbild beanspruchten. Nicht nur seine frühere Zugehörigkeit zu ihnen (A., conf. 3,7,12, BAW S. 75ff.), sondern auch ihre christliche Tarnung erklärt A.s zahlreiche antimanichäische Schriften, vgl. hier bes. De duabus animabus (sic!); c. epistolam Manichaei quam vocant Fundamenti; de natura boni (BiblA S. 255.257f.).

Seite 25 Mitte – «*glückselig geblieben*»: «beatus permaneret»; vgl. A., de Gen. ad litt. 11,20,27–11,21,28.

ELFTES BUCH, KAPITEL 14

Seite 25 unten – *Bibelzitate:* Joh. 8,44. / Ps. 17,6. «*Denn die Wahrheit ...*»: «quia» meint den Erkenntnisgrund, nicht den Realgrund. Auch für den Teufel ist Willensfreiheit als Prämisse seiner Verantwortlichkeit zu postulieren.

ELFTES BUCH, KAPITEL 15

Seite 26 – *Bibelzitate:* 1. Joh. 3,8. / Jes. 14,2. / Hesek. 28,13. / Hesek. 28,14f. / Joh. 8,44. / Hiob 40,19 der LXX, die A. hier ins Lat. übersetzt. / Ps. 104,26; zu den letzten zwei Stellen vgl. A., de Gen. ad litt. 11,20,27.

Seite 26 unten – «*die Sünde ihren Anfang nahm*»: vgl. Sir. 10,13 LXX nach cod. Alex. *ὅτι ἀρχὴ ὑπερηφανία ἁμαρτίας*, was A. übersetzt: «Initium omnis peccati superbia», vgl. civ. 12,6 (S. 70 oben); 14,13 (S. 183 unten; dort Weiteres).

Seite 26/27 – «*nach seinem Sündenfall verhängt ward*»: vgl. A., de Gen. ad litt. 11,26,33.

Seite 27 oben – «*von dem alles Maß, alle Form und alle Ordnung stammt*»: «a quo est omnis modus, omnis species, omnis ordo.» Die Thematik begleitet A. seit seinem philosophischen Frühdialog «de ordine» (386/87

n. Chr.); vgl. dort spez. 2,19,50 die wohl altpythagoreische, überhaupt altgriechische Bezeichnung des Metron als «Vater der Ordnung» (BAW S. 330).

ELFTES BUCH, KAPITEL 16

Seite 27 unten – «*lieber Brot ... als Mäuse, ... Geld als Flöhe*»: Auch der Dialog «de ordine» setzt mit Gedanken über rauschendes Leitungswasser und lästige Mäuse ein, de ord. 1,3,6–8 (BAW S. 249 ff.). Auch hier wird zwischen Naturordnung und Nutzwert unterschieden, vgl. a. O. 4,11–5,12 (S. 254 ff.).

Seite 28 oben – «*ein erheblicher Unterschied ...*»: «libertate iudicandi plurimum distat ratio considerantis a necessitate indigentis seu voluptate cupientis.» Das Urteilen nach dem Nutzen steht unter dem Diktat des Bedürfnisses bzw. Begehrens und beeinträchtigt die «Freiheit» der Vernunft.

ELFTES BUCH, KAPITEL 17

Seite 28 unten – *Bibelzitat:* Hiob 40,14 LXX; vgl. civ. 11,15. «*so ist gerade der böse Wille*»: «Quapropter etiam voluntas mala grande testimonium est naturae bonae»; vgl. civ. 12,6 f. (S. 66 ff.); de Gen. ad litt., lib. imperf. 1 (Übers. Harnack, Reflexionen und Maximen [1922] 108 ff.).

Seite 29 oben – *Bibelzitat:* Ps. 104,26 Vulg. («ad inludendum ei»). Hier brauchte A. nicht aus LXX zu übersetzen (vgl. civ. 11,15, Anm. zu Hiob), weil ihm aus Cic. und Verg. das lat. Verb im Sinne des griech. ἐμπαίζειν (so LXX) geläufig war, vgl. George s. v. Der Wortlaut der Vulg. retractata (1945): «ut ludat in eo» (sc. mari) gibt den hebr. Text wieder. Zum «Drachen» («draco») als Symboltier des «Teufels» nach 1. Mos. 3,14 f.; Off. 12,3 ff. vgl. RAC 4, 1959, 226–250, spez. 239 ff. «*wie er sich seiner ...*»: «quo modo illo uteretur et malo»; vgl. dazu A., de ordine 2,7,23 (BAW S. 301 Mitte); enchir. 3,11 (Übers. Barbel S. 37; Ktr 203 f.); 26,100 (Barbel S. 168 f.).

ELFTES BUCH, KAPITEL 18

Seite 29 Mitte – «*und so das geordnete Weltganze wie ein herrliches Gedicht ...*»: «atque ita ordinem saeculorum tamquam pulcherrimum carmen ...»; zu dem Vergleich s. a. A., ep. 138,5 ad Marcellinum; 166,13 ad Hieronym.; civ. 16,8 (S. 298 Mitte) denkt A. an Teppichmuster; de ordine 1,1,2 (BAW S. 246 f.) an Mosaiksteine; Weiteres s. zu civ. 12,4 (S. 63 ff.). «*solche sogenannten Antithesen*»: vgl. A., doctr. christ. 4,20,44 (unter Zitat Gal. 4,10–20); zum Begriff spätantiker Rhetorik vgl. Cic., orat. 50,166 f.; Quint., inst. 9,3,81; ferner H. Lausberg, Hbch. lit. Rhetorik (1960) § 787. *Bibelzitat:* 2. Kor. 6,7–10.

Seite 30 oben – *Bibelzitat:* Sir. 33,15.

ELFTES BUCH, KAPITEL 19

Seite 30 Mitte – «*bestätigt werden*»: zu diesen hermeneutischen Regeln vgl. A., doctr. christ. 3,27,38; ferner ebenda 3,30,42–3,37,56 die sieben

Auslegungsregeln des Nordafrikaners Tyconius; zum sog. Pluralismus augustin. Schriftauslegung vgl. A., conf. 12, 18, 27 (BAW S. 348 f.). Zum geistlichen Nutzen «dunkler» Schriftworte vgl. doctr. christ. 2, 6, 7 f.; catech. rud. 9, 13, 3 f. *Bibelzitat:* 1. Mos. 1, 4 f.

Seite 31 oben – *Bibelzitate:* 1. Mos. 1, 14 (nach LXX, die A. übersetzt bzw. übersetzt vorfand, vgl. A., de Gen. ad litt. 2, 13, 26). / 1. Mos. 1, 16–18 (wohl wieder von A. aus LXX übersetzt, da lat. Wortlaut zw. civ. 11, 19 und de Gen. ad litt. 2, 13, 26 variiert).

ELFTES BUCH, KAPITEL 20

Seite 31 unten – *Bibelzitate:* 1. Mos. 1, 3. / 1. Mos. 1, 4. / 1. Mos. 1, 18.

Seite 31/32 – *Bibelzitat:* 1. Mos. 1, 17 f.

Seite 32 oben – *«während der Finsternisse der Engelwelt»:* «tenebrae autem angelicae, etsi fuerant ordinandae, non tamen fuerant adprobandae»; vgl. civ. 11, 9 (S. 17 Mitte): durch die Abkehr von Gott, dem Licht schlechthin, werden die «unreinen Geister» Finsternis. Die Manichäer bezeichneten das böse Prinzip als «terra tenebrarum» (A., c. epist. Fundamenti 21, 22) oder als «gens tenebrarum» (A., de moribus Manich. 2, 5, 7), was A.s Wortbildung beeinflußt haben mag.

ELFTES BUCH, KAPITEL 21

Seite 32 Mitte – *«Gott sah, daß es gut war»:* 1. Mos. 1, 4. 10. 12. 18. 21. 25. 31. *«erst, als es geschaffen war, ...»:* so die Manichäer, vgl. A., de Gen. c. Manich. 1, 8, 13 (PL 34, 179).

Seite 32 unten – *«Plato wagte noch mehr ...»:* Tim. 37c (Jub. Ausg. S. 218), wohl in der Übers. Ciceros zitiert, vgl. M. Testard, S. Aug. et Cicéron 2 (1958) 57.

Seite 33 – *Bibelzitate:* Jak. 1, 17. / 1. Mos. 1, 3.

Seite 33 oben – *«in ruhender und ewiger Gegenwart»:* «stabili ac sempiterna praesentia»; vgl. civ. 11, 6 und die auf Ps. 102, 28 fußenden, klassischen Wendungen (z. B. «Dein heutiger Tag ist die Ewigkeit»: «hodiernus tuus aeternitas») in conf. 11, 13, 16 (BAW S. 311). Hierin stimmt A. nicht nur mit Platon und Plotin (s. Anm. zu civ. 11, 6), sondern bezeichnenderweise auch mit Aristot., phys. 4, 10–14 überein.

Seite 33 unten – *«sondern durch sein Wort erschaffen hat»:* hatte schon die Logoskosmologie Philons von Alexandrien das «Sprachereignis» von 1. Mos. 1, 3 genutzt, um nach dem Vorbild der stoischen Sprachphilos. zwischen dem «inwendigen Denken» (ἐνδιάθετος λόγος) und dem «geäußerten Wort» (προφορικὸς λόγος) zu unterscheiden (s. M. Pohlenz, Stoa⁴ I 373 mit Anm. Bd. 2, 182), so folgte ihm die Logoschristologie der frühchristl. Apologeten und sah im Sprechakt den präexistenten Christus als Weltschöpfer tätig werden, vgl. Iust., apol. 1, 59, 2–5; Athenag., suppl. 10 (unterscheidet ἐν ἰδέᾳ – ἐν ἐνεργείᾳ), vor allem aber Tert., adv. Prax. 7, 1 zu 1. Mos. 1, 3: «Haec est nativitas perfecta sermonis dum ex Deo procedit»; vgl. ebenda 12, 5.

Seite 34 oben – *Bibelzitat:* 1. Mos. 1,3. «*Auch Plato nennt* ...»: Tim. 29e/30a (Jub. Ausg. S. 209); vgl. Cic., Tim. 3,9: «Haec nimirum gignandi mundi causa iustissima. Nam cum constituisset deus bonis omnibus explere mundum»; dazu Courcelle, Lettres p. 157, Nr. 7, mit zusätzl. Verweis auf die Parallelen civ. 8,11 (S. 390 Mitte); 22,11 (Seite 788 Mitte); vgl. ferner Albinos, Epit. 12,1.

Seite 34 Mitte – «*an den Werken der Schöpfung* ...»: «invisibilia Dei per ea, quae facta sunt, intellecta conspexerit ...»; vgl. Röm. 1,19ff., dem A. eine autobiographische Note verleiht, vgl. A., conf. 5,3,5; 7,9,15; 7,10,16; 7,17,23; 10,6,10; 13,21,31 (BAW S. 115f. 177 Mitte. 179 oben. 183. 252f. 389 oben). Zu der spätjüd. und frühchristl. Argumentation, Platon habe die Moses-Schriften gekannt, s. Anm. zu civ. 8,11 (S. 390 oben). A. hielt allerdings aufgrund des Paulus-Wortes auch eigenständige «Einsicht» Platons für möglich.

ELFTES BUCH, KAPITEL 22

Seite 34 unten – «*einige Häretiker*»: in erster Linie die sich christl. tarnenden Manichäer (→ KlP 3,953ff.) in Nordafrika, vgl. L. H. Grondijs, Augustinus Magister 3 (1955) 391–410; L. J. van der Lof, Studia Patristica 8, 1966, 118–129. «*wie in einem großen Gemeinwesen*»: «tamquam in communem rem publicam»; stoisches Vergleichsbild bzw. Argument, vgl. Cic., nat. deor. 2,47,120–2,53,133, bes. 22,53,132 (M. Pohlenz, Stoa[4] II 99 zu Bd. 1, 195f.); vgl. civ. 12,4; 19,12f. (S. 63ff. 550 Mitte. 552).

Seite 35 Mitte – «*mit dem Wort böse ... den Mangel des Guten*»: «privationis boni», vgl. civ. 12,1 (S. 60 Mitte). Die von den Neuplatonikern übernommene Definition (Plot., enn. II 2[47] 5 = Übers. Harder Va 55f. u. ö.) hält A. bis ans Lebensende fest, vgl. de moribus Manich. 2,4,6; de natura boni 1,20; conf. 7,12,18 (BAW S. 179f.); enchir. 3,11; 8,23; civ. 12,3 (S. 62 oben); 12,6 (S. 67 oben).

Seite 35 unten – «*großer Künstler in großen Dingen, ... doch auch in kleinen* ...»: «artifex magnus in magnis, ut minor non sit in parvis»; das Vergleichsbild ist der anthropozentrischen Weltanschauung der späten Stoa entlehnt, vgl. A., de natura boni 16. «*diejenigen, die meinen* ...»: d. h. die Manichäer, vgl. A., de natura boni 41–46; c. epist. Manichaei quam vocant Fundamenti (passim).

ELFTES BUCH, KAPITEL 23

Seite 36 unten – «*Sondern sie sagen* ...»: z. B. der Neupythagoreer Numenios von Apameia (2. H. 2. Jh. n. Chr. → KlP 4,192ff.), der darin wie Platon denkt (Phaid. 70c–72e = Jub. Ausg. S. 23ff.; vgl. den Mythos von Er, Plat., rep. 10,614bff.; bes. 619d/620 = Jub. Ausg. S. 518f.; s. a. Tim. 44b/c = a. O. 228f.); vgl. aber auch den Mittelplatoniker Albinos, Epit. 25,6f. Zu den Kontroversen um die Seelenwanderung im kaiserzeitl. Platonismus vgl. H. Dörrie, Hermes 85, 1957, 414–435; → LAW 2754f.

Seite 37 oben – «*dem Origenes zum Vorwurf*»: vgl. A., de Gen. ad litt. 6,9,15, zu Origenes → KlP 4,341 f. Weitere Belege für Origenes-Lektüre bei A.: civ. 15,27 (Seite 273 unten); vgl. quaest. in Heptateuch. 1,4; de Gen. c. Manich. 2,21,32; enarr. in ps. 103 serm. 1,8; in Ioan. tract. 56,5; vgl. B. Altaner, B. Studer, W. Theiler in BiblA S. 159f. Beim Ausbruch des Streites um die Übers. von «Peri archon» («de principiis») zw. den ehemaligen Freunden Rufinus (→ KlP 4,1466) und Hieronymus ca. 397 n. Chr. hatte A. noch wenig von Origenes gelesen (ep. 40,6,9). 417/18 n. Chr. (Entstehung von civ. 11), war jedenfalls informiert, ob er nun das dogmatische Hauptwerk des großen Theologen der Ostkirchen nur in der Übers. des Hieronymus (so Courcelle, Lettres S. 187, Nr. 1) oder zusätzlich auch in der des Rufinus (so Altaner, a. O.) gelesen haben mag. Zu der von A. inkriminierten Lehre von der Weltentstehung als negativ verstandener Verkörperlichung (s. C. Andresen, Christentum 1, 1975, 27f.) vgl. bes. Orig., de princ. 2,1–3 (Übers. Görgemanns–Karpp S. 285–327).

Seite 37 Mitte – *Bibelzitat:* 1. Mos. 1,31. «*eine weit größere Zahl von Guten ...*»: «maius numerus in caelestibus»; entspricht dem Idealismus der platon. Ontologie, während A. im Rahmen der Prädestinationslehre von dem «certus numerus electorum» spricht, vgl. civ. 20,8 (S. 607 oben) u. ö.

Seite 37 unten – «*Origenes*»: vgl. Rufin., de princ. 2,8,3 in Verbindung mit Epiphanii epist. ad Ioh. Hieros. = Hier., epist. 51,4,7; dazu Görgemanns–Karpp S. 392–395; diess., Kritischer Anhang zu Buch II, p. 155, 7ff. (a. O. S. 838f.).

Seite 38 oben – «*einen luftigen Leib*»: «aerium» sc. corpus; vgl. Orig., princ. 1 praef. 8 (Görgemanns–Karpp S. 94–97). «*einen Leib aus Lehm*»: «luteum corpus»; vgl. 1. Mos. 2,7; 3,19.

Seite 38 Mitte – «*wunderbaren Fürsorge des Werkmeisters ...*»: «opificis provisione mirabili»; der Ausdruck «opifex mundi» war A. durch Cicero (z. B. nat. deor. 1,8,18) geläufig, während der Begriff «Künstlergott» («artificem Deum») platon. ist, vgl. Apul., Plat. 1,5 (p. 87,6 Thomas). «*der besonderen Beschaffenheit der Sünde einer einzigen Seele*»: «tanta unius animae progressione peccantis».

Seite 38 unten – «*die Verwirrung der Seelen*»: «animarum ... progressio». «*dergleichen unmöglichen Ansichten*»: zielt auf die Origenes-Anhänger, die A. mit den Anhängern des span. Asketen Priscillian (→ KlP 4,1142ff.) zusammenbrachte, nachdem der Spanier Orosius ihm von diesen berichtet hatte (ca. 415 n. Chr.), vgl. A., ad Oros. c. Priscill. et Orig. 8,9 (PL 42,674). «*nach den drei vorhin erwähnten Punkten*»: civ. 11,21 (S. 34 oben).

Seite 39 oben – «*einer ausführlicheren Untersuchung*»: vgl. A., de Gen. ad litt. 1,5,11–1,6,12; conf. 11,3,5–11,9,11 (BAW S. 303–308); 13,4,5–13,9,10 (368 unten bis 373 oben). «*alles auf einmal*»: «omnia uno volumine».

ELFTES BUCH, KAPITEL 24

Seite 39 oben – «*nämlich die Weisheit*»: vgl. Jes. Sir. 1,4; Weish. 10,1. «*gleichen Wesens*»: «consubstantialis» = griech. homousios, die umstrittene Einigungsformel des 1. ökum. Konzils von Nicaea 325 n. Chr.

Seite 40 oben – «*auf die Dreieinigkeit hingewiesen wird*»: nämlich «in geheimnisvoller Redeweise» («ut in operibus Dei secreto quodam loquendi modo»), vgl. A., conf. 10,6,9 (BAW S. 251 f.); 11,4,6 (S. 304); weitere Textbelege bei E. Gilson, Introduction à l'étude ([4]1969) 268–278.

Seite 40 Mitte – «*die ganze Dreieinigkeit in ihren Werken*»: «universa nobis trinitas in suis operibus intimatur», vgl. A., trin. 4,21,30. «*durch sie ward die heilige Stadt*»: «inde est civitatis sanctae ... origo»; vgl. A., trin. 3,3,8.

Seite 40 unten – «*So ist, schaut und liebt sie*»: «est, videt, amat»; entspricht A.s anthropologischem Ternar «esse, nosse, amare», welches civ. 11,27 f. entfaltet wird, vgl. conf. 13,11,12 (BAW S. 373 f.). Zur augustin. Lehre von den «vestigia trinitatis» bzw. «psychologischen Trinitätslehre» (Schmaus) vgl. BiblA 163 ff.

ELFTES BUCH, KAPITEL 25

Seite 40 unten – «*für dreiteilig erklärt*»: «tripertitam esse voluerunt»; vgl. civ. 8,4 (S. 376 ff. mit Anm.); nach R. Lorenz, ZKG 64, 1952/53, 34–60 verdankte A. dies Varro (vgl. civ. 6,5 mit Anm.).

Seite 41 oben – «*auf deutsch ...*»: zu diesem Einschub des Übersetzers sei festgehalten, daß für A. «Naturlehre» als «natürliche Theologie» (vgl. civ. 6,5; 8,1 mit Anm.) zugleich auch «Gotteslehre» mit ihren metaphysischen Problemen war. «*schon kurz erwähnt*»: civ. 8,4. «*bei dieser Dreiteilung*»: «in his tribus»; vgl. dazu civ. 8,2 (S. 372 unten) mit Anm. «*ihre Ansichten über die Natur der Dinge ...*»: «et de natura rerum» hält gut den ontolog. Charakter der «Naturlehre» fest. Beachte, wie die folg. Sätze stets auf die drei Disziplinen mittelplaton. Philosophie Bezug nehmen.

Seite 41 unten – «*Ich weiß wohl ...*»: «Nec ignoro quod proprie fructus fruentus, usus utentis sit»; zum Begriffspaar «frui – uti» vgl. civ. 19,1; 8,8 mit Anm. «*etwas um eines anderen willen haben*»: Vgl. A., de 83 quaest. qu. 30; doctr. christ. 1,4,4; trin. 10,10,13 Ende.

ELFTES BUCH, KAPITEL 26

Seite 42 unten – «*Auch in uns selber ...*»: zur «imago Dei, hoc est illius summae trinitatis» und den augustin. «Ternaren» vgl. civ. 11,24 (S. 40) mit Anm. «*Denn wir sind*» usw.: erstes Ternar: Sein – Selbsterkenntnis – Erkenntnisliebe entspricht dem Ternar «mens – notitia – amor», trin. 9,2,2–9,5,8.

Seite 43 oben – «*Abbilder in unseren Gedanken ...*»: scheint das zweite Ternar aus A., trin. 10 anzusprechen, «memoria – intelligentia – volunas», vgl. bes. 10,10,13 Ende; 10,11,17.

Seite 43 Mitte – «*die Argumente der Akademiker*»: wie A., c. acad. 2 (ab 2,4,10 = BAW S. 76) und 3 zeigt, hat er in erster Linie Arkesilaos (gest. 240 v. Chr.) und Karneades (gest. 129 v. Chr.) im Visier, vgl. B. R. Voss im Sammelband «A., Philosophische Frühdialoge» (BAW) S. 14 ff. «*Wenn ich mich täusche, bin ich ja*»: «Si enim fallor, sum»; war A. in Erkenntnisfragen zunächst von der Gewißheit existentiellen Daseins («ich lebe») ausgegangen (de beata vita 2,2,7 = BAW S. 186 f.; vgl. soliloq. 2,1,1 = BAW S. 116 ff., aber auch noch enchir. 7,20 = Übers. Barbel S. 56 f., sog. augustin. Existenztheorie), so hatte er De libr. arbitr. 2,3,7 mit dem Hinweis auf den intellektuellen Irrtum als Existenzbeweis (BAW S. 114 ff.), sowie De vera rel. 39,73,204–206 (BAW S. 486 ff.) auf die Möglichkeit des Zweifelns, der Argumentation eine cartesianische Note verliehen: das Denken selbst wird zum Ausdruck menschlicher Existenz (Descartes: «Cogito, ergo sum.»). Daneben behält weiterhin das «Lieben» Argumentationskraft (unsere Stelle). A., trin. 15,12,21 belegt, wie lebendig noch im hohen Alter die Auseinandersetzung mit der neuplaton. Skepsis ist, die auf dem Landgut Cassiciacum des Verecundus ihren Anfang genommen hatte.

Seite 44 oben – «*der nicht glückselig sein wollte*»: «nemo est qui non esse beatus velit»; ein Kernsatz aus Ciceros verlorenem Dialog «Hortensius», nach trin. 13,3,6 original: «Beati esse omnes volumus»; A. ließ sich davon in seinem Schrifttum von Anfang an leiten, vgl. L. Straume-Zimmermann, Ciceros Hortensius (1976) fr. 69/70, S. 150–159 (Übers. und weitere Belege).

ELFTES BUCH, KAPITEL 27

Seite 44 oben – «*auch Unglückliche ...*»: «qui miseri sunt nolint interire»; vgl. Sen., epist. 101.

Seite 45 oben – «*von den gewaltigen Drachen*»: «ab immensibus draconibus»; hier nicht Symboltier des Teufels (s. civ. 11,17 = S. 29 oben mit Anm.), sondern gemäß dem urspr. Sinn wie der Leviathan aus Hiob 40,25 ff. oder Ps. 104,26 Vulg. als Manifestation göttlicher Schöpfung aufgefaßt; vgl. A., de Gen. ad litt. 3,9,13 (A. zufolge erwähnt auch die heidn. Lit. den Leviathan, obwohl er kaum gesichtet wird).

Seite 45 Mitte – «*wo sie ihrer Natur nach hingehören*»: vgl. A., conf. 13, 9,10 (BAW S. 372 f.); ferner ep. 55,10,18; civ. 19,13 f.; 22,11 (S. 552 ff. 782 oben), wo A. die Platoniker für diese physikal. «Topologie» namhaft macht, vgl. Albinos, Epit. 13,3; vgl. aber auch die stoische Lehre von der «allseitigen Mischung» (SVF I 92.145; II 463 ff.), die auch bei Philon von Alexandrien (M. Pohlenz, Stoa^4 I 371; II 181) Aufnahme fand. «*Aber jenes unkörperliche Licht ...*»: «sed lucem illam incorpoream ... qua mens nostra quodam modo radiatur»; gemeint ist jenes transzendentale Licht unwandelbarer Wahrheit («supra mentem meam commutabilem», A., conf. 7,17,23 = BAW S. 182 ff., sog. Vision von Mailand; s. a. conf. 7, 10,16 = BAW S. 178 f.), das ein Grundelement der sog. Illuminationslehre A.s bildet (BiblA S.103ff. 110ff.). Der Zusammenhang mit dem berühmten Sonnengleichnis bei Platon (rep.6,507e–509d = Jub.Ausg. S.345ff.) ist unverkennbar, die Vermittlung durch die sog. Platoniker läßt sich nachweisen. Ungewiß ist allerdings, ob dieser eine rationale Behandlung des Gegenstands wie die des Kelsos, fr.45 Bader, zugrunde lag oder eine theologische wie die des Albinos, Epit.10,2.5, der das «Licht» mit dem «ersten Gott» bzw. dem Weltgeist identifizierte, vgl. auch Plot., enn.I 6,9,43 (Übers. Harder I a S.24f.).

Seite 46 oben – *«dem Sinn des inneren Menschen»:* «interioris hominis sensum»; vgl. die «Bildkammer» in A.s Analyse der Gedächtniskraft, conf.10,8,12–15 (BAW S.254–257), spez. die Begriffe «thesauri innumerabilium imaginum de cuiuscemodi rebus sensis invectarum»; «rerum sensarum imagines»; s.a. De quantit. animae 33,72 (die «dritte» Stufe im Unterschied zur «zweiten» von ebenda 33,71 = BAW S.218ff.); trin.9,3,3 weist A. außerdem der «mens» die Aufgabe zu, die geistige Begriffswelt zu vergegenwärtigen («mens ergo ipsa sicut corporearum rerum notitias per sensus corporis colligit, sic incorporearum per semetipsam», vgl. conf.10,10,17–10,11,18ff. = BAW S.258ff.).

Seite 46 Mitte – *«und bin gleichfalls dessen gewiß ...»:* vgl. A., trin.9, 3,3: «Nam si non se novit (sc. mens), non se amat.»

ELFTES BUCH, KAPITEL 28

Seite 46 unten – *«der Plan dieses begonnenen Werkes»:* vgl. Einf.Bd.I (Buch 1–10), S.XIIf. dieser Übersetzungsausgabe. *«weil er weiß, was gut ist ...»:* die traditionell rationalist. begründete Ethik der Antike wird durch den «amor cognitae rei» überboten, vgl. A., trin.9,12,17f. Dieser steht dem platon. Eros ferner als dem plotin. «Trachten» (ἔφεσις), vgl. Plot., enn.III 8: «Die Natur, die Betrachtung und das Eine», bes.III 8, 10–11 (Übers. Harder III a, S.31ff.).

Seite 47 unten – *«Denn ein Körper»:* zur Thematik «amor meus – pondus meum» vgl. civ.11,27 (S.45 Mitte mit Anm.). *«nicht vermengt und nicht getrennt»:* «neque confusa neque separata»; vgl. das sog. Athanasianum: «neque confudentes personas, neque substantiam separantes» (Denz–Schönm Nr.75) und das gleichfalls im Südgallien des 5.Jh. n.Chr. unter dem Namen A.s umlaufende Symbol «Clemens Trinitas» (ebenda Nr.73). *«eingeprägten Spuren aufsuchen»:* «impressa vestigia colligamus»; vgl. civ.11,26 (S.42 unten), wo wie hier der Zusammenhang der augustin. Ternare mit einer trinitarischen Exegese von 1.Mos.1,26 («Lasset uns Menschen machen ...») gut greifbar ist; vgl. ferner Anm. zu civ.11,24 (S.40) und conf.13,11,12 (BAW S.373f.).

Seite 48 oben – *Bibelzitat:* Lk.15,18. *«kein Hindernis»:* «non habebit offensionem»; der Kontext legt die Übers. «keine Enttäuschung» nahe, da ihm das Ternar «esse – nosse – amare» zugrunde liegt, vgl. civ.8,4 (S.378 oben) mit Anm. Jenseitige und ewige Glückseligkeit enthebt der

Sorge um die drei Existentiale, die für die menschl. Innerweltlichkeit Säulen existentieller Selbstgewißheit und ständig bedroht sind.

Seite 48 Mitte – «*wie ich schon sagte*»: vgl. civ. 11,13 (S. 23ff.); damit ist das Problem einer Spaltung der «civitas caelestis» angesprochen.

ELFTES BUCH, KAPITEL 29

Seite 48 unten – «*ihre Erkenntnis Gottes*»: «angeli sancti ... Deum discunt.» Zur Thematik der «Erkenntnis der Engel» vgl. die Anm. zu civ. 11,7 (S. 13 oben und unten); 11,9; 11,11 (S. 16 und 20/21). «*Auch die Kreatur erkennen sie besser ...*»: nach A., trin. 4,32,49 erkennen die Menschen den jenseitigen Schöpfer an seiner Schöpfung, während die Engel in ihrer Diesseitigkeit die Schöpfung nur im Schöpfer (er-)kennen können, s. trin. 5,5,14: sie schauen «ihre Urgründe im Worte Gottes» (civ. 9,22 = S. 458 Mitte mit Anm.).

Seite 49 oben – «*gewissermaßen der schöpferischen Kunst*»: «tamquam in arte»; von der Weisheit Gottes (Spr. 3,19; 8,22ff., nach altchristl. Exegese und A. die zweite Person der Trinität) erleuchtet, erkennen die Engel den Schöpfungsplan in seinem Grundriß (A., de Gen. ad litt. 4, 24,41: «principaliter») und seinen urtümlichen Absichten (ebenda 4, 34,53: «in primis atque incommutabilibus rationibus»). Sie erkennen vor allem das Schöpfungswort (ebenda 4,26,43), wenn es heißt: «Es werde Licht» (1. Mos. 1,3). Das ist ihre Gottesschau der Unmittelbarkeit, ihre «Tageserkenntnis». «*an der niederen Erkenntnis nicht fehlt*»: «verum tamen et in se ipsis»; als geschaffene Wesen erkennen die Engel jedoch gleichzeitig aus ihrer eigenen Intelligenzkraft die am Schöpfungswort geschauten Schöpfungsprinzipien. Diesen Akt engelhafter Selbsterkenntnis bezeichnet A. als «Abenderkenntnis» im aposteriorischen Sinne. Die engelhafte Selbstreflexion hat aber ihrerseits für die Schöpfungswelt kreative Wirkung: die Schöpfung wird hier zuerst entworfen (A., de Gen. ad litt. 4,26,43: «ideo prius in eius cognitione fit»), so daß für A. die «Abenderkenntnis» mit 1. Mos. 1,3 («Und es ward Licht» – «et sic factum est») zusammenfällt. «*oben bereits gesagt*»: vgl. civ. 11,7.

Seite 49 Mitte – «*die Richtigkeit geometrischer Figuren*»: «veritas figurarum»; galt die «Geometrie» neben der Arithmetik als Teildisziplin der Mathematik und so als den theoretischen Wissenschaften zugehörig, so hing ihr doch bei den Platonikern der Spätantike noch die ursprüngliche Wortbedeutung «Feldmessung» an, weshalb sie in ihrer Funktion als «Einübung in die Philosophie» einen nicht so hohen Rang einnahm wie Algebra und Arithmetik, vgl. Albinos, Epit. 7,2ff.; 28,4; außerdem Theon von Smyrna (1./2. Jh. n. Chr.) → KlP 5,714f. «*wenn man sie im Geiste schaut*»: «cum intellectu conspicitur»; vgl. Röm. 1,20; ferner die Anm. zu civ. 11,21 (S. 34 Mitte).

Seite 49 unten – «*All das*»: d.h. was von 1. Mos. 1,6–31 bzw. vom 2.–6. Schöpfungstag berichtet wird.

ELFTES BUCH, KAPITEL 30

Seite 50 oben – «*Die Vollkommenheit der Werke angezeigt wird*»: «est operum significata perfectio». Das «Sechstagewerk», schon lange vor A. durch Philo von Alexandrien (opif. mundi), ostkirchliche Kommentare (Origenes, Basilius) und zuletzt noch durch Ambrosius zu literar. Gattungseinheit und kosmologischem Problemkreis eingeengt, war seit jeher ideales Betätigungsfeld spekulativer Exegese, die sich um metaphys. Deutung und Annäherung an Platons Timaios bemühte (J. Pépin, Théologie cosmique et théologie chrétienne [1964] passim). Schon Philo, opif. mundi 3,13 lehnte die chronologische Deutung ab: «Gott gestaltete natürlich alles im Augenblick», vgl. ebenda 9,35; ferner A., de Gen. ad litt. 5,1,1–3. Das entsprach dem (vor allem neu-)platon. Grundsatz der Identität von «Sein und Denken» (Plot., enn. III 8,8 = Übers. Harder IIIa, S. 20f.). Schon der Plan der Schöpfung inauguriert ihre transzendentale Existenz. «*... die addiert sechs ergeben*»: «quae in summam ducta sex fiunt»: 1 + 2 + 3 = 6; vgl. A., de Gen. ad litt. 4,2,2–6; 4,7,13f. und als älteres Beispiel solcher Zahlenspekulationen für den 4. Schöpfungstag Philon, opif. mundi 14,47f. Sie geht von der «eins» als Zahl der Vollkommenheit aus, vgl. den viell. A. bekannten platon. Mathematiker Nikomachos von Gerasa (→ KlP 4,113ff.), spez. seine Introductio arithmetica 1,16 (ed. Hochepp 39f.); Weiteres BA 48,633ff. und zu civ. 12,19 (S. 90 unten).

Seite 50 Mitte – «*in dieser Betrachtung der Zahlen*»: «in hac consideratione numerorum». Die auch sonst von A. angewandte philosoph. Zahlenspekulation (vgl. A., de musica 5,8,16; 5,10,20–22; trin. 4,4,7–4,5,9, beidesmal auf die Sechszahl bezogen) steht mit (neu-)platon. Tradition in Zusammenhang, vgl. z. B. Plot., enn. VI 6(34) (Übers. Harder IIIa, S. 163ff.).

Seite 51 oben – *Bibelzitat:* Weish. 11,21; zu A.s Interpretation s. W. Beierwaltes, RevEtAug 15, 1969, 51–61; vgl. A., de Gen. ad litt. 4,3,7–4,7,14 mit Ktr BA 48, 635–639.

ELFTES BUCH, KAPITEL 31

Seite 51 Mitte – «*zuerst von Heiligung*»: 1. Mos. 2,2f. spez. 2,3: «und heiligte ihn, weil er an ihm ruhte» («et sanctificavit illum, quia in ipso cessaverit ab omne opere suo ...»). «*die Vollkommenheit der Siebenzahl*»: vgl. A., de Gen. ad litt. 4,18,31–36; de Gen. c. Manich. 1,23,35–41.

Seite 51 unten – *Bibelzitat:* Spr. 24,16.

Seite 52 – *Bibelzitate:* Ps. 119,164. / Ps. 34,2. / Joh. 16,13. / 1. Kor. 13,10.

Seite 52 oben – «*auf den Heiligen Geist hingewiesen*»: vgl. A., serm. 8,13 (PL 38,72ff.) den Hinweis auf die sieben Gaben des Hl. Geistes nach Sir. 11,2.

Seite 52 Mitte – «*den Sinn der Schrift zu ergründen*»: «scripturas istas cum labore rimamur.»

ELFTES BUCH, KAPITEL 32

Seite 52 unten – *Bibelzitate:* 1. Mos. 1,3. / 1. Mos. 1,1 (vgl. Anm. zu civ. 11,4 = S. 7 oben). *«jemand behaupten»:* vgl. Orig., princ. praef. 10 (Görgemanns–Karpp S. 96f.) und 1,5,1 (S. 192ff.); zur Vielfalt der Deutung vgl. auch A., conf. 12,17,24–26 (BAW S. 347f.); de Gen. ad litt. 1,1,2; dazu vgl. BA 48,581ff.

Seite 53 – *Bibelzitate:* Joh. 8,25 («principium, qui et loquor vobis»). / 1. Mos. 1,1. / Ps. 104,24. / 1. Mos. 1,2. / Mt. 22,30. / Mt. 18,10.

Seite 53 oben – *«die Dreieinigkeit eingeführt wird»:* «trinitas commendatur»; die kosmol. Deutung von Joh. 8,25 ist nur vom lat. Text aus möglich; ihr liegt die Übers. des griech. ἀρχή von 1. Mos. 1.1 mit «principium» zugrunde. Zur trinitarischen Exegese in ihren Anfängen bei Tertullian vgl. C. Andresen, ZNW 52, 1961, 1–39.

Seite 53 unten – *«um die trinitarische Aussage abzuschließen»:* «ut trinitatis commemoratio compleretur»; vgl. A., de Gen. ad litt. 1,6,12 zu 1. Mos. 1,2: «completam commemorationem trinitatis agnoscimus.» *«Mag jeder dies auslegen»:* «ut volet quisque accipiat»: natürlich im Rahmen der «Glaubensregel» («regula fidei»), vgl. A., enchir. 15,56 (Übers. und Ktr Barbel S. 109); vgl. ep. 120,17 und vor allem doctr. christ. 3,1,2.

ELFTES BUCH, KAPITEL 33

Seite 54 – *Bibelzitate:* Eph. 5,8. / 1. Mos. 1,3. / 1. Mos. 1,4. / Ps. 96,7 Vulg. und LXX. / Mt. 4,9. / 1. Petr. 5,5 bzw. Jak. 4,6 = Spr. 3,34.

Seite 54 oben – *«eine Art Kerker»:* vgl. civ. 8,22 (S. 409 Mitte) mit Anm. *«hat der Apostel Petrus ...»:* vgl. 2. Petr. 2,4 und Judas 6; dazu die Ktre.

Seite 54 unten – *«die beiden Engelscharen»:* «has duas angelicas societates» sind nicht dualist. konzipiert, da die «vom Hochmut aufgeblähte Gesellschaft» («tumentem typho»; vgl. die personale Charakteristik A., conf. 3,3,6; 7,9,13 mit dem gleichen Gräzismus [τῦφος seit Platon]) der Aburteilung entgegen sieht, vgl. civ. 21,24 (S. 721ff.). *«in des Himmels Himmel wohnend»:* «in caelis caelorum habitantem»; vgl. Ps. 115,16, ferner A., conf. 12,2,2 (BAW S. 332f.) und die von P. Brown, Augustinus von Hippo (1973) 419, Anm. 75 notierte Lit. *«im niederen Lufthimmel»:* «in hoc infimo aerio caelo tumultuantem»; zur Lokalisierung, die der antiken und spätant. Dämonologie entspricht, vgl. civ. 8,14; 8,16; 8,22; 9,20; 10,21 (S. 394 unten. 399 oben. 409 Mitte. 465 Mitte. 500 unten) mit den dazugehörigen Anm.

Seite 55 Mitte – *«Wir sahen sie vor uns ...»:* nicht zuletzt dank des antithetischen Aufbaus des Kapitels. Auch der alte A. versteht sich auf das in der Jugend angeeignete Handwerkszeug.

Seite 55 unten – *Bibelzitat:* 1. Thess. 5,5. *«dieser ... Gottesmann»:* «ut homo Dei tam eximiae divinaeque sapientiae»; gemeint ist Moses.

Seite 56 oben – *Bibelzitat:* 1. Mos. 1,1.

ELFTES BUCH, KAPITEL 34

Seite 56 Mitte – «*unter den Wassern des Schöpfungsberichts*»: «aquarum nomine»; zur Deutung der «Wasser» auf «Völker» vgl. Off. 17,15. Nach A., conf. 13,15,18 («aquae immortales», s. BAW S. 378 f.); 13,32,47 («spirituales aquae», s. BAW S. 402; vgl. retract. 2,6,2) verlegt A. sie in die Unsichtbarkeit. Deutung auf die «Völkerengel» (eine spätjüd. Vorstellung) durch Origenes, vgl. Epiphan., ep. 51,5 ad Ioan. Hierosolym. (PL 22,523: «fortitudines quasdam angelicae potestatis»), vgl. zu civ. 16,17 (S. 312 oben). *Bibelzitat:* 1. Mos. 1,6: «fiat firmamentum inter aquam et aquam»; vgl. A., de Gen. ad litt. 2,1,1–2,5,9 mit Ktr BA 48,593 ff.

Seite 56 unten – «*Es gibt auch einzelne Erklärer ...*»: die «dualistische» Interpretation läßt auf Manichäer schließen, vgl. A., de Gen. c. Manich. 1,5,9 (PL 34,177 f.). *Bibelzitat:* 1. Mos. 1,1.

Seite 57 oben – *Bibelzitat:* Ps. 95,5. «*durch das Gewicht der Elemente*»: «ponderibus elementorum»; vgl. civ. 13,18; 22,11 (S. 131 ff. 784 f.).

Seite 57 Mitte – «*Phlegma*»: vgl. Plat., Tim. 83 c (Jub. Ausg. S. 292: «scharfer Schleim»); Albinos, Epit. 22; dazu vgl. F. Kudlien, Der Beginn des medizinischen Denkens bei den Griechen (1967) 77 ff.

ZWÖLFTES BUCH, KAPITEL 1

Seite 58 oben – «*vernunftbegabten Sterblichen*»: eine aus dem Gegensatz zu den Engeln («rationales immortales») gewonnene Definition. «*schon im vorigen Buche*»: vgl. civ. 11,9 (S. 15 oben). «*von einer Gemeinschaft*»: «hominibus angelisque societas». «*von zwei Staaten, das heißt Genossenschaften*»: «duae potius civitates, hoc est societates»; vgl. dazu Einf. Bd. 2, S. XIV f.

Seite 58 unten – «*Gott, der gute Urheber ...*»: «Deus omnium substantiarum bonus auctor et conditor»; vgl. A., soliloq. 1,2 (BAW S. 48 ff.): aus der Gottesprädikation platon. Kosmologie und ihres Credo zur Güte des Seins wird der Gegensatz der beiden «Bürgerschaften» nicht aus einem ontolog. Dualismus («non naturis principiisque»), sondern aus einem im Willen verankerten («voluntatibus et cupiditatibus») Geschichtsdualismus begründet. «*bei seiner Ewigkeit ...*»: «aeternitate veritate caritate», im triadischen Aufbau nach dem Ternar «esse – nosse – amare» formuliert (s. civ. 11,24 = S. 40 unten mit Anm.) und auf die Trinität verweisend. Dementsprechend sind «Selbstüberhebung», «Schlauheit» und «parteiische ... Liebe» («studia partium») nicht ontologische Verfallserscheinungen, sondern voluntaristische Abfallsbewegung, vgl. A., de libr. arbitr. 2,20,54 (BAW S. 213 ff.) und Ktr BA 6, [3]1976, 571 ff.

Seite 59 oben – «*Gott anhangen*»: «adhaerere Deo»; vgl. Ps. 72,28: «Mihi autem adhaerere Deo bonum est»; dazu civ. 10,3 (S. 470 oben); 10,18 (S. 497 unten) mit Anm.

Seite 59 Mitte – «*aus nichts geschaffen*»: «quia ex nihilo creata est, sed ex illo a quo creata est»; vgl. A., conf. 12,7,7; 12,17,25; de natura boni 26 unter Verweis auf 2. Makk. 7,28. Die dogmatische Argumentation greift auf die «creatio ex nihilo» zurück, die von antikem Judentum, Gnosis, aber auch Christentum gemeinsam vertreten wurde; dazu jetzt G. May, Schöpfung aus dem Nichts, AKG 48, Berlin 1978.

Seite 60 oben – «*für Unseligkeit nicht empfänglich*»: «et ideo in eam non cadit miseria»; A. personifiziert das «Elend».

Seite 60 Mitte – «*wessen Fehler ..., dessen Natur ...*»: «Cuius enim recte vituperatur vitium, procul dubio natura laudatur»; wie einerseits der Begriff des «Fehlers» an die ontolog. Auffassung des «Bösen» als «Mangel am Guten» anknüpft («privatio boni»; vgl. A., de natura boni 5,5; enchir. 4,12 und dazu Plot., enn. III 2,2[47] 11 [Übers. Harder Va S. 71]; weitere Stellen civ. 11,22 = S. 35 Mitte), so suggeriert andererseits der voluntarist. Begriff des «Tadels» («vituperare») personale Vorstellungen und damit den Sündenbegriff.

Seite 60 unten – «*es sei ein Fehler der Engelnatur*»: «cum vitium creaturae angelicae dicitur, quo non adhaeret Deo»; der Satz bestimmt das «Gut» («bonum») von Ps. 72,28 ontolog. als Naturgabe. «Die Trennung von Gott» heißt daher bei A. «non esse cum Deo».

ZWÖLFTES BUCH, KAPITEL 2

Seite 61 oben – «*abtrünnige Engel*»: angeli apostatici; Adj. bzw. Subst. «Apostata» als griech. Fremdwort (ἀποστάτης) von Tertullian ins christl. Lat. eingeführt. *Bibelzitat:* 2. Mos. 3,14: «Ego sum, qui sum»; vgl. A., de Gen. ad litt. 5,16,34; ferner civ. 8,6 (S. 382 oben) mit Anm.; 8,11 (S. 391 oben). «*Gott die höchste Wesenheit*»: «summa essentia»; zur Verbindung mit 2. Mos. 3,14 vgl. Anselm, Prosl. 22.

Seite 61 Mitte – «*oder wesen*»: vom Übers. aus hermeneut. Gründen hinzugefügt. «*die wörtliche Übersetzung*»: «verbum e verbo expressum»; für οὐσία (so griech. auch A.) = «essentia» vgl. Anm. zu civ. 11,10 (S. 19 unten) und vor allem De mor. eccles. cath. 2,2,2, wo A. wie hier vom «novum nomen» spricht, was für Quint., inst. 2,14,2; Sen., epist. 58; Apul., Plat. 1,6 (p. 88,1 ff. Thomas) und auch für Tert., adv. Valen. 30,1 nicht gilt: dieser kann wie Apul. (a. O., p. 88,10: «substantia vel essentia») alternativ auch «substantia» gebrauchen, vgl. adv. Prax. 12,7; 13,10, wie es auch A., ep. 166,4 ad Hieron. tut. Angesichts der Notwendigkeit, die trinitar. Formel der Ostkirche des 4. Jh.: μία οὐσία, τρεῖς ὑποστάσεις zu übersetzen, bestand die Neuerung in der Festlegung von οὐσία auf «essentia», vgl. A., trin. 5,8/9,10; 7,4,7 f.

ZWÖLFTES BUCH, KAPITEL 3

Seite 61 unten – «*in der Schrift*»: vgl. Röm. 5,10; Kol. 1,21; Apg. 5, 39 (griech. θεομάχοι).

Seite 62 oben – «*zu Feinden*»: «Inimici ... resistendi voluntate, non potestate laedendi» betont den ethischen Charakter des «Guten». Zur «Verfehlung» als Selbstschädigung vgl. Joh. Chrys.: «Quod nemo laedatur nisi a seipso» (PG 52, 459–480). «... *weil dadurch ihr von Natur gutes Wesen verderbt wird*»: «quia corrumpit in eis naturae bonum»; das «Gute» ist hier metaphys. gesehen, vgl. A., enchir. 4, 12 (Barbel S. 37ff.). «*Gott zuhöchst gut*»: «Deus summe bonum»; vgl. A., de natura boni 1, 1.

Seite 62 Mitte – «*könnten ihnen die Fehler auch nicht schaden*»: d.h. den «wandelbaren Naturen» der Körperlichkeit, zu denen auch der Mensch gehört: auf dieser Stufe ist das «Gute» physisch gesehen. «*Unversehrtheit, Schönheit, Wohlsein und Kraft*»: «Güter» der Körperlichkeit. Die Platoniker sprachen in Ethik und Götterlehre von den vermeintlichen «bona externa» (Apul., Plat. 2, 1, p. 104, 14f. Thomas; Albinos, Epit. 27, 2) bzw. polemisierten gegen diese als aristotel. «Verfremdung» der «wahren Lehre» Platons, vgl. Attikos von Athen (Mitte 2. Jh. n. Chr.) bei Eus., praep. evang. 15, 4, 10. 18f. (übers. BAW S. 299. 301 im Sammelbd. Aristoteles, Einführungsschriften); s. außerdem den Platoniker bei Hippolyt., refut. 1, 20, 5.

Seite 63 oben – «*eine sündige Natur*»: «natura vitiosa», d.h. «durch die Schuld des bösen Willens verdorben» (S. 62 unten). «*ist unfraglich auch gut*»: vgl. A., de natura boni 9: «nulla est iniquitas apud Deum, quia melius ordinatur natura, ut iuste doleat in supplicio quam ut impune gaudeat in peccato.»

ZWÖLFTES BUCH, KAPITEL 4

Seite 63 unten – «*auf den Wink des Schöpfers*»: «nutu creatoris»; aus dem lat. Homer übernommene, landläufige Wendung; vgl. den Ausdruck: «hanc urbem deorum immortalium nutu ac potestate administrari», Cic., Cat. 3, 8, 21; vgl. auch unten die Anm. zu civ. 14, 16. «*die niedere Schönheit des Weltlaufs*»: «infimam pulchritudinem temporum»; gemeint sind die untersten Stufen des organischen und anorganischen Lebens. Auf diese Formulierung des ehemaligen Rhetors hat deutlich der durch die kaiserzeitl. Panegyrik beschworene Begriff der «felicitas temporum» eingewirkt, der als Münzlegende häufig mit dem Bild der vier Jahreszeiten kombiniert war, vgl. Kent, Overbeck, Stylow, Hirmer, Die römische Münze (1973) Taf. 89, 357 R; vgl. aber auch Oros., adv. pag. 7, 26, 1ff. «*den Teilen dieser Welt entspricht*»: «istius mundi partibus congruentem» – «dem Irdischen» im Unterschied zum «Himmlischen»: das gestufte Weltbild des platon. Timaios, die Analogie von «mundus invisibilis» und «mundus visibilis» leuchten von ferne auf. «*Die Schönheit dieser Ordnung*»: «Cuius ordinis decus»; vgl. civ. 11, 18 (S. 29 unten) mit Anm.; s. ferner A., de ordine 2, 19, 51 (BAW S. 330f.); de libr. arbitr. 3, 9, 24 (BAW S. 267ff.); de vera rel. 40, 76–41, 77 (BAW S. 495ff.); conf. 13, 28, 43 (BAW S. 399); de Gen. ad litt. 3, 16, 25; enchir. 3, 11 (Barbel S. 37).

Seite 64 oben – «*Teilstücke, die uns ärgern* ...»: «particulae, quae nos offendunt»; ein stoisches Argument, vgl. Ps.-Aristot. bzw. Apul., mund. 19 (p. 155, 12ff. Thomas); ferner M. Pohlenz, Stoa[4] II (1972) 57. «*Vorsehung des Schöpfers*»: «providentia conditoris»: ein typisch stoischer Begriff. «*von Gott hervorgebracht und geschaffen sind*»: A. wählt die negative Klausel «cuius non sit auctor et conditor Deus»; vgl. civ. 12,1 (S. 58 unten).

Seite 64 Mitte – «*den Übermut der Ägypter*»: vgl. 2. Mos. 8,16–20; die «Stechfliegen» (Vulg. «sciniphes», griech. σκινῖφες) sind eine Ameisenart, die Feigen benagt; Ps. 104,31 Vulg. «ciniphes»; LXX z. St. κυνόμυια = «Hundsfliege» meint eine Bremsenart, die beim Vieh blutige Beulen verursacht, was besser paßt; A. und auch Oros., adv. pag. 7,27,6 folgen Vulg. auch darin, daß sie von einer «dritten» Plage sprechen. «*der Sonnenglut aussetzen*»: nur in Nordafrika denkbare Schuldstrafe.

Seite 64 unten – «*des ewigen Feuers Lob* ...»: «natura ignis aeterni ... laudabilis»; in Thema und anthropozentrischer Argumentation wieder typisch stoisch, nur daß an die Stelle des Urfeuers, «das durch alles schreitet» = Zeus (Pohlenz, Stoa[4] II 56), das apokalyptische Feuer des Endgerichtes getreten ist.

Seite 65 oben – «*für ihr Wohlbefinden nötig*»: vgl. den Salamander civ. 21,4 (S. 679 oben).

ZWÖLFTES BUCH, KAPITEL 5

Seite 65 Mitte – «*eine Art Frieden mit sich selber*»: «quandam secum pacem suam»; vgl. A., de Gen. c. Manich. 1,16,26 (PL 34,185f.); de Gen. ad litt. 3,16,25; Weiteres s. zu civ. 19,13. «*und strebt nach Gottes Vorsehung* ...»: «in eum divina providentia tendentes exitum, quem ratio gubernandae universitatis includit»; innerhalb dieser stoischen Teleologie sichert nur die Wortwahl «exitus» die christl. Interpretation.

Seite 65 unten – «*weil es aus nichts erschaffen ist*»: dazu civ. 12,1 (S. 59 Mitte). «*bei Betrachtung aller Naturen*»: «omnium naturarum consideratione».

ZWÖLFTES BUCH, KAPITEL 6

Seite 66 oben – «*dem anhangen, der zuhöchst ist*»: «ei adhaerent qui summe est»; vgl. Ps. 72,28 Vulg. und dazu civ. 10,3 (S. 470 oben) mit Anm. *Bibelzitat:* Sir. 10,15, dazu civ. 11,15 (S. 26 unten) mit Anm. und die Untersuchungen von D. M. Green; U. Duchrow, BiblA S. 171f. «*Sie wollten also* ...»: «Noluerunt ergo ad illum custodire fortitudinem suam ...»; vgl. Ps. 58,10 Vulg. (Ps. 59,10). «*das geringere Sein*»: «id quod minus est».

Seite 66 Mitte – «... *hätte genießen können*»: «frui posset»; vgl. civ. 8,8; 9,22 mit Anm. «*Sucht man nach einer bewirkenden Ursache* ...»: «Huius ... malae voluntatis causa efficiens ...»; wie öfters nimmt A. das Ergebnis der nachfolgenden Argumentation vorweg.

Seite 66 unten – «*Denn wenn da irgend etwas wäre*»: «Quoniam si res aliqua est ...»; das Lat. bringt den ontolog. Hintergrund der willensmetaphys. Frage deutlicher in Erinnerung. «*was als Ursache in Frage kommen könnte*»: hermeneutischer Zusatz des Übersetzers.

Seite 67 oben – «*nichts habe ihn ...*»: «nulla res». «*irgendeinem Wesen angehörte*»: «in aliqua natura fuerit».

Seite 67 Mitte – «*der böse Wille in keiner bösen Natur*»: der ontolog. Grundsatz vom «malum» als einer «privatio boni» (dazu civ. 11,22 = S. 35 Mitte mit Anm.) wird also auch auf die psycholog. Frage nach dem «bösen Willen» angewendet.

Seite 67 unten – «*Es bleibt noch die Annahme übrig ...*»: «Restat ut dicatur»; A. sucht mit der paradoxen Kausalität, daß ein nicht vorhandener Wille den bösen Willen «hervorgebracht hat» («fecerit»), die Aporie aufzulösen – ein später dann zur literar. Gattungsform erhobenes Verfahren → LAW 223 s. v. Aporie.

Seite 68 oben – «*weil die Hinwendung selber verkehrt ist*»: «quia perversa est ipso conversio» sc. ad inferiora; vgl. A., de lib. arbitr. 3,9–11 (BAW S. 223 ff.). Wieder schimmert im Stufensystem des Universums das plotin. «Trachten» (*ἔφεσις*) nach oben durch, vgl. Anm. zu civ. 11,28 (S. 46 unten). «*weil er (sc. der Wille) selber böse ward*»: «ipsa quia facta est» ist unheilsgeschichtlich gemeint. Hatte die ontolog. Sicht in der Frage nach der Erstursache auf den «ersten» bösen Willen («prima causa») zurückgestrahlt, so war mit den Engeln als ersten Sündern auch die Heilsgeschichte angesprochen. Der «böse Wille» ist nur «causa deficiens». «*Nehmen wir an, daß zwei Menschen ...*»: die folg. Charakteristik (griech. *ἠθοποιΐα*, lat. fictiones personarum, vgl. H. Lausberg, Hbuch lit. Rhetorik [1960] § 820–829) erinnert an die «sermonicatio»-Szene von A., conf. 8,11,26 mit den «Einflüsterungen» der «alten Freundinnen» (BAW S. 212 unten), der die Überlegungen zu den «zwei Willen im Menschen» (conf. 8,10,22–24 = BAW S. 209 ff.) voraufgehen, zumal hier «das Fleisch» («caro») in paulinischer Abwertung gesehen wird.

Seite 68 unten – «*Was diese Zustimmung ...*»: «Hanc igitur consensionem, hanc malam ... voluntatem»; die «Synkatathesis» spielt nicht nur in der stoischen Erkenntnislehre eine wichtige Rolle (M. Pohlenz, Stoa[4] I 55 f. 90 f.), sondern dient schon Clem. Alex. zur Begründung des Kirchenglaubens, strom. 2,4 ff.; 8,4 (*πίστις = θεοσεβείας συγκατάθεσις*). Als Bestätigung der Vernunft ist sie zugleich Garant der «Willensfreiheit», was Platoniker auch gegen die stoische Heimarmene-Lehre anführen konnten (vgl. Plut., de Stoicorum repugnantiis 47 = mor. 1056 d; dazu M. Pohlenz, Hermes 74, 1939, 1–33; Apul., Plat. 1,12 [p. 96, 16 ff. Thomas]; Albinos, Epit. 26,1). Das ging mit Justin in die frühchristl. Apologetik ein (Nachweise: C. Andresen, ZNW 44, 1953, 157–195, bes. 184 ff. mit Anm.). Am Ende dieser Tradition stehen die «Philosophischen Frühdialoge» A.s (BAW), während der alte A. die «Zustimmung» («assensio») zur Basis seines «Fideismus» macht (A., enchir. 7,20: «At si tollatur assensio, fides tollitur»).

Seite 69 Mitte – «*eine aus nichts erschaffene Natur*»: «de nihilo facta natura»; vgl. civ. 12,1 (S. 59 Mitte) mit Anm.; 15,21 (S. 262 Mitte). Die Nähe dieser Formel zu einem gnostischen Nihilismus bzw. manich. Dualismus scheint A. empfunden zu haben: de Gen. ad litt. 1,15,29 spricht er von einem «prope nihil», d.h. einer Nähe zum Nichts für die ungestaltete Materie, vgl. Anselm, monol. Kap. 7f.

ZWÖLFTES BUCH, KAPITEL 7

Seite 69 unten – «*keine bewirkende, sondern nur eine versagende*»: «non ... efficiens sed deficiens»; zur Sünde als «causa deficiens», d.h. als Versager vgl. A., de lib. arbitr. 2,20.54 (BAW S. 213ff. mit dem Satz S. 214: «omnis autem defectus ex nihilo est»); ferner enchir. 8,23 (Barbel S. 61). «*Denn abfallen von dem ...*»: «deficere ... ab eo, quod summe est ...»; das Neutrum des Relativsatzes entspricht dem ontolog. Kategorial, das die Argumentation beherrscht, vgl. zu civ. 12,6 (S. 68 oben).

Seite 70 oben – «*sondern durch deren Wegnahme*»: «non in specie, sed in eius privatione»; vgl. A., de Gen. ad litt., lib. imperf. 4,15 («qui diligenter considerat quid sint tenebrae nihil aliud invenit quam lucis absentiam»); Fredegisius (gest. 834), de nihilo et de tenebris (PL 105, 751–756).

Seite 70 Mitte – «*die geistigen Formen*»: «species intellegibiles»; vgl. Macr., somn. 1,2,14: «originales rerum species, quae ἰδέαι dictae sunt.» *Bibelzitat:* Ps. 19,13, hier durchaus rationalist. interpretiert im Gegensatz zu A., conf. 2,9,17 u.ö.: selbst wo die Sünden als Vorstellungen unbekannt sind, ist Wissen durch Nichtwissen möglich.

ZWÖLFTES BUCH, KAPITEL 8

Seite 70 unten – «*Gottes Natur*»: d.i. die Unveränderlichkeit, das ewig gleichbleibende Sein im Gegensatz zu dem, «was aus nichts geschaffen ist»; vgl. civ. 12,6 (S. 69 Mitte). «*Je mehr es jedoch ist*»: «quanto magis sunt»; das Sein der Erfahrungswelt ist nur Teilnahme, Nachahmung am vollkommenen Sein und deshalb wandelbar (Begriffslexikon S. 254f.). «*bewirkende ... versagende Ursachen*»: «causas efficientes ... deficientes»; vgl. Histor. Wb. der Philos. 1 (1971) 973. «*nicht notwendig, sondern freiwillig*»: «non necessarios, sed voluntarios defectus»; man kann auch übersetzen: «nicht zwangsläufige, sondern willenshafte Fehlleistungen».

Seite 71 oben – «*gegen die Ordnung der Naturen ...*»: «contra ordinem naturarum ab eo quod summe est ad id quod minus est»; vgl. Anm. zu civ. 12,7 (Seite 69 unten). «*Zuchtlosigkeit*»: «luxuria»; bei Cicero auch als Gegensatz zu «Habsucht» («avaritia») verwendbarer Begriff; s.a. Apul., Plat. 2,4 (p. 107,16ff. Thomas).

Seite 71 Mitte – «*Aufgeblasenheit ... Hochmut*»: «iactantia ... superbia»; Untugenden als «Leiden» (*πάθη;* passiones) der Seele ist stoisch, vgl. die

Ausführungen über die «perturbatio animae bzw. animi» bei Cic., Tusc. 4,8–33 (BAW S.281ff.), aber auch die «Pathologien» der Schulplatoniker, z.B. Albinos, Epit.32; Anon. bei Hippol., refut.1,19,16 (vier *πάθη* aus den vier Kardinaltugenden Platons abgeleitet).

ZWÖLFTES BUCH, KAPITEL 9

Seite 71 unten – «*keine bewirkende ... wesenhafte Ursache*»: «efficiens naturalis ... essentialis nulla sit causa»; zur «essentia» vgl. civ.12,2 (S.61 oben) mit Anm. «*dessen Grund nicht angebbar ist*»: «cuius defectionis etiam causa utique deficit».

Seite 72 oben – «*sei nicht geschaffen*»: vgl. civ.12,6 den Zusammenhang zwischen bösem Willen und den aus dem Nichts geschaffenen Naturwesen. «*im ersten Augenblick*»: vgl. civ.11,32ff. (S.52 unten ff.) mit Anm.; ferner A., de Gen. ad litt.11,23,30.

Seite 72 unten – «*hilfreiche Gnadenwirkung des Schöpfers*»: «operante adiutorio Creatoris»; «adiutorium» (= auxilium) schon bei Tert., adv. Marc.1,8,1; monog.4,2; vgl. A., enchir.28,106f.; 31,119 (Barbel S. 177ff. 197ff.). «*ihm anhangend eine höhere Seinsstufe erklommen*»: «eique adhaerentes magis essent»; vgl. Ps.72,28 Vulg. und civ. 12,6 (S.66 oben).

Seite 73 Mitte – «*Wesen ... und Gnade*»: «simul eis et condens naturam et largiens gratiam». «*ohne guten Willen, das ist ohne Gottesliebe*»: danach eignet den guten Engeln der gute Wille wesenhaft («naturaliter»).

Seite 73 unten – «*als jene, die in ihr verharrten*»: «quam illi, qui in eadem (sc. divini amoris gratia) perstiterunt»; schon im Verb wird deutlich, daß das «Bestehen in der Gnade» als das «Beharren» in ihr gedacht ist; vgl. A., de dono perseverantiae (BiblA S.263). «*im vorhergehenden Buche:* vgl. civ.11,13. Die Frage, ob Gott den Sünden-«Fall» der Engel und des Teufels gewollt habe, entstammt dem Streitgespräch mit den Manichäern, vgl. A., c. Felicem Manich. 2,11 (BA 17,726ff.); de Gen. c. Manich.2,28,42 (PL 34,219). *Bibelzitate:* Röm.5,5. / Ps.73,28.

Seite 74 oben – «*der eine Gottesstaat*»: «una civitas Dei»; vgl. A., enchir.9,29 (Barbel S.67ff.). «*geheimen Zufluchtstätten und Wohnsitzen ...*»: «receptaculis sedibusque»; vgl. A., enchir.29,109 (Barbel S.181ff. mit weiteren Belegen in Anm.164). Zur Lehre vom Zwischenzustand und ihrer Spiegelung in der Sepulkralkunst s. A. Stuiber, Refrigerium interim, Bonn (1957).

Seite 74 Mitte – «*auch dies vorausgesagt*»: vgl. Mk.14,9.

ZWÖLFTES BUCH, KAPITEL 10

Seite 74 unten – «*die wertlosen Mutmaßungen der Menschen*»: «coniecturas hominum nescientium». *Apuleius-Zitat:* Apul.Socr.4 (p.10,19f. Thomas); bereits civ.9,8 (S.438 oben) zitiert. «*besiedelt worden sei*»: da sie ungezeugt aus Erde entstanden sind, rücken die «Erdgeborenen» (γηγενεῖς) in den Rang der Stammväter ein, vgl. Philo, aetern. mundi 6,57; s. die gnost. Schrift der «Naassener» bei Hippol., refut. 5,7,3–6 (BAW Gnosis 1,340f.); Kelsos fr. 4,36 Bader; auch die «Giganten» gehörten zu den «Erdgeborenen», worauf noch ihre schlangenförmigen Beine hinweisen, vgl. Basilius Caesar., 9. hom. in Exaemeron 2 (SC^2 26, 486 mit Ktr Giet).

Seite 75 oben – «*verwüsten sollen*»: zur stoischen Weltperiodenlehre mit abwechselnder «consummatio mundi» durch Wasser oder Feuer vgl. M. Pohlenz, $Stoa^4$ I 77–79; vgl. Dion Chr. (mittl. Kaiserzeit) 36,49. 50 (Borysthenische Rede = BAW S. 520ff.), wo es heißt, die Griechen kennten wegen ihres schlechten Gedächtnisses nur die letzte Weltkatastrophe, die deukalionische Flut. Der Apologet Justin identifiziert Deukalion mit Noah (Iust., apol. 2,7,2), was Kelsos (fr. 4,11 Bader) kritisiert, Origenes aber verteidigt, zumal auch er die wechselnden Weltperioden lehrte (Orig., princ. 2,2,3 = Görgemanns–Karpp S. 299ff.). Vor allem die apologet. Möglichkeit, die Apokalyptik (Off. 20,9f.) zu verteidigen, verlieh dem Argument Dauer, vgl. Clem. Alex., strom. 1,9,4f.; Min. Fel. 11,1ff.; 34,1ff. A. konnte die Lehre auch bei Sen., nat. 3,27 und 3,28,7 nachlesen; civ. 20,12 greift er nicht auf sie zurück.

ZWÖLFTES BUCH, KAPITEL 11

Seite 75 Mitte – «*durch gewisse verlogene Schriften*»: denkt A. an hermetische Traktate? Vgl. die Zitate aus dem «Asclepius» oben civ. 8,23f. 26. «*noch nicht ganz sechstausend Jahre*»: A. (vgl. Anm. zu civ. 4,6 = S. 176 unten) folgt darin seiner Vorlage, der Weltchronik Eusebs in der Übersetzung des Hieronymus (→ KlP 2,459f.), der seinerseits die babylonischen und ägyptischen Chronologien benutzte, unbekümmert darum, daß diese mit weit größeren Zahlen operierten: Berossos (→ KlP 1, 1548) geb 457200 Jahre vor der Sintflut, vgl. Manethon (→ KlP 3,952f.), während die LXX nur 2242 dafür ansetzt.

Seite 75 unten – «*Brief Alexanders ...*»: vgl. civ. 8,27 (S. 424 unten) mit Anm. «*Königtum des Bel*»: wie schon die Nähe des Namens zur babylon. Gottheit «Baal» zeigt, handelt es sich um eine Sagengestalt (wie Hdt. 1,181; 3,158 nur von einem «Tempel des Zeus Belos» spricht, so kennt auch der griech. Fortsetzer des Daniel in «Bel und der Drache» nur ein «Götzenbild» des Bel, s. Vers 3).

Seite 76 oben – «*nach den Griechen*»: vgl. 75 unten. «*die griechische Geschichtsschreibung*» *bzw.* «*Geschichte*»: gemeint ist nach civ. 4,6 (s. Anm. dazu) das Geschichtswerk des Trogus Pompeius (1. Jh. v. Chr.).

Seite 76 Mitte – «*in sich schloß*»: zu dieser Theorie vgl. Plin., nat. 7,48, 155; nach Lact., inst. 2,12 könnte A. das aus Varro haben; vgl. ferner civ. 5,12 (S. 235 unten).

Seite 76 unten – «*diese Autorität sagte voraus*»: vgl. Mk. 14,9 und civ. 12,9 (S. 74 Mitte).

ZWÖLFTES BUCH, KAPITEL 12

Seite 76 unten – «*außer ihr noch unzählige*»: vgl. civ. 18, 41 (S. 495 Mitte). Das zielt in erster Linie auf Epikur, vgl. Philon, aetern. mundi 3,8; Diog. Laert. 10,89; ferner Hier., epist. 124,5 und vor allem civ. 11,5 (S. 9 unten).

Seite 77 oben – «*ungezählte Male*»: so die Stoa, vgl. Anm. zu civ. 12, 10; vgl. ferner Hier., epist. 124, 5 in seiner Anklage gegen Orig., princ. 2, 3, 4 (Görgemanns–Karpp S. 313).

ZWÖLFTES BUCH, KAPITEL 13

Seite 77 unten – «*zeitlichen Anfang glauben*»: vgl. civ. 11, 5 (S. 11 oben) mit Anm. «*Plato*»: vgl. Plat., Tim. 28 b/c (Jub. Ausg. S. 207 f.). «*Ansicht verhehlt*»: «contra quam loquitur sensisse»; vgl. etwa die älteren Akademiker wie Xenokrates und Eudoros bei Plut., de animae procreat. 3, und die Polemik des Schulplatonikers Attikos von Athen gegen Zeitgenossen wie Kalvisios Tauros (bei Joh. Philoponos, de aetern. mundi p. 187, 1. 5; 188,6 Rabe), die für die allegorische Timaios-Exegese eintraten, vgl. M. Baltes, Die Weltentstehung des Platonischen Timaios nach den antiken Interpreten I (1976) passim. «*erst so spät erschaffen*»: vgl. den gleichen Einwand des Epikureers Velleius bei Cic., nat. deor. 1, 9, 21 f.; Kelsos fr. 4, 6 f. Bader; vgl. Orig., princ. 3, 5, 3 (Görgemanns–Karpp S. 625 ff.); Philo, opif. mundi 2, 7; A., conf. 11, 12, 14. «*nach der Heiligen Schrift*»: s. civ. 12, 11 (S. 75 Mitte).

Seite 78 oben – «*als gar nicht vorhanden erscheinen*»: vgl. civ. 18, 41 (S. 486 unten / 487 oben); ferner 11, 6 mit Anm. «*warum Gott ... nicht früher*»: vgl. Ausführungen civ. 12, 15–17.

Seite 78 unten – «*jener Zeitraum aber*»: «illud vero temporis spatium»; vgl. civ. 11, 5 mit Anm. Nachfolgende Argumentation, die von dem antiken Zeitbegriff als einer meßbaren Raumgröße ausgeht («spatium» = διάστημα), bietet A. auch conf., 11, 21, 27 (BAW S. 319 f.); vgl. BiblA 116 ff. und W. Schrader, Zu A.s ontologischer Aporie der Zeit, in FS Berlinger (1972). «*von den Lebenstagen eines Menschen*»: zu dieser existentialen Argumentation vgl. civ. 13, 11. «*Zeitteile*»: A. bezeichnet die Stunden, Tage, Monate und Jahre als «quantitates».

Seite 79 oben – «*von keinem Rechenmeister*»: «a quibuslibet computatoribus», vgl. Sen., epist. 87, 5.

ZWÖLFTES BUCH, KAPITEL 14

Seite 79 unten – «*Philosophen dieser Welt*»: vgl. Kol. 2, 8; damit dürften in erster Linie die Stoiker gemeint sein, vgl. civ. 12, 10 (S. 75 oben), weniger die Pythagoreer, deren philos. Traditionen weithin vom spätantiken Platonismus usurpiert worden waren, vgl. C. Andresen, ZNW 44, 1953, 162 Anm. 18. «*An diesem Possenspiel ...*»: «ludibrium»; die folg. Kritik geht eindeutig gegen Pythagoras und Platon, vgl. z. B. den Mythos von Er bei Plat., rep. 10, 614 b ff. (Jub. Ausg. S. 510 ff.) und A.s Kritik civ. 10, 30 f. (S. 519 ff.) mit Anm.

Seite 80 oben – «*zur Seligkeit eingeht*»: so z.B. Porphyr., de regressu animae, vgl. Anm. zu civ. 10,9 (S. 613).

Seite 80 Mitte – *Bibelzitat:* Pred. Sal. 1,9f. «*wollen einige ... beziehen*»: z.B. Orig., princ. 1,4,5 (Görgemanns–Karpp S. 191 f.); 3,5,3 (S. 627).

Seite 80 unten – «*Selbst die Ungetüme ...*»: «Monstra quoque ipsa quae inusitata nascuntur ...»; vgl. Verg., Aen. 6,285 ff. über Skyllen (Unterweltsdämonen?), Kentauren und andere «monstra»; vgl. ferner Apul., flor. 22: «monstra illa immania hominum ac ferarum; Ps.-Cyprian, de bono pudicitiae 3: «extraordinaria et portentuosa contra ipsam naturam» als Ausgeburten der Sodomie; vgl. A., soliloq. 2,13,23 (BAW S. 166 f.) die richtige Wiedergabe von «monstruosum» mit «widernatürlich».

Seite 81 oben – «*ein Ungetüm geboren wird*»: Mißgeburten («monstra») galten zu allen Zeiten als Vorboten schlimmer Ereignisse, vgl. den «liber prodigiorum» des Julius Obsequens (2. Jh. v. Chr.), welcher A. indirekt bekannt war (→ KlP 4,1151 ff. s.v. Prodigium; vgl. civ. 3,11 [S. 125 oben]). «*mit diesen Worten Salomos*»: Pred. 1,9f. «*dann müßte ... Plato*»: zu diesem Argument vgl. Plat., ferner Tatian, or. 3,1 f. und Orig., c. Cels. 4,67 f.; 5,20.

Seite 81 unten – «*Denn einmal nur*»: «Semel enim»; vgl. Röm. 6,10; Hebr. 7,27; 9,12; 10,10. *Bibelzitate:* Röm. 6,9. / Ps. 12,8. / Ps. 12,9. «*bei dem Herrn sein ...*»: vgl. 1. Thess. 4,17.

ZWÖLFTES BUCH, KAPITEL 15

Seite 82 oben – «*in die Tiefen Gottes ...*»: vgl. 1. Kor. 2,10 (A.: «altitudinem»; Vulg.: «profunda»); solche Differenzen könnten auf Lesarten einer vor Vulg. liegenden lat. Übers. (fälschlich nach A., doctr. christ. 2,15,2 sogenannte «Itala») basieren, die in Nordafrika «kanonisch» war, vgl. J. Schildenberger, Colligere fragmenta, in FS A. Dodd (1952) 84 ff.

Seite 82 Mitte – «*unerforschliche Tiefe*»: «altitudinem investigabilem»; diesmal mit Vulg., Röm. 11,33. «*kraft seines unwandelbaren Willens*»: vgl. A., conf. 11,10,12 (BAW S. 309). *Psalmzitate:* Ps. 12,8f. / 11,9 a Vulg.: «in circuitu impii ambulabunt.» / 11,9 b Vulg.: «secundum altitudinem tuam multiplicasti filios hominum.»

ZWÖLFTES BUCH, KAPITEL 16

Seite 83 oben – «*jemals noch nicht Herr gewesen*»: die Fragestellung wird civ. 12,18 angesprochen und ausführlich trin. 5,16,17 behandelt. Sie bewegte vor allem Orig., princ. 1,4,3; 2,2,2; 3,5,3 (Görgemanns–Karpp S. 189. 299. 625 ff.).

Seite 83 Mitte – *Bibelzitat:* Weish. 9,13–15 (Vulg. mit Variante «adinventiones» = LXX ἐπίνοιαι für Vulg. «providentiae»). «*in dieser irdischen Hülle*»: «in hac terrena inhabitatione».

Seite 83 unten – «*das Eine und Wahre ... nicht finden kann*»: «unum, quos ... verum est, invenire non possum»; zu diesem an Plat., Tim. 28c (vgl. Apul., Plat. 1,5) erinnernden Satz s. A., conf. 10,11,18 die Worterklärung für «cogitare» = «ex quadam dispersionem colligere» bzw. «cogere».

Seite 84 oben – «*mit Recht*»: «recte»; zur Interpretation von 1. Mos. 1,3 und Bibelzitat 1. Mos. 1,1 vgl. civ. 11,32 und conf. 13,10,11 (BAW S. 373).

Seite 84 unten – «*weil diese Zeitabmessungen*»: «istae dimensiones temporalium spatiorum»; vgl. civ. 12,13 (S. 78 unten) mit Anm. «*etwas Derartiges*»: vgl. A., de Gen. ad litt. 8,20,39. *Bibelzitat:* 1. Mos. 1,14; zur Interpretation vgl. A., conf. 11,23,29 (BAW S. 320ff.), wonach A. sie einem «gelehrten Menschen» verdankt; zu seiner eigenen Interpretation s. de Gen. ad litt. 2,14,28.

Seite 85 oben – «*Und wie kann man ...*»: die Aporie bestand auch für die spätantike Timaios-Exegese, vgl. civ. 10,31 (S. 522 unten) mit Anm. und 11,6 (S. 11 Mitte) mit Anm. Einen späten Nachhall zeigt Boeth., consol. 5,6,6–38 (BAW S. 263ff., bes. 265).

Seite 85 Mitte – «*Es gab eine Zeit ...*»: gräzisierendes Kürzel im Streit der kosmolog. Lösungen: ἦν ποτε (sc. χρόνος) ὅτε οὐκ ἦν (sc. κόσμος); vgl. Philon, aetern. mundi 15,5 und vor allem die kaiserzeitlichen Platoniker, dazu C. Andresen, Logos und Nomos (1955) 276ff.; das Kürzel kam im arian. Streit wieder in Gebrauch: ἦν ποτε ὅτε οὐκ ἦν (sc. λόγος); vgl. A. Adam, Lehrbuch der Dogmengesch. 1 (²1970) 220ff.

Seite 86 oben – «*... überhaupt keine Zeiten geben*»: zur Relation «Zeit und Bewegung» vgl. A., conf. 11,23,30–11,24,31 (BAW S. 321–323; zur Argumentation vgl. Plot., enn. III 7,8 = Übers. Harder IVa 325ff.); ferner Philon, aetern. mundi 2,4. Die Schulplatoniker folgten im allgemeinen Platons Definition der Zeit als «Abbild» der Ewigkeit (Tim. 37d = Jub. Ausg. S. 218); vgl. Albinos, Epit. 14,6; Diog. Laert. 3,73. Die Kontaminationsmöglichkeit mit dem physikalischen Zeitbegriff der Stoiker (SVF 1,93; 2,510) bot sich ihnen jedoch aus Platons Bezeichnung der Gestirne als «Werkzeuge der Zeitrechnung» (Tim. 42d = S. 226), wovon gerade der Nordafrikaner Apul., Plat. 1,10 (p. 92f. Thomas) Gebrauch macht. A. christianisiert solche Kontamination nur dadurch, daß er von der «Kreatürlichkeit» der Zeit spricht.

Seite 86 unten – «*aus nichts erschaffen*»: vgl. civ. 12,1 (S. 59 Mitte); 12,6 (S. 69 Mitte); 15,21 (S. 262 Mitte) mit den Anm. «*sondern in bleibender Dauer vorangeht*»: «sed manente perpetuitate praecedens»; vgl. A., conf. 11,13,16 (BAW S. 311 Mitte). «*wenn ich sie in dieser Weise beantworte*»: hermeneut. Zusatz des Übers.; vgl. A., trin. 5,16,17, wo A. auf den relativen Charakter der Zeitaussagen über die Trinität verweist, vgl. trin. 5,3,4: «Quidquid de Deo dicitur vel intellegitur, non secundum accidens, sed secundum substantiam dicitur.»

Seite 87 oben – *Bibelzitat:* Röm. 12,3.

ZWÖLFTES BUCH, KAPITEL 17

Seite 87 unten – *Bibelzitat:* Tit. 1,2f. «*nach rückwärts ewige Zeiten*»: «retro ... tempora aeterna» (Vulg. «saecularia»); vgl. A., ad Oros. c. Prisc. et Origenistas 5,6: «Aeterna dixit quae ante se non habent ullum tempus» → BiblA 260; de Gen. c. Manich. 1,2,4: «Non tamen sic sunt aeterna tempora quomodo aeternus est Deus, quia Deus est ante tempora.»

ZWÖLFTES BUCH, KAPITEL 18

Seite 88 Mitte – «*kein Wissen könne Grenzenloses umfassen*»: «nulla infinita ulla scientia posse comprehendi»; vgl. A., ep. 118,24 (zu Cic., nat. deor. 1,11,26); ferner Tert., apol. 17,2; Min. Fel. 18,8; zur Vorgeschichte im Mittelplatonismus vgl. E. Mühlenberg, Die Unendlichkeit Gottes bei Gregor von Nyssa (1966) 64ff.

Seite 88 unten – «*sein bisheriges anfangsloses Feiern ...*»: zu diesem Argument philosophischer Kritik vgl. die Reaktion bei Orig., princ. 1,4,3 (Görgemanns-Karpp S. 189); s. ferner A., conf. 11,10,12 (BAW S. 308f.).

Seite 89 Mitte – «*unsere schlichte Frömmigkeit*»: «nostram simplicem pietatem»; vgl. des Origenes Charakteristik der Gemeindefrömmigkeit als «simplicitas» (Görgemanns-Karpp, Index S. 872; Orig., c. Cels. 4,68 bekämpft wie alle Platoniker und Augustin die stoische Lehre von den Weltkreisläufen [SVF 2,623–632]).

Seite 89 unten – *Bibelzitat:* 2. Kor. 10,12 (Vulg., in einer am griech. Text revidierten Gestalt).

Seite 90 Mitte – «*nicht ein neuer, nachfolgender Wille*»: sowohl Änderung der Gesinnung (Reue), als der Haltung (Wille) bei Gott würde dem Grunddogma der Platoniker von der Unwandelbarkeit Gottes widersprechen, vgl. A., conf. 11,10,12 (BAW S. 309).

Seite 90 unten – «*dieser Dinge nicht bedürfte*»: vgl. die Aufnahme des popularphilosoph. Topos von der «Bedürfnislosigkeit» der Gottheit bei Albinos, Epit. 10,3; Apul., Plat. 1,5 (p. 86, 14 Thomas) und in der frühchristl. Apologetik, vgl. Iust., apol. 13,1; Tatian, or. 4,2; Athenag., suppl. 13,1; Irenaeus, elench. 2,2,3 und endlich A., conf. 13,38,53 (BAW S. 406); soliloq. 1,4,1 (BAW S. 55 Mitte). «*aus freier Güte schuf*»: «gratuita bonitate condiderit»; auch dieses platon. Theologumenon (vgl. Plat., Tim. 29e = Jub. Ausg. S. 209), an dem die Schulplatoniker festhielten (Albinos, Epit. 12,1; Apul., Plat. 1,5) und das die frühchristl. Apologetik übernahm (vgl. neben vielen anderen Beispielen den Diognet-Brief 8,8), zumal gnost. und markionist. Dualismus dazu zwangen (vgl. Tert., adv. Marc. 2,3,2 → KlP 3,1039), hat A. von den Anfängen an durchgehalten, vgl. soliloq. 1,2,1ff. (BAW S. 49ff.); conf. 13,2,2 (BAW S. 367).

ZWÖLFTES BUCH, KAPITEL 19

Seite 90 unten – «*denn daß diese* (sc. die Zahlen) *unendlich sind*»: zur Arithmetik als metaphys. Beitrag zur Gotteslehre vgl. A., de lib. arbitr.

2,11,30–2,12,34 (BAW S.169ff.); ferner de ord.2,18,48 (BAW S.326f.) und de musica 6. Als Beleg für diese Synthese dient Sir.7,26: «Circuii ego et cor meum ut scirem et considerarem et quaererem sapientiam et numerum»; vgl. A., de lib.arbitr.2,8,24 (S.155 Mitte); s. civ.11,30 (S.50 oben) mit Anm. A. unterscheidet conf.7,14,20–7,15,21 (BAW S.181f.) zwischen der Unendlichkeit des Raumes (von der Mathematik gemessen) und der des Geistes, die sich der Arithmetik erschließt.

Seite 91 Mitte – «*lehrt doch Plato*»: Plat., Tim.31c ff. 35f. (Jub.Ausg. S.210–212.215–217); bei Cic., Tim.5.7. *Bibelzitate:* Weish.11,22. / Jes. 40,26 LXX. / Mt.10,30. / Ps.147,5 in Form von Vulg. Ps.146,5: «et sapientiae eius non est numerus».

Seite 91 unten – «*Unendlichkeit der Zahlen*»: vgl. Anm. zu civ.11,4 (S.9 oben).

ZWÖLFTES BUCH, KAPITEL 20

Seite 92 Mitte – «*Weltzeiten der Weltzeiten*»: «saecula saeculorum»; aus der Fülle der Belege vgl. Ps.44,7 Vulg. als Übers. von Ps.44,7 LXX: εἰς (τὸν) αἰῶνα (τοῦ) αἰῶνος und dazu Hebr.1,8. «*das wage ich nicht zu entscheiden*»: vgl. dazu Hier., epist. ad Gal.1,5 (PL 26,314ff.): die erstgenannte Alternative führt in die Nähe von Origenes (vgl. Orig., princ. 2,3,4 = Görgemanns–Karpp S.311), der allerdings die Erlösten wegen ihrer Willensfreiheit nicht von der Möglichkeit eines abermaligen «Abfalls» ausschloß, vgl. F.H.Kettler, Der ursprüngliche Sinn der Dogmatik des Origenes (1966) passim; aufgrund dieses Dogmas wurde Origenes seinerseits verdammt.

Seite 92 unten – «*Gott nannte die Feste*»: vgl. 1.Mos.1,8. *Psalmzitat:* Ps.148,4; vgl. A., conf.12,2,2 (BAW S.332).

Seite 93 Mitte – «*das ewige Leben der Heiligen ...*»: «quos maxime refellit aeterna vita sanctorum»; der Zusammenhang legt den Schluß nahe, daß die «untergeordneten Zeiten» als Erziehungsinstrument nicht mehr benötigt werden.

ZWÖLFTES BUCH, KAPITEL 21

Seite 93 unten – «*was doch mehr Tod ist*»: zu dieser Sentenz s. das Fragment aus dem «Phrixos» des Euripides bei Plat., Gorg.492e mit dem Scholion (nicht bei Nauck, TGF² und in Snells Supplementen) und die Stelle aus dem «Traum des Scipio», Macrob., somn.3,2 = Cic., rep.6, 14,14: «Immo vero ... hi vivunt, qui e corporum vinculis tamquam e carcere evolaverunt, vestra vero, quae dicitur, vita mors est.» «*im Schauen des geistigen Lichtes durch Teilnahme ...*»: «contemplatione incorporeae lucis per participationem ...»; vgl. civ.11,27 (S.45 Mitte) mit Anm.; 7,31; de catech.rud.25,47; Bibelbelege neben 1.Kor.13,12 bietet A., trin.1,10,21. «*dem Ziel unserer brennenden Liebe*»: «cuius adipiscendae amore flagramus»; nicht zuletzt in dieser Wendung wird das neuplaton. Element greifbar, vgl. Plot., enn.1,6,7ff. (Übers. Harder Ia S.21ff.); zur

Christianisierung bei Ambrosius s. P. Courcelle, Die Entdeckung des christlichen Neuplatonismus, in Augustingespräch ([2]1975) 143ff. «*in die Höllenqual der Sterblichkeit*»: «tartareae mortalitati»; die Wendung könnte aus dem Traktat des Porphyrios, de reditu animae, stammen, vgl. civ. 10,29 (S. 516 oben) mit Anm.; s. aber auch civ. 22,23f.

Seite 94 Mitte – «*wieder verlieren müssen*»: auch dieses eudämonistische Argument gegen die Weltperiodenlehre der Stoa ist traditionelles Gut der frühchristlichen Apologetik.

Seite 94 unten – «*Aber wenn sie nun sagen* ...»: Porphyr., de reditu animae?

Seite 95 Mitte – «*die drohende Katastrophe*»: «venturam calamitatem».

Seite 95 unten – «*Christus*»: vgl. Joh. 14,6. «*nicht teilen wollte*»: diese Kritik stand wohl auch bei Porphyr., de reditu animae, vgl. civ. 10,32 (S. 524ff.).

Seite 96 oben – «*wie ich ... erwähnte*»: civ. 10,30 (S. 520 unten).

Seite 96 Mitte – «*etwas Neues*»: hermeneutischer Zusatz des Übersetzers. Mit dieser Feststellung A.s ist die Lehre Platons von der Präexistenz der Seele angesprochen. «*Sagt man aber* ...»: das folg. kritisiert gleichzeitig die neuplaton. Lehre vom Abstieg der Seele, vgl. Plot., enn. 4,8 (Übers. Harder Ia S. 129ff.).

Seite 98 Mitte – «*die Zahl der erlösten Seelen ... feststeht*»: «certus sit liberatarum aliquis numerus animarum»; vgl. den Begriff des «certus numerus electorum» bei A., civ. 20,8 (S. 607 oben); ferner 14,10 (S. 178 unten); 14,26 (S. 208 unten). – Hier geht es aber nicht um die Prädestination, sondern um die Unwiederholbarkeit geschichtlicher Existenz.

ZWÖLFTES BUCH, KAPITEL 22

Seite 98 unten – «*Denn als Gott die Tiere schuf* ...»: d.h. am 6. Schöpfungstag, 1. Mos. 1,24f.; vgl. A., de Gen. ad litt. 3,11,17–3,12,19.

Seite 99 oben – «*Anders den Menschen* ...»: «Hominem vero, cuius naturem quodam modo mediam ... condebat»; den Gegensatz zu den Engeln betont 1. Kor. 4,9; 13,1; zu den Tieren, Pflanzen usw. Mt. 12,12 u.a.; Gegensatz Gott–Tier vgl. Ps. 8,6–9. – Auch Poseidonios von Apameia (→ KlP 4,1080ff.) verstand den Menschen als Bindeglied zwischen den höheren und niederen Daseinsformen, wobei er die platon. Anthropologie (der Mensch als Bindeglied zwischen «mundus invisibilis» und «m. visibilis», Plat., Tim. 31c = Jub. Ausg. S. 211) im monistischen Sinne umdeutete (Nachweise bei M. Pohlenz, Stoa[4] II 114); bei Cic., nat. deor. 2 konnte A. sich mit diesen Vorstellungen vertraut machen. «*Unsterblichkeit erlangen*»: vgl. A., de Gen. ad litt. 3,21,33; 6, 22,34.

Seite 99 Mitte – «*die Gemeinschaft und das Band der Eintracht*»: «societatis unitas vinculumque concordiae ...»; vgl. Cypr., unit. eccl. 7: «hoc unitatis sacramentum, hoc vinculum concordiae ...». Die Ideologie der «concordia» gehört dem politischen Idiom an. «*nicht durch die Gleichheit der Natur»:* vgl. Cic., Tusc. 1,30: «omni autem in re consensio omnium gentium lex naturae putanda est» (BAW S. 32f.). *«durch Zuneigung der Verwandtschaft»:* «cognationis affectu»; vgl. A., de Gen. ad litt. 3,12,20; ferner Lact., inst. 6,10,4; weiter K. Oehler, Antike und Abendland 10, 1961, 103ff. und passim; E. des Places, Syngeneia. La parenté de l'homme avec Dieu d'Homère à la patristique (1964) passim.

Seite 99 unten – *«von einem einzigen Menschen»:* die Prämisse möglicher Vermehrung in paradiesischer Unschuld begründet A., de Gen. ad litt. 9,3,6.

ZWÖLFTES BUCH, KAPITEL 23

Seite 99 unten – *«sicherer und friedlicher mit ihren Artgenossen leben»:* zur «pax naturalis» vgl. civ. 19,1–3 bzw. 19,12–16 zur Variante der «pax terrena».

Seite 100 oben – *«als letzter Feind»:* vgl. 1. Kor. 15,26.

ZWÖLFTES BUCH, KAPITEL 24

Seite 100 Mitte – *«nach seinem Bilde»:* vgl. 1. Mos. 1,26. *«Vernunft und Einsicht»:* «per rationem atque intelligentiam»; vgl. civ. 11,2 (S. 5 oben): «intelligentia» bzw. «intellectus» (vgl. A., enarr. in ps. 31,9; 32,22) entnahm A. aus Phil. 4,7; vgl. A., ep. 147,45. *«aus Erdenstaub»:* vgl. 1. Mos. 2,7. *«Hauch erzeugen»:* «flatum facere». De Gen. ad litt. 7,24,35 vertrat A. die Meinung, 1. Mos. 1,26 meine die «ratio causalis» des Menschen, die schon immer in den Elementen dagewesen sei, wie denn auch die «Seele» bereits früher latent in den «Gotteswerken» vorhanden gewesen sei, um schließlich (1. Mos. 2,7) aktualisiert zu werden, vgl. A. Solignac, BA 48^2, 715f.

Seite 100 unten – *«wie Gott eben schafft»:* «ut Deus»; vgl. 1. Mos. 2,21f. *«nach fleischlicher Weise vorstellen»:* «carnali consuetudine»; schon die frühchristl. Apologetik mußte sich gegen anthropomorphe Vorstellungen wehren (vgl. Kelsos fr. 5,14; 6,60a. 51. 60b Bader), vgl. Orig., princ. 4,3,1 (Görgemanns–Karpp S. 731ff.); A., de doctr. christ. 2,6,7. *«Gottes Hand aber ...»:* «Manus Dei potentia Dei est»; vgl. A., conf. 7,4,6 (BAW S. 167 unten: «voluntas enim et potentia Dei, Deus ipse est); 11,10,12 (S. 309 oben). Der Vergleich ist im Unterschied zum Argument (vgl. neben Iust., apol. 1,18,6 auch Cic., nat. deor. 3,39,92) ein Biblizismus bzw. Hebraismus, vgl. etwa 2. Mos. 13,3; Hebr. 10,31.

Seite 101 oben – *«als Gottes Geist hier am Werke zu sehen»:* «quam operibus divinae mentis adsignent»; «Geist» (mens, νοῦς) meint die der Schöpfung vorangegangene göttliche Planung, vgl. auch A., de Gen. ad litt. 1,9,17; Weiteres s. zu civ. 14,16ff.

ZWÖLFTES BUCH, KAPITEL 25

Seite 101 Mitte – «... *nicht mit denen zu tun* ...»: Leugnung göttl. Schöpfung und Fürsorge für die Welt pflegte schulphilosoph. Polemik gerne dem «gottlosen» Epikur anzulasten (vgl. Plut., adv. Colot. 8 = mor. 1110f ff. mit 22 = 1119c ff.; 32f = 1126c ff.; vgl. dens., Non posse suaviter vivi secundum Epicurum 20f = 1100e ff.) und sogar Aristoteles dessen zu bezichtigen (vgl. Attikos bei Euseb., praep. evang. 15, 5, 7ff. = BAW S. 304ff.). Beide Anwürfe werden durch die frühchristl. Polemik eilfertig aufgegriffen, nicht jedoch von A., vgl. civ. 11, 5; 14, 2 (S. 9 unten. 155 oben). Im übrigen vgl. W. Schmid, RAC 5, 1962, 774ff. «*die ihrem Plato glauben*»: Plat., Tim. 41a–43b (Jub. Ausg. S. 223ff.). «*nach einer Rechtfertigung ihres Opferdienstes*»: vgl. civ. 8, 12 (S. 392 Mitte) mit Anm.

Seite 101 unten – «*lieber Götter nennen möchten*»: vgl. civ. 9, 13 (S. 443ff.).

ZWÖLFTES BUCH, KAPITEL 26

Seite 102 oben – «*zweierlei Formen ...*»: «species, quae adhibetur extrinsecus ..., alia vero, quae intrinsecus efficientes causas habet»; vgl. civ. 12, 7 (S. 70); ferner A., de div. quaest. 46, 1 f. («de ideis»); trin. 3, 9, 16.

Seite 102 Mitte – «*dem einen Werkmeister zu, Gott, dem Schöpfer und Urheber*»: «uni artifici, creatori et conditori Deo»; vgl. civ. 12, 1 (S. 58 unten). Das Bild vom Baumeister wendete bereits Zenon (KlP 5, 1500ff.) auf die Natur als die «vollkommene Künstlerin» («plane artifex») im Unterschied zu einer nur «kunstfertigen Künstlerin» («artificiosa») an, vgl. Cic., nat. deor. 2, 22, 57f.; Apul., de dogm. 1, 5 (p. 87, 5f. Thomas). Die frühchristl. Latinität übernimmt dies, vgl. Tert., adv. nat. 2, 4, 19; Min. Fel. 17, 11; Lact., inst. 1, 6, 16.

Seite 102 unten – *Bibelzitate:* Jerem. 23, 24. / Weish. 8, 1. «*welchen Dienst die zuerst erschaffenen Engel ...*»: hatte schon das Spätjudentum den Engeln eine Beteiligung an der Schöpfung zugesprochen (vgl. etwa Hippol., ref. 9, 30, 2), so ließen die Gnostiker aufgrund des Plurals in 1. Mos. 1, 26 die Engel, alias Archonten, an der Erschaffung des Menschen teilhaben; s. z. B. «Wesen der Archonten» 87, 24ff. (BAW Gnosis II 54); weitere Belege RAC 5, 1962, 105f. 134ff.

Seite 103 oben – «*dankbar anerkennen*»: vgl. etwa Ps. 103, 20; 148, 2ff. *Bibelzitate:* 1. Kor. 3, 7. / 1. Kor. 15, 38. / Jerem. 1, 5.

Seite 103 Mitte – «*Eigenschaften übertragen*»: «aliquibus velut induere qualitatibus fetum». «*wie Jakob*»: vgl. 1. Mos. 30, 37ff.; die Szene wird civ. 16, 38 nicht erwähnt; vgl. aber A., trin. 3, 8, 15. «*so wenig geschaffen wie sich selbst*»: vgl. A., c. Julian. 5, 14, 51.

Seite 103 unten – «*dessen geheime, alldurchdringende ...*»: «cuius occulta potentia cuncta penetrans incontaminabili praesentia»; vgl. A., trin. 3, 8, 13.

Seite 104 oben – «*Handlanger*»: «operarios». «*meisterlichen Kraft*»: «potentiam suam, ut ita dicam, fabricatoriam».

ZWÖLFTES BUCH, KAPITEL 27

Seite 104 Mitte – «*Plato*»: vgl. Plat., Tim. 41a/d (Jub. Aus. S. 223f.); bei Cic., Tim. 11, 41: «... quorum vobis initium satusque tradetur a me vos autem ad id quod erit immortale, partem attexitote mortalem.» «*Porphyrius*»: die Devise «corpus omne esse fugiendum» stand in «de regressu animae», vgl. civ. 10,29 (S. 518 oben) mit Anm.; ferner A., soliloq. 1,14,24 (BAW S. 103 mit Anm.). «*in Tierleiber*»: Plat., symp. 620a/d (Jub. Ausg. S. 518f.); Phaid. 81 d/e (S. 44f.); Phaidr. 248c/249b (S. 216f.); Tim. 76e (S. 281). 92c (S. 306); vgl. ferner Albinos, Epit. 25,6. Kritik bei den Schulplatonikern benennt der Anonymus bei Hippol., ref. 1,19,12f. «*nur in Menschenleiber*»: vgl. Porphyr., de regr. animae und dazu civ. 10,30 (S. 520 unten) mit Anm.; außerdem A., de Gen. ad litt. 7,10,15 mit Ktr Solignac.

Seite 104 unten – «*unsere Ketten und Käfige*»: «compedum carcerumve nostrorum»; vgl. das berühmte Gleichnis vom Höhlendasein der Gefesselten bei Plat., rep. 7,514ff. (Jub. Ausg. S. 353f.) und die bekannte Alliteration: σῶμα – σῆμα bei Plat., Krat. 400b/c; Gorg. 493a; s. ferner die Anm. zu civ. 12,21 (S. 93 unten).

Seite 105 oben – «*Plato sagen*»: Plat., Tim. 92b/c (Jub. Ausg. S. 306). «*wie Plato stets betont*»: Plat., Tim. 30 (Jub. Ausg. S. 210).

ZWÖLFTES BUCH, KAPITEL 28

Seite 105 unten – «*nach seinem Bilde geschaffen*»: vgl. 1. Mos. 1,26 und Weiteres zur Sonderstellung des Menschen civ. 22,24 (S. 812f.). «*so gesellig von Natur*»: «genus ... tam sociale natura; vgl. Senecas Bezeichnung des Menschen als «sociale animal», Sen., clem. 1,3,2; ben. 7,1,7, die auf Aristot., pol. 1253a,8 (BAW S. 59) u.ö. zurückgeht.

Seite 106 oben – «*schaffen wollte*»: vgl. 1. Mos. 2,22. «*bei den Vielen Eintracht und Einigkeit*»: «in multis concors unitas»; vgl. civ. 12,22 (S. 99 Mitte) mit Anm.

Seite 106 Mitte – *Bibelzitat:* Ps. 46,9. «*mag anderen Orts*»: ? – wie das nachfolgende «mit Gottes Hilfe» bes. in der lat. Urfassung andeutet («quantum me Deus adiuverit»), handelt es sich um ein literar. Projekt.

Seite 106 unten – «*die beiden Gemeinschaften ...*»: «societates tamquam civitates duas»; vgl. civ. 12,1; 14,1 (S. 58 Mitte. 154 unten). «... *teils als Genossen der guten* (sc. Engel) ...»: «alii bonis in praemio sociandi»; schon die Gesellung ist Belohnung. *Bibelzitat:* Ps. 25,10.

DREIZEHNTES BUCH, KAPITEL 1

Seite 107 oben – «*den Fall des ersten Menschen*»: «de lapsu primi hominis»; «lapsus» im Sinne von «Abfall» (vgl. Cypr., epist. 56,1; A., ep. 78,8; c. Gaudentium episc. 1,11,12) ist sprachliches Erbe aus den Decius-Verfolgungen (250 n. Chr.), wie Ps. 55,13 Vulg. und Tert., pudic. 18,13 beweisen.

Seite 107 Mitte – «*nicht so wie die Engel*»: d.h. nicht unsterblich, vgl. die Definition aus Apul., Socr. in civ. 9,8.12; zur Körperlichkeit der Engel vgl. civ. 15,23 (S. 264 unten) mit Anm. «*sondern so ...*»: d.h. unsterblich unter der Kautele des Gehorsams; so ähnlich schon Theophilos von Antiochien (→ LAW 3057), ad Autol. 2,24. «*im vorigen Buche*»: vgl. civ. 12,23 (S. 99 f.).

DREIZEHNTES BUCH, KAPITEL 2

Seite 107 unten – *Tod als Trennung von Körper und Seele*: vgl. civ. 13,6 mit Anm.

Seite 108 oben – «*den zweiten Tod*»: vgl. Off. 2,11; 21,8; s. Anm. zu civ. 13,24 (S. 152 unten). *Bibelzitat*: Mt. 10,28. «*auch dann von einem leiblichen Tode spricht*»: «quo modo corpus ea morte dicatur occidi ...»

Seite 108 Mitte – «*seinerzeit ausführlicher*»: vgl. civ. 21,3 (S. 677 oben); 21,9 ff.

Seite 108 unten – «*in der endgültigen Verdammnis*»: «in damnatione novissima»; vgl. Off. 20,7 ff. «*Vom zweiten Tode ...*»: vgl. Off. 20,14.

Seite 109 oben – «*für niemand gut*»: vgl. A., serm. 65,6,7 (PL 38,430).

DREIZEHNTES BUCH, KAPITEL 3

Seite 109 Mitte – «*... die nichts Strafbares begangen hatten?*»: «nulla punienda»; vgl. Hier., epist. 23 ad Marcellam; 39 ad Paulam.

Seite 109 unten – «*derselben Strafe verfallen müßte*»: «eadem poena teneretur obnoxium»; vgl. A., serm. 153,11,14: «genuit peccatores morti obnoxios primus peccator.» «*zur Natur ward*»: «naturaliter sequeretur»; vgl. Ktr Thonnard, BA 35,513 ff.

Seite 110 oben – «*Das ganze Menschengeschlecht*»: «universum genus humanum»; hier physiolog. Gottesbegriff im Unterschied zu Röm. 5,12.

Seite 110 Mitte – «*der Anfang dieser Tierlein*»: «primordia catulorum»; catulus = Jungtier, bes. Welpe, vgl. das «Hündchen» Craugis oder Glaucis bei Prop. 4,3,55 (BAW S. 249). *Bibelzitat*: Ps. 49,13,21.

Seite 110 unten – «*unerlaubte Überhebung und gerechte Bestrafung*»: vgl. A., de pecc. meritis 1,36,67 (Übers. Habitzky, vgl. BiblA S. 259. 159). «*in ihm verschlechtert und verwandelt*»: «in eo natura humana vitiata atque mutata est»; vgl. A., de pecc. meritis 3,7,14 (Übers. Habitzky S. 285) mit Bezug auf Römer 5,12 («in quo» meint Adam; so schon vor A. der «Ambrosiaster» → LAW 134). Für diese Auffassung konnte A. auch Eph. 2,3 anführen («Fuimus enim et nos naturaliter filii irae sicut et ceteri»), vgl. de lib. arbitr. 3,19,54 (BAW S. 321) und de natura et gratia 67,81 (Übers. Maxsein, vgl. BiblA 260. 563). «*Ungehorsam des Begehrens*»: «inoboedientiam concupiscendi», s. civ. 13,13; 14,26 (S. 123 unten. 207 unten). Zur Konkupiszenzlehre A.s vgl. BiblA S. 170 ff. Bei der Bewertung sollte Plat., Tim. 91 c (Jub. Ausg. S. 304) nicht übergangen werden.

DREIZEHNTES BUCH, KAPITEL 4

Seite 111 oben – «*in einer anderen meiner Schriften*»: gemeint ist «de peccatorum meritis et remissione et de baptismo parvulorum», wie der Buchtitel wohl lautete, vgl. Habitzky (BiblA 259) S. 30 f.

Seite 111 Mitte – «*in Wirklichkeit noch nicht sieht*»: vgl. Hebr. 11,1 und A., de pecc. meritis 2,31,50; 2,34,55.

Seite 111 unten – «*Bad der Wiedergeburt*»: vgl. Tit. 3,5. «*ward dem Menschen gesagt*»: vgl. 1. Mos. 2,17.

Seite 112 oben – «*Übertretet ihr das Gebot*»: «Si mandatum transgressi fueritis»; die rhetorische Diktion postuliert ein weder von der Großkirche sanktioniertes noch durch ein Bibelwort legitimiertes «Gebot», wie der Kontext mit dem indirekten Bezug auf Mt. 10,28 ff. besonders gut verdeutlicht.

DREIZEHNTES BUCH, KAPITEL 5

Seite 112 unten – *Bibelzitat:* 1. Kor. 15,56. «*Das Verbot mehrt*»: vgl. Röm. 7,8; zur augustin. Exegese von Röm. 7 vgl. BiblA 157f.

Seite 113 oben – «*die göttliche Gnade hilft*»: vgl. civ. 12,9 (S. 72 unten. 73 Mitte). *Bibelzitat:* Röm. 7,12f.

Seite 113 Mitte – «*so auch der Tod ...*»: er ist als «medium» ambivalent, deshalb aber auch ein «Mittel» zum guten Zweck. «*der Sünde Sold*»: vgl. Röm. 6,23.

DREIZEHNTES BUCH, KAPITEL 6

Seite 113 unten – «*Trennung der Seele vom Leibe*»: «separationem animae a corpore»; vgl. civ. 13,2 (S. 107 unten); dazu Plat., Phaid. 67d (Jub. Ausg. S. 19), ferner die Schulplatoniker wie Albinos, Epit. 25,2, aber auch die Übernahme der Definition durch den sonst Platon ablehnenden Tert., an. 51,1 («discretio corporis animaeque») mit Ktr Waszink. «*wenn ihn Sterbende erleiden*»: «cum eam (sc. separationem) patiuntur, qui morientes appellantur», vgl. civ. 14,10.

Seite 114 oben – «*ein plötzliches Sichlosreißen der Seele*»: «animae raptus»; die Wortwahl ist Ausdruck der augustin. Anthropologie. «*behält aber den Strafcharakter*»: «non aufert vocabulum poenae».

DREIZEHNTES BUCH, KAPITEL 7

Seite 114 unten – «*Bad der Wiedergeburt*»: vgl. Tit. 3,5. *Bibelzitate:* Joh. 3,5. / Mt. 10,32. / Mt. 16,25. / Ps. 116,15.

Seite 115 oben – «*angesichts des bevorstehenden ... Todes*»: zur sog. Kline-Taufe (Taufe auf dem Totenbett) vgl. A., conf. 4,4,8 (BAW S. 93 unten mit Anm. 1); 5,9,16 (S. 126 mit Anm. 1); berühmtestes Beispiel ist Konstantin d. Gr., vgl. Eus., vita Const. 4,61 f.

Seite 115 Mitte – «*selbst denen Vergebung bescherte ...*»: vgl. Luk. 23,34. *Bibelzitat:* Joh. 3,8. «*nicht verleugnen mochten*»: nach altkirchlicher Auffassung sind die Märtyrer und «Bekenner» («confessores») «Geisterfüllte» (Pneumatiker), vgl. H. v. Campenhausen, Die Idee des Martyriums in der alten Kirche (^{2}1965) 134ff. «*als Dankopfer darzubringen*»: «ut at eum (sc. Christum) adquirendum suam (sc. mortem) non cunctarentur impendere.» «*der köstliche Tod*»: vgl. Ps. 116,15.

DREIZEHNTES BUCH, KAPITEL 8

Seite 116 oben – «*der zweite Tod*»: vgl. Off. 20,14; 21,8. «*Trennung der Seele vom Leibe*»: vgl. civ. 13,6 (S. 113 unten) mit Anm.; ferner den Disput Cic., Tusc. 1,9,18ff. (BAW S. 21ff.) auch für das folg. «... *und vom Tod umfangenen*»: «cum vero in ea sunt, qui iam mortui nuncupantur»; vgl. civ. 13,6 (S. 113 unten) mit Anm.; s. a. 14,10. «*wie man nicht unpassend sagt*»: zum folg. vgl. civ. 13,2 (S. 109 oben).

DREIZEHNTES BUCH, KAPITEL 9

Seite 116 unten – «*eine Zeit nach dem Tode*»: der Tod wäre dabei nur ein Grenzbegriff, vgl. civ. 12,9 (S. 740) mit Anm.; s. a. die folg. Anm. «*oder im Tode*»: dann besäße der Tod als permanenter Zustand Dauer und wäre ein Zeitbegriff.

Seite 117 oben – «*Sterbende nennen*»: «morientes dicamus». «*sondern Verstorbene genannt werden*»: «mortui nuncupantur».

Seite 117 Mitte – «*seinen Geist aufzugeben*»: «quos agere animam dicimus»; vgl. Cic., Tusc. 1,9,19: «nam et agere et efflare dicimus» (BAW S. 23 Mitte) und das Wortspiel Cic., Q. Rosc. 8,24: «non eodem tempore et gestum et animam ageres?» «*zugleich Sterbender und Lebender*»: «moriens et vivens simul»; nicht auf 2. Kor. 6,9 zurückzuführen («quasi morientes, et ecce vivimus»), wie folg. Kapitel zeigt.

DREIZEHNTES BUCH, KAPITEL 10

Seite 117 unten – «*fängt der Tod an sich vorzubereiten*»: vgl. Sen., de cons. ad Marc. 10.21; überhaupt zeigt das ganze Kapitel Einflüsse Senecas (→ KlP 5, 110ff.). «*falls man es überhaupt Leben ...*»: vgl. civ. 12, 21 (S. 93 unten) mit Anm.

Seite 118 oben – «*jedes Zeitteilchen*»: «quidquid temporis vivitur». «*ein Lauf zum Tode*»: «cursus ad mortem»; vgl. Sen., de cons. ad Marc. 11 («das Ziel, dem alles zueilt»).

Seite 118 Mitte – «*die Entziehung des Lebens*»: «vitae detractio»; vgl. Sen., de cons. ad Marc. 21 Ende: «Das Wachsen selbst ... ist nichts als ein Abnehmen» («Incrementa ipsa ... damna sunt»).

Seite 118 unten – «*Oder ist er doch zugleich ...*»: «an potius et in vita et in morte simul est»; vgl. civ. 13,9 (S. 117 Mitte).

DREIZEHNTES BUCH, KAPITEL 11

Seite 119 unten – «*Doch wohl dann, wenn er stirbt*»: zu diesem existentiellen Zeitbegriff vgl. civ. 12,13 (S. 78 unten) und E. Frank in Augustingespräch S. 381ff. «*lebend, sterbend und tot*»: «vivens, moriens mortuusque»; vgl. die entsprechenden Überlegungen zur Vergangenheit, Gegenwart und Zukunft im Rahmen des sog. psycholog. Zeitbegriffs A.s in conf. 11,14,17–11,20,26 (BAW S. 312ff.).

Seite 120 Mitte – «*keine Ausdehnung*»: «sine ullo spatio»; vgl. A., conf. 11,15,20 (BAW S. 314f.).

Seite 120 unten – *Bibelzitat*: Sir. 11,29. «*sterbend hat er verfügt*»: «moriens ille testatus est»; zu solchen letztwilligen «Verfügungen» («institutiones») vgl. Gaius, inst. 2,117.127; zum Gegenbegriff «intestatus» s. ebenda 2,144.

Seite 121 oben – *Bibelzitat:* Ps. 6,6a; die Fortsetzung: «Wer wird dir bei den Toten danken?» – bezeichnend für alttestamentl. Diesseitsfrömmigkeit – läßt A. kaum zufällig fort.

Seite 122 oben – «*ein Eigenschaftswort*»: «nomen», im Unterschied zu den «Zeitwörtern» (verba temporis). Ungeachtet der negativen Urteile über den (auch Lektüre umfassenden) Grammatikunterricht der eigenen Jugend (A., conf. 1,14,23 ff. = BAW S. 46 ff.), schrieb A. kurz nach seiner Taufe 387 n. Chr. in Mailand für die von ihm geplanten «Bücher der Grunddisziplinen» eine «Grammatik» (s. A., retract. 1,6; BiblA S. 262), die allerdings verloren ist. Literar. Reflexe bietet z. B. die Interpretation des Aeneis-Verses 2,659 in A., mag. 2,2 ff. (BAW S. 275 ff.); vgl. ebenda 4,8 ff. (S. 289 ff.) die Ausführungen über «Eigenschaftswort» (nomen) und «Zeichen» (signum); weitere Beispiele bei G. Bellissima, Augustinus Magister 1 (1954) 35–42.

Seite 122 Mitte – «*auch die Macht des Todes*»: hermeneut. Zusatz des Übersetzers. «*dem zweiten Tode*»: vgl. civ. 13,2 (S. 108 oben) und 13,24 (S. 152 unten) mit Anm. «*vorbeugen*»: «declinare»; das Verb, welches mehr «vermeiden, verhüten» bedeutet (vgl. civ. 1,25 Kapiteltitel), wurde um des Wortspiels willen gewählt.

DREIZEHNTES BUCH, KAPITEL 12

Seite 122 unten – «*der erste Tod ein Tod des ganzen Menschen*»: setzt eine dichotomische Anthropologie voraus, vgl. E. Dinkler, Die Anthropologie A.s (1934) passim; s. a. civ. 13,8.

Seite 122 unten / 123 oben – «*zeitliche Strafen verbüßt*»: d. h. im Zwischenzustand des sog. Fegefeuers, vgl. civ. 10,9 (S. 480 oben) mit Anm.; civ. 21,13–16. *Bibelzitat:* 1. Mos. 2,17.

DREIZEHNTES BUCH, KAPITEL 13

Seite 123 Mitte – «*die Nacktheit ihrer Leiber*»: vgl. 1. Mos. 3,7.

Seite 123 unten – «*eine neue Regung ...*»: «novum motum inoboedientis carnis suae, tamquam reciprocam poenam inoboedientiae suae»; vgl. civ. 13,3 (S. 110 unten) mit Anm. und 14,26 (S. 207 unten) mit Anm. *Bibelzitat:* Gal. 5,17.

Seite 124 oben – «*in unseren Gliedern und unserer verderbten Natur*»: vgl. civ. 13,3 (S. 109 unten / 110 oben) mit Anm.; enchir. 8,26 (Übers. Barbel S. 63).

DREIZEHNTES BUCH, KAPITEL 14

Seite 124 oben – «*den Menschen wohl gut erschaffen*»: «creavit hominum rectum»; zu dieser Formel stoischer Anthropologie (der Mensch als

Sinnbild des ὀρθὸς λόγος, vgl. M. Pohlenz, Stoa[4] II 35 f. 172), die aufgrund von Plat., Tim. 90b (Jub. Ausg. S. 303) auch von den Mittelplatonikern (vgl. Apul., Plat. 1, 13) aufgenommen wird, vgl. civ. 14, 11 (S. 181 oben) mit Anm. «*in jenem einen*»: d.h. Adam aufgrund von Röm. 5, 12 Vulg. («in quo omnes peccaverunt») nach dem sog. Ambrosiaster (s. Anm. zu civ. 13, 3 = S. 110 unten).

Seite 124 Mitte – «*aus dem verkehrten Gebrauch des freien Willens*»: «a liberi arbitrii malo usu series calamitatis huius exorta est»; vgl. A., enchir. 8, 25–27 (Barbel S. 63 ff. mit Ktr zur Erbsünde S. 204–209): die theologische Ableitung der Erbsünde durch A. widerlegt jede biographische Ableitung aus seiner Vergangenheit. «*an Wurzelfäulnis erkrankt*»: «radice corrupta».

DREIZEHNTES BUCH, KAPITEL 15

Seite 124 unten – *Bibelzitat:* 1. Mos. 2, 17 (pluralisch abgeändert).

Seite 125 – *Bibelzitate:* 1. Mos. 2, 17 (pluralisch abgeändert). / 1. Mos. 3, 9. / 1. Mos. 3, 19 (zweimal).

DREIZEHNTES BUCH, KAPITEL 16

Seite 126 oben – «*das ist seine Kirche*»: «hoc est eius ecclesiam» meint nicht die «katholische Kirche» auf Erden, sondern die «ecclesia in peregrinatione», vgl. civ. 1 prooem. (S. 3 oben); 11, 1 (S. 4 oben); zum Verhältnis von «civitas Dei» und «ecclesia» s. RevEtAug 3, 1957, 1–14. «*Seelenstrafen*»: «Strafe» ist den Platonikern die «Einkörperung», vgl. civ. 10, 29 f. mit Anm. «*nackt zu Gott zurückkehrt*»: ein deutlicher Bezug auf Plot., enn. 1, 6, 7 (Übers. Harder Ia S. 19) mit dem neupythagoreischen Bild vom Aufstieg der Seele als «Entkleidung», s. ferner Plot., enn. 1, 6, 8 (S. 21 f.) mit dem homerischen Bild von der Flucht des Odysseus von Kirke, der «nackt» in sein «Heimatland» kommt. Zu dieser auch bei den Gnostikern bekannten Deutung des «edlen Dulders» und ihrem Reflex auf einem Fresko der gnostischen Katakombe am Viale Manzoni in Rom vgl. J. Carcopino, De Pythagore aux Apôtres (1956) 85–221; Abb. bei N. Himmelmann, Das Hypogäum der Aurelier am Viale Manzoni, Abh. Ak. Mainz 1975, Nr. 7. Zur Aufnahme der Plotin-Stelle durch Ambrosius und ihre eventuelle Vermittlung an A. vgl. P. Courcelle, Recherches 107 ff. = Augustingespräch S. 143 ff.

Seite 126 Mitte – *Bibelzitat:* Weish. 9, 15: «Corpus enim corruptibile (Vulg.: quod corrumpitur) adgravat animam»; dementsprechend heißt «der sterbliche» «corruptibile». «*Doch auch ohne das*»: d.h. das «argumentum theologicum» wird durch das Argument «e contrario» unterstützt. «*die von dem höchsten Gott geschaffenen Götter*»: vgl. Plat., Tim. 40d (Jub. Ausg. S. 222 f.); s.a. Albinos, Epit. 15, 1 (auf die «Dämonen» bezogen, nicht auf die Gestirngötter, s. dazu ebenda 14, 7).

Seite 126 unten – «*Platos Worte*»: Plat., Tim. 41a/b (Jub. Ausg. S. 223 f.); vgl. Albinos, Epit. 15, 2 (auf «Götter» und «Dämonen» bezogen), ferner den Anonymus bei Hippol., refut. 1,19,8f.; Iust., dial. 5,4; Athenag., suppl. 6,3. A. folgt mittelplaton. Tradition, wenn er die kosmologische Interpretation (Ewigkeit oder Ende der Welt?) mit der anthropologischen (Unsterblichkeit oder Sterblichkeit der Seele?) verknüpft. *«wie Cicero»:* vgl. Cic., Tim. 11,40; Zitatwiederholung civ. 22,26 (S. 818 unten); A., serm. 241,8,8 (PL 38,1138 mit dem ciceronianischen Titel «de constitutione mundi»); ferner P. Courcelle, Lettres p. 157; Testard (BiblA S. 64) I 281f.

Seite 127 Mitte – *«nach dem Willen und Beschluß Gottes»:* «dei ... voluntate atque consilio»; während «consilium» aus dem Platon-Text gewonnen ist (βούλησις), steht hinter der Wortwahl «dei voluntate» ein christlicher Schöpferbegriff, vgl. Ps. 115,3; vgl. ferner Cic., Tim. 11,40 («me invito»).

Seite 127 unten – *«nachdrücklich versichert»:* vgl. Plat., Tim. 33 b (Jub. Ausg. S. 213); vgl. Apul., Plat. 1,8 (p. 90,15 Thomas). *«Platoniker»:* vgl. civ. 8,1 (S. 372 Mitte) mit Anm.; 10,2 (S. 467) mit Anm.; 10,29 (S. 519 Mitte) mit Anm. *«als Träger des Philosophenmantels»:* palliati = die Palliumträger; vgl. neben der standesbewußten Einstellung bei Iust., dial. 1,2; 9,2 die kühle Bewertung des «Pallium» (→ KlP 4,436) bei Tert., de pallio, bes. 3,5. A.s Wendung «tanto magis inflatam, quanto magis exiguam paucitatem» rekurriert auf eine abschätzige Bewertung der «palliati», wie sie um 180 n. Chr. Lukian von Samosata sarkastisch artikuliert, vgl. z. B. dessen Timon 54 (BAW S. 38ff.): gegenüber dieser «Inflation» (vgl. die Häufung von Palliati auf den zeitgenössischen Fresken des Hypogäums am Viale Manzoni, s. N. Himmelmann wie in Anm. zu civ. 13,16 = S. 126 oben) ist allerdings elitäres Selbstbewußtsein erklärlich.

Seite 128 oben – *«ihr eigener Stifter und Meister Plato»:* «eorum auctor et magister Plato»; «auctor» (ἀρχέγονος bzw. ἀρχηγός, vgl. G. W. H. Lampe, A Patristic Greek Lexikon [1961] s. v.) meint den Gründer einer Philosophenschule.

DREIZEHNTES BUCH, KAPITEL 17

Seite 128 Mitte – *«Diese Leute»:* «isti», d. h. die Platoniker.

Seite 128 unten – *«nämlich diese Welt»:* vgl. Plat., Tim. 30b (Jub. Ausg. S. 209f.). *«vernünftigen oder geistigen Seele»:* die sog. Weltseele aus Plat., Tim. 34b/c–37c (Jub. Ausg. S. 214–217). Wie A.s eigene Kritik erkennen läßt (retract. 1,5,3), hatte er anfänglich (in De immort. 15,24 = BAW S. 251) eine Lehre favorisiert, die auch von den Neuplatonikern übernommen wurde (Plot., enn. 3,5,4; 4,3,1f.; 4,4,10 Übers. Harder Va 183ff.; IIa 165f. 263ff.); das gilt ferner für A., de quant. animae 30, 62; 32,69 (BAW S. 197f. 215ff. mit Anm. 107. 122, dazu Einl. Lütcke S. 35f.). *«die vier Elemente»:* vgl. Plat., Tim. 32b/c (Jub. Ausg. S. 212). *«ihr großer Gott»:* iron. Bezug auf Plat., Tim. 34a/b (Jub. Ausg. S. 214).

Seite 129 Mitte – *«wie Plato sagt»:* Plat., Tim. 41 b (Jub. Ausg. S. 224);

vgl. civ. 13,18 (S. 131 Mitte) mit Anm. «*Räumt doch Plato ein* ...»: vgl. Plat., Tim. 41 b (Jub. Ausg. S. 224). «*als Behausung angewiesenen Leiber*»: «animae in corporibus constitutae»; vgl. Plat., Tim. 42 b (Jub. Ausg. S. 225): οἴκησιν ἄστρου.

Seite 129 unten – «*offenkundig zu widersprechen*»: gehört die sog. Aporetik zur philosophischen Sokratik (s. Jub. Ausg. Begriffslexikon s. v.), so die Methode des Selbstwiderspruchs zur schulplaton. Eristik, vgl. etwa Plut., de repugnantiis Stoicorum passim. «*allen und jeden Körper fliehen*»: «omne corpus esse fugiendum»; vgl. civ. 10,10 und 9,17 (S. 520 unten. 453 Mitte) mit Anm.; vgl. ferner A., serm. 241,7,7 (PL 38,1137f.) zu Porphyrios: «Sed tamen ab ipsis deliramentis erubescendo, a christianis ex aliqua parte correptus, dixit, scripsit: ‹Corpus est omne fugiendum›.»

Seite 130 oben – «*die Seele Jupiters, der nach ihnen die Welt ist*»: nicht bei Platonikern (vgl. Albinos, Epit. 14,7; Apul., Plat. 1. 11); auch nicht bei Ps.-Apul., mund. 2 = Ps.-Aristot., περὶ κόσμου 2 nachweisbar, deren Angaben alle Ps.-Platon, Epinomis 987 b/c und damit dem Weltsystem des Philolaos folgen (→ LAW 359, Abb. 38). Das entspricht der Lokalisierung des Planeten Jupiter durch A. «*Erde, die die Geometer Zentrum nennen*»: «geometrae centron vocant»; «Kentron» bei Plat., Tim. 54e. 55b (Jub. Ausg. S. 246) «Mittelpunkt» geometrischer Figuren; vgl. Albinos, Epit. 14,6. «*bis zu den höchsten* ...»: vgl. Plat., Tim. 36e (Jub. Ausg. S. 216 unten). «*das größte, seligste* ...»: vgl. Plat. Tim. 92c (Jub. Ausg. S. 306 unten).

Seite 130 Mitte – «*durch Gottes Willen und Macht*»: «divina voluntate ac potentia»; vgl. civ. 13,16 (S. 127 Mitte) mit Anm.

Seite 130 unten – «*trotz ihrer Feuerleiber*»: «in corporibus igneis»; gemeint ist das «himmlische Geschlecht» der Gestirngötter, vgl. Plat., Tim. 40a (Jub. Ausg. S. 221 f.). «*bei Jupiter* ..., *dem Götterkönig*»: in der Polemik wird der Sprung von der Astrologie in die Mythologie nicht beachtet.

DREIZEHNTES BUCH, KAPITEL 18

Seite 131 oben – «*zieht sie zur Erde herab*»: vgl. zu diesem Argument civ. 22,4 (S. 751 f.); zu weiteren Argumenten gegen die Auferstehung vgl. P. Courcelle, Rech. Aug. 1, 1958, 149–186, bes. 163–170.

Seite 131 Mitte – «*schwimmen können*»: zu den Naturbeobachtungen A.s vgl. z. B. A., c. Acad. 2,12,27; 3,11,26f. (BAW S. 92. 122ff.); conf. 10,35,55. 57 (BAW S. 288f.); zum Interesse an Paradoxa vgl. c. Acad. 1,6,18 (BAW S. 60) u. ö. «*Sagt doch selbst Plato* ...»: Plat., Tim. 41 b; nach Cic., Tim. 11,40: «... Quamquam omne colligatum solvi potest», vgl. M. Testard, S. Augustine et Cicéron II (1958) 59.

Seite 131 unten – «*wenn Engel* ...»: vgl. etwa den Daniel-Zusatz «Bel und Drache» Vers 35 (LXX) mit dem Beispiel Habakuks, den der

Engel in die Grube des Daniel trägt, damit er ihm Brot bringe; vgl. weiter Mt. 4,5.

Seite 132 Mitte – «*Pest oder Hunger*»: zu ihrer engen, ja kausalen Verbindung vgl. Cypr., de immortal. 2 (als Resümee der synopt. Apokalypse, die diese Stichworte nicht bringt); ferner ebenda 16 aus dem Krisenjahr 249/250 n. Chr. «*auf die rechte Beschaffenheit an ...*»: «temperationis modus»; vgl. A., de immortalitate 10,17 (BAW S. 236f. mit Anm.).

Seite 132 unten – «*Erde im leeren Raum*»: vgl. Plat., Phaid. 108e (Jub. Ausg. S. 89f.); nach Diog. Laert. 7,140 Auffassung der Stoiker. «*wie es aus den Augen strahlt*»: vgl. Plat., Tim. 45 b (Jub. Ausg. S. 230); zu Lücke in der Übers. Ciceros (Cic., Tim. 13,48–14,49) vgl. P. Courcelle, Lettres S. 157.

Seite 133 oben – «*am Ende dieses Werkes*»: vgl. civ. 22,7ff.

DREIZEHNTES BUCH, KAPITEL 19

Seite 133 Mitte – «*die begonnenen Ausführungen*»: vgl. civ. 12,27 bzw. 13,2ff. «*mit ihren wohlbehaltenen Leibern leben*»: vgl. A., de Gen. ad litt. 12,35,68; ferner retract. 1,14,2.

Seite 133 unten – «*nach Plato*»: vgl. Plat., Tim. 41 b (Jub. Ausg. S. 224), dazu civ. 13,18 (S. 131 Mitte), wobei A. hier den göttlichen Willensentscheid zusätzlich als «Gnadengeschenk» («munus») christl. interpretiert.

Seite 133 unten / 134 oben – «*derselbe Plato*»: vgl. Plat., Phaid. 108c (Jub. Ausg. S. 89); Phaidr. 248 b/c (S. 216). *Vergil-Zitat:* Aen. 6,750f.; bereits civ. 10,30 zitiert; vgl. ferner civ. 22,26 (S. 819 unten).

Seite 134 Mitte – «*Plato ist nämlich der Ansicht*»: Plat., Phaid. 81 c/e (Jub. Ausg. S. 44).

Seite 134 unten – «*in Menschen- oder Tierleiber*»: vgl. Plat., Phaidr. 247e/249b (Jub. Ausg. S. 216f.). «*in früheren Büchern*»: vgl. civ. 10,30 (S. 519ff.); 12,27 (S. 104 unten).

Seite 135 Mitte – «*ohne irgendwelche Leiber*»: vgl. die anderslautende Auskunft civ. 10,30 (S. 520 oben) und 22,27 (S. 820 oben). Der Kontext legt nahe, daß A. hier Porphyr. c. Christ. zitiert, vgl. A. v. Harnack, Porphyrius, Abh. Ak. Berlin 1916 Nr. 4, fr. 94 = 14 de Boer. «*in religiösem Dienst ...*»: vgl. Porphyr., de philosophia oraculis exhaurienda unten civ. 19,23 (S. 570).

DREIZEHNTES BUCH, KAPITEL 20

Seite 136 – *Bibelzitate:* Ps. 16(15),9 Vulg. / 1. Kor. 15,44 Vulg.

Seite 136 oben – «*wie Plato meinte*»: vgl. republica 10,621 a/b (Jub. Ausg. S. 520). «*Unversehrtheit*»: vgl. Lk. 12,7; 21,18.

Seite 136 Mitte – «*ihr Fleisch nicht haßten*»: vgl. Eph. 5,29. «*mißdeuten*»: vielleicht Bezug auf Orig., princ. 2,3,7 (Görgemanns–Karpp S. 325ff.); Hier., epist. 124,5 fügt hinzu: «Folgt er mit solchen Auskünften nicht äußerst eindeutig den heidnischen Irrtümern und träufelt christlicher Einfalt so albernes Philosophengeschwätz ein?» Vgl. aber auch Orig., princ. 2, 10, 3 (S. 425 ff.) in Rufins Übersetzung; dazu F. H. Kettler, Der ursprüngliche Sinn der Dogmatik des Origenes (1966) 26 ff. mit Belegen.

Seite 137 oben – «*Baum des Lebens*»: «ligno vitae» ist hier wie civ. 14, 26 (S. 207 oben) Spender naturhaften Daseins im Unterschied zum «verbotenen Baume» («arbore vetita») der Erkenntnis. «*ausschließlich in Ungehorsam*»: vgl. A., de Gen. ad litt. 8, 6, 12; ein Grundsatz der augustin. Sünden- und Erbsündenlehre, s. a. civ. 13, 13 f.; 13, 3; 14, 26 (S. 123 f. 110 unten. 208 unten); ferner de Gen. ad litt. 8, 13, 29.

Seite 137 Mitte – «*Lebensbaum als Sakrament*»: weil Spender der Unsterblichkeit, vgl. civ. 14, 26 (S. 207 oben); «sacramentum» ist hier im Sinne typologischer Symbolik gebraucht, vgl. die Bezeichnung der Arche Noah als «ligni sacramentum», A., de catech. rud. 20, 34 und 19, 32; vgl. de Gen. ad litt. 8, 4, 8 f.

DREIZEHNTES BUCH, KAPITEL 21

Seite 137 unten – «*manche Ausleger*»: die Charakteristik (spiritualistische Exegese: «ad intellegibilia referunt») zielt sichtlich auf Philon, leg. alleg. 1, 14, 43–46 (p. 52 Mangey); Orig., princ. 4, 3, 1 (Görgemanns–Karpp S. 731 ff.); so A. selbst noch in der ersten Zeit, vgl. de Gen. c. Manich. 2, 2, 3 (PL 34, 197). «*Doch warum soll es nicht ...*»: die gleiche Position einer sowohl literalen wie spiritualen Exegese vertritt A., de Gen. ad litt. 8, 1, 1; dazu Ktr A. Solignac, BA 49, 497 ff.

Seite 138 oben – «*weil der Apostel sagt*»: vgl. Gal. 4, 22. 24; dazu 1. Mos. 16, 4; 21, 1 f. «*Wasser schlug*»: vgl. 2. Mos. 17, 6; 4. Mos. 20, 11. «*derselbe Apostel spricht*»: vgl. 1. Kor. 10, 4. «*unter seinen vier Flüssen ...*»: so Philon, leg. alleg. 1, 19, 63 f.; Ambr., de paradiso 3, 14; vgl. ferner A., de Gen. ad litt. 8, 1, 1. «*unter den Bäumen ...*»: vgl. Philon, leg. alleg. 1, 17, 56 f.; ferner Ambr., de paradiso 2, 3–6.

Seite 138 Mitte – «*unter dem Baum des Lebens ... der Erkenntnis*»: vgl. Philon, quaest. in Gen. 1, 6; leg. alleg. 1, 18, 59 ff.; Ambr., de paradiso 1, 6–2, 7; A., de Gen. ad litt. 8, 4, 8–8, 6, 12. Zur Abhängigkeit A.s von Philon vgl. B. Altaner, Kleine Schriften (1967) 181–193; dazu BiblA S. 159 f. «*das Paradies die Kirche selbst ...*»: Quelle dieser ekklesiologischen wie auch christologischen Exegese ist Orig., in canticum canticorum 3 (p. 193 Baehrens). Zur Abhängigkeit A.s vgl. B. Altaner, Kleine Schriften (1967) 224–252; ferner J. Daniélou, Sacramentum futuri (1950) 13–20. «*im Hohenliede*»: vgl. Hohelied 4, 12 f.

Seite 138 unten – *Bibelzitat:* Ps. 42, 7.

Seite 139 oben – *Bibelzitat:* Ps. 59, 10. «*geschichtliche Wahrheit ...*»: «illius historiae veritas fidelissima rerum gestarum narratione commendata credatur»; die spiritualistische Exegese spricht den Intellekt an, die «historische» hingegen beansprucht den Glauben.

DREIZEHNTES BUCH, KAPITEL 22

Seite 139 unten – «*von Menschen gastlich aufgenommen*»: s. 1. Mos. 18, 18; 19, 3; vgl. Hebr. 13, 2 und dazu A., ep. 102, 6. *Bibelzitat:* Tob. 12, 19. «*eine andere ..., glaubhaftere Auffassung*»: das sog. Manna? vgl. Iust., dial. 57, 2 unter Verweis auf Ps. 78, 25 «Brot der Engel»; Tert., de carne Christi 6, 12; Hil., in ps. 67, 9 (PL 9, 449 B).

Seite 140 oben – «*mit seinen Jüngern*»: vgl. Lk. 24, 43; Joh. 21, 12 f.

DREIZEHNTES BUCH, KAPITEL 23

Seite 140 Mitte – «*eine lebendige Seele, aber noch keinen lebenspendenden Geist*»: «animam viventem, nondum spiritum vivificantem»; s. unten.

Seite 140 unten – *Zitate:* 1. Kor. 15, 47. 45; vgl. A., de fide et symbolo 10, 23 (BiblA S. 256; Ta).

Seite 141 oben – «*Baum des Lebens*»: vgl. civ. 13, 20 (S. 137 oben). *Bibelzitat:* 1. Mos. 2, 17.

Seite 141 Mitte – «*ihre Natur verschlechtert und verdorben*»: «mutata in deterius vitiataque natura»; vgl. civ. 13, 3 (S. 110 unten) mit Anm.

Seite 141 unten – *Paulus-Zitate:* Röm. 8, 10 f.; vgl. A., div. quaest. 83 qu. 66, 6 f. p. 161, 239 ff. Mutzenbecher.

Seite 142 – *Bibelzitate:* 1. Mos. 3, 9. / 3, 19. / Röm. 8, 28 f. / 1. Kor. 15, 42–44. / 1. Kor. 15, 45 = 1. Mos. 2, 7.

Seite 142 oben – «*der zweite Tod*»: vgl. Off. 20, 6. 14; 21, 8; vgl. civ. 13, 2 (S. 108 oben); 13, 24 (S. 152 unten) und 20, 9 (S. 613 Mitte).

Seite 143 – *Bibelzitate:* 1. Mos. 2, 7. / 1. Kor. 15, 45 f. / 1. Kor. 15, 47 f.

Seite 143 Mitte – «*sei eine lebendige Seele geworden*»: vgl. A., de Gen. c. Manich. 2, 8, 10 und dazu retract. 1, 10, 3; de Gen. ad litt. 6, 19, 30–6, 28, 39 mit Ktr Solignac, BA 48, 690 ff.

Seite 144 – *Bibelzitate:* Gal. 3, 27. / Röm. 8, 24. / 1. Tim. 2, 5. / 1. Kor. 15, 21 f.

Seite 144 Mitte – «*aus Haupt und Gliedern besteht*»: vgl. Röm. 12, 5; 1. Kor. 12, 27; Eph. 5, 30.

Seite 144 unten – «*nur in Christus lebendig gemacht wird*»: «nisi in Christo vivificatur»; vgl. A., de Gen. ad litt. 10, 16, 29; de pecc. meritis 3, 11, 19 f. (Übers. Habitzky S. 293 ff.); de gratia Christi et de peccato originali 2, 24, 28 (Übers. Fingerle S. 431 ff.); ep. 166, 21 ad Hieronym.

Seite 145 oben – *Paulus-Zitate:* 1. Kor. 15, 48 a. / 1. Kor. 15, 44 b–45 a = 1. Mos. 2, 7. «*denn man darf nicht annehmen*»: wie z. B. Orig., c. Cels. 4, 40 (Koetschau I 313); in Lev. hom. 6, 2 (p. 362 Baehrens), der zugleich an einen Körper des 5. Elements, des Äthers, dachte, vgl. dens., princ. 1, 6, 4; 2, 3, 7 (Görgemanns–Karpp S. 231. 325).

DREIZEHNTES BUCH, KAPITEL 24

Seite 145 unten – *Bibelzitate:* 1. Mos. 2, 7. / Joh. 20, 22. «*wenn einige Erklärer meinen*»: vgl. Orig., princ. 1, 3, 6 (Görgemanns–Karpp S. 175), aber auch Tert., de baptism. 5, 7. Bei A.s Interpretation schwingt eine trichotomische, mittelplaton. Anthropologie mit: 1. Mos. 2,7 meint ihm zufolge die Vernunftbegabung.

Seite 146 oben – *Bibelzitate:* 1. Mos. 2,7. / 1. Mos. 2,6. *«aus dem Schlamm der Erde»:* «de limo terrae»; so 1. Mos. 2,7 Vulg.; Tert., de baptismo 3,5; adv. Hermog. 26,1 macht das Motiv der Lesart greifbar: Schlamm erlaubt plastisches Gestalten; vgl. A., de Gen. ad litt. 7,12,18. Möglicherweise hat Bezug zu der Theorie von der Entstehung des Menschen aus dem Urschlamm die Lesart zusätzlich begünstigt.

Seite 146 Mitte – *«aus Erdenstaub»:* «pulverem de terra»; Gen. 2,7 LXX: *«mit ‹formte› oder ‹bildete› übersetzt»:* «formavit sive finxit»; 1. Mos. 2,7 Vulg. = formavit; die andere Lesart belegt bereits Tert., anim. 26,5; adv. Hermog. 26,1 (vgl. aber auch 31,4); de resurr. mortuorum 5,8 als «nordafrikanisch»; er kann dafür aber auch «formare» verwenden, vgl. adv. Prax. 12,4. *«die etwas vortäuschen wollen»:* «qui aliquid mendacio simulante componunt»; vgl. Greg. M., XL hom. in Ev. 2,23: «fingere namque componere dicimus». Hier scheint A. mehr an das Sprichwort «fictum pravumque» («Lug und Trug») anzuknüpfen, vgl. Verg., Aen. 4,188 («ficti pravique tenax»).

Seite 146 unten – *Paulus-Zitat:* 1. Kor. 15,45. *«Seele und Leib»:* hier wird auf eine stoische Anthropologie zurückgegriffen, vgl. z. B. A., de moribus eccl. 1,4,6.

Seite 147 Mitte – *«den inneren ..., ... den äußeren Menschen»:* vgl. 2. Kor. 4,16; der dualist. Interpretation der Manichäer gegenüber betont A. natürlich die «Einheit» des Menschen, vgl. A., c. Faustum Manich. 24,2 (zu dieser Disputation vgl. conf. 5,3,6 = BAW S. 119f.). *«der Mensch ‹Gottes Ebenbild› genannt»:* vgl. 1. Mos. 1,26: «imago Dei» meint nach A. die Vernunftbegabung, vgl. oben S. 145 unten mit Anm. *«wenn es heißt ...»:* vgl. 1. Mos. 3,19 als Hinweis auf die Leibbegabung. *«zur ‹lebendigen Seele› wurde»:* vgl. 1. Kor. 15,45 = 1. Mos. 2,7.

Seite 147 unten – *Bibelzitat:* Joh. 20,22. *«wie gesagt»:* vgl. civ. 13,24 (S. 145 unten).

Seite 148 oben – *Bibelzitat:* 1. Mos. 2,7.

Seite 148 Mitte – *«Jesaja-Stelle»:* Jes. 57,16 LXX; Vulg.: «Et flatus ego faciam»; vgl. A., de Gen. ad litt. 7,3,5. *«was also auf griechisch Pnoé heißt ...»:* vgl. Apg. 2,2, dort mit «spiritus» wiedergegeben; Apg. 17,25 mit «inspiratio».

Seite 148 unten – *Bibelzitate:* 1. Kor. 2,11. / Pred. Sal. 3,21. / Ps. 148,8.

Seite 149 oben – *Bibelzitate:* Joh. 20,22. / Mt. 28,19. / Joh. 4,24. / 1. Mos. 2,7. *«oder vielleicht besser»:* vgl. die textgeschichtlichen Bemerkungen A., de Gen. ad litt. 7,1,2.

Seite 149 unten – *Bibelzitate:* 1. Mos. 2,7 = 1. Kor. 15,45. / 1. Mos. 1,24 Vulg.: «Producat terra animam viventem.»

Seite 150 – *Bibelzitate:* 1. Mos. 7,22. / 1. Mos. 2,7. / 1. Mos. 1,24.

Seite 150 unten – *«mit seiner vernünftigen Seele»:* vgl. civ. 13,24 (S. 145 unten) mit Anm.

Seite 151 oben – *Bibelzitat:* Sir. 24,3. «*aus nichts*»: «etiam de nihilo»; vgl. civ. 12,1 (S. 59 Mitte); 12,6 (S. 69 Mitte); 12,16 (S. 86 unten); 15,21 (S. 262 Mitte) mit Anm.: weil es sich um einen «unkörperlichen Hauch» handelt; z. St. vgl. die Interpretationsversuche A., de Gen. ad litt. 7,1,1 ff.; dazu Ktr Solignac, BA 48,695 ff.

Seite 151 unten – *Bibelzitat:* Off. 3,16.

Seite 151/152 – *Bibelzitat:* 1. Kor. 15,44–50, vgl. civ. 13,23.

Seite 152 unten – «*im zweiten Tod*»: vgl. civ. 13,2 (S. 108 oben) mit Belegen; Off. 2,11; 20,14f.; 21,8; schon Philo, leg. alleg. 1,105; de praemiis et poenis 70 kennt den Begriff. Weitere Belege bei J. C. Plumpe, Mélanges J. de Ghellinck 1 (1951) 387–403.

Seite 153 oben – «*die Begehrlichkeit der ungehorsamen Glieder*»: vgl. civ. 13,3 (S. 110 unten); 13,13 (S. 123 unten); 14,26 (S. 207 unten) mit Anm. «*allzu neugierig*»: «curiosius»; vgl. A., conf. 10,35 und BiblA S. 49, Nr. 34.

VIERZEHNTES BUCH, KAPITEL 1

Seite 154 oben – «*Wie schon ... gesagt*»: vgl. civ. 12,28 (S. 105f.) mit Anm. «*nicht nur durch ..., sondern auch ...*»: in umgekehrter Satzstellung schon civ. 12,22 (S. 99 Mitte); vgl. Anm. dazu. «*Auch davon war die Rede*»: vgl. civ. 13,12 ff.

Seite 154 Mitte – «*zweiter Tod*»: vgl. Off. 20,6.14; 21,8; vgl. civ. 13, 23 (S. 142 oben).

Seite 154 unten – «*zwei Staaten*»: «civitates duas»; vgl. civ. 11,1 (S. 3) und die Schriftbelege dort; Weiteres s. Einf. Bd. 2, S. XVII ff.

VIERZEHNTES BUCH, KAPITEL 2

Seite 155 oben – «*nach dem Fleisch und nach dem Geist leben*»: vgl. Röm. 8,4 und Gal. 5,16 ff. «*bloß die epikureischen Philosophen*»: zu ihrer Wertung als Hedoniker durch A. vgl. civ. 5,20 (S. 267 Mitte) mit Anm.; ferner civ. 19,1 (S. 518 unten) mit Anm.; sie geht vielleicht auf Lektüre von Cic., fin. 1,9,29–31; 3,1,2f. (BAW S. 31 ff. 205 ff.) zurück, hat aber auch durch die frühchristl. Apologetik (Iust., apol. 2,7,3; Orig., c. Cels. 7,63 und dazu Sen., de otio 7,3; Tert., apol. 38,5 mit 45,6; anders Lact., inst. 3,7,7) und die mittelplaton. Kontroverspolemik (vgl. Attikos bei Eus., praep. evang. 15,3 = BAW S. 304f.; Anon. bei Hippol., refut. 1,22,2) Tradition.

Seite 155 Mitte – «*Die Stoiker dagegen*»: «in anima ponunt», dazu schon civ. 8,8 (S. 385 oben); vgl. ihre Kontrastierung mit Epikur bei Cic., fin. 3,5,17 und 3,12,75f. (BAW S. 221.238). In civ. 5,20 (S. 267 Mitte) sind sie mit den «Philosophen» gemeint, auch wenn dort als Telos der Philosophie die «Tugend» (virtus) im Sinn ethischer Tüchtigkeit angegeben wird, vgl. civ. 19,1 (S. 518f.).

Seite 155 unten – *Bibelzitate:* 1. Kor. 15,39. / Röm. 3,20. / Röm. 3,28 (?) oder Gal. 3,11. / Gal. 2,16. / Joh. 1,14.

Seite 156 oben – «*eine menschliche Seele gefehlt*»: so die Anhänger des

Bischofs Apollinaris von Laodikeia/Kleinasien (gest. 390 n. Chr.)→LAW 209; ferner E. Mühlenberg, Apollinaris von Laodicea (1968) passim. *Bibelzitat:* Joh. 20, 13.

Seite 156 Mitte – *Paulus-Zitat:* Gal. 5, 19–22; vgl. 1. Kor. 6, 9f.

Seite 156 unten – «*Geistessünden* ...»: «animi vitia ... a voluptate carnis aliena»; zum Sündenbegriff «vitium» vgl. civ. 12, 1.3 (S. 60.61 ff.) mit Anm.

Seite 157 oben – «*das gewichtige Apostelwort*»: Gal. 5, 19–22.

Seite 157 Mitte – «*Fleischlichkeit* ...»: «carnalitates, ut ita dicam»; ein sprachlicher, auf Paulus zurückgehender Neologismus, der dem Sprachschöpfer christl. Latinität Tertullian noch unbekannt war, vgl. A., serm. 267, 2; in Joh. Ev. tract. 10, 4. «*Zornmütigkeit* ...»: «animositates ad animum pertinere»; ein durch die lat. Übers. der Bibel (vgl. Sir. 1, 28; 2. Kor. 12, 20) A. vermittelter Begriff, der deshalb auch öfter begegnet, vgl. Blaise, Dict. s. v. «*also im Geiste*»: hermeneutischer Zusatz des Übersetzers. «*der Lehrer der Völker*»: «doctor gentium», d. h. Paulus als Heidenmissionar im Unterschied zu Petrus als dem Repräsentanten des «Evangeliums der Beschneidung» (Gal. 2, 7f.); vgl. civ. 14, 9 (S. 172 unten).

VIERZEHNTES BUCH, KAPITEL 3

Seite 157 unten – *Bibelzitate:* Weish. 9, 15, vgl. Zitat civ. 12, 16 (S. 83 Mitte); 13, 16 (S. 126 Mitte) mit Anm. / 2. Kor. 4, 16 bringt A. in folg. Wortlaut: «Etsi exterior homo noster corrumpitur.» Diese Formulierung setzen auch seine Argumentation in civ. 13, 24 (S. 147 Mitte) und die dort genannte Parallele c. Faustum Manich. 24, 2 voraus; Vulg. dagegen lautet: «... is, qui foris est, noster homo corrumpatur.»

Seite 158 oben – *Paulus-Zitat:* 2. Kor. 5, 1–4.

Seite 158 Mitte – *Bibelzitat:* Weish. 9, 15.

Seite 158 unten – *Vergil-Zitate:* Aen. 6, 730–732. / 6, 733 f.; vgl. zum Zitat und dem die «Ansicht Platos» wiedergebenden Vergil civ. 21, 3; 10, 30 (S. 678 Mitte. S. 521 oben); dazu P. Courcelle, Entretiens Fondation Hardt 3, 1955, 95–136. «*Gemütsstörungen*»: «quattuor animi perturbationes»; vgl. civ. 14, 5 (S. 163 oben) mit Anm.

Seite 159 Mitte – «*im höchsten Grade* ...»: «maxime superbus atque invidus»; dazu im folg. «*in den Kerkern der dämmerigen Luft*»: «in carceribus caliginosi huius aeris»; vgl. civ. 8, 15f. 22 (S. 397. 409 Mitte), dazu die Anm. S. 601 f.; ferner enchir. 9, 28 (Barbel S. 67). «*zur ewigen Verdammnis bestimmt*»: vgl. Jud. 6 (auf 1. Mos. 6, 1–4 bezogen). «*das der Teufel ... nicht hat*»: zur Körperlichkeit der Dämonen vgl. civ. 21, 10 (S. 701 oben). «*Denn er sagt*»: sc. Paulus, Röm. 5, 20. «*der Hochmut*»: «superbia» als «initium omnis peccati» Sir. 10, 15; vgl. civ. 11, 15 (S. 26 unten) und die Zitate in civ. 12, 6 (S. 66 oben) mit Anm.; ferner 14, 3 (S. 183) mit Anm.

Seite 159 unten – *Bibelzitat*: Joh. 8, 44.

VIERZEHNTES BUCH, KAPITEL 4

Seite 160 oben – «*Lebt also der Mensch ...*»: «vivit homo secundum hominem»; vgl. 1.Kor.3,3: «secundum hominem ambulatis?» (Zitat S.161 oben).

Seite 160 Mitte – *Bibelzitate:* Röm.3,7. / Joh.14,6.

Seite 160 unten – «*seiner anerschaffenen Natur nach leben*»: «quem ad modum est factus, ut viveret»; trotz der Nähe zur stoischen Formel des «secundum naturam vivere» (M.Pohlenz, Stoa[4] II 67; s. bes. Cic., fin. 3,6,20f. = BAW S.225ff.) und der stoisch klingenden Wendung vom «recht geschaffenen Menschen» («homo ita factus est rectus», vgl. civ. 13,14 mit Anm.) im augustin. Kontext ist die Orientierung am christl. Schöpfungsgedanken durch den Zusammenhang evident. «*der Mensch will glückselig sein*»: vgl. civ.10,1 (S.463 oben) mit Anm.

Seite 161 oben – «*zwei verschiedene ... Staaten*»: vgl. civ.14,1 (S.154 unten) mit Anm. *Paulus-Zitat:* 1.Kor.3,3.

Seite 161 Mitte – «*vorher ‹seelisch› genannt*»: «dixit superius animales»; vgl. 1.Kor.2,14: «animalis autem homo ...» = ψυχικὸς ἄνθρωπος im Unterschied zum «spiritualis» = πνευματικός, 1.Kor.2,15, was eine trichotomische Anthropologie bei Paulus sichtbar macht (vgl. A.J.Festugière, L'idéal religieux des Grecs et l'Evangile [1932] 196–220 zu 1.Thess.5,23). A., der nach civ.13,24 (S.146 unten mit Anm.) dichotomisch denkt, spricht sie den «Platonikern» zu, vgl. civ.10,27 (S.512 oben). *Paulus-Zitat:* 1.Kor.2,11–15.

Seite 161 unten – *Paulus-Zitat:* 1.Kor.1,3. «*den Teil für das Ganze*»: «a parte totum»; für die sog. Synekdoche als geläufiger «Redefigur» neben der bekannteren «pars pro toto» vgl. H.Lausberg, Hbuch. der lit. Rhetorik (1960) § 1244.

Seite 161/162 – *Paulus-Zitat:* Röm.3,20.

Seite 162 oben – *Bibelzitate:* 1.Mos.46,27 in einer an der LXX orientierten lat. Textfassung; Vulg. = Hebr. = Luther sprechen von «siebenzig Seelen». / 1.Kor.3,4.

VIERZEHNTES BUCH, KAPITEL 5

Seite 162 unten – «*aus Seele und Leib besteht*»: s. Anm. zu civ.14,4 (S.161 Mitte); ferner Apul., Plat.1,18 (p.103,3 Thomas). «*wie seine Flucht des Fleisches fleischlich ist*»: «et carnem carnaliter fugit»; sichtlich eine Persiflage auf die Parole des Porphyrius: «omne corpus esse fugiendum» (vgl. civ.10,29 = S.518 oben mit Anm.) und so Kritik an der neuplaton. Askese.

Seite 163 oben – «*als wesenhaft böse ...*»: «tamquam mali naturam»; in der Tat lag der manich. Askese ein metaphys. Dualismus zugrunde, vgl. A.s Selbstdarstellung conf.5,10,20 (BAW S.129); dem entspricht der Titel einer der antimanichäischen Schriften: «de natura boni» (BiblA S.258); im übrigen vgl. A., de haer.76. «*vielmehr führen sie ...*»: sc. die Platoniker; zur Sache vgl. Plat., Tim.31b/32c (Jub.Ausg. S.211f.), ferner Albinos, Epit. 12,2; Apul., Plat. 1,8 (p. 90,6 ff. Thomas); Diog. Laert. 3,73·75. *«in diesen vier Gemütsstörungen»:* vgl. civ. 14,3 (dort mit Verg., Aen. 6,733 f. belegt); als Verwirrung durch Affekte charakterisiert civ. 8,17 (S. 400 unten); mit Cicero als «Erregungen» bezeichnet in civ. 9,4 (S. 429 Mitte); nach conf. 10,14,22 (BAW S. 261 f.) sind sie selbst im «Gedächtnis» (memoria) zu Hause; an vorliegender Stelle werden sie eindeutig nach Cic., Tusc. 4,4,10 (BAW S. 285 f.) vorgeführt. Mittelplaton. Handbücher wie Albinos, Epit. 16,2 führten sie im Rahmen ihrer «Pathologie» nach Plat., Tim. 42 ff. in der Reihenfolge: «Freude, Schmerz – Furcht, Zorn (θυμός)» auf. Für A.s Zwecke war die Cicero-Stelle, deren Skizze stoischer «Pathologie» mit der «libido» einsetzte, dienlicher. Dies gilt auch für die civ. 14,3 (S. 158 unten) zitierte Vergil-Stelle Aen. 6,733 f., vgl. ferner civ. 21,3 (S. 678 Mitte), wo A. beidesmal die Abfolge als platonische «Pathologie» ausgibt.

Seite 163 Mitte – *Vergil-Zitat:* Aen. 6,719–721. *«Versichert er nicht selbst»:* vgl. Verg., Aen. 6,751, bereits civ. 10,30 (S. 521 oben) zitiert.

Seite 163 unten – *«ihr vornehmer Wortführer»:* «locutor nobilis», d. h. Vergil; vgl. allgemein K. H. Schelkle, Virgil in der Deutung Augustins (1939).

Seite 164 oben – *«Begierde, Furcht, Lust und Schmerz»:* vgl. civ. 14,3 (S. 158 unten): die vier «passiones» bei Cic., Tusc. 3,11,24 (BAW S. 213 ff.) und 4,6,11–4,7,15 (S. 285 ff.). Zu den schon bei Plat., Lach. 191 d (Jub. Ausg. S. 22 f.) begegnenden γενικὰ πάθη vgl. M. Pohlenz, Stoa[4] II 80.

VIERZEHNTES BUCH, KAPITEL 6

Seite 164 oben – *«Es kommt vielmehr ...»:* die im folg. von A. entwikkelte psycholog.-voluntarist. Affektenlehre darf nicht subjektivisch interpretiert werden; sie ist vielmehr objektsbezogen. *«Denn in ihnen allen ...»:* «Voluntas est quippe in omnibus» sc. motibus. Die «motus» (A. vermeidet, von «passiones» zu sprechen) sind «verkehrte» («perversi») bzw. «rechte» («recti»), d. h. falsch bzw. richtig gelenkte «Willensrichtungen» (so «voluntates» vom Übers. treffend wiedergegeben), vgl. M. Pohlenz, Stoa[4] I 457.

Seite 164 Mitte – *«Äußert sich die Bejahung»:* spätantik bleibt die voluntarist. Psychologie A.s auch darin, daß sie an dem rationalist. Konzept des von der Vernunft bzw. Einsicht oder Zustimmung zum Erkannten (con-, assensio, συγκατάθεσις) festhält, vgl. A., de spir. et litt. 34, 60 (Übers. Kopp, AL 1,419 ff.); enchir. 7,20 (Übers. Barbel S. 55) mit dem Satz: «si tollatur assensio, fides tollitur»; vgl. ferner civ. 12,6 (S. 68) mit Anm. *«je nach der Verschiedenheit der Dinge»:* «pro varietate rerum»; die Objektsbezogenheit legt ein passivisches Verständnis der Willenswandlung *«in diese oder jene Gemütsbewegungen»* («in hos vel illos affectus mutatur») nahe, vgl. civ. 12,9 (S. 72 Mitte): «mutati sunt». A.s Affektenlehre ist eine Lehre des ambivalenten Affiziertseins.

Seite 164 unten – *Bibelzitat:* Ps. 139,22 («perfecto odio»).

VIERZEHNTES BUCH, KAPITEL 7

Seite 165 oben – «*sondern nach Gott auch*»: vgl. Mk. 12,28 ff. die synopt. Parallele (Perikope vom größten Gebot). «*sagt der Apostel*»: ? – 1. Tim. 3,1–10 nach Vorschlag der Mauriner.

Seite 165 Mitte – *Bibelzitate:* Joh. 21,15–17.

Seite 165 unten – «*einige meinen*»: so z. B. Origenes im Prolog des Hohelied-Ktrs (GCS Orig. 8,67 f.); Ambrosius bei Auslegung der Szene Joh. 21,15 ff.: expos. evang. Lucae 10,176 (CSEL 32,524). «*die weltlichen Schriftsteller*»: «auctores saecularum litterarum»; vgl. Tert., coron. 7,3: «heidnische Schriftsteller», etwa Hesiod und att. Dichter; so auch hier, weil im Gegensatz zu den «Philosophen» (S. 166 oben).

Seite 166 oben – «*Liebe, wenn sie sich auf gute Dinge ...*»: «amorem tamen eos in bonis rebus ...»; in erster Linie sind platon. Dialoge wie Phaidon, Symposion u.a. gemeint, wo der Eros eine besondere Rolle spielt. «*auch die Schriften unserer Religion*»: «scripturas religionis nostrae»; der folg. Schriftbeweis ist ein klassisches Beispiel für das hermeneutische Vorverständnis, wie es bei A. durch seinen platon. gefärbten Liebesbegriff gegeben ist: vgl. typische Begriffe wie «amor sapientiae» (z. B. c. Acad. 2,3,7 = BAW S. 73) bzw. «amor intellectualis» (vgl. de Gen. ad litt. 4,25,42) oder klassische Sätze wie conf. 10,27,38 («sero te amavi ...»). Bei A. stehen «amor» und «caritas» («Eros und Agape» = Titel des Standardwerks von A. Nygren [1930–1937]) auf gleicher Stufe, vgl. BiblA S. 128–130; außerdem J. Brechtken, Augustinus doctor caritatis (1975).

Seite 166 Mitte – *Bibelzitate:* Ps. 10(11),6 in einer an Ps. 10,5 LXX orientierten lateinischen Textfassung. / 1. Joh. 2,15. / 2. Tim. 3,2 (lat. Wortlaut).

Seite 166 unten – «*Liebe, die danach lechzt ...*»: «Amor ergo inhians ...»; vgl. zu dieser Ableitung der vier «Gemütserregungen» schon civ. 14,6 mit Anm. Sie geht bei A. auf Cic., Tusc. 3 f. zurück, vgl. civ. 14,5.8 (S. 163 oben. 168 oben), hat aber auch eine platon. Tradition, vgl. Albinos, Epit. 32,1 f. *Bibelzitate:* Phil. 1,23. / Ps. 119,20 (in einer an Ps. 118,20 LXX orientierten lat. Fassung). / Weish. 6,21 (LXX).

Seite 167 oben – *Bibelzitate:* Ps. 32,11. / Ps. 4,8. / Ps. 16,11 (in einer an Ps. 15,11 LXX orientierten lat. Fassung). / Phil. 2,12. / Röm. 11,20. / 2. Kor. 11,3. «*die Cicero ...*»: Cic., Tusc. 3,10,22 f. (BAW S. 211 ff.; «Kummer» = «aegritudo»). «*Vergil aber ...*»: Verg., Aen. 6,733; vgl. civ. 14,3 (S. 158 unten) → «Schmerz» («dolor»).

VIERZEHNTES BUCH, KAPITEL 8

Seite 167 unten – «*was die Griechen Wohlgestimmtheiten ...*» nannten: *εὐπαθείας*; bezieht sich auf die Stoiker, s. SVF III 431–442, die ungeachtet ihres Ideals der Apatheia neben den krankhaften Affekten (pathe) auch gesunde Empfindungen wie z.B. die Freude (anstelle der Hedone) anerkannten. *«Cicero auf lateinisch»:* «constantiae»; vgl. Cic., Tusc. 4,6, 11–14 = Zenon (BAW S. 285 ff. mit der besseren Wiedergabe «Beständigkeit»). *«deren gibt es ... drei»:* nach Cic., Tusc. 4,6,12–14 (BAW S. 187 ff.): «voluntas, cautio, gaudium». Das folg. ist Referat daraus; vgl. A., c. Faustum 22,18; tract. in Ioan. 60,4 (CCL 36,479,8 f.).

Seite 168 oben – *«nach Cicero»:* Cic., Tusc. 4,6,14: «sic quattuor perturbationes sunt, tres constantiae, quoniam aegritudini nulla constantia opponitur» (aegritudo = Unbehagen, Kummer). *«Wohlgestimmtheiten»:* im Text griech. εὐπαθεῖαι.

Seite 168 Mitte – *«Prophetenwort»:* Jes. 48,22 bzw. 57,21 LXX. Die Überprüfung der stoischen Unterscheidung zwischen Pathe und Eupatheiai an dieser Jesaja-Stelle ist vielleicht angeregt durch Hier., in Gal. 5,22 (PL 26,419 a/b), der seinerseits Philo, de mutat. nominum 31,168 f. in der Deutung der Stelle folgt; ihm zufolge konvergiert sie mit der stoischen Auffassung, daß nur der Weise wahre Freude (χαρά) habe. *«jenes evangelische Wort»:* «illud in evangelio»; Mt. 7,12; zu der sog. Goldenen Regel vgl. die Anm. zu civ. 19,14 (S. 556 unten). A. kennt neben der positiven Formulierung (enarr. in Ps. 51 serm. 10,22 f.) die Sentenz auch in negativer Fassung (enarr. in Ps. 35 serm. 1,34; 57 serm. 1,8). *«Allerdings haben hier einige Übersetzer»:* d.h. lat. Handschriften; noch einige Vulgatacodices (Q, R, W, L) fügen «bona» ein. Die Notiz belegt, daß A. den lat. Bibeltext dauernd am griech. überprüft, vgl. das folg.

Seite 168 unten – *«Denn es heißt nicht»:* das «argumentum e negativo» geht vom griech. Wortlaut aus, s. das folg.

Seite 169 oben – *«Bei den heiligen Schriftstellern aber ...»:* «et cum legimus eos ...». *«sind sie dann anzunehmen»:* «ibi sunt intellegendae» sc. proprietates = «eingeschränkte Wortbedeutungen». Zu dieser hermeneutischen Regel vgl. A., doctr. christ. 3,27,38; auch 3,25,36; 3,29,41; sie rechnet mit einer hermeneutischen Pluralität.

VIERZEHNTES BUCH, KAPITEL 9

Seite 169 Mitte – *Bibelzitat:* Mt. 7,12. / Lk. 6,31. *«daß er sich keinem Bösen zuwenden kann»:* vgl. die stoische Willensdefinition bei Cic., Tusc. 4,6,12 (BAW S. 287).

Seite 169 unten – *Bibelzitate:* Sir. 7,14. / Lk. 2,14. / 1. Kor. 13,6. *«sagt Cicero»:* Cic., Catil. 1,2,4 (BAW S. 230).

Seite 170 oben – *«Terenz»:* Ter., Andr. 2,1,6 ff. (Vers 306–309). *«jener Vergilvers»:* Aen. 6,733; vgl. civ. 14,3 (S. 158 unten). *«auch an anderer Stelle:* Verg., Aen. 6,278 f.

Seite 170 Mitte – *«Also wollen ...»:* «Proinde volunt cavent gaudent»; vgl. oben S. 167 unten die drei «constantiae» und die Anm. dazu. *«rechten oder verkehrten Willen»:* «recta seu perversa voluntas»; vgl. civ. 14,6.7

(S. 146 oben. 166 unten). «*die Stoiker meinten*»: vgl. das Cicero-Zitat (Tusc. 4,6,14) oben S. 168 oben.

Seite 170 unten – «*denn der Apostel lobt*»: vgl. 2. Kor. 7,8–11.

Seite 171 oben – «*von Alcibiades*»: vgl. Cic., Tusc. 3,32,77f. (BAW S. 267).

Seite 171 unten – «*Gemütserregungen*»: «quaestionem de animi perturbationibus»; vgl. civ. 9,5 (S. 433 Mitte). «*gesunde Lehre*»: «sana doctrina»; vgl. 1. Tim. 1,10; 2. Tim. 4,3. «*Seelenregungen*»: «affectiones»; vgl. Anm. zu civ. 14,6 (S. 164 Mitte). «*auf die Kindschaft ... warten*»: «adoptionem expectantes»; vgl. Röm. 8,23. *Paulus-Zitat:* 1. Kor. 15,54.

Seite 172 – *Bibelzitate:* Mt. 24,12. / Mt. 10,22. / 1. Joh. 1,8. / 2. Kor. 9,7. / Gal. 6,1. / Ps. 26,2. / Jak. 1,2.

Seite 172 Mitte – «*des weinenden Petrus*»: vgl. Mt. 26,75.

Seite 172 unten – «*seiner Schwachheit rühmt*»: vgl. 2. Kor. 12,5. «*Lehrer der Heiden*»: «doctorem gentium»; vgl. civ. 14,2 (S. 157 Mitte). «*mehr ... gearbeitet hat*»: vgl. 1. Kor. 15,10.

Seite 173 oben / 173 Mitte – *Das Psychogramm für Paulus* rekurriert auf: Gal. 1,12. / 2. Kor. 1,21. / Gal. 2,19. / 1. Kor. 4,9. / 2. Tim. 4,7, vgl. 2. Tim. 2,5. / Phil. 3,13f. / Röm. 12,15. / 2. Kor. 7,5. / Phil. 1,23. / Röm. 1,11.13. / 2. Kor. 11,2f. / Röm. 9,2; Röm. 10,3. / 2. Kor. 12,21. *Bibelzitat:* Jes. 48,22 bzw. 57,21.

Seite 173 unten – «*diese Gemütsbewegungen ...*»: «Hi motus, hi affectus ...»; auch wenn Cic., Tusc. 3,4,7 (BAW S. 196f.) u. ö. «perturbationes animi» und «motus animi» synonym gebrauchen kann, so weist «motus» (κίνησις) mehr auf platon. Tradition zurück (vgl. etwa Plat., rep. 9,583e = Jub. Ausg. S. 462 unten; ferner Albinos, Epit. 32,1), «affectus» hingegen auf stoische, vgl. civ. 8,17 (S. 400 unten) die Wendung «Verwirrung durch Affekte»; s. ferner die Anm. zu civ. 14,5 (S. 163 oben). «*in Knechtsgestalt*»: «in forma servi»; vgl. Phil. 2,7.

Seite 174 oben – *Das Psychogramm* rekurriert auf: Mk, 3,5. / Joh. 11,15. / Joh. 11,35. / Lk. 22,15. / Mt. 26,38. «*seelischen Regungen*»: «motus», s. oben.

Seite 174 Mitte – «*So weinen wir bisweilen ...*»: vgl. A., conf. 9,12, 29–32 (BAW S. 240ff.), wo gleichfalls Tränen und Kummer als «menschliche Schwäche» gewertet werden, zu deren Vertreibung selbst ein Bad dienlich sein kann. «*aus eigener Machtvollkommenheit*»: «ex potestate»; vgl. A., ep. 263,3 (Jesus weint); 140,53 («timor castus»); serm. 161,7–9 (PL 38,881–883). «*infolge unserer menschlichen Schwäche*»: «ex humanae conditionis infirmitate»; diese auf Krantors Schrift «Über die Trauer» (→ KlP 3,324) zurückgehende Ableitung der Affekte auch bei A., enarr. in Ps. 55,6 (CCL 39,681) und serm. 348,3 (PL 38/39,1528f.).

Seite 174 unten – «*verabscheut der Apostel*»: vgl. Röm. 1,31; d. h. eben: Heiden. *Psalmzitat:* Ps. 69,21. «*einer der weltlichen Schriftsteller*»: «quidam ... apud saeculi huius litteratos»; zum Ausdruck vgl. civ. 14,7 (S. 165 unten); gemeint ist Krantor, Philosoph der älteren Akademie, ca. 300

v. Chr., von dem A. durch Cic., Tusc. 1,48,115; 3,6,12; 3,29,71; 5,37, 107 (BAW S. 117 ff. 201 ff. 259 ff. 447) wußte. «*impassibilitas*»: ein Neologismus, den auch Hier., epist. 133,3 für ἀπάθεια benutzt.

Seite 175 – *Bibelzitate:* 1. Joh. 1,8. / 1. Joh. 4,18. / Röm. 8,15.

Seite 175 unten – «*den Apostel Paulus*»: vgl. 2. Kor. 11,3.

Seite 176 oben – «*Die keusche Furcht*»: «Timor ... castus»; s. u. Psalmzitat.

Seite 176 Mitte – *Psalmzitate:* Ps. 19,10 (LXX); s. die gleiche Zitationsweise A., ep. 140,53. / Ps. 9,19 (Vulg./LXX).

Seite 176 unten – «*alle Gemütsbewegungen* ...»: «omnes affectus istos vita recta rectos habet, perversa perversos»; vgl. civ. 14,7 (S. 146 Mitte): «Recta itaque voluntas est bonus amor, et voluntas perversa malus error»; vgl. ferner trin. 11,6,10. «*unverlierbare Liebe und Freude*»: vgl. civ. 14,9 (S. 171 unten). «*Der Staat aber* ...»: «Civitas porro, id est societas ...».

Seite 177 oben – «*nach dem Menschen leben*»: vgl. Anm. zu civ. 14,4 (S. 160 oben). «*wie von schlimmen Krankheiten und Stürmen*»: «pravis tamquam morbis et perturbationibus»; der Vergleich ist A. durch Cic., Tusc. 3,3,6 ff. (BAW S. 195 ff.; beachte den Hinweis auf den «Hortensius»!) nahegelegt, entspricht aber auch der stoischen Affektenlehre von den «seelischen Krankheitserscheinungen» (s. M. Pohlenz, Stoa[4] I 141 ff.).

VIERZEHNTES BUCH, KAPITEL 10

Seite 177 unten – «*beseelten Leibe* ... *geistlichen Leibe*»; nach 1. Kor. 15,44. Zur Thematik vgl. civ. 13,19 ff. 23 (S. 133 ff. 140 ff.). «*glückselig sein*»: vgl. civ. 11,12 (S. 22 f.).

Seite 178 oben – «*von dem verbotenen Baum*»: sc. der Erkenntnis, vgl. 1. Mos. 2,17; s. a. civ. 13,12. 15 (S. 122 f. 124 f.) mit Anm.

Seite 178 Mitte – *Bibelzitat:* Mt. 5,28.

Seite 178 unten – «*die vorherbestimmte Zahl der Heiligen*»: «praedestinatorum sanctorum numerus»; vgl. civ. 12,22; 14,26 und auch 14,23 (S. 98. 208 u. 200).

VIERZEHNTES BUCH, KAPITEL 11

Seite 179 Mitte – «*in übertragenem Sinne*»: «tropica locutione»; vgl. A., doctr. christ. 4,7,15 («per tropologiam nulla obteguntur»). «*von der Reue Gottes*»: vgl. 1. Mos. 6,6; 1. Sam. 15,11; auch sie gehörte zum Themenkatalog alttestamentlicher Anthropomorphismen, gegen die spätjüd. (Philon von Alexandrien) und frühchristl. Apologetik (Justin, Clemens von Alexandrien, Origenes) ihre spekulative Exegese ins Spiel brachten; ein Beispiel bietet civ. 11,8 (S. 14). «*wie geschrieben steht*»: Pred. Sal. 7,29 (Vulg. Vers 30: «... quod fecerit Deus hominem rectum»); vgl. civ. 13,14 (S. 124). «*demnach auch guten Willens*»: vgl. civ. 14,7 (S. 166 Mitte) und das Zitat Anm. zu civ. 14,9 (S. 176 unten).

Seite 179 unten – «*als selbst ein Werk*»: vgl. civ. 12,7 (S. 69 f.): der böse Wille ist «causa deficiens». «*als böse Früchte*»: vgl. Mt. 7,17. «*aus nichts geschaffen*»: «creavit ex nihilo» vgl. civ. 12,6 (S. 69 Mitte).

Seite 180 oben – «*das Wort*»: vgl. Joh. 1,3. «*aus Erdenstaub*»: vgl. 1. Mos. 2,6. «*das Böse aber nicht ohne das Gute*»: vgl. den letztlich neuplaton. ontolog. Grundsatz vom Bösen als «Minderung des Guten» («privatio boni»), s. Anm. zu civ. 11,9,22 (S. 17 unten. 35 Mitte); s.a. 12,6 (S. 67 oben); ferner Plot., enn. 3,2,11.

Seite 180 Mitte – «*sind als Naturen ...*»: «in quantum naturae sunt, utique bonae sunt»; auch dies ein von A. seit Mailand 386/87 n. Chr. nie preisgegebener Grundsatz neuplaton. Metaphysik, vgl. A., enchir. 4,13 (Barbel S. 39); ferner de Gen. ad litt., lib. imperf. 5,25: «mala non sunt naturalia»; opus imperf. c. Iulian. 6,11 (PL 44/45, 1519 f.). «*die verdorbene und schlecht gewordene Natur*»: «quae vitiata atque depravata fuerat»; vgl. A., de natura et gratia 43,50–55,65 (Übers. Maxsein, AL 1,509 ff.); de gratia Christi et peccato originali 1,19,20 (Übers. Fingerle, AL 2,349). *Bibelzitat:* Joh. 8,36.

Seite 180 unten – «*im Paradiese*»: vgl. civ. 13,21 (S. 137 ff.).

Seite 181 oben – «*zu sich selbst hingewandt*»: «ad semet ipsum conversus»; vgl. civ. 12,1 (S. 58 unten): «ad propria defluxerunt»; civ. 12,6 (S. 68 oben): «Cum enim se voluntas relicto superiore ad inferiora convertit ..., perversa est ipsa conversio»; civ. 14,6 (S. 164 oben). «*in einer Art Tyrannenstolz*»: «quasi tyrannico fastu»; vgl. civ. 9,20 (S. 456 f.) mit Anm. «*das Nötige gesagt*»: vgl. civ. 11,13–20. 33; 12,1.6 ff.: A. unterscheidet zwischen dem «geistlichen Paradies» der Lichtengel und dem «körperlichen Paradies» des ersten Menschenpaars, vgl. de Gen. ad litt. 12,34,65–67. «*daß er noch stand ...*»: «cui utique stanti»; der «homo rectus» (vgl. civ. 13,14 mit Anm.) ist nach stoischer Auffassung vom ὀρθὸς λόγος der «Aufrechte» (vgl. M. Pohlenz, Stoa^4 II 35 f. und auch die gnost. Lit., Index Gnosis II [BAW] S. 452 s.v. stehen, der Stehende); s. A., de Gen. ad litt. 6,12,22; div. quaest. 83 qu. 51; trin. 11,1,1; vielleicht hing A. hier vom «Hortensius» Ciceros ab, vgl. E. v. Ivanka, Anz. Österr. Ak. Wiss. 1950 Nr. 10, 178–192. Zum Motiv des «neidischen» Teufels vgl. civ. 14,3 (S. 159 Mitte).

Seite 181 Mitte – «*die Schlange*»: vgl. A., de Gen. ad litt. 11,2,4; 11,27,34–11,29,37 mit Ktr Solignac, BA 49,553 ff. «*durch seine engelhaft überlegene Macht ...*»: «per angelicam praesentiam praestantioremque naturam»; vgl. civ. 14,3 (S. 159 oben).

Seite 181 unten – «*Denn wie Aaron*»: vgl. 2. Mos. 32,3–5. «*durch Frauenschmeichelei*»: «blanditiis femineis»; vgl. 1. Kor. 11,4.

Seite 181/182 – *Paulus-Zitat:* 1. Tim. 2,14; vgl. 2. Kor. 11,3.

Seite 182 oben – «*wo er spricht*»: vgl. Röm. 5,12,14; s.a. civ. 13,14 (S. 124 oben) mit Anm.; 21,15 (S. 709 Mitte).

Seite 182 Mitte – «*seine Ausrede*»: «quod erat dicturus»; 1. Mos. 3,12.

VIERZEHNTES BUCH, KAPITEL 12

Seite 182 unten – «*einander widerstreitenden Gefühlen*»; vgl. civ. 14,9f.

Seite 183 oben – «*Mutter und Wächterin aller Tugenden*»; nicht zuletzt der augustin. Paulinismus fordert den Vergleich mit Röm. 7,7ff. heraus. «*Dies Gebot*»: vgl. 1. Mos. 2,17; dazu civ. 13,4 (S. 112 oben).

VIERZEHNTES BUCH, KAPITEL 13

Seite 183 unten – *Bibelzitat:* Sir. 10,15; vgl. 1. Tim. 6,10, ferner civ. 11,15 (S. 26 unten); 12,6 (S. 66 oben; Zitat) mit Anm.; vgl. auch A., enchir. 9,28 (Barbel S. 66).

Seite 184 oben – «*Diese Abkehr aber ...*»: «Spontaneus est autem iste defectus»; vgl. civ. 12,7 (S. 69 unten) mit Anm., zumal auch hier an einer ontolog. Hierarchie festgehalten wird; A. kann die «Abkehr» auch als «Ungehorsam» schildern, vgl. de Gen. ad litt. 8,13,28–30.

Seite 184 Mitte – «*an einem bösen Baum*»: vgl. Mt. 7,18. «*die aus nichts erschaffene Natur*»: vgl. civ. 12,1; 14,1 (S. 59 Mitte. 180 oben). «*aus nichts geschaffen ist*»: «de nihilo facta est»; «de» oder «ex» werden wechselweise gebraucht, vgl. A., de Gen. ad litt. 7,5,7; 7,21,31; 10,4,7; 10,9, 16; zur Sache vgl. civ. 12,6 (S. 69 Mitte) mit Anm.

Seite 184 unten – «*dem Nichts nähern*»: «nihilo propinquare»; der «Abfall» (defectus) als Seinsminderung ist eine Grenzsituation. «*die Heilige Schrift*»: vgl. 2. Petr. 2,10. «*sein Herz droben zu haben*»: vgl. die liturg. Präfation: «Sursum corda» – «Habemus ad Dominum» (Lit. vgl. BiblA S. 72, Nr. 11).

Seite 185 oben – «*Demut*»: zu dieser augustin. Grundtugend vgl. civ. 10,29 (S. 517 oben) mit Anm.; ferner O. Schaffner, Christl. Demut. Des hl. Augustin Lehre von der Humilitas (1959). «*das Schriftwort*»: Ps. 73, 18; vgl. Lk. 1,52.

Seite 185 Mitte – «*der noch die Welt durchpilgert*»: «civitati Dei in hoc peregrinanti saeculo»; vgl. civ. 14,9 (S. 171 unten. 176 unten); 15,1 (S. 218 oben); «saeculum» ist ein Zeitbegriff. «*an seinen König*»: «in eius rege ... maxime praedicatur»; vgl. etwa Mt. 11,29; Phil. 2,8; auch die Inkarnation beweist nach A., civ. 10,29 (S. 518 Mitte); enchir. 28,108 (Barbel S. 179ff.) die «Demut» Christi, wobei Phil. 2,7 («forma servi») betont wird. «*der große Unterschied ...*»: «magna differentia ... una scilicet societas piorum hominum, altera impiorum»; vgl. dazu die Einf. Bd. 2, S. XVII ff. «*hier ... dort*»: «hac amor Dei, hac amor sui»; vgl. civ. 14,28 (S. 210 unten) mit Anm.

Seite 185 unten – *Bibelzitat:* 1. Mos. 3,5. «*geschaffene Götter*»: «Dii enim creati»; vgl. Ps. 82,6 bzw. Joh. 10,34. «*durch Teilhabe am wahren Gott*»: «Dei veri participatione sunt dii»; vgl. A., quaest. 83 qu. 24: «Summe enim est illud bonum, cuius participatione sunt bona cetera»; ferner serm. 304,3 (PL 38,1396); serm. 351,7 (PL 39,1542); zu dem platon. Begriff (*μετουσία* nach Boethius, Isagoge in Porphyr. 2,3,9 [CSEL 48,228]: «participatione speciei»; = *μέθεξις*, nach ebenda 2,5,11 [CSEL

84,314]: «participatione accidentium») vgl. die Diss. von G. Koch (BiblA S. 107).

Seite 186 oben – «*Es ist für die Hochmütigen heilsam*»: «superbis esse utile ...»; vgl. A., de natura et gratia 23,25–32,36, bes. zu Sir. 10,15 ebenda 29,33 (Übers. Maxsein, AL 1,481); opus imperf. c. Iulian. 2,47; serm. 76,4,6 (PL 38,481). «*des weinenden Petrus*»: vgl. Mt. 26,33; 26,75; s. civ. 14,9 (S. 172 Mitte). *Psalmzitat:* Ps. 83,17.

VIERZEHNTES BUCH, KAPITEL 14

Seite 186 unten – *Bibelzitate:* 1. Mos. 3,13. / 1. Mos. 3,12 (in dieser Reihenfolge). «*wie Kain*»: vgl. 1. Mos. 4,9.

VIERZEHNTES BUCH, KAPITEL 15

Seite 187 Mitte – «*nach seinem Ebenbild*»: vgl. 1. Mos. 1,26. «*kurzes und leichtes Gebot*»: vgl. 1. Mos. 2,17. «*zum heilsamen Gehorsam*»: «ad oboedientiae salubritatem»; vgl. A., de Gen. ad litt. 8,13,28–8,16,35. «*geistlich geworden wäre*»: «etiam carne spiritalis»; d.h. engelhafte Existenz gewonnen hätte, vgl. civ. 14,11 (S. 180 unten f.).

Seite 188 oben – «*Abrahams großer Gehorsam*»: vgl. 1. Mos. 22,2, dazu Hebr. 11,17; spätjüd. Belege: Weish. 10,5; Sir. 44,21; auch Jak. 2,21. «*bis zum Tode*»: vgl. Phil. 2,8.

Seite 188 unten – «*was er konnte*»: nach Tert., Andr. 305 f. formuliert, wie civ. 14,25 (S. 206 Mitte) nahelegt. «*die göttliche Schrift*»: Ps. 144,4: «homo vanitati similis factus est», vgl. civ. 17,11 (S. 292 oben); beachte den Kontrast zu 1. Mos. 1,26!

Seite 189 Mitte – «*Die sogenannten leiblichen Schmerzen ...*»: «animae sunt in carne et ex carne»; vgl. civ. 21,3 (S. 677 unten). «*wie wir schon ausführten*»: vgl. civ. 14,2 f.

Seite 189 unten – «*Wohl aber geht der Lust ...*»: «Voluptatem vero praecedit appetitus quidam ...»; vgl. Cic., fin. 3,7,23 (BAW S. 229); 5,6,17 (S. 391): «appetitum animi, quem ὁρμήν Graeci vocant»; s. a. nat. deor. 2,22,58; vgl. M. Pohlenz, Stoa^4 I s. v. Trieb. «*als Rachgier definiert*»: «ulciscendi libidinem veteres definierunt»; vgl. Cic., Tusc. 3,5,11 (BAW S. 201): «Sic enim definitur iracundia: ulciscendi libido»; vgl. ebenda 4,9,21 (S. 293).

Seite 190 oben – «*die man Prahlerei ...*»: «quae iactantia nuncupatur»; vgl. Cic., Tusc. 4,9,20: «Iactatio est voluptas gestiens et se efferens insolentius» (s. BAW S. 293). «*die Bürgerkriege*»: → LAW 2638–2640; vgl. civ. 3,23 (S. 156 Mitte) mit Anm.; 3,29 (S. 163 oben) mit Anm.

VIERZEHNTES BUCH, KAPITEL 16

Seite 190 unten – «*in der Regel fast ausschließlich*»: «non fere adsolet animo occurrere nisi illa, qua obscenae partes corporis excitantur.» «*die seelische Leidenschaft ...*»: «animi simul affectu cum carnis appetitu coniuncto»; zur dichotomischen Anthropologie A.s vgl. civ. 13,24 (S. 146

unten) mit Anm. «*Wachbewußtsein auslöscht*»: «et quasi vigilia cogitationis obruatur»; Tert., anim. 27,6 nennt daneben auch die «Schwächung der Sehkraft» (Übers. Waszink [1933] 105 mit Ktr [1947] 351 f.); zu A.s medizinischem Wissen vgl. A. Solignac, BA 48,711 ff. «*Mahnung des Apostels*»: vgl. 1. Thess. 4,4 f.

Seite 191 oben – «*Willensgeheiß*»: «nutu voluntatis; vgl. civ. 12,4 (S. 63 unten: «Wink des Schöpfers»): «nutu creatoris»; dazu vgl. Lact., inst. 2,16,6 (p. 168,12 Brandt-Laubmann) und Salvian, de gubern. mundi 2,8: «nutu divinitatis omnia reguntur». «*auch den Leib zu erregen*»: «commotoque animo in commovendo corpore se ipsa non sequitur»; auch sexualpathologische Phänomene (Erektion, Impotenz) beweisen den sexualpsychologischen Befund des «Aufruhrs der Glieder» (civ. 14,17 = S. 192 oben u. ö.); vgl. BiblA S. 171, Nr. 14.30.

VIERZEHNTES BUCH, KAPITEL 17

Seite 191 unten – «*nach unserer Willkür erregt* ...»: «non omni modo ad arbitrium nostrum movet aut non movet»; vgl. A., de gratia et pecc. origin. 2,34,39 (Übers. Fingerle, AL 2,451); de nuptiis et concupisc. 1,24,27; c. duas epist. Pel. 1,16,32. «*und schämten sich nicht*»: vgl. 1. Mos. 2,25; vgl. A., de Gen. ad litt. 11,1,3. «*wie das gedankenlose Volk annimmt*»: Blindheit der Paradiesmenschen angenommen wegen 1. Mos. 3,7? *Bibelzitat*: 1. Mos. 2,20.

Seite 192 oben – «*durch das Kleid der Gnade*»: «indumento gratiae»; vgl. Lact., inst. 6,13,5 («indumento carnis oneratus») mit 6,13,12 («indumento iustitiae pietatisque velemur»); z. St. vgl. Ambr., de paradiso 13,63 («non sine virtutum integimentis»). «*und schämten sich*»: vgl. 1. Mos. 3,7.10 (Bibelzitat: 1. Mos. 3,7); vgl. A., de Gen. ad litt. 11,31, 40–11,32,42.

Seite 192 Mitte – «*von daher empfing auch der Baum*»: vgl. A., de Gen. ad litt. 8,6,12 (Fragestellung: «Quod ergo lignum esset, non est dubitandum; sed cur hoc nomen acceperit, requirendum»); s. a. 8,13,28–8,16,35; dazu Ktr Solignac, BA 49,507 ff.

Seite 192 unten – «*entblößt von jener Gnade*»: «nudati ... ea gratia»; vgl. oben: «das Kleid der Gnade» ist also «das Kleid der Unschuld». «*und machten sich Schürzen*»: «et fecerunt sibi campestria»; vgl. 1. Mos. 3,7: «et fecerunt sibi perizomata» (Vulg.); LXX hat περιζώματα

Seite 193 oben – «*Einige Übersetzer* ...»: «quidam interpretes ‹succinctoria› posuerunt»; so auch A., de Gen. ad litt. 11,34,46; serm. 69,3 (PL 38,442); vgl. ferner Iren., adv. haer. 3,23,5 (lat.); Ambr., de paradiso 13,64. «*campestria*»: vgl. A., c. duas epist. Pel. 1,16,32, der zu dieser Lesart sagt: «sicut alii melius»; vgl. ferner A., de nuptiis et concupisc. 2,30,52 (Übers. Fingerle, AL 3,158). «*nur mit Umhüllung baden*»: vgl. Hdt. 1,10 (BAW S. 6); ferner Plat., rep. 5,452c (Jub. Ausg. S. 259 Mitte). «*Gymnosophisten*»: indische Asketen, s. Arr., an. 7,1–2; ders., Ind. 1,11, 1–8; Cic., Tusc. 5,27,77 (BAW S. 425); vgl. Hier., epist. 53,1,4; Ambr., epist. 37, 37; s. a. Apul., flor. 15 (p. 18, 13 Thomas); → KlP 2, 892 f. Auch doxograph. Handbücher erwähnen die Gymnosophisten, vgl. den Anonym. bei Hippol., refut. 1, 24, 1–7; Diog. Laert., prol. 1, 1. 6 (unter Berufung auf Sotion → KlP 5, 290); Porphyr., abst. 4, 17.

VIERZEHNTES BUCH, KAPITEL 18

Seite 193 unten – «*bei Verübung strafbarer Schandtaten*»: «in quibusque stupris»; in erster Linie Notzucht und Vergewaltigung, vgl. civ. 1, 19 (S. 34 f.); vgl. die u. a. gegen «stuprum» und «adulterium» gerichtete Ehegesetzgebung des Kaisers Augustus, dazu Dulckeit–Schwarz–Waldstein, Röm. Rechtsgeschichte ([6]1975) 176. «*der bürgerliche Staat doch erlaubt*»: «quam terrena civitas licitam turpitudinem fecit»; vgl. Hier., epist. 77, 3 über die röm. Juristen Papinianus und Paulus: «Apud illos in viris pudicitiae frena laxantur et solo stupro atque adulterio condemnato, passim per lupanaria et ancillulas libido permittitur.» «*die Bordelle*»: «lupanaria»; → KlP 1, 929 f. mit Lit. «*nach den Vorschriften der Ehegesetze*»: «secundum matrimonalium praescripta tabularum»; das Zwölftafelgesetz (s. Anm. zu civ. 2, 9 = S. 71 unten) verlangte bei Eheschließung die vor dem Censor beschworene Absichtserklärung der Kinderzeugung; darauf wohl berief sich ca. 235 oder 231 v. Chr. der Consul Spurius C. Maximus Ruga in seinem Präzedenzfall einer röm. Ehescheidung (→ KlP 1, 1065); vgl. Gell. 4, 3, 2 (Quelle ist Servius Sulpicius, de dotibus → KlP 5, 428 f., Nr. 4).

Seite 194 oben – «*die Brautführer*»: «paranymphos»; vgl. civ. 6, 9 (S. 305 unten ff.) mit den Anm. S. 585; → LAW 1312. *Zitat:* Lucan. 7, 62 f. über Cicero. «*sagt*»: Cic., Tusc. 2, 26, 64 (BAW S. 185): «omnia enim bene facta in luce se conlocari volunt.»

VIERZEHNTES BUCH, KAPITEL 19

Seite 194 unten – «*jene Philosophen ...*»: d. h. die Platoniker, vgl. civ. 8, 5. 6. 9 (S. 378 unten. 381 unten. 386) mit Anm. «*Seelenteile*»: «vitiosas animi partes esse»; d. h. «das Mutvolle» (θυμοειδές) und «das Begehrende» (ἐπιθυμητικόν) im Unterschied zur «Überlegung» (φρόνησις) nach Plat., rep. 9, 580 d ff.; Tim. 69 d ff.; vgl. Gigon–Zimmermann, Platon-Begriffslexikon (Jub. Ausg.) S. 248 f.; ferner Albinos, Epit. 5, 2; 17, 4 f.; 23, 1 ff. «*Zorn und Begehrlichkeit*»: «iram atque libidinem»; vgl. Aristot., de an. 3, 432 a (BAW S. 338 f.), der nach W. Jaeger, Aristoteles (1923) 355 f. Platons Seelenteile kritisch übernahm. «*auf einer Burg*»: «in arce»; vgl. Plat., Tim. 70 a (Jub. Ausg. S. 271 Mitte: «Akropolis»); in der spätantiken Psychologie häufig benutztes Bild.

Seite 195 oben – «*was rechtem Wollen widersprach*»: «Non enim contra rectam voluntatem»; vgl. civ. 14, 7. 11 (S. 146 Mitte. 179 Mitte) mit Anm.

Seite 195 Mitte – «*sondern verschuldete Schwäche*»: «sed languor ex culpa», d. h. die aus der Erbschuld Adams sich ergebende Schwäche;

vgl. A., c. duas epist. Pel. 1,11,23 («omni sanato languore concupiscentiae carnis», Übers. Morick, AL 3,299); ihr ist auch der Christ unterworfen. *«von dem ihnen nachgebenden Willen»:* «cum eis (sc. membris) consenserit, voluntas movet»; vgl. die Bedeutung der «Zustimmung» (assensio, consensio) beim Willensentscheid, civ. 14,6 (S. 164 Mitte) mit Anm. Beim Geschlechtsakt ist die Rationalität des Menschen gelähmt.

Seite 195 unten – *«hat die Wollust dermaßen mit Beschlag belegt»:* «ita libido suo iuri quodam modo mancipavit»; der sexuelle Zwang entmachtet den freien Willen und nötigt den Gliedern seinen Willen der Unbotmäßigkeit auf, vgl. A., de gratia et pecc. origin. 2,34,39 (Übers. Fingerle, AL 2,451; die Lust der ungehorsamen Glieder auch nach Röm. 7,23 erklärt); de nuptiis et concupisc. 1,24,27 (Übers. Fingerle, AL 3, 100); c. duas epist. Pel. 1,16,23 (Übers. Morick, AL 3,303f.). *«von seinem Gattenrecht»:* «et quando iuste miscetur uxori»; vgl. die Aussage zu der «libido» in civ. 14,5 (S. 163 oben), ferner civ. 14,21 (S. 197 unten) mit Anm.; civ. 14,23 (S. 201 Mitte) mit Anm.

VIERZEHNTES BUCH, KAPITEL 20

Seite 196 oben – *«die Kyniker»:* vgl. civ. 19,19 (S. 564 Mitte) und vor allem 19,1 (S. 522 unten und f.); → KlP 3,399f. *«ehelichen Umgang pflegen»:* «nec ... coniugalem concubitum devitare»; Diog. Laert. 6,46.69 spricht nur von Onanie in aller Öffentlichkeit, ebenso Plut., de repugnantiis Stoicorum 21 (= mor. 1044b); zu ihren Kritikern gehört auch Cic., off. 1,35,127f.; vgl. 1,41,148.

Seite 196 Mitte – *«dem Gedächtnis der Menschen einprägte»:* vgl. A., de nuptiis et concupisc. 1,22,24 (Übers. Fingerle, AL 3,98). *«von dem dies erzählt wird»:* Diogenes von Sinope, ca. 370–280 v. Chr. → RAC 3, 1063ff., für den auch die Tendenz, «Menschen mit Hunden auf gleiche Stufe» zu stellen, zutrifft, vgl. Diog. Laert. 6,60f.

Seite 196 unten – *«was unter dem Mantel geschah»:* kennt A. auch die abschwächende Erzählung von Onanie?

Seite 197 oben – *«den eigenen Regungen ...»:* «solis suis motibus subdidit et potestati voluntati eripuit»; vgl. civ. 14,7 (S. 191 Mitte) mit Anm. *«jener Eine»:* sc. Adam.

VIERZEHNTES BUCH, KAPITEL 21

Seite 197 unten – *Bibelzitat:* 1. Mos. 1,28; vgl. civ. 14,10 (S. 178 unten); zur Sache s. civ. 12,23 (S. 99f.). *«Kindererzeugung»:* «procreationem filiorum ad gloriam conubii»; anfänglich hatte A. in Abwehr manich. Exegese (und damit eigener Zugehörigkeit zu den Manichäern) im Gefolge philonisch-alexandrinischer Allegorese den Sinn der Paradiesehe im gemeinsamen Gotteslob und der Erbringung geistiger Tugendwerke gesehen, de Gen. c. Manich. 2,11,15; 1,19,30. Ihrem Zustand unsterblicher Körperlichkeit (ebenda 2,21,32) war die Konkupiszenz (libido) fremd (1,19,30) und damit auch der Zwang zur körperlichen

Vereinigung. Diesen Standpunkt vertrat A. noch 400 n. Chr. (de catech. rud. 18,29f.; vgl. auch die allegor. Interpretationen conf. 13,24,36 = BAW S. 394f.). In der durch Mt. 19,9 ausgelösten Frage und Schrift «de bono coniugali» von 401 n. Chr. wird zum ersten Mal auch die wörtliche Exegese von 1. Mos. 1,28 als Alternative erwogen (de bono coniug. 2,2–3,3). Noch zu Anfang der im selben Jahr begonnenen Auslegung nach dem «Literalsinn» schwankt A. zwischen beiden Möglichkeiten (de Gen. ad litt. 3,21,33). Erst im weiteren Verlauf der Arbeiten (genau: ab de Gen. ad litt. 9,5–9) entscheidet er sich im obigen Sinne. *«durch jene Wollust»:* «per libidinem»; vgl. civ. 14,18 (S. 193f.).

Seite 198 oben – *«und lachen über sie»:* gemeint sind die Manichäer, deren dualistischem Weltbild die Verwerfung von Ehe und Kinderzeugung entsprach, zumindest was die sog. «electi» betraf, vgl. A., conf. 13,30,45 (BAW S. 400); de vera rel. 9,47f. (BAW S. 393 ff.); tract. in ps. 146,13 (CCL 40,2131,19f.): «quia ergo illi obscuritatem scriptuarum irriserunt ...»; zur geschlechtlichen Enthaltsamkeit und Ablehnung der Ehe (sog. «signaculum sinus») vgl. A., de mor. Manich. 18,65 u.ö.; zusammenfassend: de haer. 46 (PL 42,34–39). *«die andern aber»:* z.B. A. selbst in seiner anfänglichen Exegese (s. oben); vgl. ferner Philon, leg. alleg. 1,14,43–1,16,55; 1,28,88f.; Orig., princ. 4,3,1 (Görgemanns–Karpp S. 731 ff.); Greg. Nyss., hom. opif. 17 (SC 6,164); Joh. Chrys., in Gen. hom. 15,4 (PG 53,123); ders., de virginitate 14–17 (SC 125,136–155); Ambr., de paradiso 2,11–3,12. *Bibelzitate:* Ps. 138,3 LXX. / 1. Mos. 1,28.

VIERZEHNTES BUCH, KAPITEL 22

Seite 198 unten – *«eine der Ehe verliehene Gottesgabe»:* «donum esse nuptiarum ...»; vgl. aus den Jahren 419/421 die Einleitung zu de nuptiis et concupisc. 1,1,1 (Übers. Fingerle, AL 3,78); 1,4,5 (S. 80); 1,17,19 (S. 93) u.ö. *«Schriftwort»:* 1. Mos. 1,27b. / 1. Mos. 1,28.

Seite 199 oben – *«ein herrschender ...»:* «quod regit, aliud quod regitur»; wieder ist eine dichotomische Anthropologie vorausgesetzt, vgl. civ. 14,4f. mit Anm.; zur Interpretation vgl. Orig., in Gen. hom. 1,14 (GCS p. 18f.). *«Denn der Herr Christus»:* s. Bibelzitat unten.

Seite 199 unten – *Bibelzitat:* Mt. 19,4–6. *«auch der Apostel»:* vgl. Eph. 5,25; Kol. 3,19; die Zitationsformel für Paulus hat Vorbild in der Schulphilosophie, die Platon einfach ὁ ἀνήρ nennen kann, vgl. etwa Max. Tyr., or. 11. Entsprechen hieß Homer oftmals einfach ὁ ποιητής (→ LAW 1320 s.v. Homer), und das MA sollte später von Aristoteles als «dem Philosophen» schlechthin sprechen.

VIERZEHNTES BUCH, KAPITEL 23

Seite 200 oben – *«würden sie sich nicht zusammengetan ... haben»:* «non fuisse coituros nec generaturos ...». *«um die Zahl der Heiligen ...»:* «propter numerositatem sanctorum»; vgl. civ. 12,21; 14,10.26 (S. 98. 178 unten. 208 unten). «*solange noch die Kinder dieser Welt ...*»: vgl. Lk. 20,34.

Seite 200 Mitte – «*die paradiesischen Glückes würdige Ehe*»: «illae nuptiae dignae felicitate paradisi», d.h. Paradiesehe; vgl. die grundlegende Arbeit von M. Müller, BiblA S. 135f. mit weiterer Lit. «*keine beschämende Wollust*»: «pudendam libidinem»; vgl. A., de gratia Christi et pecc. origin. 2,35,40–2,36,41 (Übers. Fingerle, AL 2,451ff.); c. Iulian. Pel. 4,11, 57 (PL 44,765); c. duas epist. Pel. 1,17,34 (Übers. Morick, AL 3,305f.).

Seite 201 oben – «*auf einen Wink des Willens hin*»: «ad voluntatis nutum ...»; ebenso A., c. duas epist. Pel. 1,17,34. «*Cicero*»: vgl. Cic., rep. 3,25,37 (BAW S. 283); zitiert A., c. Iulian. 4,12,61 (PL 44,767f.).

Seite 201 Mitte – «*Die Fleischeslust dagegen*»: «Verum tamen haec libido»; hatte schon Cicero die «Lust» (libido) als eine «Begierde» (cupiditas) gekennzeichnet, die «sich der Vernunft nicht fügt» (Cic., Tusc. 3,11,24 = BAW S. 213; vgl. 4,6,13 = S. 287 u.ö.), so sollte der «Vater» der christl. Latinität dem Wort von vornherein die Note sexueller Anrüchigkeit zufügen, vgl. Tert., spect. 17,2 (von den Dirnen, den «publicae libidinis hostiae»); de cultu fem. 2,12,1 (dito: «illae publicarum libidinum victimae»); de pall. 4,9 («Aspice lupas, popularium libidinum nundinas»); de resurr. mort. 61,6 (vom Koitus: «qua libidines fluctent»). «*beherrscht werden*»: vgl. civ. 13,2 (S. 110 unten) mit Anm.

Seite 201 unten – «*von sich selbst besiegt*»: «a se ipso vincitur» sc. animus; vgl. A., c. duas epist. Pel. 1,13,27 (Übers. Morick, AL 3,301 Mitte), und den aus Röm. 7,7–25 von A. abgelesenen Begriff der «delectatio victrix», de pecc. meritis et remiss. 2,19,32 (Übers. Habitzky, AL 1,217; dazu Ktr A. de Veer, BA 23,778ff.).

Seite 202 oben – «*Diesen Zwiespalt*»: «Hunc renisum»; vgl. Röm. 7, 7–25. «*die paradiesische Ehe*»: «in paradiso nuptiae»; s. Anm. zu S. 200 Mitte.

Seite 202 Mitte – «*ebenso besät haben*»: der Vergleich ist vielleicht aus Verg., Georg. 3,135ff. gewonnen. «*mit Verlaub zu sagen*»: «honore praefato»; mehrfach bei Cicero belegt, z.B. ad fam. 9,22,4.

Seite 203 oben – «*wenn der Apostel*»: vgl. Röm. 1,26.

VIERZEHNTES BUCH, KAPITEL 24

Seite 203 Mitte – «*nicht durch Lust erregt*»: «non libidine concitatis» sc. membris; vgl. A., de Gen. ad litt. 9,3,6: «sine ullo inquieto ardore libidinis»; ferner die weiteren Ausführungen ebenda; s. weiter civ. 14,21 (S. 198 Mitte); de gratia et pecc. origin. 2,35,40 (Übers. Fingerle, AL 2, 451ff.); de pecc. meritis et remiss. 2,22,36 (Übers. Habitzky, AL 1, 225ff.); de nuptiis et concupisc. 3,32,54 (Übers. Fingerle, AL 3,159f.).

Seite 203 unten – «*ruft und singt*»: diese und weitere, z.T. bereits erwähnte Auskünfte A.s (etwa de Gen. ad litt. 7,13,20; 7,18,24) haben Forschungen zur Herkunft seiner medizinischen Kenntnisse hervorgerufen, vgl. dazu jetzt A. Solignac in seinem Ktr, BA 48,710ff. Im vorliegenden Fall sind allerdings auch Plat., Tim. 42e ff. (Jub. Ausg. S. 226ff.) und doxographische Handbücher wie Albinos, Epit. 17,1ff.; Apul., Plat. 1,14ff. zu berücksichtigen.

Seite 204 oben – «*für Gott war es nicht schwer*»: vgl. Ps. 115,3; civ. 12,4. 19 (S. 63 Mitte. 91).

Seite 204 unten – «*die nach unten hin* ...»: «ab imo sine paedore ...»; «paedor», auch «pedor» (von «pedo») meint den Furz, vgl. Catull. 54,3 («leve peditum Libonis»); weitere Absonderlichkeiten der «historiae naturales» vgl. civ. 16,8; 21,4–7; 22,8. «*Im Kirchensprengel von Calama*»: «in paroecia Calamensis»; zwischen Cirta, der Hauptstadt Numidiens, und Hippo Regius gelegen, vgl. Kt. LAW 61f. Abb. 3E1.

VIERZEHNTES BUCH, KAPITEL 25

Seite 205 unten – «*nur der Gerechte glückselig*»: vgl. A., de vita beata 10ff. (BAW S. 190ff.).

Seite 206 Mitte – *Terenz-Zitat:* Andr. 2,1 Vers 305f.; bereits civ. 14,15 zitiert.

VIERZEHNTES BUCH, KAPITEL 26

Seite 207 oben – «*der Baum des Lebens*»: vgl. civ. 13,20 (S. 137 oben) mit Anm.; er garantierte die Unsterblichkeit des ersten Menschenpaares; vgl. ferner A., de Gen. ad litt. 8,4,8–8,5,11 mit Ktr Solignac, BA 49,499f.

Seite 207 Mitte – «*die Liebe* ...»: wörtl. 1. Tim. 1,5. «*bei solcher Gunst der Verhältnisse*»: «in tanta felicitate rerum» vgl. civ. 14,15 (S. 187 Mitte).

Seite 207 unten – «*seines Weibes Schoß befruchtet*»: vgl. Verg., Aen. 8, 406. «*So gut wie das eine möglich ist* ...»: «Eadem via quippe posset illud inici, qua hoc potest eici»; zu weiteren gynäkologischen Beobachtungen vgl. civ. 12,26 (S. 103 Mitte); c. Iulian. Pel. 5,14,51.

Seite 208 Mitte – «*nur die Erinnerung an selbsterlebte stürmische Begier*»: vgl. zu diesem topischen und nicht autobiographischen (so nachfolg. Beleg) Satz F. Loofs, Leitfaden zum Studium der Dogmengeschichte ([3]1959) 305: «Alles Nähere, was A. über den paradiesischen Zustand des ersten Menschen sagt, ist orientiert an dem Gegensatz zu dem, was er für den status corruptionis für charakteristisch hält.»

Seite 208 unten – «*vorherbestimmte Zahl*»: vgl. civ. 14,10 (S. 178 unten); weitere Belege dort. «*in der Wurzel verderbten* ...»: «massa tamquam in vitiata radice damnata»; vgl. A., enchir. 8,26 (Barbel S. 62) mit Ktr Barbel S. 204–209 zur Erbsünde. Den Ausdruck «massa» hatte der sog. Ambrosiaster (s. Anm. zu civ. 13,3) bei seiner Auslegung von Röm. 5,12 gebraucht: «Es ist klar, daß in Adam daher alle wie ‹en bloc› (‹quasi in massa›) gesündigt haben»; Ambrosiaster zur Stelle s. CSEL 81,165,12.

Seite 209 oben – «*auch das ordnungswidrige Verhalten* ...»: «perversa inordinatio delinquentium rectum perverteret ordinem rerum»; vgl.

A., conf. 12,11,11. «nullus peccatum aut tibi nocet aut perturbat ordinem imperii tui» (= BAW S. 339 oben).

VIERZEHNTES BUCH, KAPITEL 27

Seite 209 Mitte – «*Gottes große Werke ... Belieben*»: Zitat aus Ps. 110,2 Vulg. (Ps. 111,2 anders). «*des bösen Engels*»: vgl. civ. 11,13 (S. 23 ff.) mit Anm.; ferner enchir. 8,23 (Übers. Barbel S. 61 ff.). «*der erste recht ... geschaffene Mensch*»: «primus homo, qui rectus, hoc est bonae voluntatis, creatus fuerat»; vgl. civ. 13,14 (S. 124).

Seite 210 unten – «*ihr Hochmut*»: «eorum superbia»; vgl. Sir. 10,15; vgl. civ. 12,6; 14,13 (S. 66 oben. 183 unten) mit Anm.

VIERZEHNTES BUCH, KAPITEL 28

Seite 210 unten – «*Selbstliebe ... Gottesliebe*»: «amor sui ... amor Dei»; vgl. civ. 14,13 (S. 185 Mitte) mit Anm.; ferner de catech. rud. 19,31 («voluntatibus separatae»). *Bibelzitate:* 2. Kor. 10,17. / Ps. 3,4.

Seite 211 – *Bibelzitate:* Ps. 18,2. / Röm. 1,21–24.

Seite 211 oben – «*oder beider Güter zum Ziel gesetzt*»: «aut corporis aut animi sui bona aut utriusque sectati sunt»; vgl. civ. 19,4 (S. 528 unten).

FÜNFZEHNTES BUCH, KAPITEL 1

Seite 212 oben – «*viel geschrieben*»: vgl. Philo von Alexandrien (KlP 4, 772 ff.), de opif. mundi (von A. Verbotenes nie zitiert); Origenes (KlP 4,341 f.), verlorener Genesisktr, s. statt dessen 16 Homilien zum 1. Mos. (von A., civ. 15,27; 21,17 erwähnt); Basilius von Caesarea/Kapp. (KlP 1,820 f.), 9 Homilien «in Hexaëmeron» (von A. nie erwähnt); Gregor von Nyssa (KlP 2,874), de opif. hominis; in Hexaëmeron (von A. nie erwähnt); Johannes Chrysostomos (LAW 624 f.), 2 Homilienreihen zur Genesis (von A. nie erwähnt); Ambrosius (KlP 1,296 f.), 6 Bücher «Hexaëmeron»; de paradiso (nur einmal, aber in ganz anderem Kontext von A. erwähnt, s. civ. 22,8). «*in den voraufgehenden Büchern*»: civ. 12–14.

Seite 212 unten – «*In Gleichnisrede*»: «mystice»; vgl. A., Tract. in evang. Ioann. 9,1 f. («mystica significatio»); vgl. A., de doctr. christ. 2 «de signis interpretandis in scriptura», bes. 2,1,1–2,4,5, s. a. 1,2,2: «Omnis doctrina vel rerum est vel signorum, sed res per signa discuntur»; dazu vgl. C. P. Mayer, RevEtA. 20, 1974, 100 ff.; ders., Die Zeichen in der geistigen Entwicklung und in der Theologie des jüngeren Augustin (1969. 1974); H. J. Sieben, RevEtA. 21, 1975, 72 ff. «*zwei Arten ... zwei menschliche Genossenschaften*»: «duo genera ... duo societates hominum»; vgl. civ. 14,1.4. (S. 154 unten. 164 f.). «*Ausgang*» – «*Anfang*» – «*Entfaltung*»: «finis» – «exortus» – «excursus»; zu diesen drei Begriffen vgl. den Firmus-Brief, zitiert in Einl. Bd. 1, S. XIII f.

Seite 213 oben – «*in der die Kette ...*»: «in quo cedunt morientes succeduntque nascentes». «*Kain*»: vgl. 1. Mos. 4,1. «*dem Menschenstaate ange-*

hört»: «pertinens ad hominum civitatem»; nach dem Gegenbegriff «civitas Dei» zu interpretieren: die «nach dem Menschen» (civ. 14,4) lebende Bürgerschaft. *«Abel»:* vgl. 1. Mos. 4,2. *«das Apostelwort»:* vgl. 1. Kor. 15,46.

Seite 213 Mitte – *«der Bürger dieser Erdenwelt»:* «civis huis saeculi»; vgl. S. 213 oben «dieser ganzen Zeit oder Weltperiode» («hoc universum tempus sive saeculum»). Auch hier ist die Zeitdimension zu beachten («saeculum» als Durchgangsphase).

Seite 213 unten – *«aus jener Masse ...»:* «ex eadem massa oritur, quae originaliter tota damnata est»; vgl. civ. 14,26 (S. 208 unten) mit Anm.; ergänze: A., de quaest. ad Simplicianum 1 qu. 2,20 (CCL 44,51,697ff.); de div. quaest. 83 qu. 68,3 (CCL 44A p. 177); in Ioann. Ev. tract. 4,10 (CCL 36,36,20); ebenda 87,3: «massa quae tota in Adam periit» (PL 36,545,4). *«Gott wie ein Töpfer»:* vgl. Jes. 45,9ff.; Jerem. 18,3ff. *«den Apostel»:* s. Anm. zu civ. 14,22 (S. 199 oben); vgl. Röm. 9,21, dazu A., ep. 186,12–19 («massa» in den meisten Codices Übers. für *φύραμα*).

Seite 214 oben – *«einen Staat gründete»:* «condiderit civitatem»; vgl. Romulus und Remus als «conditores urbis» in civ. 1,34 (S. 56). *«Abel aber als Fremdling ...»:* «tamquam peregrinus non condidit»; nicht dem Bibeltext (vgl. 1. Mos. 4, bes. Vers 17) oder der Philo von Alexandrien folgenden Auslegung von Ambros., de Cain et Abel 1,2f. (Nachweise CSEL 32,340f.) entnommen (Ambrosius bezieht dies auf Synagoge und Kirche). *«bis die Zeit seines Reiches ...»:* «donec regni eius tempus adveniat»; gemeint ist die Herrschaft des «Königs der Welten» («cum suo principe, rege saeculorum»), d. h. Gottes, vgl. Ps. 47 (48), 15 Vulg.; vgl. auch 1. Tim. 1,17.

FÜNFZEHNTES BUCH, KAPITEL 2

Seite 214 Mitte – *«Eine Art Schatten»:* «Umbra sane quaedam»; vgl. Kol. 2,17 mit A., de pecc. meritis et remiss. 3,5,11 (Übers. Habitzky, AL 1,279); ferner civ. 5,18 (S. 263 unten) mit Anm.; Weiteres zu civ. 16,26 (S. 326 Mitte). *«heilige Stadt»:* «civitas sancta»; vgl. civ. 11,1 (S. 3), wo die Bibelstellen nur von den «heiligen Bergen» sprechen (Ps. 87,1; 48,2). *«spricht der Apostel»:* Gal. 4,21–31 (Zitat endet S. 215 oben).

Seite 214 unten – *«denn es steht geschrieben»:* vgl. 1. Mos. 16,15; 1. Mos. 21,2f. *«Das ist sinnbildlich zu verstehen»:* «quae sunt in allegoria»; Vulg.: «quae sunt per allegoriam dicta». A., trin. 15,9,15 kennt auch die Übers. «quae sunt aliud ex alio significantia». *«denn es steht geschrieben»:* Jes. 54,1.

Seite 215 oben – *«Aber was spricht die Schrift?»:* 1. Mos. 21,10. *«Diese Art der Erklärung»:* vgl. A., expositio epist. ad Galatos 40 (CSEL 84, 108ff.).

Seite 215 Mitte – *«des irdischen Staates»:* d. h. des alttestamentlichen Jerusalem. *«war dieses Vorbildes Vorbild»:* «imago quaedam huius imaginis»; vgl. F. E. Cranz, RevEtA. 3, 1957, 15–27; H.-I. Marrou, Studia Patristica 2, 1957, 342–350.

Seite 215 unten – «*auch jener Schatten*»: sc. das irdische Jerusalem. *Bibelzitate:* 1. Mos. 21, 10. / Gal. 4, 30. / Röm. 9, 22f.

Seite 216 oben – «*menschlichen Brauch*»: «humanus usus»; vgl. das lat. Sprichwort: «Usus tyrannus» (Hor., ars 71f.).

FÜNFZEHNTES BUCH, KAPITEL 3

Seite 216 oben – «*Sara*»: vgl. 1. Mos. 16, 1–3. «*machte ... das ihr zustehende Recht geltend*»: «utens iure suo in utero alieno»; zu diesem Wortverständnis von «uti» vgl. die Anm. zu civ. 8, 8 (S. 384 unten), ferner civ. 19, 1f.

Seite 216 Mitte – «*nach dem gewöhnlichen Gesetz der Natur*»: «usitata lege naturae»; Wortverständnis von «uti» ergibt sich aus dem Kontext: Privat- und Naturrecht korrespondieren. «*darum heißt es*»: vgl. Gal. 4, 23. 29. *Bibelzitat:* Weish. 8, 1.

Seite 217 oben – «*Sinnbild der Gnadenkinder*»: «Recte igitur significat Isaac ... filios gratiae»; vgl. Ambros., de Isaac vel anima 1, 2: «bonus igitur Isaac vero utpote plenus gratiae et laetitiae» (Ambrosius verfolgt einen anderen Scopus). «*vollkommen einträchtiger Liebesgehorsam*»: «perfecte concors oboedientia caritatis»; vgl. civ. 12, 22 mit Anm.; 14, 1 (S. 99 Mitte. 154 oben).

FÜNFZEHNTES BUCH, KAPITEL 4

Seite 217 Mitte – «*freut sich des Genusses*»: «bonum suum, cuius societate laetatur»; «societas» hier als «Teilhabe», vgl. etwa A., de catech. rud. 13, 19: «sacramentorum societate». «*nach todbringenden und sicherlich todverfallenen Siegen*»: «aut mortiferas aut certe mortales victorias»; vgl. die historisch-tendenziösen Rückblicke civ. 3f. 6; A. urteilt hier abwägender, weil systematisch-grundsätzlicher.

Seite 217 unten – «*solch ein Sieg doch todverfallen*»: «mortalis est ista victoria»; vgl. die Worte, welche der Staatssklave dem Triumphator während des Festzuges zurief: «respice post te, hominem te esse memento» (Tert., apol. 33, 4 u.a.). «*mag er auch selbst in seiner menschlichen Art* («in suo humano genere») *etwas noch Besseres sein*»: nach Thimme, weil der Staat aus Menschen mit unsterblichen Seelen besteht; nach Mausbach (BiblA S. 132), weil das staatliche Verlangen – Herrschsucht – «in ihrer menschlichen Sphäre zu dem Besseren gehört» (Mausbach S. 339).

Seite 218 oben – «*der erwünschte Friede*»: «optabilis pax»; vgl. civ. 19, 12ff. mit Anm.; dazu BiblA S. 139ff.

FÜNFZEHNTES BUCH, KAPITEL 5

Seite 218 Mitte – «*Der erste Gründer*»: d.h. Romulus, vgl. civ. 3, 6 (S. 117f.), nur daß dort das Motiv des «Neides» («invidentia» [!] nach Cic., Tusc. 4, 7, 16 = BAW S. 289 «ein weniger gebräuchliches Wort») unerwähnt bleibt; vgl. aber den Hinweis auf den «hochmütigen und darum auch neidischen Engel» in civ. 14, 11 (S. 180 unten) mit A., de discipl. christ. 7, 7 (invidentia = diabolicum vitium); catech. rud. 4, 8 («mater autem invidentiae superbia est»).

Seite 218 unten – «*Archetyp, wie die Griechen es nennen*»: «ut Graeci appelant ἀρχετύπῳ»; vgl. Cic., Att. 12, 5; 16, 3. *Dichterzitat:* Lucan. 1, 95. «*Zeugnis der römischen Geschichte*»: vgl. civ. 3, 6, wo A. für die «Romana historia» vornehmlich auf das Geschichtswerk des Livius zurückgreift.

Seite 219 Mitte – «*jener teuflische Neid*»: «invidentia illa diabolica»; vgl. Anm. zu S. 218 Mitte. «*Je größer die Teilnehmerzahl ...*»: «tanto latius, quanto concordius individua sociorum possidet caritas»; vgl. de catech. rud. 20, 35.

Seite 219 unten – «*das Fleisch wider den Geist ...*»: vgl. Gal. 5, 17.

FÜNFZEHNTES BUCH, KAPITEL 6

Seite 220 Mitte – «*Diese Krankheit aber*»: «Languor est quippe iste»; vgl. civ, 14, 1. 14f. «*nicht Natur, sondern Gebrechen*»: «non natura, sed vitium»; vgl. civ. 11, 17 (S. 28 unten): «ubi est vitium malitiae, natura non vitiata praecessit». «*aus Glauben leben*»: «ex fide in hac peregrinatione viventibus»; vgl. Röm. 1, 17; Gal. 3, 11 (Hab. 2, 4).

Seite 220 Mitte/unten – *Bibelzitate:* Gal. 6, 2.; vgl. A., div. quaest. 83 qu. 71. / 1. Thess. 5, 14f. / Gal. 6, 1. / Eph. 4, 26. / Mt. 18, 15. / 1. Tim. 5, 20 («endlich noch ein Apostelwort»: «item ... apostolus»). «*ohne den niemand ...*»: vgl. Hebr. 12, 14.

Seite 221 oben – «*ein Gleichnis*»: vgl. Mt. 18, 21–34. *Bibelzitat:* Mt. 18, 35. «*inwendig ... äußerlich*»: «intrinsecus ... extrinsecus»; zur Relation vgl. A., de lib. arbitr. 2, 41, 163f. (BAW S. 191ff.).

Seite 221 Mitte – «*eines untertänigen Geschöpfes ...*»: «utens creatura sibi subdita», z. B. eines Engels. «*im Schlaf zur Verfügung stehen ...*» vgl. A., de Gen. ad litt. 12, 18, 39–12, 20, 34 und dazu die Unters. von M. Dulacy, BiblA S. 127, Nr. 23. «*Gefäße der Barmherzigkeit ... des Zorns*»: vgl. Röm. 9, 22f.

Seite 221 unten – «*wie der Apostel sagt*»: vgl. Röm. 6, 12f. «*im ewigen Frieden herrschen*»: vgl. civ. 15, 7 (S. 225 oben: «Denn wenn ...» bis S. 222 Mitte).

FÜNFZEHNTES BUCH, KAPITEL 7

Seite 222 oben – «*als wäre er ihr Gefährte*»: «velut eorum socius forma congrua»; vgl. 1. Mos. 3, 8–19 und dazu A., de Gen. ad litt. 8, 18, 37; 9, 2, 3f.

Seite 222 Mitte – *Bibelzitat:* 1. Mos. 4, 6f. LXX. «*mancherlei Deutungen*»: z. B. Eus., dem. ev. 1, 10, 5 (CGS 23, 44, 1f.): Kain habe voll Eifersucht gegen Abel geopfert; Ios., ant. Iud. 1, 2, 1 p. 13 Niese: Kain habe in seinem Geiz minderwertige Ackerfrüchte, Abel dagegen die besten seiner Lämmer geopfert; vgl. hierzu 1. Joh. 3, 11–13; Ambros., de Cain et Abel 2, 6, 18–2, 7, 25 bestätigt mit Abwandlungen A.s Text, folgt aber mit Philo, de sacrificiis Abelis et Caini (Nachweise: CSEL 32,1 p. 394ff.) der zweiten Interpretation.

Seite 222 unten – «*Teilung heißt hier also Unterscheidung*»: «discretio» (griech. διάκρισις, vgl. Boethius, Isagog. in Porphyr. 2,5,24 p. 346 Brandt), kommt eigtl. aus der philosoph. Dialektik, geht aber dann in die monastische Begrifflichkeit über.

Seite 223 oben – «*weil seine Werke ...*»: vgl. 1. Joh. 3,12.

Seite 223 unten – «*gebrauchen*» – «*genießen*»: «uti» – «frui»; vgl. civ. 8,8 (S. 384 unten f.) mit Anm. S. 598f.; s. ferner A., de doctr. christ. 1, 3,3–1,4,4 mit dem Kernsatz: «si redire in patriam volumus, ubi beati esse possimus, utendum est hoc mundo, non fruendum»; de div. quaest. 83 qu. 30: «Utrum omnia in utilitatem hominis creata sint», wofür A. Mutzenbecher (CCL 44 A, 38) auf Cic., nat. deor. 2,53,133ff. verweist; vgl. auch civ. 19,10 (S. 545 unten).

Seite 224 Mitte – *Bibelzitat:* 1. Mos. 4,7 LXX. «*von der der Apostel sagt*»: Gal. 5,17; vgl. dazu A., expositio epist. ad Gal. 48 (CSEL 84,120ff.).

Seite 225 oben – *Paulus-Zitate:* Röm. 7,17, vgl. 1,26.28f. / Röm. 6,13.

Seite 225 Mitte – «*Brandfackel des Neides*»: «faces invidiae»; vgl. Oros., hist. 1,1,15 («face cupiditatis»); zum «Neid» vgl. außerdem Cic., Tusc. 3,9,19f. (BAW S. 209).

Seite 225 unten – «*als Gott nach dem Sündenfall fragte*»: vgl. 1. Mos. 3,9ff. *Bibelzitat:* 1. Mos. 3,16a.

Seite 226 oben – «*fügt er hinzu*»: 1. Mos. 3,16b; zur allegor.-psycholog. Interpretation Philos vgl. dens., leg. alleg. 3,78,220; A. gewinnt seinen anthropologisch-paulinischen Skopus des Gegensatzes von «Fleisch» und «Geist» aus 1. Mos. 4,7 (LXX). *Paulus-Zitat:* Eph. 5,28b / 5,29a. «*sie gehören ja zu uns*»: sc. das sündige Weib und das sündige Fleisch.

Seite 226 Mitte – «*den Hirten der Menschenherde*»: «pastor ovium hominum»; vgl. Joh. 10,2. «*im Gleichnis ...*»: «in allegoria prophetica res est»; «Prophetie» ist sachbezogen (res); vgl. ferner civ. 15,17 (S. 250). «*gegen den Manichäer Faustus*»: vgl. A., c. Faust. Manich. 12,9; zwischen dieser Schrift (397/98 n. Chr.) und der Abfassung von civ. 15 liegen ca. 20 Jahre (vgl. Einl. Bd. 1, S. XII).

FÜNFZEHNTES BUCH, KAPITEL 8

Seite 226 unten – «*die Geschichtsdarstellung*»: «historia»; vgl. R. A. Markus, Augustinus 12, 1967, 271–280; in dt. Übertragung bei C. Andresen, Das Augustingespräch der Gegenwart Bd. 2 (1979). «*die Stadt benannt wurde*»: vgl. 1. Mos. 4,17; Weiteres unten S. 228f. «*die daran Anstoß nehmen*»: vgl. A., quaest. in Heptat. 1,1 (CCL 33,1 p. 1f.).

Seite 227 Mitte – «*seinem Könige und Gründer Christus*»: «de rege eius eodemque conditore Christo»; vgl. civ. 15,1 (S. 214 oben) mit Anm. Die Prädikation hier bezieht sich auf die «civitas in peregrinatione». «*allemal mit den Worten schließt*»: vgl. etwa 1. Mos. 5,4f.

Seite 227 unten – «*nach Menschenweise ... nach Gott lebenden*»: «secundum hominem ... secundum Deum viventium»; vgl. civ. 14,4 (S. 160ff.) mit Anm. «*von der Absonderung als auch* ...»: «ambarum societatem discretio concretioque»; vgl. Ambr., Hexaëmeron 2,1,1: «discretio» (im Unterschied zu civ. 15,7) = Scheidung des Lichtes von der Finsternis; «concretio» (vgl. Tert., anim. 52,3: = «animae et carnis societas») von der Einung der Welt in der «Genossenschaft» der «Eintracht».

Seite 228 oben – «*Seth*»: vgl. 1. Mos. 4,25; 5,6. «*die Verschmelzung aber darin* ...»: «concretio autem ...»; tatsächlich gehen die beiden Genealogien von 1. Mos. 4,17ff. und 5,1ff. mit Methusalem wieder zusammen (1. Mos. 4,18; 5,21f.) und finden in Lamech bzw. dessen «vom Geist der Roheit» (G. v. Rad) getragenem Racheschwur (1. Mos. 4,23f.) ein gemeinsames Ende der Grausamkeit. «*mit Ausnahme eines einzigen Gerechten*»: «excepto uno iusto»; vgl. Hesek. 14,14.20; Sir. 44,17; 2. Petr. 2,5.

Seite 228 Mitte – *Bibelzitate*: 1. Mos. 4,17. / 1. Mos. 4,25.

Seite 228 unten – «*daß die Stadt nach Henochs Namen genannt wurde*»: vgl. 1. Mos. 4,17b; ferner civ. 15,17 (S. 250 unten) und 15,20 (S. 257 unten).

Seite 229 oben – «*eine durch ein Gemeinschaftsband* ...»: «civitas, ... hominum multitudo aliquo societatis vinculo conligata»; vgl. civ. 12, 22; 14,1 (S. 99 Mitte. 154 oben); s. a. Cic., off. 3,6,28 (BAW S. 139f.): «communis humani generis societas», von Lact., inst. 6,6,21 zitiert; vgl. Lact., a. O. 6,10,4: «summum igitur inter se hominum vinculum est humanitas».

Seite 229 Mitte – «*753 Jahre*»: vgl. 1. Mos. 5,31 (LXX); Vulg. gibt mit hebr. Text 777 Jahre. «*in nicht viel mehr als 400 Jahren*»: A. folgt LXX, die 2. Mos. 12,40 von 430 Jahren Aufenthalt in Kanaan und Ägypten spricht (Vulg. und hebr. Text nur für Ägypten).

Seite 229 unten – «*sechshunderttausend Mann*»: vgl. 2. Mos. 12,37; 2. Mos. 38,26; 4. Mos. 1,46; 2,32; 11,21; 26,51. Da nur der Heerbann gezählt wird, hat man die Zahlen für das Volk höher anzusetzen (ca. 2500000 Seelen). «*den Volksstamm der Idumäer*»: vgl. 1. Mos. 36. «*wenn auch nicht aus Saras Schoße*»: «non per Sarram coniugem procreato» sc. semine; gemeint sind Abrahams Nebenfrauen Kethura (1. Mos. 25,1–4) und Hagar (1. Mos. 25,12–18; Genealogie der Ismaeliter).

FÜNFZEHNTES BUCH, KAPITEL 9

Seite 229 unten – «*das Leben der Sterblichen damals*»: seit Hdt. 3,20.23 (BAW S. 234ff.) von den «langlebigen» Äthiopen berichtet hatte, gehörten die «Makrobier» der antiken Lit. an, vgl. Plin., nat. 4,10,37; 7,2,27 (von den Athosbewohnern, die Schlangenfleisch essen); vgl. auch Lukians Satire «Makrobioi» (→ KlP 3,772ff.; Übers. nach Wieland mit Erg. von H. Floerke [1922ff.]).

Seite 230 oben – «*nach unseren Gewährsmännern*»: «in auctoritatibus nostris» sc. scriptum est; gemeint ist die Autorität der Schrift, vgl. A., de natura et origine animae 1,14,20 (CSEL 60,321,21: «auctoritas divinorum eloquiorum»). *«weit größer als jetzt»:* bei Lucr. 5,925 ff. (BAW S. 485) und Verg., Georg. 1,121–159 hätte A. allerdings Ähnliches lesen können. *Vergil-Zitat:* Aen. 12,899 f.

Seite 230 Mitte – *«Totengebeine von unglaublicher Größe»:* viell. denkt A. dabei an die sog. «inventio» der Gebeine der beiden Mailänder Stadtheiligen Gervasius und Protasius (s. civ. 22,8 = S. 762 oben), von denen Ambr. schreibt: «Invenimus mirae magnitudinis viros duos, ut prisca aetas ferebat» (epist. 22,2). *«Utica»:* → KlP 5,1081 ff.; zwischen Karthago und Hippo Diarrhytus gelegen → Kt. LAW 61 f., Abb. 3 E 1.

Seite 230 unten – *«eines Riesen Zahn»:* «gigantis alicuius fuisse»; vgl. für die Erdgeborenen (γηγενεῖς = gigantes) Anm. zu civ. 12,10 (S. 74 unten); A. konnte aus Cic., Tusc. 2,8,20 (Übers. aus den Trachinierinnen des Sophokles = BAW S. 143) von ihnen wissen. *«überragten die Riesen»:* vgl. 1. Mos. 6,4 (→ civ. 15,23 = S. 266 Mitte); 4. Mos. 13,34 («de genere giganteo»); 5. Mos. 3,11, wo die charakterist. Größe durch das Ausmaß des Sarkophages betont wird. *«Plinius der Jüngere»:* «Plinius Secundus», gemeint ist Plinius der Ältere mit dem Vornamen «Secundus»; er lebte 23–79 n. Chr. → KlP 4,928 ff. *«bezeugt»:* Plinius d. Ä., nat. 7,16,73 ff. *«Homer»:* vgl. Il. 5,303 f.; trotz civ. 9,1 (S. 426 oben) und conf. 1.14,23 (BAW S. 48) bezweifelt P. Courcelle, Lettres p. 154 direkte Homer-Kenntnisse A.s.

Seite 231 oben – *«derselbe Plinius»:* Plinius d. Ä., nat. 7,48,154.

FÜNFZEHNTES BUCH, KAPITEL 10

Seite 231 unten – *«unseren Bibelhandschriften»:* «inter Hebraeos et nostros codices»; gemeint sind die auf der LXX basierenden lat. Übersetzungen Nordafrikas (sog. Afra); für die Kommentierung bevorzugte A. allerdings die «Itala» (A., doctr. christ. 2,15,2), die von Roms Autorität getragen wurde (nicht mit der Übers. des Hieronymus, der seit dem MA sog. Vulgata identisch). Zu dieser altlat. Übersetzung («vetus latina») vgl. W. G. Kümmel, Einl. NT (^{17}1973) 470 ff.; BiblA S. 151 f. *«Unterschied bezüglich jener Jahreszahlen»:* wie der Vergleich zwischen hebr. und griech. Text für die nachfolgenden Daten zeigt, ergibt sich für die vorsintflutliche Genealogie 1. Mos. 5 trotz horrender Unterschiede im einzelnen aufs Ganze nur eine Differenz von 24 Jahren. *«in den hebräischen Handschriften»:* «in Hebraeis» sc. codicibus; A., der des Hebräischen nicht mächtig war, meint damit immer die lat. Übers. des AT durch Hieronymus, vgl. A., ep. 28,2 p. 105 f. Goldbacher. *«Adam»:* vgl. 1. Mos. 5,3 f.

Seite 232 oben – *«Henoch»:* vgl. 1. Mos. 5,21 ff.

Seite 232 Mitte – *«Methusalem»:* vgl. 1. Mos. 5,25. *«Lamech»:* 1. Mos. 5,28.

FÜNFZEHNTES BUCH, KAPITEL 11

Seite 232 unten – «*eine vielberufene Streitfrage*»: «famosissima quaestio»; vgl. Hier., lib. Hebr. quaestionum in Gen. 5,25 ff. (CCL 72,1 p. 8 f.): «Famosa quaestio et disputatione omnium ecclesiarum ventilata ...» mit der Antwort, Methusalem sei im Jahr der Sintflut gestorben.

Seite 233 oben – «*während die Schrift*»: vgl. 1. Petr. 3,20 aufgrund von 1. Mos. 8,18 und 9,18.

Seite 233 Mitte – «*hinzuzurechnen*»: nach 1. Mos. 5,25–27. «*den Handschriften, denen die Kirche das größere Ansehen ...*»: d. h. der Septuaginta (LXX), vgl. civ. 18,42–44.

Seite 233 unten – «*ein Versehen der Übersetzer*»: «error interpretum»; gemeint sind die «Siebzig» (Septuaginta) wie das folg. zeigt; vgl. dazu den Aristeas-Brief (civ. 18,42 mit Anm.).

Seite 234 oben – «*wie ihn gut dünkt*»: «ut putaverit»; vgl. A., quaest. in Heptat. 1,2, wo A. aufgrund einiger LXX-Handschriften meint, Methusalem sei sechs Jahre vor der Sintflut verstorben. De gratia et pecc. originali 2,23,27 (Übers. Fingerle, AL 2,431) betrachtet er das Problem als Beispiel für viel Nichtwissen, ohne den christl. Glauben zu gefährden. «*an geeigneter Stelle*»: vgl. civ. 18,42–44 (S. 487–492); vgl. aber auch A., ep. 71,4 p. 252 Goldbacher.

FÜNFZEHNTES BUCH, KAPITEL 12

Seite 234 unten – «*so behaupten sie*»: Repräsentanten dieser ausgesprochen apologet. Auskunft sind schwer auszumachen.

Seite 235 oben – «*das Nötige gesagt habe*»: «sicut potui, disputavi»; vgl. civ. 11,8.

Seite 235 Mitte – «*Schalttage*»: «intercalares» → LAW 1468 f. s. v. Kalender: 360 Tage = $6^2 \times 10$. «*während die Schrift*»: vgl. 1. Mos. 5,9 LXX.

Seite 235 unten – «*bemerkt man noch*»: «adiciunt»; vgl. die Zitierung Varros bei Lact., inst. 2,12,21 f. «*die Ägypter*»: vgl. civ. 12,11 (S. 76 Mitte) mit Anm. «*Akarnanen*»: Bewohner der westlichen Landschaft Mittelgriechenlands → KlP 1,1523 ff. «*Lavinier*»: Bewohner von Lavinium (→ KlP 3,523 f.) in Latium (→ Kt. LAW 1420a); zu dieser, von Aeneas gegründeten Stadt vgl. civ. 3,11 (S. 125 unten); 3,14 (S. 133 Mitte). «*den jüngeren Plinius*»: gemeint ist auch diesmal Plinius d. Ä., nat. 7,48,153 ff.; vgl. civ. 15,9 (S. 230 unten) mit Anm.

Seite 236 oben – «*Zeitrechnung*»: «inscitia temporum»; zu der Fülle antiker Zählungsweisen → KlP 5,1473–1489. Zur röm. Kalenderordnung vgl. Plut., Num. 18 (BAW S. 193 ff.). «*Arkader*»: vgl. Anm. zu civ. 12,10 (S. 74 unten). *Plinius-Zitat*: nat. 7,48,155.

Seite 236 Mitte – «*kann man ... beweisen*»: vgl. civ. 15,14 (S. 240 ff.).

Seite 236 unten – «*dritten Sohn*»: vgl. 1. Mos. 5,3. «*daß er so klein war*»: so stellen altchristl. Sarkophage in der Tat die Erschaffung Adams und Evas dar (vgl. den sog. dogm. Sarkophag, Lateran Nr. 104, Repertorium der christl. antiken Sarkophage, hg. von F.W. Deichmann, 1 [1967], Nr. 43, Taf. 14). «*wie wir lesen*»: vgl. 1. Mos. 5,6.

Seite 237 oben – «*Kenan*»: (Vulg. = Cainan); vgl. 1. Mos. 5,12.

FÜNFZEHNTES BUCH, KAPITEL 13

Seite 237 Mitte – «*vorhin schon*»: vgl. civ. 15,11 (S. 234 oben) den Vorwurf der «Fälschung» («mendacium»); vgl. ferner A., ep. 71,5 p. 253 Goldbacher. «*hätten nicht lügen können*»: das ist die Argumentation des Aristeas-Briefes (civ. 18,42 mit Anm.). «*Ägypterkönig Ptolemäus*»: Ptolemaios II. Philadelphos (283–246 v. Chr.) → KlP 4,1218f.

Seite 237 unten – «*seien sie noch so verkehrt und bösartig*»: «cuiuslibet perversitatis atque malitiae»; zur Judenfeindlichkeit des zeitgenöss. Christentums vgl. M. Simon, Verus Israel (1948) 245–256; bei A. kommt sie mehr in den Predigten zum Ausdruck, vgl. B. Blumenkranz, Die Judenpredigt Augustins (1946, Neudruck 1973); ders., Recherches August. 1, 1958, 225–241. Hier wie überhaupt in civ. ist davon nichts zu spüren: gegenüber dem Heidentum wird die geschichtliche Gemeinsamkeit betont, vgl. civ. 6,11 (S. 313).

Seite 238 oben – «*und auch da*»: d.h. im Falle Lamechs, vgl. 1. Mos. 5,28 und civ. 15,10 (S. 231 unten). «*in der Patriarchenreihe*»: «qui ordini inseritur»; Weiteres s. civ. 17,20 (S. 412 Mitte). «*In den anderen Fällen jedoch ...*»: d.h. Adam, vgl. 1. Mos. 5,3; Seth Vers 6; Enoch Vers 9; Kenan Vers 12; Mahalalel Vers 15; Henoch Vers 21 (= 1.–5. und 7. Generation); vgl. civ. 15,10 (S. 231 f.).

Seite 238 Mitte – «*Irrtum des Mannes*»: «scriptoris tribuatur errori»; mit dieser Auskunft ist die im Aristeas-Brief (s. zu civ. 18,42) behauptete und auch von A. vertretene Inspiriertheit der Septuaginta gerettet.

Seite 238 unten – «*zählen mochten*»: vgl. 4. Mos. 1–4; es handelt sich um die «Musterrolle» des Heerbannes (1–2) und die Lagerordnung für die davon ausgeschlossenen Leviten (3–4).

Seite 239 Mitte – «*bei der sechsten Generation*»: = Jared, vgl. 1. Mos. 5,18. «*bei den Hebräern*»: vgl. Anm. zu civ. 15,10 (S. 231 unten).

Seite 239 unten – «*in der achten Generation*»: Methusalem, vgl. 1. Mos. 5,25. «*wo bei den Hebräern 182 Jahre*»: hebr. Text und Vulgata haben übereinstimmend 187 Jahre; Irrtum A.s? «*unsere Handschriften zwanzig Jahre weniger*»: tatsächlich bietet LXX nur 167 Jahre.

Seite 240 Mitte – «*eine überschlaue Berechnung entdecken*»: «astutius factum existimandum est»; vgl. Lact., inst. 1,22,23: «quod ille (sc. Jupiter) astutissime excogitavit».

Seite 240 unten – «*der Sprache Glauben schenken*»: «ei linguae potius credatur»; d.h. der Übersetzungsvorlage. De doctr. christ. 2,15,22 zieht A. im Zusammenhang mit dem Aristeas-Brief daraus die Folgerung, die lat. Übers. von AT/NT sei in Diskrepanzfällen nach der Septuaginta zu korrigieren. «*einer syrischen*» *sc. Handschrift*: woher hat

A., der des Syrischen nicht mächtig war, diese Notiz? «*sechs Jahre vor*»: vgl. A., quaest. in Heptat. 1,2 (CCL 33,2).

FÜNFZEHNTES BUCH, KAPITEL 14

Seite 241 oben – «*nur eins der unsrigen ausmacht*»: das war die These ungenannter Asketen in civ. 15,12 (S. 234f.). «*wie wir sie jetzt haben*»: die Bemessung nach dem Sonnenjahr entspricht A.s erst mühsam bewältigter Interpretation des AT bzw. der Schöpfungsgeschichte «ad litteram» (A., de Gen. ad litt. von 401–414 n. Chr.); sie zwingt aber zur Ablehnung der Theorie von den Kurzjahren, vgl. dazu schon civ. 15,12 (S. 236 Mitte). *Bibelzitat:* 1. Mos. 7,10f. LXX. «*Solch ein Jährlein*»: «Tantillus quippe annus»; vgl. A., conf. 1,7,11: «tantillus nunc parvulus».

Seite 241 Mitte – *Bibelzitat:* 1. Mos. 8,4f.

Seite 241 unten – «*Also hinweg mit diesem Irrtum*»: «Proinde removeatur hic error»; vgl. civ. 15,12 (S. 236 Mitte).

Seite 242 oben – «*wie berichtet*»: vgl. 1. Mos. 7,12.

Seite 242 Mitte – «*Abraham*»: vgl. 1. Mos. 25,7. «*Isaak*»: vgl. 1. Mos. 35,28. «*Jakob*»: vgl. 1. Mos. 47,28. «*Moses*»: 5. Mos. 34,7. *Bibelzitat:* Ps. 90,10 Vulg. «*Was also die Zahlen ...*»: vgl. civ. 15,13 (S. 238 Mitte).

Seite 242 unten – «*sich an die Sprache halten ...*»: «lingua repetenda est ...»; vgl. civ. 15,13 (S. 240 unten) mit Anm. «*in diesen Abweichungen keine Fehlerhaftigkeit*»: «diversitas ... mendositas»; vgl. die Notiz ep. 261,5, derzufolge A. den Psalter nach einem lat. Text benutzte, dessen «Fehlerhaftigkeiten» (mendositates) er nach griech. Handschriften bereinigt habe. «*Versehen des Abschreibers*»: «scriptoris error»; vgl. civ. 15,13 (S. 238 Mitte).

Seite 243 oben – «*mit prophetischer Freiheit*»: «prophetantium libertate»; vgl. R. Markus, s. Anm. zu civ. 15,8 (S. 226 unten); damit ist der Septuaginta prophetische Funktion zugesprochen. «*an geeigneterer Stelle*»: vgl. civ. 18,42–44. «*Hier kommt es uns ...*»: «nunc quod instat expediam».

FÜNFZEHNTES BUCH, KAPITEL 15

Seite 243 unten – «*gewartet ..., von seinem ehelichen Rechte Gebrauch zu machen*»: «... a concumbendi opere vacuisse». «*im Stammbaum Noahs*»: «quos successionis ordo poscebat, ut perveniretur ad Noe». «*bis zu einem bestimmten Zeitpunkt*»: «usque ad certum articulum temporis»; vgl. civ. 10,14; 22,30 (S. 489 Mitte; 834 unten).

Seite 244 oben – «*den Lauf des ruhmreichen Staates*»: «cursum gloriosissimae civitatis»; vgl. praef. civ. 1 (S. 3); ferner civ. 14,9; 15,1.6 (S. 171 unten. 213 Mitte. 220 Mitte). *Bibelzitat:* 1. Mos. 4,1. «*Erdentsprossenen*»: «quomodo terrigenis»; vgl. civ. 12,10 (S. 74 unten); vgl. auch die Anm. zu civ. 15,9 (S. 230 unten) → «Gigant»; hier natürlich übertragen gemeint.

Seite 244 Mitte – «*Geschlechter*»: «generationes»; einmal der Stammbaum der Kainiten (nach A.: 1. Mos. 4, 17–24), zum anderen der Sethiten (1. Mos. 4, 25 f.). *Bibelzitat:* 1. Mos. 4, 25 LXX, wo Adam Seth den Namen gibt, nicht Eva.

Seite 244 unten – «*Kains Nachkommenschaft*»: «progenies»; endet mit Lamech und begründet den irdischen Staat (civitas terrena). «*wie er es doch bei den himmlischen*»: «in caelestis» sc. generationibus; d. h. A. sieht 1. Mos. 5, 3 ff. als Fortsetzung von 1. Mos. 4, 25 f. an.

Seite 245 oben – «*die Jahre des Vaters*»: vgl. 1. Mos. 5, 3.

Seite 245 Mitte – *Bibelzitate:* 1. Mos. 4, 25 (LXX). / 1. Mos. 5, 6 (LXX und Vulg.). / 1. Mos. 5, 7 f.

Seite 245 unten – «*Schreiber der heiligen Geschichte*»: «sacrae scriptor historiae»; der Gesichtspunkt der Inspiration ist ganz aufgegeben.

Seite 246 oben – «*Als der Evangelist*»: vgl. Mt. 1, 2 ff.

Seite 246 Mitte – «*Der Evangelist*»: Zusatz des Übersetzers. «*Stammtafel*»: «in ordine generationum»; nach A. ist sie kein Stammbaum im üblichen Sinne.

FÜNFZEHNTES BUCH, KAPITEL 16

Seite 246 unten – «*durch Zeugung fortzupflanzen*»: «ut gignendo multiplicaretur».

Seite 247 oben – «*in der Urzeit unter dem Zwang ... wie späterhin unter dem Verbot ...*»: «antiquius conpellente necessitate, postea ... religione prohibente»: Not kennt kein Gebot. «*Eintracht heilsam und gut*»: «utilis atque honesta concordia»; vgl. civ. 12, 22; 14, 1 (S. 99 Mitte. 254 oben).

Seite 247 unten – «*Geschwisterehe*» («illud») ... «*Unrecht*» («nefas»): der lat. Wortlaut hält besser fest, daß die röm. Ehe (matrimonium) nicht auf einem Rechtsakt gründete → KlP 3, 1081 ff.

Seite 248 Mitte – «*sondern in zahlreichen ...*»: «sed latius atque numerosius propinquitatibus crebris vinculum sociale defunderet»; vgl. civ. 14, 1 (S. 154 oben).

Seite 248 unten – «*die Geschwisterehe erlauben*»: «fraterna coniugia»; zur Geschwisterehe der Ägypter (d. h. von Göttern, Pharaonen) vgl. Diod. 1, 27, 1 f.; Plut., Is. und dazu H. I. Bell, Rev. intern. du droit de l'antiq. 2, 1949, 83–92; M. Humbert und C. Préaux in: Hommages à J. Bidez et à F. Cumont (1949) 135–142; vgl. auch die frühchristl. Apologetik, z. B. Aristides, apol. 12, 2, die für A. als Quelle in Frage kommt, vgl. Lact., inst. 1, 21, 20 ff. «*gilt es mit Recht als frevelhaft ...*»: «nefarium»; vgl. Anm. zu «Unrecht» (s. oben): A. hält auch sprachlich fest, daß die Geschwisterehe durch kein röm. Gesetz ausdrücklich verboten war; s. dagegen 3. Mos. 18, 9.

Seite 249 oben – «*Geschwisterkinder*»: «in conubiis consobrinarum»; vgl. A., tract. in ev. Ioann. 10, 2. «*bis dahin verboten*»: ein Verbot der Vettern-, bzw. Kusinenehe sprach erst 395 n. Chr. Theodosius I. aus, vgl. Ambr., epist. 60 (PL 16, 1185); ein älteres Verbotsgesetz behauptet Cassiod., variae 7, 46.

Seite 249 Mitte – «*beinahe sind sie* (sc. Vettern und Basen) *es auch*»: d.h. Geschwister. «*den frommen alten Vätern*»: Beispiele für alttestamentl. Geschwisterkinderehe bieten 1.Mos.13,8; 14,14.16; 2.Kg.23,21f.

Seite 249 unten – «*eheliche Schamhaftigkeit*»: «ipsa pudicitia coniugalis»; vgl. das Beispiel der Lucretia civ.1,19 (S.34ff.) und civ.1,16 (S.31 Mitte): «etsi ... pudicitiam non excutit, tamen pudorem incutit».

Seite 250 oben – «*Keimzelle des Staates*»: «copulatio igitur maris et feminae quoddam seminarium est civitatis»; vgl. Tert., exhort.cast.6,2 (Auslegung von 1.Mos.1,28): «concubitus seminarium generis». Diesen unplaton. Gedanken (vgl. Gigon–Zimmermann S.108f.), der auf stoische Tradition zurückgeht (SVF 1,270.244; 3,727.729), könnte A., wie Hier., adv.Iovinianum 2,49, der Schrift von Seneca, de matrimonio (Fragmente erh.) entnommen haben. Die von Cic., rep.4,5,5 an Platon geübte und von Lact., epit.33,1–5 übernommene Kritik (BAW S.300ff.) ist als Quelle nicht anzunehmen. Zum Bild von der «Pflanzschule» vgl. Liv.42,61,5: der Ritterstand als «seminarium senatus». «*Zeichen der Wiedergeburt*»: «regenerationis signum»; d.h. die Taufe, vgl. A., de baptismo 4,24,31. «*die Beschneidung*»: vgl. 1.Mos.17,10f.; dazu civ. 16,27 (S.308 oben) mit Anm. «*die beiden ersten Brüder*»: vgl. 1.Mos.4,3f. «*von Noah liest man*»: vgl. 1.Mos.8,20. «*wahres Opfer*»: vgl. civ.10,4–6.

FÜNFZEHNTES BUCH, KAPITEL 17

Seite 250 unten – «*Stammvater* ...»: «utriusque generis pater»; vgl. civ.12,28; 14,1; 15,1 (S.106 unten. 154 oben. 213 oben). «*wunderbares Geheimnis*»: «mirabili sacramento»; vgl. civ.15,7 (S.226 Mitte). «*Henoch*»: vgl. 1.Mos.4,17.

Seite 251 oben – «*Besitz*»: «possessio»; Hier., liber interpr. hebr. nomin. (CCL 72,1 p.63,2) zu 1.Mos.4,1 (= Bibelzitat). «*Weihe*»: «dedicatio»; vgl. Hier., a.O. (p.65,17). «*Auferstehung*»: «resurrectio»; vgl. Hier., a.O. (p.65,28). «*Mensch*»: vgl. Hier., a.O. (p.69,19). *Bibelzitat*: 1.Mos.5,2; Mensch heißt hebr. «Adam»: Hier., quaest. hebr. in Gen. (a.O. p.60,17).

Seite 251 Mitte – «*nicht freien* ...»: vgl. Lk.20,35f.

Seite 251 unten – *Bibelzitat*: 1.Mos.4,18–22.

Seite 252 oben – «*fleischlich fortgepflanzt*»: «carnales habituram generationes». «*nur bei Eva*»: vgl. 1.Mos.3,20. Zur Benutzung biblischer Onomastica vgl. Altaner, Münch.Theol.Zschr. 4, 1953, 34–36.

FÜNFZEHNTES BUCH, KAPITEL 18

Seite 252 unten – *Bibelzitat*: 1.Mos.4,26 LXX; vgl. Apg.2,21. «*Sohn der Auferstehung*»: vgl. civ.15,17 (S.251 oben). «*Trauer*»: «luctus»; vgl. Hier., liber interpr. hebr. nomin. (CCL 72, p.60,18). «*Seth*»: vgl. civ. 15,17 (S.251 oben).

Seite 253 oben – «*sagt der Apostel*»: Röm. 8,24f. «*wie die Schrift bezeugt*»: vgl. 1. Mos. 4,4. *Bibelzitat:* 1. Mos. 4,25. «*Enos*»: hermeneutischer Zusatz des Übersetzers. «*den höheren Staat*»: «supernae civitatis» sc. meliorem partem, der «nicht nach Menschenweise» («secundum hominem») lebt, vgl. civ. 15,1 (S. 212 unten) mit Anm., ferner civ. 14,4 (S. 160f.).

Seite 253 unten – *Bibelzitate:* 1. Mos. 4,26 LXX. / Röm. 10,13; vgl. Joel 2,32. / Jerem. 17,5.

FÜNFZEHNTES BUCH, KAPITEL 19

Seite 254 oben – «*in der siebten Generation*»: «in ea generatione». «*den Weihenamen*»: «nomen dedicationis»; in Analogie zu Henoch als Bestimmungsangabe. «*weil er Gott gefiel*»: «quoniam placuit Deo»; vgl. 1. Mos. 5,24 LXX; zugleich ein klassisches Beispiel für die Beseitigung der hebr. Anthropomorphismen, die in der Vulg. und bei Luther beibehalten sind, durch die Septuaginta. «*Weihe*»: s. civ. 15,17 ad vocem.

Seite 254 Mitte – «*Entrückung*» ... «*Aufschub*»: «translatio» ... «dilatio»; Wortspiel, durch Hebr. 11,5 inspiriert, wo 1. Mos. 5,24 nach LXX vorausgesetzt ist.

Seite 254 unten – «*Weihe ... des ganzen Hauses*»: vgl. Hagg. 2,9. «*dessen Grundstein Christus*»: vgl. 1. Kor. 3,11. «*Haus Gottes*»: «domus Dei»; vgl. civ. 11,8 (S. 14 oben). «*Vergil*»: Vgl. Aen. 1,284; 3,97.

Seite 255 oben – «*Denn dieser Dichter folgte ...*»: «Imitatus namque est poeta ille ...»; zum Vergil-Bild A.s vgl. BiblA S. 62ff., bes. Nr. 4.6.33. «*Haus Jakobs*»: vgl. Lk. 1,33; im AT «Haus Israels».

FÜNFZEHNTES BUCH, KAPITEL 20

Seite 255 Mitte – «*der Schreiber dieser Geschichte*»: «scriptor huius historiae»; vgl. Anm. zu civ. 15,8.15 (S. 226 unten. 245 unten). «*von Adam ... zu Noah*»: vgl. 1. Mos. 4,25–5,32. «*die Stammtafel wieder anknüpft*»: «ordo nascentium»; vgl. 1. Mos. 10,1–11,26. «*Matthäus*»: Mt. 1, 2–17. «*mit der von Kain ausgehenden Geschlechterreihe*»: «in generationibus ex Cain»; vgl. 1. Mos. 4,17–24; s.a. civ. 15,8 (S. 227/28) mit Anm. «*sagt der Herr*»: Lk. 20,34; vgl. civ. 15,17 (S. 251 Mitte).

Seite 255 unten – «*Ketzereien stifteten*»: «diversas haereses condiderunt»; vgl. etwa die Anhänger Markions, die zu Anf. des 5. Jh. in Nordafrika A. jedoch unbekannt sind, vgl. A., ep. 118,12 Goldbacher → KlP 3,1039. «*Gymnosophisten*»: vgl. civ. 14,17 (S. 193 Mitte) mit Anm.

Seite 256 oben – «*vor der Entrückung*»: «antequam transferretur»; vgl. 1. Mos. 5,22ff. «*denkwürdiger Zeugungen*»: «generationum memorandarum»; meint die Seth–Noah–Abraham-Abfolge. «*bei Kains Nachkommenschaft*»: vgl. 1. Mos. 4,17ff.

Seite 256 Mitte – «*dieser Stammbaum endet*»: vgl. 1. Mos. 4,24. *Bibelzitat:* Röm. 9,5.

Seite 257 oben – «*nach unseren Handschriften*»: «secundum nostros codices»; zum Ausdruck vgl. civ. 15,10 (S. 231 unten) mit Anm. «*sich von Zeugungen ... enthalten?*»: «a generationibus vacare?»

Seite 257 Mitte – «*zur Verfügung stellte*»: vgl. civ. 15,15 (S. 243 unten). «*mit Seth anhebende Reihe*»: «in generationibus Seth»; vgl. 1. Mos. 4,25–5,32. «*mit Kain ...*»: vgl. 1. Mos. 4,17–24. Seite 257 unten – «*aus einer geheimen mir verborgenen Ursache*»: «propter aliquam secretiorem causam»; nach Ios., ant. Iud. 1,2,1 p. 14 Niese war mit der siebten Generation der Brudermord gesühnt.

Seite 258 oben – «*mehrere Könige*»: schwebt A. hier die Doppelherrschaft von Romulus und Remus vor Augen?

Seite 258 Mitte – «*Gaidad*»: A.s altlat. Bibeltext folgte auch in der kainit. Namensliste der LXX.

Seite 259 oben – «*Und diese Zahl*»: sie «überschreitet» die Zehnzahl der Gebote, ist also «transgressio legis», d.h. «Sünde», vgl. A., serm. 83,6,7 (PL 38/39,5/7).

Seite 259 unten – «*elf härene Decken*»: «undecim vela cilicina»; vgl. 2. Mos. 26,7 und die gleichartige Interpretation A., de consens. evang. 2, 4,13 (CSEL 43,94,11 ff.). «*im härenen Gewande*»: «in cilicio»; denkt A. hier an die öffentl. Exhomologese (Buße) im Gottesdienst (vgl. Tert., paenit. 9,2–5) oder den Bußakt bei Eintritt in den Mönchstand (Bekleidung mit dem «cilicium» = Ziegenhaardecke, vgl. A., ep. 48,4)? «*Naema*»: = «*Noemma*» in 1. Mos. 4,22 LXX. «*Lust*»: «voluptas»; vgl. Hier., liber interpr. nomin. hebr. (CCL 72,1 p. 69).

Seite 260 oben – *12* «*Patriarchen*»: Ruben, Simeon, Levi, Juda, Issachar, Sebulon, Dan, Naphtali, Gad, Asser, Joseph, Benjamin; vgl. Altaner–Stuiber, Patrologie ([7]1966) 119; vgl. «Die Testamente der zwölf Patriarchen» ca. 200 n. Chr. (apokryph); ferner Ambr., de patriarchis (CSEL 32,2 p. 125 ff.). «*So verhält es sich hiermit*»: «His ita se habentibus»; zur Symbolik der Zwölf vgl. A., tract. in ev. Ioann. 24,6 (CCL 36,247); 27,10 (a. O. 275); 49,8 (a. O. 424,46 ff.); 118,4 (a. O. 656,20 f.); enarr. in ps. 59,2; 86,4 (CCL 39,756. 1201 f.).

FÜNFZEHNTES BUCH, KAPITEL 21

Seite 260 unten – «*Geschlechter aufgezählt*»: vgl. 1. Mos. 4,17–24; vgl. civ. 15,20 (S. 255 Mitte). «*Anders bei Seth*»: vgl. 1. Mos. 4,25 f. bzw. 5,6 ff. «*lautet*»: 1. Mos. 5,1 f.

Seite 261 oben – «*die Zeitrechnung*»: «dinumeratio temporum»; vgl. Chalc., in Tim. 47a (ed. Waszink p. 44,7 ff.) bei A. auch für Silbenzählung gebraucht, vgl. enarr. in ps. 55,10 (CCL 39,686) und auf das Zeitproblem angewandt, conf. 11,22,28 (BAW S. 320); 11,25,32–11,26,36 (BAW S. 324 ff.). «*den Namen Gottes ...*»: vgl. Anm. zu civ. 15,18 (S. 253 Mitte/unten). «*Lamech bekennt*»: vgl. 1. Mos. 4,23.

Seite 261 Mitte – «*die Auferstehung des Getöteten*»: «resurrectio» = Seth; «occisi» = Abel, auf Christus bezogen. «*Sohn des Besitzes*»: vgl. civ. 15,17 (S. 251 oben) mit Anm.

Seite 261 unten – *Psalmzitate:* Ps. 49,12. / 73,20. / 52,10. / 40,5.

Seite 262 oben – «*Pforte der Sterblichkeit*»: «ianua mortalitatis»; nicht aus 1. Mos. 3,24 abzuleitende Metapher.

Seite 262 Mitte – «*Gefäße des Zorns ... der Barmherzigkeit*»: vgl. Röm. 9,21–23. «*weil aus nichts*»: «quia ex nihilo»; vgl. civ. 12,6; 14,11 (S. 69 Mitte. 179f.); c. Iulian. op. imperf. 5,39 (PL 45,1475).

FÜNFZEHNTES BUCH, KAPITEL 22

Seite 262 unten – «*infolge der Anteilnahme an der Bosheit*»: «iniquitate participata»; vgl. Anm. zu civ. 15,13 (S. 185 unten). «*Verschmelzung*»: «confusio»; im Gegensatz zu «Vermischung» («permixtio»). «*in der Genossenschaft der Erdgeborenen*»: «in terrigenarum societate»; vgl. Anm. zu civ. 15,15 (S. 244 oben: «quomodo terrigenis»); ferner civ. 15,18 (S. 253 Mitte).

Seite 263 oben – «*von den Gottessöhnen*»: nach Hiob 1,6; 38,7 u.a. himmlische Engelwesen: 1. Mos. 6,1 f.

Seite 263 Mitte – «*Nicht am Golde ...*»: «nullo peccato auri, sed hominis»; vgl. civ. 12,8 (S. 71 oben).

Seite 263 unten – «*in einem Preis der Osterkerze*»: «in laude cerei»; vgl. das Gedicht «de anima» (erh. 35 Hexameter) der Anthologia Latina, ed. Riese, 489. Zum Jerusalemer Brauch der Osterkerzenweihe mit dem Hymnus «Exsultet» vgl. B. Capelle, Misc. Mercati 1, 1946, 220ff.; B. Fischer, Arch. Liturgiewiss. 2, 1952, 61–74; H. Lausberg, Lex. Theol. u. Kirche 3 ([3]1959) 1318f. «*in rechter Ordnung ...*»: «et amor ipse ordinate amandus est»; vgl. civ. 11,28; 14,28 (S. 46f. 210f.); ferner A., doctr. christ. 1,27,28; A. Maxsein, Augustinus Magister 1 (1954) 353–371.

Seite 264 oben – *Bibelzitat:* Hld. 2,4 Vulg. Ist A. hier von Orig., hom. in cant. 2,8 (GCS 3,52f.) und desselben Ktr in Hld. 3 (a.O. 186) beeinflußt? Dazu BiblA S. 159, Nr. 17 (Altaner), 19 (Theiler).

FÜNFZEHNTES BUCH, KAPITEL 23

Seite 264 Mitte – «*im dritten Buch*»: vgl. civ. 3,5 (S. 116 unten). *Psalmzitate:* Ps. 104a. / 104b. «*Angelus*»: A. hat ἄγγελος.

Seite 264 unten – «*Engelleiber*»: A. schreibt nur «corpora», denkt dabei aber an einen leuchtenden Ätherleib, vgl. div. quaest. 83 qu. 47 (CCL 44 A, 74) mit retract. 1,26; enchir. 15,59 (Übers. Barbel 113f. mit Ktr Nr. 93). «*incubi*»: vgl. Hier., vita Pauli 8 (PL 23,25); Isid., orig. 8,11,103 (PL 82,326).

Seite 265 oben – «*Dusii*»: kelt. Wort; Quellgötter, deren Gewässer die Fruchtbarkeit der Frauen förderte, vgl. G. Drioux, Les cultes indigènes des Lingons (1934) 125; J. de Vries, Keltische Religionen (1961) 114ff.

Seite 265 Mitte – *Bibelzitat:* 2. Petr. 2,4.

Seite 265 unten – «*steht geschrieben*»: Mk. 1,2. «*Engel genannt*»: vgl. Maleachi 2,7 Vulg.: «angelus Domini». «*bereits erwähnte*»: vgl. civ. 15,9 (S. 230f.). «*Zerstörung der Stadt*»: «Romanae urbis ... excidium»; vgl. A., de excidio urbis Romae sermo (CCL 46,245 ff.) von 410 n. Chr.

Seite 266 oben – «*Riesen*»: «gigantes»; vgl. civ. 15,9 (S. 320 unten) mit Anm.

Seite 266 Mitte – *Bibelzitat:* 1. Mos. 6,1–5 LXX und Vulg. «*Söhne Gottes*»: «angeli Dei».

Seite 266 unten – «*als auch nachher*»: vgl. 4. Mos. 13,31–33 («Enaks Söhne»). «*Kinder für sich*»: weil sie «Söhne Gottes» waren.

Seite 267 oben – «*auf Gott ihre Hoffnung setzen*»: vgl. Ps. 78,7a. «*Sohn der Auferstehung*»: vgl. civ. 15,18; gemeint ist Enosch. «*anzurufen*»: vgl. Anm. zu civ. 15,18 (S. 253 unten).

Seite 267 Mitte – *Bibelzitat:* 1. Mos. 6,3.

Seite 267 unten – «*Aquila*»: zu diesem Proselyten und Übersetzer (ca. 130 n. Chr.), der wegen seiner raffinierten Wörtlichkeit beliebt war, und den «anderen Übersetzern» vgl. E. Würthwein, Der Text des AT (²1963) 54–56. «*sondern Göttersöhne*»: «filios deorum interpretatus est»; nach Hier., quaest. hebr. in Gen. 6,2 (CCL 72,9) im Hinblick auf Ps. 82,1; hingegen übersetzte der Judenchrist Symmachus (ca. 200 n. Chr.) 1. Mos. 6,1: «Videntes filii potentium ...» (Hier. a. O.). *Psalmwort:* Ps. 82,6. «*die siebzig Dolmetscher*»: «septuaginta interpretes»; zu ihrer Inspiriertheit vgl. die Anm. zu civ. 15,13 und zu 18,43 (S. 238 Mitte. 488 ff.).

Seite 268 oben – «*Fabeln*»: F., nach denen die Engel sich fleischlich mit den «Menschentöchtern» vermischten. «*apokryphe Schriften*»: vgl. Henochapok. 6 f. 10 f. 12,4. 19,1 f. 105,4–12; testam. XII patr., Ruben 5, Naphtali 3; Jubiläenb. 4,15–22; 5,1–10; vgl. aber auch 2. Petr. 2,4. «*kanonisches Ansehen*»: «canonica auctoritas». «*der Apostel Judas*»: d. h. der Bruder des Jakobus, vgl. Mk. 6,3. «*sagt*»: vgl. Jud. 14.

Seite 268 Mitte – «*im Tempel*»: vgl. 2. Kg. 22,8 ff. In der Tat kann man mit der Verpflichtung auf das sog. Deuteronomium unter Josia 621 v. Chr. (2. Kg. 23,1–3) die bis ins 1. Jh. n. Chr. durchlaufende Geschichte des hebr. Kanons einsetzen lassen, vgl. L. Rost, Einl. in die alttest. Apokryphen und Pseudepigraphen (1971) 15 ff. «Henoch» gehört danach zu den Pseudepigraphen, Rost 82 ff.

Seite 268 unten – «*nach dem Urteil der Sachverständigen*»: «a prudentibus»; vgl. z. B. Hier., de vir. ill. 4; in epist. ad Titum 1,12 (PL 26,573 f.). «*bei sorgfältiger Prüfung*»: sc. auf nordafrikan. Konzilien; A. war als Presbyter in Hippo Regius 393 (Festpredigt) und als Bischof in Karthago 397 und 419 daran beteiligt. Diese Konzilien gelten als Abschluß der abendländ. Kanonsentwicklung in der Alten Kirche. «*erdgeborene Genossenschaft*»: vgl. civ. 15,22 (S. 262 unten).

Seite 269 oben – «*ein anderer Prophet*»: Baruch 3,26–28.

FÜNFZEHNTES BUCH, KAPITEL 24

Seite 269 unten – *Bibelzitat:* 1. Mos. 6,3 LXX. «*kam die Sündflut*»: vgl. 1. Mos. 7,11.

Seite 270 Mitte – *Bibelzitat:* 1. Mos. 6, 5–7 LXX, beachte den Unterschied Vers 7: A. hat «quia iratus sum», Vulg. «poenitet enim me».

FÜNFZEHNTES BUCH, KAPITEL 25

Seite 270 unten – «*Zorn Gottes*»: mit der Betonung der Affektlosigkeit Gottes bewegt A. sich auf traditionellen Bahnen frühchristl. Apologetik, vgl. Lact., ira (lat.-dt. von H. Kraft und A. Wlosok, [3]1974; beachte dort die Einl.), wie auch auf dem Pfad philosophischer Erörterung der Antike, vgl. M. Pohlenz, Vom Zorne Gottes (1909). «*nicht wie ein Mensch*»: vgl. civ. 14, 11 (S. 179 Mitte) mit Anm.

FÜNFZEHNTES BUCH, KAPITEL 26

Seite 271 Mitte – «*von Gott der Befehl*»: «imperat Deus»; vgl. 1. Mos. 7, 1–4. «*ohne Zweifel ein Bild*»: «procul dubio figura ...»; vgl. A., ep. 108, 7, 20 (im Sinne einer seit Kallixt I. von Rom, Anf. 3. Jh., nachweisbaren, großkirchlichen Interpretation: die Arche beherbergte Reine und Unreine); weitere Text- und Lit.-Belege s. BA 36, 708. «*der Mittler*»: «mediator»; vgl. 1. Tim. 2, 5; die nachfolg. christolog. Interpretation weist über Ambr., de Noe et arca, auf Philo, quaest. in Gen. zurück. «*die Maße der Länge, Höhe und Breite*»: vgl. 1. Mos. 6, 15; s. a. A., c. Faust. Manich. 12, 14; dazu Ambr., de Noe et arca 6, 13; Philo, quaest. in Gen. 2, 2 f.

Seite 271 unten – «*an der Seite eine Tür*»: vgl. 1. Mos. 6, 16. Zur Interpretation bei Philo, quaest. in Gen. 2, 6 (auf die menschlichen Organe des Harn- und Kotweges bezogen) vgl. A.s Spott, c. Faust. Manich. 12, 39 (CSEL 25, 1 p. 366, 12 ff.).

Seite 272 oben – «*vom Speer durchbohrt*»: vgl. Joh. 19, 34. Zur Interpretation vgl. A., c. Faust. Manich. 12, 16. 20. «*aus viereckigen Balken*»: vgl. 1. Mos. 6, 14 LXX; dazu Philo, quaest. in Gen. 2, 2; Ambros., de Noe et arca 6, 13; A., c. Faust. Manich. 12, 19. «*bildet kirchliche Verhältnisse ab*»: «ecclesiasticarum signa sunt rerum»; die christolog.-sakramentale Interpretation geht in die ekklesiologische über.

Seite 272 Mitte – «*habe ich bereits getan*»: vgl. A., c. Faust. Manich. 12, 14–22 (CSEL 25, 1 p. 343, 15 ff.). «*Büchern der Hebräer*»: das AT; dessen christolog. Exegese beginnt schon im NT.

Seite 272 unten – *Bibelzitat:* 2. Mos. 6, 16 b. «*Juden und Griechen*»: vgl. Röm. 3, 9. «*wenn es nur nicht*»: vgl. Anm. zu civ. 11, 32 (S. 53 unten).

Seite 273 oben – «*die der Apostel preist*»: «commendat»; 1. Kor. 13, 13. «*evangelische Fruchtbarkeit*»: «ubertates evangelicae»; zur Interpretation vgl. civ. 21, 27 (S. 745 Mitte); ferner A., quaest. evang. 1, 9 (PL 35, 1325); außerdem Hier., in Mt. 13, 23 (PL 26, 91 f.); adv. Iovin. 1, 7 (PL 23, 220).

FÜNFZEHNTES BUCH, KAPITEL 27

Seite 273 unten – «*die nackten Tatsachen*»: «res gestas». «*wozu mußten dann*»: ein von dem Markion-Schüler Apelles (→ KlP 1, 421, Nr. 3) vorgetragenes Bedenken zu 1. Mos. 7, 2 nach Orig., hom. in Gen. 2, 2 (GCS

29,27ff.); vgl. noch A., c. Faust. Manich. 12,38. Zur Origenes-Lektüre A.s vgl. die Anm. zu civ. 11,23 (Seite 37 oben).

Seite 274 oben – «*Olymp*»: zu dessen Regenmangel vgl. A., de Gen. c. Manich. 1,15,24; quaest. in Heptat. 1,9 und vor allem de Gen. ad litt. 3,2,3, wo A. «einen der weltlichen Dichter» (Lucan. 2,271.273) zitiert, im folg. aber von Ps.-Apul., mund. 33 (p. 168f. Thomas) abhängig ist, der seinerseits Hom., Od. 4,42–45 zitiert. Antike Ortsbeschreibungen: Hdt. 7,128f.; Plut., Aem. 15f. (BAW S. 143ff.).

Seite 274 unten – «*dreimal genommen werden muß*»: also der gesamte Flächeninhalt; allerdings dürfte A. nur 900 × 50 multiplizieren. «*Origenes*»: Orig., hom. in Gen. 2,2 (GCS 29,27ff.). *Bibelzitat:* Apg. 7,22. «*welche Fülle*»: nach Orig., c. Cels. 4,51 besaß die Oberfläche der Arche das Ausmaß einer Stadt; vgl. ferner A., quaest. in Heptat. 1,4 (PL 34, 549).

Seite 275 oben – «*in hundert Jahren*»: aus den Angaben 1. Mos. 5,32 und 1. Mos. 7,6 gefolgerte Berechnung.

Seite 275 unten – *Bibelzitate:* 1. Mos. 6,20. / 6,19; vgl. ferner 7,2f. 9. «*die ohnehin in den Häusern ...*»: z. B. Wanzen und Flöhe, vgl. die Sentenz Anm. zu civ. 11,16.

Seite 276 oben – *Bibelzitate:* 1. Mos. 6,19. / 1. Mos. 6,20.

Seite 276 Mitte – «*Mücken*»: «muscae», auch «Fliegen», vor denen man Ekel haben kann, vgl. A., tract, in ev. Ioann. 1,14 (CCL 36,8). Diese wie die folg. Angaben dürfte A. der Naturgeschichte des Plinius entnommen haben.

Seite 276 unten – «*Einige machen sich auch Gedanken darüber*»: «Solet etiam movere nonnullos»; etwa Orig., hom. in Gen. 2,1 (GCS 29,24f.); ferner A., quaest, in Heptat. 1,7 (CCL 33,4).

Seite 277 Mitte – «*in diesen Ereignissen sich darbietenden Zeichen ...*»: «tam multiplicia rerum signa gestarum»; zur ekklesiologischen, hier auf die «civitas terrena» beschränkten Exegese vgl. Anm. zu civ. 15,26 (S. 271 Mitte).

Seite 277 unten – «*nach Menschenweise ... nach Gott*»: vgl. civ. 14,4 (S. 160f.).

SECHZEHNTES BUCH, KAPITEL 1

Seite 278 oben – «*errettet wurde*»: vgl. 1. Mos. 8,18. «*durch einen prophetischen Segen*»: vgl. 1. Mos. 9,26.

Seite 178 unten – *Bibelzitate:* 1. Mos. 9,25. / 9,26f.

Seite 279 oben – «*mit prophetischem Sinn erfüllt*»: «propheticis sunt gravidata sensibus»; vgl. A., c. Faust. Manich. 12,22 (CSEL 25,1 p. 350, 10ff.). «*mit Schleiern verdeckt*»: «velata tegminibus»; vgl. 2. Kor. 3,13–15.

SECHZEHNTES BUCH, KAPITEL 2

Seite 279 oben – «*Nambafte*»: «nominatus»; vgl. Hier., liber interpr. hebr. nomin. (CCL 72 p. 71,13f.). «*im Hohelied*»: Hld. 1,2.

Seite 279 Mitte – «*Japhet*»: vgl. 1. Mos. 10, 1. «*Weite*»: «latitudo»; vgl. Hier., interpr. hebr. nomin. (CCL 72 p. 67, 11 f.); quaest. hebr. in Gen. 9, 27 (a. O. p. 11, 28 ff.). «*Ham*»: vgl. Hier., a. O. «*Hitzige*»: «calidus»; vgl. Hier., hebr. nom. (CCL 72 p. 63, 10 f.); ferner B. Altaner, Münch. Theol. Zschr. 4, 1953, 34–36.

Seite 279 unten – *Paulus-Zitat*: 1. Kor. 11, 19. *Bibelzitat*: Spr. Sal. 10, 4a LXX; während das alttestamentl. Zitat A.s Gedanken von der Nutzung des Bösen durch Gott legitimiert (vgl. civ. 11, 17 [S. 28 unten] oder enchir. 8, 27: «Melius iudicavit de malis benefacere» u. ö.), kann im zeitgenössischen Streit um A.s Gnadenlehre der ihn und seine «auctoritas» anonym angreifende Vincenz v. Lerinum (→ KlP 5, 1268) das Paulus-Zitat seinen Zwecken dienlich machen (Commonitorium 10, 25).

Seite 280 oben – «*Noahs mittlerem Sohne*»: Ham, vgl. 1. Mos. 5, 32; 6, 10; 7, 13; 9, 18. «*die Blöße jenes Mannes*»: sc. Noah; vgl. 1. Mos. 9, 22. *Bibelzitat*: Mt. 7, 20.

Seite 280 Mitte – «*Kanaan*»: vgl. 1. Mos. 9, 18. «*ihre Bewegung*»: «motus eorum»; vgl. Hier., lib. interpr. nom. hebr. (CCL 72 p. 63, 14 f.); anders Ambr., de Noe et arca 30, 114 f. «*der Apostel sonst*»: vgl. 1. Kor. 1, 22 ff. «*sie nahmen ...*»: vgl. 1. Mos. 9, 23.

Seite 280 unten – «*Das Kleid aber bedeutet Geheimnis*»: «Vestimentum significat sacramentum»; vgl. A., c. Faust. Manich. 12, 23 (CSEL 25, 1 p. 351, 8 ff.). «*da Japhet bereits in den Hütten Sems*»: vgl. 1. Mos. 9, 27 mit A., c. Faust. Manich. 12, 24 (a. O. p. 352, 1 ff.); «Japhet» meint die Heidenchristenheit. «*der böse Bruder in ihrer Mitte*»: vgl. A., c. Faust. Manich. 12, 24 (a. O. p. 352, 21: «in illa maledicta medietate»). «*der böse Bruder*»: d. h. Kanaan. «*Knecht seiner guten Brüder*»: vgl. 1. Mos. 9, 26; meint die Häretiker, vgl. A., c. Faust. Manich. 12, 24; ferner a. O. p. 353, 8 ff. das auf die Manichäer bezogene Paulus-Wort 1. Kor. 11, 9. «*die Guten bedienen sich ...*»: vgl. Anm. zu S. 279 unten. «*so sagt er*»: Phil. 1, 18.

Seite 281 oben – «*Er ist es, der trunken war*»: vgl. 1. Mos. 9, 21.

Seite 281 unten – «*Schwachheit und Torheit*»: vgl. 1. Kor. 1, 25. «*es draußen verkündete*»: «foris»; die Kritik an Ham geht von dem augustin. Gegensatz «intus» – «foris» aus. «*nur auf Christus und seine Kirche*»: zur Synthese von christolog. und ekklesiolog. Exegese vgl. civ. 15, 26 (S. 272 oben); sie ist der frühchrist. Exegese des AT seit 1. Kor. 10, 1–11 eigen.

Seite 282 Mitte – «*durch den Vergleich mit dem Gegenteil*»: «ex comparatione contraria»; also kein sog. «argumentum e silentio», sondern «a contrario», vgl. Lausberg, Hbuch. der lit. Rhetorik (1960) § 1244.

Seite 282 unten – «*was nichts zu bedeuten hat*»: «quae nihil significant»; d. h. die «res gestae», vgl. den Aufsatz von R. A. Markus in Augustingespräch II (1979).

SECHZEHNTES BUCH, KAPITEL 3

Seite 283 oben – «*Geschlechter der Söhne Noahs*»: «generationes»; vgl. 1. Mos. 10. «*die des jüngsten Sohnes*»: vgl. 1. Mos. 10,2–5. «*acht Söhne*»: vgl. 1. Mos. 10,2 LXX; Vulg. und hebr. Text kennen nur sieben, danach Hier., quaest. hebr. in Gen. 10,21 (CCL 72 p. 11,6 f.). «*Söhne Hams*»: vgl. 1. Mos. 10,6 f.

Seite 283 Mitte – *Bibelzitat:* 1. Mos. 10,8–12 (LXX).

Seite 283 unten – «*der Vater des gewaltigen Nimrod*»: «pater gigantis nebroth»; vgl. A., quaest. in Heptat. 1,18 (CCL 33 p. 6).

Seite 284 oben – «*Ninus*»: vgl. civ. 16,10 (S. 298) mit Anm.; die Angaben hier gehen vielleicht auf Hier. (Eus.), chronic. 16 F (GCS 47,20a) zurück.

Seite 284 Mitte – «*Mizraim*»: «Mesraim»; transkribiert aus dem Hebr.; vgl. 1. Mos. 10,13. «*der sogenannten Philister*»: «Philistiim»; 1. Mos. 10,14 b. «*Kanaan*»: vgl. 1. Mos. 10,15; vgl. 9,18.

Seite 284 unten – «*einunddreißig Namen*»: davon weiß Hier., quaest. hebr. in Gen. 10,21 (CCL 72 p. 11,5 ff.) mehr zu berichten. *Bibelzitat:* 1. Mos. 10,21 LXX; vgl. A., quaest. in Heptat. 1,24 (CCL 33,8).

Seite 285 oben – «*Denn Sem erzeugte*»: vgl. 1. Mos. 11,10–15.

Seite 285 Mitte – «*Hebräer*»: A., de cons. evang. 1,14,21 (CSEL 43, 19 f.) hatte eine etymol. Ableitung von Abraham favorisiert, sie aber unter Verweis auf civ. 16,3 dann verworfen, vgl. retract. 2,16,43; quaest. in Heptat. 1,24 (CSEL 28,2 p. 11,21 ff.). «*in dem ganzen Volke sich sinnbildlich darstellte*»: «in omnibus sacramento adumbrata»; vgl. civ. 16,26 (S. 325 unten) oder 15,2 (S. 214 Mitte). «*Söhne Sems genannt*»: vgl. 1. Mos. 10,21 f. «*Heber*»: vgl. 1. Mos. 10,25.

Seite 285 unten – «*Teiler*»: «dividens»; vgl. Hier., lib. hebr. nom. (CCL 72 p. 66,14). *Bibelzitat:* 1. Mos. 10,25. «*später*»: vgl. civ. 16,10 (S. 297 unten). *Bibelzitat:* 1. Mos. 10,31.

Seite 286 oben – *Bibelzitate:* 1. Mos. 10,32. / 10,5.

Seite 286 Mitte – *Bibelzitate:* 1. Mos. 10,13. / 10,20.

SECHZEHNTES BUCH, KAPITEL 4

Seite 287 oben/Mitte – *Bibelzitat:* 1. Mos. 11,1–9 LXX. «*ist Babylon*»: dieser Nachtrag ist notwendig, weil A.s Bibeltext mit der LXX (σύγχυσις) «confusio» = «Verwirrung» las, nicht aber mit dem hebr. Text «Babel» (so auch Vulg.)! «*die heidnische Geschichtsschreibung*»: «gentium historia»; z. B. Hdt. 1,178–188 (BAW S. 98 ff.); zum Ausdruck vgl. civ. 18,40 (S. 482 f.).

Seite 287 unten – «*Schon früher*»: vgl. civ. 16,3 (S. 283 unten).

Seite 288 oben – «*Denn so wird in der Schrift*»: vgl. 2. Mos. 10,4.

Seite 288 Mitte – *Bibelzitate:* 1. Mos. 10,9. / Ps. 95,6. / Hiob 15,13 (LXX). «*denn das griechische ‹enantion›*»: zu den Griechischkenntnissen A.s vgl. P. Brown, Augustinus von Hippo (1973) 29 f.; BiblA S. 62 f.

Seite 288 unten – «*Jäger aber bedeutet ...*»: «venerator»; vgl. Hier., de hebr. nomin. (CCL 72 p. 69,4); ferner Ambr., de Noe et arca 34,128 («Nemroth» = «Aethiops»). «*erdgeborene Geschöpfe*»: «animalium terrigenarum»; vgl. civ. 15,22 (S. 262 unten) mit Anm.; 15,23 (S. 268 unten). «*das Sinnbild gottlosen Hochmuts*»: vgl. Sir. 10,15; dazu civ. 14,13 (S. 183 unten) mit Anm.

SECHZEHNTES BUCH, KAPITEL 5

Seite 289 oben – *Bibelzitat:* 1. Mos. 11,5 (LXX). «*die Menschenkinder*»: hermeneutischer Zusatz des Übersetzers, der durch A.s Bibelzitat notwendig wurde. Hebr. Text = Vulg.: «filii Adam». «*da er stets überall ...*»: «Deus, qui semper est ubique totus»; vgl. civ. 7,30 (S. 363 oben) mit Anm. Das Theologumenon, schon früh wie hier von der altchristl. Apologetik angewandt, hatte auch neuplaton. Rang, vgl. Plot., enn. 3, 9,4 (Übers. Harder Ia 283f.) und sollte als Christologumenon durch A. Einwirkung auf die abendländische Theologiegeschichte ausüben.

Seite 289 Mitte – «*das Herniederfahren Gottes*»: «Deus ad illam civitatem descendisse»; war auch Angriffspunkt heidnischer Polemik, vgl. Origenes, c. Cels. fr. 5,2 Bader; schon Philon stellte deshalb seine Exegese von 1. Mos. 6 auf das apolog. Thema «Quod Deus sit immutabilis» (Mangey p. 272ff.) ab.

Seite 289 unten – *Bibelzitate*: 1. Mos. 11,6. / 11,7; vgl. A., quaest. in Heptat. 1,22 (CSEL 28,2 p. 10,22ff.).

Seite 290 oben – «*Apostelzitat*»: 1. Kor. 3,9.

SECHZEHNTES BUCH, KAPITEL 6

Seite 290 oben – *Bibelzitate:* 1. Mos. 1,25. / 1,26.

Seite 290 Mitte – «*diese Dreieinigkeit der eine Gott ...*»: «Quae tamen trinitas, quia unus Deus est»; vgl. civ. 11,10.24 (S. 18 oben; 39 Mitte); ferner A., trin. 8 prooem.; 4,21.30 u.ö. Mit dem Gedanken einer «inseparabilis operatio trinitatis» beeinflußte A. die abendländische Dogmen- und Geistesgeschichte nachhaltig.

Seite 290 unten – *Bibelzitat:* 1. Mos. 11,4. «*Quelle des Lebens*»: vgl. Ps. 36,10.

Seite 291 Mitte – *Bibelzitat:* 1. Mos. 11,6b. *Vergil-Zitat:* Aen. 4,592.

Seite 291 unten – «*dreiundsiebzig oder ... zweiundsiebzig*»: vgl. die gleichlautende Ankündigung civ. 16,3 (S. 285 unten / 286 oben).

Seite 292 oben – «*auch in Afrika*»: vgl. A., ep. 199,46.

SECHZEHNTES BUCH, KAPITEL 7

Seite 292 unten – *Bibelzitat:* 1. Mos. 1,24; zu dem angesprochenen Problem der simultanen Schöpfung vgl. civ. 12,26; BiblA S. 114f. «*Geheimnis der Kirche*»: vgl. A., c. Faust. Manich. 12,15.

SECHZEHNTES BUCH, KAPITEL 8

Seite 293 oben – «*gewisse monströse Menschenarten*»: etwa die Arimaspoi, vgl. Hom., Od. 9,106f.; Verg., Aen. 3,617f.; Plin., nat. 7,2,2; → KlP

1,540f.; auch die Abarimoi, s. Plin., a.O., wo neben weiteren Beispielen noch die Pygmaioi genannt sind, vgl. Hom., Il.3,2f.; Verg., Aen.10, 264f.; auch Hdt.2,32 (BAW S.138), die auf nordafrikan. Fußbodenmosaiken häufig dargestellt wurden. «*die Völkergeschichte*»: «gentium historia narrat»; vgl. civ.16,4 (S.287 unten).

Seite 293 Mitte – «*nach der Elle*»: «a cubito»; griech. πυγμαῖος. «*schon mit fünf Jahren schwanger*»: vgl. Plin., nat.7,2,2. «*nur ein Bein*»: die sog. Monokoloi, s. Plin., a.O. «*Schattenfüßler*»: hermeneutischer Zusatz des Übersetzers; sie sollen nach Plin., a.O. entweder in Indien oder Äthiopien wohnen, vgl. Philostr., vita Apollonii 3,47.

Seite 293 unten – «*an der Meerstraße Karthagos*»: «in maritima platea»; gemeint sind natürlich die Prachtvillen an derselben. Hier spricht A. als Augenzeuge. «*in Mosaikmalerei*»: «musivo picta»; vgl. etwa die Bestände des Bardo-Museums: M. Yacoub, Musée du Bardo, Tunis (1970) passim. «*Kynokephalen*»: «Hundsköpfige»; als Menschenart sehr selten in der antiken Literatur. «*sterbliches, vernunftbegabtes Lebewesen*»: «animal, rationale mortale»; vgl. civ.9,13 (S.446 unten) u.ö.; A., de mor.eccles. 1,27,52; trin.7,4,7.

Seite 294 Mitte – «*des schönen Weltalls*»: «universitatis pulchritudinem»; vgl. civ.11,18 (S.29f.) mit Anm.; ferner A., ord.1,1,2 (BAW S.246f.); de lib.arbitr.3,11,32–3,12,35 (BAW S.283–289); zum neuplaton. Einfluß vgl. G. Madec, BA 6 (^{2}1976) 557ff. «*Wir wissen ...*»: vgl. Aristot., gen.an.4,4,770b 30 Bekker.

Seite 294 unten – «*Hippo Bizaritus*»: Hippo Diarrhytus, heute Bizerta; nicht zu verwechseln mit Hippo Regius, heute Bône (→ Kt. LAW 61f., Abb.3 E1); A. predigte mehrmals dort, vgl. etwa G. Morin, Serm. post Maurinos reperti (= Misc. Agost. 1, 1930) 124.141. «*Mannweiber*»: «Androgynaecas»; vgl. Lucr.5,836ff. (BAW S.479); Plin., nat.7,3,34 («androgynos»); ferner Oros., hist.5,4,8 (ed. A. Lippold 2,22).

Seite 295 oben – «*ein männliches Geschlecht*»: vgl. Plin., nat.11,109,262. «*ein Doppelmensch*»: «duplex homo»; d.h. siamesische Zwillinge.

Seite 295 unten – «*Meerkatzen*»: «cercopithecos» (κερκοπίθηκος); ein geschwänzter Affe, vgl. Plin., nat.8,30,72. «*auch das seien Menschenvölker*»: vgl. etwa die Kerkopen, einen räuberischen Volksstamm der Insel Pithekusa, dessen Angehörige Juppiter in Affen verwandelte (cercopes), vgl. Ov., met.14,92.

SECHZEHNTES BUCH, KAPITEL 9

Seite 296 Mitte – «*Gegenfüßler*»: hermeneutischer Zusatz des Übersetzers; zum antiken Gelehrtenstreit um die «Antipoden» (Plat., Tim. 63a [= Jub. Ausg. S.260 oben] schuf das Wort, Arist., cael.4,1,308a 20 Bekker [= BAW S.165 oben] nahm es auf), vgl. Cic. Lucullus 39,123 und die Kritik bei Lact., inst.3,24,3ff.; epit.34,2, aber auch Serv. in Verg., Aen.6,532. «*innerhalb des Himmelsgewölbes aufgehängt*»: «intra convexa caeli terra suspensa», was das alttestamentl. Weltbild von der Erde als Scheibe mit dem sie umgebenden Weltmeer («oceanus») – vgl. z. B. Ps. 104, 1–9 – als kosmolog. Aussage akzeptieren kann; vgl. ähnlich civ. 13, 17 (S. 130) mit Anm.

Seite 296 unten – «*eine runde Kugelgestalt der Erde*»: «figura conglobata et rotunda mundus esse»; so schon Eudoxos von Knidos (ca. 391–338 v. Chr.) → civ. 16, 23 (S. 318 oben).

SECHZEHNTES BUCH, KAPITEL 10

Seite 297 Mitte – «*die von Sem ...*»: «series generationum ab ipso Sem»; vgl. 1. Mos. 10, 21 ff.; 11, 10 ff. «*die von Seth ...*»: vgl. 1. Mos. 4, 25 ff.; vgl. civ. 15, 21. «*auf deutsch*»: hermeneutischer Zusatz des Übersetzers; Text: «hoc est in confusione»; vgl. civ. 16, 4 (S. 287 Mitte).

Seite 297 unten – «*schon früher*»: civ. 16, 3 (S. 285 unten). *Bibelzitat:* 1. Mos. 10, 25.

Seite 298 oben – «*das neue Geschlechtsregister*»: «incipit generationum ista contextio»; Zitat: 1. Mos. 11, 10 f. (LXX). «*geringe Zahl erwähnter Namen*»: die Fragestellung schon beim Stammbaum der Kainiten civ. 15, 20 (S. 256 Mitte).

Seite 298 Mitte – «*Ninus*»: vgl. civ. 16, 3 (S. 284 oben) mit Anm.; ferner civ. 16, 17; 18, 2 mit Anm.

Seite 298 unten – «*Kainan*»: vgl. civ. 16, 3 (S. 285 oben) und 1. Mos. 11, 13 (LXX: deshalb nicht in dt. Übers.); im übrigen decken sich die Namen der Liste 1. Mos. 11, 10–26.

Seite 299 oben – «*Abraham nannte*»: vgl. 1. Mos. 17, 5. «*entweder überhaupt nicht, oder doch nur schwer*»: auch hier kann A., dessen Bibel der LXX folgte, seiner heimatlichen Tradition treu bleiben. Der hebr. Text kommt für das Geschlechtsregister Sem-Abraham nur auf 292 Jahre, so daß alle Repräsentanten desselben noch zu Abrahams Zeiten lebten!

Seite 299 Mitte – «*der Staat oder ...*»: «civitas, hoc est societas impiorum»; vgl. civ. 15, 7 (S. 226 Mitte): Kain als Begründer.

S. 299 unten – «*jener gewaltige Jäger*»: vgl. 1. Mos. 10, 9 = Nimrod; vgl. civ. 16, 4 (S. 287 unten. 288 unten). «*in diesen beiden Psalmen*»: Ps. 14, 3; 53, 4.

Seite 300 oben – *Bibelzitate:* Ps. 14, 4; 53, 5. / 14, 2; 53, 3.

SECHZEHNTES BUCH, KAPITEL 11

Seite 300 unten – «*den Namen ‹Verwirrung›*»: «nomen confusionis»; vgl. civ. 16, 4 (S. 287 Mitte). «*wie bereits erwähnt*»: vgl. civ. 16, 3 (S. 285 Mitte).

Seite 301 Mitte – «*das ist Zertrennung*»: «quod interpretatur divisio»; vgl. civ. 16, 3 (S. 285 unten) mit Anm. *Bibelzitat:* 1. Mos. 10, 25. «*verwirklichte*»: «ut hoc sit»; Hier., quaest. hebr. in Gen. (CCL 72, 14) bezeichnet deshalb die Benennung «Phaleg» durch Heber als ein «vaticinium».

Seite 302 oben – «*die gemeinsame Ursprache*»: «quae fuit ante communis»; als «Hinweis auf die Gerechtigkeit» («iustitiae gentis huius non parvum vestigium»); vgl. Spr. 14,34.

Seite 302 Mitte – «*Noch über eins ...*»: «sed adhuc illud movet»; nach 1. Mos. 10,32 waren die namentlich genannten Noah-Söhne Stammväter getrennter Völker. «*jener riesige Nimrod*»: «gigans ille Nebroth»; vgl. civ. 16,3.4 (S. 283 unten. 287 unten) mit Anm.

Seite 302 unten – «*die Zahl der zweiundsiebzig Völker*»: vgl. civ. 16,3 (S. 286 oben).

Seite 303 Mitte – «*die zwölf Söhne Joktans*»: «Jectan»; vgl. 1. Mos. 10, 26–29 (LXX); hebr. Text und Vulg. geben 13 Namen. «*die Erde zerteilt*»: vgl. 1. Mos. 10,25; die von hebr. pilag = teilen abzuleitende Namensetymologie liegt auf der Hand; vgl. civ. 16,3 (S. 285 unten).

Seite 303 unten – «*wie vorhin*»: «prior»; vgl. 1. Mos. 10,2 ff. «*dann*»: vgl. 1. Mos. 10,6 ff. «*zuletzt*»: vgl. 1. Mos. 10,21 ff. «*ältesten Geschichtsdenkmäler*»: «antiquissimas historias»; vgl. civ. 16,4 (S. 287 unten): «gentium historia»; zur Sache ferner Hier., quaest. hebr. in Gen. 10,26 (CCL 72,14); dieser spricht, gemäß dem hebr. Text, von 13 Völkern.

Seite 304 oben – «*Mizraim*»: «Mesraim»; vgl. civ. 16,3 (S. 284 Mitte).

SECHZEHNTES BUCH, KAPITEL 12

Seite 304 Mitte – «*den weiteren Fortgang*»: «procursum»; vgl. civ. 1,35; 10,32; 17,4; 18,1 (S. 57 unten. 530 unten. 362 oben. 418 oben). «*aus der Heiligen Schrift*»: vgl. 1. Mos. 11,28. «*gottlose Aberglaube*»: «superstitiones impiae»; vgl. civ. 10,32 (S. 526 unten) mit dem Hinweis auf die «Geheimlehre der Chaldäer» (S. 524 oben). Ihr hatte während der Spätantike im christl. werdenden und gewordenen Imperium heidn. Opposition zu neuer Aufwertung verholfen, vgl. etwa Porphyrius und Synesius; dazu vor allem W. Theiler, J. H. Waszink, P. Hadot (Lit. bei letzterem, Porphyre et Victorine, 2 Bde. [1968]); auch Proklos (→ KlP 4,1160 ff.), Ta. E. des Places, Oracles Chaldaïques, avec un choix des commentaires anciens (1971). «*das Haus Tharas*»: «Tharae domus»; 1. Mos. 11,27: «generationes Thare», vgl. den Schriftbezug hier auf Jos. 24, spez. Vers 15 b.

Seite 304 unten – «*nach dem Berichte Josuas*»: vgl. Jos. 24,2. «*zur Pflege ...*»: «in qua custodita est plantatio civitatis Dei»; vgl. den Begriff der «novellae plantationes», Ps. 143 (144), 12 (Vulg.).

Seite 305 oben – *Bibelzitate:* 1. Mos. 6,9. / 11,27–29. «*und man nimmt an*»: Hier., quaest. hebr. in Gen. (CCL 72, p. 15,14 ff.).

SECHZEHNTES BUCH, KAPITEL 13

Seite 305 unten – «*Sodann wird erzählt*»: vgl. 1. Mos. 11,31: Zitat wieder nach LXX, die «Ur» nicht nennt. *Zitat:* 1. Mos. 24,10 (LXX).

Seite 306 – *Bibelzitat:* Judith 5,4–9; vgl. Ios., ant. Iud. 1,6,5.

SECHZEHNTES BUCH, KAPITEL 14

Seite 307 oben – *Bibelzitat:* 1. Mos. 11,32.

Seite 307 Mitte – «*die von Adam bis Noah*»: 1. Mos. 5,1–32 entspricht A.s Feststellung. «*die von da* (sc. Sem) *bis Abraham*»: 1. Mos. 11,10–26 (LXX), da hebr. Text für Tharah das Lebensalter angibt, vgl. 1. Mos. 11,32.

SECHZEHNTES BUCH, KAPITEL 15

Seite 307 unten – «*nach Erwähnung des Todes*»: vgl. 1. Mos. 11,32. *Bibelzitat:* 1. Mos. 12,1a. «*auch zeitlich aufeinanderfolgte*»: «etiam in rerum gestarum tempore ...»; vgl. civ. 15,27 (S. 273 Mitte): «rerum gestarum veritatem».

Seite 308 oben – *Bibelzitat:* 1. Mos. 12,4. «*wie vorhin mitgeteilt*»: vgl. civ. 16,10 (S. 299 oben) = 1. Mos. 11,26.

Seite 308 Mitte – «*die Schrift ... auf ihre Weise*»: die A. in ähnlichem Zusammenhang als «recapitulatio» = «Zusammenfassung», «Resümee» bezeichnet, vgl. quaest. in Heptat. 1,25,1; noch zutreffender vielleicht civ. 20,14 (S. 622 unten) mit Anm. «*schon früher*»: vgl. 1. Mos. 10,31.

Seite 308 unten – *Bibelzitate:* 1. Mos. 11,1 (LXX). / 1. Mos. 11,32. / 1. Mos. 12,1.

Seite 309 oben – *Bibelzitat:* 1. Mos. 12,4. «*aus dem Feuer ... gerettet*»: auch Hier., quaest. hebr. in Gen. 11,28 (CCL 72,15) weiß von dieser jüdischen Legende: Abraham, der den Feuerkult der Chaldäer verworfen habe, sei zum Verbrennungstod verurteilt, aber durch Wunder gerettet worden.

Seite 309 Mitte – *1. Stephanus-Zitat:* Apg. 7,2f. = 1. Mos. 12,1.

Seite 309 unten – *2. Stephanus-Zitat:* Apg. 7,4a. Die Identifizierung von Mesopotamien mit dem Land der Chaldäer beseitigt die Schwierigkeit. A. greift quaest. in Heptat. 1,25 (CSEL 28,2 p. 12,16ff.) abermals auf die Figur der «recapitulatio» als Lösungsvorschlag zurück. *3. Stephanus-Zitat:* Apg. 7,4b.

Seite 310 Mitte – *Bibelzitat:* 1. Mos. 12,1. «*So mag man denn annehmen*»: «Non sane incredibiliter existimatur ...»; zur Fragestellung vgl. civ. 16,13 (S. 305 Mitte).

SECHZEHNTES BUCH, KAPITEL 16

Seite 310 unten – «*Orakelsprüche*»: «oracula»; der nicht unbelastete Begriff (vgl. Porphyr., de philosophia ex oraculis hauriendis; ferner Anm. zu civ. 16,12 = S. 304 Mitte) wurde gern von Ambrosius verwendet, vgl. epist. 9,10 (orac. divinum); 20,20 (o. Spiritus sancti); 42,5 (o. Christi).

Seite 310/311 – *Bibelzitat:* 1. Mos. 12,1–3.

Seite 311 Mitte – «*so meint Eusebius*»: Chronicon, a. 23 Assyriorum ed. Helm [2] p. 23a (GCS 47); A. besaß dank der Vermittlung seines Freundes Alypius und dessen Bekannten Paulinus von Nola (→ LAW 2233f.) ein

Exemplar in der Übersetzung des Hieronymus, vgl. Paulinus, epist. 3, 3f. (CSEL 29 p. 15, 10ff.); A., ep. 24, 3.6 Goldbacher; doctr. christ. 2, 39, 59.

Seite 311 unten – *Stephanus-Zitat:* Apg. 7, 2. «*Eusebius ... rechnet*»: Eus., Chron. ed. Helm² p. 23 b. «*Paulus es berichtet*»: vgl. Gal. 3, 17; die Paulus-Stelle verdankt A. gleichfalls der Chronik Eusebs, a.O.

SECHZEHNTES BUCH, KAPITEL 17

Seite 312 oben – «*der Staat der Erdgeborenen ...*»: «terrigenarum civitas ...»; vgl. civ. 15, 18.20.22 (S. 253 Mitte. 260 Mitte. 262 unten) u.ö. «*unter der Herrschaft der abtrünnigen Engel*»: zu den sog. Völkerengeln (z.B. Michael) vgl. civ. 9, 23 (S. 459ff.) und civ. 11, 34 (S. 56 Mitte) mit Anm.; vgl. RAC 5, 1962, 75.87.164ff. 239ff. 243ff.; von den «angeli desertores» spricht schon Tert., apol. 35, 12. «*Sikyonier*»: Stadtstaat am Golf von Korinth (→ KlP 5, 186ff.); vgl. Paus. 2, 5, 5–2, 11, 2 (BAW S. 113ff.). Wie die gleichzeitige Erwähnung der «Ägypter und der Assyrer» beweist, entnahm A. den Stadtnamen der Chronik Eusebs bzw. Hier. ed. Helm² p. 20a/b. «*Ninus*»: vgl. civ. 16, 3 (S. 284 oben) mit Anm. «*nur eine Provinz*»: d.h. «provincia Asia minor»; offizielle Bezeichnung nur «Asia».

Seite 312 Mitte – «*des Erdkreises*»: «totius orbis» sc. terrarum mit seinen drei Teilen «Asia, Europa et Africa». Die drei antiken Erdteile (schon bei den ionischen Naturphilosophen) waren jedem Schulkind der Spätantike durch die auf Tuch gespannten Erdkarten bekannt (daher «mappa mundi»). Man fügte sie später gerne Isidors von Sevilla (→ KlP 2, 1461f., Nr. 8) «Etymologiae» oder «De rerum natura» bei (s. etwa die große Isidor-Kt. der Vatikanischen Bibliothek vom Jahre 775), während A. dem MA die Größenrelationen und die Aufgliederung nach den Noah-Söhnen (Asia = Sem; Europa = Japhet; Africa = Ham) durch unsere Stelle vermittelte, vgl. A.-D. van den Brincken, DA 24, 1968, 118–186; Misc. Mediaevalia 7, 1970, 249–278.

Seite 312 unten – «*unser großes Meer*»: «mare magnum nobis facit»; d.h. das Mittelmeer, vgl. Jos. 1, 5 (Vulg.). «*ganz Asiens*»: A. zählt Ägypten zu Asien; das war seit Eudoxos von Knidos (1. H. 4. Jh. v. Chr.) und dessen Erdbeschreibung (περίοδος γῆς) üblich → LAW 908f. «*das ist Verwirrung*»: vgl. civ. 16, 4 (S. 287 Mitte); ferner 18, 41 (S. 486 oben).

Seite 313 oben – «*Name einer erdgeborenen Stadt*»: «terrigenae civitatis nomen aptissimum»; vgl. civ. 15, 18.20 (S. 253 Mitte. 260 Mitte); 15, 22 (S. 262 unten): «in societate terrigenarum». «*herrschte damals Ninus*»: s.o.; vgl. Eus. (Hier.), Chron. introd., ed. Helm² p. 14, 15f.: «omnis Asiae exceptis Indis». «*das zweite, westliche Babylon*»: «alteram in occidente Babyloniam»; vgl. 1. Petr. 5, 13.

SECHZEHNTES BUCH, KAPITEL 18

Seite 313 Mitte – «*So zog Abraham (sic!) ...*»: vgl. 1. Mos. 12, 4–6; Resümee nach Vulg. *Bibelzitat:* 1. Mos. 12, 7a (LXX).

SECHZEHNTES BUCH, KAPITEL 19

Seite 313 unten – «*Darauf erbaute ...*»: vgl. 1. Mos. 12,7b bzw. 12,8b (Bethel); Resümee nach 1. Mos. 12,9ff. (LXX). «*als Blutsverwandte*»: «propinqua sanguine»; da Tochter Tharahs (1. Mos. 11,31) eine Halbschwester Abrams.

Seite 314 oben – «*das Nötige gesagt*»: Vgl. A., c. Faust. Manich. 22, 33–40, bes. 36 (CSEL 25,1 p. 629ff.); quaest. in Heptat. 1,26 (CSEL 28,2 p. 15f.) bezieht A. sich auf Hier., quaest. hebr. in Gen. 12,15f. (CCL 72,16).

SECHZEHNTES BUCH, KAPITEL 20

Seite 314 unten – «*zurückgekehrt war*»: Resümee nach 1. Mos. 13,1–13. *Bibelzitat:* 1. Mos. 13,8f. (LXX). «*den Frieden erhaltende Sitte*»: «pacifica consuetudo»; vgl. Sen., contr. 6,3.

SECHZEHNTES BUCH, KAPITEL 21

Seite 315 oben – «*in einem dritten Orakelspruch*»: «tertio oraculo»; vgl. civ. 16,16 (S. 310 unten) mit Anm. *Bibelzitat:* 1. Mos. 13,14–17 (LXX).

Seite 315 Mitte – *Bibelzitat:* 1. Mos. 13,16 (LXX). «*Hyperbel*»: «Hyperbolen»; «Übertreibung», vgl. Lausberg, Hbuch. lit. Rhetorik II (1960) 915 § 1246; ferner Hier., epist. 121,8 (CSEL 56 p. 34,6f.); in Jes. 2,5,25 (CCL 73 p. 81,46). «*figürlich*»: «tropica».

Seite 315 unten – «*Figur oder Weise zu reden*»: «tropus, id est modus locutionis»; vgl. A., de Gen. ad litt. 4,9,19 («tropice», zu Gal. 4,9); ep. 140,38 (Goldbacher p. 188,10); doctr. christ. 4,7,15 («de eloquentia Prophetarum, ubi per tropologiam multa obteguntur»).

Seite 316 oben – «*eine Verheißung im doppelten Sinne*»: «utriusque rei facta promissio»; einmal für das Israel «nach dem Fleisch», zum anderen für das «nach dem Geist»; vgl. A., c. Faust. Manich. 22,89 (CSEL 25,1 p. 695f.).

Seite 316 Mitte – *Bibelzitat:* 1. Mos. 13,15 (LXX).

Seite 316 unten – «*aus Jerusalem vertrieben*»: vgl. A., enarr. in ps. 58 serm. 1 (CCL 39 p. 744,21ff.); 62,18 (p. 806,16ff.). Ebenso bestätigt, neben anderen Zeitgenossen A.s auch Hier., in Jerem. 18,15 («Nullus Iudaeorum terram quondam et urbem sanctam ingredi lege permittitur») die Dauerwirkung des hadrian. Interdiktes von 135 n. Chr.

SECHZEHNTES BUCH, KAPITEL 22

Seite 316 unten – «*zu Hebron*»: vgl. 1. Mos. 13,8 (LXX).

Seite 317 oben – «*befreite ihn Abraham*»: folg. ist Resümee nach 1. Mos. 14,13–16. «*von Melchisedek gesegnet*»: Resümee nach 1. Mos. 14,17–24. «*Über ihn stehen im Briefe*»: vgl. Hebr. 7,1–10. Zur paulinischen Verfasserschaft, die A. bejaht, vgl. A., de pecc. meritis et remiss. 1,27,50 (Übers. Habitzky, AL 1,127f.); doctr. christ. 2,8,13 (fine). «*das Opfer*»:

in Gestalt von Brot und Wein, s. 1.Mos.14,18; vgl. civ.10,20 (S.500). *Bibelzitat:* Ps.110,4; früheste christologisch-sakramentale Deutung des Melchisedek bei Cypr., epist.64,3.

SECHZEHNTES BUCH, KAPITEL 23

Seite 317 unten – «*damals redete der Herr*»: folg. ist Resümee nach 1.Mos.15,1–5. «*die zu himmlischem Glück*»: «caelesti felicitate sublimis», d.h. die «caelestis civitas» suggerierte den Gedanken, nicht die Vorstellung von den Gestirnen als Sitz der Seelen, vgl. civ.4,11 (S.187 oben) mit Anm.; civ.13,17 (S.130).

Seite 318 oben – «*Aratus*»: aus Soloi in Kilikien, geb. ca.315/305 v.Chr. → KlP 1,488f., Nr.4. «*Eudoxus*»: s. Anm. zu civ.16,17 (S.312 unten); vgl. Cic., rep.1,14,22 (BAW S.107); dazu Courcelle, Lettres p.155. *Paulus-Zitat:* 1.Mos.15,6; vgl. Röm.4,3; Gal.3,6; Jak.2,23.

SECHZEHNTES BUCH, KAPITEL 24

Seite 318 unten – *Bibelzitat:* 1.Mos.15,7 (LXX); vgl. Anm. zu civ. 16,13 (S.305 unten); ferner A., quaest. in Heptat. 2,47 (CSEL 28,2 p.117,16ff.).

Seite 318/319 – *Bibelzitat:* 1.Mos.15,9–19 (LXX).

Seite 319 unten – *Bibelzitate:* 1.Mos.15,8 (LXX). / Lk.1,34. Auch Ambr., de Abrahamo 2,49 kombiniert beide Stellen; seine allegor. Exegese 2,8,49–2,10,71, die weithin Philo, quaest. in Gen.3,1ff. (ed. R.Marcus [1953]) folgt, ist jedoch weit phantasiereicher als die A.s.

Seite 320 Mitte – *Bibelzitat:* 1.Mos.15,10b.

Seite 321/322 – *Bibelzitate:* Mt.24,21. / 1.Mos.15,13. / 11,32. / 15, 13b. / Gal.3,17, zitiert schon in civ.16,16 (S.311 unten).

Seite 321 unten – «*Denn man rechnet ...*»: d.h. Eus. (Hier.), vgl. civ. 16,16 (S.311 Mitte) mit Anm.

Seite 322 oben – «*Isaak geboren*»: vgl. 1.Mos.21,5. «*Auch das übrige*»: dazu vgl. A., quaest. in Heptat. 2,47 (CSEL 28,2 p.117–123).

Seite 322 Mitte – *Bibelzitat:* 1.Mos.15,17; zu den Feuerepiphanien Gottes auf der Wüstenwanderung vgl. 2.Mos.3,2; 13,21; 19,9.18–20, aber auch 1.Kg.18,38 und dazu E.Würthwein, ZThK 59, 1962, 131–144.

Seite 322 unten – «*Abrahams düstere Furcht*»: vgl. 1.Mos.15,12. «*die durchs Feuer gerettet ...*»: vgl. 1.Kor.3,13.15; J.Gnilka, Ist 1.Kor.3,10/15 ein Schriftzeugnis für das Fegefeuer? (1955) 78–82. «*die Grenze bildet*»: vgl. 1.Sam.8,65; 2.Sam.24,7; Jes.27,12; ferner A., quaest. in Heptat. 6,21 (CSEL 28,2 p.440,8ff.). «*Rhinokorura*»: heute El-Harisch; vgl. die Mosaikkarte von Madeba (Kirchenfußboden), M.Avi-Yonah, The Madaba Mosaic Map (1954) Taf.9; H.Donner und H.Cüppers, Die Mosaikkarte von Madeba I (1977) Abb.7.122; s. unterhalb der Stadtvedute die Beischrift: «Grenze zwischen Ägypten und Palästina».

SECHZEHNTES BUCH, KAPITEL 25

Seite 323 oben – «*im vorigen Buche*»: civ. 15,2 (S. 214 ff.); 15,3 (S. 216 f.). «*Im Hinblick hierauf*»: «Quod autem adtinet ad rem gestam»; vgl. civ. 16,15 (S. 307 unten): «in rerum gestarum tempore». «*wegen seiner Nebenfrau*»: «de hac concubina»; vgl. A., c. Faust. Manich. 22,30 ff. (CSEL 25,1 p. 624 ff.).

Seite 323 Mitte – *Paulus-Zitat:* 1. Kor. 7,4; vgl. A., c. Faust. Manich. 22,31 (CSEL 25,1 p. 625).

Seite 323 unten – «*Bei ihm hieß es*»: hermeneut. Zusatz des Übersetzers zur Einl. der folg. Infinitive: «accepisse nec petisse, accessisse nec haesisse, seminasse nec amasse». *Bibelzitat:* 1. Mos. 16,6; vgl. zur Sache Hier., quaest. hebr. in Gen. 16,2 (CCL 72,20).

SECHZEHNTES BUCH, KAPITEL 26

Seite 324 Mitte – *Bibelzitat:* 1. Mos. 15,4.

Seite 324/325 – *Bibelzitat:* 1. Mos. 17,1–21 (LXX).

Seite 326 oben – «*tritt die Gnade* ...»: «evidentius intellegitur gratia»; vgl. civ. 15,2 (S. 216 oben). «*sondern Wiedergeburt*»: vgl. civ. 15,1 (S. 213 Mitte). «*bedeutet die Beschneidung* ...»: vgl. Kol. 2,11; ferner A., de gratia Christi et peccato originali 2,30,35–2,32,37 (Übers. Fingerle, AL 2, 443 ff.).

Seite 326 Mitte – «*deutet der achte Tag*»: vgl. A., a. O. 2,32,37 (Fingerle S. 447); ferner Ambr., de Abrahamo 2,11,79 (CSEL 32,1 p. 631 ff.); zur Ogdoas-Symbolik vgl. R. Staats, Vig. Christ. 26, 1972, 29–52; A. Quacquarelli, L'ogdoade patristica e suoi riflessi nella liturgia e nei monumenti (1973). «*was ist der Alte Bund* ...»: «testamentum vetus nisi novi occultatio?»; vgl. civ. 15,2 (S. 214 Mitte); ferner 5,18 (S. 263 unten) mit Anm.; zur Wirkungsgeschichte G. Tellenbach, Libertas ... (1936) 202 ff. «*Abrahams Lachen*»: vgl. 1. Mos. 17,17a.

Seite 326 unten – *Bibelzitate:* 1. Mos. 17,17b / 17,8. «‹*aionion*› ... ‹*aion*›»: im Text griechisch. – Zur Ambivalenz von «saeculare» vgl. A., conf. 8,12,30 (BAW S. 216: «weltliche Hoffnung» = «spes huius saeculi»); vgl. auch conf. 9,10,26 (S. 238 Mitte) mit civ. 12,17 (S. 87 unten) mit Anm.

SECHZEHNTES BUCH, KAPITEL 27

Seite 327 oben – «*Noch einen Anstoß* ...»: «Item potest movere». *Bibelzitat:* 1. Mos. 17,4 (LXX).

Seite 327 Mitte – *Bibelzitat:* Röm. 5,12: «in quo (sc. Adam) omnes peccaverunt»; vgl. civ. 14,11; 13,14 (S. 182 oben; 124) mit Anm.

Seite 327 unten – *Bibelzitate:* 1. Mos. 2,17. / Sir. 14,18 (LXX). / Röm. 4,15. / Ps. 119,119.

Seite 328 oben – «*mit ursprünglicher Sünde*»: «originaliter peccatores», d. h. der Erbsünde verhaftet. *Bibelzitate:* Ps. 119,119. / Röm. 4,15. «*Beschneidung*»: «circumcisio»; vgl. civ. 15,16 (S. 250 oben); vgl. A., de nuptiis et concupisc. 2,11,24 (Übers. Fingerle, AL 3, 130f.); c. litt. Petiliani 2,72,162; c. Iulian. 2,6,18; 5,11,45.

Seite 328 unten – *«durch die Schuld der Erbsünde»:* «originalis obligatione peccati»; zum Ausdruck vgl. A., ep. 157,22; c. Iulian. 3,26,63; zur Sache vgl. de pecc. meritis et remiss.; de gratia Christi et de peccato originali (BiblA S. 259. 261).

SECHZEHNTES BUCH, KAPITEL 28

Seite 329 oben – *Bibelzitat:* 1. Mos. 17,5 b f. 16 (d. h. unter Ausklammerung der Umbenennung von Abraham und Sarai).

Seite 329 Mitte – *Bibelzitat:* 1. Mos. 17,5 b. *«hoher Vater»:* «pater excelsus»; so Hier., quaest. hebr. in Gen. 17,3 ff. (CCL 72,21), der «Abraham» mit «pater multarum (sc. gentium)» wiedergibt; dem entspricht A. Ambrosius, de Abrah. 1,4,27 (CSEL 32,1 p. 522,6 ff.), hingegen latinisiert Abraham als «pater sublimis, pater electus». *«doch nach Aussage derer ...»:* A. denkt an Hieronymus («qui scripserunt interpretationes nominum Hebraeorum» spielt auf den Titel einer Schrift Hier.s an, vgl. CCL 72,59, die nicht mit den Hebr. quaest., vgl. CCL 72,1, identisch ist). *«heißt Sarai ...»:* «Sara interpretatur princeps mea, Sarra autem virtus»; vgl. Hier., Hebr. nom. (CCL 72 p. 72,28), der allerdings die Wiedergabe durch «virtus» nicht kennt. Sie wird zuerst von Philo, de mutatione nominum 11,77 (p. 590 Mangey) vertreten, dann von Ambr., de Abrahamo 2,11,85 (CSEL 32,1 p. 635,17 ff.) übernommen und als «Tugendkraft» verstanden; so wohl hier auch A.

Seite 329 unten – *«im Brief an die Hebräer»:* Hebr. 11,11. *«nach dem Tod Sarras»:* vgl. 1. Mos. 25,1; mit Philo (s. letzte Anm.) betont die griech. wie die lat. Exegese die Buchstabenverdoppelung bei der Namensänderung. Zu Kettura vgl. A., quaest. in Heptat. 1,35 (CSEL 28,2 p. 12 f.).

Seite 330 oben – *«der Apostel»:* vgl. Röm. 4,19. *«mit der Kettura»:* vgl. 1. Mos. 25,1 f.; ferner civ. 16,34 (S. 337 f.) mit Anm.

SECHZEHNTES BUCH, KAPITEL 29

Seite 330 unten – *«in drei Männern»:* vgl. 1. Mos. 18,1 ff. *«Einige meinen freilich»:* zur christolog. Exegese der Stelle vgl. Iust., dial. 56,4 ff.; Tert., de carne Christi 6,7; sie wurde noch 351 n. Chr. durch ein Unionsbekenntnis (Sirmium I, vgl. Denz–Schönm Nr. 140,14) unter Androhung der Exkommunikation gefordert. *«Zur Begründung der Ansicht ...»:* sie beruht auf einer trinitarischen Exegese der Stelle, die Hil., trin. 4,25 wahrscheinlich aus dem Exil im Orient (KlP 2,1146, Nr. 1) in den Westen übertrug; vgl. Ambr., de fide 1,13,80: «Abraham quoque tres videt et unum adoravit»; de Abrahamo 1,5,33; de excessu fratris Satyri 2,96. A. folgt ihm darin in seinem antiarianischen Werk c. Maximinum 2,26, 5–7; wo solcher Gegensatz nicht besteht, vertritt er die Auffassung, daß es sich um drei Engel handle, so hier und trin. 2,11,20f.

Seite 331 oben – *Bibelzitat:* 1. Mos. 18,2f. (LXX). «*Zwei von den Männern*»: vgl. 1. Mos. 19,1.

Seite 331 Mitte – *Bibelzitate:* 1. Mos. 19,2 / 19,16–19 (LXX); vgl. A., quaest. in Heptat. 1,41 (CCL 33,17).

Seite 331 unten – *Bibelzitat:* 1. Mos. 19,21 (LXX). «*etwas Besonderes*»: «sed erat profecto aliquid»; vgl. A.s Schrift «de videndo Deo» (ep. 147) und dazu B. Studer, Vetera Christianorum 6, 1969, 91–143; 7, 1970, 125–154; 8, 1971, 99–123.

Seite 332 oben – *Bibelzitate:* Hebr. 13,2. / 1. Mos. 18,18.

SECHZEHNTES BUCH, KAPITEL 30

Seite 332 unten – «*Lots Rettung*»: 1. Mos. 19,23ff. «*Schändung von Männern*»: «stupra in masculos»; vgl. 1. Mos. 19,5. «*wie andere Handlungen*»: vgl. civ. 14,18 (S. 193f.). «*in Salz verwandelt*»: vgl. 1. Mos. 19,26.

Seite 333 oben – «*wiederholte Abraham*»: vgl. 1. Mos. 20. *Bibelzitat:* 1. Mos. 20,12 (LXX). «*mit ihm verwandt*»: vgl. civ. 16,19 (S. 313 unten).

SECHZEHNTES BUCH, KAPITEL 31

Seite 333 Mitte – «*ein Sohn geboren*»: vgl. 1. Mos. 21,1ff. «*was ‹Lachen› bedeutet*»: «quod interpretatur risus»; vgl. 1. Mos. 17,17; 18,12–15; dazu Hier., hebr. nom. (CCL 72 p. 67,15f.).

Seite 333 unten – *Bibelzitat:* 1. Mos. 21,6. «*nach dem Wort des Apostels*»: vgl. Gal. 4,26.

SECHZEHNTES BUCH, KAPITEL 32

Seite 334 oben – «*versucht*»: «temptatur»; vgl. 1. Mos. 22,1–13; vgl. A., quaest. in Heptat. 1,57 (CCL 33,22) und Ambr., de Abrahamo 1,8, 66 (CSEL 32,1 p. 545,14ff.).

Seite 334 Mitte – «*an Menschenopfern Wohlgefallen*»: vgl. civ. 7,26 (S. 356 oben). «*Abraham überzeugt war ...*»: vgl. Hebr. 11,17–19; Orig., in Gen. hom. 8,1 (GCS 29,77f.: Abraham als Zeuge der «Auferstehung»).

Seite 334 unten – *Bibelzitate:* 1. Mos. 21,12c. / Vers 13. / Röm. 9,8.

Seite 335 oben/Mitte – *Bibelzitate:* Hebr. 11,17–19. / Röm. 8,32; vgl. A., quaest. in Heptat. 1,58; c. Faust. Manich. 12,25; 22,73.

Seite 335 unten – «*Wen anders also bildete er ab ...*»: «Quis ergo illo figurabatur»; zur Auslegungsgeschichte s. D. Lerch, Isaaks Opferung christlich gedeutet (1950); J. Daniélou, Sacramentum futuri (1950) 97–128. *Bibelzitat:* 1. Mos. 22,10. «*Gott wußte es ja längst*»: vgl. A., quaest. in Heptat. 1,58 (CCL 33,22).

Seite 336 oben – *Bibelzitat:* 1. Mos. 22,14. «*das heißt: ließ sehen*»: «hoc est videri se fecit»; zur Problematik vgl. B. Studer nach Anm. zu S. 331 unten.

Seite 336 Mitte – *Bibelzitat:* 1. Mos. 22,15–18 (LXX), d. h. die siebente Verheißung an Abraham. «*auf Christus hinweisenden Opfer*»: «post holocaustum»; vgl. 1. Mos. 22,2f.: «atque ibi offeres eum (sc. Isaac) in holocaustum.»

Seite 336 unten – «*starb Sara*»: «Sarra», vgl. 1. Mos. 23, 1. *Bibelzitat:* 1. Mos. 17, 17. «*nach Angabe des Stephanus*»: vgl. Apg. 7, 4; bereits civ. 16, 15 (S. 309) zitiert.

SECHZEHNTES BUCH, KAPITEL 33

Seite 337 oben – «*Darauf nahm Isaak ...*»: vgl. 1. Mos. 24, 1 ff. *Bibelzitat:* 1. Mos. 24, 2 f.; vgl. A., quaest. in Heptat. 1, 62 (CCL 33, 24); ferner Hier., quaest. hebr. in Gen. 24, 9 (CCL 72, 28).

SECHZEHNTES BUCH, KAPITEL 34

Seite 337 unten – «*Kettura zur Frau nahm*»: vgl. 1. Mos. 25, 1; unter Einbeziehung von Hebr. 11, 11 bereits civ. 16, 28 (S. 329/330) zitiert; vgl. Hier., quaest. hebr. in Gen. 25, 1 ff. (CCL 72, 30). «*nach Anweisung des Apostels*»: «doctore apostolo»; vgl. Gal. 4, 24.

Seite 337/338 – *Bibelzitat:* 1. Mos. 16, 3.

Seite 338 oben/Mitte – *Bibelzitate:* 1. Mos. 25, 1 / 25, 5 f. / Röm. 9, 8. / 1. Mos. 21, 12.

Seite 338 unten – «*diese geheimnisvolle Beziehung*»: «propter hoc mysterium»; vgl. A., quaest. in Gen. 90 (CSEL 28, 2 p. 46, 16 ff.): «omnis uxor concubina, more loquendi scripturae, appellatur.» «*zweite Ehe verwarfen*»: z. B. die Montanisten, vgl. Tert., de exhortatione castitatis 9, 1; de monogamia. «*und Abraham starb*»: vgl. 1. Mos. 25, 7.

SECHZEHNTES BUCH, KAPITEL 35

Seite 339 oben – «*ersten Lebenshälfte*»: «a primo igitur anno»; vgl. 1. Mos. 25, 20–26. *Bibelzitat:* 1. Mos. 25, 23. «*der Apostel Paulus*»: vgl. Röm. 9, 11–13.

Seite 339 Mitte – «*in anderen Schriften*»: vgl. A., de gratia Christi et de peccato originali (BiblA S. 261), bes. 2, 29, 34 (Übers. Fingerle, AL 2, 443); enchir. 25, 98 (Übers. Barbel S. 162 ff.); quaest. ad Simplicianum 2, 3.

Seite 339 unten – «*Wenn es aber heißt*»: 1. Mos. 25, 23 c. «*Esau*» ... «*Edom*» ... «*Idumenäer*»: vgl. 1. Mos. 25, 30; 36, 1; 36, 9. 40. «*diese Weissagung*»: 1. Mos. 25, 23 b; vgl. A., quaest. in Heptat. 1, 73 (CCL 33, 28).

SECHZEHNTES BUCH, KAPITEL 36

Seite 340 oben – «*einen göttlichen Orakelspruch*»: «tale oraculum»; vgl. civ. 16, 16. 18. 21. 23. 26. 28. 32 (S. 310 unten. 313 Mitte. 315 oben. 317 unten. 324/325. 329 oben. 336 oben). *Bibelzitat:* 1. Mos. 26, 1–5 (LXX).

Seite 340 Mitte – «*aus einem Beilager*»: «ex uno concubitu»; d. h. aus einer Ehe, vgl. Röm. 9, 10.

Seite 340 unten – «*auch sie blieb ...*»: vgl. 1. Mos. 12. 10 ff. = civ. 16, 19 (S. 313 f.); 1. Mos. 20, 1 ff. = civ. 16, 30 (S. 333 oben).

Seite 340/341 – *Bibelzitat:* 1. Mos. 26, 4 c–5.

Seite 341 oben – *Bibelzitat:* 1. Mos. 26, 24.

SECHZEHNTES BUCH, KAPITEL 37

Seite 342 oben – «*das Erstgeburtsrecht verkaufte*»: «primogenita sua ... vendidit»; vgl. 1. Mos. 25,34 Vulg. «*Isaak wird Greis* ...»: vgl. 1. Mos. 27,1 ff. «*ein großes Geheimnis*»: «magnae rei mysterium»; vgl. A., c. mendacium 10,24 (BiblA S. 256): «non est mendacium, sed mysterium ...»

Seite 342 Mitte – *Bibelzitat:* 1. Mos. 25,27. «*das griechische ‹aplastos›*»: Text: ἄπλαστος. «*die Wahrheit in tiefes Geheimnis*»: «profundum mysterium veritatis»; vgl. A., quaest. in Heptat. 1,74 (CSEL 28,2 p. 39,22); hinter dem Ausdruck steht ein transzendentaler Wahrheitsbegriff.

Seite 342 unten – *Bibelzitat:* 1. Mos. 27,27–30 (LXX).

Seite 343 unten – *Bibelzitat:* 1. Mos. 27,33.

SECHZEHNTES BUCH, KAPITEL 38

Seite 344 oben – *Bibelzitat:* 1. Mos. 28,1–4 (LXX).

Seite 344 Mitte – *Bibelzitat:* 1. Mos. 21,12; vgl. civ. 16,34 (S. 338 Mitte).

Seite 344/345 – *Bibelzitat:* 1. Mos. 28,10–19 (LXX).

Seite 345 unten – «*zu einer Art Gott*»: vgl. A., quaest. in Heptat. 1,84 (CCL 33,32). «*ein tiefes Geheimnis*»: «magnum sacramentum»; diese Verwendung von «sacramentum» (vgl. Eph. 1,9 Vulg.!) führte Tertullian in die christl. Latinität ein. *Bibelzitate:* Joh. 1,47 / 1,51.

Seite 346 oben – «*Die göttliche Schrift berichtet* ...»: vgl. 1. Mos. 29, 1–30,24.

Seite 346 unten – «*die rechtmäßige Gewalt*»: «legitimam potestatem»; vgl. 1. Kor. 7,4b, dazu das gleiche Zitat in civ. 16,25 (S. 323 oben). «*Später begab er sich* ...»: vgl. 1. Mos. 46,1 ff.

SECHZEHNTES BUCH, KAPITEL 39

Seite 346 unten – «*wie vorhin erwähnt*»: vgl. civ. 16,38 (S. 345 unten). «*der mit ihm gerungen hatte*»: vgl. 1. Mos. 32,25–33.

Seite 347 oben – «*übersetzt man*»: «interpretatur»; vgl. Philo von Alexandrien, de mutatione nomin. 12,87; Hier., onomasticon (PL 33, 748); quaest. hebr. in Gen. 32,28 f. (CCL 72,1 p. 40 f.) bringt er allerdings eine andere Ableitung. «*zugleich gesegnet und lahm*»: vgl. A., quaest. in Heptat. 1,104 (CCL 33,38). *Bibelzitat:* Ps. 18,46.

SECHZEHNTES BUCH, KAPITEL 40

Seite 347 Mitte – «*Wir hören*»: vgl. 1. Mos. 46,27 (LXX); s. a. Apg. 7,14, während hebr. Text u. Vulg. von 70 Familienmitgliedern sprechen. A. steht gegen Hier. auch hier auf seiten der Septuaginta, vgl. A., quaest. in Heptat. 1,152 (CCL 33,58 f.).

Seite 348 oben – «*Machir*»: vgl. 1. Mos. 46,20 (LXX) mit 4. Mos. 26,33 (LXX) = 4. Mos. 26,29 (hebr. und dt. Text). «*Galaad*»: vgl. 1. Mos. 46,20 (LXX) mit 4. Mos. 26,33 (LXX) = 4. Mos. 26,29 (hebr. und dt. Text, die «Gilead» haben). «*Utalaam*»: vgl. 1. Mos. 46,20 (LXX) mit

«Sutala» von 4. Mos. 26, 39 (LXX) = «schuthelach» 4. Mos. 26, 35 (hebr. und dt. Text). «*Edem*»: vgl. 1. Mos. 46, 20 (LXX) mit «Eden» 4. Mos. 26, 40 (LXX) = «*Eran*» 4. Mos. 26, 36 (hebr. und dt. Text).

Seite 348 Mitte – *Bibelzitat:* 1. Mos. 50, 22 f.

Seite 348 unten – «*Darauf folgt*»: 1. Mos. 50, 23 b (LXX). «*von einer Tochter Jakobs*»: vgl. 1. Mos. 34 (Dinah). «*Auch die lateinische Sprache*»: vgl. A., quaest. in Heptat. 1, 151 (CCL 33, 58). «*sind die Schriftworte*»: 1. Mos. 46, 8.

SECHZEHNTES BUCH, KAPITEL 41

Seite 349 Mitte – «*der auch Edom heißt*»: vgl. Anm. zu civ. 16, 35 (S. 339 unten).

Seite 349 Mitte/unten – *Bibelzitat:* 1. Mos. 49, 8–12 (LXX). «*in meiner Streitschrift*»: «adversus Manichaeum Faustum disputans»; vgl. c. Faust. Manich. 12, 42 (CSEL 25, 1 p. 368, 15 ff.).

Seite 350 – *Bibelzitate:* Joh. 10, 17 f. / 1. Mos. 49, 9 e. / Joh. 2, 19. / 1. Mos. 40, 9 a. / 49, 9 b. / Joh. 19, 30. / 1. Mos. 49, 11 e. / Ps. 23, 5. / 1. Mos. 49, 12 b.

Seite 350 unten – «*nach dem Apostel*»: vgl. 1. Kor. 3, 2.

Seite 351 oben – «*Er selbst ist es also ...*»: zur christolog. Exegese des Judassegens vgl. Iust., dial. 52, 2 ff.; Ps. Cypr., testim. 1, 21 (CSEL 3, 1 p. 54, 21 ff.), *Bibelzitat:* 1. Mos. 49, 10 c (LXX).

SECHZEHNTES BUCH, KAPITEL 42

Seite 351 Mitte – «*noch die christlichen Völker von Jakob ...*»: vgl. A., ep. 196, 12 ff. *Bibelzitat:* 1. Mos. 25, 23.

Seite 351 unten – *Bibelzitat:* 1. Mos. 48, 19.

SECHZEHNTES BUCH, KAPITEL 43

Seite 352 oben/Mitte – «*übrigen hundertvierundvierzig Jahren*»: vgl. Eus. (Hier.) p. 36 a. «*beunruhigte*»: «terrerent»; vgl. 2. Mos. 1, 15 f. 22. «*ins königliche Haus*»: vgl. 2. Mos. 2, 5 f. «*einen Ägypter erschlagen hatte*»: vgl. 2. Mos. 2, 11 ff. «*von Gott gesandt*»: «divinitus missus»; vgl. 2. Mos. 3, 7 f.; 4, 19 f.

Seite 352 unten – «*jene denkwürdigen zehn Plagen*»: vgl. 2. Mos. 7–12. «*im Roten Meer*»: vgl. 2. Mos. 14, 5 f. «*Zelt des Zeugnisses*»: «tabernaculum testimonii»; vgl. 2. Mos. 25 f.

Seite 353 oben – «*schon vorher*»: vgl. 2. Mos. 19, 16 ff. 20 ff. «*am fünfzigsten Tage*»: diese heortologisch begründete Datumsangabe (Pfingsten als Erinnerungstag der Gesetzesübergabe an Moses) fixiert A. sogar auf den 3. März (!), vgl. ep. 55, 29 f. Goldbacher. Die literaturgeschichtl. Analyse vermag sie über judenchristl. Quellen auf spätjüdische Überlieferung zurückzuführen, vgl. G. Kretschmar, ZKG 65, 1954/55, 209–253, bes. 233 mit Anm. 105–107. «*Opferung des Lammes*»: vgl. 2. Mos. 12, 11.

Seite 353 Mitte – «*bedeutet ja ‹Übergang›*»: «transitus interpretatur»; vgl. Hier., hebr. nomin. (PL 23, 787): «transgressus sive transcensio»; Ambr., de Cain et Abel 1, 8, 3 bietet folg. Deutung: «pascha enim domini transitus est a passionibus ad exercitia virtutis», was auf Philo, de sacrificiis Abelis et Caini 17,63 zurückgeht. Diese Deutung, die auch in Taufhomilien vertreten wird (P. Nautin [Ed.], Homélies Pascales I [1950] = SC 27), dürfte die ältere judenchristl. Tradition sein. Wie Ambr., a.O., kennt A. daneben auch die spezif. christl. Ableitung von πάσχειν, vgl. Serm. Denis 7 Morin = Misc. Agost. 1,32f. Auch sie schlug sich in Taufhomilien nieder, vgl. Nautin, a.O. II = SC 36. Zum Streit zwischen A. und Hier. um die «ratio Paschae» vgl. Cantalamessa, BiblA S. 73. «*unsers Passahlamms*»: vgl. 1. Kor. 5,7. «*Gottes Finger*»: «digitus Dei»; vgl. Lk. 11,20; ferner A., quaest. in Heptat. 2,25 (CCL 33,79f.); de catech. rud. 20,35; ep. 55,29. «*wie wir lesen*»: «referuntur»; vgl. 2. Mos. 31,18.

Seite 353 unten – «*leitete Josua das Volk*»: «populum rexit»; vgl. Jos. 1–19. «*auch Kriege*»: vgl. 4. Mos. 21,1–3; 21,21–35; Jos. 6.8.10ff. «*die Richter*»: vgl. Ri. 1–16. «*die erste dem Abraham gegebene … Verheißung*»: «prima promissio»; vgl. civ 16,16 (S. 310 unten f.). «*sich zu erfüllen*»: vgl. Ri. 2,6–8. «*noch nicht die Weissagung …*»: d.h. die siebente W., 1. Mos. 22,15–18; vgl. civ. 16,32 (S. 336 Mitte).

Seite 354 oben – «*verliehen war*»: vgl. 4. Mos. 13,16b. «*zur Zeit der Richter*»: vgl. Ri. 2,16–19.

Seite 354 Mitte – «*das Zeitalter der Könige*»: «regum tempora»; vgl. 1. Sam. 10–31. «*die Königsherrschaft Davids*»: «David successit in regnum»; vgl. 2. Sam. 2. «*ein neuer Abschnitt …*»: «articulus quidam factus est et exordium quodam modo iuventutis populi Dei.» «*sein Jünglingsalter*»: «quaedam velut adulescentia». «*der Evangelist Matthäus*»: vgl. Mt. 1,17.

Seite 354 unten – «*den veränderten Namen*»: vgl. civ. 16,28 (S. 329). «*das Knabenalter*»: «pueritia»; zu seiner «Sprache» vgl. civ. 16,11 (S. 300ff.). «*nach der Kindheit*»: «post infantiam»; zur Gliederung der Weltgeschichte nach menschlichen Alterskategorien vgl. civ. 16,24 («insignes articuli temporum») = S. 320 Mitte. «*die sich ihrer Kindheit erinnern?*»: vgl. A., conf. 1,6,8–10 (BAW S. 36ff.).

Seite 355 oben – «*zwei Zeitalter*»: «duas aetates» von insgesamt sechs der Weltgeschichte, vgl. A., de div. quaest. 83 qu. 58,2 (CCL 44 A, p. 105,40ff.); de Gen. c. Manich. 1,23,35–41; catech. rud. 17,28; 23,39, und zwar in Analogie zum sechstägigen Schöpfungswerk. Hierzu wie auch zur Gliederung nach Altersstufen vgl. die Einl. Bd. 2 S. XXIIf. «*wie gesagt*»: vgl. civ. 16,24 (S. 320 Mitte). «*das irdische Reich begann*»: «regni terreni surrexit exordium»; gemeint ist das Reich Israel. «*deren Geheimnis*»: «sacramentum»; vgl. 1. Mos. 15,9; civ. 16,24 (S. 320 oben).

SIEBZEHNTES BUCH, KAPITEL 1

Seite 356 oben – «*die wir kennenlernten*»: s. die Anm. zu civ. 16,36 (S. 340 oben).

Seite 356 Mitte – «*Samuel … anfing*»: vgl. 1. Sam. 3,19–21. «*Jeremia gemäß*»: vgl. Jerem. 25,11.

Seite 356 unten – «*ausdrücklich so genannt*»: vgl. 1. Mos. 20,7; 5. Mos. 34,10; im hebr. Kanon gehörten die Geschichtsbücher ab Josua zu den «älteren Propheten». «*erst Saul*»: vgl. 1. Sam. 10,1. «*David*»: vgl. 1. Sam. 16,13.

Seite 357 Mitte – «*nicht weniger auf die Voraussage ...*»: «non minus praenuntiandis futuris quam praeteritis enuntiandis»; prophetische Geschichtsschau und ihre Bestätigung durch histor. Fakten sind die beiden Pole immanenter Geschichtstheologie.

SIEBZEHNTES BUCH, KAPITEL 2

Seite 357 unten – *Bibelzitat:* 1. Mos. 12,1; vgl. civ. 16,15 (S. 307 unten).

Seite 358 oben – *Bibelzitat:* 1. Mos. 12,3.

Seite 358 Mitte – «*Verheißung ... vom Lande Kanaan*»: vgl. 1. Mos. 15,18.

Seite 358 unten – «*verwirklicht durch David ...*»: vgl. 1. Kg. 5,1.

SIEBZEHNTES BUCH, KAPITEL 3

Seite 359 Mitte – «*teilweise auf die Magd*»: d.h. auf Hagar, vgl. civ. 15,2 (S. 214ff.). «*teilweise auf die freie Gottesstadt*»: «liberam civitatem Dei»; vgl. Gal. 4,21f.; Hebr. 12,22.

Seite 359 unten – «*Prophetensprüche von dreierlei Art*»: «Tripertita ... eloquia prophetarum»; vgl. zum Ausdruck Ambr., epist. 30,10; beachte den Unterschied zu den «oracula divina» (s. oben) an die Patriarchen. «*Nathan*»: vgl. 2. Sam. 12,1–12.

Seite 360 oben – *Bibelzitat:* Jerem. 31,31–33 (= 38,31–33 LXX); vgl. Hebr. 8,8–10.

Seite 360 Mitte – «*vom oberen Jerusalem*»: vgl. Gal. 4,26. «*höchstes und alleiniges Gut*»: «summum ... atque totum bonum»; vgl. zu civ. 19,4 (S. 529 oben).

Seite 360 unten – «*Tempels*»: vgl. 1. Kg. 6. «*geschichtliche Wirklichkeit*»: «Haec enim et in terrena Hierusalem secundum historiam contigerunt»; beachte den Kontingenzcharakter der «Historie».

Seite 361 oben – «*manche Erklärer*»: vgl. Tyconius, liber regularum; A., doctr. christ. 3,33,42–3,37,56; → KlP 5,1017; Weiteres s. Einl. Bd. 2 S. XVIIf.

Seite 361 Mitte – «*Darum sprach ich ...*»: vgl. civ. 17,3 (S. 359 unten); zur Schriftauslegung A.s vgl. BiblA S. 148ff., bes. G. Strauß.

SIEBZEHNTES BUCH, KAPITEL 4

Seite 362 oben – «*Verlauf des Gottesstaates*»: «Procursus igitur civitatis Dei»; vgl. A., ep. ad Firmum, zitiert Einl. Bd. 1 S. XIV.

Seite 362 Mitte – «*die Verwerfung des Priesters Eli*»: vgl. 1. Sam. 2,27–36. «*Ersetzung durch Samuel*»: vgl. 1. Sam. 3. «*Priester- und Richteramt*»: vgl. 1. Sam. 7,15–17. «*Begründung des Königtums*»: vgl. 1. Sam. 16,1–14. «*was ich nannte»:* bezieht sich auf oben: «neuer und ewiger Priester und König»; vgl. A., c. Faust. Manich. 12, 33 (CSEL 25, 1 p. 361, 1 ff.).

Seite 362/363 – *Bibelzitat:* 1. Sam. 2, 1–10 (LXX), sog. Lobgesang der Hanna. «*dessen Name Hanna*»: vgl. Hier., hebr. nomin. (CCL 72 p. 102, 11): «Anna – gratia eius».

Seite 364 oben – *Bibelzitat:* 1. Sam. 4 f. «*sondern nur fünf*»: vgl. 1. Sam. 2, 21.

Seite 364 Mitte – *Bibelzitat:* 1. Sam. 2, 10 c. «*wenn sie nicht weissagte?*»: «prophetabat»; vgl. Lk. 1, 69 f. «*die Stadt des großen Königs*»: vgl. Ps. 48, 3; Klagelied 2, 15; Mt. 5, 35. «*der Mund dieser frommen Mutter*»: 1. Sam. 2, 1 a.

Seite 364 unten – *Bibelzitat:* 1. Sam. 2, 1 b. «*Gottes Wort ... nicht gebunden*»: vgl. 2. Tim. 2, 9. *Bibelzitate:* 1. Sam. 2, 1 c. / Lk. 2, 29 f. / 1. Sam. 2, 1 c; 2, 2 a.

Seite 365 oben – *Bibelzitate:* 1. Sam. 2, 2 b. / 1. Sam. 2, 3 a. b. / Gal. 6, 3.

Seite 365 Mitte – «*wie der Apostel sagt*»: Röm. 10, 3 a / 10. 3 b / 10, 3 c. «*daß sie eitel sind*»: vgl. Ps. 94, 11.

Seite 365 unten – «*heißt es weiter*»: 1. Sam. 2, 3 c (LXX). / 1. Sam. 2, 4. «*die im Herzen sprechen*»: Ps. 6, 3 a. «*spricht sie*»: 1. Sam. 2, 5 a (LXX).

Seite 366 oben – «*die Israeliten*»: vgl. Röm. 3, 2. «*nicht in bestem Deutsch*»: «minus quidem Latine»; «minorati» = «gemindert» ist nicht klassizistisch, sondern biblizistisch, vgl. das Zitat Habak. 3, 12 a (LXX) in civ. 18, 32 (S. 468 oben) und hier: 1. Sam. 2, 5 a; Vulg. = Hier. gebrauchen das Verb an beiden Stellen nicht.

Seite 366 Mitte – «*spricht sie weiter*»: 1. Sam. 2, 5 b. «*der Apostel Johannes*»: vgl. Off. 1, 4 (Off. 2 f.).

Seite 366 unten – «*auf sieben Säulen gestützt*»: «et suffulsit columnas septem»; vgl. Spr. Sal. 9, 1. *Bibelzitat:* 1. Sam. 2, 6 a.

Seite 367 oben/Mitte – *Bibelzitate:* 1. Sam. 2, 6 b. / Kol. 3, 1. / 3, 2. / 3, 3. / Röm. 8, 32.

Seite 367 unten – «*in der Weissagung*»: Ps. 16, 10; vgl. Apg. 2, 27. «*Durch diese seine Armut*»: vgl. 2. Kor. 8, 9. *Bibelzitate:* 1. Sam. 2, 7 a. / 2, 7 b. / Jak. 4, 6; vgl. 1. Petr. 5, 5; Spr. Sal. 3, 34 (LXX); Hiob 22, 29. «*anschließt*»: 1. Sam. 2, 8 a.

Seite 367/368 – *Bibelzitat:* 2. Kor. 8, 9.

Seite 368 oben – «*die folgenden Worte*»: 1. Sam. 2, 8 b (LXX). *Apostelzitat:* Phil. 3, 7 f.

Seite 368 Mitte – *Bibelzitate:* Mt. 19, 28. / 1. Sam. 2, 8 d (LXX). / Mt. 19, 27.

Seite 368 unten – «*hören wir*»: 1. Sam. 2, 9 a (LXX). «*Weiter liest man*»: 1. Sam. 2, 9 b (LXX). *Bibelzitate:* Ps. 102, 28. / 1. Sam. 2, 9 a (LXX). / 1. Sam. 2, 9 b (LXX).

Seite 369 oben – *Bibelzitat:* 1. Sam. 2, 9 c. 10 a (LXX). «*Nach dem doppelsinnigen griechischen Text*»: «ex ambiguo Graeco»: *ἀντίδικον αὐτοῦ*; der Genitiv läßt sich ebenso auf Gott wie auf den Menschen beziehen. *Bibelzitate:* 1. Sam. 2, 9 c (LXX). / 1. Sam. 2, 10 b (LXX).

Seite 369 Mitte – *Bibelzitate:* 1.Sam.2,10c–h (LXX), vgl. Jerem.9, 22 (!). / 1.Kor.4,7.

Seite 369 unten – *Bibelzitat:* 1.Tim.1,5. «*der Apostel Johannes*»: vgl. 1.Joh.4,7. «*mitten auf Erden*»: «In medio terrae», 1.Sam.2,10h (LXX).

Seite 370 – *Bibelzitate:* 1.Sam.2,10h (LXX). / 2.Kor.5,10. / Ps.74,12.

Seite 370 unten – «*da das Wort Fleisch ward ...*»: vgl. Joh. 1,14. «*die zuletzt ausgeführten*»: vgl. 1.Sam.2,10c–h (LXX). «*fährt sie fort*»: 1.Sam. 2,10i–k (LXX); vgl. Vulg.

Seite 371 oben – «*die Reihenfolge des Bekenntnisses*»: «ordinem tenuit confessionis»; vgl. A., serm.213; dazu Denz–Schönm Nr.14. «*der Apostel sagt*»: Eph.4,9f. «*durch den Propheten Jesaja*»: vgl. Jes.5,6.

Seite 371 Mitte – «*Die Worte aber*»: 1.Sam.2,10k (LXX).

Seite 371 unten – *Bibelzitate:* Mt.10,22. / 1.Sam.2,10 l (LXX) / 2,10m (LXX) / 2,10i (LXX).

Seite 372 oben – «*der Gesalbte des Gesalbten*»: «christus Christi»; das Wortspiel stellt dieselbe Form als echtes Part.Perf.Pass. und als Epitheton nebeneinander. «*das Horn jedes seiner Gläubigen*»: vgl. Davids Danklied 2.Sam.22,3 (Vulg.); Lk.1,69. *Bibelzitat:* 1.Sam.2,1b (LXX). «*mit seinem Salböl gesalbt*»: «unctos eius chrismate»; d.h. bei der Taufe, vgl. civ.20,10 (S.614 unten); Tert., de baptismo 7,1; Cypr., epist.70,2. «*Das also weissagte Hanna*»: zum homiletischen Stil dieser Exegese, der sich für die erste Hälfte des «Lobgesangs der Hanna» im Vergleich mit des Origenes Homilien zum ersten Samuelisbuch (ed. Baehrens, GCS 33 p.1,1ff.) recht gut herausstellen läßt, vgl. die Nachweise BA 36,355ff.

SIEBZEHNTES BUCH, KAPITEL 5

Seite 372 Mitte – «*Gottesmann*»: «homo Dei»; der Anonymus hieß nach spätjüd. Tradition Phineas, vgl. Hier., Hebr.quaest. in libr. I Reg. 1,27 (PL 23,1333B).

Seite 372/373 – *Bibelzitat:* 1.Sam.2,27–36 (LXX).

Seite 373 unten – «*zu den Söhnen Aarons*»: dazu die Korrektur A., retract.2,43,2: «non est filius sacerdotis»; vgl. außerdem ebenda 2, 55,2; zur Übertragung des Priestertums auf Aaron und seine Nachkommen vgl. 2.Mos.28f.; 3.Mos.8; 4.Mos.17. «*Sach-, nicht Wortprophezeiung*»: «prophetia facti etiam ipsa, non verbi»; vgl. civ.18,44 (S.492). «*Zadok und Abjathar*»: vgl. 2.Sam.15,24.

Seite 374 – *Bibelzitate:* 1.Sam.2,30 / 2,27f. / 2,31–33a (LXX).

Seite 374 oben – «*wie das Gesetz befahl*»: vgl. 2.Mos.28,1 u.ö.

Seite 374 unten – «*Nur eines wachen Glaubens ...*»: «Vigilet fides, praesto sunt res»; vgl. Anm. zu civ.17,1 (S.357 Mitte).

Seite 375 oben – «*was folgt*»: 1.Sam.2,33b–34 (LXX); vgl. 1.Sam. 4,11.

Seite 375 unten – *Bibelzitate:* 1.Sam.2,35 / 2,38.

Seite 376 oben – «*aus- und eingehen*»: «transibit»; lat.Wort ist doppeldeutig. *Bibelzitat:* 1.Sam.2,35a. «*im übertragenen ... Sinne gesagt*»: «tropice, non proprie dicitur»; vgl. Anm. zu civ. 16,21 (S. 315). *«nach Gottes Ebenbild»*: vgl. 1. Mos. 1,26.

Seite 376 Mitte – *Bibelzitate:* Ps. 17,8. / 1. Sam. 2,36 a. *«noch nicht erloschen»:* vgl. J. Juster, Les Juifs dans l'empire romain I (1914) 399; A.s Behauptung gründet wahrscheinlich nur auf dem exegetischen Schluß.

Seite 376 unten – *«Wenn also die Worte»:* 1. Sam. 2,33; vgl. dazu 1. Sam. 22,11 ff.; ferner Esra 8,2. *«ein anderer Prophet»:* Jes. 10,22. *«der Apostel»:* Röm. 11,5.

Seite 377 oben – *«weiter sagt»:* 1. Sam. 2,36 a (LXX). *«Prophetenspruch»:* Jes. 10,23; zitiert: Röm. 9,28. *Psalmzitat:* Ps. 12,7.

Seite 377 unten – *Bibelzitate:* 1. Sam. 2,36 b. / Ps. 84,11. *«der Mittler ...»:* vgl. 1. Tim. 2,5; zitiert: civ. 15,26 (S. 271 unten); vgl. civ. 21,16 (Seite 711 Mitte). *Petrus-Zitat:* 1. Petr. 2,9. *«an deinem Opfer»:* «sacrificii tui»; 1. Sam. 2,36 b. *«an deinem Priestertum»:* «sacerdotii tui»; sowohl in der griech. als auch in der lat. Überlieferung ebenso als Verschreibung wie als Sachkorrektur leicht möglich. *Bibelzitate:* 1. Kor. 10,17. / 1. Sam. 2,36 c (LXX).

Seite 378 oben – *Bibelzitate:* Joh. 6,51. / 1. Sam. 2,36 b. c / 2,28 c / 2,36 c. *«Wer dies liest ...»:* vgl. Mt. 24,15. *«Kurz und bündig»:* vgl. Jes. 10,23 = Röm. 9,28 (S. 377 Mitte).

SIEBZEHNTES BUCH, KAPITEL 6

Seite 378 unten – *«als göttlichen Ausspruch lesen»:* «divinitus dictum est»: 1. Sam. 2,30 a.

Seite 379 oben – *«Auch das Königtum Sauls»:* vgl. 1. Sam. 9–31. *«mit dem er gesalbt ... wurde»:* vgl. 1. Sam. 10,1 ff. *«in der dunklen Höhle»:* vgl. 1. Sam. 24,4 ff. *«eines natürlichen Bedürfnisses wegen»:* «urgente ... necessitate naturae»; vgl. 1. Sam. 24,4 b: hier folgt A. Vulg. (LXX gebraucht einen Euphemismus).

Seite 379 unten – *Bibelzitate:* 1. Sam. 24,6 / 24,7 / 13,13 (beginnend ...).

Seite 380 oben – *Bibelzitat:* 1. Sam. 13,13 f. (... endend).

Seite 380 unten – *«Gott ... spricht durch einen Menschen»:* «per hominem more hominum loquitur»; sog. Akkommodationstheorie altchristl. Apologetik. *«zu suchen, was verloren ist»:* vgl. Lk. 19,10. *«vor Grundlegung der Welt»:* vgl. Eph. 1,4. *«im Lateinischen»:* «in Latina lingua»; vgl. civ. 13,11 (S. 121 f.) mit Anm. zu S. 122 oben.

SIEBZEHNTES BUCH, KAPITEL 7

Seite 381 unten – *«herrschte vierzig Jahre»:* vgl. Eus. (Hier.) p. 65 a; vgl. civ. 18,20 (S. 447) mit weiteren Nachweisen. *«der Mittler zwischen Gott ...»:* vgl. 1. Tim. 2,5; zitiert civ. 17,5 (S. 377 unten). *«in den meisten lateinischen Handschriften»:* «codicibus»; die Lesart entspricht dem hebr. Text und der Vulg. A.s «Schrift» erweist sich hier eindeutig als eine an der LXX überprüfte altlat. Übersetzung, vgl. Anm. zu civ. 12,15 (S. 82 oben).

Seite 382 Mitte – «*Prophetenwort gemäß*»: Ps. 110,1. «*kein Falsch war*»: vgl. Joh. 1,47. «*Gott priesen*»: vgl. Gal. 1,24.

Seite 382 unten – *Bibelzitat:* 1. Sam. 15,28 c (LXX). «*zur Magd, ... zur Freien gehört*»: vgl. Gal. 4,22; dazu civ. 15,2 (S. 215). *Bibelzitat:* 1. Mos. 21,10; vgl. civ. 15,2 (S. 215). «*unter ... Rehabeam*»: vgl. 1. Kg. 12.

Seite 383 oben – «*verschleppt wurde*»: vgl. 2. Kg. 17.

Seite 383 Mitte – *Bibelzitat:* 1. Sam. 15,29.

Seite 383 unten – «*zur Knechtschaft gebiert*»: vgl. Gal. 4,24.

Seite 348 oben – «*Schleier über ihren Herzen*»: vgl. 2. Kor. 3,15. «*das Verhalten des ... Samuel*»: vgl. 1. Sam. 7,5–12.

Seite 384 Mitte – *Bibelzitat:* 1. Sam. 7,12 (LXX); im Unterschied zu den Ta vom Übersetzer als solches gekennzeichnet. «‹*Stein des Helfers*›»: so Hier., hebr. nomin.: «lapis adiutorii» (PL 23,1204). «*Gesinnung*»: so Hier., a. O.: «speculatio vel contemplatio vel intentio vel locus iudicii». «*Jener Helferstein*»: «lapis ille adiutoris» als Symbol der «Mittlerschaft des Erlösers» («medietas Salvatoris»), vgl. 1. Tim. 2,5 (von A. oft zitiert). Zu A.s Soteriologie der Mittlerschaft vgl. B. Studer, Soteriologie = Hbuch der DG 3 (1978) 160ff.

SIEBZEHNTES BUCH, KAPITEL 8

Seite 384 unten – «*ein Haus zu bauen*»: vgl. 2. Sam. 7,2f.

Seite 385 oben – «*Gott ließ sagen*»: «Ubi cum dixisset Deus»; vgl. 2. Sam. 7,4ff.

Seite 385 Mitte/unten – *Bibelzitat:* 2. Sam. 7,8–16 (LXX), bes. Vers 13.

Seite 386 oben – *Zitat:* 2. Sam., a. O., bes. Vers 16. «*und abfiel*»: vgl. 1. Kg. 11,1–6.

Seite 386 Mitte – «*nach dem Fleische*»: vgl. Röm. 1,3.

Seite 386 unten – «*Friedebringer*»: «pacificus est Latine»; vgl. Hier., in Eccl. 1,1 (CCL 72 p. 250). «*der zweiundsiebzigste Psalm*»: vgl. Hier., commentarioli in ps. 71 (CCL 72 p. 216f.); A., enarr. in ps. 71,17 (CCL 39, 982f.).

Seite 387 oben – *Psalmzitat:* Ps. 72,8. «*von Johannes getauft*»: vgl. Mt. 3,13ff. «*zu erkennen ... zu nennen*»: vgl. Joh. 1,35–42. 49.

Seite 387 Mitte – *Bibelzitat:* 2. Sam. 7,12f.; vgl. Lact., inst. 4,13, 22–26.

Seite 387 unten – *Apostelzitat:* 1. Kor. 3,17.

SIEBZEHNTES BUCH, KAPITEL 9

Seite 388 oben – «*im Königsbuch ...*»: «in libro regnorum», was dem Bibelkanon der Synode von Karthago 397 n. Chr. («Regnorum libri IV») entspricht. LXX und der an ihr orientierte altlat. Bibeltext zählen 1. Sam. als 1. Königsbuch, Vulg. und Luther hingegen folgen den hebr. Bezeichnungen.

Seite 388 oben/Mitte – *Psalmzitate:* Ps. 89,4 / 89,20–30 (LXX).

Seite 388/389 – *Bibelzitat:* 2. Sam. 7,14f.

Seite 389 oben – *Bibelzitate:* Ps. 105,15 / 89,31–34.

Seite 389 Mitte/unten – *«im Königsbuch»:* 2.Sam.7,14f.; bereits zitiert S.388/389; vgl. A., enarr. in ps.88 serm.2,3 (CCL 39,1234f.). *«vom Himmel herab»:* Apg.9,4. *Psalmzitat:* Ps.89,34–36. *«nach ständigem Schriftgebrauch»:* «Solet enim sit loqui scriptura». *«sagt das Folgende»:* «adiungit et dicit»: Ps.89,37f.

SIEBZEHNTES BUCH, KAPITEL 10

Seite 390 oben – *Psalmzitate:* Ps.89,39a / 89,39b. *«Zerstörung des irdischen Jerusalems»:* nach Eus. (Hier.) p.100a im 442. Jahre nach der Erbauung, 586 v.Chr. nach heutiger Chronologie.

Seite 390 Mitte – *«Gesalbten des Herrn»:* «christum Domini»; vgl. 1.Sam.24,7; zitiert civ.17,6 (S.379 unten).

Seite 390/391 – *Psalmzitat:* Ps.89,40–46.

Seite 391 oben – *«das muß man ...»:* «index est rerum gestarum, si legatur, historia»; vgl. civ.17,1 (S.357 oben).

SIEBZEHNTES BUCH, KAPITEL 11

Seite 391 Mitte – *«der Prophet»:* d.h. der Psalmist; Zitat: Ps.89,47a (LXX). *«Einige Handschriften»:* unter leichter Korrektur von «avertis» in «averteris», d.h. «codices» der Vetus latina boten diese Lesart!

Seite 391 unten – *Psalmzitate:* Ps.89,47b.48a. / Ps.89,48b.

Seite 392 oben – *«ein anderer Psalm»:* Ps.144,4 («Homo vanitati similis factus est ...»); vgl. civ.14,15 (S.188 unten). *«durch Jesus, den Mittler ...»:* «a vanitate liberat per mediatorem Iesum»; vgl. 1.Tim.2,5.

Seite 392 Mitte – *Bibelzitate:* Ps.89,49. / Röm.6,9. / Joh.10,18. *«herabgestiegen war»:* vgl. 1.Petr.3,19f.

SIEBZEHNTES BUCH, KAPITEL 12

Seite 392 unten – *«Der Schluß des Psalms»:* Ps.89,50–52.

Seite 393 oben – *«Ethan»:* vgl. 1.Kg.5,11; 1.Chron.15,17; einer der zahlreichen Sangesmeister Davids.

Seite 393 oben/Mitte – *Psalmzitat:* Ps.89,50. *«eine Verwandlung»:* «commutationem»; vgl. Ps.89,52b.

Seite 393 unten – *Psalmzitat:* Ps.89,51a (2mal).

Seite 394 oben – *Psalmzitat:* Ps.89,50–52.

Seite 394 unten – *«Schlußvers»:* «ubi psalmus iste concluditur»; Ps. 89,53 (Zitat) schließt allerdings nicht Ps.89, sondern den sog. elohistischen Psalter, Ps.42–89, ab. Derselbe Schlußvers findet sich am Ende des sog. David-Psalter (Ps.3–41), s. Ps.41,14.

Seite 395 oben – *Bibelzitate:* 2.Sam.7,19 / 7,29.

Seite 395 Mitte – *«alles in allen»:* vgl. 1.Kor.15,28. *Bibelzitate:* 2.Sam. 7,11c (LXX) / 7,27.

Seite 395 unten – *Bibelzitate:* Ps.127,1. / 2.Sam.7,10f.

SIEBZEHNTES BUCH, KAPITEL 13

Seite 396 oben – «*ist ein Narr*»: «insipienter sapit»; die rhetor. Wendung enthält die ontolog. Aussage von der «insipientia» als Minderung der «sapientia»; anders Cic., Tusc. 3,11 (BAW S. 199).

Seite 396 Mitte – «‹*Bösewicht*›»: «filius iniquitatis»; vgl. 2. Thess. 2,7f.; vielleicht denkt A. auch an das Gleichnis Mt. 13,36ff. «*vierzig Jahre regierte*»: vgl. 1. Kg. 11,42. «*achtzig Friedensjahre*»: vgl. Ri. 3,30.

Seite 396 unten – «*Jerusalem* ... ‹*Gott schauend*›»: vgl. Gal. 4,26; 1. Mos. 32,31, dazu civ. 16,39; zur Namensetymologie für Jerusalem vgl. civ. 19,11.

SIEBZEHNTES BUCH, KAPITEL 14

Seite 397 oben – «*David ... ein sangeskundiger Mann*»: vgl. 1. Sam. 16,18; 2. Sam. 23,1; ferner den sog. David-Psalter, vgl. Anm. zu civ. 17,12 (S. 394 unten). Auch der «elohistische» Sammler (s. a. O.) hat mit Ps. 51–65. 58–70 (vgl. Ps. 72,20) David-Psalmen festgehalten. Fast alle A.s Frömmigkeit bestimmenden Bußpsalmen (1. 32. 38. 51. 102. 143) sind David-Psalmen. «*festgefügten Einheit ...*»: «compactam bene ordinatae civitatis ... unitatem»; vgl. civ. 19,13 (S. 552) mit Anm.

Seite 397 Mitte – «*seine Namensüberschrift*»: «qui eius nomine inscripti sunt»; vgl. etwa Ps. 15,1; 55,1; 56,1 Vulg.: «David in tituli inscriptionem.» Aus A.s Enarrationes in psalmos I–CL (CCL 38–40) geht hervor, daß A. im Unterschied zu Hier., epist. ad Sophron. = Vorwort zur Psalmübers. (PL 28,1123) für die davidische Autorschaft aller Psalmen eintrat, auch wo andere Autoren genannt sind. «‹*dem David*›»: gemeint ist das sog. Lamed auctoris, d. h. der hebr. Dativ der Autorangabe, den A. mit anderen Exegeten im Sinne der antiken Theorie von der «sermonicatio» (vgl. H. Lausberg, Hbuch der lit. Rhetorik [1960] § 820–825) verstand bzw. mißverstand; so auch hier.

Seite 397 unten – «*durch einen Ausspruch*»: vgl. Mt. 22,43. *Psalmzitat:* Ps. 110,1 (A. zitiert ihn nach seinem Text als «centensimus nonus»). «*die Ansicht derjenigen ...*»: z. B. Diodor von Tarsos (LAW 740 f., Nr. 5; dazu L. Mariès, Etudes préliminaires à l'édition de Diodore de Tarse sur les Psaumes [1933] 62f.), dessen Exegese Hilarius von Poitiers (s. Anm. zu civ. 16,29 S. 330 unten) im Westen bekannt machte.

Seite 398 oben – «*die Namen einiger Propheten*»: vgl. etwa Ps. 64 (Vulg.: Jeremia, Ezechiel).

Seite 398 Mitte – «*einem Propheten offenbart*»: vgl. 1. Kg. 13,2.

SIEBZEHNTES BUCH, KAPITEL 15

Seite 398 unten – «*in bezug auf einen Psalm*»: vgl. die Exegese von Ps. 89 in civ 17,9–12 (S. 388–395). «*wie bei einem poetischen Flickwerk*»: «more centonum»; zur lit. Gattung des «Cento», das fremde Dichtung und Verse ausplündert, → LAW 565f.

Seite 399 oben – «*die Werke anderer Männer*»: Nachweise RGG³ 5, 1961, 684. «*die eigenen*»: vor allem die «Enarrationes in psalmos» → BiblA S. 256 (in den Jahren 392–420 n. Chr.). 155 ff.

SIEBZEHNTES BUCH, KAPITEL 16

Seite 399 Mitte – «*auch figürlich zu verstehende*»: «etiam tropicae» sc. locutiones; vgl. civ. 16, 21 (S. 315 unten) mit Anm.; 14, 11 (S. 179 Mitte).

Seite 399/400 – «*bei folgender Psalmstelle*»: «in eodem psalmorum libro»; Ps. 45, 2–10.

Seite 400 oben – «*dessen Stuhl ...*»: vgl. Ps. 45, 7. «*dem Salböl*»: «unctione»; vgl. Ps. 45, 8 b; zitiert Hebr. 1, 8–10; ferner vgl. civ. 17, 4 (S. 372 oben) mit Anm.

Seite 400 unten – «*seine Kirche*»: der christologische «Aspekt» («aspiciat») geht in den ekklesiologischen über.

Seite 400/401 – *Psalmzitat*: Ps. 45, 11–18; vgl. A., enarr. in ps. 44 (CCL 38, 501 ff.).

Seite 401 Mitte – *Zitate*: Ps. 45, 8 / 48, 3. «*der in Übersetzung ...*»: «quod nomen Latine interpretatum speculatio est»; vgl. Hier., hebr. nomin. (CCL 72 p. 108, 25).

Seite 401 unten – «*so oft schon geredet*»: vgl. etwa civ. 11, 1; 15, 2; 15, 20; 16, 31; 17, 3 (S. 3 f. 214 ff. 256 Mitte. 333 unten. 359 ff.). «*die Teufelsstadt*»: «civitas diaboli Babylon»; vgl. A., catech. rud. 11, 16. «*deren Name Verwirrung bedeutet*»: «confusio»; vgl. civ. 16, 4 (S. 287 unten) mit Anm.; 16, 11 (S. 300). «*wird ihr auch gesagt*»: Ps. 45, 11.

Seite 402 – *Bibelzitate*: Ps. 18, 44 f. / Röm. 10, 17. / Ps. 87, 5 / 45, 17.

Seite 402 unten – «*jenes Staates*»: «patres eius» sc. civitatis. «*in bildlicher Redeweise*»: s. oben Anm. zu S. 399 Mitte.

SIEBZEHNTES BUCH, KAPITEL 17

Seite 403 oben/Mitte – *Bibelzitate*: Ps. 110, 1 / 110, 2. Der zum Urgestein christologischer Exegese gehörende Psalm (vgl. 1. Kor. 15, 25; Mk. 12, 35 parr.; Apg. 2, 34; Hebr. 1, 13; 7, 21; 10, 13) hat hier eine ekklesiologische Komponente, vgl. civ. 17, 15 (S. 398 unten).

Seite 403 Mitte – «*das Gesetz ...*»: vgl. Micha 4, 2 Vulg., dessen christolog.-ekklesiolog. Exegese feststehendes Traditionsgut ist, vgl. Iust., dial. 34, 1 (mit Bezug auf Ps. 110 wie hier); 109 f.; s. a. dens., apol. 1, 39, 1; vgl. ferner (Ps.-)Cypr., testim. 1, 10 (in der gleichfalls traditionellen Verbindung mit Jes. 2, 3 c Vulg.). «*Zepter seiner Macht*»: vgl. Ps. 110, 2.

Seite 403 unten – *Psalmzitate*: Ps. 110, 4 a / 110, 4 b. «*Melchisedek*»: vgl. 1. Mos. 14, 18; ferner civ. 16, 22 (S. 317 oben); zur eucharist. Interpretation vgl. Cypr., epist. 63, 4. «*in unsern volkstümlichen Predigten*»: «in nostris iam popularibus sermonibus»; vgl. A., enarr. in ps. 109 mit Zusatz: «sermo ad plebem» (CCL 40, 1601 ff.).

Seite 404 oben – *Psalmzitate*: Ps. 22, 18 / 22, 19. «*die evangelische Geschichte*»: «evangelica narratur historia»; A. denkt ausschließlich an

Fakten wie die Kreuzigung, vgl. Ps. 22, 17b. 18f. bzw. die Verlosungsszene Mt. 27,35; Joh. 19,24, wo Ps. 22 zitiert wird. Das entspricht den civ. 17,1 (S. 357) entwickelten Gesichtspunkten. Daß aber auch der Verzweiflungsschrei des Gekreuzigten aus Ps. 22,2 stammt (s. Mk. 15,34 parr.), wird übergangen.

Seite 404 Mitte – *Psalmzitat:* Ps. 22, 28f.

SIEBZEHNTES BUCH, KAPITEL 18

Seite 404 unten – *Psalmzitat:* Ps. 3,6; vgl. A., enarr. in ps. 3,5 (CCL 38 p. 9f.) u. ö. in der Psalmauslegung.

Seite 405 oben/Mitte – *«im einundvierzigsten Psalm»:* «in quadragesimo» nach Zählung der Vetus latina; Ps. 41,6–9.

Seite 405 unten – *Psalmzitate:* Ps. 41,9b / 41,10 / 41,11.

Seite 406 oben – *«vertrieben wurden»:* A. denkt hier wohl im Unterschied zu civ. 16,21 (S. 316 unten) an den Jüdischen Aufstand 66–70 n. Chr.; auch Oros., hist. 7,9,4–8 deutet ihn wie A. *«seinen Verräter kundgetan»:* «ostendens»; vgl. civ. 13,26. *«unser Psalmwort»:* Ps. 41,10b; vgl. Joh. 13,18. *«auf den ich vertraute»:* Ps. 41,10a.

Seite 406 Mitte – *Bibelzitate:* Joh. 13,21 / 6,70. / Mt. 25,35 / 25,40.

Seite 406 unten – *«Die Juden aber ...»:* vgl. Joh. 12,34. *«Doch auch der sechzehnte Psalm»:* «quintus decimus» nach Zählung der Vetus latina; Ps. 16,9f.

Seite 407 oben – *«auch der achtundsechzigste Psalm»:* nach hebr. und dt. Zählung; Ps. 68,21.

Seite 407 Mitte – *«dessen Name»:* vgl. Hier., hebr. nomin. (CCL 72 p. 82,26). *Bibelzitat:* Mt. 1,21.

SIEBZEHNTES BUCH, KAPITEL 19

Seite 407 unten – *«des nächstfolgenden Psalms»:* Ps. 69; auch er gehört neben Ps. 22 zum Urgestein christolog. Exegese, die sich bereits im Traditionskern des Passionsberichtes der Synoptiker niedergeschlagen hat.

Seite 408 oben – *Psalmzitate:* Ps. 69,22; vgl. Mt. 27,34.48; Joh. 19,29. / Ps. 69,23f.; vgl. A., enarr. in ps. 68 serm. 2,8 (CCL 39,923).

Seite 408 Mitte – *«vom Leibe hergenommenen Worten»:* bzw. von der stoischen Anthropologie übernommen, vgl. den Begriff des «aufrechten Menschen» civ. 13,14 (S. 124 oben) mit Anm. Den Gegenbegriff des «krummen Menschen» («homo curvus»), den A. auch bei Horaz und dem jüngeren Plinius hätte finden können, gebraucht er gerne bei der Psalmenauslegung, vgl. enarr. in ps. 44,17 (CCL 38 p. 505,13: «curvi erant, distorti erant» sc. homines; «curva voluntas»); 50,17 (CCL 38 p. 612,18: «quem curvavi et distorsi peccando»); vgl. aber auch conf. 7,9,15 (BAW S. 177 unten: «curvans imaginem tuam»).

SIEBZEHNTES BUCH, KAPITEL 20

Seite 408 unten – *David-Zitat:* Ps. 32, 1. *«bereits bemerkt»:* vgl. civ. 17, 8. *«zu Lebzeiten»:* vgl. 1. Kg. 1, 11 ff. 34 ff.

Seite 409 oben – *«Denn das Glück ...»:* Zitat aus Sall., Cat. 11, 8: «Quippe secundae res sapientium animos fatigant.»

Seite 409 Mitte – *«Autorität zuerkannt»:* ähnlich die Ausführungen A.s zum biblischen Kanon, doctr. christ. 2, 8, 12 f. Die dort vertretene Ansicht, auch die «Sapientia Salomonis» sei von Jesus Sirach verfaßt, korrigierte er retract. 2, 4, 2. *«westliche Kirche»:* vgl. Denz–Schönm 179 f. 186.

Seite 409 Mitte/unten – *Bibelzitat:* Sap. Sal. 2, 12–21.

Seite 410 oben – *Bibelzitat:* Sir. 36, 1–4 (LXX). *«im Kanon der Juden»:* vgl. Vorwort Jesus Sirach für die Dreiteilung «Gesetz, Propheten und die anderen Bücher der Vorfahren» (190 v. Chr.) und den Hinweis auf die 24 Bücher, die «zuerst geschrieben sind» (4. Esra 14, 45, Übers. E. Kautzsch, Pseudepigraphen des AT [1900] 401) um 90 n. Chr.

Seite 410 Mitte – *«den drei anderen ...»:* d. h. «Sprüche Salomos» («Proverbia»); «Prediger Salomo» («Ecclesiastes»); «Hohelied Salomos» («Canticum Canticorum»).

Seite 410 Mitte/unten – *Bibelzitate:* Spr. Sal. 1, 11–13. / Mt. 21, 38. *«die wir schon früher»:* vgl. civ. 17, 4 (S. 366 unten).

Seite 410/411 – *Bibelzitat:* Spr. Sal. 9, 1–5 (LXX).

Seite 411 Mitte – *«nach der Ordnung Melchisedeks»:* vgl. Ps. 110, 4; ferner civ. 17, 17 (S. 403 unten). *Bibelzitate:* 1. Kor. 1, 27. / Spr. Sal. 9, 6. / Pred. Sal. 8, 15. *«der Mittler des Neuen Bundes»:* d. h. Christus, vgl. Hebr. 10, 12 ff., bes. Vers 15.

Seite 411 unten – *«des vierzigsten Psalms»:* «in psalmo tricensimo et nono»; vgl. Anm. zu S. 407 oben; s. Ps. 40, 7; vgl. Hebr. 10, 5–7.

Seite 412 oben – *Bibelzitate:* Pred. Sal. 7, 2 / 7, 4 / 10, 16 f. (LXX).

Seite 412 Mitte – *«der heiligen Patriarchen»:* mit Abraham beginnend, vgl. civ. 16, 12 (S. 304 Mitte) mit 16, 11 (S. 302 oben) und den dortigen Begriff der «Patriarchen und Propheten». Als Träger heilsgeschichtlicher Kontinuität ist auch David «Patriarch», vgl. A., de pecc. meritis et remiss. 2, 34, 56 (Übers. Habitzky AL 1, 255).

Seite 412 unten – *Zitate:* Pred. Sal. 10, 17 b (LXX). / Röm. 5, 5. / Ps. 25, 3. *«Das Hohelied endlich»:* zur Auslegungsgeschichte vgl. RGG³ 3, 1959, 430 f.; BiblA S. 156, Nr. 15.

Seite 413 oben – *Zitate:* Hohel. 1, 4 / 7, 6.

SIEBZEHNTES BUCH, KAPITEL 21

Seite 413 Mitte – *«seines Sohnes Rehabeam»:* vgl. 1. Kg. 12, 1 ff., bes. 12, 19. *«Jerobeam»:* vgl. 1. Kg. 12, 20–25.

Seite 413 unten – *«der Stamm Davids»:* vgl. 1. Sam. 17, 12. *«Aus dem anderen Stamme ...»:* vgl. 1. Sam. 9, 1 f. *«Stamm Levi»:* vgl. 2. Mos. 32, 29; 4. Mos. 3, 5–39. *«ihrer zwei erzeugt»:* vgl. 1. Mos. 41, 50–52.

Seite 414 oben – *«weil dort der Tempel war»:* vgl. 1. Kg. 8, 4; 12, 31.

«durch einen Propheten»: vgl. 1. Kg. 12,22–24. *«die Trennung»:* hermeneutischer Zusatz des Übersetzers («se hoc fecisse»).

SIEBZEHNTES BUCH, KAPITEL 22

Seite 414 unten – *«So führte er ...»:* vgl. 1. Kg. 12,28–30. *«Elias»:* vgl. 1. Kg. 17f. *«Elisa»:* vgl. 1. Kg. 19,19–21; 2. Kg. 2,19ff.; 4f.; 6,1ff.

Seite 415 oben – *Zitat:* 1. Kg. 19,10. *«die Antwort»:* vgl. 1. Kg. 19,18 und zu beiden Zitaten Röm. 11,3f.

SIEBZEHNTES BUCH, KAPITEL 23

Seite 415 Mitte – *«nicht an Propheten»:* vgl. z.B. 1. Kg. 11,29–39; 12,22ff.; 13,1–9.32. *«frommer Könige»:* vgl. z.B. Hiskia: 2. Kg. 18ff.; Josia: 2. Kg. 22ff.

Seite 415 unten – *«Das traf zuerst»:* «prius illa pars», vgl. 2. Kg. 17. *«sodann»:* vgl. 2. Kg. 25. *«Siebzig Jahre»:* vgl. Eus. (Hier.) p. 100a.

Seite 416 oben – *«Tempel wieder her»:* vgl. Esra 3,7–4,22.

SIEBZEHNTES BUCH, KAPITEL 24

Seite 416 Mitte – *«jenen zweiten Zacharias»:* vgl. Lk. 1,67ff. *«Elisabeth»:* vgl. Lk. 1,41ff. *«Simeon»:* vgl. Lk. 2,25ff. *«Hanna»:* vgl. Lk. 2,36ff. *«Johannes selbst»:* vgl. Mk. 1,7ff.; Lk. 3,2ff.; Joh. 1,29–35.

Seite 416 unten – *Bibelzitat:* Mt. 11,13. *«die jungfräuliche Mutter»:* vgl. Lk. 1,46–55. *«durch den Propheten Samuel»:* vgl. 1. Sam. 15,28.

ACHTZEHNTES BUCH, KAPITEL 1

Seite 418 oben – *«stellte in Aussicht»:* vgl. civ. 11,1 (S. 4 oben). *«Ursprung, Verlauf und ... Ausgang»:* «exortu et procursu et debitis finibus»; vgl. ad Firmum (CCL 47 p. III 11–22; zitiert Bd. I, S. XIIIf.) und retract. 2,43 (70) 1f. (gleichfalls a. O. zitiert). *«Verlauf»:* «procursus», vgl. civ. 16,12 (S. 304 Mitte); «excursus», vgl. civ. 15,1 (S. 212 unten).

Seite 419 oben – *«das Unterlassene nachholen»:* zu dieser Form der «reversa narratio» bzw. «recapitulatio», die Augustin den «regulae» des nordafrikanischen Tyconius verdankt (doctr. christ. 2,36,52), vgl. Anm. zu civ. 16,15 (S. 308 Mitte); zu seinen Quellen vgl. C. Frick, Die Quellen Augustins im XVIII. Buch seiner Schrift «De civitate Dei», Höxter (1886).

ACHTZEHNTES BUCH, KAPITEL 2

Seite 419 unten – *«der Freiheit vor»:* vgl. Lucan. 4,577–579. *«lieber tot als Sklave»:* vgl. Iuven., sat. 8,83f. *«Erdenreichen»:* «regna terrarum», als *«Genossenschaft irdischen Vorteils oder Begehrens»* («societas»), beachte den apokalyptischen Hintergrund Dan. 2,36ff., mit seinen 4 Weltreichen.

Seite 420 oben – *«Die weiteren Reiche»:* Nach der Weltchronik Eusebs (Hieronymus Übers.) «Sikyonier», «Argiver», «Ägypter», «Athener», «Mykener», «Latiner», «Lakedämonier» u.a. Augustin reduziert diese Vielfalt dank seiner Thematik.

Seite 420 Mitte – «*Ninus*»: vgl. civ. 16, 17 (S. 312 oben) mit Anm. «*Sikyonier*»: vgl. civ. 16, 17 (S. 312 oben). «*Varro*»: «de gente populi Romani», vgl. civ. 18, 13 (S. 436 unten) mit Anm.; zum Autor selber vgl. civ. 6, 2 (S. 285 ff.); → KlP 5, 1131 ff., spez. 1133. *Zitat:* Sall., Cat. 8; zum «*römischen Geschichtsschreiber*»: «romanus historicus», vgl. civ. 1, 5 mit Anm., ferner BiblA S. 83 f. nrn. 24. 32; vgl. F. Chesnut jr. in: FS A. C. Outler, Our Common History as Christians. Essays, New York-London (1975) 69–96.

Seite 421 oben – «*das der Assyrer*»: vgl. civ. 4, 6 (S. 175 f.); 16, 17 (S. 312 f.); 18, 22 (S. 449 Mitte). «*Semiramis*»: vgl. Diod. Sic. 2, 1–20, ferner Eus. (Hier.) p. 20 b. «*Abraham*»: vgl. civ. 16, 12 (S. 304 Mitte).

Seite 421 Mitte – «*Erforscher des römischen Altertums*»: «qui gentem populi Romani in originis eius ...»: d. h. Varro (s. oben).

Seite 421 unten – «*das zweite Babylon*»: vgl. Off. 14, 8; 1 Petr. 5, 13. Zur Antithese: Babylon (Rom)–Jerusalem (Kirche) vgl. A., de catech. rud. 21, 37; civ. 14, 28 (S. 210 f.); enarr. in ps. 136, 20 ff. (CCL 40, 1977 f.); in ps. 138, 18 (a. O. p. 2002). «*Europs*»: nach Eus. (Hier.) p. 20 a/b. «*Agialeus*»: a. O. p. 20 b; vgl. Paus. 2, 5, 6 (BAW² S. 114). «*verhieß*»: vgl. 1. Mos. 12, 1–3, zitiert civ. 16, 16 (S. 310 f.).

Seite 422 oben – «*blutschänderischen Umgang*»: vgl. Pompeius Trogus, hist. 1, 2, 10 (BAW S. 87). «*im sechzehnten Buche*»: vgl. civ. 16, 4 (S. 287). «*Ninyas*»: nach Eus. (Hier.) p. 22 a, vgl. Pompeius Trogus, hist. 1, 2, 10 (a. O.). «*Telxion*»: vgl. Eus. (Hier.) p. 23 b, vgl. Pl. Fraccaro (s. unten) fr. 9, p. 264. «*als Gott ...*»: vgl. Paus. 2, 5, 7 (nicht BAW).

ACHTZEHNTES BUCH, KAPITEL 3

Seite 422 Mitte – «*Isaak*»: nach Eus. (Hier.) p. 24 a.

Seite 422 unten – «*Arrius*»: (a. O. «Arius») ist vierter König. Angaben für «*Abraham*» und «*Jakob*» a. O. Angaben für «*Xerxes*», «*Thurimachus*», «*Inachus*»: Eus. (Hier.) p. 27 a/b, vgl. 56 a. «*nach Varro*»: «de gente populi Romani», ed. Pl. Fraccaro, Padova 1907 (Nachdr. Roma 1966). «*Armamitres*» ... «*Leukippus*»: Eus. (Hier.) p. 28 a.

Seite 423 oben – «*verhieß auch ihm*»: Eus. (Hier.) p. 27 a, vgl. 1. Mos. 26, 3–6; civ. 16, 36. «*auch seinem Sohne*»: Eus. (Hier.) p. 30 a, vgl. 1. Mos. 28, 1–4; civ. 16, 38. «*Belokus*» ... «*Phoroneus*»: Eus. (Hier.) p. 29 a; 30 b, vgl. Apollodor., bibl. 2, 1 (BAW S. 36); Hygin., fab. 143 (BAW S. 316).

Seite 423 Mitte – «*höheres Ansehen*»: Eus. (Hier.) p. 29 b, vgl. Plat., Tim. 22 a (Jub. Ausg. S. 198 unten), ferner Paus. 2, 19, 5 (BAW² S. 124). «*Phegous*»: vgl. Phoroneus → KlP 4, 813; vgl. Phegeus → KlP 4, 721.

Seite 423 unten – «*Jo ... später Isis genannt*»: Eus. (Hier.) p. 27 b; so schon bei Aischylos, Prom. 788–815 (BAW S. 134 f.); Apollodor., bibl. 2, 5 (S. 37 f.); Ovid, metam. 1, 583 ff.; Hygin., fab. 145 (BAW S. 317); vgl. ferner Diod. Sic. 1, 24, 8; 1, 27, und Prell.-Rob II 1, S. 253 ff. «*Andere schreiben*»: vor allem die Isis-Aretalogien, s. LAW S. 1412 f.

ACHTZEHNTES BUCH, KAPITEL 4

Seite 424 oben – «*Baleus*»: Eus. (Hier.) p. 31 a, vgl. Helm^2 p. 286,41. «*Messapus*»: Eus. (Hier.) p. 31 b → KlP 3, 1249. «*Kesiphos*»: lies «Kepheus» aufgrund der Lesart «cephisus» → KlP 3, 190 nr. 1. «*Apis*»: vgl. civ. 18,4. «*hundertachtzig Jahren ... hundertzwanzigjährig*»: Eus. (Hier.) p. 32 a, vgl. A., quaest. in Heptat. 1, 122 (CCL 33,46 f.).

Seite 424 Mitte – «*Joseph verkauften die Brüder*»: Eus. (Hier.) p. 32 a, vgl. 1. Mos. 37,28. «*Joseph*»: in Ägypten vgl. 1. Mos. 39–41.

Seite 424 unten – «*hundertdreißig Jahre alt*»: Eus. (Hier.) p. 33 a, vgl. 1. Mos. 47,9. «*zu den dreißig Jahren*»: vgl. 1. Mos. 41,46. «*zwei der Hungerjahre*»: vgl. Eus. (Hier.) p. 33 a: «secundo anno».

ACHTZEHNTES BUCH, KAPITEL 5

Seite 425 oben – «*Apis ... zu Schiff nach Ägypten*»: Eus. (Hier.) p. 28 b; p. 32 b (als «dritter» Argiver-König); a. O. p. 30 b: Sohn des Jupiters und der Niobe; anders: Apollodor., bibl. 2, 1 ff. (BAW S. 36 f.), Hygin., fab. 145 (BAW S. 317); vgl. ferner Arnobius, adv. nat. 1, 36. «*Varro*»: vgl. civ. 12,2 (S. 420 Mitte) mit Anm. Der Kontext läßt die Schrift «de gente populi Romani» Varros auch hier als Quelle vermuten.

Seite 425 Mitte – «*aus Soros und Apis*»: für diese Namensetymologie benennt Clem., Alex. strom. 1, 106, 5 f. die Historiker Aristeas von Argos (FHG IV p. 327) und Nymphodoros von Amphipolis (FHG II p. 380) → KlP 4, 217 (nr. 2), weiteres bei W. Hornbostel, Serapis, Leiden (1973) = Études préliminaires aux religions orientales dans l'empire Romain 32. «*ein Götterbild*»: vgl. z. B. die Statue eines Harpokrates, der den Finger an die Lippe legt, aus den Musei Capitolini Rom, pl. 12 bei M. Malaise, Inventaire préliminaire des documents égyptiens découverts en Italie, Leiden (1972) = a. O. 51.

Seite 425 unten – «*ein Scheinbild* (phantasiam) ... *zu zeigen*»: A., quaest. in Heptat. 1, 93 (CCL 33, 34 f.); contra Iulianum 5, 14, 51, vgl. retract. 2, 62 sowie auch Beispiele aus der Humanmedizin (Hippokrates; Soranus von Ephesus). «*auch Jakob*»: vgl. 1. Mos. 30, 37–43, dazu A., quaest. in Heptat. 1, 43 (CCL 33, 17).

ACHTZEHNTES BUCH, KAPITEL 6

Seite 426 Mitte – «*Argus*»: Eus. (Hier.) p. 33 b, vgl. Apollodor., bibl. 22 f. (BAW S. 36 f.); Hygin., fab. 145 (BAW S. 317), wonach er Sohn des Jupiters und der Niobe war (vgl. auch Paus. 2, 22, 5 [BAW S. 128]), was Eus. (nicht Hier.!) aufnimmt. «*Eratus*»: Eus. (Hier.) p. 33 b, vgl. Paus. 2, 5, 7 (nicht BAW). «*starb Jakob*»: Eus. (Hier.) p. 34 a, vgl. 1. Mos. 49, 33. *Bibelzitat*: 1. Mos. 49, 10 (Hinweis auch bei Eus./Hier.). «*Homogyrus*»: nach Varro, rust. 2, 5, 4; gewöhnlich galt Triptolemos (→ KlP 5, 96 ff.) als Erfinder des Pflugs, vgl. Arnob., adv. nat. 1, 38, s. RE VII, 213–230 (Schwenn).

ACHTZEHNTES BUCH, KAPITEL 7

Seite 426 unten – «*Mamythus*»: Eus. p. 288 zu p. 35 (Hier. p. 35a zählt ihn als «elften»). «*Plemmeus*»: Eus. (Hier.) p. 35 b, vgl. Paus. 2, 5, 8 (nicht BAW). «*starb Joseph*»: Eus. (Hier.) p. 36a, vgl. 1. Mos. 50, 25.

Seite 427 oben – «*hundertfünfundvierzig Jahre*»: Schreibfehler A.s, der civ. 16, 43 (S. 352 oben) richtig nach Eus. (Hier.) p. 36a 144 Jahre angibt. «*immer mehr an*»: vgl. 2. Mos. 1, 7; vgl. civ. 16, 43 mit Anm.

ACHTZEHNTES BUCH, KAPITEL 8

Seite 427 Mitte – «*Saphrus*»: Eus. «*Σφαῖρος*», p. 290 zu p. 38 (Hier. p. 38a «Sfaerus» zählt ihn als 13. König). «*Orthopolis*»: Eus. (Hier.) p. 38 b, vgl. Paus. 2, 5, 8. «*Kriasus*»: Eus. (Hier.) p. 37 b; Sohn des Argos nach Apollodor., bibl. 2, 3 (BAW S. 36); Hygin., fab. 145 (BAW S. 317), ferner Paus. 2, 16, 1 (nicht BAW). «*Moses geboren*»: Eus. (Hier.) p. 39a nennt Ambram als Vater, vgl. 2. Mos. 6, 20. «*Prometheus*»: Eus. (Hier.) p. 35 b, vgl. Apollodor., bibl. I, 45 (BAW S. 12 f.); Hygin., fab. 142, 144 (BAW S. 316) → KlP 4, 1174 ff. «*sein Bruder Atlas*»: Eus. (Hier.) p. 37 b, vgl. Diod. Sic. 30, 60, 2; anders: Hygin., fab. 150 (BAW S. 319).

Seite 427 unten – «*auch ein Berg*»: vgl. Herodot, hist. 4, 184 (BAW S. 393). «*noch viele andere Fabeleien*»: vgl. Eus. (Hier.) p. 41 b (sub quibus aput Graecos multa miranda narrantur). «*Kekrops*»: Eus. (Hier.) p. 41 a/b, vgl. Apollodor., bibl. 3, 177 ff. (BAW S. 114).

Seite 428 oben – «*Melantomice*»: gewöhnlich «Melantho» bezeichnet, mit Kriasos verheiratet, s. RE 11 (1922) 1827. «*Phorbas*»: Eus. (Hier.) p. 39 b. «*Triopas*»: Eus. (Hier.) p. 41 b, vgl. Paus. 2, 16, 1 (nicht BAW). «*Jasus*»: vgl. Paus. 2, 16, 1 (nicht BAW). «*Sthenelus*»: so Eus. (Hier.) p. 45 b; «Sthenelas»: so Paus. 2, 16, 1; → KlP 5, 369 f., Nr. 4. «*Merkur, ein Enkel des Atlas von ... Maia*»: vgl. Apollodor., bibl. 3, 110. 112 (BAW S. 100); so schon Hom. h., Herm. 579.

Seite 428 Mitte – «*Herkules*»: Eus. (Hier.) p. 40 b; 43 b (beidesmal vor Sthenelus), gemeint ist Herakles → KlP 2, 1049 ff.; vgl. Apollodor., bibl. 2, 61–167 (BAW S. 49 ff.); Hygin., fab. 30–36 (BAW S. 257 ff.); ferner Arnob., adv. nat. 1, 36 u.o.; weiteres civ. 18, 12. «*vor Merkur ansetzen*»: Schlußfolgerung aus dem Vorwort Eus. (Hier.) p. 9, 15 ff.?; vgl. Cic., nat. deor. 3, 16, 42. «*ein Anrecht auf göttliche Ehren*»: Anspielung auf den sog. Euhemerismus, vgl. Anm. zu civ. 2, 5 (BAW S. 545). «*Minerva*»: Eus. (Hier.) p. 30 b, vgl. 41 b; weiteres civ. 18, 12 (S. 434 f.), wo die Identität mit Athena → KlP 1, 681 ff.; LAW 384 f. (für die Darstellungen) deutlich wird; vgl. civ. 7, 16 (S. 340 unten).

Seite 428 unten – «*aus Jupiters Haupt*»: vgl. civ. 4, 10 (S. 182 Mitte) mit Anm. S. 565; vgl. ferner civ. 7, 16 (S. 340 unten); zur altchristl. Kritik → RAC 1 (1950) 880 f. «*Ogygus*»: Eus. (Hier.) p. 31 b, vgl. 30 b → KlP 4, 249. «*als die spätere zu Deukalions Zeiten*»: nach Eus. (Hier.) p. 42 b (= 1525 v. Chr.), vgl. p. 12, 18 (unter dem 1. König von Athen Kekrops), p. 293 weitere Nachweise.

Seite 429 oben – «*erwähntes Buch*»: Varro, de gente populi Romani, vgl. civ. 18,2 (S. 420 Mitte). «*Eusebius*»: vgl. civ. 16,16 (S. 311) mit Anm., vgl. B. Altaner, A. u. Eusebios von Kaisareia (BiblA S. 159) → KlP 2, 459 ff. «*Hieronymus*»: zum Verhältnis zu A., vgl. civ. 20,23 (S. 649 unten), ferner H. Lietzmann (BiblA S. 16), ferner A.-M. La Bonnardière: REA 20 (1970). «*die Flut des Ogygus*»: einmal nach Varro a. O. fr. 3 (ed. Pl. Fraccaro, Studi Varroniani, Padova 1907, anast. Roma 1966, p. 258); zum anderen nach Eus. (Hier.) p. 31 b = 50. Regierungsjahr des «Phoroneus» (1757 v. Chr.), vgl. ferner Orosius, adv. pag. 1,7,3.

ACHTZEHNTES BUCH, KAPITEL 9

Seite 429 Mitte – «*Varro folgenden Grund*»: de gente p. Romani, fr. 10 Peter; fr. 17 Fraccaro. «*der König*»: Kekrops, vgl. Eus. (Hier.) p. 42 b ad annum 1533 v. Chr.; vgl. Apollodor., bibl. 3,178 f. (BAW S. 114 Mitte); Hygin., fab. 164 (BAW S. 321 f.): ein deutlich von Varro abgehobener Überlieferungsstrang, vgl. ferner Hdt. 8,55; zur Darstellung auf dem Giebel des Parthenon: Paus. 1,24,5 (BAW^2 S. 78).

Seite 430 oben – «*Mutter und Amme*»: «mater aut nutrix liberalium doctrinarum»; vgl. Cic., or. 1,4,13: «omnium doctrinarum inventrices Athenas».

Seite 430 unten – «*Darüber könnte man ...*»: «Quae et quanta hinc dici possent, nisi sermo ad alia properaret!»

ACHTZEHNTES BUCH, KAPITEL 10

Seite 430 unten – «*Varro den Fabelgeschichten*»: ähnlich urteilt A., civ. 4,31 (S. 213 f.); 6,4 f. (S. 288 ff.). «*der Apostel*»: vgl. Apg. 17,19 ff.; A. schreibt «Areon pagon».

Seite 431 oben – «*seinen Namen*»: zur Namensaitiologie vgl. Apollodor., bibl. 3,180 (BAW S. 114); Paus. 1,21,4. 28,5 (BAW 73 f. 84): Ares hatte den Schänder seiner Tochter mit Namen Halirrhotios (→ KlP 2,925) erschlagen. «‹*Ares*›»: A. schreibt «"Αρης». «*mit sechs Stimmen*»: Q.? (vgl. fr. 18 Fraccaro p. 270 f.). Überträgt sie oder A. den Freispruch des Orestes auf dem Areopag auf Ares? Vgl. den Quellennachweis bei H. Hunger, Lexikon der griech. und röm. Mythologie, Wien ^{4}1953, 256 f.

Seite 431 Mitte – «*jene Fabel von drei Göttinnen*»: vgl. Apollodor., Epit. 3,1 ff. (BAW S. 132); Hygin. fab. 92 (BAW S. 287); vgl. auch Eus. (Hier.) p. 60 b; → KlP 4,514 ff., s. u. «Paris». «*im Theater*»: vgl. civ. 2,8 (S. 70); A. hat hier zweifelsohne Tanzpantomimen im Auge, als deren Thema auch das Paris-Urteil von Tertullian (apol. 15,2) belegt ist.

Seite 431 unten – «*in sein Werk*»: de gente populi Romani, fr. 18 (ed. Fraccaro, p. 271).

Seite 432 oben – «*Athenerkönig Kranaus*»: Eus. (Hier.) p. 43 b, vgl. Apollodor. 3,186, der wie Varro die Deukalion-Flut datiert; Orosius 1, 9,1 datiert auf den Nachfolger des Kranaos. «*nicht ... nach Ägypten*»: vgl. Plat., Tim. 22 D/E (Jub. Ausg. S. 198).

ACHTZEHNTES BUCH, KAPITEL 11

Seite 432 Mitte – «*das Gottesvolk aus Ägypten*»: Eus. (Hier.) p. 43 a, vgl. civ. 16,43 (S. 352). «*auf dem Berge Sinai*»: vgl. 2. Mos. 19 ff. «*das Himmelreich verheißen*»: vgl. A. c. Faust. Manich. 4,2 (CSEL 25,1 p. 268, 27 ff.).

Seite 432 unten – *Paulus-Zitate:* 1. Kor. 15,46. «*mit hundertzwanzig Jahren*»: 5. Mos. 34,7, vgl. Eus. (Hier.) p. 45 a. «*auf Moses folgte Josua*»: vgl. civ. 16,43 (S. 353 Mitte) mit Eus. (Hier.) p. 46 a.

Seite 433 oben – «*siebenundzwanzig Jahre*»: Eus. (Hier.) p. 46 a. «*Amyntas*»: Eus. (Hier.) p. 45 a (17. Assyrerkönig). «*Korax*»: Eus. (Hier.) p. 46 a. «*Danaus*»: Eus. (Hier.) p. 45 b; obwohl Eus. (Hier.) p. 46 b Anlaß und eigene Vergil-Kenntnisse (Aen. 10,497 f.) Möglichkeit boten, verzichtet A. darauf, auf die sagenumwobenen Danaiden (→ KlP 1,1397 f.) weiter einzugehen; vgl. Apollodor. 2,16–21 (BAW S. 38 ff.); Hygin., fab. 168 (BAW S. 324). «*Erichthonius*»: Eus. (Hier.) p. 45 b, vgl. Apollodor. 3,187 ff. (BAW S. 116 f.); Hygin., fab. 166 (BAW S. 322) → KlP 2, 356 f. nr. 1.

ACHTZEHNTES BUCH, KAPITEL 12

Seite 433 Mitte – «*auf der heiligen Straße*» (per sacram viam): schon diese Angabe lokalisiert den von A. geschilderten Ritus aufs Forum Romanum bzw. das Palatium (→ LAW S. 2663 ff. Abb. 195), wie denn das Institut der «Luperci» bzw. Lupercalia ausgesprochen stadtrömisch ist. Quelle dürfte Varro, de gente populi Romani (vgl. auch 1. 1. 6,12; 6,34) sein. → KlP 3,780 ff. «*Vater Liber*» («liber pater»): vgl. civ. 4,11 (S. 185 Mitte); 6,9 (S. 304); 7,2 (S. 318 oben); 7,21 (S. 346 f.), alles nach Varro, antiq. → KlP 3,620 f.; hier erfolgt die Angabe vielleicht aufgrund von Eus. (Hier.) p. 50 b, vgl. 43 b, 24 ff. u. 48 b; ferner Hygin., fab. 129 (BAW S. 308 f.).

Seite 433 unten – «*König Danaus*»: als Brandstifter? Eus. (Hier.) p. 47 b nennt mit der Tradition einen Flegyus, vgl. Paus. 9,36,2 (Phlegyas); Serv., Verg. Aen. 6,618.

Seite 434 oben – «*der Kreterkönig Xanthus*»: Eus. (Hier.) p. 47 b nennt Asterius als Vater von «Rhadamanthus». «*Sarpedon und Minos*»: vgl. Apollodor. 3,5–8 (BAW S. 78). «*Jupiter sein soll*»: vgl. Apollodor. 3,3 ff.; Hygin., fab. 178 (BAW S. 77. 328). «*Europa*»: → KlP 2,446 ff. («Europē!»).

Seite 434 Mitte – «*mehr als einem Herkules*»: vgl. Cic., nat. deor. 3, 16,42 = Arnob., adv. pag. 4,15 zählen sechs, Hdt. 2,43 f. (BAW S. 144 ff.) drei; vgl. ferner Eus. (Hier.) p. 43 b, 20 ff. Hier wie dort ist der griech. «Herakles» → KlP 2,1049 ff. gemeint; zum «röm.» Herkules vgl. Anm. zu civ. 4,23 (S. 200 oben). «*mehr als einem Vater Liber*»: vgl. Cic., nat. deor. 3,23,58 = Arnob., adv. pag. 4,15; vgl. Eus. (Hier.) p. 52 b. «*zwölf … Taten*»: vgl. Apollodor. 2,74–126 (BAW S. 52 ff.); Hygin., fab. 30 (BAW S. 257 f.) → LAW 1259 f., zur christl. Deutung vgl. M. Simon,

Hercule et le christianisme, Paris 1955. «*Antäus*»: Eus. (Hier.) p. 40 b, vgl. Apollodor. 2, 116 (a. O. S. 62); Hygin., fab. 31 (a. O. S. 258) → KlP 1, 365 f. «*sich selbst verbrannt*»: Eus. (Hier.) p. 60 b, vgl. Sen., Herc. Oetaeus (BAW II, 258 ff.).

Seite 434 unten – «*Busiris*»: Eus. (Hier.) p. 46 b, vgl. Apollodor. 2, 116 (a. O. S. 62); Hygin., fab. 157 (nicht BAW). «*Die Eltern des Athenerkönigs ...*»: vgl. Eus. (Hier.) p. 45 b, zu «Erichthonos» vgl. Anm. civ. 18, 11 (S. 433 oben). «*Josua starb*»: vgl. Eus. (Hier.) p. 47 a (1444 v. Chr.).

Seite 435 oben – «*diesen Namen*»: ἔρις – χθών, so der Text; die gleiche Ableitung bei Hygin., fab. 166 (BAW S. 322 f.), ebenso Lact., inst. 1, 17, 11–14. «*von einer Schlange umwunden*»: vgl. Apollodor. 3, 189 (S. 116 unten): «um das Kind geringelt».

Seite 435 Mitte – «*in sauberen Büchern*» («in veracibus libris»): vgl. ep. 28, 4 Goldbacher p. 110, 10 f., d. h. Varro, vgl. civ. 18, 10 (S. 430 unten). «*in schmutzigen Spielen*» («in fallacibus ludis»): vgl. civ. 18, 12 (S. 433 unten). «*Dämonen*»: vgl. civ. 2, 10. 26 f. u. ö.

ACHTZEHNTES BUCH, KAPITEL 13

Seite 435 unten – «*Richter*»: vgl. Eus. (Hier.) p. 47 a, vgl. civ. 16, 43 (S. 353 unten). «*eine Menge Fabeln*»: «fabulae fictae sunt».

Seite 436 oben/Mitte – Alle genannten Mythengestalten, angefangen mit «*Triptolemus*» = Eus. (Hier.) p. 49 b bis «*Antäus*» = Eus. (Hier.) p. 59 b, erscheinen in der Weltchronik «*bis zum Trojanischen Krieg*» = Eus. (Hier.) p. 60 a/b, allerdings nicht in exakter Abfolge.

Seite 436 unten – «*Marcus Varro*»: vgl. civ. 18, 2 (S. 420 Mitte) markierte in seinem «Buch von der Abstammung des römischen Volkes» (fr. 28, ed. Fraccaro, p. 277) den «trojanischen Krieg» bzw. den «Fall Trojas» aus ähnlichen Motiven wie Hieronymus: mit «Troia capta» (Eus. [Hier.] p. 61 a/b) beginnt da «Primus rex Latinorum» Aeneas, vgl. Eus. (Hier.) p. 62 b. «*den schönen Ganymedes*»: Eus. (Hier.) p. 51 b, wo die Benennung des «Tantalus» (anstelle von Zeus) auf den «Dichter» Phanokles (→ KlP 4, 709) zurückgeführt wird; vgl. civ. 7, 26 (S. 355 unten) mit Anm. «*Danae*» und der «*goldene Regen*» Jupiters: vgl. Ter., Eun. 585 f. dazu A., conf. 1, 16, 26 (BAW S. 50 unten), ferner civ. 2, 7 (S. 69 Mitte/unten) mit Anm. S. 546; vgl. auch Eus. (Hier.) p. 48 b.

Seite 437 Mitte – «*Um diese Zeit gebar Latona*»: Eus. (Hier.) p. 51 b ad annum 1352 v. Chr.; Latona, lat. für «Leto» → KlP 3, 515. «*der mit Herkules ...*»: fast wörtlich = Eus. (Hier.) p. 51 b: «qui cum Hercule servivit Admeto»; vgl. auch Min. Felix, Oct. 23, 5; Arnob., adv. nat. 4, 25. «*es sei ein und derselbe*» sc. Apollo: Cic., nat. deor. 3, 23, 57 nennt der Skeptiker Cotta insgesamt 4 Apollo-Gestalten. «*Vater Liber in Indien*»: Eus. (Hier.) p. 52 b u. 54 b («mulieres in suo exercitu militantes»), vgl. Diod. Sic. 3, 63; Hygin., fab. 131 (BAW S. 310).

Seite 437 unten – «*von Perseus erschlagen*»: Eus. (Hier.) p. 54 b. «*Ort seines Begräbnisses*»: Eus. (Hier.) p. 54 b: «aput Delfos sepulchrum iuxta

Apollinem aureum»; vgl. Paus.2,20,4; 22,1. «*Bacchanalien eingeführt*»: vgl. Tit.Liv.39,8ff. mit civ.3,17 (S.143 oben) mit Anm., u. civ.6,9 (S.304 unten). «*Perseus und ... Andromeda*»: vgl. Apollodor.2,43–49; Hygin., fab.64 (BAW S.45f.272), jedoch ohne Apotheose; dazu F. Cumont, Lux perpetua (Paris 1949) 142–188, spez.183f.

ACHTZEHNTES BUCH, KAPITEL 14

Seite 438 oben – «‹*Theologen*›»: Orpheus (als Lehrer), Musaios, Linos (als Schüler), vgl. Eus. (Hier.) p.56b; von Hier. p.13b,15 vor den «Fall Troias» verlegt; von ihnen leitete auch die spätantike Doxographie die Entwicklung ab vgl. Diog.Laert.1,3–5 (Übers. Apelt-Reich, Hamburg ²1967 = Philos.Bibl. 53/54, S.3). «*Herrschaften und Gewalten*»: Eph.1,21.

Seite 438 Mitte – «*Teufelsdienst der Unterwelt*»: vgl. Orpheus und Eurydike Apollodor. 1,14 (BAW S.5f.); Hygin., fab.251 (a.O. S.352); Verg., georg.4,453f.; vgl. aber auch K.Ziegler, KlP 4,356.

Seite 438 unten – «*Ino ... und ihr Sohn Melicertes*»: vgl. Apollodor. 1,83; Hygin., fab.2 (BAW S.20.241f.); Eus. (Hier.) p.51b,23ff. benennen Melicertes als Begründer der sog.«Isthmien» (so auch Hygin. a.O.). «*Leukothea*»: so auch Hygin. a.O. «*Matuta*»: so auch Hygin. a.O. «Mater Matuta», vgl. A.Halberstadt, Mater Matuta, Ffm (1934).

ACHTZEHNTES BUCH, KAPITEL 15

Seite 438 unten – «*das Reich der Argiver*»: Eus. (Hier.) p.53b, 23: «in Mycenas Argivorum imperio translato» (Konzept des Weltreiches!).

Seite 439 oben – «*Reich der Laurenter*»: mit der Stadt Laurentum (auch Lavinium → KlP 3,523f.), wo Aeneas zuerst italischen Boden betrat, vgl. Anm. zu civ.1,21 (S.591). «*Picus, der Sohn Saturns*»: Eus. (Hier.) p.62b, dazu Arn., adv.nat. 2,71; vgl. das Varro-Zitat civ.6,10 (S.309 unten) und das Referat aus dem Alexander-Brief civ.8,5 (S.379 unten) mit Anm. → KlP 4,847. «*ein Weib Debora*»: Eus. (Hier.) p.53a, vgl. Richt.4,4ff. «*ihre Weissagung*»: d.h. das «Lied» Richt.5.

Seite 439 Mitte – «*Lampares*»: Eus. (Hier.) p.53a («zweiundzwanzigster»); wie in anderen Divergenzfällen folgt auch hier A. mit seiner Zahlenangabe dem griech.Original. «*Saturn*»: Eus. (Hier.) p.62b als König «in Italia» vor Aeneas. «*was sie mit ihm anfangen sollen*»: «viderint, quid sentiant», z.B. Varro, vgl. civ.6,8 (S.302 unten) mit Anm.; civ. 7,2; 7,13; 7,15; 7,26; 8,5 (S.379 unten); «Picus» und sein Vater Saturn, vgl. Verg.7,48. *Vergil-Zitat:* Aen.8,321–325, vgl. das Vergil-Zitat Aen. 8,319f. in civ.7,27 (S.357 Mitte). «*die goldene Zeit («aurea saecula») brach an*»: vgl. 4. ecl.6: «Iam redit et virgo redeunt Saturnia regna.»

Seite 439 unten – «*Sterces*» – «*Stercus*» (dt. «Mist»): vgl. Plin., hist. nat.17,6,50; Tert., apol.25,3. «*Stercutius*»: vgl. Serv., auct.Aen.10,76.

Seite 440 oben – «*Picus*» als Vater des «*Faunus*»: vgl. Verg., Aen.7, 48; Tert., adv.nat.2,10; Lact., inst.1,22,9 («patrem inter deos honoravit»); als Großvater des Latinus, vgl. Arn., adv.nat.2,71. «*vor dem*

Trojanischen Kriege»: Eus. (Hier.) p.62,9f. steht wohl nach «Troia capta», bestätigt aber nur, daß die armenische Übers. (unsere Hauptquelle) chronologisch unzuverlässig ist; vgl. Helm[2] p.XXVIII.

ACHTZEHNTES BUCH, KAPITEL 16

Seite 440 Mitte – «*den Knaben geläufigen*»: vgl. A., conf.1,13f. (BAW S.46ff., spez.48). «*Latinus*»: Eus. (Hier.) p.62,10; Hygin., fab.127 (BAW S.308) → KlP 3,512f. «*Diomedes*»: sc. der sog. Thydide, vgl. Apollodor. 1,76f. u.ö.; Hygin., fab.175 (BAW S.18f.326) → KlP 2, 55f., Nr.2.

Seite 440 unten – «*Verwandlung seiner Gefährten*»: vgl. Verg., Aen.11, 271ff.; Ov., met.14,496ff. (bei der Hinreise); Plin., nat.10,127. «*Insel Diomedea*»: Kt. LAW Sp.1420 G5. «*Berges Garganus*» («a monte Gargano»): Kt. LAW Sp.1420 G5. «*heißt es*»: Zusatz des Übers.

Seite 441 oben – «*heißt es weiter*»: Zusatz des Übers.; welche Quelle benutzt A.?

ACHTZEHNTES BUCH, KAPITEL 17

Seite 441 Mitte – «*Varro*»: anscheinend «de gente populi Romani», fr.29, ed. Fraccaro p.279f. «*Circe*»: vgl. Hom., Od.10,230–243; Ov., met.14,248ff.; Hygin., fab.125 (BAW S.304). «*Arkadier*»: wegen ihrer Menschenopfer (Plat., republ.8,565D) auf dem Berge Lykaion (Paus. 8,38,6f.) sagenberüchtigt; vgl. Ov., met.1,163ff.216ff.; Paus.8,3,1 (nicht BAW); Apollodor.3,96ff. (BAW S.97f.). Zu ihrem ältesten König Lykaon und seiner Verwandlung, vgl. Hygin., fab.176f. (BAW S.327) → KlP 3,806f. «*Demänetus*» (*Demainetos*): eine Variante des Lykaon, vgl. Plin., nat.8,81f., bei dem A. ähnliches über die Arkadier lesen konnte.

Seite 441 unten – «*heißt auf griechisch Lykos*»: «Graece λύκος dicitur». «*der Name Lycaeus*»: vgl. Liv., hist.1,5,2. «*Luperci*»: vgl. civ.18,12 (S.433 Mitte) mit Anm.

ACHTZEHNTES BUCH, KAPITEL 18

Seite 442 oben – *Bibelzitat:* Jes.48,20. «*der durch die Liebe tätig ist*»: vgl. Gal.5,6.

Seite 442 Mitte – «*als ich in Italien war*»: 384–388 n.Chr. «*schwarzen Künste*» («inbutas his malis artibus»): zur folgenden Geschichte vgl. N. Moine, Latomus 34 (1975) 350–361.

Seite 442 unten – «‹*Der goldene Esel*›»: Übers. Carl Fischer, München (1967). «*durch … Gift*»: vgl. Apul., met.3,23 (Übers. S.59) spricht nur von «etwas Dill und ein paar Lorbeerblätter».

Seite 443 oben – «*Dämonen … engelhafte Geschöpfe*»: weil sie «kein Fleisch haben», civ.9,17 (S.454 oben); vgl. ferner civ.9,23. «*keine Wesen schaffen*»: vgl. civ. 12,25.

Seite 443 Mitte – «*die Einbildungskraft*» («phantasticum hominis»); cura ger. pro mortuis 11,13–12,15 (BiblA S.262) behandelt A. die gleiche Problematik und fügt weitere Beispiele an.

Seite 443 unten – «*Prästantius*»: sonst unbekannt; der Fall erinnert an den «Goldenen Esel» von Apuleius.

Seite 444 unten – *Vergil-Zitat:* ecl. 8,70. «*die Vögel des Diomedes*»: vgl. civ. 18,16 (S. 440 unten). «*die Hirschkuh der Iphigenie*»: vgl. Hygin., fab. 98 (BAW S. 289); Ov., met. 12,24–38; trist. 4,4,63–68 (BAW S. 201) → KlP 2,1447f.

Seite 445 oben – «*von bösen Racheengeln*» («ultoribus angelis malis»): hat A. bei diesem unbiblischen Begriff die rächenden Unholdinnen (ultrices dirae) Vergils im Auge? vgl. Aen. 7,324; 12,845.

ACHTZEHNTES BUCH, KAPITEL 19

Seite 445 unten – «*kam Aeneas*»: vgl. Verg., Aen. 7,30ff. 45. «*mit zwanzig Schiffen*»: Verg., Aen. 1,381. *Synchronische Daten* nach Eus. (Hier.) p. 59a/b–62a/b.

Seite 446 oben – «*für Herkules gehalten*»: vgl. Eus. (Hier.) p. 62a: «Sampson fortissimus omnium fuit ita, ut a quibusdam facta eius cum gestis Herculis comparentur.» «*Sancus ... Sanctus*»: vgl. CIL VI 30994 «Semoni Sancto deo Fidio»; lit. Belege → KlP 4,1540f. «*Kodrus*»: Eus. (Hier.) p. 68 b → KlP 3,264f.

Seite 446 Mitte – *Vergil-Zitat:* ecl. 5,11. «*Silvius, dem Sohn des Aeneas*»: Eus. (Hier.) p. 64b, als «dritter» König der «Latiner»: die Weltchronik spiegelt die Schwierigkeiten wider, zwischen den verschiedenen «Silvius» zu unterscheiden. Damit kämpft auch der Anonymus, de origine gentis Romanae (4. Jh. n. Chr. so: Mommsen, edd. Pichlmayr-Grundel, Leipzig 1970, 16ff.), der dabei auf ältere genealogische Versuche zurückgreift. Dessen Angaben ergeben für Eus. (Hier.): 1. Latinerkönig «Aeneas» (= p. 62b, 5ff.); 2. «Ascanus» (= p. 62b, 15. 19f.), vgl. Liv., 1,31 u. Ov., met. 14,609f.; 3. «Silvius Aeneae filius» (= p. 64b; Mutter «Laonica» a. O., vgl. auch An., de origine 16,1ff.; 17,4f.), da «nachträglich geboren» (so auch A.) «Postumus» genannt (=p. 64b, 5ff. 9ff.); 4. Aeneas Silvius (= p. 66b, 1f.), nach Eus. chron. 1,87,23 = Silvius Julius, vgl. An., de origine 17,6; 5. Latinus Silvius (=p. 67b, 13ff.), nach p. 66b, 3f. Sohn der Lavinia und des Melampos (?), vgl. An., de origine 17,6; 6. Alba Silvius (= p. 70b, 14f.), Sohn von Nr. 4 («Silvii Aeneae filius»), vgl. An., de origine 18,1 = Tiberius Silvius. «*Kreusa*»: Tochter von Priamus und Hekabe, vgl. Verg., Aen. 2,736ff. → KlP 3, 342, Nr. 4. Für A. aber ergibt sich, daß er aus dem Namen «Aeneas Silvius» (= Nr. 4) fälschlich einen «Sohn des Aeneas» gemacht hat. «*Oneus*»: Eus. (Hier.) p. 64a; wohl aus «Othineus» (so: Arm.) verschrieben. «*Melanthus*»: Eus. (Hier.) p. 65b. «*Jahre bestanden*»: Eus. (Hier.) p. 66a nennt 962 Jahre.

ACHTZEHNTES BUCH, KAPITEL 20

Seite 446 unten – «*König Saul ... Prophet Samuel*»: Eus. (Hier.) p. 65a, vgl. civ. 17,6f. (S. 379ff.) mit Anm. «*neben ihrem eigenen Namen auch*»: vgl.

Eus. (Hier.) p.64b: «a quo omnes Albanorum reges Silvii vocati sunt»; Liv. 1,3,8.

Seite 447 oben – «*nach vierzigjähriger Herrschaft*»: vgl. Apg. 13,21; Ios., ant. Jud. 6,14,9. «*David*»: Eus. (Hier.) p.67a. «*nach Kodrus' Tode*»: Eus. (Hier.) p.68a: «post quem principes» (griech. «ἄρχοντες»). «*ebenfalls vierzig Jahre*»: Eus. (Hier.) p.67a/69a, vgl. 2. Sam. 5,4. «*Tempel ... zu Jerusalem*»: Eus. (Hier.) p.70a, vgl. 1. Kg. 6. «*Alba gegründet*»: Eus. (Hier.) p.62b.63b durch Ascanius. «*sich in zwei Reiche spaltete*»: Eus. (Hier.) p.72a, vgl. 1. Kg. 12.

ACHTZEHNTES BUCH, KAPITEL 21

Seite 447 unten – «*Aventinus*»: Eus. (Hier.) p.81b. «*auf dem Berge bestattet*»: vgl. Eus. (Hier.) p.81b: «mortuus ac sepultus aeternum loco vocabulum dedit»; Liv. 1,3,9; Anon., de origine 18,5; nach Aen. 7, 655ff. Sohn des Herkules und der Rhea. «*sondern behaupten*»: vgl. Varro l. l. 5,43. *Vergil-Zitat:* Aen. 6,767. «*Procas*» sc. Silvius: vgl. Eus. (Hier.) p.83b; Liv. 1,3,10; An., de origine 19,1.

Seite 448 oben – «*fast dreizehnhundertfünf*»: vgl. Eus., Chron. 1,32,10 (1300 Jahre); Chron. 1,27,4 (1205 Jahre); Eus. (Hier.) p.83a (1240 Jahre). «*Amulius*» (und ff.): Eus. (Hier.) p.84a–85a, vgl. Liv. 1,3,10f.; 1,4,1f. An., de origine 19,2ff. «*von Mars Zwillinge*»: vgl. civ. 3,3 (S. 115 Mitte) mit Anm.; civ. 3,5 (S. 117 oben).

Seite 448 unten – «*Lupanaria*»: Eus. (Hier.) p.85a,12ff.; An., de origine 21,1; vgl. civ. 16,18 (S. 193 unten); civ. 22,6 (S. 757 Mitte) mit Anm. «*Faustulus ... Acca*» sc. Laurentia: Eus. (Hier.) p.85a, 5ff., vgl. Liv. 1,4,6f.; An., de origine 19,7; 20,3f. «*Numitor*»: Eus. (Hier.) p.85a, 15ff., vgl. Liv. 1,6,1–3; An., de origine 21,4 (T wie Hier.). «*Rom gegründet*»: Eus. (Hier.) p.88a,5; p.88b,10ff., 753 v. Chr. (= Varro), vgl. Liv. 1,7,1–3; An., de origine 23,1–6; civ. 3,6 (S. 117) mit Anm.

ACHTZEHNTES BUCH, KAPITEL 22

Seite 449 oben – «*das zweite Babylon ... des früheren Babylons*»: vgl. civ. 16,4f. (S. 287ff.); 16,17 (S. 313 oben) u.ö. mit Anm.

Seite 449 Mitte – «*in Noahs Arche*»: vgl. civ. 15,20 (S. 260 Mitte). «*als Ninus*»: Eus. (Hier.) p.20a («omnis Asiae exceptis Indis»), vgl. civ. 16,3 (S. 284 oben). «*Zu der Zeit also*»: chronologische Zeiten aus Eus. (Hier.) errechnet und addiert. «*Ahas*»: Eus. (Hier.) p.87a/88b. «*nach anderer Berechnung*»: Eus., Chron. 1,57,11 = Eus., praep. ev. 10,14,6.

ACHTZEHNTES BUCH, KAPITEL 23

Seite 450 oben – «*Varro überliefert*»: Varro Cardauns fr. 56 zählt 10; vgl. dazu den Zusatz des Tradenten Lact., inst. 1,6,14: «omnes igitur hae Sibyllae unum deum praedicant maximus tamen Erythraea» → KlP 5,158ff., vgl. civ. 3,17 (S. 145 oben) mit Anm. S. 559. «*auf Christus deuten*»: vgl. A., c. Faust. Manich. 13,1 (CSEL 25,1 p. 27f.) auch von Manichäern bejaht. «*eines ungeschickten Übersetzers*»: nach P. Courcelle, Lettres, p. 177f., vielleicht Porphyrius, philos. de orac. exhaurienda (vgl. dazu civ. 19,23).

Seite 450 Mitte – «*Flaccianus*»: vgl. A., c. Acad. 1,6,18 (BAW S. 60 mit Anm. 29, S. 340); vgl. ferner cod. Theod. 1,12,42; RE 6,2431 (O. Seeck). «*die Worte ergeben*»: das berühmte Akrostichon (→ LAW 95f.) stammt aus Buch 8 der «Oracula Sibyllina» (ed. J. Geffcken, GCS 1902, anast. 1967) v. 218–250 und hatte noch das weitere Akrostichon σταυρός («Kreuz»); so auch die unter Kaiser Konstantin d. Gr. überlieferte «Rede an die Versammlung der Heiligen» 18 («oratio ad sanctos» = Eus., vita Const. 5, ed. Heikel [Leipzig 1902] = GCS 1,151ff., spez. 179–181; für Echtheit H. Dörries, Das Selbstzeugnis Kaiser Konstantins [1954], 129ff.; kritische Bedenken: J. Vogt, RAC 3 [1957] 364ff.). – Lact. inst. 7,16,11–20,3 zerstört durch eklektische Zitation das Akrostichon (Nachweise bei Heikel z. St.); das entspricht seiner monotheistischen Interpretation (s. o.); A. u. Flaccianus fesselte hingegen die mit dem Akrostichon vorgezeichnete christologische Exegese.

Seite 451 unten – «*übersetzen Verse*»: vgl. S. 450 unten «ein anderer».

Seite 452 Mitte – «*zum Kubus erhebt*» («qui numerus quadratum ternarium solidum reddit»): $3 \times 3 \times 3 = 27$, d. h. eine vollkommene Zahl. A.s Interesse an Algebra und Arithmetik, angeregt durch den zeitgenössischen Neuplatonismus (vgl. Anm. zu civ. 11,4 [S. 90]; 11,30 [S. 50 Mitte]), ist ontologisch-kosmologisch orientiert und entzündet sich darin an Sap. Sal. 11,21, vgl. dazu W. Beierwaltes, REA 15, 1969, 51–61. «*Fisch*» («id est piscis»): zum Kryptogramm Ichthys → LAW 1360; nicht überholtes Standardwerk: F. J. Dölger, *ΙΧΘΥΣ*, 5 Bde, Freiburg 1910–1943.

Seite 452 unten – «*flicht in sein Werk*»: Lact., inst. 4f.

Seite 453 Mitte – «*eingefügt*»: Analyse des Laktanz-Centos A.s s. BA 36, 558f.

ACHTZEHNTES BUCH, KAPITEL 24

Seite 453 unten – «*der Milesier Thales*»: Eus. (Hier.) p. 88b, 19f.; 96a. «*sieben Weisen*»: vgl. civ. 18,25. «*Dichtertheologen*»: vgl. civ. 18,14 (S. 438) mit Anm.

Seite 454 oben – «*abgeführt*»: Eus. (Hier.) p. 88a, vgl. 2. Kg. 17, ferner civ. 17,23 (S. 415 unten). «*den toten Romulus*»: Eus. (Hier.) p. 91a, 1ff., vgl. Liv. 1,16,1; An., de vir. ill. 2,13ff. (edd. Pichlmayr-Gründel, Leipzig 1970); vgl. ferner civ. 2,15 (S. 81 oben) mit Anm. S. 547f.; civ. 22,6 (S. 757 unten). «*dieser Brauch*»: d. h. Apotheose → LAW 227, dazu: St. Weinstock, Divus Julius, Oxford 1971.

Seite 454 Mitte – «*Cicero*»: vgl. Cic., rep. 2,10,17–19 (BAW S. 182ff.).

Seite 454 unten – «*im Altertum noch nicht hatte*»: so nach Varro, vgl. civ. 4,31 (S. 214 unten) mit Anm. «*auf der Bühne*»: vgl. civ. 2,8–11 (BAW S. 70ff.). «*Numa König*»: Eus. (Hier.) p. 91a, 3ff., vgl. Liv. 1,18–20; An., de vir. ill. 3, spez. 31: «sacra plurima instituit», ferner: civ. 2, 16 (S. 81/82) mit Anm. S. 548.

Seite 455 oben – «*Regierung Manasses*»: Eus. (Hier.) p. 91 a, vgl. 2. Kg. 21. «*Jesaja getötet*»: vgl. Ascensio Jesajae bzw. Martyrium des Jesaja (Übers. Hennecke II, ³1964, 454–468). «*samische Sibylle*»: Eus. (Hier.) p. 91 b.

ACHTZEHNTES BUCH, KAPITEL 25

Seite 455 oben – «*Zedekia*»: vgl. 2. Kg. 25, 1–21; die synchronischen Daten: Eus. (Hier.) p. 99 a, wobei A. nach Eus. «Sedechia», Hieron. aber «Jechonias» schreibt.

Seite 455 Mitte – «*zumal Jeremia*»: vgl. Jer. 25, 11. «*Pittakus*»: Eus. (Hier.) p. 98 b. «*ein anderer der sieben Weisen*»: vgl. civ. 18, 24 (S. 453 unten). «*es sind folgende*»: Eus. (Hier.) p. 101 b (vgl. p. 348 oben) summarisch («septem sapientes appellati») und hebt einzelne hervor. A.s Kenntnisse sind Schulwissen, vgl. z. B. Hygin., fab. 221 (BAW S. 345) mit den «kurzen Sprüchen» (γνῶμαι; «sententiae»), bzw. Handbüchern der Schulphilosophie entnommen, vgl. Diog. Laert. 1, 1, 22–1, 7, 100 (Übers. Apelt-Reich, Hamburg ²1967, 13–56).

Seite 455 unten – «*Solon*»: Eus. (Hier.) p. 99 b, vgl. civ. 2, 16. «*Periander*»: Eus. (Hier.) p. 96 b («aput Corinthios tyrannidem exercuit», vgl. Aristot., pol. 5, 12, 1215 b 15; BAW S. 243) → KlP 4, 632 f. «*Thales ... Naturforscher*» («physicus»): Eus. (Hier.) p. 96 a, vgl. Anm. zu civ. 6, 6 (S. 297 unten) S. 583; vgl. ferner civ. 8, 2 (S. 373) mit Anm. «*Anaximander*»: Eus. (Hier.) p. 101 b, vgl. civ. 8, 2 (S. 373 unten) mit Anm. «*Anaximenes*»: Eus. (Hier.) p. 102 b, vgl. civ. 8, 2 (S. 373/74) mit Anm. «*Xenophanes*»: Eus. (Hier.) p. 103 b (2mal), vgl. Anon., bei Hippol. haer. 1, 14. «*Pythagoras*»: Eus. (Hier.) p. 104 b («Pythagoras physicus philosophus ...»), vgl. civ. 8, 2 (S. 373 oben) mit Anm. S. 596; ferner: Diog. Laert., prooem. 1, 12 (Übers. a. O. S. 8); An., Hippol. haer. 2, 1 ff. Zu den sog. «Vorsokratikern» (ed. Diels Vorsokr.; Übers. M. Grünwald, BAW [1949]) vgl. unten civ. 18, 37.

ACHTZEHNTES BUCH, KAPITEL 26

Seite 456 oben – «*Cyrus*»: synchron. Daten nach Eus. (Hier.) p. 102 a, vgl. bes. «qui constructo altari templi fundamenta iecerunt ... imperfectum opus usque ad Darium permansit», mit A. u. Esra 1, 1 ff.; 3, 8 ff.; 4, 1 ff. «*Buch Judith*»: Eus. (Hier.) p. 104 a; zur Kanonizität vgl. Synoden von Hippo Regius (393 n. Chr.) u. Karthago (397 n. Chr.): Denz-Schönm 186; vgl. ferner civ. 16, 13 (S. 306 oben); 17, 20 (S. 409 f.) mit Anm.

Seite 456 Mitte – «*vom Propheten Jeremia vorhergesagten ...*»: Eus. (Hier.) p. 103 a, vgl. 105 b (Hinweis auf Clem. Alex., strom. 1, 21, 127), dazu: Jerem. 25, 11 f.; 29, 10; ferner: Sach. 1, 12; Dan. 9, 2. «*in Aussicht stellte*»: civ. 17, 24 (S. 417).

ACHTZEHNTES BUCH, KAPITEL 27

Seite 456 unten – «*auf Früheres zurückgreifen*» («in anteriora»): Eus. (Hier.) p. 84a. 87a. 89a. *Bibelzitat:* Hos. 1, 1 (LXX). «*Auch Amos*»: vgl. Amos 1, 1.

Seite 457 oben – «*oder nach Annahme der meisten*»: vgl. Hier., in Esaiam 1, 1 (CCL 73, 5). «*im Eingang seines Buches*»: vgl. Jes. 1, 1. «*auch Micha*»: 1, 1; vgl. Eus. (Hier.) p. 76a, vom Arm. falsch synchronisiert? «*Jona*»: Eus. (Hier.) p. 84a, vgl. 2. Kg. 14, 25; zur Synchronisierung («*Usia*»): Eus., praep. ev. 10, 14, 5; Clem. Alex., strom. 1, 118, 1. «*aus den Chroniken*» sc. Eus. u. Hier.; vgl. civ. 18, 31.

Seite 457 Mitte – «*Joel*»: Eus. (Hier.) p. 87a, vgl. Clem. Alex., strom. 1, 118, 2. «*Procas ... Romulus*»: vgl. civ. 18, 21 (S. 447 f.) mit Anm. «*Numa Pompilius*»: vgl. civ. 18, 24 (S. 454 unten). «*Hiskia ... herrschte bis dahin*»: Eus. (Hier.) p. 91a.

Seite 457 unten – «*Abraham auftrat*»: Eus. (Hier.) p. 20a, vgl. civ. 16, 10 (S. 198 Mitte); civ. 16, 17 f. (BAW S. 312 f.), vor allem civ. 18, 2 (S. 421 unten).

ACHTZEHNTES BUCH, KAPITEL 28

Seite 458 – *Bibelzitate:* Hos. 2, 1 (LXX) = Hos. 1, 10 Vulg.; A. zitiert nach Afra, dazu: Anm. civ. 15, 10 (S. 231 unten). / Röm. 9, 26. / Hos. 2, 2 (LXX) = 1, 10 Vulg. / Hos. 3, 4. «*an jenen Eckstein*»: vgl. Eph. 2, 20 ff. «*die zwei Wände*»: vgl. Eph. 2, 14 f., auch die Auslegung von 1. Mos. 6, 16 f. in civ. 15, 26 (S. 272).

Seite 459 – *Bibelzitate:* Hos. 3, 5 (LXX). / Röm. 1, 3. / Hos. 6, 2 (LXX). / Kol. 3, 1. / Amos 4, 12 f. (LXX). / Amos 9, 11 f. (LXX).

ACHTZEHNTES BUCH, KAPITEL 29

Seite 459 unten – «*die kleinen*» («minores»): nicht zuletzt diese Stelle hat dank A.s Autorität den Begriff in der Kanongeschichte heimisch gemacht; jüdische und griechische Tradition sprach vom «Zwölfprophetenbuch» («dodekapropheton»), das von einer Buchrolle erfaßt werden konnte.

Seite 460 oben – «*lieber einen Evangelisten als einen Propheten*»: so auch Hier., epist. 53 ad Paulinum 8: «non prophetiam mihi videtur texere, sed evangelium» (ed. Labourt III, 21); praef. in Esaiam (CCL 73, p. 1, 18 ff.).

Seite 460/461 – *Bibelzitat:* Jes. 52, 13–15; 53, 1–12 (LXX); zur Auslegungsgeschichte: H. W. Wolff, Jesaja 53 im Urchristentum, Berlin [3]1952.

Seite 461 Mitte – «*Soviel von Christus ...*»: zur Verknüpfung von christologischer und ekklesiologischer Exegese vgl. Anm. zu civ. 15, 26 (S. 272 oben); civ. 16, 2 (S. 281 unten).

Seite 461 Mitte – *Bibelzitat:* Jes. 54, 1–5. Die ekklesiologische Auslegung auch dieses Jesaja-Worts beginnt im Urchristentum, vgl. Gal. 4, 27.

ACHTZEHNTES BUCH, KAPITEL 30

Seite 462 – *Bibelzitate:* Micha 4,1–3. / 5,1–4 (LXX).

Seite 462 unten – «*in den Bauch des Meerungeheuers*»: vgl. Jona 2,1 ff. mit Mt. 12,40; 16,4; Lk. 11,29–32.

Seite 463 oben – *Bibelzitat:* Joel 3,1 f., vgl. Apg. 2,17f.

ACHTZEHNTES BUCH, KAPITEL 31

Seite 463 unten – «*Obadja ... mit Micha zusammengestellt*»: Eus. (Hier.) p. 76a. «*Micha nach seinem eigenen Zeugnis*»: Micha 1,1, vgl. civ. 18,27 (S. 457 oben). «*der uns zugänglichen Chroniken*»: vgl. Anm. zu civ. 16,16 (S. 311 unten); 18,8 (S. 429 oben). «*redet gegen Idumäa*»: vgl. Obadja 1, 1 ff. («Edom»), vgl. Hier. in Abdiam (PL 25,1099). «*nach der Redeweise*»: sc. der Synekdoche, vgl. Lausberg, Handbuch der Rhetorik (1960) §§ 572 bis 577.

Seite 464 – *Bibelzitate:* Obadja 17/21 (LXX) / Nah. 1,14–2,1 (LXX?).

Seite 464 unten – «*hauchte*»: vgl. Joh. 20,22, vgl. Apg. 10,36.

Seite 465 oben – *Bibelzitat:* Hab. 2,2f. (LXX).

ACHTZEHNTES BUCH, KAPITEL 32

Seite 465 – *Bibelzitate:* Hab. 3,2a / 2b / 2c.d (LXX). / Lk. 23,34. / Hab. 3,3a (LXX).

Seite 465 Mitte – «*in seinem Gebet und Liede*»: Hab. 3,2–19 erscheint in der LXX auch als «4. Ode».

Seite 465 unten – «*auf jenem Berge*»: vgl. Mk. 9,2 ff. parr. «*haben andere übersetzt*»: so Theodotion «ab austro» = Vulg. z. St. (zu Th. vgl. Anm. zu civ. 18,43); die Donatisten machten daraus «ab Africo», um die Prärogative ihrer Kirche im Sinne eines antirömischen Patriotismus zu betonen.

Seite 466 – *Bibelzitate* (alle nach der sog. Afra): Hab. 3,3b. / Ps. 57,6. / Hab. 3,4a. / Hab. 3,4c. / Hab. 3,5 / 3,6a / 3,6b / 3,6c / 3,6d / 3,7a / 3,7b.

Seite 466 Mitte – «*das Siegeszeichen des Kreuzes*»: diese Exegese von Hab. 3,3f. schon in der nordafrikanischen Florilegiensammlg. Ps. Cyprian, Testim. 2,21 (CSEL 3,1, p. 89) unter dem Lemma: «Quod in passione crucis et signo virtus omnis sit et potestas.»

Seite 466 unten – «*nicht unter römischem Recht*»: zur Verleihung des röm. Bürgerrechtes durch die «Constitutio Antoniniana» (212 n. Chr.) → LAW 659; C. Sasse, Die C. A.: Eine Untersuchung über Umfang der Bürgerrechtverleihung aufgrund des Papyrus Giss 401, 1958.

Seite 467 – *Bibelzitate* (alle nach der Afra): Hab. 3,8a.b / 3,8c.d / 3,9a.b / 3,9c. / Joel 2,13 / 3,10a / 3,10b / 3,10c / 3,10d / 3,11a / 3,11b.

Seite 467 oben – «*durch ihn selig werde*»: vgl. Joh. 3,17.

Seite 467 Mitte – «*durch Leidtragen ...*»: vgl. Mt. 5,4.

Seite 468 – *Bibelzitate* (alle nach der Afra): Hab. 3,11c. / Mt. 10,27. / Hab. 3,12a / 3,12b / 3,13a–c / 3,13d / 3,14a. / Ps. 116,16. / Hab. 3,14b / 3,14c.d / 3,15a.b / 3,16a–d.

Seite 468 unten – «*wie das Evangelium* ...»: vgl. Joh. 3,2; 19,38.

Seite 469 – *Bibelzitate* (s. oben): Hab. 3,16e. / Röm. 12,12. / Hab. 3,16f / 3,17a–f / 3,18a.b–3,19a–d. / Ps. 40,3f. / Jer. 9,22f. = 1. Kor. 1,31; vgl. civ. 17,4 (S. 369 Mitte).

Seite 469 Mitte – «*seine eigene aufrichten*»: vgl. Röm. 10,3.

ACHTZEHNTES BUCH, KAPITEL 33

Seite 470 oben – «*zu den großen* ...»: vgl. civ. 18,29 (S. 459 unten). «*Er weissagte in Jerusalem*»: Eus. (Hier.) p. 96a (13. Jahr des Josia; 9. Jahr des Ancus Marcius), weitere Angaben nach Jer. 1,1: p. 97a, 99a («profetabant Hieremias, Baruch»). «*Ancus Marcius*»: vgl. civ. 3,15 (S. 136 oben) mit Anm., ferner Anon., lib. de vir. ill. 5. «*Zephanja aber*»: Eus. (Hier.) p. 97a (21. Jahr des Josia, nach Zeph. 1,1), wo er «*neben*» Jeremias «*steht*». «*Tarquinius Priscus*»: Eus. (Hier.) a. O., vgl. civ. 3,15 (a. O.) mit Anm. S. 557, ferner An., vir. ill. 6.

Seite 470 Mitte/unten – *Bibelzitate:* Klagel. 4,20. / Bar. 3,36–38. / Jerem. 23,5f.

Seite 471 – *Bibelzitate:* Jerem. 16,19. / 17,9. / 31,31, zitiert civ. 17,3 (S. 360) / Zeph. 3,8. / 2,11. / 3,9–13.

Seite 472 oben – *Paulus-Zitat:* Röm. 9,27, vgl. Jes. 10,22.

ACHTZEHNTES BUCH, KAPITEL 34

Seite 472 Mitte – «*Daniel und Ezechiel*»: Eus. (Hier.) p. 100a/101a («in Babylone profetabant Daniel, Hiezechiel»). «*Andere haben das vor uns* ...»: z. B. Hippolyt v. Rom (Anf. 3. Jh.) in seinem Daniel-Kommentar zu Dan. 9,24ff.; dazu A. Strobel, Ursprung u. Gesch. des frühchristl. Osterkalenders (Berlin 1977), 412–428, spez. 426f. *Bibelzitat:* Hesek. 37, 22–24.

ACHTZEHNTES BUCH, KAPITEL 35

Seite 473 Mitte – «*kleine Propheten*»: vgl. civ. 17,24 (S. 416f.); 18,29 (Seite 459 unten). «*Haggai* ...»: Eus. (Hier.) p. 104 («Profetabant aput Hebraeos novissimi Aggaeus et Zacharias et Maleachi»). *Bibelzitat:* Hagg. 2,6f., vgl. das Zitat civ. 18,48 (S. 501).

Seite 473/474 – *Bibelzitat:* Sach. 9,9f.

Seite 474 oben – «*in den Evangelien*»: vgl. Mt. 21,2–7. *Bibelzitate:* Sach. 9,11. / Ps. 40,3.

Seite 474 unten – *Bibelzitat:* Mal. 1,10f. «*nach der Weise Melchisedeks*»: vgl. Hebr. 5,10; 7,1ff., ferner 1. Mos. 14,18–20 u. civ. 16,22 (S. 317 oben); 17,5 (S. 378 oben); 17,17 (S. 403 unten); 17,20 (S. 411 unten).

Seite 475 oben – *Bibelzitat:* Mal. 2,5–7. «*Knechtsgestalt*» («forma servi»): vgl. Phil. 2,7 und s. voriges Kapitel.

Seite 475 Mitte – *Bibelzitat:* Mal. 3,1f.

Seite 475 unten – *Bibelzitate:* Mal. 3,1b. / Joh. 2,19. / Mal. 3,1e. 2a. b. / Mal. 3,1c. d.

Seite 476 Mitte – *Bibelzitat:* Mal. 3, 13–16.

Seite 476/477 – *Bibelzitat:* Mal. 3, 17–21.

Seite 477 oben – «*an seiner Stelle*»: vgl. civ. 20, 1 (S. 584 f.).

ACHTZEHNTES BUCH, KAPITEL 36

Seite 477 Mitte – «*Esra ... Geschichtsschreiber*» («scriptor rerum gestarum»): Eus. (Hier.) p. 113 a («Scribit Ezras»). «*als einen Propheten*»: so der jüdische Kanon, vgl. Ios., c. Ap. 1, 8, 40; ant. 10, 2, 2, ferner Origenes (= Eus., h. c. 6, 25, 1; hg. H. Kraft [München 1967] S. 298); vgl. L. Rost, Einleitung in die alttestamentl. Apokryphen, etc., Heidelberg 1971, 15–21. «*dieser Zeit nicht fern liegt*»: so Eus. (Hier.) p. 117, p. 110.

Seite 477 unten – «*Siegerin sei*»: vgl. 3. Esra 39 (L. Rost a. O. S. 71 ff.); zur kanonischen Bewertung durch A. (doctr. christ. 2, 8, 13) und die Synode von Karthago 397 n. Chr. (vgl. Analecta ... Zur Gesch. des Kanons, hg. E. Preuschen [Tübingen 1910] p. 72) ist zu beachten, daß die «Afra» mit der LXX 3. Esra als 1. Esra-Buch zählt, eben wegen der Erzählung «*von den drei Jünglingen*» (3. Esr. 3, 1–5, 6). «*bis auf Aristobul*»: Eus. (Hier.) p. 148 («A., filius Jonathae, rex pariter et pontifex») für das eine Jahr 99 v. Chr., an andern Quellen: 106–105 v. Chr. «*die Makkabäerbücher*»: Eus. (Hier.) p. 113: «Hucusque Hebraeorum divinae scripturae annales temporum continent. Ea vera, quae post haec aput eos gesta sunt, exhibebimus de libro Macchabaeorum ...» «*für kanonisch ...*»: vgl. Synode Karthago 397 n. Chr. (s. o.); A., doctr. christ. 2, 8, 13 (s. o.); c. Gaudentium 1, 31, 38 → BiblA S. 262.

ACHTZEHNTES BUCH, KAPITEL 37

Seite 478 oben – «*der Samier Pythagoras*»: Eus. (Hier.) p. 104 b (530/29 v. Chr.: clarus habetur), p. 107 (497 v. Chr.: moritur), vgl. civ. 18, 25 (S. 455 unten) mit Anm.; ferner Porphyr., vita Pythag. 27; Jamblichus, vita Pythag. 35, 249; Cic., Tusc. 1, 16, 38 f.; 4, 1, 2 (BAW S. 40 f.; S. 274 ff.); Anon. bei Hipp. elench. 1, 2 («Pythagoras, der Samier»!).

Seite 478 Mitte – «*Sokrates der Athener*»: Eus. (Hier.) p. 110 (466 v. Chr.: «nascitur»), p. 114 (433 v. Chr.: «celebratur»), p. 118 (399 v. Chr.: «venenum hibit»). «*auf dem Felde der Moral oder praktischen Philosophie*»: vgl. civ. 8, 3 (S. 374 ff.) mit Anm. S. 596 unten. «*auch Plato ...*»: Eus. (Hier.) p. 115 (425 v. Chr.: «nascitur»), vgl. civ. 8, 4 f. (S. 376 ff.) mit Anm. «*die sieben Weisen ... und auch die Naturphilosophen ...*»: vgl. civ. 18, 25 (S. 455 unten) mit Anm., ferner civ. 8, 2 (S. 373 unten) mit Anm. S. 596.

Seite 478 unten – «*Thales ... während ... Romulus*»: vgl. civ. 18, 24 (S. 453 unten), vgl. civ. 8, 2 (S. 373 Mitte). «*jene Richtertheologen ...*»: vgl. 18, 14 (S. 438) mit Anm., ferner Clem. Alex., strom. 1, 59, 1–3 (Übers. Overbeck, Basel 1936, 193).

Seite 478 unten/479 oben – «*aber nicht einmal sie*»: zur Priorität von Moses, vgl. Clem. Alex., strom. 1, 107, 6 (Overbeck S. 216); die altchristl. Apologetik übernahm dies von der spätjüdischen, vgl. Ioseph., c. Apionem 2,15,151–16,172.

Seite 479 Mitte – «*bei barbarischen Völkern*»: das Konzept «barbarischer» Urweisheit und moderner Dekadenz, das vor allem Poseidonios von Apameia (→ Anm. zu civ. 8,9 S. 386 unten sowie S. 599) vortrug, machte seit Tatian (→ KlP 5,533) sich gleichfalls die altchristliche Polemik zunutze. «*Moses sei unterrichtet*»: vgl. Apg. 7,22, zitiert: civ. 15,27 (S. 274 unten). «*von der Tochter Pharaos adoptiert*»: vgl. civ. 16,43 (S. 352 Mitte). «*Abraham ... ein Prophet*»: vgl. 1. Mos. 20,7, vgl. civ. 17,1 (S. 356 unten) mit Anm. «*Isis*»: zu den Angaben vgl. civ. 18,3 (S. 423) mit Anm., ferner zu den «*Schriftzeichen*» der Ägypter: Clem. Alex., strom. 5,20, 3–21,4 (Overbeck S. 435 f.). «*geboren waren*»: Eus. (Hier.) p. 27 b («His temporibus primus aput Argos regnavit Inachus»), vgl. civ. 18,3 (S. 423 unten) mit Anm.

ACHTZEHNTES BUCH, KAPITEL 38

Seite 479 unten – «*Denn die Arche selber ...*»: vgl. A., ep. 108,7,20 (Weissagung auf die Kirche); civ. 15,26 (S. 271 ff.). «*kanonischen Brief*»: Judas 14, vgl. civ. 15,23 (S. 268) mit Anm.

Seite 480 oben – «*Reinheit des Kanons*» («castitas canonis»): vgl. A., contra duas epist. Pelag. (BiblA S. 262; AL 3,283; BA 23,293) 4,4,8: «catholica fidei castitas».

Seite 480 Mitte – «*die Namen dieser Propheten*»: vgl. 1. Chron. 29,29; 2. Chron. 9,29.

ACHTZEHNTES BUCH, KAPITEL 39

Seite 481 Mitte – «*Heber*»: vgl. civ. 16,3 (S. 285) mit Anm.; civ. 16,11 (S. 300 ff.) mit Anm. «*schriftkundige Lehrer*» («qui docendis litteris praeessent»): vgl. A., quaest. in Heptat. 2,69 (CSEL 28,2 p. 134,14 ff.). «*nennt die Bibel ...*»: γραμματοεισαγωγοί (A. schreibt auch hier griechisch), vgl. 5. Mos. 1,15 (LXX) mit 2. Mos. 18,25 als «*Ein- oder Hineinführer*» («inductores vel introductores»): 1. Begriff dürfte der lat. Übers. (Afra) entsprechen, vgl. fragm. Monacensis zu 5. Mos. 31,28 Vulg., während A. mit dem zweiten auf die «Einleitung» (introductio = εἰσαγωγή) der Fachdisziplinen anspielt, vgl. z. B. Boeth., Isagoge in Porphyrium, spez. 1,5 (CSEL 48 p. 146,27. 147,13).

Seite 481 unten – «*Isis*»: vgl. civ. 18,37 (S. 479 Mitte). «*Astronomie*»: als Einleitungswissenschaft (S. 482 oben: «zur Übung des Verstandes») im Ausbildungsprogramm der kirchl. Hochschule Caesarea/Pal. unter Origenes schon im 3. Jh., vgl. Gregorios Thaumaturgos, Dankrede an Origenes 9,113 (ed. Crouzel, Paris 1969 = SC 148 p. 143 f.); sie fördert wie «*verwandte Wissenschaftszweige*» z. B. der Geometrie, der Mathematik (a. O.), vgl. civ. 11,4 (S. 90), 11,30 (S. 50 Mitte), 18,23 (S. 452 Mitte) das abstrakte Denkvermögen, vgl. Gigon–Zimmermann, Begriffslexikon (Jub. Ausg.) S. 58 f.

Seite 482 oben – «*glückselig werden*» («beati … fiant»): vgl. civ. 8,5 (S. 380 oben); 8,8f. (S. 385/86); 10,1 (S. 463 oben) mit Anm. S. 610. «*Trismegistus*»: vgl. civ. 8,23f. (S. 410ff.); 8,26 (S. 420ff.) mit Anm. S. 602f. «*so ergab sich uns*»: vgl. civ. 18,8 (S. 427 unten) mit Anm.

ACHTZEHNTES BUCH, KAPITEL 40

Seite 482 Mitte – «*wenn einige behaupten*»: vgl. z.B. Ps.-Apuleius, Asclepius 13 (p. 48f. Thomas), 24f. (p. 60ff.).

Seite 482 unten – «*Varro*»: vgl. de gente populi Romani, fr. 12b, ed. Pl. Fraccaro, Roma 1966, p. 265f. «*Abweichungen der Geschichtsforscher*» («ipsa historicorum inter se dissonantia»): vgl. civ. 16,7: «heidnische Geschichtsschreibung»; 16,8: «Völkergeschichte» (beide Male: «gentium historia»); 17,3: «geschichtliche Wirklichkeit».

Seite 483 oben – «*göttlichen Geschichte*» («divina historia»): vgl. R.A. Markus, zitiert: Anm. zu civ. 15,8 (S. 226 unten). «*weltlichen Schrifttum*»: «in saecularibus litteris»; vgl. Tert., coron. 7,3; spect. 17,6.

ACHTZEHNTES BUCH, KAPITEL 41

Seite 483 unten – «*Glückseligkeit zu erlangen*»: vgl. Anm. zu civ. 18,39 (S. 482 oben), ferner civ. 19,1 (S. 517 unten).

Seite 484 oben – «*irgendwie voneinander abzuweichen*» («inter se aliqua ratione dissentiant»): das Argument des Selbstwiderspruches, sowohl in der schulphilosophischen Eristik (vgl. z.B. Plut., de Stoicorum repugnantiis = Moralia 1033–1057, ed. Pohlenz, Leipzig [2]1959) wie auch von der frühchrist. Apologetik (klassisches Beispiel Euseb., praep. ev. 15, 62,16 als Abschluß der vorkonstantinischen Entwicklung) gerne gebraucht, fußt auf dem philosophischen Grundsatz einer Unteilbarkeit der Wahrheit. «*Gymnasien*»: meint wie «scholae» Philosophenschulen, vgl. Ambr., hex. 6,4,23; Hier., epist. 53,1.

Seite 484 unten – «*dämonenfürchtigen Staate*» («daemonicola civitas»): vgl. civ. 9,19 (S. 455 unten) mit Anm. «*die Epikureer … die Stoiker*»: die antithetische Aussage entspricht Buch 1 und Buch 2 von Cic., nat. deor. «*Anaxagoras*»: frühester Bericht über seinen Asebieprozeß, dem er sich durch Flucht entzog, bei dem Philosophiehistoriker Sotion von Alexandrien → KlP 5,290f. (200–170 v. Chr.) nach Diog. Laert. 2,8,12 (Übers. Apelt–Reich, Hamburg [2]1967, 78f.) vgl. civ. 18,37 S. 478 unten. «*Epikur*» und seine sprichwörtliche Gottlosigkeit sind beliebtes Thema der mittelplatonischen Kontroverspolemik, vgl. Anm. zu civ. 14,2 (S. 155 oben).

Seite 485 oben – «*Aristipp*»: vgl. civ. 8,3 (S. 376) mit Anm. S. 597, ferner das Diktum civ. 9,4 (S. 431 oben). «*Antisthenes*»: vgl. civ. 8,3 (S. 376) mit Anm. S. 597.

Seite 485 Mitte – «*es gebe nur eine Welt …*»: vgl. civ. 12,12 (S. 76/77) mit Anm. «*einen Ursprung … ewig dauern*»: zu diesen durch die Timaios-Auslegung angesprochenen Problemkreisen vgl. civ. 11,4–6 mit Anm.

Zum folgenden Themenkatalog philosophischer Antinomien vgl. Iustin, Dial. 1,4; 5,1 ff.; Athenag. supplic. 7,1 f.; 14,1 f.: er gehört zum festen Bestand der frühchristl. Apologetik. «*von den Verfechtern ihrer Unsterblichkeit* ...»: vgl. civ. 10,30 (S. 519 f.) mit Anm.

Seite 485 unten – «*das höchste Gut* ...»: vgl. civ. 8,8 (S. 384 f.) mit Anm. S. 599. «*den leiblichen Sinnen*»: zu dem erkenntnistheoretischen Streit zwischen den «Skeptikern» (bzw. «Logikern») und «Dogmatikern» (so Ende 2. Jh. n. Chr. Sextus Empiricus → LAW 2791) vgl. A., c. Acad. (BAW, Frühdialoge mit Einführung, B. R. Voss, S. 14 ff.).

Seite 486 oben – «*bereits erwähnte*»: vgl. civ. 16,4 (S. 287 Mitte); 16,11 (S. 301); 16,17 (S. 313 oben); 17,16 (S. 401 unten); 18,2 (S. 421 unten). «*der Teufel aber*»: vgl. civ. 11,13 (S. 23 f.); civ. 11,14 f.

Seite 486 Mitte – «*anvertraut wurden*»: vgl. Röm. 3,2. «*Liebhaber der Weisheit*» («amatores sapientiae»): vgl. civ. 8,1 (S. 371 Mitte) mit Anm. S. 595; CIL 6,1725 («circa rempublicam eximia semper probitas»).

Seite 486 unten – *Bibelzitate:* 2. Mos. 20,12 / 20,13–15.

Seite 487 oben – «*das Endziel*» («finis»): vgl. Cic., «de finibus bonorum et malorum», sowie Einl. Atzert zur Übers. BAW S. IX f. «*in spitzfindigen Streitgesprächen*» («non argumentationum concertationibus»): kritische Randfloskel zum sokratischen Dialogstil der Platoniker, den A. anfangs selber gepflegt hatte, vgl. Einl. Andresen zu den «Philosophischen Spätdialogen» BAW S. 7–16, spez. 9 f.

ACHTZEHNTES BUCH, KAPITEL 42

Seite 487 unten – «*Septuaginta*» (LXX): griech. Zahlenwort für 70 → KlP 5,128 f. «*des Mazedoniers Alexanders*»: Eus. (Hier.) p. 122 a. 1 = 336 v. Chr.; p. 124 a. 12 = 325 v. Chr. †: «regnat Asiae anno sui VII et tenet omnia» – «post quem translato in multos imperio». «*auch Judäa*»: Eus. (Hier.) p. 123: «capta Tyro Judaeam invadit». «*des Lagus Sohn*»: Eus. (Hier.) p. 125: «Lagi filius ... plurimos captivorum in Aegyptum transtulit» = Ptolemaios Lagi (305–283/84 v. Chr.), vgl. Aristeas-Brief 12. «*Ptolemäus Philadelphus*» (285–246 v. Chr.) → KlP 4,1218; Eus. (Hier.) p. 129.

Seite 488 oben – «*Hohenpriester Eleazar*»: Eus. (Hier.) a. O.: «Eleazaro pontifice».

Seite 488 Mitte – «*Es wird überliefert*»: sc. durch den Aristeas-Brief («Aristeae epist. ad Philocratem»; Übers. von P. Wendland: Apokryphen u. Pseudepigraphen des AT, II (Tübingen 1900) 1–31; Übers. bei L. Rost a. O. S. 74 ff.; ergänze: R. Hanhart, Vetus Testamentum, suppl. 22, Leiden 1972, 185–200; K. Treu, Kairos NF 15, 1973, 123–144); ferner vgl. Philo, vita Moys. 2, 26–29 a. 31–38. 40–42 und Iosephus, Ant. 12,11–118; c. Apionem 2,45 ff. (Übers. Auszüge bei C. K. Barrett–C. Colpe, Die Umwelt des NT, Tübingen 1959, 223).

Seite 488 Mitte – «*jeder für sich*»: Ps. Iustin, Cohort. ad Graec. 13 weiß noch von den Zellen zu berichten, in denen die 70 Übersetzer auf der,

Alexandrien vorgelagerten, Insel Pharos ihre Arbeit leisteten, vgl. die Kritik von Hier., Vorwort, hebr. Quaest. in Gen. (CCL 72,2). «*der eine Geist in ihnen allen*»: vgl. civ. 15,13 (S. 237); so auch die Deutung bei Iustin, Apol. 1,31,1–4.

ACHTZEHNTES BUCH, KAPITEL 43

Seite 488 unten – «*noch andere Übersetzer ...*»: vgl. zu «*Aquila*» civ. 15, 23 (S. 267 unten) mit Anm.; zu «*Symmachus*» vgl. E. Würthwein, Der Text des AT ([2]1963) 55; zu «*Theodotion*» vgl. Würthwein a.O. «*die fünfte Ausgabe*» («quinta editio»): gemeint ist die 5. Spalte in der sog. Hexapla des Origenes, die in 6 Kolumnen verschiedene Textgestalten des AT nebeneinanderstellte, vgl. E. Würthwein a.O. S. 54ff. mit Abb. 34; Q.: Eus. (Rufinus) h.e. 6,16f. (Übers. Kraft S. 290f.); Hier. prol. zu Eus. (Hier.) p. 3f.

Seite 489 oben – «*bei den lateinischen Kirchen*»: vgl. A., doctr. christ. 2, 15,22, wonach die sog. Itala vor der Afra aus sprachl. Gründen rangiert. «*Hieronymus*»: vgl. civ. 18,8 (S. 429 oben); 18,10 (S. 432 oben); 18,31 (S. 463 Mitte); zum Briefwechsel bzw. Verhältnis zu A. vgl. BiblA S. 8; 88, Nrn. 1–3. «*übersetzt hat*»: die sog. Vulgata, eine mittelalterl. Bezeichnung, vgl. Anm. zu civ. 15,10 (S. 231 unten).

Seite 489 Mitte – «*nach Menschenweise*»: was A. erlaubt, gelegentlich auch von einem «Versehen der Übersetzer» zu sprechen, vgl. civ. 15,11 (S. 233 unten) mit Anm.; civ. 15,13 (S. 238 Mitte) mit Anm.

Seite 490 oben – «*einige Männer meinten nun*»: z.B. Origenes (s. Anm. zu S. 480 unten) und Hieronymus (vgl. A. ep. ad Hieronymum 71) in seiner lat. Übers. des AT. «*durch gewisse Zeichen*»: wie bei der alexandrinischen Textphilologie (vgl. zu Aristarch., gest. 145 v. Chr. → KlP 1,554f., Nr. 6) üblich. «*Asterisci*» d.h. «*Sternchen*»: ※ → LAW S. 353.

Seite 490 Mitte – «*in ähnlicher Weise*»: «similiter ad capita versuum»; vom Übersetzer ausgelassen. «*wie man die Bruchstriche* («unciae») *schreibt*»: nach A., ep. 71,2,3 sind damit die sog. «obelisci» gemeint, die als «Obelos» (—, ⨪, ÷) gewöhnlich den Anfang eines Einschubs, als «Metabelos» (/. bzw. ./. bzw. ✓ alias [illegible]) sein Ende bezeichneten; nur in letztgenannter Gestalt versteht man die Bezeichnung «Spieß» bzw. «kleiner Spieß». «*auch lateinische*»: so enthält der cod. Ambrosianus syrohexaplaris in Mailand (9. Jh.) aristarchische Zeichen, vgl. A. Rahlfs, Psalmi cum Odis, Göttingen 1931, 52.

Seite 490 unten – «*durch Einsichtnahme*» («utrisque codicibus inspectis»): die gleiche Empfehlung doctr. christ. 2,11,16. «*beide Propheten waren*»: vgl. H. Karpp, Festschr. Günther Dehn, Neukirchen 1957, 103–117.

ACHTZEHNTES BUCH, KAPITEL 44

Seite 491 Mitte – «‹*drei Tage*›»: Jon. 3,4 (LXX). «‹*vierzig Tage*›»: Jon. 3,4 hebr. Vulg.

Seite 491 unten – «‹*und Ninive wird zerstört werden*›»: a.O. hebr. A.s Text hat «et Ninive evertetur», Vulg.: «et Ninive subvertetur».

Seite 492 oben – «*drei Tage im Bauche*»: vgl. civ. 18,30 (S. 462 unten) mit Anm.

Seite 492 unten – «*mich an beide Autoritäten halten*»: das war Diskussionsgegenstand zwischen A. und Hieronymus, vgl. BiblA S. 152, Nr. 13.

ACHTZEHNTES BUCH, KAPITEL 45

Seite 493 – *Bibelzitate:* Hagg. 2,9 / 2,7. / Hagg. 2,7 LXX: τὰ ἐκλεκτὰ πάντων τῶν ἐθνῶν. / Mt. 22,14.

Seite 493 unten – «*Alexander*»: vgl. civ. 18,42 (S. 487 unten).

Seite 494 oben – «*Alexander*»: Eus. (Hier.) p. 123: «deo victimas immolat». «*wie vorhin erwähnt*»: vgl. civ. 18,42 (S. 487 unten) mit Anm. «*wie ich ... bemerkte*»: vgl. civ. 18,42 (S. 487/88).

Seite 494 Mitte – «*Ptolemaeus ... Epiphanes*»: Eus. (Hier.) p. 135 vgl. Ioseph., ant. 12,131 → KlP 4,1219f., Nr. 5. «*Antiochus, dem König Syriens*» = Antiochos IV. Epiphanes → KlP 1,389, Nr. 5, vgl. Eus. (Hier.) 139f., vgl. ferner 1. Macc. 1,21ff.; 2,1; 2. Macc. 6,1; Ioseph., ant. 12, 248–265. «*Judas*»: Eus. (Hier.) p. 141, vgl. 1. Macc. 3,16ff.; 4,36ff.; Ioseph., ant. 12,290ff.

Seite 494 unten – «*Alcimus*»: Eus. (Hier.) p. 141 vgl. 1. Macc. 7,5ff.; Ioseph., ant. 12,413ff. «*Aristobul*»: Eus. (Hier.) p. 148 vgl. Ioseph., bell. Jud. 1,3,1–6, vgl. civ. 18,36. «*Anführer oder Oberbefehlshaber*»: «duces», vgl. Eus. (Hier.) p. 132,141 (von Judas Makkabäus) u.ö.; «principes» vgl. a.O. p. 134.

Seite 495 oben – «*Alexander*»: = Alexandros Jannaios: Eus. (Hier.) p. 148: «qui pontificatum quoque administrans crudelissime civibus praefuit», vgl. Ios., ant. Jud. 13,320ff.; bell. 1,4 → KlP 1,252, Nr. 14. «*Alexandra*» = Alexandra Salome: Eus. (Hier.) p. 152, vgl. Ios. ant. 13, 320.405ff.; bell. Jud. 1,5. «*denn die Söhne ...*»: «Filii quippe huius Alexandrae ... inter se de imperio dimicantes ...», vgl. Eus. (Hier.) p. 153: «... filii Alexandrae contra se de imperio dimicantes ...». «*Aristobul II.*»: vgl. Ioseph., ant. 13,405ff.; 14,123; bell. 1,5,4–9,1 → KlP 1,563, Nr. 2. «*Hyrkan*»: = Johannes Hyrkanos II.: Eus. (Hier.) p. 153, vgl. Ios., ant. 13,405–14,389; 15,11–22.161–182; bell. 1,5,1–13,11.22,1.

Seite 495 Mitte – «*Bundesgenossenkriegen ... Bürgerkriegen*»: vgl. civ. 3, 23 (S. 156) mit Anm. S. 560; civ. 3,29 (S. 163) mit Anm. S. 562.

Seite 495 unten – «*Pompeius*»: Eus. (Hier.) p. 153 («... capta urbe et templo reserato usque ad sancta sanctorum accedit»), vgl. Ios. ant. 14, 36–72; bell. 1,6,5–7,7, vgl. civ. 3,13; 3,30; 5,22 → KlP 4,1022ff. «*Landpfleger* («procurator») *Antiper*»: Eus. (Hier.) p. 153,22f., vgl. Ios., ant. 14, 156–158; bell. 1,6,4; 9–10 → KlP 1,394, Nr. 4. «*tributpflichtig*»: Eus. (Hier.) p. 154 («tributarios Judaeos facit»). «*Cassius*»: Eus. (Hier.) p. 157 («templum spoliat») → KlP 1,1070f., der Cäsar-Mörder, Nr. 15. Für die Tempelplünderung benennt Iosephus, ant. Jud. 14,105–109; bell. 1,8,8

Crassus, vgl. civ. 3,27 (S. 160/61) mit Anm. S. 562. «*Herodes*»: Eus. (Hier.) p. 160 → KlP 2,1090f.

Seite 496 oben – *Bibelzitat:* 1. Mos. 49,10, vgl. civ. 16,41, dazu das Zitat: Eus. (Hier.) a. O. p. 160. «*in Macht und Herrlichkeit ... demütig und geduldig*»: die Lehre der zwiefachen Parusie (schon bei Iustin, apol. 1,51, 7. 52,3 ff.; dial. 34,2. 39,7 u. ö.), auch A., ench. 31,118 («primus mediatoris adventus»), vgl. ench. 14,54, ferner Cypr., bono patientiae 23.

ACHTZEHNTES BUCH, KAPITEL 46

Seite 496 unten – «*gemäß der ... Weissagung*» («prophetiam»): Mich. 5,2 (LXX), dazu vgl. civ. 18,30 (S. 462). *Bibelzitat:* Jes. 7,14 nach Mt. 1,23.

Seite 497 oben – «*die ihn töteten*»: als geschichtspolemisches Argument vgl. civ. 4,34 (S. 218 unten) auch auf die Römer angewandt.

Seite 497 Mitte – *Bibelzitate:* Jes. 10,22. / Ps. 69,23 f., vgl. Röm 11,9f.

Seite 497 unten – «*von den Christen erdichtet*»: in der Tat handelt es sich beim Akrostichon von civ. 18,23 (S. 450f.) um eine christliche Interpolation. *Bibelzitat:* Ps. 59,11 f.

Seite 498 oben – *Bibelzitate:* Röm. 11,11. / Ps. 59,12. «*die Kirche, die überall ist*» («ecclesia quae ubique est»): vgl. A., civ. 7,30 (S. 363 oben: «ubique totus» sc. deus), mit Anm. S. 594; vgl. ferner die Aussage über «das Eine» bei Plotin enn. 3,9,4 (Übers. Harder Ia S. 283 ff.), vor allem aber das Konzept von der Universalität der Wahrheit bei A.

ACHTZEHNTES BUCH, KAPITEL 47

Seite 498 unten – «*der Gnade teilhaftig oder nicht ...*»: seit Justin → KlP 3,23 f. und seiner Lehre vom Logos spermatikos (vgl. J. H. Waszink, in: Festschr. Th. Klauser, 1964, 380–390) hat die frühchristl. Apologetik die Gottesoffenbarung bei Heiden bejaht. «*Christus bekannten*»: vgl. Mk. 5,7; Apg. 18,15.

Seite 499 Mitte – «*aus dem Volk der Idumäer*»: vgl. civ. 18,31 (S. 463 unten) d. h. aus dem Volksstamm Esaus alias Edoms, vgl. civ. 16,35 (S. 339 unten). «*aus Gottes Mund*» («divino eloquio»): vgl. Hiob. 1,8; ferner Ezech. 14,20. «*der dritten Generation nach Israel* (= Jakob)»: vgl. civ. 16,39 (S. 346 f.); zur Chronologie, vgl. Eus., dem. ev. 1,5 f.

Seite 499 unten – «*der eine Mittler ...*»: vgl. 1. Tim. 2,5, vgl. civ. 15,26 (S. 271 Mitte); 17,5 (S. 377 unten) mit Anm.; civ. 21,16 (S. 711 Mitte). «*alle zum Gottesstaat, Gotteshaus und Gottestempel*» («in Dei civitatem, Dei domum, Dei templum praedestinatos»): vgl. Einleitung, Anm. 28 die Literaturangabe.

ACHTZEHNTES BUCH, KAPITEL 48

Seite 500 Mitte – «*die Weissagung Haggais*»: Hagg. 2,6 f., vgl. civ. 18,35 (S. 473). «*vorhin von uns Angeführte*»: vgl. civ. 18,45 (S. 493 ff.).

Seite 500 unten – *Bibelzitat:* Hagg. 2,9 (Vulg. 2,10).

Seite 501 – *Bibelzitate:* Hagg. 2,9. / 1. Kor. 10,4. / Hagg. 2,8 Vulg. vgl. civ. 18,45 (S. 493 Mitte). / Hagg. 2,7 LXX s.o. / Eph. 1,4. / Mt. 22,14.

Seite 501 oben – «*im hebräischen Text*» («in Hebraeo»): dem Luther Hagg. 2,7 sich anschloß: «aller Völker Kostbarkeiten»; A. identifizierte die Übers. des auf seine hebräischen Sprachkenntnisse pochenden Hieronymus mit der «biblia hebraica».

Seite 501 unten – «*durch Worfeln auf der Tenne*»: vgl. Mt. 3,12: in Verbindung mit dem Gleichnis vom Unkraut im Weizen (Mt. 13,24–30) war dem Bild sehr früh eine ekklesiologische Deutung im Sinne der «ecclesia permixta» zuteil geworden, vgl. Hipp., refut. haer. 9,12,22f.

ACHTZEHNTES BUCH, KAPITEL 49

Seite 502 oben – «*argen Welt*»: vgl. 1. Joh. 5,19. «*bösen Tagen*»: vgl. Eph. 5,16. «*in Hoffnung froh*»: vgl. Röm. 12,2. «*im Evangelium liest*»: vgl. Mt. 13,47–50.

Seite 502 Mitte – «*alles ... in allem*»: vgl. 1. Kor. 15,28. *Psalmzitat:* Ps. 40,6. *Bibelzitat:* Mt. 3,12; 4,17. «*Erwählte sich ...*»: vgl. Lk. 6,13.

Seite 503 oben – «*zur Vergebung ...*»: vgl. Mt. 26,28. «*fuhr dann ...*»: vgl. Apg. 1,3.9. «*nach zehn Tagen ...*»: vgl. Apg. 2,1f.

ACHTZEHNTES BUCH, KAPITEL 50

Seite 503 Mitte/unten – *Bibelzitate:* Jes. 2,3c bzw. Micha 4,2c, zitiert civ. 18,30 (S. 462 Mitte), vgl. ferner civ. 17,17 (S. 403). / Lk. 24,–f. / Apg. 1,7f.

Seite 503/504 – *Bibelzitat:* Mt. 10,28.

Seite 504 oben – «*Gott bestätigte es ...*»: vgl. Mk. 16.20.

ACHTZEHNTES BUCH, KAPITEL 51

Seite 504 unten – «*brachte er die Häretiker auf den Plan*»: vgl. Eus., hist. eccl. 3,26,4; 4,7,1f. 12–15; 5,16,9 (Übers. H. Kraft a. O. S. 177. 198. 200. 258) u. ö. «*unter dem Deckmantel ...*» («sub vocabulo Christiano»): vgl. ench. 1,6 (Übers. Barbel S. 29). Zur anderen Begründung der Häresie als Beweis der Orthodoxie und Erfüllung der Christus-Prophetie Mt. 24,5 vgl. catech. rud. 24,3; 27,8; conf. 7,19,25 (unter Hinweis auf 1. Kor. 11,19); vgl. prol. zu de haer. 7 (CCL 46,189). «*gefallen ließ*»: vgl. civ. 18,41 (S. 485/86).

Seite 505 oben – «*nicht aufgeben wollen*»: vgl. Tit. 3,10. «*Nutzen*»: vgl. civ. 16,2 (S. 279/280) mit Anm. *Bibelzitat:* Röm. 8,28.

Seite 505 Mitte – «*scharfer Zucht*» («terribili disciplina»): vgl. den bei röm. Juristen bekannten Begriff der «disciplina publica» = «öffentl. Ordnung». A. hat zweifelsohne das polizeiliche Vorgehen gegen die Donatisten im Auge, vgl. das cap. 21 «disciplina» bei P. Brown, Augustinus von Hippo, Ffm 1973, 203–212 mit Anm.

Seite 505 unten – *Bibelzitate:* Ps. 94,19. / Röm. 12,12. / 2. Tim. 3,12. / zur Thematik vgl. civ. 1,8 (S. 13f.).

Seite 506 – *Bibelzitate:* Ps. 94,19a (s.o.). / 2. Tim. 2,19. / Ps. 94,19b (s.o.) bzw. Röm 8,29.

Seite 506 oben – «*Name gelästert*»: vgl. Röm. 2,24 bzw. Jes. 52,5.

Seite 507 oben – «*in diesen bösen Tagen*»: vgl. Eph. 5,16.

ACHTZEHNTES BUCH, KAPITEL 52

Seite 507 Mitte – «*nämlich zehn*»: Hier., chronic. p. 185,5, vgl. Sulpicius Sever., chron. 2,28. 31f.; Oros. adv. pag. 7,26,9 mit Ktr Lippold II (ed. Milano 1976) 496. «*die Vertreter dieser Meinung*»: ? da im Vergleich Sulp. Severus ausfällt, muß A. hier Orosius im Auge haben.

Seite 508 oben/Mitte – «*Stephanus*»: vgl. Apg. 7,58; 8,1f. «*Jakobus*»: vgl. Apg. 12,1ff. «*Petrus*»: vgl. Apg. 12,1f. «*die Brüder aus Jerusalem*»: vgl. Apg. 11,19, «*Saulus*»: vgl. Apg. 9,20ff.

Seite 508 unten – «*erst mit Nero?*»: vgl. Eus. (Hier.) p. 185,5c: «prima persecutio a Nerone», vgl. Sulp. Sev., chron. 2,28,1; Oros. 7,7,10. «*Julian*» sc. Apostata: vgl. civ. 4,29 (S. 210 unten) mit Anm. S. 571; civ. 5,21 (S. 269 unten); civ. 5,25 (S. 275 unten); Hier., chron. p. 242 → KlP 2,1515ff., Nr. 5. «*verbot*»: cod. Theod. 13,3,5 vom 17.6.362, vgl. Amm. 22, 10,7 (BAW S. 364); das Verbot traf in erster Linie die «Grammatiklehrer», welche die «artes liberales» lehrten. «*aus dem Heere ausgestoßen*»: vgl. Socr., he. 4,1f.; Theodoret, he. 3,16,1–4. Gemeint ist *Flavius Valentinianus* → KlP 5,1095, Nr. 3.

Seite 509 oben – «*standhafter Jüngling*»: vgl. Philostorgios, he. 7,8 (GCS 21,86–94) mit weiteren Belegen für die Passio Artemii. «*Valens ... der Arianer*»: vgl. Hier., chron. p. 245, ferner A., c. litt. Petil. 2,92,206 → BiblA 258; Oros., adv. pag. 7,32,6.

Seite 509 Mitte – «*der Gotenkönig*»: vgl. Hier., chron. p. 245,20; Oros., adv. pag. 7,32,9: Athanarich → LAW 370. «*jetzt in Persien*»: vgl. Socr., he. 7,18; Theodoret, he. 5,39.

ACHTZEHNTES BUCH, KAPITEL 53

Seite 510 – *Bibelzitate:* 2. Thess. 2,8. / Apg. 1,6f. / Apg. 1,7.

Seite 510 Mitte / «*ausrechnen und festlegen wollen*»: vgl. z.B. Hipp., in Daniel 4,23; chron. 686f., edd. Bauer-Helm (GCS 46) p. 113f.

Seite 510 unten – «*die Finger davon zu lassen ...*»: zum Zählen mit den Fingern vgl. Hdt. 6,63; Juv. 10,249; Ps. Valentin. evang. veritatis 32,2–6 (BAW Gnosis I, 76f.).

Seite 511 oben – «*griechische Verslein*»: vgl. civ. 22,25 (S. 816 unten), dazu P. Courcelle, Lettres p. 172 Anm. 1.

Seite 511 Mitte – «*alsbald zu Ende sein*»: zur Aktivierung des Orakelwesens durch die antichristl. Polemik vgl. Kelsos fr. 7,3, vgl. A., c. Faust. Manich. 13,15 (CSEL 25 p. 394,17); de cons. evang. 1,11,7 (CSEL 43 p. 16,17); 1,20,28 (a.O. p. 26,11); dazu: P. Courcelle, Rech. Aug. 1,

Paris 1958, 149–168, spez. 154ff. 177ff. «*dreihundertfünfundsechzig Jahre*»: d.h. ein Weltenjahr, vgl. die Ansprache des Camillus bei Liv. 5, 54, 5f.

Seite 512 oben – «*ein einjähriger Knabe*» («puer anniculus»): d.h. 365 Tage alt, vgl. dazu J. Hubaux in: Festschr. Bidez-Cumont 2, Brüssel 1945, 143–158; weitere Lit. BiblA S. 197, Nr. 5; außerdem R. Pack in Harv. Theol. Rev. 47, 1954, 319–321. Das antichristliche Pamphlet, dessen Invektive auf «Sympathie»-Zauber basierte, wird auf 394 oder 398 datiert.

ACHTZEHNTES BUCH, KAPITEL 54

Das Kapitel setzt sich mit den chronologischen Berechnungen des Tyconius auseinander; zu dem s. Einführung S. XVIIf. mit Anm. 24f., ferner Anm. zu civ. 20, 7.

Seite 513 – *Bibelzitate:* Ps. 72,8. / Apg. 17, 30f. / Jes. 2, 3c, vgl. civ. 18, 50 (S. 503) mit Anm.

Seite 513 unten – «*in Jerusalem machen*»: vgl. Lk. 24, 47, dazu A., de trin. 4, 5ff. «*mehrere tausend ...*»: vgl. Apg. 2, 37f.; 4, 4; 4, 34–37.

Seite 514 oben – «*unter dem Konsulat ...*»: 29 n. Chr. «*am fünfundzwanzigsten März*»: vgl. A., trin. 4, 5, 9; ferner Tert., adv. Jud. 8, 18; Lact., inst. 4, 10, 18; Quintus Julius Hilarinus, de ratione paschae et mensis 15 (PL 13, 1114 A/B); Orosius, adv. pag. 7, 2, 14f.; vgl. M. Richard, Mél. science rel. 8, 1951, 19–50; A. Strobel, Ursprung u. Gesch. des frühchristl. Osterkalenders, Berlin 1977 (passim).

Seite 514 unten – «*unter dem Konsulat ...*»: («Honorio IV et Flavio Eutychiano»), vgl. W. Liebenam, Fasti consulares (Bonn 1910) 40 = 398 n. Chr. «*Konsul Mal⟨l⟩ius Theodorus*»: cons. 399 n. Chr., vgl. A., de beata vita, prolog (BAW S. 181), ferner P. Courcelle, Lettres 119ff.; Recherches 153ff. 208ff. 253ff.

Seite 515 oben – «*die beiden Statthalter ...*» («Gaudentius et Jovius comites»): vgl. Pauly-Wissowa, RE 7 (1912) 859; 9 (1916) 2016. «*dieses Jahres*»: 429 n. Chr., was allerdings mit retract. 2, 43, 1 streitet, vgl. Einführung zu Bd. 1, S. XII.

Seite 515 unten – «*Verlauf der beiden Staaten*» («excursus»): vgl. civ. 18, 1 (S. 418) mit Anm. «*die zeitlichen Güter zunutze*»: vgl. civ. 15, 7 (S. 233 Mitte) mit Anm.

NEUNZEHNTES BUCH, KAPITEL 1

Seite 517 oben – «*gebührenden Endausgang*»: «debitae fines», vgl. civ. 11, 1 (S. 40). «*verdientes Ende*»: «debitis finibus». «*in diesem elenden Leben Glückseligkeit*» (beatitudo): die Immanenz der «beatitudines» (Mt. 5, 1–11) sowie der gleiche immanente Sprachgebrauch von «beatus» in Röm. 4, 6–8; Gal. 4, 15 sind dem Verstehenshorizont hier entzogen, vgl. aber Wendungen wie «per nostras falsas beatitudines» civ. 12, 21 (S. 93ff.), ferner civ. 11, 13 (S. 23).

Seite 517 Mitte – «*mit Rücksicht auf die Ungläubigen*»: «propter infideles»; die apologetische Zwecksetzung des «Gottesstaates» ist nicht vergessen.

Seite 517 unten – «*was das Endgut und Endübel sei*»: «de finibus enim bonorum et malorum»; so der Buchtitel Ciceros, der ein Dialog war (BAW, eingeleitet und übertragen von K. Atzert). Zur Fragestellung in ihrer Bedeutung für A.s Theologie s. Ragnar Holte: BiblA S. 97f. «*um seiner selbst willen*»: vgl. Cic. fin. 1, 12, 42 (BAW S. 45), dazu civ. 5, 17 (S. 257 unten) mit Anm. S. 577; civ. 8, 8 (S. 384 unten) mit Anm. S. 598.

Seite 518 Mitte – «*allgemein gehaltenen Dreiteilung*»: vgl. civ. 8, 8 (S. 385 Mitte). «*der Philosophenschulen*»: vgl. civ. 8, 4 (S. 377 oben) mit Anm. S. 597. «*Marcus Varro*»: vgl. civ. 3, 4 (S. 116 oben) mit Anm. S. 554. «*in seinem Buch*»: «liber de philosophia», vgl. M. Fuhrmann, Das system. Lehrbuch, Göttingen 1960, 167f.

Seite 518 unten – «*Epikur*»: vgl. civ. 5, 20 (S. 267f.). «*ursprünglichen Naturgüter*»: «prima naturae sc. bona», vgl. *τὰ πρῶτα κατὰ φύσιν* SVF III 34, 21. 27; 43, 38; ferner Index von Arnim p. 160 vgl. Cic. fin. 2, 11, 34 (BAW S. 115).

Seite 520 Mitte – «*auf die neuen Akademiker*»: im Unterschied zur «sog. Akademie» (civ. 8, 12; S. 392 oben) die Skeptiker wie Arkesilaos und Karneades, vgl. Anm. S. 851 zu civ. 11, 26 (S. 43 Mitte), vgl. S. 521 Mitte.

Seite 520 unten – «*Kyniker*»: vgl. civ. 14, 20 (S. 196 oben) mit Anm.

Seite 521 Mitte – «*Polemon*», Schulhaupt 315/14–266/65 → KlP 4, 970f., vgl. Cic. fin. 2, 11, 34 (BAW S. 115); fin. 4, 2, 3 (BAW S. 289). «*Arkesilaus*», Schulhaupt 265–241 → KlP 1, 596f., Nr. 5, vgl. Cic. fin. 5, 31, 94 (BAW S. 475) mit Index BAW S. 479 f. 491.

Seite 521 unten – «*Verlangen nach Glückseligkeit*»: vgl. civ. 10, 1 (S. 463 oben) mit Anm. S. 610.

Seite 522 oben – «*seinem Freunde*»: vgl. A., conf. 4, 4, 7; 4, 8, 13 (BAW S. 92f. 98); weiteres zu civ. 19, 8 (s. u. S. 542); zur Fragestellung vgl. Cic. fin. 1, 20, 65ff. (BAW S. 67ff.); 2, 24, 78 (BAW S. 161).

Seite 522 unten – «*Kyniker hießen*»: vgl. civ. 14, 20 (s. o.), vgl. Cic. fin. 3, 20, 68 (BAW S. 277); zur Namensableitung (Lehrtätigkeit des Antisthenes → KlP 1, 402f. im Gymnasium «Weißer Hund») vgl. Diog. Laert. 6, 13.

NEUNZEHNTES BUCH, KAPITEL 2

Seite 524 unten – «*als Schulen* («sectae») *gelten zu lassen*»: der lat. Begriff gibt das griech. «*αἱρέσεις*» wieder, vgl. Vulg. Apg. 26, 5. Es ist die Philosophenschule, deren «Scholarchen» einschärfen: «sectam nostram tenete» (A., tract. in ev. Ioan. 45, 3; CCL 36, 389). «*nach dem höchsten Gut oder Übel*»: vgl. Cic. ac. 2, 41, 128–42, 132 mit dem Schlußsatz: «omnibus his finibus bonorum quos exposui malorum fines esse contrarios». «*die Lust*»: «voluptas», als Wiedergabe für «Hedone» bei Epikur vgl.

Cic. fin. 2,3,8–4,14 (BAW S. 83 ff.), «*ursprünglichen Naturgeister*»: vgl. civ. 19,1 (S. 518 unten) und civ. 19,3 (S. 526 unten).

Seite 525 unten – «*um ihrer selbst willen*» («propter se ipsa»): vgl. civ. 8,8 (S. 384 unten) mit Anm. S. 598.

NEUNZEHNTES BUCH, KAPITEL 3

Seite 525 unten – «*was der Mensch selber sei*»: den anthropologischen Ansatz teilt Varro mit Cic. fin.

Seite 526 Mitte – «*zwei zusammengekoppelte Pferde*»; das berühmte Gleichnis in gleicher Anwendung: Plat. Phaidr. 246 (Jub. Ausg. S. 213 f.).

Seite 526 unten – «*um ihrer selbst willen*»: vgl. Anm. zu civ. 19,2 (S. 525 unten).

Seite 528 oben – «*sei auch gesellig*» («etiam socialem»): vgl. die Aufnahme der aristotelischen Definition vom Menschen als ζῷον πολιτικόν (Aristot. pol. 1253 a 1 f.; BAW, S. 58), bei Cic. fin. 5,23,66 (BAW S. 445 ff.), der stoischen Auffassung a. O. 3,19,62–20,65 (a. O. S. 271 ff.).

Seite 528 unten – «*Antiochus*» v. Askalon (1. Jh. v. Chr.), geistiger Vater des sog. Mittleren Platonismus (vgl. A. Lueder, Die philos. Persönlichkeit des A. v. Askal., Diss. Göttingen 1940): Cic. fin. 5,1,1 (BAW S. 373) u. ö. in fin. 4. 5, vgl. ferner Cic. ac. 1,2,7; 4,13; 12,43; nat. deor. 1,7,16.

NEUNZEHNTES BUCH, KAPITEL 4

Seite 529 oben – «*das ewige Leben* ...» («aeternam vitam esse summum bonum»): vgl. A. de mor. Manich. 11,24: «Summum bonum omnino, et quo esse aut cogitari melius nihil possit ...». *Bibelzitat:* Hab. 2,4, vgl. Gal. 3,11.

Seite 529 Mitte – *Bibelzitate:* Ps. 94,11. / 1. Kor. 3,20.

Seite 529 unten – «*Cicero in seiner Trostschrift* ...» anl. des Todes der Tullia (Febr. 45 v. Chr.), verloren, Spuren Cic. Tusc. 1 (z. B. 1,5,9 ff., BAW S. 11 ff.: 1,31,75 f., BAW S. 75), Tusc. 3 (z. B. 3,23,55, BAW S. 243 ff.; 3,31,76 BAW S. 265), aber auch bei Hier. ep. ad Heliodorum 60 (eine Trauerrede) ed. J. Labourt 3,90 ff., im übrigen vgl. R. Kassel, Unters. z. griech u. röm. Konsolationsliteratur, München 1958.

Seite 530 oben – «*ursprünglichen Gütern* ...» («naturae prima»): vgl. civ. 19,1 (S. 518 unten) mit Anm.

Seite 530 Mitte – «*ursprünglichen Gütern* ...»: «animi(!) primigenia, quae appellantur bona».

Seite 531 oben – *Bibelzitat:* Weish. 9,15, vgl. civ. 12,16; 13,16 (S. 126 Mitte). «*das griechische Wort* ...» («quam graece vocant ὁρμήν»): vgl. Cic. fin. 5,6,17 (BAW S. 389 ff.).

Seite 531 Mitte – «*die auf griechisch* ...»: «quae graece σωφροσύνη, Latine temperantia nominatur», vgl. Cic. Tusc. 3,8,16 (BAW S. 205 ff.). *Apostelzitat:* Gal. 5,17.

Seite 532 Mitte – «*jedem das Seine* ...» («sua cuique tribuere»); gleiche Definition der «Gerechtigkeit» nach Plat. rep. 433 (Jub. Ausg. S. 231), bei Cic. fin. 5, 23, 65 (BAW S. 445), vgl. Cic. off. 1, 15 (BAW S. 27 Mitte) und SVF III 262.

Seite 532 unten – «*jene Tapferkeit*»: als letzte der vorgeführten 4 Kardinaltugenden «temperantia, prudentia, iustitia, fortitudo», vgl. civ. 4, 20 (S. 195 Mitte) u. Anm. S. 568: hier ist A. mehr von Cic., fin. 1 bzw. 2 beeinflußt.

Seite 533 oben – «*diese Welt zu verlassen*» («ex hac vita emigrare»): vgl. Cic. fin. 3, 18, 61 (BAW S. 269); zur stoischen Auffassung der «Selbsttötung» vgl. Cic. fin. 3, 18, 60 f. (BAW S. 267 ff.), zur christl. civ. 1, 20. 22 und Anm. S. 539 f.

Seite 533 unten – «*jener Cato*» sc. Uticensis: vgl. civ. 1, 23 mit Anm. S. 540. «*die Peripatetiker*», spez. Ariston v. Alexandria (→ KlP 1, 571 f.), ein Bundesgenosse des Antiochos von Askalon (s. Anm. zu civ. 19, 3), gegen den neuakademischen Skeptizismus vgl. Cic. ac. 2, 12. Letzterer repräsentiert hier die «Altakademiker».

Seite 534 unten – «*die Verbindung des Leibes und der Seele* ...»: vgl. Cic. fin. 3, 5, 16 (BAW S. 221); 5, 9, 24 (a. O. S. 397 ff.).

Seite 536 oben – *Paulus-Zitat:* Röm. 8, 24 f.

NEUNZEHNTES BUCH, KAPITEL 5

Seite 536 unten – «*einem Leben in Gemeinschaft*» («socialem vitam»): vgl. civ. 19, 3 (S. 528 oben) mit Anm.

Seite 537 oben – *Terenz-Zitate:* Ter. Ad. 5, 4, 13 ff. / Eun. 1, 1, 14, vgl. civ. 2, 7 (S. 69 unten) und Anm. S. 546.

Seite 537 unten – *Cicero-Zitat:* Verr. 2, 1, 39 (BAW S. 123). *Bibelzitat:* Mt. 10, 36.

Seite 538 oben – «*je größer sie ist*»: vgl. das Römerreich civ. 4, 2 (S. 171); Aristot. pol. 1303 b 17–1304 b 18 (BAW S. 208–211) kann ähnlich kritisch vom Staatswesen sprechen.

NEUNZEHNTES BUCH, KAPITEL 6

Seite 538 unten – «*Folterung unschuldiger Zeugen*»: Trotz des staatlichen Verbotes z. B. von 369 (cod. Theod. 9, 35, 1 vgl. 9, 35, 3 von 377) – Ausnahme: Majestätsverbrechen (!) – blieb sie üblich, vgl. die Andeutung bei Amm. 28, 1, 46 (BAW S. 589) und vor allem 28, 1, 24 f. (a. O. S. 584 f. mit Anm.). Zum Urteil A.s vgl. ep. 104, 1, 1–3 ed. Goldbacher und sein Lob an den comes Marcellinus (prol. civ. 1 vgl. Anm. S. 535), daß er die Folter nicht anwende: ep. 133, 1 f. Goldbacher.

Seite 539 oben – «*nach dem weisen Rat jener Philosophen*»: «secundum istorum sapientiam», d. h. der Stoiker, vgl. civ. 1, 22 (S. 40 f.) mit Anm. S. 539 f.

Seite 540 oben – «*in der Zwangslage* ...» («necessitate nesciendi ... necessitate etiam iudicandi»); hier rekurriert A. auf den allgemein anerkannten Satz «Not kennt kein Gebot». «*da die menschliche Gesellschaft*» («quia cogit humana societas»): vgl. A., serm. 302,18,16 (PL 38,1391). *Bibelzitat:* Ps. 25,17.

NEUNZEHNTES BUCH, KAPITEL 7

Seite 540 Mitte – «*dritte Stufe* ...» («tertius gradus societatis humanae»): «A domo ... ad urbem ... ad orbem.»

Seite 541 Mitte – «*Bundesgenossen- und Bürgerkriege*» («bella, socialia scilicet et civilia»): vgl. civ. 18,45 (S. 495 unten) mit Anm., vgl. ferner civ. 3,18; 3,26–29; 4,5.

Seite 541 unten – «*gerechte Kriege*» («iusta bella»): vgl. A., quaest. in Hept. 6,10 (CCL 33,318 f.), Cic. off. 1,11,34–36 (BAW S. 35 f.), vgl. auch ep. ad Marcellinum (!) 136,2 Goldbacher p. 95,6 ff.; 138,10 ff. Goldbacher p. 134 ff. Zur Thematik, zu der auch civ. 4,4 ff. gehört, vgl. BiblA S. 139 (passim).

NEUNZEHNTES BUCH, KAPITEL 8

Seite 542 oben – «*gegenseitige Liebe* ...» («mutua dilectio verorum et bonorum amicorum»): vgl. civ. 19,1 (S. 522 oben) mit Anm. Zur Fragestellung vgl. Cic. Lael. 13,48.

Seite 542 unten – «*Tröstungen der Freundschaft*» («amicitiae solacia»): Zur sog. Consolationslit. vgl. Cic. fam. 4,5 (Briefe des Altertums, BAW S. 151 ff.). Plut. moral. 3,575 ff. (übers. a. O. S. 275 ff.), ferner die Studie von R. Kassel s. Anm. zu civ. 19,4 (S. 973 unten).

Seite 543 Mitte – *Bibelzitate:* Hiob 7,1 vgl. conf. 10,28,39 (BAW S. 276); 10,31,47 (a. O. S. 282). / Mt. 18,7. / Mt. 24,12.

NEUNZEHNTES BUCH, KAPITEL 9

Seite 543 unten – «*jene Philosophen*»: die Stoiker bzw. die Altakademiker, vgl. civ. 19,4 (S. 533 unten) mit Anm. «*der Gemeinschaft mit den Engeln*» («societas angelorum»): vgl. civ. 12,1 (S. 58 oben). «*den vierten Platz*»: vgl. civ. 19,7 (S. 540 Mitte), ferner die Dämonologie eines Apuleius nach civ. 8,12 ff. (S. 391 ff.) mit Anm. S. 601; Cic. nat. deor. 2,31, 78 ff.; 2,62,154. Zum Konzept der stoischen *κοσμοπόλις* vgl. Mark Aurel 3,11 (BAW S. 65 ff.); 4,4 (a. O. S. 77).

Seite 544 oben – «*wie wir lesen*»: 2. Kor. 11,14.

Seite 544 unten – «*das ewige Strafgericht teilen wird*»: Modifikation ep. 164,2,4 Goldbacher p. 524 f.

NEUNZEHNTES BUCH, KAPITEL 10

Seite 545 oben – «*Besorgnis für uns nur heilsam*»: «sollicitudo non inutilis», vgl. Jak. 1,12 f.

Seite 545 Mitte – «*Da werden unsere Tugenden nicht mehr* ...»: vgl. Cic. Hortensius fragm. bei A., trin. 14,9,12 = frg. 101 nach Straume-Zimmermann, Ciceros Hortensius, Bern 1976, 217 ff. (Ktr).

Seite 545 unten – «*guten Gebrauch*» («bene utitur»): vgl. civ. 15,7 (S. 223 Mitte) mit Anm.; 8,8 (S. 384f.) mit Anm. S. 598.

NEUNZEHNTES BUCH, KAPITEL 11

Seite 546 oben – «*unser höchstes Gut*»: «fines bonorum nostrorum». *Bibelzitat:* Ps. 147,12–14a; LXX: *τὰ ὅρια;* Vulg.: «fines»; A. mißachtet hier den griech. Wortlaut.

Seite 546 unten – *Paulus-Zitat:* Röm. 6,22.

NEUNZEHNTES BUCH, KAPITEL 12

Seite 547 oben – «*noch ein wenig länger verweile*»; die voraufgehende Bemerkung charakterisiert die capp. 12–16 über die «pax terrena» als einen Exkurs. Ktr bei M. Pohlenz, Stoa II (Göttingen [4]1972) S. 138.

Seite 547 unten – «*durch Kriegführung Frieden*»: vgl. Aristot. pol. 1333a, 35 (BAW S. 296); 1334a, 15 (BAW S. 298f.).

Seite 548 unten – «*wie ihn die Dichterfabeln ...*» («qualem canit poetica et fabulosa narratio»); Verg. Aen. 8,193–195: «hic spelunca fuit vasto summota recessu / semihominis Caci facies, quam dira tenebat / solis inaccessam radiis ...». «*so heißt er auch*»: zu Cacus und Caca → KlP 1,183; sie lebten in einer Grotte des Aventin.

Seite 550 oben – «*einen Halbwilden*» («nam et semiferus dictus est»): vgl. Verg. Aen. 8,267: «pectora semiferi».

NEUNZEHNTES BUCH, KAPITEL 13

Seite 552 Mitte – «*der Friede eines Körpers ...*» («Pax itaque corporis est ordinata temperatura partium», vgl. de Gen. ad litt. 10,17 [CSEL 28,1 p. 317,26f.]: «differentia temperaturae corporum» von der Qualität der Seele): vgl. die anthropologische Definition civ. 19,3 (S. 526 Mitte) und den teleologischen Schlußsatz civ. 19,12: «ad salutem generis cuiusque mortalium congrua congruis pacificantes», ferner civ. 12,5 (S. 65 Mitte) mit Anm.; 17,4 (S. 387 oben) und vor allem die schöne Partie de ordine 1,4,11–5,14 (BAW S. 254ff.).

Seite 552 unten – «*die jedem den gebührenden ...*» («sua cuique loca tribuens dispositio»): vgl. civ. 19,4 (S. 532 Mitte) und die Anm. zu civ. 19,4 (Seite 532 Mitte).

Seite 553 oben – «*durch das Gesetz der Ordnung*»: vgl. A., ordine 1,6,15–7,19 (BAW S. 258ff.).

Seite 553 unten – *Bibelzitat:* Joh. 8,44, zitiert: civ. 11,14.

Seite 544 oben – «*Rechtschaffenheit und Wohlbefinden*» («aequitas ac salus»). Zum Salus-Begriff vgl. N. Brox, Soteria und Salus: EvTh 33, 1973, 253–279; Basil Studer, Soteriologie = Hdbch. der Dogmengesch. III fasc. 2a, Freiburg 1978, 99ff.

NEUNZEHNTES BUCH, KAPITEL 14

Seite 555 Mitte – «*Die Friedensordnung*»: zur Bedeutung von Cap. 14 und 15 für die Förderung politischer Autorität und ihre hochmittelalterliche Interpretation vgl. R.A. Markus, JThSt 17, 1965, 68–100 = ders., Saeculum, History and Society in the Theology of A., Cambridge 1970, 197–210.

Seite 556 Mitte – «*im Glauben ... nicht im Schauen*»: vgl. 2. Kor. 5,6f. «*das göttliche Gesetz*»: in der Natur, Geschichte (Vorsehung) und Gesellschaftsordnung gehört zu den nie aufgegebenen Grundaussagen A.s, vgl. de ordine 2,8,25 (BAW S. 303f.); lib. arb. 1,6,15 (BAW S. 57) = «Vernunftgesetz»: enarr. in ps. 57,1 (CCL 39,707f.): in ps. 118,25,4 (PL 37,1574); in ps. 145,5 (CCL 37,1887), vgl. vor allem das Cicero-Zitat bei Lact. inst. 6,8,7–9 aus republ. 3 (BAW S. 279): «Est quidem vera lex, recta ratio, naturae congruens, diffusa in omnis, constans, sempiterna ...»

Seite 556 unten – «*zwei Hauptgebote*»: vgl. Mt. 22,34–40, Mk. 12, 28–31. «*in geordneter Eintracht*» («ordinata concordia»): vgl. den mit Hohel. 2,4 («ordinate in me caritatem») legitimierten Gedanken einer «Ordnung der Liebe» («ordo amoris») civ. 15,22 (S. 263 unten) mit Anm. «*nütze, wenn er kann*»: vgl. die «goldene Regel», zitiert civ. 14,8 (S. 168 Mitte) mit Anm.

Seite 557 oben – *Bibelzitat:* 1. Tim. 5,8.

Seite 557 Mitte – «*der aus dem Glauben lebt*»: vgl. Hab. 2,4 = Röm. 1, 17; Gal. 3,11; Hebr. 10,38. «*dienen auch ...*»: vgl. Lk. 22,26f.; Joh. 13,16f.

NEUNZEHNTES BUCH, KAPITEL 15

Seite 557 unten – *Bibelzitat:* 1. Mos. 1,26. «*Hirten über Vieh*»: vgl. Abel (1. Mos. 4,2), David (1. Sam. 16,11ff.).

Seite 558 oben – «*mit diesem Worte*»: vgl. 1. Mos. 9,25, zitiert civ. 16,1 (S. 278 unten). «‹*Servi*› *von* ‹*servare*›»: die Ableitung erinnert an den Bezug von «rab» = «Sklave» und «rabotat» = «arbeiten» im Russischen. A. nennt richtig Kriegsgefangenschaft als die wichtigste Quelle antiker Sklaverei → KlP 5,230ff. Daß zu ihrer Legitimierung der «gerechte Krieg» dient, der die Kriegsgefangenen zu «Sündern» stempelt, ist Folge des stoisch-ciceronischen Konzepts von «law and order».

Seite 558 Mitte – «*der Gottesmann Daniel*»: vgl. Dan. 9,5ff., spez. 16.

Seite 558 unten – «*wie der Herr des Himmels sagt*»: Joh. 8,34. *Bibelzitat:* 2. Petr. 2,19.

Seite 559 oben – «*ermahnt auch der Apostel*»: vgl. Eph. 6,5; Kol. 3, 22–24; Tit. 2,9f. «*Gott alles in allem*»: vgl. 1. Kor. 15,24.28.

NEUNZEHNTES BUCH, KAPITEL 16

Seite 559 unten – «*in gleicher Liebe besorgt*»: z.B. Eliezer 1. Mos. 24, vgl. civ. 16,33.

NEUNZEHNTES BUCH, KAPITEL 17

Seite 560 unten – «*menschliche Hausgemeinschaft*» («domus hominum») im Unterschied zum «domus Dei» = Kirchengebäude vgl. z.B. can. 91 conc. Carthag. IV (Mansi 3,958).

Seite 561 oben – «*der die Seele beschwert*» («agravat»): vgl. Weish. 9, 15, zitiert civ. 19, 4 (S. 531 oben), vgl. ferner civ. 12, 16 (S. 83 Mitte); 13, 16 (S. 126 Mitte).

Seite 561 unten – «*da ja das sterbliche Leben ...*»: vgl. Diognet-Brief 5 f., dazu: W. Eltester, ZNW 61, 1970, 278–293, vgl. ferner die typisch tertullianische Abwandlung der Thematik Tert. Apol. 37, 3 ff. (übers. C. Becker S. 179 f.).

Seite 562 oben – «*jedem etwas anderes*»: vgl. die Polemik civ. 4, 11–22.

Seite 562 Mitte – «*allein Gott gebührt*»: vgl. civ. 5, 15 (S. 254 f.); 6, 1 (S. 280 oben) mit Anm. S. 581; 10, 1 (S. 464 unten) mit Anm. S. 610.

Seite 562 unten – «*nicht hindert*» («si religionem ... non impedit»): vgl. unten die gleiche Einschränkung «salva pietate ac religione»; ein «christlicher Staat» ist also noch nicht anvisiert.

Seite 563 oben – «*die Seele beschwert*»: vgl. Weish. 9, 15 s. S. 561 oben mit Anm. «*dem Willen unterworfen*»: vgl. civ. 14, 6. «*denn das Leben des Gottesstaates ...*» («vita civitatis utique socialis est»): vgl. civ. 19, 3 (S. 528 oben) mit Anm.

NEUNZEHNTES BUCH, KAPITEL 18

Seite 563 unten – «*jene Unterscheidung anlangt*» («ad istam differentiam»): vgl. civ. 19, 1 (S. 520 Mitte) mit Anm. «*Wie der Apostel sagt*»: 1. Kor. 13, 9. «*den Glauben ...*»: vgl. Gal. 3, 11; Hab. 2, 4.

Seite 564 oben – «*fern vom Herrn*»: vgl. 2. Kor. 5, 6.

NEUNZEHNTES BUCH, KAPITEL 19

Seite 564 Mitte – «*jener Unterscheidung*» («differentiam»): vgl. civ. 19, 1 (S. 520 unten) mit Anm.; 19, 2 (S. 523 unten). «*jene drei Arten der Lebensführung*» («vitae generis: otioso et ex utroque composito»): vgl. A., consensu evang. 1, 5, 8 («duae virtutes ... una activa, altera contemplativa»); die Zweiteilung geht auf die Stoa zurück (SVF III 701–704, 685–687), wird aber von den mittelplaton. Handbüchern (z. B. Albinos, Epit. 34, 5; vor allem 2, 1) übernommen.

Seite 565 oben – «*eitel*»: vgl. Pred. 1, 14. «*Davon war vorhin ...*»: vgl. civ. 19, 6 (S. 539 Mitte). *Paulus-Zitat:* 1. Tim. 3, 1.

Seite 565 Mitte – «*heilige Ruhe ... gottwohlgefällige Unruhe*»: vgl. A. ep. 28, 1 f. Goldbacher.

NEUNZEHNTES BUCH, KAPITEL 20

Seite 566 oben – «*rechten Gebrauch*»: «eius usum», vgl. civ. 8, 8 mit Anm. S. 598; 9, 22 mit Anm. S. 610; 11, 25 (S. 41 unten) mit Anm.; 19, 3 (S. 527 Schlußsatz). «*in Hoffnung ...*»: «spe illa potius quam re ista»; nach Bardy z. St. ist im patristischen Latein «iste» mit «hic» synonym.

NEUNZEHNTES BUCH, KAPITEL 21

Seite 566 unten – «*in Aussicht gestellt*»: vgl. civ. 2, 21 (S. 94 unten). «*Ciceros Büchern*»: rep. 2, 23, 42 ff. (BAW S. 207 ff.). «*als Volkssache*»:

«rem publicam ... esse rem populi», vgl. das Referat civ. 2,21 (S. 92 Mitte) 2mal = Cic., rep. lib. 3 (BAW S. 241). Den Auftakt bildet eine formale Definition. *«Volk nennt Scipio»:* Eigenname Zusatz des Übersetzers; zur inhaltlichen Definition «coetus multitudinis iuris consensu et utilitatis communione sociatum» vgl. das Referat civ. 2,21 (S. 92 Mitte) = Cic. rep. lib. 3 (BAW S. 241) und damit die formale Definition A.s gegenüber Marcellinus ep. 138, 10 Goldbacher p. 135, 10: «quid est autem civitas nisi hominum multitudo in quoddam vinculum redacta concordiae».

Seite 567 Mitte – *«was dem Stärkeren nütze»:* vgl. Thrasymachos bei Plat. rep. 1, 338 C (Jub. Ausg. S. 86 Mitte); nicht im Referat civ. 2,21 enthalten.

Seite 567 unten – *«jedem das Seine geben»* («sua cuique distribuere»): vgl. civ. 19,4 (S. 532 Mitte) und Anm., ferner civ. 19,13 (S. 552 unten).

Seite 568 Mitte – *«die übrigen Seelenteile»:* vgl. civ. 14,19 (S. 194 unten) mit Anm.

Seite 568 unten – *«gottlos leben»:* vgl. civ. 15,4 die Ausführung über die «todbringenden und todverfallenen Siege» (S. 217 Mitte); civ. 18,2 (S. 419 Mitte).

Seite 569 Mitte – *Bibelzitat:* 2. Mos. 22,20.

NEUNZEHNTES BUCH, KAPITEL 22

Seite 569 unten – *Bibelzitat*: 1. Mos. 22,18 vgl. Gal. 3,16; zitiert civ. 16,32 (S. 336 Mitte).

Seite 570 oben – *«Varro»:* vgl. civ. 4,1 (S. 169 oben); civ. 7,9 (S. 330f.), de consensu evang. 1,22,30 (CSEL 43,28f.). *«Porphyrius»:* vgl. civ. 7,25 (S. 354 unten) mit Anm. S. 592f. u. ö.

NEUNZEHNTES BUCH, KAPITEL 23

Seite 570 unten – *«sagt er»:* Porphyrius; A. bietet den Titel in griechisch *'Ἐκ λογίων φιλοσοφίας* ed. G. Wolff, Porphyrii de philosophia ex oraculis haurienda (Berlin 1856), repr. Hildesheim 1962 (Fragmentsammlung) p. 183. *«aus der griechischen in unsere Sprache übersetzt»:* «ex graeca lingua in Latinam interpretata». P. Courcelle, Lettres p. 171 mit Anm. 2. Ob Marius Victorinus (s. Anm. zu civ. 10,9 [S. 479 Mitte] auf S. 613) die Übers. lieferte?

Seite 571 Mitte – *«die lügnerische Seherin»:* Pythia → KlP 4, 1275f.

Seite 571 unten – *Bibelzitat*: 2. Mos. 22,20. *«Darauf antwortete er in Versen»:* sc. Apollo; die ersten drei Verse im griech. Original bietet Lact. ira 23,12; übers. H. Kraft–A. Wlosok, Darmstadt ³1974, S. 77.

Seite 572 oben – *Bibelzitat:* 2. Mos. 22,20. *«Doch auch Gutes ...»:* vgl. A., de consensu evang. 1,15,23 (CSEL 43,22).

Seite 572 Mitte/unten – *Porphyrios-Zitate:* = Eus., dem. ev. 3,7,1f.

Seite 573 Mitte – *«Tausendkünstler»* («Suae quippe nocendi astutiae milleformi»): vgl. Verg. Aen. 7,337f.: «tibi nomina mille, mille nocendi artes»; das Adj. milleformis auch sonst vgl. A., quant. an. 72 (BAW S. 222f.).

Seite 573 unten – *«ein photinianischer Ketzer»:* zu Photinus von Sirmium vgl. A., de haer. 44f. (CCL 46, 311f.), ferner: conf. 7, 19, 25 (BAW S. 186 Mitte); ep. 147, 7, 19 Goldbacher. *«Hekate»:* → KlP 2, 982f.

Seite 574/575 – *Porphyrios-Zitat:* nur durch A. belegt; als Parallele bietet sich Porph. ep. ad Marcellam 17, 19, 24 an.

Seite 576 – *Bibelzitate:* 2. Mos. 22, 20, zitiert S. 572f. / Ps. 96, 5, zitiert civ. 1, 29; 9, 23. / 2. Mos. 22, 20. / dito.

Seite 576 Mitte – *Zusätze* des Übersetzers in eckigen Klammern.

Seite 577 – *Bibelzitate:* 2. Mos. 22, 20. / Ps. 16, 2.

Seite 577 Mitte – *«in den vorhergehenden Büchern»:* vgl. civ. 10,6 (S. 473ff.); civ. 10, 20 (S. 500) mit Anm. S. 616 vgl. B. Studer, Hdbch. der Dogmengeschichte III fasc. 2a, Freiburg 1978, 173f.

Seite 577 unten – *«göttliche Orakelsprüche»:* vgl. Maleachi 1, 11. *«bereits hier und da»:* vgl. z. B. civ. 18, 35 (S. 474f.).

Seite 578 oben – *«durch Rechtsgleichheit und Interessengemeinschaft»* («iuris consensu et utilitatis communione»): vgl. civ. 19, 21 (S. 566 unten) mit Anm.: zur stoischen Herkunft (Panaitios) vgl. M. Pohlenz, Stoa⁴ S. 241f. mit Anm. S. 102.

NEUNZEHNTES BUCH, KAPITEL 24

Seite 578 Mitte – *«daß man sagt ...»;* «Populus est coetus multitudinis rationalis verum quas diligit concordi communione sociatus», nach Pohlenz, Stoa⁴ Anm. S. 138, vielleicht aus Varros sog. Logistoricus (dazu → KlP 5, 1137) «Pius de pace» genommen.

Seite 578 unten – *«in den früheren Büchern»:* civ. 1–10.

Seite 579 oben – *«dem Staat der Gottlosen ...»:* vgl. die in gleiche Richtung gehende, gleichfalls mit Cic. republica arbeitende und vom Gerechtigkeitsgedanken ausgehende Argumentation Lact. inst. 5, 16f.

NEUNZEHNTES BUCH, KAPITEL 25

Seite 579 unten – *«viel mehr Laster»:* «vitia» meint die sündhaften «Leidenschaften», welche Roms Geschichte nach civ. 5, 12–20 sichtbar machte.

Seite 580 oben – *«also nicht als Tugenden»:* vgl. civ. 5, 12f. (S. 244–252); ep. 138 ad Marcellinum (!), 4, 17 Goldbacher p. 144, 17ff.

NEUNZEHNTES BUCH, KAPITEL 26

Seite 580 – *Bibelzitate:* Ps. 144, 15. / 1. Tim. 2, 2.

Seite 581 oben – *Bibelzitat:* Jerem. 29, 7.

NEUNZEHNTES BUCH, KAPITEL 27

Seite 581 Mitte – *«schauend genießen werden»:* vgl. 2. Kor. 5, 7. *«Allerweltsfriede»:* «illa communis sive nostra propria ... pax», vgl. pax aeterna atque perfecta» des «Gottesstaates» civ. 19,20 (S. 565 unten). *Bibelzitat:* Mt. 6,12. «*tot ist*»: vgl. Jak. 2,17.26. «*tätig ist*»: vgl. Gal. 5,6. «*Belastung der Seele*»: vgl. Weish. 9,15, dazu Anm. civ. 19,17 (S. 561 oben).

Seite 582 – *Bibelzitate:* Hiob 7,1 LXX vgl. conf. 10,28,39; 32,48 (BAW S. 276f. 283 oben). / Mt. 6,12. / 1. Petr. 5,5 vgl. Jak. 4,6; Spr. 3,34.

NEUNZEHNTES BUCH, KAPITEL 28

Seite 583 oben – «*zweiten Tod*»: vgl. Off. 2,11; 20,6; 21,8.

ZWANZIGSTES BUCH, KAPITEL 1

Seite 584 unten – «*und bezeugt*»: dieser Schlußsatz im christologischen Passus westlicher Glaubenssymbole (vgl. Denz–Schönm, Nr. 13–29) rekurriert auf 2. Tim. 4,1. «*der Letzte oder der Jüngste*»: «ultimum vel novissimum».

Seite 585 oben – «*aus dem Paradies vertrieb*»: vgl. 1. Mos. 3,23, vgl. civ. 13,13 ff. «*nicht verschonte*»: vgl. 2. Petr. 2,4.

Seite 585 Mitte – «*auch die Dämonen flehen*»: vgl. Mt. 8,29; Lk. 8,28.

Seite 585 unten – *Paulus-Zitate:* Röm. 9,14. / Röm. 11,33.

Seite 586 oben – «*da Christus ...*» s. S. 584 unten.

ZWANZIGSTES BUCH, KAPITEL 2

Seite 587 oben – «*des heiligen Psalms*»: vgl. Ps. 144,4.

Seite 587 unten – «*geübt werden sollen*» («exercerentur malis»), wie z. B. die nach Tugend strebenden Römer, vgl. civ. 5,11–15. «*noch unerforschlicher*»: vgl. Röm. 11,33.

Seite 588 oben – «*Tag des Gerichts*» («dies iudicii»): vgl. 1. Joh. 4,17, vgl. auch Röm. 2,5. «*Tag des Herrn*» («dies Domini»): vgl. Jes. 13,6; Zeph. 1,14f. als «dies irae, dies illa».

ZWANZIGSTES BUCH, KAPITEL 3

Seite 588 Mitte – «*den Titel führt ...*» («qui vocatur ecclesiastes»): vgl. civ. 17,9 (S. 409 Mitte) mit Anm. *Bibelzitat:* Pred. 1,2f.; zur Lesart: «Vanitas vanitantium» bzw. «vanitas vanitatum» vgl. A., retract 1,7,3. «*über alle hereinbricht*»: vgl. Pred. 2,13f.

Seite 589 oben – *Bibelzitat:* Pred. 8,14. «*Eitelkeit*» ... «*Wahrheit*»: «vanitas» ... «veritas» – Ps. 143(4), 4 Vulg.: «Homo vanitati similis factus est.»

Seite 589 Mitte – *Bibelzitat:* Pred. 12,13f. (LXX).

ZWANZIGSTES BUCH, KAPITEL 4

Seite 590 oben – «*rechnet man*»: vgl. Mt. 11,13; Lk. 24,27, ferner Tert. praescr. 36,1; Prax. 15,1.

Seite 590 Mitte – *Paulus-Zitat:* Röm. 3,20–22.

Seite 590 unten – *Bibelzitat:* Mt. 13,52.

ZWANZIGSTES BUCH, KAPITEL 5

Seite 591 – *Bibelzitate:* Mt. 11,22 / 11,24 / 12,41 f.

Seite 591 oben – «*Predigt des Jona*»: vgl. Jona 3,5, ferner civ. 18,27 (S. 457 Mitte); 18,44 (S. 491 f.). «*Königin vom Mittag*»: d.h. von Saba, vgl. 1. Kg. 10,1–10.

Seite 591/592 – *Bibelzitat:* Mt. 13,37–43.

Seite 592 Mitte – *Bibelzitate:* Mt. 19,28. / Mt. 12,27.

Seite 592 unten – «*Sinngehalt* (ratio) *der Zwölfzahl*»: vgl. die Zahlenspekulationen civ. 15,20 (S. 260 oben) mit Anm.; 16,26 (S. 326 Mitte) mit Anm. «*nach dem Bericht der Schrift*»: Apg. 1,26. «*Paulus*»: 1. Kor. 15,10. *Paulus-Zitat:* 1. Kor. 6,3.

Seite 593 oben – *Bibelzitat:* Mt. 19,28. «*Bei der Wiedergeburt*» («in regeneratione»); für A. = «in resurrectione», vgl. enarr. in ps. 144 (CCL 40,2092).

Seite 593 Mitte – «*geistliche Ankunft*»: «ad eum Salvatoris adventum»; im Unterschied zum «zweiten Advent» vgl. A. ep. 97,1: «de Salvatoris adventu qui expectatur in fine» (Blaise). «*die ganze Kirche sein Leib*»: vgl. zur Ekklesiologie A.s Y. Congar, Hdbch. der Dogmengeschichte III 3c, Freiburg 1971; auch B. Studer, a.O. III 2a, Freiburg 1978, 171–174.

Seite 593 unten – «*bei den drei Evangelisten*»: vgl. Mt. 24,1–25,46; Mk. 13,1–37; Lk. 21,5–38. «*in einem Briefe*»: ep. 199 (CSEL 57,243 ff.). «*Hesychius, Bischof von Salona*» (bei Split) hatte ca. 417 A. wegen der «siebzig Wochen» Dan. 9,24–27 angefragt, der ihm einen 1. Antwortbrief (= ep. 197; a.O. p. 231 ff.) und auf dessen Rückfragen (= ep. 198; a.O. p. 235 ff.) einen 2. Antwortbrief (= ep. 199) schrieb; Thema: Ist das Ende der Welt vorauszuberechnen?

Seite 594 – *Bibelzitat:* Mt. 25,31–41.46.

Seite 595 – *Bibelzitat:* Joh. 5,22–25, vgl. A.s homiletische Beantwortung der Problematik in 7 Predigten, beachte vor allem tract. in Ioan. 18 (Identität von Vater und Sohn im Gericht), ferner tract. 19,7f. (CCL 36,191 f.); 19,10 (CCL 36,193 f.); 21,12f. (a.O. 218 f.) und 22,3 (a.O. 224).

ZWANZIGSTES BUCH, KAPITEL 6

Seite 595 unten – *Bibelzitate:* Joh. 5,25 f. / 5,25. / Mt. 8,22 vgl. Lk. 9,60.

Seite 596 oben – *Bibelzitat:* Joh. 5,26. «*beharren*»: vgl. Mk. 16,16. *Paulus-Zitat:* vgl. 2. Kor. 5,14 f.

Seite 596 unten – «*auferstanden*»: vgl. Röm. 4,25. «*den Gottlosen rechtfertigt*»: vgl. Röm. 4,5. *Bibelzitate:* Ps. 101,1. / Joh. 5,27.

Seite 597 – *Bibelzitate:* Joh. 5,27 b / 5,22 f. / 5,24 / 5,29 b / 5,25 / 5,28 f. / 5,25 c.

Seite 598 – *Bibelzitat:* Joh. 5,29.

ZWANZIGSTES BUCH, KAPITEL 7

Seite 598 unten – «*lächerlichen Fabel*»: «ridiculas fabulas»; gemeint ist die Lehre von einem 1000jährigen messianischen Friedensreich (sog. Chiliasmus bzw. Milleniarismus). Aus dem Spätjudentum übernommen, stand sie für die Christen des 2./3. Jh. im Rang der Orthodoxie → LAW S. 578. Besonders in Nordafrika hielt man ihr, die von der spekulativen Theologie zur «Häresie» abgestempelt wurde, die Treue. Selbst A. konnte noch um 400 den Sabbat millenaristisch interpretieren (G. Folliet: Rev. Etudes Aug. 2, 1956 [Mémorial Bardy] 371–390). Hier entwickelt er die vom Kritiker des nordafrikanischen Chiliasmus Tyconius, einem donatistischen Zeitgenossen → KlP 5, 1017, übernommene Ausdeutung des «Sabbats», d.h. Friedensreiches, auf die Kirche. Ktr mit Übers. bei W. Rordorf, Sabbat und Sonntag in der alten Kirche, Zürich 1972, 118–123 (im Auszug).

Seite 599 – *Bibelzitate:* Off. 20, 1–6. / 2. Petr. 3, 8.

Seite 599 Mitte – «*Diejenigen nun* ...»: Den Mangel an lat. Apokalypse-Ktren chiliastischer Prägung im 4./5. Jh. ersetzt der steiermärkische Bischof Victorinus von Pettau, dessen Ktr sowohl in Urfassung wie in der orthodoxen Überarbeitung durch Hieronymus erhalten ist. Berührungspunkte zu A. notierten Dombart–Kalb in der ed. Teubneriana = CCL 48, 709 ff.

Seite 600 oben – «*aufgefaßt*» («etiam nos hoc opinati fuimus aliquando»): vgl. serm. 259, 2 (PL 38, 1197 ff.).

Seite 600 Mitte – «*Chiliasten*»: A. schreibt griech. χιλιαστάς. «*auf lateinisch wurden* ...»: «quos verbum e verbo exprimentes». «*diese Tausendjährler Milliarier heißen*»: A. schreibt «miliarios», vgl. Hier., in Es. 18 prol.; 18, 66, 22 (CCL 72 A, 740 f., 797).

Seite 600 Mitte/unten – *Bibelzitate:* Mk. 3, 27. / Off. 20.

Seite 600 unten – «*sah der Apostel*»: vgl. Off. 20, 1.

Seite 601 oben – «*des jetzigen Zeitalters*» («huius saeculi»): sc. a Christo nato – «Fülle der Zeit», vgl. Gal. 4, 4.

Seite 601 Mitte/unten – *Bibelzitate:* Mk. 10, 30 vgl. Mt. 19, 29. / 2. Kor. 6, 10. / Spr. 17, 6a (LXX) vgl. A., ep. 153, 26. / Ps. 105, 8. / Off. 20, 3.

Seite 602 oben – *Bibelzitat:* Off. 20, 3. «*dem Anschein nach* ...»: vgl. 1. Kor. 10, 12.

Seite 602 Mitte – «*vor Grundlegung* ...»: vgl. Eph. 1, 4; Kol. 1, 13.

Seite 602 unten – *Bibelzitat:* 2. Tim. 2, 19, vgl. Zitat S. 604 oben.

Seite 603 oben – *Bibelzitat:* Off. 20, 3.

Seite 603 Mitte – *Bibelzitate:* Ps. 123, 2. / Off. 20, 3.

ZWANZIGSTES BUCH, KAPITEL 8

Seite 603 unten – *Zitat:* Off. 20, 3.

Seite 604 oben – *Zitat:* 2. Tim. 2, 19, jetzt eindeutig auf die «*auserwählte Kirche*» (vgl. Eph. 1, 4) bezogen.

Seite 604 Mitte – *Zitat:* Off. 20, 8–10.

Seite 605 Mitte – *«so liest man»:* vgl. Dan. 7,25; 12,7.11; Off. 11,2f.; 12,6.14. *«inneren Menschen»:* vgl. Röm. 7,22; Eph. 3,16.

Seite 606 unten – *Bibelzitat:* Mt. 12,29.

Seite 607 oben – *«vorherbestimmten Zahl»:* vgl. Off. 6,11, vgl. civ. 11,23 (S. 37 Mitte) mit Anm.; gemeint ist der «certus numerus electorum», vgl. Anm. zu civ. 12,21 (S. 98 Mitte). *Bibelzitat:* 1. Joh. 2,19.

Seite 607 unten – *Bibelzitat:* Mt. 12,29.

Seite 608 oben – *«überhand nimmt»:* vgl. Mt. 24,12. *«Buch des Lebens»:* vgl. Off. 3,5.

Seite 608 Mitte – *Bibelzitat:* Mt. 12,29.

ZWANZIGSTES BUCH, KAPITEL 9

Seite 608 unten – *Bibelzitate:* Mt. 25,34. / Mt. 28,20.

Seite 609 oben – *«vorhin sprachen»:* vgl. civ. 20,4 (S. 590 unten) und das Zitat Mt. 13,52. *Bibelzitat:* Mt. 13,39–41.

Seite 609 Mitte – *Bibelzitat:* Mt. 5,19. *«an anderer Stelle»:* vgl. Mt. 23,3.

Seite 609 unten – *Bibelzitat:* Mt. 5,20.

Seite 610 oben – *«mit dem Weizen»:* vgl. Mt. 13,30f. *Paulus-Zitat:* Kol. 3,1f. *«sagt er auch»:* vgl. Phil. 3,20.

Seite 610 Mitte – *«ausgeräumt werden»* («colligantur»): vgl. Mt. 13,40 («Sicut ergo colliguntur zizania ...»). *«nur das Ihre suchen ...»:* vgl. Phil. 2,21. *«auf Kriegsdienst angewiesenen Reiche»* («de hoc regno militiae»): vgl. oben *«Christi Reich»*, dazu 2. Kor. 10,4 Vulg. «arma militiae nostrae non sunt carnalia ...»; vgl. ferner Tert., ad martyras 3,1ff. Gleichsetzung von «regnum Christi» bzw. «ecclesia» mit «regnum caelorum» bzw. «civitas Dei» bei A.? Zu dem vielverhandelten Problem vgl. B. Lohse, Vigiliae Christianae 21, 1967, 221–240.

Seite 610 unten – *Zitat:* Off. 20,4. *«Stühle der leitenden Männer»* («sedes praepositorum»): A. verbindet hier die traditionelle Vorstellung von den Bischofsstühlen (Kathedra) mit der forensischen Situation, wo nur der Richter und höchstens sein «Beisitzer» (assessor!) sitzen.

Seite 610/611 – *Bibelzitat:* Mt. 18,18.

Seite 611 oben – *Bibelzitate:* 1. Kor. 5,12. / Off. 20,4.

Seite 611 Mitte – *«nicht am Altar»:* vgl. W. Roetzer, Des hl. A. Schriften als liturgiegeschichtl. Quelle, München 1930 (passim), vgl. auch Kl. Gamber, Röm. Quartalschr. 64, 1969, 139–153. *«in Zeiten der Gefahr»:* vgl. A., conf. 1,11,17 (BAW S. 43f.); 4,4,8 (BAW S. 93). *«Auferlegung von Buße»* («paenitentiam»): die nach ihren «Vergehen» in verschiedene «Klassen» eingestuften «Büßer» (poenitentes) konnten nicht an der Eucharistiekommunion teilnehmen.

Seite 611 unten – *Bibelzitate:* Off. 14,13. / Röm. 14,9.

Seite 612 oben – *Bibelzitat:* Off. 20,4; gemeint sind die sog. «Confessores», vgl. B. Kötting, Jbch. AC 19, 1976, 7–23.

Seite 612 Mitte – *«zusammengelesen werden soll»:* vgl. Mt. 13,39–41. *Paulus-Zitat:* 2. Kor. 6,14.

Seite 612 unten – *Bibelzitate:* Off. 20, 5 a. / Joh. 5, 25. / Off. 20, 5 b.

Seite 613 Mitte – *Bibelzitate:* Off. 20, 5 f. / Off. 20, 6; zum «*zweiten Tod*» vgl. civ. 13, 23 (S. 142 oben) und 13, 24 (S. 152 unten) mit Anm. / Off. 20, 5.

ZWANZIGSTES BUCH, KAPITEL 10

Seite 614 oben – «*benennt*»: zur Etymologie vgl. Hier., in Esaiam 24, 28, Aug., serm. 240, 1, 2, Isidor, Etym. 11, 2, 25. «*sagen sie*»: z. B. Tertullian, de resurrectione mortuorum (BAW). «*inneren Menschen*» («secundum interiorem, non secundum exteriorem hominem»): vgl. Röm. 7, 22; Eph. 3, 16, zentrales Begriffspaar augustinischer Anthropologie.

Seite 614 – *Bibelzitate:* Kol. 3, 1. / Röm. 6, 4. / Eph. 5, 14. / Sir. 2, 7. / Röm. 14, 4. / 1. Kor. 10, 12. / Off. 20, 6 b. / Off. 20, 6 c.

Seite 614 unten – «*geheimnisvollen Salbung*»: vgl. civ. 17, 4 (S. 372 oben) mit Anm. *Zitat:* 1. Petr. 2, 9.

Seite 615 oben – «*Knechtsgestalt*» («forma servi»): vgl. Phil. 2, 7. *Zitat:* Ps. 110, 4, vgl. civ. 10, 20 (S. 500) mit Anm. S. 616; 16, 22 (S. 316/317); 17, 5 (S. 378 oben) civ. 17, 17 (S. 403 unten); 17, 20 (S. 411 unten); 18, 35 (S. 474 unten).

ZWANZIGSTES BUCH, KAPITEL 11

Seite 615 Mitte – *Bibelzitat:* Off. 20, 7 f.

Seite 615 unten – «*hier Gog und Magog heißen*»: vgl. Hesek. 38, 2. Magog als Völkername: 1. Mos. 10, 2; 1. Chron. 1, 5; schon die spätjüdische Apokalypse «Eldad und Modad» (Preuschen, Analecta II 2, p. 64) machte Magog zum König der Endzeit, der Jerusalem angreift und dafür durch Feuer vom Himmel bestraft wird, während unsere Quelle (Ps. Jonathan, Targum zu 4. Mos. 11, 26 ff.) auf die «verzückten» Eldad und Medad verweist: sie sind auch für die frühchristliche Hermas-Apokalypse, vis. 2, 3, 4 (→ KlP 2, 1063 f. 1068) die «Propheten des Volkes in der Wüste». Zum Konzept des apokalyptischen Endkampfes: W. Bousset, Der Antichristus in der Überlieferung des NT und der alten Kirche, Göttingen 1895. «*Geten und Massageten*» sind thrakische und skythische Volksstämme. «*wir uns haben sagen lassen*»: Hier. in Ezech. XXXVIII lib. 11 (PL 25, 356) vgl. prol. zu lib. 1, wo Hieronymus anonym die Deutung des Gog als «Gothus» angreift, damit aber auf Ambr., de fide ad Gratianum 2, 16 zielt.

Seite 616 oben – «*wie wir schon sahen*»: vgl. civ. 20, 7 (S. 601 unten).

Seite 616 Mitte – *Zitat:* Off. 20, 9 («dilecta civitas»!).

ZWANZIGSTES BUCH, KAPITEL 12

Seite 617 oben – *Zitat:* Off. 20, 9 lautet in Vulg.: «et descendit ignis de Deo de caelo»; A. liest nach der Afra. *2. Bibelzitat:* Mt. 25, 41.

Seite 617 Mitte – «*der Himmel ist eine Feste*» («firmamentum»): 1. Mos. 1,8, vgl. civ. 11,7 (S. 13 unten), ferner de Gen. ad litt. 2,1,1 ff. (BA 48, 146 ff. mit Ktr Solignac p. 583 ff.). «*mit brennender Eifersucht*» («ardentissimo zelo»): die Alliteration «caelum» – «zelum» fördert sichtlich die Argumentation, die auf der Funktion des Firmaments als Trennwand basiert. «*es kommt von Gott*»: A. kennt also auch den Wortlaut der Vulg. zu Off. 20,9.

Seite 617 unten – *Bibelzitate:* Ps. 69,10. / Jes. 26,11 (LXX). «*Hauch seines Mundes*»: vgl. 2. Thess. 2,8 = Jes. 11,4.

ZWANZIGSTES BUCH, KAPITEL 13

Seite 618 oben – «*von der ich schon sprach*»: vgl. civ. 20,8 (S. 604 ff.). «*an einer früheren Stelle*»: vgl. Off. 11,2 f.; 13,5. «*beim Propheten ...*»: vgl. Dan. 12,7, zitiert civ. 20,8 (S. 605 Mitte).

Seite 618 unten – «*die Schriftworte*»: Off. 20,6 / 20,7.

Seite 619 oben – «*besonders und überher zu rechnen*» («superadditum et extra computandum»): vgl. civ. 12,11 (1. Satz im lat. Wortlaut).

Seite 619 Mitte – «*wie er schreibt*»: vgl. Off. 20,4.

Seite 619 unten – «*diese vergängliche Weltzeit*»: «donec finiatur mortale saeculum».

Seite 620 oben – *Bibelzitat:* Off. 20,6.

Seite 620 Mitte – «*dieses Werkes*»: civ. 16,24 (S. 321 unten).

ZWANZIGSTES BUCH, KAPITEL 14

Seite 620/621 – *Bibelzitat:* Off. 20,10, vgl. civ. 20,8 (S. 604 Mitte).

Seite 621 oben – «*sagte ich schon*»: vgl. civ. 20,9 (S. 612 oben). «*berichtet er zurückgreifend*» («recapitulando narrans»): vgl. civ. 16,15 (S. 308 Mitte) mit Anm.; weiteres unten. *Bibelzitat:* Off. 20,11.

Seite 621 Mitte – «*ein neuer Himmel ...*»: vgl. Off. 21,1.

Seite 621 unten – *Bibelzitate:* 1. Kor. 7,31 f. / Off. 20,12. / Vulg.: «qui est vitae».

Seite 622 Mitte – *Bibelzitat:* Off. 20,12 b.

Seite 622 unten – «*auf Übergangenes ... zurückgreifend*» («recapitulando dicit tamquam ad id rediens, quod praeterierat potiusve distulerat»), was der «sexta regula» des Tyconius (→ KlP 5,1017) nach A., doctr. christ. 3,36,52 entspricht. *Bibelzitat:* Off. 20,13.

Seite 623 oben – *Bibelzitate:* Off. 20,13. / Off. 20,12.

ZWANZIGSTES BUCH, KAPITEL 15

Seite 623 Mitte – «*die Unterwelt ...*» (infernus): als Stätte des Fegefeuers für «*die bösen Toten*» nach Luk. 16,22 ff., vgl. civ. 21,3 (S. 678 oben); 21,10 (S. 701 unten). «*Gleichnis für diese Welt*» («mare pro isto saeculo positum»): so schon Anf. 3. Jh. Theophilos von Antiochien (→ LAW 3057), Gregor von Nazianz, or. 43 im 4./5. Jh. (→ KlP 2,874, Nr. 3) und im 6./7. Jh. Andreas von Caesarea/Capp. (→ Altaner–Stuiber S. 517 f.), Comm. in Apc. 38 (PG 106,291; zu 8,8 f.).

Seite 623 unten – *Bibelzitate:* Kol. 3,3. / Mt. 8,22. / Röm. 8,10.

Seite 624 oben – «*von sterblichen Leibern*»: vgl. Röm. 8,11. *Bibelzitat:* Off. 20,13 a.

Seite 624 Mitte – «*und zwar an Stätten ... in der Unterwelt*» («apud inferos»): vgl. civ. 12,9 (S. 74 oben) mit Anm.

Seite 624 unten – *Bibelzitate:* Off. 20,13 b. / 14 a. / 20,10 a. / 10 b.

Seite 625 oben – *Bibelzitat:* Off. 20,15.

ZWANZIGSTES BUCH, KAPITEL 16

Seite 625 Mitte – *Bibelzitate:* Mt. 25,46 a. / 46 b. / Off. 21,1. «*schon vorhin ... sagte*»: vgl. Off. 20,11.

Seite 625 unten – «*es müßte ihm dann ...*»: vgl. 1. Kor. 2,10; hier von A. ausschließlich auf Paulus bezogen. «*in einer Feuersbrunst irdischer Flammen ...*»: «mundanorum ignium conflagratione»; vgl. «figura huius mundi» (1. Kor. 7,31 Vulg.). A. denkt an den kosmischen Weltbrand (ekpyrosis), der die Welt vernichtet und darin mit einer Sintflut parallel geht, die Teilkatastrophen wie die Flut des Deukalion oder Ogyges (vgl. hierzu civ. 18,8; S. 428 unten) übertrifft. Das wurde von Stoikern wie Sen. nat. 3,27 ff. oder ihnen verpflichteten Rhetorikern wie Dion Chrysostomos, Borysthenische Rede (39 ff.; BAW S. 520 ff.; Analyse: M. Pohlenz, Stoa[4] II 45 ff.) gleichfalls vertreten. Schon vor A. hatte frühchristl. Apologetik zwischen Sintflut unter Noah und Weltbrand am Ende der Tage einen kosmologischen Bezug hergestellt (z. B. Iustin, ap. 2,7), um Stellen wie Off. 20,10 und vor allem 2. Petr. 3,5–7 zu legitimieren, vgl. M. Pohlenz, Stoa[4] I, 409.

Seite 626 oben – «*völlig vernichtet werden*»: vgl. civ. 20,18 (S. 629 f.). *Bibelzitat:* Off. 21,1 c.

Seite 626 Mitte – *Bibelzitate:* Off. 4,6 vgl. 15,2. / Off. 21,1 c / 20,13 a.

ZWANZIGSTES BUCH, KAPITEL 17

Seite 626/627 – *Bibelzitat:* Off. 21,2–5.

Seite 627 – *Bibelzitate:* Jes. 45,8 (LXX). / Off. 21,4.

Seite 627 Mitte – «*vom Himmel gesandten Geiste*»: vgl. 1. Petr. 1,12.

Seite 628 – *Bibelzitate:* Ps. 42,4. / 6,7. / 38,10. / 39,3. / 2. Kor. 5,4. / Röm. 8,23. / Röm. 9,2. / 1. Kor. 15,55 f.: «ubi est, mors, contentio tua» (so auch Tertullian, Cyprian; «... victoria tua» Vulg.). / 1. Joh. 1,8. / Off. 21,4.

ZWANZIGSTES BUCH, KAPITEL 18

Seite 629 – *Bibelzitat:* 2. Petr. 3,3–13.

Seite 630 Mitte – «*diese unteren*» sc. «Himmel»: vgl. civ. 11,33 (S. 54 unten) mit Anm. «*die sich in Nässe verwandelte ...*» («conversus fuerat in umidam qualitatem»): zu dieser Auslegung von 2. Petr. 3,5–7 vgl. de Gen. ad litt. 3,2,2 (CSEL 28, 1 p. 63,22 ff.), ferner enarr. in ps. 101 serm. 2,13 (PL 37,1313 f.). *Bibelzitat:* 2. Petr. 3,7.

Seite 631 oben – «*drei Männer*»: vgl. Dan. 3,23 f.

ZWANZIGSTES BUCH, KAPITEL 19

Seite 631 Mitte – «*allzusehr anschwellen*»: vgl. Einführung Bd. I, S. XIII mit Anm. 13.

Seite 631/632 – *Paulus-Zitat:* 2. Thess. 2, 1–11.

Seite 632 unten – *Paulus-Zitat:* 2. Thess. 2, 6.

Seite 633 oben – *Paulus-Zitat:* 2. Thess. 2, 7, 8a.

Seite 633 Mitte – «*auf das römische Reich*»: so z. B. Hier., in Dan. 1, 2, 31–35 (CCL 75ff. p. 794f.), vgl. Ambrosiaster in epist. II ad Thess. 2,7 (CSEL 81,240). «*bei den Worten*»: 2. Thess. 2, 7a. «*Nero*»: vgl. Eus. (Hier.) p. 185 zum Jahr 68 n. Chr.: «Primus Nero super omnia scelera sua etiam persecutionem in christiano facit», vgl. Oros., adv. pag. 7, 7, 10. Das Konzept eines «Nero redivivus» der Endzeit lehnte Hier. in Dan. 11, 30 (CCL 75,920) auch ab.

Seite 633 unten – *Paulus-Zitate:* 2. Thess. 2, 7b. / 2, 8a. / 2, 6a. / 2, 7a.

Seite 634 oben – *Paulus-Zitat:* 2. Thess. 2, 7b.

Seite 634 Mitte – *Bibelzitat:* 1. Joh. 2, 18f.

Seite 634 unten – *Paulus-Zitat:* 2. Thess. 2, 9f.

Seite 635 Mitte – «*ein Werk Satans*»: vgl. Hiob. 1, 12. 16. 18. *Paulus-Zitate:* 2. Thess. 2, 10b / 2, 11 / 2, 12; wie Ambrosius bezieht auch Hier. ep. 121 ad Algasiam quaest. 11 diese Stelle auf die Juden.

ZWANZIGSTES BUCH, KAPITEL 20

Seite 636 oben/Mitte – *Paulus-Zitat*: 1. Thess. 4, 13–17. «*zu richten*»: vgl. 2. Tim. 4, 1; diese Credoformel benutzt A. häufiger, vgl. civ. 20, 1 (S. 584 unten); 20, 19 (S. 634 unten); 20, 20 (S. 636 unten); 20, 24 (S. 654 Mitte).

Seite 636 unten – «*pflegt man zu fragen ...*»: vgl. A. ep. 193, 9–13 Goldbacher p. 172–175 = de octo Dulcitii quaest. 3 (CCL 44 A p. 275, 19ff.). *Bibelzitat:* 1. Thess. 4, 17c.

Seite 637 – *Bibelzitate:* 1. Thess. 4, 17c. / 1. Kor. 15, 22. / 1. Kor. 15, 36 (2mal). / 1. Mos. 3, 19.

Seite 637 unten – «*denen der ‹Genesis›*»: d. h. dem 1. Buch Mose = Buch des «Werdens», d. h. der Weltschöpfung und der anfangenden Heilsgeschichte.

Seite 637/638 – *Paulus-Zitat:* 1. Kor. 15, 51 nach einer westl.-griech. Lesart, die von der Vulg. übernommen wurde; sie verlangt den Nachsatz: «sed non omnes immutabimur», vgl. A., ep. 205, 14 Goldbacher.

Seite 638 oben – «*in anderen Handschriften*»: so a. O., ferner ep. 193, 10 «de octo Dulcitii quaest.» 3, 3; zu den verschiedenen Lesarten, welche die nicht erfüllte Hoffnung des Apostels kaschieren, vgl. Hier., ep. 119, 7 (CSEL 55,454ff.).

Seite 638 Mitte – *Paulus-Zitate:* 1. Kor. 15, 36 / 15, 51.

Seite 638 unten – «*in einem Augenblick*»: 1. Kor. 15, 52. *Bibelzitat:* 1. Mos. 3, 19.

Seite 639 Mitte – «*zum Gericht der Lebenden* ...»: vgl. 2. Tim. 4, 1, ferner Anm. zu S. 636 Mitte.

Seite 639 unten – «*wie wir vorhin* ...»: vgl. civ. 20, 4 (S. 590 oben).

ZWANZIGSTES BUCH, KAPITEL 21

Seite 639/640 – *Bibelzitat:* Jes. 26, 19 (LXX).

Seite 640/641 – *Bibelzitat:* Jes. 66, 12–16 (LXX).

Seite 641 oben – «*im vorherigen Buche*»: vgl. civ. 19, 11 (S. 546f.); 19, 27 (S. 582 Mitte).

Seite 641 Mitte – «*ewige Stadt im Himmel*» («aeternam» sc. Jerusalem): vgl. Gal. 4, 26.

Seite 641 unten – *Bibelzitate:* Mt. 5, 8. / Jes. 66, 14a (2mal).

Seite 642 oben – *Bibelzitat:* Jes. 66, 14b. «*schon früher* ...»: vgl. Off. 21, 1 und das Zitat civ. 20, 16.

Seite 642 Mitte – *Bibelzitat:* Jes. 65, 17–19 (LXX). «*was einige* ...»: d. h. die Chiliasten, vgl. civ. 20, 7 (S. 600 oben) mit Anm. «*figürliche Redewendungen*» («locutiones tropicae»): vgl. A., doctr. Christ. 4, 7, 15; zum Ausdruck auch A., de spir. et. litt. 5, 7 («figuratis locutionibus»: übers. Kopp, AL 1 S. 310f.), ferner vgl. U. Schindel, Die lat. Figurenlehren des 5. bis 7. Jh. und Donats Vergil-Kommentar, Göttingen (1975) passim. «*oberflächlich* ...» («contenta litterae superficie»): vgl. Hier. in Jerem. 3, 81, 6 ad 17, 20 (CCL 74, 171f.), nur wagt Hier. nicht ein so hartes Urteil wie A., vgl. in Jerem. 3, 18 ad 13, 17b (CCL 74, 132).

Seite 642 unten – *Bibelzitate:* Jes. 66, 14b / 14c (LXX).

Seite 642/643 – *Bibelzitat:* Jes. 66, 14d (LXX), vgl. zur Lesart «incredulis»: Hier. in Jes. 66, 13. 14 (CCL 73, 780).

Seite 643 – *Bibelzitate:* Jes. 66, 15f. (LXX). / Phil. 3, 19. / Röm. 8, 6. / 1. Mos. 6, 3. / Jes. 66, 16b (LXX). / Lk. 12, 49. / Apg. 2, 3. / Mk. 10, 34. / Hebr. 4, 12.

Seite 644 oben – *Bibelzitat:* Hohel. 2, 5 (LXX). «*vom Pfeil der Liebe* ...» («amoris impetu sagittata»): die Vergil-Lektüre (conf. 1, 13, 20f.; BAW S. 46) ist nicht vergessen, vgl. auch conf. 9, 2, 3 «sagittaveras tu cor nostrum caritate tua» (BAW S. 218). «*Weiterhin* ...»: vgl. Jes. 66, 17f. «*zusammenfassend*» («recapitulat ab initio»): vgl. civ. 20, 14 (S. 622 unten) mit Anm. «*vom Anfang an*»: vgl. Jes. 66, 22ff. mit 65, 17.

Seite 644 Mitte – *Paulus-Zitat:* Röm. 3, 13. «*fährt der Prophet fort*»: vgl. Jes. 66, 19f.

Seite 644 unten – «*als Weihegabe*» («munus» = Afra?): vgl. Jes. 66, 20.

Seite 645 oben – «*Priester und Leviten*»: vgl. Jes. 66, 21. «*nach der Ordnung*»: vgl. Ps. 110, 4 mit Hebr. 5, 10; 6, 20; 7, 1ff., dazu vgl. civ. 16, 22 (S. 316f.) mit Anm.

Seite 645 Mitte – «*der Prophet selbst*»: Jes. 66, 22–24 (LXX). «*Einige haben freilich* ...»: Hier. vgl. Vulg. z. St.

Seite 646 oben – *Zitat:* Jes. 26, 19 (LXX) s. o. S. 640 oben. «*das Wort ‹cadaver› ... von cadere*»: vgl. Tert. resurr. mort. 18, 8.

Seite 646 Mitte – «*zumal ja das Weib*»: vgl. 1. Mos. 2, 22f. «*von den Guten gesagt wird*»: Jes. 66, 23.

ZWANZIGSTES BUCH, KAPITEL 22

Seite 646 unten – «*sondern sie gehen* ...»: «sed egredientur per scientiam». «*mit dem Wort* ...» («hoc enim verbo significatum est»): «hinausgehen» ist Zusatz des Übersetzers.

Seite 647 – *Bibelzitate:* Mt. 25, 30 / 25, 21. / Jes. 66, 24a (LXX). / 1. Joh. 3, 9. / Jes. 56, 5. / Jes. 66, 23 (LXX).

Seite 647 Mitte – «*Gott alles sein* ...»: vgl. 1. Kor. 15, 28.

Seite 647 unten – «*das nie verlöschende Feuer*»: vgl. Jes. 66, 24b.

Seite 648 oben – «*wird später*»: d.h. in den Büchern 21 und 22.

ZWANZIGSTES BUCH, KAPITEL 23

Seite 648 – *Zitate:* Dan. 7, 15f. / 7, 17–22.

Seite 649 oben/Mitte – *Bibelzitat:* Dan. 7, 23–28.

Seite 649 unten – «*Buch des Presbyters Hieronymus*»: Hier. Commentarius in Dan., spez. 7, 1 (PL 25, 491). «*Daß jedoch dann* ...»: nämlich Dan. 7, 25 unter dem Bilde des letzten Horns. «*nachher mitgeteilten* ...»: vgl. Dan. 12, 12.

Seite 650 oben – «*Das Wort ‹Zeiten› klingt ja* ...»: «videntur enim tempora ...» «*wie man mir sagt* ...»: Information durch Hier.? Die Notiz bezeugt, daß A. über keine hebräischen Sprachkenntnise verfügte.

Seite 650 Mitte – *Bibelzitat:* Dan. 12, 1–3 (LXX).

Seite 650 unten – «*mit jenem Spruch* ...»: vgl. Mt. 27, 52f. bzw. Joh. 5, 28f. «*wie andere übersetzen* ...»: Theodotion las z.B. ἐκ γῆς χώματος; zu diesem Übers. des 2. Jh. vgl. Anm. zu civ. 18, 43 (S. 488 unten). *Bibelzitat:* Joh. 5, 28f.

Seite 651 oben – *Bibelzitate:* Dan. 12, 2 (LXX). / Joh. 5, 28. / 1. Mos. 17, 5. / 1. Mos. 22, 18. / Dan. 12, 13.

ZWANZIGSTES BUCH, KAPITEL 24

Seite 651 unten – *Zitat:* Ps. 102, 26–28, vgl. civ. 17, 4 (S. 368 unten), ferner conf. 1, 6, 10 (BAW S. 37 unten); 11, 13, 16 (S. 311); 12, 11, 13 (S. 340 oben); 13, 18, 22 (S. 382 oben). «*wie kann da Porphyrius* ...?»: vgl. civ. 19, 23 (S. 570ff.) mit Anm.

Seite 652 – *Bibelzitate:* Ps. 102, 26b. / 27a. / 1. Kor. 7, 31. / 1. Joh. 2, 17. / Mt. 24, 35.

Seite 652 unten – «*auch im Briefe des* ...»: vgl. 2. Petr. 2, 4–7; 3, 6.

Seite 652/653 – *Zitat:* 2. Petr. 3, 10f.

Seite 653 oben – *Bibelzitate*: 1. Joh. 2, 17. / Mt. 24, 29.

Seite 653 Mitte – *Vergil-Zitat:* Aen. 2, 694.

Seite 653 unten – *Bibelzitat:* Ps. 102, 26b. / 27a.

Seite 654 Mitte – *Psalmzitat:* Ps. 50, 3–5. «*wie wir erwarten*»: vgl. 2. Tim. 4, 1, ferner civ. 20, 20 (S. 636 Mitte) mit Anm.

Seite 654 unten – «*beim Propheten Jesaja*»: Jes. 53,7. «*im Evangelium*»: vgl. Mt. 26,63. «*sagten wir schon*»: vgl. civ. 20,21 (S. 643).

Seite 655 oben – *Bibelzitate:* Ps. 50,4a. / 1. Thess. 4,17. / Ps. 50,4b.

Seite 655 unten – «*in die Luft entrückt ...*»: vgl. 1. Thess. 4,17.

Seite 656 oben – *Bibelzitate:* Ps. 50,5. / Hos. 6,6.

Seite 656 Mitte – «*schon im zehnten Buche*»: vgl. civ. 10,6 (S. 473 ff.). *Zitat:* Mt. 25,34.

ZWANZIGSTES BUCH, KAPITEL 25

Seite 656 unten – «*nach Hieronymus*»: vgl. Vorwort Hier. in Malach. (PL 25,1541).

Seite 656/657 – *Bibelzitat:* Mal. 3,1c–6 (LXX).

Seite 657 unten – *Jesaja-Zitat:* Jes. 4,4.

Seite 657/658 – *Zitat:* Mal. 3,3f. (LXX).

Seite 658 Mitte – «*verschoben werden*»: vgl. civ. 21,13 ff. *Bibelzitat:* 1. Joh. 1,8. «*wie das Getreide auf der Tenne ...*» vgl. Mt. 3,12.

ZWANZIGSTES BUCH, KAPITEL 26

Seite 659 oben – *Zitat:* Mal. 3,4. «*zuerst ... danach erst*»: vgl. 3. Mos. 16,6; Hebr. 7,27.

Seite 659 Mitte – *Bibelzitate:* Hiob 14,4 (LXX). / Röm. 1,17 = Hab. 2,4.

Seite 659 unten – «*er habe keine Sünde*»: vgl. 1. Joh. 1,8.

Seite 660 oben – *Zitate:* Mal. 3,4. / Jes. 65,22 (LXX). «*Lebensbaum*»: vgl. 1. Mos. 2,9, dazu civ. 13,20 (S. 137 oben); 14,26 (S. 207 oben). «*vertrieben*»: vgl. 1. Mos. 3,24.

Seite 660 Mitte/unten – *Bibelzitate:* Spr. 3,18. / Mal. 3,4.

Seite 661 oben – «*einerlei um was für Vieh ...*»: vgl. 3. Mos. 22,17–30. «*in den alten Tagen ...*»: vgl. Mal. 3,4.

Seite 661 Mitte – *Zitate:* Mal. 3,5 / 3,6.

Seite 661 unten – *Zitate:* Sap. 1,9. / Röm. 2,15f.

ZWANZIGSTES BUCH, KAPITEL 27

Seite 662 – «*im achtzehnten Buche*»: vgl. civ. 18,35 (S. 476 unten f.). *Zitat:* Mal. 3,17–4,3.

ZWANZIGSTES BUCH, KAPITEL 28

Seite 663 – *Bibelzitate:* Mal. 3,22. / Joh. 5,46. / Mal. 3,14f. / Mal. 2,17.

Seite 664 oben – *Psalmzitate:* Ps. 73,11. / 73,13. / 73,16b f. (LXX).

ZWANZIGSTES BUCH, KAPITEL 29

Seite 664 unten – *Bibelzitat:* Mal. 3,23f. (LXX); 4,5f. (Vulg.). «*vor Ankunft des Heilandes ...*»: vgl. neben Sir. 48,10f. Iustin, dial. 8,4; 49,5. «*die Heilige Schrift*»: vgl. 2. Kg. 2,11, vgl. civ. 17,22, ferner Iren., haer. 5,5; Tert., ad. Marc. 5,12 u.a.

Seite 665 oben – *Zitat:* Mal. 3,24 (LXX) vgl. Lk. 1,17. «*siebzig Dolmetscher*»: d.h. die Septuaginta, vgl. civ. 18,42f. (S. 487ff.) mit Anm. «*Mehrzahl*»: so der hebr. Wortlaut, dem der Luther-Text folgt.

Seite 665 Mitte – «*Statt dessen übersetzen die Siebzig*»: so aber auch der von A. als kanonisch zitierte Wortlaut seiner lat. Bibel, vgl. Zitat S. 664.

Seite 665 unten – «*in göttlicher Gestalt ... Knechtsgestalt*» («forma Dei – forma servi»): vgl. Phil. 2,6f. *Zitat:* Mal. 3,24.

Seite 666 – *Bibelzitate:* Mal. 2,17 / 3,14.

ZWANZIGSTES BUCH, KAPITEL 30

Seite 666/667 – *Jesaja-Zitat:* Jes. 48,12–16.

Seite 667 Mitte – *Zitat:* Jes. 53,7.

Seite 667 unten – *Bibelzitat:* Sach. 2,12f. (LXX) = 2,8f. Vulg. / Mt. 15,24.

Seite 668 – «*wie der Evangelist sagt*»: vgl. Joh. 7,39. *Bibelzitate:* Ps. 18,44. / Mt. 4,19. / Lk. 5,10. / Sach. 12,9f., vgl. Joh. 19,37; Off. 1,7.

Seite 668 Mitte – «*jenem Starken*»: vgl. Mt. 12,29; Mk. 3,27.

Seite 669 oben – *Zitat:* Sach. 12,10b,c (LXX).

Seite 669 Mitte – *Zitat:* Sach. 12,10a,b (LXX). «*Aber wie wir zu den Juden ...*»: zum Verhältnis A.s zum Judentum vgl. civ. 6,11 mit Anm.

Seite 670 oben – «*sondern beide verbinden*»: zur hermeneutischen Methode A.s vgl. Einführung S. XXIII ff.

Seite 670 Mitte – *Zitat:* Joh. 5,22.

Seite 670 unten – *Bibelzitat:* Jes. 42,1–4, vgl. Mt. 12,17–21; zur Auslegung vgl. Hier. ep. 121 ad Algasiam, quaest. 2 (PL 22, 1006–1038).

Seite 671 oben – «*Knechtsgestalt*»: vgl. Anm. zu S. 665 unten. «*nach dem Zeugnis des Evangeliums*»: vgl. Mt. 3,16.

Seite 671 unten – «*Hell strahlte ...*»: vgl. Mt. 17,1f. *Bibelzitate:* Ps. 41,6. / Jes. 42,4b.

Seite 672 oben – *Zitat:* Jes. 42,4c. «*mit den Zähnen knirschen ...*»: vgl. Ps. 112,10. «*Schächer*»: vgl. Lk. 23,42f.

EINUNDZWANZIGSTES BUCH, KAPITEL 1

Seite 674 oben – «*den Richter der Lebendigen und Toten*»: zu dieser Credoformel vgl. civ. 20,20 (S. 636 Mitte) mit Anm. «*dem gebührenden Ende ...*»: «ad debitos fines ambae pervenerint civitates»; vgl. civ. 11,1 (S. 4), wo mit «verdientes Ende» übersetzt wird. Beides ist möglich. «Debiti fines» unterstreicht die Verantwortlichkeit in der Selbstverwirklichung.

Seite 674 unten – *Bibelzitate:* Joh. 5,29. / Mt. 13,41–43. / Mt. 25,46.

EINUNDZWANZIGSTES BUCH, KAPITEL 2

Seite 675 Mitte – «*die mitten im Feuer leben*»: vgl. Plin., nat. 11,42,119, der sichtlich an «Glühwürmchen» denkt. «*Würmern im Wasser*»: vgl. Plin., nat. 2, 106f., 234f.: «... reddamus aliqua miracula, sed primum ex aquis.»

EINUNDZWANZIGSTES BUCH, KAPITEL 3

Seite 676 oben – «*wem sie gestehen* ...»: vgl. z.B. Mt. 8,29; Lk. 5,7; zur Körperlichkeit der Engel, aber auch der Dämonen vgl. A., enchir. 15,59 (übers. Barbel S. 113f., mit Ktr in Anm. 93–94). «*nicht sterben könne*»: die Argumentation basiert auf einer Dämonenlehre, wie sie A. bereits civ. 8,16 (S. 399 oben), vgl. Anm. S. 601, besprochen und auf Apuleius von Madaura zurückgeführt hatte.

Seite 676 Mitte – «*Sinneswahrnehmung und ‹äußere› Erfahrung*» («quod sensu corporis ... et experientia») werden – fortdauernde Nachwirkung des Platonismus der Jugendzeit A.s – abgewertet, vgl. trin. 8,2,3; 11,1,1 und dazu die Skizze platonischer Ontologie in civ. 8,6 (S. 382 unten) sowie ihre Aneignung durch A. in civ. 11,26 (S. 43 oben). Das bedeutet noch keine Verwerfung der Sinneswahrnehmung, die schon conf. 10,6,8 (BAW S. 251 Mitte) zu einer Station des intellektuellen Aufstieges zu Gott macht und die civ. 19,17 (S. 561 ff.) in das augustinische Programm der «Nutzung» zu höheren Zwecken eingespannt wird, vgl. F.-J. Thonnard, Augustinus 3, Madrid 1958, 194–203.

Seite 677 Mitte – «*erleidet, was sie nicht will*»: vgl. civ. 13,2 (S. 108 Mitte); die Konstante augustinischer Psychologie ist das Bekehrungserlebnis von Mailand (conf. 8,8,19 [BAW S. 206f.]) und seine Deutung im Lichte von Röm. 7.

Seite 678 oben – *Bibelzitat:* Lk. 16,24.

Seite 678 Mitte – «*in demselben Sinne* ...»: vgl. civ. 10,30 (S. 521 oben); 14,3 (S. 158 Mitte). *Vergil-Zitat:* Aen. 6,733, zitiert civ. 14,7 (S. 167 oben) u.ö.; so u. civ. 21,13 (S. 706 oben). «*im zwölften Buch* ...»: ein Schreibfehler A.s?; er bezieht sich jedenfalls auf civ. 14,3–5 (S. 158–164 oben). «*den Willen zur Rückkehr im Leibe*»: vgl. civ. 14,5 (S. 163 Mitte) das Vergil-Zitat.

EINUNDZWANZIGSTES BUCH, KAPITEL 4

Seite 679 Mitte – «*der Salamander im Feuer*»: vgl. Plin., nat. 10,86,188. «*Berge Siziliens*»: z.B. Ätna, vgl. Plin., nat. 2,110,236 → KlP 1,204f. s.v. «Aitne», Nr. 1.

Seite 679 unten – «*Fleisch des toten Pfauen*»: vgl. Plin., nat. 10,22,43–23,45 → KlP 4,680f.

Seite 680 oben – «*Feuer*»: vgl. Plin., nat. 2,110,236 ff.

Seite 680 Mitte – «*Das Feuer ... beim Stein* ...»: vgl. Aristot., top. 5,5f.; zum ff. vgl. auch KlP 3,266 s.v. «Kohle».

Seite 680 unten – «*Kohle unterzulegen*»: nach Diog. Laert. 2,103 zuerst bei Grundlegung des Artemision von Ephesus zur Abwendung der Bodenfeuchtigkeit angewandt.

Seite 681 oben – «*Wunder des Kalksteins*»: vgl. Plin., nat. 36,53,174 → LAW S. 1470.

Seite 681 unten – «*es hitzt nicht*»: vgl. Plin., nat. 33,30,94. «*indischen Stein*»: vgl. Plin., nat. 33,5,94 die Aufzählung exotischer Steine des Auslands. «*Diamantstein*»: vgl. Plin., nat. 37,15,55 → RAC 3 (1957) 955ff.

Seite 682 Mitte – «*Magnetstein*»: vgl. Plin., nat. 36,25,126ff.; ferner Plat., Tim. 80c (Jub. Ausg. S. 287); Lucr. 6,906–916 (BAW S. 598f.) → KlP 3,886.

Seite 682 unten – «*Severus von Mileve*»: gehört zum Freundeskreis A.s, vgl. ep. 34,5; 63,1 Goldbacher, ferner ep. 109; zu Mileve → KlP 3,1298. «*Bathanarius*»: ermordet 408 als Schwager Stilichos, → RE 3,1897,123; zum Institut des «comes» → KlP 1,1253; im 5. Jh. kam dem «comes Africae» vor allem zu, Westrom seine Kornkammer zu sichern.

Seite 683 oben – «*stößt er es sogleich zurück*»: vgl. Plin., nat. 37,4,61.

EINUNDZWANZIGSTES BUCH, KAPITEL 5

Seite 683 unten – «*dann fordern ... eine vernünftige Erklärung*»: vgl. civ. 21,8 (S. 693 Mitte).

Seite 684 oben – «*Zu Agrigent*»: vgl. Plin., nat. 31,7,85. «*Bei den Garamanten*»: zur «*Quelle*» dieses nordafrikanischen Volksstammes vgl. Plin., nat. 2,106,228 → KlP 2,696. «*In Epirus*»: Plin., nat. 2,106,228.

Seite 684 Mitte – «*Der Asbest*»: Plin., nat. 37,54,146 → KlP 1,634. «*ägyptischen Feigenbaums*»: Plin., nat. 13,14,56f. «*Im Lande der Sodomer*»: zur spätjüdisch-christlichen Legende vgl. Sap. 10,6–9; Philon, vita Moys. 2,53–56; sie wurde auch von Tac., hist. 5,7 und Strabo 16,2,44 übernommen. Zu den «*Äpfeln*» der Sodomer vgl. den anonymen Dichter, de Sodoma, vv. 134–138 (PL 2,1104).

Seite 684 unten – «*den Stein Pyrit*», d. h. «*Feuerstein*»: vgl. Plin., nat. 36,30,137; → LAW S. 968. «*Selinitstein*»: vgl. Plin., nat. 37,67,181. «*In Kappadozien*»: Plin., nat. 8,67,166 (Lusitanien), vgl. Verg., georg. 3, 269–283; Solinus Polyhistor 43, ed. Mommsen 1895 → KlP 5,206f., vgl. auch Anm. S. 597f. zu civ. 8,5. «*Tylos*»: vgl. Plin., nat. 12,21,38 (Ls. «Tyrus»). «*unzählige andere Wunderdinge*» («mirabilia»): vgl. civ. 14,24 (S. 204 Mitte), ferner: A., vera rel. 25,46f. (BAW S. 437ff.); util. cred. 16,34; gen. ad litt. 6,13,24–18,29.

Seite 685 Mitte – «*Vernunfthelden*» («ratiocinator»): vgl. A., trin. 1,2,4.

Seite 686 oben – «*daß ihm nichts unmöglich sei*»: vgl. 1. Mos. 18,14; Jer. 32,17; Mt. 19,26; Lk. 1,37, zugleich ein Grundsatz altchristlicher Apologetik. «*Glaubenskritiker und Vernunftanbeter*»: «fidei reprehensores exactoresque rationis».

EINUNDZWANZIGSTES BUCH, KAPITEL 6

Seite 687 oben – «*unauslöschliches Licht*»: A. schreibt griechisch «*λύχνος ἄσβεστος*» und bietet zugleich Material zur Kultgeschichte der «ewigen Lampe», vgl. Fr. Cumont, Lux perpetua (Paris 1949) für den Sepulkralbereich und das «ewige Feuer» der Vestalinnen: Anm. zu civ. 2,29 (S. 110 oben; 553). «*wie ich schon ... ausführte*»: vgl. civ. 18,18 (S. 442 unten).

Seite 687 Mitte – «*wie Varro sagt ...*»: «de gente populi Romani»?

Seite 687 unten – «*durch die Dämonen selbst* ...»: ein solches «Wunder» berichtet z.B. Rufin in seiner Einlage nach Eus., hist. eccl. 7,28,2 der Übersetzungsausgabe (GCS 92 [Leipzig 1908] p.954f.); vgl. dazu Harnacks Übers. und Theod. Mommsens dichterische Parodie in Agnes von Zahn-Harnack, Adolf von Harnack, Berlin 1951, 196ff.

Seite 688 Mitte – «*in Engel des Lichts verwandeln*»: vgl. 2.Kor. 11,14; zitiert civ. 10,10 (S.482), vgl. auch civ. 19,9 (S.544 oben).

Seite 688 unten – «*Mechanemata*»: A. schreibt wieder griechisch «μηχανήματα»; schon Plat., Krat. 425 (z.B.) spricht von der «Mechanik», die Götterepiphanien bewirkte.

Seite 689 oben – «*ein eisernes Götterbild*»: nach Plin., nat. 34,14,148 oder Rufin. hist. eccl. 1,23 (ed. Mommsen p. 1027f.).

Seite 689 Mitte – *Vergil-Zitat:* Aen. 4,487–491.

EINUNDZWANZIGSTES BUCH, KAPITEL 7

Seite 690 oben – «*voll unzähliger Wunder*»: vgl. civ. 10,22 (S.487 unten) mit Anm. S.614.

Seite 690 Mitte – «*Naturkraft*» («vis naturae»): vgl. civ. 12,26 (S. 102f., spez. S. 103 unten).

Seite 690 unten – «*das agrigentische Salz*» ... «*den garamantischen Quell*»· vgl. civ. 21,5 (S.684 oben) mit Anm.

Seite 691 oben – «*den Asbeststein*»: vgl. civ. 21,6 (S.687 oben) mit Anm.

Seite 691 Mitte – «*der Wille des allmächtigen Gottes*»: vgl. A., ep. 205,1: «Valet igitur divina ...» etc. (PL 33,943).

Seite 691 unten – «*was ich angeführt habe* ...»: vgl. civ. 21,4f. (S.679ff.).

Seite 692 Mitte – «*abgesehen von* ...»: vgl. civ. 21,5 (S.684 Mitte).

Seite 692 unten – «*Grenoble*»: erläuternder Zusatz des Übersetzers. Gemeint ist die sog. Fontaine-Ardente bei Saint-Barthélemy du Gua (Isère); ihr widmete Bischof Hilarius von Arles (5.Jh. → KlP 2,1146) ein Gedicht, von dem 4 Verse erhalten sind (Anth. lat. nr. 487).

EINUNDZWANZIGSTES BUCH, KAPITEL 8

Seite 693 Mitte – «*Das ist Naturkraft*» («vis ista naturalis est ...»): vgl. S.690 Mitte.

Seite 693 unten – «*aus den Schriften* ...» («de litteris eorum, qui doctissimi apud illos fuerunt»): den Gegner mit seinen eigenen Waffen zu bekämpfen war von jeher ein Grundprinzip der apologetischen Methode.

Seite 694 oben – «*die betitelt sind*»: vgl. civ. 18,2 (S.420 Mitte) mit Anm. *Varro-Zitat:* vgl. Pl. Fraccaro fr. 5, p. 260f. «*Kastors Bericht*»: gemeint ist Kastor von Rhodos, ein Rhetor des 1.Jh. v. Chr. (→ KlP 3, 151f.). «*Vesperugo*»: so Plautus, Amphitr. 1,1,119 (und 275). «*Hesperos*»: so Hom., Il. 22,318.

Seite 694 Mitte – «*Ogygus*»: vgl. civ. 18,8 (S.428 unten). «*Adrastos zu Cyzikos*»: vgl. RE Suppl. 1 (1903) 11f., Nr. 9. «*Dion von Neapel*»: Mathematiker 2. Jh. n. Chr.; Varro entnahm ihn der «Chronik» des Kastor, vgl. RE 5, 1905, 877, Nr. 22. *«etwas wider die Natur sein ...»:* vgl. gen. ad. litt. 6, 13, 24: «Nec ista cum fiunt contra naturam fiunt, nisi nobis» etc.; zu A.s Naturbegriff vgl. civ. 13, 3 (S. 109 unten).

Seite 695 oben – *«als Josua»:* vgl. Jos. 10, 13, vgl. civ. 16, 43 (S. 353 unten). *«König Hiskia»:* vgl. Jes. 38, 3, vgl. 2. Kg. 20, 9 ff.

Seite 695 Mitte – *Vergil-Zitat:* Aen. 4, 489. *«in den heiligen Schriften»:* vgl. Jos. 3, 16; 2. Kg. 2, 8. 14.

Seite 696 unten – *«als könne er sie nicht ...»:* vgl. Anm. zu civ. 21, 7 (S. 691 Mitte). *«mit dem Paradiese ...»:* vgl. 1. Mos. 13, 10.

Seite 697 oben – *«ihre Geschichtsschreibung ...»* («illorum quoque adtestatur historia»): vgl. Tac., hist. 5, 7 (von Joseph., bell. Jud. 4, 8, 4 § 476 [übers. Michel-Bauernfeind 2, 77] beeinflußt?).

Seite 697 Mitte – *«Gott nicht unmöglich war»:* vgl. civ. 16, 5 (S. 289 Mitte). *«Menge von ‹unheimlichen› Vorzeichen»* («miraculorum multitudo»): vgl. civ. 10, 16 (S. 493 oben), dazu Anm. S. 615 und den Hinweis auf den «liber de prodigiis» des Julius Obsequens → KlP 4, 225. *«die man ... nennt»:* zu den 4 Ausdrücken als Klassifizierung vgl. Festus, ein Grammatiker des 2. Jh. n. Chr. (→ KlP 2, 541), Epit. ed. Lindsay p. 146. 218. 284. 254.

Seite 697 unten – *«auch der Apostel»:* vgl. Röm. 11, 17–24.

Seite 698 oben – *«im vorigen Buche»:* civ. 20, 14 ff.

EINUNDZWANZIGSTES BUCH, KAPITEL 9

Seite 698 – *Bibelzitate:* Jes. 66, 24, zitiert civ. 20, 21 (S. 645 Mitte), vgl. 20, 22 (S. 647 unten). / Mk. 9, 43 f. / Mk. 9, 45 f. / Mk. 9, 47 f.

Seite 699 – *Bibelzitate:* 2. Kor. 11, 29. / Spr. 25, 20. / Sir. 7, 19 Vulg. / Röm. 8, 13.

Seite 700 oben – *«ich habe ... bewiesen»:* vgl. civ. 21, 2 (S. 675).

Seite 700 Mitte – *«jetzt erkennen wir nur stückweise»:* vgl. 1. Kor. 13, 9.

EINUNDZWANZIGSTES BUCH, KAPITEL 10

Seite 700/701 – *Bibelzitat:* Mt. 25, 41.

Seite 701 oben – *«wie gelehrte Männer»:* z. B. Apuleius von Madaura civ. 8, 14 (S. 395 f.); civ. 9, 8 (S. 437 f.); civ. 9, 12 (S. 442 f.); Porphyrios, vgl. civ. 10, 11 (S. 483 Mitte); vgl. ferner A., civ. 14, 3. *«besondere Art von Leibern ...»:* vgl. A., de divinat. daemonum 3, 7; gen. ad litt. 3, 10, 15; 11, 17, wobei A. manchmal den Fragenkreis offenläßt, vgl. trin. 3, 1, 5; ep. 95, 8 Goldbacher.

Seite 701 unten – *«aber empfangen von ihm die Strafe»:* vgl. civ. 21, 3 (S. 676 oben) mit Anm. *«wie jener Reiche»:* Lk. 16, 24.

Seite 702 Mitte – *«Feuer und Schwefelpfuhl heißt»:* vgl. Off. 20, 10. *«die Wahrheit gesagt hat ...»:* vgl. Mt. 25, 41.

EINUNDZWANZIGSTES BUCH, KAPITEL 11

Seite 702 unten – «*Tullius schreibt*»: de legibus (?), fr. libri incerti 33, ed. Müller, Leipzig 1890.

Seite 703 oben – «*die Wiedervergeltung*» («talio»): zum sog. «ius talionis» im altrömischen Zwölftafelgesetz (vgl. civ. 2,9; 8,19 und die jeweiligen Anm.) vgl. Festus., Epit. 451 ed. Lindsay p. 496 ff., vgl. ferner Gell. 20,1,14. «*jene Gesetzesvorschrift*» («illud legis»): 2. Mos. 21,24, vgl. 3. Mos. 24,20; 5. Mos. 19,21, auch Mt. 5,38 f. Ihre Legitimierung im Namen der Gerechtigkeit: A., enchir. 8,26 f. (Übers. Barbel S. 63 ff. mit Ktr).

Seite 704 Mitte – *Bibelzitat*: Lk. 6,38; zu der angeschnittenen Frage vgl. A., ep. 102; quaest. 4,22 (Goldbacher p. 563 ff.).

EINUNDZWANZIGSTES BUCH, KAPITEL 12

Seite 704 unten – «*welch ein Frevel*»: vgl. die Aufnahme bei Anselm v. Canterbury, «Warum Gott Mensch geworden (Cur Deus homo?)», 21: «nondum considerasti, quanti ponderis sit peccatum» (Übers. Fr. S. Schmitt, Darmstadt ³1970, 75).

Seite 705 Mitte – «*die Wahrheit der Vergeltung*» («veritas ultionis»): vgl. Anm. zu civ. 21,11 (S. 703 oben).

EINUNDZWANZIGSTES BUCH, KAPITEL 13

Seite 705 unten – «*jene Verse des Maro*»: «Maronis illa sententia»: gemeint ist P. Vergilius Maro → KlP 5, 1190 ff.

Seite 706 oben – *Vergil-Zitate*: Aen. 6,733 f. / 6,735 / 6,736–742.

Seite 706 Mitte – «*reinigende Strafen*» («poenas purgatorias»): vgl. civ. 21,24; 21,26 mit Anm. Wie der Textzusammenhang lehrt, handelt es sich um Anschauungen der «Platoniker», vgl. z. B. Porphyrius nach civ. 10,9 (S. 48) mit Anm. S. 613; civ. 10,23; vgl. A.s Kritik an der purgativen Wirkung der platonischen Seelenwanderungslehre civ. 10,30 (S. 521 Mitte).

Seite 707 Mitte – «*jenem strengsten und letzten Gericht*»: vgl. civ. 20,19 (S. 635 unten); civ. 20,30 (S. 666 ff.). «*im zukünftigen Leben vergeben*»: vgl. Mt. 12,32.

EINUNDZWANZIGSTES BUCH, KAPITEL 14

Seite 707 unten – *Bibelzitat*: Hiob. 7,1 (LXX), vgl. das Zitat civ. 19,8 (S. 543 Mitte) mit Anm.; 19,27 (S. 582 oben). «*zwingt man die Knaben ...*»: vgl. den berühmten Passus A., conf. 1,9,14 f. (BAW S. 41 f.).

Seite 708 oben – «*Nur Zoroaster ...*»: vgl. Plin., nat. 7,72; Solinus 1,72 (zu diesem Autor vgl. Anm. zu civ. 21,5, S. 684 unten); Lyd., mens 4,26 (ed. Wünsch p. 85,20). «*von Ninus*»: vgl. civ. 16,3 (S. 284 oben); 16,10 (S. 298 Mitte); 18,2 (S. 420 f.). «*im Kriege besiegt*»: vgl. Eus. (Hier.) chron. p. 20a, ferner Pompeius Trogus = Iust. 1,1,7–10 (BAW S. 86); Oros. hist. 1,4,3.

Seite 708 Mitte – *Bibelzitat:* Sir. 40,1; vgl. dazu A., enchir. 17,66 (übers. Barbel S. 123).

EINUNDZWANZIGSTES BUCH, KAPITEL 15

Seite 708 unten – *«in der Mutter aller*:: vgl. Sir. 40,1; Ktr z. St.: A. van den Bron, Weisheid van Jesus Sirach (1968).

Seite 709 oben – *Apostelzitate:* Röm. 8,13. / 2. Tim. 2,19. / Röm. 8,14.

Seite 709 Mitte – *«durch einen Menschen»:* vgl. Röm. 5,12: «per unum hominem ... in quo omnes peccaverunt», dazu civ. 13,14 (S. 124 oben) mit Anm. und 13,3 (S. 110 unten) mit Anm.

Seite 709 unten – *«das Fleisch wider den Geist ...»:* vgl. Gal. 5,17. *«als der frühere Zustand ...»* («quam priora vitae huius»): kaum die «Kindheit» (infantia) von civ. 21,16 (so: A. Schröder in seiner Übers. des «Gottesstaates» Bd. 3 [Kempten-München 1916] 391 mit Anm. 2).

Seite 710 oben – *«keine Hoffnung hätten»:* d. h. auf das ewige Leben, sei es als Heide oder in der Ungewißheit unserer Erwählung, vgl. civ. 18,24.

EINUNDZWANZIGSTES BUCH, KAPITEL 16

Seite 710 Mitte – *Bibelzitat:* Röm. 9,23 vgl. 2. Tim. 2,21.

Seite 710 unten – *«die geistliche Wiedergeburt allein ...»:* d. h. die Taufe, wobei A. in erster Linie die Kindertaufe im Auge hat, vgl. enchir. 24,97 (übers. Barbel S. 161 ff.), die durch den pelagianischen Streit (vgl. Peter Brown, Augustinus von Hippo [Frankfurt 1973] 198–319) aktualisiert worden war, vgl. can. 110 des Generalkonzils Karthago 418 (Mansi 3, 811); die Auseinandersetzung mit Julian von Eklanum (Brown S. 333 bis 347) hatte dies noch intensiviert. Unabhängig davon formulierte A. seine Position enchir. 24,97 (übers. Barbel S. 161 ff.).

Seite 711 oben – *«der Kampf mit den eigenen Fehlern ...»* («suscipiendum est bellum contra vitia ...»): die Abhebung von den «damnabilia peccata» im Kontext macht den moralphilosophischen Hintergrund sichtbar, vgl. den «vitium»-Begriff in civ. 12,1 (S. 60) bzw. den Begriff der «natura vitiosa» civ. 12,3 (S. 63 oben) u. ö.

Seite 711 Mitte – *«den Mittler zwischen Gott und den Menschen»:* vgl. 1. Tim. 2,5; gleichfalls eine Lieblingsstelle A.s, vgl. civ. 17,5 (S. 377 unten) mit Anm.

EINUNDZWANZIGSTES BUCH, KAPITEL 17

Seite 712 Mitte – *«in friedlichem Disput ...»:* er reicht bis civ. 21,27; Ktr bei Barbel Übers. enchir. S. 229 ff. *«mit unseren mitleidigen Seelen»* («cum misericordibus nostris»): Personen werden nicht genannt, was dann für den sog. semipelagianischen Streit des 5. Jh. (vgl. Carl Andresen, Geschichte des Christentums I [1975] 103 f.) charakteristisch wird. Denkt A. an Hieronymus (vgl. Hier. epist. 119 [CSEL 55, p. 453, 12 ff.]; Dial. adv. Pelag. 1,28 [PL 23, 520 ff.])? Hinweise auf Erfahrungen in Gesprächen («in collocutionibus nostris») civ. 21,18 (S. 713 unten), vgl.

auch civ. 21,22 («comperi etiam quosdam putare ...»), deuten auf den engeren Kreis des nordafrikanischen Mönchtums, vgl. auch enchir. 29, 112 (übers. Barbel S. 187ff.).

Seite 712 unten – «*Origenes wahrlich noch mitleidiger ...*»: Ungeachtet der positiven Bewertung des Exegeten O. (civ. 15,27; S. 274 unten) beurteilt A. den Dogmatiker O. negativ (civ. 11,23; S. 36ff.). Ihn zum Anführer der «Mitleidigen» zu machen, bedeutet nach dessen Verdammung durch Anastasius I. von Rom (399–402) zugleich deren Verdächtigung als Ketzer. «*denn er glaubte ...*»: die sog. Apokatastasislehre von der «Wiederherstellung» des Alls zu seiner ursprünglichen Einheit vertrat O. in de princ. 1,6,2 (Görgemanns–Karpp S. 219ff.); 2,3,5 (a. O. S. 315); 3,5,7 (a. O. S. 639) u. ö. «*mit Fug und Recht verworfen*»: «non inmerito»; die lat. Wendung hält noch besser die Zwiespältigkeit A.s in seinem Urteil über O. fest.

Seite 713 oben – «*aus menschlichem Mitgefühl*» («humano affectu») «*fließenden Erbarmen*» («misericordia»): damit wendet A.s Kritik sich innerkatholischen Anschauungen zu.

EINUNDZWANZIGSTES BUCH, KAPITEL 18

Seite 714 oben – «*Bitte und Fürsprache seiner Heiligen*»: sog. Interzessionsgebet der Liturgie, vgl. A., enchir. 29,110 (übers. Barbel S. 110f.); es gilt nur für die, welche die Höllenstrafe nicht verdient haben.

Seite 714 Mitte – «*für ihre Feinde baten ...*»: vgl. Mt. 5,44; Lk. 6,27.35; Kol. 3,12. *Psalmzitat*: Ps. 77,10: soll auf alle Menschen bezogen werden.

Seite 715 oben – «*bei jener Drohung*»: vgl. Jon. 3,4.

Seite 715 unten – *Bibelzitat*: Ps. 31,20.

Seite 715/716 – *Apostelzitat*: Röm. 11,32.

EINUNDZWANZIGSTES BUCH, KAPITEL 19

Seite 716 Mitte – *Bibelzitat*: Joh. 6,50f.

EINUNDZWANZIGSTES BUCH, KAPITEL 20

Seite 717 oben – *Apostelzitat*: 1. Kor. 10,17; zur Eucharistieauffassung A.s vgl. Anm. zu civ. 10,6 (S. 612).

EINUNDZWANZIGSTES BUCH, KAPITEL 21

Seite 717 – *Bibelzitate*: Mt. 24,13. / 1. Kor. 3,11–15.

Seite 718 oben – «*durchs Feuer gerettet*»: zur Auslegung der Paulus-Stelle vgl. enchir. 18,67–69 (Übers. Barbel S. 125ff., mit Ktr S. 231ff.).

EINUNDZWANZIGSTES BUCH, KAPITEL 22

Seite 718 Mitte – *Bibelzitat*: Jak. 2,13. «*die zur Rechten ..: zur Linken*»: vgl. Mt. 25,33ff.

Seite 718 unten – *Bibelzitat*: Mt. 6,12.

Seite 718/719 – *Bibelzitat*: Mt. 6,14f.

Seite 719 oben – «*das Wort des Apostels Jakobus*»: Jak. 2,13.

EINUNDZWANZIGSTES BUCH, KAPITEL 23

Seite 719 unten – *Bibelzitat:* Mt. 25,41.

Seite 719/720 – *Bibelzitat:* Off. 20,10.

Seite 720 Mitte – «*Kerker der Unterwelt*»: vgl. 2. Petr. 2,4.

Seite 720 unten – *Bibelzitat:* Mt. 25,41.

Seite 721 oben – *Bibelzitat:* Mt. 25,46.

EINUNDZWANZIGSTES BUCH, KAPITEL 24

Seite 722 unten – *Apostelzitat:* 2. Tim. 2,25. «*daß sie vorher bestimmt sind*» («praedestinati sunt»): vgl. civ. 22,24 (S. 815 unten) mit Anm.

Seite 723 oben – «*für verstorbene Ungläubige und Gottlose zu beten*» («pro infidelibus impiisque defunctis»): vgl. die «missa pro cuius anima dubitatur» aus 2. Hälfte 8. Jh. im Sacramentarium Gellonense, ed. A. Cabassut, Rev. d'hist. ecclés. 23 (1927) 64–70, spez. 67f.

Seite 723 Mitte – «*weder in dieser noch in der zukünftigen ...*»: vgl. Mt. 12,32.

Seite 723 unten – *Bibelzitate:* Mt. 25,34 / 25,41 / 25,46.

Seite 724 oben – «*Psalmwort*»: Ps. 77,10, zitiert civ. 21,18 (S. 714 Mitte).

Seite 724 Mitte – *Bibelzitate:* Ps. 77,10 / 77,11. «*wie ein Schatten dahinfahren*»: vgl. Ps. 144,4. «*regnen über ...*»: vgl. Mt. 5,45.

Seite 724 unten – *Psalmzitat:* Ps. 77,11.

Seite 725 oben – «*die Strafen würden milder*»: zu diesem Motiv vgl. A., enchir. 29,110 (übers. Barbel S. 183ff., spez. S. 185 oben, mit Ktr).

Seite 725 Mitte – *Bibelzitate:* Mt. 25,41. / Off. 20,10. / Jes. 66,24 bzw. Mk. 9,44. «*die Niniviten*»: vgl. Jon. 3,7ff. «*nach Gottes Willen ...*»: vgl. Ps. 126,6.

Seite 726 oben – *Bibelzitate:* Ps. 31,20a / 31,20b. «*ihre eigene Gerechtigkeit ...*»: vgl. Röm. 10,3.

Seite 726 Mitte – *Bibelzitate:* 1. Joh. 4,18. / Ps. 19,10. / 1. Kor. 1,30f.

Seite 726 unten – «*ihre eigene Gerechtigkeit ...*»: vgl. Röm. 10,3. *Psalmzitat:* Ps. 34,9.

Seite 727 – *Bibelzitate:* 1. Joh. 3,2. / Ps. 17,15. / Röm. 11,32 / 11,30f. / 11,32.

Seite 728 oben – «*dem Ebenbilde seines Sohnes ...*»: vgl. Röm. 8,29. «*Psalmwort*»: Ps. 31,20. «*Also was heißt ‹aller›?*»: vgl. Röm. 11,32b.

EINUNDZWANZIGSTES BUCH, KAPITEL 25

Seite 728 Mitte – «*auch denen Antwort geben ...*»: diese vierte Gruppe unter den «Mitleidigen» huldigt einem dinglichen Sakramentalismus; ihm tritt A. z. T. mit gleichen Argumenten in de fide et operibus 15,25f. (CSEL 41,65ff.) entgegen.

Seite 728 unten – *Bibelzitat:* Gal. 5,19–21.

Seite 729 Mitte – *Bibelzitat:* Joh. 6,50f. «*von den Nächstfolgenden*»: d.h. der fünften Gruppe civ. 21,26. «*in Wirklichkeit* («re ipsa») *den Leib*

Christi genossen haben» («manducaverunt»): Ausgangspunkt dieser Argumentation sind die Einsetzungsworte bzw. die sog. Interpretamente, was gelegentlich A. selber erkennen läßt, vgl. z. B. die Taufansprache («ad infantes») serm. 227: «Panis ille quem videtis in altari, sanctificatum per verbum Dei, corpus est Christi. Calix ille, quod habet calix, sanctificatum per verbum Dei, sanguis est Christi» (PL 38/39, 1099). *Apostelzitat:* 1. Kor. 10, 17.

Seite 729 unten – «*zu dem Friedensbund*» («in vinculo pacis»): der Ausdruck knüpft an den liturgischen Friedensgruß («Pax tecum» bzw. «vobiscum») an, der am Anfang der Kommunion in eigentlichem Sinne steht, vgl. serm. 227 (PL 38/39, 1101). A., der bei den Sakramenten nicht nur zwischen «signum» und «res» (BiblA S. 189 ff.), sondern auch zwischen «sacramentum» und «virtus sacramenti» unterscheidet (z. B. Tract. in Ioan. Ev. 26, 11 und 12, vgl. dazu Fr. Berrouard: Forma Futuri, Festschrift M. Pellegrino, Torino 1975, 830 ff.), sieht die Verwirklichung der Kommunion im «Bleiben in Christus», vgl. a. O. 26, 18 (CCL 36, 268); 27, 1 (a. O. p. 270); 27, 6 (a. O. p. 272), vgl. den Schluß von civ. 21, 50 (S. 731 Mitte).

Seite 730 Mitte – *Apostelzitat:* Gal. 5, 21.

Seite 730 unten – *Bibelzitate:* Mt. 10, 22. / Gal. 5, 21.

Seite 731 oben – *Apostelzitate:* Gal. 5, 6. / Röm. 13, 10.

Seite 731 Mitte – «*nicht zugleich*» («simul esse»): vgl. 1. Kor. 6, 15. *Bibelzitat:* Joh. 6, 56, als Argument der kritisierten Gruppe schon S. 729 oben zitiert.

EINUNDZWANZIGSTES BUCH, KAPITEL 26

Seite 731 unten – «*Aber man wendet ein ...*»: «Sed habent, inquiunt, Christiani catholici ...»; Argument der fünften Gruppe. «*Auf diesem Grunde*» («huic fundamento»): vgl. 1. Kor. 3, 11 f.

Seite 732 – *Bibelzitate:* Jak. 2, 14. / 1. Kor. 3, 15. / Jak. 2, 14.

Seite 732 unten – «*ein Leib wird mit ihr*»: vgl. 1. Kor. 6, 16 (vgl. S. 731 Mitte).

Seite 733 oben – «*im Sinne Christi*»: vgl. Eph. 5, 25. «*die Heiden ... die Gott nicht kennen*»: vgl. 1. Thess. 4, 5. «*ist der Apostel ... so nachsichtig*»: vgl. 1. Kor. 7, 5 f.

Seite 733 Mitte – «*Denn dergleichen Lüste ...*» («Delicias quippe huius modi amoresque terrenos ...»): vgl. civ. 13, 3 (S. 110 unten) mit Anm.; vgl. A., de bono coniugali (BiblA S. 258) 8, 8; 10, 11; de nuptiis et concupiscentia 2, 26, 41 (übers. A. Fingerle = AL 3, 145 ff.), vgl. BiblA S. 261; vgl. ferner A., enchir. 21, 78 (übers. Barbel S. 139 mit Exkurs S. 232 ff.); gen. ad litt. 9, 7, 12.

Seite 733 unten – *Bibelzitate:* 1. Kor. 7, 32 / 7, 33 / 3, 13. / Sir. 27, 5.

Seite 734 oben – *Zitatencento:* 1. Kor. 3, 14 f.

Seite 734 Mitte/unten – *Bibelzitate:* Mt. 25, 41 / 25, 34. / 1. Kor. 3, 13.

Seite 735 Mitte – *Bibelzitate:* Mt. 25,34 / 25,41. / Mk. 9,44 bzw. Jes. 66,24? / Off. 20,10.

Seite 735 unten – «*ein derartiges Feuer erdulden*»: das sog. Fegefeuer («purgatorium»), vgl. civ. 20,25 (S. 657 Mitte / 658 Mitte) und vor allem enchir. 18,68f. (übers. Barbel S. 125f. mit Exkurs S. 231f.).

Seite 736 Mitte – «*eine Trübsal ... wie nie vorher*»: vgl. Mt. 24,21.

Seite 736 unten – *Bibelzitat:* Mt. 10,37.

Seite 737 oben – «*mehr lieben als Christus ...*»: vgl. zu diesem Gedanken A., de moribus eccl. cath. 30,63; vera rel. 46,86f. (BAW S. 511ff.).

EINUNDZWANZIGSTES BUCH, KAPITEL 27

Seite 737 Mitte – «*auch denen Antwort ...*»: die sechste und letzte Gruppe der «Mitleidigen», vgl. Anm. zu civ. 21,17 (S. 712 Mitte). *Bibelzitat:* Jak. 2,13.

Seite 738 – *Bibelzitate:* Mt. 6,12a / 6,12b. / Mt. 3,8; Lk. 3,8.

Seite 738 unten – «*durch Begehung ...*»: vgl. A., c. Faust. Man. 22,19 (CSEL 25, 1 p. 623f.).

Seite 739 – *Bibelzitate:* 1. Kor. 13,4. / 3. Mos. 19,8; Mt. 22,39; Mk. 12,31. / Sir. 30,24 / 14,5 / 21,1.

Seite 740 – *Bibelzitate:* Mt. 25,45. / Joh. 3,5. / Mt. 5,20. / Mt. 5,22.

Seite 740/741 – *Bibelzitat:* Mt. 5,23f.

Seite 741 Mitte – *Bibelzitate:* Mt. 6,12a / 6,12b. «*um weiterhin welche zu begehen*»: vgl. A., enchir. 19,73 (übers. Barbel S. 131ff.).

Seite 741 unten – *Bibelzitat:* Mt. 6,14. «*durch die Opfervorschriften*»: vgl. 3. Mos. 16,6; Hebr. 7,27.

Seite 742 Mitte – *Bibelzitat:* Mt. 6,12b.

Seite 742 unten – *Bibelzitat:* Mt. 6,15. «*von dem zukünftigen ...*»: «iudicium futurum sine misericordia»; vgl. Jak. 2,13. «*Schuld von zehntausend ...*»: vgl. Mt. 18,23–35. «*Söhne der Verheißung*»: vgl. Gal. 4,28. «*Gefäße der Barmherzigkeit*»: vgl. Röm. 9,23.

Seite 742/743 – *Bibelzitat:* Jak. 2,13.

Seite 743 oben – «*durch ungerechten Mammon ...*»: vgl. Lk. 16,9. «*nicht nach Verdienst*»: vgl. Röm. 4,4f. *Apostelzitat:* 1. Kor. 7,25, vgl. 1. Tim. 1,12f.

Seite 743 unten – *Bibelzitat:* Lk. 16,9.

Seite 744 oben – *Bibelzitat:* Mt. 10,41. *Vergil-Zitat:* Aen. 6,664; zur «interpretatio christiana» Vergils durch A. vgl. civ. 10,27 (S. 512) mit Anm., ferner die grundlegende Monographie von K. H. Schelkle (BiblA S. 62) und H. Hagendahl (a. O. S. 65).

Seite 744 unten – «*die Fürsprache der Heiligen ...*» («intercessio ... iustorum»): meint das Fürbittgebet in der «Missa pro mortuis» bzw. «defunctis»; es setzt die Buße im Fegefeuer voraus, vgl. Röm. Meßbuch = Schott p. [212].

Seite 745 Mitte – «*das Gleichnis von dem guten Lande*»: vgl. Mt. 13,8; ferner civ. 15,26 (S. 273 oben) mit Anm.

Seite 745 unten – «*was die Schriften wirklich sagen*»: vgl. ep. 120, 3 Goldbacher.

ZWEIUNDZWANZIGSTES BUCH, KAPITEL 1

Seite 746 oben – *Bibelzitat:* Lk. 1, 33; dort christologisch interpretiert.

Seite 746 Mitte – «*Gott, der allmächtige* ...» («Deus omnipotentissimus eius conditor»): wie das Nachfolgende: «der im Anfang die Welt geschaffen hat» (conditor: 1. Mos. 1, 1) beweist, gründet die Herrschaft auf dem Schöpfungsdatum. A. verstand obiges Lukas-Zitat also theokratisch; ihm war das christokratische Verständnis von Lk. 1, 33 in den östlichen Glaubensbekenntnissen (Nr. 41–49. 60 Denz–Schönm) fremd, wie serm. 213. 215 (Denz–Schönm Nr. 14. 21) beweisen; civ. 15, 9 (S. 227 Mitte) mit Anm. ist zu vergleichen.

Seite 747 oben – «*auch das Böse gut zu verwenden*» («etiam de malis bene facere»): vgl. civ. 11, 17 (S. 28 unten) mit weiteren Stellennachweisen zu der Anm., vgl. auch civ. 16, 2 (S. 280 unten); gen. ad litt. 11, 9, 12; enchir. 8, 27 («Melius enim iudicavit, de malis bene facere ...»; Übers. Barbel S. 65).

Seite 747 Mitte – «*Denn wäre sie nicht an sich* ...»: vgl. A., enchir. 4, 12 (Barbel S. 37 und Exkurs S. 203 f.).

Seite 747 unten – «*denn dadurch ist sie unselig* ...»: vgl. civ. 12, 1 (S. 60 oben). «*den freiwilligen Fall der Engel*»: «casum angelorum voluntarium»; vgl. civ. 12, 1 ff. «*den Menschen recht* («rectum») *geschaffen*»: vgl. civ. 13, 14 (S. 124 oben) mit Anm.; civ. 14, 27 (S. 209 Mitte).

Seite 748 oben – «*nicht Einbuße erleiden* ...»: «non fraudetur suorum numero civium»; vgl. enchir. 9, 29 (Barbel S. 66 ff.); daher A.s These von dem «certus numerus praedestinatorum» (s. Anm. zu civ. 12, 21 [S. 98 Mitte]); zur Wirkungsgeschichte vgl. Gregor d. Gr., in Ev. Ioan. hom. 34, 11 (PL 76, 1252 f.); Anselm v. Canterbury, Cur deus homo 1, 16–18 (Übers. Fr. S. Schmitt, Darmstadt [3]1970, 51 ff.).

ZWEIUNDZWANZIGSTES BUCH, KAPITEL 2

Seite 748 Mitte – «*seinem Zorn*»: vgl. civ. 9, 5 (S. 434 unten) mit Anm. S. 606, ferner civ. 15, 25 (S. 270 unten) mit Anm.; enchir. 10, 33 (Barbel S. 77); 29, 112 (a. O. S. 189).

Seite 748 unten – *Apostelzitat:* Phil. 2, 13.

Seite 749 oben – *Bibelzitate:* Joh. 8, 17. / Ps. 37, 81. / Gal. 4, 9.

Seite 749 Mitte – «*vor Grundlegung der Welt* ...»: vgl. 1. Petr. 1, 20. «*bereits in früheren Büchern*»: vgl. civ. 11, 8; 14, 11; 15, 25; 16, 6; 16, 32.

Seite 749 unten – «*das er in Wirklichkeit* ...»: vgl. enchir. 26, 101 (Barbel S. 169 ff.). «*nicht nur Vergangenes* ...»: vgl. Ps. 115, 3, vgl. Prosper v. Aquitanien (→ KlP 4, 1191 f.), de vocatione gentium 2, 33 (PL 51, 717 f.).

ZWEIUNDZWANZIGSTES BUCH, KAPITEL 3

Seite 750 Mitte – *Bibelzitate:* 1. Mos. 22, 18 (zitiert civ. 16, 32, S. 336

Mitte). / Jes. 26, 19 (LXX); zitiert civ. 20, 21, S. 639/40; S. 646 oben). / Jes. 65, 17–19 (LXX); zitiert civ. 20, 21, S. 642 Mitte.

Seite 750 unten – «*durch einen anderen Propheten*»: Dan. 12, 1 f. (LXX), zitiert civ. 20, 23 (S. 650 Mitte). «*wie andere übersetzen*»: vgl. civ. 20, 23 (S. 650 unten) mit Anm. «*durch denselben Propheten*»: Dan. 7, 18 (LXX) / 7, 27 (LXX). «*im zwanzigsten Buche*»: vgl. civ. 20, 21–23.

Seite 751 oben – «*wie sogar Porphyrius*»: vgl. civ. 7, 25 (S. 354 unten) mit Anm. S. 592 f.; 19, 22 (S. 570 Mitte); civ. 22, 25 f. «*bezeugt*»: vgl. civ. 19, 23 (S. 570 ff.) mit Anm.; civ. 20, 24 (S. 651 unten).

ZWEIUNDZWANZIGSTES BUCH, KAPITEL 4

Seite 751 Mitte – *Cicero-Zitat:* rep. 3, 28, 40 (BAW S. 287), fr. 40 Testard. *Bibelzitat:* Ps. 94, 11.

Seite 752 oben – «*ein irdischer Körper zu einem himmlischen ...*»: vgl. die ähnliche Formulierung in einer der frühsten Predigten A.s auf dem Konzil von Hippo Regius 393 n. Chr.: «Solet quosdam offendere vel impios gentiles vel haereticos, quod credamus assumptum terrenum corpus in coelum ...» (de fide et symbolo 6, 13).

Seite 752 unten – «*zu verknüpfen*» («attexere») ... «*zu gesellen*»: «copulare»; Weiteres zur Auferstehung civ. 22, 12–29, ferner enchir. 23, 84–93 (Barbel S. 147 ff.).

ZWEIUNDZWANZIGSTES BUCH, KAPITEL 5

Seite 753 oben – «*stehen abseits und schütteln den Kopf*»: «remanentibus atque stupentibus»; spielt auf die Situation der zurückbleibenden Jünger in der Himmelfahrtsszene Apg. 1, 9 f. an, vgl. S. 754 Mitte. Zu diesem Zeitbild eines «siegreichen» Christentums vgl. civ. 2, 26 (S. 106 Mitte) und Anm. S. 552; Vorwort Buch 6 (S. 280 unten) und Anm. S. 581, ferner A. Harnack, Mission und Ausbreitung des Christentums (Leipzig [4]1924) 901. 946 f. «*Unglaubliches Glauben fand*»: vgl. Mt. 26, 13.

Seite 753 unten – «*Grammatik – Dialektik – Rhetorik*»: diese Abfolge auch A., ord. 2, 13, 38 (BAW S. 317 f.) und anderswo; gewöhnlich ordnete die Spätantike die Rhetorik vor die Dialektik, vgl. R. Lorenz, ZKG 67, 1955/56, 29–60; 213–251. Die weltweite Wirkung der «*ungebildeten Fischer*» alias Apostel gehört zum traditionellen Rüstzeug frühchristlicher Apologetik.

Seite 754 oben – «*von diesen drei Unglaublichkeiten*» («Horum trium incredibilium»): auch diese Argumentation hat Tradition, vgl. Tert. carn. 5, 4 zu Tod und Auferstehung Christi: «credibile est, quia ineptum est ... certum est, quia impossibile».

Seite 754 Mitte – «*die sagten und schrieben*»: vgl. Apg. 1, 9 f.; 2, 32.

Seite 754 unten – «*in den Sprachen aller Völker*»: vgl. Apg. 2, 4–12.

Seite 755 oben – «*heil und gesund*»: vgl. Apg. 3, 1–11; 4, 22. «*Schweißtücher*»: vgl. Apg. 19, 12. «*ihr Schatten*»: vgl. Apg. 5, 15. «*zuletzt sogar*»: vgl. Apg. 9, 36–42; 20, 9–12.

ZWEIUNDZWANZIGSTES BUCH, KAPITEL 6

Seite 755 unten – «*möchte ich an das erinnern ...*»: vgl. civ. 22,4 (S. 751 Mitte).

Seite 755/756 – *Cicero-Zitat:* rep. 2,10,18 (BAW S. 183 ff.), vgl. Cic. Tusc. disp. 1,12,27 (BAW S. 31).

Seite 756 oben – *2. Cicero-Zitat:* rep. 2,10,19 (BAW S. 185 Mitte).

Seite 756 Mitte – «*Marcus Tullius Cicero*»: vgl. civ. 2,27 (S. 107 Mitte) mit Anm. S. 552. «*damals Romulus*»: vgl. civ. 3,6; 3,15 (S. 135); 18,24 (S. 454 oben) mit Anm.

Seite 757 Mitte – «*unter die Götter aufgenommen ...*»: vgl. Anm. zu S. 756 Mitte bzw. S. 454 oben. «*es fehlen die Wunderzahlen*» («nullis quippe rerum mirabilium signis»): vgl. Liv. 1,16. «*nicht ... Buhlerin, sondern ein wirkliches Tier*» («non lupa, sed bestia»): vgl. Liv. 1,4; Cic., rep. 2,2,4 (BAW S. 173); A., civ. 18,21 (S. 448 Mitte) mit Anm.

Seite 757 unten – «*in die Zahl seiner Götter aufgenommen*»: vgl. civ. 18,24 (S. 454 oben/Mitte) mit Anm.

Seite 758 Mitte – «*und vermehrten sich doch*»: vgl. Tert., apol. 37,4–7 (übers. C. Becker S. 179 ff.); 50,14: «plures efficimur, quotiens metimur a vobis: semen est sanguis Christianorum» (Übers. a. O. S. 223). «*Cicero*»: vgl. rep. 3,23,34 (BAW S. 279 unten). «*unter ‹Heil› («salus») versteht*»: vgl. C. Andresen, RAC 6 (1966) 147 ff.

Seite 758 unten – *Cicero-Zitat:* rep. 3,23,34 (BAW S. 281 oben). «*mit den Platonikern*»: zu Ciceros Timaios-Übers. vgl. Anm. S. 599 zu civ. 10,31 (S. 522 unten) mit Anm. S. 620.

Seite 759 oben – «*die Saguntiner*»: vgl. civ. 3,20 (S. 150 ff.) mit Anm. S. 559 f.

Seite 759 Mitte – «*den Ausführungen ‹Ciceros›*»: «huic disputationi possent oboedire»; vgl. Cic., rep. 3,23,34 (BAW S. 279 unten).

ZWEIUNDZWANZIGSTES BUCH, KAPITEL 7

Seite 759 unten – «*Romulus lebte*»: die Jahreszahlenangaben nach Cic., rep. 2,10,18 (BAW S. 185 oben), zitiert civ. 22,6 (S. 755 unten). Cic. berücksichtigt die Chronologie des fiktiven Gespräches = ca. 600–625 «ab urbe condita», was A. nicht tut.

Seite 760 oben – «*zweifellos noch gebildetere Zeiten*» («eruditioribus utique temporibus»): aus Vergils 4. Ekloge (zitiert civ. 10,27; S. 512; ep. 137,12) übernahm A. auch diese Vorstellung, vgl. bes. 4. ecl. 9 f.: «... toto surget gens aurea mundo/casta fave Lucina: tuus iam regnat Apollo ...»

ZWEIUNDZWANZIGSTES BUCH, KAPITEL 8

Seite 760 unten – «*jene Wunder nicht mehr*»: vgl. civ. 10,12; zur Fragestellung vgl. util. cred. 16,34; vera rel. 25,47 (BAW S. 439 ff.); serm. 88, 2,2 (PL 38/39, 539 f.); 88,3,3 (a. O. p. 540 f.).

Seite 761 Mitte – «*soviel zur ...*»: «Hoc ad refellendos vanissimos ...»;

die Auseinandersetzung mit heidnischer Kritik am christlichen Dogma geht civ. 22, 12–20 weiter.

Seite 761 unten – «*auch jetzt noch geschehen Wunder* ...»: vgl. civ. 8, 26 (S. 423 Mitte) mit Anm. S. 604; zu den «Wunderkapiteln im XXII. Buch» vgl. A. Stolz, Theologie und Glaube 18 (1926) 843–855; weitere Lit. s. BiblA S. 146 f. «*durch die Gedächtnisstätten* ...» («memoriae sanctorum»): meint Märtyrerkapellen mit Reliquien auch privater Stiftung vgl. O. Perler, Mémorial G. Bardy = Rev. Et. Aug. 2 (1956) 441 f.; eine «memoria beati Cypriani» nahe des Hafens von Karthago: conf. 5, 8, 13 (BAW S. 124); zum Ausdruck «memoriae sanctorum» vgl. conf. 6, 2, 2 und vor allem civ. 8, 27 (S. 423 ff.) mit Anm. S. 604.

Seite 762 oben – «*Das Wunder der Blindenheilung*»: vgl. conf. 9, 7, 16 (BAW S. 229 f.); epist. ad catholicos (→ BiblA S. 259) 19, 50; serm. 318, 1. 286, beide vom Jahre 425; retract. 1, 13, 7. Das für das Episkopat Ambrosius bedeutsame Ereignis auch in dessen Briefen vgl. ep. 22, 2, 12; Paulinus, vita Ambrosii 14, im übrigen vgl. Courcelle, Recherches p. 139–153.

Seite 762 Mitte – «*Heilung des Innocentius*»: vgl. A. H.-M. Jones u. a., The Prosopography of the Later Roman Empire I, Cambridge 1971, 458, Nr. 4. «*meinen Bruder*» («frater»): sc. in Christus, vgl. A., conf. 9, 12, 33: «te Patrem omnium fratrum Christi tui»; daneben kommt auch der monastische und klerikale Brudertitel in Frage: «*Alypius*», der Jugendfreund und Gesprächspartner von Cassiciacum (Philosophische Frühdialoge, BAW S. 23) entschloß sich mit A. zum mönchischen Weltverzicht (conf. 8, 12, 28–30; BAW S. 214 ff.) und übernahm wie dieser dann ein nordafrikanisches Bischofsamt (am gemeinsamen Geburtsort Thagaste: A., ep. 25, 1; 27, 5 u. ö.).

Seite 764 unten – «*Saturninus*»: Bischof von Uzalis, Proconsularis (heute: El Ada, Tunesien) um 383 n. Chr. (A., ep. 22, 9; Goldbacher p. 62, 3). «*Aurelius*»: Bischof von Karthago und Primas der nordafrikanischen Kirche seit 391 n. Chr. (A., ep. 22), deren Reorganisator, Mitstreiter A.s gegen den Donatismus und Pelagianismus (Konzilien von Karthago 397. 412. 418. 419. 424, vgl. F. L. Cross, JThSt ns. 12, 1961, 227 ff.) verst. ca. 427 n. Chr., vgl. Anm. S. 552 zu civ. 2, 26.

Seite 766 oben – «*nach Ansicht des Hippokrates*»: vgl. Hippocr., aphorism. 6, 38 (ed. Jones IV, 188 f.); Galen., meth. med. 3, 10 (ed. Kühn 10, 221 ff.), vgl. H. M. Koelbing, Arzt und Patient in der antiken Welt (Zürich-München 1977) 87 f. 99 f. 117. 120 ff.; vgl. ferner Anm. S. 572 zu civ. 5, 2 (S. 222 unten).

Seite 766 Mitte – «*das Kreuzeszeichen*»: zu dessen magisch-apotropäischer Wirkung bei der Taufhandlung vgl. Kirchen S. 478–482 mit Belegen und Lit. in den Anm. 179 ff.

Seite 767 Mitte – «*an Fußgicht*» («podagrum»): griech. Lehnwort = «Fußkranker», vgl. Plin., nat. 26, 64, 100 f.; zu den beiden Dämonen als Neger vgl. Fr. J. Dölger, Die Sonne der Gerechtigkeit und der Schwarze (1919) S. 49 f.

Seite 767 unten – «*Ein früherer Schauspieler*» («mimus»): sein Beruf gehörte zu den Taufhindernissen, vgl. Hipp., trad. nr. 16 (Botte p. 34); Cyprian, ep. 2, 1. Weiteres Material bei W. Weismann, Kirche und Schauspiele (Würzburg 1972) passim; ders., Mittellatein. Jahrb. 12, 1977, 22–43. «*Curubis*»: (heute: Kourba, Tunesien) kurzfristiger Verbannungsort Cyprians v. Karthago 257 n. Chr., südöstlich von Karthago am Meer gelegen.

Seite 768 oben – «*ein ehemaliger Volkstribun*» («vir tribunicius»): kaum mit dem praefectus praetorio «Hesperius» der Jahre 377–380 zu identifizieren, da dieser der heidnischen Senatsopposition zuzuzählen ist. Sollte es sich aber um einen christlich gewordenen Sohn handeln, der sich am Lebensende auf das nordafrikanische Familiengut zurückzog, das der Vater als «proconsul Africae» von 376 erworben hatte? → KlP 2, 1118. «*Fussala*»: lag im Umkreis von Hippo Regius, ist aber nicht mehr zu identifizieren. «*das Landgut*» («fundus»): zum Besitz nordafrikanischer Latifundien durch die römische Beamtenaristokratie vgl. Einführung zu Bd. I, S. VII.

Seite 768 unten – «*Bischof ... von Sinit*»: im Umkreis von Hippo Regius, aber nicht zu identifizieren. A., ep. 23 hält «*Maximinus*» ca. 394 den Fall einer Wiedertaufe vor (ep. 23, 2 Goldbacher): sie entspricht donatistischem Brauch. Ursprünglich Donatistenbischof, war er ca. 407 n. Chr. zur katholischen Kirche übergetreten, vgl. A., ep. 105, 4 Goldbacher. «*ein Bethaus*» («locus orationum»): d. h. ein sog. «oratorium», vgl. A., ep. 211, 7; ferner ep. 220, 11 den Imperativ «funde orationes»! Als «fundator» übernahm Hesperius für das Oratorium auch Rechtspflichten, vgl. Kirchen S. 510f. mit Anm.

Seite 769 oben – «*Gedächtnisstätte*» («memoria martyrum»): vgl. Anm. zu S. 761 unten. «*Protasius und Gervasius*»: vgl. Anm. zu S. 762 oben; zu den Heilungswundern an ihrer «memoria» vgl. A., ep. 78, 3. In diesem zwischen 407–408 n. Chr. fallenden Brief kennt A. noch keine Wunderberichte an den nordafrikanischen Märtyrerkapellen!

Seite 769 Mitte – «*geweihten Jungfrauen*» («sanctimoniales»): vgl. A., serm. 93, 1: «quae propria et excellentiori sanctitate virgines in ecclesia nominantur, quas etiam usitatiore vocabulo sanctimoniales appellare consuevimus» (PL 38/39, 574 oben). Die Szene von «*Victoriana*» veranschaulicht ep. 211, 7 – bekanntlich das Urgestein (ep. 211, 5–16) der «regulae Augustini» (BiblA S. 93f.).

Seite 770 oben – «*das Auge ...*»: eine ähnlich wundersame Augenheilung bei Euagrios he. 4, 7 (ed. Bidez–Parmentier p. 157f.).

Seite 770 Mitte – «*zu den zwanzig Märtyrern*»: aus der diokletianischen Zeit vgl. A., sermo Morin II (Misc. Agostiniana I, Roma 1930, 595). Namentlich erwähnt A. nur Bischof Fidentius sowie Valeriana und Victoria serm. 325, 1 (PL 38/39, 1448); 326, 2 (a. O. 1450) bringt Auszug aus der Märtyrerakte. «*deren Gedächtniskapelle*»: dazu O. Perler, Rev. Et. Aug. 1, 1955, 299–345, spez. 328; 2, 1956, 435–446.

Seite 770 unten – «*in seinem Bauch ...*»: ein häufiges Motiv frommer Legende. «*eine Reliquie* («memoria») *des ... Stephanus*»: zur sensationellen Auffindung derselben im Umkreis von Jerusalem Ende 415 n. Chr. und der ungeheuer schnellen Verbreitung des Stephanus-Kultes vgl. Kirchen S. 519f. Immerhin dauerte es noch zehn Jahre, bis A. auch in Hippo Regius eine Kapelle dem «Protomartyr» errichtete: civ. 22, 8 will gleichzeitig im Lichte dieses Lokalereignisses wie auch A.s Sinneswandels gelesen sein. «*Aquae Tibilitanae*»: heute Mammam Meskoutine, lag in Numidien (heute: Algerien), vgl. für die Städteangaben Karte 33 bei F. van d. Meer–Chr. Mohrmann, Atlas der frühchristl. Welt (1958) 33, vgl. auch Kt. 22.

Seite 771 oben – «*Fort Sinit*» («castello Sinitensi»): vgl. Anm. zu S. 768 unten, außerdem: O. Perler–J. L. Maier, Les voyages de s. A. (Paris 1969) s. Index. «*Kolonialstadt Hippo*»: «colonia» als Ehrenprädikat (röm. Bürgerrecht hat Geltung) → KlP 1, 1248 ff., spez. 1250. «*Lucillus*»: Nachfolger des Maximinus (S. 768 unten)?

Seite 771 Mitte – «*Calama*»: heute Guelma, Dép. Constantine, Algerien. Als A. zum Bischof geweiht wurde, war es bereits Sitz des Primas von Numidien Megalius (vita Possidii, cap. 8), der noch im gleichen Jahr verstarb (A. ep. 38, 2). Sein Nachfolger wurde A.s Freund und Biograph «*Possidius*», der im Todesjahr A.s vor den Vandalen in die sichere Hafenstadt Hippo Regius flüchtete (vita Possidii, capp. 28f., übers. Harnack → BiblA S. 42ff.).

S. 772 oben – «*Blumen vom Altar*»: als Opfergabe vgl. die Szene S. 770/771 oben; als Heilmittel vgl. Greg. Tur., miracul. lib. 2, 2 (PL 71, 941 f.).

Seite 772 Mitte – *Bibelzitat*: Apg. 7, 58. «*Fußgichtkranke*» («podagri»): vgl. Anm. zu S. 767 Mitte. «*Audurus ... ein Landgut*» («fundus»): nicht mehr zu identifizieren. Nordafrikanische Latifundien waren z. T. in der Lage, sich ihren eigenen Klerus zu halten, vgl. conc. Carthag. 411 n. Chr. (Mansi 4, 136).

Seite 772 unten – «*ein Syrer namens Bassus*»: Anf. 3. Jh. war «Bassus» nomen syrischer Herrscher, vgl. aber auch den «vir spectabilis» bei Jones, Prosopography S. 151, Nr. 8.

Seite 773 Mitte – «*Steuereinnehmers* (collectarii) *Irenäus*»: neben dem syrischen ein griech. Name! A.s Bischofssitz war Hafenstadt. Rufin (hist. 5, 28, 9; ed. Mommsen p. 503, 14) übersetzt τραπεζίτης mit «collectarius», was die Wiedergabe «Bankier» zuließe. «*ein ‹früherer› Tribun*»: «vir tribunicius»; vgl. Anm. zu S. 768 oben.

Seite 773 unten – «*das Versprechen ...*»: vgl. civ. 21, 27 (S. 745 1. Satz) mit civ. 21, 1 (S. 674 2./3. Satz von oben). «*Colonia Calama*»: vgl. Anm. zu S. 771 oben.

Seite 774 oben – «*schriftliche Aufzeichnungen ...*»: «libelli dati sunt»; meint Protokolle. Zu den Anfängen und dem Institut der «libelli miraculorum» vgl. H. Delehaye, Anal. boll. 29 (1910) –; 43 (1925): Les recueils. Hippo Regius verfügte über 70 libelli. «*diese Reliquien*»: «ista memoria»;

d.h. die nach Perler (s.o. zu S.761 unten) 425 n.Chr. errichtete Stephanus-Kapelle. Die Angabe «nicht zwei Jahre her» bestätigt die Angaben S.XII der Einführung zu Bd.1.

Seite 774 Mitte – «*Pflanzstadt*» («colonia»): s. Anm. zu S.771 oben; S.764 unten. «*Utica*»: in der Proconsularis, heute: Bordig Bou Chateur, Tunesien. «*Evodius*»: Jugendfreund A.s (seit 387 n.Chr.), Gesprächspartner in den «Philosophischen Spätdialogen» über «Die Größe der Seele» (BAW S.19) und «Vom freien Willen» (nur Buch 1 und 2; BAW S.10), vgl. conf.9,8,17 (BAW S.230).

Seite 774 unten – «*ein gewisser Jude*»: bes. das alexandrinische Judentum war in Herstellung und Vertrieb von Amuletten führend, vgl. RAC 1, 1950, 406f.; Delatte-Derchain, Les intailles magiques greco-égypt., Paris 1964 (passim).

Seite 775 oben – «*mitsamt dem Ringe in den Fluß*»: die Pointe (die «Macht» des Märtyrers war stärker als das jüdische Amulett) überläßt A. dem Leser.

Seite 775 Mitte – «*der bei verschlossenen Türen*»: vgl. Joh.20,19.

Seite 776 oben – «*und kaum einer ist*»: weniger Beleg für schwachen Gottesdienstbesuch als persönlicher Ausdruck eines enttäuschten Reformeifers.

Seite 776 Mitte – «*Fluch ... ihrer verwitweten Mutter*»: vgl. Sir.3,11. «*auch zu uns*»: aufgrund einer Vision laut serm.324 (PL 38,1445): die mitstenographierten serm.320–324 bieten die Chance einer Kontrolle der Darstellung A.s. «*und in ihr ...*» («et in ea memoriam»): für die archäologische Rekonstruktion zu ungenaue Angabe.

Seite 776 unten – «*das Gitter ..., wo sich die Märtyrerreliquie befand*»: «cancellos, ubi martyrium erat»; vgl. dazu O.Perler, Rev.Et.Aug.1, 1955, 325.

Seite 777 oben – «*Da erscholl ...*»: «Quis ergo se tenuit a laudibus Dei?» Die rhetorische Frage hat konkreten Hintergrund. Ihn macht der Stenograph der Predigt sichtbar, indem er bei der Heilung der Palladia gewissenhaft die Rufe der Katholiken («Deo gratias») von denen der Donatisten («Christo laudes» bzw. «Deo laudes») unterscheidend festhält (serm.323,4; PL 38,1446).

Seite 777 Mitte – «*Gott sei Dank, Gott sei gepriesen*» («Deo gratias, Deo laudes»): auch A. hält die konfessionell gespaltene Reaktion auf das Wunder fest. «*sprach ich nur wenige ... Worte*»: = serm.320 (PL 38, 1442). «*speiste dann* (prandit) *mit uns*»: d.h. zu Mittag im «episcopium» von Hippo Regius, vgl. A., serm.355,1f.6 (PL 38/39,1568ff.).

Seite 777 unten – «*nach der Predigt*»: = serm.321. «*an den Stufen des Chores*» («in gradibus exedrae»): zur Situationsschilderung A.s vgl. Kirchen S.447, Abb.16.

Seite 778 oben – «*die Aufzeichnung verlesen*» («recitato eorum libello»): = serm.322 (PL 38,1443ff.). «*ein wenig eingehender zu besprechen*» («aliquanto diligentius coeperam disputare»): = serm.323 (PL 38,1445f.)?

Seite 778 Mitte – «*die Schwester*»: d.h. Palladia. «*von der Stätte des Märtyrers*»: zweite für die archäologische Rekonstruktion wichtige Ortsangabe.

Seite 778 unten – «*Der Glaube an Christus*»: das Thema der Predigt von Ostermittwoch = serm. 324 (PL 38, 1446f.), die kaum vollständig überliefert wurde. Im Vergleich ist deshalb die «Epistola Luciani de miraculo sancti Stephani Protomartyris» mit ihren Berichten von Uzalis (PL 41, 807–818) von theologischem Interesse.

ZWEIUNDZWANZIGSTES BUCH, KAPITEL 9

Seite 778 unten – «*Wofür* ...»: vgl. civ. 22, 8 (S. 761 oben).

ZWEIUNDZWANZIGSTES BUCH, KAPITEL 10

Seite 780 Mitte – «*wie Pharaos Zauberer*»: vgl. 2. Mos. 7, 22; 8, 3. 14.

Seite 780 unten – «*ihrem Ort und Rang entsprechend*»: und zwar in der «Commemoratio pro defunctis» aufgrund der sog. Diptychen vgl. RAC 3, 1957, 1143ff.; V. L. Kennedy, The Saints of the Canon of the Mass, Roma ²1963.

Seite 781 oben – «*Das Opfer aber* ...»: vgl. civ. 10, 20 (S. 50 oben). «*ihre eigenen Schandtaten* ...»: «sacra sua etiam crimina sua esse voluerunt»; vgl. civ. 2, 8 (S. 70).

Seite 781 Mitte – «*im Herrn rühmen sich* ...»: vgl. Ps. 34, 3.

ZWEIUNDZWANZIGSTES BUCH, KAPITEL 11

Seite 781 unten – *Bibelzitat*: Ps. 94, 11. «*von ihrem Lehrmeister Plato* ...» («magistro Platone»): Tim. 32b (Jub. Ausg. S. 211f.), vgl. civ. 13, 17 (S. 128 unten).

Seite 782 oben – «*an seinem angewiesenen Platz* ...»: «ut ordinem suum teneant»; vgl. civ. 11, 27 (S. 45 Mitte) mit Anm.

Seite 782 unten – «*die Beweisführung dieser Leute*» («istorum argumentationibus»): vgl. civ. 22, 4 (S. 751f.) mit Anm. «*nicht wiederholen* ...»: vgl. civ. 13, 18 (S. 131ff.) mit Schlußsatz S. 133.

Seite 783 oben – «*denn Aristoteles*» («A. quintum corpus eam esse dixit»): zur «*Quintessenz*» («quinta essentia») des Stagiriten vgl. Cic., ac. 1, 7, 26 ed. Plasberg und vor allem Tusc. disp. 1, 10, 2 (BAW S. 25 unten), wo Cicero richtig festhält, daß der Stagirite dem «quintum genus» keine Bezeichnung gab (beachte den kritischen Unterton Tusc. disp. 1, 17, 41; BAW S. 43). Er spricht höchstens im qualitativen Sinne von dem «ersten Körper», wenn er ihn dem «Aithér» zuweist (270b 20–24; Übers. BAW S. 62f.), vgl. die Einleitung von O. Gigon a. O. Mittelplatoniker wie Attikos von Athen (vgl. S. 600 Anm. zu civ. 8, 12; S. 392 oben) bekämpften leidenschaftlich des Aristoteles Lehre, vgl. Eus., praep. ev. 15, 7, 1–7 (Übers. BAW, Aristoteles' Einführungsschriften S. 310ff.). A.s Kritik stößt daher eine bereits geöffnete Tür auf. In de gen. ad litt. 7, 15, 21; 7, 21, 27 ist A. objektiver, weil an Cicero orientiert, vgl. Nachweise Solignac BA 48 (1972).

Seite 783 Mitte – «*von Varro erwähnte*»: diese Angabe geht über die Parallele civ. 10, 16 (S. 493 unten; Anm. S. 615) hinaus; vgl. ferner Valerius Maximus 8, 1, 5 ed. Kempf p. 368.

Seite 784 Mitte – «*Plato zufolge*»: Tim. 31 B/C (Jub. Ausg. S. 211); A. zitierte nach Cic., Tim. 4, 11 ed. Mueller; im übrigen vgl. Tim. 32 B/C (Jub. Ausg. S. 212) bzw. civ. 13, 17 (S. 128 unten).

ZWEIUNDZWANZIGSTES BUCH, KAPITEL 12

Seite 785 unten – *Bibelzitat:* Lk. 21, 18.

Seite 786 – *Bibelzitate:* Eph. 4, 13. / Röm. 8, 29. / Lk. 21, 18.

Seite 787 Mitte – «*Die raffinierteste …*»: «quaestio difficillima». «*Menschenfleisch zu verzehren*»: vgl. die Saguntiner civ. 3, 20 (S. 15 oben) mit Anm.

Seite 787 unten – «*sie bedrängen uns also mit der Frage*»: vgl. die Zusammenfassung der Probleme durch A., enchir. 23, 84–92 (übers. Barbel S. 147 ff. mit Exkurs S. 235 f.). «*wie Plato*»: vgl. die Kritik civ. 12, 20 f. (S. 93) und vor allem civ. 10, 30 (S. 519 f.) mit Anm. S. 620. «*oder wie Porphyrius*»: vgl. civ. 12, 21 (S. 95/96) und vor allem civ. 10, 30 (S. 520 ff.) mit Anm. S. 620. «*durch Flucht aus aller Leiblichkeit*» («sed corpus omne fugiendo»): vgl. Anm. S. 619 zu civ. 10, 29 (S. 518 oben); Anm. zu civ. 12, 27 (S. 104 Mitte); Courcelle, Lettres p. 167.

ZWEIUNDZWANZIGSTES BUCH, KAPITEL 13

Seite 788 oben – «*von gegnerischer Seite …*»: z. B. Kelsos fr. 14 Bader S. 128 f.; Porphyrius, «Gegen die Christen», fr. 69 Harnack (Abh. Berliner Akad. 1916, S. 88 f.); Min. Fel. 11, 7; zu A. spez. vgl. P. Courcelle, Rech. Aug. 1 (Paris 1958) 149–186, spez. 163–170. «*Antwort geben*»: civ. 22, 14–21.

ZWEIUNDZWANZIGSTES BUCH, KAPITEL 14

Seite 788 unten – *Bibelzitat:* Lk. 21, 18, vgl. S. 785.

Seite 789 oben – «*nur eine ideelle, keine wirkliche Größe*»: «sed habent in ratione, non mole»; gemeint sind die sog. «rationes causales» bzw. «seminales», vgl. civ. 11, 29 (S. 49 oben) mit Anm.; civ. 7, 30 (S. 362) mit Anm. S. 594, dazu ferner M. Pohlenz, Stoa[4] II, 221 (zu S. 452 Z. 11).

ZWEIUNDZWANZIGSTES BUCH, KAPITEL 15

Seite 790 oben – «*der Apostel …*»: vgl. Eph. 4, 13, vgl. S. 786 oben.

Seite 790 Mitte – «*auch die weltlichen Gelehrten*» («etiam saeculi huius doctissimi homines»): A. meint wohl Varro, dessen «Lebensalter» Cens. 14 wiedergibt. Die sechs Stadien sind gewöhnlich bei A.: «infantia, pueritia, adolescentia, iuventus, gravitas, senectus», vgl. de div. quaest. 83 q. 58, 2; q. 64, 2; de gen. c. Man. 1, 39. «*gehe es schon abwärts …*»: «inde iam hominem in detrimenta vergere gravioris ac senilis aetatis»; vgl. den schönen Passus enarr. in Ps. 127, 15: «sed vide quia cum accedit una, altera moritur …» (CCL 40, p. 1878, 27 ff.).

ZWEIUNDZWANZIGSTES BUCH, KAPITEL 16

Seite 790 unten – «*auch das andere Apostelwort*»: vgl. Röm. 8,29, vgl. S. 786 oben. «*anderen Orts*»: Röm. 12,2.

ZWEIUNDZWANZIGSTES BUCH, KAPITEL 17

Seite 791 Mitte – «*Schriftworte*»: Eph. 4,13. / Röm. 8,29. «*sind einige der Meinung*»: so Origenes, vgl. Hier. in Eph. 5,29 (PL 26,533 f.), ferner Hier., adv. Iovianum 1,36; dazu vgl. den Streit zw. Rufin., apol. 1,23 (CCL 20,57) und Hier., apol. 1,29.

Seite 792 oben – «*Der tiefe Schlaf ...*»: vgl. 1. Mos. 2,21 mit A., de gen. c. Manich. 2,24,37 (PL 34,215 f.). «*Blut und Wasser*»: vgl. Joh. 19,34.

Seite 792 Mitte – *Bibelzitat:* 1. Mos. 2,22. «*auch der Apostel*»: vgl. Eph. 4,12.

Seite 792 unten – *Bibelzitate:* Mt. 22,29 / 22,30.

ZWEIUNDZWANZIGSTES BUCH, KAPITEL 18

Seite 793 Mitte – «*die Aussage des Apostels*»: vgl. Eph. 4,13 (S. 791 Mitte). *Bibelzitate:* 1. Kor. 12,27. / Kol. 1,24. / 1. Kor. 10,17. / Eph. 4,12 / 4,13 / 4,15 f. / 4,13. / Eph. 1,22 f. / Ps. 112,1.

ZWEIUNDZWANZIGSTES BUCH, KAPITEL 19

Seite 795 oben – «*von den Haaren und Nägeln*»: vgl. Tert., anim. 51,2 f. unter Hinweis auf Demokrit (Übers. Waszink [Amsterdam 1933] S. 171 f.; Ktr Waszink [Leiden 1947] S. 528 f.); A., enchir. 23,89 (Barbel S. 151 unten f.).

Seite 795 unten – *Bibelzitate:* Lk. 21,18. / 12,7.

Seite 796 oben – «*Standbild*»: vgl. A., enchir. 23,89 (Barbel S. 153 oben). «*alle Mißbildungen*»: vgl. A., enchir. 23,87 (Barbel S. 151) mit dem Hinweis auf die siamesischen Zwillinge von Lydda (Hier., ep. 72,2); A., civ. 16,8 (S. 295 oben) dürfte von Hieronymus beeinflußt sein, auch wenn er steigert.

Seite 796 unten – *Bibelzitat:* Mt. 13,43.

Seite 797 oben – «*daß er von den Seinen ...*»: vgl. Lk. 24,39–43; Joh. 20, 20. 24–29; 21,5. «*Aorasia*»: T. lautet: ἀορασία. «*darum in der Genesis*»: vgl. 1. Mos. 19,11, vgl. A., quaest. in Heptat. 1,43 (CCL 33,17): «Graeci habent ἀορασία quod magis significat, si dici potest, avidentia, quae faciat non videri non omnia, sed quod non opus est.»

Seite 797 unten – *Bibelzitat:* Lk. 21,18 (S. 795 unten).

ZWEIUNDZWANZIGSTES BUCH, KAPITEL 20

Seite 798 Mitte – «*dieser große heidnische Schriftsteller*»: «tantus auctor ipsorum»; vgl. Anm. S. 552 zu civ. 2,27 (S. 107 Mitte). *Cicero-Zitat:* Tusc. disp. 1,27,66 (BAW S. 67 Mitte).

Seite 798 unten – «*die alte Geschichte mehrfach bezeugt*»: z. B. die Belagerung von Sagunt, vgl. civ. 3,20 (S. 150) und im gleichen Problemkreis civ. 22, 12 (S. 787 Mitte). Kannibalismus anl. der Belagerung Roms durch Alarich behaupten Olympiodor (→ KlP 4, 289 f., Nr. 4) fr. 13; Zos., hist. 6, 8–12; Sozom., hist. eccl. 9, 8, 8.

Seite 799 Mitte – *Bibelzitat:* Lk. 21, 18 (S. 797 unten).

Seite 799 unten – «*dem Leibe eines jeden eingepflanzten Idee*» («perfectae cuiusque indita corpori ratio iuventutis»): A. hat wieder die «rationes seminales» im Blickfeld, vgl. Anm. zu civ. 22, 14 (S. 789 oben).

Seite 800 oben – «*den Engeln Gottes gleich werden* ...»: vgl. Mt. 22, 30, ferner A., enchir. 23, 90 (Barbel S. 153).

ZWEIUNDZWANZIGSTES BUCH, KAPITEL 21

Seite 800 Mitte – «*verwandelt werden ... umkleidet werden*»: vgl. 1. Kor. 15, 52–54; 2. Kor. 5, 2–4, ferner A., enchir. 23, 91 (Barbel S. 153 f.).

Seite 800 unten – *Apostelzitat:* 1. Kor. 3, 1.

Seite 801 oben – «*widerstreitet*»: vgl. Röm. 7, 23. *Bibelzitat:* 1. Kor. 15, 44, zitiert civ. 13, 20 (S. 136 unten).

Seite 801 Mitte – *Psalmzitat:* Ps. 26, 8. «*den Menschen untadelig schuf*»: «fecit hominem rectum»; vgl. civ. 22, 1 (S. 747 unten) mit Anm. «*paradiesischen Fruchtbarkeit*»: vgl. 1. Mos. 1, 28.

Seite 801 unten – «*nichts als Anfechtung*» («totam temptationem»): vgl. civ. 1, 27 (S. 47 1. Zeile): «mundus per omnes horas tentationis plenus».

ZWEIUNDZWANZIGSTES BUCH, KAPITEL 22

Seite 801 unten – «*überhaupt Leben nennen darf*»: vgl. civ. 13, 10 (S. 117 f.), ferner das Echo bei Gregor d. Gr., XL hom. in Ev. 2, 37, 1.

Seite 802 oben – «*tiefe Unwissenheit*»: vgl. A., enchir. 8, 24 (Barbel S. 61 f.).

Seite 802 Mitte – «*und was daraus erwächst*»: Negativkataloge gehören seit den neutestamentlichen Lasterkatalogen (vgl. Röm. 1, 28–31; Gal. 5, 19–23; 2. Tim. 3, 1–5) zum festen Traditionsgut altchristl. Lit. Die Mönchsliteratur des 4./5. Jh., zu der auch unser Passus zu rechnen ist, suchte zusätzlich den Anschluß an die «Pathologie» der antiken Philosophie, für die als stellvertretendes Beispiel Cic., fin. 3, 10, 35 (BAW S. 240 ff.) genannt sei. Aus der monast. Literatur vgl. z. B. Cassian., inst. 5, 1; conl. 5, 2; 5, 10.

Seite 802 unten – «*in viele verfallen*»: zum sog. augustinischen Pessimismus vgl. A., conf. 8, 5, 11 f. (BAW S. 199 f.).

Seite 803 oben – «*nicht zurückhält*»: vgl. Ps. 77, 10. «*wie die Heilige Schrift sagt*»: vgl. Sir. 30, 12.

Seite 803 unten – «*eine Plage ist*» («etiam qui est utilis, poena sit»): vgl. das Hölderlin-Wort typisch antiker Prägung: «Nur Sklaven arbeiten» und Ableitung des slaw. Wortes «rabotat» Anm. zu civ. 19, 15; auch 1. Mos. 3, 17 ff. ist zu beachten. «*abgesehen von den Strafen* ...»: vgl. conf. 1, 9, 15 (BAW S. 42).

Seite 804 unten – «*Eli, der Priester*»: vgl. 1.Sam.4,18; vgl. civ.17,5 (S.372f.).

Seite 805 unten – «*Aus diesen Höllen ...*»: «Ab huius tam miserae quasi quibusdam inferis vitae ...»; zum «Elend dieses Lebens» vgl. A., enchir.7,21 (Barbel S.57ff.).

Seite 805/806 – «*besagt schon sein Name Jesus*»: vgl. Mt.1,21; Lk.1,31f.

Seite 806 Mitte – «*wie Tullius bemerkt*»: vgl. Cic., fin.5,21,58 (BAW S.439 mit Anm.1)? «*sagt er*»: vgl. ac.1,2,7 ed.Plasberg p.4,1f. als Plato-Zitat = Tim.47B (Jub.Ausg. S.233 Mitte).

ZWEIUNDZWANZIGSTES BUCH, KAPITEL 23

Seite 807 oben – «*Fleisch wider den Geist ...*»: vgl. Gal.5,17.

Seite 807 Mitte – «*nicht über unserm Zorn ...*»: vgl. Eph.4,26. «*Böses mit Bösem*»: vgl. Röm.12,17. «*Waffen der Ungerechtigkeit*»: vgl. Röm. 6,12f.

Seite 807 unten – *Apostelzitate:* 1.Kor.15,57. / Röm.8,37.

Seite 808 oben – *Bibelzitat:* Mt.6,12.

ZWEIUNDZWANZIGSTES BUCH, KAPITEL 24

Seite 808 Mitte – «‹*Gottes*› *preiswürdige Strafgerechtigkeit*»: «hanc ipsam miseriam generis humani, in qua laudatur iustitia punientis ...»; vgl. civ.13,10 (S.117ff.). *Bibelzitat:* 1.Mos.1,28, vgl. civ.14,21 (S.197f.) mit Anm. «*dem verdammten Geschlecht ...*»: «mansitque in stirpe damnata donata fecunditas»; vgl. A., enchir.8,26f. (Barbel S.63f.).

Seite 808 unten – «*noch wunderbarere*» («etiam mirabiliorem» sc. vim): d.h. die hier physiologisch konkretisierte «Keimkraft» («ratio seminalis») vgl. civ.22,20 (S.799) mit Anm. und vor allem gen. ad litt. 4,33, 52; 6,10,17 u.ö. «*jenen Strom und Gießbach ...*» («quasi fluvio atque torrente generis humani»): vgl. A., enchir.8,27: «volvebatur et de malis in mala praecipitabatur totius humani generis massa damnata» (Übers. Barbel S.63f.).

Seite 809 oben – «*da er selbst den Teufel ...*»: «cum nec ipsum diabolum a suo alienarit imperio»; die Aussage basiert auf dem ontologischen Satz von der Güte des Seins und der Existenz im nächsten Satz, vgl. auch civ.12,2f.

Seite 809 Mitte – «*die Arterhaltung*»: «conformatio»; vgl. A., c.Adimentum 5 (p.125,9 CSEL 25,1): «secundum spiritalem conformationem factum esse hominem ad imaginem Dei». Im Unterschied zur «Fortpflanzung» («propagatio») ist die «Arterhaltung» Gestaltung nach einem Vorbild («forma»), vgl. lib.arbitr.2,17,45 (BAW S.197f.), darin höherer Qualität; vgl. civ.12,26 (S.102 oben) mit Anm. «*bis heute weitergeht*»: vgl. Joh.5,17, ferner A., civ.12,16 (S.86 unten). Zu dem neuplatonischen Hintergrund des augustinischen Konzepts der «creatio continua» vgl. die Ktre von Solignac zu «de Genesi ad litt.», spez. BA 48, 1972, 653–668.

Seite 809 unten – «*dem Viehe gleich*»: vgl. Ps.49,13, dazu A., enarr. in Ps.48,16 (CCL 38,563f.).

Seite 810 oben – «*nach dem er geschaffen war*»: vgl. 1.Mos.1,27, vgl. civ.12,28 (S.105 unten).

Seite 810 Mitte – «*von der geistlichen Unterweisung*» («de institutione spiritali»): vgl. «christiana et ecclesiastica institutione» A., de peccat. merit.3,12,21; ferner L.Eizenhöfer, Arch.f.Liturgiewiss. 4, 1956, 325 bis 340. *Apostelzitat:* 1.Kor.3,7. «*der Same sich entfaltet*»: «ut numeros suos explicent semina»; vgl. S.813 unten, ferner A., lib.arbitr.2,11,31 (BAW S.170f.); de gen. ad litt. 5,6,14. Zur metaphysischen Dimension der Zahl vgl. lib.arbitr. 2,8,20–23 (BAW S.147ff.).

Seite 810 unten – «*Lebewesen*»: «animal rationale»; vgl. civ.9,13 (S.446 unten); civ.12,22 (S.99 oben). «*Vernunft und Denkkraft*» («ratio et intelligentia»): vgl. civ.12,24 (S.100 Mitte) mit Anm.

Seite 811 oben – «*klug, tapfer, besonnen, gerecht*» («prudenter, fortiter, temperanter, iuste»): die vier Kardinaltugenden Platons vgl. Begriffslexikon zu Platon (Jub.Ausg.) zu den Begriffen; A., de mor.eccl.cath.1, 15,25; civ.13,21 (S.138 oben) mit Anm.

Seite 811 Mitte – «*Kinder der Verheißung*»: d.h. die Prädestinierten.

Seite 813 oben – «*Zum Himmel aufgerichtete Gestalt*»: zum «homo rectus» als Abbild des Orthos Logos vgl. civ.22,21 (S.801 Mitte) mit Anm.; ferner A., de gen. ad litt. 7,12,22; de gen.c.Manich.1,17,28; Cic., nat.2,56,140. «*was droben ist*»: vgl. Kol.3,2.

Seite 813 Mitte – «*die Zahl- und Maßverhältnisse*» («si numeros mensurarum ... nossemus»): bei den philosophischen Hilfsdisziplinen der spätantiken Platoniker liefert die Geometrie der Mathematik das Material, vgl. Anm. zu civ.11,29 (S.49 Mitte).

Seite 813 unten – «*und ‹Harmonie› ...*» («quae ἁρμονία Graece dicitur»): vgl. das Material bei Pohlenz, Stoa[4] II, 221 unten.

Seite 814 oben – «*sein Gesicht den Bart*»: Allgemeine wie spezielle Thematik ist stoischer Herkunft, vgl. Musonius bei Stob.6,62, und wurde schon von der frühchristl.Apologetik übernommen, vgl. Clem.Alex. paid.3,11,57–59 (GCS p.268ff.); 3,3,18f. (a.O. p.247) mit Nachweisen.

Seite 814 Mitte – *Bibelzitat:* Ps.104,1, vgl. A., enarr. in Ps.103,4.

Seite 814 unten – «*je kleiner, desto wundersamer*»: gleichfalls ein traditionelles, dann von den Christen übernommenes Thema stoischer Naturbetrachtung, das auch Platoniker wie Plutarch übernehmen, vgl. dessen Dialog «Gryllos oder die Vernunft der unvernünftigen Tiere» (Übers. B.Snell BAW S.271ff.). «*Ameisen ... Bienen ... Walfische*»: vgl. A., gen. ad litt. 3,16,25; auch civ.12,5 (S.65).

Seite 815 oben – «*wie kann es uns entzücken*»: der «Genuß» eines Betrachters, der die Ängste des sturmbedrohten Seefahrers noch als ästhetischen Reiz empfindet, auch bei Lucr.2,1–3 (BAW S.147), ist sprichwörtlich, vgl. Cic., Att.2,7,4, vgl. Otto, Sprichwörter (1890, anast.

1962) S. 239. «*wer kann das alles aufzählen?*»: Cicero läßt Cic., nat. 2, 10, 26 Balbus als Repräsentanten der Stoa gleichfalls die rhetorische Frage stellen: «Longa est oratio, multaeque rationes, quibus doceri possit ...», um die Zweckmäßigkeit und Schönheit der Natur zum Gottesbeweis auszumünzen, was das ganze Buch dann ausmacht.

Seite 815 unten – «*den zum Tode Vorherbestimmten ... den zu jenem Reich Vorherbestimmten*»: auch die Lehre des alten A. von der doppelten Prädestination («ad poenam ... ad gratiam» vgl. enchir. 36, 100; Barbel S. 168f. mit Anm.), die noch über seinen Tod hinaus die Gemüter erregte, findet ihren Niederschlag im «Gottesstaat». Aus der Lit. (BiblA S. 178ff.) sei bes. G. Nygren (a. O. Nr. 16) hervorgehoben. *Apostelzitat:* Röm. 8, 32.

Seite 816 oben – «*nicht mehr seelisch ...*»: vgl. 1. Kor. 15, 44.

ZWEIUNDZWANZIGSTES BUCH, KAPITEL 25

Seite 816 Mitte – «*die edleren Philosophen*»: wie die Platoniker (civ. 8, 9; 10, 2) und vor allem Porphyrius wegen seines Traktates bzw. Briefes «De regressu animae» (civ. 10, 30). «*nur um die Auferstehung*»: vgl. Porphyrius fr. 94 Harnack.

Seite 816 unten – «*der auch das vorhersagte ...*»: vgl. civ. 22, 5 (S. 753 Mitte). «*des Petrus Zauberkünste*»: vgl. civ. 18, 53f. (S. 511ff.). «*wie ich schon mehrmals*»: vgl. 10, 29 (S. 516 oben) u. ö. Zur Forschungsproblematik beachte Anm. Bd. 1, 619.

Seite 817 oben – «*Gott-Vater und König nennt*»: vgl. civ. 19, 22f. (S. 570ff.), dazu: P. Courcelle, Lettres, p. 169–172; J. J. O'Meara, Porphyry's Philosophy from Oracles in A. (Paris 1959) 72f.

Seite 817 Mitte – «*war schon oft die Rede*»: civ. 22, 4–9.

Seite 817 unten – «*von anderen vorgebrachten Meinungen*» («de aliis hominum coniecturis»): vgl. civ. 13, 17 (S. 129 unten: «menschliche Mutmaßungen» bzw. «coniectura humana»). «*im dreizehnten Buch*»: vgl. civ. 13, 18.

ZWEIUNDZWANZIGSTES BUCH, KAPITEL 26

Seite 818 oben – «*Aber Porphyrius sagt doch*»: vgl. civ. 10, 29 (S. 518 oben) mit Anm. S. 619; civ. 22, 12 (S. 787 unten); civ. 12, 27 (S. 104 Mitte). «*in dem erwähnten Buche*»: civ. 13, 16f. (S. 126ff.).

Seite 818 unten – *Platon-Zitat:* Tim. 41 B (Jub. Ausg. S. 224 oben) nach Cic., Tim. 11, 40; noch ausführlicher zitiert civ. 13, 16 (S. 126 unten) mit Anm.

Seite 819 Mitte – *Vergil-Zitat:* Aen. 6, 751, zitiert civ. 10, 30 (S. 521 oben) und platonisch gedeutet; civ. 13, 19 (S. 134 Mitte) zur platonischen Deutung: P. Courcelle, Recherches sur la tradition platonicienne, Entretiens 3, Vandœuvres-Genève 1955, 95–136.

ZWEIUNDZWANZIGSTES BUCH, KAPITEL 27

Seite 819 unten – «*Plato und Porphyrius*»: vgl. civ. 10,29f. (S. 518 oben; 520 unten); civ. 12,21 (S. 95 unten); civ. 22,12 (S. 787 unten), «*Plato sagte*»: vgl. Phaid. 108 A/C (Jub. Ausg. S. 88f.).

Seite 820 oben – «*Porphyrius dagegen behauptete*»: vgl. civ. 12,27 (S. 104 Mitte) und vor allem 10,29 (mit Anm. S. 619), wo «de regressu animae» greifbar wird.

ZWEIUNDZWANZIGSTES BUCH, KAPITEL 28

Seite 821 oben – «*Etliche von uns ...*»: z. B. Euseb. praep. ev. 11,33,1–3 (GCS p. 71 f.); Zeno von Verona (Altaner–Stuiber S. 369) tract. 16,1 f. (PL 11,571 ff.), dazu P. Courcelle, Rev. Et. lat. 36, 1958, 205–234, spez. 205–214. «*bemerkt Tullius*»: Cic., rep. 6,4,4 (BAW S. 330 = unser T) vgl. Macr. somn. 1,1,9 (ed. Willis p. 3). «*Plato läßt ... einen Menschen ...*»: den Er, Sohn des Armenios, aus Pamphylien, vgl. rep. 10,614 B (Jub. Ausg. S. 510 ff.).

Seite 821 Mitte – «*Auch Labeo erzählt ...*»: vgl. civ. 9,19 (S. 455 unten) mit Anm. S. 609.

Seite 821 unten – «*Varro in seinen Büchern*»: zum Buchtitel vgl. civ. 18,2 (S. 420), zum Zitat vgl. Pl. Fraccaro a. O. fr. 2, p. 257f.

ZWEIUNDZWANZIGSTES BUCH, KAPITEL 29

Seite 822 unten – *Apostelzitat*: Phil. 4,7.

Seite 823 – *Zitate*: Phil. 4,7. / 1. Kor. 13,9f. / 1. Kor. 13,12. / Mt. 18,10.

Seite 823 unten – «*in das Reich Christi versetzt*»: vgl. Kol. 1,13.

Seite 824 oben – *Apostelzitat*: 1. Kor. 13,12. «*der Apostel Johannes*»: 1. Joh. 3,2. «*Unter Gottes Angesicht ...*»: vgl. ep. 147 «de videndo Deo», dazu B. Studer, Vetera Christianorum, 6 (1969) 91–143; 7 (1970) 125 bis 154; 8 (1971) 99–123.

Seite 824 Mitte – *Bibelzitat*: Ps. 116,10. «*sie werden Gott schauen*»: vgl. retract. 2,67,1 (CSEL 36,179,10 ff.).

Seite 824 unten – «*der Prophet Elisa*»: vgl. 2. Kg. 5,8–27, spez. v. 26. *Apostelzitat*: 1. Kor. 13,9f.

Seite 825 oben – *Apostelzitat*: 1. Kor. 13,11 f.

Seite 825 unten – *Bibelzitat*: 2. Kg. 5,26. «*Gott alles in allen*»: vgl. 1. Kor. 15,28.

Seite 826 Mitte – «*durch den Propheten*»: Jerem. 23,24.

Seite 826 unten – *Bibelzitate*: Hiob. 42,5f. (LXX). / Eph. 1,18.

Seite 827 – *Bibelzitate*: Mt. 5,8. / Lk. 3,6 vgl. Jes. 40,5. / Lk. 2,29f. / Hiob. 19,26 Vulg. (!) / 1. Kor. 13,12.

Seite 827 Mitte – «*ohne Zweifel die Auferstehung ...*»: vgl. Hier., c. Ioann. Hierosolym. 30 (PL 23,382).

Seite 827 unten – «*jenes Apostelwort*»: 1. Kor. 13,12.

Seite 827/828 – *Apostelzitat*: 2. Kor. 3,18.

Seite 828 – *Bibelzitate*: Ps. 34,6. / Sap. 9,14.

Seite 828 unten – *«vom Propheten Elisa sagten»:* S. 824 unten. *«Gott ist Geist»:* vgl. Joh. 4, 24.

Seite 829 oben – *«den allgegenwärtigen»* («deum ubique praesentem»): zur neuplatonischen Gottesprädikation «deus totus ubique» vgl. civ. 7, 30 (S. 363 oben) mit Anm. S. 594 u. ö.

Seite 829 Mitte – *«stückweise ersehen und erkennen»:* vgl. Röm. 1, 20; 1. Kor. 13, 12.

Seite 829 unten – *«die geistigen Lichtstrahlen unserer Augen ...»:* «spiritalia illa lumina corporum nostrum»; vgl. ep. 92, 2 f.; 148, 17 f., ferner Anm. zu S. 824 oben.

Seite 830 Mitte – *Apostelzitat:* 1. Kor. 4, 5.

ZWEIUNDZWANZIGSTES BUCH, KAPITEL 30

Seite 830 – *«der alles in allem ist»:* vgl. 1. Kor. 15, 28. *Bibelzitat:* Ps. 84, 5. *«von denen ich schon sprach»:* vgl. civ. 22, 24 (S. 813) mit Anm.

Seite 831 oben – *«niemand schmeichlerisch gelobt wird»:* vgl. conf. 6, 6, 9 (BAW S. 144 f.).

Seite 831 Mitte – *Bibelzitate:* 3. Mos. 26, 12. / 1. Kor. 15, 28.

Seite 832 oben – *«wie im Leibe»:* vgl. 1. Kor. 12, 14–26, spez. 20 f.

Seite 832 unten – *«in der sie nicht mehr sündigen kann»* («peccare non possit»): vgl. ep. 157, 7 f.: «Haec enim voluntas libera, tanto erit liberior quanto sanior; tanto autem sanior quanto divinae misericordiae gratiaeque subiectior», vgl. ferner enchir. 28, 105 f. (Barbel S. 175 f.).

Seite 833 unten – *Bibelzitat:* Ps. 89, 2.

Seite 834 oben – *Bibelzitate:* Ps. 46, 11. / 1. Mos. 2, 2 f. *«der große Sabbat»:* vgl. civ. 11, 31 (S. 51 f.).

Seite 834 Mitte – *Bibelzitat:* 1. Mos. 3, 5. *«durch seinen Zorn»:* vgl. Ps. 90, 9. *«selbst alles sein wird»:* vgl. 1. Kor. 15, 28.

Seite 834 unten – *Bibelzitate:* 5. Mos. 5, 14. / Ez. 20, 12. *«Zeitabschnitten»* («articulos temporis»): vgl. civ. 10, 14 (S. 489) mit Anm. S. 614; civ. 15, 15 (S. 243 unten) mit Anm.

Seite 835 oben – *«deren sich je zehn ergeben»:* vgl. gen. c. Manich. 1, 23, 35. *«Weltalter»* («aetates»): vgl. civ. 16, 43 (S. 355 oben) mit Anm.; ferner enchir. 31, 118 f. (Barbel S. 197 mit Anm. 186), Weiteres: Einführung S. XXII f.

Seite 835 Mitte – *«bis zur Geburt Christi im Fleisch»:* vgl. Röm. 1, 3; Mt. 1, 17. *Bibelzitat:* Apg. 1, 7. *«uns, ruhen läßt in sich»:* vgl. civ. 11, 8 (S. 14 oben) mit Anm.; civ. 22, 2 (S. 749 Mitte).

Seite 835 unten – *«der achte ewige»:* nicht nur im Zahlenverständnis der Vollkommenheit vgl. zu der Zahlsymbolik civ. 18, 23, sondern auch der Vollendung der Gotteserkenntnis in der Aufhebung von Erkennendem und Erkanntem (1. Kor. 15, 28!) vgl. civ. 11, 7 f. *«dann werden wir stille sein»:* «vacabimus»: «werden wir frei sein» (Alfred Niebergall).

INHALT